Datos del sistema solar

Cuerpo	Masa (kg)	Radio medio (m)	Periodo (s)	Distancia desde el Sol (m)
Mercurio	3.18×10^{23}	2.43×10^6	7.60×10^6	5.79×10^{10}
Venus	4.88×10^{24}	6.06×10^6	1.94×10^7	1.08×10^{11}
Tierra	5.98×10^{24}	6.37×10^6	3.156×10^7	1.496×10^{11}
Marte	6.42×10^{23}	3.37×10^6	5.94×10^7	2.28×10^{11}
Júpiter	1.90×10^{27}	6.99×10^7	3.74×10^8	7.78×10^{11}
Saturno	5.68×10^{26}	5.85×10^7	9.35×10^8	1.43×10^{12}
Urano	8.68×10^{25}	2.33×10^7	2.64×10^9	2.87×10^{12}
Neptuno	1.03×10^{26}	2.21×10^7	5.22×10^9	4.50×10^{12}
Plutón	$\approx 1.4 \times 10^{22}$	$\approx 1.5 \times 10^6$	7.82×10^9	5.91×10^{12}
Luna	7.36×10^{22}	1.74×10^6	—	—
Sol	1.991×10^{30}	6.96×10^8	—	—

Datos físicos utilizados con frecuencia[a]

Distancia promedio Tierra-Luna	$3.84 \times 10^8\,\text{m}$
Distancia promedio Tierra-Sol	$1.496 \times 10^{11}\,\text{m}$
Radio promedio de la Tierra	$6.37 \times 10^6\,\text{m}$
Densidad del aire (20°C y 1 atm)	$1.29\,\text{kg/m}^3$
Densidad del agua (20°C y 1 atm)	$1.00 \times 10^3\,\text{kg/m}^3$
Aceleración en caída libre	$9.80\,\text{m/s}^2$
Masa de la Tierra	$5.98 \times 10^{24}\,\text{kg}$
Masa de la Luna	$7.36 \times 10^{22}\,\text{kg}$
Masa del Sol	$1.99 \times 10^{30}\,\text{kg}$
Presión atmosférica estándar	$1.013 \times 10^5\,\text{Pa}$

[a] Estos son los valores de las constantes que se usan en el texto.

Algunos prefijos de potencias de diez

Potencia	Prefijo	Abreviatura	Potencia	Prefijo	Abreviatura
10^{-18}	ato	a	10^1	deca	da
10^{-15}	femto	f	10^2	hecto	h
10^{-12}	pico	p	10^3	kilo	k
10^{-9}	nano	n	10^6	mega	M
10^{-6}	micro	μ	10^9	giga	G
10^{-3}	mili	m	10^{12}	tera	T
10^{-2}	centi	m	10^{15}	peta	P
10^{-1}	deci	d	10^{18}	exa	E

FÍSICA

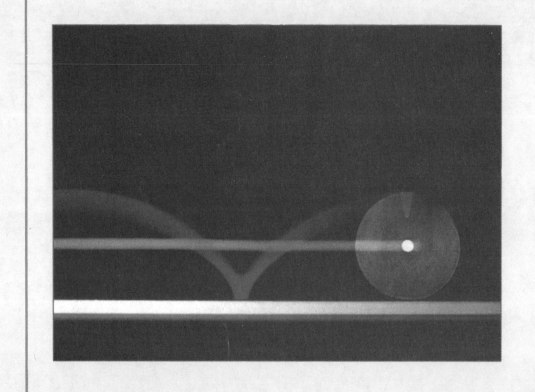

FÍSICA

Tomo II

Cuarta edición

Raymond A. Serway
James Madison University

Traducción:

Físico Gabriel Nagore Cázares
Jefe del Departamento de Difusión Tecnológica
Instituto de Investigaciones Eléctricas, México

Revisión Técnica:

M. en C. Eduardo Cruz
Universidad Nacional Autónoma de México

M. en G. P. José Brenes Andre
Universidad de Cornell
Catedrático de la Universidad de Costa Rica,
Escuela de Física

MÉXICO • BUENOS AIRES • CARACAS • GUATEMALA • LISBOA • MADRID • NUEVA YORK
PANAMÁ • SAN JUAN • SANTAFÉ DE BOGOTÁ • SANTIAGO • SÃO PAULO
AUCKLAND • HAMBURGO • LONDRES • MILÁN • MONTREAL • NUEVA DELHI • PARÍS
SAN FRANCISCO • SINGAPUR • ST. LOUIS • SIDNEY • TOKIO • TORONTO

Gerente de producto: Alfonso García Bada Mena
Supervisor de edición: Mateo Miguel García
Supervisor de producción: Zeferino García García

FÍSICA
Tomo II

   Cedro No. 512, Col. Atlampa
   06450 México, D. F.
   Miembro de la Cámara Nacional de la Industria Editorial Mexicana, Reg. Núm. 736

ISBN 970-10-1297-6
(ISBN 970-10-0327-6 tercera edición)

Translated of the fourth edition in English of
PHYSICS FOR SCIENTISTS & ENGINEERS WITH MODERN PHYSICS
Copyright © 1996, 1990, 1986, 1982
by Raymond A. Serway, by Saunders College Publishing

ISBN 0-03-015654-8

4567890123   P.E.-97   9076543218

Impreso en México   Printed in Mexico

Esta obra se terminó de
imprimir en Septiembre de 1998 en
Programas Educativos S.A. de C.V.
Calz. Chabacano No. 65-A
Col. Asturias Delg. Cuauhtémoc
C.P. 06850 México, D.F.
Empresa certificada por el Instituto Mexicano
de Normalización y Certificacion A.C. bajo la
Norma ISO-9002 1994/NMX-CC-004 1995 con
el núm. de registro RSC-048

Se tiraron 5,000 ejemplares

Prefacio

Las primeras tres ediciones de *Física para científicos e ingenieros* se estudiaron con éxito en más de 700 colegios y universidades. Esta cuarta edición tiene muchas y novedosas características pedagógicas. Asimismo, se ha hecho un gran esfuerzo para mejorar la presentación, la precisión del lenguaje y la exactitud del texto. A partir de comentarios de los usuarios de la tercera edición y de sugerencias de los revisores se ha mejorado el libro en general. Por ejemplo, se resaltaron los conceptos didácticos. Esta edición ha integrado también varios productos de software interactivo que serán muy útiles en cursos que empleen instrucción auxiliada por computadora.

El texto está pensado como un curso propedéutico de física para estudiantes de ciencias o ingeniería. Este libro es la versión completa de *Física para estudiantes de ciencias e ingeniería*, pues incluye ocho capítulos adicionales que abarcan temas selectos de física moderna. Se ha añadido este material atendiendo a la necesidad de algunas universidades que como parte de sus programas deben cubrir conceptos básicos de física cuántica y sus aplicaciones a la física atómica, molecular, de estado sólido y a la nuclear.

El texto puede cubrirse por completo en un curso de tres semestres, aunque es posible utilizar el material en un tiempo más corto y omitir algunos capítulos y determinadas secciones. Sería conveniente que los fundamentos matemáticos de los estudiantes que tomen este curso incluyan un semestre de cálculo. Si eso no fuera posible, entonces el estudiante deberá inscribirse en un curso simultáneo de introducción al cálculo.

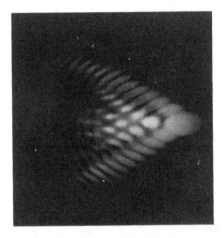

(Ken Kay/Fundamental Photographs)

OBJETIVOS

Los principales objetivos de este libro introductorio a la física son de dos clases: brindar al estudiante una presentación clara y lógica de los conceptos y principios básicos de la física, y reforzar la comprensión de los conceptos y principios por medio de una amplia gama de interesantes aplicaciones en el mundo real. Con este fin se pone mayor atención en los argumentos físicos más importantes. Al mismo tiempo se ha intentado motivar al estudiante con ejemplos prácticos que muestren el papel de la física en disciplinas como la ingeniería, la química y la medicina.

CAMBIOS EN LA CUARTA EDICIÓN

Se han hecho numerosos cambios y mejoras al preparar la cuarta edición de este texto. Muchos cambios responden a comentarios y sugerencias ofrecidas por profesores y estudiantes que trabajaron con la tercera edición, y por los revisores del manuscrito. La siguiente lista representa los principales cambios en la cuarta edición:

• **Revisión exhaustiva** Todo el texto se ha editado cuidadosamente para mejorar la claridad de la presentación y la precisión del lenguaje. Esperamos que el resultado sea un libro preciso así como ameno para la lectura.

• **Organización** La organización del texto es en esencia la misma que la de la tercera edición, con una salvedad. Los capítulos 2 y 3 se han intercambiado, de manera que el estudio de vectores anteceda al análisis del movimiento en dos dimensiones, de modo que los vectores y sus componentes se empleen primero. Muchas secciones se han puesto al día o combinado con otras lo que hizo posible una presentación más equilibrada.

• **Problemas**   Se revisaron con mucho cuidado los problemas y preguntas al final de cada capítulo con el propósito de brindar una variedad más amplia y reducir las repeticiones. Son nuevos cerca del 25 por ciento de los problemas (aproximadamente 800), la mayor parte de los cuales están en el nivel intermedio. El resto se ha editado con cuidado y cuando fue necesario se reescribieron. Todos los problemas nuevos están marcados con un asterisco en el Manual de profesores. La solución a casi 25 por ciento de los problemas se incluyen en el Manual de soluciones del estudiante y en la Guía de estudio. (Todas estas ayudas sólo están disponibles para los catedráticos, en inglés.) Estos problemas se identifican por medio de cuadros que encierran sus números.

• **Cifras significativas**   Tanto en los ejemplos como en los problemas al final de cada capítulo las cifras significativas se han manejado con cuidado. En la mayor parte de los ejemplos y problemas numéricos se han elaborado hasta dos o tres cifras significativas, según la exactitud de los datos que se proporcionan.

• **Presentación visual**   La mayor parte de las ilustraciones y muchas de las fotografías se han sustituido o modificado para mejorar la claridad de la presentación, el sentido pedagógico y el atractivo visual del texto. Como en la tercera edición, el color verde se utiliza fundamentalmente con fines pedagógicos.

NUEVAS CARACTERÍSTICAS DE LA CUARTA EDICIÓN

• **Software integrado**   El libro de texto se complementa con dos paquetes de software interactivo. *SD2000* es un paquete de software independiente de simulaciones y demostraciones físicas que fue desarrollado de manera exclusiva para acompañar el texto. Los conceptos y ejemplos se presentan y explican en un formato interactivo. Las simulaciones desarrolladas para el programa Física interactiva II se vinculan a problemas de ejemplos apropiados, así como a problemas seleccionados de fin de capítulo. Ambos paquetes se proporcionan en discos y se describen con mayor detalle en la sección relacionada con los auxiliares.

• **Ejemplos conceptuales**   Ciento cincuenta ejemplos conceptuales, aproximadamente, se han incluido en esta edición. Estos ejemplos, que incluyen ejemplos razonados, brindan a los estudiantes herramientas para revisar los conceptos presentados en esa sección. Los ejemplos pueden servir también como modelos cuando se pida responder las preguntas al final del capítulo, las cuales son en gran medida de naturaleza conceptual.

• **Problemas de repaso**   Muchos capítulos incluyen ahora un problema que repasa varias partes y que se localiza antes de la lista de problemas de fin de capítulo. Los problemas de repaso requieren que el estudiante maneje numerosos conceptos empleados en el capítulo, así como los estudiados en capítulos previos. Se pueden utilizar estos problemas para preparar exámenes; los profesores pueden emplearlos en los análisis y repasos en el salón de clases.

• **Problemas en pares**   Varios problemas al final de capítulo se han vinculado con el mismo problema en torma simbólica. Por ejemplo, al problema numérico 9 puede seguirle el problema simbólico 9A. Si se deja de tarea el problema 9, el 9A puede utilizarse para comprobar si el estudiante comprendió los conceptos utilizados en la solución.

• **Problemas de hoja de cálculo**   La mayor parte de los capítulos incluyen varios problemas de hoja de cálculo después de los problemas de fin de capítulo. Hacer

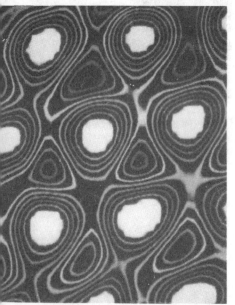

(*Prof. R. V. Coleman, University of Virginia*)

modelos de fenómenos físicos en hoja de cálculo permite que el estudiante obtenga representaciones gráficas de cantidades físicas y que efectúe análisis numéricos de problemas sin tener que aprender un lenguaje de computadora de alto nivel. En especial, las hojas de cálculo son valiosas en investigaciones exploratorias; las preguntas "qué pasa si" se pueden aplicar fácilmente y describirse de manera gráfica.

El nivel de dificultad en problemas de hoja de cálculo al igual que en todos los problemas de final de capítulo se indica mediante el color del número del problema. En la mayor parte de los problemas directos (negro) se brinda un disco con plantillas de hoja de cálculo. El estudiante debe introducir los datos pertinentes, variar los parámetros e interpretar los resultados. A menudo, los problemas de nivel intermedio (verde) requieren que los estudiantes modifiquen una plantilla existente para efectuar el análisis necesario. En los problemas de mayor dificultad (verde cursivo) es necesario que los estudiantes desarrollen sus propias plantillas de hoja de cálculo. En el apéndice F se proporcionan breves instrucciones acerca del uso de las plantillas.

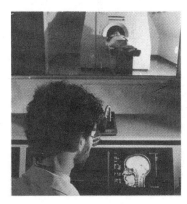

(Hank Morgan/Science Source)

ALCANCE

El material que se cubre en este libro aborda temas fundamentales de la física clásica e incluye una introducción a la física moderna. Se divide en seis partes. En el primer volumen, parte I (capítulos 1-15) se abordan los fundamentos de la mecánica newtoniana y de la física de fluidos; la parte II (capítulos 16-18) comprende el movimiento ondulatorio y el sonido; la parte III (capítulos 19-22) aborda el calor y la termodinámica. En el segundo volumen, la parte IV (capítulos 23-34) considera la electricidad y el magnetismo; la parte V (capítulos 35-38) cubre los temas de la luz y la óptica, y la parte VI (capítulos 39-47) estudia la relatividad, física cuántica y temas selectos de física moderna. Al inicio de cada parte se incluye un panorama del material del tema que se cubrirá y un repaso de la perspectiva histórica.

CARACTERÍSTICAS DEL TEXTO

La mayor parte de los profesores estarán de acuerdo en que el libro de texto elegido para un curso debe ser la "guía" fundamental del estudiante para entender y aprender el tema. Aun más, el texto debe ser de fácil comprensión y su diseño y redacción deben facilitar el aprendizaje. A partir de estas reflexiones y con el fin de aumentar su utilidad tanto para el estudiante como para el profesor he incluido las siguientes caracaterísticas pedagógicas:

Estilo Para permitir su rápida comprensión he intentado redactar el texto en un estilo claro, lógico y atractivo. He buscado que el estilo sea un poco informal y ligero, y que, espero, los estudiantes encuentren accesible y agradable para la lectura. Algunos nuevos términos se han definido con cuidado y he tratado de evitar la jerga empleada entre los físicos.

Información previa La mayor parte de los capítulos empiezan con una breve introducción, la cual incluye un análisis de los objetivos y el contenido del capítulo.

Enunciados y ecuaciones importantes Los enunciados y definiciones más importantes se resaltan en negritas con el fin de darles mayor importancia y facilitar su estudio. Las principales ecuaciones se resaltan con una pantalla en color para repaso o referencia.

Estrategias y sugerencias para la solución de problemas He incluido estrategias generales para resolver los diversos tipos de problemas presentados tanto en los ejemplos como al final de capítulo. Estas características ayudarán a los estudiantes a identificar los pasos necesarios para resolver los problemas y eliminar cualquier duda que pudieran tener. Las estrategias de solución de problemas se resaltan con una pantalla de color para que sobresalgan y así facilitar su localización.

Notas al margen   Se utilizan comentarios y notas al margen para localizar enunciados, ecuaciones y conceptos importantes en el texto.

Ilustraciones   La legibilidad y eficacia del material y los ejemplos se incrementa mediante numerosas figuras, diagramas, fotografías y tablas. Se utiliza color verde para añadir claridad al trabajo gráfico y para hacerlo lo más realista posible. Por ejemplo, los vectores están marcados con este color y también las curvas en las gráficas *xy*. Se producen efectos tridimensionales con el empleo de áreas sombreadas, donde se consideró conveniente. Las fotografías fueron seleccionadas con todo cuidado y sus leyendas se han escrito para que sirvan como una herramienta de instrucción adicional. Algunas fotografías con las que se inicia un capítulo, en particular los de mecánica, incluyen vectores que ilustran y presentan principios físicos de manera más clara y que se aplican a situaciones del mundo real.

Nivel matemático   El cálculo se introduce de manera gradual, teniendo siempre presente que se cursa de manera simultánea un curso de dicha materia. La mayor parte de los pasos se muestran cuando se desarrollan las ecuaciones básicas y, con frecuencia, se hace referencia a los apéndices matemáticos en la parte final del libro. Los productos vectoriales se presentan en el texto cuando son necesarios en aplicaciones físicas donde se requieren. El producto punto se introduce en el capítulo 7, "Trabajo y energía". El producto cruz se presenta en el capítulo 11, cuyo tema es la dinámica rotacional.

(Joseph Brignolo/The Image Bank)

Ejemplos desarrollados   Un gran número de ejemplos desarrollados de dificultad variable se presenta como ayuda para la comprensión de los conceptos. En muchos casos, estos ejemplos sirven como modelos para resolver los problemas de final de capítulo. Los ejemplos se han diagramado en un recuadro, y las respuestas de la solución se resaltan con una pantalla verde claro. La mayor parte de los ejemplos cuentan con un título que describe su contenido.

Ejercicios de los ejemplos desarrollados   Con el fin de hacer al libro más interactivo con el estudiante y de reforzar de inmediato su compresión de los conceptos y de las técnicas de solución de problemas, después de casi todos los ejemplos desarrollados siguen ejercicios con respuestas. En los ejercicios se emplean partes de los ejemplos desarrollados.

Unidades   El sistema internacional de unidades (SI) se aplica en todo el texto. El sistema de unidades de ingeniería inglés (sistema convencional) se emplea un poco en los capítulos sobre mecánica, calor y termodinámica.

Biografías breves   Para ubicarlos en su contexto histórico y mostrar el lado humano de sus vidas, a lo largo de todos los capítulos he incluido pequeñas biografías de eminentes científicos.

Temas opcionales   Muchos capítulos incluyen secciones de temas especiales con las que se intenta exponer al estudiante diversas e interesantes aplicaciones prácticas de los procesos físicos. Estas secciones opcionales están marcadas con un asterisco (*).

Resúmenes   Cada capítulo contiene un resumen que repasa los conceptos y ecuaciones importantes estudiados en él.

Preguntas de razonamiento   Preguntas que requieren respuestas verbales se incorporan al final de cada capítulo. Algunas preguntas brindan al estudiante un medio para examinarse ellos mismos sobre los conceptos presentados en el capítulo. Otras podrían servir como base para iniciar los análisis en clase.

Problemas   Un amplio grupo de problemas se incluye al final de cada capítulo. En la parte final del libro se brindan las respuestas a los problemas de número impar.

Para beneficio del estudiante como del profesor alrededor de las dos terceras partes del problema están relacionados con secciones específicas del capítulo. Los problemas restantes, denominados "problemas adicionales", no se relacionan con secciones específicas. En mi opinión, las tareas deben coincidir con los problemas relacionados con las secciones específicas con el fin de que los estudiantes adquieran confianza en ellos mismos.

Es usual que los problemas dentro de una sección determinada se presenten de manera que se resuelvan primero los más sencillos (numerados en negritas), y después los de dificultad creciente. Para identificar con facilidad los problemas de nivel intermedio, el número de éstos está impreso en verde. También he incluido un número pequeño de problemas de mayor dificultad, indicados mediante un número impreso en verde cursivo.

Apéndices y guardas   Al final del texto se brindan varios apéndices, incluido el nuevo apéndice con instrucciones para la solución de problemas con hojas de cálculo. La mayor parte del material del apéndice constituye un repaso de las técnicas matemáticas utilizadas en el texto, las cuales abarcan notación científica, álgebra, geometría, trigonometría, cálculo diferencial y cálculo integral. A lo largo del libro se hace referencia a estos apéndices. Casi todas las secciones de repaso matemático incluyen ejemplos y ejercicios elaborados con respuestas. Además de los repasos matemáticos, los apéndices contienen tablas de datos físicos, factores de conversión, masas atómicas, así como las unidades del SI de cantidades físicas y una tabla periódica. En las guardas aparece información útil, que incluye constantes fundamentales y datos físicos, datos planetarios, una lista de prefijos estándar, símbolos matemáticos, el alfabeto griego, junto con una tabla de abreviaciones estándar y símbolos de unidades.

AUXILIARES

Como respuesta a sugerencias de los usuarios de la tercera edición el paquete auxiliar se ha actualizado y ampliado. Los cambios más importantes son un conjunto expandible de software interactivo, un banco de pruebas actualizado que da mayor importancia a preguntas conceptuales y problemas finales abiertos, un nuevo Manual de soluciones para el estudiante y una Guía de estudio con soluciones completas de casi 25 por ciento de los problemas del texto, una Guía de bolsillo para los estudiantes y un nuevo suplemento de hojas de cálculo.

(Werner H. Muller/Peter Arnold, Inc.)

Software interactivo

Sistema para tareas interactivo

La World Wide Web (WWW) es la plataforma de un sistema para tareas interactivo desarrollado fuera de la Universidad de Texas en Austin. Este sistema, que se elaboró para coordinarse con *Física para científicos e ingenieros*, utiliza WWW, telnet, el teléfono y Scantron para revisar los trabajos de los estudiantes. Cada semestre el sistema se emplea en clase en la Universidad de Texas con más de 1 800 estudiantes participantes. Cada mes se responden electrónicamente más de 100 000 preguntas. Los profesores de cualquier universidad que utilicen *Física para científicos e ingenieros*, de Serway, pueden ingresar a este sistema con sólo proporcionar la lista de sus estudiantes y seleccionando algunos problemas. Están disponibles más de 2 000 problemas basados en algoritmos; los parámetros de los problemas varían de estudiante a estudiante, razón por la cual cada uno puede efectuar trabajos originales. Todas las calificaciones se hacen por computadora y los resultados se envían de inmediato vía WWW. Los estudiantes reciben retroalimentación inmediata respecto si su respuesta es correcta o equivocada, lo que permite realizar numerosos intentos en el caso de respuestas incorrectas. Cuando su respuesta es errónea, de manera automática se enlazan con la sección apropiada del texto de la cuarta edición de *Física para científicos e ingenieros con física moderna*, de Serway.

Se cuenta con una demostración que usa la interfaz WWW en la dirección **URL http://hw.ph.utexas.edu:80**, a la cual se ingresa activando demo con el ratón. En la dirección **see@physics.utexas.edu** los profesores interesados en importar el sistema a sus instituciones pueden encontrar mayor información. La cuarta edición de *Física para científicos e ingenieros* se enlazó con el sistema en enero de 1996.

Software interactivo SD2000

Este ambiente de aprendizaje de simulaciones y demostraciones físicas ha sido desarrollado por Future Graph, Inc. exclusivamente para acompañar este libro. Sus aplicaciones se extienden a todos los temas básicos tratados en el texto. SD2000 está disponible en disco de computadora o en CD-ROM en formatos Macintosh e IBM. El icono identifica ejemplos y secciones para las cuales hay una simulación o demostración.

Simulaciones   Una colección de 10 poderosos simuladores permite a los estudiantes modelar y realizar animaciones de un número infinito de problemas físicos. Los estudiantes pueden modelar sistemas que abarcan movimiento cinético, choques, óptica geométrica y campos eléctricos y magnéticos, así como herramientas de laboratorio como sintetizadores de Fourier, generadores de formas de onda y osciloscopios. Los recuadros correspondientes al software SD2000 a lo largo del texto indican cómo emplear estos simuladores para reforzar los conceptos presentados en cada capítulo. Al modelar simulaciones individualizadas, los estudiantes pueden investigar cómo la variación de las componentes de una situación afectará el resultado

- Capítulo 4: Movimiento, sección 4.4
- Capítulo 9: Choques, sección 9.5
- Capítulo 16: Movimiento ondulatorio, sección 16.4
- Capítulo 18: Ondas complejas. El sintetizador de Fourier, sección 18.8
- Capítulo 21: Sistemas de partículas, sección 21.1
- Capítulo 23: Movimiento en un campo eléctrico, sección 23.7
- Capítulo 25: Trazado de líneas de un campo eléctrico, sección 25.5
- Capítulo 29: Movimiento de partículas cargadas en campos eléctricos y magnéticos, sección 29.5
- Capítulo 33: El osciloscopio, sección 33.5
- Capítulo 36: Instrumentos ópticos, sección 36.10
- Capítulo 41: Experimentos en física moderna

Demostraciones   Las lecciones obtenidas de los ejemplos desarrollados en *Física para científicos e ingenieros* permiten a los estudiantes investigar los resultados al variar los parámetros dentro del contexto del ejemplo. Los estudiantes pueden explorar de manera interactiva la física con ecuaciones, cálculos, gráficas, tablas, animaciones y simulaciones. A continuación se brinda una lista de demostraciones:

Capítulo 2	Sección 4.3	Ejemplo 6.9	**Capítulo 9**
Sección 2.4		Ejemplo 6.10	Ejemplo 9.11
Ejemplo 2.3	**Capítulo 5**		Ejemplo 9.16
Ejemplo 2.15	Ejemplo 5.6	**Capítulo 7**	Ejemplo 9.23
	Ejemplo 5.9	Ejemplo 7.3	
Capítulo 3	Ejemplo 5.15	Ejemplo 7.5	**Capítulo 10**
Ejemplo 3.8		Ejemplo 7.18	Ejemplo 10.4
	Capítulo 6		
Capítulo 4	Ejemplo 6.4	**Capítulo 8**	**Capítulo 11**
Sección 4.2	Ejemplo 6.5	Ejemplo 8.10	Ejemplo 11.13

Simulaciones físicas interactivas

Se cuenta con cerca de 100 simulaciones desarrolladas por Ray Serway y la firma Knowledge Revolution en disco de computadora, formato Macintosh o IBM, que pueden utilizarse junto con el programa *Interactive Physics II* de la misma compañía. La mayor parte de estas simulaciones están adaptados a problemas ejemplo apropiados y a algunos problemas de fin de capítulo. Las restantes son demostraciones que complementan los conceptos o aplicaciones estudiadas en el texto. Las simulaciones pueden utilizarse en el salón de clase o en el laboratorio para ayudar a los estudiantes a comprender los conceptos físicos desarrollando mejores herramientas de visualización. Estas simulaciones se inician simplemente oprimiendo el botón RUN. La máquina de simulación calcula el movimiento del sistema definido y lo despliega en una animación continua. El resultado puede exhibirse en formatos gráfico, digital, tabular y de gráfica de barras. Los datos adquiridos también pueden exportarse a otra hoja de cálculo para un análisis de otro tipo. El icono físico interactivo identifica los ejemplos, problemas y figuras para las cuales hay una simulación. A continuación se presenta una lista completa.

Lista de simulaciones físicas interactivas

Capítulo 2
Ejemplo 2.10
Ejemplo 2.12
Ejemplo 2.14
Ejemplo 2.15

Problema 2.46
Problema 2.49
Problema 2.72
Problema 2.76
Problema 2.80

Problema 2.81

Capítulo 3
Ejemplo 3.8
Problema 3.50

Capítulo 4
Ejemplo 4.2
Ejemplo 4.5
Ejemplo 4.6
Ejemplo 4.7

(Ken Sakomoto, Black Star)

f(g) Scholar: Software de hoja de cálculo/Calculadora gráfica/Graficación

f(g) Scholar es un poderoso programa de hoja de cálculo científico/ingenieril con más de 300 funciones matemáticas integradas desarrollado por Future Graph, Inc. Es la única herramienta que está formada por una calculadora gráfica, una hoja de cálculo y aplicaciones de graficación, y que permite cambios rápidos entre aplicaciones. Los estudiantes encontrarán muchos usos para *f(g) Scholar* a lo largo de sus cursos de ciencias, matemáticas e ingeniería, incluso al trabajar en sus laboratorios, desde el inicio hasta el término de sus trabajos. Otras características incluidas son un lenguaje de programación para definir funciones matemáticas, ajustes de curvas, graficación tridimensional y presentación en la pantalla de ecuaciones. Cuando las librerías ordenen *f(g) Scholar* a través de Saunders College Publishing, conseguirán un precio exclusivo para los estudiantes.

Auxiliares para el estudiante

Manual de soluciones y Guía de estudio para el estudiante de John к. Gordon, Ralph McGrew, Steve Van Wyk y Ray Serway. El manual muestra las soluciones detalladas de casi 25 por ciento de los problemas de fin del capítulo del libro. Éstos se indican con los números del problema encerrados en un cuadro. El manual también incluye una sección de habilidades que repasa conceptos matemáticos y notas sobre secciones fundamentales del texto, además de brindar una lista de las ecuaciones y conceptos importantes.

Guía de bolsillo de V. Gordon Lind. Este libro de notas, de 5×7 pulg, es una cápsula de cada sección del libro que proporciona una sencilla guía de conceptos importantes, fórmulas y sugerencias para la solución de problemas.

Ejercicios de descubrimiento para física interactiva de Jon Staib   Este libro de trabajo está diseñado para utilizarse junto con las simulaciones de Física interactiva ya descritas. Consta de un conjunto de ejercicios en los que se pide al estudiante llenar los espacios en blanco, contestar preguntas, construir gráficas, predecir resultados y efectuar cálculos sencillos. Cada ejercicio está ideado para enseñar al menos un principio físico y/o para desarrollar la intuición física de los estudiantes. El libro de trabajo y las plantillas pueden usarse como tutoriales independientes o en un laboratorio.

Plantillas de hoja de cálculo   El disco de plantillas de hoja de cálculo contiene archivos de hoja de cálculo diseñados para usarse con los problemas de fin de capítulo que llevan el título Poblemas de hoja de cálculo. Los archivos se han desarrollado en Lotus 1-2-3 utilizando el formato WK1 y pueden utilizarse con la mayor parte de los programas de hoja de cálculo, entre los que se incluyen todas las versiones recientes de Lotus 1-2-3, Excel para Windows y Macintosh, Quattro Pro y *f(g) Scholar*. Se brindan al estudiante más de 30 plantillas.

Investigaciones de física en hoja de cálculo de Lawrence B. Golden y James R. Klein   Este libro de trabajo, con el disco que lo acompaña, muestra cómo pueden usarse las hojas de cálculo para resolver muchos problemas de física cuando es útil el análisis con este tipo de herramientas. El manual se divide en tres partes. La primera se compone de tutoriales de hoja de cálculo, en tanto que la segunda es una breve introducción a métodos numéricos. Los tutoriales incluyen técnicas de hoja de cálculo básicas que ponen mayor atención en la navegación en éstas, la introducción de datos, la construcción de fórmulas y la graficación. Los métodos numéricos incluyen diferenciación, integración, interpolación y la solución de ecuaciones diferenciales. Se proporcionan numerosos ejemplos y ejercicios. Se brindan instrucciones paso a paso para construir modelos numéricos de problemas selectos de física. Los ejercicios y ejemplos empleados para ilustrar los métodos numéricos se tomaron de física y matemáticas introductorias. El material de la hoja de cálculo se presenta usando las características de Lotus 1-2-3 Versión 2.x, con secciones específicas dedicadas a las características de otros programas de hoja de cálculo, que abarcan versiones recientes de Lotus 1-2-3 para Windows, Excel para Windows y las de Macintosh Quattro Pro y *f(g) Scholar*.

Métodos matemáticos para física introductoria con cálculo por Ronald C. Davidson, Princeton University   Este pequeño libro se dirige a estudiantes que no pueden mantener la atención en sus clases de física debido a su falta de familiaridad con las herramientas matemáticas necesarias. *Métodos matemáticos* brinda un breve panorama de los diversos temas matemáticos que pueden necesitarse en un curso de física de nivel introductorio, mediante el uso de muchos ejemplos y ejercicios desarrollados.

Así que usted desea estudiar física: una preparación para científicos e ingenieros por Rodney Cole   Este texto es muy útil para aquellos estudiantes que necesitan preparación adicional antes o durante un curso de física. El libro incluye problemas característicos con soluciones desarrolladas y un repaso de las técnicas de matemáticas y de física. El estilo directo y ameno permite comprender y emplear de una manera más sencilla a las matemáticas en el contexto de la física.

Problemas prácticos con soluciones   Esta colección de más de 500 problemas tomada de la tercera edición de *Física para científicos e ingenieros* está disponible con las soluciones completas. Los problemas que incluye pueden usarse para asignar tareas, exámenes y ejercicios de práctica y adiestramiento a los estudiantes.

Problemas complejos de física de Boris Korsunsky. El objetivo de este grupo de 600 problemas de extrema complejidad es probar la comprensión del estudiante acerca de los conceptos básicos y ayudarle a desarrollar planteamientos generales para las soluciones de problemas de física.

(D.O.E./Science Source/Photo Researchers)

Aplicaciones de la física a las ciencias de la vida   Este suplemento, compilado por Jerry Faughn, brinda ejemplos, lecturas y problemas de las ciencias biológicas relacionados con la física. Los temas incluyen "Fricción en articulaciones humanas", "Física del sistema circulatorio humano", "Física del sistema nervioso" y "Ultrasonido y sus aplicaciones". Este suplemento es útil en cursos que tienen un número considerable de estudiantes de medicina.

Manual de laboratorio de física de David Loyd   Para complementar el aprendizaje de los principios físicos fundamentales en tanto se van presentando los procedimientos y los equipos de laboratorio, cada capítulo del manual de laboratorio incluye una tarea previa a la práctica de laboratorio, objetivos, una lista del equipo, la teoría detrás del experimento, el método experimental, cálculos, gráficas y preguntas. Asimismo se incluye un informe de laboratorio para cada experimento de manera que el estudiante pueda registrar los datos, los cálculos y los resultados experimentales.

Auxiliares del profesor

Manual del profesor con soluciones de Ralph McGrew y Steve Van Wyk   Este manual está formado por la totalidad de soluciones desarrolladas para todos los problemas del libro y las respuestas a los problemas de número par. En esta edición las soluciones a los nuevos problemas están marcadas para que el maestro pueda identificarlas. Todas las soluciones se han revisado con mucho cuidado para asegurar la precisión.

Banco de pruebas computarizado de Jorge Cossio   Este banco de pruebas, disponible para computadoras personales IBM y Macintosh, contiene más de 2 300 problemas y ejercicios de opción múltiple y de respuesta abierta, que representan cada capítulo del texto. El banco de pruebas permite al profesor acostumbrarse a las pruebas rearreglando, editando y añadiendo nuevas preguntas. El programa imprime cada respuesta en una clave de calificaciones independiente, y para hacerlo más exacto se han revisado todas las preguntas.

Banco de pruebas impreso   Este banco de pruebas es la versión impresa del banco de pruebas computarizado; contiene todas las preguntas y problemas de opción múltiple y de respuesta abierta del disco. Se incluyen también las respuestas.

Demostraciones físicas interactivas de Ray Serway   Se cuenta con un conjunto de simulaciones físicas de computadora que utilizan el programa Física interactiva II para emplearlas en las presentaciones en el salón de clases. Estas simulaciones son muy útiles para mostrar animaciones de movimiento; la mayor parte de éstas están relacionadas con secciones o ejemplos específicos del libro de texto.

Videodisco de física de Saunders   Contiene animaciones extraídas del software SD2000 y del de Física interactiva II, pequeños videos demostrativos de aplicaciones de la física en el mundo real, e incluso imágenes del libro *Física para científicos e ingenieros con física moderna*, cuarta edición. Las imágenes fijas incluyen la mayor parte de las ilustraciones del libro con leyendas más grandes para que se observen mejor en el salón de clases.

Videocinta de demostraciones físicas de J.C. Sprott de la Universidad de Wisconsin, Madison   Un videocassette único de dos horas dividido en doce temas principales. Cada tema contiene entre cuatro y nueve demostraciones físicas para un total de 70.

Matrices de transparencias de soluciones selectas   Las soluciones desarrolladas escogidas son idénticas a las que se incluyen en el Manual de soluciones del estudiante y en la Guía de estudio. Este material puede usarse en el salón de clases cuando se transfieran a acetatos.

Acetatos de transparencias para proyección Esta colección de transparencias consta de más de 200 figuras a todo color del libro; se caracterizan por una amplia área impresa para facilitar su observación en el salón de clases.

Manual del profesor como suplemento de Problemas complejos de física de Boris Korsunsky Este libro contiene las respuestas y soluciones a los 600 problemas que aparecen en *Problemas complejos de física*. Para comprenderlos mejor, todos los problemas vuelven a enunciarse con los diagramas necesarios.

Manual del instructor para el Manual de laboratorio de física de David Loyd Cada capítulo contiene un análisis del experimento, sugerencias didácticas, respuestas a las preguntas seleccionadas y un examen posterior al laboratorio con preguntas de respuesta breve y de ensayo. También se incluye una lista de los proveedores del equipo científico y un resumen del equipo necesario para todos los experimentos de laboratorio comprendidos en el manual.

OPCIONES DE ENSEÑANZA

Este libro está estructurado en la siguiente secuencia de temas: el volumen 1 incluye mecánica clásica, ondas materiales y calor y termodinámica; el volumen 2 abarca electricidad y magnetismo, ondas luminosas, óptica, relatividad y física moderna. Esta presentación es una secuencia más tradicional, con el tema de ondas materiales expuesto antes de electricidad y magnetismo. Algunos profesores tal vez prefieran cubrir este material después de completar el tema de electricidad y magnetismo (después del capítulo 34). El capítulo sobre relatividad se estructuró al final del libro debido a que este tema se trata como una introducción a la era de la "física moderna". Si el tiempo lo permite, los profesores pueden desarrollar el capítulo 39 después del 14, el cual termina el material acerca de mecánica newtoniana.

Los profesores que imparten cursos de dos semestres, pueden eliminar algunas secciones y capítulos sin perder continuidad. He marcados éstos con asterisco (*) en la tabla de contenido y en las correspondientes secciones del texto. Para provecho del estudiante algunas de estas secciones o capítulos podrían darse como tareas adicionales.

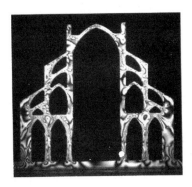

(Peter Aprahamian/Science Photo Library)

RECONOCIMIENTOS

Durante la preparación de la cuarta edición de este libro he sido asesorado por la experiencia de mucha gente que revisó parte o la totalidad del manuscrito. Robert Bauman fue coordinador del proceso de revisión. Verificó la exactitud de toda la obra y ofreció numerosas sugerencias para hacerlo más claro. Aprecio la colaboración de Irene Nunes por su cuidadosa edición y la elegancia del lenguaje en el texto. Asimismo, quisiera agradecer a los siguientes estudiantes y expresarles mis sinceras gracias por sus valiosas sugerencias, críticas y estímulo:

Edward Adelson, Ohio State University
Joel Berlinghieri, The Citadel
Ronald E. Brown, California Polytechnic State University-San Luis Obispo
Lt. Commander Charles Edmonson, U.S. Naval Academy
Phil Fraundorf, University of Missouri-St. Louis
Ken Ganeger, California State University-Dominiquez Hills
Alfonso Díaz-Jiménez, ADJOIN Research Center, Colombia
George Kottowar, Texas A & M
Raymond L. Kozub, Tennessee Technological University
Tom Moon, Montana Tech
Edward Mooney, Youngstown State University

Marvin Payne, Georgia Southern University
Sama'an Salem, California State University-Long Beach
John Sheldon, Florida International University
J.C. Sprott, University of Wisconsin-Madison
Larry Sudduth, Georgia Institute of Technology
David Taylor, Northwestern University
George Williams, University of Utah

También deseo dar las gracias a los siguientes profesores por sus sugerencias durante el desarrollo de las ediciones anteriores de este libro:

Revisores

George Alexandrakis, University of Miami
Elmer E. Anderson, University of Alabama
Wallace Arthur, Fairleigh Dickinson
Duane Aston, California State University at Sacramento
Stephen Baker, Rice University
Richard Barnes, Iowa State University
Albert A. Bartlett
Stanley Bashkin, University of Arizona
Marvin Blecher, Virginia Polytechnic Institute and State University
Jeffrey J. Braun, University of Evansville
Kenneth Brownstein, University of Maine
William A. Butler, Eastern Illinois University
Louis H. Cadwell, Providence College
Bo Casserberg, University of Minnesota
Ron Canterna, University of Wyoming
Soumya Chakravarti, California State Polytechnic University
C. H. Chan, The University of Alabama in Huntsville
Edward Chang, University of Massachusetts, Amherst
Don Chodrow, James Madison University
Clifton Bob Clark, University of North Carolina at Greensboro
Walter C. Connolly, Appalachian State University
Hans Courant, University of Minnesota
David R. Currot
Lance E. De Long, University of Kentucky
James L. DuBard, Birmingham-Southern College
F. Paul Esposito, University of Cincinnati
Jerry S. Faughn, Eastern Kentucky University
Paul Feldker, Florissant Valley Community College
Joe L. Ferguson, Mississippi State University
R.H. Garstang, University of Colorado at Boulder
James B. Gerhart, University of Washington
John R. Gordon, James Madison University
Clark D. Hamilton, National Bureau of Standards
Mark Heald, Swarthmore College
Herb Helbig, Clarkson University

Howard Herzog, Broome Community College
Larry Hmurcik, University of Bridgeport
Paul Holoday, Henry Ford Community College
Jerome W. Hosken, City College of San Francisco
William Ingham, james Madison University
Mario Iona, University of Denver
Karen L. Johnston, North Carolina State University
Brij M. Khorana, Rose-Hulman Institute of Technology
Larry Kirkpatrick, Montana State University
Carl Kocher, Oregon State University
Robert E. Kribel, Jacksonville State University
Barry Kunz, Michigan Technological University
Douglas A. Kurtze, Clarkson University
Fred Lipschultz, University of Connecticut
Chelcie Liu
Francis A. Liuima, Boston College
Robert Long, Worcester Polytechnic Institute
Roger Ludin, California Polytechnic State University
Nolen G. Massey, University of Texas at Arlington
Howard McAllister
Charles E. McFarland, University of Missouri at Rolla
Ralph V. McGrew, Broome Community College
James Monroe, The Pennsylvania State University, Beaver Campus
Bruce Morgan, U.S. Naval Academy
Clem Moses, Utica College
Curt Moyer, Clarkson University
David Murdock, Tennessee Technological College
A. Wilson Nolle, The University of Texas at Austin
Thomas L. O'Kuma, San Jacinto College North
Fred A. Otter, University of Connecticut
George Parker, North Carolina State University
William F. Parks, University of Missouri, Rolla

Philip B. Peters, Virginia Military Institute
Eric Peterson, Highland Communitary College
Richard Reimann, Boise State University
Joseph W. Rudmin, James Madison University
Jill Rugare, DeVry Institute of Technology
C. W. Scherr, University of Texas at Austin
Eric Sheldon, University of Massachusetts-
  Lowell
John Sheldon, College of Lake County
Stan Shepard, The Pennsylvania State
  University
A. J. Slavin
James H. Smith, University of Illinois at
  Urbana-Champaign
Richard R. Sommerfield, Foothill College
Kervork Spartalian, University of Vermont
J. C. Sprott
Robert W. Stewart, University of Victoria
James Stith, United States Military Academy

Charles D. Teague, Eastern Kentucky
  University
Edward W. Thomas, Georgia Institute of
  Technology
Carl T. Tomizuka, University of Arizona
Herman Trivilino, San Jacinto College North
Som Tyagi, Drexel University
Steve Van Wyk, Chapman College
Joseph Veit, Western Washington University
T. S. Venkataraman, Drexel University
Noboru Wada, Colorado School of Mines
James Walker, Washington State University
Gary Williams, University of California, Los
  Angeles
George Williams, University of Utah
William W. Wood
Edward Zimmerman, University of Nebraska,
  Lincoln
Earl Zwicker, Illinois Institute of Technology

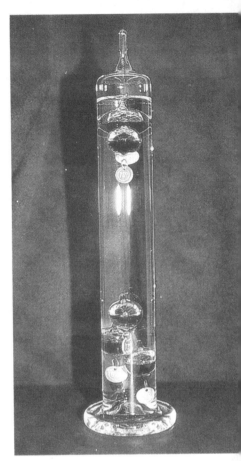

(Cortesía de Jeanne Maier)

Quisiera agradecer a Michael Carchidi por coordinar y contribuir con los problemas de fin de capítulo de esta cuarta edición. Estoy muy agradecido con las siguientes personas por aportar al texto creativos e interesantes problemas nuevos: Barry Gilbert, Rhode Island College; Boris Korsunsky, Northfield Mount Hermon School; Bo Lou, Ferris State University, y Roger Ludin, California Polytechnic State University-San Luis Obispo.

Aprecio el auxilio de Steve Van Wyk y Ralph McGrew por su cuidadosa revisión a todos los problemas de fin de capítulo y por la preparación de la sección de respuestas en el libro y en el Manual del profesor. Estoy en deuda con mi colega y amigo John R. Gordon por sus numerosas contribuciones durante el desarrollo del texto, por su continuo estímulo y apoyo y por su experiencia en la preparación del Manual de soluciones del estudiante y la Guía de estudio, con la colaboración de Ralph McGrew y Steve Van Wyk. Agradezco también a Linda Miller por su auxilio en la preparación del manuscrito y por haber mecanografiado y corregido el Manual de soluciones del estudiante y la Guía de estudio. Mi agradecimiento a Michael Rudmin por sus ilustraciones al Manual de soluciones del estudiante y a la Guía de estudio. Gracias también a Sue Howard por encontrar excelentes fotografías, y a Jim Lehman y al fallecido Henry Leap por brindar numerosas fotografías de demostraciones físicas.

Agradezco a Larry Golden y a James Klein por el desarrollo de los problemas de hoja de cálculo de final de capítulo y por las plantillas que los acompañan, así como por el suplemento, Análisis numérico: Investigaciones de física en hoja de cálculo.

El paquete de soporte se está volviendo un componente cada vez más esencial de un libro de texto. Yo quisiera agradecer a las siguientes personas por ser los autores de los auxiliares que acompañan este libro: Jorge Cossio por la revisión completa y por la actualización del banco de pruebas; a Jon Staib por desarrollar el libro de trabajo Ejercicios de descubrimiento que acompaña a las simulaciones de Física interactiva y por revisar y afinar muchas de las simulaciones; a Evelyn Patterson de la Academia de la Fuerza Aérea de Estados Unidos por su amplia revisión y mejoras a las simulaciones de Física interactiva; a John Minnerly por convertir los archivos de Física interactiva a un formato IBM Windows; a Bob Blitshtein y al grupo de Future Graph, Inc., por crear el paquete de software SD2000 que acompaña este texto; a V. Gordon Lind por concebir y crear la Guía de bolsillo; a David Loyd por preparar el Manual de laboratorio y el Manual del profesor que lo acompaña; a Boris Korsunsky por preparar un suplemento de Problemas complejos de física; a Jerry Faughn por compilar *Aplicaciones de física a las ciencias de la vida*; a Ron Davidson por su autoría de *Métodos matemáticos para física introductoria con cálculo*; y a Rodney Cole por elaborar el manual preparatorio para física, *Así que usted desea estudiar física*.

Durante el desarrollo de este libro, me beneficié de los valiosos análisis y comunicaciones con muchas personas, entre las que se incluye Subash Antani, Gabe Anton, Randall Caton, Don Chodrow, Jerry Faughn, John R. Gordon, Herb Helbig, Lawrence Hmurcik, William Ingham, David Kaup, Len Ketelsen, Alfonso Díaz-Jimínez, Henry Leap, H. Kent Moore, Charles McFarland, Frank Moore, Clem Moses, Curt Moyer, William Parks, Dorn Peterson, Joe Rudmin, Joe Scaturro, Alex Serway, John Serway, Georgio Vianson y Harold Zimmerman. Un reconocimiento especial a mi tutor y amigo Sam Marshall, un talentoso maestro y científico quien me ayudó a mejorar mis habilidades de escritura mientras era yo un estudiante universitario.

Quisiera agradecer y reconocer especialmente al profesional grupo en Saunders College Publishing por su excelente trabajo durante el desarrollo y producción de este texto, en especial a Laura Maier, coordinadora editorial; a Sally Kusch, jefa editorial del proyecto; Charlene Squibb, gerente de producción y a Carol Bleistine, gerente de arte y diseño. Gracias también a Tim Frelick, vicepresidente/director de diseño y producción editorial y a Margie Waldron, vicepresidente/ventas, por su continuo apoyo al proyecto. Doy las gracias a John Vondeling, vicepresidente/editorial, por su gran entusiasmo con el proyecto, y su amistad y su confianza en mí como autor. Agradezco mucho la inteligente corrección del original de Charlotte Nelson, el excelente trabajo artístico de Roling Graphics, Inc., y el atractivo diseño de Rebecca Lemna.

Una especial nota de aprecio para los cientos de estudiantes en la Clarkson University que utilizaron la primera edición de este texto en forma de manuscrito durante su desarrollo. Deseo también dar las gracias a los numerosos usuarios de la segunda y tercera ediciones que enviaron sugerencias y señalaron errores. Con la ayuda de tan cooperativos esfuerzos, espero haber alcanzado mi primer objetivo, es decir, proporcionar al estudiante un libro de texto efectivo.

Por último, quiero dar las gracias a mi maravillosa familia por continuar apoyando y comprendiendo mi compromiso con la enseñanza de la física.

Raymond A. Serway

James Madison University

Junio 1995

Al estudiante

Considero conveniente brindar algunos consejos que le serán muy útiles a usted, el estudiante. Antes de hacerlo, supondré que ya ha leído el prefacio, el cual describe las diversas características del libro que le ayudarán a lo largo del curso.

CÓMO ESTUDIAR

A menudo se les pregunta a los profesores "¿cómo debo estudiar física y prepararme para los exámenes?". No hay una respuesta sencilla a esta pregunta, pero me gustaría dar algunas sugerencias a partir de mis propias experiencias en el aprendizaje y la enseñanza a lo largo de los años.

Lo primero y más importante es mantener una actitud positiva hacia el tema, teniendo en mente que la física es la más fundamental de todas las ciencias naturales. Otros cursos de ciencias que siguen usarán los mismos principios físicos, por lo que es importante que usted comprenda y sea capaz de aplicar los diferentes conceptos y teorías estudiados en el texto.

CONCEPTOS Y PRINCIPIOS

Es fundamental que usted entienda los conceptos y principios básicos antes de intentar resolver los problemas asignados. Esto se consigue de mejor manera mediante una lectura cuidadosa del libro de texto antes de que asista al salón de clases. Durante la lectura es útil subrayar ciertos puntos que no sean claros para usted. Tome notas cuidadosas en clase y después plantee preguntas pertinentes relativas a las ideas que requieren aclararse. No olvide que son pocas las personas capaces de absorber todo el significado del material científico después de una lectura. Tal vez sean necesarias varias lecturas del texto y tomar algunas notas. Su asistencia a clases y el trabajo de laboratorio deben complementar el texto y clarificar parte del material más difícil. Usted debe reducir al mínimo la memorización del material. La memorización de pasajes del texto, ecuaciones y deducciones no necesariamente significan que usted entienda el material. Su comprensión crecerá mediante una combinación de hábitos de estudio eficientes, discusiones con otros estudiantes y profesores y de su habilidad para resolver los problemas del libro. Siempre que lo considere necesario, pregunte.

PLAN DE ESTUDIO

Es importante establecer un plan de estudio regular, de preferencia diariamente. Asegúrese de leer el programa de estudios del curso y seguir el plan establecido por su profesor. Las clases serán mucho más valiosas si usted lee el material correspondiente del libro antes de asistir a ellas. Como regla general, debe dedicar alrededor de dos horas de estudio por cada hora de clase. Si tiene problemas con el curso, busque el consejo del profesor o de estudiantes que lo hayan tomado. Verá que es necesario buscar instrucción adicional de estudiantes experimentados. Con frecuencia, los profesores le ofrecerán sesiones de repaso además de las clases regulares. Es importante que usted evite el hábito de postergar el estudio hasta un día o dos antes de un examen. Lo anterior conducirá casi siempre a resultados desastrosos. En vez de mantenerse en vela en sesiones de noches completas, es mejor revisar brevemente los conceptos y ecuaciones, y disfrutar después noches de verdadero descanso. Si cree que necesita ayuda adicional para la comprensión de los conceptos, en la preparación de exámenes o en la solución de problemas, le sugerimos que adquiera una copia del Manual de soluciones del estudiante y de la Guía de estudio que acompañan el libro y que puede conseguir en la librería de su escuela.

APROVECHE LAS CARACTERÍSTICAS DEL LIBRO

Usted debe utilizar plenamente las diversas características del texto presentadas en el prefacio. Por ejemplo, las notas al margen son útiles para ubicar y describir ecuaciones y conceptos importantes, en tanto que los enunciados y definiciones de mayor relevancia se destacan en color. Muchas tablas útiles se incluyen en los apéndices, aunque la mayor parte se incorpora en el texto donde se utilizan más a menudo. El apéndice B es un repaso conveniente de las técnicas matemáticas.

Las respuestas a los problemas impares se brindan al final del texto, y las respuestas a las preguntas de fin de capítulo se proporcionan en la guía de estudio. Los ejercicios (con respuestas), que se encuentran después de algunos ejemplos resueltos, representan extensiones de dichos ejemplos y, en muchos casos, se espera que usted efectúe un cálculo sencillo. Con ellos se persigue probar su habilidad para resolver problemas a medida que usted avanza en el texto.

Las estrategias y sugerencias para la solución de problemas se incluyen en capítulos seleccionados a lo largo de todo el libro para brindarle información adicional que le ayude a resolver problemas. Un panorama de la obra completa se da en la tabla de contenido, en tanto que el índice le permitirá localizar rápidamente material específico. Las notas a pie de página se usan en ocasiones para complementar el análisis o para citar otras referencias sobre el tema. La mayor parte de los capítulos incluyen varios problemas con hojas de cálculo. Se idearon para aquellos cursos que dan relevancia a los métodos numéricos. En algunos casos, se brindan plantillas de hoja de cálculo, en tanto que en otros se requiere modificar las que se ofrecen o crear nuevas.

Después de leer un capítulo, usted debe ser capaz de definir cualesquiera nuevas cantidades introducidas en él y discutir los principios y suposiciones que se utilizan para llegar a ciertas relaciones clave. Los resúmenes de capítulo y las secciones de repaso de la Guía de estudio le ayudarán en este sentido. En algunos casos será necesario referirse al índice del texto para localizar ciertos temas. Usted debe ser capaz de asociar correctamente con cada cantidad física un símbolo usado para representarla, junto con la unidad en la que la cantidad se especifica. Además, deberá poder expresar cada relación importante en un enunciado redactado de manera concisa y precisa.

SOLUCIÓN DE PROBLEMAS

R.P. Feynman, premio Nóbel de física, dijo una vez, "Usted no sabe nada hasta que lo ha practicado". De acuerdo con esta afirmación, reitero el consejo de que desarrolle las habilidades necesarias para resolver una amplia gama de problemas. Su capacidad para solucionarlos será una de las principales pruebas de su conocimiento de física y, en consecuencia, debe tratar de resolver el mayor número posible de problemas. Es esencial que comprenda los conceptos y principios básicos antes de intentar resolverlos. Una buena práctica consiste en tratar de encontrar soluciones alternas al mismo problema. Por ejemplo, los de mecánica pueden resolverse

(Ken Kay/Fundamental Photographs)

con las leyes de Newton, aunque con frecuencia es mucho más directo un método alternativo que usa consideraciones de energía. No debe detenerse en pensar entender el problema después de ver su solución en clase. Debe ser capaz de resolver el problema y problemas similares por sí solo.

El método de solución de problemas debe planearse cuidadosamente. Un plan sistemático es importante, en especial cuando un problema implica varios conceptos. Primero lea el problema varias veces hasta que usted esté seguro de entender lo que se está preguntando. Busque cualesquiera palabras claves que le ayudarán a interpretar el problema y que tal vez le permitan hacer ciertas suposiciones. Su habilidad para interpretar la pregunta de manera apropiada es una parte integral de la solución de problemas. Debe adquirir el hábito de apuntar la información dada en un problema y de decidir qué cantidades necesitan encontrarse. Sería deseable construir una tabla con las cantidades dadas y las cantidades que se van a encontrar. Este procedimiento algunas veces se usa en los problemas resueltos del texto. Una vez elegido el método que considere apropiado para la situación, resuelva el problema. Las estrategias generales de solución de problemas de este tipo se incluyen en el texto y se destacan por medio de una pantalla de color claro.

Con frecuencia he encontrado que los estudiantes no reconocen las limitaciones de ciertas fórmulas o leyes físicas en una situación particular. Es muy importante que entienda y recuerde las suposiciones que sustentan una teoría o formalismo particular. Por ejemplo, ciertas ecuaciones en cinemática se aplican sólo a una partícula que se mueve con aceleración constante. Estas ecuaciones no son válidas para situaciones en las que la aceleración no es constante, como el movimiento de un objeto conectado a un resorte o el movimiento de un objeto a través de un fluido.

Estrategia general para la solución de problemas

En casi todos los cursos de física general es necesario que el estudiante adquiera las habilidades para la solución de problemas, y los exámenes se componen en gran medida de problemas que comprueban dichas habilidades. Esta breve sección describe algunas ideas útiles que le permitirán aumentar su precisión en la solución de problemas, ampliar su comprensión de los conceptos físicos, eliminar el pánico inicial o la falta de dirección para enfocar un problema, y organizar su trabajo. Una manera de ayudar a cumplir estas metas es adoptar una estrategia de solución de problemas. Muchos capítulos incluyen una sección denominada "estrategias y sugerencias para la solución de problemas" que debe ayudarle en los "obstáculos difíciles".

En el desarrollo de estrategias para la solución de problemas, se siguen cinco pasos básicos comunes.

- Dibuje un diagrama con leyendas apropiadas y, si fuera necesario, ejes de coordenadas.
- Cuando examine lo que se le pide en el problema, identifique el principio (o principios) físico básico que está implícito, listando las cantidades conocidas y las incógnitas.
- Seleccione una relación básica o deduzca una ecuación que pueda utilizarse para encontrar la incógnita y resuelva simbólicamente la ecuación para la incógnita.
- Sustituya los valores dados junto con las unidades apropiadas en la ecuación.
- Obtenga un valor numérico para la incógnita. El problema se verifica y se indica con una marca si las siguientes preguntas pueden contestarse apropiadamente: ¿Concuerdan las unidades? ¿La respuesta es razonable? ¿El signo más o menos es apropiado o incluso es muy importante?

Uno de los objetivos de esta estrategia es promover la precisión. Los diagramas dibujados adecuadamente pueden eliminar muchos errores en el signo. Los diagramas también ayudan a aislar los principios físicos del problema. Las soluciones simbólicas y las cantidades conocidas e incógnitas marcadas cuidadosamente

Una persona que conduce un auto a un velocidad de 20 m/s acciona los frenos y se detiene en una distancia de 100 m. ¿Cuál fue la aceleración del auto?

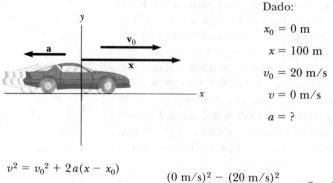

Dado:

$$x_0 = 0 \text{ m}$$

$$x = 100 \text{ m}$$

$$v_0 = 20 \text{ m/s}$$

$$v = 0 \text{ m/s}$$

$$a = ?$$

$$v^2 = v_0{}^2 + 2a(x - x_0)$$

$$v^2 = v_0{}^2 + 2a(x - x_0)$$

$$a = \frac{v^2 - v_0{}^2}{2(x - x_0)}$$

$$a = \frac{(0 \text{ m/s})^2 - (20 \text{ m/s})^2}{2(100 \text{ m})} = -2 \text{ m/s}^2$$

$$\frac{\text{m}^2/\text{s}^2}{\text{m}} = \frac{\text{m}}{\text{s}^2}$$

ayudarán a eliminar otros errores cometidos por descuido. Emplear soluciones simbólicas le ayudará a pensar en términos de la física del problema. La verificación de unidades al final del problema puede indicar un posible error algebraico. La disposición y organización física de su problema hará que el producto final sea más comprensible y fácil de seguir. Una vez que usted ha desarrollado un sistema organizado para examinar problemas y extraer información relevante, se convertirá en un confiable solucionador de problemas.

EXPERIMENTOS

La física es una ciencia fundada en observaciones experimentales. De acuerdo con este hecho, recomiendo tratar de complementar el libro con varios tipos de experimentos "accesibles", ya sea en casa o en el laboratorio. Pueden utilizarse para probar ideas y modelos estudiados en clase o en el texto. Por ejemplo, el juguete "Slinky" es excelente para estudiar ondas viajeras; con una bola balanceándose en el extremo de una cuerda larga se puede investigar el movimiento de un péndulo; es posible emplear varias masas unidas al extremo de un resorte vertical o banda de hule para determinar su naturaleza elástica; un viejo par de lentes Polaroid para el sol, algunos lentes desechados y una lente de aumento son los componentes de diversos experimentos de óptica; usted puede lograr una medición aproximada de la aceleración en caída libre dejando caer una bola desde una altura conocida y medir el tiempo de descenso con un cronómetro. Esta lista es interminable. Cuando no cuente con modelos físicos, sea imaginativo y trate de desarrollar modelos propios.

EMPLEO PEDAGÓGICO DEL COLOR

La mayor parte de las gráficas se presentan con curvas dibujadas en un color verde, y con los ejes coordenados en negro. Se emplearon varios tonos en las gráficas donde se graficaban simultáneamente muchas cantidades físicas, o en casos donde pueden ocurrir diferentes procesos, y es necesario distinguirlos.

Se han incorporado efectos de sombras en movimiento en muchas figuras para recordar a los lectores que están tratando con un sistema dinámico y no con un sistema estático. Estas figuras aparecerán como algo similar a una fotografía de "destellos múltiples" de un sistema en movimiento, con imágenes fantasma de la "historia pasada" de la trayectoria del sistema. En algunas figuras, con una flecha amplia y coloreada se indica la dirección de movimiento del sistema.

Se ha usado un código de figuras en algunas partes del libro para identificar cantidades físicas específicas. El diagrama pedagógico que aparece justo antes de la tabla de contenido debe ser una buena referencia cuando se examinen las ilustraciones.

UNA INVITACIÓN A LA FÍSICA

Mi más sincero deseo es que usted encuentre la física como una experiencia emocionante y agradable, y que se beneficie de esta experiencia, independientemente de la profesión que haya elegido. Bienvenido al emocionante mundo de la física.

El científico no estudia la naturaleza porque sea útil; la estudia porque se deleita en ella, y se deleita en ella porque es hermosa. Si la naturaleza no fuera bella, no valdría la pena conocerla, y si no ameritara saber de ella, no valdría la pena vivir la vida.

Henri Poincaré

DIAGRAMA PEDAGÓGICO

Parte I (capítulos 1-15): Mecánica

Vectores de desplazamiento
y posición

Vectores de velocidad (**v**)
Vectores de componentes
de lá velocidad

Vectores de fuerza (**F**)
Vectores de componentes
de fuerza

Vectores de aceleración (**a**)
Vectores de componentes
de aceleración

Vectores de momento
de torsión (**t**) y de momento
angular (**L**)

Direcciones de movimiento
lineal o rotacional

Resortes

Poleas

Panorama del contenido

(Cortesía de Central Scientific Co.)

Contenido

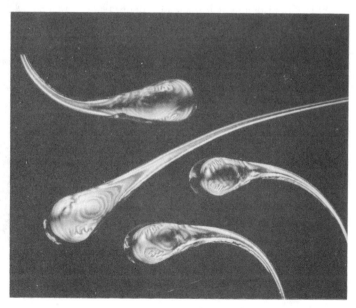

(James L. Amos/Peter Arnold, Inc.)

(Philippe Plailly/SPL/Photo Researchers)

(Paul Hanny/Gamma Liaison)

Esta impresionante fotografía capta descargas atmosféricas múltiples cerca de algunas casas rurales. La descarga más intensa incide sobre un árbol adyacente a una de las casas.

(© Johnny Autrey)

PARTE IV

Electricidad y magnetismo

Por respeto a personas... de tipos
diferentes, la verdad científica debe
presentarse en distintas formas, y debe
considerarse como igualmente científica,
tanto si aparece en la forma intensa y de
vivos colores de una ilustración física, o
en la tenue palidez de la expresión
simbólica.

JAMES CLERK MAXWELL

Empezamos ahora el estudio de la rama de la física que aborda los fenómenos eléctricos y magnéticos. Las leyes de la electricidad y el magnetismo desempeñan un papel central en la operación de diversos dispositivos como radios, televisores, motores eléctricos, computadoras, aceleradores de alta energía y en un sinnúmero de dispositivos electrónicos utilizados en medicina. Sin embargo, ahora sabemos con mayor certeza que las fuerzas interatómicas e intermoleculares responsables de la formación de sólidos y líquidos son de origen eléctrico. Además, fuerzas como los empujes y tirones entre objetos y la fuerza elástica en un resorte surgen de fuerzas eléctricas a nivel atómico.

Evidencias en documentos chinos indican que el magnetismo se conoció en una época tan remota como el año 2000 a.C, aproximadamente. Es posible que los antiguos griegos hayan observado los fenómenos eléctricos y magnéticos en los años 700 a.C. Encontraron que un pedazo de ámbar, al frotarse, se electrificaba y atraía pedazos de paja o plumas. La existencia de fuerzas magnéticas se conoció al observar que pedazos de una piedra que existe en la naturaleza, llamada *magnetita* (Fe_3O_4), son atraídos por el hierro. (La palabra *eléctrico* proviene de la palabra griega que designa al ámbar, *elecktron*. La palabra *magnético* proviene del nombre de *Magnesia*; en la costa de Turquía, sitio donde se encontró la magnetita.)

En 1600, William Gilbert descubrió que la electrificación no se limitaba al ámbar sino que era un fenómeno general. Los científicos se aprestaron a electrificar diversos objetos, ¡incluyendo pollos y personas! Los experimentos de Charles Coulomb en 1785 confirmaron la ley del cuadrado inverso para las fuerzas eléctricas.

No fue sino hasta los primeros años del siglo XIX que los científicos establecieron que la electricidad y el magnetismo son, en realidad, fenómenos relacionados. En 1820, Hans Oersted descubrió que la aguja de una brújula se desviaba cuando se ponía cerca de un circuito que conducía una corriente eléctrica. En 1831, Joseph Henry, en Estados Unidos y, casi simultáneamente, Michael Faraday en Inglaterra, demostraron que cuando un alambre se mueve cerca de un imán (o, de forma similar, cuando un imán se mueve cerca de un alambre), se establece una corriente eléctrica en el alambre. Con estas observaciones y otros hechos experimentales, en 1873, James Clerk Maxwell formuló las leyes del electromagnetismo como las conocemos en la actualidad. (*Electromagnetismo* es un nombre dado a los campos combinados de la electricidad y el magnetismo.) Un poco después (hacia 1888), Heinrich Hertz comprobó las predicciones de Maxwell al producir ondas electromagnéticas en el laboratorio. Esto llevó a desarrollos prácticos como la radio y la televisión.

Las contribuciones de Maxwell al campo del electromagnetismo fueron muy importantes gracias a que las leyes que formuló son fundamentales para *todas* las formas de fenómenos electromagnéticos. Su trabajo es tan importante como el de Newton sobre las leyes del movimiento y la teoría de la gravitación.

| CAPÍTULO 23 |

Campos eléctricos

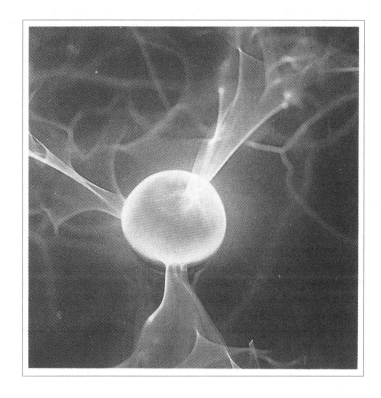

Esta esfera metálica se carga por medio de un generador hasta un voltaje muy alto. La alta concentración de carga formada sobre la esfera crea un intenso campo eléctrico alrededor de ésta. Las cargas se fugan luego a través del gas, produciendo un brillo rosa. *(E. R. Degginger/H. Armstrong Roberts)*

L a fuerza electromagnética entre partículas cargadas es una de las fuerzas fundamentales de la naturaleza. Este capítulo inicia con la descripción de algunas propiedades fundamentales de las fuerzas eléctricas. Continúa con el análisis de la ley de Coulomb, que es una ley de fuerza fundamental entre dos partículas cualesquiera cargadas. El concepto de campo eléctrico asociado a una distribución de carga se presenta posteriormente, y se describe su efecto sobre otras partículas cargadas. Se analiza el método empleado por la ley de Coulomb para calcular campos eléctricos de una distribución de carga determinada, y se brindan algunos ejemplos. En seguida se aborda el movimiento de una partícula cargada en un campo eléctrico uniforme. El capítulo concluye con un breve análisis del osciloscopio.

23.1 PROPIEDADES DE CARGAS ELÉCTRICAS

Algunos experimentos sencillos demuestran la existencia de fuerzas y cargas eléctricas. Por ejemplo, después de pasar un peine por su cabello en un día seco, usted descubrirá que el peine atrae pedacitos de papel. Con frecuencia, la fuerza atractiva es lo suficientemente fuerte para sostener los pedazos de papel. El mismo efecto ocurre cuando materiales como el vidrio y el caucho se frotan con seda o piel.

Otro experimento sencillo es frotar con lana un globo inflado. El globo se adhiere entonces a la pared o al techo de la habitación, durante horas. Cuando los materiales se comportan de esta manera, se dice que están *electrificados* o que se han **cargado eléctricamente**. Usted puede electrificar su cuerpo frotando con fuerza sus zapatos sobre una alfombra de lana. La carga sobre su cuerpo puede registrarse y eliminarse tocando (y sorprendiendo) ligeramente a un amigo. En condiciones adecuadas se observa una chispa visible cuando usted toca a otro, y un ligero estremecimiento será sentido por ambas partes. (Experimentos como éstos se observan mejor en días secos, porque la excesiva humedad puede producir una carga dispersa del cuerpo electrificado a tierra a través de diversas trayectorias conductoras.)

En una serie sistemática de experimentos sencillos, se encontró que hay dos tipos de cargas eléctricas, a las cuales Benjamín Franklin (1706-1790) les asignó los nombres de **positiva** y **negativa**. Para demostrar este hecho considere una barra dura de caucho que haya sido frotada con un paño y que después se suspende por medio de un hilo no metálico, como en la figura 23.1. Cuando una barra de cristal que se ha frotado con seda se acerca a la barra de caucho, ésta es atraída hacia la barra de vidrio. Por otra parte, si dos barras de caucho cargadas (o dos barras de vidrio cargadas) se acercan una a otra, como en la figura 23.1b, la fuerza entre ellas es repulsiva. Esta observación demuestra que el caucho y el vidrio están en dos estados de electrificación diferentes. A partir de estas observaciones concluimos que *cargas similares se repelen entre sí y que cargas opuestas se atraen entre sí.* Utilizando la convención sugerida por Franklin, la carga eléctrica sobre una barra de vidrio se denomina *positiva*, y la que se produce en una barra de caucho se conoce como *negativa*. En consecuencia, cualquier cuerpo cargado que es atraído por una barra de caucho cargada (o repelido por una barra de vidrio cargada) debe tener una carga positiva. Inversamente, cualquier cuerpo cargado que es repelido por una barra de caucho cargada (o atraído hacia una barra de caucho cargada) tiene una carga negativa sobre él.

La carga se conserva

Otro aspecto importante del modelo de electricidad de Franklin es la deducción de que la *carga eléctrica siempre se conserva.* Es decir, cuando un cuerpo se frota contra otro, no se crea carga en el proceso. El estado electrificado se debe a una *transferen-*

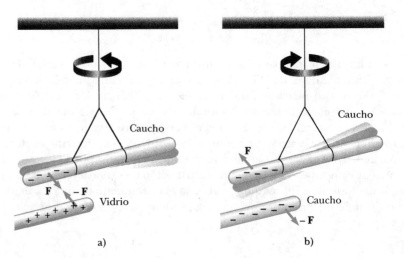

a)   b)

FIGURA 23.1 a) Una barra de caucho cargada negativamente, suspendida por un hilo, es atraída hacia una barra de vidrio cargada positivamente. b) Una barra de caucho cargada negativamente es repelida por otra barra de caucho cargada negativamente.

cia de carga de un cuerpo a otro. Por lo tanto, un cuerpo gana cierta cantidad de carga negativa mientras el otro gana una cantidad igual de carga positiva. Por ejemplo, cuando una barra de caucho se frota con seda, ésta obtiene una carga negativa que es igual en magnitud a la carga positiva en la barra de vidrio. A partir de la comprensión de la estructura atómica hoy sabemos que *los electrones cargados negativamente son los que se transfieren* del vidrio a la seda en el proceso de frotamiento. De igual modo, cuando el caucho se frota con piel, los electrones se transfieren de la piel al caucho, con lo cual éste queda con una carga negativa neta y la piel con una carga positiva neta. Esto es consistente con el hecho de que la materia neutra sin carga contiene tantas cargas positivas (protones con núcleos atómicos) como cargas negativas (electrones).

En 1909, Robert Millikan (1868-1953) confirmó que la carga eléctrica siempre se presenta como algún múltiplo integral de cierta unidad fundamental de carga, *e*. En términos modernos, se dice que la carga *q* está **cuantizada**, donde *q* es el símbolo estándar utilizado para carga. Es decir, la carga eléctrica existe como "paquetes" discretos. Así, podemos escribir $q = Ne$, donde *N* es algún entero. Otros experimentos del mismo periodo muestran que el electrón tiene una carga –*e* y el protón tiene una carga igual y opuesta, +*e*. Algunas partículas elementales, como el neutrón, no tienen carga. Un átomo neutro debe contener tantos protones como electrones.

Las fuerzas eléctricas entre objetos cargados fueron medidas cuantitativamente por Coulomb usando la balanza de torsión, que él inventó (Fig. 23.2). Con este aparato, Coulomb confirmó que la fuerza eléctrica entre dos esferas cargadas pequeñas es proporcional al cuadrado inverso de su separación, esto es, $F \propto 1/r^2$. El principio de operación de la balanza de torsión es el mismo que el del aparato utilizado por Cavendish para medir la constante gravitacional (sección 14.2), con masas reemplazadas por esferas cargadas. La fuerza eléctrica entre las esferas cargadas hace que la fibra suspendida se tuerza. Puesto que el momento de torsión restaurador de la fibra torcida es proporcional al ángulo que ésta gira, una medida de este ángulo proporciona un valor cuantitativo de la fuerza de atracción o repulsión eléctrica. Si las esferas se cargaron por frotamiento, la fuerza eléctrica entre ellas es muy grande comparada con la atracción gravitacional; por lo tanto, puede ignorarse la fuerza gravitacional.

A partir de lo analizado hasta aquí, concluimos que la carga eléctrica tiene las siguientes importantes propiedades:

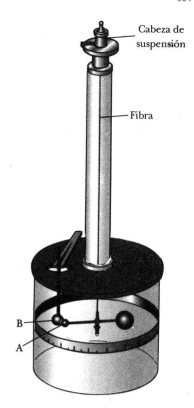

FIGURA 23.2 Balanza de torsión de Coulomb, la cual se usó para establecer la ley de inverso al cuadrado para la fuerza electrostática entre dos cargas.

- Hay dos tipos de cargas en la naturaleza, con la propiedad de que cargas diferentes se atraen unas a otras y cargas similares se rechazan entre sí.
- La fuerza entre las cargas varía con el inverso al cuadrado de su separación.
- La carga se conserva.
- La carga está cuantizada.

Propiedades de la carga eléctrica

23.2 AISLADORES Y CONDUCTORES

Es conveniente clasificar las sustancias en términos de su capacidad para conducir carga eléctrica.

Los **conductores** son materiales en los que las cargas eléctricas se mueven con bastante libertad, en tanto que en los materiales **aisladores** las cargas se mueven con mucha dificultad.

Materiales como el vidrio, el caucho y la lucita entran en esta categoría de aisladores. Cuando dichos materiales se cargan por frotamiento, sólo el área que se frota queda cargada y la carga no puede moverse a otras regiones del material.

En contraste, materiales como el cobre, el aluminio y la plata son buenos conductores. Cuando estos materiales se cargan en alguna pequeña región, la carga se distribuye rápidamente por sí sola sobre toda la superficie del conductor. Si usted sostiene una barra de cobre en su mano y la frota con lana o piel, no atraerá un pequeño pedazo de papel. Esto podría sugerir que el metal no puede cargarse. Por otra parte, si usted sostiene la barra de cobre por medio de un mango de lucita y la frota, la barra permanecerá cargada y atraerá al pedazo de papel. Esto se explica observando que en el primer caso las cargas eléctricas producidas por frotamiento se moverán rápidamente del cobre a través de su cuerpo y finalmente hacia la tierra. En el segundo caso, el mango de lucita aislante evita el flujo de carga hacia la tierra.

Los *semiconductores* son una tercera clase de materiales. Sus propiedades eléctricas se encuentran entre las de los aisladores y las de los conductores. El silicio y el germanio son ejemplos bien conocidos de semiconductores utilizados comúnmente en diversos dispositivos electrónicos. Las propiedades eléctricas de los semiconductores pueden cambiarse en varios órdenes de magnitud añadiendo a los materiales cantidades controladas de ciertos átomos.

Cuando un conductor se conecta a tierra por medio de un alambre o tubo de conducción se dice que está **aterrizado**. La tierra puede considerarse entonces un "sumidero" infinito al cual los electrones pueden emigrar fácilmente. Con esto en mente, podemos entender cómo cargar un conductor por medio de un proceso conocido como **inducción**.

Para entender la inducción, considere una barra de caucho cargada negativamente que se acerca a una esfera conductora neutra (descargada) aislada de tierra. Es decir, no hay una trayectoria de conducción a tierra (Fig. 23.3a). La región de la esfera más cercana a la barra obtiene un exceso de carga positiva, mientras que la región de la esfera más alejada de la barra obtiene un exceso igual de carga negativa. (Esto significa que, los electrones en la parte de la esfera más cerca de la barra emigran hacia el lado opuesto de la esfera.) Si se realiza el mismo experimento con un alambre conductor conectado de la esfera a tierra (Fig. 23.3b), una parte de los electrones en el conductor se repelen tan intensamente por la presencia de la carga negativa que salen de la esfera a través del alambre de aterrizaje y van a tierra. Si el alambre a tierra se quita después (Fig. 23.3c) la esfera de conducción contiene un exceso de carga positiva *inducida*. Por último, cuando la barra de caucho se aparte de la vecindad de la esfera (Fig. 23.3d), la carga positiva inducida permanece sobre la esfera sin aterrizaje. Observe que la carga que permanece sobre la esfera se distribuye uniformemente sobre su superficie debido a las fuerzas repulsivas entre las cargas similares. Durante el proceso, la barra de caucho electrificada no pierde ninguna cantidad de su carga negativa.

Así, vemos que para cargar un objeto por inducción es necesario que no esté en contacto con el cuerpo que induce la carga. Esto contrasta con la forma en que se carga un objeto por frotamiento (es decir, carga por *conducción*), para la cual es necesario el contacto entre los dos objetos.

Un proceso muy similar de carga por inducción en conductores también ocurre en aisladores. En la mayor parte de los átomos y moléculas neutros, el centro de carga positiva coincide con el centro de carga negativa. Sin embargo, en presencia de un objeto cargado, esos centros pueden desplazarse ligeramente, lo que produce más carga positiva en un lado de la molécula que del otro. Este efecto, conocido como polarización, se discute de manera más amplia en el capítulo 26. Este realineamiento de carga dentro de moléculas individuales produce una carga inducida sobre la superficie del aislador, como se muestra en la figura 23.4. Así, a partir de esta información usted debe ser capaz de explicar por qué un peine que se ha sido pasado por el cabello atrae pedazos de papel neutro, o por qué un globo que se ha frotado contra su ropa puede adherirse a una pared neutra.

Los metales son buenos conductores

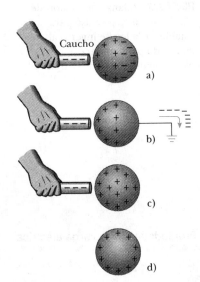

FIGURA 23.3 Carga de un objeto metálico mediante inducción. a) La carga sobre una esfera metálica neutra se redistribuye cuando una barra de caucho cargada se coloca cerca de la esfera. b) La esfera se conecta a tierra, y parte de los electrones la abandonan. c) Se elimina la conexión a tierra y la esfera tiene una carga positiva no uniforme. d) Cuando la barra de caucho se quita, el exceso de carga positiva se distribuye uniformemente sobre la superficie de la esfera.

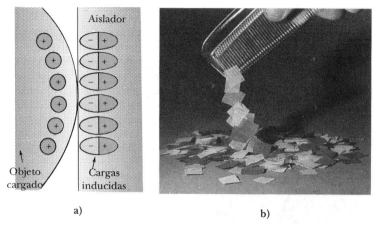

FIGURA 23.4 a) El objeto cargado induce cambios sobre la superficie de un aislador. b) Un peine cargado atrae pedacitos de papel debido a que las cargas se desplazan en el papel. Éste es neutro pero está polarizado. (*©1968 Fundamental Photographs*)

EJEMPLO CONCEPTUAL 23.1

Si un objeto suspendido A es atraido hacia el objeto B, que está cargado, ¿podemos concluir que el objeto A está cargado?

Razonamiento No. El objeto A podría tener una carga de signo opuesto a la de B, pero también podría ser neutro. En este último caso, el objeto B hace que A se polarice, con lo cual atrae carga de un signo a la cara cercana de A, y al mismo tiempo desplaza una cantidad igual de carga del signo opuesto hacia la cara lejana, como se muestra en la figura 23.5. Así, la fuerza de atracción ejercida sobre B por la cara inducida en el lado cercano de A es ligeramente mayor que la fuerza de repulsión ejercida sobre B por la carga inducida en el lado lejano de A. En consecuencia, la fuerza neta sobre A está dirigida hacia B.

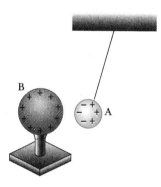

FIGURA 23.5 (Ejemplo conceptual 23.1) Atracción electrostática entre una esfera cargada B y un conductor neutro A.

23.3 LEY DE COULOMB

En 1785, Coulomb estableció la ley fundamental de la fuerza eléctrica entre dos partículas cargadas estacionarias. Los experimentos muestran que una **fuerza eléctrica** tiene las siguientes propiedades:

- La fuerza es inversamente proporcional al cuadrado de la separación, r, entre las dos partículas y está dirigida a lo largo de la línea que une a las partículas.
- La fuerza es proporcional al producto de las cargas q_1 y q_2 sobre las dos partículas.
- La fuerza es atractiva si las cargas son de signo opuesto y repulsiva si las cargas tienen el mismo signo.

A partir de estas observaciones, podemos expresar la magnitud de la fuerza eléctrica entre las dos cargas como

$$F = k_e \frac{|q_1|\,|q_2|}{r^2}$$

(23.1)   Ley de Coulomb

harles Coulomb, el más grande físico francés en cuyo honor la unidad de carga eléctrica se denomina *coulomb*, nació en Angoulême en 1736. Fue educado en la École du Génie en Mézieres y se graduó en 1761 como ingeniero militar con el grado de primer teniente. Coulomb sirvió en las Indias Occidentales durante nueve años, donde supervisó la construcción de fortificaciones en la Martinica.

En 1774, Coulomb se convirtió en un corresponsal de la Academia de Ciencias de París. Compartió el primer premio de la Academia por su artículo sobre las brújulas magnéticas y recibió también el primer premio por su trabajo clásico acerca de la fricción, un estudio que no fue superado durante 150 años. Durante los siguientes 25 años, presentó 25 artículos a la Academia sobre electricidad, magnetismo, torsión y aplicaciones de la balanza de torsión, así como varios cientos de informes sobre ingeniería y proyectos civiles.

Coulomb aprovechó plenamente los diferentes puestos que tuvo durante su vida. Por ejemplo, su experiencia como

Charles Coulomb

|1736-1806|

ingeniero lo llevó a investigar la resistencia de materiales y a determinar las fuerzas que afectan a objetos sobre vigas, contribuyendo de esa manera al campo de la mecánica estructural. También hizo aportaciones en el campo de la ergono-

mía. Su investigación brindó un entendimiento fundamental de las formas en que la gente y los animales pueden trabajar mejor e influyó de manera considerable en la investigación subsecuente de Gaspard Coriolis (1792-1843).

La mayor aportación de Coulomb a la ciencia fue en el campo de la electrostática y el magnetismo, en el cual utilizó la balanza de torsión desarrollada por él (véase la figura 23.2). El artículo que describía esta invención contenía también un diseño para una brújula utilizando el principio de la suspensión de torsión. Su siguiente artículo brindó una prueba de la ley del inverso al cuadrado para la fuerza electrostática entre dos cargas.

Coulomb murió en 1806, cinco años después de convertirse en presidente del Instituto de Francia (antiguamente la Academia de Ciencias de París). Su investigación sobre la electricidad y el magnetismo permitió que esta área de la física saliera de la filosofía natural tradicional y se convirtiera en una ciencia exacta.

(Fotografía cortesía de AIP Niel Bohr Library, E. Scott Barr Collection)

---

donde k_e es una constante conocida como la **constante de Coulomb**. En sus experimentos, Coulomb pudo demostrar que el valor del exponente de r era 2 hasta una incertidumbre de un pequeño porcentaje. Los experimentos modernos han demostrado que el exponente es 2 hasta una precisión de unas cuantas partes en 10^9.

La constante de Coulomb tiene un valor que depende de las unidades elegidas. La unidad de carga en unidades del SI es el coulomb (C). El coulomb se define en términos de una unidad de corriente llamada *ampere* (A), donde la corriente es igual a la tasa de flujo de carga. (El ampere se define en el capítulo 27.) Cuando la corriente en un alambre es 1A, la cantidad de carga que fluye por un punto dado en el alambre en 1 s es 1 C. La constante de Coulomb k_e en unidades del SI tiene el valor

Constante de Coulomb

$$k_e = 8.9875 \times 10^9 \ \mathrm{N \cdot m^2/C^2}$$

Para simplificar nuestros cálculos, debemos usar el valor aproximado

$$k_e \cong 8.99 \times 10^9 \ \mathrm{N \cdot m^2/C^2}$$

La constante k_e se escribe también

$$k_e = \frac{1}{4\pi\epsilon_0}$$

donde la constante ε_0 se conoce como la *permitividad del espacio libre* y tiene el valor

$$\epsilon_0 = 8.8542 \times 10^{-12} \ C^2/N \cdot m^2$$

La unidad de carga más pequeña conocida en la naturaleza es la carga en un electrón o protón.[1] La carga de un electrón o un protón tiene una magnitud

$$|e| = 1.60219 \times 10^{-19} \ C$$

Carga en un electrón o protón

Por lo tanto, 1 C de carga es igual a la carga de 6.3×10^{18} electrones. Este número puede compararse con el número de electrones libres[2] en 1 cm^2 de cobre, el cual es del orden de 10^{23}. Observe que 1 C es una cantidad sustancial de carga. En los experimentos electrostáticos ordinarios, donde una barra de caucho o vidrio se carga por fricción, se obtiene una carga neta del orden de 10^{-6} C. En otras palabras, sólo una fracción muy pequeña de la carga total disponible se transfiere entre la barra y el material de frotamiento.

Las cargas y las masas del electrón, protón y neutrón se brindan en la tabla 23.1.

Cuando trabaje con la ley de fuerza de Coulomb recuerde que la fuerza es una cantidad vectorial y que debe tratarse como corresponde. Además, advierta que la *ley de Coulomb se aplica exactamente sólo a cargas puntuales o partículas.* La fuerza eléctrica ejercida sobre q_2 debida a la carga q_1, escrita $\mathbf{F}_{21}$, puede expresarse en forma vectorial como

$$\mathbf{F}_{21} = k_e \frac{q_1 q_2}{r^2} \hat{\mathbf{r}} \qquad (23.2)$$

donde $\hat{\mathbf{r}}$ es un vector unitario dirigido de q_1 a q_2, como en la figura 23.6a. Puesto que la ley de Coulomb obedece a la tercera ley de Newton, la fuerza eléctrica ejercida sobre q_1 por q_2 es igual en magnitud a la fuerza ejercida sobre q_2 por q_1 y en la dirección opuesta, es decir, $\mathbf{F}_{12} = -\mathbf{F}_{21}$. Por último, de acuerdo con la ecuación 23.2 vemos que si q_1 y q_2 tienen el mismo signo, el producto $q_1 q_2$ es positivo y la fuerza es repulsiva, como se ve en la figura 23.6a. Si q_1 y q_2 son de signo opuesto, como en la figura 23.6b, el producto $q_1 q_2$ es negativo y la fuerza es atractiva.

Cuando están presentes más de dos cargas, la fuerza entre cualquier par de ellas está dada por la ecuación 23.2, por lo tanto la fuerza resultante sobre cualquiera de ellas es igual a la suma vectorial de las fuerzas ejercidas por las diversas cargas indivi-

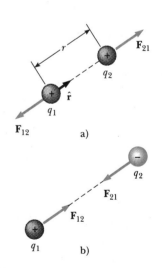

TABLA 23.1 Carga y masa del electrón, protón y neutrón

Partícula	Carga (C)	Masa (kg)
Electrón (e)	$-1.6021917 \times 10^{-19}$	9.1095×10^{-31}
Protón (p)	$+1.6021917 \times 10^{-19}$	1.67261×10^{-27}
Neutrón (n)	0	1.67492×10^{-27}

FIGURA 23.6 Dos cargas puntuales separadas por una distancia r ejercen una fuerza entre sí dada por la ley de Coulomb. Advierta que la fuerza sobre q_1 es igual y opuesta a la fuerza sobre q_2. a) Cuando las cargas son del mismo signo, la fuerza es repulsiva. b) Cuando las cargas son del signo opuesto, la fuerza es atractiva.

[1] Ninguna unidad de carga más pequeña que e se ha detectado como una carga libre; sin embargo, algunas teorías recientes han propuesto la existencia de partículas llamadas *quarks* que tienen cargas $e/3$ y $2e/3$. Aunque hay pruebas experimentales de tales partículas dentro de la materia nuclear, nunca se han detectado quarks *libres*. Analizaremos otras propiedades de los quarks en el capítulo 47.

[2] Un átomo metálico, como el cobre, contiene uno o más electrones exteriores, los cuales están unidos débilmente al núcleo. Cuando muchos átomos se combinan para formar un metal, los llamados electrones libres son esos electrones exteriores, los cuales no están ligados a ningún átomo. Estos electrones se mueven por el metal de una manera similar a las moléculas de gas que se mueven en un recipiente.

duales. Por ejemplo, si hay cuatro cargas, entonces la fuerza resultante sobre la partícula 1 debido a las partículas 2, 3 y 4 es

$$\mathbf{F}_1 = \mathbf{F}_{12} + \mathbf{F}_{13} + \mathbf{F}_{14}$$

Este principio de superposición aplicada a fuerzas electrostáticas es un hecho observado experimentalmente.

EJEMPLO 23.2   Determinación de la fuerza resultante

Considere tres cargas puntuales localizadas en las esquinas de un triángulo, como se muestra en la figura 23.7, donde $q_1 = q_3 = 5.0 \ \mu C$, $q_2 = -2.0 \ \mu C$, y $a = 0.10$ m. Encuentre la fuerza resultante sobre q_3.

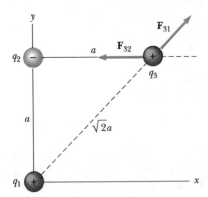

FIGURA 23.7 (Ejemplo 23.2) La fuerza ejercida sobre q_3 por q_1 es $\mathbf{F}_{31}$. La fuerza ejercida sobre q_3 por q_2 es $\mathbf{F}_{32}$. La fuerza resultante ejercida por $\mathbf{F}_3$ sobre q_3 es el vector suma $\mathbf{F}_{31} + \mathbf{F}_{32}$.

Solución   Primero observe la dirección de las fuerzas individuales ejercidas sobre q_3 por q_1 y q_2. La fuerza ejercida sobre q_3 por q_2 es atractiva debido a que q_2 y q_3 tienen signos opuestos. La fuerza ejercida sobre q_3 por q_1 es repulsiva debido a que ambas son positivas.

Calcule ahora la magnitud de las fuerzas sobre q_3. La magnitud de $\mathbf{F}_{32}$ es

$$F_{32} = k_e \frac{|q_3||q_2|}{a^2}$$

$$= \left(8.99 \times 10^9 \ \frac{\text{N} \cdot \text{m}^2}{\text{C}^2} \right) \frac{(5.0 \times 10^{-6} \ \text{C})(2.0 \times 10^{-6} \ \text{C})}{(0.10 \ \text{m})^2}$$

$$= 9.0 \ \text{N}$$

Advierta que en vista de que q_3 y q_2 tienen signos opuestos, $\mathbf{F}_{32}$ está dirigida hacia la izquierda, como se indica en la figura 23.7.

La magnitud de la fuerza ejercida sobre q_3 por q_1 es

$$F_{31} = k_e \frac{|q_3||q_1|}{(\sqrt{2}a)^2}$$

$$= \left(8.99 \times 10^9 \ \frac{\text{N} \cdot \text{m}^2}{\text{C}^2} \right) \frac{(5.0 \times 10^{-6} \ \text{C})(5.0 \times 10^{-6} \ \text{C})}{2(0.10 \ \text{m})^2}$$

$$= 11 \ \text{N}$$

La fuerza $\mathbf{F}_{31}$ es repulsiva y forma un ángulo de 45° con el eje x. En consecuencia, las componentes x y y de $\mathbf{F}_{31}$ son iguales, con magnitud dada por $F_{31} \cos 45° = 7.9$ N. La fuerza $\mathbf{F}_{32}$ está en la dirección x negativa. Por tanto, las componentes x y y de la fuerza resultante sobre q_3 son

$$F_x = F_{31x} + F_{32} = 7.9 \ \text{N} - 9.0 \ \text{N} = \boxed{-1.1 \ \text{N}}$$

$$F_y = F_{31y} = \boxed{7.9 \ \text{N}}$$

También podemos expresar la fuerza resultante sobre q_3 en forma de vector unitario como $\mathbf{F}_3 = (-1.1\mathbf{i} + 7.9\mathbf{j})\text{N}$.

Ejercicio   Encuentre la magnitud y dirección de la fuerza resultante sobre q_3.

Respuesta   8.0 N a un ángulo de 98° con el eje x.

EJEMPLO 23.3   ¿Dónde es igual a cero la fuerza resultante?

Tres cargas se encuentran a lo largo del eje x, como se muestra en la figura 23.8. La carga positiva $q_1 = 15.0 \ \mu C$ está en $x = 2.00$ m, y la carga positiva $q_2 = 6.00 \ \mu C$ está en el origen. ¿Dónde debe estar situada la carga q_3 sobre el eje x de manera que la fuerza resultante sobre ella sea cero?

Solución   Puesto que q_3 es negativa y tanto q_1 como q_2 son positivas, las fuerzas $\mathbf{F}_{31}$ y $\mathbf{F}_{32}$ son atractivas, según se indica en la figura 23.8. Si dejamos que x sea la coordenada de q_3 entonces las fuerzas $\mathbf{F}_{31}$ y $\mathbf{F}_{32}$ tienen magnitudes

$$F_{31} = k_e \frac{|q_3||q_1|}{(2.00 - x)^2} \qquad y \qquad F_{32} = k_e \frac{|q_3||q_2|}{x^2}$$

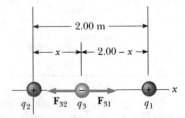

FIGURA 23.8 (Ejemplo 23.3) Tres cargas puntuales se colocan a lo largo del eje x. La carga q_3 es negativa, en tanto que q_1 y q_2 son positivas. Si la fuerza neta sobre q_3 es cero, entonces la fuerza sobre q_3 debida a q_1 debe ser igual y opuesta a la fuerza sobre q_3 debida a q_2.

Para que la fuerza resultante sobre q_3 sea cero, $\mathbf{F}_{32}$ debe ser igual y opuesta a $\mathbf{F}_{31}$, o

$$k_e \frac{|q_3||q_2|}{x^2} = k_e \frac{|q_3||q_1|}{(2.00-x)^2}$$

Puesto que k_e y q_3 son comunes en ambos lados, despejamos x y encontramos que

$$(2.00-x)^2|q_2| = x^2|q_1|$$
$$(4.00 - 4.00x + x^2)(6.00 \times 10^{-6}\,\text{C}) = x^2(15.0 \times 10^{-6}\,\text{C})$$

Al resolver esta ecuación cuadrática para x, encontramos que $x = 0.775$ m. ¿Por qué la raíz negativa no es aceptable?

EJEMPLO 23.4 El átomo de hidrógeno

El electrón y el protón de un átomo de hidrógeno están separados por una distancia en promedio de 5.3×10^{-11} m. Encuentre la magnitud de la fuerza eléctrica y la fuerza gravitacional entre las dos partículas.

Solución De acuerdo con la ley de Coulomb, encontramos que la fuerza eléctrica atractiva tiene la magnitud

$$F_e = k_e \frac{|e|^2}{r^2} = 8.99 \times 10^9 \frac{\text{N·m}^2}{\text{C}^2} \frac{(1.60 \times 10^{-19}\,\text{C})^2}{(5.3 \times 10^{-11}\,\text{m})^2}$$

$$= \boxed{8.2 \times 10^{-8}\,\text{N}}$$

Utilizando la ley de gravedad de Newton y la tabla 23.1 para las masas de partículas, determinamos que la fuerza gravitacional tiene la magnitud

$$F_g = G\frac{m_e m_p}{r^2} = \left(6.7 \times 10^{-11}\frac{\text{N·m}^2}{\text{kg}^2}\right)$$
$$\times \frac{(9.11 \times 10^{-31}\,\text{kg})(1.67 \times 10^{-27}\,\text{kg})}{(5.3 \times 10^{-11}\,\text{m})^2}$$

$$= \boxed{3.6 \times 10^{-47}\,\text{N}}$$

La razón $F_e/F_g \approx 2 \times 10^{39}$. Así pues, la fuerza gravitacional entre partículas atómicas cargadas es despreciable comparada con la fuerza eléctrica.

EJEMPLO 23.5 Determinación de la carga en esferas

Dos pequeñas esferas idénticas cargadas, cada una con 3.0×10^{-2} kg de masa, cuelgan en equilibrio como se indica en la figura 23.9a. Si la longitud de cada cuerda es 0.15 m y el ángulo $\theta = 5.0°$, encuentre la magnitud de la carga sobre cada esfera.

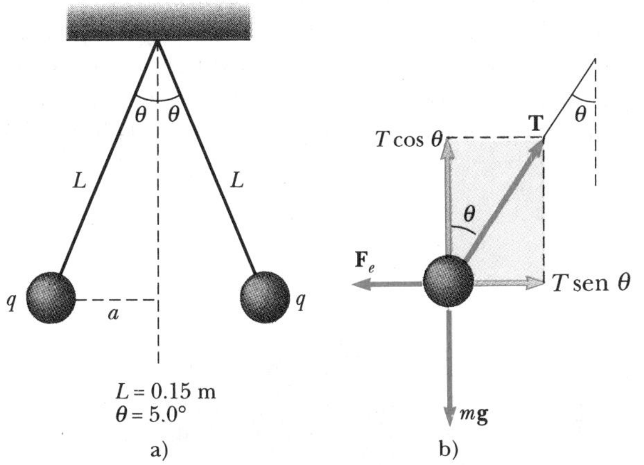

$L = 0.15$ m
$\theta = 5.0°$
a)

b)

FIGURA 23.9 (Ejemplo 23.5) a) Dos esferas idénticas, cada una con la misma carga q, suspendidas en equilibrio por medio de cuerdas. b) El diagrama de cuerpo libre para la esferas cargadas en el lado izquierdo.

Solución De acuerdo con el triángulo rectángulo de la figura 23.9a, vemos que $\text{sen}\,\theta = a/L$. Por consiguiente,

$$a = L\,\text{sen}\,\theta = (0.15\,\text{m})\,\text{sen}\,5.0° = 0.013\,\text{m}$$

La separación de las esferas es $2a = 0.026$ m.

Las fuerzas que actúan sobre una de las esferas se muestran en la figura 23.9b. Debido a que la esfera está en equilibrio, las resultantes de las fuerzas en las direcciones horizontal y vertical deben sumar cero por separado:

1) $\sum F_x = T\,\text{sen}\,\theta - F_e = 0$

2) $\sum F_y = T\cos\theta - mg = 0$

En 2), vemos que $T = mg/\cos\theta$, por lo que T puede eliminarse de 1) si hacemos esta sustitución. Lo anterior brinda un valor para la fuerza eléctrica, F_e:

3) $F_e = mg\tan\theta$

$= (3.0 \times 10^{-2}\,\text{kg})(9.80\,\text{m/s}^2)\tan(5.0°)$

$= 2.6 \times 10^{-2}\,\text{N}$

De la ley de Coulomb (ecuación 23.1), la fuerza eléctrica entre las cargas tiene magnitud

$$F_e = k_e \frac{|q|^2}{r^2}$$

donde $r = 2a = 0.026$ m y $|q|$ es la magnitud de la carga en cada esfera. (Advierta que el término $|q|^2$ surge aquí debido a que la carga es la misma en ambas esferas.) En esta ecuación puede despejarse $|q|^2$ y obtenerse

$$|q|^2 = \frac{F_e r^2}{k_e} = \frac{(2.6 \times 10^{-2}\,\text{N})(0.026\,\text{m})^2}{8.99 \times 10^9\,\text{N} \cdot \text{m}^2/\text{C}^2}$$

$$|q| = 4.4 \times 10^{-8}\,\text{C}$$

Ejercicio   Si la carga sobre las esferas es negativa, ¿cuántos electrones tienen que añadirse a ellas para producir una carga neta de -4.4×10^{-8} C?

Respuesta 2.7×10^{11} electrones.

23.4 EL CAMPO ELÉCTRICO

En el capítulo 14 se definió el campo gravitacional **g** en un punto en el espacio como igual a la fuerza gravitacional **F** que actúa sobre una masa de prueba m_0 dividida por la masa de prueba: $\mathbf{g} \equiv \mathbf{F}/m_0$. De manera similar, un campo eléctrico en un punto en el espacio puede definirse en función de la fuerza eléctrica que actúa sobre una carga de prueba q_0 localizada en ese punto. Para ser más precisos,

Definición de campo eléctrico

> **el vector de campo eléctrico E** en un punto en el espacio se define como la fuerza eléctrica **F** que actúa sobre una carga de prueba positiva situada en ese punto dividida por la magnitud de la carga de prueba q_0:
>
> $$\mathbf{E} \equiv \frac{\mathbf{F}}{q_0} \qquad (23.3)$$

Advierta que **E** es el campo producido por alguna carga *externa* a la carga de prueba, es decir, no es el campo producido por la carga de prueba. Esto es análogo al campo gravitacional impuesto por cierto cuerpo, como la Tierra. El vector **E** tiene las unidades del SI de newtons por coulomb (N/C). La dirección de **E** está en la dirección de **F** debido a que hemos supuesto que **F** actúa sobre una carga de prueba positiva. Así pues, podemos afirmar que *un campo eléctrico existe en un punto si una carga de prueba en reposo situada en ese punto experimenta una fuerza eléctrica.* Una vez que el campo eléctrico se conoce en algún punto, la fuerza sobre *cualquier* partícula cargada ubicada en ese punto puede calcularse a partir de la ecuación 23.3. Además, se dice que el campo eléctrico existe en cierto punto (incluso en el espacio vacío) independientemente de que una carga de prueba se localice o no en ese punto.

Cuando se aplica la ecuación 23.3, debemos suponer que la carga de prueba q_0 es suficientemente pequeña para que no interfiera en la distribución de carga responsable del campo eléctrico. Por ejemplo, si una pequeña carga de prueba casi nula q_0 se sitúa cerca de una esfera metálica uniformemente cargada, como en la figura 23.10a,

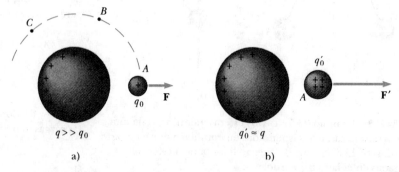

a)   b)

FIGURA 23.10 a) Cuando una pequeña carga de prueba q_0 se coloca cerca de una esfera conductora de carga q (donde $q \gg q_0$), la carga en la esfera conductora permanece uniforme. b) Si la carga de prueba q_0' es del orden de la carga sobre la esfera, la carga en la esfera no es uniforme.

la carga sobre la esfera metálica, que produce el campo eléctrico, permanece distribuida uniformemente. Asimismo, la fuerza **F** sobre la carga de prueba tiene la misma magnitud en *A, B* y *C*, los cuales son puntos equidistantes de la esfera. Si la carga de prueba es suficientemente grande ($q_0' \gg q_0$), como en la figura 23.10b, la carga sobre la esfera metálica se redistribuye y la proporción entre la fuerza y la carga de prueba en *A* es diferente: ($F'/q_0' \neq F/q_0$). Es decir, debido a esta redistribución de la carga sobre la esfera metálica, el campo eléctrico en *A* establecido por la esfera en la figura 23.10b debe ser diferente del campo en *A* en la figura 23.10a. Además, la distribución de carga sobre la esfera cambia a medida que q_0' se mueve de *A* a *B* o a *C*.

Considere una carga puntual *q* localizada a una distancia *r* de una carga de prueba q_0. De acuerdo con la ley de Coulomb, la fuerza ejercida sobre la carga de prueba por *q* es

$$\mathbf{F} = k_e \frac{qq_0}{r^2} \hat{\mathbf{r}}$$

Puesto que el campo eléctrico en la posición de la carga de prueba está definido por $\mathbf{E} = \mathbf{F}/q_0$, encontramos que, en la posición de q_0, el campo eléctrico creado por *q* es

$$\mathbf{E} = k_e \frac{q}{r^2} \hat{\mathbf{r}} \qquad (23.4)$$

donde $\hat{\mathbf{r}}$ es un vector unitario dirigido de *q* a q_0 (Fig. 23.11). Si *q* es positiva, como en la figura 23.11a, el campo eléctrico está dirigido radialmente hacia afuera de ella. Si *q* es negativa, como en la figura 23.11b, el campo está dirigido hacia ella.

Con el fin de calcular el campo eléctrico en un punto *P* debido a un grupo de cargas puntuales, calculamos primero los vectores de campo eléctrico en *P* individualmente utilizando la ecuación 23.4, y luego lo sumamos vectorialmente. En otras palabras,

> el campo eléctrico total debido a un grupo de cargas es igual al vector suma de los campos eléctricos de todas las cargas.

Este principio de superposición aplicado a campos se desprende directamente de la propiedad de superposición de las fuerzas eléctricas. De este modo, el campo eléctrico de un grupo de cargas (excluyendo la carga de prueba q_0) puede expresarse como

$$\mathbf{E} = k_e \sum_i \frac{q_i}{r_i^2} \hat{\mathbf{r}}_i \qquad (23.5)$$

donde r_i es la distancia desde la carga iésima, q_i, hasta el punto *P* (la ubicación de la carga de prueba) y $\hat{r}_i$ es un vector unitario dirigido de q_i a *P*.

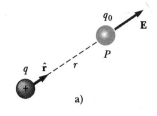

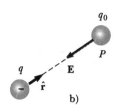

FIGURA 23.11 Una carga de prueba q_0 en el punto *P* está a una distancia *r* de una carga puntual *q*. a) Si *q* es positiva, el campo eléctrico en *P* apunta radialmente hacia afuera de *q*. b) Si *q* es negativa, el campo eléctrico en *P* apunta radialmente hacia dentro en dirección a *q*.

EJEMPLO CONCEPTUAL 23.6

Una bola de estireno con revestimiento metálico sin carga se cuelga entre dos placas metálicas verticales como en la figura 23.12. Si las dos placas están cargadas, una positiva y otra negativa, describa el movimiento de la bola después de que se pone en contacto con una de las placas.

Razonamiento Las dos placas cargadas crean una región de campo eléctrico uniforme entre ellas, dirigido de la placa positiva hacia la negativa. Una vez que la bola se mueve de manera que toque una placa, digamos la negativa, cierta carga negativa se transferirá a la bola y ésta experimentará una fuerza eléctrica que la acelere hacia la placa positiva. Después de que la bola cargada toca la placa positiva, libera su carga negativa, adquiere una carga positiva y se acelera de regreso hacia la placa negativa. La bola continúa moviéndose en ambas direcciones entre las placas hasta que ha transferido su carga neta haciendo con ello que ambas placas se vuelvan neutras.

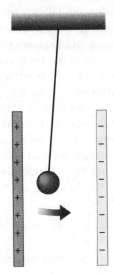

FIGURA 23.12 (Ejemplo conceptual 23.6) Vista de canto de una esfera suspendida entre dos placas cargadas de manera opuesta.

EJEMPLO 23.7   Fuerza eléctrica sobre un protón

Encuentre la fuerza eléctrica sobre un protón ubicado en un campo eléctrico de 2.0×10^4 N/C dirigido a lo largo del eje x positivo.

Solución   Puesto que la carga sobre un protón es $+ e = 1.6 \times 10^{-19}$ C, la fuerza eléctrica sobre él es

$$\mathbf{F} = e\mathbf{E} = (1.6 \times 10^{-19}\ \text{C})(2.0 \times 10^4 \mathbf{i}\ \text{N/C})$$

$$= 3.2 \times 10^{-15}\ \mathbf{i}\ \text{N}$$

donde $\mathbf{i}$ es un vector unitario en la dirección x positiva.

El peso del protón es $mg = (1.67 \times 10^{-27}\ \text{kg})\ (9.8\ \text{m/s}^2) = 1.6 \times 10^{-26}$ N. Por consiguiente, vemos que la magnitud de la fuerza gravitacional en este caso es despreciable comparada con la fuerza eléctrica.

EJEMPLO 23.8   Campo eléctrico debido a dos cargas

Una carga $q_1 = 7.0\ \mu$C se localiza en el origen y una segunda carga $q_2 = -5.0\ \mu$C se ubica en el eje x a 0.30 m del origen, (Fig. 23.13). Encuentre el campo eléctrico en el punto P, el cual tiene coordenadas (0, 0.40) m.

Solución   Primero encuentre la magnitud del campo eléctrico producido por cada carga. Los campos $\mathbf{E}_1$ producidos por la carga de $7.0\ \mu$C y $\mathbf{E}_2$ debido a la carga $-5.0\ \mu$C se muestran en la figura 23.13. Sus magnitudes son

$$E_1 = k_e \frac{|q_1|}{r_1{}^2} = \left(8.99 \times 10^9\ \frac{\text{N}\cdot\text{m}^2}{\text{C}^2}\right)\frac{(7.0 \times 10^{-6}\ \text{C})}{(0.40\ \text{m})^2}$$

$$= 3.9 \times 10^5\ \text{N/C}$$

$$E_2 = k_e \frac{|q_2|}{r_2{}^2} = \left(8.99 \times 10^9\ \frac{\text{N}\cdot\text{m}^2}{\text{C}^2}\right)\frac{(5.0 \times 10^{-6}\ \text{C})}{(0.50\ \text{m})^2}$$

$$= 1.8 \times 10^5\ \text{N/C}$$

El vector $\mathbf{E}_1$ tiene sólo una componente y. El vector $\mathbf{E}_2$ tiene una componente x dada por $E_2 \cos\theta = \frac{3}{5} E_2$ y, una componente y ne-

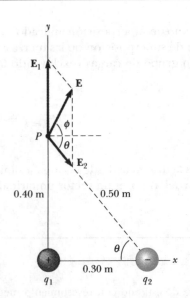

FIGURA 23.13 (Ejemplo 23.8) El campo eléctrico total $\mathbf{E}$ en P es igual a la suma vectorial $\mathbf{E}_1 + \mathbf{E}_2$, donde $\mathbf{E}_1$ es el campo debido a la carga positiva q_1 y $\mathbf{E}_2$ es el campo debido a la carga negativa q_2.

gativa dada por $-E_2$, sen $\theta = -\frac{4}{5}E_2$. Por lo tanto, podemos expresar el vector como

$$E_1 = 3.9 \times 10^5 \mathbf{j} \text{ N/C}$$

$$E_2 = (1.1 \times 10^5 \mathbf{i} - 1.4 \times 10^5 \mathbf{j}) \text{ N/C}$$

El campo resultante $\mathbf{E}$ en P es la superposición de $\mathbf{E}_1$ y $\mathbf{E}_2$:

$$\mathbf{E} = \mathbf{E}_1 + \mathbf{E}_2 = \boxed{(1.1 \times 10^5 \mathbf{i} + 2.5 \times 10^5 \mathbf{j}) \text{ N/C}}$$

De acuerdo con este resultado, encontramos que $\mathbf{E}$ tiene una magnitud de 2.7×10^5 N/C y forma un ángulo ϕ de 66° con el eje x positivo.

Ejercicio   Determine la fuerza eléctrica sobre una carga de prueba positiva de 2×10^{-8} C situada en P.

Respuesta 5.4×10^{-3} N en la misma dirección que $\mathbf{E}$.

EJEMPLO 23.9   Campo eléctrico de un dipolo

Un **dipolo eléctrico** está compuesto por una carga positiva q y una carga negativa $-q$ separadas por una distancia $2a$, como en la figura 23.14. Determine el campo eléctrico $\mathbf{E}$ debido a estas cargas a lo largo del eje y en el punto P, el cual está a una distancia y del origen. Suponga que $y \gg a$.

Solución   En P, los campos $\mathbf{E}_1$ y $\mathbf{E}_2$ debidos a las dos cargas son iguales en magnitud, ya que P es equidistante de las dos cargas iguales y opuestas. El campo total $\mathbf{E} = \mathbf{E}_1 + \mathbf{E}_2$, donde

$$E_1 = E_2 = k_e \frac{q}{r^2} = k_e \frac{q}{y^2 + a^2}$$

Las componentes y de $\mathbf{E}_1$ y $\mathbf{E}_2$ se cancelan entre sí. Las componentes x son iguales pues ambas están a lo largo del eje x. En consecuencia, $\mathbf{E}$ es paralela al eje x y tiene una magnitud igual a $2E_1 \cos \theta$. En la figura 23.14 vemos que $\cos \theta = a/r = a/(y^2 + a^2)^{1/2}$. Por consiguiente,

$$E = 2E_1 \cos \theta = 2k_e \frac{q}{(y^2 + a^2)} \frac{a}{(y^2 + a^2)^{1/2}}$$

$$= k_e \frac{2qa}{(y^2 + a^2)^{3/2}}$$

Utilizando la aproximación $y \gg a$, podemos ignorar a^2 en el denominador y escribir

$$\boxed{E \approx k_e \frac{2qa}{y^3}}$$

De este modo vemos que a lo largo del eje y el campo de un dipolo en un punto distante varía como $1/r^3$, en tanto que el campo de variación más lenta de una carga puntual varía como $1/r^2$. Esto se debe a que en puntos alejados, los campos de las dos cargas iguales y opuestas casi se cancelan entre sí. La variación de $1/r^3$ en E para el dipolo se obtiene también para un

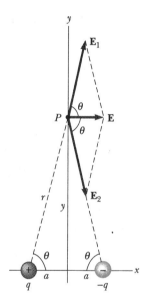

FIGURA 23.14   (Ejemplo 23.9) El campo eléctrico total $\mathbf{E}$ en P debido a dos cargas iguales y opuestas (un dipolo eléctrico) es igual a la suma vectorial $\mathbf{E}_1 + \mathbf{E}_2$. El campo $\mathbf{E}_1$ se debe a la carga q y $\mathbf{E}_2$ es el campo debido a la carga negativa $-q$.

punto distante a lo largo del eje x (problema 61) y para un punto distante general. El dipolo es un buen modelo de muchas moléculas, como el HCl.

Como veremos en los capítulos posteriores, los átomos y las moléculas neutros se comportan como dipolos cuando se ponen en un campo eléctrico externo. Además, muchas moléculas, como el HCl, son dipolos permanentes. (El HCl se describe parcialmente como un ion H^+ combinado con un ion Cl^-.) El efecto de dichos dipolos en el comportamiento de materiales sujetos a campos eléctricos se analiza en el capítulo 26.

23.5   CAMPO ELÉCTRICO DE UNA DISTRIBUCIÓN DE CARGA CONTINUA

Con mucha frecuencia un grupo de cargas se localizan muy cercanas unas de otras en comparación con sus distancias a puntos de interés (por ejemplo, un punto donde el campo eléctrico se va a calcular). En este tipo de situaciones, el sistema de cargas puede considerarse como *continuo*. Es decir, imaginemos que el sistema

Una distribución de carga continua

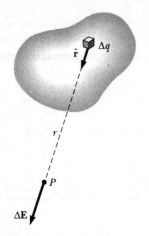

FIGURA 23.15 El campo eléctrico en *P* debido a una distribución de carga continua es la suma vectorial de los campos debidos a todos los elementos Δq de la distribución de carga.

Campo eléctrico de una distribución de carga continua

Densidad de carga volumétrica

Densidad de carga superficial

Densidad de carga lineal

de cargas con un espaciamiento muy próximo es equivalente a una carga total que está distribuida continuamente a lo largo de una línea, sobre alguna superficie o por todo un volumen.

Para evaluar el campo eléctrico de una distribución de carga continua se recurre al siguiente procedimiento. Primero, dividimos la distribución de carga en pequeños elementos con una pequeña carga Δq en cada uno de ellos, como en la figura 23.15. Luego empleamos la ley de Coulomb para calcular el campo eléctrico debido a uno de estos elementos en un punto *P*. Por último, evaluamos el campo total en *P* debido a la distribución de carga sumando las contribuciones de todos los elementos de carga (esto es, aplicando el principio de superposición).

El campo eléctrico en *P* debido a un elemento de carga Δq es

$$\Delta \mathbf{E} = k_e \frac{\Delta q}{r^2} \hat{\mathbf{r}}$$

donde *r* es la distancia del elemento al punto *P* y $\hat{\mathbf{r}}$ es un vector unitario dirigido del elemento de carga hacia *P*. El campo eléctrico total en *P* debido a todos los elementos en la distribución de carga es aproximadamente

$$\mathbf{E} \approx k_e \sum_i \frac{\Delta q_i}{r_i^2} \hat{\mathbf{r}}_i$$

donde el índice *i* se refiere al iésimo elemento en la distribución. Si la separación entre elementos en la distribución de carga es pequeña comparada con la distancia a *P*, la distribución de carga puede considerarse aproximadamente continua. En consecuencia, el campo total en *P* en el límite $\Delta q_i \rightarrow 0$ se convierte en

$$\mathbf{E} = k_e \lim_{\Delta q_i \to 0} \sum_i \frac{\Delta q_i}{r_i^2} \hat{\mathbf{r}}_i = k_e \int \frac{dq}{r^2} \hat{\mathbf{r}} \tag{23.6}$$

donde la integración es una operación vectorial y debe tratarse con precaución. Ilustramos este tipo de cálculo con varios ejemplos. En dichos ejemplos, suponemos que la carga se distribuye de manera uniforme sobre una línea o una superficie o por algún volumen. Cuando efectuemos estos cálculos, es conveniente usar el concepto de densidad de carga junto con las siguientes notas.

- Si una carga Q se distribuye uniformemente por un volumen V, la *carga por unidad de volumen*, ρ, se define por medio de

$$\rho \equiv \frac{Q}{V}$$

donde ρ tiene unidades de C/m³.

- Si una carga Q se distribuye uniformemente sobre una superficie de área A, la *densidad de carga superficial*, σ, está definida por

$$\sigma \equiv \frac{Q}{A}$$

donde σ tiene unidades de C/m².

- Por último, si una carga Q se distribuye uniformemente por una línea de longitud ℓ, la *densidad de carga lineal*, λ, está definida por

$$\lambda \equiv \frac{Q}{\ell}$$

donde λ tiene unidades de C/m.

Si la carga se distribuye de manera no uniforme sobre un volumen, superficie o línea, tenemos que expresar las densidades de carga como

$$\rho = \frac{dQ}{dV} \qquad \sigma = \frac{dQ}{dA} \qquad \lambda = \frac{dQ}{d\ell}$$

donde dQ es la cantidad de carga en un pequeño elemento de volumen, superficie o longitud.

EJEMPLO 23.10   El campo eléctrico debido a una barra cargada

Una barra de longitud ℓ tiene una carga positiva uniforme por longitud unitaria λ y una carga total Q. Calcule el campo eléctrico en un punto P a lo largo del eje de la barra, a una distancia d de un extremo (Fig. 23.16).

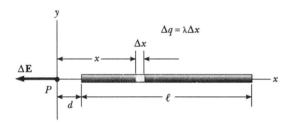

FIGURA 23.16 (Ejemplo 23.10) El campo eléctrico en P debido a una barra cargada uniformemente que yace a lo largo del eje x. El campo en P debido al segmento de carga Δq es $k_e\,\Delta q/x^2$. El campo total en P es la suma vectorial sobre todos los segmentos de la barra.

Razonamiento y solución   En este cálculo se considera que la barra está sobre el eje x. Utilicemos Δx para representar la longitud de un pequeño segmento de la barra y expresamos con Δq la carga sobre el segmento. La proporción entre Δq y Δx es igual a la proporción entre la carga total y la longitud total de la barra. Es decir, $\Delta q/\Delta x = Q/\ell = \lambda$. Por lo tanto, la carga Δq sobre el pequeño segmento es $\Delta q = \lambda\Delta x$.

El campo $\Delta \mathbf{E}$ producido por este segmento en el punto P está en la dirección x negativa y su magnitud es[3]

$$\Delta E = k_e \frac{\Delta q}{x^2} = k_e \frac{\lambda\,\Delta x}{x^2}$$

Observe que cada elemento produce un campo en la dirección x negativa por lo que el problema de sumar sus contribuciones es particularmente simple en este caso. El campo total en P producido por todos los segmentos de la barra, que se encuentran a diferentes distancias desde P, está dado por la ecuación 23.6, que en este caso se convierte en

$$E = \int_{d}^{\ell + d} k_e \lambda\,\frac{dx}{x^2}$$

donde los límites en la integral se extienden desde un extremo de la barra ($x = d$) hasta el otro ($x = \ell + d$). Puesto que k_e y λ son constantes, pueden eliminarse de la integral. De esa forma, encontramos que

$$E = k_e \lambda \int_{d}^{\ell + d} \frac{dx}{x^2} = k_e \lambda \left[-\frac{1}{x} \right]_{d}^{\ell + d}$$

$$= k_e \lambda \left(\frac{1}{d} - \frac{1}{\ell + d} \right) = \frac{k_e Q}{d(\ell + d)}$$

donde hemos usado el hecho de que la carga total $Q = \lambda\ell$.

A partir de este resultado vemos que si el punto P está bastante lejos de la barra ($d \gg \ell$), entonces ℓ puede ignorarse en el denominador, y $E \approx k_e Q/d^2$. Ésta es exactamente la forma que usted esperaría para una carga puntual. Por tanto, en el caso de grandes valores de d/ℓ, la distribución de carga aparece como una carga puntual de magnitud Q. Utilizar la técnica de límite ($d/\ell \rightarrow \infty$) es un buen método para verificar una fórmula teórica.

---

[3] Es importante que usted comprenda el procedimiento usando para efectuar integraciones tal como esto. Primero, escoger un elemento cuyas partes son todo @@eequidistant entre el punto en @@wich el campo @+siendo calculadas. Próximo, expreso el cargo @@elemente Dq desde el punto de vista de los otros variables dentro de el integrales (en este ejemplo, hay un de variable, x). El integral deber estar sobre un variable único (o múltiple @@integrals, cada sobre un variable único). En ejemplos que tienen simetría esférica o cilíndrica, los variables serán coordenadas radiales.

EJEMPLO 23.11   El campo eléctrico de un anillo de carga uniforme

Un anillo de radio a tiene una carga positiva uniforme por unidad de longitud, con una carga total Q. Calcule el campo eléctrico a lo largo del eje x del anillo en un punto P que se encuentra a una distancia x del centro del anillo (Fig. 23.17a).

Razonamiento y solución   La magnitud del campo eléctrico en P debido al segmento de carga dq es

$$dE = k_e \frac{dq}{r^2}$$

Este campo tiene una componente $dE_x = dE \cos \theta$ a lo largo del eje del anillo y una componente $dE_\perp$ perpendicular al eje. Sin embargo, como vemos en la figura 23.17b, el campo resultante en P debe estar sobre el eje x debido a que la suma de las componentes perpendiculares es igual a cero. Es decir, la componente perpendicular de cualquier elemento es cancelada por la componente perpendicular de un elemento en el lado opuesto del anillo. Puesto que $r = (x^2 + a^2)^{1/2}$ y $\cos \theta = x/r$ encontramos que

$$dE_x = dE \cos \theta = \left(k_e \frac{dq}{r^2} \right) \frac{x}{r} = \frac{k_e x}{(x^2 + a^2)^{3/2}} \, dq$$

En este caso, todos los segmentos del anillo producen la misma contribución al campo en P puesto que todos son equidistantes de este punto. Así, podemos integrar la expresión anterior para obtener el campo total en P.

$$E_x = \int \frac{k_e x}{(x^2 + a^2)^{3/2}} \, dq = \frac{k_e x}{(x^2 + a^2)^{3/2}} \int dq$$

$$= \frac{k_e x}{(x^2 + a^2)^{3/2}} Q$$

Este resultado muestra que el campo es cero en $x = 0$. ¿Esto le sorprende?

Ejercicio Demuestre que a grandes distancias del anillo ($x \gg a$) el campo eléctrico a lo largo del eje x se acerca al de una carga puntual de magnitud Q.

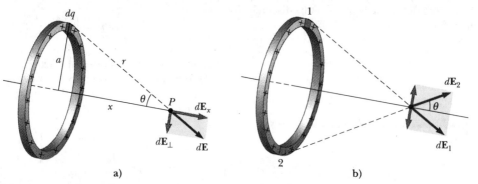

a)   b)

FIGURA 23.17 (Ejemplo 23.11) Un anillo cargado uniformemente de radio a. a) El campo en P sobre el eje x debido a un elemento de carga dq. b) El campo eléctrico total en P está a lo largo del eje x. Advierta que la componente perpendicular del campo eléctrico en P debido al segmento 1 es cancelado por la componente perpendicular debida al segmento 2, el cual se localiza en el segmento 1 opuesto del anillo.

EJEMPLO 23.12   El campo eléctrico de un disco cargado uniformemente

Un disco de radio R tiene una carga uniforme por unidad de área σ. Calcule el campo eléctrico en un punto P que se encuentra a lo largo del eje central del disco y a una distancia x de su centro (Fig. 23.18).

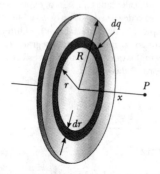

FIGURA 23.18 (Ejemplo 23.12) Un disco cargado uniformemente de radio R. El campo eléctrico en un punto axial P está dirigido a lo largo de este eje, perpendicular al plano del disco.

Razonamiento La solución a este problema es directa si consideramos al disco como un conjunto de anillos concéntricos. Podemos usar entonces el ejemplo 23.11, el cual produce el campo de un anillo de radio r, y sumar las contribuciones de todos los anillos que conforman el disco. Por simetría, el campo sobre un punto axial debe ser paralelo a este eje.

Solución El anillo de radio r y ancho dr tiene un área igual a $2\pi r \, dr$ (Fig. 23.18). La carga dq sobre este anillo es igual al área del anillo multiplicada por la carga por unidad de área, o $dq = 2\pi \sigma r \, dr$. Usando este resultado en la ecuación dada para E_x en el ejemplo 23.11 (con a sustituida por r) se produce para el campo debido al anillo la expresión

$$dE = \frac{k_e x}{(x^2 + r^2)^{3/2}} (2\pi \sigma r \, dr)$$

Para obtener el campo total en P, integramos esta expresión sobre los límites $r = 0$ hasta $r = R$, observando que x es una constante. Esto produce

$$E = k_e x \pi \sigma \int_0^R \frac{2r\,dr}{(x^2 + r^2)^{3/2}}$$

$$= k_e x \pi \sigma \left[\frac{(x^2 + r^2)^{-1/2}}{-1/2} \right]_0^R$$

$$= 2\pi k_e \sigma \left(\frac{x}{|x|} - \frac{x}{(x^2 + R^2)^{1/2}} \right) \qquad (1)$$

El resultado es válido para todos los valores de *x*. El campo cercano al disco sobre un punto axial puede obtenerse también a partir de 1) suponiendo que $R \gg x$.

$$E = 2\,\pi k_e \sigma = \boxed{\frac{\sigma}{2\varepsilon_0}} \qquad (2)$$

donde ε_0 es la permitividad del espacio libre. Como veremos en el siguiente capítulo, el mismo resultado se obtiene para el campo de una lámina infinita cargada uniformemente.

23.6   LÍNEAS DE CAMPO ELÉCTRICO

Una ayuda conveniente para visualizar los patrones de campo eléctrico es dibujar líneas que apunten en la misma dirección que el vector de campo eléctrico en cualquier punto. Estas líneas, llamadas **líneas de campo eléctrico**, se relacionan con el campo eléctrico en cualquier región del espacio de la siguiente manera:

- El vector de campo eléctrico **E** es tangente a la línea del campo eléctrico en cada punto.
- El número de líneas por unidad de área a través de una superficie perpendicular a las líneas es proporcional a la intensidad del campo eléctrico en esa región. Así, **E** es más grande cuando las líneas de campo están próximas entre sí y es pequeño cuando están apartadas.

Estas propiedades se ilustran en la figura 23.19. La densidad de líneas a través de la superficie A es más grande que la densidad de líneas a través de la superficie B. En consecuencia, el campo eléctrico es más intenso sobre la superficie A que sobre la superficie B. Además, el hecho de que las líneas en diferentes posiciones apunten en diferentes direcciones indica que el campo no es uniforme.

Algunas líneas de campo eléctrico representativas para una carga puntual positiva individual se muestran en la figura 23.20a. Advierta que en este dibujo en dos dimensiones sólo mostramos las líneas de campo que están en el plano que contiene a la carga puntual. Las líneas están dirigidas en realidad radialmente hacia afuera de la carga en todas las direcciones, de manera más o menos similar a las agujas que

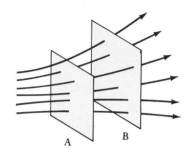

FIGURA 23.19 Líneas de campo eléctrico que penetran dos superficies. La magnitud del campo es mayor sobre la superficie A que sobre la superficie B.

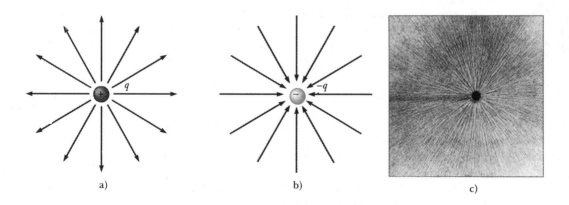

a)   b)   c)

FIGURA 23.20. Líneas de campo eléctrico para una carga puntual. a) Para una carga puntual positiva, las líneas apuntan radialmente hacia afuera. b) Para una carga puntual negativa, las líneas apuntan radialmente hacia adentro. Observe que las figuras sólo muestran aquellas líneas de campo que se ubican en el plano que contiene la carga. c) Las áreas oscuras son pedazos pequeños de hilo suspendido en aceite, los cuales se alinean con el campo eléctrico producido por un pequeño conductor cargado en el centro. *(Foto cortesía de Harold M. Waage, Princeton University)*

sobresalen de un puerco espín acurrucado. Puesto que una carga de prueba positiva situada en este campo sería repelida por la carga puntual positiva, las líneas están dirigidas radialmente alejándose de la carga puntual positiva. De modo similar, las líneas de campo eléctrico para una carga puntual negativa individual están dirigidas hacia la carga (Fig. 23.20b). En cualquier caso, las líneas están a lo largo de la dirección radial y en todas partes se extienden hasta el infinito. Advierta que las líneas están más próximas conforme se van acercando a la carga, lo que indica que la intensidad del campo está aumentando.

Las reglas para dibujar líneas de campo eléctrico para cualquier distribución de carga son como siguen:

Reglas para dibujar líneas de campo eléctrico

- Las líneas deben empezar en cargas positivas y terminar en cargas negativas, pero si la carga neta no es cero, las líneas pueden empezar o terminar en el infinito.
- El número de líneas dibujadas saliendo de una carga positiva o aproximándose a una carga negativa es proporcional a la magnitud de la carga.
- Ningún par de líneas de campo pueden cruzarse o tocarse.

¿Esta visualización del campo eléctrico en términos de líneas de campo es consistente con la ley de Coulomb? Para responder esta pregunta, considere una superficie esférica imaginaria de radio r concéntrica con la carga. A partir de la simetría, vemos que la magnitud del campo eléctrico es la misma en todas partes sobre la superficie de la esfera. El número de líneas, N, que emergen de la carga es igual al número que penetra la superficie esférica. Por tanto, el número de líneas por unidad de área sobre la esfera es $N/4\pi r^2$ (donde el área de la superficie de la esfera es $4\pi r^2$). Puesto que E es proporcional al número de líneas por unidad de área, vemos que E varía como $1/r^2$. Esto es consistente con el resultado obtenido a partir de la ley de Coulomb, es decir, $E = k_e q/r^2$.

Es importante advertir que las líneas de campo eléctrico no son objetos materiales. Se utilizan sólo para brindarnos una descripción cualitativa del campo eléctrico. Un problema con este modelo es el hecho de que siempre dibujamos un número finito de líneas desde cada carga, lo cual hace que aparezca como si el campo estuviera cuantizado y actuara sólo a lo largo de ciertas líneas. El campo, en realidad, es continuo —es decir existe en todo punto—. Otro problema con este modelo es el riesgo de obtener una impresión errónea de un dibujo bidimensional de líneas de campo que se está usando para describir una situación tridimensional.

Puesto que la carga está cuantizada, el número de líneas que salen de cualquier objeto material debe ser $0, \pm C'e, \pm 2C'e,\ldots$, donde C' es una constante de proporcionalidad arbitraria (pero fija). Una vez que se elige C', se fija el número de líneas. Por ejemplo, si el objeto 1 tiene carga Q_1 y el objeto 2 tiene carga Q_2, entonces la proporción del número de líneas es $N_2/N_1 = Q_2/Q_1$.

Las líneas de campo eléctrico para dos cargas puntuales de igual magnitud pero signos opuestos (el dipolo eléctrico) se muestran en la figura 23.21. En este caso, el número de líneas que empiezan en la carga positiva debe ser igual al número de las que terminan en la carga negativa. En puntos muy cercanos a las cargas, las líneas son casi radiales. La alta densidad en líneas entre las cargas indica una región de intenso campo eléctrico.

La figura 23.22 muestra las líneas de campo eléctrico en la vecindad de dos cargas puntuales positivas iguales. También en este caso, las líneas son casi radiales en puntos cercanos a cualquiera de las cargas. El mismo número de líneas surge de cada carga puesto que éstas son iguales en magnitud. A grandes distancias de las cargas, el campo es aproximadamente igual al de una carga puntual individual de magnitud $2q$.

Por último, en la figura 23.23 bosquejamos las líneas de campo eléctrico asociadas a una carga positiva $+2q$ y una carga negativa $-q$. En este caso, el número de líneas que salen de $+2q$ es el doble del número que entra a $-q$. Por tanto sólo la mitad

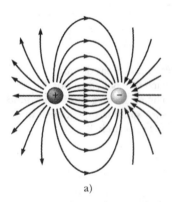

a)

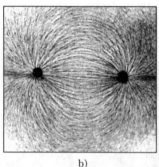

b)

FIGURA 23.21 a) Las líneas de campo eléctrico para dos cargas puntuales iguales y opuestas (un dipolo eléctrico). Observe que el número de líneas que salen de la carga positiva es igual al número de las que teminan en la carga negativa. b) La fotografía fue tomada usando pequeños pedazos de hilo suspendido en aceite, los cuales se alinean con el campo eléctrico. *(Foto cortesía de Harold M. Waage, Princeton University)*

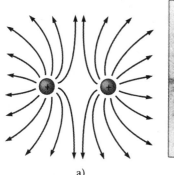 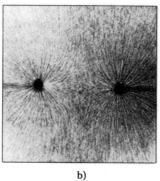

a) b)

FIGURA 23.22 a) Líneas de campo eléctrico para dos cargas puntuales positivas. b) La fotografía se tomó utilizando pequeños pedazos de hilo suspendidos en aceite, los cuales se alinean con el campo eléctrico. *(Foto cortesía de Harold M. Waage, Princeton University)*

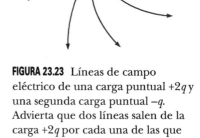

FIGURA 23.23 Líneas de campo eléctrico de una carga puntual $+2q$ y una segunda carga puntual $-q$. Advierta que dos líneas salen de la carga $+2q$ por cada una de las que termina en $-q$.

de las líneas que salen de la carga positiva entran a la carga negativa. La mitad restante termina en la carga negativa que suponemos está en el infinito. A distancias que son grandes comparadas con la separación de las cargas, las líneas de campo eléctrico son equivalentes a las de una carga individual $+q$.

23.7 MOVIMIENTO DE PARTÍCULAS CARGADAS EN UN CAMPO ELÉCTRICO UNIFORME

En esta sección describimos el movimiento de una partícula cargada en un campo eléctrico uniforme. Como veremos, el movimiento es equivalente al de un proyectil que se mueve en un campo gravitacional uniforme. Cuando una partícula de carga q y masa m se sitúa en un campo eléctrico $\mathbf{E}$, la fuerza eléctrica sobre la carga es $q\mathbf{E}$. Si ésta es la única fuerza ejercida sobre la carga, entonces la segunda ley de Newton aplicada a la carga produce

$$\mathbf{F} = q\mathbf{E} = m\mathbf{a}$$

Por lo tanto, la aceleración de la partícula es

$$\mathbf{a} = \frac{q\mathbf{E}}{m} \qquad (23.7)$$

Este simulador permite investigar la influencia de campos eléctricos en el movimiento de partículas cargadas. Con él podremos especificar la carga sobre la partícula y su velocidad, y también tener control sobre la magnitud y dirección de un campo eléctrico aplicado. Mediante la variación de estos parámetros se puede observar el movimiento de partículas como electrones y protones en presencia (o ausencia) de un campo eléctrico, así como el comportamiento de un sistema de partículas cargadas.

Movimiento en un campo eléctrico

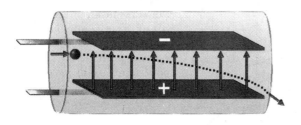 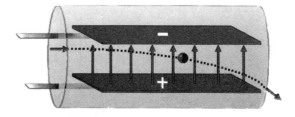

Si **E** es uniforme (es decir, constante en magnitud y dirección), vemos que la aceleración es una constante del movimiento. Si la carga es positiva, la aceleración está en la dirección del campo eléctrico. Si la carga es negativa, la aceleración está en la dirección opuesta del campo eléctrico.

EJEMPLO 23.13   Una carga positiva acelerada

Una carga puntual positiva q de masa m se libera desde el reposo en un campo eléctrico uniforme **E** dirigido a lo largo del eje x, como se muestra en la figura 23.24. Describa su movimiento.

Razonamiento y solución   La aceleración de la carga es constante y está dada por $q\mathbf{E}/m$. El movimiento es lineal simple a lo largo del eje x. Por consiguiente, podemos aplicar las ecuaciones de la cinemática en una dimensión (del capítulo 2):

$$x - x_0 = v_0 t + \tfrac{1}{2}at^2 \qquad v = v_0 + at$$

$$v^2 = v_0{}^2 + 2a(x - x_0)$$

Si $x_0 = 0$ y $v_0 = 0$ se obtiene

$$x = \tfrac{1}{2}at^2 = \frac{qE}{2m}t^2$$

$$v = at = \frac{qE}{m}t$$

$$v^2 = 2ax = \left(\frac{2qE}{m}\right)x$$

La energía cinética de la carga después de que se ha movido una distancia x es

$$K = \tfrac{1}{2}mv^2 = \tfrac{1}{2}m\left(\frac{2qE}{m}\right)x = qEx$$

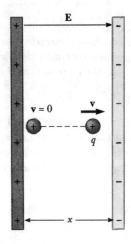

FIGURA 23.24   (Ejemplo 23.13) Una carga puntual positiva q en un campo eléctrico uniforme E experimenta una aceleración constante en la dirección del campo.

Este resultado también puede obtenerse del teorema del trabajo y la energía, gracias a que el trabajo realizado por la fuerza eléctrica es $F_e x = qEx$ y $W = \Delta K$.

El campo eléctrico en la región entre dos placas metálicas planas con cargas opuestas es casi uniforme (Fig. 23.25). Suponga que un electrón de carga $-e$ se lanza horizontalmente dentro de este campo con una velocidad $v_0\mathbf{i}$. Puesto que el campo eléctrico **E** está en la dirección y positiva, la aceleración del electrón está en la dirección y negativa. Es decir,

$$\mathbf{a} = -\frac{eE}{m}\mathbf{j} \tag{23.8}$$

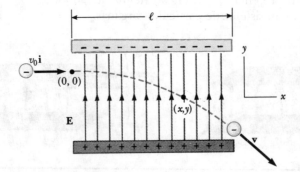

FIGURA 23.25 Un electrón se lanza horizontalmente en un campo eléctrico uniforme producido por dos placas cargadas. El electrón se somete a una aceleración hacia abajo (opuesta a **E**) y su movimiento es parabólico.

Debido a que la aceleración es constante, podemos aplicar las ecuaciones de la cinemática en dos dimensiones (del capítulo 4) con $v_{x0} = v_0$ y $v_{y0} = 0$. Después de que han estado en el campo eléctrico durante un tiempo t, las componentes de velocidad del electrón son

$$v_x = v_0 = \text{constante} \tag{23.9}$$

$$v_v = at = -\frac{eE}{m}t \tag{23.10}$$

De igual modo, las coordenadas del electrón despues de un tiempo t en el campo eléctrico son

$$x = v_0 t \tag{23.11}$$

$$y = \tfrac{1}{2}at^2 = -\tfrac{1}{2}\frac{eE}{m}t^2 \tag{23.12}$$

Al sustituir el valor $t = x/v_0$ de la ecuación 23.11 en la ecuación 23.12, vemos que y es proporcional a x^2. Por lo tanto, la trayectoria es una parábola. Después de que el electrón abandona la región de campo eléctrico uniforme, continúa moviéndose en una línea recta con una velocidad $v > v_0$.

Observe que hemos ignorado la fuerza gravitacional sobre el electrón. Ésta es una buena aproximación cuando trabajamos con partículas atómicas. Para un campo eléctrico de 10^4 N/C, la razón entre la fuerza eléctrica, eE, y la fuerza gravitacional, mg, para el electrón es del orden de 10^{14}. La proporción correspondiente para un protón es del orden de 10^{11}.

EJEMPLO 23.14   Un electrón acelerado

En la figura 23.25 se muestra un electrón que entra a la región de un campo eléctrico uniforme con $v_0 = 3.00 \times 10^6$ m/s y $E = 200$ N/C. El ancho de las placas es $\ell = 0.100$ m. a) Encuentre la aceleración del electrón mientras está en el campo eléctrico.

Solución   Puesto que la carga en el electrón tiene una magnitud de 1.60×10^{-19} C y $m = 9.11 \times 10^{-31}$ kg, la ecuación 23.8 produce

$$\mathbf{a} = -\frac{eE}{m}\mathbf{j} = -\frac{(1.60 \times 10^{-19} \text{ C})(200 \text{ N/C})}{9.11 \times 10^{-31} \text{ kg}}\mathbf{j}$$
$$= -3.51 \times 10^{13}\,\mathbf{j} \text{ m/s}^2$$

b) Encuentre el tiempo que tarda el electrón en viajar a través de la región del campo eléctrico.

Solución   La distancia horizontal recorrida por el electrón mientras está en el campo eléctrico es $\ell = 0.100$ m. Empleando la ecuación 23.11 con $x = \ell$, encontramos que el tiempo que transcurre en el campo eléctrico es

$$t = \frac{\ell}{v_0} = \frac{0.100 \text{ m}}{3.00 \times 10^6 \text{ m/s}} = \boxed{3.33 \times 10^{-8} \text{ s}}$$

c) ¿Cuál es el desplazamiento vertical y del electrón mientras está en el campo eléctrico?

Solución   Utilizando la ecuación 23.12 y los resultados de a) y b), encontramos que

$$y = \tfrac{1}{2}at^2 = -\tfrac{1}{2}(3.51 \times 10^{13} \text{ m/s}^2)(3.33 \times 10^{-8} \text{ s})^2$$
$$= -0.0195 \text{ m} = -1.95 \text{ cm}$$

Si la separación entre las placas es más pequeña que esto, el electrón golpeará la placa positiva.

Ejercicio   Encuentre la velocidad del electrón a medida que sale del campo eléctrico.

Respuesta 3.22×10^6 m/s.

---

*23.8 EL OSCILOSCOPIO

El osciloscopio es un instrumento electrónico utilizado en mediciones eléctricas. Su principal componente es el tubo de rayos catódicos (TRC) mostrado en la figura 23.26. Este tubo se usa comúnmente para obtener un despliegue visual de información electrónica de otras aplicaciones, incluidos los sistemas de radar, receptores de televisión y computadoras. El TRC es un tubo al vacío en el que los electrones se aceleran y desvían bajo la influencia de campos eléctricos.

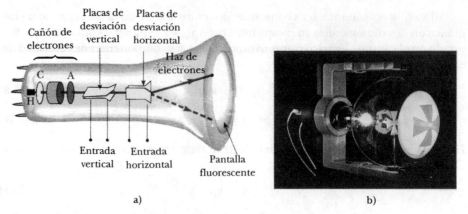

Placas de
desviación   Placas de
vertical   desviación
              horizontal

Cañón de
electrones
                                          Haz de
                                          electrones

C   A

H

Entrada   Entrada
vertical   horizontal   Pantalla
                                      fluorescente

a)   b)

FIGURA 23.26   a) Diagrama esquemático de un tubo de rayos catódicos. Los electrones que salen del cátodo caliente C se aceleran hacia el nodo A. El cañón electrónico también se utiliza para enfocar el haz, y las placas lo desvían. b) Fotografía de un tubo de "Cruz de Malta" que muestra la sombra de un haz de rayos catódicos que incide sobre la pantalla del tubo. El filamento caliente produce también un haz de luz y una segunda sombra de la cruz. *(Cortesía de Central Scientific Co.)*

El haz de electrones se produce por medio de un conjunto de dispositivos llamado *cañón de electrones*, localizado en el cuello del tubo. El conjunto mostrado en la figura 23.26 consta de un calefactor (H), un cátodo cargado negativamente (C) y un ánodo cargado positivamente (A). Una corriente eléctrica mantenida en el calefactor hace que su temperatura aumente, lo cual a su vez calienta al cátodo. Éste alcanza temperaturas suficientemente altas para provocar que los electrones "hiervan". Aunque no se muestran en la figura, el cañón de electrones incluye un elemento que concentra el haz de electrones y uno que controla el número de electrones que llegan al ánodo (es decir, el control de luminosidad). El ánodo tiene un agujero en su centro que permite a los electrones atravesar sin golpear el ánodo. Estos electrones, si no son perturbados, viajan en una trayectoria de línea recta hasta que inciden en el frente del TRC, "la pantalla", la cual está recubierta con un material que emite luz visible cuando se bombardea con electrones. Esta emisión produce un punto de luz visible sobre la pantalla.

Los electrones se desvían en diversas direcciones por medio de dos conjuntos de placas situadas a ángulos rectos entre sí en el cuello del tubo. Para entender cómo operan las placas de desviación, considere primero las placas de desviación horizontal en la figura 23.26a. Un circuito eléctrico externo se usa para controlar y cambiar la cantidad de carga presente en estas placas, con la carga positiva ubicada en una placa y la negativa en la otra. (En el capítulo 25 veremos que esto puede lograrse aplicando un voltaje entre las placas.) Esta carga en aumento crea un campo eléctrico creciente entre las placas, el cual ocasiona que el haz de electrones sea desviado de su trayectoria de línea recta. La pantalla es ligeramente fosforescente y por ello brilla brevemente después de que el haz de electrones se mueve de un punto a otro sobre ella. El aumento lento de la carga sobre las placas horizontales origina que el haz de electrones se mueva de manera gradual del centro hacia el lado de la pantalla. Debido a la fosforescencia, sin embargo, uno observa una línea horizontal que se extiende a lo largo de la pantalla en lugar del simple movimiento del punto. La línea horizontal puede mantenerse sobre la pantalla por medio de un rápido trazado repetitivo.

Las placas de desviación vertical actúan exactamente de la misma manera que las placas horizontales, excepto en que el cambio de la carga en ellas ocasiona una línea vertical sobre la pantalla. En la práctica, las placas de desviación horizontal y vertical se usan simultáneamente.

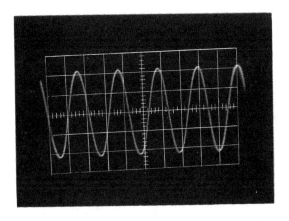

FIGURA 23.27 Una onda sinusoidal producida por un diapasón vibrante y exhibi-
da en la pantalla de un osciloscopio.
(Henry Leap y Jim Lehman)

Para ver cómo el osciloscopio puede presentar información visual, examinemos cómo podríamos observar la onda sonora de un diapasón sobre la pantalla. Para este fin, la carga sobre las placas horizontales cambia de manera tal que el haz barre la cara del tubo a una tasa constante. El diapasón se hace vibrar luego en un micrófono, el cual cambia la señal sonora en una señal eléctrica que es aplicada a las placas verticales. El efecto combinado de las placas horizontal y vertical hace que el haz barra el tubo horizontalmente y hacia arriba y hacia abajo al mismo tiempo, con el movimiento vertical que corresponde a la señal del diapasón. Sobre la pantalla se observa un patrón como el que se muestra en la figura 23.27.

RESUMEN

Las **cargas eléctricas** tienen las siguientes propiedades importantes:

- Cargas diferentes se atraen entre sí y cargas iguales se repelen entre sí.
- La carga eléctrica siempre se conserva.
- La carga está cuantizada, es decir, existe en paquetes discretos que son algún múltiplo entero de la carga electrónica.
- La fuerza entre partículas cargadas varía con el inverso al cuadrado de su separación.

Los **conductores** son materiales en los que las cargas se mueven libremente. Los **aisladores** son materiales en los que no es fácil que la carga se mueva.

La **ley de Coulomb** establece que la fuerza electrostática entre dos partículas cargadas estacionarias separadas por una distancia r tiene magnitud

$$F = k_e \frac{|q_1||q_2|}{r^2} \tag{23.1}$$

donde la constante k_e, conocida como la constante de Coulomb, tiene el valor

$$k_e = 8.9875 \times 10^9 \text{ N} \cdot \text{m}^2/\text{C}^2$$

La unidad de carga más pequeña que se conoce en la naturaleza es la carga en un electrón o protón:

$$|e| = 1.60219 \times 10^{-19} \text{ C}$$

El campo eléctrico **E** en algún punto en el espacio se define como la fuerza eléctrica **F** que actúa sobre una pequeña carga de prueba positiva en ese punto dividida por la magnitud de la carga de prueba q_0:

$$E \equiv \frac{F}{q_0} \tag{23.3}$$

El campo eléctrico debido a una carga puntual q a una distancia r de la carga es

$$E = k_e \frac{q}{r^2} \hat{r} \tag{23.4}$$

donde $\hat{r}$ es un vector unitario dirigido de la carga al punto en cuestión. El campo eléctrico está dirigido radialmente hacia afuera de una carga positiva y dirigido hacia una carga negativa.

El campo eléctrico debido a un grupo de cargas puede obtenerse con el principio de superposición. Es decir, el campo eléctrico total es igual a la suma vectorial de los campos eléctricos de todas las cargas en algún punto:

$$E = k_e \sum_i \frac{q_i}{r_i^2} \hat{r}_i \tag{23.5}$$

El campo eléctrico de una distribución de carga continua en algún punto es

$$E = k_e \int \frac{dq}{r^2} \hat{r} \tag{23.6}$$

donde dq es la carga en un elemento de la distribución de carga y r es la distancia del elemento al punto en cuestión.

Las **líneas de campo eléctrico** son útiles para describir el campo eléctrico en cualquier región del espacio. El vector de campo eléctrico **E** siempre es tangente a las líneas de campo eléctrico en todo punto. El número de líneas por unidad de área a través de una superficie perpendicular a las líneas es proporcional a la magnitud de **E** en esa región.

Una partícula cargada de masa m y carga q que se mueve en un campo eléctrico **E** tiene una aceleración

$$a = \frac{qE}{m} \tag{23.7}$$

Si el campo eléctrico es uniforme, la aceleración es constante y el movimiento de la carga es similar al de un proyectil que se mueve en un campo gravitacional uniforme.

Estrategia y sugerencia para resolver problemas
Determinación del campo eléctrico

- Unidades: Cuando se efectúan cálculos que implican a la constante de Coulomb k_e ($= 1/4\pi\varepsilon_0$), las cargas deben estar en coulombs y las distancias en metros. Si aparecen en otras unidades, debe convertirlas.
- Aplicación de la ley de Coulomb a cargas puntuales: Emplee el principio de superposición apropiadamente cuando trabaje con una colección de cargas que interactúan. Cuando se presentan varias cargas, la fuerza resultante de cualquiera de ellas es el vector suma de las fuerzas ejercidas por las cargas individuales. Usted debe tener mucho cuidado con el manejo algebraico de las cantidades vectoriales. Tal vez sea útil revisar el material acerca de adición de vectores del capítulo 3.
- Cálculo del campo eléctrico de cargas puntuales: El principio de superposición puede aplicarse a campos eléctricos. Para encontrar el campo eléctrico total en un punto dado, calcule primero el campo eléctrico en el punto

debido a cada carga individual. El campo resultante en el punto es el vector suma de los campos debidos a las cargas individuales.

- Distribuciones de carga continuas: Cuando se enfrente a problemas que involucran una distribución continua de carga, las sumas vectoriales para evaluar el campo total en algún punto deben ser sustituidas por integrales vectoriales. La distribución de carga se divide en pedazos infinitesimales, y la suma vectorial se realiza integrando sobre toda la distribución de carga. Debe revisar los ejemplos 23.10-23.12, en los que se demuestran estos procedimientos.
- Simetría: Siempre que trabaje con una distribución de cargas puntuales o con una de carga continua debe aprovechar cualquier simetría en el sistema para simplificar sus cálculos.

PREGUNTAS

1. Con frecuencia se observan (o escuchan) chispas en un día seco al quitarse la ropa en la oscuridad. Explique.

2. Explique a partir de un punto de vista atómico por qué la carga suele transferirse por medio de electrones.

3. Un globo se carga negativamente por frotamiento y después se adhiere a una pared. ¿Esto significa que la pared está cargada positivamente? ¿Por qué después de cierto tiempo cae el globo?

4. Una ligera esfera metálica descargada que está suspendida de un hilo es atraída hacia una barra de caucho cargada. Después de tocar la barra, ésta repele a la esfera. Explique.

5. Explique qué se entiende por átomo neutro.

6. ¿Por qué algunas ropas se pegan a su cuerpo después de que se han sacado de una secadora?

7. Una gran esfera metálica aislada de tierra se carga con un generador electrostático mientras una persona parada sobre un taburete aislante sostiene la esfera. ¿Por qué es seguro hacer esto? ¿Por qué no sería seguro para otra persona tocar la esfera después de que ésta se ha cargado?

8. ¿Cuál es la diferencia entre cargar un objeto por inducción y cargarlo por conducción?

9. ¿Cuáles son las similitudes y diferencias entre la ley de Newton de la gravedad, $F = Gm_1m_2/r^2$, y la ley de Coulomb, $F = k_eq_1q_2/r^2$?

10. Suponga que alguien propone una teoría según la cual la gente está unida a la Tierra por fuerzas eléctricas y no por la gravedad. ¿Cómo probaría usted que esta teoría es errónea?

11. ¿La vida sería diferente si el electrón estuviera cargado positivamente y el protón negativamente? ¿La elección de signos tiene alguna relación con las interacciones físicas y químicas? Explique.

12. Al definir el campo eléctrico, ¿por qué es necesario especificar que la magnitud de la carga de prueba es muy pequeña? (Es decir, se toma el límite de $\mathbf{F}/q$ a medida que $q \rightarrow 0$.)

13. Dos esferas conductoras cargadas, cada una de radio a, están separadas por una distancia $r > 2a$. ¿La fuerza sobre cada esfera está dada por la ley de Coulomb? Explique. (*Sugerencia*: Véase el capítulo 14 sobre gravitación, y la figura 23.10.)

14. ¿Cuándo es válido representar de manera aproximada una distribución de carga por medio de una carga puntual?

15. ¿Es posible que un campo eléctrico exista en el espacio vacío? Explique.

16. Explique por qué las líneas de campo eléctrico no forman lazos cerrados.

17. Explique por qué las líneas de campo eléctrico nunca se cruzan. (*Sugerencia*: **E** debe tener una dirección única en todos los puntos.)

18. Un electrón libre y un protón libre se ponen en un campo eléctrico idéntico. Compare las fuerzas eléctricas sobre cada partícula. Compare sus aceleraciones.

19. Explique qué sucede con la magnitud del campo eléctrico de una carga puntual cuando r tiende a cero.

20. Una carga negativa se pone en una región del espacio donde el campo eléctrico está dirigido verticalmente hacia arriba. ¿Cuál es la dirección de la fuerza eléctrica experimentada por esta carga?

21. Una carga $4q$ está a una distancia r de una carga $-q$. Compare el número de líneas de campo eléctrico que salen de la carga $4q$ con el número que entra a la carga $-q$.

22. En la figura 23.23 ¿dónde terminan las líneas adicionales que salen de la carga $+2q$?

23. Considere dos cargas puntuales iguales separadas por cierta distancia d. ¿En qué punto (aparte de ∞) una tercera carga de prueba no experimentaría una fuerza neta?

24. Una carga puntual negativa $-q$ se sitúa en el punto P cerca del anillo cargado positivamente que se muestra en la figura 23.17. Si $x \ll a$, describa el movimiento de la carga puntual si ésta se libera a partir del reposo.

25. Explique las diferencias entre densidades de carga lineal, superficial y volumétrica, y brinde ejemplos de cuándo se usaría cada una.

26. Si el electrón en la figura 23.25 se lanza dentro del campo eléctrico con una velocidad arbitraria $\mathbf{v}_0$ (a un ángulo con respecto a **E**), ¿su trayectoria seguirá siendo parabólica? Explique.

27. Si un objeto metálico recibe una carga positiva, ¿la masa del objeto aumenta, disminuye o permanece igual? ¿Qué ocurre con su masa si al objeto se le da una carga negativa?

28. Se ha informado que en algunos casos la gente que se encuentra cerca de un rayo que cae sobre la Tierra se ha tenido que quitar la ropa. Explique por qué podría suceder esto.

29. ¿Por qué un alambre de conexión a tierra debe conectarse a la barra de soporte metálico de una antena de televisión?

30. Una pieza ligera de hoja de aluminio envuelve una barra de madera. Cuando la barra que transporta una carga positiva se acerca a la hoja, las dos partes de la hoja se separan. ¿Por qué? ¿Qué tipo de carga hay en la hoja?

31. ¿Por qué es más difícil cargar un objeto por medio de fricción en un día húmedo que en un día seco?

32. ¿Cómo distinguiría usted experimentalmente un campo eléctrico de un campo gravitacional?

PROBLEMAS

Sección 23.3 Ley de Coulomb

1. Suponga que 1.00 g de hidrógeno se separa en electrones y protones. Considere también que los protones se sitúan en el polo norte terrestre y los electrones, en el polo sur. ¿Cuál es la fuerza compresional resultante sobre la Tierra?

2. a) Calcule el número de electrones en un pequeño alfiler de plata, eléctricamente neutro, que tiene una masa de 10.0 g. La plata tiene 47 electrones por átomo, y su masa atómica es de 107.87. b) Se añaden electrones al alfiler hasta que la carga neta es 1.00 mC. ¿Cuántos electrones se añaden por cada 10^9 electrones ya presentes?

3. Dos protones en una molécula están separados por 3.80×10^{-10} m. a) Encuentre la fuerza electrostática ejercida por un protón sobre el otro. b) ¿Cómo se compara la magnitud de esta fuerza con la magnitud de la fuerza gravitacional entre los dos protones? c) ¿Cuál debe ser la razón entre la carga y la masa de una partícula si la magnitud de la fuerza gravitacional entre ella y una partícula es igual a la magnitud de la fuerza electrostática entre ellas?

4. ¿Un electrón puede permanecer suspendido entre una superficie horizontal aislante neutra y una carga positiva fija, q, a 7.62 m del electrón? ¿Esta observación es posible? Explique.

5. a) ¿Cuáles magnitudes iguales de carga deben colocarse sobre la Tierra y la Luna para hacer la magnitud de la fuerza eléctrica entre estos dos cuerpos igual a la fuerza gravitacional? b) ¿Cuál sería el campo eléctrico sobre la Luna producido por la carga de la Tierra?

6. En la fisión, un núcleo de uranio –238, que contiene 92 protones, se divide en dos esferas más pequeñas, cada una con 46 protones y un radio de 5.9×10^{-15} m. ¿Cuál es la magnitud de la fuerza eléctrica repulsiva que tiende a separar las dos esferas?

7. En la figura P23.7 se localizan tres cargas puntuales ubicadas en las esquinas de un triángulo equilátero. Calcule la fuerza eléctrica neta sobre la carga de 7.0 μC.

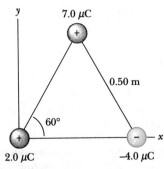

FIGURA P23.7

8. Dos cargas puntuales idénticas $+q$ están fijas en el espacio y separadas por una distancia d. Una tercera carga puntual $-Q$ puede moverse libremente y se encuentra inicialmente en reposo en un bisector perpendicular de la línea que conecta las dos cargas fijas a una distancia x de la línea (Fig. P23.8). a) Muestre que si x es pequeña en relación con d, el movimiento de $-Q$ es armónico simple a lo largo del bisector, y determine el periodo de ese movimiento. b) ¿Qué tan rápido se mueve Q cuando está en el punto intermedio entre las dos cargas fijas?

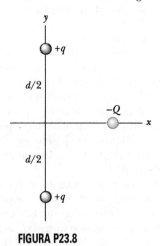

FIGURA P23.8

☐ Indica problemas que tienen soluciones completas disponibles en el *Manual de soluciones del estudiante* y en la *Guía de estudio*.

9. Cuatro cargas puntuales idénticas ($q = +10.0\,\mu C$) se localizan en las esquinas de un rectángulo, como se indica en la figura P23.9. Las dimensiones del rectángulo son $L = 60.0$ cm y $W = 15.0$ cm. Calcule la magnitud y dirección de la fuerza eléctrica neta ejercida sobre la carga en la esquina izquierda inferior por las otras tres cargas.

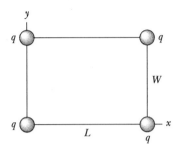

FIGURA P23.9

10. En la figura P23.10 se muestran tres cargas puntuales idénticas, cada una de masa $m = 0.100$ kg y carga q, colgadas de tres cuerdas. Si las longitudes de las cuerdas izquierda y derecha son $L = 30.0$ cm y el ángulo $\theta = 45.0°$, determine el valor de q.

10A. En la figura P23.10 se muestran tres cargas puntuales idénticas, cada una de masa m y carga q, que cuelgan de tres cuerdas. Determine el valor de q en términos de m, L y θ.

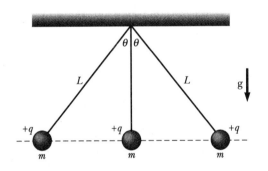

FIGURA P23.10

11. Dos pequeñas esferas de plata, cada una con 100 g de masa, están separadas 1.0 m. Calcule la fracción de los electrones de una esfera que deben transferirse a la otra para producir una fuerza atractiva de 1.0×10^4 N (aproximadamente una tonelada) entre las esferas. (El número de electrones por átomo de plata es 47, y el número de átomos por gramo es el número de Avogadro dividido por la masa molar de la plata, 107.87.)

12. Richard Feynman dijo una vez que si dos personas estuvieran paradas a una distancia de un brazo una de otra y cada una tuviera 1% más de electrones que de protones, la fuerza de repulsión entre ellas sería suficiente para levantar un "peso" igual al de toda la Tierra. Efectúe un cálculo de orden de magnitud para sustentar esta afirmación.

13. En un nubarrón es posible que haya una carga eléctrica de +40 C cerca de la parte superior y −40 C cerca de la parte inferior. Estas cargas están separadas por aproximadamente 2.0 km. ¿Cuál es la fuerza eléctrica entre ellas?

Sección 23.4 El campo eléctrico

14. Un avión vuela a través de un nubarrón a una altura de 2 000 m. (Esto es una situación muy peligrosa debido a corrientes ascendentes, turbulencia y la posibilidad de una descarga eléctrica.) Si hay una concentración de carga de +40 C a una altura de 3 000 m dentro de la nube y −40 C a una altura de 1 000 m, ¿cuál es el campo eléctrico E en la aeronave?

15. ¿Cuáles son la magnitud y dirección del campo eléctrico que equilibrará el peso de a) un electrón, y b) un protón? (Use los datos de la tabla 23.1.)

16. Un objeto que tiene una carga neta de $24\,\mu C$ se coloca en un campo eléctrico uniforme de 610 N/C dirigido verticalmente. ¿Cuál es la masa de este objeto si "flota" en el campo?

16A. Un objeto que tiene una carga neta Q se coloca en un campo eléctrico uniforme de magnitud E dirigido verticalmente. ¿Cuál es la masa de este objeto si "flota" en el campo?

17. En un día seco de invierno, si usted camina arrastrando sus pies sobre una alfombra, generará una carga y sentirá un choque eléctrico cuando toque la perilla metálica de una puerta. En un cuarto oscuro usted puede realmente ver una chispa de aproximadamente 2.0 cm de largo. El aire se vuelve conductor a una intensidad de campo de 3.0×10^6 N/C. Suponga que justo antes de que ocurra la chispa, todas las cargas están en su dedo y han sido llevadas ahí por la inducción debida a la proximidad de la perilla. Aproxime la punta de su dedo como a una esfera de 1.5 cm de diámetro y suponga que hay ahí una cantidad de carga igual sobre la perilla a 2.0 cm de distancia. a) ¿Qué cantidad de carga ha generado? b) ¿A cuántos electrones corresponde dicha cantidad?

18. Un punto con una carga q se localiza en (x_0, y_0) en el plano xy. Demuestre que las componentes x y y del campo eléctrico en (x, y) debidas a esta carga son

$$E_x = \frac{k_e q(x - x_0)}{[(x - x_0)^2 + (y - y_0)^2]^{3/2}}$$

$$E_y = \frac{k_e q(y - y_0)}{[(x - x_0)^2 + (y - y_0)^2]^{3/2}}$$

19. Dos cargas puntuales de $2.0\,\mu C$ se localizan sobre el eje x. Una está en $x = 1.0$ m y la otra en $x = -1.0$ m. a) Determine el campo eléctrico sobre el eje y en $y = 0.50$ m. b) Calcule la fuerza eléctrica sobre una carga de $-3.0\,\mu C$ situada en el eje y a una distancia $y = 0.50$ m.

20. Determine la magnitud del campo eléctrico en la superficie de un núcleo de plomo 208, que contiene 82 protones y 126 neutrones. Suponga que el núcleo de

plomo tiene un volumen 208 veces el de un protón, y considere a los protones como si fueran esferas duras de 1.2×10^{-15} m de radio.

21. Considere n cargas puntuales positivas iguales cada una de magnitud q/n situadas simétricamente sobre un círculo de radio R. a) Calcule la magnitud del campo eléctrico en un punto a una distancia x del plano sobre la línea que pasa por el centro del círculo y perpendicular al plano del círculo. b) Explique por qué este resultado es idéntico al cálculo efectuado en el ejemplo 23.11.

22. Tres cargas puntuales, q, $2q$ y $3q$, están colgadas sobre los vértices de un triángulo equilátero. Determine la magnitud del campo eléctrico en el centro geométrico del triángulo.

23. Tres cargas positivas iguales q están en las esquinas de un triángulo equilátero de lados a, como la figura P23.23. a) ¿En qué punto en el plano de las cargas (aparte de ∞) el campo eléctrico es cero? b) ¿Cuáles son la magnitud y dirección del campo eléctrico en P debido a las dos cargas en la base?

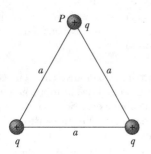

FIGURA P23.23

24. En la figura P23.7 se muestran tres cargas colocadas en las esquinas de un triángulo equilátero. Calcule la intensidad de campo eléctrico en la posición de la carga de 2.0 μC debido a las cargas de 7.0 μC y -4.0 μC.

25. Cuatro cargas puntuales están en las esquinas de un cuadrado de lado a, como en la figura P23.25. a) Determine la magnitud y dirección del campo eléctrico en la posición de la carga q. b) ¿Cuál es la fuerza resultante sobre q?

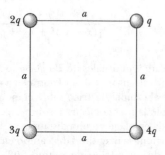

FIGURA P23.25

26. Una carga de -4.0 μC se localiza en el origen, y una carga de -5.0 μC se ubica a lo largo del eje y en $y = 2.0$ m. ¿En qué punto a lo largo del eje y el campo eléctrico es cero?

26A. Una carga $-q_1$ se localiza en el origen y una carga $-q_2$ se ubica a lo largo del eje y en y. ¿En qué punto a lo largo del eje y el campo eléctrico es cero?

27. Considere un número infinito de cargas idénticas (cada una con carga q) colocadas a lo largo del eje x a distancias a, $2a$, $3a$, $4a$,... del origen. ¿Cuál es el campo eléctrico en el origen debido a esta distribución? *Sugerencia*: Aproveche el hecho de que

$$1 + \frac{1}{2^2} + \frac{1}{3^2} + \frac{1}{4^2} + \cdots = \frac{\pi^2}{6}$$

Sección 23.5 Campo eléctrico de una distribución de carga continua

28. Una barra de 14 cm de largo está cargada uniformemente y tiene una carga total de -22 μC. Determine la magnitud y dirección del campo eléctrico a lo largo del eje de la barra en un punto a 36 cm de su centro.

29. Una línea de carga continua se encuentra a lo largo del eje x, extendiéndose desde $x = +x_0$ hasta el infinito positivo. La línea tiene una densidad de carga lineal uniforme λ_0. ¿Cuáles son la magnitud y dirección del campo eléctrico en el origen?

30. Una línea de carga empieza en $x = +x_0$ y se extiende hasta el infinito positivo. Si la densidad de carga lineal es $\lambda = \lambda_0 x_0 / x$, determine el campo eléctrico en el origen.

31. Un anillo cargado uniformemente de 10 cm de radio tiene una carga total de 75 μC. Encuentre el campo eléctrico sobre el eje del anillo a a) 1.0 cm, b) 5.0 cm, c) 30 cm, y d) 100 cm del centro del anillo.

32. Muestre que la intensidad de campo máxima $E_{máx}$ a lo largo del eje de un anillo cargado uniformemente ocurre en $x = a/\sqrt{2}$ (véase la figura 23.17) y tiene el valor $Q/(6\sqrt{3}\pi\varepsilon_0 a^2)$.

33. Considere un cascarón cilíndrico circular recto con una carga total Q, radio R y altura h. Determine el campo eléctrico en un punto a una distancia d del lado derecho del cilindro, como en la figura P23.33. (*Sugerencia*: Emplee el resultado del ejemplo 23.11 y considere al cilindro como una colección de anillos de carga.) b) Utilice el resultado del ejemplo 23.12 para resolver el mismo problema, pero esta vez suponga que el cilindro es sólido.

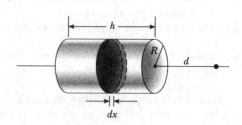

FIGURA P23.33

34. Un disco cargado uniformemente de 35 cm de radio tiene una densidad de carga de 7.9×10^{-3} C/m². Calcule el campo eléctrico sobre el eje del disco en a) 5.0 cm, b) 10 cm, c) 50 cm, y d) 200 cm del centro del disco.

35. En el ejemplo 23.12 se obtiene la expresión exacta para el campo eléctrico en un punto sobre el eje de un disco cargado uniformemente. Considere un disco de radio R = 3.0 cm, con una carga de +5.2 μC distribuida de manera uniforme. a) Con el resultado del ejemplo 23.12 calcule el campo eléctrico en un punto sobre el eje y a 3.0 mm del centro. Compare esta respuesta con el campo calculado a partir de la aproximación de campo cercano. b) Utilizando el resultado del ejemplo 23.12 calcule el campo eléctrico en un punto sobre el eje y a 30 cm del centro del disco. Compare esto con el campo eléctrico obtenido tratando al disco como una carga puntual de +5.2 μC a una distancia de 30 cm.

36. El campo eléctrico a lo largo del eje de un disco cargado uniformemente de radio R y carga total Q se calculó en el ejemplo 23.12. Demuestre que el campo eléctrico a distancias x que son grandes comparadas con R se acerca al de una carga puntual $Q = \sigma\pi R^2$. (*Sugerencia*: Demuestre primero que $x/(x^2 + R^2)^{1/2} = (1 + R^2/x^2)^{-1/2}$ y use la serie del binomio $(1 + \delta)^n \approx 1 + n\delta$ cuando $\delta \ll 1$.)

37. Un anillo cargado uniformemente y un disco cargado también uniformemente tienen cada uno una carga de +25 μC y un radio de 3.0 cm. Para cada uno de estos objetos cargados determine el campo eléctrico en un punto a lo largo del eje a 4.0 cm del centro del objeto.

38. Un pedazo de 10.0 g de estireno tiene una carga neta de –0.700 μC y flota sobre el centro de una lámina horizontal muy larga de caucho que tiene una densidad de carga uniforme en su superficie. ¿Cuál es la carga por unidad de área de la lámina de caucho?

38A. Un pedazo de estireno de masa m tiene una carga neta de $-q$ y flota sobre el centro de una lámina horizontal muy larga de caucho que tiene una densidad de carga uniforme en su superficie. ¿Cuál es la carga por unidad de área de la lámina de caucho?

39. Una barra aislante cargada de manera uniforme de 14 cm de largo se dobla en forma de semicírculo, como en la figura P23.39. Si la barra tiene una carga total de –7.5 μC, encuentre la magnitud y dirección del campo eléctrico en O, el centro del semicírculo.

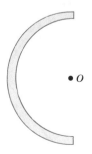

FIGURA P23.39

Sección 23.6 Líneas de campo eléctrico

40. Un disco cargado positivamente tiene una carga uniforme por unidad de área, como se describe en el ejemplo 23.12. Dibuje las líneas de campo eléctrico en un plano perpendicular al plano del disco que pasa por su centro.

41. Una barra cargada negativamente de longitud finita tiene una carga uniforme por unidad de longitud. Dibuje las líneas de campo eléctrico en un plano que contenga a la barra.

42. Una carga puntual positiva está a una distancia $R/2$ del centro de un cascarón esférico conductor delgado y descargado de radio R. Trace las líneas de campo eléctrico tanto en el interior como en el exterior del cascarón.

43. La figura P23.43 muestra las líneas de campo eléctrico para dos cargas puntuales separadas por una pequeña distancia. a) Determine la proporción q_1/q_2. b) ¿Cuáles son los signos de q_1 y q_2?

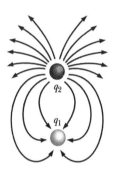

FIGURA P23.43

Sección 23.7 Movimiento de partículas cargadas en un campo eléctrico uniforme

44. Un electrón y un protón se ponen en reposo en un campo eléctrico de 520 N/C. Calcule la velocidad de cada partícula 48 ns después de liberarlas.

45. Un protón acelera desde el reposo en un campo eléctrico de 640 N/C. Cierto tiempo después su velocidad es 1.20×10^6 m/s (no relativista puesto que v es mucho menor que la velocidad de la luz). a) Encuentre la aceleración del protón. b) ¿Cuánto tarda el protón en alcanzar su velocidad? c) ¿Qué distancia ha recorrido en ese tiempo? d) ¿Cuál es su energía cinética en este tiempo?

46. Un electrón se mueve a 3×10^6 m/s dentro de un campo eléctrico uniforme de 1 000 N/C de magnitud. El campo es paralelo a la velocidad del electrón y actúa para desacelerarlo. ¿Qué distancia se desplaza el electrón antes de llevarlo al reposo?

47. Cada uno de los electrones en un haz de partículas tiene una energía cinética de 1.60×10^{-17} J. ¿Cuáles son la magnitud y dirección del campo eléctrico que detendrá estos electrones en una distancia de 10.0 cm?

47A. Cada uno de los electrones en un haz de partículas tiene una energía cinética K. ¿Cuáles son la magnitud y dirección del campo eléctrico que detendrá estos electrones en una distancia d?

48. Un electrón que viaja con una velocidad inicial igual a $8.6 \times 10^5 \mathbf{i}$ m/s entra en una región de un campo eléctrico uniforme dado por $\mathbf{E} = 4.1 \times 10^3 \mathbf{i}$ N/C. a) Encuentre la aceleración del electrón. b) Determine el tiempo que tarda el electrón en llegar al reposo después de entrar al campo. c) ¿Qué distancia recorre el electrón en el campo eléctrico antes de detenerse?

49. Un protón se lanza en la dirección x dentro de una región de un campo eléctrico uniforme $\mathbf{E} = -6.00 \times 10^5 \mathbf{i}$ N/C. El protón viaja 7.00 cm antes de detenerse. Determine a) la aceleración del protón, b) su velocidad inicial, y c) el tiempo que tarda en detenerse.

50. Una cuenta de 1.00 g cargada positivamente que se encuentra al principio en reposo en el vacío desciende 5.00 m a través de un campo eléctrico vertical uniforme de magnitud 1.00×10^4 N/C. La cuenta golpea el suelo a 21.0 m/s. Determine a) la dirección del campo eléctrico (arriba o abajo), y b) la carga en la cuenta.

50A. Una cuenta de masa m cargada positivamente que se encuentra al principio en reposo en el vacío desciende una distancia h a través de un campo eléctrico vertical uniforme de magnitud E. La cuenta golpea el suelo a una velocidad $v = \sqrt{2gh}$. Determine a) la dirección del campo eléctrico (arriba o abajo), y b) la carga en la cuenta.

51. Un protón se mueve a 4.50×10^5 m/s en la dirección horizontal. Entra a un campo eléctrico uniforme de 9.60×10^3 N/C dirigido verticalmente hacia abajo. Ignore todos los efectos gravitacionales y encuentre a) el tiempo que tarda el protón en viajar 5.00 cm horizontalmente, b) su desplazamiento vertical después de que ha recorrido 5.00 cm horizontalmente, y c) las componentes horizontal y vertical de su velocidad después de que ha recorrido 5.00 cm en la dirección horizontal.

52. Un electrón se proyecta a un ángulo de 30° sobre la horizontal y a una velocidad de 8.2×10^5 m/s, en una región donde el campo eléctrico es $\mathbf{E} = 390\mathbf{j}$ N/C. Ignore la gravedad y determine a) el tiempo que tarda el electrón en regresar a su altura inicial, b) la altura máxima que alcanza, y c) su desplazamiento horizontal cuando alcanza su altura máxima.

52A. Un electrón se proyecta a un ángulo θ sobre la horizontal y a una velocidad v, en una región donde el campo eléctrico es $\mathbf{E} = E_0\mathbf{j}$ N/C. Ignore la gravedad y determine a) el tiempo que tarda el electrón en regresar a su altura inicial, b) la altura máxima que alcanza, y c) su desplazamiento horizontal cuando alcanza su altura máxima.

Se lanzan protones con una velocidad inicial $v_0 = 9.55 \times 10^3$ m/s dentro de una región donde se presenta un campo eléctrico uniforme $\mathbf{E} = (-720\mathbf{j})$ N/C, como en la figura P23.53. Los protones van a incidir sobre un blanco que se encuentra a una distancia horizontal de 1.27 mm del punto donde se lanzaron los protones. Determine a) los dos ángulos de lanzamiento θ que darán como resultado un impacto, y b) el tiempo total de vuelo para cada trayectoria.

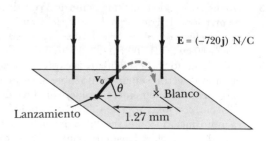

FIGURA P23.53

PROBLEMAS ADICIONALES

54. Una bola de caucho pequeña de 2.00 g está suspendida de una cuerda larga de 20.0 cm en un campo eléctrico uniforme, como se ve en la figura P23.54. Si la bola está en equilibrio cuando la cuerda forma un ángulo de 15.0° con la vertical, ¿cuál es la carga neta en la bola?

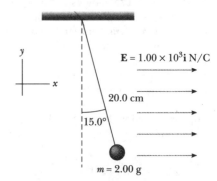

FIGURA P23.54

55. Una bola de corcho cargada de 1.00 g de masa está suspendida en una cuerda ligera en presencia de un campo eléctrico uniforme, como en la figura P23.55. Cuando $\mathbf{E} = (3.00\mathbf{i} + 5.00\mathbf{j}) \times 10^5$ N/C, la bola está en equilibrio a $\theta = 37.0°$. Encuentre a) la carga en la bola y b) la tensión en la cuerda.

55A. Una bola de corcho cargada de masa m está suspendida en una cuerda ligera en presencia de un campo eléctrico uniforme, como en la figura P23.55. Cuando $\mathbf{E} = (E_x\mathbf{i} + E_y\mathbf{j})$ N/C, la bola está en equilibrio a un ángulo θ. Encuentre a) la carga en la bola, y b) la tensión en la cuerda.

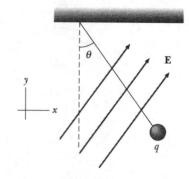

FIGURA P23.55

56. Dos esferas pequeñas cada una de 2.00 g de masa están suspendidas por medio de cuerdas ligeras de 10.0 cm de largo (Fig. P23.56). Un campo eléctrico uniforme se aplica en la dirección *x*. Si las esferas tienen cargas iguales a -5.00×10^{-8} C y $+5.0 \times 10^{-8}$ C, determine el campo eléctrico que permite a las esferas estar en equilibrio a un ángulo de $\theta = 10.0°$.

56A. Dos esferas pequeñas cada una de masa *m* están suspendidas por medio de cuerdas ligeras de longitud *L* (Fig. P23.56). Un campo eléctrico uniforme se aplica en la dirección *x*. Si las esferas tienen cargas iguales a $-q$ y $+q$, determine el campo eléctrico que permite a las esferas estar en equilibrio a un ángulo θ.

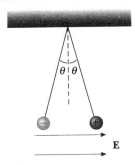

FIGURA P23.56

57. Dos esferas pequeñas de masa *m* están suspendidas de cuerdas de longitud ℓ que están conectadas a un punto común. Una esfera tiene carga *Q*; la otra tiene carga 2*Q*. Suponga que los ángulos θ_1 y θ_2 que las cuerdas forman con la vertical son pequeños. a) ¿Cómo se relacionan θ_1 y θ_2? b) Demuestre que la distancia *r* entre las esferas es

$$r \cong \left(\frac{4 k_e Q^2 \ell}{mg} \right)^{1/3}$$

58. Tres cargas de igual magnitud *q* están fijas en los vértices de un triángulo equilátero (Fig. P23.58). Una cuarta carga *Q* tiene libertad de movimiento a lo largo del eje *x* bajo la influencia de las fuerzas ejercidas por las tres cargas fijas. Encuentre un valor para *s* para el cual *q* esté en equilibrio.

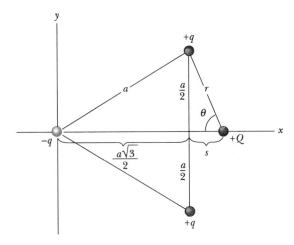

FIGURA P23.58

59. Tres pequeñas bolas idénticas de estireno ($m = 2.00$ g) están suspendidas de un punto fijo por medio de tres hilos no conductores, cada uno con una longitud de 50.0 cm y con masa despreciable. En equilibrio las tres bolas forman un triángulo equilátero con lados de 30.0 cm. ¿Cuál es la carga común *q* que tiene cada bola?

60. Un campo eléctrico uniforme de 640 N/C de magnitud existe entre dos placas paralelas que están separadas 4.00 cm. Un protón se suelta desde la placa positiva en el mismo instante en que un electrón se suelta desde la placa negativa. a) Determine la distancia desde la placa positiva en que las dos partículas se cruzan. (Ignore la atracción electrostática entre el protón y el electrón.) b) Repita el inciso a) para un ión de sodio (Na^+) y un ión cloro (Cl^-).

61. Considere el dipolo eléctrico mostrado en la figura P23.61. Demuestre que el campo eléctrico en un punto *distante* a lo largo del eje *x* es $E_x \cong 4k_e qa/x^3$.

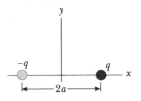

FIGURA P23.61

62. Cuatro cargas puntuales idénticas cada una con carga $+q$ están fijas en las esquinas de un cuadrado de lado *d*. Una quinta carga puntual $-Q$ está a una distancia *z* del cuadrado, a lo largo de la línea que es perpendicular al plano del cuadrado y que pasa por su centro (Fig. P23.62). a) Muestre que la fuerza ejercida sobre $-Q$ por las otras cuatro cargas es

$$\mathbf{F} = -\frac{4 k_e qQz}{\left(z^2 + \dfrac{d^2}{2} \right)^{3/2}} \mathbf{k}$$

Advierta que esta fuerza está dirigida hacia el centro del cuadrado si *z* es positiva ($-Q$ arriba del cuadrado) o negativa ($-Q$ debajo del cuadrado). b) Si $z \ll d$, la expresión anterior se reduce a $\mathbf{F} \approx -(\text{const})z\mathbf{k}$. ¿Por qué este resultado implica que el movimiento de $-Q$ es armónico simple y cuál sería el periodo de este movimiento si la masa de $-Q$ es *m*?

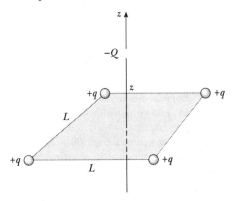

FIGURA P23.62

63. Tres cargas de igual magnitud q se encuentran en las esquinas de un triángulo equilátero de longitud de lado a (Fig. P23.63). a) Encuentre la magnitud y dirección del campo eléctrico en el punto P, en el punto medio entre las cargas negativas, en términos de k_e, q y a. b) ¿Dónde debe situarse una carga $-4q$ de manera que cualquier carga localizada en P no experimentará fuerza eléctrica neta? En el inciso b) deje que la distancia entre la carga $+q$ y P sea 1.00 m.

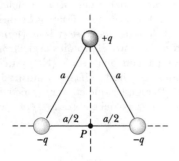

FIGURA P23.63

64. Dos cuentas idénticas tienen cada una masa $m = 0.300$ kg y carga q. Cuando se ponen en un tazón esférico con paredes no conductoras sin fricción, las cuentas se mueven hasta que en la posición de equilibrio están separadas una distancia $R = 0.750$ m (Fig. P23.64). Si el radio del tazón es también $R = 0.750$ m, determine la carga en cada cuenta.

64A. Dos cuentas idénticas tienen cada una masa m y carga q. Cuando se ponen en un tazón esférico de radio R con paredes no conductoras sin fricción, las cuentas se mueven hasta que en la posición de equilibrio están separadas una distancia R (Fig. P23.64). Determine la carga en cada cuenta.

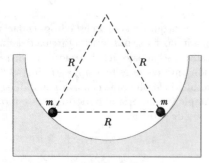

FIGURA P23.64

65. Una bola de corcho de 1.00 g que tiene una carga de 2.00 μC está suspendida verticalmente en una cuerda ligera en un campo eléctrico uniforme dirigido hacia abajo de magnitud $E = 1.00 \times 10^5$ N/C. Si la bola se desplaza ligeramente de la vertical, oscila como un péndulo simple. a) Determine el periodo de esta oscilación si la cuerda mide 0.500 m de largo. b) ¿La gravedad debe incluirse en el cálculo del inciso a)? Explique.

65A. Una bola de corcho de masa m y carga q está suspendida verticalmente en una cuerda ligera de longitud L en un campo eléctrico uniforme dirigido hacia abajo de magnitud E. Si la bola se desplaza ligeramente de la vertical, oscila como un péndulo simple. a) Determine el periodo de esta oscilación. b) ¿La gravedad debe incluirse en el cálculo de la parte a)? Explique.

66. Una línea de carga positiva se forma dentro de un semicírculo de radio $R = 60.0$ cm, como se muestra en la figura P23.66. La carga por unidad de longitud a lo largo del semicírculo se describe por medio de la expresión $\lambda = \lambda_0 \cos \theta$. La carga total en el semicírculo es 12.0 μC. Calcule la fuerza total en una carga de 3.00 μC situada en el centro de curvatura.

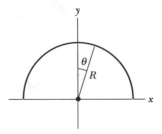

FIGURA P23.66

67. El aire se vuelve conductor (pierde su calidad aislante) y produce una chispa si la intensidad de campo eléctrico supera el valor de 3.0×10^6 N/C. ¿Qué aceleración experimenta un electrón en un campo de dichas características? Si el electrón parte del reposo, ¿a qué distancia adquiere una velocidad igual al 10% de la velocidad de la luz?

68. Una línea de carga de longitud ℓ y orientada a lo largo del eje x, como en la figura 23.16, tiene una carga por unidad de longitud λ, la cual varía con x como $\lambda = \lambda_0(x - d)/d$, donde d es la distancia de la línea del origen (punto P en la figura) y λ_0 es una constante. Encuentre el campo eléctrico en el origen. (*Sugerencia*: Un elemento infinitesimal tiene una carga $dq = \lambda \, dx$, pero advierta que λ no es constante.)

69. Una barra delgada de longitud ℓ y carga uniforme por unidad de longitud λ está a lo largo del eje x como se muestra en la figura P23.69. a) Demuestre que el campo eléctrico en P, a una distancia y de la barra, a lo largo del bisector perpendicular no tiene componente x y está dado por $E = 2k_e\lambda \operatorname{sen} \theta_0/y$. b) Utilizando su resultado del inciso a), muestre que el campo de una barra de longitud infinita es $E = 2k_e\lambda/y$. (*Sugerencia*: Calcule primero el campo en P debido a un elemento de longitud dx, el cual tiene una carga λdx. Después cambie variables de x a θ aprovechando que $x = y \tan \theta$ y $dx = y \sec^2 \theta \, d\theta$ e integre sobre θ.)

70. Una carga q de masa M puede moverse libremente a lo largo del eje x. Está en equilibrio en el origen en el punto medio entre un par de cargas puntuales, q, localizadas en el eje x en $x = +a$ y $x = -a$. La carga en el origen se desplaza una pequeña distancia $x \ll a$ y se libera. De-

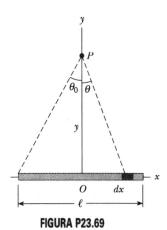

FIGURA P23.69

muestre que la carga puede experimentar un movimiento armónico simple con una frecuencia angular

$$\omega = \left(\frac{4k_e q^2}{Ma^3} \right)^{1/2}$$

71. Ocho cargas puntuales, cada una de magnitud q, se localizan en las esquinas de un cubo de lado s, como en la figura P23.71. a) Determine las componentes x y z de la fuerza resultante ejercida sobre la carga localizada en el punto A por las otras cargas. b) ¿Cuáles son la magnitud y dirección de esta fuerza resultante?

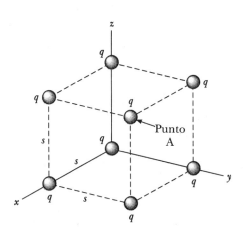

FIGURA P23.71

72. Considere la distribución de carga mostrada en la figura P23.71. a) Demuestre que la magnitud del campo eléctrico en el centro de cualquier cara del cubo tiene un valor de $2.18 k_e q/s^2$. b) ¿Cuál es la dirección del campo eléctrico en el centro de la cara superior del cubo?

73. Tres cargas puntuales q, $-2q$ y q se localizan a lo largo del eje x, como en la figura P23.73. Muestre que el campo eléctrico en P ($y \gg a$) a lo largo del eje y es

$$\mathbf{E} = - k_e \frac{3qa^2}{y^4} \mathbf{j}$$

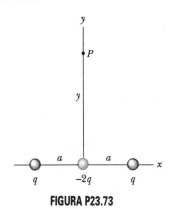

FIGURA P23.73

Esta distribución de carga, que es en esencia la de dos bipolos eléctricos, recibe el nombre de un *cuadrupolo eléctrico*. Observe que $\mathbf{E}$ varía como r^{-4} para el cuadrupolo, comparado con las variaciones de r^{-3} para el dipolo y r^{-2} para el monopolo (una carga individual).

74. Un dipolo eléctrico en un campo eléctrico uniforme se desplaza ligeramente de su posición de equilibrio, como en la figura P23.74, donde θ es pequeño. El momento de inercia del dipolo es I. Si el dipolo se libera desde esta posición, demuestre que presenta un movimiento armónico simple con una frecuencia

$$f = \frac{1}{2\pi} \sqrt{\frac{2qaE}{I}}$$

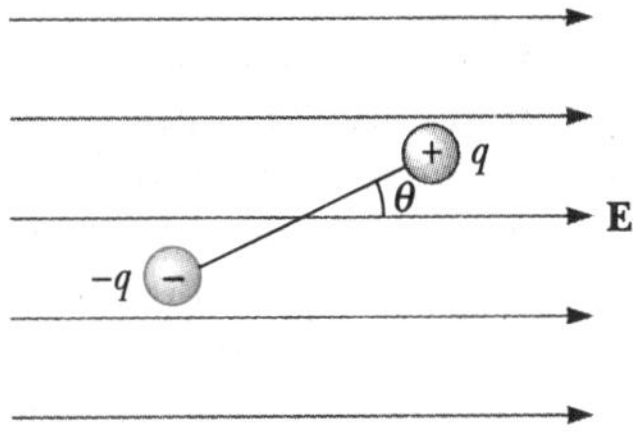

FIGURA P23.74

75. Una partícula cargada negativamente $-q$ se coloca en el centro de un anillo cargado uniformemente, el cual tiene una carga positiva total Q, como en el ejemplo 23.11. La partícula, restringida a moverse a lo largo del eje x, se desplaza una distancia *pequeña* x a lo largo del eje (donde $x \ll a$) y se libera. Demuestre que la partícula oscila con movimiento armónico simple a lo largo del eje x y con una frecuencia dada por

$$f = \frac{1}{2\pi} \left(\frac{k_e qQ}{ma^3} \right)^{1/2}$$

PROBLEMAS DE HOJA DE CÁLCULO

S1. La hoja de cálculo 23.1 calcula las componentes x y y del campo eléctrico $\mathbf{E}$ a lo largo del eje x debido a dos cargas puntuales Q_1 y Q_2 cualesquiera. Introduzca los valores de las cargas y sus coordenadas x y y. Elija $Q_1 = 4\ \mu C$ en el origen y deje que $Q_2 = 0$. Grafique el campo eléctrico a lo largo del eje x. *Nota:* Tendrá que elegir un tamaño de intervalo y ajustar la escala para la gráfica debido a que el campo eléctrico en la posición del campo puntual es infinito.

S2. a) Utilizando la hoja de cálculo 23.1, sitúe $Q_1 = 4\ \mu C$ en el origen y $Q_2 = 4\ \mu C$ en $x = 0.08$ m, $y = 0$. Grafique las componentes del campo eléctrico **E** como una función de x. b) Cambie Q_2 a $-4\ \mu C$ y dibuje las componentes del campo eléctrico como una función de x. (Éste es un dipolo.) Necesitará ajustar las escalas de sus gráficas.

S3. Utilizando la hoja de cálculo 23.1, considere $Q_1 = 6$ nC en $x = 0$, $y = 0.03$ m y $Q_2 = 6$ nC en $x = 0$, $y = -0.03$ m. Dibuje las componentes del campo eléctrico como una función de x. b) Cambie Q_2 a -6 nC y repita el inciso a).

S4. El campo eléctrico en el bisector perpendicular de un alambre cargado uniformemente de longitud L es

$$E_y = \frac{2\ k_e \lambda}{y}\ \text{sen}\ \theta_0$$

(Problema 69), donde

$$\text{sen}\ \theta_0 = \frac{L/2}{\sqrt{(L/2)^2 + x^2}}$$

y es la distancia desde el alambre y λ es la carga por unidad de longitud. A distancias suficientemente grandes del alambre, el campo aparece como una carga puntual. A distancias muy cercanas, el campo se aproxima al de una línea de carga infinita. La hoja de cálculo 23.2 calcula los campos a una distancia y de 1) una carga puntual Q, 2) un alambre finito de longitud L y carga total Q y 3) un alambre cargado infinito con densidad de carga lineal igual a la del alambre finito. Dibuje los tres campos como una función de y. Elija $Q = 3\ \mu C$ y $L = 0.05$ m. a) ¿A qué distancia del alambre finito está el campo eléctrico dentro del 2% del correspondiente a un alambre infinito? b) ¿A qué distancia del alambre finito su campo eléctrico está dentro del 2% del que corresponde a una carga puntual? c) Cambie Q a 10 μC y repita las partes a) y b). ¿Cambian sus respuestas? ¿Por qué? d) Cambie L a 0.10 m y mantenga $Q = 3\ \mu C$. Repita los incisos a) y b). ¿Sus respuestas cambian? e) La hoja de cálculo 23.2 también influye una columna que proporciona los valores y/L. Responda las preguntas de las partes a) y b) en términos de y/L para cada caso considerado. ¿Cambian sus respuestas? ¿Por qué?

S5. Considere un dipolo eléctrico en el que una carga $+q$ está sobre el eje x en $x = a$ y una carga $-q$ se localiza en el eje x en $x = -a$. Considere $q = 6$ nC y $a = 0.02$ m. Utilice la hoja de cálculo 23.1 para graficar las componentes del campo eléctrico a lo largo del eje x para valores de x mayores que 4 cm. Modifique la hoja de cálculo 23.1 para añadir una gráfica de $2k_e p/x^3$ (el campo **E** en la aproximación de dipolo $x \gg a$), donde $p = 2aq$ es el momento de dipolo de la distribución de carga. ¿Para qué intervalo de valores de x la aproximación de dipolo está dentro del 20% del valor real? ¿Dentro del 5%?

S6. Un cuadrupolo se compone de dos dipolos situados uno después del otro, como en la figura PS23.6. La carga efectiva en el origen es $-2q$ y las otras cargas en el eje y en $y =$ a y $y = -a$ son cada una $+q$. Modifique la hoja de cálculo 23.1 para calcular y graficar las componentes del campo eléctrico a lo largo del eje x considerando $q = 1\ \mu C$ y $a = 1.5$ cm.

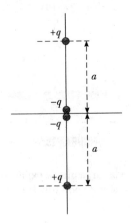

FIGURA PS23.6

S7. El campo eléctrico en el eje de simetría de un disco cargado uniformemente con densidad de carga superficial σ y radio R a una distancia x del disco se dedujo en el ejemplo 23.12:

$$E_{\text{disco}} = 2\ \pi k_e \sigma \left(1 - \frac{x}{\sqrt{x^2 + R^2}} \right)$$

En puntos suficientemente cercanos al disco, el campo se acerca al de una lámina infinita de carga; $E_{\text{lámina}} = 2\pi k_e \sigma$. En puntos suficientemente alejados, el campo se acerca al de una carga puntual $Q = \sigma \pi R^2$. Para examinar estos límites, advierta que la ecuación para E_{disco} puede escribirse en la forma adimensional

$$\frac{E_{\text{disco}}}{E_{\text{lámina}}} = 1 - \frac{x/R}{\sqrt{1 + (x/R)^2}}$$

La razón $E_{\text{disco}}/E_{\text{lámina}}$ tiende a 1 a medida que x/R tiende a 0. El campo en la carga puntual Q definido antes puede escribirse como

$$E_{\text{punto}} = \frac{k_e Q}{x^2} = \frac{E_{\text{lámina}}}{2(x/R)_2}$$

Así,

$$\frac{E_{\text{disco}}}{E_{\text{punto}}} = 2(x/R)^2\ \frac{E_{\text{disco}}}{E_{\text{lámina}}}$$

$$= 2(x/R)^2 \left(1 - \frac{x/R}{\sqrt{1 + (x/R)^2}} \right)$$

Esta razón $E_{disco}/E_{puntual}$ tiende a 1 cuando x/R se hace grande. a) Utilizando la hoja de cálculo, grafique la cantidad $E_{disco}/E_{lámina}$ como una función de x/R. A partir de su gráfica, ¿para qué valores de x/R puede usted aproximar el campo del disco por medio del de una lámina de carga hasta casi 99%? (Es decir, $E_{disco}/E_{lámina} \leq 0.99$.) ¿90%? ¿50%? b) Grafique $E_{disco}/E_{puntual}$ como una función de x/R. De acuerdo con su gráfica, ¿para qué valores de x/R el campo de un disco se aproxima al de una carga puntual hasta dentro de un 99%? ¿90%? ¿50%? (*Sugerencia:* Elija las escalas para cada gráfica de manera tal que exprese sus resultados claramente.)

CAPÍTULO 24

Ley de Gauss

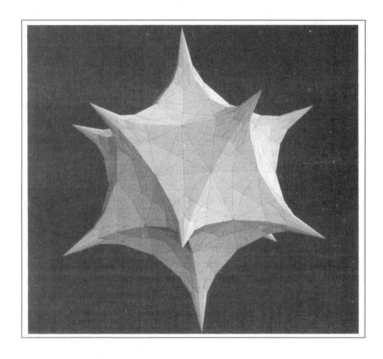

Esta bella superficie cerrada generada por una computadora es un ejemplo de una construcción matemática en el espacio hiperbólico. En este capítulo, utilizamos construcciones matemáticas más simples para calcular los campos eléctricos debidos a distribuciones de carga que tienen simetría esférica, cilíndrica o plana. (*Cortesía de Wolfram Research, Inc.*)

En el capítulo anterior mostramos cómo calcular el campo eléctrico generado por una distribución de carga dada a partir de la ley de Coulomb. En este capítulo describimos un método alternativo para calcular campos eléctricos. Este procedimiento se conoce como *ley de Gauss*. Esta formulación se basa en el hecho de que la fuerza electrostática fundamental entre cargas puntuales es una ley del inverso al cuadrado. Si bien la ley de Gauss es una consecuencia de la ley de Coulomb, es mucho más conveniente para calcular el campo eléctrico de distribuciones de carga altamente simétricas. Además, la ley de Gauss sirve como guía para comprender problemas más complicados.

24.1 FLUJO ELÉCTRICO

El concepto de líneas de campo eléctrico se describió de manera cuantitativa en el capítulo anterior. Utilizaremos ahora el concepto de flujo eléctrico para poner esta idea sobre una base cuantitativa. *El flujo eléctrico se representa por medio del número de líneas de campo eléctrico que penetran algunas superficies.* Cuando la superficie que se está penetrando encierra alguna carga neta, el número neto de líneas que atraviesan la

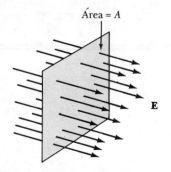

FIGURA 24.1   Las líneas de campo de un campo eléctrico uniforme entran a un plano de área A perpendicular al campo. El flujo eléctrico Φ, a través de esta área es igual a EA.

superficie es proporcional a la carga neta dentro de la superficie. El número de líneas contadas es independiente de la superficie que encierra a la carga. Esto es en esencia un enunciado de la ley de Gauss, la cual describiremos en la siguiente sección.

Considere primero un campo eléctrico que es uniforme tanto en magnitud como en dirección, como el que se muestra en la figura 24.1. Las líneas de campo eléctrico penetran una superficie rectangular de área A, la cual es perpendicular al campo. Recuerde que el número de líneas por unidad de área es proporcional a la magnitud del campo eléctrico. Por lo tanto, el número de líneas que penetra la superficie es proporcional al producto EA. El producto de la intensidad de campo eléctrico E y el área de la superficie A perpendicular al campo recibe el nombre de **flujo eléctrico**, Φ:

$$\Phi = EA \qquad (24.1)$$

A partir de las unidades del SI correspondientes a E y A, vemos que el flujo eléctrico tiene las unidades de $N \cdot m^2/C$.

Si la superfice que se está considerando no es perpendicular al campo, el número de líneas (en otras palabras, el flujo) a través de ella debe ser menor que el dado por la ecuación 24.1. Para entender lo anterior, véase la figura 24.2, donde la normal a la superficie del área A forma un ángulo θ con el campo eléctrico uniforme. Advierta que el número de líneas que cruzan esta área es igual al número que cruza el área proyectada A', la cual es perpendicular al campo. De acuerdo con la figura 24.2 vemos que las dos áreas están relacionadas por $A' = A \cos \theta$. Puesto que el flujo a través del área A es igual al flujo a través de A', concluimos que el flujo a través de A es

$$\Phi = EA \cos \theta \qquad (24.2)$$

A partir de este resultado podemos ver que el flujo a través de una superficie de área fija tiene el valor máximo, EA, cuando la superficie es perpendicular al campo (en otras palabras cuando la normal a la superficie es paralela al campo, es decir, $\theta = 0°$); el flujo es cero cuando la superficie es paralela al campo (cuando la normal a la superficie es perpendicular al campo, es decir $\theta = 90°$).

En situaciones más generales, el campo eléctrico puede variar sobre la superficie considerada. Por consiguiente, nuestra definición de flujo dada por la ecuación 24.2 sólo puede aplicarse sobre un pequeño elemento de área. Considere una superficie general dividida en un gran número de elementos pequeños, cada uno de área ΔA. La variación en el campo eléctrico sobre el elemento puede ignorarse si el elemento es suficientemente pequeño. Resulta conveniente definir un vector $\Delta \mathbf{A}_i$ cuya magnitud represente el área del iésimo elemento y cuya dirección se *define como perpendicular* a la superficie, como en la figura 24.3. El flujo eléctrico $\Delta \Phi_i$ a través de este pequeño elemento es

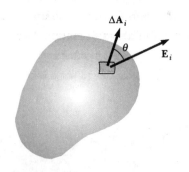

FIGURA 24.3   Un pequeño elemento de una superficie de área ΔA_i. El campo eléctrico forma un ángulo θ con la normal a la superficie (la dirección de ΔA_i), y el flujo a través del elemento es igual a $E_i \, \Delta A_i \cos \theta$.

$$\Delta \Phi_i = E_i \, \Delta A_i \cos \theta = \mathbf{E}_i \cdot \Delta \mathbf{A}_i$$

donde hemos usado la definición del producto escalar de dos vectores ($\mathbf{A} \cdot \mathbf{B} = AB \cos \phi$). Al sumar las contribuciones de todos los elementos, obtenemos el flujo total

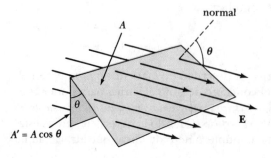

FIGURA 24.2   Líneas de campo de un campo eléctrico uniforme que atraviesan un área A que forma un ángulo θ con el campo. Puesto que el número de líneas que pasan a través del área sombreada A' es el mismo que el número que atraviesa A, concluimos que el flujo a través de A' es igual al flujo a través de A y está dado por $\Phi = EA \cos \theta$.

a través de la superficie.[1] Si dejamos que el área de cada elemento tienda a cero, entonces el número de elementos tiende al infinito y la suma se sustituye por una integral. En consecuencia, *la definición general de flujo eléctrico es*

$$\Phi \equiv \lim_{\Delta A_i \to 0} \sum \mathbf{E}_i \cdot \Delta \mathbf{A}_i = \int_{\text{superficie}} \mathbf{E} \cdot d\mathbf{A} \qquad (24.3)$$

Definición de flujo eléctrico

La ecuación 24.3 es una integral de superficie, que debe ser evaluada sobre la superficie hipotética en cuestión. En general, el valor de Φ depende tanto del patrón del campo como de la superficie especificada.

Casi siempre estamos interesados en la evaluación del flujo a través de una *superficie cerrada*. (Una **superficie cerrada** se define como una que divide el espacio en una región interior y en otra exterior, de manera que uno no puede moverse de una región a la otra sin cruzar la superficie. La superficie de una esfera, por ejemplo, es una superficie cerrada.) Considere la superficie cerrada de la figura 24.4. Advierta que los vectores $\Delta \mathbf{A}_i$ apuntan en diferentes direcciones en los diversos elementos de superficie. En cada punto, estos vectores son normales a la superficie y, por convención, siempre apuntan hacia afuera. En los elementos marcados como ① y ②, **E** apunta hacia afuera y $\theta < 90°$; por lo tanto, el flujo $\Delta\Phi = \mathbf{E}\cdot\Delta\mathbf{A}$ a través de estos elementos es positivo. Para elementos como ③, donde las líneas de campo están dirigidas hacia adentro de la superficie, $\theta > 90°$ y el flujo se vuelve negativo puesto que $\cos\theta$ es negativo. El flujo neto a través de la superficie es proporcional al número neto de líneas que abandonan la superficie (donde el número neto significa *el número de las que abandonan la superficie menos el número de las que entran a la superficie*). Si son más las líneas que salen que las que entran, el flujo neto es positivo. Si son más las líneas que entran que las que salen, el flujo neto es negativo. Con el símbolo $\oint$ se representa una *integral sobre una superficie cerrada*, podemos escribir el flujo neto, Φ_c, a través de la superficie cerrada

$$\Phi_c = \oint \mathbf{E}\cdot d\mathbf{A} = \oint E_n\, dA \qquad (24.4)$$

donde E_n representa la componente del campo eléctrico normal a la superficie y el subíndice c expresa una superfice cerrada. La evaluación del flujo neto a través de una superficie cerrada podría ser muy problemático. Sin embargo, si el campo es normal a la superficie en cada punto y de magnitud constante, el cálculo es directo. El siguiente ejemplo ilustra este punto.

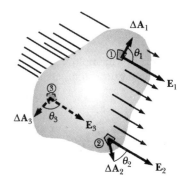

FIGURA 24.4   Una superficie cerrada en un campo eléctrico. Los vectores de área ΔA_i son, por convención, normales a la superficie y apuntan hacia afuera. El flujo a través de un elemento de área puede ser positivo (elementos ① y ②) o negativo (elemento ③).

EJEMPLO 24.1   **Flujo a través de un cubo**

Considere un campo eléctrico uniforme **E** orientado en la dirección *x*. Encuentre el flujo eléctrico neto a través de la superficie de un cubo de lados ℓ orientado como se indica en la figura 24.5.

Solución   El flujo neto puede evaluarse al sumar los flujos a través de cada cara del cubo. En primer lugar, observe que el flujo a través de cuatro de las caras es cero, puesto que **E** es perpendicular a $d\mathbf{A}$ en estas caras. En particular, la orientación de $d\mathbf{A}$ es perpendicular a **E** en las caras marcadas con ③ y ④ en la figura 24.5. En consecuencia, $\theta = 90°$, por lo que $\mathbf{E}\cdot d\mathbf{A}$

$= E\, dA \cos 90° = 0$. Por la misma razón el flujo a través de cada uno de los planos paralelos al plano *yx* también es cero.

Considere ahora las caras marcadas con ① y ②. El flujo neto a través de éstas es

$$\Phi_c = \int_1 \mathbf{E}\cdot d\mathbf{A} + \int_2 \mathbf{E}\cdot d\mathbf{A}$$

---

[1] Es importante advertir que los dibujos con líneas de campo tienen sus imprecisiones, puesto que puede suceder que una pequeña área (según su posición) tenga muchas o muy pocas líneas que penetran, y la densidad de líneas en el espacio tridimensional no se representa bien en una sección transversal bidimensional. En cualquier caso, se subraya que la definición básica del flujo eléctrico es $\int \mathbf{E}\cdot d\mathbf{A}$. Las líneas se utilizan sólo como una ayuda para visualizar el concepto.

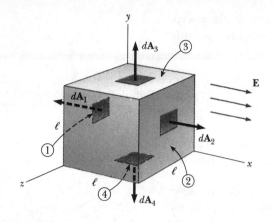

FIGURA 24.5   (Ejemplo 24.1) Una superficie hipotética en forma de cubo en un campo eléctrico uniforme paralelo al eje *x*. El flujo neto a través de la superficie es cero.

Para la cara ①, **E** es constante y apunta hacia adentro, en tanto que *d***A** apunta hacia afuera ($\theta = 180°$), de manera que encontramos que el flujo a través de esta cara es

$$\int_1 \mathbf{E} \cdot d\mathbf{A} = \int_1 E \cdot dA \cos 180° = -E \int_1 dA = -EA = -E\ell^2$$

puesto que el área de cada cara es $A = \ell^2$.

Del mismo modo, en ②, **E** es constante y apunta hacia afuera y en la misma dirección que *d***A** ($\theta = 0°$), por lo que el flujo a través de esta cara es

$$\int_2 \mathbf{E} \cdot d\mathbf{A} = \int_2 E \cdot dA \cos 0° = E \int_2 dA = +EA = E\ell^2$$

Por lo tanto, el flujo neto sobre todas las caras es cero, ya que

$$\Phi_c = -E\ell^2 + E\ell^2 = 0$$

24.2   LEY DE GAUSS

En esta sección describiremos una relación general entre el flujo eléctrico neto a través de una superficie cerrada (conocida en ocasiones como *superficie gaussiana*) y la carga encerrada por la superficie. Esta relación, conocida como ley de Gauss, es de importancia fundamental en el estudio de campos eléctricos.

Primero, consideremos una carga puntual positiva *q* localizada en el centro de una esfera de radio *r*, como la de la figura 24.6. De acuerdo con la ley de Coulomb sabemos que la magnitud del campo eléctrico en cualquier punto sobre la superficie de la esfera es $E = k_e q/r^2$. Además, las líneas de campo apuntan radialmente hacia afuera y por ello son perpendiculares a la superficie en cada punto. Esto significa que en cada punto, **E** es paralela al vector $\Delta \mathbf{A}_i$ que representa al elemento de área local ΔA_i. Por lo tanto,

$$\mathbf{E} \cdot \Delta \mathbf{A}_i = E_n \, \Delta A_i = E \, \Delta A_i$$

y de la ecuación 24.4 encontramos que el flujo neto a través de la superficie gaussiana es

$$\Phi_c = \oint E_n \, dA = \oint E \, dA = E \oint dA$$

como por simetría *E* es constante sobre la superficie y está dada por $E = k_e q/r^2$. Además, en una superficie gaussiana esférica, $\oint dA = A = 4\pi r^2$ (el área de la superficie de una esfera). Por lo tanto, el flujo neto a través de la superficie gaussiana es

$$\Phi_c = \frac{k_e q}{r^2} (4\pi r^2) = 4\pi k_e q$$

Recordando de la sección 23.3 que $k_e = 1/4\pi\epsilon_0$, podemos escribir la expresión anterior en la forma

$$\Phi_c = \frac{q}{\epsilon_0} \tag{24.5}$$

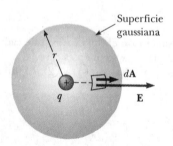

FIGURA 24.6   Una superficie gaussiana esférica de radio *r* que rodea una carga puntual *q*. Cuando la carga está en el centro de la esfera, el campo eléctrico es normal a la superficie y de magnitud constante en todos los puntos sobre la superficie.

Karl Friedrich Gauss (1777-1855).

Advierta que este resultado, independiente de *r*, indica que el flujo neto a través de una superficie gaussiana esférica es proporcional a la carga *q* *dentro* de la superficie. El hecho de que el flujo sea independiente del radio es una consecuencia de la dependencia del cuadrado inverso del campo eléctrico dada por la ley de Coulomb.

Es decir, E varía como $1/r^2$, pero el área de la esfera varía como r^2. Su efecto combinado produce un flujo que es independiente de r.

Consideremos ahora varias superficies cerradas que rodean a una carga q, como la figura 24.7. La superficie S_1 es esférica, en tanto que las superficies S_2 y S_3 son no esféricas. El flujo que pasa por la superficie S_1 tiene el valor q/ε_0. Como se analizó en la sección anterior, el flujo es proporcional al número de líneas de campo eléctrico que atraviesan la superficie. La construcción de la figura 24.7 muestra que el número de líneas de campo eléctrico que pasan por la superficie esférica S_1 es igual al número de líneas de campo eléctrico que atraviesan las superficies no esféricas S_2 y S_3. Por consiguiente, es razonable concluir que el flujo neto a través de cualquier superficie cerrada es independiente de la forma de esa superficie. (Uno puede probar que éste es el caso si $E \propto 1/r^2$.) De hecho, *el flujo neto a través de cualquier superficie cerrada que rodea a una carga puntual q está dado por q/ε_0.*

Considere a continuación una carga puntual localizada *fuera* de una superficie cerrada de forma arbitraria, como la de la figura 24.8. Como usted puede observar en esta construcción, algunas líneas de campo eléctrico entran a la superficie y otras salen de ella. Sin embargo, *el número de líneas de campo eléctrico que entran a la superficie es igual al número que sale de la superficie.* Por tanto, concluimos que *el flujo eléctrico neto a través de una superficie cerrada que rodea a ninguna carga es cero.* Si aplicamos este resultado al ejemplo 24.1, podemos ver que el flujo neto a través del tubo es cero, puesto que no hay carga dentro del cubo.

Extendamos estos argumentos al caso generalizado ya sea de muchas cargas puntuales o de una distribución de carga continua. Usamos también en este caso el principio de superposición, el cual indica que *el campo eléctrico producido por muchas cargas es la suma vectorial de los campos eléctricos producidos por las cargas individuales.* Esto significa que podemos expresar el flujo a través de cualquier superficie cerrada como

$$\oint \mathbf{E} \cdot d\mathbf{A} = \oint (\mathbf{E}_1 + \mathbf{E}_2 + \mathbf{E}_3) \cdot d\mathbf{A}$$

donde $\mathbf{E}$ es el campo eléctrico total en cualquier punto sobre la superficie, y $\mathbf{E}_1$, $\mathbf{E}_2$ y $\mathbf{E}_3$ son los campos producidos por las cargas individuales en ese punto. Considere el sistema de cargas mostrado en la figura 24.9. La superficie S rodea sólo una carga, q_1; por lo tanto, el flujo neto a través de S es q_1/ε_0. El flujo a través de S debido a las cargas fuera de ella es cero porque cada línea de campo eléctrico que entra a S en un punto sale de ella en otro. La superficie S' rodea las cargas q_2 y q_3; por tanto, el flujo neto a través de S' es $(q_2 + q_3)/\varepsilon_0$. Por último, el flujo neto a través de la superficie S'' es cero debido a que no hay carga dentro de esta superficie. Es decir, *todas* las líneas de campo eléctrico que entran a S'' en un punto salen de S'' en otro.

La ley de Gauss, que es una generalización del análisis anterior, establece que el flujo neto a través de *cualquier* superficie cerrada es

$$\Phi_e = \oint \mathbf{E} \cdot d\mathbf{A} = \frac{q_{\text{in}}}{\varepsilon_0} \qquad (24.6)$$

donde q_{in} representa la *carga neta dentro* de la superficie y $\mathbf{E}$ representa el campo eléctrico en cualquier punto sobre la superficie. En otras palabras, la **ley de Gauss** establece que

el flujo eléctrico neto a través de cualquier superficie cerrada es igual a la carga neta dentro de la superficie dividida por ε_0.

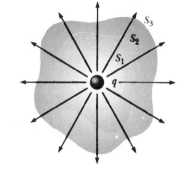

FIGURA 24.7 Superficies cerradas de varias formas que rodean a una carga q. Advierta que el flujo eléctrico neto a través de cada superficie es el mismo.

El flujo neto a través de una superficie cerrada es cero si no hay carga en el interior

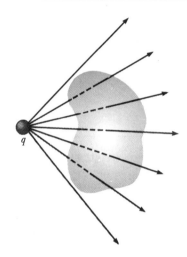

FIGURA 24.8 Una carga puntual localizada *fuera* de una superficie cerrada. En este caso, advierta que el número de líneas que entra a la superficie es igual al número que sale de la superficie.

Ley de Gauss

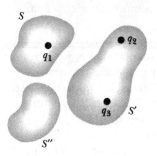

FIGURA 24.9 El flujo eléctrico neto a través de cualquier superficie cerrada depende sólo de la carga *dentro* de esa superficie. El flujo neto a través de la superficie S es q_1/ε_0, el flujo neto a través de la superficie S' es $(q_2 + q_3)/\varepsilon_0$, y el flujo neto a través de la superficie S'' es cero.

Una prueba formal de la ley de Gauss se presenta en la sección 24.6. Cuando emplee la ecuación 24.6 debe advertir que aunque la carga q_{in} es la carga neta dentro de la superficie gaussiana, la **E** que aparece en la ley de Gauss representa el *campo eléctrico total*, que incluye contribuciones de cargas tanto dentro como fuera de la superficie gaussiana.

En principio, la ley de Gauss puede usarse siempre para calcular el campo eléctrico de un sistema de cargas o de una distribución continua de carga. Sin embargo, en la práctica, *la técnica es útil sólo en un número limitado de situaciones donde haya un alto grado de simetría.* Como veremos en la sección siguiente *la ley de Gauss puede usarse para evaluar el campo eléctrico de distribuciones de carga que tienen simetría esférica, cilíndrica o plana.* Si uno elige con cuidado la superficie gaussiana que rodea a la distribución de carga, la integral en la ecuación 24.6 es fácil de evaluar. También debe observar que una superficie gaussiana es una superficie matemática y no necesita coincidir con cualquier superficie física real.

> La ley de Gauss es útil para evaluar *E* cuando la distribución de carga tiene simetría

---

EJEMPLO CONCEPTUAL 24.2

Si el flujo neto a través de una superficie gaussiana es cero, ¿cuáles de las siguientes afirmaciones son verdaderas? a) No hay cargas dentro de la superficie. b) La carga neta dentro de la superficie es cero. c) El campo eléctrico es cero en cualquier punto sobre la superficie. d) El número de líneas de campo eléctrico que entran a la superficie es igual al número que sale de la superficie.

Razonamiento Las afirmaciones b) y d) son verdaderas y se deducen de la ley de Gauss. La afirmación a) no necesaria-

mente es cierta debido a que la ley de Gauss señala que el flujo neto a través de cualquier superficie cerrada es igual a la carga neta dentro de la superficie dividida por ε_0. Por ejemplo, un dipolo eléctrico (cuya carga neta es cero) podría estar dentro de la superficie. La afirmación c) no es necesariamente verdadera. Si bien el flujo neto a través de la superficie es cero, el campo eléctrico en esa región puede no ser cero (figura 24.8).

EJEMPLO CONCEPTUAL 24.3

Una superficie gaussiana esférica rodea una carga puntual q. Describa qué sucede con el flujo total a través de la superficie si a) la carga se triplica, b) el volumen de la esfera se duplica, c) la superficie se cambia a un cubo, y d) la carga se coloca en otra posición *dentro* de la superficie.

Razonamiento a) Si la carga se triplica, el flujo a través de la superficie también se triplica, puesto que el flujo neto es pro-

porcional a la carga dentro de la superficie. b) El flujo permanece constante cuando cambia el volumen debido a que la superficie rodea la misma cantidad de carga, independientemente de su volumen. c) El flujo total no cambia cuando la forma de la superficie cerrada cambia. d) El flujo total a través de la superficie cerrada permanece invariable cuando la carga dentro de la superficie se mueve a otra posición dentro de esa superficie. Se llega a todas estas conclusiones mediante el entendimiento de la ley de Gauss.

24.3 APLICACIÓN DE LA LEY DE GAUSS A AISLADORES CARGADOS

La ley de Gauss es útil cuando hay un alto grado de simetría en la distribución de carga, como en el caso de esferas, cilindros largos y láminas planas cargados uniformemente. En estos casos es posible encontrar una superficie gaussiana simple sobre la cual la integral de superficie dada por la ecuación 24.6 se evalúa sin dificultades. La superficie siempre debe elegirse de modo que se aproveche la simetría de la distribución de carga.

EJEMPLO 24.4   El campo eléctrico debido a una carga puntual

A partir de la ley de Gauss, calcule el campo eléctrico debido a una carga puntual aislada q y demuestre que la ley de Coulomb se deduce de este resultado.

Solución   Para esta situación elegimos una superficie gaussiana esférica de radio r y centrada en la carga puntual, como en la figura 24.10. El campo eléctrico de una carga puntual positiva apunta radialmente hacia afuera por simetría y es, por lo tanto, normal a la superficie en todo punto. Es decir, **E** es

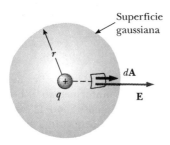

FIGURA 24.10   (Ejemplo 24.4) La carga puntual q está en el centro de la superficie gaussiana esférica, y **E** es paralela a d**A** en todos los puntos sobre la superficie.

paralelo a d**A** en cada punto, por lo que $\mathbf{E} \cdot d\mathbf{A} = E\,dA$ y la ley de Gauss produce

$$\Phi_c = \oint \mathbf{E} \cdot d\mathbf{A} = \oint E\,dA = \frac{q}{\epsilon_0}$$

Por simetría, E es constante en todos los puntos sobre la superficie, por lo que puede sacarse de la integral. Por consiguiente,

$$\oint E\,dA = E \oint dA = E(4\pi r^2) = \frac{q}{\epsilon_0}$$

donde hemos aprovechado el hecho de que el área de la superficie de una esfera es $4\pi r^2$. Por lo tanto, la magnitud del campo a una distancia r de q es

$$E = \frac{q}{4\pi\epsilon_0 r^2} = k_e \frac{q}{r^2}$$

Si una segunda carga puntual q_0 se sitúa en un punto donde el campo es E, la fuerza eléctrica sobre esta carga tiene una magnitud

$$F = q_0 E = k_e \frac{qq_0}{r^2}$$

Previamente obtuvimos la ley de Gauss a partir de la ley de Coulomb. Aquí mostramos que la ley de Coulomb se desprende de la ley de Gauss. Son equivalentes.

EJEMPLO 24.5   Una distribución de carga simétrica esféricamente

Una esfera aislante de radio a tiene una densidad de carga uniforme ρ y una carga positiva total Q (Fig. 24.11). a) Calcule la magnitud del campo eléctrico en un punto fuera de la esfera.

Solución   Puesto que la distribución de carga es simétrica esféricamente, seleccionamos también en este caso una superficie gaussiana esférica de radio r, concéntrica con la esfera, como en la figura 24.11a. Siguiendo la línea de razonamiento dada en el ejemplo 24.4, encontramos que

$$E = k_e \frac{Q}{r^2} \qquad \text{(para } r > a\text{)}$$

Observe que este resultado es idéntico al obtenido para una carga puntual. Por lo tanto, concluimos que, para una esfera carga-

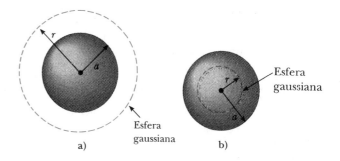

FIGURA 24.11   (Ejemplo 24.5) Una esfera aislante cargada uniformemente de radio a y una carga total Q. a) El campo en un punto exterior a la esfera es k_eQ/r^2. b) El campo dentro de la esfera se debe sólo a la carga *dentro* de la superficie gaussiana y está dado por $(k_eQ/a^3)r$.

da uniformemente, el campo en la región externa a la esfera es *equivalente* al de una carga puntual localizada en el centro de la esfera.

b) Encuentre la magnitud del campo eléctrico en un punto dentro de la esfera.

Razonamiento y solución   En este caso elegimos una superficie gaussiana con radio $r < a$, concéntrica con la distribución de carga (Fig. 24.11b). Expresamos el volumen de esta esfera más pequeña mediante V'. Para aplicar la ley de Gauss en esta situación es importante observar que la carga q_{in} dentro de la superficie gaussiana de volumen V' es una cantidad menor que la carga total Q. Para calcular la carga q_{in}, aprovechamos el hecho de que $q_{in} = \rho V'$, donde ρ es la carga por unidad de volumen y V' es el volumen encerrado por la superficie gaussiana, dado por $V' = \frac{4}{3}\pi r^3$ para una esfera. Por tanto,

$$q_{in} = \rho V' = \rho \left(\tfrac{4}{3}\pi r^3\right)$$

Como en el ejemplo 24.4, la magnitud del campo eléctrico es constante en cualquier punto de la superficie gaussiana esférica y es normal a la superficie en cada punto. Por consiguiente, la ley de Gauss en la región $r < a$ produce

$$\oint E\, dA = E \oint dA = E\,(4\pi r^2) = \frac{q_{in}}{\varepsilon_0}$$

Al despejar E se obtiene

$$E = \frac{q_{in}}{4\pi\epsilon_0\, r^2} = \frac{\rho\frac{4}{3}\pi r^3}{4\pi\epsilon_0\, r^2} = \frac{\rho}{3\epsilon_0}\, r$$

Puesto que por definición $\rho = Q / \frac{4}{3}\pi a^3$, esto puede expresarse de la siguiente manera

$$E = \frac{Qr}{4\pi\varepsilon_0 a^3} = \frac{k_e Q}{a^3}\, r \qquad \text{(para } r < a)$$

Advierta que este resultado para E difiere del obtenido en el inciso a). Éste muestra que $E \to 0$ a medida que $r \to 0$, como tal vez usted pudo haber pronosticado de acuerdo con la simetría esférica de la distribución de carga. En consecuencia, por fortuna, el resultado elimina la singularidad que existiría en $r = 0$ si E varía como $1/r^2$ dentro de la esfera. Es decir, si $E \propto 1/r^2$, el campo sería infinito en $r = 0$, lo cual es, sin duda, una situación imposible físicamente. Una gráfica de E contra r se muestra en la figura 24.12.

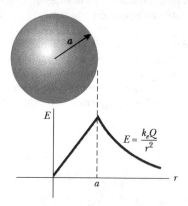

FIGURA 24.12   (Ejemplo 24.5) Una gráfica de E contra r para una esfera aislante cargada uniformemente. El campo dentro de la esfera ($r < a$) varía linealmente con r. El campo fuera de la esfera ($r > a$) es el mismo que el de una carga puntual Q localizada en el origen.

EJEMPLO 24.6   El campo eléctrico debido a un cascarón esférico delgado

Un cascarón esférico delgado de radio a tiene una carga total Q distribuida uniformemente sobre su superficie (Fig. 24.13). Encuentre el campo eléctrico en puntos dentro y fuera del cascarón.

Razonamiento y solución   El cálculo del campo fuera del cascarón es idéntico al ya realizado para la esfera sólida en el ejemplo 24.5a. Si construimos una superficie gaussiana esférica de radio $r > a$, concéntrica con el cascarón, entonces la carga dentro de esta superficie es Q. En consecuencia, el campo en un punto fuera del cascarón es equivalente al de una carga puntual Q en el centro:

$$E = k_e \frac{Q}{r^2} \qquad \text{(para } r > a)$$

El campo eléctrico dentro del cascarón esférico es cero. Esto se desprende también de la ley de Gauss aplicada a una superfi-

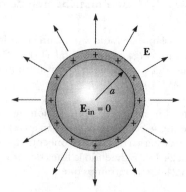

FIGURA 24.13   (Ejemplo 24.6) El campo eléctrico interior de un cascarón esférico cargado uniformemente es *cero*. El campo exterior es el mismo que el de una carga puntual con una carga total Q localizada en el centro del cascarón.

cie esférica de radio $r < a$. Puesto que la carga neta dentro de la superficie es cero, y por la simetría esférica de la distribución de carga, la aplicación de la ley de Gauss muestra que $E = 0$ en la región $r < a$.

Los mismos resultados pueden obtenerse con la ley de Coulomb e integrando sobre la distribución de carga. Este cálculo es mucho más complicado y se omitirá.

EJEMPLO 24.7 Una distribución de carga simétrica cilíndricamente

Encuentre el campo eléctrico a una distancia r de una línea de carga positiva y uniforme de longitud infinita cuya carga por unidad de longitud sea λ = constante (Fig. 24.14).

Razonamiento La simetría de la distribución de carga muestra que E debe ser perpendicular a la línea de carga y apuntar hacia afuera, como en la figura 24.14a. La vista del extremo de la línea de carga mostrada en la figura 24.14b ayuda a visualizar las direcciones de las líneas de campo eléctrico. En este caso elegimos una superficie gaussiana cilíndrica de radio r y longitud ℓ que es coaxial con la línea de carga. Para la parte curva de esta superficie, **E** es constante en magnitud y perpendicular a la superficie en cada punto. Además, el flujo a través de los extremos del cilindro gaussiano es cero debido a que **E** es paralelo a estas superficies.

Solución La carga total dentro de nuestra superficie gaussiana es $\lambda\ell$. Al aplicar la ley de Gauss y advertir que **E** es paralela a $d\mathbf{A}$ en todos los puntos sobre la superficie del cilindro, encontramos que

$$\Phi_c = \oint \mathbf{E} \cdot d\mathbf{A} = E \oint dA = \frac{q_{ent}}{\varepsilon_0} = \frac{\lambda\ell}{\varepsilon_0}$$

Pero el área de la superficie curva es $A = 2\pi r\ell$; por lo tanto,

$$E(2\pi r\ell) = \frac{\lambda\ell}{\epsilon_0}$$

$$\boxed{E = \frac{\lambda}{2\pi\varepsilon_0 r} = 2k_e \frac{\lambda}{\ell}} \qquad (24.7)$$

Así, vemos que el campo de una distribución de carga simétrica cilíndricamente varía como $1/r$, en tanto que el campo externo a una distribución de carga de este mismo tipo varía como $1/r^2$. La ecuación 24.7 puede obtenerse también usando la ley de Coulomb e integración; sin embargo, las técnicas matemáticas necesarias para este cálculo son más complicadas.

Si la línea de carga tiene una longitud finita, el resultado para E no es el dado por la ecuación 24.7. Para puntos cercanos a la línea de carga y alejados de los extremos, la ecuación 24.7 proporciona una buena aproximación del valor del campo. Esto se traduce en que la ley de Gauss no es útil para calcular E en el caso de una línea de carga finita. Esto se debe a que la magnitud del campo eléctrico ya no es constante sobre la superficie del cilindro gaussiano. Además, **E** no es perpendicular a la superfi-

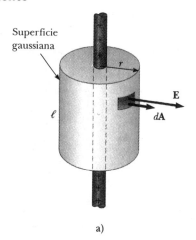

a)

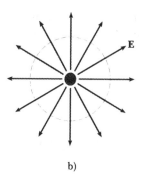

b)

FIGURA 24.14 (Ejemplo 24.7) a) Una línea de carga infinita rodeada por una superficie gaussiana cilíndrica concéntrica con la línea de carga. b) Una vista del extremo muestra que el campo sobre la superficie cilíndrica es constante en magnitud y perpendicular a la superficie.

cie cilíndrica en todos los puntos. Cuando hay poca simetría en la distribución de carga, como en este caso, es necesario calcular **E** utilizando la ley de Coulomb.

Se deja como un problema (problema 35) demostrar que el campo eléctrico **E** dentro de una barra cargada uniformemente de espesor finito es proporcional a r.

EJEMPLO 24.8   Una lámina plana de carga no conductora

Encuentre el campo eléctrico debido a un plano infinito no conductor con carga uniforme por unidad de área σ.

Razonamiento y solución   La simetría de la situación señala que **E** debe ser perpendicular al plano y que la dirección de **E** en un lado del plano debe ser opuesta a su dirección en el otro lado, como en la figura 24.15. Es conveniente elegir para nuestra superficie gaussiana un cilindro pequeño cuyo eje sea

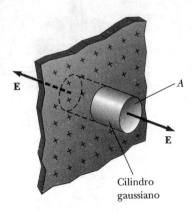

FIGURA 24.15   (Ejemplo 24.8) Una superficie gaussiana cilíndrica que penetra una lámina de carga infinita. El flujo a través de cada extremo de la superficie gaussiana es *EA*. No hay flujo a través de la superficie curva del cilindro.

perpendicular al plano y cuyos extremos tengan cada uno un área *A* y sean equidistantes del plano. En este caso vemos que como **E** es paralelo a la superficie cilíndrica, no hay flujo a través de esta superficie. El flujo hacia afuera de cada extremo del cilindro es *EA* (puesto que **E** es perpendicular a los extremos); por tanto, el flujo total a través de nuestra superficie gaussiana es 2*EA*.

Solución   Notando que la carga total dentro de la superficie es σA, empleamos la ley de Gauss para obtener

$$\Phi_c = 2EA = \frac{q_{in}}{\varepsilon_0} = \frac{\sigma A}{\varepsilon_0}$$

$$E = \frac{\sigma}{2\varepsilon_0} \qquad (24.8)$$

Puesto que la distancia de las superficies a partir del plano no aparece en la ecuación 24.8, concluimos que $E = \sigma/2\varepsilon_0$ a cualquier distancia desde el plano. Es decir, el campo es uniforme en todos lados.

Una configuración importante relacionada con este ejemplo es el caso de dos planos de carga paralelos, con densidades de carga σ y $-\sigma$, respectivamente (problema 58). En este caso el campo eléctrico es σ/ε_0 entre los planos y aproximadamente cero en cualquier otro punto.

EJEMPLO CONCEPTUAL 24.9

Explique por qué la ley de Gauss no puede utilizarse para calcular el campo eléctrico de a) un dipolo eléctrico, b) un disco cargado, y c) tres cargas puntuales en las esquinas de un triángulo.

Razonamiento   Los patrones de campo eléctrico de cada una de estas tres configuraciones no tienen suficiente simetría para hacer los cálculos prácticos. (La ley de Gauss sólo es útil para

calcular el campo eléctrico de distribuciones de carga altamente simétricas, como esferas, cilindros y láminas cargados uniformemente.) Con el fin de aplicar la ley de Gauss, usted debe ser capaz de encontrar una superficie cerrada que rodee la distribución de carga, la cual puede subdividirse de manera que el campo sobre las regiones independientes de la superficie sea constante. Una superficie de este tipo no puede encontrarse en estos casos.

24.4   CONDUCTORES EN EQUILIBRIO ELECTROSTÁTICO

Como aprendimos en la sección 23.2, un buen conductor eléctrico, como el cobre, contiene cargas (electrones) que no están unidos a ningún átomo y que se pueden mover libremente dentro del material. Cuando no hay movimiento neto de carga dentro del conductor, éste está en **equilibrio electrostático**. Como veremos, un conductor en equilibrio electrostático tiene las siguientes propiedades:

Propiedades de un conductor en
equilibrio electrostático

- El campo eléctrico es cero en cualquier punto dentro del conductor.
- Cualquier carga en un conductor aislado reside en su superficie.
- El campo eléctrico justo afuera de un conductor cargado es perpendicular

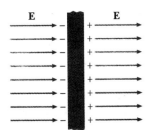

FIGURA 24.16 Una placa conductora en un campo eléctrico externo **E**. Las cargas inducidas sobre la superficie de la placa producen un campo eléctrico que se opone al campo externo, produciendo un campo resultante igual a cero dentro del conductor.

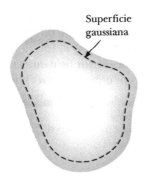

Superficie gaussiana

FIGURA 24.17 Un conductor aislado de forma arbitraria. La línea interrumpida representa una superficie gaussiana justo en el interior del conductor

a la superficie del conductor y tiene una magnitud σ/ε_0, donde σ es la carga por unidad de área en ese punto.

- En un conductor de forma irregular, la carga tiende a acumularse en puntos donde el radio de curvatura de la superficie es más pequeña, es decir, en puntos afilados.

La primera propiedad puede entenderse considerando una placa conductora situada en un campo externo **E** (Fig. 24.16). En equilibrio electrostático, el campo eléctrico dentro del conductor debe ser cero. Si éste no fuera el caso, las cargas libres serían aceleradas bajo la acción del campo. Antes de que se aplique el campo externo, los electrones se distribuyen uniformemente por todo el conductor. Cuando se aplica el campo externo, los electrones aceleran hacia la izquierda y producen una acumulación de carga negativa en la superficie izquierda (exceso de electrones) y una carga positiva a la derecha (donde se han quitado electrones). Estas cargas crean su propio campo eléctrico interno, el cual se opone al campo externo. La densidad de carga superficial aumenta hasta que la magnitud del campo eléctrico interno es igual a la del campo externo, lo que da lugar a un campo neto igual a cero dentro del conductor. En un buen conductor, el tiempo que tarda éste en alcanzar el equilibrio es del orden de 10^{-16} s, lo que para la mayor parte de los propósitos puede considerarse instantáneo.

Podemos usar la ley de Gauss para comprobar la segunda y tercera propiedades de un conductor en equilibrio electrostático. La figura 24.17 muestra un conductor aislado de forma arbitraria. Se dibuja una superficie gaussiana dentro del conductor y ésta puede estar tan cerca de la superficie como queramos. Como acabamos de demostrar, el campo eléctrico en todos los puntos dentro del conductor es cero cuando éste se encuentra en equilibrio electrostático. Por lo tanto, el campo eléctrico debe también ser cero en cualquier punto sobre la superficie gaussiana, por lo que el flujo neto a través de esta superficie es cero. A partir de este resultado y de la ley de Gauss, concluimos que la carga neta dentro de la superficie gaussiana es cero. Puesto que puede no haber carga neta dentro de la superficia gaussiana (la cual está arbitrariamente cercana a la superficie del conductor), *cualquier carga neta sobre el conductor debe residir sobre su superficie.* La ley de Gauss no nos indica cómo se distribuye este exceso de carga sobre la superficie. En la sección 25.6 probamos la cuarta propiedad de un conductor en equilibrio electrostático.

Podemos utilizar la ley de Gauss para relacionar el campo eléctrico justo afuera de la superficie de un conductor cargado en equilibrio con la distribución de carga sobre el conductor. Para hacer esto es conveniente dibujar una superficie gaussiana en

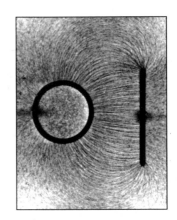

Patrón de campo eléctrico de una placa conductora cargada cercana a un cilindro conductor cargado de manera opuesta. Pequeños pedazos de hilo suspendidos en aceite se alinean con las líneas de campo eléctrico. Observe que 1) las líneas de campo eléctrico son perpendiculares a los conductores, y 2) no hay líneas dentro del cilindro ($E = 0$). *(Cortesía de Harold M. Waage, Princeton University.)*

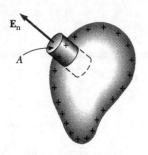

FIGURA 24.18   Una superficie gaussiana en forma de un pequeño cilindro se utiliza para calcular el campo eléctrico justo afuera de un conductor cargado. El flujo a través de la superficie gaussiana es $E_n A$. Advierta que **E** es cero dentro del conductor.

la forma de un pequeño cilindro con caras paralelas a la superficie (Fig. 24.18). Parte del cilindro está apenas fuera del conductor, y parte está adentro. No hay flujo a través de la cara en el interior del cilindro debido a que **E** = 0 dentro del conductor. Asimismo, el campo es normal a la superficie. Si **E** tuviera una componente tangencial, las cargas libres se moverían a lo largo de la superficie generando corrientes superficiales, y el conductor no estaría en equilibrio. No hay flujo a través de la parte cilíndrica de la superficie gaussiana debido a que **E** es tangente a esta parte. Por consiguiente, el flujo neto a través de la superficie gaussiana es $E_n A$, donde E_n es el campo eléctrico justo afuera del conductor. La aplicación de la ley de Gauss a esta superficie produce

$$\Phi_c = \oint E_n \, dA = E_n A = \frac{q_{in}}{\epsilon_0} = \frac{\sigma A}{\epsilon_0}$$

Hemos aprovechado el hecho de que la carga dentro de la superficie gaussiana es $q_{in} = \sigma A$, donde A es el área de la cara del cilindro y σ es la carga (local) por unidad de área. Al despejar E_n se obtiene

$$E_n = \frac{\sigma}{\epsilon_0}$$ (24.9)

EJEMPLO 24.10   Una esfera dentro de un cascarón esférico

Una esfera conductora sólida de radio a tiene una carga positiva neta $2Q$ (Fig. 24.19). Un cascarón esférico conductor de radio interior b y radio exterior c es concéntrico con la esfera sólida y tiene una carga neta $-Q$. Mediante el empleo de la ley de Gauss, determine el campo eléctrico en las regiones marcadas como ①, ②, ③ y ④ y la distribución de carga sobre el cascarón esférico.

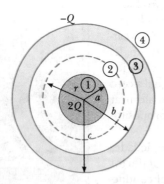

FIGURA 24.19   (Ejemplo 24.10) Una esfera conductora sólida de radio a y carga $2Q$ rodeada por un cascarón esférico conductor de carga $-Q$.

Razonamiento y solución   Advierta primero que la distribución de carga en ambas esferas tiene simetría esférica, puesto que éstas son concéntricas. Para determinar el campo eléctrico a diversas distancias r del centro, construimos superficies gaussianas esféricas de radio r.

Para encontrar E en el interior de la esfera sólida de radio a (región ①), considere una superficie gaussiana de radio $r < a$. Puesto que no hay carga dentro de un conductor en equilibrio electrostático, vemos que $q_{in} = 0$, por lo que de la ley de Gauss y la simetría, $E_1 = 0$ para $r < a$. De este modo, concluimos que la

carga neta $2Q$ sobre la esfera sólida se distribuye sobre su superficie exterior.

En la región ② entre las esferas, donde $a < r < b$, construimos una superficie gaussiana esférica de radio r y advertimos que la carga dentro de esta superficie es $+2Q$ (la carga sobre la esfera interior). Debido a la simetría esférica, las líneas de campo eléctrico deben apuntar radialmente hacia afuera y ser de magnitud constante sobre la superficie gaussiana. Siguiendo el ejemplo 24.4 y utilizando la ley de Gauss, encontramos que

$$E_2 A = E_2(4\pi r^2) = \frac{q_{in}}{\epsilon_0} = \frac{2Q}{\epsilon_0}$$

$$E_2 = \frac{2Q}{4\pi\epsilon_0 r^2} = \frac{2k_e Q}{r^2}$$ (para $a < r < b$)

En la región ④, donde $r > c$, la superficie gaussiana esférica que rodea a una carga total $q_{in} = 2Q + (-Q) = Q$. En consecuencia, la ley de Gauss aplicada a esta superficie produce.

$$E_4 = \frac{k_e Q}{r^2}$$ (para $r > c$)

Por último, considere la región ③, donde $b < r < c$. El campo eléctrico debe ser cero en esta región debido a que el cascarón esférico es también un conductor en equilibrio. Si construimos una superficie gaussiana de este radio, vemos que q_{in} debe ser cero puesto que $E_3 = 0$. De acuerdo con este argumento, concluimos que la carga sobre la superficie interior del cascarón esférico debe ser $-2Q$ para cancelar la carga $+2Q$ sobre la esfera sólida. (La carga $-2Q$ es inducida por la carga $+2Q$.) Además, puesto que la carga neta sobre el cascarón es $-Q$, concluimos que la superficie exterior del cascarón debe tener una carga igual a $+Q$.

*24.5 PRUEBA EXPERIMENTAL DE LA LEY DE GAUSS Y DE LA LEY DE COULOMB

Cuando una carga neta se pone sobre un conductor, se distribuye por sí sola sobre la superficie de una manera tal que el campo eléctrico interior es cero. Puesto que $E = 0$ en el interior del conductor en equilibrio electrostático, la ley de Gauss indica que no puede haber carga neta dentro del conductor. Hemos visto que la ley de Gauss es una consecuencia de la ley de Coulomb (ejemplo 24.4). Por lo tanto, es posible probar la validez de la ley de fuerza del inverso al cuadrado intentando detectar una carga neta dentro de un conductor. Si se detecta una carga neta en cualquier parte pero sobre la superficie, la ley de Gauss, y en consecuencia, la ley de Coulomb, no son válidas. Muchos experimentos, entre los que se incluyen los primeros trabajos de Faraday, Cavendish y Maxwell, se han llevado a cabo para demostrar que la carga neta sobre un conductor reside sobre su superficie. En todos los casos de los que se ha tenido información, ningún campo eléctrico podría detectarse en un conductor cerrado. Los experimentos de Williams, Faller, y Hill en 1971, mostraron que el exponente de r en la ley de Coulomb es $(2 + \Delta)$, ¡dónde $\Delta = (2.7 \pm 3.1) \times 10^{-16}$!

El siguiente experimento puede efectuarse para verificar que la carga neta sobre un conductor reside sobre su superficie. Una bola metálica cargada positivamente en el extremo de un hilo de seda se introduce a un conductor hueco descargado por una pequeña abertura[2] (Fig. 24.20a). El conductor hueco está aislado del suelo. La bola cargada positivamente induce una carga negativa sobre la pared interna del conductor hueco, dejando una carga positiva igual sobre la pared exterior (Fig. 24.20b). La presencia de carga positiva sobre la pared exterior se indica mediante la desviación del indicador de un electrómetro (un dispositivo utilizado para medir carga). La desviación del indicador del electrómetro permanece invariable cuando la bola toca la superficie interna del conductor hueco (Fig. 24.20c). Cuando la bola se retira, los registros del electrómetro permanecen iguales y se descubre que la bola está descargada (Fig. 24.20d). Este experimento demuestra que la carga se transfiere de la bola al conductor hueco. Además, *la carga sobre el conductor hueco reside sobre su superficie exterior*. Una pequeña bola metálica cargada introducida ahora hasta el centro del conductor hueco cargado no es atraída ni repelida por el conductor hueco. Esto demuestra que $E = 0$ en el centro del conductor hueco. Una pequeña bola cargada positivamente situada cerca del exterior del conductor es repelida por éste, lo que indica que $\mathbf{E} \neq 0$ fuera del conductor.

*24.6 DEDUCCIÓN DE LA LEY DE GAUSS

Una manera de deducir la ley de Gauss abarca el concepto del *ángulo sólido*. Consideremos una superficie esférica de radio r que contiene un elemento de área ΔA. El ángulo sólido $\Delta \Omega$ subtendido por este elemento en el centro de la esfera se define como

$$\Delta \Omega \equiv \frac{\Delta A}{r^2}$$

Según esta expresión, vemos que $\Delta \Omega$ no tiene dimensiones, puesto que tanto ΔA como r^2 tienen dimensiones de L^2. La unidad adimensional de un ángulo sólido es el **estereorradián**. Puesto que el área de la superficie total de una esfera es $4\pi r^2$, el ángulo sólido total subtendido por la esfera en el centro es

$$\Omega = \frac{4\pi r^2}{r^2} = 4\pi \text{ estereorradianes}$$

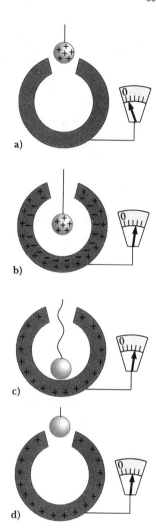

FIGURA 24.20 Un experimento que muestra que cualquier carga transferida a un conductor reside sobre su superficie en equilibrio electrostático. El conductor hueco está aislado de la tierra, y la pequeña bola metálica está suspendida de un hilo aislante.

[2] Con frecuencia el experimento es conocido como *experimento de la cuba de hielo de Faraday*, ya que fue realizado por primera vez por Faraday utilizando una cuba de hielo como el conductor hueco.

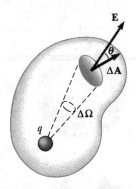

FIGURA 24.21 Una superficie cerrada de forma arbitraria que rodea una carga puntual q. El flujo neto a través de la superficie es independiente de la forma de la superficie.

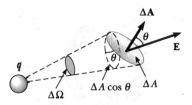

FIGURA 24.22 El elemento de área ΔA subtiende un ángulo sólido $\Delta\Omega = (\Delta A \cos\theta)/r^2$ en la carga q.

Considere ahora una carga puntual q rodeada por una superficie cerrada de forma arbitraria (Fig. 24.21). El flujo total a través de esta superficie puede obtenerse al evaluar $\mathbf{E} \cdot \Delta\mathbf{A}$ para cada elemento de área y al sumar todos los elementos de la superficie. El flujo a través del elemento de área ΔA es

$$\Delta\Phi = \mathbf{E} \cdot \Delta\mathbf{A} = E \cos\theta\, \Delta A = k_e q\, \frac{\Delta A \cos\theta}{r^2}$$

donde hemos aprovechado el hecho de que $E = k_e Q/r^2$ para una carga puntual. Pero la cantidad $\Delta A \cos\theta/r^2$ es igual al ángulo sólido $\Delta\Omega$ subtendido en la carga q por el elemento de superficie ΔA. En la figura 24.22 vemos que $\Delta\Omega$ es igual al ángulo sólido subtendido por el elemento de una superficie esférica de radio r. Puesto que el ángulo sólido total en un punto es 4π estereorradianes, vemos que el flujo total a través de la superficie cerrada es

$$\Phi_c = k_e q \oint \frac{dA \cos\theta}{r^2} = k_e q \oint d\Omega = 4\pi k_e q = \frac{q}{\epsilon_0}$$

De este modo, hemos deducido la ley de Gauss, ecuación 24.6. Observe que este resultado es independiente de la forma de la superficie cerrada, así como de la posición de la carga dentro de la superficie.

RESUMEN

El **flujo eléctrico** se representa por el número de líneas de campo eléctrico que penetran una superficie. Si el campo eléctrico es uniforme y forma un ángulo θ con la normal a la superficie, el flujo eléctrico a través de la superficie es

$$\Phi = EA \cos\theta \tag{24.2}$$

TABLA 24.1 Cálculos de campo eléctrico característicos utilizando la ley de Gauss		
Distribución de carga	**Campo eléctrico**	**Localización**
Esfera aislante de radio R, densidad de carga uniforme y carga total Q	$k_e \dfrac{Q}{r^2}$	$r > R$
	$k_e \dfrac{Q}{R^3}\, r$	$r < R$
Cascarón esférico delgado de radio R y carga total Q	$k_e \dfrac{Q}{r^2}$	$r > R$
	0	$r < R$
Línea de carga de longitud infinita y carga por unidad de longitud λ	$2k_e \dfrac{\lambda}{r}$	Fuera de la línea de carga
Plano cargado infinito no conductor con carga por unidad de área σ	$\dfrac{\sigma}{2\epsilon_0}$	En cualquier punto fuera del plano
Conductor de carga superficial por unidad de área σ	$\dfrac{\sigma}{\epsilon_0}$	Justo fuera del conductor
	0	Dentro del conductor

En general, el flujo eléctrico a través de una superficie es

$$\Phi = \int_{superficie} E \cdot dA \qquad (24.3)$$

La **ley de Gauss** establece que el flujo eléctrico neto, Φ_c, a través de cualquier superficie gaussiana cerrada, es igual a la carga *neta* dentro de la superficie dividida por ε_0:

$$\Phi_c = \oint E \cdot dA = \frac{q_{in}}{\varepsilon_0} \qquad (24.6)$$

Utilizando la ley de Gauss podemos calcular el campo eléctrico debido a diversas distribuciones de carga simétricas. La tabla 24.1 registra algunos resultados característicos.

Un conductor en equilibrio estático tiene las siguientes propiedades:

- El campo eléctrico es cero en todos los puntos dentro de él.
- Todo exceso de carga en él reside por completo sobre su superficie.
- El campo eléctrico justo afuera de él es perpendicular a su superficie y tiene una magnitud σ/ε_0, donde σ es la carga por unidad de área en ese punto.
- En un conductor de forma irregular, la carga tiende a acumularse donde el radio de curvatura de la superficie es más pequeño, es decir, en puntos afilados.

Estrategia y sugerencias para resolver problemas
Aplicación de la ley de Gauss

La ley de Gauss puede parecer misteriosa, y suele ser uno de los conceptos más difíciles de entender en textos de introducción a la física. Sin embargo, como hemos visto, es muy útil para resolver problemas con un alto grado de simetría. En este capítulo encontrará sólo problemas con tres tipos de simetría: plana, cilíndrica y esférica. Es importante repasar los ejemplos del 24.4 al 24.10 y utilizar el siguiente método:

- Primero, elija una superficie gaussiana que *tenga una simetría que corresponda con la distribución de carga*. Para cargas puntuales o distribuciones de carga simétricas esféricamente, la superficie gaussiana debe ser una esfera centrada en la carga, como en los ejemplos 24.4, 24.5, 24.6 y 24.10. Para líneas de carga uniformes o cilindros cargados uniformemente, su elección de superficie gaussiana debe ser una superficie cilíndrica que sea coaxial con la línea de carga o el cilindro, como en el ejemplo 24.7. Para láminas de carga que tienen simetría plana, la superficie gaussiana debe ser un cilindro que atraviese la lámina, como en el ejemplo 24.8. Advierta que en todos los casos, la superficie gaussiana se elige de manera tal que el campo eléctrico tiene la misma magnitud en todos los puntos sobre la superficie y está dirigido perpendicularmente a la superficie. Esto le permitirá evaluar con facilidad la integral de superficie que aparece en el lado izquierdo de la ley de Gauss, la cual representa el flujo eléctrico total a través de esa superficie.
- Evalúe después el lado derecho de la ley de Gauss, lo cual equivale a calcular la carga eléctrica total, q_{in}, dentro de la superficie gaussiana. Si la densidad de carga es uniforme, como suele ser el caso (es decir, si λ, σ o ρ son constantes), multiplique simplemente la densidad de carga por la longitud, el área o el volumen encerrado por la superficie gaussiana. Sin embargo, si la distribución de carga es *no uniforme*, usted deberá integrar la densidad de carga sobre la región encerrada por la superficie gaussiana. Por ejemplo, si la carga se distribuye a lo largo de una línea, debe integrar

la expresión $dq = \lambda \, dx$, donde dq es la carga en un elemento infinitesimal dx y λ es la carga por longitud unitaria. Para un plano de carga, usted deberá integrar $dq = \sigma \, dA$, donde σ es la carga por unidad de área y dA es un elemento infinitesimal de área. Por último, para un volumen de carga usted debe integrar $dq = \rho \, dV$, donde ρ es la carga por unidad de volumen y dV es un elemento de volumen infinitesimal.

- Una vez que los lados derecho e izquierdo de la ley de Gauss se han evaluado, usted puede calcular el campo eléctrico sobre la superficie gaussiana suponiendo que la distribución de carga se da en el problema. Inversamente, si se conoce el campo eléctrico, usted puede calcular la distribución de carga que produce el campo.

PREGUNTAS

1. Si el campo eléctrico en una región del espacio es cero, ¿puede usted concluir que no hay cargas eléctricas en esa región? Explique.

2. Si hay más líneas de campo eléctrico que salen de una superficie gaussiana que las que entran, ¿qué puede usted concluir acerca de la carga neta encerrada por la superficie?

3. Un campo eléctrico uniforme existe en una región del espacio en la cual no hay cargas. ¿Qué puede usted concluir acerca del flujo eléctrico neto a través de una superficie gaussiana ubicada en esta región del espacio?

4. Si se conoce la carga total dentro de una superficie cerrada pero no se especifica la distribución de carga, ¿con la ley de Gauss se puede encontrar el campo eléctrico? Explique.

5. Explique por qué el flujo eléctrico a través de una superficie cerrada con una carga encerrada determinada es independiente del tamaño o forma de la superficie.

6. Considere el campo eléctrico debido a un plano infinito no conductor que tiene una densidad de carga uniforme. Explique por qué el campo eléctrico no depende de la distancia desde el plano en función del espaciamiento de las líneas de campo eléctrico.

7. Con la ley de Gauss explique por qué las líneas de campo eléctrico deben empezar y terminar en cargas eléctricas. (*Sugerencia*: Cambie el tamaño de la superficie gaussiana.)

8. Una carga puntual se coloca en el centro de un cascarón esférico metálico descargado aislado de la tierra. A medida que la carga puntual se quita del centro, describa qué sucede con a) la carga inducida total en el cascarón, y b) la distribu-

ción de carga en la superficie interior y exterior del cascarón.

9. Explique por qué el exceso de carga en un conductor aislado debe residir en su superficie, empleando la naturaleza repulsiva de la fuerza entre cargas similares y la libertad de movimiento de la carga dentro del conductor.

10. Una persona se sitúa dentro de una gran esfera metálica hueca que está aislada de la tierra. Si una gran carga se pone en la esfera, ¿la persona se lastimará al tocar el interior de la esfera? Explique qué sucederá si la persona tiene también una carga inicial cuyo signo es opuesto al de la carga en la esfera?

11. ¿Cómo diferirían las observaciones descritas en la figura 24.20 si el conductor hueco estuviera conectado a tierra? ¿Cómo diferirían si la pequeña bola cargada fuera un aislador en vez de un conductor?

12. ¿Qué otro experimento podría efectuarse en la bola de la figura 24.20 para demostrar que su carga se transfirió al conductor hueco?

13. ¿Qué sucedería con la lectura del electrómetro si la bola cargada en la figura 24.20 tocara la pared interna del conductor?, ¿si tocara la pared externa?

14. Dos esferas sólidas, ambas de radio R, conducen cargas totales idénticas, Q. Una esfera es un buen conductor mientras que la otra es un aislador. Si la carga sobre la esfera aislante está distribuida uniformemente por todo su volumen interior, ¿cómo se comparan los campos eléctricos externos de estas dos esferas? ¿Los campos son idénticos en el interior de las dos esferas?

PROBLEMAS

Problema de repaso

Una esfera aislante sólida de radio a tiene una carga positiva neta $3Q$. Concéntrico con esta esfera está un cascarón esférico conductor de radio interior b y de radio exterior c, y que tiene una carga

negativa neta $-Q$, como en la figura. a) Construya una superficie gaussiana esférica de radio $r > c$ y determine la carga neta encerrada por esta superficie. b) ¿Cuál es la dirección del campo eléctrico en $r > c$? c) Con el resultado del inicio a) y con la ley de Gauss encuentre el campo eléctrico en $r \geq c$. d) Construya una superfi-

☐ Indica problemas que tienen soluciones completas disponibles en el *Manual de soluciones del estudiante* y en la *Guía de estudio*.

cie gaussiana esférica de radio r, donde $b < r < c$, y determine la carga neta encerrada por esta superficie. e) Con su resultado del inciso c) y con la ley de Gauss encuentre el campo eléctrico en la región $b < r < c$. f) Construya una superficie gaussiana esférica de radio r, donde $a < r < b$. ¿Cuál es la carga neta encerrada por esta superficie? g) Utilice su resultado del inciso f) y la ley de Gauss para determinar el campo eléctrico en la región $a < r < b$. h) Construya una superficie gaussiana esférica de radio $r < a$ y encuentre una expresión para la carga neta dentro de esa superficie como una función de r. Observe que la carga dentro de esta superficie es menor que $-Q$. i) Use su resultado del inciso h) y la ley de Gauss para determinar el campo eléctrico en la región $r < a$. j) A partir de lo que ha aprendido en los incisos anteriores, determine la carga neta en la superficie interior del cascarón conductor y la carga neta en la superficie exterior del mismo. k) Dibuje una gráfica de la magnitud del campo eléctrico contra r en las regiones interior y exterior del cascarón esférico.

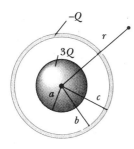

Sección 24.1 Flujo eléctrico

1. Un cascarón esférico se pone en un campo eléctrico uniforme. Determine el flujo eléctrico total a través del cascarón.

2. Un campo eléctrico de magnitud igual a 3.5×10^3 N/C se aplica a lo largo del eje x. Calcule el flujo eléctrico a través de un plano rectangular de 0.35 m de ancho y 0.70 m de largo si el plano a) es paralelo al plano yz, b) es paralelo al plano xy, y c) contiene al eje y y su normal forma un ángulo de 40° con el eje x.

3. Un campo eléctrico uniforme $a\mathbf{i} + b\mathbf{j}$ intersecta a una superficie de área A. ¿Cuál es el flujo a través de esta área si la superficie se ubica a) en el plano yz, b) en el plano xz, c) en el plano xy?

4. Considere una caja triangular cerrada que descansa dentro de un campo eléctrico horizontal de magnitud $E = 7.8 \times 10^4$ N/C, como en la figura P24.4. Calcule el flujo

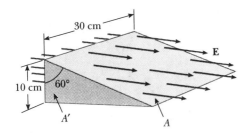

FIGURA P24.4

eléctrico a través de a) la superficie vertical, b) la superficie inclinada, y c) toda la superficie de la caja.

5. Una espira de 40 cm de diámetro se gira en un campo eléctrico uniforme hasta que se encuentra la posición de máximo flujo eléctrico. El valor que se mide del flujo en esta posición es de 5.2×10^5 N·m²/C. ¿Cuál es la intensidad de campo eléctrico?

5A. Una espira de diámetro d se gira en un campo eléctrico uniforme hasta que se encuentra la posición de máximo flujo eléctrico. El flujo que se mide en esta posición es Φ. ¿Cuál es la intensidad de campo eléctrico?

6. Una carga puntual se localiza en el centro de un anillo uniforme que tiene una densidad de carga lineal λ y radio a. Determine el flujo eléctrico total a través de la esfera centrada en la carga puntual y que tiene radio R donde $R < a$ (Fig. P24.6).

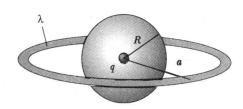

FIGURA P24.6

7. Un cono de radio R en la base y altura h está sobre una mesa horizontal, y un campo eléctrico uniforme horizontal E penetra el cono, como en la figura P24.7. Determine el flujo eléctrico que entra al cono.

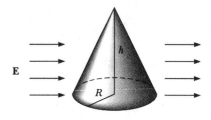

FIGURA P24.7

8. Un campo eléctrico de 2.0×10^4 N/C de magnitud y con dirección perpendicular a la superficie de la Tierra existe un día en el que amenaza una tormenta. Un auto que puede considerarse como un rectángulo de 6.0 m × 3.0 m viaja a lo largo de un camino que tiene una inclinación de 10° respecto del suelo. Determine el flujo eléctrico total a través de la base inferior del auto.

9. Una pirámide con una base cuadrada de 6.0 m y altura de 4.0 m se coloca en un campo eléctrico vertical de 52 N/C. Calcule el flujo eléctrico total a través de las cuatro superficies inclinadas de la pirámide.

Sección 24.2 Ley de Gauss

10. Cuatro superficies cerradas, S_1 a S_4, junto con las cargas $-2Q$, Q y $-Q$ se dibujan en la figura P24.10. Encuentre el flujo eléctrico a través de cada superficie.

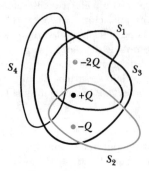

FIGURA P24.10

11. a) Una carga puntual q se localiza a una distancia d de un plano infinito. Determine el flujo eléctrico a través del plano debido a la carga puntual. b) Una carga puntual q se localiza a *muy corta* distancia del centro de un cuadrado *muy grande* sobre la línea perpendicular al cuadrado que pasa por su centro. Determine el flujo eléctrico aproximado a través del cuadrado debido a la carga puntual. c) Explique por qué las respuestas a los incisos a) y b) son idénticas.

12. Si el campo eléctrico constante de la figura P24.12 tiene una magnitud E_0, calcule el flujo eléctrico total a través de la superficie paraboloide.

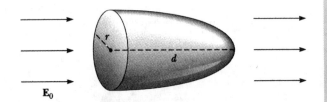

FIGURA P24.12

13. Una carga puntual de 12 μC se coloca en el centro de un cascarón esférico de 22 cm de radio. ¿Cuál es el flujo eléctrico total a través de a) la superficie del cascarón, y b) cualquier superficie hemisférica del cascarón? c) ¿Los resultados dependen del radio? Explique.

13A. Una carga puntual Q se coloca en el centro de un cascarón esférico de radio R. ¿Cuál es el flujo eléctrico total a través de a) la superficie del cascarón, y b) cualquier superficie hemisférica del cascarón? c) ¿Los resultados dependen del radio? Explique.

14. Una carga de 12 μC está en el centro geométrico de un cubo. ¿Cuál es el flujo eléctrico a través de una de las caras?

15. Las siguientes cargas se localizan dentro de un submarino: 5.0 μC, –9.0 μC, 27 μC, y –84 μC. Calcule el flujo eléctrico neto a través del submarino. Compare el número de líneas de campo eléctrico que salen del submarino con el número de las que entran.

16. Una carga puntual de 0.0462 μC está dentro de una pirámide. Determine el flujo eléctrico total a través de la superficie de la pirámide.

17. Una línea de carga infinitamente larga que tiene una carga uniforme por unidad de longitud λ se encuentra a una distancia d de un punto O, como en la figura P24.17. Determine el flujo eléctrico total a través de la superficie de una esfera de radio R centrada en O. (*Sugerencia:* Considere tanto $R < d$ como $R > d$.)

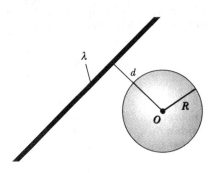

FIGURA P24.17

18. Una carga puntual $Q = 5.0$ μC se localiza en el centro de un cubo de lado $L = 0.10$ m. Otras seis cargas puntuales, cada una con una carga $q = -1.0$ μC, están colocadas simétricamente alrededor de Q, como en la figura P24.18. Determine el flujo eléctrico a través de una cara del cubo.

18A. Una carga puntual Q se localiza en el centro de un cubo de lado L. Otras seis cargas puntuales, cada una con una carga $-q$, están colocadas simétricamente alrededor de Q, como en la figura P24.18. Determine el flujo eléctrico a través de una cara del cubo.

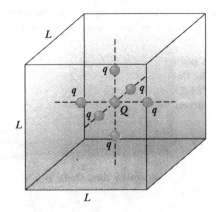

FIGURA P24.18

19. Una carga de 10.0 μC localizada en el origen de un sistema de coordenadas cartesiano está rodeada por una esfera hueca no conductora de 10.0 cm de radio. Una broca con un radio de 1.00 mm se alinea a lo largo del eje z, y se perfora un agujero en la esfera. Calcule el flujo eléctrico a través del agujero.

20. Una carga de 170 μC se encuentra en el centro de un cubo de 80.0 cm de lado. a) Determine el flujo total a través de cada cara del cubo. b) Encuentre el flujo a través de toda la superficie del cubo. c) ¿Sus respuestas a los incisos a) y b) cambiarían si la carga no estuviera en el centro? Explique.

20A. Una carga Q se encuentra en el centro de un cubo de lado L. a) Determine el flujo total a través de cada cara del cubo. b) Encuentre el flujo a través de toda la superficie del cubo. c) ¿Sus respuestas a los incisos a) y b) cambiarían si la carga no estuviera en el centro? Explique.

21. El flujo eléctrico total que pasa por una superficie cerrada en la forma de un cilindro es de 8.60×10^4 N · m²/C. a) ¿Cuál es la carga neta dentro del cilindro? b) A partir de la información proporcionada, ¿cuál es su comentario acerca de la carga dentro del cilindro? c) ¿Cómo cambiaría sus respuestas de los incisos a) y b) si el flujo neto fuera -8.60×10^4 N · m²/C?

22. La línea ag en la figura P24.22 es una diagonal del cubo, y una carga puntual q se localiza muy cerca del vértice a (en la extensión de ag), como en la figura P24.22. Determine el flujo eléctrico a través de cada lado del cubo que contiene al punto a.

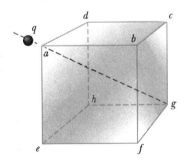

FIGURA P24.22

23. Una carga puntual Q se localiza justo arriba del centro de la cara plana de un hemisferio de radio R, como en la figura P24.23. ¿Cuál es el flujo eléctrico a) a través de la superficie curva, y b) a través de la cara plana?

Sección 24.3 Aplicación de la ley de Gauss a aisladores cargados

24. En un día claro y soleado hay un campo eléctrico vertical de aproximadamente 130 N/C que apunta hacia

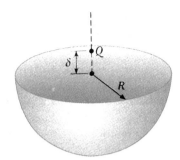

FIGURA P24.23

abajo sobre suelo plano o agua. ¿Cuál es la densidad de carga superficial sobre el suelo en estas condiciones?

25. Considere un delgado cascarón esférico de 14.0 cm de radio con una carga total de 32.0 μC distribuido uniformemente sobre su superficie. Encuentre el campo eléctrico a a) 10 cm, y b) 20 cm del centro de la distribución de carga.

26. Un globo inflado en forma de una esfera de 12.0 cm de radio tiene una carga total de 7.00 μC distribuida uniformemente sobre su superficie. Calcule la magnitud del campo eléctrico a a) 10.0 cm, b) 12.5 cm, y c) 30.0 cm del centro del globo.

27. Una esfera aislante de 8.00 de diámetro tiene una carga de 5.70 μC distribuida de manera uniforme por todo su volumen interior. Calcule la carga encerrada por una superficie esférica concéntrica con radio a) $r = 2.00$ cm, y b) $r = 6.00$ cm.

28. Considere una línea de carga infinitamente larga que tiene una carga uniforme por unidad de longitud λ. Determine el flujo eléctrico total a través de un cilindro circular recto cerrado de longitud L y radio R que está paralelo a la línea, si la distancia entre el eje del cilindro y la línea es d. (*Sugerencia*: Considere tanto cuando $R < d$ como cuando $R > d$.)

29. Una esfera sólida de 40.0 cm de radio tiene una carga positiva total de 26.0 μC distribuida uniformemente por todo su volumen. Calcule la magnitud del campo eléctrico a a) 0 cm, b) 10.0 cm, c) 40.0 cm y d) 60.0 cm del centro de la esfera.

30. Una esfera de radio a tiene una densidad de carga volumétrica $\rho = \rho_0 (r/a)^2$ para $r < a$. Calcule los campos eléctricos interior y exterior de la esfera.

31. Una distribución de carga esféricamente simétrica tiene una densidad de carga dada por $\rho = a/r$ donde a es constante. Encuentre el campo eléctrico como una función de r. (Véase la nota en el problema 54.)

32. La carga por unidad de longitud en un filamento recto y largo es -90.0 μC/m. Encuentre el campo eléctrico a a) 10.0 cm, b) 20.0 cm y c) 100 cm del filamento. Donde las distancias se miden perpendiculares a la longitud del filamento.

33. Un filamento recto cargado uniformemente de 7.00 m de largo tiene una carga positiva total de 2.00 μC. Un cilindro de cartón descargado de 2.00 cm de longitud y 10.0 cm de radio rodea el filamento en su centro, con el filamento como el eje del cilindro. Utilizando todas las

aproximaciones razonables, encuentre a) el campo eléctrico en la superficie del cilindro, y b) el flujo eléctrico total a través del cilindro.

34. Un cascarón aislante cilíndrico e infinitamente largo de radio interior a y radio exterior b tiene una densidad de carga volumétrica uniforme ρ (C/m³). Una línea de densidad de carga λ (C/m) se sitúa a lo largo del eje del cascarón. Determine la intensidad del campo eléctrico en cualquier punto.

35. Considere una larga distribución de carga cilíndrica de radio R con densidad de carga uniforme ρ. Encuentre el campo eléctrico a una distancia r del eje donde $r < R$.

36. Una pared no conductora tiene una densidad de carga uniforme de 8.6 μC/cm². ¿Cuál es el campo eléctrico a 7.0 cm frente a la pared? ¿Obtiene otro resultado cuando varía la distancia desde la pared?

37. Una larga lámina plana de carga tiene una carga por unidad de área de 9.0 μC/m². Determine la intensidad de campo eléctrico justo arriba de la superficie de la lámina, medida desde su punto medio.

Sección 24.4 Conductores en equilibrio electrostático

38. Un cascarón esférico conductor de 15 cm de radio tiene una carga neta de –6.4 μC distribuida uniformemente sobre su superficie. Encuentre el campo eléctrico en puntos a) justo fuera del cascarón, y b) dentro del cascarón.

39. Una larga barra metálica recta tiene un radio de 5.00 cm y una carga por unidad de longitud de 30.0 nC/m. Encuentre el campo eléctrico a a) 3.00 cm, b) 10.0 cm y c) 100 cm del eje de la barra, donde las distancias se miden perpendiculares a la barra.

40. Una carga q se coloca sobre una lámina conductora que tiene un espesor finito pero muy pequeño y un área A. ¿Cuál es la magnitud aproximada del campo eléctrico en un punto externo que está a una distancia muy pequeña sobre el punto central?

41. Una delgada placa conductora de 50.0 cm de lado se encuentra en el plano xy. Si una carga total de 4.00 × 10^{-8} C se pone sobre la placa, encuentre a) la densidad de carga sobre la placa, b) el campo eléctrico justo arriba de la placa y c) el campo eléctrico justo abajo de la placa.

42. Dos esferas conductoras idénticas, cada una con un radio de 0.500 cm están conectadas por medio de un ligero alambre conductor de 2.00 m de largo. Determine la tensión en el alambre si se ponen 60.0 μC en uno de los conductores. (*Sugerencia*: Suponga que la distribución superficial de carga sobre cada esfera es uniforme.)

42A. Dos esferas conductoras idénticas, cada una con un radio R, están conectadas por medio de un ligero alambre conductor de longitud L, donde $L \gg R$. Determine la tensión en el alambre si se pone una carga Q en uno de los conductores. (*Sugerencia*: Suponga que la distribución superficial de carga sobre cada esfera es uniforme.)

43. Un cascarón esférico conductor que tiene un radio interior de 4.0 cm y radio exterior de 5.0 cm tiene una carga neta de + 10 μC. Si una carga puntual de + 2.0 μC se pone en el centro de este cascarón, determine la densidad de carga superficial sobre a) la superficie interior, y b) la superficie exterior.

43A. Un cascarón esférico conductor que tiene un radio interior a y radio exterior b tiene una carga neta Q. Si una carga puntual q se pone en el centro de este cascarón, determine la densidad de carga superficial sobre a) la superficie interior, y b) la superficie exterior.

44. Una esfera conductora hueca está rodeada por un cascarón conductor esférico concéntrico y más grande. La esfera interior tiene una carga $-Q$, y la esfera exterior tiene una carga $3Q$. Las cargas están en equilibrio electrostático. Con la ley de Gauss encuentre las cargas y los campos eléctricos en todo punto.

45. Una esfera conductora sólida de 2.0 cm de radio tiene una carga de 8.0 μC. Un cascarón esférico conductor de radio interior igual a 4.0 cm y de radio exterior de 5.0 cm es concéntrico con la esfera sólida y tiene una carga – 4.0 μC. Encuentre el campo eléctrico en a) $r = 1.0$ cm, b) $r = 3.0$ cm, c) $r = 4.5$ cm y d) $r = 7.0$ cm desde el centro de esta configuración de carga.

46. Dos bloques metálicos idénticos que descansan sobre una superficie horizontal sin fricción se conectan por medio de un resorte metálico ligero para el cual la constante de resorte es $k = 100$ N/m y la longitud sin deformar es de 0.30 m, como en la figura P24.46a. Una carga Q se coloca lentamente en el sistema y origina que el resorte se estire hasta una longitud de equilibrio de 0.40 m, como en la figura P24.46b. Determine el valor de Q, suponiendo que toda la carga reside sobre los bloques y que éstos se tratan como cargas puntuales.

46A. Dos bloques metálicos idénticos que descansan sobre una superficie horizontal sin fricción se conectan por medio de un resorte metálico ligero para el cual la constante de resorte es k y la longitud sin deformar es L_0, como en la figura P24.46a. Una carga Q se coloca lentamente en el sistema y origina que el resorte se estire hasta una longitud de equilibrio L, como en la figura

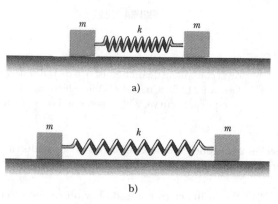

a)

b)

FIGURA P24.46

P24.46b. Determine el valor de Q suponiendo que toda la carga reside sobre los bloques y que éstos se tratan como cargas puntuales.

47. Un alambre largo y recto está rodeado por un cilindro metálico hueco cuyo eje coincide con el del alambre. El alambre tiene una carga por unidad de longitud de λ y el cilindro tiene una carga neta por unidad de longitud de 2λ. De acuerdo con esta información, utilice la ley de Gauss para encontrar a) la carga por longitud unitaria en las superficies interior y exterior del cilindro, y b) el campo eléctrico fuera del cilindro, a una distancia r del eje.

48. Considere dos superficies conductoras idénticas cuyas superficies están separadas por una corta distancia. A una esfera se le da una gran carga positiva neta mientras que a la otra se le proporciona una pequeña carga positiva neta. Se encuentra que la fuerza entre ellas es atractiva aun cuando ambas esferas tienen cargas netas del mismo signo. Explique cómo es esto posible.

Sección 24.6 Deducción de la ley de Gauss

49. Una esfera de radio R rodea a una carga puntual Q, localizada en su centro. a) Demuestre que el flujo eléctrico a través de un casquete circular de medio ángulo θ (Fig. P24.49) es

$$\Phi = \frac{Q}{2\epsilon_0} (1 - \cos \theta)$$

¿Cuál es el flujo por b) $\theta = 90°$ y c) $\theta = 180°$?

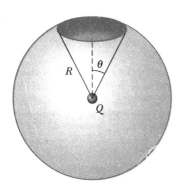

FIGURA P24.49

PROBLEMAS ADICIONALES

50. Para la configuración mostrada en la figura P24.50, suponga que $a = 5.0$ cm, $b = 20$ cm, y $c = 25$ cm. Suponga también que se mide un valor del campo eléctrico en un punto a 10 cm del centro igual a 3.6×10^3 N/C radialmente hacia adentro en tanto que el campo eléctrico en un punto a 50 cm del centro es 2.0×10^2 N/C radialmente hacia afuera. A partir de esta información,

encuentre a) la carga sobre la esfera aislante, b) la carga neta sobre la esfera conductora hueca, y c) la carga total sobre las superficies interior y exterior de la esfera conductora hueca.

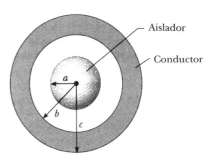

FIGURA P24.50

51. Una esfera aislante sólida de radio a tiene una densidad de carga uniforme ρ y una carga total Q. Concéntrica con ella está una esfera hueca conductora descargada cuyos radios interior y exterior son b y c, como en la figura P24.50. a) Determine la magnitud del campo eléctrico en las regiones $r < a$, $a < r < b$, $b < r < c$ y $r > c$. b) Determine la carga inducida por área unitaria en las superficies interior y exterior de la esfera hueca.

52. Considere una esfera aislante de radio R que tiene una densidad de carga volumétrica uniforme ρ. Grafique la magnitud del campo eléctrico E como una función de la distancia desde el centro de la esfera, r. Deje que r varíe en el intervalo $0 < r < 3R$ y grafique E en unidades de $\rho R/\varepsilon_0$.

53. Un primer (incorrecto) modelo del átomo de hidrógeno, sugerido por J.J. Thomson, proponía que una nube de carga positiva $+e$ se distribuía uniformemente por todo el volumen de una esfera de radio R, con el electrón como una carga puntual negativa de igual magnitud $-e$ en el centro. a) Utilizando la ley de Gauss demuestre que el electrón estaría en equilibrio en el centro y, si se desplazara del centro una distancia $r < R$, experimentaría una fuerza restauradora de la forma $F = -Kr$, donde K es constante. b) Muestre que $K = k_e^2/R^3$. c) Encuentre una expresión para la frecuencia f de oscilaciones armónicas simples que experimentaría un electrón si se desplazara una corta distancia ($< R$) del centro y se liberara. d) Calcule un valor numérico para R que produciría una frecuencia de 2.47×10^{15} Hz, la línea más intensa en el espectro del hidrógeno.

54. Considere una esfera aislante sólida de radio b con densidad de carga no uniforme $\rho = Cr$ para $0 < r \leq b$. Encuentre la carga contenida dentro del radio cuando a) $r < b$, y b) $r > b$. (*Atención*: El elemento de volumen dV para un cascarón esférico de radio r y espesor dr es igual a $4\pi r^2 dr$.)

55. Una esfera aislante sólida de radio R tiene una densidad de carga no uniforme que varía con r de acuerdo con la expresión $\rho = Ar^2$, donde A es una constante y $r < R$ se

mide desde el centro de la esfera. a) Demuestre que el campo eléctrico exterior a la esfera ($r > R$) es $E = AR^5/5\varepsilon_0 r^2$. b) Muestre que el campo eléctrico interior ($r < R$) de la esfera es $E = Ar^3/5\varepsilon_0$. (*Sugerencia*: Advierta que la carga total Q sobre la esfera es igual a la integral de $\rho\, dV$, donde r se extiende de 0 a R; observe también que la carga q dentro de un radio $r < R$ es menor que Q. Para evaluar las integrales, advierta que el elemento de volumen dV para un cascarón esférico de radio r y espesor dr es igual a $4\pi r^2 dr$.)

56. Un cilindro aislante infinitamente largo de radio R tiene una densidad de carga volumétrica que varía con el radio como

$$\rho = \rho_0 \left(a - \frac{r}{b} \right)$$

donde ρ_0, a y b son constantes positivas, y r es la distancia desde el eje del cilindro. Utilice la ley de Gauss para determinar la magnitud del campo eléctrico a distancias radiales a) $r < R$, y b) $r > R$.

57. a) A partir de que la ley de gravitación de Newton es matemáticamente similar a la ley de Coulomb, demuestre que la ley de Gauss para la gravitación puede escribirse

$$\oint \mathbf{g} \cdot d\mathbf{A} = -4\pi G m_{in}$$

donde m_{in} es la masa neta dentro de la superficie gaussiana, y $\mathbf{g} = \mathbf{F}_g / m$ es el campo gravitacional en cualquier punto sobre la superficie. b) Determine el campo gravitacional en un punto a una distancia r del centro de la Tierra, donde $r < R_e$, suponiendo que la densidad de masa de la Tierra es uniforme.

58. Dos láminas de carga no conductoras infinitas son paralelas entre sí como se ve en la figura P24.58. La lámina de la izquierda tiene una densidad de carga superficial uniforme σ y la de la derecha tiene una densidad de carga uniforme $-\sigma$. Calcule el valor del campo eléctrico en puntos a) a la izquierda, b) entre y c) a la derecha de las dos láminas. (*Sugerencia*: véase el ejemplo 24.8.)

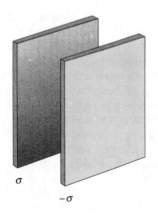

FIGURA P24.58

59. Repita los cálculos del problema 58 pero ahora con ambas láminas con densidades de carga uniformes positivas σ.

60. Una superficie cerrada con dimensiones $a = b = 0.40$ m y $c = 0.60$ m se localiza como en la figura P24.60. El campo eléctrico por toda la región no es uniforme y está dado por $\mathbf{E} = (3.0 + 2.0x^2)\mathbf{i}$ N/C, donde x está en metros. Calcule el flujo eléctrico neto que sale de la superficie cerrada. ¿Cuál es la carga neta encerrada por la superficie?

60A. Una superficie cerrada con dimensiones a, b y c se localiza como en la figura P24.60. El campo eléctrico por toda la región no es uniforme y está dado por $\mathbf{E} = (A + Bx^2)\mathbf{i}$ N/C, donde A y b son constantes y x está en metros. Calcule el flujo eléctrico neto que sale de la superficie cerrada. ¿Cuál es la carga neta encerrada por la superficie?

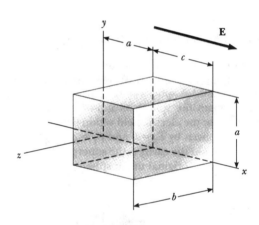

FIGURA P24.60

61. Una placa de material aislante (infinita en dos de sus tres dimensiones) tiene una densidad de carga positiva uniforme ρ. Una vista de canto de la placa se muestra en la figura P24.61. a) Demuestre que el campo eléctrico a una distancia x de su centro y en el interior de la placa es $E = \rho x/\varepsilon_0$. b) Suponga que un electrón de carga $-e$ y masa m se coloca dentro de la placa. Si se suelta desde el reposo a una distancia x del centro, demuestre que el electrón exhibe movimiento armónico simple con una frecuencia

$$f = \frac{1}{2\pi} \sqrt{\frac{\rho e}{m\epsilon_0}}$$

62. Una placa de material aislante tiene una densidad de carga positiva no uniforme $\rho = Cx^2$, donde x se mide desde el centro de la placa como en la figura P24.61 y C es una constante. La placa es infinita en las direcciones y y z. Obtenga expresiones para el campo eléctrico en a) las regiones exteriores, y b) la región interior de la placa ($-d/2 < x < d/2$).

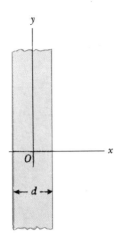

FIGURA P24.61

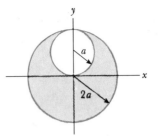

FIGURA P24.63

64. Una carga puntual Q se localiza en el eje de un disco de radio R a una distancia b del plano del disco (Fig. P24.64). Muestre que si un cuarto del flujo eléctrico de la carga pasa por el disco, entonces $R = \sqrt{3}b$.

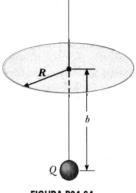

FIGURA P24.64

63. Una esfera de radio $2a$ está hecho de un material no conductor que tiene una densidad de carga volumétrica uniforme ρ. (Suponga que el material no influye en el campo eléctrico.) Una cavidad esférica de radio a se separa después de la esfera, como se indica en la figura P24.63. Demuestre que el campo eléctrico dentro de la cavidad es uniforme y está dado por $E_x = 0$ y $E_y = \rho a/3\varepsilon_0$. (*Sugerencia:* El campo dentro de la cavidad es la superposición del campo debido a la esfera original sin corte, más el campo debido a una esfera del tamaño de la cavidad con una densidad de carga negativa uniforme $-\rho$.)

CAPÍTULO 25

Potencial eléctrico

Jennifer sostiene una esfera cargada que alcanza un potencial de casi 100 000 volts. El dispositivo que genera este alto potencial recibe el nombre de generador Van de Graaff. ¿Por qué supone usted que el cabello de Jennifer se mantiene parado como las espinas de un puerco espín? ¿Por qué es importante que ella permanezca sobre un pedestal aislado de tierra? *(Cortesía de Henry Leap y Jim Lehman)*

E l concepto de energía potencial se presentó primero en el capítulo 8 en conexión con fuerzas conservativas como la de la gravedad y la fuerza elástica de un resorte. Al emplear la ley de la conservación de la energía, con frecuencia podemos evitar trabajar directamente con fuerzas cuando resolvemos diversos problemas mecánicos. En este capítulo veremos que el concepto de la energía también es muy valioso en el estudio de la electricidad. Puesto que la fuerza electrostática dada por la fuerza de Coulomb es conservativa, los fenómenos electrostáticos pueden describirse convenientemente en términos de una energía potencial eléctrica. Esta idea nos permite definir una cantidad escalar conocida como *potencial eléctrico*. Debido a que el potencial es una función escalar de la posición nos brinda una manera más sencilla para describir los fenómenos electrostáticos que el campo eléctrico. En capítulos posteriores veremos que el concepto de potencial eléctrico es de gran valor práctico. En realidad, el voltaje medido entre dos puntos cualesquiera en un circuito eléctrico es simplemente la diferencia de potencial eléctrico entre los puntos.

25.1 DIFERENCIA DE POTENCIAL Y POTENCIAL ELÉCTRICO

Cuando una carga de prueba q_0 se coloca en un campo eléctrico $\mathbf{E}$, la fuerza eléctrica sobre la carga de prueba es $q_0\mathbf{E}$. Esta fuerza es el vector suma de las fuerzas individuales ejercidas sobre q_0 por las diversas cargas que producen el campo $\mathbf{E}$. Se deduce que la fuerza $q_0\mathbf{E}$ es conservativa debido a que las fuerzas individuales gobernadas por la ley de Coulomb son conservativas. Cuando una carga se mueve dentro de un campo eléctrico, el trabajo hecho sobre q_0 por el campo eléctrico es igual al negativo del trabajo hecho por el agente externo que produce el desplazamiento. Para un desplazamiento infinitesimal $d\mathbf{s}$, el trabajo hecho por el campo eléctrico es $\mathbf{F} \cdot d\mathbf{s}$ $= q_0\mathbf{E} \cdot d\mathbf{s}$. Esto reduce la energía potencial del campo eléctrico en una cantidad $dU = -q_0\mathbf{E} \cdot d\mathbf{s}$. Para un desplazamiento finito de la carga de prueba entre los puntos A y B, el cambio de energía potencial $\Delta U = U_B - U_A$ es

Cambio de energía potencial

$$\Delta U = -q_0 \int_A^B \mathbf{E} \cdot d\mathbf{s} \tag{25.1}$$

La integración se efectúa a lo largo de la trayectoria por medio de la cual q_0 se mueve de A a B, y la integral recibe el nombre ya sea de una *integral de trayectoria* o una *integral de línea*. Puesto que la fuerza $q_0\mathbf{E}$ es conservativa, *esta integral de línea no depende de la trayectoria seguida entre A y B.*

La energía potencial por unidad de carga, U/q_0, es independiente del valor de q_0 y tiene un valor único en cada punto en un campo eléctrico. La cantidad U/q_0 recibe el nombre de **potencial eléctrico** (o simplemente el **potencial**), V. De este modo, el potencial eléctrico en cualquier punto en un campo eléctrico es

$$V = \frac{U}{q_0} \tag{25.2}$$

Debido a que la energía potencial es una cantidad escalar, el potencial eléctrico es también una cantidad escalar.

La **diferencia de potencial**, $\Delta V = V_B - V_A$, entre los puntos A y B se define como el cambio de la energía potencial dividida entre la carga de prueba q_0:

Diferencia de potencial

$$\Delta V = \frac{\Delta U}{q_0} = -\int_A^B \mathbf{E} \cdot d\mathbf{s} \tag{25.3}$$

La *diferencia de potencial no debe confundirse con la diferencia de energía potencial.* La diferencia de potencial es proporcional al cambio de energía potencial, y vemos de la ecuación 25.3 que las dos se relacionan por medio de $\Delta U = q_0\Delta V$. El potencial es una característica escalar del campo, independiente de las cargas que pueden ponerse en el campo. Además, la energía potencial reside en el campo. Sin embargo, debido a que estamos interesados en el potencial en la posición de una carga, así como en la energía potencial causada por la interacción de la carga con el campo, seguimos la convención común de hablar de la energía potencial como si perteneciera a la carga, excepto cuando requerimos específicamente información acerca de la transferencia de energía entre el campo y la carga.

Debido a que, como ya se señaló, el cambio de la energía potencial de la carga es el negativo del trabajo realizado por la fuerza eléctrica, la diferencia de potencial ΔV es igual al trabajo por carga unitaria que un agente externo debe efectuar para mover una carga de prueba de A a B sin un cambio en la energía cinética de la carga de prueba.

La ecuación 25.3 sólo define una diferencia de potencial. Es decir, únicamente tienen importancia las *diferencias* en V. La función potencial eléctrico a menudo se considera cero en algún punto conveniente. Arbitrariamente fijamos el potencial igual a cero en un punto que es infinitamente remoto de las cargas que producen el campo eléctrico. Con esta elección, podemos afirmar que el *potencial eléctrico en un punto arbitrario es igual al trabajo requerido por unidad de carga para llevar una carga de prueba positiva desde el infinito hasta ese punto.* Así, si consideramos $V_A = 0$ en el infinito en la ecuación 25.3, entonces el potencial en cualquier punto P es

$$V_P = -\int_{\infty}^{P} \mathbf{E} \cdot d\mathbf{s} \qquad (25.4)$$

En realidad, V_P representa la diferencia de potencial entre el punto P y un punto en el infinito. (La ecuación 25.4 es un caso especial de la ecuación 25.3.)

Puesto que la diferencia de potencial es una medida de la energía por unidad de carga, la unidad del SI del potencial es joules por coulomb, definido igual a una unidad llamada el **volt (V):**

$$1 \text{ V} \equiv 1 \text{ J} / 1 \text{ C}$$

Definición de un volt

Es decir, 1 J de trabajo debe efectuarse para llevar una carga de 1 C a través de una diferencia de potencial de 1 V. La ecuación 25.3 muestra que la diferencia de potencial también tiene unidades de campo eléctrico por distancia. A partir de esto se desprende que la unidad del SI de campo eléctrico (N/C) puede expresarse como volts por metro:

$$\frac{N}{C} = \frac{V}{m}$$

Una unidad de energía utilizada comúnmente en la física atómica y nuclear es el **electrón volt** (eV), el cual se define como *la energía que un electrón (o protón) gana o pierde al moverse a través de una diferencia de potencial de 1 V.* Puesto que 1 V = 1 J/1 C y puesto que la carga fundamental es igual a 1.60×10^{-19} C, vemos que el electrón volt (eV) se relaciona con el joule de la manera siguiente:

El electrón volt

$$1 \text{ eV} = 1.60 \times 10^{-19} \text{ C} \cdot \text{V} = 1.60 \times 10^{-19} \text{ J} \qquad (25.5)$$

Por ejemplo, un electrón en el haz de un tubo de imagen de televisión característico (o tubo de rayos catódicos) tiene una velocidad de 5.0×10^7 m/s. Esto corresponde a una energía cinética de 1.1×10^{-15} J, que es equivalente a 7.1×10^3 eV. Un electrón con estas características tiene que acelerarse desde el reposo a través de una diferencia de potencial de 7.1 kV para alcanzar esta velocidad.

25.2 DIFERENCIAS DE POTENCIAL EN UN CAMPO ELÉCTRICO UNIFORME

En esta sección describimos la diferencia de potencial entre dos puntos cualesquiera en un campo eléctrico uniforme. La diferencia de potencial es independiente de la trayectoria entre estos dos puntos; es decir, el trabajo hecho al llevar la carga de prueba de un punto A a un punto B es el mismo a lo largo de todas las trayectorias. Esto confirma que un campo eléctrico uniforme y estático es conservativo.

En primer lugar, considere un campo eléctrico uniforme dirigido a lo largo del eje y negativo, como en la figura 25.1a. Calcule la diferencia de potencial entre dos puntos A y B, separados por una distancia d, donde d se mide paralela a las líneas de campo. Si aplica la ecuación 25.3 a esta situación, obtiene

$$V_B - V_A = \Delta V = -\int_{A}^{B} \mathbf{E} \cdot d\mathbf{s} = -\int_{A}^{B} E \cos 0° \, ds = -\int_{A}^{B} E \, ds$$

Puesto que E es constante, puede eliminarse del signo integral, lo que produce

$$\Delta V = -E \int_{A}^{B} d\mathbf{s} = -Ed \qquad (25.6)$$

Diferencia de potencial en un campo **E** uniforme

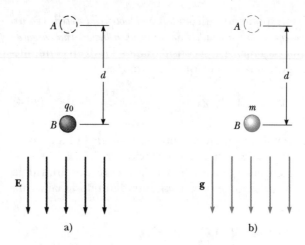

FIGURA 25.1 a) Cuando el campo eléctrico **E** apunta hacia abajo, el punto *B* está a un potencial eléctrico menor que el punto *A*. Una carga de prueba positiva que se mueve de *A* a *B* pierde energía potencial eléctrica. b) Una masa *m* que se mueve hacia abajo en la dirección del campo gravitacional **g** pierde energía potencial gravitacional.

El signo menos es resultado del hecho de que el punto *B* está a un potencial menor que el punto *A*; es decir, $V_B < V_A$. *Las líneas de campo eléctrico siempre apuntan en la dirección de potencial eléctrico decreciente*, como en la figura 25.1a.

Suponga ahora que una carga de prueba q_0 se mueve de *A* a *B*. El cambio en su energía potencial puede encontrarse de las ecuaciones 25.3 y 25.6:

$$\Delta U = q_0 \, \Delta V = - q_0 E d \qquad (25.7)$$

A partir de este resultado, vemos que si q_0 es positiva, ΔU es negativa. Esto significa que *un campo eléctrico realiza trabajo sobre una carga positiva cuando ésta se mueve en la dirección del campo eléctrico*. (Esto es análogo al trabajo efectuado por el campo gravitacional sobre una masa que cae, como en la figura 25.1b.) Si una carga de prueba positiva se suelta desde el reposo en este campo eléctrico experimenta una fuerza eléctrica $q_0\mathbf{E}$ en la dirección de **E** (hacia abajo en la figura 25.1a). Por consiguiente, se acelera hacia abajo ganando energía cinética. *Conforme la partícula cargada gana energía cinética, el campo pierde una cantidad igual de energía potencial.*

Si la carga de prueba q_0 es negativa, entonces ΔU es positiva y la situación se invierte. *Una carga negativa gana energía potencial eléctrica cuando se mueve en la dirección del campo eléctrico.* Si una carga negativa se libera desde el reposo en el campo **E**, ésta se acelera en una dirección opuesta al campo eléctrico.

Considere ahora el caso más general de una partícula cargada que se mueve entre dos puntos cualesquiera en un campo eléctrico uniforme dirigido a lo largo del eje *x*, como en la figura 25.2. Si **s** representa el vector desplazamiento entre los puntos *A* y *B*, la ecuación 25.3 produce

$$\Delta V = - \int_A^B \mathbf{E} \cdot d\mathbf{s} = - \mathbf{E} \cdot \int_A^B d\mathbf{s} = - \mathbf{E} \cdot \mathbf{s} \qquad (25.8)$$

donde también en este caso podemos sacar **E** de la integral puesto que es constante. Además, el cambio de energía potencial de la carga es

$$\Delta U = q_0 \, \Delta V = - q_0 \mathbf{E} \cdot \mathbf{s} \qquad (25.9)$$

Por último, nuestros resultados muestran que todos los puntos en un plano perpendicular a un campo eléctrico uniforme están al mismo potencial. Esto puede verse en la figura 25.2, donde la diferencia de potencial $V_B - V_A$ es igual a $V_C - V_A$. Por lo tanto, $V_B = V_C$.

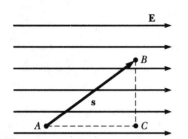

FIGURA 25.2 Un campo eléctrico uniforme dirigido a lo largo del eje *x* positivo. El punto *B* está a un potencial inferior que el punto *A*. Los puntos *B* y *C* están al *mismo* potencial.

Una superficie equipotencial

El nombre **superficie equipotencial** se da a cualquier superficie compuesta de una distribución continua de puntos que tienen el mismo potencial eléctrico.

La línea *CB* en la figura 25.2 es en realidad la sección transversal de una superficie equipotencial, la cual en este caso es un plano perpendicular al plano eléctrico. Advierta que puesto que $\Delta U = q_0 \Delta V$, no se realiza trabajo al mover una carga de prueba entre dos puntos cualesquiera en una superficie equipotencial. Las superficies equipotenciales de un campo eléctrico uniforme se componen de una familia de planos que en su totalidad son perpendiculares al plano. Las superficies equipotenciales para campos con otras simetrías se describen en algunas secciones siguientes.

EJEMPLO CONCEPTUAL 25.1

Si un protón se libera desde el reposo en un campo eléctrico uniforme, ¿el potencial eléctrico aumenta o disminuye? ¿Qué sucede con su energía potencial eléctrica?

Razonamiento El protón se mueve en la dirección del campo eléctrico hasta una posición de potencial menor y de energía

potencial inferior. La reducción en la energía potencial eléctrica es acompañada de un aumento igual en la energía cinética como lo requiere el principio de la conservación de la energía. Un electrón se mueve en la dirección opuesta al campo eléctrico de modo que su potencial eléctrico se incrementa, aunque la energía potencial eléctrica disminuye.

EJEMPLO 25.2 El campo eléctrico entre dos placas paralelas de carga opuesta

Una batería de 12 V se conecta entre dos placas paralelas, como se ve en la figura 25.3. La separación entre las placas es igual a 0.30 cm, y el campo eléctrico se supone como uniforme. (Esta suposición es razonable si la separación de las placas es pequeña en relación con el tamaño de placa y si no consideramos

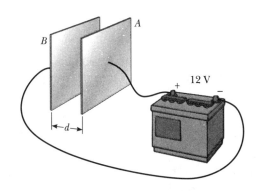

FIGURA 25.3 (Ejemplo 25.2) Una batería de 12 V conectada a dos placas paralelas. El campo eléctrico entre las placas tiene una magnitud dada por la diferencia de potencial dividida entre la separación *d* de las placas.

puntos cerca de los bordes de las placas.) Determine la magnitud del campo eléctrico entre las placas.

Solución El campo eléctrico está dirigido de la placa positiva hacia la placa negativa. Vemos que la placa positiva está a un potencial mayor que la placa negativa. Advierta que la diferencia de potencial entre placas debe ser igual a la diferencia de potencial entre las terminales de la batería. Esto puede entenderse observando que todos los puntos en un conductor en equilibrio están al mismo potencial,[1] por lo que no hay diferencia de potencial entre una terminal de la batería y cualquier parte de la placa a la cual está conectada. Por lo tanto, la magnitud del campo eléctrico entre las placas es

$$E = \frac{|V_B + V_A|}{d} = \frac{12\ \text{V}}{0.30 \times 10^{-2}\ \text{m}} = \boxed{4.0 \times 10^3\ \text{V/m}}$$

Esta configuración, conocida como *capacitor de placas paralelas* se examina con mayor detalle en el siguiente capítulo.

---

[1] El campo eléctrico se hace cero dentro de un conductor en equilibrio electrostático, por lo que la integral de trayectoria $\int \mathbf{E} \cdot d\mathbf{s}$ entre dos puntos cualesquiera dentro del conductor debe ser cero. En la sección 25.6 se brinda un análisis más amplio de este punto.

EJEMPLO 25.3 Movimiento de un protón en un campo eléctrico uniforme

Un protón se suelta desde el reposo en un campo eléctrico uniforme de magnitud igual a 8.0×10^4 V/m dirigido a lo largo del eje *x* positivo (Fig. 25.4). El protón se desplaza 0.50 m en la dirección de **E**. a) Encuentre el cambio en el potencial eléctrico entre los puntos *A* y *B*.

Solución De acuerdo con la ecuación 25.6 tenemos

$$DV = -Ex = -\left(8.0 \times 10^4\ \frac{\text{V}}{\text{m}}\right)(0.50\ \text{m})$$

$$= \boxed{-4.0 \times 10^4\ \text{V}}$$

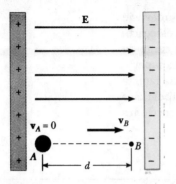

FIGURA 25.4 (Ejemplo 25.3) Un protón se acelera de A a B en la dirección del campo eléctrico.

Este resultado negativo nos indica que el potencial eléctrico del protón disminuye cuando éste se mueve de A a B.

b) Determine el cambio de energía potencial del protón para este desplazamiento.

Solución

$$\Delta U = q_0 \, \Delta V = e \, \Delta V$$
$$= (1.6 \times 10^{-19} \, \text{C})(-4.0 \times 10^4 \, \text{V})$$
$$= \boxed{-6.4 \times 10^{-15} \, \text{J}}$$

En este caso, el signo negativo significa que la energía potencial del protón disminuye cuando éste se mueve en dirección del campo eléctrico. Esto tiene sentido puesto que cuando el protón acelera en dirección del campo, gana energía cinética y al mismo tiempo (el campo) pierde energía potencial eléctrica (la energía se conserva).

Ejercicio Aplique el principio de la conservación de la energía para determinar la velocidad del protón después de que se ha movido 0.50 m, partiendo del reposo.

Respuesta 2.77×10^6 m/s.

25.3 POTENCIAL ELÉCTRICO Y ENERGÍA POTENCIAL DEBIDOS A CARGAS PUNTUALES

Considere una carga puntual positiva aislada q (Fig. 25.5). Recuerde que este tipo de carga produce un campo eléctrico que apunta radialmente hacia afuera desde la carga. Para determinar el potencial eléctrico en un punto del campo localizado a una distancia r de la carga, empezamos con la expresión general para la diferencia de potencial:

$$V_B - V_A = -\int_A^B \mathbf{E} \cdot d\mathbf{s}$$

Puesto que el campo eléctrico debido a la carga puntual está dado por $\mathbf{E} = k_e q\hat{\mathbf{r}}/r^2$, donde $\hat{\mathbf{r}}$ es un vector unitario dirigido de la carga al punto del campo, la cantidad $\mathbf{E} \cdot d\mathbf{s}$ puede expresarse como

$$\mathbf{E} \cdot d\mathbf{s} = k_e \frac{q}{r^2} \hat{\mathbf{r}} \cdot d\mathbf{s}$$

El producto punto $\hat{\mathbf{r}} \cdot d\mathbf{s} = ds \cos \theta$, donde θ es el ángulo entre $\hat{\mathbf{r}}$ y $d\mathbf{s}$, como en la figura 25.5. Asimismo, observe que $ds \cos \theta$ es la proyección de $d\mathbf{s}$ sobre r, por lo que $ds \cos \theta = dr$. Esto significa que cualquier desplazamiento de la carga $d\mathbf{s}$ produce un cambio dr en la magnitud de $\mathbf{r}$. Con estas sustituciones, encontramos que $\mathbf{E} \cdot d\mathbf{s} = (k_e q/r^2) \, dr$, de modo que la expresión para la diferencia de potencial se vuelve

$$V_B - V_A = -\int E_r \, dr = -k_e q \int_{r_A}^{r_B} \frac{dr}{r^2} = \frac{k_e q}{r} \Bigg]_{r_A}^{r_B}$$

$$V_B - V_A = k_e q \left[\frac{1}{r_B} - \frac{1}{r_A} \right] \tag{25.10}$$

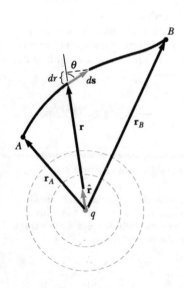

FIGURA 25.5 La diferencia de potencial entre los puntos A y B debida a una carga puntual q depende *sólo* de las coordenadas radiales inicial y final, r_A y r_B, respectivamente. Los dos círculos punteados representan secciones transversales de superficies equipotenciales esféricas.

La integral de $\mathbf{E} \cdot d\mathbf{s}$ es *independiente* de la trayectoria entre A y B, como debe ser, porque el campo eléctrico de una carga puntual es un campo conservativo. Además, la ecuación 25.10 expresa el importante resultado de que la diferencia de potencial entre dos puntos cualesquiera A y B depende sólo de las coordenadas radiales r_A y r_B. Es común elegir la referencia de potencial igual a cero en $r_A = \infty$. (Esto es bastante natural porque entonces $V \propto 1/r_A$ y como $r_A \to \infty$, $V \to 0$.) Con esta elección, el potencial eléctrico debido a una carga puntual a cualquier distancia r de la carga es

$$V = k_e \frac{q}{r} \tag{25.11}$$

Potencial eléctrico de una carga puntual

A partir de esto vemos que V es constante en cualquier superficie esférica cuando la carga puntual está en su centro. Por lo tanto, concluimos que *las superficies equipotenciales (superficies sobre las cuales V permanece constante) para una carga puntual aislada se componen de una familia de esferas concéntricas con la carga* como se muestra en la figura 25.5. Advierta que las líneas interrumpidas azules en la figura 25.5 son secciones transversales de superficies equipotenciales esféricas que son perpendiculares a las líneas de fuerza eléctrica, como fue el caso para un campo eléctrico uniforme.

El potencial eléctrico de dos o más cargas puntuales se obtiene aplicando el principio de superposición. Es decir, el potencial total en algún punto P debido a varias cargas puntuales es la suma de los potenciales debidos a las cargas individuales. Para un grupo de cargas, podemos escribir el potencial total en P en la forma

$$V = k_e \sum_i \frac{q_i}{r_i} \tag{25.12}$$

El potencial eléctrico de varias cargas puntuales

donde el potencial se considera otra vez igual a cero en el infinito y r_i es la distancia del punto P a la carga q_i. Advierta que la suma en la ecuación 25.12 es una suma algebraica de escalares en lugar de una suma vectorial (la cual se utiliza para calcular el campo eléctrico de un grupo de cargas). Así pues, es mucho más sencillo evaluar V que evaluar $\mathbf{E}$.

Consideremos ahora la energía potencial de interacción de un sistema de partículas cargadas. Si V_1 es el potencial eléctrico en el punto P debido a la carga q_1, entonces el trabajo requerido para llevar una segunda carga q_2 del infinito al punto P sin aceleración es q_2V_1. Por definición, este trabajo es igual a la energía potencial U del sistema de dos partículas cuando éstas están separadas por una distancia r_{12} (Fig. 25.6). En consecuencia, podemos expresar la energía potencial como

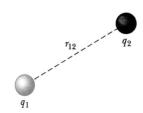

FIGURA 25.6 Si dos cargas puntuales están separadas por una distancia r_{12}, la energía potencial del par de cargas está dada por kq_1q_2/r_{12}.

$$U = q_2 V_1 = k_e \frac{q_1 q_2}{r_{12}} \tag{25.13}$$

Observe que si las cargas son del mismo signo, U es positiva.[2] Esto es consistente con el hecho de que cargas iguales se rechazan, por lo que el trabajo positivo debe efectuarse sobre el sistema para acercar las cargas entre sí. Si las cargas son de signo opuesto, la fuerza es atractiva y U es negativa. Esto significa que debe realizarse trabajo negativo para acercar cargas diferentes.

Si en el sistema hay más de dos partículas cargadas la energía potencial total puede obtenerse calculando U para cada par de cargas y sumando los términos algebraicamente. Por ejemplo, la energía potencial total de las tres cargas mostradas en la figura 25.7 es

$$U = k_e \left(\frac{q_1 q_2}{r_{12}} + \frac{q_1 q_3}{r_{13}} + \frac{q_2 q_3}{r_{23}} \right) \tag{25.14}$$

Físicamente, podemos interpretar esto como sigue. Imaginemos que q_1 está fija en la posición indicada en la figura 25.7, pero que q_2 y q_3 están en el infinito. El trabajo

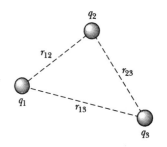

FIGURA 25.7 Tres cargas puntuales están fijas en las posiciones mostradas. La energía potencial de este sistema de cargas está dada por la ecuación 25.14.

---

[2] La expresión para la energía potencial eléctrica de dos cargas puntuales, ecuación 25.13, es de la *misma* forma que la energía potencial gravitacional de dos masas puntuales dadas por Gm_1m_2/r (capítulo 14). La similitud no es sorprendente en vista de que ambas se deducen de una ley de fuerza inversa al cuadrado.

necesario para llevar q_2 desde el infinito hasta su posición cerca de q_1 es $k_e q_1 q_2 / r_{12}$, que es el primer término en la ecuación 25.14. Los últimos dos términos en la ecuación 25.14 representan el trabajo requerido para llevar q_3 del infinito hasta su posición cerca de q_1 y de q_2. (El resultado es independiente del orden en el cual se transportan las cargas.)

EJEMPLO CONCEPTUAL 25.4

Si el potencial eléctrico en algún punto es cero, ¿se puede concluir que no hay cargas en los alrededores de ese punto?

Razonamiento   No. Suponga que hay varias cargas en los alrededores del punto en cuestión. Si algunas cargas son positivas y algunas negativas, sus contribuciones al potencial en el punto pueden cancelarse. Por ejemplo, el potencial eléctrico en el punto medio de dos cargas iguales pero opuestas es cero.

EJEMPLO 25.5   El potencial debido a dos cargas puntuales

Una carga puntual de 2.00 μC se localiza en el origen, y una segunda carga puntual de –6.00 μC se encuentra sobre el eje y en la posición (0, 3.00) m, como muestra la figura 25.8a. a) Encuentre el potencial eléctrico total debido a estas cargas en el punto P, cuyas coordenadas son (4.00, 0) m.

Solución   Para dos cargas, la suma en la ecuación 25.12 produce

$$V_P = k_e \left(\frac{q_1}{r_1} + \frac{q_2}{r_2} \right)$$

En este ejemplo, q_1 = 2.00 μC, r_1 = 4.00 m, q_2 = –6.00 μC y r_2 = 5.00 m. Por lo tanto, V_P se reduce a

$$V_P = 8.99 \times 10^9 \frac{\text{N} \cdot \text{m}^2}{\text{C}^2} \left(\frac{2.00 \times 10^{-6} \text{ C}}{4.00 \text{ m}} - \frac{6.00 \times 10^{-6} \text{ C}}{5.00 \text{ m}} \right)$$

$$= -6.29 \times 10^3 \text{ V}$$

b) ¿Cuánto trabajo se necesita para llevar una carga puntual de 3.00 μC desde el infinito hasta el punto P?

Solución

$$W = q_3 V_P = (3.00 \times 10^{-6} \text{ C})(-6.29 \times 10^3 \text{ V})$$

$$= -18.9 \times 10^{-3} \text{ J}$$

El signo negativo significa que el trabajo fue hecho por el campo sobre la carga a medida que ésta se desplazó desde infinito hasta P. Por consiguiente, tendría que efectuarse trabajo positivo por un agente externo para llevar la carga desde P de regreso a infinito.

Ejercicio   Encuentre la energía potencial total del sistema de tres cargas en la configuración mostrada en la figura 25.8b.

Respuesta -5.48×10^{-2} J.

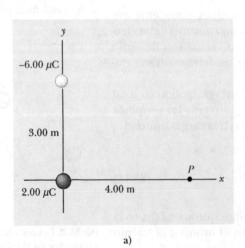

a)

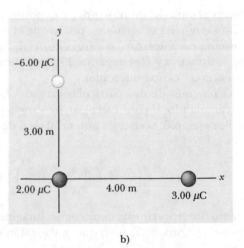

b)

FIGURA 25.8 (Ejemplo 25.5) a) El potencial eléctrico en el punto P debido a las dos cargas puntuales q_1 y q_2 es la suma algebraica de los potenciales debidos a las cargas individuales. b) ¿Cuál es la energía potencial del sistema de tres cargas?

25.4 OBTENCIÓN DE E A PARTIR DEL POTENCIAL ELÉCTRICO

En la ecuación 25.3 se indicó cómo se relacionan el campo eléctrico **E** y el potencial *V*. Ambas cantidades están determinadas por medio de una distribución de carga específica. Mostraremos ahora cómo se calcula el campo eléctrico si se conoce el potencial eléctrico en una cierta región.

A partir de la ecuación 25.3 podemos expresar la diferencia de potencial *dV* entre dos puntos separados una distancia *ds* como

$$dV = -\mathbf{E} \cdot d\mathbf{s} \tag{25.15}$$

Si el campo eléctrico tiene sólo una componente E_x, entonces $\mathbf{E} \cdot d\mathbf{s} = E_x dx$. Por lo tanto, la ecuación 25.15 se transforma en $dV = -E_x dx$, o

$$E_x = -\frac{dV}{dx} \tag{25.16}$$

Es decir, el campo eléctrico es igual al negativo de la derivada del potencial en relación con alguna coordenada. Observe que el cambio de potencial es cero para cualquier desplazamiento perpendicular al campo eléctrico. Esto es consistente con la noción de superficies equipotenciales que son perpendiculares al campo, como se puede ver en la figura 25.9a.

Si la distribución de carga tiene simetría esférica, donde la densidad de carga depende sólo de la distancia radial *r*, entonces el campo eléctrico es radial. En este caso, $\mathbf{E} \cdot d\mathbf{s} = E_r dr$, por lo que podemos expresar *dV* en la forma $dV = -E_r dr$. Por lo tanto,

$$E_r = -\frac{dV}{dr} \tag{25.17}$$

Por ejemplo, el potencial de una carga puntual es $V = k_e q/r$. Puesto que *V* es una función sólo de *r*, la función potencial tiene simetría esférica. Al aplicar la ecuación 25.17, encontramos que el campo eléctrico debido a una carga puntual es $E_r = k_e q/r^2$, un resultado familiar. Advierta que el potencial cambia únicamente en la dirección

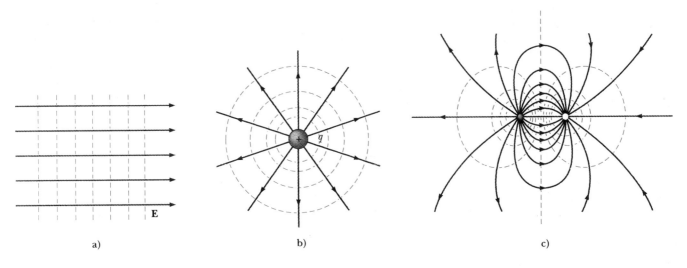

a)   b)   c)

FIGURA 25.9 Superficies equipotenciales (líneas punteadas en verde) y líneas de campo eléctrico (líneas en negro) para a) un campo eléctrico uniforme producido por una lámina infinita de carga, b) una carga puntual, y c) un dipolo eléctrico. En todos los casos, las superficies equipotenciales son *perpendiculares* a las líneas de campo eléctrico en todo punto. Una gráfica más exacta generada por computadora se muestra en la página 719.

radial, no en la dirección perpendicular a r. De modo que V (al igual que E_r) es una función sólo de r. De nuevo, esto es consistente con la idea de que *las superficies equipotenciales son perpendiculares a las líneas de campo*. En este caso, las superficies equipotenciales son una familia de esferas concéntricas con la distribución de carga simétrica esféricamente (Fig. 25.9b).

Las superficies equipotenciales para un dipolo eléctrico se dibujan en la figura 25.9c. Cuando una carga de prueba es desplazada por un vector $d\mathbf{s}$ ubicado dentro de cualquier superficie equipotencial, entonces, por definición, $dV = -\mathbf{E} \cdot d\mathbf{s} = 0$. Esto muestra que las superficies equipotenciales deben *ser siempre perpendiculares* a las líneas de campo eléctrico.

En general, el potencial eléctrico es una función de las tres coordenadas espaciales. Si $V(r)$ está dada en términos de coordenadas rectangulares, las componentes del campo eléctrico E_x, E_y y E_z pueden encontrarse fácilmente en $V(x, y, z)$:

$$E_x = -\frac{\partial V}{\partial x} \qquad E_y = -\frac{\partial V}{\partial y} \qquad E_z = -\frac{\partial V}{\partial z}$$

En estas expresiones, las derivadas se denominan *derivadas parciales*. En la operación $\partial V/\partial x$, tomamos una derivada respecto de x mientras y y z se mantienen constantes.[3] Por ejemplo, si $V = 3x^2y + y^2 + yz$, entonces

$$\frac{\partial V}{\partial x} = \frac{\partial}{\partial x}(3x^2y + y^2 + yz) = \frac{\partial}{\partial x}(3x^2y) = 3y\frac{d}{dx}(x^2) = 6xy$$

[3] En notación vectorial, $\mathbf{E}$ a menudo se escribe

$$\mathbf{E} = -\nabla V = -\left(\mathbf{i}\frac{\partial}{\partial x} + \mathbf{j}\frac{\partial}{\partial y} + \frac{\partial}{\partial z}\right)V$$ donde ∇ recibe el nombre de *operador gradiente*

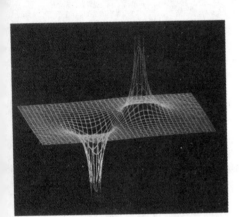

Gráfica generada por computadora del potencial eléctrico asociado a un dipolo eléctrico. Los cambios se encuentran en el plano horizontal, en los centros de las púas de potencial. Las líneas de contorno ayudan a visualizar el tamaño del potencial, cuyos valores se grafican verticalmente. *(Richard Megna 1990, Fundamental Photographs)*

EJEMPLO CONCEPTUAL 25.6

Si el potencial eléctrico es constante en alguna región, ¿qué se puede concluir acerca del campo eléctrico en esa región? Si el campo eléctrico es cero en alguna región, ¿qué se puede afirmar acerca del potencial eléctrico en esa región?

Razonamiento   Si V es constante en alguna región, el campo eléctrico debe ser cero en esa región. En una situación unidimensional, $E = -dV/dx$, de modo que si V = constante, E = 0. Del mismo modo, si E = 0 en alguna región, sólo puede concluirse que V es una constante en esa región.

EJEMPLO 25.7 El potencial eléctrico de un dipolo

Un dipolo eléctrico se compone de dos cargas iguales y opuestas separadas por una distancia $2a$, como se ve en la figura 25.10. El dipolo está a lo largo del eje x y centrado en el origen. Calcule el potencial eléctrico y el campo eléctrico en P.

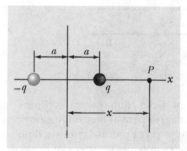

FIGURA 25.10   (Ejemplo 25.7) Un dipolo eléctrico localizado en el eje x.

Solución

$$V = k_e \sum \frac{q_i}{r_i} = k_e \left(\frac{q}{x-a} - \frac{q}{x+a} \right) = \frac{2k_e qa}{x^2 - a^2}$$

Si P está lejos del dipolo, de modo que $x \gg a$, entonces a^2 puede ignorarse en el término $x^2 - a^2$ y V se convierte en

$$V \approx \frac{2k_e qa}{x^2} \qquad (x \gg a)$$

Con este resultado y con la ecuación 25.16, calculamos el campo eléctrico en P:

$$E = -\frac{dV}{dx} = \frac{4k_e qa}{x^3} \qquad \text{para } x \gg a$$

25.5 POTENCIAL ELÉCTRICO DEBIDO A DISTRIBUCIONES DE CARGA CONTINUAS

El potencial eléctrico debido a una distribución de carga continua puede calcularse de dos maneras. Si se conoce la distribución de carga, podemos empezar con la ecuación 25.11 para el potencial de una carga puntual. Luego consideramos el potencial debido a un elemento de carga pequeño dq, tratando a este elemento como una carga puntual (Fig. 25.11). El potencial dV en algún punto P debido al elemento de carga dq es

$$dV = k_e \frac{dq}{r} \tag{25.18}$$

Con este simulador se pueden trazar las líneas de campo eléctrico y el potencial eléctrico para una colección arbitraria de cargas puntuales fijas. Después de arreglar estas cargas puntuales de una manera apropiada, se podrán trazar campos y líneas eléctricos de igual potencial para configuraciones como líneas de carga, cargas en un anillo y las geometrías que usted pueda crear.

Trazado del campo eléctrico

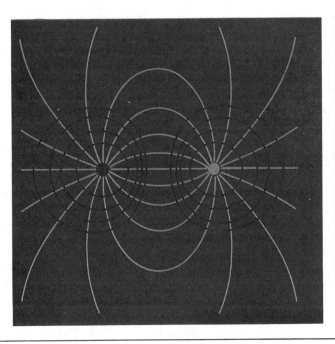
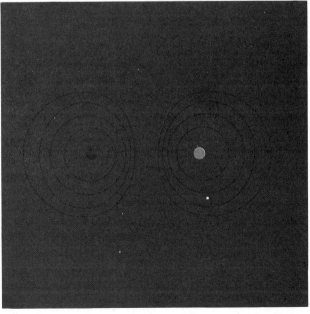

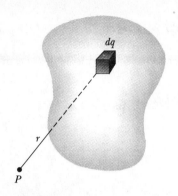

FIGURA 25.11 El potencial eléctrico en el punto *P* debido a una distribución de carga continua puede calcularse dividiendo el cuerpo cargado en segmentos de carga *dq* y sumando las contribuciones de potencial de todos los segmentos.

donde *r* es la distancia del elemento de carga al punto *P*. Para obtener el potencial total en *P*, integramos la ecuación 25.18 para incluir las contribuciones de todos los elementos de la distribución de carga. Puesto que cada elemento está, en general, a una distancia diferente de *P* y como k_e es constante, podemos expresar *V* como

$$V = k_e \int \frac{dq}{r} \tag{25.19}$$

En efecto, hemos sustituido la suma en la ecuación 25.12 por una integral. Observe que esta expresión para *V* emplea una referencia particular: El potencial se considera igual a cero cuando *P* está infinitamente lejos de la distribución de carga.

El segundo método para calcular el potencial de una distribución de carga continua utiliza la ecuación 25.3. Este procedimiento es útil cuando el campo eléctrico ya se conoce a partir de otras consideraciones, como la ley de Gauss. Si la distribución de carga es altamente simétrica, evaluamos primero **E** en cualquier punto usando la ley de Gauss y después sustituimos el valor obtenido en la ecuación 25.3 para determinar la diferencia de potencial entre dos puntos cualesquiera. Después elegimos *V* igual a cero en algún punto conveniente. Ilustraremos ambos métodos con algunos ejemplos.

EJEMPLO 25.8   Potencial debido a un anillo cargado uniformemente

Determine el potencial eléctrico en un punto *P* localizado sobre el eje de un anillo cargado uniformemente de radio *a* y carga total *Q*. El plano del anillo se elige perpendicular al eje *x* (Fig. 25.12).

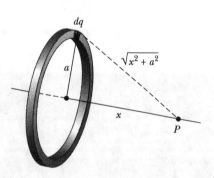

FIGURA 25.12 (Ejemplo 25.8) Un anillo cargado uniformemente de radio *a*, cuyo plano es perpendicular al eje *x*. Todos los segmentos del anillo están a la misma distancia de cualquier punto axial *P*.

Razonamiento y solución Vamos a considerar que *P* se encuentra a una distancia *x* del centro del anillo, como en la figura 25.12. El elemento de carga *dq* está a una distancia igual a $\sqrt{x^2+a^2}$ del punto *P*. Por lo tanto, podemos expresar *V* como

$$V = k_e \int \frac{dq}{r} = k_e \int \frac{dq}{\sqrt{x^2+a^2}}$$

En este caso, cada elemento *dq* está a la misma distancia de *P*. En consecuencia, el término $\sqrt{x^2+a^2}$ puede eliminarse de la integral, y *V* se reduce a

$$V = \frac{k_e}{\sqrt{x^2+a^2}} \int dq = \frac{k_e Q}{\sqrt{x^2+a^2}} \tag{25.20}$$

La única variable en esta expresión para *V* es *x*. Esto no es una sorpresa, puesto que nuestro cálculo es válido sólo para puntos a lo largo del eje *x*, donde tanto *y* como *z* son cero. De acuerdo con la simetría, vemos que **E** a lo largo del eje *x* puede tener sólo una componente *x*. Por consiguiente, es posible usar la ecuación 25.16 para determinar el campo eléctrico en *P*:

$$E_x = -\frac{dV}{dx} = -k_e Q \frac{d}{dx}(x^2+a^2)^{-1/2}$$
$$= -k_e Q(-\tfrac{1}{2})(x^2+a^2)^{-3/2}(2x)$$
$$= \frac{k_e Q x}{(x^2+a^2)^{3/2}} \tag{25.21}$$

Este resultado concuerda con el obtenido por integración directa (véase el ejemplo 23.11). Advierta que $E_x = 0$ en $x = 0$ (el centro del anillo). ¿Se podría pronosticar lo anterior a partir de la ley de Coulomb?

Ejercicio ¿Cuál es el potencial eléctrico en el centro del anillo cargado uniformemente? ¿Qué campo en el centro está implicado en relación con este resultado?

Respuesta $V = k_e Q/a$ en $x = 0$. Debido a que $E = 0$, *V* debe tener un valor máximo o mínimo; éste es en realidad un máximo.

EJEMPLO 25.9 **Potencial de un disco cargado uniformemente**

Encuentre el potencial eléctrico a lo largo del eje x de un disco cargado uniformemente de radio a y carga por unidad de área σ (Fig. 25.13).

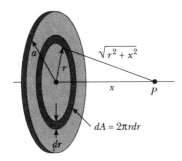

FIGURA 25.13 (Ejemplo 25.9) Un disco cargado uniformemente de radio a, cuyo plano es perpendicular al eje x. El cálculo del potencial en un punto axial P se simplifica al dividir el disco en anillos de área $2\pi r\,dr$.

Razonamiento y solución   De nuevo elegimos el punto P a una distancia x del centro del disco y consideramos el plano del disco perpendicular al eje x. El problema se simplifica dividiendo el disco en una serie de anillos cargados. El potencial de cada anillo está dado por la ecuación 25.20 del ejemplo 25.8. Considere uno de dichos anillos de radio r y ancho dr, como se

indica en la figura 25.13. El área del anillo es $dA = 2\pi r dr$ (la circunferencia multiplicada por el ancho) y la carga en el anillo es $dq = \sigma dA = \sigma 2\pi r dr$. Por lo tanto, el potencial en el punto P debido al anillo es

$$dV = \frac{k_e\,dq}{\sqrt{r^2 + x^2}} = \frac{k_e\sigma 2\pi r\,dr}{\sqrt{r^2 + x^2}}$$

Para encontrar el potencial *total* en P, sumamos sobre todos los anillos que integran el disco. Es decir, integramos dV de $r = 0$ a $r = a$:

$$V = \pi k_e \sigma \int_0^a \frac{2r\,dr}{\sqrt{r^2 + x^2}} = \pi k_e \sigma \int_0^a (r^2 + x^2)^{-1/2} 2r\,dr$$

Esta integral es de la forma $u^n\,du$ y tiene el valor $u^{n+1}/(n+1)$, donde $n = -\frac{1}{2}$ y $u = r^2 + x^2$. De esto resulta

$$V = 2\pi k_e \sigma \left[(x^2 + a^2)^{1/2} - x \right] \qquad (25.22)$$

Como en el ejemplo 25.8, podemos encontrar el campo eléctrico en cualquier punto axial tomando el negativo de la derivada de V en relación con x:

$$E_x = -\frac{dV}{dx} = 2\pi k_e \sigma \left(1 - \frac{x}{\sqrt{x^2 + a^2}} \right) \qquad (25.23)$$

El cálculo de V y $\mathbf{E}$ para un punto arbitrario fuera del eje es más difícil de llevar a cabo.

EJEMPLO 25.10 **Potencial de una línea de carga finita**

Una barra de longitud ℓ localizada a lo largo del eje x tiene una carga uniforme por unidad de longitud y una carga total Q. Encuentre el potencial eléctrico en el punto P a lo largo del eje y a una distancia d del origen (Fig. 25.14).

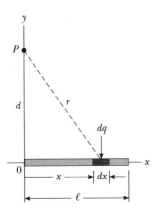

FIGURA 25.14 (Ejemplo 25.10) Una línea de carga uniforme de longitud ℓ localizada a lo largo del eje x. Para calcular el potencial en P, la línea de carga se divide en segmentos, cada uno de longitud dx, que tienen una carga $dq = \lambda\,dx$.

Solución   El elemento de longitud dx tiene una carga $dq = \lambda\,dx$ donde λ es la carga por unidad de longitud, Q/ℓ. Puesto que este elemento está a una distancia $r = \sqrt{x^2 + d^2}$ de P, podemos expresar el potencial en P debido a este elemento como

$$dV = k_e \frac{dq}{r} = k_e \frac{\lambda\,dx}{\sqrt{x^2 + d^2}}$$

Para obtener el potencial total en P integramos esta expresión sobre los límites $x = 0$ a $x = \ell$. Si advertimos que k_e, λ y d son constantes encontramos que

$$V = k_e \lambda \int_0^\ell \frac{dx}{\sqrt{x^2 + d^2}} = k_e \frac{Q}{\ell} \int_0^\ell \frac{dx}{\sqrt{x^2 + d^2}}$$

Esta integral, que se encuentra en la mayoría de las tablas integrales, tiene el valor

$$\int \frac{dx}{\sqrt{x^2 + d^2}} = \ln(x + \sqrt{x^2 + d^2})$$

Al evaluar V, encontramos que

$$V = \frac{k_e Q}{\ell} \ln \left(\frac{\ell + \sqrt{\ell^2 + d^2}}{d} \right) \qquad (25.24)$$

EJEMPLO 25.11   Potencial de una esfera cargada uniformemente

Una esfera sólida aislante de radio R tiene una densidad de carga positiva uniforme con carga total Q (Fig. 25.15). a) Determine el potencial eléctrico en un punto fuera de la esfera, es decir, en $r > R$. Considere el potencial igual a cero en $r = \infty$.

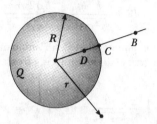

FIGURA 25.15 (Ejemplo 25.11) Una esfera aislante cargada uniformemente de radio R y carga total Q. Los potenciales eléctricos en los puntos B y C son equivalentes a los producidos por una carga puntual Q localizada en el centro de la esfera.

Solución   En el ejemplo 24.5, encontramos a partir de la ley de Gauss que la magnitud del campo eléctrico fuera de una esfera cargada uniformemente es

$$E_r = k_e \frac{Q}{r^2} \qquad (\text{para } r > R)$$

donde el campo está dirigido radialmente hacia afuera cuando Q es positiva. Para obtener el potencial en un punto exterior, como B en la figura 25.15, sustituimos esta expresión para E en la ecuación 25.4. Como $\mathbf{E} \cdot d\mathbf{s} = E_r dr$ en este caso, obtenemos

$$V_B = -\int_{\infty}^{r} E_r \, dr = -k_e Q \int_{\infty}^{r} \frac{dr}{r^2}$$

$$\boxed{V_B = k_e \frac{Q}{r}} \qquad (\text{para } r > R)$$

Observe que el resultado es idéntico al del potencial eléctrico debido a una carga puntual. En vista de que el potencial debe ser continuo en $r = R$, podemos usar esta expresión para obtener el potencial en la superficie de la esfera. Esto es, el potencial en un punto como C en la figura 25.15 es

$$\boxed{V_C = k_e \frac{Q}{R}} \qquad (\text{para } r = R)$$

b) Encuentre el potencial en un punto dentro de la esfera cargada, es decir, para $r < R$.

Solución   En ejemplo 24.5 encontramos que el campo eléctrico dentro de una esfera cargada uniformemente es

$$E_r = \frac{k_e Q}{R^3} r \qquad (\text{para } r < R)$$

Podemos utilizar este resultado y la ecuación 25.3 para evaluar la diferencia de potencial $V_D - V_C$, donde D es un punto interior:

$$V_D - V_C = -\int_{R}^{r} E_r \, dr = -\frac{k_e Q}{R^3} \int_{R}^{r} r \, dr = \frac{k_e Q}{2R^3} (R^2 - r^2)$$

Sustituyendo $V_C = k_e Q/R$ dentro de esta expresión y al despejar V_D, obtenemos

$$\boxed{V_D = \frac{k_e Q}{2R} \left(3 - \frac{r^2}{R^2} \right)} \qquad (\text{para } r < R) \qquad \textbf{(25.25)}$$

En $r = R$, esta expresión proporciona un resultado para el potencial que concuerda con el del potencial en la superficie, esto es, V_C. En la figura 25.16 se presenta una gráfica de V contra r para esta distribución de carga.

Ejercicio   ¿Cuáles son el campo eléctrico y el potencial eléctrico en el centro de una esfera cargada uniformemente?

Respuesta $E = 0$ y $V_0 = 3k_e Q/2R$.

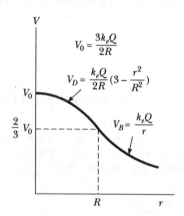

FIGURA 25.16 (Ejemplo 25.11) Una gráfica del potencial eléctrico V contra la distancia r desde el centro de una esfera aislante cargada uniformemente de radio R. La curva para V_D dentro de la esfera es parabólica y se une suavemente con la curva para V_B fuera de la esfera la cual es una hipérbola. El potencial tiene un valor máximo V_0 en el centro de la esfera.

25.6   POTENCIAL DE UN CONDUCTOR CARGADO

En el capítulo anterior encontramos que cuando un conductor sólido en equilibrio tiene una carga neta, la carga reside sobre la superficie exterior del conductor. Además, mostramos que el campo eléctrico justo afuera de la superficie de un conductor en equilibrio es perpendicular a la superficie, en tanto que el campo dentro del conductor es cero. Si el campo eléctrico tuviera una componente paralela a la super-

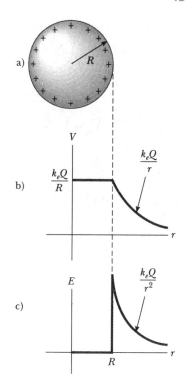

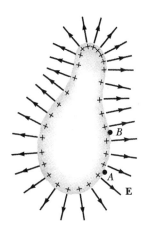

FIGURA 25.17 Un conductor de forma arbitraria con un exceso de carga positiva. Cuando el conductor está en equilibrio electrostático, la totalidad de la carga reside en la superficie, $E = 0$ dentro del conductor, y el campo eléctrico justo afuera del conductor es perpendicular a la superficie. El potencial es constante dentro del conductor y es igual al potencial en la superficie. La densidad de carga superficial es no uniforme.

ficie, esto ocasionaría que las cargas superficiales se movieran, creando una corriente y una situación de no equilibrio.

Mostraremos ahora que *cada punto sobre la superficie de un conductor cargado en equilibrio está al mismo potencial*. Considere dos puntos *A* y *B* sobre la superficie de un conductor cargado, como en la figura 25.17. A lo largo de la trayectoria de la superficie que conecta a estos puntos, **E** siempre es perpendicular al desplazamiento *d***s**; por lo tanto, **E** · *d***s** = 0. Con este resultado y con la ecuación 25.3, concluimos que la diferencia de potencial entre *A* y *B* es necesariamente cero:

$$V_B - V_A = -\int_A^B \mathbf{E} \cdot d\mathbf{s} = 0$$

Este resultado se aplica a dos puntos cualesquiera sobre la superficie. Por tanto, *V* es constante en todos los puntos sobre la superficie de un conductor cargado en equilibrio. Esto es,

la superficie de cualquier conductor cargado en equilibrio es una superficie equipotencial. Además, puesto que el campo eléctrico es cero dentro del conductor, concluimos que el potencial es constante en todos lados en el interior del conductor e igual a su valor en la superficie.

Por lo tanto, no se requiere trabajo para mover una carga de prueba del interior de un conductor cargado a su superficie. (Observe que el potencial no es cero en el interior del conductor aun cuando el campo eléctrico sea cero.)

Por ejemplo, considere una esfera metálica sólida de radio *R* y carga positiva total *Q*, como se muestra en la figura 25.18a. El campo eléctrico fuera de la esfera cargada es $k_e Q/r^2$ y apunta radialmente hacia afuera. Siguiendo el ejemplo 25.11, vemos que el potencial en el interior y en la superficie de la esfera debe ser $k_e Q/R$ en relación con el infinito. El potencial fuera de la esfera es $k_e Q/r$. La figura 25.18b es una gráfica del potencial como una función de *r*, y la figura 25.18c muestra las variaciones del campo eléctrico con *r*.

Cuando una carga neta se coloca sobre un conductor esférico, la densidad de carga superficial es uniforme, como se indica en la figura 25.18a. Sin embargo, si el conductor no es esférico, como en la figura 25.17, la densidad de carga superficial es más alta donde el radio de curvatura es pequeño y convexo y baja donde el radio de curvatura es pequeño y cóncavo. Puesto que el campo eléctrico justo afuera de un

FIGURA 25.18 a) El exceso de carga en una esfera conductora de radio *R* se distribuye de manera uniforme sobre su superficie. b) El potencial eléctrico contra la distancia *r* desde el centro de la esfera conductora cargada. c) La intensidad de campo eléctrico contra la distancia *r* desde el centro de la esfera conductora cargada.

La superficie de un conductor cargado es una superficie equipotencial

Patrón de campo eléctrico de una placa conductora cargada cercana a un conductor puntiagudo con carga opuesta. Pequeños pedazos de hilo suspendidos en aceite se alinean con las líneas de campo eléctrico. Observe que el campo eléctrico es más intenso cerca de la parte puntiaguda del conductor y en los otros puntos donde el radio de curvatura es pequeño.   *(Cortesía de Harold M. Waage, Princeton University)*

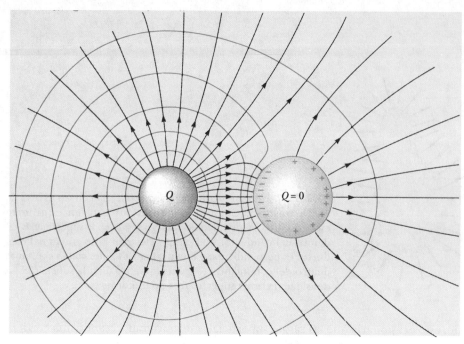

FIGURA 25.19 Las líneas de campo eléctrico alrededor de dos conductores esféricos. La esfera más pequeña a la izquierda tiene una carga neta Q y la esfera a la derecha no tiene carga neta. Las líneas verdes representan los bordes de superficies equipotenciales.   *(De E. Purcell, Electricity and Magnetism, Nueva York, McGraw-Hill, 1965, con permiso del Education Development Center, Inc.)*

conductor cargado es proporcional a la densidad de carga superficial, σ, vemos que *el campo eléctrico es más grande cerca de puntos que tienen pequeños radios de curvatura convexos y que alcanza valores muy altos en puntos afilados.*

La figura 25.19 muestra las líneas de campo eléctrico alrededor de dos conductores esféricos, uno con una carga neta Q y uno más grande con carga neta cero. En este caso, la densidad de carga superficial no es uniforme sobre ninguno de los conductores. La esfera que tiene carga neta cero ha inducido cargas negativas sobre su lado que se encuentra frente a la esfera cargada y carga positiva sobre su lado opuesto a la esfera cargada. Las líneas azules en la figura 25.19 representan las fronteras de las superficies equipotenciales para esta configuración de carga. También en este caso, en todos los puntos las líneas de campo son perpendiculares a las superficies conductoras. Además, las superficies equipotenciales son perpendiculares a las líneas de campo en las fronteras del conductor y en cualquier otro punto en el espacio.

Una cavidad dentro de un conductor

Consideremos ahora un conductor de forma arbitraria que contiene una cavidad, como en la figura 25.20. Supongamos que no hay cargas dentro de la cavidad. *El campo eléctrico dentro de la cavidad debe ser cero*, independientemente de la distribución de carga sobre la superficie exterior del conductor. Además, el campo en la cavidad es cero incluso si existe un campo eléctrico fuera del conductor.

Con el fin de probar este punto, aprovechemos el hecho de que todo punto sobre un conductor se encuentra al mismo potencial y, por ello, dos puntos cualesquiera A y B sobre la superficie de la cavidad deben estar al mismo potencial. Imaginemos ahora que el campo $\mathbf{E}$ existe en la cavidad, y evaluemos la diferencia de potencial $V_B - V_A$ definida por la expresión

$$V_B - V_A = -\int_A^B \mathbf{E} \cdot d\mathbf{s}$$

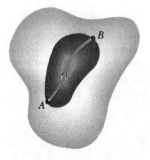

FIGURA 25.20 Un conductor en equilibrio electrostático que contiene una cavidad vacía. El campo eléctrico en la cavidad es *cero*, independientemente de la carga en el conductor.

Si **E** es diferente de cero, siempre podemos encontrar una trayectoria entre A y B para la cual $\mathbf{E} \cdot d\mathbf{s}$ es siempre un número positivo, por lo que la integral debe ser positiva. Sin embargo, puesto que $V_B - V_A = 0$, la integral también debe ser cero. Esta contradicción puede reconciliarse sólo si $\mathbf{E} = 0$ dentro de la cavidad. Así, concluimos que una cavidad rodeada por paredes conductoras es una región libre de campo siempre que no haya cargas dentro de la cavidad.

Este resultado tiene algunas aplicaciones interesantes. Por ejemplo, es posible proteger un circuito electrónico o incluso un laboratorio completo de campos externos rodeándolo con paredes conductoras. Esta protección es necesaria cuando se llevan a cabo mediciones eléctricas extremadamente sensibles.

Descarga en corona

Un fenómeno conocido como **descarga en corona** se observa cerca de puntos afilados de un conductor que se ha elevado a un alto potencial. A simple vista la descarga aparece como un brillo verdoso. En este proceso el aire se vuelve conductor, como resultado de la ionización de las moléculas de aire en regiones de campos eléctricos altos. A temperatura y presión estándar, esta descarga ocurre a intensidades de campo eléctrico iguales o mayores a aproximadamente 3×10^6 V/m. Debido a que el aire contiene un pequeño número de iones (producidos, por ejemplo, por rayos cósmicos), un conductor cargado atrae iones de signo opuesto del aire. Cerca de los puntos afilados, donde el campo es muy alto, los iones en el aire se aceleran a velocidades muy altas. Estos iones energéticos chocan con otras moléculas de aire, y producen más iones y un aumento en la conductividad del aire. La descarga del conductor se acompaña por un brillo visible que rodea los puntos afilados.

EJEMPLO 25.12   **Dos esferas cargadas conectadas**

Dos conductores esféricos de radios r_1 y r_2 están separados por una distancia mucho mayor que el radio de cualquiera de las esferas. Éstas están conectadas por medio de un alambre conductor, como se ve en la figura 25.21. Si las cargas sobre las esferas en equilibrio son q_1 y q_2, respectivamente, encuentre la razón de las intensidades de campo en las superficies de las esferas.

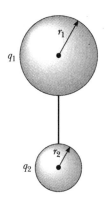

FIGURA 25.21 (Ejemplo 25.12) Dos conductores esféricos cargados conectados por un alambre conductor. Las esferas están al *mismo* potencial, V.

Solución   Puesto que las esferas están conectadas por un alambre conductor, deben estar al mismo potencial

$$V = k_e \frac{q_1}{r_1} = k_e \frac{q_2}{r_2}$$

Por lo tanto, la razón de cargas es

$$(1) \qquad \frac{q_1}{q_2} = \frac{r_1}{r_2}$$

En vista de que las esferas están muy alejadas, sus superficies están cargadas de manera uniforme, y podemos expresar la magnitud de los campos eléctricos en sus superficies como

$$E_1 = k_e \frac{q_1}{r_1^{\,2}} \qquad \text{y} \qquad E_2 = k_e \frac{q_2}{r_2^{\,2}}$$

Tomando la razón de estos dos campos y utilizando 1), encontramos que

$$2) \qquad \boxed{\frac{E_1}{E_2} = \frac{r_2}{r_1}}$$

Por consiguiente, el campo es más intenso en la vecindad de la esfera más pequeña.

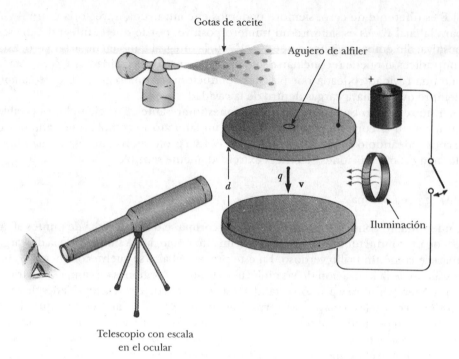

Telescopio con escala
en el ocular

FIGURA 25.22 Una vista esquemática del aparato de la gota de aceite de Millikan.

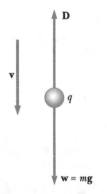

a) Campo desactivado

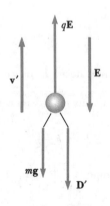

b) Campo activado

FIGURA 25.23 Las fuerzas sobre una gota de aceite cargada en el experimento de Millikan.

*25.7 EL EXPERIMENTO DE LA GOTA DE ACEITE DE MILLIKAN

Durante el periodo que va de 1909 a 1913, Robert A. Millikan (1868-1953) desarrolló un brillante conjunto de experimentos en los cuales midió la carga elemental en un electrón, *e*, y demostró la naturaleza cuantizada de la carga electrónica. El aparato utilizado por Millikan, diagramado en la figura 25.22, incluye dos placas metálicas paralelas. Gotas de aceite cargadas de un atomizador se dejan pasar a través de un pequeño agujero en la placa superior. Con un haz luminoso dirigido horizontalmente se iluminan las gotas de aceite, las cuales se observan mediante un telescopio cuyo eje está en ángulo recto con el haz de luz. Cuando las gotas son vistas de esta manera, aparecen como estrellas brillantes contra un fondo oscuro, y se puede determinar la velocidad de caída de las gotas individuales.[4]

Supongamos que una gota individual de masa *m* y que tiene una carga *q* se está observando y que su carga es negativa. Si no hay campo eléctrico presente entre las placas, las dos fuerzas que actúan sobre la carga son la de gravedad *m***g**, que actúa hacia abajo, y la fuerza de arrastre viscosa hacia arriba **D**, como se indica en la figura 25.23a. La fuerza de arrastre es proporcional a la velocidad de la gota. Cuando la gota alcanza su velocidad terminal *v*, las dos fuerzas se equilibran entre sí ($mg = D$).

Supongamos ahora que un campo eléctrico se establece entre las placas al conectar una batería de manera tal que la placa superior esté a un potencial más alto. En este caso, una tercera fuerza *q***E** actúa en la gota cargada. Puesto que *q* es negativa y **E** es hacia abajo, esta fuerza eléctrica está dirigida hacia arriba, como en la figura 25.23b. Si esta fuerza es suficientemente grande, la gota se mueve hacia arriba y la fuerza de arrastre *D′* actúa hacia abajo. Cuando la fuerza eléctrica hacia arriba *q*E

---

[4] Durante algún tiempo las gotas de aceite se denominaron "Estrellas Brillantes de Millikan". Quizá esta descripción ha perdido su popularidad debido a que ¡generaciones de estudiantes de física han experimentado alucinaciones, han estado cerca de la ceguera y han sufrido dolores de cabeza, entre otras alteraciones, mientras repiten este experimento!

equilibra la suma de la fuerza de gravedad y la fuerza de arrastre, que actúa hacia abajo, la gota alcanza una nueva velocidad terminal v'.

Con el campo desactivado, una gota se mueve lentamente hacia arriba, a velocidades características de cientos de centímetros por segundo. La tasa de caída en ausencia de un campo es comparable. Por consiguiente, durante horas puede observarse cómo una gota individual con masa y radio constantes asciende y cae de manera alternativa, activando y desactivando el campo eléctrico.

Después de hacer mediciones sobre miles de gotas, Millikan y sus colaboradores encontraron que todas las gotas, hasta dentro de una precisión de aproximadamente 1%, tenían una carga igual a un múltiplo entero de la carga elemental e:

$$q = ne \qquad n = 0, -1, -2, -3, \ldots$$

donde $e = 1.60 \times 10^{-19}$ C. El experimento de Millikan es una prueba concluyente de que la carga está cuantizada. En 1923, Millikan recibió el premio nobel de física por este trabajo.

*25.8 APLICACIONES DE LA ELECTROSTÁTICA

Los principios de la electrostática se han usado en diversas aplicaciones, unas cuantas de las cuales hemos discutido brevemente en esta sección. Algunas de las aplicaciones más prácticas incluyen los precipitadores electrostáticos, utilizados para reducir la contaminación atmosférica de las centrales carboeléctricas, y la xerografía, el método que ha revolucionado la tecnología del procesamiento de imágenes. Las aplicaciones científicas de los principios de la electrostática incluyen los generadores electrostáticos para acelerar partículas cargadas elementales y el microscopio de ion de campo, que se usa para formar imágenes de átomos sobre la superficie de muestras metálicas.

El generador Van de Graaff

En el capítulo anterior describimos un experimento que demuestra un método para transferir carga a un conductor hueco (el experimento de la cuba de hielo de Faraday). Cuando un conductor cargado se pone en contacto con el interior de un conductor hueco, toda la carga del primer conductor se transfiere al conductor hueco. En principio, la carga en el conductor hueco y su potencial pueden incrementarse sin límite repitiendo el proceso.

En 1929, Robert J. Van de Graaff utilizó este principio para diseñar y construir un generador electrostático. Este tipo de generador se utiliza bastante en investigaciones de física nuclear. La idea básica se describe en la figura 25.24. Se entrega carga de manera continua a un electrodo de alto voltaje sobre una banda móvil de material aislante. El electrodo de alto voltaje es un conductor hueco montado sobre una columna aislante. La banda se carga en *A* por medio de una descarga en corona entre las agujas metálicas similares a un peine y la rejilla conectada a tierra. Las agujas se mantienen a un potencial positivo característico de 10^4 V. La carga positiva sobre la banda móvil se transfiere al electrodo de alto voltaje por medio de un segundo peine de agujas en *B*. Puesto que el campo eléctrico dentro del conductor hueco es despreciable, la carga positiva sobre la banda se transfiere fácilmente al electrodo de alto voltaje sin tomar en cuenta su potencial. En la práctica, es posible aumentar el potencial de un electrodo de alto voltaje hasta que la descarga eléctrica ocurra a través del aire. Puesto que el campo eléctrico "de ruptura" es igual a aproximadamente 3×10^6 V/m, una esfera de 1 m de radio puede elevarse a un potencial máximo de 3×10^6 V. El potencial puede aumentarse aun más al incrementar el radio del conductor hueco y al poner todo el sistema en un recipiente lleno con un gas a presión elevada.

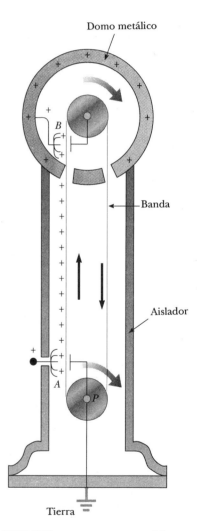

FIGURA 25.24 Diagrama esquemático de un generador Van de Graaff. La carga se transfiere al conductor hueco en la parte superior por medio de una banda móvil. La carga se deposita sobre la banda en el punto *A* y se transfiere al conductor hueco en el punto *B*.

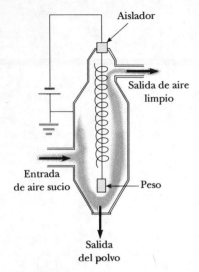

FIGURA 25.25 Diagrama esquemático de un precipitador electrostático. El alto voltaje negativo que se mantiene en el alambre central crea una descarga eléctrica en los alrededores del alambre.

Los generadores Van de Graaff pueden producir diferencias de potencial tan altas como 20 millones de volts. Los protones acelerados a través de estas diferencias de potencial reciben suficiente energía para iniciar reacciones nucleares entre ellos mismos y varios núcleos blanco.

El precipitador electrostático

Una importante aplicación de la descarga eléctrica en gases es un disposivo llamado *precipitador electrostático*. Este aparato se utiliza para eliminar partículas de materia de los gases de combustión, reduciendo de ese modo la contaminación del aire. En especial es útil en centrales carboeléctricas y en operaciones industriales que generan grandes cantidades de humo. Los sistemas actuales son capaces de eliminar más de 99% de la ceniza y el polvo (en peso) del humo.

La figura 25.25 muestra la idea básica de un precipitador electrostático. Se mantiene un alto voltaje (por lo común, de 40 kV a 100 kV) entre el alambre que corre hacia abajo por el centro de un ducto y la pared exterior, la cual está conectada a tierra. El alambre se mantiene a un potencial negativo respecto de las paredes, por lo que el campo eléctrico se dirige hacia el alambre. El campo eléctrico cerca del alambre alcanza valores suficientemente altos para producir una descarga en corona alrededor del alambre y la formación de iones positivos, electrones e iones negativos, como O_2^-. Cuando los electrones y los iones negativos se aceleran hacia la pared exterior por medio de un campo eléctrico no uniforme, las partículas de polvo en la corriente de gas se cargan a partir de los choques y la captura de iones. Puesto que la mayor parte de las partículas de polvo cargadas son negativas, pueden ser extraídas hacia la pared exterior mediante un campo eléctrico. Al sacudir de manera periódica el ducto, las partículas se desprenden y caen y se agrupan en el fondo.

Además de reducir el nivel de partículas de materia en la atmósfera, el precipitador electrostático recupera de la chimenea materiales valiosos en forma de óxidos metálicos.

Xerografía

El proceso de la xerografía se utiliza mucho para hacer fotocopias de documentos y otros materiales impresos. La idea básica del proceso fue desarrollada por Chester Carlson, quien por ello obtuvo una patente en 1940. La principal idea que hace único al proceso es el empleo de un material fotoconductor para formar una imagen. (Un fotoconductor es un material que es un mal conductor en la oscuridad pero que se vuelve un buen conductor eléctrico cuando se expone a la luz.)

El proceso se ilustra en la figura 25.26. Primero, la superficie de una placa o tambor se recubre con una película delgada del material fotoconductor (en general, selenio o un algún compuesto de selenio), y se brinda a la superficie fotoconductora una carga electrostática positiva en la oscuridad. La página que se va a copiar se proyecta luego sobre la superficie cargada. La superficie fotoconductora se vuelve conductora sólo en áreas donde la luz incide. En estas áreas, la luz produce portadores de carga en el fotoconductor, los cuales neutralizan la superficie cargada positivamente. Sin embargo, las cargas permanecen en aquellas áreas del fotoconductor no expuestas a la luz, lo que deja una imagen latente (oculta) del objeto en la forma de una distribución de carga superficial positiva.

Luego, un polvo cargado negativamente llamado *toner* (entintador) se esparce sobre la superficie fotoconductora. El polvo cargado se adhiere sólo a aquellas áreas de la superficie que contiene la imagen cargada positivamente. En este punto, la imagen se vuelve visible. La imagen se transfiere después a la superficie de una hoja de papel cargado positivamente.

Por último, el material del entintador se "fija" a la superficie del papel mediante la aplicación de calor. Esto produce una copia permanente del original.

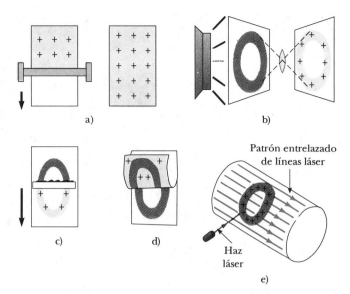

a)　　　　　　　　　　b)

c)　　　　　d)

Patrón entrelazado
de líneas láser

Haz
láser

e)

FIGURA 25.26 El proceso xerográfico: a) La superficie fotoconductiva se carga positivamente. b) Por medio de una fuente luminosa y lentes se forma una imagen sobre la superficie en la forma de cargas positivas ocultas. c) La superficie que contiene la imagen se cubre con un polvo cargado, el cual se adhiere sólo al área de la imagen. d) Un pedazo de papel se pone sobre la superficie y se le proporciona una carga. Esto transfiere la imagen visible al papel, el cual se trata después con calor para "fijar" el polvo en el papel. e) Una impresora láser opera de manera similar, excepto en que la imagen se produce activando y desactivando un haz láser cuando éste barre el tambor recubierto de selenio.

El microscopio de ion de campo

En la sección 25.6 señalamos que la intensidad de campo eléctrico puede ser muy amplio en los alrededores de un punto afilado sobre un conductor cargado. Un dispositivo que utiliza esta intensidad de campo es el *microscopio de ion de campo*, inventado en 1956 por E.W. Mueller de la Universidad Estatal de Pensilvania. El propósito de este dispositivo es observar átomos individuales sobre la superficie de una muestra muy pequeña.

La construcción básica se muestra en la figura 25.27. La muestra que se va a estudiar se elabora a partir de un alambre delgado, y una punta afilada en forma de aguja se construye, grabando usualmente el alambre en un ácido. Por lo común, el diámetro de la punta es de aproximadamente 0.1 μm. El especimen se pone en el centro de un tubo de vidrio, donde se ha hecho vacío, que contiene una pantalla fluorescente. Después, se vierte al recipiente una pequeña cantidad de helio. Se aplica un voltaje muy alto (diferencia de potencial) entre la muestra y la pantalla, lo que produce un campo eléctrico muy intenso cerca de la punta de la muestra. Los átomos de helio en los alrededores de esta región de campo elevado se ionizan, despojados de un electrón. Esto deja al helio cargado positivamente. Los iones He$^+$ cargados positivamente se aceleran luego hacia la pantalla flourescente cargada negativamente. Esto origina un patrón sobre la pantalla que representa una imagen de la punta de la muestra.

Es importante enfriar la punta de la muestra hasta al menos la temperatura del nitrógeno líquido para frenar los átomos y obtener imágenes. En condiciones apropiadas (baja temperatura de la muestra y alto vacío), las imágenes de los átomos individuales sobre la superficie de la muestra son visibles, y es posible estudiar el arreglo atómico sobre la superficie. Desafortunadamente los elevados campos eléctricos imponen también grandes esfuerzos mecánicos cerca de la punta de la muestra lo cual limita la aplicación de la técnica a elementos metálicos resistentes, como el tungsteno y el rhenio. La figura 25.28 representa un patrón característico de microscopio de ion de campo de un cristal de platino.

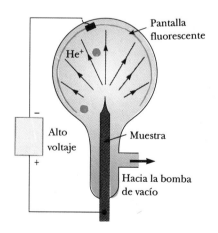

Pantalla
fluorescente

He$^+$

Alto
voltaje

Muestra

Hacia la bomba
de vacío

FIGURA 25.27 Diagrama esquemático de un microscopio de ion de campo. El campo eléctrico es muy intenso en la punta de la muestra en forma de aguja.

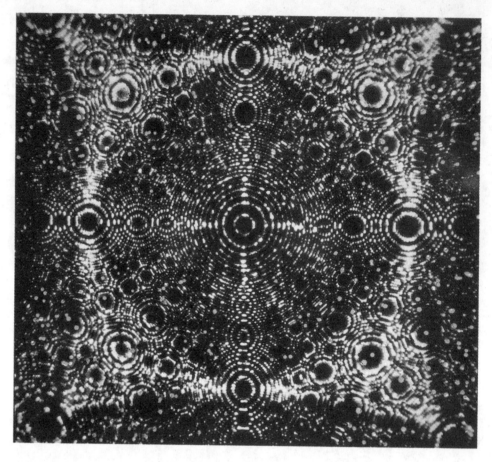

FIGURA 25.28 Imagen tomada por un microscopio de ion de campo de la superficie de un cristal de platino con amplificación de 1 000 000X. Con esta técnica pueden observarse átomos individuales sobre las capas de la superficie. *(Manfred Kage/Peter Arnold, Inc.)*

RESUMEN

Cuando una carga de prueba positiva q_0 se mueve entre los puntos A y B en un campo eléctrico $\mathbf{E}$, el **cambio de la energía potencial** es

$$\Delta U = - q_0 \int_A^B \mathbf{E} \cdot d\mathbf{s} \tag{25.1}$$

La **diferencia de potencial** ΔV entre los puntos A y B en un campo eléctrico $\mathbf{E}$ se define como

$$\Delta V = \frac{\Delta U}{q_0} = - \int_A^B \mathbf{E} \cdot d\mathbf{s} \tag{25.3}$$

donde el potencial eléctrico V es una escalar y tiene las unidades de J/C, donde $1\,\text{J/C} \equiv 1\,\text{V}$.

La diferencia de potencial entre dos puntos A y B en un campo eléctrico uniforme $\mathbf{E}$ es

$$\Delta V = - Ed \tag{25.6}$$

donde d es el desplazamiento en la dirección paralela a $\mathbf{E}$.

Las **superfices equipotenciales** son superficies sobre las cuales el potencial eléctrico permanece constante. Las superficies equipotenciales son perpendiculares a las líneas de campo eléctrico. El potencial debido a una carga puntual q a cualquier distancia r de la carga es

$$V = k_e \frac{q}{r} \tag{25.11}$$

El potencial debido a un grupo de cargas puntuales se obtiene sumando los potenciales producidos por las cargas individuales. Puesto que V es una escalar, la suma es una simple operación algebraica.

La **energía potencial de un par de cargas puntuales** separadas por una distancia r_{12} es

$$U = k_e \frac{q_1 q_2}{r_{12}} \tag{25.13}$$

Esta energía representa el trabajo requerido para llevar las cargas desde una separación infinita hasta una separación r_{12}. La energía potencial de una distribución de cargas puntuales se obtiene sumando términos como la ecuación 25.13 sobre todos los pares de partículas.

Si se conoce el potencial eléctrico como una función de las coordenadas x, y, z, las componentes del campo eléctrico pueden obtenerse tomando la derivada negativa del potencial respecto de las coordenadas. Por ejemplo, la componente x del campo eléctrico es

$$E_x = -\frac{dV}{dx} \tag{25.16}$$

El **potencial eléctrico debido a una distribución de carga continua** es

$$V = k_e \int \frac{dq}{r} \tag{25.19}$$

Todo punto sobre la superficie de un conductor cargado en equilibrio electrostático se encuentra al mismo potencial. Además, el potencial es constante en todos los puntos dentro del conductor e igual a su valor en la superficie. La tabla 25.1 registra potenciales debidos a varias distribuciones de carga.

TABLA 25.1 Potenciales debidos a diversas distribuciones de carga

Distribución de carga	Potencial eléctrico	Localización
Anillo cargado uniformemente de radio a	$V = k_e \dfrac{Q}{\sqrt{x^2 + a^2}}$	A lo largo del eje del anillo, a una distancia x de su centro
Disco cargado uniformemente de radio a	$V = 2\pi k_e \sigma [(x^2 + a^2)^{1/2} - x]$	A lo largo del eje del disco, a una distancia x de su centro
Esfera sólida *aislante* cargada uniformemente de radio R y carga total Q	$V = k_e \dfrac{Q}{r}$ $V = \dfrac{k_e Q}{2R}\left(3 - \dfrac{r^2}{R^2}\right)$	$r \geq R$ $r < R$

Estrategia y sugerencias para resolver problemas

Cálculo del potencial eléctrico

- Cuando trabaje con problemas que incluyan potencial eléctrico, recuerde que el potencial es una cantidad escalar y que por lo tanto no hay que preocuparse por componentes. Por consiguiente, al usar el principio de superposición para evaluar el potencial eléctrico en cualquier punto debido a un sistema de cargas puntuales, simplemente se efectúa la suma algebraica de los potenciales debidos a cada carga. Sin embargo, es necesario que cuide los signos. El potencial para cada carga positiva ($V = k_e q/r$) es positivo, en tanto que el potencial para cada carga negativa es negativo.

- Justo como en la mecánica, sólo los *cambios* en el potencial son importantes; por lo tanto, el punto donde se elige el potencial igual a cero es arbitrario. Cuando se trabaje con cargas puntuales o una distribución de carga de tamaño finito, usualmente se define $V = 0$ en un punto infinitamente alejado de las cargas. Sin embargo, si la distribución de carga se extiende por sí sola hasta infinito o si el problema atañe a la diferencia de potencial entre dos distribuciones de carga, debe elegirse algún otro punto cercano como el punto de referencia.

- El potencial eléctrico en algún punto P debido a una distribución continua de carga puede evaluarse al dividir la distribución de carga en elementos infinitesimales de carga dq localizadas a una distancia r desde el punto P. Después se trata este elemento como una carga puntual, de manera que el potencial en P debido al elemento es $dV = k_e dq/r$. El potencial total en P se obtiene al integrar dV sobre toda la distribución de carga. Al realizar la integración en la mayor parte de los problemas, es necesario expresar dq y r en función de una sola variable. Con el propósito de simplificar la integración, es importante brindar una atención especial a la geometría implicada en el problema. Es necesario revisar los ejemplos del 25.9 al 25.11 como guías para usar este método.

- Otro método que puede emplearse para obtener el potencial debido a una distribución de carga continua y finita es empezar con la definición de la diferencia de potencial dada por la ecuación 25.3. Si **E** se conoce o puede obtenerse con facilidad (por ejemplo de la ley de Gauss), entonces la integral de línea de **E** · ds puede evaluarse. Un ejemplo de este método se brinda en el ejemplo 25.11.

- Una vez que conozca el potencial eléctrico en un punto, podrá obtener el campo eléctrico en cualquier punto recordando que éste es igual al valor negativo de la derivada del potencial respecto de alguna coordenada. El ejemplo 25.8 ilustra cómo utilizar este procedimiento.

PREGUNTAS

1. Establezca la distinción entre potencial eléctrico y energía potencial eléctrica.

2. Una carga negativa se mueve en dirección de un campo eléctrico uniforme. ¿La energía potencial de la carga aumenta o disminuye? ¿Ésta se mueve a una posición de potencial mayor o menor?

3. Proporcione una explicación física del hecho de que la energía potencial de un par de cargas iguales es positiva mientras que la correspondiente a un par de cargas diferentes es negativa.

4. Un campo eléctrico uniforme es paralelo al eje *x*. ¿En qué dirección puede desplazarse una carga en este campo sin que se haga ningún trabajo externo sobre la misma?

5. Explique por qué las superficies equipotenciales son siempre perpendiculares a las líneas de campo eléctrico.

6. Describa las superficies equipotenciales para a) una línea infinita de carga, y b) una esfera cargada uniformemente.

7. Explique por qué, en condiciones estáticas, todos los puntos en un conductor deben estar al mismo potencial eléctrico.

8. El campo eléctrico dentro de una esfera hueca cargada uniformemente es cero. ¿Esto significa que el potencial es cero en el interior de la esfera? Explique.

9. El potencial de una carga puntual se define igual a cero a una distancia infinita. ¿Por qué no podemos definir el potencial de una línea de carga infinita igual a cero en $r = \infty$?

10. Dos esferas conductoras cargadas de diferentes radios se conectan por medio de un alambre conductor, como en la figura 25.21. ¿Cuál de las esferas tiene la mayor densidad de carga? ¿Qué determina el máximo potencial al cual el domo de un generador Van de Graaff puede aumentarse? ¿En qué tipo de clima sería más probable que una batería de automóvil se descargara y por qué?

13. Explique el origen del brillo que se observa algunas veces alrededor de los cables de alto voltaje de una línea de transmisión eléctrica.

14. ¿Por qué es importante evitar los bordes o puntos afilados sobre conductores utilizados en equipo de alto voltaje?

15. ¿Cómo protegería un circuito electrónico o laboratorio de campos eléctricos parásitos? ¿Por qué funciona esto?

16. ¿Cuál es la seguridad relativa al permanecer en un automóvil con una carrocería metálica durante una intensa tormenta?

17. Caminar sobre una alfombra y tocar después a alguien puede producir una descarga eléctrica. Explique la razón por la que ocurre lo anterior.

PROBLEMAS

Problema de repaso

Una esfera aislante cargada uniformemente de radio R tiene una carga positiva total Q. a) Con la ley de Gauss encuentre la magnitud del campo eléctrico en un punto fuera de la esfera, esto es, en $r > R$. b) Utilice la ley de Gauss para determinar la magnitud del campo eléctrico en un punto dentro de la esfera, es decir, en $r < R$. c) Use el resultado del inciso a) y encuentre una expresión para el potencial eléctrico en un punto fuera de la esfera, considerando el potencial como cero en $r = \infty$. d) Utilice los resultados de b) y c) para encontrar el potencial eléctrico en un punto dentro de la esfera. e) Dibuje gráficas del campo eléctrico contra r y el potencial eléctrico contra r. f) Si una carga puntual negativa $-q$ que tiene una masa m se localiza en un punto exterior, ¿cuál es la fuerza eléctrica sobre la carga? g) Cuando la carga puntual negativa está en un punto exterior, ¿cuál es la energía potencial del sistema? h) Si la carga puntual negativa se libera desde un punto exterior, encuentre su velocidad cuando llega a la superficie de la esfera.

Sección 25.1 Diferencia de potencial y potencial eléctrico

1. El entrehierro entre electrodos en una bujía es de 0.060 cm. Para producir una chispa eléctrica en una mezcla gasolina-aire, debe alcanzarse un campo eléctrico de 3.0×10^6 V/m. Cuando se arranca el automóvil, ¿qué voltaje mínimo debe suministrar el circuito de encendido?

2. ¿Qué cambio de energía potencial experimenta una carga de 12 μC cuando se mueve entre dos puntos para los cuales la diferencia de potencial es de 65 V? Exprese la respuesta en electrón volts.

3. a) Calcule la velocidad de un protón que es acelerado desde el reposo a través de una diferencia de potencial de 120 V. b) Calcule la velocidad de un electrón que se acelera a través de la misma diferencia de potencial.

4. ¿A través de qué diferencia de potencial se necesitaría acelerar un electrón para que alcanzara una velocidad equivalente al 40% de la velocidad de la luz ($c = 3.0 \times 10^8$ m/s), empezando desde el reposo?

5. Un deuterón (un núcleo que contiene un protón y un neutrón) se acelera mediante una diferencia de potencial de 2.7 kV. a) ¿Cuánta energía gana? b) ¿A qué velocidad llega si parte del reposo?

6. ¿Qué diferencia de potencial se necesita para frenar un electrón que tiene una velocidad inicial de 4.2×10^5 m/s?

7. Un ion acelerado mediante una diferencia de potencial de 115 V experimenta un aumento de su energía cinética de 7.37×10^{-17} J. Calcule la carga en el ion.

8. En un acelerador Van de Graaff un protón se acelera a través de una diferencia de potencial de 14×10^6 V. Suponiendo que el protón parte del reposo, calcule su a) energía cinética final en joules, b) su energía cinética final en electrón volts, y c) su velocidad final.

9. Un positrón tiene la misma masa que un electrón. Cuando se acelera un positrón desde el reposo entre dos puntos a una diferencia de potencial fija, adquiere una velocidad que es el 30% de la velocidad de la luz. ¿Qué velocidad alcanza un protón acelerado desde el reposo entre los mismos dos puntos?

Sección 25.2 Diferencias de potencial en un campo eléctrico uniforme

10. Considere dos puntos en un campo eléctrico. El potencial en P_1 es $V_1 = -30$ V, y el potencial en P_2 es $V_2 = +150$ V. ¿Cuánto trabajo realiza una fuerza externa al mover una carga $q = -4.7$ μC de P_2 a P_1?

11. ¿Cuánto trabajo se realiza (por una batería, generador u otra fuente de energía eléctrica) al mover un número de Avogadro de electrones a partir de un punto inicial donde el potencial eléctrico es 9 V hasta un punto donde el potencial es -5 V? (El potencial en cada caso se mide en relación con un punto de referencia común.)

12. Dos placas paralelas están separadas por 0.30 mm. Si se mantiene una diferencia de potencial de 20 V entre esas placas, calcule la intensidad de campo eléctrico en la región entre ellas.

☐ Indica problemas que tienen soluciones completas disponibles en el *Manual de soluciones del estudiante* y en la *Guía de estudio*.

13. La magnitud de un campo eléctrico entre dos placas paralelas cargadas separadas por 1.8 cm es de 2.4×10^4 N/C. Encuentre la diferencia de potencial entre las dos placas. ¿Cuánta energía cinética gana un deuterón al acelerarse de la placa positiva a la negativa?

14. La intensidad del campo gravitacional del planeta Tehar es la misma que la correspondiente a la Tierra, pero en Tehar hay también un intenso campo eléctrico que apunta hacia abajo y que es uniforme cerca de la superficie del planeta. Una bola de 2.00 kg que tiene una carga de 5.00 μC se lanza hacia arriba a 20.1 m/s y golpea el suelo después de 4.10 s. ¿Cuál es la diferencia de potencial entre el punto de inicio y el punto más alto de la trayectoria?

14A. La intensidad del campo gravitacional del planeta Tehar es la misma que la correspondiente a la Tierra, pero en Tehar hay también un intenso campo eléctrico que apunta hacia abajo y que es uniforme cerca de la superficie del planeta. Una bola de masa m que tiene una carga q se lanza hacia arriba a una velocidad v y golpea el suelo después de un intervalo t. ¿Cuál es la diferencia de potencial entre el punto de inicio y el punto más alto de la trayectoria?

15. Un electrón que se mueve paralelo al eje x tiene una velocidad inicial de 3.7×10^6 m/s en el origen. Su velocidad se reduce a 1.4×10^5 m/s en el punto $x = 2.0$ cm. Calcule la diferencia de potencial entre el origen y este punto. ¿Cuál punto está a mayor potencial?

16. Un positrón tiene la misma carga que un protón pero la misma masa que un electrón. Suponga que un positrón se mueve 5.2 cm en la dirección de un campo eléctrico uniforme de 480 V/m. a) ¿Cuánta energía potencial gana o pierde el electrón? b) ¿Cuánta energía cinética?

17. Un electrón en el haz de un tubo de imagen de televisión ordinario se acelera a través de una diferencia de potencial de 20 kV antes de incidir en la cara del tubo. a) ¿Cuál es la energía de este electrón, en electrón volts, y cuál es su velocidad cuando incide sobre la pantalla? b) ¿Cuánto de momento imparte el electrón a la pantalla?

18. Un bloque de 4.00 kg con una carga $Q = 50.0$ μC se conecta a un resorte para el cual $k = 100$ N/m. El bloque está sobre una pista horizontal sin fricción, el sistema está inmerso en un campo eléctrico uniforme de magnitud $E = 5.00 \times 10^5$ V/m y su dirección es como se indica en la figura P25.18. Si el bloque se suelta desde el reposo cuando el resorte está indeformado (en $x = 0$), a) ¿En qué cantidad máxima se alarga el resorte? b) ¿Cuál será la posición de equilibrio del bloque? c) Muestre que el movimiento del bloque es armónico simple y determine su periodo. d) Repita el inciso a) si el coeficiente de fricción cinética entre el bloque y la superficie es 0.200.

18A. Un bloque de masa m y carga Q se conecta a un resorte de constante k. El bloque está sobre una pista horizontal sin fricción y el sistema está inmerso en un campo eléctrico uniforme de magnitud E y su dirección es

como se indica en la figura P25.18. Si el bloque se suelta desde el reposo cuando el resorte está indeformado (en $x = 0$), a) ¿en qué cantidad máxima se alarga el resorte? b) ¿Cuál será la posición de equilibrio del bloque? c) Muestre que el movimiento del bloque es armónico simple y determine su periodo. d) Repita el inciso a) si el coeficiente de fricción cinética entre el bloque y la superficie es μ.

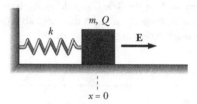

FIGURA P25.18

19. Una barra aislante que tiene una densidad de carga lineal $\lambda = 40.0$ μC/m y densidad de masa lineal $\mu = 0.100$ kg/m se suelta desde el reposo en un campo eléctrico uniforme $E = 100$ V/m y cuya dirección es perpendicular a la barra (Fig. P25.19). a) Determine la velocidad de la barra después de que ésta se ha desplazado 2.00 m. b) ¿Cómo cambia su respuesta al inciso a) si el campo eléctrico no es perpendicular a la barra? Explique.

19A. Una barra aislante que tiene una densidad de carga lineal λ y densidad de masa lineal μ se suelta desde el reposo en un campo eléctrico uniforme E y cuya dirección es perpendicular a la barra (Fig. P25.19). a) Determine la velocidad de la barra después de que ésta se ha desplazado una distancia d. b) ¿Cómo cambia su respuesta al inciso a) si el campo eléctrico no es perpendicular a la barra? Explique.

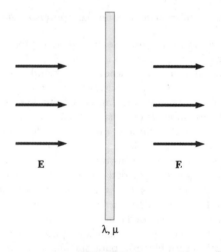

FIGURA P25.19

20. Una partícula que tiene carga $q = +2.0$ μC y masa $m = 0.01$ kg está conectada a una cuerda cuya longitud es $L = 1.5$ m y que está amarrada al punto pivote P en la

figura P25.20. La partícula, la cuerda y el punto pivote están sobre una mesa horizontal. La partícula se suelta desde el reposo cuando la cuerda forma un ángulo $\theta = 60°$ con un campo eléctrico uniforme de magnitud $E = 300$ V/m. Determine la velocidad de la partícula cuando la cuerda es paralela al campo eléctrico (punto *a* en la figura P25.20).

20A. Una partícula que tiene carga *q* y masa *m* está conectada a una cuerda con longitud *L* y amarrada al punto pivote *P* en la figura P25.20. La partícula, la cuerda y el punto pivote están sobre una mesa horizontal. La partícula se suelta desde el reposo cuando la cuerda forma un ángulo θ con un campo eléctrico uniforme de magnitud *E*. Determine la velocidad de la partícula cuando la cuerda es paralela al campo eléctrico (punto *a* en la figura P25.20).

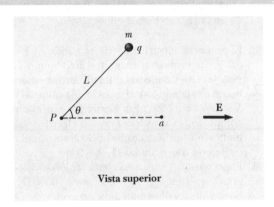

FIGURA P25.20

Sección 25.3 Potencial eléctrico y energía potencial debida a cargas puntuales

(*Nota*: A menos que se establezca de otro modo, suponga una referencia $V = 0$ en $r = \infty$.)

21. ¿A qué distancia desde una carga puntual de 8.0 μC el potencial eléctrico es igual a 3.6×10^4 V?

22. Un pequeño objeto esférico tiene una carga de 8.0 nC. ¿A qué distancia del centro del objeto el potencial es igual a 100 V? ¿50 V? ¿25 V? ¿El espaciamiento de las equipotenciales es proporcional al cambio en V?

23. A una distancia *r* de una carga puntual *q*, el potencial eléctrico es $V = 400$ V y la magnitud del campo eléctrico es $E = 150$ N/C. Determine los valores de *q* y *r*.

24. Dadas dos cargas de 2.00 μC, como en la figura P25.24, y una carga de prueba positiva $q = 1.28 \times 10^{-18}$ C en el origen, a) ¿cuál es la fuerza neta ejercida sobre *q* por las dos cargas de 2.00 μC? b) ¿Cuál es el campo eléctrico en el origen debido a las dos cargas de 2.00 μC? c) ¿Cuál es el potencial eléctrico en el origen debido a las dos cargas de 2.00 *m*C?

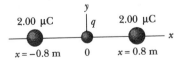

FIGURA P25.24

25. El potencial electrostático debido a un conjunto de cargas puntuales sobre una malla cartesiana es

$$V = \frac{36}{\sqrt{(x+1)^2 + y^2}} - \frac{45}{\sqrt{x^2 + (y-2)^2}}$$

donde *V* está en volts. Determine la posición y magnitud de todas las cargas en esta distribución.

26. Una carga $+q$ se encuentra en el origen. Una carga $-2q$ está en $x = 2.0$ m sobre el eje *x*. ¿Para qué valor(es) finito(s) de *x* es a) el campo eléctrico cero?, b) ¿el potencial eléctrico cero?

27. Las tres cargas de la figura P25.27 están en los vértices de un triángulo isósceles. Calcule el potencial eléctrico en el punto medio de la base, considerando $q = 7.00$ μC.

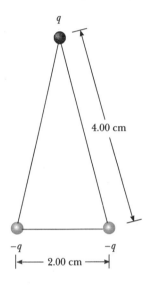

FIGURA P25.27

28. En los famosos experimentos de dispersión de Rutherford que llevaron al modelo planetario del átomo, las partículas alfa (carga $+2e$, masa = 6.6×10^{-27} kg) se dispararon contra núcleos de oro (cargas $+79e$). Una partícula alfa inicialmente muy alejada del núcleo de oro se dispara a 2.0×10^7 m/s directamente hacia el centro del núcleo. ¿Qué tanto se acerca la partícula alfa a este centro antes de regresarse?

29. Dos cargas puntuales, $Q_1 = +5.00$ nC y $Q_2 = -3.00$ nC, están separadas 35.0 cm. a) ¿Cuál es la energía potencial del par? ¿Cuál es la importancia del signo algebraico de su respuesta? b) ¿Cuál es el potencial eléctrico en un punto a la mitad entre las cargas?

30. Un electrón parte desde el reposo a 3.00 cm del centro de una esfera aislante cargada de manera uniforme de 2.0 cm de radio y carga total de 1.00 nC. ¿Cuál es la velocidad del electrón cuando llega a la superficie de la esfera?

30A. Un electrón parte desde el reposo a una distancia *d* del centro de una esfera aislante cargada de manera uniforme de radio *R* y carga total *Q*. Si $d > R$, ¿cuál es la velocidad del electrón cuando llega a la superficie de la esfera?

31. El modelo de Bohr del átomo de hidrógeno establece que el electrón puede existir sólo en ciertas órbitas permitidas. El radio de cada órbita de Bohr es $r = n^2$ (0.0529 nm) donde $n = 1, 2, 3, \dots$. Calcule la energía potencial eléctrica de un átomo de hidrógeno cuando el electrón está en la a) primera órbita permitida, $n = 1$, b) segunda órbita permitida, $n = 2$, y c) cuando el electrón ha escapado del átomo $r = \infty$. Exprese sus respuestas en electrón volts.

32. Calcule la energía requerida para agrupar el arreglo de cargas que se muestra en la figura P25.32, donde $a = 0.20$ m, $b = 0.40$ m, y $q = 6.0$ μC.

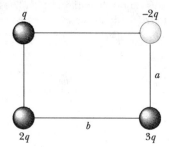

FIGURA P25.32

33. Demuestre que la cantidad de trabajo necesario para agrupar cuatro cargas puntuales idénticas de magnitud Q en las esquinas de un cuadrado de lado s es $5.41\ k_e Q^2/s$.

34. Dos esferas aislantes con radios de 0.30 cm y 0.50 cm, masas de 0.10 kg y 0.70 kg y cargas de -2.0 μC y 3.0 μC se liberan desde el reposo cuando sus centros están separados 1.0 m. a) ¿A qué velocidad se mueve cada una cuando chocan? (*Sugerencia:* Considere la conservación de la energía y la conservación del momento lineal.) b) Si las esferas son conductoras, ¿las velocidades calculadas en el inciso a) serán mayores o menores? Explique.

34A. Dos esferas aislantes con radios r_1 y r_2, masas m_1 y m_2 y cargas $-q_1$ y q_2 se liberan desde el reposo cuando sus centros están separados por una distancia d. a) ¿A qué velocidad se mueve cada una cuando chocan? (*Sugerencia:* Considere la conservación de la energía y la conservación del momento lineal.) b) Si las esferas son conductoras, ¿las velocidades calculadas en el inciso a) serán mayores o menores? Explique.

35. Cuatro partículas idénticas cada una con carga $q = 0.50$ μC y 0.010 kg de masa. Se liberan desde el reposo en los vértices de un cuadrado de 0.10 m de lado. ¿Qué tan rápido se mueve cada carga cuando su distancia desde el centro del cuadro se duplica?

35A. Cuatro partículas idénticas cada una con carga q y masa m. Se liberan desde el reposo en los vértices de un cuadrado de lado L. ¿Qué tan rápido se mueve cada carga cuando su distancia desde el centro del cuadro se duplica?

36. ¿Cuánto trabajo se requiere para juntar ocho cargas puntuales idénticas, cada una de magnitud q en las esquinas de un cubo de lado s?

Sección 25.4   Obtención de E a partir del potencial eléctrico

37. Una lámina infinita de carga que tiene una densidad de carga superficial de 25.0 nC/m² se encuentra en el plano yz, pasa por el origen y está a un potencial de 1.0 kV. Un alambre largo con una densidad de carga lineal de 80.0 nC/m está paralelo al eje y e intersecta al eje x en $x = 3.0$ m. a) Determine, como una función de x, el potencial a lo largo del eje x entre el alambre y la lámina. b) ¿Cuál es la energía potencial de una carga de 2.0 nC ubicada en $x = 0.8$ m?

37A. Una lámina infinita de carga que tiene una densidad de carga superficial σ se encuentra en el plano yz, pasa por el origen y está a un potencial V_0. Un alambre largo con una densidad de carga lineal λ está paralelo al eje y e intersecta el eje x en $x = d$. a) Determine, como una función de x, el potencial a lo largo del eje x entre el alambre y la lámina. b) ¿Cuál es la energía potencial de una carga q ubicada en $x = d/4$?

38. El potencial eléctrico en cierta región es $V = 4xz - 5y + 3z^2$ V. Determine la magnitud del campo eléctrico en $(+2, -1, +3)$, donde todas las distancias están en metros.

39. Sobre cierta región del espacio, el potencial eléctrico es $V = 5x - 3x^2y + 2yz^2$. Encuentre las expresiones para las componentes x, y y z del campo eléctrico sobre esta región. ¿Cuál es la magnitud del campo en el punto P, el cual tiene coordenadas $(1, 0, -2)$ m?

40. El potencial eléctrico en cierta región es $V = ax^2 + bx + c$, donde $a = 12$ V/m², $b = -10$ V/m y $c = 62$ V. Determine a) la magnitud y dirección del campo eléctrico en $x = +2.0$ m, y b) la posición en la que el campo eléctrico es cero.

41. El potencial en una región entre $x = 0$ y $x = 6.0$ m es $V = a + bx$, donde $a = 10$ V y $b = -7.0$ V/m. Determine a) el potencial en $x = 0$, 3.0 m y 6.0 m, y b) la magnitud y dirección del campo eléctrico en $x = 0$, 3.0 m y 6.0 m.

42. El potencial eléctrico dentro de un conductor esférico cargado de radio R está dado por $V = k_e Q/R$ y en el exterior el potencial está dado por $V = k_e Q/r$. Utilizando $E_r = -dV/dr$, obtenga el campo eléctrico a) en el interior, y b) fuera de esta distribución de carga.

43. Cuando una esfera conductora descargada de radio a se coloca en el origen de un sistema de coordenadas xyz que está en un campo eléctrico inicialmente uniforme $\mathbf{E} = E_0\mathbf{k}$, el potencial eléctrico resultante es $V(x, y, z) = V_0$ para puntos dentro de la esfera y

$$V(x, y, z) = V_0 - E_0 z + \frac{E_0 a^3 z}{(x^2 + y^2 + z^2)^{3/2}}$$

para puntos fuera de la esfera, donde V_0 es el potencial electrostático (constante) en el conductor. Utilice esta ecuación para determinar las componentes x, y y z del campo eléctrico resultante.

44. Un cilindro conductor infinitamente largo y descargado de radio a se pone en un campo eléctrico inicialmente uniforme $\mathbf{E} = E_0\mathbf{i}$, de modo que el eje del cilindro está a lo largo del eje z. El potencial electrostático resultante es $V(x, y, z) = V_0$ para puntos dentro del cilindro y

$$V(x, y, z) = V_0 - E_0 x + \frac{E_0 a^2 x}{x^2 + y^2}$$

para puntos fuera del cilindro, donde V_0 es el potencial electrostático (constante) en el conductor. Utilice esta ecuación para determinar las componentes x, y y z del campo eléctrico resultante.

Sección 25.5   Potencial eléctrico debido a distribuciones de carga continuas

45. Considere un anillo de radio R con carga total Q distribuida uniformemente sobre su perímetro. ¿Cuál es la diferencia de potencial entre el punto en el centro del anillo y un punto sobre su eje a una distancia $2R$ del centro?

46. Considere dos anillos coaxiales de 30.0 cm de radio y separados 30.0 cm. a) Calcule el potencial eléctrico en un punto sobre su eje común a la mitad entre los dos anillos, suponiendo que cada anillo tiene una carga distribuida de manera uniforme de 5.00 μC. b) ¿Cuál es el potencial en este punto si los dos anillos conducen cargas iguales y opuestas?

47. Una barra de longitud L (Fig. P25.47) se encuentra a lo largo del eje x con su extremo izquierdo en el origen y tiene una densidad de carga no uniforme $\lambda = \alpha x$ (donde α es una constante positiva). a) ¿Cuáles son las unidades de α? b) Calcule el potencial eléctrico en A.

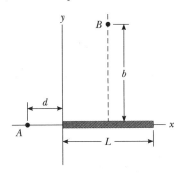

FIGURA P25.47

48. Para el arreglo descrito en el problema anterior, calcule el potencial eléctrico en el punto B que está sobre el bisector perpendicular de la barra a una distancia B encima del eje x.

49. Calcule el potencial eléctrico en el punto P sobre el eje del anillo mostrado en la figura P25.49, el cual tiene una densidad de carga uniforme σ.

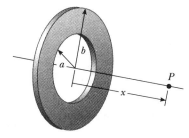

FIGURA P25.49

50. Un alambre que tiene una densidad de carga lineal uniforme λ se dobla en la forma indicada en la figura P25.50. Encuentre el potencial eléctrico en el punto O.

FIGURA P25.50

Sección 25.6   Potencial de un conductor cargado

51. ¿Cuántos electrones deben extraerse de un conductor esférico inicialmente descargado de 0.300 m de radio para producir un potencial de 7.50 kV en la superficie?

52. Calcule la densidad de carga superficial, σ (en C/m^2), para un conductor esférico sólido de radio $R = 0.250$ m si el potencial a 0.500 m del centro de la esfera es 1.30 kV.

53. Un conductor esférico tiene un radio de 14.0 cm y una carga de 26.0 μC. Calcule el campo eléctrico y el potencial eléctrico a) $r = 10.0$ cm, b) $r = 20.0$ cm, y c) $r = 14.0$ cm del centro.

54. Dos cascarones conductores esféricos y concéntricos de radios $a = 0.400$ m y $b = 0.500$ m están conectados por medio de un alambre delgado, como en la figura P25.54. Si una carga total $Q = 10.0$ μC se pone en el sistema, ¿cuánta carga queda sobre cada esfera?

54A. Dos cascarones conductores esféricos y concéntricos de radios a y b están conectados por medio de un alambre delgado, como en la figura P25.54. Si una carga total Q se pone en el sistema, ¿cuánta carga queda sobre cada esfera?

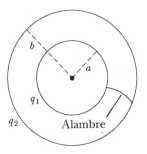

FIGURA P25.54

55. Dos conductores esféricos cargados se conectan mediante un largo alambre conductor y una carga de 20.0 μC se pone en la combinación. a) Si una esfera tiene un radio de 4.00 cm y el radio de la otra es de 6.00 cm, ¿cuál es el campo eléctrico cerca de la superficie de cada esfera? b) ¿Cuál es el potencial eléctrico de cada esfera?

56. Un conductor en forma de huevo tiene una carga de 43 nC sobre su superficie. Su área total es de 38 cm². ¿Cuáles son a) la densidad de carga superficial promedio, b) el campo eléctrico dentro del conductor, y c) el campo eléctrico (promedio) justo fuera del conductor?

*Sección 25.8   Aplicaciones de la electrostática

57. Considere un generador Van de Graaff con un domo de 30.0 cm de diámetro que opera en aire seco. a) ¿Cuál es

el potencial máximo del domo? b) ¿Cuál es la carga máxima sobre el domo?

58. a) Calcule la cantidad de carga más grande posible sobre la superficie de un generador Van de Graaff que tiene un diámetro de 40.0 cm de diámetro rodeado por aire. b) ¿Cuál es el potencial de este domo cuando tiene esta carga?

59. ¿Qué carga debe ponerse sobre la superficie de un generador Van de Graaff, cuyo domo tiene un radio de 15 cm, para producir una chispa a través de un entrehierro de aire de 10 cm?

PROBLEMAS ADICIONALES

60. Tres cargas puntuales con magnitudes de 8.00 μC, –3.00 μC y 5.00 μC están ubicadas en las esquinas de un triángulo cuyos lados miden 9.00 cm cada uno. Calcule el potencial eléctrico en el centro de este triángulo.

61. A cierta distancia de una carga puntual la magnitud del campo eléctrico es de 500 V/m y el potencial eléctrico es igual a –3.00 kV. a) ¿Cuál es la distancia a la carga? b) ¿Cuál es la magnitud de la carga?

62. Dos placas paralelas que tienen carga igual pero opuesta están separadas 12.0 cm. Cada placa tiene una densidad de carga superficial de 36.0 nC/m². Un protón se libera desde el reposo en la placa positiva. Determine a) la diferencia de potencial entre las placas, b) la energía del protón cuando llega a la placa negativa, c) la velocidad del protón justo antes de incidir en la placa negativa, d) la aceleración del protón, y e) la fuerza sobre el protón. f) A partir de la fuerza, encuentre la intensidad del campo eléctrico y muestre que es igual a la intensidad del campo eléctrico encontrado a partir de las densidades de carga sobre las placas.

63. Se opera un generador Van de Graaff hasta que el domo esférico tiene un potencial medido de 6.0 × 10⁵ V y un campo eléctrico de valor máximo para un domo rodeado por aire (3.0 × 10⁶ V/m). Determine a) la carga sobre el domo, y b) el radio del domo.

64. a) Considere un cascarón cilíndrico cargado uniformemente que tiene una carga total Q, radio R y altura h. Determine el potencial electrostático en un punto a una distancia d del lado derecho del cilindro, como en la figura P25.64. (*Sugerencia:* Emplee el resultado del ejemplo 23.11 tratando al cilindro como una colección de cargas de anillos.) b) Utilice el resultado del ejemplo 23.12 para resolver el mismo problema en el caso de un cilindro sólido.

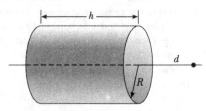

FIGURA P25.64

65. Se colocan cargas iguales (q = 2.0 μC) a intervalos de 30° alrededor del ecuador de una esfera que tiene un radio de 1.2 m. ¿Cuál es el potencial eléctrico a) en el centro de la esfera, y b) en su polo norte?

66. La distribución de carga que se muestra en la figura P25.66 se conoce como un cuadrupolo lineal. a) Demuestre que el potencial en un punto sobre el eje x donde $x > d$ es

$$V = \frac{2k_e qd^2}{x^3 - xd^2}$$

b) Muestre que la expresión obtenida en a) cuando $x \gg d$ se reduce a

$$V = \frac{2k_e Qd^2}{x^3}$$

66A. Con el resultado exacto del problema 66a evalúe el potencial del cuadrupolo lineal en $x = 3d$ si $d = 2.00$ mm y $q = 3.00$ μC. Compare esta respuesta con la que usted obtenga cuando use el resultado aproximado (problema 66b) válido cuando $x \gg d$.

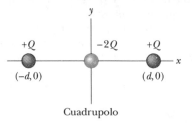

FIGURA P25.66

67. a) Emplee el resultado exacto del problema 66 para determinar el campo eléctrico en cualquier punto a lo largo del eje del cuadrupolo lineal para $x > d$. b) Evalúe E en $x = 3d$ si $d = 2.00$ mm y $Q = 3.00$ μC.

68. Un anillo de 0.20 m de radio tiene una carga positiva distribuida uniformemente, como en la figura P25.68. La densidad de carga lineal del anillo es 0.10 μC/m, y un electrón se localiza a 0.10 m sobre el plano del anillo en la perpendicular central. Si este electrón se libera desde el reposo, ¿cuál es su velocidad cuando llega al centro del anillo?

68A. Un anillo de radio R tiene una carga positiva distribuida uniformemente, como en la figura P25.68. La densidad de carga lineal del anillo es λ, y un electrón se localiza a una distancia d sobre el plano del anillo en la perpendicular central. Si este electrón se libera desde el reposo, ¿cuál es su velocidad cuando llega al centro del anillo?

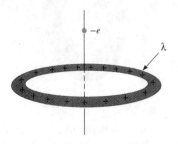

FIGURA P25.68

69. Dos cargas puntuales de igual magnitud se localizan a lo largo del eje *y* a distancias iguales sobre y debajo del eje *x*, como en la figura P25.69. a) Dibuje una gráfica del potencial en puntos a lo largo del eje *x* sobre el intervalo $-3a < x < 3a$. Debe graficar el potencial en unidades de k_eQ/a. b) Deje que la carga localizada en $-a$ sea negativa y grafique el potencial a lo largo del eje *y* sobre el intervalo $-4a < y < 4a$.

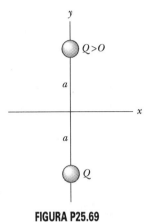

FIGURA P25.69

70. El modelo de gota líquida del núcleo sugiere que oscilaciones de alta energía de ciertos núcleos pueden dividir el núcleo en dos fragmentos desiguales más unos cuantos neutrones. Los fragmentos adquieren energía cinética de su mutua repulsión coulombiana. Calcule la energía potencial eléctrica (en electrón volts) de dos fragmentos esféricos de un núcleo de uranio que tiene las siguientes cargas y radios: 38ℓ y 5.5×10^{-15} m; 54ℓ y 6.2×10^{-15} m. Suponga que la carga está distribuida uniformemente por todo el volumen de cada fragmento esférico y que sus superficies están inicialmente en contacto en reposo. (Los electrones que rodean el núcleo pueden ignorarse.)

71. Dos gotas de lluvia idénticas, las cuales tienen electrones sobrantes en su superficie para dar una carga neta $-q$ en cada una de ellas, chocan y forman una sola gota más grande. Antes del choque, las características de cada gota son como sigue: a) densidad de carga superficial σ_0, b) campo eléctrico $\mathbf{E}_0$ en la superficie, c) potencial eléctrico V_0 en la superficie (donde $V = 0$ en $r = \infty$). Para la gota combinada, encuentre estas tres cantidades en términos de sus valores originales.

72. Emplee los resultados del ejemplo 25.11 y $E_r = -dV/dr$ para obtener el campo eléctrico a) dentro, y b) fuera de una esfera aislante uniformemente cargada.

73. Calcule el trabajo que debe efectuarse para cargar un cascarón esférico de radio R hasta una carga total Q.

74. Una carga puntual q se localiza en $x = -R$, y una carga puntual $-2q$ se encuentra en el origen. Demuestre que la superficie equipotencial que tiene potencial cero es una esfera centrada en $(-4R/3, 0, 0)$ y tiene un radio $r = 2R/3$.

75. Según la ley de Gauss, el campo eléctrico establecido por una línea de carga uniforme es

$$\mathbf{E} = \left(\frac{\lambda}{2\pi\epsilon_0 r}\right)\hat{\mathbf{r}}$$

donde $\hat{\mathbf{r}}$ es un vector unitario que apunta radialmente alejándose de la línea y λ es la carga por metro a lo largo de la línea. Obtenga una expresión para la diferencia de potencial entre $r = r_1$ y $r = r_2$.

76. Considere dos cascarones esféricos delgados y conductores, como en la figura P25.76. El cascarón interno tiene un radio $r_1 = 15$ cm y una carga de 10 nC. El cascarón exterior tiene un radio $r_2 = 30$ cm y una carga de -15 nC. Encuentre a) el campo eléctrico $\mathbf{E}$ y b) el potencial eléctrico V en las regiones A, B y C, con $V = 0$ en $r = \infty$.

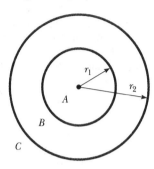

FIGURA P25.76

77. El eje *x* es el eje de simetría de un anillo cargado uniformemente de radio R y carga Q (Fig. P25.77). Una carga puntual Q de masa M se localiza en el centro del anillo. Cuando éste se desplaza ligeramente, la carga puntual se acelera a lo largo del eje *x* hacia infinito. Demuestre que la velocidad final de la carga puntual es

$$v = \left(\frac{2k_eQ^2}{MR}\right)^{1/2}$$

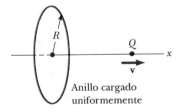

Anillo cargado uniformemente

FIGURA P25.77

78. La barra delgada cargada uniformemente que se muestra en la figura P25.78 tiene una densidad de carga lineal λ. Encuentre una expresión para el potencial eléctrico en P.

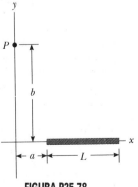

FIGURA P25.78

79. Se demostró en el ejemplo 25.10 que el potencial en un punto P a una distancia d sobre un extremo de una barra cargada uniformemente de longitud ℓ que se encuentra a lo largo del eje x es

$$V = \frac{k_e Q}{\ell} \ln\left(\frac{\ell + \sqrt{\ell^2 + d^2}}{d}\right)$$

Utilice este resultado para obtener una expresión correspondiente a la componente y del campo eléctrico en P. (*Sugerencia:* Sustituya d con y.)

80. La figura P25.80 muestra varias líneas equipotenciales cada una marcada por su potencial en volts. La distancia entre las líneas del cuadriculado representa 1 cm. a) ¿La magnitud del campo es más grande en A o B? ¿Por qué? b) ¿Cuál es el valor de $\mathbf{E}$ en B? c) Represente cómo se observa el campo dibujando al menos ocho líneas de campo.

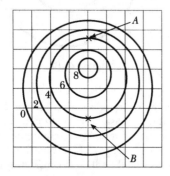

FIGURA P25.80

81. Un dipolo se localiza lo largo del eje y, como en la figura P25.81. a) En un punto P, el cual está alejado del dipolo ($r \gg a$) el potencial eléctrico es

$$V = k_e \frac{p \cos \theta}{r^2}$$

donde $p = 2qa$. Calcule la componente radial del campo eléctrico asociado, E_r, y la componente perpendicular, E_θ. Advierta que $E_\theta = \frac{1}{r}\left(\frac{\partial V}{\partial \theta}\right)$. a) ¿Estos resultados parecen razonables para $\theta = 90°$ y $0°$?, ¿para $r = 0$? b) Para el arreglo de dipolo mostrado, exprese V en función de coordenadas rectangulares usando $r = (x^2 + y^2)^{1/2}$ y

$$\cos \theta = \frac{y}{(x^2 + y^2)^{1/2}}$$

Con estos resultados y considerando $r \gg a$, calcule las componentes de campo E_x y E_y.

82. Un disco de radio R tiene una densidad de carga superficial no uniforme $\sigma = Cr$, donde C es una constante y r se mide desde el centro del disco (Fig. P25.82). Encuentre (por integración directa) el potencial en P.

83. Una esfera sólida de radio R tiene una densidad de carga uniforme ρ y una carga total Q. Obtenga una expresión para su energía potencial eléctrica total. (*Sugerencia:* Imagine que la esfera se construye añadiendo capas sucesivas de cascarones concéntricos de carga $dq = (4\pi r^2 dr)\rho$ y use $dU = Vdq$.).

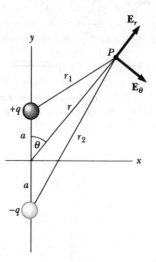

FIGURA P25.81

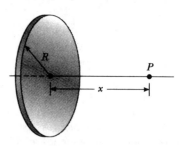

FIGURA P25.82

84. Un contador Geiger-Müller es un detector de radiación que se compone de un cilindro hueco (el cátodo) de radio interior r_a y un alambre cilíndrico coaxial (el ánodo) de radio r_b (Fig. P25.84). La carga por unidad de longitud del ánodo es λ, en tanto que la carga por unidad de longitud en el cátodo es $-\lambda$. a) Muestre que la magnitud de la diferencia de potencial entre el alambre y el cilindro en la región sensible del detector es

$$V = 2k_e \lambda \ln\left(\frac{r_a}{r_b}\right)$$

b) Muestre que la magnitud del campo eléctrico sobre esa región está dada por

$$E = \frac{V}{\ln(r_a/r_b)}\left(\frac{1}{r}\right)$$

donde r es la distancia del centro del ánodo al punto donde se va a calcular el campo.

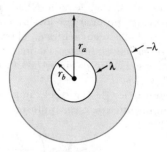

FIGURA P25.84

85. Tres cargas idénticas se encuentran en los vértices de un triángulo equilátero que tiene lados 2.000 m de largo (Fig. P25.85). Localice las posiciones de equilibrio electrostático dentro del triángulo.

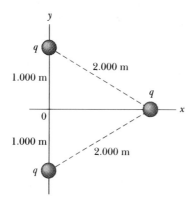

FIGURA P25.85

PROBLEMAS DE HOJA DE CÁLCULO

S1. La hoja de cálculo 25.1 calcula el potencial eléctrico en la región bidimensional alrededor de dos cargas. La región se divide en una cuadrícula de 10×10. La esquina superior izquierda de la cuadrícula corresponde a $x = 1.0$ m, $y = 1.0$ m, y la esquina inferior derecha corresponde a $x = 10$ m, $y = 10$ m. Las dos cargas pueden ponerse en cualquier lado en esta cuadrícula. Las primeras dos tablas calculan la distancia de cada carga a cada punto de la cuadrícula. La hoja de cálculo calcula después el potencial eléctrico en cada punto de la cuadrícula. Coloque cargas de $+2.0 \ \mu C$ en $x = 3.0$ m, $y = 5.0$ m y $x = 7.0$ m, $y = 5.0$ m. Imprima la matriz de potencial eléctrico.

La localización de las cargas puntuales aparecerá sobre la cuadrícula en las celdas denotadas por *ERR* (en Lotus 1-2-3) o # *DIV/0* (en Excel) puesto que el potencial es infinito en la ubicación de las cargas puntuales. Dibuje a mano las líneas equipotenciales para $V = 20$ kV, 15 kV y 10 kV. Dibuje un conjunto representativo de líneas de campo eléctrico. (*Sugerencia:* Ajustando el ancho de la celda en la hoja de cálculo y el espaciamiento de las líneas de impresión, usted puede obtener la cuadrícula para imprimir aproximadamente un cuadrado.)

S2. Repita el problema S1 pero sustituya una carga por -2.0 μC. Imprima la matriz de potencial eléctrico. Dibuje las líneas equipotenciales para $V = \pm 20$ kV, ± 15 kV y ± 10 kV. Dibuje un conjunto representativo de líneas de campo eléctrico.

S3. Ponga dos cargas en dos puntos cualesquiera de la cuadrícula del problema S1. Elija valores arbitrarios para las cargas. Imprima la matriz de potencial eléctrico. Dibuje líneas equipotenciales y de campo eléctrico representativas.

S4. Modifique la hoja de cálculo 25.1 para incluir cargas adicionales. Elija posiciones y valores para cada carga. Dibuje las líneas equipotenciales y de campo eléctrico. Ponga una hilera de cargas juntas. ¿Las líneas de campo son uniformes en este caso? Si no es así, ¿por qué no?

S5. La hoja de cálculo 14.1 calcula la energía potencial gravitacional de una masa que se mueve a lo largo del eje x en el campo gravitacional de cuatro masas puntuales fijas. Vuelva a trabajar con esta hoja de cálculo para calcular el potencial eléctrico a lo largo del eje x para cuatro cargas puntuales fijas en las mismas posiciones que las cuatro masas puntuales. Encuentre también el campo eléctrico sobre el eje x. (*Sugerencia:* $GM_1 m$ debe ser sustituida por $k_e Q_1$, etcétera.) Investigue varias elecciones para las cargas y sus posiciones.

CAPÍTULO 26

Capacitancia y dieléctricos

Descarga eléctrica visible en una sección del Acelerador de Fusión de Haz de Partículas II, la fuente de rayos X más poderosa de Estados Unidos, en Sandia National Laboratories. Las descargas se deben a que el aire se vuelve conductor en la superficie del agua que cubre esta sección. En el centro de la máquina, los electrones de alta energía se convierte en rayos X, los cuales se utilizan para determinar su efecto en sistemas de armamento y otras componentes. *(Cortesía de Sandia National Laboratories. Fotografía de Walter Dickenman)*

E ste capítulo trata sobre las propiedades de los capacitores, que son dispositivos que almacenan carga. Los capacitores se utilizan en una variedad muy amplia de circuitos eléctricos. Por ejemplo, 1) para sintonizar la frecuencia de receptores de radio, 2) como filtros en suministros de energía eléctrica, 3) para eliminar chispas en los sistemas de encendido de automóviles, y 4) como dispositivos de almacenamiento de energía en unidades de destellos electrónicas.

Un capacitor se compone de dos conductores separados por un aislador. Veremos que la capacitancia de un dispositivo dado depende de su geometría y del material que separa a los conductores cargados, llamado *dieléctrico*.

26.1 DEFINICIÓN DE CAPACITANCIA

Considere dos conductores que tienen una diferencia de potencial V entre ellos. Supongamos que tienen cargas iguales y opuestas, como en la figura 26.1. Una combina-

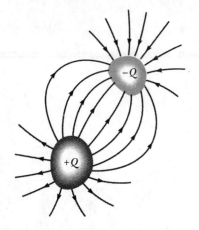

FIGURA 26.1 Un capacitor se compone de dos conductores aislados eléctricamente uno del otro y de sus alrededores. Una vez que el capacitor se carga, los dos conductores tienen cargas iguales pero opuestas.

ción de este tipo se denomina un **capacitor**. La diferencia de potencial V es proporcional a la magnitud de la carga Q en el capacitor.[1]

> La **capacitancia**, C, de un capacitor se define como la razón entre la magnitud de la carga en cualquiera de los conductores y la magnitud de la diferencia de potencial entre ellos:
>
> $$C \equiv \frac{Q}{V} \qquad (26.1)$$

Tenga en mente que por definición la *capacitancia siempre es una cantidad positiva.* Además, puesto que la diferencia de potencial aumenta a medida que la carga almacenada se incrementa, la proporción Q/V es constante para un capacitor dado. En consecuencia, la capacitancia de un dispositivo es una medida de su capacidad para almacenar carga y energía potencial eléctrica.

De la ecuación 26.1 vemos que la capacitancia tiene la unidad del SI coulomb por volt. La unidad de capacitancia del SI es el **farad** (F), en honor a Michael Faraday:

$$[\text{Capacitancia}] = 1 \text{ F} = \frac{1}{1} \frac{\text{C}}{\text{V}}$$

El farad es una unidad de capacitancia muy grande. En la práctica, los dispositivos comunes tienen capacitancias que varían de microfarads a picofarads. Como una nota práctica, los capacitores casi siempre se marcan con mF para microfarads y mmF para micromicrofarads (picofarads).

Como mostraremos en la siguiente sección, la capacitancia de un dispositivo depende, entre otras cosas, del arreglo geométrico de los conductores. Para ilustrar este punto, calculemos la capacitancia de un conductor esférico aislado de radio R y carga Q. (El segundo conductor puede considerarse como una esfera conductora hueca concéntrica de radio infinito.) Puesto que el potencial de la esfera es simplemente $k_e Q/R$ (donde $V = 0$ en el infinito), su capacitancia es

$$C = \frac{Q}{V} = \frac{Q}{k_e Q/R} = \frac{R}{k_e} = 4\pi\epsilon_0 R \qquad (26.2)$$

Esto demuestre que la capacitancia de una esfera cargada aislada es proporcional a su radio e independiente tanto de la carga como de la diferencia de potencial. Por ejemplo, una esfera metálica aislada de 0.15 m de radio tiene una capacitancia de

$$C = 4\pi\epsilon_0 R = 4\pi (8.85 \times 10^{-12} \text{ C}^2/\text{N} \cdot \text{m}^2)(0.15 \text{ m}) = 17 \text{ pF}$$

26.2 CÁLCULO DE LA CAPACITANCIA

La capacitancia de un par de conductores con cargas opuestas se puede calcular de la siguiente manera. Se supone una carga de magnitud Q, y la diferencia de potencial se calcula usando las técnicas descritas en el capítulo anterior. En este caso, simplemente usamos $C = Q/V$ para evaluar la capacitancia. Como se podría esperar, el cálculo se efectúa con relativa facilidad si la geometría del capacitor es simple.

Ahora ilustremos esto con tres geometrías con las que estamos familiarizados, es decir, dos placas paralelas, dos cilindros coaxiales y dos esferas concéntricas. En estos

---

[1] La proporcionalidad entre la diferencia de potencial y la carga en los conductores puede probarse a partir de la ley de Coulomb o por medio de experimentos.

ejemplos, suponemos que los conductores cargados están separados por el vacío. El efecto de un material dieléctrico situado entre los conductores se trata en la sección 26.5.

El capacitor de placas paralelas

Dos placas paralelas de igual área A están separadas por una distancia d, como en la figura 26.2. Una placa tiene una carga Q, la otra, carga $-Q$. La carga por unidad de área sobre cualquier placa es $\sigma = Q/A$. Si las placas están muy cercanas una de la otra (en comparación con su longitud y ancho), podemos ignorar los efectos de borde y suponer que el campo eléctrico es uniforme entre las placas y cero en cualquier otra parte. De acuerdo con el ejemplo 24.8, el campo eléctrico entre las placas es

$$E = \frac{\sigma}{\epsilon_0} = \frac{Q}{\epsilon_0 A}$$

donde ϵ_0 es la permitividad del espacio libre. La diferencia de potencial entre las placas es igual a Ed; por lo tanto,

$$V = Ed = \frac{Qd}{\epsilon_0 A}$$

Al sustituir este resultado en la ecuación 26.1, encontramos que la capacitancia es

$$C = \frac{Q}{V} = \frac{Q}{Qd/\epsilon_0 A}$$

$$C = \frac{\epsilon_0 A}{d} \qquad \qquad (26.3)$$

Es decir, *la capacitancia de un capacitor de placas paralelas es proporcional al área de sus placas e inversamente proporcional a la separación de éstas.*

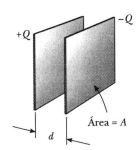

FIGURA 26.2 Un capacitor de placas paralelas se compone de dos placas paralelas cada una de área A, separadas por una distancia d. Cuando se carga el capacitor, las cargas tienen cargas iguales de signo opuesto.

EJEMPLO 26.1 **Capacitor de placas paralelas**

Un capacitor de placas paralelas tiene un área $A = 2.00 \times 10^{-4}\ m^2$ y una separación de placa $d = 1.00$ mm. Encuentre su capacitancia.

Solución De la ecuación 26.3, encontramos

$$C = \epsilon_0 \frac{A}{d} = \left(8.85 \times 10^{-12} \frac{C^2}{N \cdot m^2} \right) \left(\frac{2.00 \times 10^{-4}\ m^2}{1.00 \times 10^{-3}\ m} \right)$$

$$= 1.77 \times 10^{-12}\ F = \boxed{1.77\ pF}$$

Ejercicio Si la separación de las placas se incrementa a 3.00 mm, determine la capacitancia.

Respuesta 0.590 pF.

Como puede inferirse de la definición de capacitancia, $C = Q/V$, la cantidad de carga que un capacitor dado es capaz de almacenar para determinada diferencia de potencial a través de sus placas aumenta a medida que se incrementa la capacitancia. Por consiguiente, parece razonable que un capacitor construido a partir de placas que tienen una gran área tenga la capacidad de almacenar una gran carga. La cantidad de carga necesaria para producir una diferencia de potencial determinada aumenta con la reducción de la separación de las placas.

Un examen cuidadoso de las líneas del campo eléctrico de un capacitor de placas paralelas revela que el campo es uniforme en la región central entre las placas,

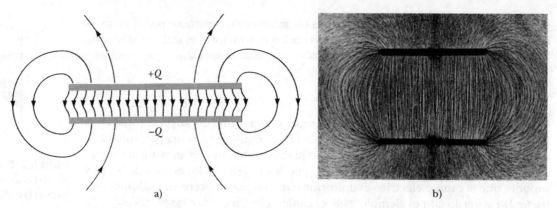

FIGURA 26.3 a) El campo eléctrico entre las placas de un capacitor de placas paralelas es uniforme cerca de su centro, pero no lo es cerca de sus bordes. b) Patrón del campo eléctrico de dos
placas paralelas y conductoras cargadas opuestamente. Pequeños pedazos de hilo sobre una
superficie de aceite se alinean con el campo eléctrico. Advierta la naturaleza no uniforme del
campo eléctrico en los extremos de las placas. Dichos efectos de borde pueden ignorarse si la
separación de las placas es pequeña comparada con la longitud de las mismas. *(Cortesía de
Harold M. Waage, Princeton University)*

como se muestra en la figura 26.3a. Sin embargo, el campo no es uniforme en los
bordes de las placas. La figura 26.3b es una fotografía del patrón del campo eléctrico
de un capacitor de placas paralelas que muestra las líneas de campo no uniformes
en sus bordes.

EJEMPLO 26.2   El capacitor cilíndrico

Un conductor cilíndrico de radio a y carga Q es coaxial con un
cascarón cilíndrico más grande de radio b y carga $-Q$ (Fig. 26.4a).
Encuentre la capacitancia de este capacitor cilíndrico si su longitud es ℓ.

Razonamiento y solución   Si suponemos que ℓ es grande
comparada con a y b, podemos ignorar los efectos de borde. En
este caso, el campo es perpendicular a los ejes de los cilindros y
está confinado a la región entre ellos (Fig. 26.4b). Debemos calcular primero la diferencia de potencial entre los dos cilindros,
la cual está dada en general por

$$V_b - V_a = -\int_a^b \mathbf{E} \cdot d\mathbf{s}$$

donde $\mathbf{E}$ es el campo eléctrico en la región $a < r < b$. En el capítulo 24 se demostró, utilizando la ley de Gauss, que el campo
eléctrico de un cilindro de carga por unidad de longitud λ es
$E = 2k_e \lambda/r$. El mismo resultado se aplica aquí debido a que el
cilindro exterior no contribuye al campo eléctrico dentro de él.
Con este resultado y notando que $\mathbf{E}$ está a lo largo de r en la
figura 26.4b, encontramos que

$$V_b - V_a = -\int_a^b E_r \, dr = -2k_e\lambda \int_a^b \frac{dr}{r} = -2k_e\lambda \ln\left(\frac{b}{a}\right)$$

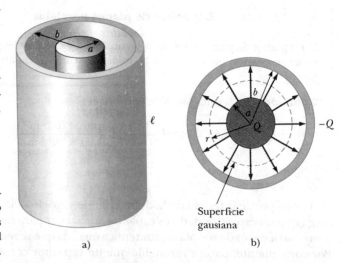

FIGURA 26.4 (Ejemplo 26.2) a) El capacitor cilíndrico se compone de un conductor cilíndrico de radio a y longitud ℓ rodeado
por un cascarón cilíndrico coaxial de radio b. b) Vista lateral de
un capacitor cilíndrico. La línea punteada representa el final de
la superficie gaussiana cilíndrica de radio r y longitud ℓ.

Al sustituir esto en la ecuación 26.1 y utilizando el hecho de que $\lambda = Q/\ell$, obtenemos

$$C = \frac{Q}{V} = \frac{Q}{\dfrac{2k_eQ}{\ell}\ln\left(\dfrac{b}{a}\right)} = \frac{\ell}{2k_e\ln\left(\dfrac{b}{a}\right)} \qquad (26.4)$$

donde V es la magnitud de la diferencia de potencial, dada por $2k_e\lambda\ln(b/a)$, una cantidad positiva. Es decir, $V = V_a - V_b$ es positiva debido a que el cilindro interior está a un potencial mayor. Nuestro resultado para C tiene sentido debido a que muestra que la capacitancia es proporcional a la longitud de los cilindros. Como podría esperarse, la capacitancia depende también de los radios de los dos cilindros conductores. Un cable coaxial, por ejemplo, se compone de dos conductores cilíndricos concéntricos de radios a y b separados por un aislador. El cable conduce corrientes en direcciones opuestas en los conductores interior y exterior. Dicha geometría es en especial útil para proteger una señal eléctrica de influencias externas. De acuerdo con la ecuación 26.4 vemos que la capacitancia por unidad de longitud de un cable coaxial es

$$\frac{C}{\ell} = \frac{1}{2k_e\ln\left(\dfrac{b}{a}\right)}$$

EJEMPLO 26.3 El capacitor esférico

Un capacitor esférico consta de un cascarón conductor esférico de radio b y carga $-Q$ concéntrico con una esfera conductora más pequeña de radio a y carga Q (Fig. 26.5). Encuentre su capacitancia.

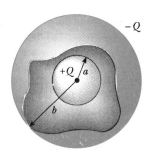

FIGURA 26.5 (Ejemplo 26.3) Un capacitor esférico consta de una esfera interior de radio a rodeada por un cascarón esférico de radio b. El campo eléctrico entre las esferas apunta radialmente hacia afuera si la esfera interior está cargada positivamente.

Razonamiento y solución Como demostramos en el capítulo 24, el campo fuera de una distribución de carga simétrica esféricamente es radial y está dado por k_eQ/r^2. En este caso, corresponde al campo entre las esferas ($a < r < b$). (El campo es cero en cualquier otro lado.) De la ley de Gauss vemos que sólo la esfera interior contribuye a este campo. De este modo, la diferencia de potencial entre las esferas está dada por

$$V_b - V_a = -\int_a^b E_r\,dr = -k_eQ\int_a^b\frac{dr}{r^2} = k_eQ\left[\frac{1}{r}\right]_a^b$$
$$= k_eQ\left(\frac{1}{b} - \frac{1}{a}\right)$$

La magnitud de la diferencia de potencial es

$$V = V_a - V_b = kQ\frac{(b - a)}{ab}$$

Sustituyendo esto en la ecuación 26.1, obtenemos

$$C = \frac{Q}{V} = \frac{ab}{k_e(b - a)} \qquad (26.5)$$

Ejercicio Demuestre que conforme el radio b de la esfera exterior se acerca al infinito, la capacitancia tiende al valor $a/k_e = 4\pi\varepsilon_0 a$. Esto es consistente con la ecuación 26.2.

26.3 COMBINACIONES DE CAPACITORES

Es común que dos o más capacitores se combinen en circuitos de varias maneras. La capacitancia equivalente de ciertas combinaciones puede calcularse utilizando métodos descritos en esta sección. Los símbolos de circuitos para capacitores y baterías, junto con sus códigos de color, se proporcionan en la figura 26.6. La terminal positiva de la batería está al potencial más alto y se representa por la línea vertical más larga en el símbolo de la batería.

Combinación en paralelo

En la figura 26.7a se muestran dos capacitores conectados conocidos como una *combinación en paralelo* de capacitores. Las placas de la izquierda de los capacitores se

Símbolo de capacitor

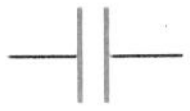

Símbolo de batería

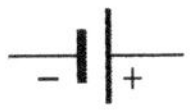

Símbolo de interruptor

FIGURA 26.6 Símbolos de circuito para capacitores, baterías e interruptores. Observe que los capacitores están en verde, y las baterías y los interruptores, en negro.

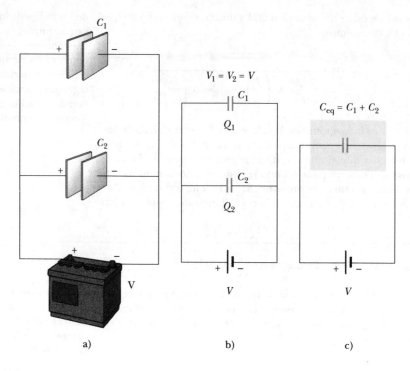

FIGURA 26.7 a) Una combinación en paralelo de dos capacitores. b) El diagrama de circuito para la combinación en paralelo. c) La diferencia de potencial es la misma a través de cada capacitor, y la capacitancia equivalente es $C_{eq} = C_1 + C_2$.

conectan por un alambre conductor en la terminal positiva de la batería y están, por tanto, al mismo potencial que la terminal positiva. De igual modo, las placas de la derecha están conectadas a la terminal negativa de la batería y, por ello, se encuentran al mismo potencial que la terminal negativa. Cuando los capacitores se conectan primero en el circuito, los electrones se transfieren a través de la batería de las placas de la izquierda a las placas de la derecha, dejando a las primeras cargadas positivamente y a las segundas cargadas negativamente. La fuente de energía para esta transferencia de carga es la energía química interna almacenada en la batería, la cual se convierte en energía eléctrica. El flujo de carga cesa cuando el voltaje a través de los capacitores es igual al de la batería. Los capacitores alcanzan su carga máxima cuando se interrumpe el flujo de carga. Denominaremos a las cargas máximas en los dos capacitores como Q_1 y Q_2. En este caso la *carga total*, Q, almacenada por los dos capacitores es

$$Q = Q_1 + Q_2 \qquad (26.6)$$

Suponga que deseamos sustituir estos dos capacitores por un capacitor equivalente con una capacitancia C_{eq}. Este capacitor equivalente debe tener exactamente el mismo efecto externo sobre el circuito que los dos originales. Es decir, debe almacenar Q unidades de carga. En la figura 26.7b vemos que

la diferencia de potencial a través de cada capacitor en el circuito paralelo es la misma e igual al voltaje de la batería, V.

En la figura 26.7c vemos que el voltaje en el capacitor equivalente también es V. De modo, tenemos

$$Q_1 = C_1 V \qquad Q_2 = C_2 V$$

y, para el capacitor equivalente,

$$Q = C_{eq} V$$

La sustitución de estas relaciones en la ecuación 26.6 produce

$$C_{eq} V = C_1 V + C_2 V$$

o

$$C_{eq} = C_1 + C_2 \qquad \binom{\text{combinación}}{\text{en paralelo}}$$

Si extendemos este tratamiento a tres o más capacitores conectados en paralelo se encuentra que la capacitancia equivalente es

$$C_{eq} = C_1 + C_2 + C_3 + \cdots \qquad \binom{\text{combinación}}{\text{en paralelo}} \qquad \textbf{(26.7)}$$

Así pues, vemos que *la capacitancia equivalente de una combinación en paralelo de capacitores es mayor que cualesquiera de las capacitancias individuales.*

Combinación en serie

Consideremos ahora dos capacitores conectados en *serie*, como se ilustra en la figura 26.8a.

Para esta combinación en serie de capacitores, la magnitud de la carga debe ser la misma en todas las placas.

Para ver por qué esto es cierto, veamos con algún detalle el proceso de transferencia de carga. Empecemos con capacitores descargados y veamos qué sucede justo des-

Cuando se oprime una tecla en un tablero de computadora, cambia el espaciamiento entre las placas de un capacitor debajo de la tecla, provocando un cambio de capacitancia. Una señal eléctrica derivada de este cambio de capacitancia se usa para registrar la tecla marcada. *(Ray Serway)*

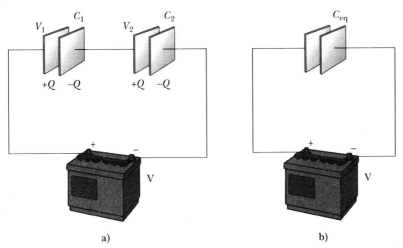

FIGURA 26.8 Una combinación en serie de dos capacitores. La carga en cada capacitor es la misma, y la capacitancia equivalente puede calcularse a partir de la relación

$$1/C_{eq} = 1/C_1 + 1/C_2$$

pués de que una batería se conecta al circuito. Cuando se conecta la batería se transfieren electrones de la placa izquierda de C_1 a la placa derecha de C_2 a través de la batería. A medida que esta carga negativa se acumula en la placa derecha de C_2, una cantidad equivalente de carga negativa es obligada a salir de la placa izquierda de C_2, y deja a ésta con un exceso de carga positiva. La carga negativa que sale de la placa izquierda de C_2 se acumula en la placa de la derecha de C_1, donde otra vez una cantidad equivalente de carga negativa sale de la placa izquierda. El resultado de todo esto es que *todas las placas derechas ganan una carga de –Q mientras que todas las placas izquierdas tienen una carga de +Q.*

Suponga que un capacitor equivalente efectúa la misma función que la combinación en serie. Después de que está cargado completamente, *el capacitor equivalente debe tener una carga de –Q en su placa derecha y de +Q en su placa izquierda.* Aplicando la definición de capacitancia al circuito mostrado en la figura 26.8b, tenemos

$$V = \frac{Q}{C_{eq}}$$

donde V es la diferencia de potencial entre las terminales de la batería y C_{eq} es la capacitancia equivalente. En la figura 26.8a vemos que

$$V = V_1 + V_2 \tag{26.8}$$

donde V_1 y V_2 son las diferencias de potencial en los capacitores C_1 y C_2. En general, la diferencia de potencial a través de cualquier número de capacitores en serie es igual a la suma de las diferencias de potencial a través de los capacitores individuales. Puesto que $Q = CV$ puede aplicarse a cada capacitor, la diferencia de potencial a través de cada uno es

$$V_1 = \frac{Q}{C_1} \qquad V_2 = \frac{Q}{C_2}$$

Al sustituir estas expresiones en la ecuación 26.8 y observar que $V = Q/C_{eq}$, tenemos

$$\frac{Q}{C_{eq}} = \frac{Q}{C_1} + \frac{Q}{C_2}$$

Cancelando Q, llegamos a la relación

$$\frac{1}{C_{eq}} = \frac{1}{C_1} + \frac{1}{C_2} \qquad \left(\begin{array}{c} \text{combinación} \\ \text{en serie} \end{array} \right)$$

Si este análisis se aplica a tres o más capacitores conectados en serie, se encuentra que la capacitancia equivalente es

$$\frac{1}{C_{eq}} = \frac{1}{C_1} + \frac{1}{C_2} + \frac{1}{C_3} + \cdots \qquad \left(\begin{array}{c} \text{combinación} \\ \text{en serie} \end{array} \right) \tag{26.9}$$

Esto demuestra que *la capacitancia equivalente de una combinación en serie siempre es menor que cualquier capacitancia individual en la combinación.*

EJEMPLO 26.4   Capacitancia equivalente

Encuentre la capacitancia equivalente entre a y b para la combinación de capacitores que se muestra en la figura 26.9a. Todas las capacitancias están en microfarads.

Solución   Con el empleo de las ecuaciones 26.7 y 26.9 reducimos la combinación paso a paso, como se indica en la figura. Los capacitores de 1.0 μF y 3.0 μF están en paralelo y se combinan de acuerdo con $C_{eq} = C_1 + C_2$. Su capacitancia equivalente es 4.0 μF. De igual modo, los capacitores de 2.0 μF y 6.0 μF están también en paralelo y tienen una capacitancia equivalente de 8.0 μF. La rama superior en la figura 26.9b consta ahora de dos capacitores de 4.0 μF en serie, los cuales se combinan de acuerdo con

$$\frac{1}{C_{eq}} = \frac{1}{C_1} + \frac{1}{C_2} = \frac{1}{4.0\ \mu\text{F}} + \frac{1}{4.0\ \mu\text{F}} = \frac{1}{2.0\ \mu\text{F}}$$

$$C_{eq} = 2.0\ \mu\text{F}$$

De igual manera, la rama inferior en la figura 26.9b se compone de dos capacitores de 8.0 μF en *serie*, la cual produce un equivalente de 4.0 μF. Por último, los capacitores de 2.0 μF y 4.0 μF en la figura 26.9c están en paralelo y tienen una capacitancia equivalente de 6.0 μF. Por lo tanto, la capacitancia equivalente del circuito es 6.0 μF, como se muestra en la figura 26.9d.

Ejercicio Considere tres capacitores con capacitancias de 3.0 μF, 6.0 μF y 12 μF. Encuentre su capacitancia equivalente si se conectan a) en paralelo y b) en serie.

Respuesta a) 21 μF, b) 1.7 μF.

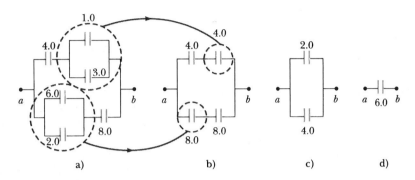

FIGURA 26.9 (Ejemplo 26.4) Para encontrar la combinación equivalente de los capacitores en a), las diversas combinaciones se reducen en pasos como se indica en b), c) y d), utilizando las reglas relativas a las combinaciones en serie y en paralelo descritas en el texto.

26.4 ENERGÍA ALMACENADA EN UN CAPACITOR CARGADO

Si las placas de un capacitor cargado se conectan entre sí por medio de un conductor, como un alambre, la carga se mueve de una placa a la otra hasta que las dos se descargan. A menudo la descarga puede observarse como una chispa visible. Si usted toca accidentalmente las placas opuestas de un capacitor cargado, sus dedos actúan como una vía por la cual el capacitor podría descargarse, y el resultado es un choque eléctrico. El grado de choque que usted recibe depende de la capacitancia y del voltaje aplicado al capacitor. Dicho choque sería fatal en los casos que se presentaran altos voltajes, como en la alimentación eléctrica de un aparato de televisión.

Considere un capacitor de placas paralelas inicialmente descargado, por lo que la diferencia de potencial inicial entre las placas es cero. Imagine luego que el capacitor está conectado a una batería que le suministra una carga Q. Suponemos que el capacitor se carga lentamente de modo que el problema puede considerarse como un sistema electrostático. La diferencia de potencial final en el capacitor es $V = Q/C$. Debido a que la diferencia de potencial inicial es cero, la diferencia de potencial promedio durante el proceso de carga es $V/2 = Q/2C$. A partir de esto podríamos concluir que el trabajo necesario para cargar el capacitor es $W = QV/2 = Q^2/2C$. Aunque este resultado es correcto, es más adecuada una prueba más detallada que a continuación se presenta.

Suponga que q es la carga en el capacitor en cierto instante durante el proceso de carga. En el mismo instante, la diferencia de potencial en el capacitor es $V = q/C$. El trabajo necesario[2] para transferir un incremento de carga dq de la placa de carga $-q$ a la placa de carga q (la cual está a mayor potencial) es

---

[2] Una analogía mecánica de este proceso es el trabajo requerido para elevar una masa hasta cierta distancia vertical en presencia de la gravedad.

$$dW = V\,dq = \frac{q}{C}\,dq$$

Así, el trabajo total requerido para cargar el capacitor de $q = 0$ hasta cierta carga final $q = Q$ es

$$W = \int_0^Q \frac{q}{C}\,dq = \frac{Q^2}{2C}$$

Pero el trabajo hecho al cargar el capacitor puede considerarse como la energía potencial U almacenada en él. Utilizando $Q = CV$, podemos expresar la energía potencial electrostática almacenada en un capacitor cargado en las siguientes formas alternativas:

Energía almacenada en un capacitor cargado

$$U = \frac{Q^2}{2C} = \tfrac{1}{2}QV = \tfrac{1}{2}CV^2 \qquad\qquad (26.10)$$

Este resultado se aplica a cualquier capacitor, sin que importe su geometría. Vemos que para una capacitancia dada, la energía almacenada aumenta a medida que la carga se incrementa y conforme crece la diferencia de potencial. En la práctica, hay un límite para la energía (o carga) máxima que puede almacenarse. Esto se debe a que la descarga eléctrica ocurre al final entre las placas del capacitor a un valor de V suficientemente grande. Por esta razón, los capacitores suelen etiquetarse con un voltaje de operación máximo.

La energía almacenada en un capacitor puede considerarse como si se estuviera almacenando en el campo eléctrico creado entre las placas cuando se carga el capacitor. Esta descripción es razonable en vista del hecho de que el campo eléctrico es proporcional a la carga en el capacitor. Para un capacitor de placas paralelas, la diferencia de potencial se relaciona con el campo eléctrico por medio de la relación $V = Ed$. Asimismo, su capacitancia es $C = \epsilon_0 A/d$. La sustitución de estas expresiones en la ecuación 26.10 produce

Energía almacenada en un capacitor de placas paralelas

$$U = \tfrac{1}{2}\frac{\epsilon_0 A}{d}\,(E^2 d^2) = \tfrac{1}{2}(\epsilon_0 Ad)E^2 \qquad\qquad (26.11)$$

Puesto que el volumen ocupado por el campo eléctrico es Ad, la *energía por unidad de volumen* $u_E = U/Ad$, llamada la *densidad de energía*, es

Densidad de energía en un campo eléctrico

$$u_E = \tfrac{1}{2}\epsilon_0 E^2 \qquad\qquad (26.12)$$

Aunque la ecuación 26.12 se obtuvo para un capacitor de placas paralelas, en general la expresión es válida. Es decir, la *densidad de energía en cualquier campo eléctrico es proporcional al cuadrado del campo eléctrico en el volumen unitario.*

EJEMPLO 26.5   Recolectado de dos capacitores cargados

Dos capacitores C_1 y C_2 (donde $C_1 > C_2$) están cargados a la misma diferencia de potencial V_0, pero con polaridad opuesta. Los capacitores cargados se separan de la batería y sus placas se conectan como se indica en la figura 26.10a. Los interruptores S_1 y S_2 se cierran después, como en la figura 26.10b. a) Determine la diferencia de potencial final entre a y b después de que se cierran los interruptores.

Solución   Las cargas en las placas de la izquierda de los capacitores antes de que los interruptores se cierren son

$$Q_1 = C_1 V_0 \qquad y \qquad Q_2 = -C_2 V_0$$

El signo negativo de Q_2 es necesario porque la polaridad de este capacitor es opuesta a la del capacitor C_1. Después de cerrar los interruptores, las cargas sobre las placas se redistribuyen hasta que la carga total Q compartida por los capacitores es

$$Q = Q_1 + Q_2 = (C_1 - C_2)V_0$$

Los dos capacitores están ahora en paralelo, por lo cual la diferencia de potencial final en cada uno es la misma:

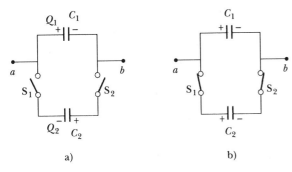

$$U_i = \tfrac{1}{2} C_1 V_0^2 + \tfrac{1}{2} C_2 V_0^2 = \boxed{\tfrac{1}{2}(C_1 + C_2) V_0^2}$$

Después de que los interruptores se cierran y los capacitores alcanzan una carga de equilibrio, la energía total almacenada en ellos es

$$U_f = \tfrac{1}{2} C_1 V^2 + \tfrac{1}{2} C_2 V^2 = \tfrac{1}{2}(C_1 + C_2) V^2$$

$$= \tfrac{1}{2}(C_1 + C_2)\left(\frac{C_1 - C_2}{C_1 + C_2}\right)^2 V_0^2 = \boxed{\left(\frac{C_1 - C_2}{C_1 + C_2}\right)^2 U_i}$$

Por tanto, la proporción entre la energía almacenada final e inicial es

$$\frac{U_f}{U_i} = \left(\frac{C_1 - C_2}{C_1 + C_2}\right)^2$$

Esto muestra que la energía final es menor que la energía inicial. En principio, se podría pensar que la conservación de la energía se ha violado, pero éste no es el caso. Parte de la energía faltante aparece como energía térmica en los alambres de conexión, y parte se radia en forma de ondas electromagnéticas (capítulo 34).

FIGURA 26.10 (Ejemplo 26.5).

$$V = \frac{Q}{C_1 + C_2} = \boxed{\left(\frac{C_1 - C_2}{C_1 + C_2}\right) V_0}$$

b) Determine la energía total almacenada en los capacitores antes y después de cerrar los interruptores.

Solución Antes de cerrar los interruptores, la energía total almacenada en el capacitor es

26.5 CAPACITORES CON DIELECTRICOS

Un **dieléctrico** es un material no conductor, como el caucho, el vidrio o el papel encerado. Cuando un material dieléctrico se inserta entre las placas de un capacitor aumenta la capacitancia. Si el dieléctrico llena por completo el espacio entre las placas, la capacitancia aumenta en un factor adimensional κ, conocido como la **constante dieléctrica**.

Es posible efectuar el siguiente experimento para ilustrar el efecto de un dieléctrico en un capacitor. Considere un capacitor de placas paralelas de carga Q_0 y capacitancia C_0 en ausencia de un dieléctrico. La diferencia de potencial en el capacitor a medida que se mide por medio de un voltímetro es $V_0 = Q_0/C_0$ (Fig.

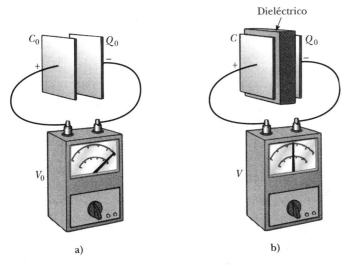

FIGURA 26.11 Cuando un dieléctrico se inserta entre las placas de un capacitor cargado, la carga en las placas permanece invariable, pero la diferencia de potencial según la registra un voltímetro electrostático se reduce de V_0 a $V = V_0/\kappa$. Así, la capacitancia *aumenta* en el proceso en el factor κ.

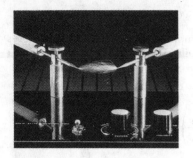

Salto de chispas entre dos esferas de latón conectadas a un generador electrostático. La diferencia de potencial entre las esferas es aproximadamente 4 000 V. *(Cortesía de Central Scientific Co.)*

26.11a). Observe que el circuito del capacitor está abierto, es decir, las placas del capacitor no están conectadas a una batería y no puede fluir carga a través de un voltímetro ideal. (Estudiamos el voltímetro un poco más en el capítulo 28.) Por lo tanto, no hay trayectoria por la cual pueda fluir la carga y alterar la del capacitor. Si después se inserta un dieléctrico entre las placas como en la figura 26.11b, se encuentra que la lectura del voltímetro disminuye en un factor κ hasta un valor V, donde

$$V = \frac{V_0}{\kappa}$$

Puesto que $V < V_0$, vemos que $\kappa > 1$.

En vista de que la carga Q_0 en el capacitor *no cambia* concluimos que la capacitancia debe cambiar hacia el valor

$$C = \frac{Q_0}{V} = \frac{Q_0}{V_0/\kappa} = \kappa \frac{Q_0}{V_0}$$

$$C = \kappa C_0 \qquad (26.13)$$

donde C_0 es la capacitancia en ausencia del dieléctrico. Es decir, la capacitancia *aumenta* en el factor κ cuando el dieléctrico llena por completo la región entre las placas.[3] Para un capacitor de placas paralelas, donde $C_0 = \epsilon_0 A/d$ (ecuación 26.3), podemos expresar la capacitancia, cuando el capacitor está lleno con un dieléctrico, como

$$C = \kappa \frac{\epsilon_0 A}{d} \qquad (26.14)$$

La capacitancia de un capacitor lleno es más grande que la de uno vacío por un factor κ.

TABLA 26.1 Constantes dieléctricas y resistencias dieléctricas de diversos materiales a temperatura ambiente

Material	Constante dieléctrica κ	Resistencia dieléctrica[a] (V/m)
Vacío	1.00000	—
Aire (seco)	1.00059	3×10^6
Baquelita	4.9	24×10^6
Cuarzo fundido	3.78	8×10^6
Vidrio pyrex	5.6	14×10^6
Poliestireno	2.56	24×10^6
Teflón	2.1	60×10^6
Caucho de neopreno	6.7	12×10^6
Nylon	3.4	14×10^6
Papel	3.7	16×10^6
Titanio de estroncio	233	8×10^6
Agua	80	—
Aceite de silicón	2.5	15×10^6

[a] La resistencia dieléctrica es igual al campo eléctrico máximo que puede existir en un dieléctrico sin ruptura eléctrica.

[3] Si se realiza otro experimento en el cual se introduce el dieléctrico mientras la diferencia de potencial permanece constante por medio de una batería, la carga aumenta hasta un valor $Q = \kappa Q_0$. La carga adicional la proporciona la batería y la capacitancia seguirá aumentando por el factor κ.

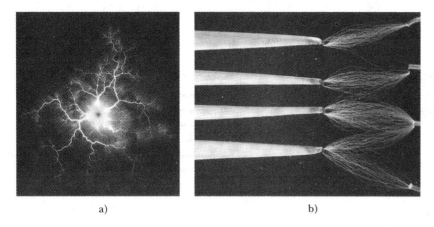

a)   b)

a) Fotografía de Kirlian creada al dejar caer una bola de acero dentro de un campo eléctrico de alta energía. Esta técnica se conoce también como electrofotografía. *(Henry Dakin/Science Photo Library)* b) Chispas de una descarga de electricidad estática entre una horquilla y cuatro electrodos. Se utilizaron muchas chispas para formar esta imagen, debido a que sólo una chispa se formará para una descarga dada. Cada chispa sigue la línea de menor resistencia a través del aire en el tiempo. Observe que la punta de la horquilla forma descargas en ambos electrodos al fondo a la derecha. La luz de cada chispa se crea por las excitaciones de los átomos de gas a lo largo de su trayectoria. *(Adam Hart-Davis/Science Photo Library)*

De acuerdo con las ecuaciones 26.3 y 26.14, parecería que pudo hacerse muy grande la capacitancia mediante la reducción de d, la distancia entre las placas. En la práctica, el valor más bajo de d está limitado por la descarga eléctrica que pudo ocurrir a través del medio dieléctrico que separa las placas. Para cualquier separación dada d, el máximo voltaje que puede aplicarse a un capacitor sin producir una descarga depende de la *resistencia dieléctrica* (intensidad de campo eléctrico máxima) del dieléctrico, la cual para el aire es igual a 3×10^6 V/m. Si la intensidad de campo en el medio supera a la resistencia dieléctrica, las propiedades aislantes se deterioran y el medio empieza a conducir. La mayor parte de los materiales aislantes tienen resistencias dieléctricas y constantes dieléctricas mayores que las del aire, como indica la tabla 26.1. De este modo, vemos que un dieléctrico brinda las siguientes ventajas:

- Aumenta la capacitancia de un capacitor
- Aumenta el voltaje de operación máximo de un capacitor
- Puede proporcionar soporte mecánico entre las placas conductoras

Tipos de capacitores

Los capacitores comerciales suelen fabricarse utilizando láminas metálicas intercaladas con delgadas hojas de papel impregnado de parafina o Mylar, los cuales sirven como material dieléctrico. Estas capas alternadas de hoja metálica y dieléctrico después se enrollan en un cilindro para formar un pequeño paquete (Fig. 26.12a). Los capacitores de alto voltaje por lo común constan de varias placas metálicas entrelazadas inmersas en aceite de silicón (Fig. 26.12b). Los capacitores pequeños en muchas ocasiones se construyen a partir de materiales cerámicos. Los capacitores variables (comúnmente de 10 a 500 pF) suelen estar compuestos de dos conjuntos de placas metálicas entrelazadas, uno fijo y el otro móvil, con aire como el dieléctrico.

Un *capacitor electrolítico* se usa con frecuencia para almacenar grandes cantidades de carga a voltajes relativamente bajos. Este dispositivo, mostrado en la figura 26.12c,

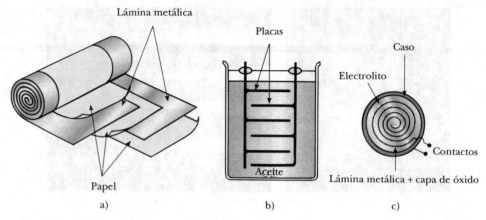

FIGURA 26.12 Tres diseños de capacitores comerciales. a) Un capacitor tubular cuyas placas están separadas por papel y que se enrolla después en un cilindro. b) Un capacitor de alto voltaje compuesto de muchas placas paralelas separadas por aceite aislante. c) Un capacitor electrolítico.

consta de una hoja metálica en contacto con un electrolito, es decir, una solución que conduce electricidad por virtud del movimiento de iones contenidos en la solución. Cuando se aplica un voltaje entre la hoja y el electrolito, una delgada capa de óxido metálico (un aislador) se forma en la hoja y esta capa sirve como el dieléctrico. Pueden obtenerse valores muy grandes de capacitancia debido a que la capa de dieléctrico es muy delgada y por ello la separación de placas es muy pequeña.

Cuando se utilizan capacitores electrolíticos en circuitos, la polaridad (los signos más y menos en el dispositivo) debe instalarse de manera apropiada. Si la polaridad del voltaje aplicado es opuesta a la que se pretende, la capa de óxido se elimina y el capacitor conduce electricidad en lugar de almacenar carga.

EJEMPLO 26.6　Un capacitor relleno de papel

Las placas de un capacitor de placas paralelas miden 2.0 cm × 3.0 cm y están separadas por un espesor de papel de 1.0 mm. a) Determine la capacitancia de este dispositivo.

Solución　Puesto que $\kappa = 3.7$ para el papel (tabla 26.1), obtenemos

$$C = \kappa \frac{\epsilon_0 A}{d} = 3.7 \left(8.85 \times 10^{-12} \frac{C^2}{N \cdot m^2} \right) \left(\frac{6.0 \times 10^{-4} \ m^2}{1.0 \times 10^{-3} \ m} \right)$$

$$= 20 \times 10^{-12} \ F = \boxed{20 \ pF}$$

　b) ¿Cuál es la carga máxima que puede brindarse al capacitor?

Solución　A partir de la tabla 26.1 vemos que la resistencia dieléctrica del papel es 16×10^6 V/m. Puesto que el espesor del papel es 1.0 mm, el máximo voltaje que puede aplicarse antes de la ruptura dieléctrica es

$$V_{máx} = E_{máx} d = \left(16 \times 10^6 \ \frac{V}{m} \right) (1.0 \times 10^{-3} \ m)$$

$$= 16 \times 10^3 \ V$$

Por lo tanto, la carga máxima es

$$Q_{máx} = C V_{máx} = (20 \times 10^{-12} \ F) \ (16 \times 10^3 \ V) = \boxed{0.32 \ \mu C}$$

Ejercicio　¿Cuál es la máxima energía que puede almacenarse en el capacitor?

Respuesta　2.5×10^{-3} J.

EJEMPLO 26.7　Energía almacenada antes y después

Un capacitor de placas paralelas se carga con una batería hasta una carga Q_0, como en la figura 26.13a. Después se separa la batería y una placa de material que tiene una constante dieléctrica κ se inserta entre las placas como en la figura 26.13b. Encuentre la energía almacenada en el capacitor antes y después de insertar el dieléctrico.

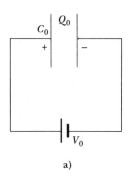

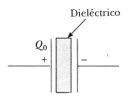

FIGURA 26.13 (Ejemplo 26.7).

Solución La energía almacenada en el capacitor en ausencia del dieléctrico es

$$U_0 = \tfrac{1}{2} C_0 V_0^2$$

Puesto que $V_0 = Q_0/C_0$, esto puede expresarse como

$$U_0 = \frac{Q_0^2}{2 C_0}$$

Después de que se quita la batería y se inserta el dieléctrico entre las placas, la *carga en el capacitor permanece igual.* Por consiguiente, la energía almacenada en presencia del dieléctrico es

$$U = \frac{Q_0^2}{2C}$$

Pero la capacitancia en presencia del dieléctrico es $C = \kappa C_0$, por lo tanto U se convierte en

$$U = \frac{Q_0^2}{2\kappa C_0} = \boxed{\frac{U_0}{\kappa}}$$

Puesto que $\kappa > 1$, vemos que la energía final es menor que la energía inicial en un factor $1/\kappa$. Esta energía faltante puede explicarse observando que cuando se inserta el dieléctrico dentro del capacitor, éste es atraído hacia el interior del dispositivo. Un agente externo debe efectuar trabajo negativo para evitar que la placa acelere. Este trabajo es simplemente la diferencia $U - U_0$. (Alternativamente, el trabajo positivo hecho por el sistema sobre el agente externo es $U_0 - U.$)

Ejercicio Suponga que la capacitancia en ausencia de un dieléctrico es 8.50 pF y que el capacitor se carga hasta una diferencia de potencial de 12.0 V. Si la batería se desconecta y se inserta una placa de poliestireno ($\kappa = 2.56$) entre las placas, calcule la diferencia de energía $U - U_0$.

Respuesta 373 pJ.

Como hemos visto, la energía de un capacitor se reduce cuando se inserta un dieléctrico entre las placas, lo que significa que se efectúa trabajo sobre el dieléctrico. Esto, a su vez, indica que una fuerza debe estar actuando sobre el dieléctrico que lo jala hacia el interior del capacitor. Esta fuerza se origina de la naturaleza no uniforme del campo eléctrico del capacitor cerca de sus bordes, como se indica en la figura 26.14. La componente horizontal de este campo del borde actúa sobre las cargas

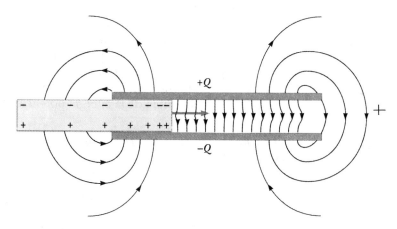

FIGURA 26.14 El campo eléctrico no uniforme cerca de los bordes de un capacitor de placas paralelas ocasiona que un dieléctrico sea jalado hacia el interior del capacitor. Advierta que el campo actúa sobre las cargas superficiales inducidas en el dieléctrico que no están distribuidas de manera uniforme.

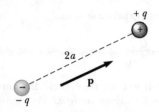

FIGURA 26.15 Un dipolo eléctrico se compone de dos cargas iguales y opuestas separadas por una distancia 2*a*. El momento de dipolo eléctrico **p** está dirigido de −*q* a +*q*.

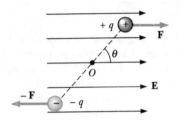

FIGURA 26.16 Un dipolo eléctrico en un campo eléctrico uniforme. El momento de dipolo **p** está a un ángulo *θ* con el campo, y el dipolo experimenta un momento de torsión.

Momento de torsión sobre un dipolo eléctrico en un campo eléctrico externo

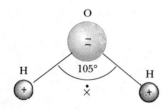

FIGURA 26.17 La molécula de agua, H_2O, tiene una polarización permanente resultado de su geometría curvada. El centro de la carga positiva está en el punto *x*.

inducidas en la superficie del dieléctrico, produciendo una fuerza horizontal neta dirigida hacia el interior del capacitor.

*26.6 DIPOLO ELÉCTRICO EN UN CAMPO ELÉCTRICO EXTERNO

El dipolo eléctrico, que se analizó brevemente en el ejemplo 26.9, consta de dos cargas iguales y opuestas separadas por una distancia 2*a*, como en la figura 26.15. Definamos ahora el **momento de dipolo eléctrico** de esta configuración como el vector **p** que está dirigido de −*q* a +*q* a lo largo de la línea que une las cargas, y cuya magnitud es 2*aq*.

$$p \equiv 2aq \tag{26.15}$$

Supongamos ahora que se pone un dipolo eléctrico en un campo eléctrico uniforme **E** como en la figura 26.16, donde el momento de dipolo forma un ángulo *θ* con el campo. Las fuerzas sobre las dos cargas son iguales y opuestas como se indica, y cada una tiene una magnitud

$$F = qE$$

Así, vemos que la fuerza neta sobre el dipolo es cero. Sin embargo, las dos fuerzas producen un momento de torsión neto sobre el dipolo y éste tiende a girar de modo tal que su eje se alinea con el campo. El momento de torsión debido a la fuerza sobre la carga positiva en torno de un eje que pasa por *O* es *Fa* sen*θ*, donde *a* sen*θ* es el brazo de palanca de *F* alrededor de *O*. En la figura 26.16 esta fuerza tiende a producir una rotación en la dirección de las manecillas del reloj. El momento de torsión alrededor de *O* sobre la carga negativa es también *Fa* sen*θ*, por lo cual el momento de torsión neto respecto de *O* es

$$\tau = 2Fa \text{ sen } \theta$$

Debido a que *F* = *qE* y *p* = 2*aq*, podemos expresar *τ* como

$$\tau = 2aqE \text{ sen } \theta = pE \text{ sen } \theta \tag{26.16}$$

Es conveniente expresar el momento de torsión en forma vectorial como el producto cruz de los vectores **p** y **E**:

$$\boldsymbol{\tau} = \mathbf{p} \times \mathbf{E} \tag{26.17}$$

También podemos determinar la energía potencial de un dipolo eléctrico como una función de su orientación respecto del campo eléctrico externo. Para hacerlo, debe tenerse en cuenta que un agente externo debe realizar trabajo para rotar el dipolo un ángulo dado en el campo. El trabajo efectuado aumenta la energía potencial en el sistema, el cual se compone del dipolo y el campo externo. El trabajo *dW* requerido para rotar el dipolo un ángulo *dθ* es *dW* = *τ dθ* (capítulo 10). Debido a que *τ* = *pE* sen*θ*, y en vista de que el trabajo se transforma en energía potencial *U*, encontramos que para una rotación de *θ₀* a *θ*, el cambio de la energía potencial es

$$U - U_0 = \int_{\theta_0}^{\theta} \tau \, d\theta = \int_{\theta_0}^{\theta} pE \text{ sen } \theta \, d\theta = pE \int_{\theta_0}^{\theta} \text{ sen } \theta \, d\theta$$

$$U - U_0 = pE[-\cos \theta]_{\theta_0}^{\theta} = pE(\cos \theta_0 - \cos \theta)$$

El término que contiene cos *θ₀* es una constante que depende de la orientación inicial del dipolo. Es conveniente elegir *θ₀* = 90°, de modo que cos *θ₀* = cos 90° = 0. Además, elegimos *U₀* = 0 en *θ₀* = 90° como nuestra energía potencial de referencia. En consecuencia, podemos expresar *U* como

$$U = -pE \cos \theta \tag{26.18}$$

Lo anterior puede escribirse como el producto punto de los vectores **p** y **E**:

$$U = -\mathbf{p} \cdot \mathbf{E} \qquad (26.19)$$

Se afirma que las moléculas están polarizadas cuando hay una separación entre el "centro de gravedad" de las cargas negativas y la correspondiente a las cargas positivas en la molécula. En algunas moléculas, como el agua, esta condición siempre está presente. Esto puede entenderse al examinar la geometría de la molécula del agua. Ésta se encuentra arreglada de modo que el átomo de oxígeno está ligado a los átomos de hidrógeno con un ángulo de 105° entre los dos enlaces (Fig. 26.17). El centro de la carga negativa está cerca del átomo de oxígeno, y el centro de la carga positiva está en un punto a la mitad de la línea que une los átomos de hidrógeno (punto x en el diagrama). Los materiales compuestos de moléculas que están polarizadas permanentemente de este modo tienen constantes dieléctricas elevadas. Por ejemplo, la constante dieléctrica del agua es bastante grande ($\kappa = 80$).

Una molécula simétrica (Fig. 26.18a) podría no tener polarización permanente, aunque un campo eléctrico externo podría inducir una polarización. Un campo dirigido hacia la izquierda, como en la figura 26.18b, ocasionaría que el centro de carga positiva se desplazara hacia la derecha desde su posición inicial y que el centro de carga negativa se moviera hacia la izquierda. Esta *polarización inducida* es el efecto que predomina en la mayor parte de los materiales usados como dieléctricos en capacitores.

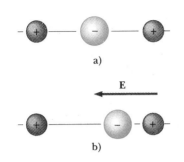

FIGURA 26.18 a) Una molécula simétrica no tiene polarización permanente. b) Un campo eléctrico externo induce una polarización en la molécula.

EJEMPLO 26.8 **La molécula de H₂O**

La molécula de H_2O tiene un momento de dipolo de 6.3×10^{-30} C · m. Una muestra contiene 10^{21} moléculas de este tipo, cuyos momentos de dipolo están orientados en su totalidad en la dirección de un campo eléctrico de 2.5×10^5 N/C. ¿Cuánto trabajo se requiere para girar los dipolos a partir de esta orientación ($\theta = 0°$) hasta una en la cual todos los momentos son perpendiculres al campo ($\theta = 90°$)?

Solución El trabajo necesario para girar una molécula en 90° es igual a la diferencia de energía potencial entre la orientación de 90° y la orientación de 0°. Con la ecuación 26.18 se obtiene

$$W = U_{90} - U_0 = (-pE \cos 90°) - (-pE \cos 0°)$$
$$= pE = (6.3 \times 10^{-30} \text{ C·m})(2.5 \times 10^5 \text{ N/C})$$
$$= 1.6 \times 10^{-24} \text{ J}$$

Puesto que hay 10^{21} moléculas en la muestra, el trabajo *total* requerido es

$$W_{\text{total}} = (10^{21})(1.6 \times 10^{-24} \text{ J}) = \boxed{1.6 \times 10^{-3} \text{ J}}$$

26.7 UNA DESCRIPCIÓN ATÓMICA DE LOS DIELÉCTRICOS

En la sección 26.5 encontramos que la diferencia de potencial entre las placas de un capacitor se reduce por el factor κ cuando se introduce un dieléctrico. Puesto que la diferencia de potencial entre las placas es igual al producto del campo eléctrico y la separación d, el campo eléctrico se reduce también por el factor κ. Así, si $\mathbf{E}_0$ es el campo eléctrico sin el dieléctrico, el campo en presencia del dieléctrico es

$$\mathbf{E} = \frac{\mathbf{E}_0}{\kappa} \qquad (26.20)$$

Esta relación puede comprenderse advirtiendo que es posible que un dieléctrico esté polarizado. A escala atómica, en un material polarizado, las cargas positiva y negativa están separadas ligeramente. Si las moléculas del dieléctrico poseen momentos de dipolo eléctrico permanentes en ausencia de un campo eléctrico, se denomiman **moléculas polares** (el agua es un ejemplo). Los dipolos se orientan

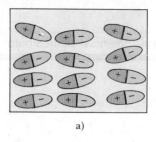

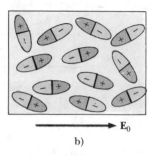

FIGURA 26.19 a) Moléculas con un momento de dipolo permanente se orientan aleatoriamente en ausencia de un campo eléctrico externo. b) Cuando se aplica el campo externo, los dipolos se alinean parcialmente con el campo.

aleatoriamente en ausencia de campo eléctrico, como se muestra en la figura 26.19a. Cuando se aplica un campo externo E_0 se ejerce un momento de torsión sobre los dipolos, lo que origina que éstos estén parcialmente alineados con el campo, como en la figura 26.19b. El grado de alineamiento depende de la temperatura y de la magnitud del campo aplicado. En general, el alineamiento aumenta con la reducción de temperatura y con el aumento de la intensidad del campo eléctrico. Los dipolos alineados parcialmente producen un campo eléctrico interno que se opone al campo externo, causando por ello una reducción en el campo neto dentro del dieléctrico.

Si las moléculas del dieléctrico no poseen un momento de dipolo permanente, se les conoce como **moléculas no polares**. En este caso, un campo eléctrico externo produce cierta separación de carga y un momento de dipolo inducido. Dichos momentos de dipolo inducidos tienden a alinearse con el campo externo, lo que produce una reducción en el campo eléctrico interno.

A partir de estas ideas, considere un placa de material dieléctrico en un campo eléctrico uniforme E_0, como en la figura 26.20a. El campo eléctrico externo en el capacitor está dirigido hacia la derecha y ejerce fuerzas sobre las moléculas del material dieléctrico. Bajo la influencia de estas fuerzas, los electrones en el dieléctrico se mueven desde sus posiciones de equilibrio hacia la izquierda. Por lo tanto, el campo eléctrico aplicado polariza el dieléctrico. El efecto neto en el dieléctrico es la formación de una densidad de carga superficial positiva "inducida" σ_i sobre la cara derecha y una densidad superficial negativa igual sobre la cara izquierda, como en la figura 26.20b. Estas cargas superficiales inducidas en el dieléctrico producen el aumento hasta un campo eléctrico interno inducido E_i que se opone al campo externo E_0. Por consiguiente, el campo eléctrico neto E en el dieléctrico tiene una magnitud dada por

$$E = E_0 - E_i \tag{26.21}$$

En el capacitor de placas paralelas mostrado en la figura 26.21, el campo externo E_0 se relaciona con la densidad de carga libre σ sobre las placas por medio de la relación $E_0 = \sigma/\epsilon_0$. El campo eléctrico inducido en el dieléctrico se relaciona con la densidad de carga inducida σ_i por medio de la relación $E_i = \sigma_i/\epsilon_0$. Puesto que $E = E_0/\kappa = \sigma/\kappa\epsilon_0$, la sustitución en la ecuación 26.21 produce

$$\frac{\sigma}{\kappa\epsilon_0} = \frac{\sigma}{\epsilon_0} - \frac{\sigma_i}{\epsilon_0}$$

$$\sigma_i = \left(\frac{\kappa-1}{\kappa}\right)\sigma \tag{26.22}$$

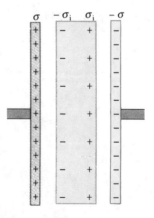

FIGURA 26.21 Carga inducida en un dieléctrico situado entre las placas de un capacitor cargado. Observe que la densidad de carga inducida en el dieléctrico es *menor* que la densidad de carga libre en las placas.

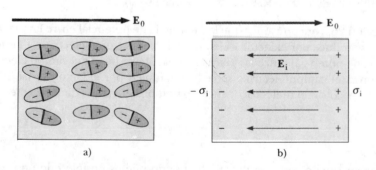

FIGURA 26.20 a) Cuando se polariza un dieléctrico, los momentos de dipolo moleculares en él se alinean parcialmente con el campo externo E_0. b) Esta polarización produce una carga superficial negativa inducida en un lado del dieléctrico y una carga superficial positiva igual en el lado opuesto. Esto origina una reducción en el campo eléctrico dentro del dieléctrico.

Debido a que $\kappa > 1$, esta expresión muestra que la densidad de carga σ_i inducida en el dieléctrico es menor que la densidad de carga libre σ sobre las placas. Por ejemplo, si $\kappa = 3$, vemos que la densidad de carga inducida en el dieléctrico es dos tercios de la densidad de carga libre sobre las placas. Si no hay dieléctrico presente, $\kappa = 1$ y $\sigma_i = 0$, como se esperaba. Sin embargo, si el dieléctrico se sustituye por un conductor eléctrico, para el cual $E = 0$, entonces la ecuación 26.21 muestra que $E_0 = E_i$, lo que corresponde a $\sigma_i = \sigma$. Es decir, la carga superficial inducida sobre el conductor es igual y opuesta que la correspondiente a las placas, lo que produce en un campo neto cero en el conductor.

EJEMPLO 26.9 Un capacitor parcialmente lleno

Un capacitor de placas paralelas tiene una capacitancia C_0 en ausencia de un dieléctrico. Una placa de material dieléctrico de constante dieléctrica κ y espesor $\frac{1}{3}d$ se inserta dentro de las placas (Fig. 26.22a). ¿Cuál es la nueva capacitancia cuando está presente el dieléctrico?

Razonamiento Este capacitor es equivalente a dos capacitores de placas paralelas de la misma área A conectados en serie, uno con una separación de placa $d/3$ (lleno de dieléctrico) y la otra con una separación de placas de $2d/3$ y aire entre las placas (Fig. 26.22b). (Esta descomposición en dos etapas es permisible debido a que no hay diferencia de potencial entre la placa inferior de C_1 y la placa superior de C_2.)[4]

De acuerdo con las ecuaciones 26.3 y 26.13, las dos capacitancias son

$$C_1 = \frac{\kappa\epsilon_0 A}{d/3} \qquad y \qquad C_2 = \frac{\epsilon_0 A}{2d/3}$$

Solución Al emplear la ecuación 26.9 para los dos capacitores combinados en serie, se obtiene

$$\frac{1}{C} = \frac{1}{C_1} + \frac{1}{C_2} = \frac{d/3}{\kappa\epsilon_0 A} + \frac{2d/3}{\epsilon_0 A}$$

$$\frac{1}{C} = \frac{d}{3\epsilon_0 A}\left(\frac{1}{\kappa} + 2\right) = \frac{d}{3\epsilon_0 A}\left(\frac{1 + 2\kappa}{\kappa}\right)$$

$$C = \left(\frac{3\kappa}{2\kappa + 1}\right)\frac{\epsilon_0 A}{d}$$

Puesto que la capacitancia sin el dieléctrico es $C_0 = \epsilon_0 A/d$, vemos que

$$C = \left(\frac{3\kappa}{2\kappa + 1}\right)C_0$$

[4] También usted podría imaginar poner dos delgadas placas metálicas (con un alambre de conducción enrollado entre ellas) en la superficie inferior del dieléctrico en la figura 26.22a y después jalar el arreglo hasta que quede como en la figura 26.22b.

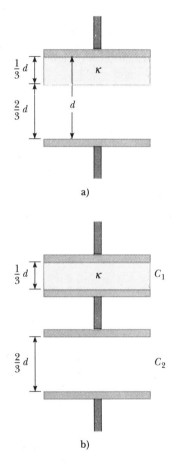

a)

b)

FIGURA 26.22 (Ejemplo 26.9) a) Un capacitor de placas paralelas de separación de placas d lleno parcialmente con un dieléctrico de espesor $d/3$. El circuito equivalente del capacitor se compone de dos capacitores conectados en serie.

EJEMPLO 26.10 Efecto de una placa metálica

Un capacitor de placas paralelas tiene una separación de placa d y un área de placa A. Una placa metálica descargada de espesor a se inserta en la parte media entre las dos placas, como se indica en la figura 26.23a. Determine la capacitancia del dispositivo.

Razonamiento Este problema puede resolverse al observar que cualquier carga que aparezca sobre una placa del capacitor debe inducir una carga igual y opuesta sobre la placa metálica, como en la figura 26.23a. En consecuencia, la carga neta sobre

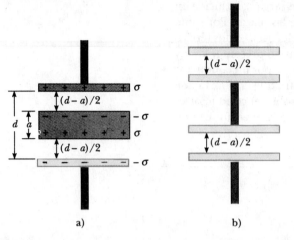

la placa metálica permanece igual a cero, y el campo dentro de la placa es cero. Por lo tanto, el capacitor es equivalente a dos capacitores en serie, cada uno con una separación de placas $(d - a)/2$, como en la figura 26.23b.

Solución   Al usar la regla para sumar dos capacitores en serie obtenemos

$$\frac{1}{C} = \frac{1}{C_1} + \frac{1}{C_2} = \frac{1}{\dfrac{\epsilon_0 A}{(d-a)/2}} + \frac{1}{\dfrac{\epsilon_0 A}{(d-a)/2}}$$

$$C = \frac{\epsilon_0 A}{d + a}$$

Advierta que C tiende al infinito cuando a se acerca a d. ¿Por qué?

FIGURA 26.23   (Ejemplo 26.10) a) Un capacitor de placas paralelas de separación de placas d lleno parcialmente con una placa metálica de espesor a. b) El circuito equivalente del dispositivo a) consta de dos capacitores en serie, cada uno con una separación de placas $(d - a)/2$.

RESUMEN

Un *capacitor* se compone de dos conductores cargados igual y opuestamente y separados por una distancia que es muy pequeña comparada con las dimensiones de las placas. La **capacitancia** C de cualquier capacitor se define como la razón entre la carga Q en cualquiera de los conductores y la diferencia de potencial V entre ellos:

$$C \equiv \frac{Q}{V} \tag{26.1}$$

La unidad de capacitancia del SI es el coulomb por volt, o farad (F), y 1 F = 1 C/V.

La capacitancia de varios capacitores se resume en la tabla 26.2. Las fórmulas se aplican cuando los conductores cargados están separados por el vacío.

TABLA 26.2 Capacitancia y geometría		
Geometría	**Capacitancia**	**Ecuación**
Esfera cargada aislada de radio R	$C = 4\pi\epsilon_0 R$	**(26.2)**
Capacitor de placas paralelas de área de placa A y separación de placas d	$C = \epsilon_0 \dfrac{A}{d}$	**(26.3)**
Capacitor cilíndrico de longitud ℓ y radios interior y exterior a y b, respectivamente	$C = \dfrac{\ell}{2k_e \ln\left(\dfrac{b}{a}\right)}$	**(26.4)**
Capacitor esférico con radios interior y exterior a y b, respectivamente	$C = \dfrac{ab}{k_e\,(b - a)}$	**(26.5)**

Si dos o más capacitores están conectados en paralelo, la diferencia de potencial es la misma a través de todos ellos. La capacitancia equivalente de una combinación de capacitores en paralelo es

$$C_{eq} = C_1 + C_2 + C_3 + \cdots \qquad (26.7)$$

Si dos o más capacitores están conectados en serie, la carga es la misma en todos ellos, y la capacitancia equivalente de la combinación en serie es

$$\frac{1}{C_{eq}} = \frac{1}{C_1} + \frac{1}{C_2} + \frac{1}{C_3} + \cdots \qquad (26.9)$$

Se necesita trabajo para cargar un capacitor en virtud de que el proceso de carga consiste en la transferencia de cargas de un conductor a un potencial menor a otro conductor a un potencial más alto. El trabajo efectuado al cargar el capacitor hasta una carga Q es igual a la energía potencial electrostática U almacenada en el capacitor, donde

$$U = \frac{Q^2}{2C} = \tfrac{1}{2}QV = \tfrac{1}{2}CV^2 \qquad (26.10)$$

Cuando un material dieléctrico se inserta entre las placas de un capacitor, la capacitancia por lo general aumenta en un factor adimensional κ conocido como la **constante dieléctrica**:

$$C = \kappa C_0 \qquad (26.13)$$

donde C_0 es la capacitancia en ausencia del dieléctrico. El incremento en la capacitancia se debe a una reducción del campo eléctrico en presencia del dieléctrico y a una disminución correspondiente en la diferencia de potencial entre las placas, suponiendo que la batería de carga se elimina del circuito antes de que se inserte el dieléctrico. La reducción de **E** surge de un campo eléctrico interno producido por dipolos alineados en el dieléctrico. Este campo interno producido por los dipolos se opone al campo aplicado original, y el resultado es una reducción del campo eléctrico neto.

Un *dipolo eléctrico* se compone de dos cargas iguales y opuestas separadas por una distancia $2a$. El **momento de dipolo eléctrico p** de esta configuración tiene una magnitud

$$p \equiv 2aq \qquad (26.15)$$

El **momento de torsión** que actúa sobre un dipolo eléctrico en un campo eléctrico uniforme **E** es

$$\boldsymbol{\tau} = \mathbf{p} \times \mathbf{E} \qquad (26.17)$$

La **energía potencial** de un dipolo eléctrico en un campo eléctrico externo uniforme **E** es

$$U = -\mathbf{p} \cdot \mathbf{E} \qquad (26.19)$$

Estrategia y sugerencias para resolver problemas
Capacitores

• Sea cuidadoso con su elección de unidades. Para calcular la capacitancia en farads, cerciórese de que las distancias están en metros y use el valor del SI del ε_0. Cuando verifique la consistencia de las unidades, recuerde que las unidades para los campos eléctricos pueden ser N/C o V/m.

- Cuando dos o más capacitores desiguales se conectan en serie, tienen la misma carga pero las diferencias de potencial no son iguales. Sus capacitancias se suman como recíprocos, y la capacitancia equivalente de la combinación siempre es menor que la del capacitor individual más pequeño.
- Cuando dos o más capacitores están conectados en paralelo, la diferencia de potencial en cada uno es la misma. La carga en cada capacitor es proporcional a su capacitancia; por lo tanto, las capacitancias se suman directamente para dar la capacitancia equivalente de la combinación en paralelo.
- El efecto de un dieléctrico es incrementar la capacitancia de un capacitor en un factor κ (la constante dieléctrica) sobre su capacitancia en vacío. La razón para esto es que las cargas superficiales inducidas sobre el dieléctrico reducen el campo eléctrico dentro del material de E a E/κ.
- Tenga cuidado con problemas en los cuales usted pueda conectar o desconectar una batería a un capacitor. Es importante advertir si se están realizando modificaciones en el capacitor mientras éste se conecta a la batería o después de que se ha desconectado. Si el capacitor permanece conectado a la batería, el voltaje en el capacitor permanece necesariamente invariable (igual al voltaje de la batería), y la carga es proporcional al capacitor *independientemente de que haya la posibilidad de modificarlo* (por ejemplo, insertando un dieléctrico). Si usted desconecta el capacitor de la batería antes de hacer cualquier modificación al capacitor, entonces su carga permanece igual. En este caso, cuando usted varía la capacitancia, el voltaje entre las placas cambia como $V = Q/C$.

PREGUNTAS

1. ¿Qué sucede con la carga en un capacitor si la diferencia de potencial entre los conductores se duplica?

2. Las placas de un capacitor están conectadas a una batería. ¿Qué ocurre con la carga en las placas si los alambres de conexión se quitan de la batería? ¿Qué pasa con la carga si los alambres se quitan de la batería y se conectan entre sí?

3. Un farad es una unidad muy grande de capacitancia. Calcule la longitud de un lado de un capacitor cuadrado lleno de aire que tiene una separación de placa de 1 m. Suponga que tiene una capacitancia de 1 F.

4. Un par de capacitores se conectan en paralelo mientras un par idéntico se conecta en serie. ¿Qué par sería más peligroso de manejar después de haberse conectado a la misma fuente de voltaje? Explique.

5. Si a usted se le dan tres capacitores diferentes C_1, C_2, C_3, ¿cuántas combinaciones diferentes de capacitancia puede usted producir?

6. ¿Qué ventaja habría al usar dos capacitores idénticos en paralelo conectados en serie con otro par en paralelo idéntico, en lugar de usar un solo capacitor?

7. ¿Siempre es posible reducir una combinación de capacitores a un capacitor equivalente con las reglas que hemos desarrollado? Explique.

8. Puesto que la carga neta en un capacitor siempre es cero, ¿qué almacena un capacitor?

9. En vista de que las cargas sobre las placas de un capacitor de placas paralelas son iguales y opuestas, se atraen entre sí. En consecuencia, se requeriría trabajo positivo para aumentar la separación de placas. ¿Qué sucede con el trabajo externo efectuado en este proceso?

10. Explique por qué el trabajo necesario para mover una carga Q a través de una diferencia de potencial V es $W = QV$, en tanto que la energía almacenada en un capacitor cargado es $U = \frac{1}{2} QV$. ¿De dónde proviene el factor $\frac{1}{2}$?

11. Si la diferencia de potencial en un capacitor se duplica, ¿en qué factor cambia la energía almacenada?

12. ¿Por qué es peligroso tocar las terminales de un capacitor de alto voltaje incluso después de que el voltaje aplicado se ha eliminado? ¿Qué puede hacerse para lograr que un capacitor se maneje con seguridad después de que se ha quitado la fuente de voltaje?

13. Si usted desea aumentar el voltaje de operación máxima de un capacitor de placas paralelas, describa cómo puede hacer lo anterior para una separación de placa fija.

14. Un capacitor lleno de aire se carga, luego se desconecta del suministro de energía eléctrica y por último se conecta a un voltímetro. Explique cómo y por qué las lecturas de voltaje cambian cuando se inserta un dieléctrico entre las placas del capacitor.

15. Con la descripción de la molécula polar de un dieléctrico explique cómo afecta un dieléctrico el campo eléctrico en el interior de un capacitor.

16. Explique por qué un dieléctrico aumenta el voltaje de operación máximo de un capacitor aunque el tamaño físico de éste no cambie.

17. ¿Cuál es la diferencia entre resistencia dieléctrica y la constante dieléctrica?

18. Explique por qué una molécula de agua está polarizada permanentemente. ¿Qué tipo de molécula no tiene polarización permanente?

19. Si un capacitor lleno de dieléctrico se calienta, ¿cómo cambiará su capacitancia? (Ignore la expansión térmica y suponga que las orientaciones de dipolo dependen de la temperatura.)

20. En términos de cargas inducidas, explique por qué un peine cargado atrae pequeños pedazos de papel.

21. Si a usted se le pidiera diseñar un capacitor de tamaño pequeño y gran capacitancia, ¿qué factores serían importantes en su diseño?

PROBLEMAS

Sección 26.1 Definición de capacitancia

1. El exceso de carga en cada uno de los conductores de un capacitor de placas paralelas es de 53.0 μC. ¿Cuál es la diferencia de potencial entre los conductores si la capacitancia del sistema es de $4.00 \times 10^{-3} \mu F$?

2. Si una gota de líquido tiene una capacitancia de 1.0 pF en aire, a) ¿cuál es su radio? b) Si su radio es de 2.0 mm, ¿cuál es su capacitancia? c) ¿Cuál es la carga en la gota más pequeña si su potencial es de 100 V?

3. Dos conductores con cargas netas de +10.0 μC y –10.0 μC tienen una diferencia de potencial de 10.0 V. Determine a) la capacitancia del sistema, y b) la diferencia de potencial entre los dos conductores si las cargas en cada uno se incrementan hasta +100.0 μC y –100.0 μC.

4. Dos conductores aislados uno del otro se cargan transfiriendo electrones de un conductor al otro. Después de que 1.6×10^{12} electrones se han transferido, la diferencia de potencial entre los conductores es de 14 V. ¿Cuál es la capacitancia del sistema?

5. Un capacitor de placas paralelas tiene una capacitancia de 19.0 μF. ¿Qué carga sobre cada placa produce una diferencia de potencial de 36.0 V entre las placas?

6. ¿En qué factor la capacitancia de una esfera metálica aumenta si se triplica su volumen?

7. Una esfera conductora cargada y aislada de 12.0 cm de radio crea un campo eléctrico de 4.90×10^4 N/C a una distancia de 21.0 cm de su centro. a) ¿Cuál es su densidad de carga superficial? b) ¿Cuál es su capacitancia?

8. Dos esferas conductoras con diámetros de 0.40 m y 1.0 m están separadas por una distancia que es grande comparada con los diámetros. Las esferas están conectadas por medio de un alambre delgado y se cargan hasta 7.0 μC. a) ¿Cómo se comparte esta carga total entre las esferas? (Ignore cualquier carga en el alambre.) b) ¿Cuál es el potencial del sistema de esferas cuando el potencial de referencia se toma como $V = 0$ en $r = \times$?

9. Dos conductores esféricos con radios $R_1 = 0.15$ cm y $R_2 = 0.23$ cm están separados por una distancia suficientemente grande para ser despreciables los efectos de inducción. Las esferas están conectadas por un alambre conductor delgado y se llevan al mismo potencial de 775 V relativo a $V = 0$ en $r = \times$. a) Determine la capacitancia del sistema. b) ¿Cuál es la proporción de carga Q_1/Q_2?

9A. Dos conductores esféricos con radios R_1 y R_2 están separados por una distancia suficientemente grande para ser despreciables los efectos de inducción. Las esferas están conectadas por un alambre conductor delgado y se llevan al mismo potencial V relativo a $V = 0$ en $r = \infty$. a) Determine la capacitancia C del sistema, donde $C = (Q_1 + Q_2)/V$. b) ¿Cuál es la proporción de carga Q_1/Q_2?

Sección 26.2 Cálculo de la capacitancia

10. Un capacitor de placas paralelas lleno de aire va a tener una capacitancia de 1.00 F. Si la distancia entre las placas es de 1.00 mm, calcule el área de la superficie requerida de cada placa. Convierta su respuesta a millas cuadradas.

11. Un capacitor de placas paralelas tiene un área de placa de 12.0 cm² y una capacitancia de 7.00 pF. ¿Cuál es la separación de placas?

12. Las placas de un capacitor de placas paralelas están separadas por 0.20 mm. Si el espacio entre las placas es aire, ¿qué área de placas se requiere para proporcionar una capacitancia de 9.0 pF?

13. Cuando se aplica una diferencia de potencial de 150 V a las placas de un capacitor de placas paralelas, las placas tienen una densidad de carga superficial de 30 nC/cm2. ¿Cuál es el espaciamiento entre las placas?

14. Un pequeño objeto con una masa de 350 mg tiene una carga de 30 nC y está suspendido por medio de un hilo entre las placas verticales de un capacitor de placas paralelas. La separación de las placas es de 4.0 cm. Si el hilo forma un ángulo de 15° con la vertical, ¿cuál es la diferencia de potencial entre las placas?

14A. Un pequeño objeto con una masa m tiene una carga q y está suspendido por medio de un hilo entre las placas verticales de un capacitor de placas paralelas. La separación de las placas es d. Si el hilo forma un ángulo θ con la vertical, ¿cuál es la diferencia de potencial entre las placas?

15. Un capacitor lleno de aire está compuesto de dos placas paralelas, cada una con un área de 7.60 cm², separadas por una distancia de 1.8 mm. Si se aplica una diferencia de potencial de 20.0 V a estas placas, calcule a) el campo eléctrico entre las mismas, b) la densidad de carga

superficial, c) la capacitancia, y d) la carga sobre cada placa.

16. Un chip de memoria de computadora de 1 megabit contiene muchos capacitores de 60 fF. Cada capacitor tiene un área de placa de 21×10^{-12} m². Determine la separación de placas de tal capacitor (suponga una configuración de placas paralelas). El diámetro atómico característico es de 10^{-10} m = 1 Å. Exprese la separación de placas en Å.

17. Un capacitor de aire variable que se usa en circuitos de sintonización está hecho de 10 placas semicirculares, cada una de 2.5 cm de radio y separadas por 0.80 cm una de otra. Un segundo conjunto idéntico que gira libremente se intercala con el primer conjunto de placas (Fig. P26.17). Determine la capacitancia como una función del ángulo de rotación θ, donde $\theta = 0$ corresponde a la máxima capacitancia.

17A. Un capacitor de aire variable que se usa en circuitos de sintonización está hecho de N placas semicirculares cada uno de radio R y separadas por una distancia d una de otra. Un segundo conjunto idéntico que tiene libertad para girar se intercala con el primer conjunto de placas (Fig. P26.17). Determine la capacitancia como una función del ángulo de rotación θ, donde $\theta = 0$ corresponde a la máxima capacitancia.

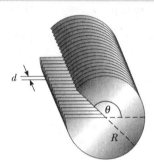

FIGURA P26.17

18. Un capacitor se construye de placas intercaladas, como se muestra en la figura P26.18 (una vista de la sección transversal). La separación entre placas adyacentes es de 0.80 mm y el área efectiva total de todas las placas combinadas es de 7.0 cm². Ignorando los efectos de borde, calcule la capacitancia de la unidad.

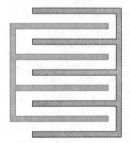

FIGURA P26.18

19. Un capacitor esférico de 2.0 μF está compuesto de dos esferas metálicas, una con radio dos veces mayor que la otra. Si la región entre las esferas es el vacío, determine el volumen de esta región.

19A. Un capacitor esférico de capacitancia C está compuesto de dos esferas metálicas, una con radio dos veces mayor que la otra. Si la región entre las esferas es el vacío, determine el volumen de esta región.

20. Un capacitor cilíndrico lleno de aire tiene una capacitancia de 10 pF y 6.0 cm de longitud. Si el radio del conductor exterior es de 1.5 cm, ¿cuál es el radio requerido del conductor interior?

21. Un cable coaxial de 50.0 cm de largo tiene un conductor interior con un diámetro de 2.58 mm que conduce una carga de 8.10 μC. El conductor circundante tiene un diámetro interior de 7.27 mm y una carga de 8.10 μC. a) ¿Cuál es la capacitancia de este cable? b) ¿Cuál es la diferencia de potencial entre los dos conductores? Suponga que la región entre los conductores es aire.

22. Un capacitor cilíndrico tiene conductores exterior e interior cuyos radios están en una proporción de $b/a = 4/1$. El conductor interior se va a sustituir por un alambre cuyo radio es la mitad del radio del conductor interior original. ¿En qué factor debe incrementarse la longitud para obtener una capacitancia igual a la del capacitor original?

23. Un capacitor esférico lleno de aire se construye con un cascarón interior y uno exterior de 7.00 y 14.0 cm de radio, respectivamente. a) Calcule la capacitancia del dispositivo. b) ¿Qué diferencia de potencial entre las esferas se produce con una carga de 4.00 μC en el capacitor?

24. Determine la capacitancia de la Tierra. (*Sugerencia*: El conductor exterior del "capacitor esférico" puede considerarse como una esfera conductora en el infinito donde $V \equiv 0$.)

25. Un capacitor esférico está compuesto por una bola conductora de 10.0 cm de radio que está centrada en el interior de un cascarón esférico conductor de 12.0 cm de radio interior. ¿Qué carga de capacitor se requiere para alcanzar un potencial de 1 000 V en la bola?

26. Calcule el voltaje máximo al cual una esfera metálica lisa de 10 cm de diámetro puede cargarse sin exceder la resistencia dieléctrica del aire seco que está alrededor de ella.

Sección 26.3   Combinaciones de capacitores

27. a) Dos capacitores, $C_1 = 2.00$ μF y $C_2 = 16.0$ μF, están conectados en paralelo. ¿Cuál es la capacitancia equivalente de la combinación? b) Calcule la capacitancia equivalente de los dos capacitores en la parte a) si están conectados en serie.

28. Dos capacitores cuando están conectados en paralelo producen una capacitancia equivalente de 9.0 pF, y una capacitancia equivalente de 2.0 pF cuando se conectan en serie. ¿Cuál es la capacitancia de cada capacitor?

28A. Dos capacitores cuando están conectados en paralelo producen una capacitancia equivalente C_p, y una capacitancia equivalente C_s cuando se conectan en serie. ¿Cuál es la capacitancia de cada capacitor?

29. a) Determine la capacitancia equivalente para la red de capacitores que se muestra en la figura P26.29. b) Si la red se conecta a una batería de 12 V, calcule la diferencia de potencial a través de cada capacitor y la carga en cada capacitor.

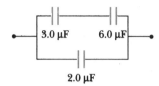

FIGURA P26.29

30. Evalúe la capacitancia equivalente de la configuración mostrada en la figura P26.30. Todos los capacitores son idénticos, y cada uno tiene capacitancia *C*.

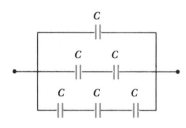

FIGURA P26.30

31. Cuatro capacitores se conectan como se muestra en la figura P26.31. a) Encuentre la capacitancia equivalente entre los puntos *a* y *b*. b) Calcule la carga en cada capacitor si $V_{ab} = 15$ V.

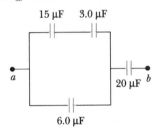

FIGURA P26.31

32. Para tres capacitores de 2.0 μF, dibuje el arreglo que produce a) la capacitancia equivalente más grande, b) la capacitancia equivalente más pequeña, c) una capacitancia equivalente de 3.0 μF.

33. Considere el circuito mostrado en la figura P26.33, donde $C_1 = 6.00$ μF, $C_2 = 3.00$ μF y $V = 20.0$ V. El capacitor C_1 se carga primero cerrando el interruptor S_1. Este interruptor se abre después, y el capacitor cargado se conecta al capacitor descargado al cerrar S_2. Calcule la carga inicial adquirida por C_1 y la carga final en cada capacitor.

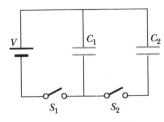

FIGURA P26.33

34. El circuito en la figura P26.34 se compone de dos placas metálicas paralelas idénticas conectadas mediante resortes metálicos idénticos a una batería de 100 V. Con el interruptor abierto, las placas están descargadas, se encuentran separadas por una distancia *d* = 8.0 mm y tienen una capacitancia *C* = 2.0 μF. Cuando se cierra el interruptor, la distancia entre las placas disminuye en un factor de 0.5. a) ¿Cuánta carga recoge cada placa, y b) cuál es la constante de fuerza de cada resorte? (*Sugerencia:* Utilice el resultado del problema 51.)

34A. El circuito en la figura P26.34 se compone de dos placas metálicas paralelas idénticas conectadas mediante resortes metálicos idénticos a una batería de voltaje *V*. Con el interruptor abierto, las placas están descargadas, se encuentran separadas por una distancia *d* y tienen una capacitancia *C*. Cuando se cierra el interruptor, la distancia entre las placas disminuye en un factor dc 0.5. a) ¿Cuánta carga recoge cada placa, y b) cuál es la constante de fuerza de cada resorte? (*Sugerencia:* Utilice el resultado del problema 51.)

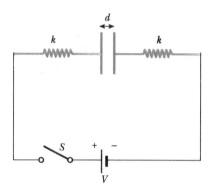

FIGURA P26.34

35. La figura P26.35 muestra seis esferas conductoras concéntricas, A, B, C, D, E y F, que tienen radios *R*, 2*R*, 3*R*, 4*R*, 5*R* y 6*R*, respectivamente. Las esferas B y C están conectadas mediante un alambre conductor del mismo modo que las esferas D y E. Determine la capacitancia equivalente de este sistema.

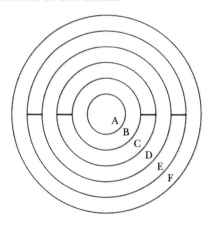

FIGURA P26.35

36. ¿Cuántos capacitores de 0.25 pF deben conectarse en paralelo para almacenar 1.2 μC de carga cuando se conectan a una batería que brinda una diferencia de potencial de 10 V?

37. Un grupo de capacitores idénticos se conecta primero en serie y después en paralelo. La capacitancia combinada en paralelo es 100 veces mayor que la correspondiente a la conexión en serie. ¿Cuántos capacitores están en el grupo?

38. Encuentre la capacitancia equivalente entre los puntos a y b para el grupo de capacitores conectados, como se indica en la figura P26.38 si $C_1 = 5.00\ \mu F$, $C_2 = 10.0\ \mu F$ y $C_3 = 2.00\ \mu F$.

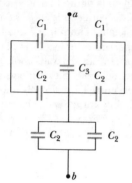

FIGURA P26.38

39. Para la red descrita en el problema previo si el potencial entre los puntos a y b es 60.0 V, ¿qué carga se almacena en C_3?

40. Determine la capacitancia equivalente entre los puntos a y b en la figura P26.40.

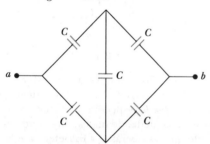

FIGURA P26.40

41. Encuentre la capacitancia equivalente entre los puntos a y b en la combinación de capacitores mostrada en la figura P26.41.

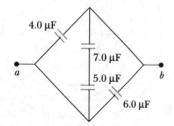

FIGURA P26.41

42. ¿Cómo deben conectarse cuatro capacitores de 2.0 μF para tener una capacitancia total de a) 8.0 μF, b) 2.0 μF, c) 1.5 μF y d) 0.50 μF?

13. Una placa conductora de espesor d y área A se inserta dentro del espacio entre las placas de un capacitor de placas paralelas con espaciamiento s y área superficial A, como en la figura P26.43. ¿Cuál es la capacitancia del sistema?

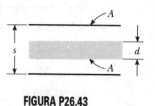

FIGURA P26.43

Sección 26.4 Energía almacenada en un capacitor cargado

44. Cierto nubarrón tiene una diferencia de potencial de 1.00×10^8 V respecto de un árbol. Si durante una tormenta de rayos 50.0 C de carga se transfieren a través de esta diferencia de potencial y 1% de la energía la absorbe el árbol, ¿cuánta agua (rocío en el árbol) inicialmente a 30°C puede hervir? El agua tiene un calor específico 4 186 J/kg · °C, un punto de ebullición de 100°C y un calor de evaporación de 2.26×10^6 J/kg.

45. Calcule la energía almacenada en un capacitor de 18.0 μF cuando se carga hasta un potencial de 100 V.

46. La energía almacenada en un capacitor particular se cuatriplica. ¿Cuál es el cambio que acompaña a) a la carga y b) a la diferencia de potencial a través del capacitor?

47. La energía almacenada en un capacitor de 12.0 μF es de 130 μJ. Determine a) la carga en el capacitor, y b) la diferencia de potencial a través de él.

48. Con su famosa relación $E = mc^2$, Einstein estableció que la energía está asociada a la masa. Calcule el radio de un electrón, suponiendo que su carga está distribuida uniformemente sobre la superficie de una esfera de radio R y que la masa-energía del electrón es igual a la energía total almacenada en el campo eléctrico diferente de cero que resulta entre R e infinito. (Véase el problema 53.)

49. Un capacitor de placas paralelas de 16.0 pF se carga por medio de una batería de 10.0 V. Si cada placa del capacitor tiene un área de 5.00 cm², ¿cuál es el valor de la energía almacenada en el capacitor? ¿Cuál es la densidad de energía (energía por unidad de volumen) en el campo eléctrico del capacitor si las placas están separadas por aire?

50. La energía almacenada en un capacitor de 52.0 μF se usa para fundir una muestra de plomo de 6.00 mg. ¿Hasta qué voltaje debe cargarse inicialmente el capacitor, suponiendo que la temperatura inicial del plomo es 20.0°C? El plomo tiene un calor específico de 128 J/kg · °C, un punto de fusión de 327.3°C y un calor latente de fusión de 24.5 kJ/kg.

51. Un capacitor de placas paralelas tiene una carga Q y placas de área A. Demuestre que la fuerza ejercida en cada placa por la otra es $F = Q^2/2\varepsilon_0 A$. (*Sugerencia*: Deje que $C = \varepsilon_0 A/x$ para una separación de placas arbitraria x; en ese caso, se requiere que el trabajo efectuado en la separación de las dos placas cargadas sea $W = \int F\,dx$.)

52. Un campo eléctrico uniforme $E = 3\ 000$ V/m existe dentro de cierta región. ¿Qué volumen de espacio contiene una energía igual a 1.00×10^{-7} J? Exprese su respuesta en metros cúbicos y en litros.

53. Muestre que la energía asociada a una esfera conductora de radio R y carga Q rodeada por el vacío es $U = k_eQ^2/2R$.

54. La placa a de un capacitor de placas paralelas lleno de aire está conectada a un resorte de constante de fuerza k, y la placa b está fija. Descansan sobre la parte superior de una mesa, como se indica (vista de arriba) en la figura P26.54. Si una carga $+Q$ se pone en la placa a y una carga $-Q$ se pone en la placa b, ¿cuánto se estira el resorte?

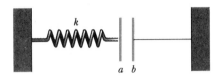

FIGURA P26.54

Sección 26.5   Capacitores con dieléctricos
*Sección 26.7   Una descripción atómica de dieléctricos

55. Un capacitor de placas paralelas en aire tiene una separación de placas de 1.50 cm y un área de placa de 25.0 cm². Las placas están cargadas a una diferencia de potencial de 250 V y se encuentran desconectadas de la fuente. El capacitor se sumerge después en agua destilada. Determine a) la carga en las placas antes y después de la inmersión, b) la capacitancia y el voltaje después de la inmersión, y c) el cambio de la energía del capacitor. Ignore la conductancia del agua.

55A. Un capacitor de placas paralelas en aire tiene una separación de placas d y una área de placa A. Las placas están cargadas a una diferencia de potencial V y se encuentran desconectadas de la fuente. El capacitor se sumerge después en un líquido de constante dieléctrica κ. Determine a) la carga en las placas antes y después de la inmersión, b) la capacitancia y el voltaje después de la inmersión, y c) el cambio de la energía del capacitor.

56. Se quiere construir un capacitor de placas paralelas empleando papel como dieléctrico. Si se desea un voltaje máximo antes del rompimiento eléctrico de 2 500 V, ¿qué espesor del dieléctrico se necesita? (Véase la tabla 26.1 para otras propiedades dieléctricas.)

57. Un capacitor de placas paralelas tiene un área de placa de 0.64 cm². Cuando las placas están en el vacío, la capacitancia del dispositivo es de 4.9 pF. a) Calcule el valor de la capacitancia si el espacio entre las placas se llena con nylon. b) ¿Cuál es la diferencia de potencial máxima que puede aplicarse a las placas sin producir rompimiento dieléctrico?

58. Se construye un capacitor a partir de dos placas metálicas cuadradas de longitud de lado L y separadas por una distancia d (Fig. P26.58). Una mitad del espacio entre las placas (parte superior hasta el fondo) se llena con poliestireno ($\kappa = 2.56$), y la otra mitad se llena con neopreno ($\kappa = 6.7$). Calcule la capacitancia del dispositivo, considerando $L = 2.0$ cm y $d = 0.75$ mm. (*Sugerencia:* El capacitor puede considerarse como dos capacitores conectados en paralelo.)

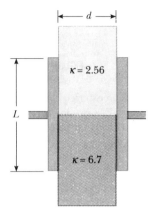

FIGURA P26.58

59. Un capacitor comercial se construye como en la figura 26.12a. Este capacitor particular se enrolla a partir de dos tiras de aluminio separadas por dos tiras de papel cubierto de parafina. Cada tira de lamina y de papel mide 7.0 cm de ancho. La lamina tiene un espesor de 0.0040 mm; el papel tiene un espesor de 0.025 mm y una constante dieléctrica de 3.7. ¿Qué longitud deben tener las tiras si se desea una capacitancia de 9.5×10^{-8} F? (Emplee la fórmula de placas paralelas.)

60. Un detector de radiación conocido como contador Geiger se compone de un cilindro conductor hueco y cerrado con un delgado alambre a lo largo de su eje. Suponga que el diámetro interno del cilindro es de 2.5 cm y que el alambre a lo largo del eje tiene un diámetro de 0.20 mm. Si la resistencia dieléctrica del gas entre el alambre central y el cilindro es de 1.2×10^6 V/m, calcule el voltaje máximo que puede aplicarse entre el alambre y el cilindro antes de que el rompimiento dieléctrico ocurra en el gas.

61. Las placas de un capacitor cargado y aislado tienen una separación de 1.0 mm, y la diferencia de potencial a través de ellas es V_0. Las placas están separadas después 4.00 mm (mientras que la carga sobre ellas se conserva), y se inserta una placa de material dieléctrico, llenando el espacio entre las placas. La diferencia de potencial a través del capacitor es en este caso $V_0/2$. Encuentre la constante dieléctrica del material.

62. a) ¿Cuál es la capacitancia de un capacitor de placas paralelas cuadradas que miden 5.0 cm de lado y que tienen un espacio entre ellas de 0.20 mm, el cual se llena con teflón? b) ¿Qué voltaje máximo puede soportar este capacitor? c) ¿Qué energía máxima puede almacenar este capacitor?

63. Cada capacitor en la combinación mostrada en la figura P26.63 tiene un voltaje de ruptura de 15.0 V. ¿Cuál es el voltaje de ruptura de la combinación?

63A. Cada capacitor en la combinación mostrada en la figura P26.63 tiene un voltaje de ruptura V. ¿Cuál es el voltaje de ruptura de la combinación?

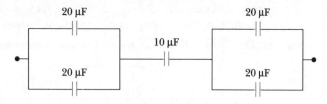

FIGURA P26.63

64. Un cascarón esférico conductor tiene radios interior a y exterior c. El espacio entre las dos superficies se llena con un dieléctrico para el cual la constante dieléctrica es κ_1 entre a y b, y κ_2 entre b y c (Fig. P26.64). Determine la capacitancia de este sistema.

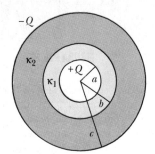

FIGURA P26.64

65. Una lámina de papel de 0.10 mm de espesor se inserta entre las placas de un capacitor lleno de aire de 340 pF que tiene una separación de placas de 0.40 mm. Calcule la nueva capacitancia.

66. Una oblea de dióxido de titanio ($\kappa = 173$) tiene un área de 1.0 cm² y un espesor de 0.10 mm. Se evapora aluminio sobre las caras paralelas para formar un capacitor de placas paralelas. a) Calcule la capacitancia. b) ¿Cuando el capacitor se cargar con una batería de 12 V, ¿cuál es la magnitud de la carga entregada a cada placa? c) Para la situación en la parte b), ¿cuáles son las densidades de carga superficial libre e inducida? d) ¿Cuál es la intensidad de campo eléctrico E?

PROBLEMAS ADICIONALES

67. Cuando dos capacitores se conectan en paralelo, la capacitancia equivalente es 4.00 μF. Si los mismos capacitores se reconectan en serie, la capacitancia equivalente es un cuarto de la capacitancia de uno de los dos capacitores. Determine las dos capacitancias.

68. Para el sistema de capacitores mostrado en la figura P26.68, encuentre a) la capacitancia equivalente del sistema, b) el potencial a través de cada capacitor, c) la carga sobre cada capacitor, y d) la energía total almacenada por el grupo.

69. a) Dos esferas tienen radios a y b y sus centros están a una distancia d. Muestre que la capacitancia de este sistema es

$$C = \frac{4\pi\epsilon_0}{\dfrac{1}{a} + \dfrac{1}{b} - \dfrac{1}{d-b} - \dfrac{1}{d-a}} \approx \frac{4\pi\epsilon_0}{\dfrac{1}{a} + \dfrac{1}{b} - \dfrac{2}{d}}$$

siempre que d sea grande comparada con a y b. (*Sugerencia:* Puesto que las esferas están muy alejadas, suponga que el potencial en cada una es igual a la suma de los potenciales debidos a cada esfera, y cuando calcule dichos potenciales, suponga que se aplica $V = k_e Q/r$.) b) Muestre que cuando d se acerca a $+\times$, el resultado anterior se reduce al de dos capacitores esféricos en serie.

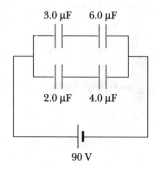

FIGURA P26.68

70. Un capacitor de placas paralelas con aire entre sus placas tiene una capacitancia C_0. Una placa de material dieléctrico con una constante dieléctrica κ y un espesor igual a una fracción f de la separación de las placas se inserta entre ellas y queda en contacto con una de ellas. Determine la capacitancia C en términos de f, κ y C_0. Verifique su resultado dejando primero que f tienda a cero y después que tienda a la unidad.

71. Cuando cierto capacitor de placas paralelas lleno de aire se conecta a una batería adquiere una carga (en cada placa) de 150 μC. Mientras se mantiene la conexión con la batería se inserta una placa dieléctrica llenando la región entre las placas. Esto origina una acumulación de una carga *adicional* de 200 μC en cada placa. ¿Cuál es la constante dieléctrica de la placa?

71A. Cuando cierto capacitor de placas paralelas lleno de aire se conecta a una batería adquiere una carga (en cada placa) Q_0. Mientras se mantiene la conexión con la batería se inserta una placa dieléctrica llenando la región entre las placas. Esto origina una acumulación de una carga *adicional* Q en cada placa. ¿Cuál es la constante dieléctrica de la placa?

72. Un capacitor se construye a partir de dos placas cuadradas de lados ℓ y separación d. Un material de constante dieléctrica κ se inserta una distancia x dentro del capacitor, como en la figura P26.72. a) Encuentre la capacitancia equivalente del dispositivo. b) Calcule la energía almacenada en el capacitor si la diferencia de potencial es V. c) Encuentre la dirección y magnitud de la fuerza ejercida sobre el dieléctrico, suponiendo una diferencia de potencial constante V. Ignore la fricción y los efectos de borde. d) Obtenga un valor numérico para la fuerza suponiendo que $\ell = 5.0$ cm, $V = 2\,000$ V, $d = 2.0$ mm, y que el dieléctrico es vidrio ($\kappa = 4.5$). (*Sugerencia:* El sistema puede considerarse como dos capacitores conectados en *paralelo*.)

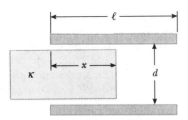

FIGURA P26.72

73. Tres capacitores —8.0 μF, 10.0 μF y 14 μF— se conectan a las terminales de una batería de 12 V. ¿Cuánta energía suministra la batería si los capacitores se conectan a) en serie, y b) en paralelo?

74. Cuando se considera el suministro de energía para un automóvil, la energía por unidad de masa de la fuente de energía es un parámetro importante. Utilizando los siguientes datos, compare la energía por unidad de masa (J/kg) para la gasolina, baterías de plomo-ácido y capacitores.

   - *Gasolina*: 126 000 Btu/gal; densidad = 670 kg/m^3
   - *Batería de plomo-ácido:* 12 V; 100 A · h; masa = 16 kg
   - *Capacitor:* Diferencia de potencial a máxima carga = 12 V; capacitancia = 0.10 F; masa = 0.10 kg

75. Un capacitor aislado de capacitancia desconocida se ha cargado hasta una diferencia de potencial de 100 V. Cuando el capacitor cargado se conecta después en paralelo a un capacito. de 10 μF descargado, el voltaje a través de la combinación es igual a 30 V. Calcule la capacitancia desconocida.

75A. Un capacitor aislado de capacitancia desconocida se ha cargado hasta una diferencia de potencial V_0. Cuando el capacitor cargado se conecta después en paralelo a un capacitor C descargado, el voltaje a través de la combinación es $V < V_0$. Calcule la capacitancia desconocida.

76. Cierto circuito electrónico necesita un capacitor con 1.2 pF de capacitancia y un potencial de ruptura de 1 000 V. Si usted tiene una alimentación de capacitores pF, cada uno con un potencial de ruptura de 200 V, ¿cómo podría cubrir este requerimiento del circuito?

77. Un capacitor de 2.0 μF y uno de 3.0 μF tienen el mismo valor nominal de voltaje máximo $V_{\text{máx}}$. Debido a esta limitación de voltaje, la diferencia de potencial máxima que puede aplicarse a una combinación en serie de estos capacitores es de 800 V. Calcule el valor nominal de voltaje máximo de los capacitores individuales.

78. Un capacitor de placas paralelas de 2.0 nF se carga hasta una diferencia de potencial inicial V_i = 100 V y después se aísla. El material dieléctrico entre las placas es mica (μ = 5.0). a) ¿Cuánto trabajo se requiere para extraer la lámina de mica? b) ¿Cuál es la diferencia de potencial del capacitor después de que se extrae la mica?

79. Un capacitor de placas paralelas se construye usando un material dieléctrico cuya constante dieléctrica es 3.0 y cuya resistencia dieléctrica es 2.0 × 10^8 V/m. La capacitancia deseada es igual a 0.25 μF, y el capacitor debe soportar una diferencia de potencial máxima de 4 000 V. Encuentre el área mínima de las placas del capacitor.

80. Un capacitor de placas paralelas se construye utilizando tres materiales dieléctricos, como en la figura P26.80. a) Encuentre una expresión para la capacitancia del dispositivo en términos del área de placa A y d, κ_1, κ_2 y κ_3. b) Calcule la capacitancia utilizando los valores A = 1.0 cm^2, d = 2.00 mm, κ_1 = 4.9, κ_2 = 5.6, y κ_3 = 2.1.

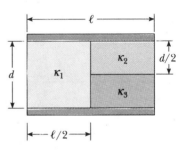

FIGURA P26.80

81. En el arreglo mostrado en la figura P26.81 se aplica un potencial V, y C_1 se ajusta de modo que el voltímetro entre los puntos b y d lea cero. Este "balance" ocurre cuando C_1 = 4.00 μF. Si C_3 = 9.00 μF y C_4 = 12.0 μF, calcule el valor de C_2.

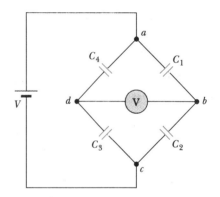

FIGURA P26.81

82. Es posible obtener grandes diferencias de potencial cargando primero un grupo de capacitores conectados en paralelo y activando después un arreglo de interruptores que en efecto desconecten los capacitores de la fuente de carga y unos de otros y que los reconecta en un arreglo en serie. El grupo de capacitores cargados se descarga luego en serie. ¿Cuál es la diferencia de potencial máxima que puede obtenerse de esta manera utilizando diez capacitores cada uno de 500 μF y una fuente de carga de 800 V?

83. Un capacitor de placas paralelas con separación de placas d se carga hasta una diferencia de potencial V_0. Una placa dieléctrica de espesor d y constante dieléctrica κ se introduce entre las placas *mientras la batería permanece conectada a éstas*. a) Muestre que la proporción entre la energía almacenada después de que el dieléctrico se introduce y la energía almacenada en el capacitor vacío es $U/U_0 = \kappa$. Brinde una explicación física para este aumento en la energía almacenada. b) ¿Qué sucede con la car-

ga en el capacitor? (Advierta que esta situación no es la misma que la del ejemplo 26.7, en la cual la batería se quitó del circuito antes de introducir el dieléctrico.)

84. Un capacitor de placas paralelas con placas de área A y separación de placas d tiene la región entre éstas llena con dos materiales dieléctricos, como la figura P26.84. a) Determine la capacitancia, y b) muestre que cuando $\kappa_1 = \kappa_2 = \kappa$, su resultado se vuelve el mismo que el correspondiente a un capacitor que contiene un solo dieléctrico: $C = \kappa\varepsilon_0 A/d$.

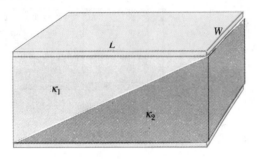

FIGURA P26.84

85. Un capacitor de placas paralelas vertical está lleno a la mitad con un dieléctrico para el cual la constante dieléctrica es 2.0 (Fig. P26.85a). Cuando este capacitor se pone horizontalmente, ¿qué fracción del mismo debe llenarse con el mismo dieléctrico (Fig. P26.85b) con el fin de que los dos capacitores tengan igual capacitancia?

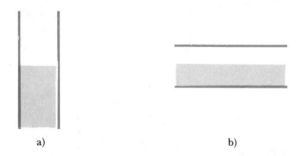

a)   b)

FIGURA P26.85

86. Los capacitores $C_1 = 6.00\ \mu F$ y $C_2 = 2.00\ \mu F$ están cargados como una combinación en paralelo conectada a una batería de 250 V. Los capacitores se desconectan de la batería y uno del otro. Luego se conectan placa positiva a placa negativa y placa negativa a placa positiva. Calcule la carga resultante en cada capacitor.

87. Una pila de N placas tiene placas alternas conectadas para formar un capacitor similar al que se muestra en la figura P26.18. Las placas adyacentes están separadas por un dieléctrico de espesor d. La constante dieléctrica es κ, y el área de traslape de placas adyacentes es A. Muestre que la capacitancia de esta pila de placas es $C = \dfrac{\kappa\varepsilon_0 A}{d}(N-1)$.

88. Una balanza de Coulomb se construye con dos placas paralelas, cada una un cuadrado de 10.0 cm. La placa superior es móvil. Una masa de 25.0 mg se pone sobre la placa superior y se observa que la placa desciende; después se elimina la masa. Cuando se aplica una diferencia de po-

tencial a las placas, se descubre que el voltaje aplicado debe ser igual a 375 V para hacer que la placa superior descienda la misma cantidad cuando ella baja en el momento que la masa está adentro. Si la fuerza ejercida sobre cada placa por la otra es $F = Q^2/2\varepsilon_0 A$, calcule lo siguiente, suponiendo un voltaje aplicado de 375 V: a) la carga en las placas, b) el campo eléctrico entre ellas, c) su distancia de separación, y d) la capacitancia de este capacitor.

89. El conductor interior de un cable coaxial tiene un radio de 0.80 mm y el radio interior del conductor exterior es igual a 3.00 mm, el espacio entre los conductores se llena con polietileno. El cual tiene una constante dieléctrica de 2.3 y una resistencia dieléctrica de 18×10^6 V/m. ¿Cuál es la diferencia de potencial máxima que este cable puede soportar?

90. Usted es responsable de mejorar el diseño de un cable coaxial para un gran fabricante. Demuestre que para un radio de conductor exterior dado b la máxima capacidad de diferencia de potencial se alcanza cuando el radio del conductor interior es $a = b/e$, donde e es la base de los logaritmos naturales.

91. Calcule la capacitancia equivalente entre los puntos a y b en la figura P26.91. Advierta que esto no es una simple combinación en serie o en paralelo. (*Sugerencia:* Suponga una diferencia de potencial V entre los puntos a y b. Escriba expresiones para V_{ab} en función de las cargas y las capacitancias para las diversas trayectorias posibles de a a b y establezca conservación de carga para aquellas placas de capacitor que están conectadas entre sí.)

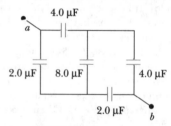

FIGURA P26.91

92. Determine la capacitancia efectiva de la combinación mostrada en la figura P26.92. (*Sugerencia:* ¡Considere la simetría comprendida!)

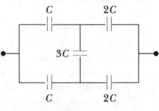

FIGURA P26.92

93. Considere dos largos alambres paralelos y cargados opuestamente de radio d con sus centros separados por una distancia D. Suponiendo que la carga se distribuye de manera uniforme sobre la superficie de cada alambre, muestre que la capacitancia por unidad de longitud de este par de alambres es

$$\frac{C}{\ell} = \frac{\pi\epsilon_0}{\ln\left(\dfrac{D-d}{d}\right)}$$

CAPÍTULO 27

Corriente y resistencia

Fotografía de una lámpara incandescente de filamento de carbón. La resistencia de una lámpara de este tipo es, en general, de 10 Ω, aunque su valor cambia con la temperatura. Los focos eléctricos más modernos usan filamentos de tungsteno, cuya resistencia aumenta con el incremento de temperatura. *(Cortesía de Central Scientific Co.)*

Hasta ahora nuestro estudio de los fenómenos eléctricos se ha limitado a las cargas en reposo, o a la electrostática. Consideraremos ahora situaciones que incluyen cargas eléctricas en movimiento. El término *corriente eléctrica*, o simplemente *corriente*, se emplea para describir la tasa de flujo de carga que pasa por alguna región del espacio. La mayor parte de las aplicaciones prácticas de la electricidad tienen que ver con corrientes eléctricas. Por ejemplo, la batería de una luz de destellos suministra corriente al filamento de la bombilla cuando el interruptor se conecta. Una gran variedad de aparatos domésticos funcionan con corriente alterna. En estas situaciones comunes, el flujo de carga fluye por un conductor, por ejemplo, un alambre de cobre. Es también posible que existan corrientes fuera de un conductor. Por ejemplo, una haz de electrones en el tubo de imagen de una TV constituye una corriente.

En este capítulo definimos primero corriente y densidad de corriente. Se brinda una descripción microscópica de corriente, y se analizan algunos de los factores que contribuyen a la resistencia al flujo de carga en conductores. Los mecanismos responsables de la resistencia eléctrica de diversos materiales dependen de la composición del material y de la temperatura. Se utiliza un modelo clásico para describir la conducción eléctrica en metales, y se señalan las limitaciones de dicho modelo.

27.1 CORRIENTE ELÉCTRICA

Siempre que se mueven cargas eléctricas de igual signo se establece una *corriente eléctrica*. Para definir la corriente de manera más precisa, suponga que las cargas se mueven perpendiculares a una superficie de área A, como en la figura 27.1. (Ésta sería el área de la sección transversal de un alambre, por ejemplo.) La **corriente** es *la tasa a la cual fluye la carga por esta superficie*. Si ΔQ es la cantidad de carga que pasa por esta área en un intervalo de tiempo Δt, la **corriente promedio**, I_{pro}, es igual a la carga que pasa por A por unidad de tiempo:

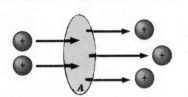

FIGURA 27.1 Cargas en movimiento a través de un área A. La tasa de flujo de carga en el tiempo a través del área se define como la corriente I. La dirección de la corriente es la dirección a la cual la carga positiva fluiría si tuviera libertad de hacerlo.

$$I_{pro} = \frac{\Delta Q}{\Delta t} \qquad (27.1)$$

Si la tasa a la cual fluye la carga varía en el tiempo, la corriente también varía en el tiempo, y definimos a la **corriente instantánea** I como el límite diferencial de la ecuación 27.1:

$$I \equiv \frac{dQ}{dt} \qquad (27.2)$$

Como aprendimos en la sección 23.3, la unidad de corriente del SI es el **ampere** (A):

$$1A = \frac{1\ C}{1\ s} \qquad (27.3)$$

Esto significa que 1 A de corriente es equivalente a 1 C de carga que pasa por el área de la superficie en 1 s.

Las cargas que pasan por la superficie en la figura 27.1 pueden ser positivas, negativas o de ambos signos. Es una convención *dar a la corriente la misma dirección que la del flujo de carga positiva*. En un conductor como el cobre la corriente se debe al movimiento de electrones cargados negativamente. Por lo tanto, cuando hablamos de corriente en un conductor ordinario, como un alambre de cobre, *la dirección de la corriente es opuesta a la dirección de flujo de los electrones*. Por otra parte, si se considera un haz de protones cargados positivamente en un acelerador, la corriente está en la dirección del movimiento de los protones. En algunos casos —gases y electrolitos, por ejemplo— la corriente es el resultado del flujo tanto de cargas positivas como negativas. Es común referirse a una carga en movimiento (ya sea positiva o negativa) como un *portador de carga* móvil. Por ejemplo, los portadores de carga en un metal son los electrones.

Es útil relacionar la corriente con el movimiento de partículas cargadas. Para ilustrar este punto, considere la corriente en un conductor de área de sección transversal A (figura 27.2). El volumen de un elemento del conductor de longitud Δx (la región sombreada en la figura 27.2) es $A\,\Delta x$. Si n representa el número de portadores de carga móvil por unidad de volumen, entonces el número de portadores de carga móvil en el elemento de volumen es $nA\,\Delta x$. Por lo tanto, la carga ΔQ en este elemento es

$$\Delta Q = \text{Número de cargas} \times \text{carga por partícula} = (nA\,\Delta x)\,q$$

donde q es la carga en cada partícula. Si los portadores de carga se mueven con una velocidad v_d, la distancia que se mueven en un tiempo Δt es $\Delta x = v_d \Delta t$. En consecuencia, podemos escribir Δq en la forma

$$\Delta Q = (nAv_d\,\Delta t)\,q$$

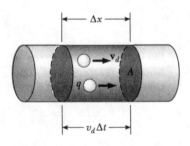

FIGURA 27.2 Una sección de un conductor uniforme de área de sección transversal A. Los portadores de carga se mueven con una velocidad v_d y la distancia que recorren en un tiempo Δt está dada por $\Delta x = v_d \Delta t$. El número de portadores de carga móviles en la sección de longitud Δx está dado por $nAv_d\Delta T$, donde n es el número de portadores de carga móviles por unidad de volumen.

Si dividimos ambos lados de la ecuación por Δt, vemos que la corriente en el conductor está dada por

$$I = \frac{\Delta Q}{\Delta t} = nqv_d A \qquad (27.4)$$

Corriente en un conductor

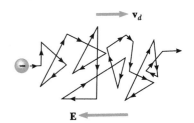

La velocidad de los portadores de carga, v_d, es en realidad una velocidad promedio conocida como la **velocidad de arrastre** o como **velocidad de deriva**. Para entender su significado, considere un conductor en el cual los portadores de carga son electrones libres. Si el conductor está aislado, estos electrones experimentan movimiento aleatorio similar al de las moléculas de gas. Cuando una diferencia de potencial se aplica a través del conductor (digamos, por medio de una batería), se establece un campo eléctrico en el conductor y este campo crea una fuerza eléctrica sobre los electrones y, en consecuencia, una corriente. En realidad, los electrones no se mueven en líneas rectas a lo largo del conductor. En lugar de eso, experimentan repetidos choques con los átomos del metal y el resultado es un complicado movimiento en zigzag (figura 27.3). La energía transferida de los electrones a los átomos del metal durante los choques origina un aumento en la energía vibratoria de los átomos y un correspondiente incremento en la temperatura del conductor. Sin embargo, a pesar de los choques, los electrones se mueven lentamente a lo largo del conductor (en una dirección opuesta E) a la velocidad de arrastre, $\mathbf{v}_d$. El trabajo hecho por el campo sobre los electrones supera la pérdida de energía promedio debida a los choques, y esto brinda una corriente estable. Uno puede considerar los choques de los electrones dentro de un conductor como si fuera una fricción interna efectiva (o fuerza de arrastre), similar a la que experimentan las moléculas de un líquido que fluye a través de una tubería obstruida con virutas de acero.

FIGURA 27.3 Representación esquemática del movimiento en zigzag de un portador de carga en un conductor. Los cambios de dirección se deben a choques con átomos en el conductor. Advierta que el movimiento neto de los electrones es opuesto a la dirección del campo eléctrico. Las trayectorias en zigzag son en realidad segmentos parabólicos.

EJEMPLO 27.1 Velocidad de arrastre en un alambre de cobre

Un alambre de cobre de 3.00×10^{-6} m² de área de sección transversal conduce una corriente de 10.0 A. Determine la velocidad de arrastre de los electrones en este alambre. La densidad del cobre es 8.95 g/cm³.

Solución A partir de la tabla periódica de los elementos, en el apéndice C, encontramos que la masa atómica del cobre es 63.5 g/mol. Recuerde que una masa atómica de cualquier sustancia contiene un número de Avogadro de átomos, 6.02×10^{23} átomos. Conocer la densidad del cobre nos permite calcular el volumen ocupado por 63.5 g de cobre:

$$V = \frac{m}{\rho} = \frac{63.5 \text{ g}}{8.95 \text{ g/cm}^3} = 7.09 \text{ cm}^3$$

Si suponemos después de esto que cada átomo de cobre aporta un electrón libre al cuerpo del material, tenemos

$$n = \frac{6.02 \times 10^{23} \text{ electrones}}{7.09 \text{ cm}^3}$$

$$= 8.48 \times 10^{22} \text{ electrones/cm}^3$$

$$= \left(8.48 \times 10^{22} \frac{\text{electrones}}{\text{cm}^3} \right) \left(10^6 \frac{\text{cm}^3}{\text{m}^3} \right)$$

$$= 8.48 \;\; 10^{28} \text{ electrones/m}^3$$

De la ecuación 27.4, encontramos que la velocidad de arrastre es

$$v_d = \frac{I}{nqA}$$

$$= \frac{10.0 \text{ C/s}}{(8.48 \times 10^{28} \text{ m}^{-3})(1.60 \times 10^{-19} \text{ C})(3.00 \times 10^{-6} \text{ m}^2)}$$

$$= \boxed{2.46 \times 10^{-4} \text{ m/s}}$$

El ejemplo 27.1 muestra que las velocidades de arrastre característicos son muy pequeñas. En realidad, la velocidad de arrastre es mucho más pequeña que la velocidad promedio entre choques. Por ejemplo, los electrones que viajan con esta velocidad de arrastre ¡tardarían aproximadamente 68 min para viajar 1 m! En vista de esta baja velocidad tal vez le sorprenda por qué la luz se produce casi instantáneamente cuando se conecta un interruptor. Esto puede explicarse considerando el flujo de agua a través de una tubería. Si una gota de agua se fuerza en un extremo de una tubería que ya está llena de agua, una gota debe empujarse fuera del otro extremo. Si bien puede tardar un largo tiempo para que las gotas de agua individuales recorran la tubería, un flujo iniciado en un extremo produce un flujo similar en el otro muy rápidamente. En un conductor, el campo eléctrico que impulsa a los electrones libres viaja por el conductor con una velocidad cercana a la de la luz. Así, cuando usted oprime un interruptor de luz, el mensaje para que los electrones empiecen a moverse a través del alambre (el campo eléctrico) los alcanza a una velocidad del orden del 10^8 m/s.

27.2 RESISTENCIA Y LEY DE OHM

Anteriormente, encontramos que no puede haber campo eléctrico dentro de un conductor. Sin embargo, este enunciado es verdadero *sólo* si el conductor está en equilibrio estático. El propósito de esta sección es describir qué sucede cuando se deja que las cargas se muevan en el conductor.

Las cargas se mueven en un conductor para producir una corriente bajo la acción de un campo eléctrico dentro del conductor. Un campo eléctrico puede existir en el conductor en este caso debido a que estamos tratando con cargas en movimiento, una situación *no electrostática*.

Considere un conductor de área de sección transversal A que conduce una corriente I. La **densidad de corriente** J en el conductor se define como la corriente por unidad de área. Puesto que la corriente $I = nqv_dA$, la densidad de corriente es

$$J \equiv \frac{I}{A} = nqv_d \qquad (27.5)$$

donde J tiene unidades del SI A/m². La expresión es válida sólo si la densidad de corriente es uniforme y sólo si la superficie del área de la sección transversal A es perpendicular a la dirección de la corriente. En general, la densidad de corriente es una *cantidad vectorial*:

Densidad de corriente

$$\mathbf{J} = nq\mathbf{v}_d \qquad (27.6)$$

A partir de esta definición, vemos otra vez que la densidad de corriente, al igual que la corriente, está en la dirección del movimiento de carga de los portadores de carga positiva y se opone a la dirección de movimiento de los portadores de carga negativa.

Una densidad de corriente $\mathbf{J}$ *y un campo eléctrico* $\mathbf{E}$ *se establece en un conductor cuando se mantiene una diferencia de potencial a través del conductor.* Si la diferencia de potencial es constante, la corriente también lo es. Es muy común que la densidad de corriente sea proporcional al campo eléctrico:

Ley de Ohm

$$\mathbf{J} = \sigma\mathbf{E} \qquad (27.7)$$

donde la constante de proporcionalidad σ recibe el nombre de **conductividad** del conductor.[1] Los materiales que obedecen la ecuación 27.7 se dice que cumplan la ley de Ohm, en honor de George Simon Ohm (1787-1854). Más específicamente, la **ley de Ohm** establece que

> en muchos materiales (incluidos la mayor parte de los metales), la proporción entre la densidad de corriente y el campo eléctrico es una constante, σ, que es independiente del campo eléctrico productor de la corriente.

Los materiales que obedecen la ley de Ohm y que, en consecuencia, presentan este comportamiento lineal entre $\mathbf{E}$ y $\mathbf{J}$ se dice que son *óhmicos*. El comportamiento eléc-

[1] No confundir la conductividad σ con la densidad de carga superficial, para la cual se emplea el mismo símbolo.

trico de la mayor parte de los materiales es bastante lineal para pequeños cambios de la corriente. Experimentalmente, sin embargo, se encuentra que no todos los materiales tienen esta propiedad. Los materiales que no obedecen la ley de Ohm se dice que son *no óhmicos*. La ley de Ohm no es una ley fundamental de la naturaleza sino más bien una relación empírica válida sólo para ciertos materiales.

Una forma de la ley de Ohm útil en aplicaciones prácticas puede obtenerse considerando un segmento de un alambre recto de área de sección transversal A y longitud ℓ, como se ve en la figura 27.4. Una diferencia de potencial $V = V_b - V_a$ se mantiene a través del alambre, creando un campo eléctrico en éste y una corriente. Si el campo eléctrico en el alambre se supone uniforme, la diferencia de potencial se relaciona con el campo eléctrico por medio de la relación[2]

$$V = E\ell$$

Por lo tanto, podemos expresar la magnitud de la densidad de la corriente en el alambre como

$$J = \sigma E = \sigma \frac{V}{\ell}$$

Puesto que $J = I/A$, la diferencia de potencial puede escribirse

$$V = \frac{\ell}{\sigma} J = \left(\frac{\ell}{\sigma A}\right) I$$

La cantidad $\ell/\sigma A$ se denomina la **resistencia** R del conductor. De acuerdo con la última expresión, podemos definir la resistencia como la razón entre la diferencia de potencial a través del conductor y la corriente:

$$R = \frac{\ell}{\sigma A} \equiv \frac{V}{I} \qquad (27.8)$$

Resistencia de un conductor

A partir de este resultado vemos que la resistencia tiene unidades SI de volts por ampere. Un volt por ampere se define como un ohm (Ω).

$$1\ \Omega \equiv \frac{1\ \text{V}}{1\ \text{A}} \qquad (27.9)$$

Es decir, si una diferencia de potencial de 1 V a través de un conductor produce una corriente de 1 A, la resistencia del conductor es 1 Ω. Por ejemplo, si un aparato eléctrico conectado a una fuente de 120 V conduce una corriente de 6 A, su resistencia es de 20 Ω.

El inverso de la conductividad es la **resistividad** ρ:

$$\rho \equiv \frac{1}{\sigma} \qquad (27.10)$$

Resistividad

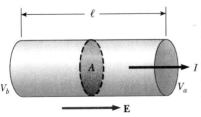

FIGURA 27.4 Un conductor uniforme de longitud ℓ y área de sección transversal A. Una diferencia de potencial $V_b - V_a$ mantenida a través del conductor establece un campo eléctrico **E** en éste, y dicho campo produce una corriente I que es proporcional a la diferencia de potencial.

---

[2] Este resultado sigue de la definición de diferencia de potencial:

$$V_b - V_a = -\int_a^b \mathbf{E} \cdot d\mathbf{s} = E\int_0^{\ell} dx = E\ell$$

Empleando esta definición y la ecuación 27.8, podemos expresar la resistencia como

Resistencia de un conductor uniforme

$$R = \rho \frac{\ell}{A}$$

(27.11)

Una variada colección de resistores empleados en diferentes aplicaciones en circuitos electrónicos. *(Henry Leap y Jim Lehman)*

donde ρ tiene las unidades ohm-metros ($\Omega \cdot m$). (El símbolo ρ para resistividad no debe confundirse con el mismo símbolo utilizado antes para la densidad de masa y la densidad de carga.) Todo material óhmico tiene una resistividad característica que depende de las propiedades del material y la temperatura. Por otra parte, como usted puede ver de la ecuación 27.11, la resistencia de una sustancia depende de la simple geometría, así como de la resistividad. Los buenos conductores eléctricos tienen muy baja resistividad (o alta conductividad), y los buenos aisladores tienen una resistividad muy elevada (baja conductividad). La tabla 27.1 presenta las resistividades de varios materiales a 20°C. Advierta la enorme gama de resistividades, desde valores muy bajos para buenos conductores, como el cobre y la plata, hasta valores muy altos para buenos aisladores, como el vidrio y el caucho. Un conductor ideal, o "perfecto", tendría resistividad cero, y un aislador ideal tendría resistividad infinita.

La ecuación 27.11 muestra que la resistencia de un conductor cilíndrico determinado es proporcional a su longitud e inversamente proporcional al área de su sección transversal. Si se duplica la longitud de un alambre, se dobla su resistencia. Si el área de la sección transversal aumenta al doble, su resistencia se reduce a la mitad. La situación es análoga a la del flujo de un líquido por una tubería. Cuando la longitud de la tubería se incrementa, la resistencia al flujo crece. Cuando lo que aumenta es el área de la sección transversal, la tubería puede transportar líquido más fácilmente.

TABLA 27.1   Resistividades y coeficientes de temperatura de resistividad para diversos materiales

Material	Resistividad[a] ($\Omega \cdot m$)	Coeficiente de temperatura $\alpha\ [(°C)^{-1}]$
Plata	1.59×10^{-8}	3.8×10^{-3}
Cobre	1.7×10^{-8}	3.9×10^{-3}
Oro	2.44×10^{-8}	3.4×10^{-3}
Aluminio	2.82×10^{-8}	3.9×10^{-3}
Tungsteno	5.6×10^{-8}	4.5×10^{-3}
Hierro	10×10^{-8}	5.0×10^{-3}
Platino	11×10^{-8}	3.92×10^{-3}
Plomo	22×10^{-8}	3.9×10^{-3}
Nicromio[b]	1.50×10^{-6}	0.4×10^{-3}
Carbón	3.5×10^{-5}	-0.5×10^{-3}
Germanio	0.46	-48×10^{-3}
Silicio	640	-75×10^{-3}
Vidrio	$10^{10} - 10^{14}$	
Caucho duro	$\approx 10^{13}$	
Azufre	10^{15}	
Cuarzo fundido	75×10^{16}	

[a] Todos los valores a 20°C.
[b] Una aleación de níquel-cromio utilizada comúnmente en elementos calefactores.

TABLA 27.2 Código de colores para resistores

Color	Número	Multiplicador	Tolerancia (%)
Negro	0	1	
Café	1	10^1	
Rojo	2	10^2	
Naranja	3	10^3	
Amarillo	4	10^4	
Verde	5	10^5	
Azul	6	10^6	
Violeta	7	10^7	
Gris	8	10^8	
Blanco	9	10^9	
Oro		10^{-1}	5%
Plata		10^{-2}	10%
Sin color			20%

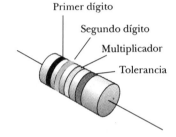

La mayor parte de los circuitos eléctricos usan dispositivos conocidos como **resistores** para controlar el nivel de corriente en las diferentes partes del circuito. Dos tipos comunes de resistores son el resistor de composición, que contiene carbón y que es un semiconductor, y el resistor de alambre enrollado, el cual consta de una bobina de alambre. Los resistores normalmente se codifican por medio de colores para proporcionar sus valores en ohms, como se indica en la figura 27.5 y en la tabla 27.2.

Los materiales óhmicos tienen una relación lineal de corriente-voltaje en un largo intervalo de voltajes aplicados (figura 27.6a). La pendiente de la curva *I* contra *V* en la región lineal produce un valor de *R*. Los materiales no óhmicos tienen una relación corriente-voltaje no lineal. Un dispositivo semiconductor común que tiene características no lineales *I* contra *V* es el diodo (figura 27.6b). La resistencia de este dispositivo (inversamente proporcional a la pendiente de su curva *I* contra *V*) es pequeña para corrientes en una dirección (*V* positivo) y grande para corrientes en la dirección opuesta (*V* negativo). En realidad, casi todos los dispositivos electrónicos modernos, como los transistores, tienen relaciones corriente-voltaje no lineales; su operación adecuada depende de la manera particular en la cual violen la ley de Ohm.

FIGURA 27.5 Las bandas de color en un resistor representan un código para determinar el valor de su resistencia. Los primeros dos colores brindan los primeros dos dígitos en el valor de la resistencia. El tercer color representa la potencia de diez para el multiplicador del valor de la resistencia. El último color es la tolerancia del valor de la resistencia. Como un ejemplo, si los cuatros colores son naranja, azul, amarillo y oro, el valor de la resistencia es $36 \times 10^4\ \Omega$ o 360 kΩ, con un valor de tolerencia de 18 kΩ (5%).

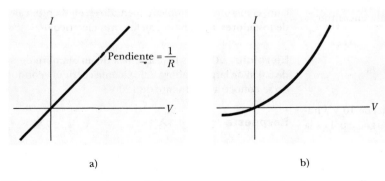

a)

b)

FIGURA 27.6 a) La curva corriente-voltaje para un material óhmico. La curva es lineal, y la pendiente brinda la resistencia del conductor. b) Una curva corriente-voltaje no lineal para un diodo semiconductor. Este dispositivo no obedece la ley de Ohm.

EJEMPLO CONCEPTUAL 27.2   ¿Hay paradoja?

Hemos visto que un campo eléctrico debe existir en el interior de un conductor que conduce corriente. ¿Cómo es esto posible en vista del hecho de que en electrostática concluimos que el campo eléctrico es cero dentro de un conductor?

Razonamiento   En el caso electrostático donde las cargas están estacionarias (capítulos 23 y 24), el campo eléctrico interno debe ser cero debido a que un campo diferente de cero produ-

ciría una corriente (al interactuar con los electrones libres en el conductor), lo cual violaría la condición de equilibrio estático. En este capítulo tratamos con conductores que producen corriente, una situación no electrostática. La corriente se origina debido a una diferencia de potencial aplicada entre los extremos del conductor, lo que produce un campo eléctrico interno. Así que no hay paradoja.

EJEMPLO 27.3   La resistencia de un conductor

Calcule la resistencia de un cilindro de aluminio que mide 10.0 cm de largo y tiene un área de sección transversal de 2.00×10^{-4} m². Repita el cálculo para un cilindro de vidrio de 3.0×10^{10} $\Omega \cdot$ m de resistividad.

Solución   De la ecuación 27.11 y la tabla 27.1 podemos calcular la resistencia del cilindro de aluminio:

$$R = \rho \frac{L}{A} = (2.82 \times 10^{-8} \ \Omega \cdot \mathrm{m}) \left(\frac{0.100 \ \mathrm{m}}{2.00 \times 10^{-4} \ \mathrm{m}^2} \right)$$

$$= \boxed{1.41 \times 10^{-5} \ \Omega}$$

De manera similar, para el vidrio encontramos,

$$R = \rho \frac{L}{A} = (3.0 \times 10^{10} \ \Omega \cdot \mathrm{m}) \left(\frac{0.100 \ \mathrm{m}}{2.00 \times 10^{-4} \ \mathrm{m}^2} \right)$$

$$= \boxed{1.5 \times 10^{13} \ \Omega}$$

Como usted esperaría, el aluminio tiene una resistencia mucho menor que el vidrio. Ésta es la razón por la que el aluminio se considera un buen conductor eléctrico y el vidrio un conductor pobre.

EJEMPLO 27.4   La resistencia de un alambre de nicromio

a) Calcule la resistencia por unidad de longitud de un alambre de nicromio de calibre 22, que tiene un radio de 0.321 mm.

Solución   El área de la sección transversal de este alambre es

$$A = \pi r^2 = \pi (0.321 \times 10^{-3} \ \mathrm{m})^2 = 3.24 \times 10^{-7} \ \mathrm{m}^2$$

La resistividad del nicromio es 1.5×10^{-6} $\Omega \cdot$ m (tabla 27.1). De este modo, podemos usar la ecuación 27.11 para encontrar la resistencia por unidad de longitud:

$$\frac{R}{\ell} = \frac{\rho}{A} = \frac{1.5 \times 10^{-6} \ \Omega \cdot \mathrm{m}}{3.24 \times 10^{-7} \ \mathrm{m}^2} = \boxed{4.6 \ \Omega/\mathrm{m}}$$

b) Si se mantiene una diferencia de potencial de 10 V a través de un alambre de nicromio de 1.0 m de largo, ¿cuál es la corriente en el alambre?

Solución   Puesto que una longitud de 1.0 m de este alambre tiene una resistencia de 4.6 Ω, la ley de Ohm produce

$$I = \frac{V}{R} = \frac{10 \ \mathrm{V}}{4.6 \ \Omega} = \boxed{2.2 \ \mathrm{A}}$$

Observe en la tabla 27.1 que la resistividad del alambre de nicromio es casi 100 veces la del cobre. Por lo tanto, un alambre de cobre del mismo radio tendría una resistencia por unidad de longitud de sólo 0.052 Ω/m. Un alambre de cobre de 1.0 m de largo del mismo radio conduciría la misma corriente (2.2 A) con un voltaje aplicado de sólo 0.11 V.

Debido a esta elevada resistividad y a su resistencia a la oxidación, el nicromio se emplea a menudo en elementos calefactores de tostadores, planchas y calefactores eléctricos.

Ejercicio   ¿Cuál es la resistencia de un alambre de nicromio de 6.0 m de largo y calibre 22? ¿Cuánta corriente conduce cuando se conoce a una fuente de 120 V?

Respuesta   28 Ω, 4.3 A.

Ejercicio   Calcule la densidad de corriente y el campo eléctrico en el alambre suponiendo que por él circula una corriente de 2.2 A.

Respuesta 6.7×10^6 A/m²; 10 N/C.

EJEMPLO 27.5 La resistencia de un cable coaxial

Un cable coaxial consta de dos conductores cilíndricos. El entrehierro entre los conductores está lleno completamente de silicón, como la figura 27.7a. El radio del conductor interno es a = 0.500 cm, el radio del externo es b = 1.75 cm, y su longitud es L = 15.0 cm. Calcule la resistencia total del silicón cuando se mide entre los conductores interno y externo.

Razonamiento   En este tipo de problema debemos dividir el objeto cuya resistencia estamos calculando en elementos de espesor infinitesimal sobre los cuales el área puede considerarse constante. Comenzamos empleando la forma diferencial de la ecuación 27.11, la cual es $dR = \rho \, d\ell/A$, donde dR es la resistencia de una sección de silicón de espesor $d\ell$ y área A. En este ejemplo, tomamos como nuestro elemento un cilindro hueco de espesor dr y longitud L como se muestra en la figura 27.7b. Cualquier corriente que pase entre los conductores interno y externo debe pasar radialmente a través de estos elementos, y el área a través de la cual pasa dicha corriente es $A = 2\pi rL$. (Ésta es el área superficial de nuestro cilindro hueco sin tomar en cuenta el área de sus extremos.) Por lo tanto, podemos escribir la resistencia de nuestro cilindro hueco como

$$dR = \frac{\rho}{2\pi rL} \, dr$$

Solución   Puesto que deseamos conocer la resistencia total del silicón, necesitamos integrar esta expresión sobre dr desde $r = a$ hasta $r = b$:

$$R = \int_a^b dR = \frac{\rho}{2\pi L} \int_a^b \frac{dr}{r} = \frac{\rho}{2\pi L} \ln\left(\frac{b}{a}\right)$$

Al sustituir los valores dados y usar ρ = 640 $\Omega \cdot$ m para el silicón, obtenemos

$$R = \frac{640\ \Omega \cdot \text{m}}{2\pi(0.150\ \text{m})} \ln\left(\frac{1.75\ \text{cm}}{0.500\ \text{cm}}\right) = \boxed{851\ \Omega}$$

Ejercicio   Si una diferencia de potencial de 12.0 V se aplica entre los conductores interno y externo, calcule la corriente total que pasa entre ellos.

Respuesta   14.1 mA.

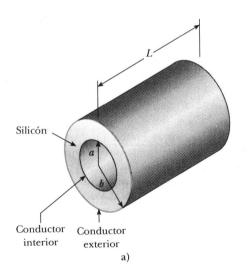

Silicón

a

b

Conductor interior   Conductor exterior

a)

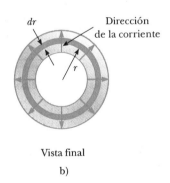

dr Dirección de la corriente

r

Vista final

b)

FIGURA 27.7   (Ejemplo 27.5).

27.3 RESISTENCIA Y TEMPERATURA

La resistividad depende de varios factores, uno de los cuales es la temperatura. En todos los metales la resistividad aumenta con la temperatura creciente. La resistividad de un conductor varía aproximadamente de manera lineal con la temperatura en un intervalo limitado de ésta de acuerdo con la expresión

$$\rho = \rho_0 \left[1 + \alpha(T - T_0)\right] \qquad\qquad \textbf{(27.12)}$$

Variación de ρ con la temperatura

donde ρ es la resistividad a cierta temperatura T (en °C), ρ_0 es la resistividad a determinada temperatura de referencia T_0 (que suele considerarse igual a 20°C) y α se denomina al coeficiente de temperatura de resistividad. De acuerdo con la ecuación 27.12, vemos que el coeficiente de temperatura de resistividad puede expresarse también como

Coeficiente de temperatura de resistividad

$$\alpha = \frac{1}{\rho_0}\frac{\Delta\rho}{\Delta T} \qquad (27.13)$$

donde $\Delta\rho = \rho - \rho_0$ es el cambio de resistividad en el intervalo de temperatura $\Delta T = T - T_0$. (Los coeficientes de temperatura para diversos materiales se brindan en la tabla 27.1.)

Puesto que la resistencia es proporcional a la resistividad, de acuerdo con la ecuación 27.11, la variación de la resistencia con la temperatura puede escribirse como

$$R = R_0[1 + \alpha(T - T_0)] \qquad (27.14)$$

Mediciones de temperatura precisas se llevan a cabo con frecuencia utilizando esta propiedad, como se demuestra en el siguiente ejemplo.

EJEMPLO 27.6   Un termómetro de resistencia de platino

Un termómetro de resistencia, que mide temperatura mediante la medición del cambio de resistencia de un conductor, está hecho de platino y tiene una resistencia de 50.0 Ω a 20.0°C. Cuando se sumerge en un recipiente que contiene indio fundido, su resistencia aumenta a 76.8 Ω. ¿Cuál es el punto de fusión del indio?

Solución   Resolviendo la ecuación 27.14 para ΔT, y obteniendo α de la tabla 27.1, encontramos

$$\Delta T = \frac{R - R_0}{\alpha R_0} = \frac{76.8\ \Omega - 50.0\ \Omega}{[3.92 \times 10^{-3}\ (°\text{C})^{-1}](50.0\ \Omega)} = 137°\text{C}$$

Puesto que $T_0 = 20.0°$C, encontramos que $T = 157°$C.

Para varios metales, la resistividad es casi proporcional a la temperatura, como se indica en la figura 27.8. En realidad, sin embargo, siempre hay una región no lineal a temperaturas muy bajas, y la resistividad suele acercarse a cierto valor finito cerca del cero absoluto (véase la inserción amplificada en la figura 27.8). Esta resistividad residual cerca del cero absoluto se debe principalmente a choques de electrones con impurezas e imperfecciones en el metal. En contraste, la resistividad de alta temperatura (la región lineal) es dominada por choques de electrones con los átomos metálicos. Describimos este proceso con mayor detalle en la sección 27.5.

La resistividad de semiconductores disminuye con el aumento de temperatura, lo que corresponde a un coeficiente de temperatura de resistividad negativo (figura 27.9). Este comportamiento se debe al incremento en la densidad de portadores de

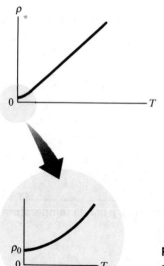

FIGURA 27.8 Resistividad contra temperatura para un metal normal, como el cobre. La curva es lineal en un amplio intervalo de temperaturas, y ρ aumenta con la temperatura creciente. Cuando T se aproxima al cero absoluto (inserto), la resistividad se acerca al valor finito ρ_0.

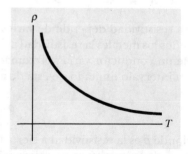

FIGURA 27.9 Resistividad contra temperatura para un semiconductor puro, como el silicio y el germanio.

carga a las temperaturas más elevadas. En vista de que los portadores de carga en un semiconductor se asocian a menudo con átomos de impurezas, la resistividad es muy sensible al tipo y concentración de dichas impurezas. El **termistor** es un termómetro semiconductor que aprovecha los grandes cambios de su resistividad con la temperatura. Volveremos al estudio de semiconductores en el capítulo 43.

27.4 SUPERCONDUCTORES

Hay una clase de metales y compuestos cuya resistencia se hace cero debajo de cierta temperatura, T_c, conocida como *temperatura crítica*. Estos materiales se conocen como **superconductores**. La gráfica resistencia-temperatura para un superconductor sigue a la de un metal normal a temperaturas arriba de T_c (figura 27.10). Cuando la temperatura está en o debajo de T_c la resistividad cae repentinamente hasta cero. Este fenómeno fue descubierto en 1911 por el físico holandés Heike Kamerlingh-Onnes cuando trabajaba con mercurio, el cual es un superconductor abajo de 4.2 K. Mediciones recientes han mostrado que las resistividades de superconductores debajo de T_c son menores que $4 \times 10^{-25}\ \Omega \cdot m$, la cual es aproximadamente 10^{17} veces más pequeña que la resistividad del cobre y se considera igual a cero en la práctica.

En la actualidad hay cientos de superconductores conocidos, y la tabla 27.3 lista las temperaturas críticas de varios de ellos. El valor de T_c es sensible a la composición química, la presión y la estructura cristalina. Es interesante observar que el cobre, la plata y el oro, que son excelentes conductores, no presentan superconductividad.

Uno de los razgos en verdad notables de los superconductores es que una vez que se establece en ellos una corriente, ésta persiste *sin ningún voltaje aplicado* (puesto que $R = 0$). De hecho, se ha observado que corrientes estables ¡persisten en anillos superconductores durante varios años sin decaimiento aparente!

Uno de los desarrollos recientes más importantes de la física que ha creado una gran emoción en la comunidad científica ha sido el descubrimiento de superconductores de óxido de cobre de alta temperatura. La excitación empezó en 1986 con una publicación de George Bednorz y K. Alex Müller, dos científicos que trabajaban en el laboratorio de investigación de IBM en Zurich, quienes informaron de pruebas de superconductividad cerca de 30 K en un óxido de bario, lantanio y cobre. Bednorz y Müller recibieron el premio Nóbel en 1987 por su notable e importante descubrimiento. Poco después, una nueva familia de compuestos fue abierta a la investigación, y la investigación en el campo de la superconductividad prosiguió vigorosamente. A principios de 1987, investigadores de la Universidad de Alabama en Huntsville y de la Universidad de Houston anunciaron el descubrimiento de superconductividad cerca de 92 K en un óxido de itrio, bario y cobre ($YBa_2CU_3O_7$). A finales de ese año, equipos de científicos de Japón y Estados Unidos informaron de superconductividad a 105 K en un óxido de bismuto, estroncio, calcio y cobre. Más recientemente, los científicos han informado de superconductividad a temperaturas tan altas como 134 K en el compuesto. En este punto, la posibilidad de superconductividad a temperatura ambiente no puede descartarse, y la investigación relativa a nuevos materiales superconductores continúa. Estos desarrollos son muy excitantes e importantes tanto por razones científicas como por las aplicaciones prácticas que se volverán más probables y se difundirán con mayor amplitud a medida que aumente la temperatura crítica.

Una aplicación importante y útil de la superconductividad ha sido la construcción de imanes superconductores en los cuales las intensidades de campo magnético son casi 10 veces mayores que las de los mejores electroimanes normales. Esos imanes superconductores se consideran como un medio para almacenar energía. La idea de utilizar líneas de transmisión superconductoras para transmitir electricidad de manera eficiente también está considerándose. Se han construido dispositi-

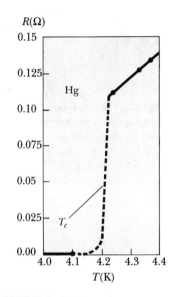

FIGURA 27.10 Resistencia contra temperatura para el mercurio. La gráfica sigue a la de un metal normal arriba de la temperatura crítica, T_c. La resistencia se reduce a cero a la temperatura crítica, que es 4.2 K para el mercurio.

TABLA 27.3 Temperaturas críticas para diversos superconductores

Material	$T_c(K)$
$YBa_2Cu_3O_{7-\delta}$	92
Bi-Sr-Ca-Cu-O	105
Tl-Ba-Ca-Cu-O	125
$HgBa_2Ca_2Cu_3O_8$	134
Nb_3Ge	23.2
Nb_3Sn	18.05
Nb	9.46
Pb	7.18
Hg	4.15
Sn	3.72
Al	1.19
Zn	0.88

Fotografía de un pequeño imán permanente que levita sobre un disco del superconductor $YBa_2Cu_3O_{7-\delta}$, el cual está a 77 K. (*Tony Stone/Worldwide*)

vos electrónicos superconductores modernos que consisten en dos superconductores de película delgada separados por un delgado aislador. Se incluyen magnetómetros (un dispositivo de medición de campo magnético) y diversos dispositivos de microondas.

27.5 UN MODELO PARA LA CONDUCCIÓN ELÉCTRICA

En esta sección describimos un modelo clásico de la conducción eléctrica en metales. Este modelo conduce a la ley de Ohm y demuestra que la resistividad puede relacionarse con el movimiento de electrones en metales.

Considere un conductor como un arreglo regular de átomos que contienen electrones libres (llamados algunas veces electrones de *conducción*). Estos electrones se pueden mover libremente por el conductor y son casi iguales en número al número de átomos. Cuando no hay campo eléctrico, los electrones libres se mueven en direcciones aleatorias a través del conductor con velocidades promedio del orden de 10^6 m/s. La situación es similar al movimiento de las moléculas de gas confinadas en un recipiente. De hecho, algunos científicos se refieren a los electrones de conducción en un metal como un *gas de electrones*. Los electrones de conducción no están totalmente libres debido a que se encuentran confinados en el interior del conductor y experimentan frecuentes choques con los átomos. Estos choques electrón-átomo son el mecanismo predominante de la resistividad de un metal a temperaturas normales. Advierta que no hay corriente a través de un conductor si no hay un campo eléctrico debido a que la velocidad de arrastre de los electrones libres es cero. Es decir, en promedio, igual número de electrones se mueve en una dirección que en la dirección opuesta, por lo que no hay un flujo neto de carga.

La situación se modifica cuando un campo eléctrico se aplica al conductor. Además del movimiento aleatorio que acaba de describirse, los electrones libres se mueven lentamente en una dirección opuesta a la del campo eléctrico con una velocidad de arrastre v_d, que es mucho más pequeña (por lo general de 10^{-4} m/s) que la velocidad promedio entre choques (por lo común de 10^6 m/s). La figura 27.11 brinda una descripción burda del movimiento de los electrones libres en un conductor. Cuando no hay campo eléctrico, no hay desplazamiento neto después de muchos choques (figura 27.11a). Un campo eléctrico **E** modifica el movimiento aleatorio y ocasiona que los electrones se desplacen en una dirección opuesta a la de **E** (figura 27.11b). La ligera curvatura en las trayectorias de la figura 27.11b es resultado de la aceleración de los electrones entre colisiones, causada por el campo aplicado. Un

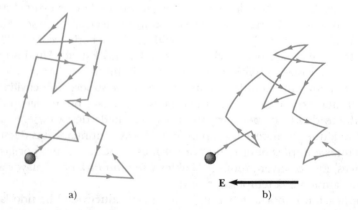

FIGURA 27.11 a) Un diagrama esquemático del movimiento aleatorio de un portador de carga en un conductor en el que no hay campo eléctrico. La velocidad de arrastre es cero. b) El movimiento de un portador de carga en un conductor en el que hay un campo eléctrico. Observe que el movimiento aleatorio es modificado por el campo, y que el portador de carga tiene una velocidad de arrastre.

sistema mecánico algo parecido a esta situación es una pelota que rueda hacia abajo por un plano ligeramente inclinado a través de un arreglo de pequeñas estacas fijas muy cercanas unas de otras (figura 27.12). La pelota representa un electrón de conducción, las estacas representan defectos en la retícula cristalina y la componente de la fuerza gravitacional a lo largo de la pendiente representa la fuerza eléctrica $e\mathbf{E}$.

En nuestro modelo suponemos que el exceso de energía adquirido por los electrones en el campo eléctrico se pierde en el conductor en los procesos de colisión. La energía dada a los átomos en los choques incrementa la energía vibratoria de los átomos, lo que provoca el calentamiento del conductor. El modelo también supone que el movimiento de un electrón después de un choque es independiente de su movimiento antes del mismo.

Después de esto podemos obtener una expresión para la velocidad de arrastre. Cuando un electrón libre de masa m y carga q se somete a un campo eléctrico $\mathbf{E}$, experimenta una fuerza $q\mathbf{E}$. Puesto que $\mathbf{F} = m\mathbf{a}$, concluimos que la aceleración del electrón es

$$\mathbf{a} = \frac{q\mathbf{E}}{m} \qquad (27.15)$$

Esta aceleración, la cual ocurre sólo durante un breve tiempo entre choques, permite al electrón adquirir una pequeña velocidad de arrastre. Si t es el tiempo desde la última colisión y $\mathbf{v}_0$ es la velocidad inicial, entonces la velocidad del electrón después de un tiempo t es

$$\mathbf{v} = \mathbf{v}_0 + \mathbf{a}t = \mathbf{v}_0 + \frac{q\mathbf{E}}{m}\,t \qquad (27.16)$$

Tomamos ahora el valor promedio de $\mathbf{v}$ sobre todos los tiempos posibles t y todos los valores posibles de $\mathbf{v}_0$. Si se supone que las velocidades iniciales se distribuyen aleatoriamente en el espacio, vemos que el valor promedio de $\mathbf{v}_0$ es cero. El término $(q\mathbf{E}/m)t$ es la velocidad añadida por el campo durante un recorrido entre átomos. Si el electrón empieza con velocidad cero, el valor promedio del segundo término de la ecuación 27.16 es $(q\mathbf{E}/m)\tau$, donde τ es el *intervalo de tiempo promedio entre choques sucesivos*. Debido a que el promedio de $\mathbf{v}$ es igual a la velocidad de arrastre,[3] tenemos

$$\mathbf{v}_d = \frac{q\mathbf{E}}{m}\,\tau \qquad (27.17)$$ Velocidad de arrastre

Sustituyendo este resultado en la ecuación 27.6, encontramos que la magnitud de la densidad de corriente es

$$J = nqv_d = \frac{nq^2E}{m}\,\tau \qquad (27.18)$$ Densidad de corriente

Comparando esta expresión con la ley de Ohm, $J = \sigma E$, obtenemos las siguientes relaciones para la conductividad y la resistividad:

$$\sigma = \frac{nq^2\tau}{m} \qquad (27.19)$$ Conductividad

$$\rho = \frac{1}{\sigma} = \frac{m}{nq^2\tau} \qquad (27.20)$$ Resistividad

FIGURA 27.12 Un sistema mecánico más o menos parecido al movimiento de portadores de carga en presencia de un campo eléctrico. Los choques de la pelota con las estacas representan la resistencia al movimiento de la pelota por la pendiente. *(Jim Lehman)*

---

[3] Puesto que el proceso de choque es aleatorio, cada choque es *independiente* de lo que sucede antes. Esto es análogo al proceso aleatorio de lanzar un dado. La probabilidad de que se obtenga un número particular en un lanzamiento es independiente del resultado del lanzamiento previo. En promedio, serían necesarios seis lanzamientos para obtener ese número, empezando en cualquier tiempo arbitrario.

De acuerdo con este modelo clásico, la conductividad y la resistividad no dependen del campo eléctrico. Este razgo es característico de un conductor que obedece la ley de Ohm. El tiempo promedio entre colisiones se relaciona con la distancia promedio entre colisiones ℓ (la trayectoria libre media, sección 21.7) y con la velocidad promedio $\overline{v}$ por medio de la expresión

$$\tau = \frac{\ell}{\overline{v}} \tag{27.21}$$

EJEMPLO 27.7   Choques de electrones en cobre

a) Empleando los datos y resultados del ejemplo 27.1 y el modelo clásico de la conducción de electrones calcule el tiempo promedio entre choques para electrones en cobre a 20°C.

Solución   De la ecuación 27.20 vemos que

$$\tau = \frac{m}{nq^2\rho}$$

donde $\rho = 1.7 \times 10^{-8}\,\Omega \cdot$ m para el cobre y la densidad de portadores $n = 8.48 \times 10^{28}$ electrones/m³ para el alambre descrito en el ejemplo 27.1. La sustitución de estos valores en la expresión anterior produce

$$\tau = \frac{(9.11 \times 10^{-31}\text{ kg})}{(8.48 \times 10^{28}\text{ m}^{-3})(1.6 \times 10^{-19}\text{ C})^2(1.7 \times 10^{-8}\,\Omega\cdot\text{m})}$$

$$= \boxed{2.5 \times 10^{-14}\text{ s}}$$

b) Suponiendo que la velocidad promedio de los electrones libres en cobre sea 1.6×10^6 m/s y utilizando el resultado del inciso a), calcule la trayectoria libre media para los electrones en el cobre.

Solución

$$\ell = \overline{v}\tau = (1.6 \times 10^6\text{ m/s})(2.5 \times 10^{-14}\text{ s})$$

$$= \boxed{4.0 \times 10^{-8}\text{ m}}$$

que es equivalente a 40 nm (comparada con los espaciamientos atómicos de aproximadamente 0.2 nm). Así, a pesar de que el tiempo entre colisiones es muy corto, los electrones recorren cerca de 200 distancias atómicas antes de chocar con un átomo.

Aunque este modelo de conducción clásico es consistente con la ley de Ohm, no es satisfactorio para explicar algunos fenómenos importantes. Por ejemplo, los cálculos clásicos para $\overline{v}$ utilizando el modelo de gas ideal son casi un factor de 10 más pequeños que los valores reales. Además, de acuerdo con las ecuaciones 27.20 y 27.21, se predice que la variación de la resistividad con la temperatura es como $\overline{v}$, lo cual de acuerdo con un modelo de gas ideal (capítulo 21) es proporcional a $\sqrt{T}$. Esto está en desacuerdo con la dependencia lineal de la resistividad con la temperatura en metales puros (figura 27.8). Sólo es posible explicar estas observaciones mediante el modelo de la mecánica cuántica, el cual describiremos brevemente.

Según la mecánica cuántica, los electrones tienen propiedades similares a las de las ondas. Si un arreglo de átomos está espaciado de manera regular (es decir, periódico), el caracter de similitud ondulatoria de los electrones les permite moverse libremente por el conductor, y una colisión con un átomo es improbable. En un conductor idealizado no habría colisiones, la trayectoria libre media sería infinita y la resistividad resultaría cero. Las ondas de electrones se dispersan sólo si el arreglo atómico es irregular (no periódico) como un resultado de, por ejemplo, defectos estructurales o impurezas. A bajas temperaturas la resistividad de metales es dominada por la dispersión provocada por los choques entre los electrones y las impurezas. A elevadas temperaturas, la resistividad es dominada por la dispersión que se produce por las colisiones entre los electrones y los átomos del conductor, los cuales se desplazan continuamente como resultado de la agitación térmica. El movimiento térmico de los átomos hace que la estructura sea irregular (comparada con un arreglo atómico en reposo), razón por la que se reduce la trayectoria libre media de los electrones.

27.6 ENERGÍA ELÉCTRICA Y POTENCIA

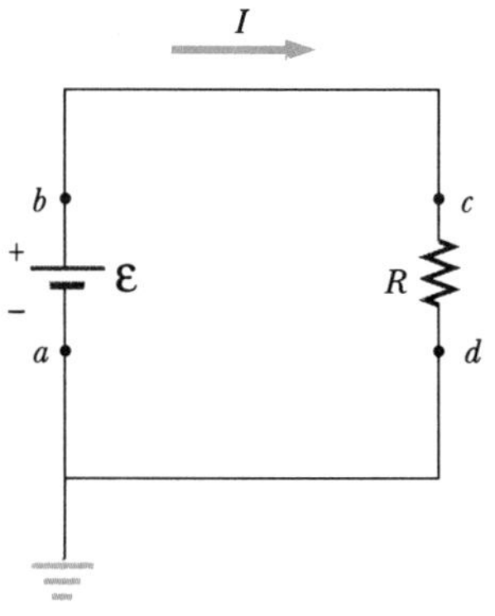

Si se utiliza una batería para establecer una corriente eléctrica en un conductor hay una transformación continua de energía química almacenada en la batería en energía cinética de los portadores de carga. Esta energía cinética se pierde rápidamente como consecuencia de los choques entre los portadores de carga y los átomos que integran al conductor, lo que produce un aumento de la temperatura del conductor. Por lo tanto, vemos que la energía química almacenada en la batería se transforma continuamente en energía térmica.

Considere un circuito sencillo compuesto por una batería cuyas terminales se conectan a un resistor R, como se muestra en la figura 27.13. (Los resistores se designan por medio del símbolo -◁◁◁- .) Imaginémonos ahora siguiendo una cantidad positiva de carga ΔQ que se mueve por el circuito del punto a a través de la batería y el resistor y que regresa a dicho punto a. Éste es un punto de referencia que está conectado a tierra (símbolo de tierra ⏚), y su potencial se considera igual a cero. A medida que la carga se mueve de a a b a través de la batería, su energía potencial eléctrica *aumenta* en una cantidad $V\Delta Q$ (donde V es el potencial en b), mientras la energía potencial química en la batería *disminuye* en la misma cantidad. (Recuerde de la ecuación 25.9 que $\Delta U = q\Delta V$.) Sin embargo, cuando la carga se mueve de c a d a través del resistor, *pierde* esta energía potencial eléctrica cuando choca con los átomos del resistor, produciéndose por ello energía térmica. Si ignoramos la resistencia de los alambres de interconexión, no hay pérdida de energía en las trayectorias bc y da. Cuando la carga regresa al punto a debe tener la misma energía potencial (cero) que tenía al empezar.[4]

La tasa a la cual la carga ΔQ pierde energía potencial al atravesar el resistor es

$$\frac{\Delta U}{\Delta t} = \frac{\Delta Q}{\Delta t} V = IV$$

donde I es la corriente en el circuito. Desde luego, la carga vuelve a ganar esta energía cuando pasa a través de la batería. Puesto que la tasa a la cual la carga pierde energía es igual a la potencia P disipada en el resistor, tenemos

$$P = IV \qquad\qquad \textbf{(27.22)}$$

Potencia

En este caso, la potencia es suministrada a un resistor por una batería. Sin embargo, la ecuación 27.22 puede usarse para determinar la potencia transferida a *cualquier* dispositivo que conduzca una corriente I y tenga una diferencia de potencial V entre sus terminales.

Utilizando la ecuación 27.22 y el hecho de que $V = IR$ para un resistor, podemos expresar la potencia disipada por el resistor en las formas alternativas

$$P = I^2 R = \frac{V^2}{R} \qquad\qquad \textbf{(27.23)}$$

Pérdida de potencia en conductor

Cuando I está en amperes, V en volts y R en ohms, la unidad de potencia del SI es el watt.

FIGURA 27.13 Un circuito compuesto por una batería de fem $\mathcal{E}$ y resistencia R. La carga positiva fluye en la dirección de las manecillas del reloj, desde la terminal negativa hasta la positiva de la batería. Los puntos a y d están conectados a tierra.

---

[4] Observe que cuando la corriente alcanza su valor de estado estable, *no* hay cambio con el tiempo en energía cinética asociada a la corriente.

La potencia perdida como calor en un conductor de resistencia R se denomina *calor joule*,[5] sin embargo, a menudo se nombra como una pérdida I^2R.

Una batería o cualquier otro dispositivo que proporciona energía eléctrica se denomina una fuente de *fuerza electromotriz*, que suele ser conocida como una *fem*. El concepto de fem se analiza con mayor detalle en el capítulo 28. (El concepto *fuerza electromotriz* es desafortunado debido a que describe no una fuerza sino más bien una diferencia de potencial en volts.) *Ignorando la resistencia interna de la batería, la diferencia de potencial entre los puntos a y b en la figura 27.13 es igual a la fem $\mathcal{E}$ de la batería. Es decir,* $V = V_b - V_a = \mathcal{E}$, y la corriente en el circuito es $I = V/R = \mathcal{E}/R$. Puesto que $V = \mathcal{E}$, la potencia suministrada por la fem puede expresarse como $P = I\mathcal{E}$, lo cual, desde luego, es igual a la potencia disipada en el resistor, I^2R.

EJEMPLO CONCEPTUAL 27.8

Dos focos eléctricos A y B se conectan a través de la misma diferencia de potencial, como en la figura 27.14. La resistencia de A es dos veces la de B. ¿Cuál foco eléctrico disipa más potencia? ¿Cuál conduce la mayor corriente?

Razonamiento   Debido a que el voltaje en cada foco eléctrico es el mismo, y la potencia disipada por un conductor es $P = V^2/R$, el conductor con la resistencia más baja disipará más potencia. En este caso, la potencia disipada por B es el doble de la de A y brinda dos veces más iluminación. Además, debido a que $P = IV$, vemos que la corriente conducida por B es el doble que la de A

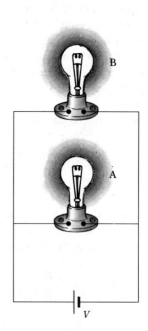

FIGURA 27.14   (Ejemplo conceptual 27.8) Dos focos eléctricos conectados a través de la misma diferencia de potencial.

EJEMPLO 27.9   Potencia en un calefactor eléctrico

Un calefactor eléctrico se construye aplicando una diferencia de potencial de 110 V a un alambre de nicromio de 8.00 Ω de resistencia total. Encuentre la corriente conducida por el alambre y el valor nominal de potencia del calefactor.

Solución   Puesto que $V = IR$, tenemos

$$I = \frac{V}{R} = \frac{110\ \text{V}}{8.00\ \Omega} = \boxed{13.8\ \text{A}}$$

Podemos encontrar el valor nominal de potencia utilizando $P = I^2R$:

$$P = I^2R = (13.8\ \text{A})^2(8.00\ \Omega) = \boxed{1.52\ \text{kW}}$$

Si duplicamos el voltaje aplicado, la corriente se duplicaría pero la potencia se cuatriplicaría.

---

[5] Se denomina *calor joule* aun cuando sus dimensiones son *energía por unidad de tiempo,* las cuales son dimensiones de potencia.

EJEMPLO 27.10 Valor nominal eléctrico de un foco eléctrico

Un foco eléctrico se especifica en 120 V/75 W, lo que significa que su voltaje de operación es 120 V y tiene un valor nominal de potencia de 75.0 W. El foco es activado por un suministro eléctrico de corriente directa de 120 V. Encuentre la corriente en el foco y su resistencia.

Solución Puesto que el valor nominal de potencia del foco es 75.0 W y el voltaje de operación es 120 V, podemos usar $P = IV$ para determinar la corriente:

$$I = \frac{P}{V} = \frac{75.0 \text{ W}}{120 \text{ V}} = \boxed{0.625 \text{ A}}$$

Utilizando la ley de Ohm, $V = IR$, la resistencia se calcula como

$$R = \frac{V}{I} = \frac{120 \text{ V}}{0.625 \text{ A}} = \boxed{192 \ \Omega}$$

Ejercicio ¿Cuál sería la resistencia en una lámpara con un valor nominal de 120 V y 100 W?

Respuesta 144 Ω.

EJEMPLO 27.11 El costo de operación de un foco eléctrico

¿Cuánto cuesta mantener encendido un foco eléctrico de 100 W durante 24 h si la electricidad cuesta ocho centavos de dólar por kilowatt-hora?

Solución Puesto que la energía consumida es igual a la potencia por el tiempo, la cantidad de energía por la que usted debe de pagar, expresada en kWh, es

Energía = (0.10 kW) (24 h) = 2.4 kWh

Si la energía se compra a ocho centavos de dólar kWh, el costo es

Costo = (2.4 kWh) ($0.080/kWh) = $\boxed{\$0.19}$

Es decir, cuesta 19 centavos de dólar operar un foco durante un día. Ésta es una cantidad pequeña, pero cuando se están usando dispositivos más grandes y complejos, el costo sube rápidamente.

Las exigencias en nuestros suministros de energía han hecho necesario estar concientes de los requerimientos de energía de nuestros dispositivos eléctricos. Esto es cierto no sólo porque es más costoso operarlos sino también debido a que, con la merma del carbón y de los recursos petroleros con los que últimamente se nos está brindado la energía eléctrica, se vuelve necesaria una mayor conciencia respecto de la conservación. En cada aparato eléctrico hay una etiqueta que contiene la información que usted necesita para calcular los requerimientos de potencia del dispositivo. El consumo de potencia en watts a menudo se establece directamente, como en los focos. En otros casos, se brindan la cantidad de corriente utilizada por el dispositivo y el voltaje al cual opera. Esta información y la ecuación 27.22 son suficientes para calcular el costo de operación de cualquier dispositivo eléctrico.

Ejercicio Si la electricidad cuesta ocho centavos de dólar por kilowatt-hora, ¿cuánto cuesta operar un horno eléctrico, el cual funciona a 20.0 A y 220 V, durante 5.00 h?

Respuesta 1.76 dólares.

EJEMPLO 27.12 Corriente en un haz de electrones

En cierto acelerador, los electrones emergen con energías de 40.0 MeV (1 MeV = 1.60×10^{-13} J). Los electrones no emergen en una corriente estable, sino en pulsos que se repiten 250 veces por segundo. Esto corresponde a un tiempo entre cada pulso de 4.00 ms en la figura 27.15. Cada pulso dura 200 ns y los electrones en el pulso constituyen una corriente de 250 mA. La corriente es cero entre pulsos. a) ¿Cuántos electrones son entregados por el acelerador por cada pulso?

Solución Podemos usar la ecuación 27.2 en la forma $dQ = I\,dt$ e integrar para encontrar la carga por pulso. Mientras el pulso está ocurriendo la corriente es constante, por lo que

$$Q_{\text{pulso}} = I \int dt = It = (250 \times 10^{-3} \text{ A}) (200 \times 10^{-9} \text{ s})$$
$$= 5.00 \times 10^{-8} \text{ C}$$

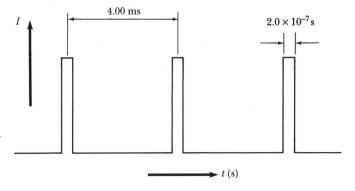

FIGURA 27.15 (Ejemplo 27.12) Corriente contra tiempo para un haz de un pulso de electrones.

Esta cantidad de carga por pulso dividida por la carga electrónica da el número de electrones por pulso:

$$\text{Núm. de electrones por pulso} = \frac{5.00 \times 10^{-18} \text{ C/pulso}}{1.60 \times 10^{-19} \text{ c/electrón}}$$

$$= \boxed{3.13 \times 10^{11} \text{ electrón/pulso}}$$

b) ¿Cuál es la corriente promedio entregada por el acelerador?

Solución   La corriente promedio está dada por la ecuación 27.1, $I = \Delta Q/\Delta t$. Puesto que la duración de un pulso es 4.00 ms, y la carga por pulso se conoce del inciso a), obtenemos

$$I_{\text{pro}} = \frac{Q_{\text{pulso}}}{\Delta t} = \frac{5.00 \times 10^{-18} \text{ C}}{4.00 \times 10^{-3} \text{ s}} = \boxed{12.5 \ \mu\text{A}}$$

Esto representa sólo 0.0005% de la corriente pico.

c) ¿Cuál es la máxima potencia entregada por el haz de electrones?

Solución   Por definición, la potencia es la energía entregada por unidad de tiempo. De este modo, la potencia máxima es igual a la energía entregada por el haz durante el periodo del pulso:

$$P = \frac{E}{\Delta t} = \frac{(3.13 \times 10^{11} \text{ electrón/pulso}) \ (40.0 \text{ MeV/electrón})}{2.00 \times 10^{-7} \text{ s/pulso}}$$

$$= (6.26 \times 10^{19} \text{ Mev/s}) (1.60 \times 10^{-13} \text{ J/MevV})$$

$$= 1.00 \times 10^{7} \text{ W} = \boxed{10.0 \text{ MW}}$$

RESUMEN

La **corriente eléctrica** I en un conductor se define como

$$I \equiv \frac{dQ}{dt} \qquad (27.2)$$

donde dQ es la carga que pasa por una sección transversal del conductor en un tiempo dt. La unidad de corriente del SI es el ampere A) donde $1 \text{ A} = 1 \text{ C/s}$.

La corriente en un conductor se relaciona con el movimiento de los portadores de carga por medio de la relación

$$I = nqv_{d}A \qquad (27.4)$$

donde n es la densidad de portadores de carga, q es su carga, v_{d} es la corriente de arrastre y A es el área de la sección transversal del conductor.

La **densidad de corriente J** en un conductor se define como la corriente por unidad de área:

$$\mathbf{J} = nq\mathbf{v}_{d} \qquad (27.6)$$

La densidad de corriente en un conductor es proporcional al campo eléctrico de acuerdo con la expresión

$$\mathbf{J} = \sigma \mathbf{E} \qquad (27.7)$$

La constante σ se denomina la **conductividad** del material. El inverso de σ se conoce como la **resistividad**, ρ. Es decir, $\rho = 1/\sigma$.

Se dice que un material obedece la ley de Ohm si su conductividad es independiente del campo aplicado.

La **resistencia** R de un conductor se define como la razón entre la diferencia de potencial en el conductor y la corriente:

$$R \equiv \frac{V}{I} \qquad (27.8)$$

Si la resistencia es independiente del voltaje aplicado, el conductor obedece la ley de Ohm.

Si el conductor tiene un área de sección transversal uniforme A y una longitud ℓ, su resistencia es

$$R = \frac{\ell}{\sigma A} = \rho \frac{\ell}{A} \tag{27.11}$$

La unidad de resistencia del SI es volt por ampere, la cual se define como 1 ohm (Ω). Es decir, 1 Ω = 1 V/A.

La resistividad de un conductor varía con la temperatura de una manera aproximadamente lineal, esto es

$$\rho = \rho_0 [1 + \alpha(T - T_0)] \tag{27.12}$$

donde α es el coeficiente de temperatura de resistividad y ρ_0 es la resistividad a cierta temperatura de referencia T_0.

En un modelo clásico de la conducción electrónica en un metal, los electrones se tratan como moléculas de un gas. Cuando no hay un campo eléctrico la velocidad promedio de los electrones es cero. Cuando se aplica un campo eléctrico, los electrones se mueven (en promedio) con una **velocidad de arrastre** $\mathbf{v}_d$ la cual es opuesta al campo eléctrico y está dada por

$$\mathbf{v}_d = \frac{q\mathbf{E}}{m} \tau \tag{27.17}$$

donde τ es el tiempo promedio entre choques con los átomos del metal. La resistividad del material de acuerdo con este modelo es

$$\rho = \frac{m}{nq^2\tau} \tag{27.20}$$

donde n es el número de electrones libres por unidad de volumen.

Si una diferencia de potencial V se mantiene a través de un resistor, la **potencia**, o tasa a la cual se brinda energía al resistor, es

$$P = IV \tag{27.22}$$

Puesto que la diferencia de potencial a través de un resistor está dada por $V = IR$, podemos expresar la resistencia disipada en un resistor en la forma

$$P = I^2 R = \frac{V^2}{R} \tag{27.23}$$

La energía eléctrica suministrada a un resistor aparece en la forma de energía interna (energía térmica) en el resistor.

PREGUNTAS

1. En una analogía entre flujo de tráfico y corriente eléctrica, ¿qué correspondería a la carga Q? ¿Qué correspondería a la corriente I?
2. ¿Qué factores afectan la resistencia de un conductor?
3. ¿Cuál es la diferencia entre resistencia y resistividad?
4. Dos alambres A y B de sección transversal circular se elaboran del mismo metal y tienen igual longitud, pero la resistencia del alambre A es tres veces mayor que la del alambre B. ¿Cuál es la proporción entre sus áreas de sección transversal? ¿Cómo se comparan sus radios?
5. ¿Qué se requiere para mantener una corriente estable en un conductor?
6. ¿Todos los conductores obedecen la ley de Ohm? Brinde ejemplos que justifiquen su respuesta.
7. Cuando se duplica el voltaje a través de cierto conductor, se observa que la corriente aumenta por un factor de 3. ¿Qué puede usted concluir acerca del conductor?
8. En la analogía del agua de un circuito eléctrico, ¿qué corresponde a la alimentación eléctrica, el resistor, la carga y la diferencia de potencial?

9. ¿Por qué un "buen" conductor eléctrico también podría ser un "buen" conductor térmico?

10. Emplee la teoría atómica de la materia para explicar por qué la resistencia térmica de un material debe aumentar cuando crece su temperatura.

11. ¿Cómo cambia la resistencia con la temperatura en el cobre y el silicón? ¿Por qué son diferentes?

12. Explique cómo una corriente puede persistir en un superconductor sin ningún voltaje aplicado.

13. ¿Qué único requerimiento experimental hace que la operación de los dispositivos superconductores resulte costosa? En principio, ¿esta limitación puede superarse?

14. ¿Qué pasaría con la velocidad de arrastre de los electrones en un alambre y con la corriente en el alambre si los electrones se movieran libremente sin resistencia a través del alambre?

15. Si las cargas fluyen muy lentamente por un metal, ¿por qué no se requieren varias horas para que la luz aparezca cuando usted activa un interruptor?

16. En un conductor el campo eléctrico que impulsa a los electrones a través del conductor se propaga con una velocidad cercana a la velocidad de la luz, aunque la velocidad de arrastre de los electrones es muy pequeña. Explique cómo lo anterior puede ser cierto. ¿El mismo electrón se mueve de un extremo del conductor al otro?

17. Dos conductores de la misma longitud y radio están conectados con la misma diferencia de potencial. Un conductor tiene dos veces más resistencia que el otro. ¿Cuál conductor disipará más potencia?

18. Cuando se encienden las lámparas incandescentes, eso ocurre usualmente justo después que son activadas. ¿Por qué?

19. Si usted fuera a diseñar un calefactor eléctrico utilizando alambre de nicromio como elemento calefactor, ¿qué parámetros del alambre variarían para lograr una salida de potencia específica, como 1 000 W?

20. Dos focos eléctricos operan a 110 V, pero uno tiene un valor nominal de potencia de 25 W y el otro de 100 W. ¿Cuál de los focos tienen la resistencia más alta? ¿Cuál de ellos conduce la mayor corriente?

21. Una estructura característica de tarifas mensuales de una empresa eléctrica sería como la siguiente: 1.60 dólares para los primeros 16 kWh, 7.05 centavos de dólar/kWh para los siguientes 34 kWh consumidos, 5.02 centavos de dólar/kWh para los siguientes 50 kWh, 3.25 centavos de dólar/kWh para los siguientes 100 kWh, 2.95 centavos de dólar/kWh para los siguientes 200 kWh, 2.35 centavos de dólar/kWh para todo lo que exceda de 400 kWh. Con base en estas tarifas, ¿cuál sería el cargo correspondiente a 327 kWh?

PROBLEMAS

Sección 27.1 Corriente eléctrica

1. En el modelo de Bohr del átomo de hidrógeno, un electrón en el estado de energía más bajo sigue una trayectoria circular, a 5.29×10^{-11} m del protón. a) Muestre que la velocidad del electrón es 2.19×10^6 m/s. b) ¿Cuál es la corriente efectiva asociada a este electrón orbital?

2. En un tubo de rayos catódicos particular, la corriente del haz medida es 30 μA. ¿Cuántos electrones inciden sobre la pantalla del tubo cada 40 s?

3. Una pequeña esfera que tiene una carga de 8.00 nC se hace girar en un círculo en el extremo de una corriente aislante. La frecuencia angular de rotación es 100 π rad/s. ¿Qué corriente promedio representa esta carga rotatoria?

3A. Una pequeña esfera que tiene una carga q se hace girar en un círculo en el extremo de una corriente aislante. La frecuencia angular de rotación es ω. ¿Qué corriente promedio representa esta carga rotatoria?

4. La cantidad de carga q (en C) que pasa por una superficie de 2.0 cm^2 de área varía con el tiempo como $q = 4t^3 + 5t + 6$, donde t está en segundos. a) ¿Cuál es la corriente instantánea que pasa a través de la superficie en $t = 1.0$ s? b) ¿Cuál es el valor de la densidad de corriente?

5. Una corriente eléctrica está dada por $I(t) = 100.0$ sen$(120\pi t)$, donde I está en amperes y t está en segundos. ¿Cuál es la carga total conducida por la corriente desde $t = 0$ a $t = 1/240$ s?

6. Suponga que la corriente que circula por un conductor disminuye exponencialmente con el tiempo de acuerdo con

$$I(t) = I_0 e^{-t/\tau}$$

donde I_0 es la corriente inicial (en $t = 0$) y τ es una constante que tiene dimensiones de tiempo. Considere un punto de observación fijo dentro del conductor. a) ¿Cuánta carga pasa por este punto entre $t = 0$ y $t = \tau$? b) ¿Cuánta carga pasa por este punto entre $t = 0$ y $t = 10\ \tau$? b) ¿Cuánta carga pasa entre $t = 0$ y $t = \infty$?

7. Un generador Van de Graaff produce un haz de 2.0 MeV deuterones, los cuales son núcleos de hidrógeno pesado que contiene un protón y un neutrón. a) Si la corriente del haz es 10.0 μA, ¿qué tan separados están los deuterones en el haz? b) ¿Su repulsión electrostática es un factor de la estabilidad del haz? Explique.

8. Calcule la velocidad de arrastre promedio de los electrones que viajan por un alambre de cobre con un área de sección transversal de 1.00 mm^2 cuando conducen una corriente de 1.00 A (valores similares a los del alambre eléctrico de su lámpara de estudio). Se sabe que aproximadamente un electrón por átomo de cobre contribuye a la corriente. El peso atómico del cobre es 63.54 y su densidad corresponde a 8.92 g/cm^3.

9. Una barra de distribución de cobre tiene una sección transversal de 5.0 cm $\times$ 15.0 cm y conduce una corriente con una densidad de 2 000 A/cm^2. a) ¿Cuál es la corriente total en la barra de distribución? b) ¿Cuánta carga pasa por un punto dado en la barra por hora?

☐ Indica problemas que tienen soluciones completas disponibles en el *Manual de soluciones del estudiante* y en la *Guía de estudio*.

10. La figura P27.10 representa una sección de un conductor circular de diámetro no uniforme que conduce una corriente de 5.0 A. El radio de la sección transversal A_1 es 0.40 cm. a) ¿Cuál es la magnitud de la densidad de corriente a través de A_1? b) Si la densidad de corriente a través de A_2 es un cuarto del valor a través de A_1, ¿cuál es el radio del conductor en A_2?

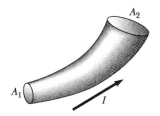

FIGURA P27.10

11. Un conductor coaxial con una longitud de 20 m está compuesto por un cilindro interior con un radio de 3.0 mm y un tubo cilíndrico exterior concéntrico con un radio interior de 9.0 mm. Una corriente de fuga distribuida uniformemente de 10 μA fluye entre los dos conductores. Determine la densidad de la corriente de fuga (en A/m²) a través de una supeficie cilíndrica (concéntrica con los conductores) que tiene un radio de 6.0 mm.

Sección 27.2 Resistencia y ley de Ohm

12. Un conductor de 1.2 cm de radio conduce una corriente de 3.0 A producida por un campo eléctrico de 120 V/m. ¿Cuál es la resistividad del material?

13. Un campo eléctrico de 2 100 V/m se aplica a una trozo de plata de sección transversal uniforme. Calcule la densidad de corriente resultante si la muestra está a una temperatura de 20°C.

14. Un cubo sólido de plata (densidad relativa = 10.50) tiene una masa de 90 g. a) ¿Cuál es la resistencia entre caras opuestas del cubo? b) Si hay un electrón de conducción por cada átomo de plata, determine la velocidad de arrastre promedio de los electrones cuando una diferencia de potencial de 1.0×10^{-5} V se aplica en las caras opuestas. El número atómico de la plata es 47 y su masa atómica es 107.87.

15. Calcule la resistencia a 20°C de un alambre de plata de 40 m de largo que tiene un área de sección transversal de 0.40 mm².

16. Un alambre de calibre 18 tiene un diámetro de 1.024 mm. Calcule la resistencia de 15.0 m de un alambre de cobre de calibre 18 a 20.0°C.

17. Mientras viaja por Death Valley un día en que la temperatura es de 58°C, Bill Hiker encuentra que cierto voltaje aplicado a un alambre de cobre produce una corriente de 1.00 A. Bill viaja luego a la Antártida y aplica el mismo voltaje al mismo alambre. ¿Qué corriente registra si la temperatura es de –88°C? Suponga que no hay cambio en la forma y tamaño del alambre.

18. Un disco circular de radio R y espesor d está hecho de un material con resistividad ρ. Muestre que la resistencia entre los puntos a y b (figura P27.18) es independiente del radio y está dada por $R = \pi\rho/2d$.

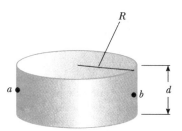

FIGURA P27.18

19. Un alambre metálico de 12.0 Ω se corta en tres pedazos iguales que luego se conectan extremo con extremo para formar un nuevo alambre, cuya longitud es igual a una tercera parte de la longitud original. ¿Cuál es la resistencia de este nuevo alambre?

19A. Un alambre metálico de resistencia R se corta en tres pedazos iguales que luego se conectan extremo con extremo para formar un nuevo alambre, cuya longitud es igual a una tercera parte de la longitud original. ¿Cuál es la resistencia de este nuevo alambre?

20. Los coeficientes de temperatura de resistividad en la tabla 27.1 son a 20°C. ¿Cuáles serían a 0°C? (*Sugerencia:* El coeficiente de temperatura de resistividad a 20°C satisface $\rho = \rho_0[1 + \alpha(T - T_0)]$, donde ρ_0 es la resistividad del material en $T_0 = 20$°C. El coeficiente de temperatura de resistividad, α', a 0°C debe satisfacer $\rho = \rho_0'[1 + \alpha'T]$, donde ρ_0' es la resistividad del material a 0°C.)

21. Un alambre con una resistencia R se alarga hasta 1.25 veces su longitud original jalándolo a través de un pequeño agujero. Encuentre la resistencia del alambre después de alargarlo.

22. Se encuentra que alambres de aluminio y cobre de igual longitud tienen la misma resistencia. ¿Cuál es la proporción de sus radios?

23. Suponga que usted desea fabricar un alambre uniforme a partir de 1.0 g de cobre. Si el alambre va a tener una resistencia de $R = 0.50\,\Omega$, y se va a usar todo el cobre, ¿cuáles serán a) la longitud y b) el diámetro de este alambre?

24. Un termómetro de resistencia de platino, cuando se pone en equilibrio térmico con un objeto, emplea la resistencia medida del platino para determinar la temperatura del objeto. Si dicho termómetro tiene una resistencia de 200.0 Ω cuando se pone en un baño de hielo de 0°C y de 253.8 Ω cuando se sumerge en un crisol que contiene potasio fundido, ¿cuál es el punto de fusión del potasio? (*Sugerencia:* Determine primero la resistencia medida del termómetro a temperatura ambiente, 20°C.)

25. Una diferencia de potencial de 0.90 V se mantiene entre los extremos de un alambre de tungsteno de 1.5 m de largo que tiene un área de sección transversal de 0.60 mm². ¿Cuál es la corriente en el alambre?

26. El haz de electrones que surge de cierto acelerador de electrones de alta energía tiene una sección transversal circular de 1.00 mm de radio. a) Si la corriente del haz es de 8.00 μA, encuentre la densidad de corriente en el mismo, suponiendo que es uniforme en todas partes. b) La velocidad de los electrones es tan cercana a la velocidad de la luz que puede tomarse como $c = 3.00 \times 10^8$ m/s con un error despreciable. Encuentre la densidad

de electrones en el haz. b) ¿Cuánto tardaría para que emergiera un número de Avogadro de electornes del acelerador?

27. Un resistor se construye con una barra de carbón que tiene un área de sección transversal uniforme de 5.0 mm². Cuando una diferencia de potencial de 15 V se aplica entre los extremos de la barra, hay una corriente de 4.0 × 10⁻³ A en la barra. Encuentre a) la resistencia de la barra, y b) su longitud.

28. Una densidad de corriente de 6.0×10^{-13} A/m² existe en la atmósfera donde el campo eléctrico (debido a nubarrones cargados) es de 100 V/m. Calcule la conductividad eléctrica de la atmósfera de la Tierra en esta región.

Sección 27.3 Resistencia y temperatura

29. Un alambre de aluminio con un diámetro de 0.10 mm tiene un campo eléctrico uniforme de 0.20 V/m impuesto a lo largo de toda su longitud. La temperatura del alambre es 50°C. Suponga un electrón libre por átomo. a) Use la información de la tabla 27.1 y determine la resistividad. b) ¿Cuál es la densidad de corriente en el alambre? b) ¿Cuál es la corriente total en el alambre? d) ¿Cuál es la velocidad de arrastre de los electrones de conducción? (e) ¿Qué diferencia de potencial debe de existir entre los extremos de un alambre de 2.0 m de longitud para producir la intensidad de campo eléctrico establecida?

30. La barra en la figura P27.30 está hecha de dos materiales. Ambos tienen una sección transversal cuadrada de 3.0 mm de lado. El primer material tiene una resistividad de $4.00 \times 10^{-3} \, \Omega \cdot m$ y una longitud de 25.0 cm, en tanto que la resistividad del segundo material es igual a $6.00 \times 10^{-3} \, \Omega \cdot m$ y su longitud es 40.0 cm. ¿Cuál es la resistencia entre los extremos de la barra?

30A. La barra en la figura P27.30 está hecha de dos materiales. Ambos tienen una sección transversal cuadrada de lado d. El primer material tiene una resistividad ρ_1 y una longitud L_1, en tanto que la resistividad del segundo material es ρ_2 y su longitud es L_2. ¿Cuál es la resistencia entre los extremos de la barra?

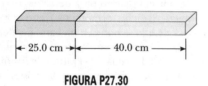

|← 25.0 cm →|← 40.0 cm →|

FIGURA P27.30

31. ¿Cuál es el cambio fraccionario de la resistencia de un filamento de hierro cuando su temperatura cambia de 25°C a 50°C?

32. La resistencia de un alambre de platino se va a calibrar para mediciones de baja temperatura. Un alambre de platino con resistencia de 1.00 Ω a 20.0°C se sumerge en nitrógeno líquido a 77 K (−196°C). Si la respuesta de temperatura del alambre de platino es lineal, ¿cuál es la resistencia esperada del alambre de platino a −196°C? ($\alpha_{platino} = 3.92 \times 10^{-3}$/°C)

33. Si un alambre de cobre tiene una resistencia de 18 Ω a 20°C, ¿qué resistencia tendrá a 60°C? (Ignore cualquier cambio en la longitud o en el área de la sección transversal debido al cambio de temperatura.)

34. Un alambre de carbón y un alambre de nicromio se conectan en serie. Si la combinación tiene una resistencia de 10.0 kΩ a 0°C, ¿cuál es la resistencia de cada alambre a 0°C de manera que la resistencia de la combinación no cambie con la temperatura?

34A. Un alambre de carbón y un alambre de nicromio se conectan en serie. Si la combinación tiene una resistencia R a T_0, ¿cuál es la resistencia de cada alambre a T_0 de manera que la resistencia de la combinación no cambie con la temperatura?

35. ¿A qué temperatura el tungsteno tendrá una resistividad cuatro veces la del cobre? (Suponga que el cobre está a 20°C.)

36. Un segmento de un alambre de nicromio está inicialmente a 20°C. Utilizando los datos de la tabla 27.1, calcule la temperatura a la cual el alambre debe calentarse para duplicar su resistencia.

37. A 45.0°C, la resistencia de un segmento de un alambre de oro es de 85.0 Ω. Cuando el alambre se pone en un baño líquido, la resistencia disminuye hasta 80.0 Ω. ¿Cuál es la temperatura del baño?

38. Una bobina calefactora de 500 W diseñada para operar a 110 V está hecha de alambre de nicromio de 0.50 mm de diámetro. a) Suponiendo que la resistividad del nicromio permanece constante en su valor a 20°C, encuentre la longitud del alambre utilizada. b) Considere luego la variación de la resistividad con la temperatura. ¿Qué potencia en realidad entregará la bobina del inciso a) cuando se caliente hasta 1 200°C?

Sección 27.5 Un modelo para la conducción eléctrica

39. Calcule la densidad de corriente en un alambre de oro en el que haya un campo eléctrico de 0.74 V/m.

40. Si la velocidad de arrastre de los electrones libres en un alambre de cobre es 7.84×10^{-4} m/s, calcule el campo eléctrico en el conductor.

41. Utilice los datos del ejemplo 27.1 para calcular la trayectoria libre media de choque de los electrones en cobre si la velocidad térmica promedio de los electrones de conducción es 8.6×10^{5} m/s.

42. Si la corriente conducida por un conductor se duplica, ¿qué pasa con a) la densidad de los portadores de carga? b) ¿La densidad de corriente? b) ¿La velocidad de arrastre de los electrones? d) ¿El tiempo promedio entre colisiones?

Sección 27.6 Energía eléctrica y potencia

43. Una batería de 10 V se conecta a un resistor de 120 Ω. Ignorando la resistencia interna de la batería, calcule la potencia disipada en el resistor.

44. Una bobina de alambre de nicromio mide 25.0 m de largo. El alambre tiene un diámetro de 0.40 mm y se encuentra a 20.0°C. Si conduce una corriente de 0.50 A, ¿cuáles son a) la intensidad de campo eléctrico en el alambre y b) la potencia disipada en él? b) Si la temperatura se

incrementa hasta 340°C y el voltaje a través del alambre permanece constante, ¿cuál es la potencia disipada?

45. Suponga que un sobrevoltaje produce 140 V durante un momento. ¿En qué porcentaje aumentará la salida de un foco eléctrico de 100 W y 120 V, suponiendo que su resistencia no cambia?

46. Un tipo particular de batería de automóvil se caracteriza por la especificación de "360 ampere-hora y 12 V". ¿Qué energía total puede entregar la batería?

47. Las baterías se especifican en términos de ampere-horas (A · h), donde una batería especificada a 1.0 A · h puede producir una corriente de 1.0 A durante 1.0 h. a) ¿Cuál es la energía total, en kilowatt-horas, almacenada en una batería de 12.0 V especificada a 55.0 A · h? b) A un costo de 0.06 dólares por kilowatt-hora, ¿cuál es el valor de la electricidad producida por esta batería?

48. En una instalación hidroeléctrica, una turbina entrega 1 500 hp a un generador, el cual, a su vez, convierte 80% de la energía mecánica en energía eléctrica. En estas condiciones, ¿qué corriente entregará el generador a una diferencia de potencial de las terminales de 2 000 V?

49. Suponga que usted desea instalar una bobina calefactora que convertirá la energía eléctrica en calor a una tasa de 300 W para una corriente de 1.5 A. a) Determine la resistencia de la bobina. b) La resistividad del alambre de la bobina es 1.0×10^{-6} Ω · m y su diámetro es de 0.30 mm. Determine su longitud.

50. Se estima que en Estados Unidos (población de 250 millones) hay un reloj eléctrico por persona, utiliza energía a una tasa de 2.5 W. Para suministrar esta energía, ¿aproximadamente cuántas toneladas métricas de carbón se queman por hora en plantas carboeléctricas que, en promedio, tiene una eficiencia de 25%? El calor de combustión para el carbón es de 33.0 MJ/kg.

51. ¿Cuál es la resistencia que necesita un calefactor de inmersión que aumentará la temperatura de 1.5 kg de agua de 10°C a 50°C en 10 min mientras opera a 110 V?

51A. ¿Cuál es la resistencia que necesita un calefactor de inmersión que aumentará la temperatura de m kg de agua de T_1 a T_2 en un tiempo t mientras opera a un voltaje V?

52. El elemento calefactor de una cafetera opera a 120 V y conduce una corriente de 2.0 A. Suponiendo que todo el calor generado es absorbido por el agua, ¿cuánto tiempo tarda en calentar 0.50 kg de agua desde la temperatura ambiente (23°C) hasta el punto de ebullición?

53. Calcule el costo diario de operar una lámpara que toma 1.7 A de una línea de 110 V si el costo de la energía eléctrica es de 0.06 dólares/kWh.

54. Se necesitan aproximadamente 10.0 W de potencia eléctrica por pie cuadrado para calentar una habitación que tiene techos de 7.5 pies de altura. A un costo de 0.080 dólares/kWh, ¿cuál es el costo diario al utilizar calefacción eléctrica para calentar una habitación de 10.0 pies por 15.0 pies?

55. Cierto tostador tiene un elemento calefactor hecho de alambre de resistencia de nicromio. Cuando se conecta primero a una fuente de voltaje de 120 V (y el alambre está a una temperatura de 20.0°C) la corriente inicial es de 1.80 A, pero empieza a disminuir cuando el elemento resistivo se calienta. Cuando el tostador ha alcanzado su temperatura de operación final, la corriente se ha reducido a 1.53 A. a) Determine la potencia que el tostador consume cuando se encuentra a su temperatura de operación. b) ¿Cuál es la temperatura final del elemento calefactor?

PROBLEMAS ADICIONALES

56. Una empresa eléctrica alimenta la casa de un cliente a partir de las líneas de transmisión principales (120 V) con dos alambres de cobre, cada uno de 50.0 m de largo y que tienen una resistencia de 0.108 Ω por cada 300 m. a) Encuentre el voltaje en la casa del consumidor para una corriente de carga de 110 A. Para esta corriente de carga, encuentre b) la potencia que el consumidor recibe, y b) la potencia disipada en los alambres de cobre.

57. La diferencia de potencial a través del filamento de una lámpara se mantiene en un nivel constante mientras se alcanza la temperatura de equilibrio. Se observa que la corriente de estado estable en la lámpara sólo es un décimo de la corriente tomada por la lámpara cuando se enciende por primera vez. Si el coeficiente de temperatura de resistividad de la lámpara a 20°C es 0.0045 (°C)$^{-1}$ y si la resistencia aumenta linealmente con el incremento de temperatura, ¿cuál es la temperatura de operación final del filamento?

58. La corriente en un resistor disminuye 3.0 A cuando el voltaje aplicado a través del resistor se reduce de 12.0 V a 6.0 V. Encuentre la resistencia del resistor.

59. Un auto eléctrico se diseña para operar por medio de un banco de baterías de 12 V con un almacenamiento de energía total de 2.0×10^7 J. a) Si el motor eléctrico toma 8.0 kW, ¿cuál es la corriente entregada al motor? b) Si el motor eléctrico consume 8.0 kW a medida que el auto se mueve a una velocidad estable de 20 m/s, ¿qué distancia recorrerá el auto antes de que se le "agote el combustible"?

60. Cuando un alambre recto se calienta, su resistencia cambia de acuerdo con la ecuación 27.14, donde α es el coeficiente de temperatura de resistividad. a) Muestre que un resultado más preciso, uno que incluya el hecho de que la longitud y el área del alambre cambian cuando se calientan, es

$$R = \frac{R_0[1 + \alpha(T - T_0)][1 + \alpha'(T - T_0)]}{[1 - 2\alpha'(T - T_0)]}$$

donde α' es el coeficiente de expansión lineal (capítulo 19). b) Compare estos dos resultados para un alambre de cobre de 2.00 m y de 0.100 mm de radio, primero inicialmente a 20.0°C y después calentado hasta 100.0°C.

61. Un puente de Wheatstone puede usarse para medir la deformación ($\Delta L/L_0$) de un alambre (véase la sección 12.4), donde L_0 es la longitud antes del alargamiento, L es la longitud después del alargamiento, y $\Delta L = L - L_0$. Considere $\alpha = \Delta L/L_0$. Muestre que la resistencia es $R = R_0(1 + 2\alpha + \alpha^2)$ para cualquier longitud donde $R_0 = \rho L_0/A_0$. Suponga que la resistividad y el volumen del alambre permanecen constantes.

62. La corriente en un alambre disminuye con el tiempo de acuerdo con la relación $I = 2.5e^{-at}$ mA, donde $a = 0.833$

s⁻¹. Determine la carga total que pasa por el alambre en el tiempo que la corriente ha disminuido hasta cero.

63. Un resistor se construye formando un material de resistividad ρ en forma de un cilindro hueco de longitud L y radios interior y exterior r_a y r_b, respectivamente (figura P27.63). Mientras se usa, una diferencia de potencial se aplica entre los extremos del cilindro, produciendo una corriente paralela al eje. a) Encuentre una expresión general para la resistencia de un dispositivo de dichas características en términos de L, ρ, r_a y r_b. b) Obtenga un valor numérico para R cuando L = 4.0 cm, r_a = 0.50 cm, r_b = 1.2 cm y la resistividad ρ = $3.5 \times 10^5 \ \Omega \cdot$ m. b) Suponga después que la diferencia de potencial se aplica entre las superficies interna y externa de modo que la corriente resultante fluye radialmente hacia afuera. a) Encuentre una expresión general para la resistencia del dispositivo en términos de L, ρ, r_a y r_b. d) Calcule el valor de R usando los parámetros dados en el inciso b).

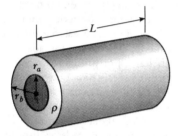

FIGURA P27.63

64. En cierto sistema estéreo cada bocina tiene una resistencia de 4.00 Ω. El sistema tiene un valor nominal de 60.0 Ω en cada canal, y cada circuito de altavoz incluye un fusible especificado a 4.00 A. ¿Este sistema está protegido adecuadamente contra una sobrecarga? Explique.

65. Una definición más general del coeficiente de temperatura de resistividad es

$$\alpha = \frac{1}{\rho}\frac{d\rho}{dT}$$

donde ρ es la resistividad a temperatura T. a) Suponiendo que α es constante demuestre que

$$\rho = \rho_0 e^{\alpha(T-T_0)}$$

donde ρ_0 es la resistividad a temperatura T_0. b) Utilizando la expansión en serie ($e^x \approx 1 + x$; $x \ll 1$), muestre que la resistividad está dada de manera aproximada por la expresión $\rho = \rho_0[1 + \alpha(T - T_0)]$ para $\alpha(T - T_0) \ll 1$.

66. Hay una cercana analogía entre el flujo de calor debido a una diferencia de temperatura (sección 20.7) y el flujo de carga eléctrica debido a una diferencia de potencial. La energía térmica dQ y la carga eléctrica dq son transportadas por electrones libres en el material conductor. Consecuentemente, un buen conductor eléctrico suele ser también un buen conductor térmico. Considere una delgada placa conductora de espesor dx, área A y conductividad eléctrica σ, con una diferencia de potencia dV entre caras opuestas. Demuestre que la corriente $I = dq/dt$ es

Conducción de carga	Conducción de calor análoga (Ec. 20.14)
$\dfrac{dq}{dt} = -\sigma A \dfrac{dV}{dx}$	$\dfrac{dQ}{dt} = -kA \dfrac{dT}{dx}$

En la ecuación de conducción térmica análoga, la tasa de flujo de calor dQ/dt (en unidades del SI de joules por segundo) se debe a un gradiente de temperatura dT/dx, en un material de conductividad térmica k. ¿Cuál es el origen del signo menos en la ecuación de conducción de carga?

67. Material con resistividad uniforme ρ se forma como una cuña de la manera indicada en la figura P27.67. Muestre que la resistencia entre las caras a y b de esta cuña es

$$R = \rho \frac{L}{w(y_2 - y_1)} \ln\left(\frac{y_2}{y_1}\right)$$

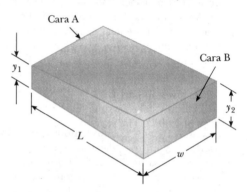

FIGURA P27.67

68. Un material de resistividad ρ se forma como un cono truncado de altitud h, según se indica en la figura P27.68. El extremo del fondo tiene un radio b y el extremo superior un radio a. Suponiendo que hay una densidad de corriente uniforme a través de cualquier sección transversal circular del cono, muestre que la resistencia entre los dos extremos es

$$R = \frac{\rho}{\pi}\left(\frac{h}{ab}\right)$$

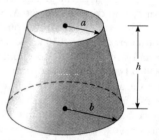

FIGURA P27.68

69. Se conduce un experimento para medir la resistividad eléctrica de nicromio en forma de alambres con diferentes longitudes y áreas de sección transversal. Para un conjunto de mediciones, un estudiante utiliza alambre de calibre 30, el cual tiene un área de sección transversal de 7.3×10^{-8} m². El voltaje a través del alambre y la corriente en el mismo se miden con un voltímetro y con un amperímetro, respectivamente. Para cada una de las mediciones dadas en la tabla siguiente que se efectuaron en tres alambres de diferente longitud, calcule la resistencia de los alambres y los valores correspondientes de la resistividad. ¿Cuál es el valor promedio de la resistividad, y cómo se compara ésta con el valor dado en la tabla 27.1?

L (m)	V (V)	I (A)	R (Ω)	ρ ($\Omega \cdot$ m)
0.54	5.22	0.500		
1.028	5.82	0.276		
1.543	5.94	0.187		

PROBLEMAS DE HOJA DE CÁLCULO

S1. La hoja de cálculo 27.1 calcula el costo de iluminación anual promedio por unidad para focos fluorescentes e incandescentes y los ahorros anuales promedio que se obtienen con focos fluorescentes. También grafica el costo de iluminación anual promedio por foco contra el costo de la energía eléctrica. a) Suponga que un foco fluorescente que cuesta 5 dólares, dura 5 000 h, y consume 40 W de potencia, pero brinda una intensidad luminosa de un foco incandescente de 100 W. Suponga que un foco incandescente de 100 W cuesta 0.65 dólares y dura 750 h. Si la casa promedio tiene 6 focos incadescentes de 100 W encendidos todo el tiempo y si la energía cuesta 8.3 centavos de dólar por kilowatt-hora, ¿cuánto ahorra un consumidor cada año al cambiar a focos fluorescentes? b) Verifique con su empresa eléctrica local las tarifas eléctricas actuales, y encuentre el costo de los focos eléctricos en su área. ¿Le convendría cambiar a focos fluorescentes? b) Varíe los parámetros para focos de diferentes valores de watts y reexamine los ahorros anuales.

S2. La curva característica corriente-voltaje para un diodo semiconductor como una función de la temperatura T está dada por

$$I = I_0 (e^{eV/k_B T} - 1)$$

donde e es la carga en el electrón, K_B es la constante de Boltzmann, y T es la temperatura absoluta. Elabore una hoja de cálculo para calcular I y $R = V/I$ para $V = 0.40$ V a 0.60 V en incrementos de 0.05 V. Suponga que $I_0 = 1.0$ nA. Grafique R contra V para $T = 280$ K, 300 K y 320 K.

Circuitos de corriente continua

Las descargas eléctricas en tubos llenos con neón y otros gases se utilizan para producir luz de diversos colores. El color característico de cada tubo depende del gas contenido en el tubo. Como ejemplos, el neón produce luz rojiza, el argón produce luz violeta y el sodio emite luz amarilla. *(Dan McCoy/Rainbow)*

Este capítulo aborda el análisis de algunos circuitos simples cuyos elementos incluyen baterías, resistores y capacitores en diversas combinaciones. El análisis de estos circuitos se simplifica mediante el uso de dos reglas conocidas como *reglas de Kirchhoff*, las cuales surgen de las leyes de conservación de la energía y de la carga. La mayor parte de los circuitos analizados se supone que están en estado estable, lo que significa que las corrientes son de magnitud y dirección constante. En la sección 28.4, sin embargo, estudiamos circuitos en los cuales la corriente varía con el tiempo. Por último, se describen varios dispositivos y técnicas eléctricas comunes para medir corriente, diferencias de potencial, resistencia y fems.

28.1 FUERZA ELECTROMOTRIZ

En el capítulo anterior encontramos que puede mantenerse una corriente constante en un circuito cerrado mediante el uso de una fuente de energía, una *fem*, del término histórico, pero inapropiado, fuerza electromotriz. Una fuente de fem es cualquier dispositivo (una batería o generador, por ejemplo) que produce un campo eléctrico y que por lo tanto puede originar un movimiento en las cargas por un

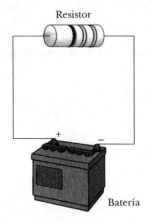

FIGURA 28.1 Un circuito compuesto por un resistor conectado a las terminales de una batería.

circuito. Una fuente de fem puede ser considerada como una "bomba de carga". Cuando un potencial es definido, la fuente mueve cargas "hacia arriba" hasta un potencial más alto. La fem, $\mathcal{E}$, describe el trabajo realizado por unidad de carga y, por ello, la unidad de fem del SI es el volt.

Considere el circuito que se muestra en la figura 28.1, que consta de una batería conectada a un resistor. Supongamos que los alambres de conexión no tienen resistencia. La terminal positiva de la batería está a un potencial más alto que la terminal negativa. Si ignoramos la resistencia interna de la batería, entonces la diferencia de potencial a través de ella (el voltaje de la terminal) es igual a su fem. Sin embargo, debido a que una batería real siempre tiene alguna resistencia interna r, el voltaje de las terminales no es igual a la fem. El circuito mostrado en la figura 28.1 puede describirse por medio del diagrama de circuito en la figura 28.2a. La batería dentro del rectángulo punteado se representa por medio de una fem $\mathcal{E}$ en serie con la resistencia interna r. Imaginemos ahora una carga positiva que se mueve de a a b en la figura 28.2a. A medida que la carga pasa de la terminal negativa a la positiva, su potencial *aumenta* en $\mathcal{E}$. Sin embargo, conforme se mueve a través de la resistencia r, su potencial *disminuye* en una cantidad Ir, donde I es la corriente en el circuito. De este modo, el voltaje de las terminales de la batería, $V = V_b - V_a$, es[1]

$$V = \mathcal{E} - Ir \qquad (28.1)$$

Advierta en esta expresión que $\mathcal{E}$ es equivalente al **voltaje en circuito abierto**, es decir, el *voltaje de las terminales cuando la corriente es cero*. La figura 28.2b es una representación gráfica de los cambios de potencial a medida que el circuito se recorre en la dirección de las manecillas del reloj. Al observar la figura 28.2a descubrimos que el voltaje terminal V también debe ser igual a la diferencia de potencial a través de la resistencia externa R, llamada con frecuencia la **resistencia de carga**. Es decir, $V = IR$. Al combinar esta expresión con la ecuación 28.1, vemos que

$$\mathcal{E} = IR + Ir \qquad (28.2)$$

La solución para la corriente da como resultado

$$I = \frac{\mathcal{E}}{R + r} \qquad (28.3)$$

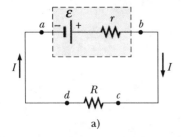
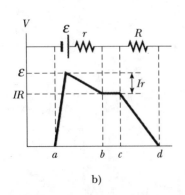

FIGURA 28.2 a) Diagrama de circuito de una fem $\mathcal{E}$ de resistencia interna r conectada a un resistor externo R. b) Representación gráfica que muestra cómo los cambios de potencial como el circuito en serie del inciso a) se recorre en el sentido de las manecillas del reloj.

Esta ecuación demuestra que la corriente en este circuito simple depende tanto de la resistencia R externa a la batería como de la resistencia interna r. Si R es mucho mayor que r, entonces podemos ignorar esta última.

Si multiplicamos la ecuación 28.2 por la corriente I, obtenemos

$$I\mathcal{E} = I^2R + I^2r \qquad (28.4)$$

Esta ecuación nos dice que, debido a que la potencia $P = IV$ (ecuación 27.22), la salida de potencia total de la fem del dispositivo, $I\mathcal{E}$ se convierte en la potencia disipada como calor joule en la resistencia de carga, I^2R, más la potencia disipada en la resistencia interna, I^2r. También en este caso, si $r \ll R$, entonces la mayor parte de la potencia entregada por la batería se transfiere a la resistencia de carga.

---

[1] En este caso, el voltaje de las terminales es menor que el de la fem en una cantidad Ir. En algunas situaciones, el voltaje de las terminales puede *exceder* la fem en una cantidad Ir. Esto ocurre cuando la dirección de la corriente es *opuesta* a la de la fem, como en el caso de la carga de una batería con otra fuente de fem.

EJEMPLO 28.1   Voltaje de las terminales de una batería

Una batería tiene una fem de 12.0 V y una resistencia interna de 0.05 Ω. Sus terminales están conectadas a una resistencia de carga de 3.00 Ω. a) Encuentre la corriente en el circuito y el voltaje de las terminales de la batería.

Solución   Utilizando primero la ecuación 28.3 y luego la 28.1, obtenemos

$$I = \frac{\mathcal{E}}{R + r} = \frac{12.0\ \text{V}}{3.05\ \Omega} = \boxed{3.93\ \text{A}}$$

$$V = \mathcal{E} - Ir = 12.0\ \text{V} - (3.93\ \text{A})\ (0.05\ \Omega) = \boxed{11.8\ \text{V}}$$

Para comprobar este resultado podemos calcular la caída de voltaje a través de la resistencia de carga *R*:

$$V = IR = (3.93\ \text{A})(3.00\ \Omega) = 11.8\ \text{V}$$

b) Calcule la potencia disipada en el resistor de carga, la potencia disipada por la resistencia interna de la batería y la potencia entregada por la batería.

Solución   La potencia disipada por el resistor de carga es

$$P_R = I^2R = (3.93\ \text{A})^2\ (3.00\ \Omega) = \boxed{46.3\ \text{W}}$$

La potencia disipada por la resistencia interna es

$$P_r = I^2r = (3.93\ \text{A})^2\ (0.05\ \Omega) = \boxed{0.722\ \text{W}}$$

Por lo tanto, la potencia entregada por la batería es la suma de estas cantidades, o 47.1 W. Este valor puede verificarse usando la ecuación $P = I\mathcal{E}$.

EJEMPLO 28.2   Igualación de la carga

Demuestre que la máxima potencia perdida en la resistencia de carga *R* en la figura 28.2a ocurre cuando *R = r*, es decir, cuando la resistencia de carga iguala la resistencia interna.

Solución   La potencia disipada en la resistencia de carga es igual a I^2R, donde *I* está dada por la ecuación 28.3:

$$P = I^2R = \frac{\mathcal{E}^2R}{(R + r)^2}$$

cuando *P* se grafica contra *R*, como en la figura 28.3, encontramos que *P* alcanza un valor máximo $\mathcal{E}^2/4r$ en *R = r*. Esto puede probarse también al diferenciar *P* respecto de *R*, igualando a cero el resultado y despejando *R*. Los detalles se dejan como un problema (problema 79).

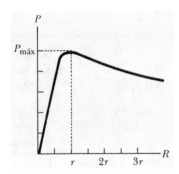

FIGURA 28.3   (Ejemplo 28.2) Gráfica de la potencia *P* entregada a un resistor de carga como una función de *R*. La potencia entregada a *R* es un máximo cuando la resistencia de carga del circuito es igual a la resistencia interna de la batería.

28.2 RESISTORES EN SERIE Y EN PARALELO

Cuando dos o más resistores se conectan juntos de manera que sólo tengan un punto común por par, se dice que están en *serie*. La figura 28.4 muestra dos resistores conectados en serie. Advierta que

la corriente es la misma a través de cada resistor debido a que cualquier carga que fluye por R_1 debe también fluir por R_2.

> Para una conexión en serie de resistores, la corriente es la misma en cada resistor.

Puesto que la caída de potencial de *a* a *b* en la figura 28.4b es igual a IR_1 y la caída de potencial de *b* a *c* es igual a IR_2, la caída de potencial de *a* a *c* es

$$V = IR_1 + IR_2 = I(R_1 + R_2)$$

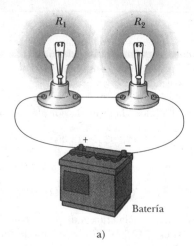
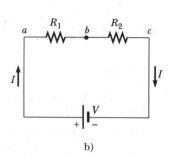
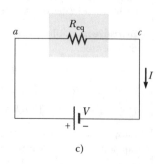

a)   b)   c)

FIGURA 28.4 Conexión en serie de dos resistores, R_1 y R_2. La corriente es la misma en cada resistor.

Por lo tanto, podemos sustituir los dos resistores en serie por una sola *resistencia equivalente* R_{eq} cuyo valor es la *suma* de las resistencias individuales:

$$R_{eq} = R_1 + R_2 \qquad (28.5)$$

La resistencia R_{eq} es equivalente a la combinación en serie $R_1 + R_2$ en el sentido de que la corriente del circuito es invariable cuando R_{eq} sustituye a $R_1 + R_2$. La resistencia equivalente de tres o más resistores conectados en serie es simplemente

$$R_{eq} = R_1 + R_2 + R_3 + \cdots \qquad (28.6)$$

Por lo tanto, *la resistencia equivalente de una conexión en serie de resistores es siempre mayor que cualquier resistencia individual.*

Observe que si el filamento de un foco eléctrico, como el mostrado en la figura 28.4, se rompiera o "quemara", el circuito ya no estaría completo (una condición de circuito abierto) y el segundo foco se apagaría también. Algunos juegos de luces navideñas (especialmente las más viejas) se conectan de esta manera, y la experiencia de encontrar el foco fundido alguna vez fue muy común. Experiencias frustrantes como la anterior ilustran cuán inconveniente sería tener todos los aparatos en casa conectados en serie. Con el fin de tener más seguridad, en muchos circuitos los fusibles se usan en serie con otros elementos del circuito. El conductor en el fusible se diseña para fundirse y abrir el circuito a cierta corriente máxima, cuyo valor depende de la naturaleza del circuito. Si no se utiliza un fusible, corrientes excesivas podrían dañar los elementos del circuito, sobrecalentar los alambres y quizá originar un incendio. En las construcciones de casas modernas se emplean interruptores de circuito en lugar de fusibles. Cuando la corriente en un circuito es mayor que cierto valor (por lo común 15 A), el interruptor de circuito actúa como un interruptor y abre el circuito.

Considere ahora dos resistores conectados en *paralelo*, como se muestra en la figura 28.5.

En este caso, hay una diferencia de potencial igual en los extremos de cada resistor.

Sin embargo, en general, la corriente en cada resistor no es la misma. Cuando la corriente I llega al punto *a*, conocido como una *unión*, se divide en dos partes, I_1

Una conexión en serie de tres focos, todos especificados para 120 V, con valores nominales de potencia de 60 W, 75 W y 200 W. ¿Por qué son diferentes las intensidades de los focos? ¿Cómo diferirían sus intensidades relativas si se conectaran en paralelo? *(Henry Leap y Jim Lehman)*

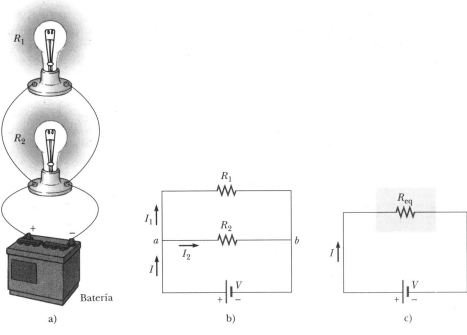

FIGURA 28.5 Conexión en paralelo de dos resistores, R_1 y R_2. La diferencia de potencial a través de cada resistor es la misma, y la resistencia equivalente de la combinación está dada por $R_{eq} = R_1 R_2 / (R_1 + R_2)$.

Tres focos incandescentes con valores nominales de potencia de 25 W, 75 W y 150 W conectados en paralelo a una fuente de voltaje cercana a 100 V. Todos los focos están especificados para el mismo voltaje. ¿Por qué difiere la intensidad de los mismos? ¿Qué foco toma más corriente? ¿Cuál tiene la menor resistencia? *(Henry Leap y Jim Lehman)*

que va a través de R_1 e I_2 que circula por R_2. (Una **unión** es cualquier punto en un circuito donde una corriente puede dividirse.) Si R_1 es mayor que R_2, entonces I_1 será menor que I_2. Es decir, la carga en movimiento tiende a tomar la trayectoria de menor resistencia. Puesto que la carga debe conservarse, es claro que la corriente I que entra al punto a debe ser igual a la corriente que sale de ese punto:

$$I = I_1 + I_2$$

Puesto que la caída de potencial en cada resistor debe ser la misma, la ley de Ohm produce

$$I = I_1 + I_2 = \frac{V}{R_1} + \frac{V}{R_2} = V\left(\frac{1}{R_1} + \frac{1}{R_2}\right) = \frac{V}{R_{eq}}$$

A partir de este resultado vemos que la resistencia equivalente de dos resistores en paralelo es

$$\frac{1}{R_{eq}} = \frac{1}{R_1} + \frac{1}{R_2} \tag{28.7}$$

$$R_{eq} = \frac{R_1 R_2}{R_1 + R_2}$$

Una extensión de este análisis a tres o más resistores en paralelo produce

$$\frac{1}{R_{eq}} = \frac{1}{R_1} + \frac{1}{R_2} + \frac{1}{R_3} + \cdots \tag{28.8}$$

En esta expresión puede verse que una resistencia equivalente de dos o más resistores conectados en paralelo siempre es menor que la resistencia más pequeña en el grupo.

Este versátil circuito permite al experimentador examinar las propiedades de elementos de circuito como capacitores y resistores y su efecto en el comportamiento del circuito. *(Cortesía de Central Scientific Company)*

Los circuitos domésticos siempre se alambran de modo que los focos (o aparatos, etcétera) se conecten en paralelo. Conectado de esa manera, cada dispositivo opera independientemente de los otros, de modo que si uno se desconecta, los otros permanecen conectados. También es importante que cada dispositivo opere al mismo voltaje.

EJEMPLO 28.3   Determinación de la resistencia equivalente

Cuatro resistores se conectan como se muestra en la figura 28.6a.
a) Encuentre la resistencia equivalente entre *a* y *c*.

Solución   El circuito puede reducirse en pasos, como se muestra en la figura 28.6. Los resistores de 8.0 Ω y 4.0 Ω están en serie, por lo que la resistencia equivalente entre *a* y *b* es 12 Ω (ecuación 28.5). Los resistores de 6.0 Ω y 3.0 Ω están en paralelo, de manera que en la ecuación 28.7 encontramos que la resistencia equivalente de *b* a *c* es 2.0 Ω. Por lo tanto, la resistencia equivalente de *a* a *c* es 14 Ω.

b) ¿Cuál es la corriente en cada resistor si se mantiene una diferencia de potencial de 42 V entre *a* y *c*?

Solución   La corriente en los resistores de 8.0 Ω y 4.0 Ω es la misma debido a que éstos están en serie. Utilizando la ley de Ohm y los resultados del inciso a), obtenemos

$$I = \frac{V_{ac}}{R_{eq}} = \frac{42 \text{ V}}{14 \text{ }\Omega} = 3.0 \text{ A}$$

Cuando esta corriente entra a la unión en *b* se divide, y una parte pasa por el resistor de 6.0 Ω (I_1) y parte por el resistor de 3.0 Ω (I_2). Puesto que la diferencia de potencial a través de estos resistores, V_{bc}, es la misma (están en paralelo) vemos que $6I_1 = 3I_2$ o $I_2 = 2I_1$. Empleando este resultado y el hecho de que $I_1 + I_2 = 3.0$ A, encontramos que $I_1 = 1.0$ A e $I_2 = 2.0$ A. Pudimos haber sugerido este resultado desde el principio al advertir que la corriente que circula por el resistor de 3.0 Ω es el doble de la que circula por el resistor de 6.0 Ω en vista de sus resistencia relativas y del hecho de que se les aplica a ambos el mismo voltaje.

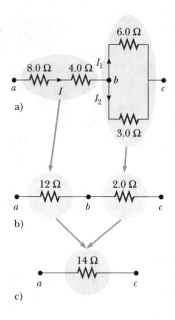

a)

b)

c)

FIGURA 28.6   (Ejemplo 28.3) La resistencia de los cuatro resistores mostrados en a) puede reducirse en etapas a un resistor equivalente de 14 Ω.

Como una verificación final, observe que $V_{bc} = 6I_1 = 3I_2 = 6.0$ V y $V_{ab} = 12I = 36$ V, por lo tanto, $V_{ac} = V_{ab} + V_{bc} = 42$ V, como debe ser.

EJEMPLO 28.4   Tres resistores en paralelo

En la figura 28.7 se muestran tres resistores conectados en paralelo. Una diferencia de potencial de 18 V se mantiene entre los puntos *a* y *b*. a) Encuentre la corriente en cada resistor.

Solución   Los resistores están en paralelo y la diferencia de potencia a través de ellos es de 18 V. Al aplicar $V = IR$ a cada resistor se obtiene

$$I_1 = \frac{V}{R_1} = \frac{18 \text{ V}}{3.0 \text{ }\Omega} = \boxed{6.0 \text{ A}}$$

$$I_2 = \frac{V}{R_2} = \frac{18 \text{ V}}{6.0 \text{ }\Omega} = \boxed{3.0 \text{ A}}$$

$$I_3 = \frac{V}{R_3} = \frac{18 \text{ V}}{9.0 \text{ }\Omega} = \boxed{2.0 \text{ A}}$$

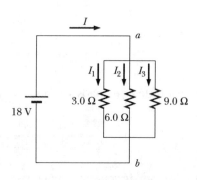

FIGURA 28.7   (Ejemplo 28.4) Tres resistores conectados en paralelo. El voltaje a través de cada resistor es de 18 V.

b) Calcule la potencia disipada por cada resistor y la potencia disipada por los tres resistores.

Solución   La aplicación de $P = I^2R$ en cada resistor da como resultado

3.0 Ω: $P_1 = I_1^2R_1 = (6.0 \text{ A})^2 (3.0 \text{ Ω}) =$ 110 W

6.0 Ω: $P_2 = I_2^2R_2 = (3.0 \text{ A})^2 (6.0 \text{ Ω}) =$ 54 W

9.0 Ω: $P_3 = I_3^2R_3 = (2.0 \text{ A})^2 (9.0 \text{ Ω}) =$ 36 W

Esto demuestra que el resistor más pequeño disipa la mayor potencia puesto que conduce la corriente más alta. (Advierta que es posible emplear también $P = V^2/R$ para determinar la potencia disipada por cada resistor.) La suma de las tres cantidades brinda una potencia total de 200 W.

c) Calcule la resistencia equivalente de los tres resistores. Podemos utilizar la ecuación 28.7 para encontrar R_{eq}:

Solución

$$\frac{1}{R_{\text{eq}}} = \frac{1}{3.0} + \frac{1}{6.0} + \frac{1}{9.0}$$

$$R_{\text{eq}} = \frac{18}{11} \text{ Ω} = \boxed{1.6 \text{ Ω}}$$

Ejercicio   Con R_{eq} calcule la potencia total disipada en el circuito.

Respuesta   200 W.

EJEMPLO 28.5   **Determinación de R_{eq} mediante argumentos de simetría**

Considere los cinco resistores conectados como se indica en la figura 28.8a. Determine la resistencia equivalente entre los puntos a y b.

Solución   En este tipo de problemas es conveniente suponer que una corriente entra a la unión a y aplicar después argumentos de simetría. Debido a la simetría en el circuito (todos los resistores de 1 Ω en el lazo exterior) las corrientes en las ramas

ac y ad deben ser iguales; por lo tanto, los potenciales en los puntos c y d deben ser iguales. Como $V_c = V_d$, los punto c y d pueden conectarse juntos, como en la figura 28.8b, sin influir el circuito. Así, el resistor de 5 Ω puede eliminarse del circuito, y éste puede reducirse, como se muestra en las figuras 28.8c y 28.8d. A partir de esta reducción, vemos que la resistencia equivalente de la combinación es 1 Ω. Advierta que el resultado es 1 Ω independientemente de cuál resistor esté conectado entre c y d.

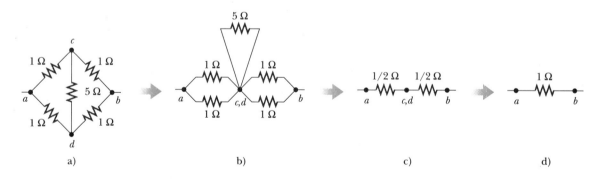

FIGURA 28.8   (Ejemplo 28.5) Debido a la simetría en este circuito, el resistor de 5 Ω no contribuye a la resistencia entre los puntos a y b y puede descartarse.

EJEMPLO CONCEPTUAL 28.6   **Operación de un foco de tres vías**

La figura 28.9 ilustra cómo se construye un foco de tres vías para brindar tres niveles de intensidad luminosa. La lámpara tiene un portalámpara equipado con un interruptor de tres vías para seleccionar diferentes intensidades luminosas. El foco contiene dos filamentos. ¿Por qué se conectan los filamentos en paralelo? Explique cómo se utilizan los dos filamentos para brindar tres intensidades luminosas diferentes.

Razonamiento   Si los filamentos se conectaran en serie, y uno de ellos se quemara, no pasaría corriente por el foco, y éste no iluminaría, independientemente de la posición del interruptor. Sin embargo, cuando los filamentos se conectan en paralelo, y uno de ellos (digamos el de 75 W) se quema, el foco seguirá operando en una de las posiciones del interruptor cuando la corriente pase a través del otro filamento (100 W). Las tres intensidades luminosas se hacen posible al elegir uno de tres valores de resistencia de filamento, empleando un solo valor de 120 V para el voltaje aplicado. El filamento de 75 W ofrece un valor de resistencia, el filamento de 100 W ofrece un segundo valor y la tercera resistencia se obtiene combinando los dos filamentos en paralelo. Cuando el interruptor 1 se cierra y el interruptor 2 se abre, sólo pasa corriente por el filamento de 75 W. Cuando el interruptor 1 se abre y el interruptor 2 se cierra, sólo pasa corriente por el filamento de 100 W. Cuando ambos interruptores se cierran, la corriente pasa por ambos filamentos, y se obtiene una iluminación total de 175 W.

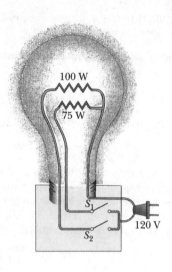

FIGURA 28.9   (Ejemplo conceptual 28.6) Foco de tres días.

Georg Simon Ohm (1787-1854). *(Cortesía de North Wind Picture Archives)*

28.3   REGLAS DE KIRCHHOFF

Como vimos en la sección anterior, circuitos simples pueden analizarse utilizando la ley de Ohm y las reglas para las combinaciones en serie y en paralelo de resistores. Con mucha frecuencia, sin embargo, no es posible reducir un circuito a un solo lazo. El procedimiento para analizar circuitos más complejos se simplifica mucho mediante el uso de dos sencillas reglas conocidas como **reglas de Kirchhoff:**

- La suma de las corrientes que entran a cualquier unión debe ser igual a la suma de las corrientes que salen de esa unión.
- La suma algebraica de los cambios de potencial a través de todos los elementos alrededor de cualquier lazo de circuito cerrado debe ser cero.

La primera regla es un enunciado de la conservación de la carga. Toda la corriente que entra a un punto dado en un circuito debe salir de ese punto debido a que la carga no puede acumularse en un punto. Si aplicamos esta regla a la unión que se muestra en la figura 28.10a, obtenemos

$$I_1 = I_2 + I_3$$

La figura 28.10b representa una analogía mecánica a esta situación, en la cual fluye agua a través de un tubo ramificado sin fugas. La tasa de flujo dentro del tubo es igual a la tasa de flujo de las dos ramas.

La segunda regla surge de la conservación de la energía. Una carga que se mueve por cualquier lazo cerrado en un circuito (la carga empieza y termina en el mismo punto) debe ganar tanta energía como la que pierde si se define un potencial para cada punto en el circuito. Su energía puede disminuir en la forma de caída de potencial, $-IR$, a través de un resistor o como el resultado de tener que mover la carga en dirección inversa a través de una fem. En una aplicación práctica del último caso, la energía eléctrica se convierte en energía química cuando se carga una batería; de modo similar, la energía eléctrica puede convertirse en energía mecánica para operar un motor. Sin embargo, la segunda regla de Kirchhoff se aplica sólo en circuitos en los cuales se define un potencial en cada punto, lo cual no puede satisfacerse si hay campos electromagnéticos variables.

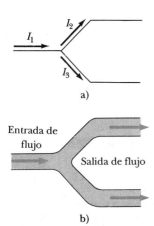

a)
$$\Delta V = V_b - V_a = -IR$$

b)
$$\Delta V = V_b - V_a = +IR$$

c)
$$\mathcal{E}$$
$$\Delta V = V_b - V_a = +\mathcal{E}$$

d)
$$\mathcal{E}$$
$$\Delta V = V_b - V_a = -\mathcal{E}$$

FIGURA 28.10 a) Diagrama esquemático que ilustra la regla de unión de Kirchhoff. La conservación de la carga requiere que toda corriente que entra a una unión debe salir de esa unión. Por lo tanto, en este caso, $I_1 = I_2 + I_3$. b) Una analogía mecánica de la regla de unión: el flujo de salida debe de ser igual al flujo de entrada.

FIGURA 28.11 Reglas para determinar los cambios de potencial a través de un resistor y una batería suponiendo que la batería no tiene resistencia interna.

Como una ayuda en la aplicación de la segunda regla, deben observarse las siguientes reglas:

- Si se recorre un resistor en la dirección de la corriente, el cambio de potencial a través del resistor es $-IR$ (Fig. 28.11a).
- Si un resistor se recorre en la dirección *opuesta* a la corriente, el cambio de potencial a través del resistor es $+IR$ (Fig. 28.11b).
- Si una fem se atraviesa en la dirección de la fem (de $-$ a $+$ en las terminales) el cambio de potencial es $+\mathcal{E}$ (Fig. 28.11c).
- Si una fem se atraviesa en la dirección opuesta de la fem (de $+$ a $-$ en las terminales), el cambio de potencial es $-\mathcal{E}$ (Fig. 28.11d).

Son limitadas el número de veces que usted puede utilizar la regla de unión y la regla de lazo. La regla de unión puede usarse tan frecuentemente como sea necesario siempre y cuando cada vez que escriba una ecuación incluya en ella una corriente que no se haya usado en una ecuación previa de la regla de unión. En general, el número de veces que la regla de unión puede usarse es un poco menor que el número de puntos de unión en el circuito. La regla de lazo puede usarse con la frecuencia necesaria siempre que un nuevo elemento de circuito (resistor o batería) o una nueva corriente aparezca en cada nueva ecuación. En general, *el número de ecuaciones independientes que usted necesita es igual al número de incógnitas para resolver un problema de circuito particular.*

Redes complejas con muchos lazos y uniones generan números considerables de ecuaciones lineales independientes y un correspondiente gran número de incógnitas. Estas situaciones pueden manejarse formalmente utilizando álgebra de matrices. También pueden escribirse programas de computadora para determinar las incógnitas.

Gustav Robert Kirchhoff (1824-1887)   *(Cortesía de North Wind Picture Archives)*

Los siguientes ejemplos ilustran el uso de las reglas de Kirchhoff al analizar circuitos. En todos los casos se supone que los circuitos han alcanzado las condiciones de estado estable, es decir, las corrientes en las diferentes ramas son constantes. Por ejemplo, si se incluye un capacitor en una de las ramas, *éste actúa como un circuito abierto*, es decir, la corriente en la rama que contiene al capacitor es cero en condiciones de estado estable.

> ## Estrategia y sugerencias para resolver problemas
> ### Reglas de Kirchhoff
>
> - Dibuje el diagrama de circuito y marque todas las cantidades conocidas y desconocidas. Debe asignar una *dirección* a las corrientes en cada parte del circuito. No se alarme si indica la dirección de una corriente de modo incorrecto; su resultado será negativo, pero *su magnitud será correcta*. A pesar de que la asignación de las direcciones de corriente es arbitraria, usted debe apegarse *rigurosamente* a las direcciones asignadas cuando aplique la regla de Kirchhoff.
> - Aplique la regla de la unión (primera regla de Kirchhoff) a cualquier unión en el circuito que brinde una relación entre las diversas corrientes.
> - Aplique la segunda regla de Kirchhoff a tantos lazos en el circuito como sea necesario para despejar las incógnitas. Con el fin de aplicar esta regla, usted debe identificar correctamente el cambio de potencial cuando atraviesa cada elemento al recorrer el lazo cerrado (ya sea en el sentido de las manecillas del reloj o en el sentido contrario). ¡Asegúrese de verificar los signos!
> - Resuelva las ecuaciones simultáneamente para las cantidades desconocidas.

EJEMPLO 28.7   Un circuito de un solo lazo

Un circuito de un solo lazo contiene dos resistores externos y dos baterías, como se ve en la figura 28.12. (Ignore las resistencias internas de las baterías.) a) Encuentre la corriente en el circuito.

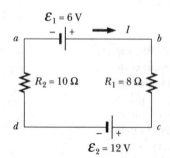

FIGURA 28.12 (Ejemplo 28.7) Un circuito en serie que contiene dos baterías y dos resistores, donde las polaridades de las baterías están en oposición entre sí.

Razonamiento No hay uniones en este circuito de un solo lazo, por lo cual la corriente es la misma en todos los elementos. Supongamos que la corriente es en la dirección de las maneci-

llas del reloj, como se indica en la figura 28.12. Recorriendo el circuito en esta dirección, empezando en a, vemos que $a \rightarrow b$ representa un incremento de potencial de $+\mathcal{E}_1$, $b \rightarrow c$ representa una disminución de potencial de $-IR_1$, $c \rightarrow d$ representa una reducción de potencial de $-\mathcal{E}_2$ y $d \rightarrow a$ representa una reducción de potencial de $-IR_2$. Al aplicar la segunda regla de Kirchhoff se obtiene

$$\sum_i \Delta V_i = 0$$

$$\mathcal{E}_1 - IR_1 - \mathcal{E}_2 - IR_2 = 0$$

Solución Al despejar I y con los valores dados en la figura 28.12, obtenemos

$$I = \frac{\mathcal{E}_1 - \mathcal{E}_2}{R_1 + R_2} = \frac{6\,\text{V} - 12\,\text{V}}{8\,\Omega + 10\,\Omega} = \boxed{-\frac{1}{3}\,\text{A}}$$

El signo negativo para I indica que la dirección de la corriente es opuesta a la dirección supuesta.

b) ¿Cuál es la potencia perdida en cada resistor?

Solución

$$P_1 = I^2 R_1 = (\tfrac{1}{3}\,\text{A})^2 \,(8\,\Omega) = \boxed{\dfrac{8}{9}\,\text{W}}$$

$$P_2 = I^2 R_2 = (\tfrac{1}{3}\,\text{A})^2 \,(10\,\Omega) = \boxed{\dfrac{10}{9}\,\text{W}}$$

En consecuencia, la pérdida de potencial total es $P_1 + P_2 = 2$ W. Advierta que la batería de 12 V entrega $I\mathcal{E}_2 = 4$ W. La mitad de esta potencia se entrega a los resistores externos. La otra mitad se entrega a la batería de 6 V, la cual es cargada por la batería de 12 V. Si hubiéramos incluido las resistencias internas de las baterías, una parte de la potencia se disiparía como calor en ellas, por lo que se entregaría menos potencia a la batería de 6 V.

EJEMPLO 28.8 Aplicación de las reglas de Kirchhoff

Determine las corrientes I_1, I_2 e I_3 en el circuito mostrado en la figura 28.13.

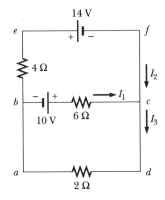

FIGURA 28.13 (Ejemplo 28.8) Un circuito que contiene tres lazos.

Razonamiento Elegimos las direcciones de las corrientes como en la figura 28.13. La aplicación de la primera regla de Kirchhoff a la unión c produce

$$(1) \qquad I_1 + I_2 = I_3$$

Hay tres lazos en el circuito, *abcda*, *befcb* y *aefda* (el lazo exterior). Por lo tanto, necesitamos dos ecuaciones de lazo para determinar las corrientes desconocidas. La tercera ecuación de lazo no brindaría nueva información. Con la aplicación de la segunda regla de Kirchhoff a los lazos *abcda* y *befcb* y con el recorrido de estos lazos en la dirección de las manecillas del reloj, obtenemos las expresiones

2)   Lazo *abcda*: $10\,\text{V} - (6\,\Omega)I_1 - (2\,\Omega)I_3 = 0$

3)   Lazo *befcb*: $-14\,\text{V} - 10\,\text{V} + (6\,\Omega)I_1 - (4\,\Omega)I_2 = 0$

Advierta que en el lazo *befcb* se obtiene un signo positivo cuando se recorre el resistor de 6 Ω debido a que la dirección de la trayectoria es opuesta a la dirección de I_1. Una tercera ecuación de lazo para *aefda* da $-14 = 2I_3 + 4I_2$, lo cual es justamente la suma de 2) y 3).

Solución Las expresiones 1), 2) y 3) representan tres ecuaciones independientes con tres incógnitas. Podemos resolver el problema como sigue: Sustituyendo 1) en 2) se obtiene

$$10 - 6I_1 - 2(I_1 + I_2) = 0$$
$$(4) \qquad 10 = 8I_1 + 2I_2$$

Al dividir cada término en 3) por 2 y rearreglando la ecuación, obtenemos

$$(5) \qquad -12 = -3I_1 + 2I_2$$

Al sustraer 5) de 4) se elimina I_2, resultando

$$22 = 11I_1$$
$$I_1 = 2\,\text{A}$$

Con este valor de I_1 en 5) se obtiene un valor para I_2:

$$2I_2 = 3I_1 - 12 = 3(2) - 12 = -6$$
$$I_2 = -3\,\text{A}$$

Por último, $I_3 = I_1 + I_2 = -1$ A. Por lo tanto, las corrientes tienen los valores

$$I_1 = \boxed{2\,\text{A}} \qquad I_2 = \boxed{-3\,\text{A}} \qquad I_3 = \boxed{-1\,\text{A}}$$

El hecho de que I_2 e I_3 sean negativas indica sólo que elegimos la dirección incorrecta para estas corrientes. Sin embargo, los valores numéricos son correctos.

Ejercicio Encuentre la diferencia de potencial entre los puntos b y c.

Respuesta $V_b - V_c = 2$ V.

EJEMPLO 28.9 Un circuito de lazos múltiples

a) En condiciones de estado estable, determine las corrientes desconocidas en el circuito de lazos múltiples mostrado en la figura 28.14.

Razonamiento Advierta primero que *el capacitor representa un circuito abierto y que, por tanto, no hay corriente a lo largo de la* trayectoria *ghab en condiciones de estado estable*. En consecuencia, $I_{gf} = I_1$. Marcando las corrientes como se indica en la figura 28.14 y aplicando la primera regla de Kirchhoff a la unión c, obtenemos

$$(1) \qquad I_1 + I_2 = I_3$$

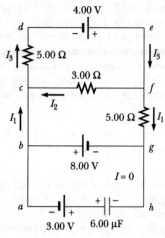

FIGURA 28.14 (Ejemplo 28.9) Un circuito de lazos múltiples. Observe que la ecuación de lazo de Kirchhoff puede aplicarse a *cualquier* lazo cerrado, incluyendo al que contiene al capacitor.

La segunda regla de Kirchhoff aplicada a los lazos *defcd* y *cfgbc* produce

2) Lazo *defcd*: $4.00\ \text{V} - (3.00\ \Omega)I_2 - (5.00\ \Omega)I_3 = 0$
3) Lazo *cfgbc*: $8.00\ \text{V} - (5.00\ \Omega)I_1 + (3.00\ \Omega)I_2 = 0$

Solución En 1) vemos que $I_1 = I_3 - I_2$, la cual cuando se sustituye en 3) da

4) $8.00\ \text{V} - (5.00\ \Omega)I_3 + (8.00\ \Omega)I_2 = 0$

Restando 4) de 2), eliminamos I_3, y encontramos

$$I_2 = -\tfrac{4}{11}\text{A} = \boxed{-0.364\ \text{A}}$$

Puesto que I_2 es negativa, concluimos que I_2 circula de *c* a *f* a través del resistor de 3.00 Ω. Usando este valor de I_2 en 3) y 1), se obtienen los siguientes valores para I_1 e I_3:

$$I_1 = \boxed{1.38\ \text{A}} \qquad I_3 = \boxed{1.02\ \text{A}}$$

En condiciones de estado estable, el capacitor representa un circuito *abierto*, por lo que no hay corriente en la rama *ghab*.

b) ¿Cuál es la carga en el capacitor?

Solución Podemos aplicar la segunda regla de Kirchhoff al lazo *abgha* (o a cualquier otro lazo que contenga al capacitor) para determinar la diferencia de potencial V_c a través del capacitor:

$$-8.00\ \text{V} + V_c - 3.00\ \text{V} = 0$$

$$V_c = 11.0\ \text{V}$$

Puesto que $Q = CV_c$, la carga en el capacitor es

$$Q = (6.00\ \mu\text{F})(11.0\ \text{V}) = \boxed{66.0\ \mu\text{C}}$$

¿Por qué el lado izquierdo del capacitor está cargado positivamente?

Ejercicio Encuentre el voltaje a través del capacitor recorriendo cualquier otro lazo.

Respuesta 11.0 V.

28.4 CIRCUITOS *RC*

Hasta ahora nos hemos ocupado de circuitos con corrientes constantes, o con los llamados *circuitos de estado estable*. Consideramos ahora circuitos que contienen capacitores, en los cuales las corrientes pueden variar en el tiempo.

Carga de un capacitor

Considere el circuito en serie mostrado en la figura 28.15. Supongamos que el capacitor inicialmente está descargado. No hay corriente cuando el interruptor S está abierto (Fig. 28.15b). Si el interruptor se cierra en $t = 0$, empiezan a fluir cargas, estableciendo una corriente en el circuito, y el capacitor empieza a cargarse (Fig. 28.15c). Advierta que durante el proceso de carga, las cargas no brincan a través de las placas del capacitor debido a que el entrehierro entre las mismas representa un circuito abierto. En lugar de eso, la carga se transfiere de una placa a la otra a través del resistor, el interruptor y la batería hasta que el capacitor se carga por completo. El valor de la carga máxima depende del voltaje de la batería. Una vez alcanzada la carga máxima, la corriente en el circuito es cero.

Para poner este análisis sobre una base cuantitativa, apliquemos la segunda regla de Kirchhoff al circuito después de que se cierra el interruptor. Al hacerlo así se obtiene

$$\mathcal{E} - IR - \frac{q}{C} = 0 \tag{28.9}$$

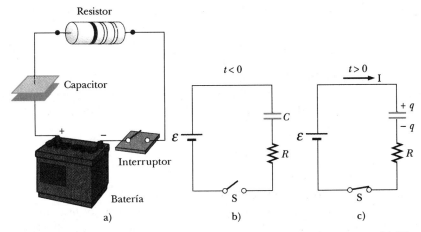

FIGURA 28.15 a) Capacitor en serie con un resistor, una batería y un interruptor. b) Diagrama de circuito que representa este sistema antes de cerrar el interruptor, $t < 0$. c) Diagrama de circuito después de que se cierra el interruptor, $t > 0$.

donde IR es la caída de potencial en el resistor y q/C es la caída de potencial en el capacitor. Observe que q e I son valores instantáneos de la carga y la corriente, respectivamente, cuando el capacitor se está cargando.

Con la ecuación 28.9 podemos encontrar la corriente inicial en el circuito y la carga máxima en el capacitor. En el instante en que se cierra el interruptor ($t = 0$), la carga en el capacitor es cero, y según la ecuación 28.9 encontramos que la corriente inicial en el circuito I_0 es un máximo e igual a

$$I_0 = \frac{\mathcal{E}}{R} \qquad \text{(corriente en } t = 0)\qquad\qquad \textbf{(28.10)}$$

Corriente máxima

En este tiempo, *la caída de potencial es completa a través del resistor.* Después, cuando el capacitor se carga hasta su valor máximo Q, las cargas dejan de fluir, la corriente en el circuito es cero y *la caída de potencial es completa a través del capacitor.* Al sustituir $I = 0$ en la ecuación 28.9 se obtiene

$$Q = C\mathcal{E} \qquad \text{(carga máxima)}\qquad\qquad \textbf{(28.11)}$$

Carga máxima en el capacitor

Para determinar expresiones analíticas relativas a la dependencia en el tiempo de la carga y la corriente, debemos resolver la ecuación 28.9, una sola ecuación que contiene dos variables, q e I. Para hacerlo, sustituyamos $I = dq/dt$ y rearreglemos la ecuación:

$$\frac{dq}{dt} = \frac{\mathcal{E}}{R} - \frac{q}{RC}$$

Una expresión para q puede encontrarse de la siguiente manera. Se rearregla la ecuación poniendo los términos que contienen a q en el lado izquierdo, y en el lado derecho los que incluyen a t. Después se integran ambos lados:

$$\frac{dq}{(q - C\mathcal{E})} = -\frac{1}{RC}\,dt$$

$$\int_0^q \frac{dq}{(q - C\mathcal{E})} = -\frac{1}{RC}\int_0^t dt$$

$$\ln\left(\frac{q - C\mathcal{E}}{- C\mathcal{E}}\right) = -\frac{t}{RC}$$

A partir de la definición del logaritmo natural, podemos escribir esta ecuación como

$$q(t) = C\mathcal{E}[1 - e^{-t/RC}] = Q[1 - e^{-t/RC}] \tag{28.12}$$

donde e es la base del logaritmo natural.

Puede determinarse una expresión para la corriente de carga diferenciando la ecuación 28.12 respecto del tiempo. Utilizando $I = dq/dt$, encontramos

$$I(t) = \frac{\mathcal{E}}{R} e^{-t/RC} \tag{28.13}$$

donde $I_0 = \mathcal{E}/R$ es la corriente inicial en el circuito.

En la figura 28.16 se presentan gráficas de carga y corriente contra tiempo. Observe que la carga es cero en $t = 0$ y que se acerca al valor máximo de $C\mathcal{E}$ a medida que $t \to \infty$ (Fig. 28.16a). Además, la corriente tiene su valor máximo $I_0 = \mathcal{E}/R$ en $t = 0$ y decae exponencialmente hasta cero conforme $t \to \infty$ (Fig. 28.16b). La cantidad RC, la cual aparece en los exponentes de las ecuaciones 28.12 y 28.13, se conoce como la **constante de tiempo**, τ, del circuito. Representa el tiempo que tarda en disminuir la corriente hasta $1/e$ de su valor inicial; esto es, en un tiempo τ, $I = e^{-1}I_0 = 0.368I_0$. En un tiempo 2τ, $I = e^{-2}I_0 = 0.135I_0$, etcétera. Del mismo modo, en un tiempo τ la carga aumenta de 0 a $C\mathcal{E}[1 - e^{-1}] = 0.632C\mathcal{E}$.

El siguiente análisis dimensional muestra que τ tiene la unidad de tiempo:

$$[\tau] = [RC] = \left[\frac{V}{I} \times \frac{Q}{V} \right] = \left[\frac{Q}{Q/T} \right] = [T]$$

El trabajo hecho por la batería durante el proceso de carga es $Q\mathcal{E} = C\mathcal{E}^2$. Después de que el capacitor se ha cargado completamente, la energía almacenada en él es $\frac{1}{2}Q\mathcal{E} = \frac{1}{2}C\mathcal{E}^2$, lo cual es la mitad del trabajo hecho por la batería. Se deja como un problema demostrar que la mitad restante de la energía suministrada por la batería se transforma en calor joule en el resistor (problema 82).

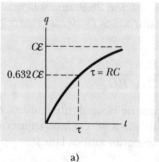 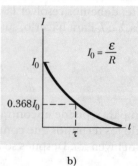

a)   b)

FIGURA 28.16 a) Gráfica de la carga del capacitor contra el tiempo para el circuito mostrado en la figura 28.15. Después de una constante de tiempo, τ, la carga es 63.2% del valor máximo, $C\mathcal{E}$. La carga se aproxima a su valor máximo a medida que t tiende a infinito. b) Gráfica de la corriente contra el tiempo para el circuito RC mostrado en la figura 28.15. La corriente tiene su valor máximo, $I_0 = \mathcal{E}/R$, en $t = 0$ y decae a cero exponencialmente conforme t tiende a infinito. Después de una constante de tiempo, τ, la corriente disminuye hasta 36.8% de su valor inicial.

Descarga de un capacitor

Consideremos ahora el circuito en la figura 28.17 que consta de un capacitor con una carga inicial Q, un resistor y un interruptor. Cuando éste se abre (Fig. 28.17a), hay una diferencia de potencial de Q/C a través del capacitor y una diferencia de potencial cero en el resistor puesto que $I = 0$. Si el interruptor se cierra en $t = 0$, el capacitor empieza a descargarse a través del resistor. En cierto tiempo durante la descarga, la corriente en el circuito es I y la carga en el capacitor es q (Fig. 28.17b). De acuerdo con la segunda regla de Kirchhoff, vemos que la caída de potencial a través del resistor, IR, debe ser igual a la diferencia de potencial a través del capacitor, q/C:

$$IR = \frac{q}{C} \qquad (28.14)$$

Sin embargo, la corriente en el circuito debe ser igual a la tasa de *reducción* de carga en el capacitor. Es decir, $I = -dq/dt$, por lo que la ecuación 28.14 se vuelve

$$-R\frac{dq}{dt} = \frac{q}{C}$$

$$\frac{dq}{q} = -\frac{1}{RC}\,dt$$

Integrando esta expresión con base en el hecho de que $q = Q$ en $t = 0$ resulta

$$\int_Q^q \frac{dq}{q} = -\frac{1}{RC}\int_0^t dt$$

$$\ln\left(\frac{q}{Q}\right) = -\frac{t}{RC}$$

$$q(t) = Qe^{-t/RC} \qquad (28.15)$$

La diferenciación de la ecuación 28.15 respecto del tiempo produce la corriente como una función del tiempo:

$$I(t) = -\frac{dq}{dt} = I_0 e^{-t/RC} \qquad (28.16)$$

donde la corriente inicial $I_0 = Q/RC$. Por lo tanto, vemos que tanto la carga en el capacitor como la corriente decaen exponencialmente a una tasa caracterizada por la constante de tiempo $\tau = RC$.

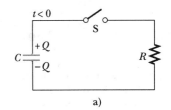

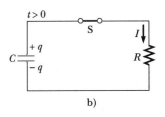

FIGURA 28.17 a) Un capacitor cargado conectado a un resistor y a un interruptor, el cual se abre en $t < 0$. b) Después de que el interruptor se cierra, se establece una corriente no estable en la dirección indicada y la carga en el capacitor disminuye exponencialmente con el tiempo.

Carga contra tiempo para un capacitor que se descarga

Corriente contra tiempo para un capacitor que se descarga

EJEMPLO CONCEPTUAL 28.10 **Limpiadores de parabrisas intermitentes**

Muchos automóviles están equipados con limpiaparabrisas que pueden usarse intermitentemente durante una ligera llovizna. ¿Cómo depende la operación de esta característica de la carga y descarga de un capacitor?

Razonamiento Los limpiadores son parte de un circuito *RC* cuya constante de tiempo puede variarse seleccionando diferentes valores de *R* mediante un interruptor de posicionamiento múltiple. El breve tiempo que los limpiadores permanecen activados, y el tiempo que están desactivados, se determina por el valor de la constante de tiempo del circuito.

EJEMPLO 28.11   Carga de un capacitor en un circuito *RC*

Un capacitor descargado y un resistor se conectan en serie a una batería, como se muestra en la figura 28.18. Si $\mathcal{E}$ = 12.0 V, C = 5.00 μF y R = 8.00 × 10^5 Ω, encuentre la constante de tiempo del circuito, la carga máxima en el capacitor, la corriente máxima en el circuito y la carga y la corriente como funciones del tiempo.

Ejercicio   Calcule la carga en el capacitor y la corriente en el circuito después de que ha transcurrido una constante de tiempo.

Respuesta   37.9 μC, 5.52 μA.

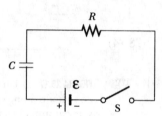

FIGURA 28.18   (Ejemplo 28.11) El interruptor de este circuito *RC* en serie se cierra en $t = 0$.

Solución   La constante de tiempo del circuito es $\tau = RC =$ (8.00 × 10^5 Ω)(5.00 × 10^{-6} F) = 4.00 s. La carga máxima en el capacitor es $Q = C\mathcal{E}$ = (5.00 × 10^{-6}F) (12.0 V) = 60.0 μC. La corriente máxima en el circuito es $I_0 = \mathcal{E}/R$ = (12.0 V)/(8.00 × 10^5 Ω) = 15.0 μA. Empleando estos valores y las ecuaciones 28.12 y 28.13, encontramos que

$$q(t) = \boxed{60.0\,[1 - e^{-t/4}]\mu C}$$

$$I(t) = \boxed{15.0e^{-t/4}\ \mu A}$$

En la figura 28.19 se presentan gráficas de estas funciones.

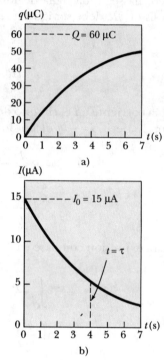

FIGURA 28.19   (Ejemplo 28.11) Gráficas de a) carga contra tiempo, y b) corriente contra tiempo para el circuito *RC* mostrado en la figura 28.18, con $\mathcal{E}$ = 12.0 V, R = 8.00 × 10^5 Ω y C = 5.00 μF.

EJEMPLO 28.12   Descarga de un capacitor en un circuito *RC*

Considere un capacitor C que se está descargando a través de un resistor R, como se ve en la figura 28.17. a) ¿Después de cuántas constantes de tiempo la carga en el capacitor es un cuarto de su valor inicial?

Solución   De acuerdo con la ecuación 28.15, $q(t) = Qe^{-t/RC}$ la carga en el capacitor varía con el tiempo. Para determinar el tiempo que tarda la carga q en disminuir hasta un cuarto de su valor inicial, sustituimos $q(t) = Q/4$ en esta expresión y despejamos t:

$$\tfrac{1}{4}Q = Qe^{-t/RC}$$

$$\tfrac{1}{4} = e^{-t/RC}$$

Tomando logaritmos en ambos lados, encontramos

$$-\ln 4 = -\frac{t}{RC}$$

$$t = RC\ln 4 = \boxed{1.39\ RC}$$

b) La energía almacenada en el capacitor disminuye con el tiempo a medida que se descarga. ¿Después de cuántas constantes de tiempo esta energía almacenada es un cuarto de su valor inicial?

Solución Con las ecuaciones 26.10 y 28.15 podemos expresar la energía almacenada en el capacitor en un tiempo t como

$$U = \frac{q^2}{2C} = \frac{Q^2}{2C}\,e^{-2t/RC} = U_0\,e^{-2t/RC}$$

donde U_0 es la energía inicial almacenada en el capacitor. Como en el inciso a), hacemos $U = U_0/4$ y despejamos t:

$$\tfrac{1}{4}U_0 = U_0\,e^{-2t/RC}$$

$$\tfrac{1}{4} = e^{-2t/RC}$$

Tomando de nuevo logaritmos en ambos lados y despejando t resulta

$$t = \tfrac{1}{2}RC\ln 4 = \boxed{0.693\,RC}$$

Ejercicio ¿Después de cuántas constantes de tiempo la corriente en el circuito RC es la mitad de su valor inicial?

Respuesta $0.693\,RC$.

EJEMPLO 28.13 Pérdida de energía en un resistor

Un capacitor de 5.00 μF se carga hasta una diferencia de potencial de 800 V y después se descarga por medio de un resistor de 25.0 kΩ. ¿Cuánta energía se pierde como calentamiento joule en el tiempo que tarda el capacitor en descargarse por completo?

Solución Resolveremos este problema por dos caminos. El primer método es tomar en cuenta que la energía inicial en el sistema es igual a la energía almacenada en el capacitor, $C\mathcal{E}^2/2$. Una vez que el capacitor se ha descargado por completo, la energía almacenada es cero. Puesto que la energía se conserva, la energía inicial almacenada en el capacitor se transforma en energía térmica disipada en el resistor. Empleando los valores dados de C y $\mathcal{E}$, encontramos

$$\text{Energía} = \tfrac{1}{2}C\mathcal{E}^2 = \tfrac{1}{2}(5.00\times10^{-6}\,\text{F})(800\,\text{V})^2 = \boxed{1.60\,\text{J}}$$

El segundo método, que es más difícil pero quizá más instructivo, es advertir que cuando el capacitor se descarga a través del resistor, la tasa a la cual se genera calor en el resistor (o la pérdida de potencia) está dada por RI^2, donde I es la corriente instantánea dada por la ecuación 28.16. Puesto que la potencia se define como la tasa de cambio de la energía, concluimos que

la energía perdida en el resistor en la forma de calor debe ser igual a la integral de tiempo de $RI^2\,dt$:

$$\text{Energía} = \int_0^\infty RI^2\,dt = \int_0^\infty R(I_0\,e^{-t/RC})^2\,dt$$

Para evaluar esta integral observamos que la corriente inicial $I_0 = \mathcal{E}/R$ y todos los parámetros son constantes, excepto los relacionados con t. Así, encontramos

$$\text{Energía} = \frac{\mathcal{E}^2}{R}\int_0^\infty e^{-2t/RC}\,dt$$

Esta integral tiene un valor de $RC/2$, por lo que encontramos

$$\text{Energía} = \tfrac{1}{2}C\mathcal{E}^2$$

lo cual concuerda con el planteamiento más simple, como debe ser. Recuerde que este segundo enfoque puede utilizarse para determinar la pérdida de energía como calor en *cualquier* tiempo después de que el interruptor se cierra reemplazando simplemente el límite superior en la integral por un valor específico de t.

Ejercicio Muestre que la integral dada en este ejemplo tiene el valor de $RC/2$.

---

*28.5 INSTRUMENTOS ELÉCTRICOS

El amperímetro

La corriente es una de las cantidades más importantes que uno quisiera medir en un circuito eléctrico. Se conoce como **amperímetro** al dispositivo que mide corriente. La corriente que se va a medir debe pasar directamente por el amperímetro, debido a que éste debe conectarse a la corriente, como se muestra en la figura 28.20. Los alambres deben cortarse para realizar las conexiones en el amperímetro. Cuando use este instrumento para medir corrientes continuas, asegúrese de conectarlo de modo que la corriente entre en la terminal positiva del instrumento y salga en la terminal negativa. **Idealmente, un amperímetro debe tener resistencia cero de manera que no altere la corriente que se va a medir.** En el circuito indicado en la figura 28.20, esta condición requiere que la resistencia del amperímetro sea pequeña comparada con $R_1 + R_2$. Puesto que cualquier amperímetro tiene siempre alguna resis-

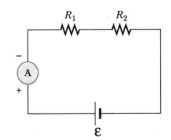

FIGURA 28.20 La corriente en un circuito puede medirse con un amperímetro conectado en serie con el resistor y la batería. Un amperímetro ideal tiene resistencia cero.

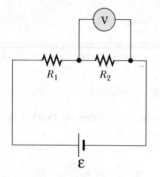

FIGURA 28.21 La diferencia de potencial a través de un resistor puede medirse con un voltímetro conectado en paralelo al resistor. Un voltímetro ideal tiene resistencia infinita y no influye en el circuito.

tencia, su presencia en el circuito reduce ligeramente la corriente respecto de su valor cuando el amperímetro no está presente.

El voltímetro

Un dispositivo que mide diferencias de potencial recibe el nombre de **voltímetro**. La diferencia de potencial entre dos puntos cualesquiera en el circuito puede medirse uniendo simplemente las terminales del voltímetro entre estos puntos sin romper el circuito, como muestra la figura 28.21. La diferencia de potencial en el resistor R_2 se mide conectando el voltímetro en paralelo con R_2. También en este caso, es necesario observar la polaridad del instrumento. La terminal positiva del voltímetro debe conectarse en el extremo del resistor al potencial más alto, y la terminal negativa al extremo del potencial más bajo del resistor. **Un voltímetro ideal tiene resistencia infinita de manera que no circula corriente a través de él.** Como se ve la figura 28.21, esta condición requiere que el voltímetro tenga una resistencia que es muy grande en relación con R_2. En la práctica, si no se cumple esta condición, debe hacerse una corrección respecto de la resistencia conocida del voltímetro.

El galvanómetro

El **galvanómetro** es el principal componente utilizado en la construcción de amperímetros y voltímetros. Las características esenciales de un tipo común, conocido como *galvanómetro de D'Arsonval*, que se muestra en la figura 28.22. Está compuesto por una bobina de alambre montada de modo que pueda girar libremente sobre un pivote en un campo magnético proporcionado por un imán permanente. La operación básica del galvanómetro aprovecha el hecho de que un momento de torsión actúa sobre una espira de corriente en presencia de un campo magnético. (La razón de esto se estudia en detalle en el capítulo 29.) El momento de torsión experimentado por la bobina es proporcional a la corriente que circula por ella. Esto significa que cuanto más grande la corriente, tanto mayor el momento de torsión, así como el giro de la bobina antes de que el resorte se tense lo suficiente para detener la rotación. Por tanto, la cantidad de desviación es proporcional a la corriente. Después de que el instrumento se calibra de manera apropiada, puede usarse junto con otros elementos de circuito para medir ya sea corrientes o diferencias de potencial.

Un galvanómetro estándar no es adecuado para usarse como un amperímetro, debido principalmente a que un galvanómetro común tiene una resistencia cercana a 60 Ω. La resistencia de un amperímetro de esta magnitud altera de manera considerable la corriente en el circuito en el cual se coloca. Esto puede entenderse considerando el siguiente ejemplo. Suponga que usted construye un circuito en serie simple que contiene una batería de 3 V y un resistor de 3 Ω. La corriente en este circuito es 1 A. Sin embargo, si usted inserta un galvanómetro de 60 Ω en el circuito para medir la corriente, la resistencia total del circuito es 63 Ω y la corriente se reduce a 0.048 A.

Un segundo factor que limita el uso del galvanómetro como un amperímetro es el hecho de que un galvanómetro común brinda una desviación de máxima escala para corrientes muy bajas, del orden de 1 mA o menos. Consecuentemente, dicho galvanómetro no puede usarse de manera directa para medir corrientes mayores que ésta. Sin embargo, es posible convertir un galvanómetro en un amperímetro colocando un resistor R_p en paralelo con el galvanómetro, como se puede ver en la figura 28.23a. El valor de R_p, conocido algunas veces como *resistor en derivación*, debe ser muy pequeño respecto de la resistencia del galvanómetro, de modo que la mayor parte de la corriente que se va a medir circule por el resistor en derivación.

Un galvanómetro también puede utilizarse como un voltímetro añadiendo un resistor externo R_s en serie con él, como en la figura 28.23b. En este caso, el resistor externo debe tener un valor muy grande respecto de la resistencia del galvanómetro. Esto asegura que el galvanómetro no altere de manera significativa el voltaje que se va a medir.

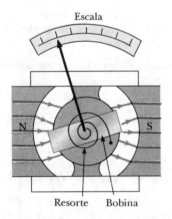

FIGURA 28.22 Los principales componentes de un galvanómetro de D'Arsonval. Cuando la corriente pasa a través de la bobina, situada en un campo magnético, el momento de torsión magnético ocasiona que la bobina gire. El ángulo en el que gira la bobina es proporcional a la corriente que circula por ella debido al momento de torsión del resorte.

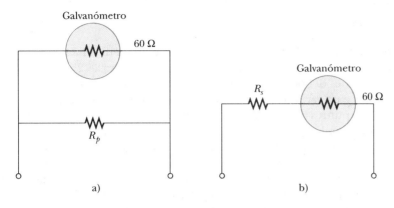

FIGURA 28.23 a) Cuando un galvanómetro se va a usar como un amperímetro, un resistor R_p se conecta en paralelo con el galvanómetro. b) Cuando el galvanómetro se usa como un voltímetro, un resistor R_s se conecta en serie con el galvanómetro.

Modelo a gran escala de un movimiento de galvanómetro. ¿Por qué la bobina gira en torno al eje vertical después de que se cierra el interruptor? *(Henry Leap y Jim Lehman)*

El puente de Wheatstone

Es posible medir con exactitud resistencias desconocidas utilizando un circuito conocido como **puente de Wheatstone** (Fig. 28.24). Este circuito consiste en una resistencia desconocida, R_x, tres resistores conocidos, R_1, R_2 y R_3 (donde R_1 es un resistor variable calibrado), un galvanómetro y una batería. El resistor conocido R_1 se varía hasta que la lectura del galvanómetro es cero, es decir, hasta que no haya corriente de a a b. En estas condiciones se dice que el puente está balanceado. Puesto que el potencial en el punto a debe ser igual al potencial en el punto b cuando el puente está balanceado, la diferencia de potencial a través de R_1 debe ser igual a la diferencia de potencial a través de R_2. De igual modo, la diferencia de potencial a través de R_3 debe ser igual a la diferencia de potencial a través de R_x. De acuerdo con estas consideraciones, vemos que

$$(1) \qquad I_1 R_1 = I_2 R_2$$

$$(2) \qquad I_1 R_3 = I_2 R_x$$

Dividiendo 1) entre 2) se eliminan las corrientes, y despejando R_x encontramos

$$R_x = \frac{R_2 R_3}{R_1} \qquad (28.17)$$

Puesto que R_1, R_2 y R_3 son cantidades conocidas, R_x puede calcularse. Hay varios dispositivos similares que utilizan la medición nula (cuando el galvanómetro mide un valor cero), como un puente de capacitancia utilizado para medir capacitancias desconocidas. Estos dispositivos no necesitan medidores calibrados y pueden emplearse con cualquier fuente de voltaje.

Cuando sea necesario medir resistencias muy altas (arriba de $10^5 \Omega$), el método del puente de Wheatstone se vuelve difícil por razones técnicas. Como consecuencia de los recientes avances en la tecnología en dispositivos de estado sólido, como el transistor de efecto de campo, los instrumentos electrónicos modernos pueden medir resistencias tan altas como $10^{12} \Omega$. Dichos instrumentos tienen una resistencia extremadamente alta entre sus terminales de entrada. Por ejemplo, son comunes resistencias de entrada de $10^{10} \Omega$ en la mayor parte de los multímetros digitales. (Un multímetro es un dispositivo que se utiliza para medir voltaje, corriente y resistencia.)

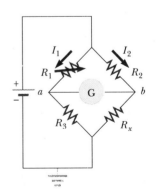

FIGURA 28.24 Diagrama de circuito para un puente de Wheatstone. Este circuito se emplea a menudo para medir una resistencia desconocida R_x en términos de resistencias conocidas R_1, R_2 y R_3. Cuando el puente está balanceado, no hay corriente en el galvanómetro.

El medidor de deformación, un dispositivo utilizado para análisis experimental de esfuerzos, consiste de un delgado alambre enrollado delimitado por un empaque de plástico flexible. Los esfuerzos se miden detectando los cambios en la resistencia de la bobina cuando la tira se dobla. Las mediciones de resistencia se hacen con el medidor como un elemento de un puente de Wheatstone. Estos dispositivos son utilizados comúnmente en las balanzas electrónicas modernas para medir la masa de un objeto.

El potenciómetro

Un **potenciómetro** es un circuito que se emplea para medir una fem desconocida $\mathcal{E}_x$ mediante la comparación con una fem conocida. La figura 28.25 muestra los componentes esenciales del potenciómetro. El punto d representa un contacto deslizante que se utiliza para variar la resistencia (y consecuentemente la diferencia de potencial) entre los puntos a y d. En una versión común del potenciómetro, llamada **potenciómetro del alambre deslizante**, el resistor variable es un alambre con el punto de contacto d en alguna posición sobre el alambre. Los otros componentes requeridos en este circuito son un galvanómetro, una batería con fem $\mathcal{E}$ y la fem desconocida $\mathcal{E}_x$.

Con las corrientes en las direcciones indicadas en la figura 28.25, de acuerdo con la primera regla de Kirchhoff, vemos que la corriente que circula por el resistor R_x es $I - I_x$, donde I es la corriente en la rama izquierda (a través de la batería de fem $\mathcal{E}$) e I_x es la corriente en la rama derecha. La segunda regla de Kirchhoff aplicada al lazo $abcda$ produce

$$-\mathcal{E}_x + (I - I_x)\,R_x = 0$$

donde R_x es la resistencia entre los puntos a y d. El contacto deslizante en d se ajusta luego hasta que el galvanómetro registra cero (un circuito balanceado). En estas circunstancias, la corriente en el galvanómetro y en la celda desconocida es cero, y la diferencia de potencial entre a y d es igual a la fem desconocida $\mathcal{E}_x$. Es decir,

$$\mathcal{E}_x = IR_x$$

Después, la batería de fem desconocida se reemplaza por una batería estándar de fem conocida $\mathcal{E}_s$ y el procedimiento anterior se repite. Es decir, se varía el contacto móvil en d hasta que se obtiene el balance. Si R_s es la resistencia entre a y d cuando se alcanza el balance, entonces

$$\mathcal{E}_s = IR_s$$

donde se supone que I permanece igual.

Combinando esta expresión con la ecuación previa, vemos que

$$\mathcal{E}_x = \frac{R_x}{R_s}\,\mathcal{E}_s \qquad (28.18)$$

Este resultado muestra que la fem desconocida puede determinarse a partir del conocimiento de la fem de la batería estándar y de la proporción de las dos resistencias.

Voltajes, corrientes y resistencias se miden con frecuencia con multímetros digitales como el mostrado en esta fotografía. *(Henry Leap y Jim Lehman)*

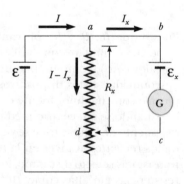

FIGURA 28.25 Diagrama de circuito para un potenciómetro. El circuito se usa para medir una fem $\mathcal{E}_x$ desconocida.

Si el resistor es un alambre de resistividad ρ, su resistencia puede variarse usando contactos deslizantes para modificar la longitud del circuito. Con las sustituciones $R_s = \rho L_s/A$ y $R_x = \rho L_x/A$, la ecuación 28.18 se reduce a

$$\mathcal{E}_x = \frac{L_x}{L_s}\,\mathcal{E}_s \qquad\qquad (28.19)$$

De acuerdo con este resultado, es posible obtener la fem desconocida de una medición de las dos longitudes de alambre y de la magnitud de la fem estándar.

*28.6 ALAMBRADO DOMÉSTICO Y SEGURIDAD ELÉCTRICA

Los circuitos domésticos representan una aplicación práctica de algunas de las ideas que hemos presentado en este capítulo. En nuestro mundo de aparatos eléctricos es útil entender los requerimientos y limitaciones de potencia de sistemas eléctricos convencionales y las medidas de seguridad que deben tomarse para evitar accidentes.

En una instalación convencional la compañía que brinda el servicio eléctrico distribuye la potencia eléctrica a hogares individuales con un par de líneas de potencia. Cada usuario se conecta en paralelo a estas líneas, como se puede ver en la figura 28.26. La diferencia de potencial entre estos alambres es de aproximadamente 120 V. El voltaje se alterna al mismo tiempo con uno de los alambres conectado a tierra, y el potencial del otro alambre, "vivo", oscila respecto de la tierra[2]. Para el presente análisis, suponemos un voltaje constante (corriente continua). (Los voltajes y las corrientes alternas se estudian en el capítulo 33.)

Un medidor y un interruptor de circuito (o en instalaciones antiguas, un fusible) se conectan en serie con uno de los alambres que entran a la casa. El alambre y el interruptor de circuito se seleccionan cuidadosamente para satisfacer las necesidades de corriente de ese circuito. Si un circuito va a conducir corrientes tan grandes como 30 A, un alambre grueso y un interruptor de circuito apropiado deben elegirse para manejar esta corriente. Otros circuitos domésticos individuales utilizados normalmente para activar lámparas y pequeños aparatos requieren casi siempre sólo 15 A. Cada circuito tiene su propio interruptor de circuito para adaptarse a diversas condiciones de carga.

Como un ejemplo, considere un circuito en el cual un tostador, un horno de microondas y un calentador están en el mismo circuito (correspondiendo a R_1, R_2, ... en la figura 28.26). Podemos calcular la corriente tomada por cada aparato utilizando la expresión $P = IV$. El tostador, con un valor nominal de 1 000 W, toma una corriente de 1 000/120 = 8.33 A. El horno de microondas, con un valor nominal de 800 W extrae 6.67 A, y el calentador eléctrico, con un valor nominal de 1 300 W, toma 10.8 A. Si los tres aparatos operan en forma simultánea, entonces será necesaria una corriente total de 25.8 A. Por consiguiente, el circuito debe alambrarse para manejar por lo menos esta corriente que es alta. Con el fin de adaptar una pequeña carga adicional, como la de una lámpara de 100 W, por ejemplo, debe instalarse un circuito de 30 A. De manera alternativa, el tostador y el horno de microondas podrían operarse en un circuito de 20 A y el calentador en un circuito separado de 20 A.

Muchos aparatos de gran capacidad, como los hornos eléctricos y las secadoras de ropa, requieren 240 V para su operación. La compañía eléctrica brinda este voltaje suministrando un tercer alambre que está a 120 V por debajo del potencial de tierra (Fig. 28.27). La diferencia de potencial entre este alambre y el otro alambre vivo, el cual está a 120 V sobre el potencial de tierra, es 240 V. Un aparato que opera a partir de una línea de 240 V requiere la mitad de la corriente de uno que opera con base en una línea de 120 V; por lo tanto, pueden utilizarse alambres más pequeños en el circuito de mayor voltaje sin que el sobrecalentamiento se vuelva un problema.

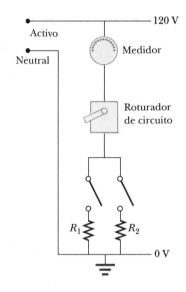

FIGURA 28.26 Diagrama del alambrado de un circuito doméstico. Las resistencias R_1 y R_2 representan aparatos u otros dispositivos eléctricos que operan con un voltaje aplicado de 120 V.

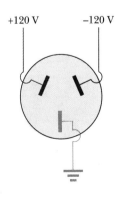

FIGURA 28.27 Conexiones de potencia para un aparato de 240 V.

---

[2] La frase *alambre vivo* es jerga común para un conductor cuyo potencial está arriba o abajo de tierra.

Seguridad eléctrica

Cuando un alambre vivo de una toma de corriente eléctrica se conecta directamente a tierra el circuito se completa y existe una condición de corto circuito. Cuando esto ocurre accidentalmente, un interruptor de circuito operando en forma apropiada abre el circuito. Por otra parte, una persona en contacto con tierra puede electrocutarse al tocar el alambre vivo de un conductor raído u otros conductores expuestos. Un contacto a tierra excepcionalmente bueno se efectúa ya sea si la persona toca una tubería de agua (normalmente al potencial de tierra) o al permanecer parada sobre tierra con los pies húmedos, puesto que el agua es un conductor. Estas situaciones deben evitarse a toda costa.

Un choque eléctrico puede producir quemaduras fatales o puede ser origen de que los músculos de órganos vitales, como el corazón, funcionen mal. El grado de daño al cuerpo depende de la magnitud de la corriente, el lapso que ésta actúa, la ubicación del contacto y la parte del cuerpo a través de la cual circula la corriente. Es posible que corrientes de 5 mA o menos puedan causar una sensación de choque, pero en general no causan daño o es mínimo. Si la corriente es mayor que aproximadamente 10 mA, los músculos se contraen y la persona puede ser incapaz de soltar el alambre vivo. Si una corriente cercana a 100 mA pasa por el cuerpo por unos cuantos segundos, el resultado puede ser fatal. Corrientes tan grandes paralizan los músculos respiratorios y obstruyen la respiración. En algunos casos, corrientes de alrededor de 1 A a través del cuerpo pueden producir serias (y algunas veces fatales) quemaduras. En la práctica, ningún contacto con alambres vivos (voltajes superiores a 24 V) se considera seguro.

Muchos de los tomacorriente se diseñan para aceptar un cordón eléctrico de tres puntas. (Esta característica se requiere en todas las nuevas instalaciones eléctricas.) Una de estas puntas es el alambre vivo, una segunda que se denomina el "neutro" conduce la corriente a tierra, y la tercera punta redondeada es un alambre de seguridad de conexión a tierra por el que no circula corriente. El alambre de conexión a tierra adicional es un importante razgo de seguridad con el alambre de conexión a tierra de seguridad conectado directamente a la caja del aparato. Si el alambre vivo entra accidentalmente en corto con la caja (lo cual ocurre a menudo cuando el aislamiento del alambre se desgasta), la corriente toma una trayectoria de baja resistencia a través del aparato hasta tierra. En contraste, si la caja del aparato no está conectada a tierra de manera apropiada y ocurre un corto, cualquiera que esté en contacto con el aparato experimenta un choque eléctrico debido a que el cuerpo proporciona una trayectoria de baja resistencia a tierra.

En la actualidad se utilizan tomas de corriente eléctrica especiales denominadas interruptores de falla a tierra (IFT) en cocinas, baños, cimientos, tomacorriente exteriores y otras áreas peligrosas de los nuevos hogares. Estos dispositivos están diseñados para proteger a las personas contra choques eléctricos registrando corrientes pequeñas ($\approx$5 mA) que se fugan a tierra. (El principio de su operación se describe en el capítulo 31.) Cuando se detecta una corriente de fuga excesiva, la corriente se corta en menos de 1 ms.

RESUMEN

La **fem** de una batería es igual al voltaje a través de sus terminales cuando la corriente es cero. Esto significa que la fem es equivalente al voltaje en circuito abierto de la batería.

La **resistencia equivalente** de un conjunto de resistores conectados en **serie** es

$$R_{eq} = R_1 + R_2 + R_3 + \cdots \tag{28.6}$$

La **resistencia equivalente** de un conjunto de resistores conectados en **paralelo** es

$$\frac{1}{R_{eq}} = \frac{1}{R_1} + \frac{1}{R_2} + \frac{1}{R_3} + \cdots \tag{28.8}$$

Los circuitos complejos que implican más de un lazo se analizan de manera conveniente utilizando las **reglas de Kirchhoff**:

- La suma de las corrientes que entran a cualquier unión debe ser igual a la suma de las corrientes que salen de esa unión.
- La suma de las diferencias de potencial a través de cada elemento en cualquier lazo de circuito cerrado debe ser cero.

La primera regla es un enunciado de la **conservación de la carga**. La segunda regla es equivalente a un enunciado de la **conservación de la energía**.

Cuando un resistor se recorre en la dirección de la corriente, el cambio de potencial, ΔV, a través del resistor es $-IR$. Si el resistor se recorre en la dirección opuesta a la corriente, $\Delta V = +IR$. Si una fuente de fem se recorre en la dirección de la fem (negativa o positiva) el cambio de potencial es $+\mathcal{E}$. Si se recorre en el sentido opuesto de la fem (positiva a negativa), el cambio de potencial es $-\mathcal{E}$.

Si un capacitor se carga con una batería a través de una resistencia R, la carga en el capacitor y la corriente en el circuito varían en el tiempo de acuerdo con las expresiones

$$q(t) = Q[1 - e^{-t/RC}] \tag{28.12}$$

$$I(t) = \frac{\mathcal{E}}{R} e^{-t/RC} \tag{28.13}$$

donde $Q = C\mathcal{E}$ es la carga máxima en el capacitor. El producto RC se denomina la **constante de tiempo** del circuito.

Si un capacitor cargado se descarga a través de una resistencia R, la carga y la corriente disminuyen exponencialmente en el tiempo de acuerdo con las expresiones

$$q(t) = Qe^{-t/RC} \tag{28.15}$$

$$I(t) = I_0 e^{-t/RC} \tag{28.16}$$

donde $I_0 = Q/RC$ es la corriente inicial y Q es la carga inicial en el capacitor.

PREGUNTAS

1. Explique la diferencia entre resistencia de carga y resistencia interna de una batería.
2. ¿Bajo qué condición la diferencia de potencial a través de las terminales de una batería es igual a su fem? ¿El voltaje de las terminales puede ser mayor que la fem? Explique.
3. ¿La dirección de la corriente a través de una batería siempre es de la terminal negativa a la positiva? Explique.
4. Se cuenta con dos series de navidad de tres luces. Para la serie A, cuando se quita un foco (o se funde), los focos restantes permanecen iluminados. Para la serie B, cuando un foco se quita, los restantes no funcionan. Explique las diferencias en el alambrado de las dos series.
5. ¿Cómo podría usted conectar resistores de manera que la resistencia equivalente sea más grande que las resistencias individuales? Brinde un ejemplo que incluya dos o tres resistores.
6. ¿Cómo podría usted conectar resistores de manera que la resistencia equivalente sea más pequeña que las resistencias individuales? Brinde un ejemplo que incluya dos o tres resistores.
7. Dados tres focos y una batería, dibuje todos los circuitos eléctricos diferentes que pueda.

8. Cuando se conectan resistores en serie, ¿de lo siguiente qué sería igual en cada resistor: diferencia de potencial, corriente, potencia?
9. Cuando se conectan resistores en paralelo, ¿de lo siguiente qué sería igual en cada resistor: diferencia de potencial, corriente, potencia?
10. ¿Qué ventajas habría al usar dos resistores idénticos en paralelo conectados en serie con otro par en paralelo idéntico, en lugar de usar un solo resistor?
11. ¿Los dos faros de un auto están alambrados en serie o en paralelo? ¿Cómo puede asegurarlo?
12. Una lámpara incandescente conectada a una fuente de 120 V con un cordón de extensión corto brinda más iluminación que la misma lámpara conectada a la misma fuente con un cordón de extensión muy largo. Explique.
13. Incluidas en las reglas de Kirchhoff hay dos leyes de conservación, ¿cuáles son?
14. ¿Cuándo puede ser positiva la diferencia de potencial a través de un resistor?
15. Suponga que en la figura 28.14 el alambre entre los puntos g y h se reemplaza por un resistor de 10 Ω. Explique por qué este cambio no afecta las corrientes calculadas en el ejemplo 28.9.

16. En la figura 28.28 describa qué ocurre con el foco después de que se cierra el interruptor. Suponga que el capacitor tiene una gran capacitancia y que inicialmente está descargado; considere también que el foco ilumina cuando se conecta directamente entre las terminales de la batería.

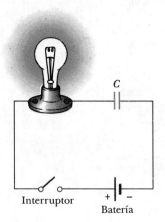

FIGURA 28.28   (Pregunta 16).

17. ¿Cuál es la resistencia interna de una amperímetro y de un voltímetro ideales? ¿Los medidores reales llegan a este caso ideal?

18. Aunque la resistencia interna de las fems desconocida y conocida se ignoraran en el tratamiento del potenciómetro (sección 28.5), en realidad no es necesario hacer esta suposición. Explique por qué las resistencias internas no desempeñan ningún papel en esta medición.

19. ¿Por qué es peligroso activar una luz cuando usted está en una bañera?

20. ¿Por qué es posible que un pájaro permanezca sobre un cable de alto voltaje sin que se electrocute?

21. Suponga que usted cae de un edificio y en el trayecto hacia abajo se agarra de un cable de alto voltaje. Suponiendo que el cable lo sostenga, ¿se electrocutará? Si el cable se rompe después, ¿continuará usted unido al extremo del mismo cuando caiga?

22. ¿Un fusible trabajaría apropiadamente si se pusiera en paralelo con el dispositivo que supuestamente protege?

23. ¿Qué ventaja ofrece operar 120 V con respecto de 240 V? ¿Qué desventajas?

24. Cuando los electricistas trabajan con alambres potencialmente vivos con frecuencia usan los dorsos de sus manos o dedos para mover los alambres. ¿Por qué supone usted que usan esta técnica?

25. ¿Qué procedimiento usaría usted para tratar de salvar a una persona que está "petrificado" en un cable vivo de alto voltaje sin poner en riesgo su propia vida?

26. Si la corriente que circula por un cuerpo es la que determina qué tan serio será un choque eléctrico, ¿por qué vemos anuncios de peligro de alto voltaje en vez de alta corriente cerca de equipos eléctricos?

27. Suponga que usted está volando un papalote cuando éste choca con un cable de alto voltaje. ¿Qué factores determinan la magnitud del choque eléctrico que usted recibe?

28. Un circuito en serie está compuesto por tres lámparas idénticas conectadas a una batería, como se muestra en la figura 28.29. Cuando el interruptor S se cierra, ¿qué ocurre a) con las intensidades de las lámparas A y B; b) con la intensidad de la lámpara C; c) con la corriente en el circuito; y d) con la caída de voltaje a través de las tres lámparas? e) ¿La potencia disipada en el circuito aumenta, disminuye o permanece igual?

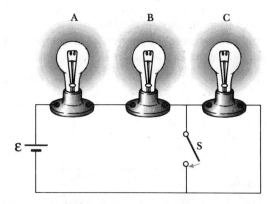

FIGURA 28.29   (Pregunta 28).

PROBLEMAS

Problema de repaso

En el circuito que se muestra se conocen los valores de I y R, en tanto que la fem y la resistencia interna de la batería se desconoce. Cuando el interruptor S se cierra, el amperímetro registra $20I$. Cuando se abre el interruptor, encuentre a) la resistencia externa total, b) la diferencia de potencial entre a) y b), c) la fem de la batería, d) la resistencia interna r de la batería, e) la corriente en el resistor marcado con *, y f) la potencia disipada por el resistor marcado con *. Si los puntos 1 y 2 se conectan por medio de un alambre, encuentre g) la resistencia total del circuito externo, h) la corriente en la batería, e i) la potencia disipada en el circuito. j) En el circuito original, suponga que se inserta un capacitor descargado C entre b y d, como se indica por medio del símbolo de circuito con línea punteada. ¿Cuánto tarda el capacitor en adquirir una carga $q = CIR$?

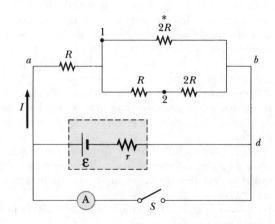

Sección 28.1 Fuerza electromotriz

1. Una batería con un fem de 12 V y una resistencia interna de 0.90 Ω se conecta en los extremos de un resistor de carga R. a) Si la corriente en el circuito es 1.4 A, ¿cuál es el valor de R? b) ¿Qué potencia se disipa en la resistencia interna de la batería?

2. Una batería de 9.00 V entrega 117 mA cuando se conecta a una carga de 72.0 Ω. Determine la resistencia interna de la batería.

3. a) ¿Cuál es la corriente en un resistor de 5.6 Ω conectado a una batería que tiene una resistencia interna de 0.2 Ω si el voltaje terminal de la batería es 10 V? b) ¿Cuál es la fem de la batería?

4. Si la fem de una batería es 15 V y se mide una corriente de 60 A cuando la batería está en corto, ¿cuál es la resistencia interna de la batería?

5. La corriente en un lazo de circuito que tiene una resistencia de R_1 es 2 A. La corriente se reduce a 1.6 A cuando un resistor adicional $R_2 = 3$ Ω se añade en serie con R_1. ¿Cuál es el valor de R_1?

6. Una pila seca AA nueva tiene una fem de 1.50 V y una resistencia interna de 0.311 Ω. a) Determine el voltaje de las terminales de la batería cuando se suministran 58 mA a un circuito. b) ¿Cuál es la resistencia R del circuito externo?

7. Una batería tiene una fem de 15.0 V. El voltaje terminal de la batería es 11.6 V cuando ésta entrega 20.0 W de potencia a un resistor de carga externo R. a) ¿Cuál es el valor de R? b) ¿Cuál es la resistencia interna de la batería?

8. ¿Qué diferencia de potencial se mide a través de un resistor de carga de 18 Ω que se conecta a una batería de 5.0 V de fem y una resistencia interna de 0.45 Ω?

9. Dos baterías de 1.50 V —con sus terminales positivas en la misma dirección— se insertan en serie dentro del cilindro de una linterna. Una de las baterías tiene una resistencia interna de 0.255 Ω, y la resistencia interna de la otra es igual a 0.153 Ω. Cuando el interruptor se cierra, se produce una corriente de 600 mA en la lámpara. a) ¿Cuál es la resistencia de la lámpara? b) ¿Qué fracción de la potencia disipada ocurre en las baterías?

Sección 28.2 Resistores en serie y en paralelo

10. Dos elementos de circuitos con resistencias fijas R_1 y R_2 se conectan en serie con una batería de 6.0 V y un interruptor. La batería tiene una resistencia interna de 5.0 Ω, $R_1 = 132$ Ω y $R_2 = 56$ Ω. a) ¿Cuál es la corriente que circula por R_1 cuando se cierra el interruptor?

11. Utilizando sólo tres resistores —2.0 Ω, 3.0 Ω y 4.0 Ω— encuentre 17 valores de resistencia que se pueden obtener mediante diversas combinaciones de uno o más resistores. Tabule las combinaciones en orden de resistencia creciente.

12. a) Usted necesita un resistor de 45 Ω, pero el almacén sólo tiene resistores de 20 Ω y 50 Ω. ¿De qué manera puede conseguirse la resistencia deseada en estas circunstancias? b) ¿Qué puede usted hacer si necesita un resistor de 35 Ω?

13. La corriente en un circuito se triplica conectando un resistor de 500 Ω en paralelo con la resistencia del circuito. Determine la resistencia del circuito en ausencia del resistor de 500 Ω.

14. a) Encuentre la resistencia equivalente entre los puntos a y b en la figura P28.14. b) Si una diferencia de potencial de 34 V se aplica entre los puntos a y b, calcule la corriente en cada resistor.

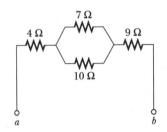

FIGURA P28.14

15. La resistencia entre las terminales a y b en la figura P28.15 es 75 Ω. Si los resistores marcados con la letra R tienen el mismo valor, determine R.

16. Se conectan en serie cuatro alambres de cobre de igual longitud. Sus áreas de sección transversal son 1.0 cm², 2.0 cm², 3.0 cm² y 5.0 cm². Si un voltaje de 120 V se aplica al arreglo, determine el voltaje a través del alambre de 2.0 cm².

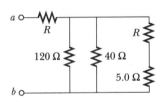

FIGURA P28.15

17. La potencia disipada en la parte superior del circuito de la figura P28.17 no depende de si el interruptor está abierto o cerrado. Si R = 1.0 Ω, determine R. Ignore la resistencia interna de la fuente de voltaje.

17A. La potencia disipada en la parte superior del circuito de la figura P28.17 no depende de si el interruptor está abierto o cerrado. Determine R' en términos de R. Ignore la resistencia interna de la fuente de voltaje.

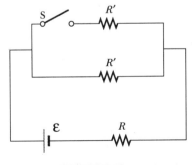

FIGURA P28.17

□ Indica problemas que tienen soluciones completas disponibles en el *Manual de soluciones del estudiante* y en la *Guía de estudio.*

18. En las figuras 28.4 y 28.5, $R_1 = 11\ \Omega$, $R_2 = 22\ \Omega$ y la batería tiene un voltaje terminal de 33 V. a) En el circuito en paralelo que se muestra en la figura 28.5, ¿cuál resistor consume más potencia? b) Verifique que la suma de la potencia (I^2R) consumida por cada resistor sea igual a la potencia suministrada por la batería (IV). c) En el circuito en serie, ¿cuál resistor consume más potencia? d) Verifique que la suma de la potencia (I^2R) consumida por cada resistor sea igual a la potencia suministrada por la batería ($P = IV$). c) ¿Cuál de las configuraciones de circuito consumen más potencia?

19. Calcule la potencia disipada en cada resistor en el circuito de la figura P28.19.

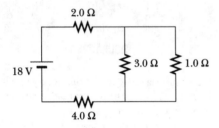

FIGURA P28.19

20. Determine la resistencia equivalente entre las terminales a y b para la red que se ilustra en la figura P28.20.

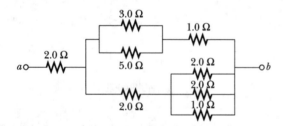

FIGURA P28.20

21. En la figura P28.21, encuentre a) la corriente en el resistor de 20 Ω y b) la diferencia de potencial entre los puntos a y b.

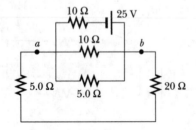

FIGURA P28.21

22. La resistencia entre los puntos a y b en la figura P28.22 se reduce a la mitad de su valor original cuando el interruptor S se cierra. Determine el valor de R.

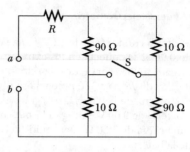

FIGURA P28.22

23. Dos resistores conectados en serie tienen una resistencia equivalente de 690 Ω. Cuando se conectan en paralelo, su resistencia equivalente es igual a 150 Ω. Determine la resistencia de cada resistor.

23A. Dos resistores conectados en serie tienen una resistencia equivalente de R_s. Cuando se conectan en paralelo, su resistencia equivalente es R_p. Determine la resistencia de cada resistor.

24. Tres resistores de 100 Ω se conectan como se indica en la figura P28.24. La máxima potencia disipada en cualquiera de los resistores es 25 W. a) ¿Cuál es el máximo voltaje que puede aplicarse a las terminales a y b? b) Para el voltaje determinado en el inciso a), ¿cuál es la potencia disipada en cada resistor? ¿Cuál es la potencia total disipada?

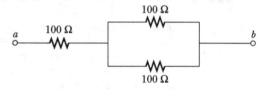

FIGURA P28.24

Sección 28.3   Reglas de Kirchhoff

(*Nota*: Las corrientes no están necesariamente en la dirección indicada en algunos circuitos.)

25. a) Encuentre la diferencia de potencial entre los puntos a y b en la figura P28.25. b) Encuentre las corrientes I_1, I_2 e I_3 en la figura P28.25.

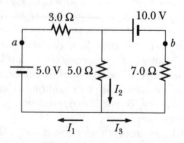

FIGURA P28.25

26. Si $R = 1.0\ k\Omega$ y $\mathcal{E} = 250$ V en la figura P28.26, determine la dirección y magnitud de la corriente en el alambre horizontal entre a y e.

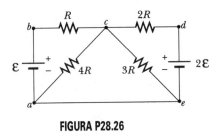

FIGURA P28.26

27. Determine la corriente en cada rama en la figura P28.27.

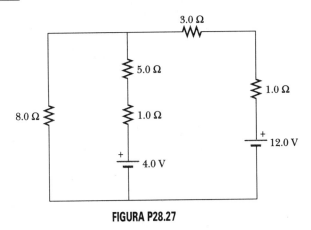

FIGURA P28.27

28. En el circuito de la figura P28.28, encuentre la corriente en cada resistor y el voltaje a través del resistor de 200 Ω.

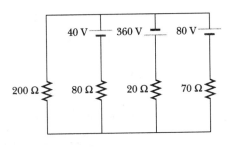

FIGURA P28.28

29. Una batería descargada se carga conectándola a una batería en funcionamiento de otro auto (Fig. P28.29). Determine la corriente en la marcha y en la batería descargada.

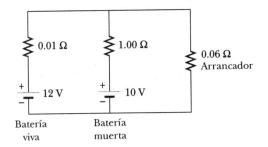

FIGURA P28.29

30. Para la red mostrada en la figura P28.30, demuestre que la resistencia $R_{ab} = (27/17)$ Ω.

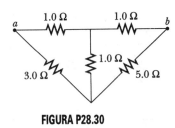

FIGURA P28.30

31. Calcule I_1, I_2 e I_3 en la figura P28.31.

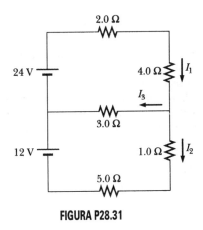

FIGURA P28.31

32. El amperímetro en la figura P28.32 mide 2.0 A. Encuentre I_1, I_2 y $\mathcal{E}$.

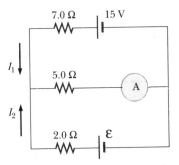

FIGURA P28.32

33. Utilizando las reglas de Kirchhoff a) encuentre la corriente en cada resistor en la figura P28.33. b) Determine la diferencia de potencial entre los puntos c y f. ¿Qué punto está al potencial más alto?

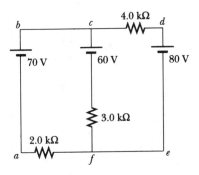

FIGURA P28.33

34. Determine I_1, I_2 e I_3 en la figura P28.34.

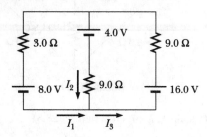

FIGURA P28.34

35. Una batería de automóvil tiene una fem de 12.6 V y una resistencia interna de 0.080 Ω. Los faros tienen una resistencia total de 5.00 Ω (supuesta constante). ¿Cuál es la diferencia de potencial a través de los focos de los faros a) cuando son la única carga en la batería, y b) cuando el motor de la marcha está operando y toma 35.0 A adicionales de la batería?

36. En la figura P28.36, calcule a) la resistencia equivalente de la red fuera de la batería, b) la corriente a través de la batería, y c) la corriente en el resistor de 6.0 Ω.

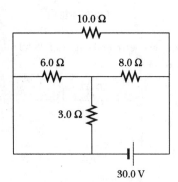

FIGURA P28.36

37. Para el circuito mostrado en la figura P28.37, calcule a) la corriente en el resistor de 2.0 Ω y b) la diferencia de potencial entre los puntos a y b.

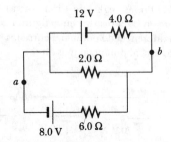

FIGURA P28.37

38. El resistor R en la figura P28.38 disipa 20 W de potencia. Determine el valor de R.

39. Calcule la potencia disipada en cada resistor en la figura P28.39.

40. Calcule la potencia disipada en cada resistor en la figura P28.40.

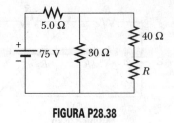

FIGURA P28.38

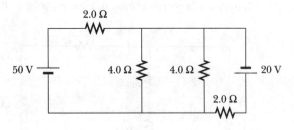

FIGURA P28.39

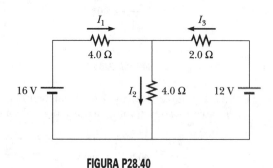

FIGURA P28.40

Sección 28.4   Circuitos *RC*

41. Un capacitor completamente cargado almacena 12 J de energía. ¿Cuánta energía queda cuando su carga se ha reducido a la mitad de su valor original?

41A. Un capacitor completamente cargado almacena una energía U_0. ¿Cuánta energía queda cuando su carga se ha reducido a la mitad de su valor original?

42. Considere un circuito *RC* en serie (Fig. 28.15) para el cual $R = 1.00$ MΩ, $C = 5.00$ μF y $\mathcal{E} = 30.0$ V. Encuentre a) la constante de tiempo del circuito, y b) la carga máxima en el capacitor después de que se cierra el interruptor. c) Si el interruptor se cierra en $t = 0$, determine la corriente en el resistor 10.0 s después.

43. En el circuito de la figura P28.43, el interruptor S ha estado abierto durante un largo tiempo. Luego se cierra repentinamente. Calcule la constante de tiempo a) antes de cerrar el interruptor, y b) después de cerrarlo. c) Si el interruptor se cierra en $t = 0$ s, determine la corriente a través de él como una función del tiempo.

44. En $t = 0$, un capacitor descargado de capacitancia C se conecta mediante una resistencia R a una batería de fem constante $\mathcal{E}$ (Fig. P28.44). ¿Cuánto tarda el capacitor en a) alcanzar la mitad de su carga final, y b) cargarse completamente?

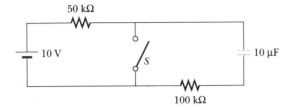

FIGURA P28.43

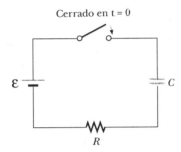

FIGURA P28.44

45. Un resistor de 4.00 MΩ y un capacitor de 3.00 μF se conectan en serie a un suministro de potencia de 12.0 V. a) ¿Cuál es la constante de tiempo del circuito? b) Exprese la corriente en el circuito y la carga en el capacitor como funciones del tiempo.

46. Un capacitor de 750 pF tiene una carga inicial de 6.00 μC. Se conecta después a un resistor de 150 MΩ y se deja que se descargue a través del resistor. a) ¿Cuál es la constante del tiempo en el circuito? b) Exprese la corriente en el circuito y la carga en el capacitor como funciones del tiempo.

47. El circuito en la figura P28.47 se ha conectado durante un largo tiempo. a) ¿Cuál es el voltaje a través del capacitor? b) Si se desconecta la batería, ¿cuánto tarda el capacitor en descargarse hasta 1/10 de su voltaje inicial?

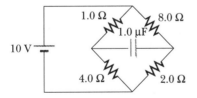

FIGURA P28.47

48. Un capacitor de 2.0×10^{-3} μF con una carga inicial de 5.1 μC se descarga por medio de un resistor de 1.3 kΩ. a) Calcule la corriente a través del resistor 9.0 μs después de que el resistor se conecta en las terminales del capacitor. b) ¿Qué carga permanece en el capacitor después de 8 μs? c) ¿Cuál es la corriente máxima en el resistor?

49. Encuentre la corriente que circula por un amperímetro 9.5 μs después de que el interruptor en la figura P28.49 se pasa de la posición *a* a la posición *b*.

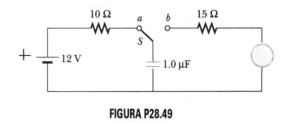

FIGURA P28.49

50. Un capacitor en un circuito *RC* se carga hasta 60% de su valor máximo en 0.90 s. ¿Cuál es la constante de tiempo del circuito?

51. Los materiales dieléctricos empleados en la manufactura de capacitores se caracterizan por conductividades que son pequeñas pero no cero. Por lo tanto, un capacitor cargado pierde lentamente su carga por medio de "fugas" a través del dieléctrico. Si cierto capacitor de 3.60 μF tiene una fuga de carga tal que la diferencia de potencial disminuye a la mitad de su valor inicial en 4.00 s, ¿cuál es la resistencia equivalente del dieléctrico?

51A. Los materiales dieléctricos empleados en la manufactura de capacitores se caracterizan por conductividades que son pequeñas pero no cero. Por lo tanto, un capacitor cargado pierde lentamente su carga por medio de "fugas" a través del dieléctrico. Si un capacitor que tiene una capacitancia *C* tiene una fuga de carga tal que la diferencia de potencial disminuye a la mitad de su valor inicial en un tiempo *t*, ¿cuál es la resistencia equivalente del dieléctrico?

*Sección 28.5 Instrumentos eléctricos

52. Un galvanómetro común, que necesita una corriente de 1.50 mA para la máxima desviación de escala y que tiene una resistencia de 75.0 Ω, puede usarse para medir corrientes de valores mucho más grandes. Para permitir a un operador medir grandes corrientes sin dañar el galvanómetro, un resistor en derivación relativamente pequeño se conecta en paralelo con el galvanómetro en forma similar a la indicada en la figura 28.23a. La mayor parte de la corriente fluye entonces por el resistor en derivación. Calcule el valor del resistor en derivación que permite emplear al galvanómetro para medir una corriente de 1.00 A a máxima desviación de escala. (*Sugerencia:* Emplee las leyes de Kirchhoff.)

53. El mismo galvanómetro descrito en el problema previo puede utilizarse para medir voltajes. En este caso se conecta un gran resistor en serie con el galvanómetro de modo similar al indicado en la figura 28.22b, lo cual, en efecto, limita la corriente que fluye a través del galvanómetro cuando se aplican grandes voltajes. La mayor parte de la caída de potencial ocurre a través del resistor puesto en serie. Calcule el valor del resistor que permite al galvanómetro medir un voltaje aplicado de 25.0 V a máxima desviación de escala.

54. Para cada ajuste de voltaje, un galvanómetro que tiene una resistencia interna de 100 Ω produce la desviación de máxima escala cuando la corriente es de 1.0 mA. Para el voltímetro de escala múltiple de la figura P28.54, ¿cuáles son los valores de R_1, R_2 y R_3?

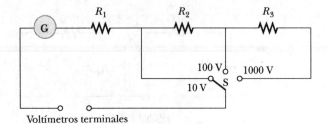

FIGURA P28.54

55. Suponga que el galvanómetro tiene una resistencia interna de 60.0 Ω y se necesita una corriente de 0.500 mA para producir la desviación de máxima escala. ¿Qué resistencia debe conectarse en paralelo con el galvanómetro si la combinación va a servir como un amperímetro que tiene una desviación de máxima escala para una corriente de 0.100 A?

56. Un amperímetro se construye con un galvanómetro que requiere una diferencia de potencial de 50.0 mV a través del galvanómetro y una corriente de 1.00 mA en el galvanómetro para producir una desviación de máxima escala. Determine la resistencia en derivación R que produce una desviación de máxima escala cuando entra una corriente de 5.00 A al amperímetro.

57. Un galvanómetro que tiene una sensibilidad de máxima escala de 1.00 mA requiere un resistor en serie de 900 Ω para efectuar una lectura de máxima escala de voltímetro cuando se mide 1.00 V en las terminales. ¿Qué resistor en serie se requiere para convertir el mismo galvanómetro en un voltímetro de 50.0 V (máxima escala)?

58. Una corriente de 2.50 mA ocasiona que un galvanómetro determinado tenga una desviación de máxima escala. La resistencia del galvanómetro es de 200 Ω. a) Muestre por medio de un diagrama de circuito, empleando dos resistores y tres enchufes externos, cómo puede convertirse el galvanómetro en un voltímetro de doble escala. b) Determine los valores de los resistores que son necesarios para lograr el intervalo amplio de 0–200 V y el intervalo bajo de 0–20.0 V. Indique estos valores en el diagrama.

59. Para el mismo galvanómetro del problema anterior, a) por medio de un diagrama de circuito y empleando dos resistores y tres enchufes externos, muestre cómo puede convertirse el galvanómetro en un amperímetro de doble escala. b) Determine los valores de los resistores que se necesitan para lograr el intervalo amplio de 0-10.0 A y el intervalo bajo de 0-1.00 A. Indique estos valores en el diagrama.

60. Con un puente de Wheatstone, del tipo mostrado en la figura 28.24, se efectúan mediciones precisas de la resistencia de un conector de alambre. Si $R_3 = 1.00$ kΩ y el puente se equilibra ajustando R_1 de manera tal que $R_1 = 2.50\ R_2$, ¿cuál es el valor de R_x?

61. Considere el caso en el que el puente de Wheatstone mostrado en la figura 28.24 está desbalanceado. Calcule la corriente a través del galvanómetro cuando $R_x = R_3 = 7.00$ Ω, $R_2 = 21.0$ Ω y $R_1 = 14.0$ Ω. Suponga que el voltaje a través del puente es de 70.0 V, e ignore la resistencia del galvanómetro.

62. Cuando el puente de Wheatstone mostrado en la figura 28.24 está balanceado, la caída de voltaje a través de R_x

es 3.20 V e $I_1 = 200$ μA. Si la corriente total tomada de la fuente de potencia es 500 μA, ¿cuál es el valor de R_x?

63. El puente de Wheastone en la figura 28.24 se balancea cuando $R_1 = 10.0$ Ω, $R_2 = 20.0$ Ω y $R_3 = 30.0$ Ω. Calcule R_x.

64. Considere el circuito de un potenciómetro que se muestra en la figura 28.25. Cuando se emplea una batería estándar de 1.0186 V de fem en el circuito y la resistencia entre a y d es de 36.0 Ω, el registro del galvanómetro es cero. Cuando la batería estándar se sustituye por una fem desconocida, el galvanómetro registra cero cuando la resistencia se ajusta en 48.0 Ω. ¿Cuál es el valor de la fem desconocida?

*Sección 28.6   Alambrado doméstico y seguridad eléctrica

65. Un calefactor eléctrico está especificado para 1 500 W, un tostador para 750 W y una parrilla eléctrica para 1 000 W. Los tres aparatos se conectan a un circuito común de 120 V. a) ¿Cuánta corriente toma cada uno? b) ¿Un circuito de 25 A es suficiente en esta situación? Explique.

66. Un tostador de 1 000 W, un horno de microondas de 800 W y una cafetera de 500 W se conectan en el mismo tomacorriente de 120 V. Si el circuito se protege por medio de un fusible de 20 A, ¿se fundirá el fusible si todos estos aparatos se usan al mismo tiempo?

67. Un cordón de 8 pies de extensión tiene dos alambres de cobre de calibre 18, cada uno con un diámetro de 1.024 mm. ¿Cuánta potencia disipa este cordón cuando conduce una corriente de a) 1.0 A y b) 10 A?

68. Por razones económicas, algunas veces se usa alambrado de aluminio en lugar de cobre. De acuerdo con el código eléctrico nacional de Estados Unidos, la máxima corriente permisible para un alambre de cobre de calibre 12 con aislamiento de caucho es 20 A. ¿Cuál debe ser la máxima corriente permisible en un alambre de aluminio de calibre 12 si va a disipar la misma potencia por unidad de longitud que el alambre de cobre?

69. Para una operación a 240 V se alambra un calentador de 4.0 kW con alambre de nicromio que tiene una masa total M. a) ¿Cuánta corriente necesita el calentador? b) ¿Cuánta corriente requiere el calentador a 120 V y 4.0 kW? c) Si un calentador de 240 V y 4.0 kW y uno de 120 V y 4.0 kW tienen alambres de la misma longitud, ¿cómo se compara la masa del alambre en el calentador de 120 V con la masa del alambre del calentador de 240 V?

PROBLEMAS ADICIONALES

70. Calcule la diferencia de potencial entre los puntos a y b en la figura P28.70 e identifique cuál punto está al potencial más alto.

71. Cuando dos resistores desconocidos se conectan en serie con una batería, se disipan 225 W con una corriente total de 5.00 A. Para la misma corriente total, se disipan 50.0 W cuando los resistores se conectan en paralelo. Determine los valores de los dos resistores.

71A. Cuando dos resistores desconocidos se conectan en serie con una batería, se disipa una potencia total P_s con una corriente total de I. Para la misma corriente total, se disipa una corriente total P_p cuando los resistores se conectan en paralelo. Determine los valores de los dos resistores.

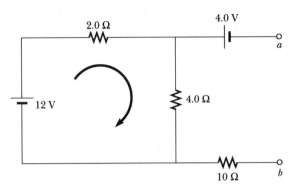

FIGURA P28.70

72. Antes de que el interruptor se cierre en la figura P28.72, no hay carga almacenada por el capacitor. Determine las corrientes en R_1, R_2 y en C a) en el instante en que el interruptor se cierra (es decir, en $t = 0$), y b) después de que el interruptor se cierra durante un largo tiempo (es decir, cuando $t \rightarrow \infty$).

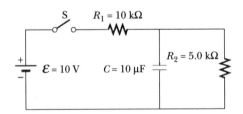

FIGURA P28.72

73. Tres resistores, cada uno de valor 3.0 Ω, se conectan en dos arreglos como en la figura P28.73. Si la máxima potencia permisible en cada resistor es 48 W, calcule la potencia máxima que puede disipar a) el circuito en la figura P28.73a, y b) el circuito en la figura P28.73b.

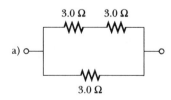

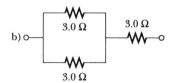

FIGURA P28.73

74. Arregle nueve resistores de 100 Ω en una red serie-paralelo de modo que su resistencia total sea también de 100 Ω. Deben usarse los nueve resistores.

75. Tres focos eléctricos de 60 W y 120 V se conectan a través de la misma fuente de potencia, como se muestra en la figura P28.75. Encuentre a) la potencia total disipada en los tres focos, y b) el voltaje en cada uno. Suponga que la resistencia de cada foco concuerda con la ley de Ohm (aun cuando en la realidad la resistencia aumenta de manera notable con la corriente).

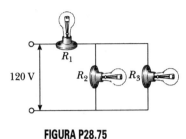

FIGURA P28.75

76. Una combinación en serie de un resistor de 12 kΩ y un capacitor desconocido se conecta a una batería de 12 V. Un segundo después de que el circuito se cierra, el voltaje a través del capacitor es 10 V. Determine la capacitancia.

77. El valor de un resistor R se determinará utilizando el arreglo amperímetro-voltímetro mostrado en la figura P28.77. El amperímetro tiene una resistencia de 0.50 Ω, y la resistencia del voltímetro es de 20 000.0 Ω. Dentro de qué rango de valores reales de R los valores medidos serán correctos hasta dentro de 5% si la medición se realiza utilizando el circuito mostrado en a) la figura P28.77a y b) la figura P28.77b?

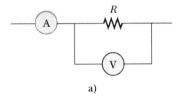

a)

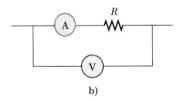

b)

FIGURA P28.77

78. Una fuente de potencia que tiene un voltaje en circuito abierto de 40.0 V y una resistencia interna de 2.0 Ω se emplea para cargar dos baterías de almacenamiento conectadas en serie, cada una con una fem de 6.0 V y resistencia interna de 0.30 Ω. Si la corriente de carga será de 4.0 A, a) ¿qué resistencia adicional debe agregarse en serie? b) Determine la potencia perdida en la fuente, las baterías y la resistencia en serie añadida. c) ¿Cuánta potencia se convierte en energía química en las baterías?

79. Una batería tiene una fem $\mathcal{E}$ y resistencia interna r. Un resistor variable R se conecta en las terminales de la batería. Encuentre el valor de *R* de modo que a) la diferencia de potencial en las terminales sea un máximo, b) la corriente en el circuito sea un máximo, y c) la potencia entregada al resistor sea un máximo.

80. Considere el circuito mostrado en la figura P28.80. a) Calcule la corriente en el resistor de 5.0 Ω. b) ¿Cuál es la potencia disipada por el circuito? c) Determine la diferencia de potencial entre los puntos *a* y *b*. ¿Cuál punto está al potencial más alto?

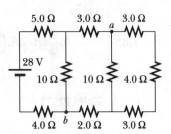

FIGURA P28.80

81. Los valores de las componentes en un circuito *RC* en serie simple que contiene un interruptor (Fig. 28.15) son $C = 1.0\ \mu F$, $r = 2.00 \times 10^6\ \Omega$, y $\mathcal{E} = 10.0$ V. Para el instante en que han pasado 10.0 s después de que se cierra el interruptor, calcule a) la carga en el capacitor, b) la corriente en el resistor, c) la tasa a la cual se almacena la energía en el capacitor, y d) la tasa a la cual la batería entrega energía.

82. Con una batería se carga un capacitor mediante un resistor, como se ve en la figura 28.15. Muestre que la mitad de la energía suministrada por la batería se disipa como calor en el resistor y la otra mitad se almacena en el capacitor.

83. El interruptor en la figura P28.83a se cierra cuando $V_c \geq 2V/3$ y se abre cuando $V_c \leq V/3$. El voltímetro registra un voltaje, como se grafica en la figura P28.83b. ¿Cuál es el periodo, *T*, de la forma de onda en función de R_A, R_B y *C*?

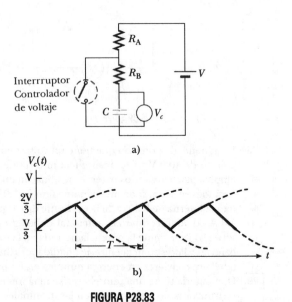

FIGURA P28.83

84. Diseñe un voltímetro de escala múltiple con capacidad de desviación de máxima escala para a) 20.0 V, b) 50.0 V y c) 100.0 V. Suponga un medidor que tiene una resistencia de 60.0 Ω y que brinda una desviación de máxima escala para una corriente de 1.00 mA.

85. Diseñe un amperímetro de escala múltiple con capacidad de una desviación de máxima escala para a) 25.0 mA, b) 50.0 mA, y c) 100.0 mA. Suponga un medidor que tiene una resistencia de 25.0 Ω y brinda una desviación de máxima escala para 1.00 mA.

86. Un galvanómetro particular sirve como un voltímetro de desviación de máxima escala de 2.00 V cuando un resistor de 2 500 Ω se conecta en serie con él. Sirve como un amperímetro de desviación de máxima escala de 0.500 A cuando un resistor de 0.220 Ω se conecta en paralelo con él. Determine la resistencia interna del galvanómetro y la corriente requerida para producir una desviación de máxima escala.

87. En la figura P28.87 suponga que el interruptor se ha cerrado el tiempo suficiente para que el capacitor quede completamente cargado. Determine a) la corriente de estado estable a través de cada resistor, y b) la carga *Q* en el capacitor. c) El interruptor se abre después en *t* = 0. Escriba una ecuación para la corriente i_{R_2} a través de R_2 como una función del tiempo, y d) encuentre el tiempo que tarda la carga en el capacitor para disminuir a un quinto de su valor inicial.

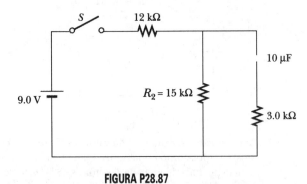

FIGURA P28.87

88. Un capacitor de 10.0 μF se carga con una batería de 10.0 V a través de una resistencia *R*. El capacitor alcanza una diferencia de potencial de 4.00 V en 3.00 s a partir del inicio de la carga. Encuentre *R*.

89. a) Determine la carga en el capacitor de la figura P28.89 cuando $R = 10\ \Omega$. b) ¿Para qué valor de *R* la carga en el capacitor es cero?

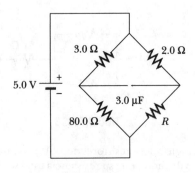

FIGURA P28.89

90. a) Con argumentos de simetría muestre que la corriente que pasa por cualquier resistor en la configuración de la figura P28.90 es $I/3$ o $I/6$. Todos los resistores tienen la misma resistencia r. b) Muestre que la resistencia equivalente entre los puntos a y b es $(5/6)r$.

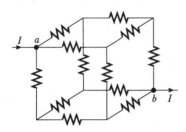

FIGURA P28.90

91. El circuito que se muestra en la figura P28.91 se conformó en el laboratorio para medir una capacitancia desconocida C empleando un voltímetro de resistencia $R = 10.0$ MΩ y una batería cuya fem es 6.19 V. Los datos dados en la tabla siguiente son los voltajes medidos en el capacitor como una función del tiempo, donde $t = 0$ representa el tiempo que el interruptor está abierto. a) Construya una gráfica de ln $(\mathcal{E}/V)$ contra t y haga un ajuste de mínimos cuadrados sobre los datos. b) A partir de la pendiente de su gráfica, obtenga un valor para la constante de tiempo del circuito y un valor para la capacitancia.

V(V)	t(s)	$\ln(\mathcal{E}/V)$
6.19	0	
5.55	4.87	
4.93	11.1	
4.34	19.4	
3.72	30.8	
3.09	46.6	
2.47	67.3	
1.83	102.2	

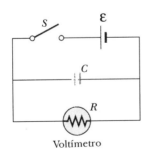

FIGURA P28.91

92. Un estudiante de ingeniería de la estación de radio de un *campus* universitario desea verificar la eficacia del pararrayos en el mástil de la antena (Fig. P28.92). La resistencia desconocida R_x está entre los puntos C y E. El punto E es una conexión a tierra verdadera pero es inaccesible para una medición directa debido a que se encuentra a varios metros debajo de la superficie de la Tierra. Dos barras idénticas se clavan dentro de la tierra en A y B, introduciendo una resistencia desconocida R_y. El procedimiento para determinar la eficacia del pararrayos es como sigue: se mide la resistencia R_1 entre A y B, luego se conectan A y B con un alambre de conducción grueso y se mide la resistencia R_2 entre A y C. a) Obtenga una fórmula para R_x en función de las resistencias observables R_1 y R_2. b) Una resistencia de tierra satisfactoria sería $R_x < 2.0$ Ω. ¿La conexión a tierra de la estación resulta adecuada si las mediciones dan $R_1 = 13$ Ω y $R_2 = 6.0$ Ω?

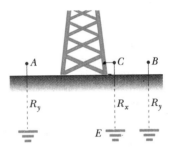

FIGURA P28.92

93. Tres resistores de 2.0 Ω se conectan como se muestra en la figura P28.93. Cada uno puede disipar una potencia máxima de 32 W sin calentarse excesivamente. Determine la máxima potencia que la red puede disipar.

93A. Tres resistores cada uno con una resistencia R se conectan como se muestra en la figura P28.93. Cada uno puede disipar una potencia máxima P sin calentarse excesivamente. Determine la máxima potencia que la red puede disipar.

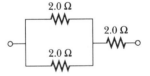

FIGURA P28.93

94. En la figura P28.94, $R_1 = 2.0$ kΩ, $R_2 = 3.0$ kΩ, $C_1 = 2.0$ μF, $C_2 = 3.0$ μF y $\mathcal{E} = 120$ V. Si no hay cambio en los capacitores antes de que se cierre el interruptor S, determine las cargas q_1 y q_2 en los capacitores C_1 y C_2, después de que se cierra el interruptor. (*Sugerencia:* Primero reconstruya el circuito de manera que se vuelva un circuito RC simple que contenga un solo resistor y un solo capacitor en serie, y que también esté en serie con la batería, y determine después la carga total q almacenada en el circuito.)

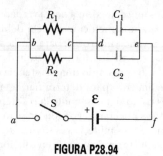

FIGURA P28.94

PROBLEMA DE HOJA DE CÁLCULO

S1. La aplicación de las leyes de Kirchhoff a un circuito de cd conduce a un conjunto de n ecuaciones lineales con n incógnitas. Es muy tedioso resolver dicho conjunto algebraicamente si $n > 3$. El fin de este problema es despejar las corrientes en un circuito moderamente complejo utilizando ecuaciones de matrices en una hoja de cálculo. Usted puede resolver ecuaciones muy fácilmente de esta manera, y también es posible que explore con rapidez las consecuencias del cambio de valores de los parámetros del circuito. a) Considere el circuito de la figura S28.1. Suponga que las cuatro corrientes incógnitas están en las direcciones indicadas.

- Aplique las reglas de Kirchhoff para obtener cuatro ecuaciones independientes para las cuatro corrientes desconocidas I_i, $i = 1, 2, 3$ y 4.
- Escriba estas ecuaciones en forma de matriz $\mathbf{AI} = \mathbf{B}$, es decir,

$$\sum_{j=1}^{4} A_{ij} I_j = B_i, \ i = 1, 2, 3, 4$$

La solución es $\mathbf{I} = \mathbf{A}^{-1}\mathbf{B}$, donde $\mathbf{A}^{-1}$ es la matriz inversa de $\mathbf{A}$.

- Deje $R_1 = 2\Omega$, $R_2 = 4\Omega$, $R_3 = 6\Omega$, $R_4 = 8\Omega$, $\mathcal{E}_1 = 3$ V, $\mathcal{E}_2 = 9$ V y $\mathcal{E}_3 = 12$ V.
- Introduzca la matriz $\mathbf{A}$ en su hoja de cálculo, un valor por celda. Utilice la operación de inversión de matrices de la hoja de cálculo para calcular $\mathbf{A}^{-1}$.
- Determine las corrientes utilizando la operación de multiplicación de matrices de la hoja de cálculo para calcular $\mathbf{I} = \mathbf{A}^{-1}\mathbf{B}$.

b) Cambie el signo de $\mathcal{E}_3$ y repita los cálculos del inciso a). Esto es equivalente a cambiar la polaridad de $\mathcal{E}_3$. c) Considere $\mathcal{E}_1 = \mathcal{E}_2 = 0$ y repita los cálculos del inciso a). Para estos valores, el circuito puede resolverse usando las reglas simples serie-paralelo. Compare sus resultados utilizando ambos métodos. d) Investigue otros casos de interés. Por ejemplo, vea cómo cambian las corrientes si usted varía R_4.

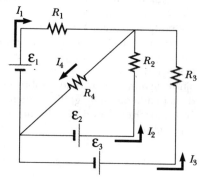

FIGURA S28.1

Campos magnéticos

Auroras boreales, las Luces del Norte, fotografiadas cerca de Fairbanks, Alaska. Las auroras ocurren cuando los rayos cósmicos —partículas cargadas eléctricamente provenientes principalmente del Sol— quedan atrapados en la atmósfera de la Tierra sobre los polos magnéticos terrestres y chocan con otros átomos, lo que origina la emisión de luz visible. *(Jack Finch/SPL/Photo Researchers)*

Muchos historiadores de la ciencia creen que la brújula, que usa una aguja magnética, se utilizó en China por primera vez en el siglo XIII a.C., y que su invención es de origen árabe o hindú. Los antiguos griegos tenían conocimiento del magnetismo desde el año 800 A.C. Descubrieron que ciertas piedras, conocidas ahora como magnetita (Fe_3O_4), atraen pedazos de hierro. La leyenda atribuye el nombre de *magnetita* al pastor Magnes, a quien se le clavaban los clavos de sus zapatos y la punta de su bastón en un campo magnético mientras pastaba su rebaño. En 1269 Pierre de Maricourt trazó las direcciones que seguía la aguja cuando se colocaba en diversos puntos sobre la superficie de un imán natural esférico. Encontró que las direcciones formaban líneas que encerraban en un círculo a la esfera y que pasaban por dos puntos diametralmente opuestos el uno del otro, a los cuales llamó *polos* del imán. Experimentos subsecuentes mostraron que todo imán, sin que importe su forma, tiene dos polos, llamados *polos norte* y *sur*, los cuales presentan fuerzas entre sí de manera análoga a las cargas eléctricas. Es decir, polos iguales se repelen entre sí y polos diferentes se atraen entre sí. Los polos recibieron sus nombres debido al comportamiento de un imán en la presencia del campo magnético de la Tierra. Si un imán de barra se suspende de su punto medio por un pedazo de cuerda de modo que pueda balancearse libremente

Un electroimán se utiliza para
mover toneladas de chatarra.
(Ray Pfortner/Peter Arnold, Inc.)

HANS CHRISTIAN OERSTED.

Hans Christian Oersted
(1777-1851), físico danés.
(The Bettmann Archive)

en un plano horizontal, girará hasta que su polo "norte" apunte al norte de la Tierra y su polo "sur" apunte hacia el sur. (La misma idea se utiliza para construir una simple brújula.)

En 1600 William Gilbert amplió estos experimentos a una diversidad de materiales. A partir de que la aguja de una brújula se orienta en direcciones preferidas sugirió que la propia Tierra es un gran imán permanente. En 1750 John Michell empleó una balanza de torsión para demostrar que los polos magnéticos ejercen fuerzas atractivas o repulsivas entre sí y que estas fuerzas varían con el cuadrado inverso de su separación. Aunque la fuerza entre dos polos magnéticos es similar a la fuerza entre dos cargas eléctricas, hay una importante diferencia. Las cargas eléctricas pueden aislarse (lo que corroboran el electrón o el protón), en tanto que los *polos magnéticos no pueden aislarse.* Es decir, *los polos magnéticos siempre se encuentran en pares.* Todos los intentos realizados hasta ahora para detectar un monopolo magnético aislado han sido infructuosos. No importa cuántas veces se corte un imán permanente, cada pedazo siempre tendrá un polo norte y uno sur. (Hay algunos fundamentos teóricos para especular que los monopolos magnéticos —polos norte o sur aislados— tal vez existan en la naturaleza, y los intentos para detectarlos en la actualidad conforma un campo experimental activo de investigación. Sin embargo, ninguno de estos intentos ha dado éxito.)

La relación entre magnetismo y electricidad fue descubierta en 1819 cuando, durante una conferencia demostrativa, el científico danés Hans Christian Oersted (1777-1851) encontró que una corriente eléctrica en un alambre desviaba una aguja de brújula cercana.[1] Poco después, André Ampère (1775-1836) formuló leyes cuantitativas para calcular la fuerza magnética entre conductores por los que circula corriente. También sugirió que lazos de corriente eléctrica de tamaño molecular son responsables de *todos* los fenómenos magnéticos.

En la década de 1820, conexiones adicionales entre la electricidad y el magnetismo fueron demostradas por Faraday e independientemente por Joseph Henry (1797-1878). Los dos demostraron que una corriente eléctrica puede producirse en un circuito ya sea moviendo un imán cerca del circuito o cambiando la corriente en otro circuito cercano. Estas observaciones demostraron que un campo magnético produce un campo eléctrico. Años después, un trabajo teórico de Maxwell mostró que lo inverso también es cierto: un campo eléctrico variable origina un campo magnético.

Hay una similitud entre los efectos eléctrico y magnético que ha brindado métodos para elaborar imanes permanentes. En el capítulo 23 aprendimos que cuando caucho y lana se frotan entre sí, ambos quedan cargados, uno positiva y el otro negativamente. De un modo análogo, un pedazo desmagnetizado de hierro puede magnetizarse golpeándolo con un imán. El magnetismo también puede ser inducido en el hierro (y otros materiales) por otros medios. Por ejemplo, si un pedazo de hierro desmagnetizado se coloca cerca de un imán intenso, conforme pase el tiempo el pedazo de hierro se magnetizará. El proceso de magnetización de un pedazo de hierro en presencia de un campo externo intenso puede acelerarse calentando o enfriando el hierro o mediante martillado.

Este capítulo examina fuerzas en cargas móviles y en corrientes que conducen corriente en presencia de un campo magnético. La fuente del propio campo magnético se describe en el capítulo 30.

29.1   EL CAMPO MAGNÉTICO

En capítulos previos encontramos que es conveniente describir la interacción entre objetos cargados en términos de campos eléctricos. Recuerde que un campo eléctrico rodea a toda carga eléctrica. La región del espacio que rodea a una carga *móvil*

---

[1]Es interesante advertir que el mismo descubrimiento fue anunciado en 1802 por un jurista italiano, Gian Dominico Romognosi, aunque pasó inadvertido, probablemente porque fue publicado en un periódico, *Gazzeta de Trentino,* en lugar de una revista científica.

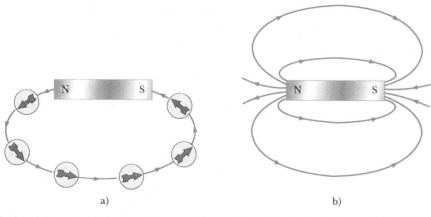

a)   b)

FIGURA 29.1 a) Trazado de las líneas de campo magnético de un imán de barra. b) Varias líneas de campo magnético de un imán de barra.

incluye un campo magnético además de un campo eléctrico. Un campo magnético también rodea a cualquier sustancia magnética.

Con el fin de describir cualquier tipo de campo, debemos definir su magnitud, o intensidad, y su dirección. La dirección del campo magnético **B** en cualquier posición está en la dirección hacia la cual apunta el polo norte de la aguja de una brújula en esa posición. La figura 29.1a muestra cómo trazar el campo magnético de un imán de barra con la ayuda de una brújula. Varias líneas del campo magnético de un imán de barra trazadas de esta manera se muestran en la figura 29.1b. Los patrones de campo magnético pueden ser representados por pequeñas limaduras de hierro, como en la figura 29.2.

Podemos definir un campo magnético **B** en algún punto en el espacio en términos de la fuerza magnética ejercida sobre un objeto de prueba apropiado. Nuestro objeto de prueba es una partícula cargada que se mueve con una velocidad **v**. Por ahora, supongamos que no hay campos eléctrico o gravitacional en la región de la

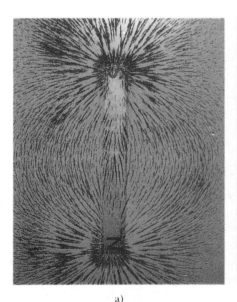
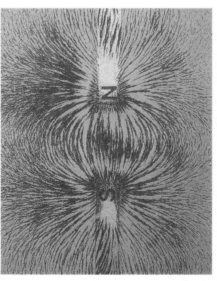

a)   b)   c)

FIGURA 29.2 a) Patrones de campo magnético alrededor de un imán de barra cuando se exhiben con limaduras de hierro. b) Los patrones de campo magnético entre polos *diferentes* de dos imanes de barra. c) Patrón de campo magnético entre polos *iguales* de dos imanes de barra. *(Cortesía de Henry Leap y Jim Lehman)*

carga. Los experimentos acerca del movimiento de diversas partículas cargadas en un campo magnético brindan los siguientes resultados:

Propiedades de la fuerza
magnética sobre una carga que
se mueve en un campo **B**

- La magnitud de la fuerza magnética es proporcional a la carga q y a la velocidad v de la partícula.
- La magnitud y dirección de la fuerza magnética depende de la velocidad de la partícula y de la magnitud y dirección del campo magnético.
- Cuando la partícula cargada se mueve paralela al vector de campo magnético, la fuerza magnética sobre la carga es cero.
- Cuando el vector velocidad forma un ángulo θ con el campo magnético, la fuerza magnética actúa en una dirección perpendicular tanto a **v** como a **B**; es decir, **F** es perpendicular al plano formado por **v** y **B** (figura 29.3a).
- La fuerza magnética sobre una carga positiva está en la dirección opuesta a la dirección de la fuerza sobre una carga negativa que se mueve en la misma dirección (figura 29.3b).
- Si el vector velocidad forma un ángulo θ con el campo magnético, la magnitud de la fuerza magnética es proporcional a sen θ.

Estas observaciones pueden resumirse escribiendo la fuerza magnética en la forma

$$\mathbf{F} = q\mathbf{v} \times \mathbf{B} \qquad\qquad (29.1)$$

donde la dirección de la fuerza magnética es en la dirección de $\mathbf{v} \times \mathbf{B}$ si Q es positiva, la cual, por definición del producto cruz, es perpendicular tanto a **v** como a **B**. Podemos considerar esta ecuación como una definición operacional del campo magnético en algún punto en el espacio. Esto significa que, el campo magnético se define en términos de una fuerza lateral que actúa sobre una partícula cargada móvil.

En esta fotografía, el arco de luz indica la trayectoria circular seguida por un haz de electrones que se mueven en un campo magnético. El recipiente contiene gas a una presión muy baja, y el haz se hace visible cuando los electrones chocan con los átomos del gas, el cual, a su vez, emite luz visible. El campo magnético es producido por dos bobinas (no mostradas). El aparato puede utilizarse para medir la razón carga/masa del electrón.
(Cortesía de Central Scientific Company)

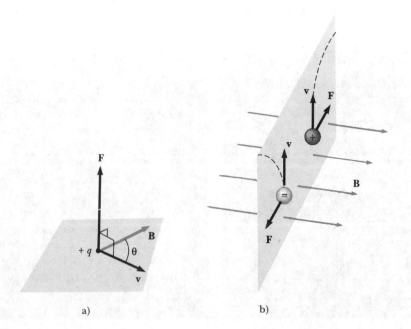

FIGURA 29.3 La dirección de una fuerza magnética sobre una partícula cargada que se mueve con una velocidad **v** en presencia de un campo magnético **B**. a) Cuando **v** está a un ángulo θ con **B**, la fuerza magnética es perpendicular tanto a **v** como a **B**. b) En presencia de un campo magnético, las partículas cargadas en movimiento se desvían según se indica con las líneas punteadas.

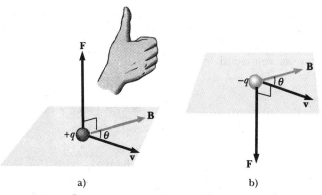

a)   b)

FIGURA 29.4 La regla de la mano derecha para determinar la dirección de una fuerza magnética **F** que actúa sobre una carga q que se mueve con una velocidad **v** en un campo magnético **B**. Si q es positiva, **F** es hacia arriba en la dirección del pulgar. Si q es negativa, **F** es hacia abajo.

La figura 29.4 repasa la regla de la mano derecha para determinar la dirección del producto cruz **v** × **B**. Usted dirige los cuatro dedos de su mano derecha a lo largo de la dirección de **v** y luego los gira hasta que apunten a lo largo de la dirección de **B**. El pulgar apunta entonces en la dirección de **v** × **B**. Puesto que **F** = q**v** × **B**, **F** está en la dirección de **v** × **B** si q es positiva (figura 29.4a), y opuesta a la dirección de **v** × **B** si q es negativa (figura 29.4b). La magnitud de la fuerza magnética tiene el valor

$$\mathbf{F} = qvB\ \text{sen}\ \theta \tag{29.2}$$

Fuerza magnética sobre una partícula cargada que se mueve en un campo magnético

donde θ es el ángulo más pequeño entre **v** y **B**. A partir de esta expresión, vemos que F es cero cuando **v** es paralela a **B** ($\theta = 0$ o $180°$) y máxima ($F_{\text{máx}} = qvB$) cuando **v** es perpendicular a **B** ($\theta = 90°$).

Hay varias diferencias importantes entre las fuerzas eléctrica y magnética:

- La fuerza eléctrica siempre está en la dirección del campo eléctrico, en tanto que la fuerza magnética es perpendicular al campo magnético.
- La fuerza eléctrica actúa sobre una partícula cargada independientemente de la velocidad de la partícula, mientras que la fuerza magnética actúa sobre la partícula cargada sólo cuando ésta está en movimiento.
- La fuerza eléctrica efectúa trabajo al desplazar una partícula cargada, en tanto que la fuerza magnética asociada a un campo magnético estable no trabaja cuando se desplaza una partícula.

Diferencias entre campos eléctricos y magnéticos

Este último enunciado es una consecuencia del hecho de que cuando una carga se mueve en un campo magnético estable la fuerza magnética siempre es *perpendicular* al desplazamiento. Es decir, **F** · d**s** = (**F** · **v**) dt = 0, debido a que la fuerza magnética es un vector perpendicular a **v**. A partir de esta propiedad y del teorema del trabajo y la energía, concluimos que la energía cinética de una partícula cargada no puede ser alterada por un campo magnético aislado. En otras palabras,

cuando una carga se mueve con una velocidad **v**, un campo magnético puede alterar la dirección del vector velocidad, pero no puede cambiar la velocidad de la partícula. Esto significa que un campo magnético estático cambia la dirección de la velocidad pero no afecta la velocidad o la energía cinética de una partícula cargada.

Un campo magnético estable no puede cambiar la velocidad de una partícula

La unidad del SI del campo magnético es el **weber por metro cuadrado** (Wb/m²) llamada también **tesla** (T). Esta unidad puede relacionarse con las unidades fundamentales usando la ecuación 29.1: Una carga de 1 C que se mueve a través de un campo de 1 T con una velocidad de 1 m/s perpendicular al campo experimenta una fuerza de 1 N:

$$[B] = T = \frac{Wb}{m^2} = \frac{N}{C \cdot m/s} = \frac{N}{A \cdot m}$$

Otra unidad de uso común que no es del SI, llamada gauss (G), se relaciona con el tesla por medio de la conversión 1 T = 10^4 G.

Los imanes de laboratorio convencionales pueden producir campos magnéticos tan grandes como 2.5 T. Se han construido imanes superconductores que pueden generar campos magnéticos de hasta 25 T. Este valor puede compararse con el campo magnético de la Tierra cercano a su superficie, cuyo valor aproximado es de 0.5×10^{-4} T.

EJEMPLO 29.1   Un protón que se mueve en un campo magnético

Un protón se mueve con una velocidad de 8.0×10^6 m/s a lo largo del eje *x*. Entra a una región donde hay un campo magnético de magnitud igual a 2.5 T, dirigido a un ángulo de 60° con el eje *x* y que se encuentra en el plano *xy* (figura 29.5). Calcule la fuerza magnética inicial sobre el protón y la aceleración del mismo.

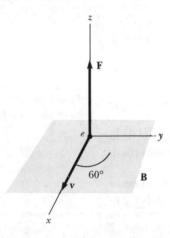

FIGURA 29.5 (Ejemplo 29.1) La fuerza magnética **F** sobre un protón está en la dirección *z* positiva cuando **v** y **B** yacen en el plano *xy*.

Solución   De la ecuación 29.2, obtenemos

$F = qvB \operatorname{sen} \theta$

$= (1.60 \times 10^{-19} \text{ C})(8.0 \times 10^6 \text{ m/s})(2.5 \text{ T})(\operatorname{sen} 60°)$

$= \boxed{2.8 \times 10^{-12} \text{ N}}$

Debido a que **v** × **B** está en la dirección *z* positiva (regla de la mano derecha), y la carga es positiva, **F** está en la dirección *z* positiva.

La masa del protón es 1.67×10^{-27} kg, por lo que su aceleración inicial es

$$a = \frac{F}{m} = \frac{2.8 \times 10^{-12} \text{ N}}{1.67 \times 10^{-27} \text{ kg}} = \boxed{1.7 \times 10^{15} \text{ m/s}^2}$$

en la dirección *z* positiva.

Ejercicio   Calcule la aceleración de un electrón que se mueve a través del mismo campo magnético y a la misma velocidad que la del protón.

Respuesta 3.0×10^{18} m/s².

29.2   FUERZA MAGNÉTICA SOBRE UN CONDUCTOR QUE CONDUCE CORRIENTE

Si se ejerce una fuerza magnética sobre una partícula cargada aislada cuando ésta se mueve a través de un campo magnético, no debe sorprender que un alambre que conduce una corriente experimente también una fuerza cuando se pone en un campo magnético. Esto es resultado de que la corriente representa una colección de muchas partículas cargadas en movimiento; por tanto, la fuerza resultante sobre el alambre se debe a la suma de la fuerzas individuales ejercidas sobre las partículas cargadas. La fuerza sobre las partículas se transmite a la "masa" del alambre mediante colisiones con los átomos que forman el alambre.

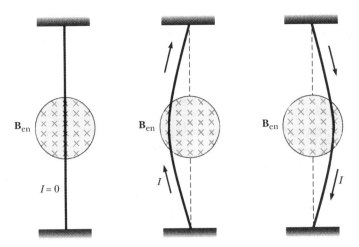

FIGURA 29.6 Un segmento de un alambre vertical flexible se estira entre los polos de un imán con el campo magnético (cruces verdes) dirigido hacia adentro del papel. a) Cuando no hay corriente en el alambre, éste permanece vertical. b) Cuando la corriente es hacia arriba, el alambre se desvía hacia la izquierda. c) Cuando la corriente es hacia abajo, el alambre se desvía hacia la derecha.

Este aparato demuestra la fuerza sobre un conductor por el que circula corriente en un campo magnético externo. ¿Por qué la barra se balancea *dentro* del imán después de que se cierra el interruptor? *(Henry Leap y Jim Lehman)*

Antes de continuar nuestro análisis, vale la pena cierta explicación respecto de la notación en muchas de nuestras figuras. Para indicar la dirección de **B**, se emplea la siguiente convención. Si **B** está dirigida hacia dentro de la página, como en la figura 29.6a, usamos una serie de cruces verdes, las cuales representan las colas de las flechas. Si **B** está dirigida hacia afuera de la página, utilizamos una serie de puntos verdes, los cuales representan las puntas de las flechas. Si **B** se encuentra en el plano de la página, usamos una serie de líneas de campo verdes con puntas.

La fuerza sobre un conductor que conduce corriente puede demostrarse sosteniendo un alambre entre los polos de un imán, como en la figura 29.6. En esta figura (la cual sólo muestra la cara del polo más alejado), el campo magnético está dirigido hacia adentro de la página y cubre la región dentro de los círculos sombreados. Cuando la corriente en el alambre es cero, el alambre permanece vertical, como en la figura 29.6a. Sin embargo, cuando una corriente se establece en el alambre dirigida hacia arriba, como en la figura 29.6b, el alambre se desvía hacia la izquierda. Si se invierte la corriente, como en la figura 29.6c, el alambre se desvía hacia la derecha.

Cuantifiquemos este análisis considerando un segmento de alambre recto de longitud L y área de sección transversal A, que conduce una corriente I en un campo magnético uniforme **B**, como muestra la figura 29.7. La fuerza magnética sobre una carga q que se mueve con una velocidad de arrastre (deriva) $\mathbf{v}_d$ es $q\mathbf{v}_d \times \mathbf{B}$. Para determinar la fuerza total sobre el alambre, multiplicamos la fuerza sobre una carga, $q\mathbf{v}_d \times \mathbf{B}$, por el número de cargas en el segmento. Puesto que el volumen del segmento es AL, el número de cargas en el segmento es nAL, donde n es el número de cargas por unidad de volumen. Por lo tanto, la fuerza magnética total sobre el alambre de longitud L es

$$\mathbf{F} = (q\mathbf{v}_d \times \mathbf{B})\,nAL$$

Esta expresión puede escribirse en una forma más conveniente observando que, de acuerdo con la ecuación 27.4, la corriente en el alambre es $I = nqv_d A$. Por lo tanto

$$\mathbf{F} = I\mathbf{L} \times \mathbf{B} \qquad (29.3)$$

donde **L** es un vector en la dirección de la corriente I; la magnitud de **L** es igual a la longitud L del segmento. Observe que esta expresión se aplica sólo a un segmento de alambre recto en un campo magnético uniforme.

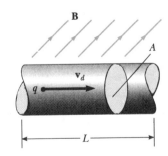

FIGURA 29.7 Una sección de alambre que contiene cargas móviles en un campo magnético **B**. La fuerza magnética sobre cada carga es $q\mathbf{v}_d \times \mathbf{B}$, y la fuerza neta sobre el segmento de longitud L es $I\mathbf{L} \times \mathbf{B}$.

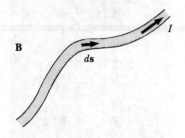

FIGURA 29.8 Un segmento de alambre de forma arbitraria que conduce una corriente *I* en el campo magnético **B** experimenta una fuerza magnética. La fuerza sobre cualquier segmento *d***s** es *I d***s** × **B** y está dirigida hacia afuera de la página. Usted debe utilizar la regla de la mano derecha para confirmar esta dirección.

Consideremos ahora un segmento de alambre de forma arbitraria y de sección transversal uniforme en un campo magnético, como el mostrado en la figura 29.8. De la ecuación 29.3 se deduce que la fuerza magnética sobre un segmento muy pequeño *d***s** en presencia de un campo **B** es

$$d\mathbf{F} = I\,d\mathbf{s} \times \mathbf{B} \tag{29.4}$$

donde *d***F** está dirigida hacia afuera de la página para las direcciones supuestas en la figura 29.8. Podemos considerar la ecuación 29.4 como una definición alternativa de **B**. Esto es, el campo **B** puede definirse en términos de una fuerza medible sobre un elemento de corriente, donde la fuerza es un máximo cuando **B** es perpendicular al elemento y cero cuando **B** es paralela al elemento.

Para obtener la fuerza total **F** sobre el alambre, integramos la ecuación 29.4 sobre la longitud del alambre:

$$\mathbf{F} = I\int_{a}^{b} d\mathbf{s} \times \mathbf{B} \tag{29.5}$$

donde *a* y *b* representan los puntos extremos del alambre. Cuando esta integración se lleva a cabo, la magnitud del campo magnético y la dirección que el campo hace con el vector *d***s** (esto es, la orientación del elemento) puede ser diferente en puntos diversos.

Consideremos a continuación dos casos especiales que implican la aplicación de la ecuación 29.5. En ambos casos, el campo magnético se toma como constante en magnitud y dirección.

Caso I

Considere un alambre curvo que conduce una corriente *I*; el alambre se localiza en un campo magnético uniforme **B**, como en la figura 29.9a. Puesto que el campo es uniforme, **B** puede sacarse de la integral en la ecuación 29.5, y obtenerse

$$\mathbf{F} = I\left(\int_{a}^{b} d\mathbf{s}\right) \times \mathbf{B} \tag{29.6}$$

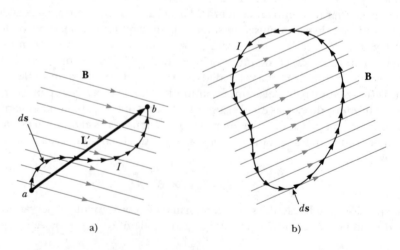

a)   b)

FIGURA 29.9 a) Un conductor curvo que conduce una corriente *I* en un campo magnético uniforme. La fuerza magnética sobre el conductor es equivalente a la fuerza sobre un segmento recto de longitud *L'* que corre entre los extremos del alambre, *a* y *b*. b) Un lazo que conduce corriente de forma arbitraria en un campo magnético uniforme. La fuerza magnética neta sobre el lazo es 0.

Pero la cantidad $\int_a^b d\mathbf{s}$ representa la *suma vectorial* de todos los elementos de desplazamiento de a a b. A partir de la ley de la suma de vectores (capítulo 3), la suma es igual al vector $\mathbf{L}'$, que está dirigido de a a b. Por tanto, la ecuación 29.6 se reduce a

$$\mathbf{F} = I\mathbf{L}' \times \mathbf{B} \qquad (29.7)$$

Caso II

Un lazo cerrado de forma arbitraria que conduce una corriente I se coloca en un campo magnético uniforme como en la figura 29.9b. También en este caso, podemos expresar la fuerza en la forma de la ecuación 29.6. En este caso, la suma vectorial de los vectores de desplazamiento deben tomarse sobre un lazo cerrado. Esto significa que

$$\mathbf{F} = I\left(\oint d\mathbf{s}\right) \times \mathbf{B}$$

Puesto que el conjunto de vectores de desplazamiento forma un polígono cerrado (figura 29.9b), la suma vectorial debe ser cero. Esto se desprende del procedimiento gráfico de suma de vectores por medio del método del polígono (capítulo 3). Puesto que $\oint d\mathbf{s} = 0$, concluimos que $\mathbf{F} = 0$. Esto es,

la fuerza magnética total de cualquier lazo de corriente cerrado en un campo magnético uniforme es cero.

EJEMPLO 29.2 Fuerza sobre un conductor semicircular

Un alambre doblado en forma de un semicírculo de radio R forma un circuito cerrado y conduce una corriente I. El circuito se encuentra en el plano *xy*, y un campo magnético uniforme está presente a lo largo del eje *y* positivo, como se muestra en la figura 29.10. Encuentre la fuerza magnética sobre la porción recta del alambre y sobre la porción curva.

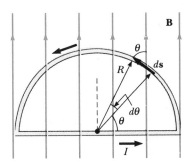

FIGURA 29.10 (Ejemplo 29.2) La fuerza neta sobre un lazo de corriente cerrado en un campo magnético uniforme es cero. En este caso, la fuerza sobre la porción recta es $2IRB$ y está dirigida hacia afuera, en tanto que la fuerza sobre la porción curva es también $2IRB$ y apunta hacia adentro.

Razonamiento y solución La fuerza sobre la porción recta del alambre tiene una magnitud $F_1 = ILB = 2IRB$, puesto que $L = 2R$, y el alambre es perpendicular a $\mathbf{B}$. La dirección de F_1 es hacia afuera del papel puesto que $\mathbf{L} \times \mathbf{B}$ es hacia afuera. (Esto es, $\mathbf{L}$ está dirigida hacia la derecha, en la dirección de la corriente, por lo que de acuerdo con la regla de los productos cruz, $\mathbf{L} \times \mathbf{B}$ es hacia afuera.)

Para encontrar la fuerza sobre la parte curva, debemos escribir primero una expresión para la fuerza $d\mathbf{F}_2$ sobre el elemento $d\mathbf{s}$. Si θ es el ángulo entre $\mathbf{B}$ y $d\mathbf{s}$ en la figura 29.10, entonces la magnitud de $d\mathbf{F}_2$ es

$$dF_2 = I|\,d\mathbf{s} \times \mathbf{B}\,| = IB \operatorname{sen} \theta \, ds$$

donde ds es la longitud del pequeño elemento medido a lo largo del arco circular. Con el fin de integrar esta expresión, debemos expresar ds en términos de θ. Puesto que $s = R\theta$, $ds = R\,d\theta$, y la expresión para dF_2 puede escribirse

$$dF_2 = IRB \operatorname{sen} \theta \, d\theta$$

Para obtener la fuerza total F_2 sobre la porción curva, podemos integrar esta expresión para tomar en cuenta las contribuciones de todos los elementos. Advierta que la dirección de la fuerza sobre todo elemento es la misma: hacia el papel (puesto que $d\mathbf{s} \times \mathbf{B}$ es hacia adentro). Por tanto, la fuerza resultante $\mathbf{F}_2$ sobre el alambre curvo debe apuntar también hacia el papel. La integración de dF_2 sobre los límites $\theta = 0$ a $\theta = \pi$ (esto es, el semicírculo completo) produce

$$F_2 = IRB \int_0^\pi \operatorname{sen} \theta\, d\theta = IRB[-\cos \theta]_0^\pi$$

$$= -IRB(\cos \pi - \cos 0) = -IRB(-1 - 1) = \boxed{2IRB}$$

En vista de que $F_2 = 2IRB$ está dirigida hacia el papel mientras la fuerza sobre el alambre recto $F_1 = 2IRB$ es hacia afuera del papel, vemos que la fuerza neta sobre el lazo cerrado es cero. Este resultado es consistente con el caso II recién descrito.

29.3 MOMENTO DE TORSIÓN SOBRE UN LAZO DE CORRIENTE EN UN CAMPO MAGNÉTICO UNIFORME

En la sección anterior mostramos cómo se ejerce una fuerza sobre un conductor que conduce corriente cuando éste se coloca en un campo magnético. Con esto como punto de partida, mostraremos a continuación que se ejerce un momento de torsión sobre un lazo de corriente ubicado en un campo magnético. El resultado de este análisis tendrá un gran valor práctico cuando estudiemos los generadores en un capítulo futuro.

Considere un lazo rectangular que conduce una corriente I en presencia de un campo magnético uniforme en dirección paralela al plano del lazo, como en la figura 29.11a. Las fuerzas sobre los lados de longitud a son cero debido a que estos alambres están paralelos al campo; por tanto, $d\mathbf{s} \times \mathbf{B} = 0$ para estos lados. La magnitud de las fuerzas sobre los lados de longitud b, sin embargo, es

$$F_1 = F_2 = IbB$$

La dirección de $\mathbf{F}_1$, la fuerza en el lado izquierdo del lazo, apunta hacia afuera del papel, y la de $\mathbf{F}_2$, la fuerza sobre el lado derecho del lazo, está dirigida hacia el papel. Si hubiéramos observado el lazo desde la parte inferior y mirando hacia arriba, veríamos la vista que se presenta en la figura 29.11b, y las fuerzas serían como las mostradas ahí. Si suponemos que el lazo tiene un pivote que le permita girar en torno del punto O, vemos que estas dos fuerzas producen un momento de torsión respecto de O que hace girar el lazo en el sentido de las manecillas del reloj. La magnitud de este momento de torsión, $\tau_{\text{máx}}$, es

$$\tau_{\text{máx}} = F_1 \frac{a}{2} + F_2 \frac{a}{2} = (IbB) \frac{a}{2} + (IbB) \frac{a}{2} = IabB$$

donde el brazo de palanca alrededor de O es $a/2$ para cada fuerza. Puesto que el área del lazo es $A = ab$, el momento de torsión máximo puede expresarse como

$$\tau_{\text{máx}} = IAB \tag{29.8}$$

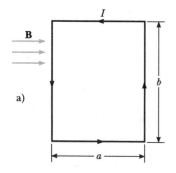

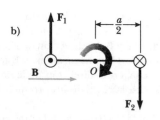

FIGURA 29.11 a) Vista frontal de un lazo rectangular en un campo magnético uniforme. No hay fuerzas que actúen sobre los lados de ancho a paralelos a $\mathbf{B}$, pero hay fuerzas que actúan sobre los lados de longitud b. b) Vista inferior del lazo rectangular que muestra que las fuerzas $\mathbf{F}_1$ y $\mathbf{F}_2$ sobre los lados de longitud b crean un momento de torsión que tiende a torcer el lazo en la dirección de las manecillas del reloj según se indica.

Recuerde que este resultado sólo es válido cuando el campo magnético esté paralelo al plano del lazo. El sentido de rotación es el de las manecillas del reloj cuando se ve desde el extremo inferior, como se indica en la figura 29.11b. Si se invirtiera la corriente, las fuerzas se invertirían y la tendencia rotacional sería en el sentido contrario al de las manecillas.

Supongamos ahora que el campo magnético uniforme forma un ángulo θ con la línea perpendicular al plano del lazo, como en la figura 29.12a. Por conveniencia, suponemos que $\mathbf{B}$ es perpendicular a los lados de longitud b. (La vista lateral de estos lados se muestra en la figura 29.12b.) En este caso, las fuerzas magnéticas $\mathbf{F}_3$ y $\mathbf{F}_4$ sobre los lados de longitud a se cancelan entre sí y no producen momento de torsión debido a que pasan por un origen común. Sin embargo, las fuerzas que actúan sobre los lados de longitud b, $\mathbf{F}_1$ y $\mathbf{F}_2$ forman un par y, en consecuencia, producen un momento de torsión en torno de *cualquier punto*. Con referencia a la vista lateral en la figura 29.12b, notamos que el brazo de palanca de $\mathbf{F}_1$ en torno al punto O es igual a $(a/2)$ sen θ. De igual modo, el brazo de palanca de $\mathbf{F}_2$ alrededor de O es también $(a/2)$ sen θ.

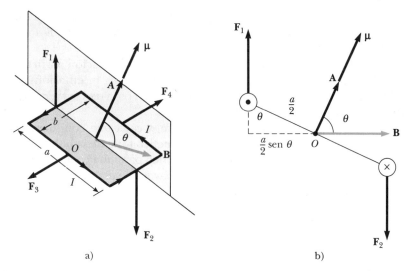

FIGURA 29.12 a) Lazo de corriente rectangular cuya normal forma un ángulo θ con un campo magnético uniforme. Las fuerzas sobre los lados de longitud a se cancelan mientras que las fuerzas sobre los lados de ancho b crean un momento de torsión sobre el lazo. b) Una vista lateral del lazo. El momento magnético μ está en la dirección normal al plano del lazo.

Puesto que $F_1 = F_2 = IbB$, el momento de torsión neto alrededor de O tiene la magnitud

$$\tau = F_1 \frac{a}{2} \operatorname{sen} \theta + F_2 \frac{a}{2} \operatorname{sen} \theta$$

$$= IbB \left(\frac{a}{2} \operatorname{sen} \theta \right) + IbB \left(\frac{a}{2} \operatorname{sen} \theta \right) = IabB \operatorname{sen} \theta$$

$$= IAB \operatorname{sen} \theta$$

donde $A = ab$ es el área del lazo. Este resultado muestra que el momento de torsión tiene su valor máximo IAB cuando el campo está paralelo al plano del lazo ($\theta = 90°$), como vimos cuando analizamos la figura 29.11, y es cero cuando el campo está perpendicular al plano del lazo ($\theta = 0$). Como se ve en la figura 29.12, el lazo tiende a rotar en la dirección de los valores decrecientes de θ (es decir, de modo que la normal al plano del lazo gira hacia la dirección del campo magnético).

Una expresión adecuada para el momento de torsión es

$$\tau = I\mathbf{A} \times \mathbf{B} \tag{29.9}$$

donde $\mathbf{A}$, un vector perpendicular al plano del lazo, tiene una magnitud igual al área del lazo. El sentido de $\mathbf{A}$ está determinado por la regla de la mano derecha según se describe en la figura 29.13. Al rotar los cuatro dedos de la mano derecha en la dirección de la corriente en el lazo, el pulgar apunta en la dirección de $\mathbf{A}$. El producto $I\mathbf{A}$ se define como el **momento magnético μ** del lazo. Esto es,

$$\boldsymbol{\mu} = I\mathbf{A} \tag{29.10}$$

La unidad del momento magnético del SI es el ampere-metro^2 ($\text{A} \cdot \text{m}^2$). Con esta definición, el momento de torsión puede expresarse como

$$\tau = \boldsymbol{\mu} \times \mathbf{B} \tag{29.11}$$

FIGURA 29.13 Regla de la mano derecha para determinar la dirección del vector $\mathbf{A}$. El momento magnético μ está también en la dirección de $\mathbf{A}$.

Momento de torsión sobre un lazo de corriente

Momento magnético de un lazo de corriente

Advierta que este resultado es análogo al momento de torsión que actúa sobre un dipolo eléctrico en presencia de un campo eléctrico **E**, donde $\tau = \mathbf{p} \times \mathbf{E}$ donde **p** es momento de dipolo definido por la ecuación 26.15.

Aunque obtuvimos el momento de torsión para una orientación particular de **B** respecto del lazo, la ecuación $\tau = \boldsymbol{\mu} \times \mathbf{B}$ es válida para cualquier orientación. Además, aunque obtuvimos la expresión del momento de torsión para un lazo rectangular, el resultado es válido para un lazo de cualquier forma.

Si una bobina consta de N vueltas de alambre, y cada una conduce la misma corriente y tiene la misma área, el momento magnético total de la bobina es el producto del número de vueltas y el momento magnético para una vuelta. El momento de torsión de una bobina de N vueltas es N veces mayor que el de una bobina de una vuelta. Esto es, $\tau = N\boldsymbol{\mu} \times \mathbf{B}$.

EJEMPLO 29.3   El momento magnético de una bobina

Una bobina rectangular de 5.40 cm × 8.50 cm consta de 25 vueltas de alambre. La bobina conduce una corriente de 15.0 mA. a) Calcule la magnitud de su momento magnético.

Solución   La magnitud del momento magnético de un lazo de corriente es $\mu = IA$ (véase la ecuación 29.10). En este caso, A = (0.0540 m)(0.850 m) = 4.59×10^{-3} m². Puesto que la bobina tiene 25 vueltas, y suponiendo que cada vuelta tiene la misma área A, tenemos

$$\mu_{\text{bobina}} = NIA = (25)\,(15.0 \times 10^{-3}\,\text{A})\,(4.59 \times 10^{-3}\,\text{m}^2)$$

$$= \boxed{1.72 \times 10^{-3}\,\text{A} \cdot \text{m}^2}$$

b) Suponga que un campo magnético de 0.350 T de magnitud se aplica paralelo al plano del lazo. ¿Cuál es la magnitud del momento de torsión que actúa sobre el lazo?

Solución   El momento de torsión está dado por la ecuación 29.11, $\tau = \boldsymbol{\mu} \times \mathbf{B}$. En este caso, **B** es *perpendicular* a μ_{bobina}, por lo que

$$\tau = \mu_{\text{bobina}}\,B = (1.72 \times 10^{-3}\,\text{A} \cdot \text{m}^2)\,(0.350\,\text{T})$$

$$= \boxed{6.02 \times 10^{-4}\,\text{N} \cdot \text{m}}$$

Observe que éste es el principio básico detrás de la operación de una bobina de galvanómetro estudiada en el capítulo 28.

Ejercicio   Muestre que las unidades A · m² · T se reducen a N · m.

Ejercicio   Calcule la magnitud del momento de torsión sobre la bobina cuando el campo magnético de 0.350 T forma un ángulo de a) 60° y b) 0° con $\boldsymbol{\mu}$

Respuesta   a) 5.21×10^{-4} N · m; b) cero.

29.4 MOVIMIENTO DE UNA PARTÍCULA CARGADA EN UN CAMPO MAGNÉTICO

En la sección 29.1 encontramos que una fuerza magnética que actúa sobre una partícula cargada que se mueve en un campo magnético es perpendicular a la velocidad de la partícula y que, consecuentemente, el trabajo hecho sobre la partícula por la fuerza magnética es cero. Considere ahora el caso especial de una partícula cargada positivamente que se mueve en un campo magnético uniforme con su vector de velocidad inicial perpendicular al campo. Supongamos que el campo magnético apunta hacia el interior de la página. La figura 29.14 muestra que

> la partícula cargada se mueve en un círculo cuyo plano es perpendicular al campo magnético.

La partícula se mueve de esta manera debido a que la fuerza magnética **F** forma ángulos rectos con **v** y **B** y tiene una magnitud constante igual a qvB. A medida que la fuerza desvía la partícula, las direcciones de **v** y **F** cambian continuamente, como se ve en la figura 29.14. Por consiguiente, **F** actúa como una fuerza central, la cual sólo cambia la dirección de **v** y no su magnitud. El sentido de la rotación, como se muestra en la figura 29.14, es contrario al de las manecillas del reloj para una carga positiva. Si q fuera negativa, el sentido de rotación sería el de las manecillas del reloj.

Puesto que **F** (la cual está en la dirección radial) tiene una magnitud qvB, podemos igualar ésta con la fuerza central requerida, la cual es la masa m multiplicada por la aceleración centrípeta v^2/r. De acuerdo con la segunda ley de Newton, encontramos que

$$F = qvB = \frac{mv^2}{r}$$

$$r = \frac{mv}{qB} \qquad (29.12)$$

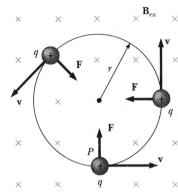

Es decir, el radio de la trayectoria es proporcional al momento mv de la partícula e inversamente proporcional a la magnitud del campo magnético. La frecuencia angular de la partícula cargada en rotación es

$$\omega = \frac{v}{r} = \frac{qB}{m} \qquad (29.13)$$

El periodo de su movimiento (el tiempo para una revolución) es igual a la circunferencia del círculo dividida por la velocidad de la partícula:

$$T = \frac{2\pi r}{v} = \frac{2\pi}{\omega} = \frac{2\pi m}{qB} \qquad (29.14)$$

Estos resultados muestran que la frecuencia angular y el periodo del movimiento circular no dependen de la velocidad de la partícula o del radio de la órbita. La frecuencia, $\Omega/2\pi$, se conoce como la **frecuencia de ciclotrón** debido a que circulan partículas cargadas a esta frecuencia en un tipo de acelerador llamado *ciclotrón* estudiado en la sección 29.5.

Si una partícula cargada se mueve en un campo magnético uniforme con su velocidad a cierto ángulo arbitrario con **B**, su trayectoria es una hélice. Por ejemplo, si el campo está en la dirección x como en la figura 29.15, no hay componente de la fuerza en la dirección x, y, en consecuencia, $a_x = 0$ y la componente x de la velocidad permanece constante. Por otra parte, la fuerza magnética $q\mathbf{v} \times \mathbf{B}$ ocasiona que las componentes v_y y v_z cambien en el tiempo, y el movimiento resultante es una hélice que tiene su eje paralelo al campo **B**. La proyección de la trayectoria sobre el plano yz (vista a lo largo del eje x) es un círculo. (¡Las proyecciones de la trayectoria sobre los planos xy y xz son sinusoides!) Las ecuaciones de la 29.12 a la 29.14 siguen aplicándose, siempre que v se sustituye por $v_\perp = \sqrt{v_y^2 + v_z^2}$.

FIGURA 29.14 Cuando la velocidad de una partícula cargada es perpendicular a un campo magnético uniforme, la partícula se mueve en una trayectoria circular cuyo plano es perpendicular a **B**. En este caso **B** está dirigida hacia adentro de la página y la carga es positiva. La fuerza magnética **F** sobre la carga siempre está dirigida hacia el centro del círculo.

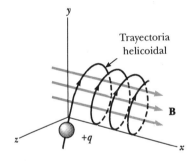

FIGURA 29.15 Una partícula cargada que tiene un vector de velocidad con una componente paralela a un campo magnético uniforme se mueve en una trayectoria helicoidal.

EJEMPLO 29.4 **Un protón que se mueve perpendicular a un campo magnético uniforme**

Un protón se mueve en una órbita circular de 14 cm de radio en un campo magnético uniforme de 0.35 T de magnitud dirigido perpendicular a la velocidad del protón. Determine la velocidad orbital del protón.

Solución De la ecuación 29.12, obtenemos

$$v = \frac{qBr}{m} = \frac{(1.60 \times 10^{-19}\,\text{C})(0.35\,\text{T})(14 \times 10^{-2}\,\text{m})}{1.67 \times 10^{-27}\,\text{kg}}$$

$$= 4.7 \times 10^6\,\text{m/s}$$

Ejercicio Si un electrón se mueve perpendicular al mismo campo magnético con esta velocidad, ¿cuál es el radio de su órbita circular?

Respuesta 7.6×10^{-5} m.

EJEMPLO 29.5   **La desviación de un haz de electrones**

En un experimento diseñado para medir la intensidad de un campo magnético uniforme producido por un conjunto de bobinas, los electrones se aceleran desde el reposo a través de una diferencia de potencial de 350 V, y la medición del haz asociado a los electrones tiene un radio de 7.5 cm, mostrado en la figura 29.16. A partir de la suposición de que el campo magnético es perpendicular al haz, a) ¿cuál es la magnitud del campo magnético?

FIGURA 29.16 (Ejemplo 29.5) Desviación de un haz de electrones en un campo magnético. El tubo contiene gas a una presión muy baja, y el haz se hace visible cuando los electrones chocan con los átomos del gas, los cuales, a su vez, emiten luz visible. El aparato utilizado para tomar esta fotografía es parte de un sistema para medir la razón *e/m*. *(Henry Leap y Jim Lehman)*

Razonamiento   En primer lugar, debemos calcular la velocidad de los electrones utilizando el hecho de que el aumento de su energía cinética debe ser igual al cambio de su energía potencial, $|e|V$ (debido a la conservación de la energía). Luego, con la ecuación 29.12 se encuentra la intensidad del campo magnético.

Solución   Puesto que $K_i = 0$ y $K_f = mv^2/2$, tenemos

$$\tfrac{1}{2}mv^2 = |e|V$$

$$v = \sqrt{\frac{2|e|V}{m}} = \sqrt{\frac{2(1.60 \times 10^{-19}\,\text{C})(350\,\text{V})}{9.11 \times 10^{-31}\,\text{kg}}}$$

$$= 1.11 \times 10^7\,\text{m/s}$$

Con la ecuación 29.12 se determina B:

$$B = \frac{mv}{|e|r} = \frac{(9.11 \times 10^{-31}\,\text{kg})(1.11 \times 10^7\,\text{m/s})}{(1.60 \times 10^{-19}\,\text{C})(0.075\,\text{m})}$$

$$= \boxed{8.4 \times 10^{-4}\,\text{T}}$$

b) ¿Cuál es la frecuencia angular de los electrones?

Solución   Utilizando la ecuación 29.13, encontramos

$$\omega = \frac{v}{r} = \frac{1.11 \times 10^7\,\text{m/s}}{0.075\,\text{m}} = \boxed{1.5 \times 10^8\,\text{rad/s}}$$

Ejercicio   ¿Cuál es el periodo de revolución de los electrones?

Respuesta $T = 43$ ns.

Cuando partículas cargadas se mueven en un campo magnético no uniforme, el movimiento es complejo. Por ejemplo, en un campo magnético que es intenso en los extremos y débil en la parte media, como el de la figura 29.17, las partículas pueden oscilar hacia adelante y hacia atrás en los puntos extremos. Un campo con estas características puede ser producido por dos lazos de corriente, como el de la figura 29.17. En este caso, una partícula cargada empezando en un extremo gira en espiral a lo largo de las líneas de campo hasta que alcanza el otro extremo, donde invierte su trayectoria y gira en espiral de regreso. Esta configuración se conoce como una *botella magnética* debido a que partículas cargadas pueden quedar atrapadas en ella. Este arreglo ha sido utilizado para confinar plasmas, y tal esquema de confinamiento de plasmas podría jugar un papel crucial en el control de la fusión nuclear, un proceso que posiblemente nos brindaría una fuente casi ilimitada de energía. Desafortunadamente, la botella magnética tiene sus problemas. Si se atrapa un gran número de partículas, los choques entre ellas originan que poco a poco se fuguen del sistema.

Las bandas de radiación de Van Allen, descubiertas en 1958 por un equipo de investigadores bajo la dirección de James Van Allen, se componen de partículas cargadas (principalmente electrones y protones) que circundan la Tierra en regiones en forma de rosca (Fig. 29.18). Las partículas, atrapadas por el campo magnético no uniforme de la Tierra, giran en espiral alrededor de las líneas de campo de polo a polo. Estas partículas se originan principalmente del Sol, aunque algunas provienen de estrellas y otros objetos masivos. Por esta razón, las partículas se denominan *rayos cósmicos*. La mayor parte de los rayos cósmicos son desviados por el campo magnético terrestre y nunca llegan a la Tierra. Sin embargo, algunas quedan atrapadas, y éstas son las que conforman las bandas de Van Allen. Cuando las partículas están en

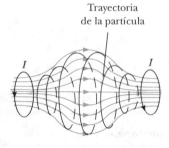

Trayectoria de la partícula

FIGURA 29.17 Una partícula cargada que se mueve en un campo magnético no uniforme representado por espirales de línea verde (una botella magnética) alrededor de un campo (trayectoria negra) y oscila entre los puntos extremos.

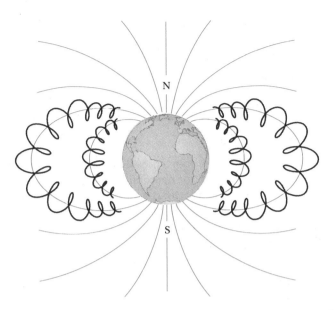

FIGURA 29.18 Las bandas de Van Allen están integradas por partículas cargadas (electrones y protones) atrapados por el campo magnético no uniforme de la Tierra. Las líneas de campo magnético están en verde y las trayectorias de las partículas en negro.

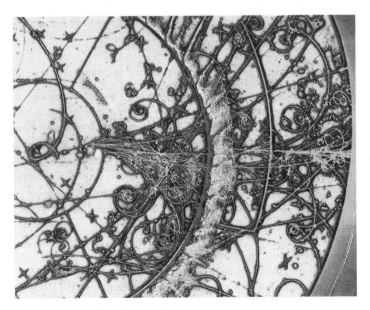

Esta fotografía tomada en el CERN, el laboratorio de física de partículas a las afueras de Ginebra, en Suiza, muestra una colección de residuos dejados por partículas subatómicas en una cámara de burbujas. Una cámara de burbujas es un recipiente lleno de hidrógeno líquido que se sobrecalienta, es decir, momentáneamente se eleva sobre su punto de ebullición normal mediante una caída repentina en la presión del recipiente. Cualquier partícula cargada que pasa a través del líquido en este estado deja detrás una cola de diminutas burbujas a medida que el líquido hierve en su estela. Las burbujas se observan como finas trazas, que muestran las trayectorias características de diferentes tipos de partículas. Las trayectorias son curvas debido a un intenso campo magnético aplicado. Los residuos espirales muy apretados son debido a electrones y positrones. *(Patrice Loiez, CERN/SPL/Photo Researchers)*

la atmósfera terrestre sobre los polos, chocan frecuentemente con átomos, provocando que éstos emitan luz visible. Éste es el origen de las bellas auroras boreales, o luces del norte. Un fenómeno similar visto en el hemisferio sur se conoce como la aurora austral.

*29.5 APLICACIONES DEL MOVIMIENTO DE PARTÍCULAS CARGADAS EN UN CAMPO MAGNÉTICO

En esta sección describimos algunos importantes dispositivos que incluyen el movimiento de partículas cargadas en campos magnéticos uniformes. En muchas situaciones, la carga se mueve con una velocidad **v** en presencia tanto de un campo eléctrico **E** como de un campo magnético **B**. Por consiguiente, la carga experimenta tanto una fuerza eléctrica $q\mathbf{E}$ y una fuerza magnética $q\mathbf{v} \times \mathbf{B}$, y así la fuerza total, llamada **fuerza de Lorentz**, es

Fuerza de Lorentz

$$\mathbf{F} = q\mathbf{E} + q\mathbf{v} \times \mathbf{B} \qquad (29.15)$$

Selector de velocidades

En muchos experimentos que incluyen el movimiento de partículas cargadas, es importante tener partículas que se muevan en esencia con la misma velocidad. Lo anterior puede conseguirse al aplicar una combinación de un campo eléctrico y un campo magnético orientados como se muestra en la figura 29.19. Un campo eléctrico uniforme verticalmente hacia abajo es brindado por un par de placas paralelas cargadas, mientras que un campo magnético uniforme se aplica perpendicular a la página. Para q positiva, la fuerza magnética $q\mathbf{v} \times \mathbf{B}$ es hacia arriba y la fuerza eléctrica $q\mathbf{E}$ es hacia abajo. Si los campos se eligen de modo que la fuerza eléctrica equilibre la fuerza magnética, la partícula se mueve en una línea recta horizontal a través de

Movimiento de partículas cargadas en campos magnético y eléctricos

La tecnología aplicada a muchos aparatos, como los televisores y monitores de computadora, requiere una comprensión del movimiento de partículas cargadas en campos eléctricos y/o magnéticos. Algunas de las propiedades fundamentales de los electrones y de otras partículas subatómicas se han determinado en experimentos controlados que incluyen campos eléctrico y magnético. Con este simulador usted podrá reproducir estos famosos experimentos y observar el movimiento de una partícula conforme modifique el campo magnético, el campo eléctrico, la carga en la partícula, así como su masa y velocidad.

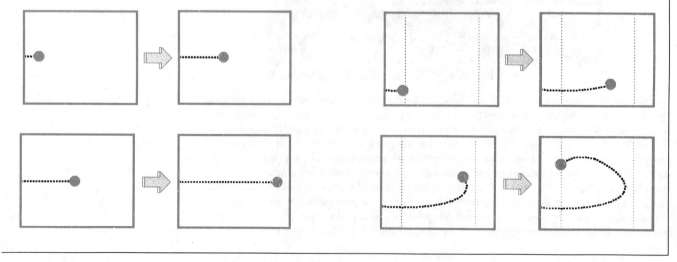

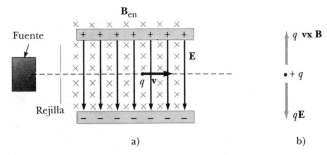

FIGURA 29.19 a) Un selector de velocidades. Cuando una partícula cargada positivamente está ante la presencia tanto de un campo magnético hacia adentro y de un campo eléctrico hacia abajo, experimenta una fuerza eléctrica $q\mathbf{E}$ hacia abajo y una fuerza magnética $q\mathbf{v} \times \mathbf{B}$ hacia arriba. b) Cuando estas fuerzas se equilibran entre sí, la partícula se mueve en una línea horizontal a través de los campos.

la región de los campos. Si ajustamos las magnitudes de los dos campos de modo que $qvB = qE$, obtenemos

$$v = \frac{E}{B} \qquad (29.16)$$

Sólo aquellas partículas que tengan esta velocidad pasan sin desviarse a través de los campos perpendiculares eléctrico y magnético. La fuerza magnética que actúa sobre partículas con velocidades más grandes que ésta, es más intensa que la fuerza eléctrica, y estas partículas se desvían hacia arriba. Aquellas que tienen velocidades menores que ésta se desvían hacia abajo.

El espectrómetro de masas

El **espectrómetro de masas** separa iones de acuerdo con la proporción entre su masa y su carga. En una versión, conocida como el *espectrómetro de masas de Bainbridge*, un haz de iones pasa primero a través de un selector de velocidades y después entra a un segundo campo magnético uniforme $\mathbf{B}_0$ dirigido hacia adentro del papel (Fig. 29.20). Después de entrar al segundo campo magnético, el ion se mueve en un semicírculo de radio r antes de incidir sobre una placa fotográfica en P. A partir de la ecuación 29.12, podemos expresar la proporción m/q como

$$\frac{m}{q} = \frac{rB_0}{v}$$

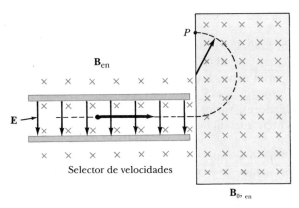

FIGURA 29.20 Un espectrómetro de masas. Partículas cargadas se envían primero a través de un selector de velocidades. Después entran a una región donde el campo magnético $\mathbf{B}_0$ (hacia adentro) ocasiona que los iones positivos se muevan en una trayectoria semicircular e incidan sobre una película fotográfica en P.

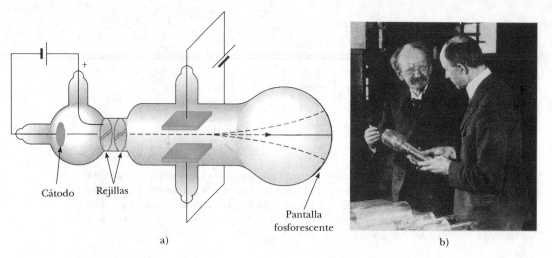

a)   b)

FIGURA 29.21 a) Aparato de Thomson para medir *e/m*. Los electrones se aceleran desde el cátodo, pasan a través de dos rejillas y son desviados tanto por un campo eléctrico como por uno magnético (no ilustrado, pero dirigido perpendicularmente al campo eléctrico). El haz desviado incide después sobre una pantalla fosforescente. b) J. J. Thomson (*izquierda*) con Frank Baldwin Jewett en la compañía eléctrica Western en 1923.   (*Bell Telephone Labs/Cortesía de los archivos visuales de Emilio Segrè*)

Utilizando la ecuación 29.16, encontramos que

$$\frac{m}{q} = \frac{rB_0 B}{E} \qquad (29.17)$$

Por tanto, *m/q* puede determinarse midiendo el radio de curvatura y conociendo los campos B, B_0 y E. En la práctica, suelen medirse las masas de varios isótopos de un ión determinado con la misma carga q. En consecuencia, es posible encontrar las razones de masa incluso si se desconoce q.

Una variación de esta técnica fue empleada por J. J. Thomson (1856-1940) en 1897 para medir la razón *e/m* de los electrones. La figura 29.21a muestra el aparato básico que utilizó. Los electrones se aceleran desde el cátodo hasta los ánodos, se coliman por medio de rejillas en los ánodos y luego se deja que se desplacen hacia la región de campos eléctrico y magnético cruzados (perpendiculares). Los campos **E** y **B** aplicados en forma simultánea se ajustan primero para producir un haz sin desviación. Si el campo **B** se desactiva después, el campo **E** solo produce una desviación del haz medible sobre la pantalla fosforescente. A partir del tamaño de la desviación y de los valores medidos de **E** y **B**, puede establecerse la razón entre la carga y la masa. Los resultados de este crucial experimento representaron el descubrimiento del electrón como una partícula fundamental de la naturaleza.

El ciclotrón

El **ciclotrón**, inventado en 1934 por E. O. Lawrence y M. S. Livingston, puede acelerar a velocidades muy altas partículas cargadas. Tanto las fuerzas eléctricas como las magnéticas desempeñan un papel clave. Las partículas energéticas producidas se utilizan para bombardear otros núcleos y por ello producen reacciones nucleares de interés para los investigadores. Varios hospitales emplean las instalaciones de los ciclotrones para producir sustancias radioactivas para diagnóstico y tratamiento.

Un dibujo esquemático del ciclotrón se muestra en la figura 29.22. Las cargas se mueven en dos recipientes semicirculares, D_1 y D_2, conocidos como *des* (electrodos huecos en forma de D). Las des se evacúan con el fin de minimizar las pérdidas de

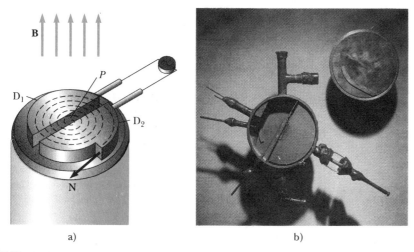

a)   b)

FIGURA 29.22 a) El ciclotrón consiste en una fuente de iones, dos des a través de las cuales se aplica un voltaje alterno y un campo magnético uniforme brindado por un electroimán. (El polo sur del imán no se muestra.) b) El primer ciclotrón inventado por E. O. Lawrence y M. S. Livingston en 1934. *(Cortesía de Lawrence Berkeley Laboratory, Universidad de California)*

energía resultado de choques entre los iones y las moléculas de aire. Un voltaje alterno de alta frecuencia se aplica a las des, y un campo magnético uniforme proporcionado por un electroimán se dirige perpendicular a ellos. Los iones positivos liberados en P cerca del centro del imán se mueven en una trayectoria semicircular y regresan al entrehierro en un tiempo $T/2$, donde T es el periodo de revolución, dado por la ecuación 29.14. La frecuencia del voltaje aplicado se ajusta de manera que la polaridad de las des se invierte en el mismo tiempo que tardan los iones en completar la mitad de una revolución. Si la fase del voltaje aplicado se ajusta de modo tal que D_2 está a un potencial menor que D_1 en una cantidad V, el ión se acelera a través del entrehierro hasta D_2 y su energía cinética se incrementa en una cantidad qV. El ión continúa después moviéndose en D_2 en una trayectoria semicircular de radio más grande (puesto que su velocidad ha aumentado). Después de un tiempo $T/2$, vuelve a llegar al entrehierro. En·ese momento, se invierte el potencial a través de las des (por lo que D_1 es ahora negativo) y al ion se le da otro "empujón" a través del entrehierro. El movimiento continúa de manera que a cada media revolución el ión gana energía cinética adicional igual a qV. Cuando el radio de su órbita es casi el de las des, el ion energético abandona el sistema a través de la rejilla de salida.

Es importante observar que la operación del ciclotrón se basa en el hecho de que el tiempo para una revolución es independiente de la velocidad del ion o del radio de su órbita.

Podemos obtener una expresión para la energía cinética del ion cuando éste sale del ciclotrón en función del radio R de las des. Según la ecuación 29.12 sabemos que $v = qBR/m$. Por lo tanto, la energía cinética es

$$K = \tfrac{1}{2}mv^2 = \frac{q^2 B^2 R^2}{2\,m} \qquad (29.18)$$

Cuando la energía de los iones es mayor que aproximadamente 20 MeV, entran en juego efectos relativistas y la masa del ión ya no es constante. (Dichos efectos se discuten en el capítulo 39.) Por esta razón, el periodo de la órbita aumenta y los iones en rotación no permanecen en fase con el voltaje aplicado. Algunos aceleradores resuelven este problema modificando el periodo del voltaje aplicado de modo que permanezca en fase con el ion en rotación. En 1977, se aceleraron protones hasta 400 GeV (1 GeV = 10^9 eV) en un acelerador en Batavia, Illinois. ¡El sistema incorpora 954 imanes y tiene una circunferencia de 6.3 km (4.1 millas)!

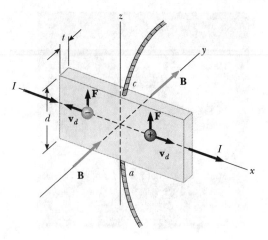

FIGURA 29.23 Para observar el efecto Hall se aplica un campo magnético a un conductor que conduce corriente. Cuando *I* está en la dirección *x* y **B** está en la dirección *y*, como se muestra, tanto los portadores de carga positiva como negativa se desvían hacia arriba en el campo magnético. El voltaje Hall se mide entre los puntos *a* y *c*.

*29.6 EL EFECTO HALL

En 1879 Edwin Hall descubrió que cuando un conductor que conduce corriente se pone en un campo magnético se genera un voltaje en una dirección perpendicular tanto a la corriente como al campo magnético. Esta observación, conocida como el *efecto Hall*, surge de la desviación de los portadores de carga a un lado de los conductores como consecuencia de la fuerza magnética que experimentan. Brinda información en relación con el signo de los portadores de carga y su densidad, además de proporcionar una conveniente técnica para medir campos magnéticos.

Un dispositivo para observar el efecto Hall consta de un conductor en forma de una tira plana por la que circula una corriente *I* en la dirección *x*, como en la figura 29.23. Un campo magnético uniforme **B** se aplica en la dirección *y*. Si los portadores de carga son electrones móviles en la dirección *x* negativa con velocidad $\mathbf{v}_d$, se someten a una fuerza magnética hacia arriba **F**, se desvían hacia arriba, y se acumulan en el borde superior dejando un exceso de carga positiva en el borde inferior (Fig. 29.24a). Esta acumulación de carga en los bordes aumenta hasta que el campo electrostático establecido por la separación de carga equilibra la fuerza magnética sobre los portadores. Cuando esta condición de equilibrio se alcanza, los electrones ya no se desvían hacia arriba. Un voltímetro o potenciómetro sensible conectado a

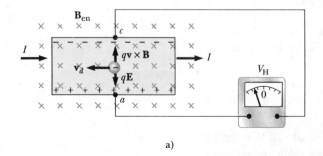

a)

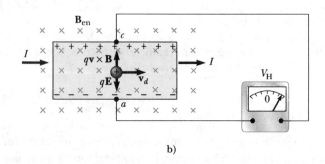

b)

FIGURA 29.24 a) Cuando los portadores de carga son negativos, el borde superior queda cargado negativamente, y *c* está a un potencial inferior que *a*. b) Cuando los portadores de carga son positivos, el borde superior queda cargado positivamente y c está a un potencial mayor que *a*. En cualquier caso, los portadores de carga ya no son desviados cuando los bordes quedan completamente cargados, esto es, cuando hay un balance entre la fuerza electrostática que trata de combinar las cargas y la fuerza de desviación magnética.

través de la muestra, como en la figura 29.24, puede utilizarse para medir la diferencia de potencial generada en el conductor, conocida como **voltaje Hall** V_H. Si los portadores de carga son positivos, y en consecuencia, se mueven en la dirección x, como en la figura 29.24b, también experimentan una fuerza magnética hacia arriba $q\mathbf{v}_d \times \mathbf{B}$. Esto produce una acumulación de carga positiva sobre el borde superior y deja un exceso de carga negativa en el borde inferior. En consecuencia, el signo del voltaje Hall generado en la muestra es opuesto al signo del voltaje resultado de la desviación de electrones. El signo de los portadores de carga puede, por tanto, determinarse a partir de la medición de la polaridad del voltaje Hall.

Para encontrar una expresión para el voltaje Hall, advierta primero que la fuerza magnética sobre los portadores de carga tiene una magnitud qv_dB. En equilibrio, esta fuerza es equilibrada por la fuerza electrostática qE_H, donde E_H es el campo eléctrico debido a la separación de carga (denominado algunas veces como el *campo Hall*). Por consiguiente,

$$qv_dB = qE_H$$

$$E_H = v_dB$$

Si d es el ancho del conductor, el voltaje Hall V_H es igual a E_Hd, o

$$V_H = E_Hd = v_dBd \qquad (29.19)$$

De este modo, vemos que el voltaje Hall medido brinda un valor para la velocidad de arrastre de los portadores de carga si se conocen d y B.

El número de portadores de carga por unidad de volumen (o densidad de carga), n, puede obtenerse midiendo la corriente en la muestra. De la ecuación 27.4, la velocidad de deriva puede expresarse como

$$v_d = \frac{I}{nqA} \qquad (29.20)$$

donde A es el área de la sección transversal del conductor. Sustituyendo la ecuación 29.20 en la ecuación 29.19, obtenemos

$$V_H = \frac{IBd}{nqA} \qquad (29.21)$$

Puesto que $A = td$, donde t es el espesor del conductor, podemos expresar la ecuación 29.21 como

$$V_H = \frac{IB}{nqt} \qquad (29.22)$$

El voltaje Hall

La cantidad $1/nq$, se conoce como el **coeficiente Hall** R_H. La ecuación 29.22 muestra que un conductor calibrado de manera apropiada puede emplearse para medir la intensidad de un campo magnético desconocido.

Puesto que todas las cantidades que aparecen en la ecuación 29.22, además de nq, pueden medirse, se obtiene fácilmente un valor para el coeficiente Hall. El signo y la magnitud de R_H proporciona el signo de los portadores de carga y su densidad. En metales, los portadores de carga son electrones y la densidad de carga determinada a partir de las mediciones del efecto Hall concuerda bien con los valores calculados para metales monovalentes, como Li, Na, Cu y Ag, donde n es aproximadamente igual al número de electrones de valencia por unidad de volumen. Sin embargo, este modelo clásico no es válido para metales como Fe, Bi y Cd o para semiconductores. Estas discrepancias pueden explicarse sólo con el empleo de un modelo basado en la naturaleza cuántica de los sólidos.

EJEMPLO 29.6   El efecto Hall en el cobre

Una tira de cobre rectangular de 1.5 cm de ancho y 0.10 cm de espesor conduce una corriente de 50.0 A. Se aplica un campo magnético de 1.2 T perpendicular a la tira, como en la figura 29.24. Encuentre el voltaje Hall resultante.

Solución   Si suponemos que hay un electrón por átomo disponible para la conducción, podemos considerar entonces a la densidad de carga igual a $n = 8.48 \times 10^{28}$ electrones/m³ (ejemplo 27.1). Sustituyendo este valor y los datos dados en la ecuación 29.22, se obtiene

$$V_H = \frac{IB}{nqt}$$

$$= \frac{(5.0 \text{ A})(1.2 \text{ T})}{(8.48 \times 10^{28} \text{ m}^{-3})(1.6 \times 10^{-19} \text{ C})(0.10 \times 10^{-2} \text{ m})}$$

$$V_H = \boxed{0.44 \ \mu\text{V}}$$

En consecuencia, el voltaje Hall es bastante pequeño en buenos conductores. Advierta que el ancho de esta muestra no es necesario en este cálculo.

En semiconductores, donde n es mucho más pequeña que en metales monovalentes, encontramos un voltaje Hall mayor puesto que V_H varía como el inverso de n. En la actualidad, por lo general se emplean niveles del orden de 1 mA en este tipo de materiales. Considere una pieza de silicio con las mismas dimensiones que la tira de cobre, con $n = 1.0 \times 10^{20}$ electrones/m³. Si se considera $B = 1.2$ T e $I = 0.10$ mA, encontramos que $V_H = 7.5$ mV. Este voltaje se mide sin dificultad con un potenciómetro.

*29.7   EL EFECTO HALL CUÁNTICO

A pesar de que el efecto Hall se descubrió hace 100 años, aún es una de las técnicas más valiosas con que cuentan los científicos para entender las propiedades electrónicas de metales y semiconductores. Por ejemplo, en 1980, científicos informaron que a bajas temperaturas y campos magnéticos muy intensos, un sistema bidimensional de electrones en un semiconductor tiene una conductividad $\sigma = i(e^2/h)$, donde i es un entero pequeño, e es la carga electrónica y h es la constante de Planck. Este comportamiento se manifiesta por sí solo como una serie de antiplanos en el voltaje Hall cuando varía el campo magnético aplicado. La naturaleza cuantizada de esta conductividad bidimensional fue totalmente impredecible. Como afirmó su descubridor, Klaus von Klitzing, "es asombroso que sea la conductancia macroscópica total del dispositivo Hall lo que está cuantizado en lugar de cierta conductividad microscópica idealizada".

Una de las consecuencias más importantes del efecto Hall cuántico es la capacidad para medir la razón e^2/h hasta una precisión de al menos en una parte de 10^5. Esto brinda una medición muy exacta de la constante adimensional de estructura fina, dada por $\alpha = e^2/hc \approx 1/137$, puesto que c es una cantidad definida con exactitud (la velocidad de la luz). Además, el efecto Hall cuántico proporciona a los científicos un nuevo y conveniente estándar de resistencia. El premio nóbel de física en 1985 fue otorgado a von Klitzing por este fundamental descubrimiento.

Otra gran sorpresa ocurrió en 1982 cuando algunos científicos anunciaron que en ciertas muestras casi ideales a muy bajas temperaturas, la conductividad Hall podría tomar valores tanto enteros como fraccionarios de e^2/h. Sin duda, los descubrimientos futuros en ésta y en otras áreas relacionadas de la ciencia continuará mejorando nuestra comprensión de la naturaleza de la materia.

RESUMEN

La fuerza magnética que actúa sobre una carga q que se mueve con una velocidad **v** en un campo magnético **B** es

$$\mathbf{F} = q\mathbf{v} \times \mathbf{B} \qquad (29.1)$$

Esta fuerza magnética está en una dirección perpendicular tanto a la velocidad de la partícula como al campo. La magnitud de esta fuerza es

$$F = qvB \operatorname{sen} \theta \tag{29.2}$$

donde θ es el ángulo más pequeño entre **v** y **B**. La unidad del SI de **B** es el **weber por metro cuadrado** (WB/m^2), también llamado **tesla** (T), donde $[B] = \text{T} = \text{WB/m}^2 = \text{N/A} \cdot \text{m}$.

Cuando una partícula cargada se mueve en un campo magnético, el trabajo hecho por la fuerza magnética sobre la partícula es cero debido a que el desplazamiento siempre es perpendicular a la dirección de la fuerza magnética. El campo magnético puede alterar la dirección del vector velocidad, pero no puede cambiar la velocidad de la partícula.

Si un conductor recto de longitud L conduce una corriente I, la fuerza sobre ese conductor cuando se pone en un campo magnético uniforme **B** es

$$\mathbf{F} = I\mathbf{L} \times \mathbf{B} \tag{29.3}$$

donde la dirección de **L'** está en la dirección de la corriente y $|\mathbf{L}| = L$.

Si un alambre de forma arbitraria que conduce una corriente I se coloca en un campo magnético, la fuerza magnética sobre un segmento muy pequeño ds es

$$d\mathbf{F} = I\,d\mathbf{s} \times \mathbf{B} \tag{29.4}$$

Para determinar la fuerza magnética total del alambre, se tiene que integrar la ecuación 29.4, teniendo en mente que tanto **B** y $d\mathbf{s}$ pueden variar en cada punto.

La fuerza sobre un conductor que conduce corriente de forma arbitraria en un campo magnético uniforme es

$$\mathbf{F} = I\mathbf{L}' \times \mathbf{B} \tag{29.7}$$

donde **L'** es un vector dirigido de un extremo del conductor al extremo opuesto.

La fuerza magnética neta sobre cualquier lazo cerrado que conduce una corriente en un campo magnético uniforme es cero.

El **momento magnético** $\boldsymbol{\mu}$ de un lazo de corriente que conduce una corriente I es

$$\boldsymbol{\mu} = I\mathbf{A} \tag{29.10}$$

donde **A** es perpendicular al plano del lazo y $|\mathbf{A}|$ es igual al área del lazo. La unidad SI de $\boldsymbol{\mu}$ es A $\cdot$ m^2.

El momento de torsión $\boldsymbol{\tau}$ sobre un lazo de corriente cuando éste se coloca en un campo magnético externo y uniforme **B** es

$$\boldsymbol{\tau} = \boldsymbol{\mu} \times \mathbf{B} \tag{29.11}$$

Si una partícula cargada se mueve en un campo magnético uniforme de manera que su velocidad inicial es perpendicular al campo, la partícula se mueve en un círculo cuyo plano es perpendicular al campo magnético. El radio r de la trayectoria circular es

$$r = \frac{mv}{qB} \tag{29.12}$$

donde m es la masa de la partícula y q es su carga. La frecuencia angular de la partícula cargada en rotación es

$$\omega = \frac{qB}{m} \tag{29.13}$$

PREGUNTAS

1. En cierto instante, un protón se mueve en la dirección x positiva en una región donde hay un campo magnético en la dirección z negativa. ¿Cuál es la dirección de la fuerza magnética? ¿El protón continúa moviéndose en la dirección x positiva? Explique.

2. Dos partículas cargadas se proyectan en una región donde hay un campo magnético perpendicular a sus velocidades. Si las cargas se desvían en direcciones opuestas, ¿qué puede usted decir acerca de ellas?

3. Si una partícula cargada se mueve en una línea recta a través de cierta región del espacio, ¿puede usted afirmar que el campo magnético en esa región es cero?

4. Supóngase que un electrón persigue a un protón sobre esta página cuando repentinamente se forma un campo magnético perpendicular a la misma. ¿Qué sucede con las partículas?

5. ¿Por qué la imagen sobre una pantalla de TV se distorsiona cuando se acerca un imán a la pantalla?

6. ¿Cómo puede emplearse el movimiento de una partícula cargada móvil para distinguir entre un campo magnético y un campo eléctrico? Proporcione un ejemplo específico para justificar su argumento.

7. Liste varias similitudes y diferencias en las fuerzas eléctrica y magnética.

8. Justifique el siguiente enunciado: "Es imposible para un campo magnético constante (en otras palabras, independiente del tiempo) alterar la velocidad de una partícula cargada."

9. En vista del enunciado anterior, ¿cuál es el papel del campo magnético en un ciclotrón?

10. Un conductor que conduce corriente no experimenta fuerza magnética cuando se coloca de cierto modo en un campo magnético uniforme. Explique.

11. ¿Es posible orientar un lazo de corriente en un campo magnético uniforme de manera que el lazo no tienda a rotar?

12. ¿Cómo puede emplearse un lazo de corriente para determinar la presencia de un campo magnético en una región determinada del espacio?

13. ¿Cuál es la fuerza neta sobre la aguja de una brújula en un campo magnético uniforme?

14. ¿Qué tipo de campo magnético se requiere para ejercer una fuerza resultante sobre un dipolo magnético? ¿Cuál es la dirección de la fuerza resultante?

15. Un protón que se mueve horizontalmente entra en una región donde hay un campo magnético uniforme perpendicular a la velocidad del protón, como se muestra en la figura 29.25. Describa el movimiento subsecuente del protón. ¿Cómo podría comportarse un electrón bajo las mismas circunstancias?

16. En una botella magnética, ¿qué invierte la dirección de la velocidad de las partículas cargadas confinadas? (*Sugerencia:* Encuentre la dirección de la fuerza magnética sobre estas partículas en una región donde el campo se vuelva más intenso y las líneas de campo converjan.)

17. En el ciclotrón, ¿por qué las partículas de diferentes velocidades tardan el mismo tiempo en completar la mitad de una revolución?

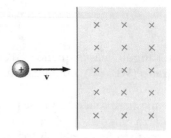

FIGURA 29.25 (Pregunta 15).

18. La *cámara de burbujas* es un dispositivo que se utiliza para observar las trayectorias de partículas que pasan a través de la cámara, las cuales se encuentran inmersas en un campo magnético. Si algunas de las trayectorias son espirales y otras son líneas rectas, ¿qué puede usted decir acerca de las partículas?

19. ¿Un campo magnético puede poner en movimiento a un electrón en reposo? Si es así, ¿cómo?

20. Usted está diseñando una sonda magnética que utiliza el efecto Hall para medir campos magnéticos. Suponga que usted está restringido a usar un material determinado y que usted ha hecho ya una sonda lo más delgada posible. ¿Qué puede hacerse, si fuera posible, para incrementar el voltaje Hall producido por una intensidad de campo magnético dada?

21. El haz de electrones en la figura 29.26 se proyecta hacia la derecha. El haz se desvía hacia abajo ante la presencia de un campo magnético producido por un par de bobinas que produce corriente. a) ¿Cuál es la dirección del campo magnético? b) ¿Qué le pasaría al haz si se invirtiera la corriente en las bobinas?

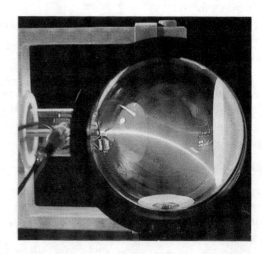

FIGURA 29.26 (Pregunta 21). (*Cortesía de Central Scientific Company*)

PROBLEMAS

Sección 29.1   El campo magnético

1. Considere un electrón cerca del ecuador. ¿En qué dirección tendería a desviarse si su velocidad está dirigida a) hacia abajo, b) rumbo al norte, c) hacia el este, o d) hacia el sureste?

2. Un electrón que se mueve a lo largo del eje x positivo perpendicular a un campo magnético experimenta una desviación magnética en la dirección y negativa. ¿Cuál es la dirección del campo magnético?

3. Un electrón en un campo eléctrico y magnético uniforme tiene una velocidad de 1.2×10^4 m/s en la dirección x positiva y una aceleración constante de 2.0×10^{12} m/s^2 en la dirección z positiva. Si el campo eléctrico tiene una intensidad de 20 N/C en la dirección z, ¿cuál es el campo magnético en la región?

4. ¿Qué fuerza magnética se experimenta por medio de un protón que se mueve de norte a sur a 4.8×10^6 m/s en una localidad donde la componente vertical del campo magnético terrestre es 75 μT dirigido hacia abajo? ¿En qué dirección se desvía el protón?

5. Un protón que se mueve a 4.0×10^6 m/s a través de un campo magnético de 1.7 T experimenta una fuerza magnética de magnitud 8.2×10^{-13} N. ¿Cuál es el ángulo entre la velocidad del protón y el campo?

6. Una bola metálica que tiene una carga neta $Q = 5.0$ μC se lanza horizontalmente por una ventana a una velocidad $v = 20$ m/s. La ventana está a una altura $h = 20$ m sobre el suelo. Un campo magnético horizontal uniforme de magnitud $B = 0.010$ T es perpendicular al plano de la trayectoria de la bola. Encuentre la fuerza magnética que actúa sobre la bola justo antes de que ésta golpee el suelo.

6A. Una bola metálica que tiene una carga neta Q se lanza horizontalmente por una ventana a una velocidad v. La ventana está a una altura h sobre el suelo. Un campo magnético horizontal uniforme de magnitud B es perpendicular al plano de la trayectoria de la bola. Encuentre la fuerza magnética que actúa sobre la bola justo antes de que ésta golpee el suelo.

7. Un pato que vuela rumbo al norte a 15 m/s pasa sobre Atlanta, donde el campo magnético terrestre es de 5.0×10^{-5} T en una dirección de 60° debajo de la línea horizontal que corre de norte a sur. Si el pato tiene una carga positiva neta de 0.040 μC, ¿cuál es la fuerza magnética que actúa sobre él?

8. Un electrón se proyecta dentro de un campo magnético uniforme $\mathbf{B} = (1.4\mathbf{i} + 2.1\mathbf{j})$ T. Encuentre la expresión vectorial para la fuerza sobre el electrón cuando su velocidad es $\mathbf{v} = 3.7 \times 10^5\mathbf{j}$ m/s.

9. Un protón se mueve con una velocidad $\mathbf{v} = (2\mathbf{i} - 4\mathbf{j} + \mathbf{k})$ m/s en una región en la que el campo magnético es $\mathbf{B} =$ $(\mathbf{i} + 2\mathbf{j} - 3\mathbf{k})$ T. ¿Cuál es la magnitud de la fuerza magnética que esta carga experimenta?

10. Un protón se mueve perpendicular a un campo magnético uniforme $\mathbf{B}$ a 1.00×10^7 m/s y experimenta una aceleración de 2.00×10^{13} m/s^2 en la dirección $+x$ cuando su velocidad está en la dirección $+z$. Determine la magnitud y la dirección del campo.

11. Demuestre que el trabajo realizado por la fuerza magnética sobre una partícula cargada que se mueve en un campo magnético es cero para cualquier desplazamiento de la partícula.

Sección 29.2   Fuerza magnética en un conductor que conduce corriente

12. Un alambre de 40 cm de largo conduce una corriente de 20 A. Se dobla en un lazo y se coloca con su plano perpendicular a un campo magnético con una densidad de flujo de 0.52 T. ¿Cuál es el momento de torsión sobre el lazo si se dobla en la forma de a) un triángulo equilátero, b) un cuadrado, c) un círculo. d) ¿Cuál momento de torsión es más grande?

13. Un alambre conduce una corriente estable de 2.4 A. Una sección recta del alambre mide 0.75 m de largo y se encuentra a lo largo del eje x dentro de un campo magnético uniforme, $\mathbf{B} = (16\mathbf{k})$ T. Si la corriente está en la dirección $+x$, ¿cuál es la fuerza magnética sobre la sección de alambre?

14. Un conductor suspendido por dos alambres flexibles, como se muestra en la figura P29.14 tiene una masa por unidad de longitud de 0.040 kg/m. ¿Qué corriente debe existir en el conductor para que la tensión en los alambres de soporte sea cero cuando el campo magnético es 3.6 T hacia el interior de la página? ¿Cuál es la dirección requerida para la corriente?

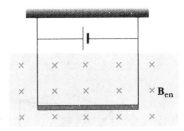

FIGURA P29.14

15. Un alambre con una masa por unidad de longitud de 0.50 g/cm conduce una corriente de 2.0 A horizontalmente hacia el sur. ¿Cuáles son la dirección y la magnitud del campo magnético mínimo necesario para levantar verticalmente este alambre?

16. Un lazo rectangular con dimensiones de 10.0 cm × 20.0 cm está suspendido por medio de una cuerda, y la sec-

ción inferior horizontal del lazo se encuentra inmersa en un campo magnético confinado a una región circular (Fig. P29.16). Si se mantiene una corriente de 3.00 A en el lazo en la dirección mostrada, ¿cuáles son la dirección y magnitud del campo magnético requerido para producir una tensión de 4.00×10^{-2} N en la cuerda de soporte? (Ignore la masa del lazo.)

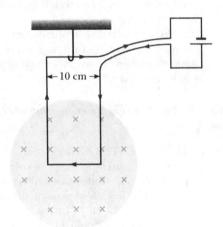

FIGURA P29.16

17. Un alambre de 2.8 m de longitud conduce una corriente de 5.0 A en una región donde un campo magnético uniforme tiene una magnitud de 0.39 T. Calcule la magnitud de la fuerza magnética sobre el alambre si el ángulo entre el campo magnético y la corriente es a) 60°, b) 90°, c) 120°.

18. En la figura P29.18, el cubo mide 40.0 cm en cada lado. Cuatro segmentos de alambre —*ab, bc, cd* y *da*— forman un lazo cerrado que conduce una corriente $I =$ 5.0 A en la dirección mostrada. Un campo magnético **B** = 0.020 T está en la dirección positiva. Determine la magnitud y la dirección de la fuerza magnética sobre cada segmento.

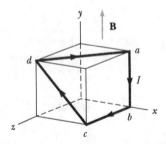

FIGURA P29.18

19. Imagine un alambre uniforme muy largo que tiene una densidad de masa de 1.0 g/m y que circunda la Tierra por el ecuador magnético. ¿Cuáles son la magnitud y dirección de la corriente en el alambre que lo mantienen levitando justo arriba de la Tierra?

20. Una barra de 0.72 kg de masa 6.0 cm de radio descansa sobre dos rieles paralelos (Fig. P29.20) separados por una distancia $d = 12$ cm y longitud $L = 45$ cm. La barra conduce una corriente $I = 48$ A en la dirección indicada y rueda a lo largo de los rieles sin fricción. Si la barra parte del reposo, ¿cuál es la velocidad cuando deja los rieles si hay un campo magnético uniforme de 0.24 T en dirección perpendicular a la barra y los rieles?

20A. Una barra de masa m y radio R descansa sobre dos rieles paralelos (Fig. P29.20) separados por una distancia d y longitud L. La barra conduce una corriente I en la dirección indicada y rueda a lo largo de los rieles sin fricción. Si la barra parte del reposo, ¿cuál es la velocidad cuando deja los rieles si hay un campo magnético uniforme de 0.24 T en dirección perpendicular a la barra y los rieles?

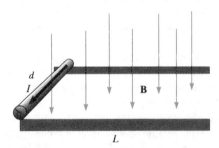

FIGURA P29.20

21. Un imán de gran intensidad se pone bajo un anillo conductor horizontal de radio r que conduce una corriente I, como muestra la figura P29.21. Si la fuerza magnética forma un ángulo θ con la vertical en la posición del anillo, ¿cuáles son la magnitud y la dirección de la fuerza resultante sobre el anillo?

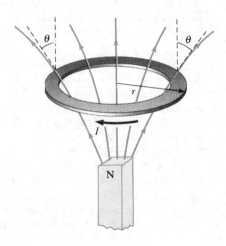

FIGURA P29.21

Sección 29.3   Momento de torsión sobre un lazo de corriente en un campo magnético uniforme

22. Una corriente de 17.0 mA se mantiene en un lazo de circuito de 2.00 m de circunferencia. Un campo magnético de 0.800 T se dirige paralelo al plano del lazo. a) Calcule el momento magnético del lazo. b) ¿Cuál es el campo magnético del momento de torsión ejercido sobre el lazo por el campo magnético?

23. Un lazo rectangular consta de $N = 100$ vueltas enrolladas muy próximas entre sí y tiene dimensiones $a = 0.40$ m y $b = 0.30$ m. El lazo se articula a lo largo del eje y, y su plano forma un ángulo $q = 30°$ con el eje x (Fig. P29.23). ¿Cuál es la magnitud del momento de torsión ejercido sobre el lazo por un campo magnético uniforme $B = 0.80$ T dirigido a lo largo del eje x cuando la corriente es $I = 1.2$ A en la dirección indicada? ¿Cuál es la dirección esperada de rotación del lazo?

23A. Un lazo rectangular consta de N vueltas enrolladas muy próximas entre sí y tiene dimensiones a y b. El lazo se articula a lo largo del eje y, y su plano forma un ángulo θ con el eje x (Fig. P29.23). ¿Cuál es la magnitud del momento de torsión ejercido sobre el lazo por un campo magnético uniforme B dirigido a lo largo del eje x cuando la corriente es I en la dirección indicada? ¿Cuál es la dirección esperada de rotación del lazo?

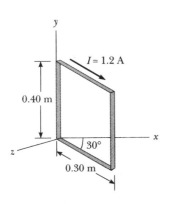

FIGURA P29.23

24. Un lazo cuadrado, articulado a lo largo de un lado, está hecho de un alambre que tiene una masa por unidad de longitud 0.10 kg/m y conduce una corriente de 5.0 A. En la región hay un campo magnético uniforme de 0.010 T dirigido perpendicular al lado articulado. Determine la máxima aceleración lineal del lado del lazo opuesto al lado articulado.

25. Una bobina circular de 225 vueltas y 0.45 m² de área está en un campo magnético uniforme de 0.21 T. El máximo momento de torsión ejercido sobre la bobina por el campo es 8.0×10^{-3} N · m. a) Calcule la corriente en la bobina. b) ¿Este valor sería diferente si las 225 vueltas del alambre se usaran para formar una bobina de una sola vuelta con la misma forma pero con un área mucho más grande? Explique.

26. Se forma un círculo con un alambre de 10.0 cm de diámetro y se pone en un campo magnético uniforme de 3.00×10^{-3} T. Una corriente de 5.00 A circula por el alambre. Determine a) el momento de torsión máximo sobre el alambre y b) el intervalo de energía potencial que tiene el alambre para diferentes orientaciones.

27. Un pedazo de alambre de 0.10 kg de masa y 4.0 m de longitud se usa para formar una bobina cuadrada de 0.10 m de lado. La bobina se articula a lo largo de un lado horizontal, conduce una corriente de 3.4 A y se coloca en un campo magnético vertical de 0.010 T de magnitud. a) Determine el ángulo que el plano de la bobina forma con la vertical cuando la bobina está en equilibrio. b) Encuentre el momento de torsión que actúa sobre la bobina debido a la fuerza magnética en equilibrio.

27A. Un largo pedazo de alambre de masa m y longitud L se usa para formar una bobina cuadrada de lado d. La bobina se articula a lo largo de un lado horizontal, conduce una corriente I y se coloca en un campo magnético vertical de magnitud B. a) Determine el ángulo que el plano de la bobina forma con la vertical cuando la bobina está en equilibrio. b) Encuentre el momento de torsión que actúa sobre la bobina debido a la fuerza magnética en equilibrio.

Sección 29.4.   Movimiento de una partícula cargada en un campo magnético

28. El campo magnético de la Tierra en cierta localidad está dirigido verticalmente hacia abajo y tiene una magnitud de 0.5×10^{-4} T. Un protón se mueve horizontalmente hacia el este en este campo con una velocidad 6.2×10^6 m/s. a) ¿Cuáles son la dirección y magnitud de la fuerza magnética que el campo ejerce sobre esta carga? b) ¿Cuál es el radio del arco circular que sigue este protón?

29. Un ión positivo con una sola carga tiene una masa de 3.20×10^{-26} kg. Después de que es acelerado a través de una diferencia de potencial de 833 V el ion entra a un campo magnético de 0.920 T a lo largo de una dirección perpendicular a la dirección del campo. Calcule el radio de la trayectoria del ión en el campo.

30. Un electrón choca con un segundo electrón inicialmente en reposo. Después del choque, los radios de sus trayectorias son 1.0 cm y 2.4 cm. Las trayectorias son perpendiculares a un campo magnético uniforme de 0.044 T de magnitud. Determine la energía (en keV) del electrón incidente.

30A. Un electrón choca con un segundo electrón inicialmente en reposo. Después del choque, los radios de sus trayectorias son R_1 y R_2. Las trayectorias son perpendiculares a un campo magnético uniforme de magnitud B. Determine la energía (en keV) del electrón incidente.

31. Un protón que se mueve en una trayectoria circular perpendicular a un campo magnético constante tarda 1.00 μs para completar una revolución. Determine la magnitud del campo.

32. Un electrón se mueve en una trayectoria circular perpendicular a un campo magnético constante de magnitud 1.00 mT. Si el momento angular del electrón respecto del centro del círculo es 4.00×10^{-25} J · s, determine a) el radio de la trayectoria y b) la velocidad del electrón.

33. Un protón (carga + e, masa m_p), un deuterón (carga + e, masa $2m_p$) y una partícula alfa (carga + $2e$, masa $4m_p$) se aceleran a través de una diferencia de potencial común, V. Las partículas entran a un campo magnético uniforme, **B**, en una dirección perpendicular a **B**. El protón se mueve en una trayectoria circular de radio r_p. Determine los valores de los radios de las órbitas circulares para el deuterón, r_d, y la partícula α, r_α, en términos de r_p.

34. Calcule la frecuencia de ciclotrón de un protón en un campo magnético de magnitud 5.2 T.

35. Un protón de rayos cósmicos en el espacio interestelar tiene una energía de 10 MeV y ejecuta una órbita circular con un radio igual al de la órbita de Mercurio alrededor del Sol (5.8×10^{10} m). ¿Cuál es el campo magnético en esa región del espacio?

36. Un ión de masa m con una sola carga se acelera desde el reposo por medio de una diferencia de potencial V. Después es desviado por un campo magnético uniforme (perpendicular a la velocidad del ion) hacia un semicírculo de radio R. Después de esto un ion doblemente cargado de masa m' se acelera a través de la misma diferencia de potencial y se desvía mediante el mismo campo magnético hacia un semicírculo de radio $R' = 2R$. ¿Cuál es la razón de las masas de los iones?

37. Un ión positivo con una sola carga que se mueve a 4.60×10^5 m/s sale de una trayectoria circular de 7.94 mm de radio a lo largo de una dirección perpendicular a un campo magnético de 1.80 T de una cámara de burbujas. Calcule la masa (en unidades de masa atómica) de este ión, y, a partir de ese valor, identifíquelo.

38. El voltaje y aceleración que se aplica a un cañón de electrones es 15 kV y la distancia horizontal desde el cañón hasta la pantalla de observación es 35 cm. ¿Cuál es la desviación provocada por la componente vertical del campo magnético terrestre (4.10×10^{-5} T), suponiendo que cualquier cambio en la componente horizontal de la velocidad del haz es despreciable?

*Sección 29.5   Aplicaciones del movimiento de partículas cargadas en un campo magnético

39. Un selector de velocidades de campos cruzados tiene un campo magnético de magnitud 1.00×10^{-2} T. ¿Qué intensidad de campo eléctrico se requiere si electrones de 10.0 keV van a pasar a través de él sin desviarse?

40. Un selector de velocidades se compone de campos magnético y eléctrico descritos por **E** = E**k** y **B** = B**j**. Si B = 0.015 T, determine el valor de E tal que un electrón de 750 eV que se mueve a lo largo del eje x positivo no se desvíe.

41. En el ecuador, cerca de la superficie de la Tierra, el campo magnético es aproximadamente de 50 μT con dirección norte y el valor del campo eléctrico es alrededor de 100 N/C hacia abajo (en otras palabras, hacia la Tierra). Encuentre las fuerzas gravitacional, eléctrica y magnética sobre un electrón de 100 eV que se mueve con dirección este en una línea recta en este ambiente.

42. a) Iones de uranio 238 con una sola carga se aceleran a través de una diferencia de potencial de 2.00 kV y entran a un campo magnético uniforme de 1.20 T dirigido perpendicular a sus velocidades. Determine el radio de su trayectoria circular. b) Repita para el caso de iones de uranio 235. ¿Cómo depende la razón de estos radios de trayectoria del voltaje de aceleración y de la intensidad del campo magnético?

43. Considere el espectrómetro de masas que se muestra esquemáticamente en la figura 29.20. El campo eléctrico entre las placas del selector de velocidad es 2500 V/m y el campo magnético tanto en el selector de velocidad como en la cámara de desviación tiene una magnitud de 0.0350 T. Calcule el radio de la trayectoria para un ion con una sola carga que tiene una masa $m = 2.18 \times 10^{-26}$ kg.

44. ¿Cuál es el radio requerido de un ciclotrón diseñado para acelerar protones hasta energías de 34 MeV empleando un campo magnético de 5.2 T?

45. ¿Cuál es el tamaño mínimo de un ciclotrón diseñado para acelerar protones hasta una energía de 18.0 MeV con una frecuencia de ciclotrón de 30.0 MHz?

46. En el acelerador Fermilab en Batavia, Illinois, protones que tienen un momento de 4.8×10^{-16} kg · m/s se mantienen en una órbita circular de 1.0 km de radio mediante un campo magnético hacia arriba. ¿Cuál es la magnitud de este campo?

47. Un ciclotrón diseñado para acelerar protones tiene un campo magnético de 0.45 T de magnitud sobre una región de 1.2 m de radio. ¿Cuáles son a) la frecuencia de ciclotrón y b) la velocidad máxima adquirida por los protones?

48. Se aceleran iones de deuterio a través de una diferencia de potencial de 45 kV. Los iones entran a un selector de velocidad en el cual la intensidad del campo eléctrico es 2.5 kV/m. Luego continúan en un campo magnético uniforme que tiene la misma densidad y dirección de flujo que el campo magnético en el selector de velocidad. ¿Cuáles son a) el radio de la órbita de los deuterones y b) su velocidad? c) ¿Cuál es la intensidad del campo magnético?

49. El tubo de imagen en una televisión emplea bobinas de desviación magnética en lugar de placas de desviación eléctrica. Suponga que un haz de electrones se acelera a través de una diferencia de potencial de 50.0 kV y recorre después una distancia de 1.00 cm a través de un campo magnético uniforme producido por estas bobinas. La pantalla se localiza a 10.0 cm del centro de las bobinas y mide 50.0 cm de ancho. Cuando se desactiva el campo, el haz de electrones incide en el centro de la pantalla. ¿Qué intensidad de campo es necesaria para desviar el haz al lado de la pantalla?

*Sección 29.6 El efecto Hall

50. Una tira plana de plata que tiene un espesor $t = 0.20$ mm se usa en una medición de efecto Hall de un campo

magnético uniforme perpendicular a la tira, como muestra la figura P29.50. El coeficiente Hall para la plata es $R_H = 0.84 \times 10^{-10}$ m³/C. a) ¿Cuál es la densidad de los portadores de carga en la plata? b) Si una corriente $I = 20$ A produce un voltaje Hall $V_H = 15$ μV, ¿cuál es la magnitud del campo magnético aplicado?

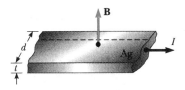

FIGURA P29.50

51. La sección de un conductor de 0.4 cm de espesor se usa en una medición del efecto Hall. Si se mide un voltaje Hall de 35 μV para una corriente de 21 A en un campo magnético de 1.8 T, calcule el coeficiente Hall para el conductor.

52. El espesor de una película delgada de cobre se va a determinar utilizando el efecto Hall. En el experimento se mide un voltaje Hall de 27.0 μV para una corriente de 17.0 A en un campo magnético de 2.10 T. Calcule el espesor de la película.

53. En un experimento diseñado para medir el campo magnético de la Tierra utilizando el efecto Hall, una barra de cobre de 0.50 cm de espesor se coloca a lo largo de una dirección este-oeste. Si una corriente de 8.0 A en el conductor da como resultado un voltaje Hall de 5.1×10^{-12} V, ¿cuál es la magnitud del campo eléctrico terrestre? (Suponga que $n = 8.48 \times 10^{28}$ electrones/m³ y que el plano de la barra se gira hasta quedar perpendicular a la dirección de **B**.)

54. Una tira de cobre plana de 0.33 mm de espesor conduce una corriente estable de 50 A y se localiza en un campo magnético uniforme de 1.3 T con dirección perpendicular al plano de la tira. Si se mide un voltaje Hall de 9.6 mV a través de la tira, ¿cuál es la densidad de carga de los electrones libres? ¿Qué número efectivo de electrones libres por átomo indica este resultado?

54A. Una tira de cobre plana de espesor t conduce una corriente estable I y se localiza en un campo magnético uniforme B con dirección perpendicular al plano de la tira. Si se mide un voltaje Hall V_H a través de la tira, ¿cuál es la densidad de carga de los electrones libres? ¿Qué número efectivo de electrones libres por átomo indica este resultado?

55. El efecto Hall puede usarse para medir n, el número de electrones de conducción por unidad de volumen en una muestra desconocida. La muestra tiene un espesor de 15 mm y cuando se pone en un campo magnético de 1.8 T produce un voltaje Hall de 0.122 μV mientras conduce una corriente de 12 A. ¿Cuál es el valor de n?

56. Una sonda de efecto Hall opera con una corriente de 120 A. Cuando la sonda se pone en un campo magnético uniforme de 0.080 T de magnitud, produce un voltaje Hall de 0.70 μV. a) Cuando se mide un campo magnético desconocido, el voltaje Hall es 0.33 μV. ¿Cuál es la intensidad del campo desconocido? b) Si el espesor de la sonda en la dirección de **B** es 2.0 mm, encuentre la densidad de portadores de carga (cada uno de carga e).

PROBLEMAS ADICIONALES

57. Un alambre que tiene una densidad de masa lineal de 1.0 g/cm se pone sobre una superficie horizontal que tiene un coeficiente de fricción de 0.20. El alambre conduce una corriente de 1.5 A hacia el este y se mueve horizontalmente con dirección norte. ¿Cuáles son la magnitud y dirección del campo magnético más pequeño que permite al alambre moverse de esta manera?

58. Indique la dirección inicial de la desviación de las partículas cargadas cuando éstas entran en los campos magnéticos indicados en la figura P29.58.

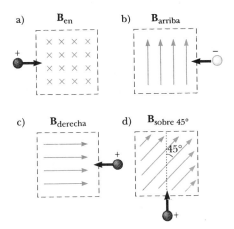

FIGURA P29.58

59. Una carga positiva $q = 3.2 \times 10^{-19}$ C se mueve con una velocidad $\mathbf{v} = (2\mathbf{i} + 3\mathbf{j} - \mathbf{k})$ m/s a través de una región donde existen tanto un campo magnético uniforme como un campo eléctrico uniforme. a) Calcule la fuerza total sobre la carga móvil (en notación de vectores unitarios) si $\mathbf{B} = (2\mathbf{i} + 4\mathbf{j} + \mathbf{k})$ T y $\mathbf{E} = (4\mathbf{i} - \mathbf{j} - 2\mathbf{k})$ V/m. b) ¿Qué ángulo forma el vector fuerza con el eje x positivo?

60. Un protón de rayos cósmicos que viaja a la mitad de la velocidad de la luz se dirige directamente hacia el centro de la Tierra en el plano de su ecuador. ¿Golpeará al planeta? Suponga que la magnitud del campo magnético terrestre es de 5.0×10^{-5} T y que se extiende hacia el exterior un diámetro, o 1.3×10^{7} m. Calcule el diámetro de curvatura del protón en este campo magnético.

61. El circuito en la figura P29.61 se compone de alambres en la parte superior y en la inferior y de resortes metálicos idénticos en los lados izquierdo y derecho. El alambre en el fondo tiene una masa de 10 g y mide 5.0 cm de longitud. Los resortes se alargan 0.50 cm bajo el peso del alambre y el circuito tiene una resistencia total de 12 Ω. Cuando se activa un campo magnético, que apunta hacia afuera de la página, los resortes se alargan 0.30 cm adicionales. ¿Cuál es la intensidad del campo magnético? (La parte superior del circuito está fija.)

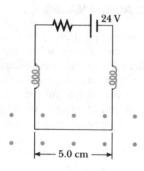

FIGURA P29.61

62. Un electrón entra a una región desplazándose perpendicularmente a la frontera lineal de un campo magnético de 0.10 T. La dirección del campo es perpendicular a la velocidad del electrón. a) Determine el tiempo que tarda el electrón en salir de la región "llena de campo", dado que recorre una trayectoria semicircular. b) Encuentre la energía cinética del electrón si la profundidad de penetración máxima en el campo es 2.0 cm.

63. El sodio se funde a 93°C. El sodio líquido, un excelente conductor térmico, se emplea en algunos reactores nucleares para extraer energía térmica del núcleo del reactor. El sodio líquido se mueve a través de tuberías mediante bombas que aprovechan la fuerza sobre una carga móvil en un campo magnético. El principio es el siguiente: imagine el metal líquido dentro de una tubería con una sección transversal rectangular de ancho w y altura h. Un campo magnético uniforme perpendicular a la tubería afecta una sección de longitud L (Fig. P29.63). Una corriente eléctrica en dirección perpendicular a la tubería y al campo magnético produce una densidad de corriente J. a) Explique por qué este arreglo produce en el líquido una fuerza que está dirigida a

lo largo de la longitud de la tubería. b) Muestre que la sección de líquido en el campo magnético experimenta un aumento de presión JLB.

64. Una barra metálica con una masa por unidad de longitud de 0.010 kg/m conduce una corriente de $I = 5.0$ A. La barra cuelga de dos alambres verticales en un campo magnético vertical uniforme, como se ve en la figura P29.64. Si los alambres forman un ángulo $\theta = 45°$ con la vertical cuando están en equilibrio, determine la intensidad del campo magnético.

64A. Una barra metálica con una masa por unidad de longitud μ conduce una corriente I. La barra cuelga de dos alambres verticales en un campo magnético vertical uniforme como en la figura P29.64. Si los alambres forman un ángulo θ con la vertical cuando están en equilibrio, determine la intensidad del campo magnético.

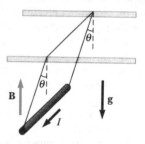

FIGURA P29.64

65. Los ciclotrones se utilizan algunas veces para fechamiento con carbono acelerando iones de C^{14} y C^{12} de una muestra de material. Si el ciclotrón tiene un campo magnético de 2.4 T, ¿cuál es la diferencia en las frecuencias del ciclotrón para los dos iones?

66. Una barra metálica de 0.20 kg que conduce una corriente de 10 A se desliza sobre dos rieles horizontales separados 0.50 m. ¿Qué campo magnético vertical se requiere para mantener la barra en movimiento a una velocidad constante si el coeficiente de fricción cinética entre la barra y los rieles es 0.10?

66A. Una barra metálica de masa m que conduce una corriente I se desliza sobre dos rieles horizontales separados por una distancia d. ¿Qué campo magnético vertical se requiere para mantener la barra en movimiento a una velocidad constante si el coeficiente de fricción cinética entre la barra y los rieles es μ?

67. Un ion con una sola carga completa cinco revoluciones en un campo magnético uniforme de magnitud 5.00×10^{-2} T en 1.50 ms. Calcule la masa aproximada del ion en kilogramos.

68. Un campo magnético uniforme de magnitud 0.15 T apunta a lo largo del eje x positivo. Un positrón que se mueve a 5.0×10^6 m/s entra al campo a lo largo de una dirección que forma un ángulo de 85° con el eje x (Fig. P29.68). El movimiento de la partícula se espera que sea una hélice, como se describe en la sección 29.4. Calcule a) el paso P y b) el radio r de la trayectoria.

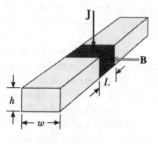

FIGURA P29.63

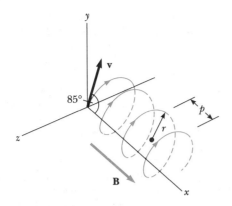

FIGURA P29.68

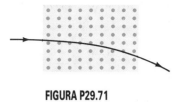

FIGURA P29.71

69. Considere un electrón que orbita alrededor de un protón y mantiene una trayectoria circular fija de radio $R = 5.29 \times 10^{-11}$ m por la fuerza de coulomb. Tratando a la carga orbital como un lazo de corriente, calcule el momento de torsión resultante cuando el sistema está en un campo magnético de 0.400 T dirigido perpendicular al momento magnético del electrón.

70. Un protón que se mueve en el plano de la página tiene una energía cinética 6.0 MeV. Entra en un campo magnético de magnitud $B = 1.0$ T dirigido hacia adentro de la página a un ángulo $\theta = 45°$ con la frontera lineal del campo, como se muestra en la figura P29.70. a) Encuentre x, la distancia desde el punto de entrada hasta donde el protón abandona el campo. b) Determine θ', el ángulo entre la frontera y el vector de velocidad del protón cuando éste sale del campo.

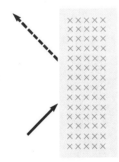

FIGURA P29.70

71. Protones que tienen una energía cinética de 5.00 MeV se mueven en la dirección x positiva y entran a un campo magnético $\mathbf{B} = (0.0500 \text{ T})\mathbf{k}$ dirigido hacia afuera del plano de la página y que se extiende de $x = 0$ a $x = 1.00$ m como en la figura P29.71. a) Calcule la componente y del momento de los protones cuando éstos salen del campo magnético. b) Determine el ángulo α entre el vector de velocidad inicial del haz de protones y el vector de velocidad despues de que el haz emerge del campo. (*Sugerencia*: Ignore los efectos relativistas y observe que 1 eV $= 1.60 \times 10^{-19}$ J.)

72. La tabla 29.1 presenta mediciones de un voltaje Hall y del campo magnético correspondiente a una sonda usada para medir campos magnéticos. a) Grafique estos datos y obtenga una relación entre las dos variables. b) Si las mediciones se tomaran con una corriente de 0.20 A y la muestra se tomó de un material que tiene una densidad de portadores de carga de $1.0 \times 10^{26}/\text{m}^3$, ¿cuál es el espesor de la muestra?

TABLA 29.1

V_H (μV)	B (T)
0	0.00
11	0.10
19	0.20
28	0.30
42	0.40
50	0.50
61	0.60
68	0.70
79	0.80
90	0.90
102	1.00

PROBLEMAS DE HOJA DE CÁLCULO

S1. Un galvanómetro se compone de una bobina de alambre suspendida en un campo magnético radial por medio de una delgada fibra flexible. Cuando una corriente I pasa por la bobina se produce un momento de torsión que hace girar a ésta. La fibra, a su vez, proporciona un momento de torsión restaurador τ que es proporcional al ángulo θ a través del cual la fibra se ha torcido. Esto es, $\tau = \kappa\theta$, donde κ es la constante de torsión de la fibra de soporte. La corriente I a través de la bobina es

$$I = \frac{\kappa\theta}{NAB}$$

donde N es el número de vueltas en la bobina, A es el área de la bobina y B es la magnitud del campo magnético.

Un estudiante hace circular pequeñas corrientes a través de la bobina y mide sus desviaciones angulares para cada corriente. Se obtienen los siguientes datos para una

bobina de 2.0 cm² de área con 100 vueltas de alambre y
$B = 0.015$ T:

$I(\mu A)$	$\theta(gra)$
0.10	3
0.15	6
0.20	7
0.30	11
0.50	18
0.75	27

Utilizando una hoja de cálculo, grafique estos puntos
dato en una gráfica de corriente contra desviación angular. (Grafique los datos como *puntos*, no como una línea continuas.) Emplee la rutina de regresión (mínimos cuadrados) de la hoja de cálculo para determinar la línea recta que mejor se ajusta a los datos. Añada la línea de mejor ajuste a la gráfica y obtenga la constante de torsión κ de la pendiente de esta línea.

S2. Un electrón tiene una velocidad inicial v_0 en el origen de un sistema de coordenadas en $t = 0$. Un campo eléctrico uniforme $\mathbf{E} = (1.00 \times 10^3$ V/m$)\mathbf{i}$ y un campo magnético uniforme $\mathbf{B} = (0.500 \times 10^{-4}$ T$)\mathbf{j}$ se activan en $t = 0$. Escriba una hoja de cálculo o un programa de calculadora para integrar las ecuaciones de movimiento. Puesto que v_0 puede estar en cualquier dirección, usted debe considerar el movimiento a lo largo de las direcciones x, y y z. Describa el movimiento general del electrón para diferentes valores de v_0.

Fuentes de campo magnético

El oxígeno, una sustancia paramagnética, es atraído hacia un campo magnético. El oxígeno líquido en esta fotografía está suspendido entre los polos de un imán permanente. Las sustancias paramagnéticas contienen átomos (o iones) que tienen momentos de dipolo magnético permanentes. Estos dipolos interactúan débilmente entre sí y están orientados aleatoriamente si no hay un campo magnético externo. Cuando la sustancia se pone en un campo magnético externo, sus dipolos magnéticos tienden a alinearse con el campo. *(Cortesía de Leon Lewandowski)*

E l capítulo anterior abordó una clase de problemas que incluyen la fuerza magnética sobre una partícula cargada que se mueve en un campo magnético. Para completar la descripción de la interacción magnética, este capítulo trata el origen del campo magnético, es decir, cargas en movimiento o corrientes eléctricas. Iniciamos el tema mostrando cómo usar la ley de Biot y Savart para calcular el campo magnético producido en un punto por un elemento de corriente. Con este formalismo y el principio de superposición calculamos después el campo magnético total debido a una distribución de corrientes para diversas geometrías. Luego, mostraremos cómo determinar la fuerza entre dos conductores que conducen corriente, un cálculo que nos llevará a la definición de ampere. Presentamos también la ley de Ampère, que es muy útil para calcular el campo magnético de configuraciones altamente simétricas que conducen corrientes estables. Aplicamos la ley de Ampère para determinar el campo magnético para diferentes configuraciones de corriente.

Este capítulo también trata algunos aspectos de los complejos procesos que ocurren en los materiales magnéticos. Todos los efectos magnéticos en la materia pueden explicarse sobre la base de momentos de dipolo magnético similares a los asociados a lazos de corriente. Estos momentos magnéticos atómicos surgen tanto del movimiento orbital de los electrones como de la propiedad intrínseca de los electrones conocida como espín. Nuestra descripción del magnetismo en la materia se basa en parte en el hecho experimental de que la presencia de una masa de materia modifica por lo general el campo magnético producido por corrientes. Por ejemplo, cuando un material se pone dentro de un solenoide que conduce corriente el material establece su propio campo magnético, el cual se suma vectorialmente al campo presente con anterioridad.

30.1 LA LEY DE BIOT-SAVART

Poco después de que Oersted descubriera en 1819, que la aguja de una brújula era desviada por un conductor que conducía corriente, Jean Baptiste Biot y Felix Savart informaron que un conductor que conduce una corriente estable ejercía una fuerza sobre un imán. A partir de sus resultados experimentales, Biot y Savart llegaron a una expresión que brinda el campo magnético en algún punto en el espacio en términos de la corriente que produce el campo. La ley de Biot-Savart establece que si un alambre conduce una corriente estable I, el campo magnético $d\mathbf{B}$ en un punto P asociado a un elemento del alambre $d\mathbf{s}$ (Fig. 30.1) tiene las siguientes propiedades:

Propiedades del campo magnético creado por una corriente eléctrica

- El vector $d\mathbf{B}$ es perpendicular tanto a $d\mathbf{s}$ (que es un vector que tiene unidades de longitud y está en la dirección de la corriente) como del vector unitario $\hat{\mathbf{r}}$ dirigido del elemento a P.
- La magnitud de $d\mathbf{B}$ es inversamente proporcional a r^2, donde r es la distancia del elemento a P.
- La magnitud de $d\mathbf{B}$ es proporcional a la corriente y a la longitud ds del elemento.
- La magnitud de $d\mathbf{B}$ es proporcional a sen θ, donde θ es el ángulo entre los vectores $d\mathbf{s}$ y $\hat{\mathbf{r}}$.

La **ley de Biot-Savart** puede resumirse

Ley de Biot-Savart

$$d\mathbf{B} = k_m \frac{I \, d\mathbf{s} \times \hat{\mathbf{r}}}{r^2} \tag{30.1}$$

donde k_m es una constante que en unidades del SI es exactamente $10^{-7}\,\text{T} \cdot \text{m/A}$. Esta constante suele escribirse $\mu_0/4\pi$, donde μ_0 es otra constante, conocida como **permeabilidad del espacio libre**:

$$\frac{\mu_0}{4\pi} = k_m = 10^{-7}\,\text{T} \cdot \text{m/A} \tag{30.2}$$

Permeabilidad del espacio libre

$$\mu_0 = 4\pi k_m = 4\pi \times 10^{-7}\,\text{T} \cdot \text{m/A} \tag{30.3}$$

Por lo tanto, la ecuación 30.1 también puede escribirse

Ley de Biot-Savart

$$d\mathbf{B} = \frac{\mu_0}{4\pi} \frac{I \, d\mathbf{s} \times \hat{\mathbf{r}}}{r^2} \tag{30.4}$$

Es importante observar que la ley de Biot-Savart proporciona el campo magnético en un punto sólo para un pequeño elemento del conductor. Para encontrar el campo magnético total **B** creado en algún punto por un conductor de tamaño finito, debemos sumar las contribuciones de todos los elementos de corriente que conforman al conductor. Es decir, debemos evaluar **B** integrando la ecuación 30.4.

$$\mathbf{B} = \frac{\mu_0 I}{4\pi} \int \frac{d\mathbf{s} \times \hat{\mathbf{r}}}{r^2} \qquad (30.5)$$

donde la integral se evalúa sobre todo el conductor. Esta expresión debe manejarse con especial cuidado debido a que el integrando es una cantidad vectorial.

Hay similitudes interesantes entre la ley de Biot-Savart del magnetismo y la ley de Coulomb de la electrostática. El elemento de corriente produce un campo magnético, en tanto que una carga puntual produce un campo eléctrico. Además, *la magnitud del campo magnético varía como el cuadrado inverso de la distancia desde el elemento de corriente*, como ocurre con el campo eléctrico debido a una carga puntual. Sin embargo, las direcciones de los dos campos son bastante diferentes. El campo eléctrico creado por una carga puntual es radial. En el caso de una carga puntual positiva, **E** está dirigido de la carga a cualquier punto. El campo magnético creado por un elemento de corriente es perpendicular tanto al elemento como al radio vector. Por consiguiente, si el conductor está en el plano del papel, como en la figura 30.1, *d***B** apunta hacia fuera del papel en *P* y hacia adentro del papel en *P'*.

Los ejemplos que siguen muestran cómo utilizar la ley de Biot-Savart para calcular el campo magnético de varios arreglos geométricos importantes. Es conveniente que usted reconozca que el campo magnético descrito en esos cálculos es *el campo creado por un conductor que transporta corriente*. Esto no debe confundirse con cualquier campo externo que puede aplicarse al conductor.

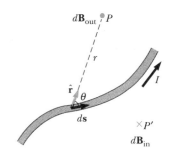

FIGURA 30.1 El campo magnético *d***B** en un punto *P* debido a un elemento de corriente *d***s** está dado por la ley de Biot-Savart. El campo apunta hacia afuera de la página en *P* y hacia dentro de la misma en *P'*.

EJEMPLO 30.1 **Campo magnético alrededor de un conductor recto delgado**

Considere un alambre recto y delgado que conduce una corriente constante *I* y que se coloca a lo largo del eje *x*, como en la figura 30.2. Calcule el campo magnético total en *P*.

Solución Un elemento *d***s** está a una distancia *r* de *P*. La dirección del campo en *P* debido a este elemento apunta hacia fuera del papel puesto que *d***s** × **r̂** se orienta hacia fuera del papel. De hecho, *todos* los elementos producen un campo magnético dirigido hacia fuera del papel en *P*. Por tanto, sólo tenemos que determinar la magnitud del campo en *P*. Tomando el origen en *O* y dejando que *P* esté a lo largo del eje *y* positivo, con **k** como el vector unitario que apunta hacia fuera del papel, vemos que

$$d\mathbf{s} \times \hat{\mathbf{r}} = \mathbf{k} \mid d\mathbf{s} \times \hat{\mathbf{r}} \mid = \mathbf{k}\,(dx \operatorname{sen}\theta)$$

La sustitución en la ecuación 30.4 produce *d***B** + **k** *dB*, con

$$1)\qquad dB = \frac{\mu_0 I}{4\pi} \frac{dx \operatorname{sen}\theta}{r^2}$$

Para integrar esta expresión, debemos relacionar las variables, *θ*, *x* y *r*. Un enfoque es expresar *x* y *r* en términos de *θ*. A partir de la geometría de la figura 30.2a y alguna simple diferenciación, obtenemos la siguiente relación:

$$2)\qquad r = \frac{a}{\operatorname{sen}\theta} = a \csc\theta$$

Puesto que tan *θ* = −*a/x* según el triángulo rectángulo en la figura 30.2a, tenemos

$$x = -a \cot\theta$$
$$3)\qquad dx = a \csc^2\theta\, d\theta$$

La sustitución de 2) y 3) en 1) produce

$$4)\qquad dB = \frac{\mu_0 I}{4\pi} \frac{a \csc^2\theta \operatorname{sen}\theta\, d\theta}{a^2 \csc^2\theta}$$
$$= \frac{\mu_0 I}{4\pi a} \operatorname{sen}\theta\, d\theta$$

De este modo hemos reducido la expresión a una que incluye sólo la variable *θ*. Podemos obtener ahora el campo total en *P* integrando 4) sobre todos los elementos que subtienden ángulos que varían de *θ*₁ a *θ*₂, como se define en la figura 30.2b:

$$B = \frac{\mu_0 I}{4\pi a} \int_{\theta_1}^{\theta_2} \operatorname{sen}\theta\, d\theta = \frac{\mu_0 I}{4\pi a}\,(\cos\theta_1 - \cos\theta_2) \quad (30.6)$$

Podemos aplicar este resultado para encontrar el campo magnético de cualquier alambre recto si conocemos la geometría y por lo tanto los ángulos *θ*₁ y *θ*₂.

Considere el caso especial de un alambre recto infinitamente largo. En este caso, *θ*₁ = 0 y *θ*₂ = *π*, como puede verse de la

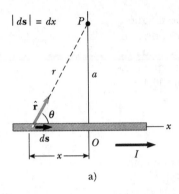

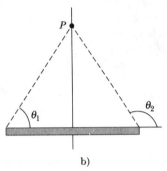

FIGURA 30.2 (Ejemplo 30.1) a) Un segmento de alambre recto que conduce una corriente I. El campo magnético en P debido a cada elemento $d\mathbf{s}$ apunta hacia afuera del papel, por lo que el campo neto se dirige también hacia afuera del papel. b) Los ángulos límite θ_1 y θ_2 para esta geometría.

figura 30.2b, para segmentos que varían de $x = -\infty$ a $x = +\infty$. Puesto que $(\cos \theta_1 - \cos \theta_2) = (\cos 0 - \cos \pi) = 2$, la ecuación 30.6 se transforma en

$$B = \frac{\mu_0 I}{2\pi a} \qquad (30.7)$$

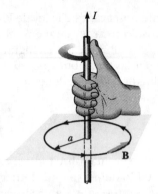

FIGURA 30.3 La regla de la mano derecha para determinar la dirección del campo magnético alrededor de un largo alambre recto que conduce una corriente. Observe que las líneas de campo magnético forman círculos alrededor del alambre.

Una vista tridimensional de la dirección de **B** para un alambre recto y largo se muestra en la figura 30.3. Las líneas de campo son círculos concéntricos con el alambre y están en un plano perpendicular al alambre. La magnitud de **B** es constante en cualquier círculo de radio a y está dada por la ecuación 30.7. Una regla conveniente para determinar la dirección de **B** es agarrar el alambre con la mano derecha, con el pulgar a lo largo de la dirección de la corriente. Los cuatro dedos dan vuelta en la dirección del campo magnético.

Nuestro resultado muestra que la magnitud del campo magnético es proporcional a la corriente y que disminuye cuando aumenta la distancia desde el alambre, como podríamos esperar intuitivamente. Advierta que la ecuación 30.7 tiene la misma forma matemática que la expresión para la magnitud del campo eléctrico debida a un alambre largo cargado (ecuación 24.7).

Ejercicio Calcule la magnitud del campo magnético a 4.0 cm de un alambre recto largo que conduce una corriente de 5.0 A.

Respuesta 2.5×10^{-5} T.

EJEMPLO 30.2 Campo magnético debido a un segmento de alambre

Calcule el campo magnético en el punto O para el segmento de alambre que se muestra en la figura 30.4. El alambre se compone de dos partes rectas y de un arco circular de radio R, el cual subtiende un ángulo θ.

Razonamiento Primero observe que el campo magnético en O debido a que los segmentos rectos AA' y CC' es idéntico a cero, debido a que $d\mathbf{s}$ es paralelo a $\hat{\mathbf{r}}$ a lo largo de estas trayectorias por lo que $d\mathbf{s} \times \hat{\mathbf{r}} = 0$.

Note que cada elemento a lo largo de la trayectoria AC está a la misma distancia R de O, y cada uno brinda una contribución $d\mathbf{B}$, la cual se dirige hacia dentro del papel en O. Además, en

cada punto de la trayectoria AC, $d\mathbf{s}$ es perpendicular a $\hat{\mathbf{r}}$, por lo que $|\,d\mathbf{s} \times \hat{\mathbf{r}}\,| = ds$.

Solución Con esta información y con la ecuación 30.4 obtenemos el campo en O debido al segmento $d\mathbf{s}$

$$dB = \frac{\mu_0 I}{4\pi} \frac{ds}{R^2}$$

Puesto que I y R son constantes, podemos integrar fácilmente esta expresión:

$$B = \frac{\mu_0 I}{4\pi R^2} \int ds = \frac{\mu_0 I}{4\pi R^2} s = \frac{\mu_0 I}{4\pi R} \theta \qquad (30.8)$$

donde hemos aprovechado el hecho de que $s = R\theta$, donde θ se mide en radianes. La dirección de **B** es hacia adentro del papel en O debido a que $d\mathbf{s} \times \hat{\mathbf{r}}$ apunta hacia adentro del papel en cada segmento.

Ejercicio   Un lazo en forma de un círculo completo de radio R conduce una corriente I. ¿Cuál es la magnitud del campo magnético en su centro?

Respuesta $\mu_0 I / 2R$.

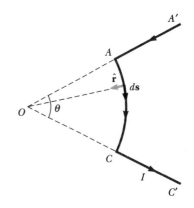

FIGURA 30.4   (Ejemplo 30.2) La dirección del campo magnético en O debido al segmento curvo AC es hacia dentro del papel. La contribución al campo en O debido al segmento recto es cero.

EJEMPLO 30.3   Campo magnético sobre el eje de un lazo de corriente circular

Considere un lazo circular de alambre de radio R localizado en el plano yz que conduce una corriente estable I, como se ve en la figura 30.5. Calcule el campo magnético en un punto axial P a una distancia x del centro del lazo.

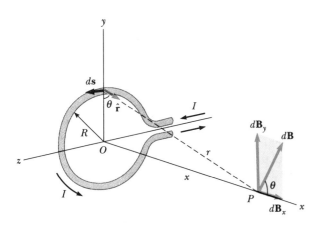

FIGURA 30.5   (Ejemplo 30.3) La geometría para calcular el campo magnético en un punto axial P para un lazo de corriente. Note que por simetría el campo total **B** está a lo largo del eje x.

Razonamiento   En esta situación observe que cualquier elemento $d\mathbf{s}$ es perpendicular a $\hat{\mathbf{r}}$. Además, todos los elementos alrededor del lazo están a la misma distancia r de P, donde $r^2 = x^2 + R^2$. Por lo tanto, la magnitud de $d\mathbf{B}$ debido al elemento $d\mathbf{s}$ es

$$dB = \frac{\mu_0 I}{4\pi} \frac{|d\mathbf{s} \times \hat{\mathbf{r}}|}{r^2} = \frac{\mu_0 I}{4\pi} \frac{ds}{(x^2 + R^2)}$$

La dirección del campo magnético $d\mathbf{B}$ debido al elemento $d\mathbf{s}$ es perpendicular al plano formado por $\hat{\mathbf{r}}$ y $d\mathbf{s}$, como en la figura 30.5. El vector $d\mathbf{B}$ puede descomponerse en una componente dB_x, a lo largo del eje x, y una componente dB_y, que es perpendi-

cular al eje x. Cuando las componentes perpendiculares al eje x se suman sobre el anillo completo, el resultado es cero. Es decir, por simetría cualquier elemento sobre un lado del anillo forma una componente perpendicular que cancela la componente establecida por un elemento diametralmente opuesto a él.

Solución   Por las razones anteriores, *el campo resultante en P debe estar a lo largo del eje x* y puede encontrarse integrando las componentes $dB_x = dB \cos\theta$, donde esta expresión se obtiene descomponiendo el vector $d\mathbf{B}$ en sus componentes, como se muestra en la figura 30.5. Es decir, $\mathbf{B} = \mathbf{i}B_x$, donde

$$B_x = \oint dB \cos\theta = \frac{\mu_0 I}{4\pi} \oint \frac{ds \cos\theta}{x^2 + R^2}$$

y la integral debe tomarse sobre todo el lazo. Debido a que θ, x y R son constantes para todos los elementos del lazo y puesto que $\cos\theta = R/(x^2 + R^2)^{1/2}$, obtenemos

$$B_x = \frac{\mu_0 IR}{4\pi(x^2 + R^2)^{3/2}} \oint ds = \boxed{\frac{\mu_0 IR^2}{2(x^2 + R^2)^{3/2}}} \qquad (30.9)$$

donde hemos aprovechado el hecho de que $\oint ds = 2\pi R$ (la circunferencia del lazo).

Para encontrar el campo magnético en el centro del lazo, $x = 0$ en la ecuación 30.9. En este punto especial, esto produce

$$B = \frac{\mu_0 I}{2R} \qquad \text{(en } x = 0\text{)} \qquad (30.10)$$

También es interesante determinar el comportamiento del campo magnético lejos del lazo, esto es, cuando x es grande en comparación con R. En este caso, podemos ignorar el término R^2 en el denominador de la ecuación 30.9 y obtener

$$B \approx \frac{\mu_0 IR^2}{2x^3} \qquad \text{(para } x \gg R\text{)} \qquad (30.11)$$

Puesto que la magnitud del momento de dipolo magnético del lazo μ se define como el producto de la corriente y el área (ecuación 29.10), $\mu = I(\pi R^2)$ y podemos expresar la ecuación 30.11 en la forma

$$B = \frac{\mu_0}{2\pi}\frac{\mu}{x^3} \qquad (30.12)$$

Este resultado es similar en forma a la expresión para el campo eléctrico debido a un dipolo eléctrico, $E = k_e p/y^3$ (ejemplo 23.9) donde p es el momento de dipolo eléctrico. El patrón de las líneas de campo magnético para un lazo circular se muestra en la figura 30.6. Por claridad, las líneas se dibujan sólo para un plano que contiene el eje del lazo. El patrón del campo es axialmente simétrico.

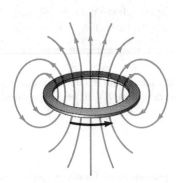

FIGURA 30.6   Líneas de campo magnético para un lazo de corriente. Lejos del lazo, las líneas de campo son de forma idéntica a las de un dipolo eléctrico.

30.2 LA FUERZA MAGNÉTICA ENTRE DOS CONDUCTORES PARALELOS

En el capítulo anterior describimos la fuerza magnética que actúa sobre un conductor que transporta corriente cuando éste se sitúa en un campo magnético externo. Puesto que una corriente en un conductor establece su propio campo magnético, es sencillo entender que dos conductores que conducen corriente ejercen fuerzas magnéticas entre sí. Como veremos, dichas fuerzas pueden utilizarse como la base para definir el ampere y el coulomb.

Considere dos alambres rectos y largos separados por una distancia a y que conducen las corrientes I_1 e I_2 en la misma dirección, como se muestra en la figura 30.7. Podemos determinar fácilmente la fuerza sobre un alambre debido a un campo magnético establecido por el otro alambre. El alambre 2, el cual conduce una corriente I_2, crea un campo magnético $\mathbf{B}_2$ en la posición del alambre 1. La dirección de $\mathbf{B}_2$ es perpendicular al alambre 1, como se muestra en la figura 30.7. De acuerdo con la ecuación 29.3, la fuerza magnética sobre una longitud ℓ del alambre 1 es $\mathbf{F}_1 = I_1\boldsymbol{\ell} \times \mathbf{B}_2$. Puesto que $\boldsymbol{\ell}$ es perpendicular a $\mathbf{B}_2$, la magnitud de $\mathbf{F}_1$ es $F_1 = I_1\ell B_2$. Puesto que el campo creado por el alambre 2 está dado por la ecuación 30.7, vemos que

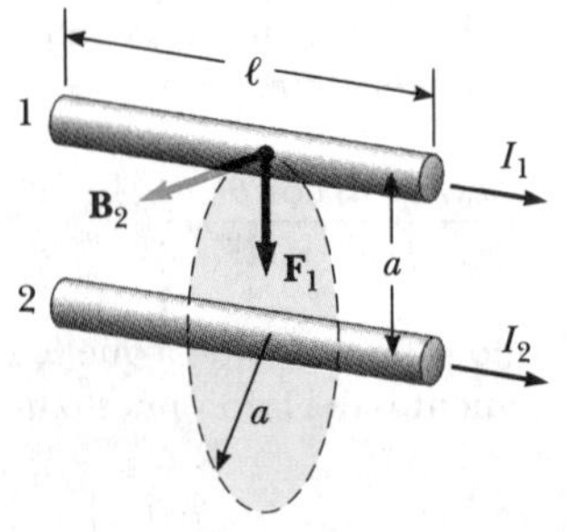

$$F_1 = I_1\ell B_2 = I_1\ell\left(\frac{\mu_0 I_2}{2\pi a}\right) = \frac{\mu_0 I_1 I_2}{2\pi a}\ell$$

Es posible reescribir esto en función de la fuerza por unidad de longitud como

$$\frac{F_1}{\ell} = \frac{\mu_0 I_1 I_2}{2\pi a} \qquad (30.13)$$

FIGURA 30.7   Dos alambres paralelos que conducen cada uno una corriente estable ejercen una fuerza entre sí. El campo $\mathbf{B}_2$ en el alambre 1 debido a la corriente en el alambre 2 produce una fuerza sobre el alambre 1 dada por $F_1 = I_1\ell B_2$. La fuerza es atractiva si las corrientes son paralelas, como se indica, y repulsiva si las corrientes son antiparalelas.

La dirección de $\mathbf{F}_1$ es hacia abajo, hacia el alambre 2, debido a que $\boldsymbol{\ell} \times \mathbf{B}_2$ es hacia abajo. Si se considera el campo establecido en el alambre 2 por el alambre 1, se encuentra que la fuerza $\mathbf{F}_2$ sobre el alambre 2 es igual y opuesta a $\mathbf{F}_1$. Esto es lo que habríamos esperado, si se va a cumplir la tercera ley de Newton de acción-reacción.[1]

---

[1] Aunque la fuerza total sobre el alambre 1 es igual y opuesta a la fuerza total sobre el alambre 2, la tercera ley de Newton no se aplica cuando dos pequeños elementos de alambres que no están opuestos uno del otro se consideran aislados. La solución a esta discrepancia para lazos de corriente que interactúan se describe en tratamientos más avanzados acerca de electricidad y magnetismo.

Cuando las corrientes están en direcciones opuestas, las fuerzas se invierten y los alambres se repelen uno a otro. Por tanto, encontramos que

conductores paralelos que conducen corrientes en la misma dirección se atraen entre sí, en tanto que conductores paralelos que conducen corrientes en direcciones opuestas se repelen entre sí.

La fuerza entre dos alambres paralelos que conducen cada uno una corriente se usa para definir el **ampere** de la forma siguiente:

Si dos largos alambres paralelos a 1 m de distancia conducen la misma corriente y la fuerza por unidad de longitud de cada alambre es 2×10^{-7} N/m, entonces la corriente se define como 1 A.

Definición del ampere

El valor numérico de 2×10^{-7} N/m se obtiene de la ecuación 30.13, con $I_1 = I_2 = 1$ A y $a = 1$ m. Por lo tanto, es posible utilizar una medida mecánica para estandarizar el ampere. Por ejemplo, el Instituto Nacional de Estándares y Tecnología de Estados Unidos utiliza un instrumento llamado balanza de corriente para mediciones de corriente primarias. Estos resultados se utilizan luego para estandarizar otros instrumentos más convencionales, como los amperímetros, por ejemplo.

La unidad de carga del SI, el **coulomb**, se define en términos del ampere como sigue:

Si un conductor conduce una corriente estable de 1 A, entonces la cantidad de carga que fluye por la sección transversal del conductor en 1 s es 1 C.

Definición del coulomb

30.3 LA LEY DE AMPÈRE

Un experimento que efectuó por primera vez Oersted en 1820 demuestra que una corriente que conduce un conductor produce un campo magnético. Varias agujas de brújula se ponen en un plano horizontal cerca de un largo alambre vertical, como en la figura 30.8a. Cuando no hay corriente en el alambre, todas las agujas apuntan en la

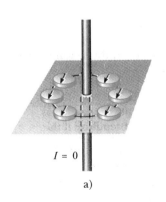
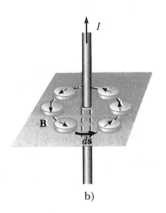
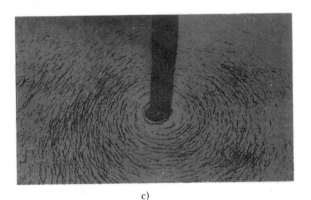

a) b) c)

FIGURA 30.8 a) Cuando no hay corriente en el alambre vertical, todas las agujas de las brújulas apuntan en la misma dirección. b) Cuando el alambre conduce una corriente intensa las agujas se desvían en una dirección tangente al círculo, el cual está en la dirección de **B** debido a la corriente. c) Líneas de campo magnético circular alrededor de un conductor que conduce corriente, como se muestra con los limadores de hierro. La fotografía fue tomada utilizando 30 alambres paralelos cada uno conduciendo una corriente de 0.50 A. *(Henry Leap y Jim Lehman)*.

André Marie Ampère fue un matemático, químico y filósofo francés
que fundó la ciencia de la electrodinámica. La unidad de medida para
la corriente eléctrica recibió su nombre
en su honor.

El genio de Ampère, particularmente en matemáticas, se hizo evidente desde los primeros años de su vida: Domi-
naba las matemáticas avanzadas a la edad
de 12 años. En su primera publicación,
*Consideraciones acerca de la teoría matemáti-
ca de los juegos*, una primera contribución
a la teoría de la probabilidad, propuso lo
inevitable de que un jugador pierda un
juego de azar con un jugador con mayores recursos financieros.

A Ampère se le acredita el descubrimiento del electromagnetismo —la relación entre la corriente eléctrica y campos
magnéticos—. Su trabajo en este campo
fue influido por los descubrimientos del
físico danés Hans Christian Oersted.
Ampère presentó una serie de artículos
que exponían la teoría y las leyes básicas

André Marie Ampère

| 1 7 7 5 - 1 8 3 6 |

del electromagnetismo, la que él llamó
electrodinámica, para diferenciarla del
estudio de fuerzas eléctricas estacionarias, que denominó electrostáticas.

La culminación de los estudios de
Ampère ocurrió en 1827 cuando publicó su *Teoría matemática de fenómenos elec-
trodinámicos deducida exclusivamente a partir
de experimentos*, en la cual dedujo formu-
laciones matemáticas precisas del electromagnetismo, principalmente la ley de
Ampère.

Se han contado muchas historias de
lo distraído de Ampère, una peculiaridad
que compartía con Newton. En una ocasión, olvidó una invitación a cenar con
el emperador Napoleón.

La vida personal de Ampère estuvo
llena de tragedias. Su padre, un adinera-
do funcionario de la ciudad, fue guilloti-
nado durante la Revolución Francesa, y
la muerte de su esposa en 1803 fue una
gran desgracia. Ampère murió de neu-
monía a la edad de 61 años. El juicio de
su vida es claro a partir del epitafio que
eligió para su lápida: *Tandem felix* (Al fin
feliz).

(Foto cortesía de AIP Niels Bohr Library)

misma dirección (la del campo magnético de la Tierra), como se esperaría. Cuando
los alambres conducen una intensa corriente estable, todas las agujas se desvían en
una dirección tangente al círculo, como se puede ver en la figura 30.8b. Estas observaciones muestran que la dirección de **B** es consistente con la regla de la mano
derecha descrita en la figura 30.3.

> Si el alambre se agarra en la mano derecha con el pulgar en dirección de la
> corriente, los dedos dan vuelta en la dirección de **B**.

Cuando la corriente se invierte, las agujas en la figura 30.8b también se invierten.

Debido a que las agujas de la brújula apuntan en la dirección de **B**, concluimos
que las líneas de **B** forman círculos alrededor del alambre, como estudiamos en la
sección anterior. Por simetría, la magnitud de **B** es la misma en todos los puntos
sobre una trayectoria circular centrada en el alambre y que yace en un plano que es
perpendicular al alambre. Mediante la variación de la corriente y de la distancia r
desde el alambre, se encuentra que B es proporcional a la corriente e inversamente
proporcional a la distancia desde el alambre.

Evaluaremos ahora el producto **B** · d**s** y sumemos estos productos sobre la trayectoria circular cerrada en el alambre. A lo largo de esta trayectoria, los vectores d**s** y **B**
son paralelos en cada punto (Fig. 30.8b), de modo que **B** · d**s** = B · ds. Además, **B** es
de magnitud constante sobre este círculo y está dada por la ecuación 30.7. Por lo

tanto, la suma de los productos **B** *ds* sobre la trayectoria cerrada, la cual es equivalente a la integral de línea de **B** · *d***s**, es

$$\oint \mathbf{B} \cdot d\mathbf{s} = B \oint ds = \frac{\mu_0 I}{2\pi r}(2\pi r) = \mu_0 I \qquad (30.14)$$

donde $\oint ds = 2\pi r$ es la circunferencia del círculo.

Este resultado se calculó para el caso especial de una trayectoria circular que rodea a un alambre. Sin embargo, se cumple cuando una trayectoria cerrada arbitraria es atravesada por una *corriente estable*. Este caso general, conocido como **ley de Ampère**, puede enunciarse como sigue:

> La integral de línea de **B** · *d***s** alrededor de cualquier trayectoria cerrada es igual a $\mu_0 I$, donde I es la corriente estable total que pasa a través de cualquier superficie delimitada por la trayectoria cerrada.

$$\oint \mathbf{B} \cdot d\mathbf{s} = \mu_0 I \qquad (30.15)$$

Ley de Ampère

La ley de Ampère es válida sólo para corrientes estables y es útil exclusivamente para calcular el campo magnético de configuraciones de corriente que tienen un alto grado de simetría.

EJEMPLO 30.4 El campo magnético creado por un alambre largo que conduce corriente

Un alambre largo y recto de radio R conduce una corriente estable I_0 que está distribuida de manera uniforme a través de la sección transversal del alambre (Fig. 30.9). Calcule el campo magnético a una distancia r del centro del alambre en las regiones $r \geq R$ y $r < R$.

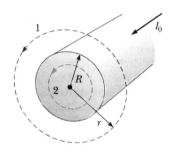

FIGURA 30.9 (Ejemplo 30.4) Un largo alambre recto de radio R que conduce una corriente estable I_0 distribuida uniformemente a través del alambre. El campo magnético en cualquier punto puede calcularse a partir de la ley de Ampère utilizando una trayectoria circular de radio r concéntrica con el alambre.

Solución En la región 1, donde $r \geq R$, elegimos como nuestra trayectoria de integración un círculo de radio r centrado en el alambre. De acuerdo con la simetría, vemos que **B** debe ser de magnitud constante y paralelo a *d***s** en todo punto sobre este

círculo. Puesto que la corriente total que pasa por el plano del círculo es I_0, la ley de Ampère aplicada al círculo produce

$$\oint \mathbf{B} \cdot d\mathbf{s} = B \oint ds = B(2\pi r) = \mu_0 I_0$$

$$B = \frac{\mu_0 I_0}{2\pi r} \qquad \text{(para } r \geq R) \qquad (30.16)$$

que es idéntica en significado a la ecuación 30.7.

Consideremos ahora el interior del alambre, esto es, la región 2, donde $r < R$. Aquí la corriente I que pasa por el plano del círculo de radio $r < R$ es menor que la corriente total I_0. Como la corriente es uniforme en la sección transversal del alambre, la fracción de la corriente encerrada por el círculo de radio $r < R$ debe ser igual a la proporción entre el área πr^2 encerrada por el círculo 2 y el área de la sección transversal πR^2 del alambre:[2]

$$\frac{I}{I_0} = \frac{\pi r^2}{\pi R^2}$$

$$I = \frac{r^2}{R^2} I_0$$

[a] Alternativamente, la corriente enlazada por la trayectoria 2 debe ser igual al producto de la densidad de corriente, $J = I_0/\pi R^2$, y el área πr^2 encerrada por la trayectoria 2.

Siguiendo el mismo procedimiento que para el círculo 1, aplicamos la ley de Ampère al círculo 2:

$$\oint \mathbf{B} \cdot d\mathbf{s} = B(2\pi r) = \mu_0 I = \mu_0 \left(\frac{r^2}{R^2} I_0 \right)$$

$$B = \left(\frac{\mu_0 I_0}{2\pi R^2} \right) r \qquad \text{(para } r < R) \qquad \qquad (30.17)$$

La intensidad del campo magnético contra *r* para esta configuración se dibuja en la figura 30.10. Advierta que dentro del alambre, $B \to 0$ cuando $r \to 0$. Este resultado es de forma similar al del campo eléctrico dentro de una barra cargada uniformemente.

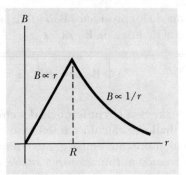

FIGURA 30.10 Un dibujo del campo magnético contra *r* para el alambre descrito en el ejemplo 30.4. El campo es proporcional a *r* dentro del alambre y varía como $1/r$ fuera del alambre.

EJEMPLO 30.5   El campo magnético creado por un toroide

Un toroide consta de *N* vueltas de alambre enrolladas alrededor de una estructura en forma de anillo, como muestra la figura 30.11. Usted puede considerar a un toroide como un solenoide doblado en la forma de una dona. Suponiendo que las vueltas están espaciadas muy cerca unas de otras, calcule el campo magnético dentro del toroide, a una distancia *r* del centro.

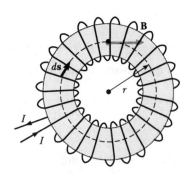

FIGURA 30.11 (Ejemplo 30.5) Un toroide consta de muchas vueltas de alambre enrolladas alrededor de una estructura en forma de rosca (llamada un toro). Si las vueltas están muy próximas unas de otras, el campo en el interior del toroide es tangente al círculo de línea punteada y varía como $1/r$, y el campo exterior es cero.

Razonamiento Para calcular el campo dentro del toroide, evaluamos la integral de línea de $\mathbf{B} \cdot d\mathbf{s}$ sobre un círculo de radio *r*. Por simetría, vemos que el campo magnético es de magni-

tud constante en este círculo y tangente a él, por lo que $\mathbf{B} \cdot d\mathbf{s} = B\,ds$. Además, note que la trayectoria cerrada atraviesa *N* vueltas de alambre, cada una de las cuales conduce una corriente *I*. En consecuencia, el lado derecho de la ecuación 30.15 es $\mu_0 NI$ en este caso.

Solución La ley de Ampère aplicada al círculo produce

$$\oint \mathbf{B} \cdot d\mathbf{s} = B \oint ds = B(2\pi r) = \mu_0 NI$$

$$B = \frac{\mu_0 NI}{2\pi r} \qquad \qquad (30.18)$$

Este resultado muestra que *B* varía como $1/r$ y que por ello no es uniforme dentro de la bobina. Sin embargo, si *r* es grande comparada con el radio de la sección transversal del toroide, entonces el campo es aproximadamente uniforme dentro de la bobina.

Además, para un toroide ideal, donde las vueltas están muy juntas unas de otras, la magnitud del campo eléctrico es cero. Esto puede observarse al ver que la corriente atravesada por cualquier trayectoria circular que se encuentre fuera del toroide es cero (incluyendo la región del "agujero en la rosca"). Por lo tanto, de acuerdo con la ley de Ampère, encontramos que $B = 0$ en las regiones exteriores a la bobina. En realidad, las vueltas de un toroide forman una hélice más que espiras circulares. Como consecuencia, siempre hay un campo pequeño fuera de la bobina.

EJEMPLO 30.6   Campo magnético creado por una lámina de corriente infinita

Una lámina de corriente infinita que está en el plano *yz* conduce una corriente superficial de densidad $\mathbf{J}_s$. La corriente está en la dirección *y*, y J_s representa la corriente por longitud unitaria medida a lo largo del eje *z*. Encuentre el campo magnético cerca de la lámina.

Razonamiento y solución Para evaluar la integral de línea en la ley de Ampère tomaremos una trayectoria rectangular a través de la lámina, como en la figura 30.12. El rectángulo tiene dimensiones ℓ y *w*, donde los lados de longitud ℓ son paralelos a la superficie de la lámina. La corriente neta que pasa por

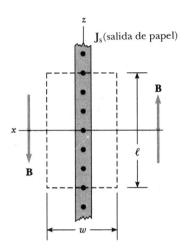

FIGURA 30.12 (Ejemplo 30.6) Una vista superior de una lámina de corriente infinita que se encuentra en el plano *yz*, donde la corriente está en la dirección *y* (hacia afuera del papel). Esta vista muestra la dirección de **B** en ambos lados de la lámina.

el plano del rectángulo es $J_s\ell$. Por lo tanto, al aplicar la ley de Ampère sobre el rectángulo y observar que los dos lados de longitud *w* no contribuyen a la integral de línea (debido a que la componente de **B** a lo largo de la dirección de estas trayectorias es cero), obtenemos

$$\oint \mathbf{B} \cdot d\mathbf{s} = \mu_0 I = \mu_0 J_s \ell$$

$$2B\ell = \mu_0 J_s \ell$$

$$B = \mu_0 \frac{J_s}{2} \qquad (30.19)$$

El resultado muestra que *el campo magnético es independiente de la distancia desde la lámina de corriente.* En realidad, el campo magnético es uniforme y paralelo en cualquier lado al plano de la lámina. Esto es razonable puesto que estamos considerando una lámina infinita de corriente. El resultado es análogo al del campo eléctrico uniforme asociado a una lámina infinita de carga. (Véase el ejemplo 24.8.)

EJEMPLO 30.7 **La fuerza magnética sobre un segmento de corriente**

El alambre 1 en la figura 30.13 se orienta a lo largo del eje *y* y conduce una corriente estable I_1. Un circuito rectangular localizado a la derecha del alambre conduce una corriente I_2. Determine la fuerza magnética ejercida sobre el alambre horizontal (alambre 2) del circuito rectangular.

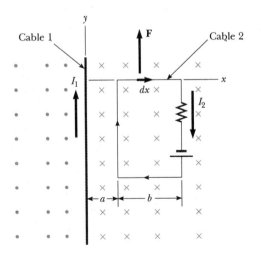

FIGURA 30.13 (Ejemplo 30.7).

Razonamiento y solución En este problema es posible que usted esté tentado a utilizar la ecuación 30.13 para obtener la fuerza ejercida sobre un pequeño segmento del alambre hori-

zontal. Sin embargo, este resultado se aplica sólo a dos alambres paralelos, y no puede utilizarse aquí. El enfoque correcto es considerar la fuerza sobre un pequeño segmento *d***s** del conductor. Esta fuerza está dada por $d\mathbf{F} = I\, d\mathbf{s} \times \mathbf{B}$ (ecuación 29.4), donde $I = I_2$ y **B** es el campo magnético creado por la corriente en el alambre 1 en la posición de *d***s**. Según la ley de Ampère, el campo a una distancia *x* del alambre 1 es

$$\mathbf{B} = \frac{\mu_0 I_1}{2\pi x}(-\mathbf{k})$$

donde el campo apunta hacia la página, como se indica por la notación vectorial (−**k**). Como el alambre 2 está a lo largo del eje *x*, *d***s** = *dx* **i**, y encontramos

$$d\mathbf{F} = \frac{\mu_0 I_1 I_2}{2\pi x}[\mathbf{i} \times (-\mathbf{k})]\, dx = \frac{\mu_0 I_1 I_2}{2\pi}\frac{dx}{x}\mathbf{j}$$

La integración de esta ecuación sobre los límites *x* = *a* a *x* = *a* + *b* produce

$$\mathbf{F} = \frac{\mu_0 I_1 I_2}{2\pi}\ln x \Big]_a^{a+b}\mathbf{j} = \frac{\mu_0 I_1 I_2}{2\pi}\ln\left(1 + \frac{b}{a}\right)\mathbf{j}$$

La fuerza apunta hacia arriba, como se indica por la notación **j**, y conforme se muestra en la figura 30.13.

Ejercicio ¿Cuál es la fuerza sobre el alambre 3?

Respuesta La fuerza tiene la misma magnitud que la fuerza sobre el alambre 2, pero está dirigida hacia abajo.

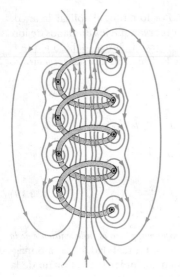

FIGURA 30.14   Las líneas de campo magnético para un solenoide enrollado con vueltas muy separadas.   *(Adaptado de D. Halliday y R. Resnick, Physics, Nueva York, Wiley, 1978)*

30.4 EL CAMPO MAGNÉTICO DE UN SOLENOIDE

Un **solenoide** es un alambre largo enrollado en la forma de una hélice. Con esta configuración, es posible producir un campo magnético razonablemente uniforme en el espacio rodeado por las vueltas de alambre. Cuando las vueltas están muy próximas entre sí, cada una puede considerarse como una vuelta circular, y el campo magnético neto es el vector suma de los campos debido a todas las vueltas.

La figura 30.14 muestra las líneas de campo magnéticas de un solenoide poco enrollado. Observe que las líneas de campo en el espacio rodeado por la bobina son casi paralelas y están distribuidas de modo uniforme y próximas entre sí, lo que indica que el campo en este espacio es uniforme. Las líneas de campo entre las vueltas tienden a cancelarse unas con otras. El campo en puntos exteriores, como *P*, es débil debido a que el campo que resulta de los elementos de corriente en las porciones superiores tiende a cancelar al campo que se debe a los elementos de corriente en las porciones inferiores.

Si las vueltas están muy próximas entre sí y el solenoide es de longitud finita, las líneas de campo son como se indica en la figura 30.15. En este caso, las líneas de campo divergen de un extremo y convergen en el extremo opuesto. Una inspección de esta distribución de campo muestra una similitud con el campo de un imán de barra. Por lo tanto, un extremo del solenoide se comporta como el polo norte de un imán mientras que el extremo opuesto lo hace como el polo sur. A medida que crece la longitud del solenoide, el campo en el espacio encerrrado por las bobinas se vuelve más y más uniforme. El caso de un *solenoide ideal* se aproxima cuando el espacio entre las vueltas es muy pequeño y la longitud es grande en comparación con el radio. En este caso, el campo fuera del solenoide es débil comparado con el campo en el espacio encerrado por las bobinas y el campo ahí es uniforme en un gran volumen.

Podemos usar la ley de Ampère para obtener una expresión para el campo magnético en el espacio rodeado por un solenoide ideal. Una sección transversal de parte de nuestro solenoide ideal (Fig. 30.16) conduce una corriente *I*. En el solenoide ideal, **B** en el espacio interior (área verde) es uniforme y paralelo al eje y **B** en el

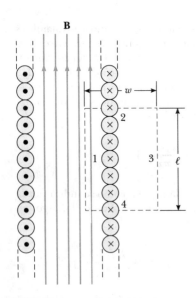

FIGURA 30.16   Una vista de sección transversal de un solenoide enrollado con vueltas muy próximas. Si el solenoide es largo respecto de su radio, podemos suponer que el campo magnético en el interior es uniforme y que el campo en el exterior es cero. La ley de Ampère aplicada a la región de la trayectoria de línea interrumpida gruesa puede usarse entonces para calcular el campo dentro del solenoide.

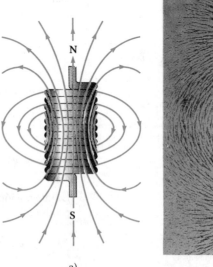

a)

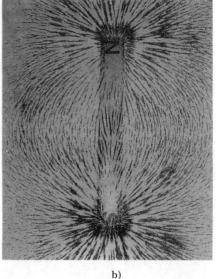

b)

FIGURA 30.15   a) Líneas de campo magnético para un solenoide de longitud finita enrollado con vueltas muy próximas que conducen una corriente estable. El campo en el espacio encerrado por el solenoide es casi uniforme e intenso. Observe que las líneas de campo se asemejan a las de un imán de barra, por lo que el solenoide tiene efectivamente polos norte y sur. b) Patrón de campo magnético de un imán de barra que muestra pequeñas limaduras de hierro sobre una hoja de papel.   *(Henry Leap y Jim Lehman)*

espacio que rodea a la bobina, es cero. Considere un área rectangular de longitud ℓ y ancho w, como se muestra en la figura 30.16. Podemos aplicar la ley de Ampère a esta trayectoria al evaluar la integral de $\mathbf{B} \cdot d\mathbf{s}$ sobre cada lado del rectángulo. La contribución a lo largo del lado 3 es cero, puesto que $\mathbf{B} = 0$ en esta región. Las contribuciones de los lados 2 y 4 son cero las dos puesto que $\mathbf{B}$ es uniforme y paralelo a $d\mathbf{s}$ a lo largo de esta trayectoria. En consecuencia, la integral sobre la trayectoria rectangular cerrada es

$$\oint \mathbf{B} \cdot d\mathbf{s} = \int_{\text{trayectoria 1}} \mathbf{B} \cdot d\mathbf{s} = B \int_{\text{trayectoria 1}} d\mathbf{s} = B\ell$$

El lado derecho de la ley de Ampère incluye la corriente total que pasa por el área delimitada por la trayectoria de integración. En nuestro caso, la corriente total a través de la trayectoria rectangular es igual a la corriente por cada vuelta multiplicada por el número de vueltas. SI N es el número de vueltas en la longitud ℓ, entonces la corriente total que circula por un rectángulo es igual a NI. Por lo tanto, la ley de Ampère aplicada a esta trayectoria produce

$$\oint \mathbf{B} \cdot d\mathbf{s} = B\ell = \mu_0 NI$$

$$B = \mu_0 \frac{N}{\ell} I = \mu_0 nI \qquad (30.20)$$

donde $n = N/\ell$ es el número de vueltas por unidad de longitud.

Podíamos también obtener este resultado de una manera más simple reconsiderando el campo magnético de un toroide (ejemplo 30.5). Si el radio r del toroide que contiene N vueltas es grande en comparación con el radio de su sección transversal a, entonces la sección corta del toroide se acerca a un solenoide con $n = N/2\pi r$. En este límite, vemos que la ecuación 30.18 obtenida para un toroide concuerda con la ecuación 30.20.

La ecuación 30.20 es válida sólo para puntos cerca del centro (esto es, lejos de los extremos) de un solenoide muy largo. Como usted tal vez esperaba, el campo cerca de cada extremo es más pequeño que el valor dado por la ecuación 30.20. En el extremo muy alejado de un solenoide, la magnitud del campo es casi la mitad de la correspondiente al campo en el centro. El campo en puntos axiales arbitrarios del solenoide se deduce en la sección 30.5.

*30.5 EL CAMPO MAGNÉTICO A LO LARGO DEL EJE DE UN SOLENOIDE

Considere un solenoide de longitud ℓ y radio R que contienen N vueltas muy próximas entre sí y que conduce una corriente estable I. Determinemos una expresión para el campo magnético en un punto axial P que se encuentra en el espacio encerrado por el solenoide, como se indica en la figura 30.17.

Quizá la manera más simple de obtener el resultado deseado es considerar al solenoide como una distribución de espiras de corriente. El campo de cualquier espira a lo largo del eje está dado por la ecuación 30.9. Por lo tanto, el campo neto en el solenoide es la superposición de los campos de todas las espiras. El número de vueltas en una longitud dx del solenoide es $(N/\ell)\,dx$; por lo tanto, la corriente total en un ancho dx está dada por $I(N/\ell)\,dx$. Entonces, utilizando la ecuación 30.9, encontramos que el campo en P debido a la sección dx es

$$dB = \frac{\mu_0 R^2}{2(x^2 + R^2)^{3/2}} I \left(\frac{N}{\ell} \right) dx \qquad (30.21)$$

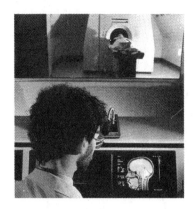

Un técnico estudia la imagen computarizada de una cabeza. La imagen fue obtenida utilizando una técnica de diagnóstico médico conocida como obtención de imágenes por resonancia magnética (MRI, por sus siglas en inglés). Este instrumento utiliza intensos campos magnético producidos por solenoides superconductores. *(Hank Morgan, Science Source)*

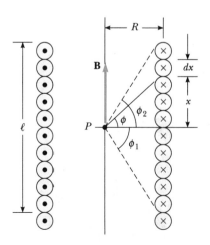

FIGURA 30.17 La geometría para calcular el campo magnético en un punto axial P ubicada en el espacio encerrado por un solenoide con vueltas muy próximas entre sí.

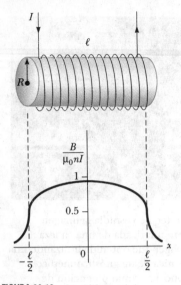

FIGURA 30.18 Un dibujo del campo magnético a lo largo del eje contra x para un solenoide con vueltas muy próximas entre sí. Note que la magnitud del campo en los extremos es aproximadamente la mitad del valor en el centro.

Esta expresión contiene la variable x, la cual puede expresarse en términos de la variable ϕ, definida en la figura 30.17. Esto es, $x = R \tan \phi$, de modo que tenemos $dx = R \sec^2 \phi \, d\phi$. Sustituyendo estas expresiones en la ecuación 30.21 e integrando de ϕ_1 a ϕ_2, obtenemos

$$B = \frac{\mu_0 NI}{2\ell} \int_{\phi_1}^{\phi_2} \cos \phi \, d\phi = \frac{\mu_0 NI}{2\ell} (\text{sen } \phi_2 - \text{sen } \phi_1) \qquad (30.22)$$

Si P es el punto medio del solenoide y si suponemos que el solenoide es largo comparado con R, entonces $\phi_2 \approx 90°$ y $\phi_1 \approx -90°$; por lo tanto

$$B \approx \frac{\mu_0 NI}{2\ell} (1 + 1) = \frac{\mu_0 NI}{\ell} = \mu_0 nI \qquad (\text{en el centro})$$

que concuerda con nuestro resultado previo, ecuación 30.20.

Si P es un punto en el extremo de un largo solenoide (digamos, el fin), entonces $\phi_1 \approx 0°$, $\phi_2 \approx 90°$, y

$$B \approx \frac{\mu_0 NI}{2\ell} (1 + 0) = \tfrac{1}{2} \mu_0 nI \qquad (\text{en los extremos})$$

Esto muestra que el campo en el extremo de un largo solenoide se acerca a la mitad del valor en el centro del solenoide cuando la longitud ℓ tiende al infinito.

Un dibujo del campo en puntos axiales contra x para un solenoide se muestra en la figura 30.18. Si la longitud ℓ es grande comparada con R, el campo axial es uniforme sobre la mayor parte del solenoide y la curva es plana excepto en puntos cerca de los extremos. Si ℓ es comparable a R, entonces el campo tiene un valor un poco menor que $\mu_0 nI$ en la mitad y es uniforme sólo sobre una pequeña región.

30.6 FLUJO MAGNÉTICO

El flujo asociado a un campo magnético se define de una manera similar a la usada para definir el flujo eléctrico. Considere un elemento de área dA sobre una superficie de forma arbitraria, como en la figura 30.19. Si el campo magnético en este elemento es **B**, entonces el flujo magnético a través del elemento es $\mathbf{B} \cdot d\mathbf{A}$, donde $d\mathbf{A}$ es un vector perpendicular a la superfice cuya magnitud es igual al área dA. Por lo tanto, el flujo magnético Φ_B que atraviesa la superficie es

$$\Phi_B = \int \mathbf{B} \cdot d\mathbf{A} \qquad (30.23)$$

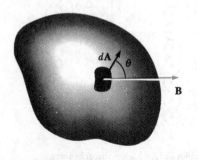

FIGURA 30.19 El flujo magnético a través de un elemento de área dA es $\mathbf{B} \cdot d\mathbf{A} = BdA \cos \theta$. Advierta que $d\mathbf{A}$ es perpendicular a la superficie.

Considere el caso especial de un plano de área A y un campo uniforme **B** que forma un ángulo θ con el vector $d\mathbf{A}$. El flujo magnético a través de plano en este caso es

$$\Phi_B = BA \cos \theta \qquad (30.24)$$

Si el campo magnético está en el plano como en la figura 30.20a, entonces $\theta = 90°$ y el flujo es cero. Si el campo es perpendicular al plano, como en la figura 30.20b, entonces $\theta = 0°$ y el flujo es BA (el valor máximo).

La unidad de flujo es el weber (Wb), donde $1 \text{ Wb} = 1 \text{ T} \cdot \text{m}^2$.

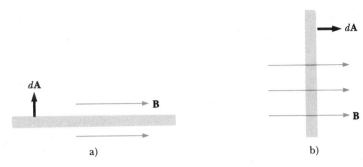

FIGURA 30.20 Vista de lado de un plano que se encuentra en un campo magnético. a) El flujo a través del plano es cero cuando el campo magnético es paralelo a la superficie del plano. b) El flujo a través del plano es un máximo cuando el campo magnético es perpendicular al plano.

EJEMPLO 30.8 **Flujo magnético a través de una espira rectangular**

Una espira rectangular de ancho a y longitud b se localiza a una distancia c de un alambre largo que conduce una corriente I (Fig. 30.21). El alambre es paralelo al lado largo de la espira. Encuentre el flujo magnético total a través de la espira.

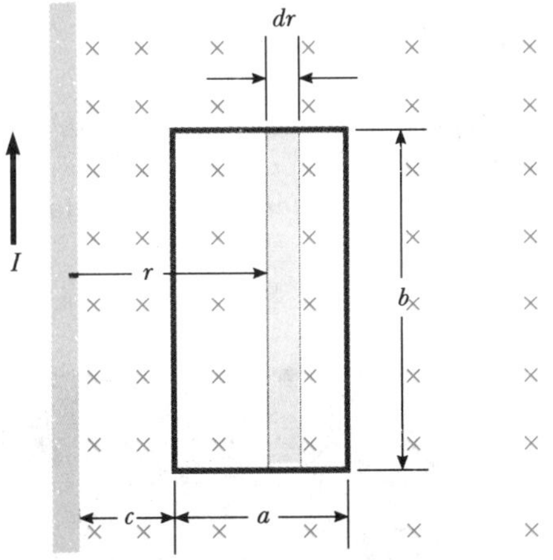

Razonamiento Por la ley de Ampère sabemos que la intensidad del campo magnético creado por un alambre largo que conduce corriente a una distancia r del alambre es

$$B = \frac{\mu_0 I}{2\pi r}$$

Es decir, el campo varía sobre la espira y está dirigido hacia el interior de la página, como se muestra en la figura 30.21. Puesto que **B** es paralelo a $d\mathbf{A}$, podemos expresar el flujo magnético a través de un elemento de área dA como

$$\Phi_B = \int B \, dA = \int \frac{\mu_0 I}{2\pi r} \, dA$$

Note que debido a que **B** no es uniforme sino que más bien depende de r, no puede sacarse de la integral.

Solución Para integrar, expresamos primero el área del elemento (la región azul en la Fig. 30.21) como $dA = b \, dr$. En vista de que r es la única variable que aparece ahora en la integral, la expresión Φ_B se transforma en

$$\Phi_B = \frac{\mu_0 I}{2\pi} b \int_c^{a+c} \frac{dr}{r} = \frac{\mu_0 Ib}{2\pi} \ln r \Big]_c^{a+c}$$

$$= \frac{\mu_0 Ib}{2\pi} \ln\left(\frac{a+c}{c}\right)$$

FIGURA 30.21 (Ejemplo 30.8) El campo magnético debido al alambre que conduce una corriente I no es uniforme sobre el lazo rectangular.

30.7 LA LEY DE GAUSS EN EL MAGNETISMO

En el capítulo 24 encontramos que el flujo del campo eléctrico a través de una superficie cerrada que rodea a una carga neta es proporcional a la carga (ley de Gauss). En otras palabras, el número de líneas de campo eléctrico que salen de la superficie depende sólo de la carga neta dentro de ella. Esta propiedad se basa en parte en el hecho de que las líneas de campo eléctrico se originan en cargas eléctricas.

La situación es bastante diferente para campos magnéticos, los cuales son continuos y forman lazos cerrados. Las líneas de campo magnético creadas por corrien-

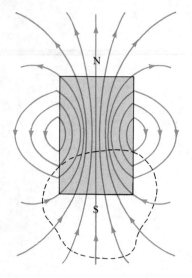

FIGURA 30.22 Las líneas de campo magnético de un imán de barra forman lazos cerrados. Observe que el flujo neto a través de la superficie cerrada que rodea uno de los polos (o cualquier otra superficie cerrada) es cero.

tes no empiezan o terminan en ningún punto. Las líneas de campo magnético del imán de barra en la figura 30.22 ilustran lo anterior. Advierta que para cualquier superficie cerrada, el número de líneas que entran en la superficie es igual al número que sale de la misma, por lo que el flujo magnético neto es cero. Esto contrasta con el caso de una superficie que rodea a una carga de un dipolo eléctrico (Fig. 30.23), donde el flujo eléctrico neto no es cero.

La **ley de Gauss del magnetismo** establece que el flujo magnético a través de cualquier superficie cerrada es siempre cero:

$$\oint \mathbf{B} \cdot d\mathbf{A} = 0 \qquad (30.25)$$

Este enunciado se basa en el hecho experimental de que *polos magnéticos aislados (o monopolos) nunca se han detectado e incluso no existan.*

30.8 CORRIENTE DE DESPLAZAMIENTO Y LEY DE AMPÈRE GENERALIZADA

Hemos visto que las cargas en movimiento o corrientes, producen campos magnéticos. Cuando un conductor que conduce corriente tiene una alta simetría, podemos calcular el campo magnético utilizando la ley de Ampère, dada por la ecuación 30.15:

$$\oint \mathbf{B} \cdot d\mathbf{s} = \mu_0 I$$

donde la integral de línea es sobre *cualquier trayectoria cerrada a través de la cual pasa la corriente de conducción*, y la corriente de conducción está definida por $I = dQ/dt$. (En esta sección usamos el término *corriente de conducción* para referirnos a la corriente

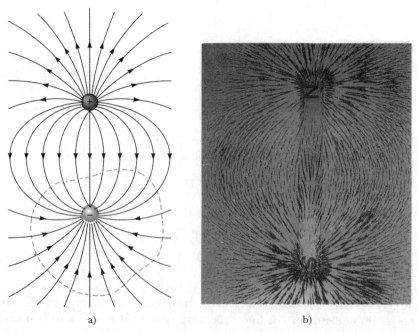

a)   b)

FIGURA 30.23 a) Las líneas de campo eléctrico de un dipolo eléctrico empiezan en la carga positiva y terminan en la carga negativa. El flujo eléctrico a través de un superficie cerrada que rodea a una de las cargas no es cero. b) Patrón de campo magnético de un imán de barra. *(Henry Leap y Jim Lehman)*

conducida por el alambre.) Mostraremos ahora que la *ley de Ampère en esta forma sólo es válida si la corriente de conducción es constante en el tiempo*. Maxwell reconoció esta limitación y modificó la ley de Ampère para incluir todas las situaciones posibles.

Podemos entender este problema considerando un capacitor que se está cargando, como en la figura 30.24. Cuando la corriente de conducción cambia con el tiempo, la carga sobre la placa varía, pero *no pasa corriente de conducción entre las placas*. Considere ahora las dos superficies S_1 y S_2 en la figura 30.24 delimitada por la misma trayectoria *P*. La ley de Ampère señala que la integral de línea de $\mathbf{B} \cdot d\mathbf{s}$ alrededor de esta trayectoria debe ser igual a $\mu_0 I$, donde *I* es la corriente total que pasa por cualquier superficie delimitada por la trayectoria *P*.

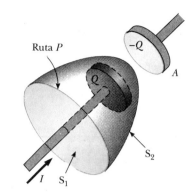

Cuando se considera que la trayectoria está delimitada por S_1, el resultado de la integral es $\mu_0 I$ debido a que la corriente pasa a través de S_1. Cuando la trayectoria delimita S_2, sin embargo, el resultado es cero porque ninguna corriente pasa a través de S_2. Así, ¡tenemos una situación contradictoria que surge de la discontinuidad de la corriente! Maxwell resolvió este problema postulando un término adicional en el lado derecho de la ecuación 30.15, llamado la *corriente de desplazamiento*, I_d, definida como

$$I_d \equiv \varepsilon_0 \frac{d\Phi_E}{dt} \qquad (30.26)$$

FIGURA 30.24 Las superficies S_1 y S_2 están delimitadas por la misma trayectoria *P*. La corriente de conducción en el alambre pasa sólo por S_1. Esto lleva a una contradicción en la ley de Ampère que se resuelve sólo si uno postula una corriente de desplazamiento a través de S_2.

Recuerde que Φ_E es el flujo del campo eléctrico, definido como $\Phi_E = \int\mathbf{E} \cdot d\mathbf{A}$.

A medida que el capacitor se está cargando (o descargando), el campo eléctrico entre las placas debe considerarse como un tipo de corriente que sirve de puente a la discontinuidad en la corriente de conducción en el alambre. Cuando se añade la expresión para la corriente de desplazamiento dada por la ecuación 30.26 al lado derecho de la ley de Ampère, se resuelve la dificultad representada por la figura 30.24. No importa qué superficie delimitada por la trayectoria *P* se elija, alguna combinación de la corriente de conducción y de la de desplazamiento pasará a través de ella. Con este nuevo término I_d podemos expresar la forma generalizada de la ley de Ampère (algunas veces llamada **ley de Ampère-Maxwell**) como[3]

$$\oint \mathbf{B} \cdot d\mathbf{s} = \mu_0(I + I_d) = \mu_0 I + \mu_0\varepsilon_0\frac{d\Phi_E}{dt} \qquad (30.27)$$

Ley de Ampère-Maxwell

El significado de esta expresión puede entenderse refiriéndonos a la figura 30.25. El flujo eléctrico a través de S_2 es $\Phi_E = \int \mathbf{E} \cdot d\mathbf{A} = EA$, donde *A* es el área de las placas del capacitor y *E* es la intensidad del campo eléctrico uniforme entre las placas. Si *Q* es la carga sobre las placas en cualquier instante, entonces $E = Q/\varepsilon_0 A$ (sección 26.2). Por lo tanto, el flujo eléctrico a través de S_2 es simplemente

$$\Phi_E = EA = \frac{Q}{\epsilon_0}$$

Por consiguiente, la corriente de desplazamiento I_d que pasa por S_2 es

$$I_d = \epsilon_0\frac{d\Phi_E}{dt} = \frac{dQ}{dt} \qquad (30.28)$$

Esto es, ¡la corriente de desplazamiento es precisamente igual a la corriente de conducción *I* a través de S_1!

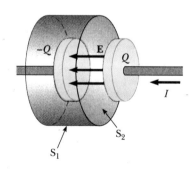

FIGURA 30.25 La corriente de conducción $I = 0dQ/dt$ pasa a través de S_1. La corriente de desplazamiento $I_d = \varepsilon_0 d\Phi_E/dt$ pasa por S_2. Las dos corrientes deben ser iguales por continuidad. En general, la corriente total a través de cualquier superficie delimitada por alguna trayectoria es $I + I_d$.

---

[3] En realidad, esta expresión es válida sólo en el vacío. Si un material magnético está presente, debe también incluirse una corriente magnetizante I_m en el lado derecho de la ecuación 30.27 para hacer la ley de Ampère completamente general.

El punto central de este formalismo es el hecho de que

> los campos magnéticos son producidos tanto por corrientes de conducción como por campos eléctricos variables.

EJEMPLO 30.9   Corriente de desplazamiento en un capacitor

Un voltaje sinusoidal se aplica directamente en un capacitor de 8.00 μF. La frecuencia de la fuente es de 3.00 kHz y la amplitud del voltaje igual a 30.0 V. Encuentre la corriente de desplazamiento entre las placas del capacitor.

Solución   La frecuencia angular de la fuente está dada por $\omega = 2\pi f = 2\pi(3.00 \times 10^3 \,\text{Hz}) = 6\pi \times 10^3 \,\text{s}^{-1}$. Por lo tanto, el voltaje en el capacitor en términos de t es

$$V = V_{\text{máx}} \,\text{sen}\, \omega t = (30.0 \,\text{V}) \,\text{sen}\, (6\pi \times 10^3 \, t)$$

Podemos usar la ecuación 30.28 y el hecho de que la carga en el capacitor es $Q = CV$ para determinar la corriente de desplazamiento:

$$I_d = \frac{dQ}{dt} = \frac{d}{dt}(CV) = C\frac{dV}{dt}$$

$$= (8.00 \times 10^{-6}) \frac{d}{dt} [30.0 \,\text{sen}\, (6\pi \times 10^3 \, t)]$$

$$= \boxed{(4.52 \,\text{A}) \cos(6\pi \times 10^3 \, t)}$$

Por lo tanto, la corriente de desplazamiento varía sinusoidalmente con el tiempo y tiene un valor máximo de 4.52 A.

---

*30.9   MAGNETISMO EN LA MATERIA

El campo magnético producido por una corriente en una bobina nos brinda un indicio de lo que podría provocar que ciertos materiales muestren fuertes propiedades magnéticas. Encontramos antes que una bobina como la que se muestra en la figura 30.15 tiene un polo norte y uno sur. En general, cualquier espira de corriente tiene un campo magnético y un momento magnético correspondiente. De manera similar, los momentos magnéticos en una sustancia magnetizada puede describirse como si surgieran de corrientes internas a nivel atómico. Para los electrones que se mueven en torno al núcleo, lo anterior es consistente con el modelo de Bohr (después de modificar los números cuánticos). También hay un momento magnético intrínseco para electrones, protones, neutrones y otras partículas que sólo puede modelarse aproximadamente como si surgieran de cargas en rotación.

Empezamos con un breve análisis de los momentos magnéticos debidos a electrones. Las fuerzas mutuas entre estos momentos de dipolo magnético y su interacción con un campo magnético externo son de importancia fundamental para entender el comportamiento de materiales magnéticos. Describiremos tres categorías de materiales: paramagnéticos, ferromagnéticos y diamagnéticos. Los **paramagnéticos** y **ferromagnéticos** son aquellos que tienen átomos con momento de dipolo magnético permanente. Los materiales **diamagnéticos** son aquellos cuyos átomos no tienen momentos de dipolo magnético permanentes.

Los momentos magnéticos de átomos

Es instructivo empezar nuestro análisis con un modelo clásico del átomo en el cual los electrones se mueven órbitas circulares alrededor del núcleo mucho más masivo. En este modelo, un electrón orbital constituye una delgada espira de corriente (debido a que es una carga en movimiento) y el momento magnético atómico se asocia a su movimiento orbital. Aunque este modelo tiene muchas deficiencias, sus predicciones concuerdan bien con la teoría correcta de la física cuántica.

Considere un electrón que se mueve con velocidad constante v en una órbita circular de radio r alrededor del núcleo, como en la figura 30.26. Debido a que el electrón recorre una distancia de $2\pi r$ (la circunferencia del círculo) en un tiempo T, donde T es el tiempo para una revolución, su velocidad orbital es $v = 2\pi r/T$. La corriente efectiva asociada a este electrón orbital es igual a su carga dividida por el tiempo correspondiente a una revolución. Al emplear $T = 2\pi/\omega$ y $\omega = v/r$, tenemos

$$I = \frac{e}{T} = \frac{e\omega}{2\pi} = \frac{ev}{2\pi r}$$

El momento magnético asociado con esta espira de corriente efectiva es $\mu = IA$, donde $A = \pi r^2$ es el área de la órbita. Por lo tanto,

$$\mu = IA = \left(\frac{ev}{2\pi r}\right)\pi r^2 = \tfrac{1}{2}evr \tag{30.29}$$

Puesto que la magnitud del momento angular orbital del electrón es $L = mvr$, el momento magnético puede escribirse como

$$\mu = \left(\frac{e}{2m}\right)L \tag{30.30}$$

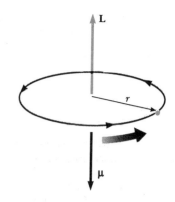

FIGURA 30.26 Un electrón que se mueve en una órbita circular de radio r tiene un momento angular **L** en una dirección, y un momento magnético μ en la dirección opuesta.

Momento magnético orbital

Este resultado indica que *el momento magnético del electrón es proporcional a su momento angular orbital*. Observe que debido a que el electrón está cargado negativamente, los vectores μ y **L** apuntan en direcciones opuestas. Ambos son perpendiculares al plano de la órbita, como indica la figura 30.26.

Un resultado fundamental de la física cuántica es que el momento angular orbital está cuantizado, y siempre es igual a un múltiplo entero de $\hbar = h/2\pi = 1.06 \times 10^{-34}$ J · s, donde h es la constante de Planck. Esto es

$$L = 0, \hbar, 2\hbar, 3\hbar, \ldots$$

Por lo tanto, el valor más pequeño no cero del momento magnético es

$$\mu = \frac{e}{2m}\hbar \tag{30.31}$$

El momento angular está cuantizado

En virtud de que todas las sustancias contienen electrones, tal vez a usted le sorprenda por qué no todas las sustancias son magnéticas. La principal razón es que en la mayor parte de las sustancias, el momento magnético de un electrón en un átomo se cancela por el momento magnético de otro electrón en el átomo orbitando en la dirección opuesta. El resultado neto es que, en la mayor parte de los materiales, *el efecto magnético producido por el movimiento orbital de los electrones es ya sea cero o muy pequeño*.

Hasta aquí hemos considerado sólo la contribución que un electrón orbital hace al momento magnético del átomo. Sin embargo, un electrón tiene otra propiedad intrínseca, llamada *espín*, que también contribuye al momento magnético. A este respecto, el electrón puede verse como una esfera cargada que gira en torno a su eje cuando orbita el núcleo, como en la figura 30.27, aunque esta descripción clásica no debe considerarse literalmente. La propiedad del espín surge de la dinámica relativista, la cual puede incorporarse a la mecánica cuántica. La magnitud del así llamado momento magnético de espín es del mismo orden de magnitud que el momento magnético debido al primer efecto de la espira de corriente, el movimiento orbital. La magnitud del momento angular de espín predicha por la teoría cuántica es

$$S = \frac{\hbar}{2} = 5.2729 \times 10^{-35} \text{ J} \cdot \text{s}$$

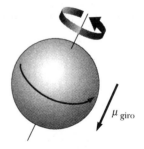

FIGURA 30.27 Modelo clásico de un electrón en rotación. Este modelo brinda una magnitud incorrecta, números cuánticos incorrectos y demasiados grados de libertad.

Momento angular de espín

El momento magnético intrínseco asociado al espín de un electrón tiene el valor

Magnetón de Bohr

$$\mu_B = \frac{e}{2m}\hbar = 9.27 \times 10^{-24}\,\mathrm{J/T} \tag{30.32}$$

el cual se llama el **magnetón de Bohr.**

En átomos o iones que contienen muchos electrones, éstos suelen aparearse con sus espines opuestos entre sí, una situación que produce una cancelación de los momentos magnéticos de espín. Sin embargo, los átomos con un número impar de electrones deben tener al menos un electrón "no apareado" y un momento magnético de espín correspondiente. El momento magnético total de un átomo es la suma vectorial de los momentos magnéticos orbital y de espín (en la tabla 30.1 se proporcionan algunos ejemplos). Advierta que el helio y el neón tienen momentos cero debido a que sus momentos individuales se cancelan.

Los núcleos de un átomo también tienen un momento magnético asociado a sus protones y neutrones constituyentes. Sin embargo, el momento magnético de un protón o neutrón es pequeño comparado con el momento magnético de un electrón y usualmente puede ignorarse. Esto puede entenderse inspeccionando la ecuación 30.32. Puesto que las masas del protón y del neutrón son mucho mayores que la del electrón, sus momentos magnéticos son más pequeños que los de un electrón en un factor de aproximadamente 10^3.

TABLA 30.1   Momentos magnéticos de algunos átomos y iones

Átomo (o ión)	Momento magnético ($10^{-24}\,\mathrm{J/T}$)
H	9.27
He	0
Ne	0
Ce^{3+}	19.8
Yb^{3+}	37.1

Magnetización e intensidad de campo eléctrico

Magnetización

El estado magnético de una sustancia se describe por medio de una cantidad denominada el **vector de magnetización**, **M**. *La magnitud del vector de magnetización es igual al momento magnético por unidad de volumen de la sustancia.* Como tal vez usted esperaba, el campo magnético total en una sustancia depende tanto del campo (externo) aplicado como de la magnetización de la sustancia.

Considere una región donde existe un campo magnético $\mathbf{B}_0$ producido por un conductor por el que circula corriente. Si llenamos esa región con una sustancia magnética, el campo magnético total **B** en esa región es $\mathbf{B} = \mathbf{B}_0 + \mathbf{B}_m$ donde $\mathbf{B}_m$ es el campo producido por la sustancia magnética. Esta contribución puede expresarse en términos del vector de magnetización como $\mathbf{B}_m = \mu_0\mathbf{M}$; por tanto, el campo magnético total en la región se convierte en

$$\mathbf{B} = \mathbf{B}_0 + \mu_0\mathbf{M} \tag{30.33}$$

Intensidad de campo magnético

Conviene introducir una cantidad de campo **H**, llamada la **intensidad de campo magnético.** Esta cantidad vectorial se define por medio de la relación $\mathbf{H} = (\mathbf{B}/\mu_0) -\mathbf{M}$, o

$$\mathbf{B} = \mu_0(\mathbf{H} + \mathbf{M}) \tag{30.34}$$

En unidades del SI, las dimensiones tanto de **H** como de **M** son amperes por metro.

Para entender mejor estas expresiones, considere la región dentro del espacio encerrado por un toroide que conduce una corriente I. (Llamaremos a este espacio el *núcleo* del toroide.) Si este espacio es un vacío, entonces $\mathbf{M} = 0$ y $\mathbf{B} = \mathbf{B}_0 = \mu_0\mathbf{H}$. Puesto que $B_0 = \mu_0 nI$ en el núcleo, donde n es el número de vueltas por unidad de longitud del toroide, entonces $H = B_0/\mu_0 = \mu_0 nI/\mu_0$ o

$$H = nI \tag{30.35}$$

Esto es, la intensidad de campo magnético en el núcleo del toroide se debe a la corriente en sus devanados.

Si el núcleo del toroide se llena ahora con alguna sustancia y la corriente I se mantiene constante, entonces **H** dentro de la sustancia permanece invariable y tiene la magnitud nI. Esto se debe a que la intensidad de campo magnético **H** es consecuencia exclusivamente de la corriente en el toroide. El campo total **B**, sin embargo, cambia cuando se introduce la sustancia. De acuerdo con la ecuación 30.34, vemos que parte de **B** surge del término $\mu_0\mathbf{H}$ asociado con la corriente en el toroide; la segunda contribución a **B** es el término $\mu_0\mathbf{M}$ debido a la magnetización de la sustancia que llena el núcleo.

Clasificación de sustancias magnéticas

En una gran clase de sustancias, específicamente paramagnéticas y diamagnéticas, el vector de magnetización **M** es proporcional a la intensidad de campo magnético **H**. En estas sustancias, podemos escribir

$$\mathbf{M} = \chi\mathbf{H} \qquad (30.36)$$

donde χ (letra griega chi) es un factor adimensional llamado la **susceptibilidad magnética**. Si la muestra es paramagnética, χ es positiva, en cuyo caso **M** está en la misma dirección que **H**. Si la sustancia es diamagnética, χ es negativa, y **M** es opuesto a **H**. Es importante advertir que esta relación lineal entre **M** y **H** no se aplica a sustancias ferromagnéticas. Las susceptibilidades de algunas sustancias se brindan en la tabla 30.2. La sustitución de la ecuación 30.36 para **M** en la ecuación 30.34 da como resultado

| Susceptibilidad magnética |

$$\mathbf{B} = \mu_0(\mathbf{H} + \mathbf{M}) = \mu_0(\mathbf{H} + \chi\mathbf{H}) = \mu_0(1 + \chi)\mathbf{H}$$

o

$$\mathbf{B} = \mu_m\mathbf{H} \qquad (30.37)$$

donde la constante μ_m recibe el nombre de **permeabilidad magnética** de la sustancia y tiene el valor

$$\mu_m = \mu_0(1 + \chi) \qquad (30.38)$$

| Permeabilidad magnética |

Las sustancias también pueden clasificarse en términos de cómo se compara su permeabilidad magnética μ_m con μ_0 (la permeabilidad del espacio libre) como sigue:

Paramagnética	$\mu_m > \mu_0$
Diamagnética	$\mu_m < \mu_0$
Ferromagnética	$\mu_m \gg \mu_0$

Puesto que χ es muy pequeña para sustancias paramagnéticas y diamagnéticas (tabla 30.2), μ_m es casi igual a μ_0 en estos casos. Para sustancias ferromagnéticas, sin embar-

TABLA 30.2 Susceptibilidades magnéticas de algunas sustancias paramagnéticas y diamagnéticas a 300 K

Sustancia paramagnética	χ	Sustancia diamagnética	χ
Aluminio	2.3×10^{-15}	Bismuto	-1.66×10^{-5}
Calcio	1.9×10^{-5}	Cobre	-9.8×10^{-6}
Cromo	2.7×10^{-4}	Diamante	-2.2×10^{-5}
Litio	2.1×10^{-5}	Oro	-3.6×10^{-5}
Magnesio	1.2×10^{-5}	Plomo	-1.7×10^{-5}
Niobio	2.6×10^{-4}	Mercurio	-2.9×10^{-5}
Oxígeno (PTE)	2.1×10^{-6}	Nitrógeno (PTE)	-5.0×10^{-9}
Platino	2.9×10^{-4}	Plata	-2.6×10^{-5}
Tungsteno	6.8×10^{-5}	Silicio	-4.2×10^{-6}

go, μ_m es por lo común varios cientos de veces más grande que μ_0. Aunque la ecuación 30.37 brinda una relación simple entre **B** y **H**, debe interpretarse con cuidado cuando se trabaja con sustancias ferromagnéticas. Como se mencionó antes, **M** no es una función lineal de **H** para sustancias ferromagnéticas. Esto se debe a que el valor de μ_m *no es característico de la sustancia*, sino que más bien depende del estado y tratamientos previos de la muestra.

EJEMPLO 30.10   Un toroide lleno de hierro

Un toroide devanado con 60.0 vueltas/m de alambre conduce 5.00 A. El núcleo es de hierro, el cual tiene una permeabilidad magnética de 5 000 μ_0 bajo las condiciones dadas. Encuentre H y B dentro del hierro.

Solución   Utilizando las ecuaciones 30.35 y 30.37, obtenemos

$$H = nI = \left(60.0 \, \frac{\text{vueltas}}{\text{m}}\right)(5.00 \text{ A}) = \boxed{300 \, \frac{\text{A} \cdot \text{vueltas}}{\text{m}}}$$

$$B = \mu_m H = 5000 \, \mu_0 H$$

$$= 5\,000 \left(4\pi \times 10^{-7} \, \frac{\text{Wb}}{\text{A} \cdot \text{m}}\right)\left(300 \, \frac{\text{A} \cdot \text{vueltas}}{\text{m}}\right) = \boxed{1.88 \text{ T}}$$

Este valor de B ¡es 5 000 veces mayor que el valor en ausencia de hierro!

Ejercicio   Determine la magnitud y dirección de la magnetización dentro del núcleo de hierro.

Respuesta $M = 1.5 \times 10^6$ A/m; **M** está en la dirección de **H**.

Ferromagnetismo

Ciertas sustancias cristalinas, cuyos constituyentes atómicos tienen dipolos magnéticos permanentes, muestran intensos efectos magnéticos que reciben el nombre de **ferromagnetismo**. Ejemplos de sustancias ferromagnéticas incluyen al hierro, cobalto, níquel, gadolino y disprosio. Dichas sustancias contienen momentos magnéticos atómicos que tienden a alinearse paralelos entre sí incluso en un campo magnético externo débil. Una vez que los momentos se alinean, la sustancia permanece magnetizada después de que el campo externo se elimina. Este alineamiento permanente se debe a un intenso acoplamiento entre momentos vecinos, lo cual sólo puede entenderse en función de la mecánica cuántica.

Todos los materiales ferromagnéticos contienen regiones microscópicas llamadas **dominios**, dentro de las cuales se alinean los momentos magnéticos. Estos dominios tienen volúmenes de aproximadamente 10^{-12} a 10^{-8} m^3 y contienen de 10^{17} a 10^{21} átomos. Las fronteras entre los diversos dominios que tienen diferentes orientaciones se conoce como **paredes de dominio**. En una muestra desmagnetizada, los dominios se orientan al azar de manera que el momento magnético neto es cero, como se muestra en la figura 30.28a. Cuando la muestra se pone en un campo magnético externo, los momentos magnéticos de algunos dominios pueden tender a alinearse con el campo, lo cual produce en una muestra magnetizada, como en la figura 30.28b. Las observaciones muestran que los dominios inicialmente orientados a lo largo del campo externo crecerán de tamaño a expensas de los dominios orientados menos favorablemente. Cuando se elimina el campo externo, la muestra puede retener una magnetización neta en la dirección del campo original. A temperaturas ordinarias, la agitación térmica no es suficientemente alta para alterar esta orientación preferida de los momentos magnéticos.

Un arreglo experimental característico utilizado para medir las propiedades magnéticas de un material ferromagnético se compone de una muestra en forma de toroide devanada con N vueltas de alambre, como en la figura 30.29. Esta configuración se conoce a veces como el **Anillo Rowland**. Una segunda bobina conectada a un galvanómetro se usa para medir el flujo magnético. El campo magnético **B** dentro del núcleo del toroide se mide aumentando la corriente en la bobina del toroide desde cero hasta I. A medida que la corriente cambia, el flujo magnético a través de la bobina secundaria cambia en BA, donde A es el área de la sección transversal del

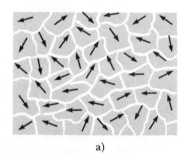

a)

b)

FIGURA 30.28   a) Orientación aleatoria de los dipolos magnéticos atómicos en una sustancia desmagnetizada. b) Cuando se aplica un campo externo **B**$_{ext}$, los dipolos magnéticos tienden a alinearse con el campo, dando a la muestra una magnetización neta **M**.

toroide. Debido a este flujo cambiante, se induce una fem en la bobina secundaria que es proporcional a la tasa de cambio del flujo magnético. Si el galvanómetro en el circuito secundario se calibra de manera apropiada, es posible obtener un valor para **B** correspondiente a cualquier valor de la corriente en el toroide. El campo magnético **B** se mide primero en la bobina vacía y luego con la misma bobina llena con la sustancia magnética. Las propiedades magnéticas de la sustancia se obtienen luego de una comparación de las dos mediciones.

Consideremos ahora un toroide cuyo núcleo se compone de hierro desmagnetizado. Si la corriente en los devanados aumenta de cero hasta cierto valor I, la intensidad de campo H aumenta linealmente con I, de acuerdo con la expresión $H = nI$. Además, el campo total B se incrementa también con el aumento de la corriente, como se muestra en la figura 30.30. En el punto O, los dominios se orientan al azar, lo que corresponde a $B_m = 0$. A medida que el campo externo aumenta, los dominios se alinean cada vez más hasta que todos están casi alineados en el punto a. En éste, el núcleo de hierro se acerca a la saturación. (La condición de saturación corresponde al caso donde todos los dominios se alinean en la misma dirección.) Luego, suponga que la corriente se reduce a cero, por lo que se elimina el campo externo. La curva B contra H, denominada **curva de magnetización**, sigue ahora la trayectoria ab indicada en la figura 30.30. Advierta que en el punto b, el campo **B** no es cero, aunque el campo externo es $B_0 = 0$. Esto se explica por el hecho de que el núcleo de hierro está ahora magnetizado debido al alineamiento de un gran número de dominios (esto es, $\mathbf{B} = \mathbf{B}_m$). En este punto, se afirma que el hierro tiene una magnetización remanente. Si el campo externo se invierte y se aumenta su intensidad al invertir la corriente, los dominios se reorientan hasta que la muestra está otra vez desmagnetizada en el punto c, donde **B** = 0. Un aumento adicional en la corriente inversa provoca que el hierro se magnetice en la dirección opuesta, acercándose a la saturación en el punto d. Una secuencia similar de acontecimientos ocurre cuando la corriente se reduce a cero y luego se aumenta en la dirección original (positiva). En tal caso, la curva de magnetización sigue la trayectoria *def*. Si la corriente se incrementa lo suficiente, la curva de magnetización regresa al punto a, donde la muestra tiene otra vez su magnetización máxima.

El efecto que acabamos de describir, llamado **histérisis magnética**, muestra que la magnetización de una sustancia ferromagnética depende de la historia de la sustancia, así como de la intensidad del campo aplicado. (La palabra histérisis literalmente significa "regresar atrás".) A menudo se afirma que una sustancia ferromagnética tiene "memoria" pues permanece magnetizada después de que se elimina el campo eléctrico. El lazo cerrado en la figura 30.30 se conoce como un lazo de histérisis. Su forma y tamaño dependen de las propiedades de la sustancia ferromagnética y de la intensidad del campo aplicado máximo. El lazo de histérisis para materiales magnéticos "duros" (utilizados en imanes permanentes) es característicamente ancho, como se ve en la figura 30.31a, lo que corresponde a una gran magnetización rema-

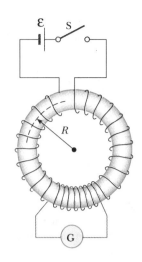

FIGURA 20.29 Un arreglo de devanado toroidal utilizado para medir las propiedades magnéticas de una sustancia. El material bajo estudio llena el núcleo del toroide, y el circuito que contiene al galvanómetro mide el flujo magnético.

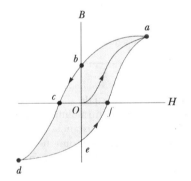

FIGURA 30.30 Curva de histéresis para un material ferromagnético.

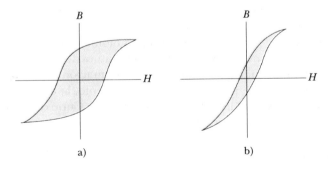

FIGURA 30.31 Curvas de histéresis para a) un material ferromagnético duro y b) un material ferromagnético blando.

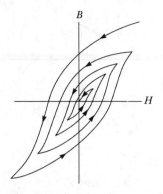

FIGURA 30.32 Desmagnetización de un material ferromagnético llevándolo por lazos de histéresis sucesivos.

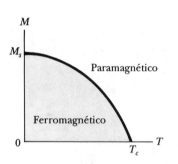

FIGURA 30.33 Gráfica de magnetización contra temperatura absoluta para una sustancia ferromagnética. Los momentos magnéticos se alinean (ordenan) bajo la temperatura de Curie T_c, donde la sustancia es ferromagnética. La sustancia se vuelve paramagnética (desordenada) arriba de T_c.

TABLA 30.3	Temperatura de Curie para varias sustancias ferromagnéticas

Sustancia	T_c (K)
Hierro	1 043
Cobalto	1 394
Níquel	631
Gadolineo	317
Fe_2O_3	893

nente. Dichos materiales no pueden ser desmagnetizados por medio de un campo externo. Esto contrasta con los materiales ferromagnéticos "blandos", como el hierro, que tienen un lazo de histéresis muy estrecho y pequeña magnetización remanente (Fig. 30.31b). Estos materiales se magnetizan y desmagnetizan fácilmente. Uno ferromagnético blando e ideal no exhibiría histéresis y, por tanto, no tendría magnetización remanente. Una sustancia ferromagnética puede ser desmagnetizada llevándola por lazos de histéresis sucesivos, al reducir de manera gradual el campo aplicado, como en la figura 30.32.

La curva de magnetización es útil por otra razón. *El área encerrada por la curva de magnetización representa el trabajo requerido para llevar el material por el ciclo de histéresis.* La energía adquirida por la muestra en el proceso de magnetización se origina en la fuente del campo externo, esto es, la fem en el circuito de la bobina toroidal. Cuando el ciclo de magnetización se repite, los procesos disipativos dentro del material debido al realineamiento de los dominios origina una transformación de energía magnética en energía térmica interna, la cual eleva la temperatura de la sustancia. Por esta razón, los dispositivos sujetos a campos externos (como los transformadores) usan núcleos fabricados con sustancias ferromagnéticas blandas, las cuales tienen lazos de histéresis estrechos así como una pequeña pérdida de energía por ciclo correspondiente.

Paramagnetismo

Las sustancias paramagnéticas tienen una susceptibilidad positiva aunque pequeña $(0 < \chi \ll 1)$, lo cual se debe a la presencia de átomos (o iones) con momentos de dipolo magnético permanente. Estos dipolos interactúan sólo débilmente entre sí y se orientan al azar si no hay campo magnético externo. Cuando la sustancia se pone en un campo magnético externo, sus dipolos magnéticos tienden a alinearse con el campo. Sin embargo, este proceso de alineamiento debe competir con los efectos del movimiento térmico, que tienden a volver aleatorias las orientaciones de los dipolos.

Se ha encontrado experimentalmente que la magnetización de una sustancia paramagnética es proporcional al campo magnético aplicado e inversamente proporcional a la temperatura absoluta bajo una amplia gama de condiciones. Esto es,

$$M = C\frac{B}{T} \tag{30.39}$$

Esto se conoce como la **ley de Curie** en honor a su descubridor Pierre Curie (1859-1906), y la constante C se denomina **constante de Curie**. Esto muestra que la magnetización aumenta con el campo aplicado creciente y con la temperatura decreciente. Cuando $B = 0$, la magnetización es cero, lo que corresponde a una orientación aleatoria de dipolos. En campos muy altos o temperaturas muy bajas, la magnetización se aproxima a su máximo, o saturación, valor que corresponde a un alineamiento completo de sus dipolos y la ecuación 30.39 ya no es válida.

Es interesante notar que cuando la temperatura de una sustancia ferromagnética alcanza o sobrepasa su temperatura crítica, llamada la **temperatura de Curie**, la sustancia pierde su magnetización espontánea y se vuelve paramagnética (véase la figura 30.33). Debajo de la temperatura de Curie, los momentos magnéticos se alinean y la sustancia es ferromagnética. Arriba de la temperatura de Curie, la energía térmica es suficientemente grande para provocar una orientación al azar de dipolos, por lo que la sustancia se vuelve paramagnética. Por ejemplo, la temperatura de Curie para el hierro es 1043 K. Una lista de la temperaturas de Curie de diferentes sustancias ferromagnéticas se proporciona en la tabla 30.3.

Diamagnetismo

Una sustancia diamagnética es aquélla cuyos átomos no tienen momento de dipolo magnético permanente. Cuando un campo magnético externo se aplica a una sustancia diamagnética, como bismuto o plata, un momento de dipolo magnético débil se induce en la dirección opuesta al campo aplicado. Si bien el efecto del diamagnetismo está presente en toda la materia, es débil comparado con el paramagnetismo o el ferromagnetismo.

Podemos obtener cierta comprensión del diamagnetismo considerando dos electrones de un átomo orbitando el núcleo en direcciones opuestas pero con la misma velocidad. Los electrones permanecen en estas órbitas circulares debido a la fuerza electrostática atractiva (la fuerza centrípeta) del núcleo cargado positivamente. Debido a que los momentos magnéticos de los dos electrones son iguales en magnitud y opuestos en dirección, se cancelan entre sí y el momento de dipolo del átomo es cero. Cuando se aplica un campo magnético externo, los electrones experimentan una fuerza adicional $q\mathbf{v} \times \mathbf{B}$. Esta fuerza agregada modifica la fuerza centrípeta hasta aumentar la velocidad orbital del electrón cuyo momento magnético es antiparalelo al campo y disminuir la velocidad del electrón cuyo momento magnético es paralelo al campo. Como consecuencia, los momentos magnéticos de los electrones ya no se cancelan, y la sustancia adquiere un momento de dipolo neto que se opone al campo aplicado.

Como recordará del capítulo 27, los superconductores son sustancias cuya resistencia cd es cero debajo de cierta temperatura crítica característica de la sustancia. Ciertos tipos de superconductores muestran también diamagnetismo perfecto en el estado superconductor. Como resultado, un campo magnético es expulsado por el superconductor de modo que el campo es cero en su interior. Este fenómeno de expulsión de flujo se conoce como el **efecto Meissner**. Si un imán permanente se acerca a un superconductor, las dos sustancias se repelerán entre sí. Esto se ilustra en la fotografía, la cual muestra un pequeño imán permanente que levita sobre de un superconductor mantenido a 77 K. Una descripción más detallada de las propiedades inusuales de los superconductores se presenta en el capítulo 44 de este texto.

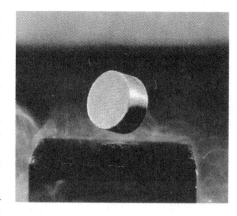

Un pequeño imán permanente flota libremente sobre un disco cerámico del superconductor $YBa_2Cu_3O_7$ enfriado con nitrógeno líquido a 77 K. El superconductor tiene resistencia eléctrica cero a temperaturas debajo de 92 K y expulsa cualquier campo magnético aplicado.
(*D.O.E./Science Source/Photo Researchers*)

EJEMPLO 30.11 **Magnetización de saturación**

Estime la magnetización máxima en un largo cilindro de hierro, suponiendo que hay un espín no apareado del electrón por átomo.

Solución La magnetización máxima, llamada magnetización de saturación, se obtiene cuando todos los momentos magnéticos en la muestra están alineados. Si la muestra contiene n átomos por unidad de volumen, entonces la magnetización de saturación tiene el valor

$$M_s = n\mu$$

donde μ es el momento magnético por átomo. Puesto que el peso molecular del hierro es 55 g/mol y su densidad es 7.9 g/cm³, el valor de n es 8.5×10^{28} átomos/m³. Suponiendo que cada átomo aporta un magnetón de Bohr (debido a un espín no apareado) al momento magnético, obtenemos

$$M_s = \left(8.5 \times 10^{28}\ \frac{\text{átomos}}{\text{m}^3}\right)\left(9.27 \times 10^{-24}\ \frac{\text{A} \cdot \text{m}^2}{\text{átomo}}\right)$$

$$= 7.9 \times 10^5\ \text{A/m}$$

Esto es aproximadamente la mitad de la magnetización de saturación determinada de forma experimental para hierro recocido, lo cual indica que hay en realidad dos espines de electrón no apareados por átomo.

---

*30.10 CAMPO MAGNÉTICO DE LA TIERRA

Cuando hablamos de un pequeño imán de barra que tiene un polo norte y uno sur, debemos decir más propiamente que tiene un polo que "busca el norte" y uno que "busca el sur". Por esto entendemos que si dicho imán se emplea como una brújula, un extremo buscará o apuntará hacia el polo geográfico norte de la Tierra. Así, concluimos que *un polo magnético norte se localiza cerca del polo geográfico sur, y que un polo magnético sur se localiza cerca del polo geográfico norte*. En realidad, la configuración

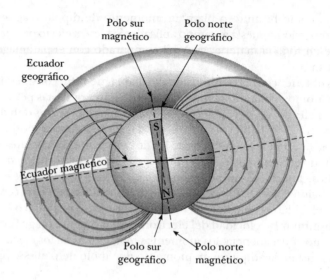

FIGURA 30.34 Líneas de campo magnético de la Tierra. Observe que el polo magnético sur está en el polo geográfico norte y que el polo magnético norte se encuentra en el polo geográfico sur.

del campo magnético terrestre, ilustrada en la figura 30.34, es muy similar a la que se alcanzaría enterrando un imán de barra profundamente en el interior de la Tierra.

Si la aguja de una brújula se suspende en cojinetes que le permiten girar en el plano vertical, así como en el plano horizontal, la aguja está horizontal respecto de la superficie terrestre sólo cerca del ecuador. Cuando el dispositivo se mueve hacia el norte, la aguja gira de modo que punta más y más hacia la superficie de la Tierra. Por último, en un punto justo al norte de la Bahía Hudson en Canadá, el polo norte de la aguja apuntaría directamente hacia abajo. Esta posición, encontrada por primera vez en 1832, es considerada como la localidad del polo magnético de la Tierra que busca el sur. Este sitio está aproximadamente a 1 300 millas del polo norte geográfico de la Tierra y varía con el tiempo. De manera similar, el polo magnético de la tierra que busca el norte se encuentra a casi 1 200 millas del polo sur geográfico terrestre. Por ello, sólo es aproximadamente correcto decir que la aguja de una brújula apunta hacia el norte. La diferencia entre el norte real, definido como el polo norte geográfico, y el norte indicado por una brújula varía de punto a punto sobre la Tierra, y la diferencia se conoce como desviación magnética. Por ejemplo, a lo largo de una línea que pasa por Florida y los Grandes Lagos, una brújula indica el norte verdadero, mientras que en el estado de Washington, se alinea 25° al este del norte real.

Aunque el patrón del campo magnético de la Tierra es similar al que podría establecer un imán de barra enterrado dentro de la Tierra, es fácil entender por qué la fuente de campo magnético de la Tierra no pueden ser grandes masas de material magnetizado permanentemente. La Tierra tiene grandes depósitos de mineral de hierro profundos debajo de su superficie, pero las altas temperaturas en el núcleo de la Tierra evitan que el hierro retenga cualquier magnetización permanente. Se considera más probable que la verdadera fuente sean las corrientes de convección que conducen carga en el núcleo terrestre. Los iones cargados o los electrones que circundan en el interior líquido podrían producir un campo magnético, del mismo modo que una corriente en una espira de alambre produce un campo magnético. También hay una sólida evidencia que indica que la intensidad del campo de un planeta se relaciona con la velocidad de rotación del mismo. Por ejemplo, Júpiter gira más rápido que la Tierra, y las últimas sondas espaciales indican que el campo magnético de Júpiter es más intenso que el nuestro. Venus, por otra parte, gira más lentamente que la Tierra, y se ha encontrado que su campo es más débil. La investigación del proceso del magnetismo terrestre permanece abierta.

Hay un interesante aspecto secundario respecto del campo magnético de la Tierra. Se ha descubierto que la dirección del campo se ha invertido varias veces durante los últimos millones de años. Evidencias de lo anterior son proporcionadas por el basalto (un tipo de roca que contiene hierro) que ha sido arrojado por la actividad volcánica sobre el piso oceánico. Cuando la lava se enfría, se solidifica y mantiene una huella de la dirección del campo magnético terrestre. La edad de las rocas puede obtenerse por otros medios para brindar una evidencia de estas inversiones periódicas del campo magnético.

RESUMEN

La ley de **Biot-Savart** señala que el campo magnético $d\mathbf{B}$ en un punto P debido a un elemento de corriente $d\mathbf{s}$ que conduce una corriente estable I es

$$dB = k_m \frac{I\,d\mathbf{s} \times \hat{\mathbf{r}}}{r^2} \tag{30.1}$$

donde $k_m = 10^{-7}$ Wb/A $\cdot$ m y r es la distancia del elemento al punto P. Para determinar el campo total en P debido a un conductor que conduce corriente, debemos integrar la expresión vectorial sobre todo el conductor.

El **campo magnético** a una distancia a de un alambre recto y largo por el que circula una corriente I está dado por

$$B = \frac{\mu_0 I}{2\pi a} \tag{30.7}$$

donde $\mu_0 = 4\pi \times 10^{-7}$ Wb/A $\cdot$ m es la **permeabilidad del espacio libre**. Las líneas de campo son círculos concéntricos con el alambre.

La fuerza por unidad de longitud entre dos alambres paralelos separados por una distancia a y que conduce las corrientes I_1 e I_2 tiene una magnitud dada por

$$\frac{F}{\ell} = \frac{\mu_0 I_1 I_2}{2\pi a} \tag{30.13}$$

La fuerza es atractiva si las corrientes están en la misma dirección y repulsiva si están en direcciones opuestas.

La **ley de Ampère** establece que la integral de línea de $\mathbf{B} \cdot d\mathbf{s}$ a lo largo de cualquier trayectoria cerrada es igual a $\mu_0 I$, donde I es la corriente estable que pasa a través de cualquier superficie delimitada por la trayectoria cerrada. Esto es,

$$\oint \mathbf{B} \cdot d\mathbf{s} = \mu_0 I \tag{30.15}$$

Empleando la ley de Ampère, se encuentra que los campos dentro de un toroide y un selenoide son

$$B = \frac{\mu_0 NI}{2\pi r} \quad \text{(toroide)} \tag{30.18}$$

$$B = \mu_0 \frac{N}{\ell} I = \mu_0 nI \quad \text{(selenoide)} \tag{30.20}$$

donde N es el número total de vueltas.

El **flujo magnético** Φ_B a través de la superficie está definido por la integral de superficie

$$\Phi_B = \int \mathbf{B} \cdot d\mathbf{A} \tag{30.23}$$

La **ley del magnetismo de Gauss** establece que el flujo magnético neto a través de cualquier superficie cerrada es cero. Esto es, polos magnéticos aislados (o monopolos magnéticos) no existen.

Una **corriente de deriva desplazamiento** I_d surge de un flujo eléctrico que varía en el tiempo Φ_E y se define por medio de

$$I_d \equiv \epsilon_0 \frac{d\Phi_E}{dt} \tag{30.26}$$

La **forma generalizada de la ley de Ampère**, la cual incluye a la corriente de desplazamiento, es

$$\oint \mathbf{B} \cdot d\mathbf{s} = \mu_0 I + \mu_0 \epsilon_0 \frac{d\Phi_E}{dt} \tag{30.27}$$

Esta ley describe el hecho de que los campos magnéticos son producidos tanto por corrientes de conducción como por campos eléctricos variables.

PREGUNTAS

1. ¿Es uniforme el campo magnético creado por una espira de corriente?

2. Una corriente en un conductor produce una campo magnético que puede calcularse utilizando la ley de Biot-Savart. Puesto que la corriente se define como la tasa de flujo de carga, ¿qué puede usted concluir acerca del campo magnético producido por cargas estacionarias?

3. Dos alambres paralelos conducen corrientes en direcciones opuestas. Describa la naturaleza del campo magnético resultante creado por los dos alambres en puntos a) entre los alambres, y b) fuera de los alambres en un plano que los contiene.

4. Explique por qué dos alambres paralelos que conducen corrientes en direcciones opuestas se repelen entre sí.

5. Cuando se ensambla un circuito eléctrico, una práctica común es torcer dos alambres juntos que conducen corrientes iguales y opuestas. ¿Por qué esta técnica reduce los campos magnéticos parásitos?

6. ¿La ley de Ampère es válida para todas las trayectorias cerradas que circundan un conductor? ¿Por qué razón no es útil calcular **B** para todas esas trayectorias?

7. Compare la ley de Ampère con la de Biot-Savart. ¿Cuál es el método más general para calcular **B** para un conductor por el que circula corriente?

8. ¿El campo dentro de un toroide es uniforme? Explique.

9. Describa las similitudes entre la ley de Ampère en magnetismo y la ley de Gauss en electrostática.

10. Un tubo de cobre hueco conduce una corriente. ¿Por qué **B** = 0 dentro del tubo? ¿Es **B** diferente de cero fuera del tubo?

11. ¿Por qué **B** no es cero fuera de un solenoide? ¿Por qué **B** = 0 fuera de un toroide? (Las líneas de **B** deben formar trayectorias cerradas.)

12. Describa el cambio en el campo magnético en el espacio encerrado por un solenoide que conduce una corriente estable I si a) la longitud del solenoide se duplica pero el número de vueltas permanece igual, y b) el número de vueltas se duplica pero la longitud permanece invariable.

13. Una espira de conducción plana se localiza en un campo magnético uniforme dirigido a lo largo del eje x. ¿Para qué orientación de la espira el flujo a través de ella es máximo? ¿Un mínimo?

14. ¿Qué nuevo concepto incluyó la forma generalizada de Maxwell de la ley circuital de Ampère?

15. Un imán atrae un pedazo de hierro. El hierro puede atraer después otro pedazo de hierro. Con base en el alineamiento de dominios, explique qué sucede en cada pedazo de hierro.

16. Usted es un astronauta perdido en un planeta y no cuenta con equipo de prueba para los minerales de los alrededores. El planeta no tiene un campo magnético. Usted cuenta con dos imanes de hierro: uno magnetizado y el otro no. ¿Cómo podría usted determinar cuál es cuál?

17. ¿Por qué golpear un imán con un martillo provoca que el magnetismo se reduzca?

18. ¿Un clavo será atraído a cualquier polo de un imán? Explique lo que está sucediendo dentro del clavo cuando de pone cerca de un imán.

19. El polo que busca el norte de un imán es atraído hacia el polo geográfico norte de la Tierra. Sin embargo, polos iguales se repelen. ¿Cuál es la solución a este dilema?

20. Un soberano hindú recordó que una vez había estado sepultado en un féretro magnético con la polaridad arreglada de modo que siempre estaría suspendido entre el cielo y la Tierra. ¿Es posible tal levitación magnética? Analice.

21. ¿Por qué **M** = 0 en el vacío? ¿Cuál es la relación entre **B** y **H** en el vacío?

22. Explique por qué algunos átomos tienen momentos de dipolo magnéticos permanentes y otros no.

23. ¿Qué factores contribuyen al momento de dipolo magnético total de un átomo?

24. ¿Por qué es negativa la susceptibilidad de una sustancia diamagnética?

25. ¿Por qué puede ignorarse el efecto del diamagnetismo en una sustancia paramagnética?

26. Explique la importancia de la temperatura de Curie en una sustancia ferromagnética?

27. Analice la diferencia entre sustancias ferromagnéticas, paramagnéticas y diamagnéticas.

28. ¿Cuál es la diferencia entre materiales ferromagnéticos suaves y blandos?

29. ¿La superficie de un disco de computadora debe hacerse de una sustancia ferromagnética dura o blanda?

30. Explique por qué es deseable emplear materiales ferromagnéticos duros para fabricar imanes permanentes.

31. ¿Por qué un clavo de acero desmagnetizado es atraído hacia un imán permanente?

32. ¿Esperaría usted que la cinta de una grabadora fuera atraída hacia un imán? (Inténtelo, pero no con una grabación que desee conservar.)

33. Con sólo un imán de gran intensidad y un destornillador, ¿cómo podría magnetizar y luego desmagnetizar el destornillador?

34. La figura 30.35 muestra dos imanes permanentes, cada uno con un hoyo en su centro. Observe que el imán superior levita sobre el inferior. a) ¿Cómo ocurre lo anterior? b) ¿Cuál es el propósito del lápiz? c) ¿Qué puede usted decir acerca de los polos de los imanes a partir de esta observación? d) Si se invirtiera el imán superior, ¿qué supondría usted que pasaría?

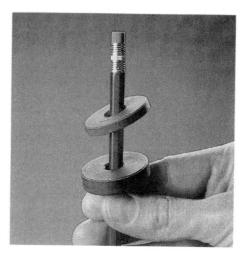

FIGURA 30.35 (Pregunta 34) Levitación magnética utilizando dos imanes cerámicos. *(Cortesía de Central Scientific Co.)*

PROBLEMAS

Problema de repaso

La espira cuadrada *abcd* que se muestra en la figura tiene una resistencia total 4*R*. Cada lado de la espira tiene una longitud *d* y el alambre tiene un radio *r*. Si una batería de voltaje *V* se conecta como se indica, encuentre

a) las corrientes en cada rama de la espira,

b) el campo magnético en el centro de la espira,

c) la fuerza magnética entre los alambres *ab* y *cd*,

d) la fuerza magnética entre los alambres *bc* y *ad*, y

e) la posición de equilibrio (en el plano de la página) de un alambre que conduce corriente y que es paralelo a los alambres *bc* y *ad*.

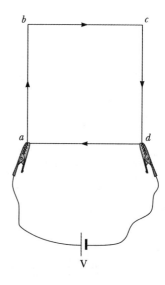

FIGURA RP.30

☐ Indica problemas que tienen soluciones completas disponibles en el *Manual de soluciones del estudiante* y en la *Guía de estudio*.

Sección 30.1   La ley de Biot-Savart

1. Calcule la magnitud del campo magnético en un punto a 100 cm de un largo y delgado conductor que conduce una corriente de 1.0 A.

2. Un largo y delgado conductor conduce una corriente de 10.0 A. ¿A qué distancia del conductor la magnitud del campo magnético resultante es 1.00×10^{-4} T?

3. A un alambre en el cual hay una corriente de 5.00 A se le va a dar la forma de un lazo circular de una vuelta. Si el valor requerido del campo magnético en el centro del lazo es 10.0 μT, ¿cuál es el radio que es necesario?

4. En el modelo del átomo de hidrógeno de Niel Bohr de 1913, un electrón circunda el protón a una distancia de 5.3×10^{-11} m con una velocidad de 2.2×10^{6} m/s. Calcule la intensidad del campo magnético que este movimiento produce en la posición del protón.

5. a) Un conductor en forma de un cuadrado de longitud de lado $\ell = 0.4$ m conduce una corriente $I = 10$ A (Fig. P30.5). Calcule la magnitud y dirección del campo magnético en el centro del cuadrado. b) Si este conducto se forma como una sola vuelta circular y conduce la misma corriente, ¿cuál es el valor del campo magnético en el centro?

FIGURA P30.5

6. Una espira rectangular de 12 cm × 16 cm de alambre superconductor conduce una corriente de 30 A. ¿Cuál es el campo magnético en el centro de la espira?

7. Un largo alambre recto se encuentra sobre una mesa horizontal y conduce una corriente de 1.2 μA. Un protón se mueve paralelo al alambre (opuesto a la corriente) con una velocidad constante de 2.3×10^{4} m/s a una distancia d sobre el alambre. Determine el valor de d. Puede ignorar el campo magnético debido a la Tierra.

8. Un conductor consiste en un lazo circular de radio $R = 0.100$ m y de dos largas secciones rectas, como en la figura P30.8. El alambre yace en el plano del papel y conduce una corriente $I = 7.00$ A. Determine la magnitud y dirección del campo magnético en el centro de la espira.

8A. Un conductor consiste en un lazo circular de radio R y de dos largas secciones rectas, como en la figura P30.8. El alambre yace en el plano del papel y conduce una corriente I. Determine la magnitud y dirección del campo magnético en el centro de la espira.

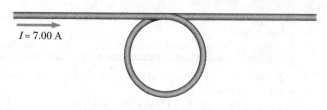

$I = 7.00$ A

FIGURA P30.8

9. Determine el campo magnético en un punto P localizado a una distancia x de la esquina de un largo alambre doblado en un ángulo recto, como muestra la figura P30.9. Por el alambre circula una corriente estable I.

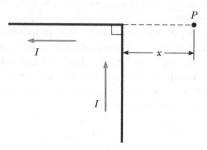

FIGURA P30.9

10. Un segmento de alambre de $4r$ de longitud total con una forma como la indicada en la figura P30.10, conduce una corriente $I = 6.00$ A. Encuentre la magnitud y dirección del campo magnético en P cuando $r = 2\pi$ cm.

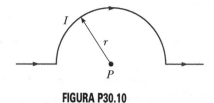

FIGURA P30.10

11. El segmento de alambre en la figura P30.11 conduce una corriente $I = 5.00$ A y el radio del arco circular es $R = 3.00$ cm. Determine la magnitud y dirección del campo magnético en el origen.

11A. El segmento de alambre en la figura P30.11 conduce una corriente I y el radio del arco circular es R. Determine la magnitud y dirección del campo magnético en el origen.

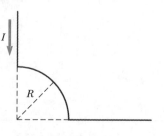

FIGURA P30.11

12. Considere el lazo que conduce corriente mostrado en la figura P30.12, formado de líneas radiales y segmentos de círculos cuyos centros están en el punto *P*. Determine la magnitud y dirección de **B** en *P*.

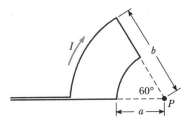

FIGURA P30.12

13. Determine el campo magnético (en términos de *I*, *a* y *d*) en el origen debido al lazo de corriente en la figura P30.13.

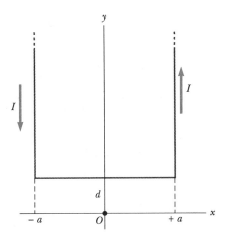

FIGURA P30.13

14. El lazo en la figura P30.14 conduce una corriente *I* = 2.50 A. La porción semicircular tiene un radio *R* = 5.00 cm y *L* = 10.0 cm. Determine la magnitud y dirección del campo magnético en el punto *A*.

14A. El lazo en la figura P30.14 conduce una corriente *I*. Determine el campo magnético en el punto A en función de *I*, *R* y *L*.

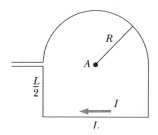

FIGURA P30.14

Sección 30.2 La fuerza magnética entre dos conductores paralelos

15. Dos largos conductores paralelos separados por 10.0 cm conducen corrientes en la misma dirección. Si I_1 = 5.00 A e I_2 = 8.00 A, ¿cuál es la fuerza por unidad de longitud ejercida por cada conductor sobre el otro?

16. Dos largos alambres paralelos, cada uno con una masa por unidad de longitud de 40 g/m, se soportan en un plano horizontal por cuerdas de 6.0 cm de largo, como se ve en la figura P30.16. Cada alambre conduce la misma corriente *I*, lo que ocasiona que se repelan entre sí de tal modo que el ángulo entre las cuerdas de soporte es 16°. a) ¿Las corrientes están en direcciones iguales u opuestas? b) Determine la magnitud de cada corriente.

16A. Dos largos alambres paralelos, cada uno con una masa por unidad de longitud μ, se soportan en un plano horizontal por cuerdas de longitud *L*, como se ve en la figura P30.16. Cada alambre conduce la misma corriente *I*, lo que ocasiona que se repelan entre sí de tal modo que el ángulo entre las cuerdas de soporte es θ. a) ¿Las corrientes están en direcciones iguales u opuestas? b) Determine la magnitud de cada corriente.

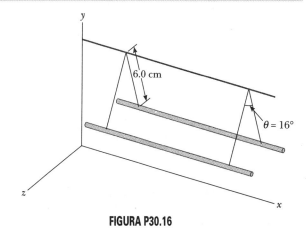

FIGURA P30.16

17. Dos barras de cobre paralelas están separadas 1.00 cm. Un rayo envía un pulso de 10 kA de corriente a lo largo de cada conductor. Calcule la fuerza por unidad de longitud sobre un conductor. ¿La fuerza es atractiva o repulsiva?

18. Calcule la fuerza magnética por unidad de longitud entre dos devanados adyacentes de un solenoide si cada uno conduce una corriente *I* = 100 A y la distancia de centro a centro entre los alambres es de 4 mm.

19. En la figura P30.19, la corriente en el alambre recto largo es I_1 = 5.00 A y el alambre se ubica en el plano de un lazo rectangular, el cual conduce 10.0 A. Las dimensiones son *c* = 0.100 m, *a* = 0.150 m y ℓ = 0.450 m. Determine la magnitud y dirección de la fuerza neta ejercida sobre el lazo por el campo magnético creado por el alambre.

20. Tres largos conductores paralelos conducen, cada uno, una corriente de 2.0 A. La figura P30.20 es una vista de los extremos de los conductores, con cada una de las corrientes saliendo de la página. Si *a* = 1.0 cm, determi-

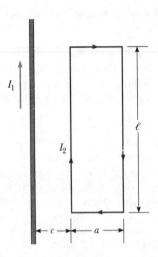

FIGURA P30.19

ne la magnitud y dirección del campo magnético en los puntos *A*, *B* y *C*.

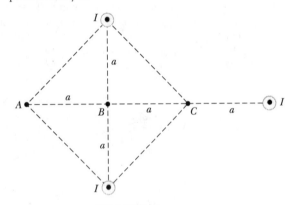

FIGURA P30.20

21. Dos largos conductores paralelos conducen las corrientes $I_1 = 3.00$ A e $I_2 = 3.00$ A, ambas dirigidas hacia adentro de la página en la figura P30.21. Determine la magnitud y dirección del campo magnético resultante en *P*.

21A. Dos largos conductores paralelos conducen las corrientes I_1 e I_2, ambas dirigidas hacia adentro de la página en la figura P30.21. Determine la magnitud y dirección del campo magnético resultante en *P*.

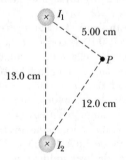

FIGURA P30.21

22. Un largo solenoide enrollado con un gran número de vueltas de longitud total igual a 30.0 cm tiene un campo magnético de 5.00×10^{-4} T en su centro producido por una corriente de 1.00 A a través de sus devanados. ¿Cuántas vueltas de alambre tiene el solenoide?

23. Un solenoide superconductor va a generar un campo magnético de 10.0 T. a) Si el devanado del solenoide tiene 2 000 vueltas/m, ¿cuál es la corriente requerida? b) ¿Qué fuerza por unidad de longitud ejerce sobre los devanados el campo magnético?

24. ¿Qué corriente se requiere en los devanados de un largo solenoide que tiene 1 000 vueltas distribuidas uniformemente a lo largo de una longitud de 0.40 m para producir en el centro del solenoide un campo magnético de 1.0×10^{-4} T de magnitud?

25. Algunas aleaciones superconductoras a muy bajas temperaturas pueden conducir corrientes muy altas. Por ejemplo, un alambre de Nb_3Sn a 10 K puede conducir 1.0×10^3 A y mantener su superconductividad. Determine el valor máximo de *B* alcanzable en un solenoide de 25 m de longitud si 1 000 vueltas de alambre de Nb_3Sn se enrollan sobre la superficie externa.

26. Imagine un largo alambre cilíndrico de radio *R* que tiene una densidad de corriente $J(r) = J_0(1 - r^2/R^2)$ para $r \leq R$ y $J(r) = 0$. para $r > R$, donde *r* es la distancia desde un punto de interés hasta el eje central que corre a lo largo del alambre. a) Encuentre el campo magnético resultante dentro ($r \leq R$) y fuera ($r > R$) del alambre. b) Grafique la magnitud del campo magnético como una función de *r*. c) Determine la posición donde la intensidad de campo magnético es un máximo, y el valor del campo máximo.

27. Las bobinas magnéticas de un reactor de fusión tokamak tienen la forma de un toroide con radio interior de 0.70 m y radio exterior de 1.30 m. Si el toroide tiene 900 vueltas de alambre de gran diámetro, cada una de las cuales conduce una corriente de 14 kA, encuentre la intensidad del campo magnético a lo largo de a) el radio interior, y b) el radio exterior.

28. Un haz de partículas cargadas que se lanza horizontalmente se mueve dentro de una región donde hay un campo magnético constante de magnitud 2.45×10^{-3} T que apunta en dirección recta hacia abajo. Las partículas se mueven después en una trayectoria circular de 2.00 cm de radio. Si se aceleran a través de una diferencia de potencial de 211 V, determine su razón carga-masa.

29. A usted se le entrega cierto volumen de cobre a partir del cual puede fabricar alambres de cobre. Los alambres se usan después para producir un solenoide con vueltas muy próximas entre sí de campo magnético máximo en el centro. a) ¿Debe hacer los alambres largos y delgados o cortos y gruesos? b) ¿Debe hacer pequeño o grande el radio del solenoide? Explique.

30. El metal niobio se vuelve superconductor cuando se enfría por abajo de 9 K. Si la superconductividad desaparece cuando el campo magnético superficial excede 0.10 T, determine la corriente máxima que un alambre de

niobio de 2.0 mm de diámetro puede conducir y seguir siendo superconductor.

31. Un manojo de 100 largos alambres aislados y rectos forman un cilindro de radio $R = 0.50$ cm. a) Si cada alambre conduce 2.0 A, ¿cuáles son la magnitud y dirección de la fuerza magnética por unidad de longitud que actúa sobre un alambre localizado a 0.2 cm del centro del manojo? b) ¿Un alambre en el borde exterior del manojo experimentaría una fuerza mayor o menor que el valor calculado en el inciso a)?

32. En la figura P30.32, ambas corrientes están en la dirección *x* negativa. a) Dibuje el patrón de campo magnético en el plano *yz*. b) ¿A qué distancia *d* a lo largo del eje *z* el campo magnético es un máximo?

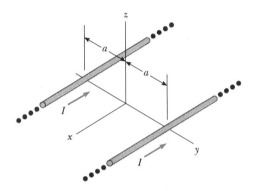

FIGURA P30.32

*Sección 30.5 El campo magnético a lo largo del eje de un solenoide

33. Un solenoide de radio $R = 5.00$ cm se elabora con un largo pedazo de alambre de radio $r = 2.00$ mm, longitud $\ell = 10.0$ m ($\ell \gg R$) y resistividad $\rho = 1.7 \times 10^{-8} \ \Omega \cdot$ m. Encuentre el campo magnético en el centro del solenoide si el alambre se conecta a una batería que tiene una fem $\mathcal{E} = 20.0$ V.

33A. Un solenoide de radio R se elabora con un largo pedazo de alambre de radio r, longitud ℓ ($\ell \gg R$) y resistividad ρ. Encuentre el campo magnético en el centro del solenoide si el alambre se conecta a una batería que tiene una fem $\mathcal{E}$.

34. Un solenoide de 80 cm de largo tiene 900 vueltas y un radio de 2.5 cm. Si conduce una corriente de 3.0 A, calcule el campo magnético a lo largo de su eje en a) su centro y b) un punto cercano a un extremo.

35. Un solenoide tiene 500 vueltas, una longitud de 50.0 cm y un radio de 5.00 cm. Si por él circula una corriente de 4.0 A, calcule el campo magnético en un punto axial localizado a 15 cm del centro (esto es, a 10 cm de un extremo).

Sección 30.6 Flujo magnético

36. Se construye un toroide a partir de *n* espiras rectangulares de alambre. Cada espira tiene altura *h*. El toroide tiene un radio interior *a* y un radio exterior *b*. a) Si el toroide conduce una corriente *I*, muestre que el flujo

magnético total a través de las espiras del toroide es proporcional a ln (b/a). b) Evalúe este flujo si $N = 200$ espiras, $h = 1.5$ cm, $a = 2.0$ cm, $b = 5.0$ cm e $I = 2.0$ A.

37. Un cubo de longitud de lado $\ell = 2.5$ cm se coloca como se muestra en la figura P30.37. A través de él hay una región de campo magnético uniforme dado por **B** = (5.0**i** + 4.0**j** + 3.0**k**) T. a) Calcule el flujo a través de la cara sombreada. b) ¿Cuál es el flujo total a través de las seis caras?

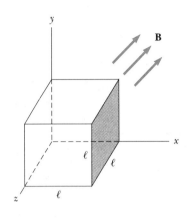

FIGURA P30.37

38. Un solenoide de 2.5 cm de diámetro y 30 cm de largo tiene 300 vueltas y conduce 12 A. a) Calcule el flujo a través de la superficie de un disco de 5.0 cm de radio que está colocado perpendicular a y centrado en el eje del solenoide, como en la figura P30.38a. b) La figura P30.38b muestra una vista lateral aumentada del solenoide que acaba de describirse. Calcule el flujo a través del área azul, la cual se define por medio de un anillo que tiene un radio interior de 0.40 cm y un radio exterior de 0.80 cm.

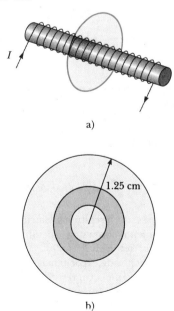

a)

1.25 cm

b)

FIGURA P30.38

39. Considere el cubo en la figura P30.39 que tiene lado L. Un campo magnético uniforme **B** se dirige perpendicular a la cara *abfe*. Encuentre el flujo magnético a través de los lazos planos imaginarios a) *dfhd* y b) *acfa*.

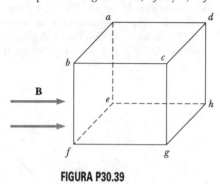

FIGURA P30.39

40. Considere la superficie cerrada hemisférica en la figura P30.40. Si el hemisferio está en un campo magnético uniforme que forma un ángulo θ con la vertical, calcule el flujo magnético a través de a) la superficie plana S_1, y b) la superficie hemisférica S_2.

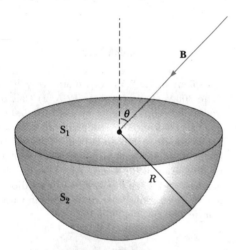

FIGURA P30.40

Sección 30.8   Corriente de desplazamiento y ley de Ampère generalizada

41. El voltaje aplicado a través de las placas de un capacitor de 4.00 μF varía en el tiempo de acuerdo con la expresión

$$V_{ap} = (8.00 \text{ V})(1 - e^{-t/4})$$

donde t está en segundos. Calcule a) la corriente de desplazamiento como una función del tiempo, y b) el valor de la corriente en $t = 4.00$ s.

42. Un capacitor de capacitancia C tiene una carga Q en $t = 0$. En ese tiempo, un resistor de resistencia R se conecta a las placas del capacitor. a) Encuentre la corriente de desplazamiento en el dieléctrico entre las placas como una función del tiempo. b) Evalúe esta corriente de desplazamiento en el tiempo $t = 0.10$ s si $C = 2.0$ μF, $Q = 20$

μC y $R = 500$ kΩ. c) ¿A qué tasa cambia el flujo eléctrico entre las placas en $t = 0.10$ s?

43. Una corriente de 0.10 A está cargando un capacitor que tiene placas cuadradas de 5.0 cm de lado. Si la separación de las placas es de 4.0 mm, encuentre a) la tasa de cambio en el tiempo del flujo eléctrico entre las placas, y b) la corriente de desplazamiento entre las placas.

44. Una corriente de 0.20 A está cargando un capacitor que tiene placas circulares de 10 cm de radio. Si la separación de placas es de 4.00 mm, a) ¿cuál es la tasa de incremento en el tiempo del campo eléctrico entre las placas? b) ¿Cuál es el campo magnético entre las placas a 5.0 cm del centro?

*Sección 30.9   Magnetismo en la materia

45. ¿Cuál es la permeabilidad relativa de un material que tiene una susceptibilidad magnética de 10^{-4}?

46. Un toroide de núcleo de hierro se enrolla con 250 vueltas de alambre por metro de su longitud. La corriente en el devanado es 8.00 A. Considerando la permeabilidad magnética del hierro como $\mu_m = 5\,000\,\mu_0$, calcule a) la intensidad de campo magnético, **H**, y b) el campo, **B**.

47. Un toroide con radio medio de 20 cm y 630 vueltas (Fig. 30.29) se llena con acero pulverizado cuya susceptibilidad magnética χ es 100. Si la corriente en los devanados es 3.00 A, encuentre B (supuesto uniforme) dentro del toroide.

48. Un toroide tiene un radio promedio de 9.0 cm. La corriente en la bobina es 0.50 A. ¿Cuántas vueltas se requieren para producir una intensidad de campo magnético de 700 A · vueltas/m dentro del toroide?

49. Un campo magnético de magnitud 1.3 T se establece en un toroide de núcleo de hierro. El toroide tiene un radio medio de 10 cm y permeabilidad magnética de 5 000 μ_0. ¿Qué corriente se requiere si hay 470 vueltas de alambre en el devanado?

50. Un solenoide toroidal tiene un radio promedio de 10 cm y un área de sección transversal de 1.0 cm². Hay 400 vueltas de alambre en el núcleo de hierro blando, el cual tiene una permeabilidad de 800 μ_0. Calcule la corriente necesaria para producir un flujo magnético de 5.0×10^{-4} Wb a través de una sección transversal del núcleo.

51. Una bobina de 500 vueltas se enrolla sobre un anillo de hierro ($\mu_m = 750\,\mu_0$) de un radio medio de 20 cm y 8.0 cm² de área de sección transversal. Calcule el flujo magnético Φ en este anillo de Rowland cuando la corriente en la bobina es 0.50 A.

52. Un anillo uniforme de 2.0 cm de radio y 6.0 μC de carga total gira con una velocidad angular constante de 4.0 rad/s alrededor de un eje perpendicular al plano del anillo y que pasa por su centro. ¿Cuál es el momento magnético del anillo giratorio?

52A. Un anillo uniforme de radio R y carga total Q gira con una velocidad angular constante ω alrededor de un eje perpendicular al plano del anillo y que pasa por su centro. ¿Cuál es el momento magnético del anillo giratorio?

53. En el texto encontramos que una descripción alternativa para un campo magnético **B** en términos de una intensidad magnética **H** y de una magnetización **M** es **B** = μ_0**H** + μ_0**M**. Relacione la susceptibilidad magnética χ con |**H**| y |**M**| para materiales paramagnéticos o diamagnéticos.

54. Calcule la intensidad de campo magnético H de una sustancia magnetizada caracterizada por una magnetización de 0.88×10^6 A · vueltas/m y un campo magnético de magnitud 4.4 T. (*Sugerencia:* Vea el problema 53.)

55. Un cilindro de hierro magnetizado tiene un campo magnético $B = 0.040$ T en su interior. El imán tiene 3.0 cm de diámetro y 20 cm de largo. Si va a producir el mismo campo magnético mediante una corriente de 5.0 A conducida por un solenoide de núcleo de aire que tiene las mismas dimensiones que el imán cilíndrico, ¿cuántas vueltas de alambre debe tener el solenoide?

56. En el modelo de Bohr del átomo de hidrógeno de 1913, el electrón está en una órbita circular de 5.3×10^{-11} m de radio y su velocidad es 2.2×10^6 m/s. a) ¿Cuál es la magnitud del momento magnético debido al movimiento del electrón? b) Si el electrón gira en sentido contrario a las manecillas del reloj en un círculo horizontal, ¿cuál es la dirección de este vector de momento magnético?

57. En la saturación, el alineamiento de los espines del hierro puede contribuir tanto como 2.0 T al campo magnético total B. Si cada electrón contribuye con un momento magnético de 9.27×10^{-24} A · m² (un magnetón de Bohr), ¿cuántos electrones por átomo contribuye al campo saturado de hierro? (*Sugerencia:* Hay 8.5×10^{28} átomos de hierro/m³.)

*Sección 30.10   Campo magnético de la Tierra

58. Una bobina circular de 5 vueltas y un diámetro de 30 cm se orienta en un plano vertical con su eje perpendicular a la componente horizontal del campo magnético terrestre. Una brújula horizontal ubicada en el centro de la bobina se desvía 45° del norte magnético por medio de una corriente de 0.60 A en la bobina. a) ¿Cuál es la componente horizontal del campo magnético terrestre? b) Si una aguja de brújula "desviada" que se orienta en un plano vertical norte-sur forma un ángulo de 13° desde la vertical, ¿cuál es la resistencia total del campo magnético terrestre en esta posición?

59. El momento magnético de la Tierra es aproximadamente 8.7×10^{22} A · m² a) Si éste fuera causado por la magnetización completa de un gigantesco depósito de hierro, ¿a cuántos electrones dispares correspondería esto? b) En dos electrones no apareados por átomo de hierro, ¿a cuántos kilogramos de hierro correspondería lo anterior? (La densidad del hierro es 7 900 kg/m³, y hay aproximadamente 8.5×10^{28} átomos de hierro/m³.)

PROBLEMAS ADICIONALES

60. Una descarga atmosférica puede conducir una corriente de 1.0×10^4 A durante un breve lapso de tiempo. ¿Cuál es el campo magnético resultante 100 m debajo de la descarga?

61. En 1962 se efectuaron mediciones del campo magnético de un gran tornado en el observatorio geofísico en Tulsa, Oklahoma. Si el campo del tornado fue $B = 1.5 \times 10^{-8}$ T y apuntaba al norte cuando el tornado estaba a 9.0 km al este del observatorio, ¿qué corriente circulaba arriba/abajo del embudo del tornado?

62. La figura P30.62 es una vista de la sección transversal de un cable coaxial. El conductor del centro está rodeado por una capa de caucho, la cual está rodeada por un conductor exterior, al cual lo rodea otra capa de caucho. La corriente en el conductor interior es 1.00 A hacia afuera de la página y la corriente en el conductor exterior es de 3.00 A hacia el interior de la página. Determine la magnitud y dirección del campo magnético en los puntos a y b.

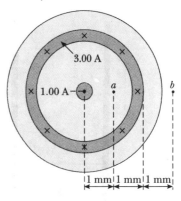

FIGURA P30.62

63. Dos largos conductores paralelos conducen corrientes en la misma dirección, como se indica en la figura P30.63. El conductor A conduce una corriente de 150 A y se mantiene firmemente en su posición. El conductor B conduce una corriente I_B y se deja que deslice libremente hacia arriba y hacia abajo (paralelo a A). Entre un conjunto de guías no conductoras. Si la masa por unidad de longitud del conductor B es 0.10 g/cm, ¿qué valor de la corriente I_B se producirá en el equilibrio cuando la distancia entre los dos conductores es 2.5 cm?

63A. Dos largos conductores paralelos conducen corrientes en la misma dirección, como se indica en la figura P30.63. El conductor A conduce una corriente I_A y se mantiene firmemente en su posición. El conductor B conduce una corriente I_B y se deja que se deslice libremente hacia arriba y hacia abajo (paralelo a A), entre un conjunto de guías no conductoras. Si la masa por unidad de longitud del conductor B es μ, ¿qué valor de la corriente I_B se producirá en el equilibrio cuando la distancia entre los dos conductores es d?

64. Dos conductores paralelos conducen corriente en direcciones opuestas, como se indica en la figura P30.64. Un conductor conduce una corriente de 10 A. El punto A está en el punto medio entre los alambres y el punto C se encuentra a una distancia $d/2$ a la derecha de la corriente de 10 A. Si $d = 18$ cm e I, se ajusta de manera que el campo magnético en C sea cero, encuentre a) el valor de la corriente I, y b) el valor del campo magnético en A.

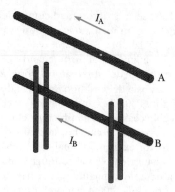

FIGURA P30.63

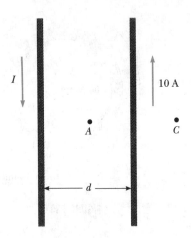

FIGURA P30.64

65. Por una delgada tira metálica muy larga de ancho w circula una corriente I a lo largo de su longitud, como en la figura P30.65. Determine el campo magnético en el plano de la tira (en un punto externo P) a una distancia b de un extremo.

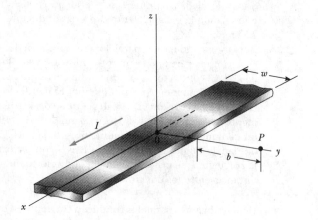

FIGURA P30.65

66. Una gran banda no conductora con una densidad de carga superficial uniforme σ se mueve con una velocidad v sobre un conjunto de rodillos como se muestra en la figura P30.66.

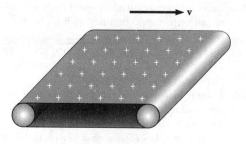

FIGURA P30.66

Considere un punto exactamente arriba de la superficie de la banda móvil. a) Encuentre una expresión para la magnitud del campo magnético $\mathbf{B}$ en este punto. b) Si la banda está cargada positivamente, ¿cuál es la dirección de $\mathbf{B}$? (Advierta que la banda puede considerarse como una lámina infinita.)

67. Un alambre recto localizado en el ecuador se orienta paralelo a la Tierra a lo largo de la dirección este-oeste. El campo magnético terrestre en este punto es horizontal y tiene una magnitud de 3.3×10^{-5} T. Si la masa por unidad de longitud del alambre es 2.0×10^{-3} kg/m, ¿qué corriente debe conducir el alambre para que la fuerza magnética equilibre el peso del alambre?

68. La magnitud del campo magnético de la tierra en cualesquiera de sus polos es aproximadamente 7.0×10^{-5} T. Utilizando un modelo en el cual usted suponga que este campo es producido por un lazo de corriente a lo largo del ecuador, determine la corriente que generaría un campo tal. (El radio de la Tierra es $R_E = 6.37 \times 10^6$ m.)

69. Un anillo no conductor de radio R está cargado uniformemente con una carga positiva q. El anillo gira a una velocidad angular constante ω alrededor de un eje que pasa por su centro, perpendicular al plano del anillo. Si $R = 0.10$ m, $q = 10$ μC y $\omega = 20$ rad/s, ¿cuál es la magnitud del campo magnético sobre el eje del alambre a 0.050 m de su centro?

69A. Un anillo no conductor de radio R está cargado uniformemente con una carga positiva q. El anillo gira a una velocidad angular constante ω alrededor de un eje que pasa por su centro, perpendicular al plano del anillo. ¿Cuál es la magnitud del campo magnético sobre el eje del alambre a una distancia R de su centro?

70. Considere un disco delgado de radio R montado para girar alrededor del eje x en el plano yz. El disco tiene una densidad de carga superficial uniforme σ y una velocidad angular ω. Muestre que el campo magnético en el centro del disco es $B = \frac{1}{2}\mu_0\sigma\omega R$.

71. Dos bobinas circulares de radio R están cada una perpendiculares a un eje común. Los centros de las bobinas están separadas una distancia R y una corriente estable I fluye en la misma dirección alrededor de cada bobina como se muestra en la figura P30.71. a) Demuestre que el campo magnético sobre el eje a una distancia x del centro de una bobina es

$$B = \frac{\mu_0 IR^2}{2} \left[\frac{1}{(R^2 + x^2)^{3/2}} \right.$$

$$\left. + \frac{1}{(2R^2 + x^2 - 2Rx)^{3/2}} \right]$$

b) Demuestre que $\dfrac{dB}{dx}$ y $\dfrac{d^2B}{dx^2}$ son ambas cero en un punto a la mitad entre las bobinas. Esto significa que el campo magnético en la región en el punto medio entre las bobinas es uniforme. Las bobinas en esta configuración reciben el nombre de **bobinas de Helmholtz.**

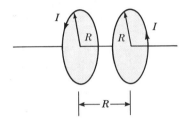

FIGURA P30.71

72. Dos bobinas de alambre idénticas, circulares y planas, tienen cada una 100 vueltas y un radio de 0.50 m. Si estas bobinas se arreglan como un conjunto de bobinas de Helmholtz y cada una de ellas conduce a una corriente de 10 A, determine la magnitud del campo magnético en un punto a la mitad entre las bobinas y el eje de las mismas. (Véase la figura P30.71.)

73. Un largo conductor cilíndrico de radio R conduce una corriente I, como en la figura P30.73. La densidad de corriente J, sin embargo, no es uniforme en la sección transversal del conductor sino que es una función de radio de acuerdo con $J = br$, donde b es una constante. Encuentre una expresión para el campo magnético B a) a una distancia $r_1 < R$ y b) a una distancia $r_2 > R$, medida desde el eje.

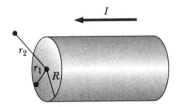

FIGURA P30.73

74. Un imán de barra (masa = 39.4 g, momento magnético = 7.65 J/T, longitud = 10 cm) se conecta al techo por medio de una cuerda. Un campo magnético externo uniforme se aplica horizontalmente, como se indica en la figura P30.74. El imán está en equilibrio formando un ángulo θ con la horizontal. Si $\theta = 5.0°$, determine la intensidad del campo magnético aplicado.

75. Dos lazos circulares son paralelos, coaxiales y están casi en contacto, a 1.0 mm de separación (Fig. P30.75). Cada lazo tiene 10 cm de radio. El lazo superior conduce una corriente de 140 A en el sentido de las manecillas del reloj. Por el inferior circula una corriente de 140 A en

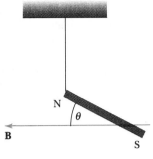

FIGURA P30.74

sentido contrario. a) Calcule la fuerza magnética que el lazo inferior ejerce sobre el superior. b) El lazo superior tiene una masa de 0.021 kg. Calcule su aceleración, suponiendo que las únicas fuerzas que actúan sobre él son la fuerza del inciso a) y su peso.

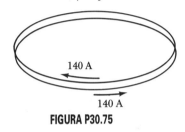

FIGURA P30.75

76. Para un proyecto de investigación, una estudiante necesita un solenoide que produzca un campo magnético interior de 0.030 T. Decide usar una corriente de 1.0 A y un alambre de 0.50 mm de diámetro. Enrolla el solenoide con capas sobre una forma aislante de 1.0 cm de diámetro y 10.0 cm de largo. Determine el número de capas de alambre que se necesitan y la longitud total del alambre.

77. Un toroide lleno con una sustancia magnética conduce una corriente estable de 2.00 A. La bobina contiene 1 505 vueltas, tiene un radio promedio de 4.00 cm y el área de la sección transversal de su núcleo es 1.21 cm². El flujo magnético total a través de una sección transversal del toroide es 3.00×10^{-5} Wb. Suponga que la densidad de flujo es constante. a) ¿Cuál es la intensidad del campo magnético H dentro del núcleo? b) Determine la permeabilidad del material del núcleo si su susceptibilidad es 3.38×10^{-4}.

78. Una sustancia paramagnética alcanza 10% de su magnetización de saturación cuando se pone en un campo magnético de 5.0 T a una temperatura de 4.0 K. La densidad de los átomos magnéticos en la muestra es 8.0×10^{27} átomos/m³, y el momento magnético por átomo es 5.0 magnetones de Bohr. Calcule la constante de Curie para esta sustancia.

79. Un alambre recto infinitamente largo que conduce una corriente $I_1 = 50.0$ A está parcialmente rodeado por un lazo, como se muestra en la figura P30.79. El lazo tiene una longitud $L = 35.0$ cm y un radio $R = 15.0$ cm, y conduce una corriente $I_2 = 20.0$ A. El eje perpendicular central del lazo coincide con el alambre. Calcule la fuerza ejercida sobre el lazo.

79A. Un alambre recto infinitamente largo que conduce una corriente I_1 está parcialmente rodeado por un lazo como, se muestra en la figura P30.79. El lazo tiene una longitud L y un radio R, y conduce una corriente I_2. El eje del lazo coincide con el alambre. Calcule la fuerza ejercida sobre el lazo.

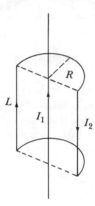

FIGURA P30.79

80. La fuerza sobre un dipolo magnético M alineado con un campo magnético no uniforme en la dirección x está dada por $F_x = M\, dB/dx$. Suponga que dos lazos de alambre planos, cada uno con radio R, conducen, una corriente I. a) Si los lazos se arreglan coaxialmente y se separan mediante una gran distancia variable x, muestre que la fuerza magnética entre ellos varía como $1/x^4$. b) Evalúe la magnitud de esta fuerza si $I = 10$ A, $R = 0.5$ cm y $x = 5.0$ cm.

81. Un alambre tiene la forma de un cuadrado de longitud de lado L (Fig. P30.81). Muestre que cuando la corriente en el lazo es I, el campo magnético en el punto P a una distancia x del centro del cuadrado a lo largo de su eje es

$$B = \frac{\mu_0 I L^2}{2\pi \left(x^2 + \dfrac{L^2}{4} \right)\sqrt{x^2 + \dfrac{L^2}{2}}}$$

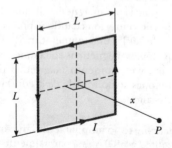

FIGURA P30.81

82. Un alambre se dobla en la forma indicada en la figura P30.82a, y se mide un campo magnético en P_1 cuando la corriente en el alambre es I. El mismo alambre se forma

después del modo que se ilustra en la figura P30.82b, y el campo magnético se mide en el punto P_2 cuando la corriente es otra vez I. Si la longitud total del alambre es la misma en cada caso, ¿cuál es la razón B_1/B_2?

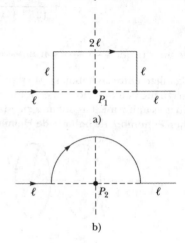

FIGURA P30.82

83. Un alambre por el que circula una corriente I se dobla en la forma de una espiral exponencial, $r = e^\theta$, desde $\theta = 0$ hasta $\theta = 2\pi$, como muestra la figura P30.83. Para completar el lazo, los extremos de la espiral se conectan por medio de un alambre recto a lo largo del eje x. Determine la magnitud y dirección de **B** en el origen. *Sugerencias:* Emplee la ley de Biot-Savart. El ángulo β entre una línea radial y su línea tangente en cualquier punto sobre la curva $r = f(\theta)$ se relaciona con la función de la siguiente manera:

$$\tan \beta = \frac{r}{dr/d\theta}$$

De modo que en este caso $r = e^\theta$, $\tan\beta = 1$ y $\beta = \pi/4$. Por lo tanto, el ángulo entre $d\mathbf{s}$ y $\hat{\mathbf{r}}$ es $\pi - \beta = 3\pi/4$. Además,

$$d\mathbf{s} = \frac{dr}{\operatorname{sen} \pi/4} = \sqrt{2}\, dr$$

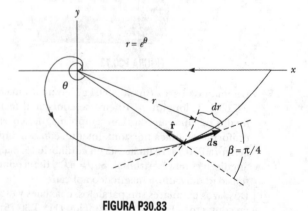

FIGURA P30.83

84. Un largo conductor cilíndrico de radio a tiene dos cavidades cilíndricas de diámetro a a lo largo de toda su lon-

gitud, como se muestra en la figura P30.84. Una corriente, I, se dirige hacia afuera de la página y es uniforme por toda la sección transversal del conductor. Encuentre la magnitud y dirección del campo magnético en a) el punto P_1, y b) el punto P_2 en función de μ_0, I, r y a.

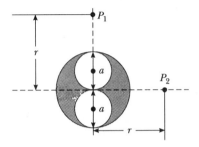

FIGURA P30.84

85. Cuatro largos conductores paralelos conducen cada uno 5.00 A. Una vista desde los extremos de los conductores se muestra en la figura P30.85. La dirección de la corriente es hacia afuera de la página en los puntos A y B (indicado por los puntos) y hacia adentro de la página en los puntos C y D (indicado por las cruces). Calcule la magnitud y dirección del campo magnético en el punto P, localizado en el centro del cuadrado.

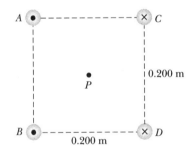

FIGURA P30.85

86. Considere un lazo de corriente circular plano de radio R por el que circula una corriente I. Elija el eje x de modo que se encuentre a lo largo del eje del lazo con el origen en el centro del mismo. Dibuje una gráfica de la proporción entre la magnitud del campo magnético en la coordenada x y la correspondiente en el origen para $x = 0$ a $x = 5R$. Puede ser útil usar una calculadora programable o una pequeña computadora para resolver este problema.

87. Una esfera de radio R tiene una densidad de carga volumétrica constante ρ. Determine el campo magnético en el centro de la esfera cuando ésta gira como un cuerpo rígido con velocidad angular ω alrededor de un eje que pasa por su centro (Fig. P30.87).

88. En la tabla 30.4 se presentan datos tomados de un material ferromagnético. a) Construya una curva de magnetización a partir de los datos. Recuerde que $\mathbf{B} = \mathbf{B}_0 + \mu_0\mathbf{M}$. b) Determine la proporción B/B_0 para cada par de valores de B y B_0, y elabore una gráfica de B/B_0 contra B_0. (B/B_0 se conoce como la permeabilidad relativa y es una medida del campo magnético inducido.)

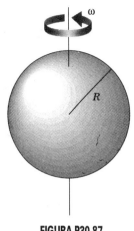

FIGURA P30.87

TABLA 30.4

B (T)	B_0 (T)
0.2	4.8×10^{-5}
0.4	7.0×10^{-5}
0.6	8.8×10^{-5}
0.8	1.2×10^{-4}
1.0	1.8×10^{-4}
1.2	3.1×10^{-4}
1.4	8.7×10^{-4}
1.6	3.4×10^{-3}
1.8	1.2×10^{-1}

89. Una esfera de radio R tiene una densidad de carga volumétrica constante ρ. Determine el momento de dipolo magnético de la esfera cuando ésta gira como un cuerpo rígido con velocidad angular ω alrededor de un eje que pasa por su centro (Fig. P30.87).

PROBLEMAS DE HOJA DE CÁLCULO

S1. La hoja de cálculo 30.1 calcula el campo magnético a lo largo del eje x de un solenoide de longitud l, radio R y n vueltas por unidad de longitud que conducen una corriente I. El solenoide está centrado en el origen con su eje a lo largo del eje x. El cambio en cualquier punto x es

$$B = \frac{1}{2}\mu_0 nI[\, f_1(x) - f_2(x)\,]$$

donde

$$f_1(x) = \frac{x + \frac{1}{2}l}{\left[R^2 + \left(x - \frac{1}{2}l\right)^2\right]^{1/2}}$$

$$f_2(x) = \frac{x - \frac{1}{2}l}{\left[R^2 + \left(x - \frac{1}{2}l\right)^2\right]^{1/2}}$$

a) Sea $l = 10$ cm, $R = 0.50$ cm, $I = 4.0$ A y $n = 1\,500$ vueltas/m. Grafique B contra x para valores positivos de x que varíen de $x = 0$ a $x = 20$ cm. b) Cambie R a los siguientes valores y observe los efectos en la gráfica en cada caso: $R = 0.10$ cm, 1.0 cm, 2.0 cm, 5.0 cm y 10.0 cm. Para valores pequeños de R (pequeños en comparación con l), el campo dentro del solenoide debe verse como el de un solenoide ideal, para valores grandes de R, el campo debe verse como el de un lazo. ¿Es así?

S2. Si $x \gg l$ (donde x se mide desde el centro del solenoide), el campo magnético de un solenoide finito a lo largo del eje x tiende a

$$\frac{\mu_0}{4\pi} \frac{2\mu}{x^3}$$

donde $\mu = NI(\pi R^2)$ es el momento de dipolo magnético del solenoide. Modifique la hoja de cálculo 30.1 para calcular y graficar $x^3 B(x)$ como una función de x. Verifique que $x^3 B(x)$ se acerque a una constante para $x \gg l$.

S3. Un lazo circular de alambre de radio R conduce una corriente I. Utilizando la ley de Biot-Savart, se encuentra que el campo magnético en el plano del lazo a una distancia r de su centro para $r < R$ es

$$B = \frac{\mu_0 I}{4\pi R} F(r/R)$$

donde

$$F(y) = \int_0^{2\pi} \frac{(1 - y \operatorname{sen} \theta)\, d\theta}{(1 + y^2 - 2y \operatorname{sen} \theta)^{3/2}}$$

Integre numéricamente esta expresión para encontrar F como una función de $y = r/R$. Use el método de integración trapezoidal o de Simpson para llevar a cabo la integración numérica. Escoja cualesquiera valores de I y R; grafique B como una función de r/R para mostrar cómo varía el campo dentro del lazo. ¿Qué ocurre cuando r tiende a R?

S4. Considere un solenoide de capas múltiples de longitud l centrado en el origen y cuyo eje está a lo largo del eje x. Construya una hoja de cálculo de computadora o escriba su propio programa de computadora para calcular el campo magnético **B** a lo largo del eje x. **B** está dado por

$$B(x) = \frac{\mu_0 n I N}{2(R_0 - R_i)}\left[(x + a) \ln \frac{R_0 + \sqrt{(x + a)^2 + R_0^2}}{R_i + \sqrt{(x + a)^2 + R_i^2}} \right.$$
$$\left. - (x - a) \ln \frac{R_0 + \sqrt{(x - a)^2 + R_0^2}}{R_i + \sqrt{(x - a)^2 + R_i^2}} \right]$$

donde $a = l/2$, N es el número total de capas, n es el número de vueltas por unidad de longitud en cada capa, R_1 es el radio interior y R_0 es el radio exterior del solenoide.[4] Use cualesquiera valores razonables para los parámetros. Grafique sus resultados.

[4] Respecto de la deducción de esta ecuación, véase L. Golden, J. Klein y L. Tongson, *American Journal of Physics* **56**:846-848, 1988.

Ley de Faraday

Fem inducida. Cuando un imán intenso se mueve hacia o alejándose de la bobina unida a un galvanómetro, se induce una corriente eléctrica, lo que se indica por medio de la desviación de la aguja del galvanómetro durante el movimiento del imán. *(Richard Megna/Fundamental Photographs)*

Hasta ahora nuestros estudios han tratado con campos eléctricos debidos a cargas estacionarias y campos magnéticos producidos por cargas móviles. Este capítulo se ocupa de los campos eléctricos que se originan a partir de campos magnéticos variables.

Los experimentos conducidos por Michael Faraday en Inglaterra en 1831, e independientemente por Joseph Henry en Estados Unidos ese mismo año, mostraron que una corriente eléctrica podría inducirse en un circuito mediante un campo magnético variable. Los resultados de esos experimentos llevaron a una ley fundamental en el electromagnetismo conocida como Ley de Inducción de Faraday. Esta ley señala que la magnitud de la fem inducida en un circuito es igual a la tasa de cambio en el tiempo del flujo magnético a través del circuito.

Como veremos, una fem inducida puede producirse de muchas maneras. Por ejemplo, una fem inducida y una corriente inducida pueden producirse en un lazo cerrado de alambre cuando éste se mueve en un campo magnético. Describiremos dichos experimentos junto con aplicaciones importantes que aprovechan el fenómeno de la inducción electromagnética.

Con el tratamiento de la ley de Faraday completamos nuestra introducción a las leyes fundamentales del electromagnetismo. Estas leyes pueden resumirse en un conjunto de cuatro ecuaciones conocidas como ecuaciones de Maxwell. Junto con la ley de fuerza de Lorentz, la cual analizaremos brevemente, representan una teoría completa que describe la interacción de objetos cargados. Las ecuaciones de Maxwell relacionan campos eléctricos y magnéticos entre sí y su fuente última, es decir, las cargas eléctricas.

31.1 LEY DE INDUCCIÓN DE FARADAY

Empezamos describiendo dos sencillos experimentos que demuestran que puede producirse una corriente mediante un campo magnético variable. Primero, consideremos un lazo de alambre conectado a un galvanómetro como muestra la figura 31.1. Si un imán se mueve hacia el lazo, la aguja del galvanómetro, se desviará en una dirección, como muestra la figura 31.1a. Si el imán se aleja del lazo, la aguja del galvanómetro se desviará en la dirección opuesta, como se puede ver en la figura 31.1b. Si el imán se mantiene estacionario en relación con el lazo, no se observa ninguna desviación. Por último, si el imán se mantiene estacionario y la espira se mueve ya sea hacia o alejándose del imán, la aguja también se desviará. A partir de estas observaciones, puede concluirse que *se establece una corriente en un circuito siempre que haya un movimiento relativo entre el imán y la espira.*[1]

Estos resultados son muy importantes en vista de que *se establece una corriente en el circuito ¡aun cuando no haya en él baterías!* Llamaremos a esta corriente como una corriente inducida, la cual se produce mediante una fem inducida.

Describamos ahora el experimento, realizado por primera vez por Faraday, que se ilustra en la figura 31.2. Parte del aparato se compone de una bobina conectada a un interruptor y a una batería. Nos referiremos a esta bobina como una bobina

---

[1] La magnitud exacta de la corriente depende de la resistencia particular del circuito, pero la existencia de la corriente (o el signo algebraico) no.

J oseph Henry, físico estadounidense que llevó a cabo los primeros experimentos en inducción eléctrica, nació en Albany, Nueva York, en 1797. Hijo de un obrero, Henry tuvo poca escolaridad y fue obligado a trabajar desde muy joven. Después de trabajar de ese modo ingresó a la Academia de Albany para estudiar medicina y después ingeniería, Henry se convirtió en profesor de matemáticas y física en 1826. Después fue profesor de filosofía natural en el New Jersey College (ahora Universidad de Princeton).

En 1848, Henry se convirtió en el primer director del Instituto Smithsoniano, donde introdujo un sistema de predicción del clima basado en información meteorológica recibida por el telégrafo eléctrico. También fue el primer presidente de la Academia de Ciencias de Es-

Joseph Henry

| 1 7 9 7 - 1 8 7 8 |

tados Unidos, cargo que ocupó hasta su muerte en 1878.

Muchos de los primeros experimentos de Henry fueron sobre electromagnetismo. Mejoró el electroimán de William Sturgeon y construyó uno de los primeros motores electromagnéticos. Hacia 1830, Henry había construido poderosos electroimanes utilizando muchas vueltas de delgado alambre aislado enrollado alrededor de núcleos de hierro. Descubrió el fenómeno de la autoinducción pero no publicó sus descubrimientos; como resultado, el crédito fue dado a Michael Faraday. La contribución de Henry a la ciencia al final fue reconocida: en 1893 la unidad de inductancia recibió el nombre de henry.

(Archivos de North Wind Picture)

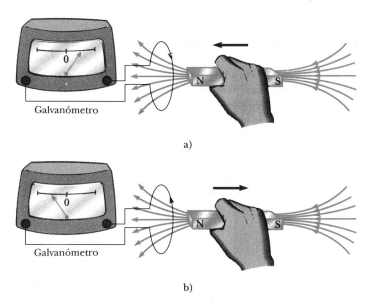

a)

b)

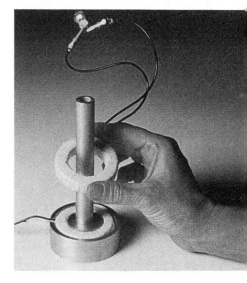

Una demostración de inducción electromagnética. Un voltaje de ca se aplica a la bobina inferior. Se induce un voltaje en la bobina superior según indica la lámpara iluminada conectada a la bobina superior. ¿Qué piensa usted acerca de lo que pasa con la intensidad de la lámpara cuando la bobina superior se mueve sobre el tubo vertical? *(Cortesía de Central Scientific Co.)*

FIGURA 31.1 a) Cuando un imán se mueve hacia un lazo de alambre conectado a un galvanómetro, la aguja de éste se desvía como se indica. Esto muestra que una corriente se induce en el lazo. b) Cuando el imán se mueve alejándose del lazo, la aguja del galvanómetro se desvía en la dirección opuesta, lo que indica que la corriente inducida es opuesta a la mostrada en el inciso a).

primaria y al circuito correspondiente como el circuito primario. La bobina se enrolla alrededor de un anillo de hierro para intensificar el campo magnético producido por la corriente a través de ella. Una segunda bobina, a la derecha, también se enrolla alrededor de un anillo de hierro y se conecta a un galvanómetro. Nos referiremos a ésta como la bobina secundaria y al circuito correspondiente como el circuito secundario. No hay batería en el circuito secundario y la bobina secundaria no está conectada a la primaria. El único propósito de este circuito es demostrar que se produce una corriente mediante el cambio del campo magnético.

A primera vista, usted podría pensar que no se detectaría ninguna corriente en el circuito secundario. Sin embargo, algo sorprendente sucede cuando el interruptor en el circuito primario se cierra o abre repentinamente. En el instante en el que se cierra el interruptor en el circuito primario, la aguja del galvanómetro en el circuito secundario se desvía en una dirección y luego regresa a cero. Cuando se abre el interruptor, la aguja del galvanómetro se desvía en la dirección opuesta y vuelve a

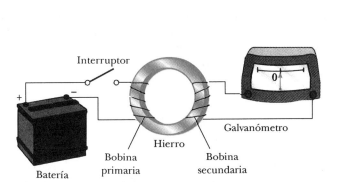

FIGURA 31.2 Experimento de Faraday. Cuando el interruptor en el circuito primario a la izquierda se cierra, se desvía momentáneamente la aguja del galvanómetro en el circuito secundario a la derecha. La fem inducida en el circuito secundario es provocada por el campo magnético variable a través de la bobina en este circuito.

regresar a cero. Por último el galvanómetro registra el valor cero cuando hay una corriente estable en el circuito primario.

Como resultado de estas observaciones, Faraday concluyó que *una corriente eléctrica puede producirse variando un campo magnético*. Una corriente no puede producirse mediante un campo magnético estable. La corriente que se produce en el circuito secundario ocurre sólo durante un instante mientras el campo magnético a través de la bobina secundaria está cambiando. En efecto, el circuito secundario se comporta como si hubiera una fuente de fem conectada a él durante un breve instante. Es usual afirmar que

una fem inducida se produce en el circuito secundario mediante un campo magnético variable.

Estos dos experimentos tienen algo en común. En ambos casos se induce una fem en un circuito cuando el flujo de campo magnético a través del circuito cambia con el tiempo. De hecho, un enunciado general que resume dichos experimentos en los que se incluyen corrientes inducidas y fems es el siguiente:

La fem inducida en un circuito es directamente proporcional a la tasa de cambio en el tiempo del flujo magnético a través del circuito.

Este enunciado, conocido como **ley de inducción de Faraday**, puede escribirse

$$\mathcal{E} = -\frac{d\Phi_B}{dt} \tag{31.1}$$

Ley de Faraday

donde Φ_B es el flujo magnético que circunda el circuito (sección 30.6), el cual puede expresarse como

$$\Phi_B = \int \mathbf{B} \cdot d\mathbf{A} \tag{31.2}$$

La integral dada por la ecuación 31.2 se toma sobre el área delimitada por el circuito. El significado del signo negativo en la ecuación 31.1 es una consecuencia de la ley de Lenz y será analizado en la sección 31.3. Si el circuito es una bobina que consta de *N* vueltas, todas de la misma área, y si el flujo circunda todas las vueltas, la fem inducida es

$$\mathcal{E} = -N\frac{d\Phi_B}{dt} \tag{31.3}$$

Suponga que el campo magnético es uniforme sobre un lazo de área *A* que se encuentra en un plano, como en la figura 31.3. En este caso, el flujo a través del lazo es igual a $BA \cos \theta$; por lo tanto, la fem inducida puede expresarse como

$$\mathcal{E} = -\frac{d}{dt}(BA \cos \theta) \tag{31.4}$$

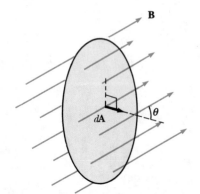

FIGURA 31.3 Un lazo de conducción de área *A* en presencia de un campo magnético uniforme **B**, el cual está a un ángulo θ con la normal al lazo.

A partir de esta expresión, vemos que una fem puede inducirse en el circuito de varias maneras:

* La mangitud de **B** puede variar con el tiempo.
* El área del circuito puede cambiar con el tiempo.
* El ángulo θ entre **B** y la normal al plano puede cambiar con el tiempo.
* Cualquier combinación de las anteriores puede ocurrir.

Algunas aplicaciones de la ley de Faraday

El interruptor de falla a tierra (IFT) es un interesante dispositivo de seguridad que protege a los usuarios de energía eléctrica contra choques eléctricos cuando tocan aparatos. Su operación aprovecha la ley de Faraday. La figura 31.4 muestra sus partes esenciales. El alambre 1 va de la toma de corriente de la pared al aparato que se va a proteger, y el alambre 2 va del aparato y regresa a la toma de corriente de la pared. Un anillo de hierro rodea a los dos alambres de modo que se confina el campo magnético establecido por cada uno de ellos. Una bobina de detección, la cual puede activar a un interruptor de circuito cuando ocurren cambios en el flujo magnético, se enrolla alrededor de una parte del anillo de hierro. Debido a que las corrientes en los alambres están en direcciones opuestas, el campo magnético neto a través de la bobina de detección debido a las corrientes es cero. Sin embargo, si ocurre una falla del aislamiento que conecta ya sea el alambre vivo o el neutro con la caja, y consecuentemente a la tierra de seguridad o al usuario que sostiene la caja, el flujo magnético neto a través de la bobina de detección ya no es cero. Debido a que la corriente se está alternando, el flujo magnético a través de la bobina de detección cambia con el tiempo, produciendo un voltaje inducido en la bobina. Dicho voltaje se usa para activar un interruptor de circuito, interrumpiendo la corriente antes de que pueda dañar a la persona que usa el aparato.

Otra interesante aplicación de la ley de Faraday es la producción de sonido en una guitarra eléctrica. Una cuerda vibrante induce una fem en una bobina (Fig. 31.5). La bobina captora se pone cerca de la cuerda vibrante, la cual está hecha de un metal que puede magnetizarse. El imán permanente dentro de la bobina magnetiza la porción de la cuerda más cerca de ella. Cuando la cuerda vibra a cierta frecuencia, su segmento magnetizado produce un flujo magnético variable a través de la bobina captora. El flujo variable induce un voltaje en la bobina, el cual alimenta a

Esta moderna parrilla eléctrica cocina alimentos utilizando el principio de inducción. Se hace pasar una corriente circulante a través de una bobina situada debajo de la superficie de cocimiento hecha de un vidrio especial. La corriente produce un campo magnético oscilante, el cual induce una corriente en el utensilio de cocimiento. Puesto que éste tiene cierta resistencia eléctrica, la energía eléctrica asociada a la corriente inducida se transforma en energía térmica, provocando que el utensilio y su contenido se calienten. *(Corning Inc.)*

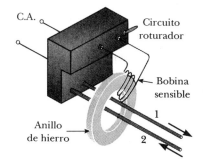

FIGURA 31.4 Componentes esenciales de un interruptor de falla a tierra.

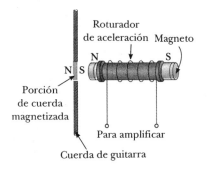

FIGURA 31.5 En una guitarra eléctrica, una cuerda vibrante induce un voltaje en una bobina de captación.

un amplificador. La salida del amplificador se envía a los altavoces, lo que produce el sonido que escuchamos.

EJEMPLO 31.1   Una forma de inducir una fem en una bobina

Una bobina está enrollada con 200 vueltas de alambre sobre el perímetro de un armazón cuadrado de 18 cm de lado. Cada vuelta tiene la misma área, igual a la del armazón, y la resistencia total de la bobina es 2.0 Ω. Se activa un campo magnético uniforme perpendicular al plano de la bobina. Si el campo cambia linealmente de 0 a 0.50 Wb/m², en un tiempo de 0.80 s, encuentre la magnitud de la fem inducida en la bobina mientras está cambiando el campo.

Solución   El área del lazo es $(0.18 \text{ m})^2 = 0.0324 \text{ m}^2$. El flujo magnético a través del lazo en $t = 0$ es cero puesto que $B = 0$. En $t = 0.80$ s, el flujo magnético a través del lazo es $\Phi_B = BA = (0.50$

Wb/m²) $(0.0324 \text{ m}^2) = 0.0162$ Wb. Por lo tanto, la magnitud de la fem inducida es

$$|\mathcal{E}| = \frac{N\Delta\Phi_B}{\Delta t} = \frac{200(0.0162 \text{ Wb} - 0 \text{ Wb})}{0.80 \text{ s}} = \boxed{4.1 \text{ V}}$$

(Observe que 1 Wb = 1 V · s.)

Ejercicio   ¿Cuál es la magnitud de la corriente inducida en la bobina mientras el campo está cambiando?

Respuesta   2.0 A.

Michael Faraday fue un físico y químico británico que ha sido considerado como el científico experimental más notable del siglo XVIII. Sus numerosas contribuciones al estudio de la electricidad incluyen la invención del motor eléctrico, el generador eléctrico y el transformador, así como el descubrimiento de la inducción electromagnética, las leyes de la electrólisis, el descubrimiento del benceno y la teoría de que el plano de polarización de la luz gira en un campo eléctrico.

Faraday nació en 1791 en los campos ingleses, pero su familia se mudó a Londres poco tiempo después. Uno de diez hijos de un herrero, Faraday recibió una mínima educación y se convirtió en aprendiz de un encuadernador de libros a la edad de 14 años. Le fascinaron los artículos acerca de la electricidad y la química y tuvo la fortuna de tener un patrón que le permitía leer libros y asistir a conferencias científicas. De la Sociedad Filosófica de la Ciudad recibió cierta educación en ciencias.

Cuando Faraday terminó su aprendizaje en 1812, esperaba dedicarse a la bibliotecología en lugar de a la ciencia. Ese mismo año, Faraday asistió a una conferenia de Humphry Davy, quien hizo muchas contribuciones en el campo del calor y la termodinámica. Faraday envió

Michael Faraday
| 1 7 9 1 - 1 8 6 7 |

386 páginas de notas, amarradas con una cinta de piel, a Davy; éste se impresionó y nombró a Faraday su asistente permanente en la Royal Institution. Faraday viajó por Francia e Italia de 1813 a 1815 con Davy, tiempo en el que visitó a grandes

científicos de la época, como Volta y Vauquelin.

A pesar de sus limitados conocimientos matemáticos, Faraday tuvo éxito al llevar a cabo descubrimientos básicos sobre los cuales virtualmente dependen todos nuestros usos de la electricidad. Concibió la naturaleza fundamental del magnetismo y, hasta cierto punto, la de la electricidad y la luz.

Como un modesto hombre que se contentó con servir a la ciencia lo mejor que pudo, Faraday declinó un título de caballero y un ofrecimiento para convertirse en presidente de la Royal Society. Fue también un hombre ético: rechazó tomar parte en la preparación de un gas venenoso que se usaría en la guerra de Crimea.

Faraday murió en 1867. Sus muchos logros son reconocidos por el uso de su nombre. La constante de Faraday es la cantidad de electricidad requerida para entregar una cantidad estándar de sustancia en la electrólisis, y la unidad del SI de capacitancia es el farad.

(Por la amable cortesía del presidente y del Consejo de la Royal Society)

EJEMPLO 31.2 Un campo B que decae exponencialmente

Un lazo plano de alambre de área A se coloca en una región donde el campo magnético es perpendicular al plano. La magnitud de **B** varía en el tiempo de acuerdo con la expresión $B = B_0 e^{-at}$. Esto es, en $t = 0$ el campo es B_0, y para $t > 0$, el campo disminuye exponencialmente en el tiempo (Fig. 31.6). Determine la fem inducida en el lazo como una función del tiempo.

Solución   Puesto que **B** es perpendicular al plano del lazo, el flujo magnético a través de éste en el tiempo $t > 0$ es

$$\Phi_B = BA = AB_0 e^{-at}$$

Así mismo, puesto que el coeficiente AB_0 y el parámetro A son constantes, la fem inducida puede ser calculada de la ecuación 31.1:

$$\mathcal{E} = -\frac{d\Phi_B}{dt} = -AB_0 \frac{d}{dt} e^{-at} = \boxed{aAB_0 e^{-at}}$$

Es decir, la fem inducida decae exponencialmente en el tiempo. Observe que la fem máxima ocurre en $t = 0$, donde $\mathcal{E}_{máx} = aAB_0$. ¿Por qué esto es cierto? La gráfica de $\mathcal{E}$ contra t es similar a la curva de B contra t mostrada en la figura 31.4.

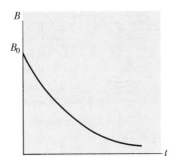

FIGURA 31.6 (Ejemplo 31.2) Disminución exponencial del campo magnético con el tiempo. La fem inducida y la corriente inducida tiene variaciones similares en el tiempo.

31.2 FEM DE MOVIMIENTO

En los ejemplos 31.1 y 31.2, consideramos casos en los cuales se produce una fem en un circuito cuando el campo magnético cambia con el tiempo. En esta sección describiremos la llamada **fem de movimiento**, la cual es la fem inducida en un conductor que se mueve a través de un campo magnético.

Primero, considere un conductor recto de longitud ℓ que se mueve con velocidad constante a través de un campo magnético uniforme dirigido hacia dentro del papel, como se muestra en la figura 31.7. Por simplicidad, supongamos que el conductor se mueve perpendicularmente al campo. Los electrones en el conductor experimentarán una fuerza a lo largo del mismo dada por $\mathbf{F} = q\mathbf{v} \times \mathbf{B}$. Bajo la influencia de esta fuerza, los electrones se moverán al extremo inferior y se acumularán ahí, dejando una carga positiva neta en el extremo superior. Por tanto, un campo eléctrico se produce dentro del conductor como resultado de esta separación de carga. La carga en los extremos se acumula hasta que la fuerza magnética qvB es equilibrada por la fuerza eléctrica qE. En este punto, la carga deja de fluir y la condición de equilibrio requiere que

$$qE = qvB \qquad \text{o} \qquad E = vB$$

Puesto que el campo eléctrico es constante, el campo eléctrico producido en el conductor se relaciona con la diferencia de potencial entre los extremos, de acuerdo con la relación $V = E\ell$. De este modo,

$$V = E\ell = B\ell v$$

donde el extremo superior está a un potencial más alto que el extremo inferior. Así, *se mantiene una diferencia de potencial entre los extremos del conductor siempre que haya movimiento a través del campo. Si el movimiento se invierte, lo mismo ocurre con la polaridad de V.*

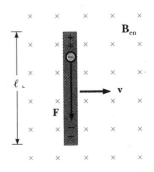

FIGURA 31.7 Una barra conductora recta de longitud ℓ que se mueve con una velocidad **v** a través de un campo magnético uniforme **B** dirigido perpendicular a **v**. Una fem igual a $B\ell v$ se induce entre los extremos de la barra.

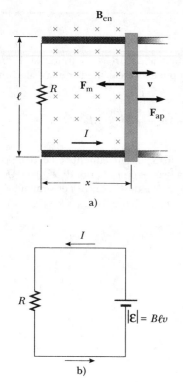

FIGURA 31.8 a) Una barra conductora que se desliza con una velocidad **v** a lo largo de dos rieles conductores bajo la acción de una fuerza aplicada **F**$_{ap}$. La fuerza magnética **F**$_m$ se opone al movimiento, y una corriente en la dirección contraria a la de las manecillas del reloj se induce en el lazo. b) El circuito equivalente de a).

Se presenta una situación más interesante si el conductor en movimiento es parte de una trayectoria de conducción cerrada. Esta situación es particularmente útil para ilustrar cómo un campo magnético variable puede causar una corriente inducida en un circuito cerrado. Considere un circuito impuesto por una barra de conducción de longitud ℓ que se desliza a lo largo de dos rieles conductores paralelos y fijos, como el de la figura 31.8a. Por simplicidad, suponemos que la barra en movimiento tiene resistencia cero y que la parte estacionaria del circuito tiene una resistencia R. Un campo magnético uniforme y constante **B** se aplica perpendicularmente al plano del circuito. Cuando la barra se empuja hacia la derecha con una velocidad **v**, bajo la influencia de una fuerza aplicada **F**$_{ap}$, las cargas libres en la barra experimentan una fuerza magnética a lo largo de la longitud de la misma. Esta fuerza, a su vez, establece una corriente inducida puesto que las cargas son libres de moverse en una trayectoria conductora cerrada. En este caso, la tasa de cambio de flujo magnético a través del lazo y la fem inducida correspondiente a través de la barra móvil son proporcionales al cambio en el área del lazo a medida que la barra se mueve por el campo magnético. Como veremos, si la barra se jala hacia la derecha con velocidad constante, el trabajo efectuado por la fuerza aplicada se disipa en forma de calentamiento joule en el elemento resistivo del circuito.

Puesto que el área del circuito es en cualquier instante ℓx, el flujo magnético externo a través del circuito es

$$\Phi_B = B\ell x$$

donde x es el ancho del circuito, el cual cambia con el tiempo. Usando la ley de Faraday, encontramos que la fem inducida es

$$\mathcal{E} = -\frac{d\Phi_B}{dt} = -\frac{d}{dt}(B\ell x) = -B\ell\frac{dx}{dt}$$

$$\mathcal{E} = -B\ell v \tag{31.5}$$

Si la resistencia del circuito es R, la magnitud de la corriente inducida es

$$I = \frac{|\mathcal{E}|}{R} = \frac{B\ell v}{R} \tag{31.6}$$

El diagrama del circuito equivalente para este ejemplo se muestra en la figura 31.8b.

Examinemos el sistema empleando consideraciones de energía. Puesto que no hay batería en el circuito, uno puede estar sorprendido respecto del origen de la corriente inducida y la energía eléctrica en el sistema. Podemos entender esto al observar que la fuerza externa realiza trabajo sobre el conductor, y, por esa razón, mueve las cargas móviles a través de un campo magnético. Esto ocasiona que las cargas se muevan a lo largo del conductor con cierta velocidad de arrastre promedio y, en consecuencia, se establece una corriente. Desde el punto de vista de la conservación de la energía, el trabajo total efectuado por la fuerza aplicada durante algún intervalo de tiempo debe ser igual a la energía eléctrica que la fem inducida proporciona en ese mismo periodo. Además, si la barra se mueve con velocidad constante, el trabajo hecho debe ser igual a la energía disipada como calor en el resistor en este intervalo de tiempo.

A medida que el conductor de longitud ℓ se mueve a través del campo magnético uniforme **B**, experimenta una fuerza magnética **F**$_m$ de magnitud $I\ell B$ (sección 29.2). La dirección de esta fuerza es opuesta al movimiento de la barra, o hacia la izquierda en la figura 31.8a.

Si la fuerza se va a mover con una velocidad constante, la fuerza aplicada debe ser igual y opuesta a la fuerza magnética, o hacia la derecha en la figura 31.8a. Si la fuerza magnética actuara en la dirección del movimiento, causaría que la barra se acelerara una vez que se pusiera en movimiento, incrementando por ello su velocidad. Esta situación representaría una violación del principio de la conservación de la energía. Usando la ecuación 31.6 y el hecho de que $F_{ap} = I\ell B$, encontramos que la potencia entregada por la fuerza aplicada es

$$P = F_{ap}v = (I\ell B)v = \frac{B^2\ell^2v^2}{R} = \frac{V^2}{R} \qquad (31.7)$$

Esta potencia es igual a la tasa a la cual la energía se disipa en el resistor, I^2R, como habríamos esperado. También es igual a la potencia $I\mathcal{E}$ suministrada por la fem inducida. Este ejemplo es una clara demostración de la conversión de energía mecánica en energía eléctrica y finalmente en energía térmica (calentamiento joule).

EJEMPLO CONCEPTUAL 31.3

Un lazo circular de alambre se localiza en un campo magnético uniforme y constante. Describa cómo puede inducirse una fem en el lazo.

Razonamiento   De acuerdo con la ley de Faraday se induce una fem en un lazo de alambre si el flujo magnético a través del lazo cambia con el tiempo. En esta situación, una fem puede ser inducida ya sea rotando el lazo alrededor de un eje arbitrario o cambiando la forma del lazo.

EJEMPLO CONCEPTUAL 31.4

Una nave espacial que orbita la Tierra tiene una bobina de alambre en ella. Un astronauta mide una pequeña corriente en la bobina a pesar de que no hay una batería conectada a ella y no hay imanes en la nave. ¿Qué provoca la corriente?

Razonamiento   A medida que la nave espacial se mueve por el espacio, aparentemente lo hace de una región de una intensidad de campo magnético a una región de intensidad de campo magnético diferente. El campo magnético variable a través de la bobina induce una fem y una corriente inducida correspondiente en la misma.

EJEMPLO 31.5   Fem inducida en una barra rotatoria

Una barra conductora de longitud ℓ rota con una velocidad angular constante ω alrededor de un pivote en un extremo. Un campo magnético uniforme **B** está dirigido perpendicularmente al plano de rotación, como en la figura 31.9. Determine la fem inducida entre los extremos de la barra.

Solución   Considere un segmento de la barra de longitud dr, cuya velocidad es **v**. De acuerdo con la ecuación 31.5, la fem inducida en un conductor de esta longitud que se mueve perpendicularmente a un campo **B** es

$$(1) \qquad d\mathcal{E} = Bv\,dr$$

Cada segmento de la barra se mueve perpendicularmente a **B**, de modo que hay una fem generada a través de cada segmento; el valor de esta fem está dado por 1). Al sumar las fems induci-

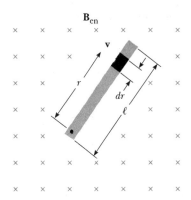

FIGURA 31.9 (Ejemplo 31.5) Una barra conductora que gira alrededor de un pivote en un extremo en un campo magnético uniforme que es prependicular al plano de rotación. Se induce una fem entre los extremos de la barra.

das en todos los elementos, los cuales están en serie, se obtiene la fem total entre los extremos de la barra. Es decir,

$$\mathcal{E} = \int Bv\, dr$$

Para integrar esta expresión, advierta que la velocidad lineal de

un elemento se relaciona con la velocidad angular ω a través de la relación $v = r\omega$. Por lo tanto, puesto que B y ω son constantes, encontramos que

$$\mathcal{E} = B \int v\, dr = B\omega \int_0^e r\, dr = \boxed{\tfrac{1}{2} B\omega\ell^2}$$

EJEMPLO 31.6   Fuerza magnética sobre una barra deslizante

Una barra de masa m y longitud ℓ se mueve sobre dos rieles paralelos sin fricción en presencia de un campo magnético uniforme dirigido hacia dentro del papel (Fig. 31.10). A la barra se le da una velocidad inicial $\mathbf{v}_0$ hacia la derecha y se suelta. Determine la velocidad de la barra como una función del tiempo.

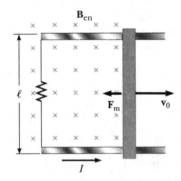

FIGURA 31.10 (Ejemplo 31.6) Una barra conductora de longitud ℓ que se desliza sobre dos rieles conductores fijos y que se le da una velocidad inicial $\mathbf{v}_0$ hacia la derecha.

Solución   Advierta primero que la corriente inducida está en la dirección contraria a la de las manecillas del reloj y que la fuerza magnética es $F_m = I\ell B$, donde el signo negativo significa que la fuerza es hacia la izquierda y retarda el movimiento. Ésta es sólo la fuerza horizontal que actúa sobre la barra y, consecuentemente, la segunda ley de Newton aplicada al movimiento en la dirección horizontal produce

$$F_x = ma = m\frac{dv}{dt} = -I\ell B$$

Puesto que la corriente inducida está dada por la ecuación 31.6, $I = B\ell v/R$, podemos escribir esta expresión como

$$m\frac{dv}{dt} = -\frac{B^2\ell^2}{R}v$$

$$\frac{dv}{v} = -\left(\frac{B^2\ell^2}{mR}\right)dt$$

Integrando esta última ecuación y utilizando la condición inicial de que $v = v_0$ en $t = 0$, encontramos que

$$\int_{v_0}^{v}\frac{dv}{v} = \frac{-B^2\ell^2}{mR}\int_0^t dt$$

$$\ln\left(\frac{v}{v_0}\right) = -\left(\frac{B^2\ell^2}{mR}\right)t = -\frac{t}{\tau}$$

donde la constante $\tau = mR/B^2\ell^2$. A partir de esto vemos que la velocidad puede expresarse en la forma exponencial

$$\boxed{v = v_0 e^{-t/\tau}}$$

Por lo tanto la velocidad de la barra disminuye exponencialmente con el tiempo bajo la acción de una fuerza retardadora magnética. Además, si sustituimos este resultado en las ecuaciones 31.5 y 31.6, encontramos que la fem inducida y la corriente inducida decrecen también exponencialmente con el tiempo. Esto es

$$I = \frac{B\ell v}{R} = \frac{B\ell v_0}{R}e^{-t/\tau}$$

$$\mathcal{E} = IR = B\ell v_0 e^{-t/\tau}$$

31.3   LEY DE LENZ

La dirección de la fem inducida y de la corriente inducida puede encontrarse por medio de la ley de Lenz,[2] la cual puede establecerse como sigue:

Un enunciado de la ley de Lenz

> La polaridad de una fem inducida es tal que tiende a producir una corriente que creará un flujo magnético que se opone al cambio del flujo magnético a través del lazo.

---

[2] Desarrollada por el físico alemán Heinrich Lenz (1804-1865).

Esto significa que la corriente inducida tiende a evitar el cambio del flujo original a través del circuito. La interpretación de este enunciado depende de las circunstancias. Como veremos, esta ley es una consecuencia de la ley de la conservación de la energía.

Con el propósito de obtener un mejor entendimiento de la ley de Lenz, regresaremos al ejemplo de una barra que se mueve hacia la derecha sobre dos rieles paralelos en presencia de un campo magnético uniforme dirigido hacia dentro de la página (Fig. 31.11a). A medida que la barra se mueve hacia la derecha, el flujo magnético a través del circuito aumenta con el tiempo puesto que el área del lazo se incrementa. La ley de Lenz señala que la corriente inducida debe estar en una dirección tal que el flujo que produzca se oponga al cambio en el flujo magnético externo. En vista de que el flujo debido al campo externo está aumentando hacia dentro de la página, si la corriente inducida se va a oponer al cambio debe producir un flujo hacia afuera de la página. Por consiguiente, la corriente inducida debe ser en dirección contraria a la de las manecillas del reloj cuando la barra se mueve hacia la derecha para dar un flujo contrario hacia afuera de la página en la región dentro del lazo. (Emplee la regla de la mano derecha para verificar esta dirección.) Por otra parte, si la barra se está moviendo hacia la izquierda, como en la figura 31.11b, el flujo magnético a través del lazo disminuye con el tiempo. Puesto que el flujo es hacia dentro de la página, la corriente inducida tiene que estar en la dirección de las manecillas del reloj para producir un flujo hacia dentro de la página en el interior del lazo. En cualquier caso, la corriente inducida tiende a mantener el flujo original a través del circuito.

Consideremos ahora esta situación desde el punto de vista de las consideraciones de energía. Suponga que se da a la barra un ligero empujón hacia la derecha. En el análisis anterior encontramos que este movimiento conduce a una corriente contraria a la de las manecillas del reloj en el lazo. Veamos qué sucede si suponemos que la corriente es en la dirección de las manecillas. Para una corriente *I* en tal dirección, la dirección de la fuerza magnética sobre la barra deslizante sería hacia la derecha. Esta fuerza aceleraría la barra y aumentaría su velocidad. Esto, a su vez, sería la causa de que el área del lazo aumentara más rápidamente, incrementando así la corriente inducida, lo cual aumentaría la fuerza, lo que incrementaría la corriente, que… En efecto, el sistema adquiriría energía sin energía de entrada adicional. Esto es claramente inconsistente con toda la experiencia y con la ley de la conservación de la energía. De este modo, estamos obligados a concluir que la corriente debe ser en la dirección contraria a la de las manecillas del reloj.

Considere otra situación, una en la que un imán de barra se mueve hacia la derecha en dirección a un lazo de alambre estacionario, como en la figura 31.12a. Conforme el imán se mueve a la derecha hacia el lazo, el flujo magnético a través de éste aumenta con el tiempo. Para contrarrestar este aumento en el flujo hacia la derecha, la corriente inducida produce un flujo hacia la izquierda, como en la figu-

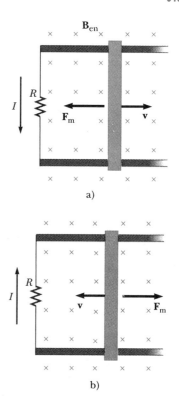

FIGURA 31.11 a) A medida que la barra conductora se desliza sobre los dos rieles conductores fijos, el campo magnético a través del lazo aumenta en el tiempo. Por la ley de Lenz, la corriente inducida debe ser contraria a la de las manecillas del reloj de manera que produzca un flujo que actúe contrariamente hacia fuera de la página. b) Cuando la barra se mueve hacia la izquierda, la coriente inducida debe ser en el sentido de las manecillas del reloj. ¿Por qué?

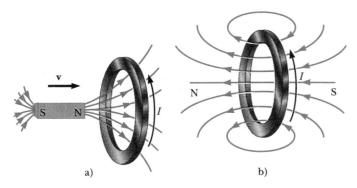

FIGURA 31.12 a) Cuando el imán se mueve hacia el lazo conductor estacionario, se induce una corriente en la dirección indicada. b) Esta corriente inducida produce su propio flujo hacia la izquierda para contrarrestar el flujo externo creciente hacia la derecha.

ra 31.12b; por lo tanto, la corriente inducida está en la dirección mostrada. Observe que las líneas de campo magnético asociadas a la corriente inducida se oponen al movimiento del imán. En consecuencia, la cara izquierda del lazo de corriente es un polo norte y la cara derecha es un polo sur.

Por otra parte, si el imán se hubiera movido hacia la izquierda, su flujo a través del lazo, el cual es hacia la derecha, disminuiría en el tiempo. En estas circunstancias la corriente inducida en el lazo estaría en una dirección tal para establecer un campo a través del lazo dirigido de izquierda a derecha en un esfuerzo por mantener un número constante de líneas de flujo. De este modo, la corriente inducida en el lazo sería opuesta a la que se muestra en la figura 31.12b. En este caso, la cara izquierda del lazo sería un polo sur y la cara derecha sería un polo norte.

EJEMPLO CONCEPTUAL 31.7   Aplicación de la ley de Lenz

En la figura 31.13a se muestra una bobina de alambre colocada cerca de un electroimán. Encuentre la dirección de la corriente inducida en la bobina a) en el instante en que se cierra el inte-

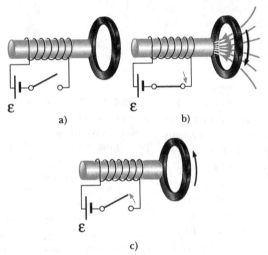

FIGURA 31.13 (Ejemplo conceptual 31.7).

rruptor, b) después de que se ha cerrado el interruptor durante varios segundos y c) cuando se abre el interruptor.

Razonamiento   a) Cuando el interruptor se cierra, la situación cambia de una condición en la cual no pasan líneas de flujo a través de la bobina a una en la que las líneas de flujo pasan a través de ella en la dirección mostrada en la figura 31.13b. Para contrarrestar este cambio en el número de líneas, la bobina debe establecer un campo de izquierda a derecha en la figura. Para esto es necesario una corriente dirigida, como se indica en la figura 31.13b.

b) Después de que el interruptor se ha cerrado por varios segundos no hay cambio en el número de líneas a través del lazo; por lo tanto, la corriente inducida es cero.

c) La apertura del interruptor causa que el campo magnético cambie de una condición en la cual las líneas de flujo pasan a través de la bobina de derecha a izquierda a una condición de flujo cero. La corriente inducida debe ser entonces como la ilustrada en la figura 31.13c, de modo que establezca su propio campo de derecha a izquierda.

EJEMPLO 31.8   Un lazo que se mueve a través de un campo B

Un lazo rectangular de dimensiones ℓ y w y resistencia R se mueve con velocidad constante v hacia la derecha, como se muestra en la figura 31.14a. Sigue moviéndose con esta velocidad por una región que contiene un campo magnético uniforme **B** dirigido hacia adentro de la página y que se extiende una distancia $3w$. Grafique a) el flujo, b) la fem inducida y c) la fuerza externa que actúa sobre el lazo como una función de la posición de éste en el campo.

Razonamiento y solución   a) La figura 31.14b muestra el flujo a través del lazo como una función de la posición de éste. Antes de que el lazo entre al campo, el flujo es cero. A medida que ingresa en él, el flujo aumenta linealmente con la posición. Por último, el flujo disminuye linealmente hasta cero cuando el lazo abandona el campo.

b) Antes de que el lazo entre al campo, no hay fem inducida puesto que no hay campo presente (Fig. 31.14c). Conforme el

lado derecho del lazo ingresa al campo, el flujo hacia adentro empieza a crecer. Por consiguiente, de acuerdo con la ley de Lenz, la corriente inducida es en sentido contrario al de las manecillas del reloj y la fem inducida está dada por $-B\ell v$. Esta fem de movimiento surge de la fuerza magnética experimentada por cargas en el lado derecho del lazo. Cuando el lazo está por completo en el campo, el cambio en el flujo es cero y, por tanto, la fem desaparece.

Desde otro punto de vista, los lados derecho e izquierdo del lazo experimentan fuerzas magnéticas que tienden a establecer corrientes que se cancelan entre sí. Cuando el lado derecho del lazo sale del campo, el flujo hacia adentro empieza a disminuir, se induce una corriente en la dirección de las manecillas del reloj y la fem inducida es $B\ell v$. Tan pronto como el lado izquierdo sale del campo, la fem se reduce a cero.

c) La fuerza externa que debe actuar sobre el lazo para mantener este movimiento se grafica en la figura 31.14d. Cuando el lazo no está en el campo, no hay fuerza magnética sobre él; en consecuencia, la fuerza externa sobre el mismo debe ser cero si v es constante. Cuando el lado derecho del lazo entra al campo, la fuerza externa necesaria para mantener la velocidad constante debe ser igual y opuesta a la fuerza magnética sobre ese lado, dada por $F_m = -I\ell B = -B^2\ell^2 v/R$. Cuando el lazo está por completo en el campo, el flujo a través de él no cambia con el tiempo. Por lo tanto, la fem neta inducida en el lazo es cero y la corriente también es cero. Por consiguiente, ninguna fuerza externa es necesaria para mantener el movimiento del lazo. (Desde otro punto de vista, los lados derecho e izquier-do del lazo experimentan fuerzas iguales y opuestas; así, la fuerza neta es cero.) Por último, a medida que el lado derecho sale del campo, la fuerza externa debe ser igual y opuesta a la fuerza magnética sobre el lado izquierdo del lazo. A partir de este análisis, concluimos que la potencia sólo se suministra cuando el lazo está ya sea entrando o saliendo del campo. Asimismo, este ejemplo muestra que la fem inducida en el lazo puede ser cero ¡aun cuando haya movimiento a través del campo! También en este caso, se subraya que una fem se induce en el lazo sólo cuando el flujo magnético a través de éste cambia en el tiempo.

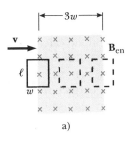
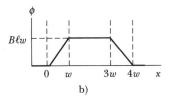
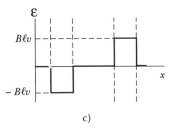
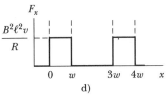

FIGURA 31.14 (Ejemplo 31.8) a) Un lazo rectangular conductor de ancho w y longitud ℓ que se mueve con una velocidad **v** a través de un campo magnético uniforme que se extiende una distancia $3w$. b) Una gráfica del flujo como una función de la posición del lazo. c) Una gráfica de la fem inducida contra la posición del lado delantero. d) Una gráfica de la fuerza contra la posición tal que la velocidad del lazo permanece constante.

31.4 FEMS INDUCIDAS Y CAMPOS ELÉCTRICOS

Hemos visto que un flujo magnético cambiante induce a una fem y una corriente en un lazo de conducción. Debemos concluir en consecuencia que *un campo eléctrico se crea en el conductor como resultado del flujo magnético cambiante*. En efecto, la ley de la inducción electromagnética muestra que *un campo eléctrico siempre se genera por medio de un flujo magnético variable*, incluso en el espacio libre donde no hay cargas presentes. Sin embargo, este campo eléctrico inducido tiene propiedades que son bastante diferentes de las correspondientes a un campo electrostático *producido por cargas estacionarias*.

Podemos ilustrar este punto considerando un lazo de conducción de radio r situado en un campo magnético uniforme que está perpendicular al plano del lazo, como se ve en la figura 31.15. Si el campo magnético cambia con el tiempo, entonces la ley de Faraday nos indica que una fem dada por $\mathcal{E} = -d\Phi_B/dt$ se induce en el lazo. La corriente inducida que se produce implica la presencia de un campo eléctrico inducido **E**, el cual debe estar tangente al lazo pues todos los puntos en el mismo son equivalentes. El trabajo hecho al mover una carga de prueba q una vez alrededor del lazo es igual a $q\mathcal{E}$. Puesto que la fuerza eléctrica sobre la carga es q**E**, el trabajo realizado por esta fuerza al mover la carga una vez alrededor del lazo está dado por

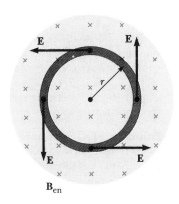

FIGURA 31.15 Un lazo de radio r en un campo magnético uniforme perpendicular al plano del lazo. Si **B** cambia en el tiempo, se induce un campo eléctrico en una dirección tangente al lazo.

$qE(2\pi r)$, donde $2\pi r$ es la circunferencia del lazo. Estas dos expresiones para el trabajo deben ser iguales; por lo tanto, vemos que

$$q\mathcal{E} = qE(2\pi r)$$

$$E = \frac{\mathcal{E}}{2\pi r}$$

Con este resultado, la ley de Faraday y el hecho de que $\Phi_B = BA = \pi r^2 B$ para un lazo circular, encontramos que el campo eléctrico inducido puede expresarse como

$$E = -\frac{1}{2\pi r}\frac{d\Phi_B}{dt} = -\frac{r}{2}\frac{dB}{dt} \qquad (31.8)$$

Si la variación en el tiempo del campo magnético se especifica, el campo eléctrico inducido se puede calcular con facilidad a partir de la ecuación 31.8. El signo negativo indica que el campo eléctrico inducido $\mathbf{E}$ se opone al cambio en el campo magnético. Es importante entender que *este resultado es válido en ausencia de un conductor.* Es decir, una carga libre colocada en un campo magnético variable también puede experimentar el mismo campo eléctrico.

La fem para cualquier trayectoria cerrada puede expresarse como la integral de línea $\mathbf{E}\cdot d\mathbf{s}$ sobre esa trayectoria. En casos más generales, E no puede ser constante, y la trayectoria no puede ser un círculo. Por tanto, la ley de inducción de Faraday, $\mathcal{E} = -d\Phi_B/dt$, puede escribirse como

Ley de Faraday en forma general

$$\oint \mathbf{E}\cdot d\mathbf{s} = -\frac{d\Phi_B}{dt} \qquad (31.9)$$

Es importante reconocer que *el campo eléctrico inducido* $\mathbf{E}$ *que aparece en la ecuación 31.9 es uno no conservativo y variable en el tiempo que se genera a partir de un campo magnético variable.* El campo $\mathbf{E}$ que satisface la ecuación 31.9 podría no ser un campo electrostático por la siguiente razón. Si lo fuera, y consecuentemente fuera conservativo, la integral de línea de $\mathbf{E}\cdot d\mathbf{s}$ a lo largo de un lazo cerrado sería cero, contrariamente a la ecuación 31.9.

EJEMPLO 31.9   Campo eléctrico debido a un solenoide

Un largo solenoide de radio R tiene n vueltas por unidad de longitud y conduce una corriente que varía en el tiempo sinusoidalmente como $I = I_0 \cos \omega t$, donde I_0 es la máxima corriente y ω es la frecuencia angular de la fuente de corriente (Fig. 31.16). a) Determine el campo eléctrico fuera del solenoide, a una distancia r de su eje.

Solución   Primero consideremos un punto externo y tomemos la trayectoria para nuestra integral de línea como un círculo centrado en el solenoide, de acuerdo con la figura 31.16. Por simetría vemos que la magnitud de $\mathbf{E}$ es constante sobre esta trayectoria y tangente a ella. El flujo magnético a través de esta trayectoria está dado por $BA = B(\pi R^2)$, por lo que la ecuación 31.9 produce

$$\oint \mathbf{E}\cdot d\mathbf{s} = -\frac{d}{dt}[B(\pi R^2)] = -\pi R^2\frac{dB}{dt}$$

$$E(2\pi r) = -\pi R^2\frac{dB}{dt}$$

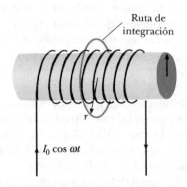

FIGURA 31.16 (Ejemplo 31.9) Un largo solenoide que conduce una corriente variable en el tiempo dada por $I = I_0 \cos \omega t$. Se induce un campo eléctrico tanto dentro como fuera del solenoide.

En vista de que el campo magnético dentro de un largo solenoide está dado por la ecuación 30.20, $B = \mu_0 nI$, e $I = I_0 \cos \omega t$, encontramos que

$$E(2\pi r) = -\pi R^2 \mu_0 nI_0 \frac{d}{dt}(\cos \omega t) = \pi R^2 \mu_0 nI_0 \omega \operatorname{sen} \omega t$$

$$E = \frac{\mu_0 nI_0 \omega R^2}{2r} \operatorname{sen} \omega t \qquad \text{(para } r > R)$$

Por consiguiente, el campo eléctrico varía sinusoidalmente con el tiempo y su amplitud disminuye como $1/r$ fuera del solenoide.

b) ¿Cuál es el campo eléctrico dentro del solenoide a una distancia r de su eje?

Solución   Para un punto interior ($r < R$), el flujo que circunda a un lazo de integración está dado por $B(\pi r^2)$. Utilizando el mismo procedimiento que en el inciso a), encontramos que

$$E(2\pi r) = -\pi r^2 \frac{dB}{dt} = \pi r^2 \mu_0 nI_0 \omega \operatorname{sen} \omega t$$

$$E = \frac{\mu_0 nI_0 \omega}{2} r \operatorname{sen} \omega t \qquad \text{(para } r < R)$$

Esto muestra que la amplitud del campo eléctrico dentro del solenoide aumenta linealmente con r y varía sinusoidalmente con el tiempo.

*31.5   GENERADORES Y MOTORES

Los generadores y motores son dispositivos importantes que funcionan a partir del principio de la inducción electromagnética. En primer término consideremos el **generador de corriente alterna** (o generador ca), un dispositivo que convierte la energía mecánica en energía eléctrica. En su forma más simple, el generador ca se compone de un lazo de alambre que rota por medios externos en un campo magnético (Fig. 31.17a). En las centrales eléctricas, la energía requerida para rotar el lazo puede obtenerse de numerosas fuentes. Por ejemplo, en una central hidroeléctrica el agua que cae directamente sobre los álabes de una turbina produce el movimiento rotatorio; en una planta carboeléctrica el calor producido al quemar el carbón se usa para convertir agua en vapor y éste se dirige hacia los álabes de la turbina. Cuando el lazo gira, el flujo magnético a través de él cambia con el tiempo, induciendo una fem y una corriente en un circuito externo. Los extremos del lazo se conectan a anillos deslizantes que rotan con el lazo. Las conexiones al circuito externo se hacen por medio de escobillas estacionarias en contacto con los anillos deslizantes.

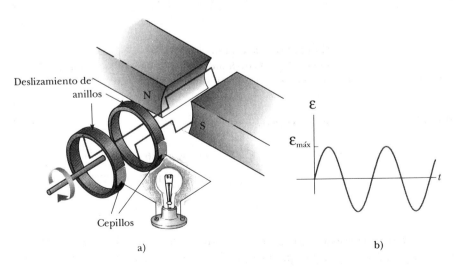

FIGURA 31.17 a) Diagrama esquemático de un generador de ca. Se induce una fem en una bobina que rota por efecto de algún medio externo en un campo magnético. b) La fem alterna inducida en el lazo se grafica contra el tiempo.

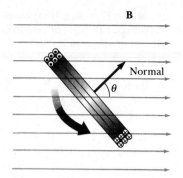

FIGURA 31.18 Un lazo de área A que contiene N vueltas rota con velocidad angular constante ω en presencia de un campo magnético. La fem inducida en el lazo varía sinusoidalmente con el tiempo.

Para poner nuestro análisis del generador en una base cuantitativa, supongamos que el lazo tiene N vueltas (una situación más práctica), todas de la misma área A, y supongamos que el lazo rota con una velocidad angular constante ω. Si τ es el ángulo entre el campo magnético y la normal al plano del lazo, como en la figura 31.18, entonces el flujo magnético a través del lazo en cualquier tiempo t es

$$\Phi_B = BA \cos \theta = BA \cos \omega t$$

donde hemos usado la relación entre el desplazamiento angular y la velocidad angular, $\theta = \omega t$. (Hemos fijado el reloj de modo que $t = 0$ cuando $\theta = 0$.) Por consiguiente, la fem inducida en la bobina es

$$\mathcal{E} = -N\frac{d\Phi_B}{dt} = -NAB\frac{d}{dt}(\cos \omega t) = NAB\omega \, \text{sen} \, \omega t \qquad (31.10)$$

Este resultado indica que la fem varía sinusoidalmente con el tiempo, como se grafica en la figura 31.17b. A partir de la ecuación 31.10 vemos que la fem máxima tiene el valor

$$\mathcal{E}_{\text{máx}} = NAB\omega \qquad (31.11)$$

la cual ocurre cuando $\omega t = 90°$ o $270°$. En otras palabras, $\mathcal{E} = \mathcal{E}_{\text{máx}}$ cuando el campo magnético está en el plano de la bobina y la tasa de cambio en el tiempo del flujo es un máximo. Aun más, la fem es cero cuando $\omega t = 0$ o $180°$, es decir, cuando **B** es perpendicular al plano de la bobina y la tasa de cambio en el tiempo del flujo es cero. La frecuencia de los generadores comerciales en Estados Unidos y Canadá es de 60 Hz, en tanto que en algunos países europeos se utiliza la de 50 Hz. (Recuerde que $\omega = 2\pi f$, donde f es la frecuencia en hertz.)

EJEMPLO 31.10   Fem inducida en un generador

Un generador ca consiste en ocho vueltas de alambre cada una de área $A = 0.0900$ m² y una resistencia total de 12.0 Ω. El lazo gira en un campo magnético $B = 0.500$ T a una frecuencia constante de 60.0 Hz. a) Determine la fem inducida.

Solución   Advierta primero que

$$\omega = 2\pi f = 2\pi(60.0 \text{ Hz}) = 377 \text{ s}^{-1}.$$

Utilizando la ecuación 31.11 con los valores numéricos apropiados, obtenemos

$$\mathcal{E}_{\text{máx}} = NAB\omega = 8(0.0900 \text{ m}^2)(0.500 \text{ T})(377 \text{ s}^{-1})$$

$$= \boxed{136 \text{ V}}$$

b) ¿Cuál es la máxima corriente inducida?

Solución   A partir de la ley de Ohm y de los resultados del inciso a), encontramos que la máxima corriente inducida es

$$I_{\text{máx}} = \frac{\mathcal{E}_{\text{máx}}}{R} = \frac{136 \text{ V}}{12.0 \text{ Ω}} = \boxed{11.3 \text{ A}}$$

Ejercicio   Determine la variación en el tiempo de la fem inducida y de la corriente inducida cuando las terminales de salida están conectadas por medio de un conductor de baja resistencia.

Respuestas

$$\mathcal{E} = \mathcal{E}_{\text{máx}} \, \text{sen} \, \omega t = (136 \text{ V}) \, \text{sen} \, 377t$$

$$I = I_{\text{máx}} \, \text{sen} \, \omega t = (11.3 \text{ A}) \, \text{sen} \, 377t$$

El **generador de corriente directa** (cd) se ilustra en la figura 31.19a. Estos generadores se emplean, por ejemplo, para cargar baterías de almacenamiento en autos antiguos. Los componentes son esencialmente los mismos que los del generador de ca, excepto en que los contactos del lazo rotatorio se hacen utilizando un anillo deslizante, o conmutador.

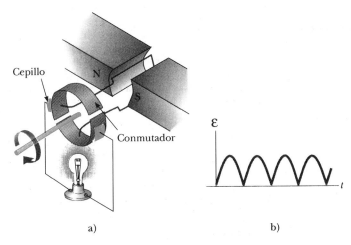

a)   b)

FIGURA 31.19 a) Diagrama esquemático de un generador de cd. b) La fem contra el tiempo fluctúa en magnitud pero siempre tiene la misma polaridad.

En esta configuración, la salida de voltaje siempre tiene la misma polaridad y la corriente es una corriente directa pulsante, como se ve en la figura 31.19b. La razón para esto puede entenderse notando que los contactos para el anillo deslizante invierten sus papeles cada medio ciclo. Al mismo tiempo la polaridad de la fem inducida se invierte; por tanto, la polaridad del anillo deslizante (la cual es la misma que la polaridad del voltaje de salida) permanece igual.

Una corriente cd pulsante no es apropiada para la mayor parte de las aplicaciones. Para obtener una corriente cd más estable, los generadores de cd comerciales utilizan muchas bobinas de armadura y conmutadores distribuidos de manera que el pulso sinusoidal de las diversas bobinas esté fuera de fase. Cuando estos pulsos se superponen, la salida de cd siempre está libre de fluctuaciones.

Los **motores** son dispositivos que convierten la energía eléctrica en energía mecánica. En esencia, *un motor es un generador que funciona a la inversa*. En vez de generar una corriente mediante la rotación de un lazo, una corriente es alimentada al lazo por una batería y el momento de torsión que actúa sobre el lazo que conduce corriente ocasiona que éste gire.

Puede hacerse trabajo mecánico útil uniendo la armadura rotatoria a algún dispositivo externo. Sin embargo, cuando el lazo rota, el campo magnético variable induce una fem en el mismo; esta fem inducida siempre actúa para reducir la corriente en el lazo. Si éste no fuera el caso, se violaría la ley de Lenz. La fem inversa aumenta en magnitud cuando se incrementa la velocidad rotacional de la armadura. (El concepto *fem inversa* se utiliza para indicar una fem que tiende a reducir la corriente suministrada.) Puesto que el voltaje disponible para suministrar la corriente es igual a la diferencia entre el voltaje de suministro y la fem inversa, la corriente a través de la bobina de la armadura está limitada por la fem inversa.

Cuando se activa un motor, inicialmente no hay fem inversa y la corriente es muy grande debido a que está limitada sólo por la resistencia de la bobina. Cuando las bobinas empiezan a girar, la fem inversa inducida se opone al voltaje aplicado y la corriente en las bobinas se reduce. Si aumenta la carga mecánica, el motor se frenará, lo que ocasiona que se reduzca la fem inversa. Esta reducción en la fem inversa aumenta la corriente en las bobinas y, en consecuencia, la potencia necesaria de la fuente de voltaje externa. Por esta razón, los requerimientos de potencia son más grandes para arrancar un motor y para que funcione con cargas pesadas. Si se deja que el motor opere sin carga mecánica, la fem inversa reduce la corriente a un valor apenas lo suficientemente grande para superar las pérdidas de energía debidas al calor y a la fricción.

EJEMPLO 31.11   La corriente inducida en un motor

Suponga que un motor que tiene bobinas con una resistencia de 10 Ω se alimenta con un voltaje de 120 V. Cuando el motor está funcionando a su máxima velocidad, la fem inversa es 70 V. Encuentre la corriente entre las bobinas a) cuando el motor se arranca por primera vez, y b) cuando el motor ha alcanzado su velocidad máxima.

Solución   a) Cuando el motor se activa, la fem inversa es cero. (Las bobinas están sin movimiento.) De este modo, la corriente en las bobinas es un máximo y es igual a

$$I = \frac{\mathcal{E}}{R} = \frac{120 \text{ V}}{10 \text{ }\Omega} = \boxed{12 \text{ A}}$$

b) A la máxima velocidad, la fem inversa tiene su máximo valor. Así, el voltaje efectivo del suministro es en este caso el de la fuente externa menos la fem inversa. Por tanto, la corriente se reduce a

$$I = \frac{\mathcal{E} - \mathcal{E}_{\text{inversa}}}{R} = \frac{120 \text{ V} - 70 \text{ V}}{10 \text{ }\Omega} = \frac{50 \text{ V}}{10 \text{ }\Omega} = \boxed{5.0 \text{ A}}$$

Ejercicio   Si la corriente en el motor es 8.0 A en cierto instante, ¿cuál es la fem inversa en este tiempo?

Respuesta   40 V.

*31.6 CORRIENTES PARÁSITAS

Como hemos visto, se inducen una fem y una corriente en un circuito mediante un flujo magnético variable. De la misma manera, corrientes circulantes denominadas **corrientes parásitas** se establecen en piezas voluminosas de metal que se mueven a través de un campo magnético. Esto puede demostrarse fácilmente dejando que una placa metálica plana en el extremo de una barra rígida oscile como un péndulo a través de un campo magnético (Fig. 31.20). El metal debe ser un material como aluminio o cobre. Cuando las placas entran al campo, el flujo cambiante crea una fem inducida en la placa la cual, a su vez, provoca que los electrones libres en el metal se muevan, produciendo corrientes parásitas en remolino. De acuerdo con la ley de Lenz, la dirección de las corrientes parásitas debe oponerse al cambio que las causa. Por esta razón, las corrientes parásitas deben producir polos magnéticos efectivos en la placa, los cuales son repelidos por los polos del imán, dando por ello origen a una fuerza repulsiva que se opone al movimiento del péndulo. (Si lo opuesto fuera cierto, el péndulo aceleraría y su energía aumentaría después de cada oscilación, en violación de la ley de la conservación de la energía.) Alternativamente, la fuerza retardadora puede "sentirla" jalando una lámina metálica a través del campo de un imán intenso.

Como se indica en la figura 31.21, con **B** hacia adentro de la página, la corriente parásita está en dirección contraria a la de las manecillas del reloj cuando la placa oscilante entra al campo en la posición 1. Esto se debe a que el flujo externo hacia adentro de la página está aumentando y, por tanto, por la ley de Lenz la corriente inducida debe brindar un flujo hacia afuera de la página. Lo opuesto es cierto cuando la placa abandona el campo en la posición 2, donde la corriente es en dirección a las manecillas del reloj. Puesto que la corriente parásita inducida produce siempre una fuerza retardadora **F** cuando la placa entra o sale del campo, con el tiempo la placa oscilante queda en reposo.

Si se hacen ranuras en la placa metálica, como en la figura 31.22, las corrientes parásitas y la fuerza retardadora correspondiente se reducen en gran medida. Esto puede entenderse en virtud de que los cortes en la placa originan circuitos abiertos para cualesquiera lazos de corriente grandes que podrían formarse de otro modo.

Los sistemas de frenado de muchos trenes suburbanos y autos de tránsito rápido usan la inducción electromagnética y las corrientes parásitas. Un electroimán, que puede energizarse con una corriente, se coloca cerca de los rieles de acero. La acción de frenado ocurre cuando una gran corriente pasa a través del electroimán. El movimiento relativo del imán y los rieles induce corrientes parásitas en éstos y la dirección de estas corrientes produce una fuerza de arrastre sobre el vehículo en movimiento. La pérdida de energía mecánica del vehículo se transforma en calor joule. Puesto

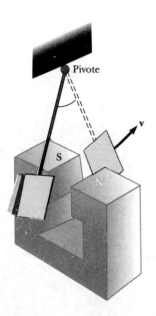

FIGURA 31.20 Un aparato que demuestra la formación de corrientes parásitas en un conductor que se mueve a través de un campo magnético. Cuando la placa entra o sale del campo, el flujo variable establece una fem inducida, la cual causa las corrientes parásitas en la placa.

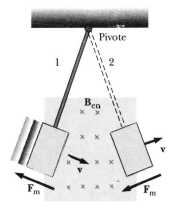

FIGURA 31.21 A medida que las placas conductoras entran al campo en la posición 1, las corrientes parásitas están en la dirección contraria a la de las manecillas del reloj. Sin embargo, en la posición 2, las corrientes están en el sentido contrario. En cualquier caso, la placa es repelida por el imán y con el tiempo queda en reposo.

FIGURA 31.22 Cuando se hacen hendiduras en la placa conductora, las corrientes parásitas se reducen y la placa oscila más libremente a través del campo magnético.

que las corrientes parásitas decrecen de forma estable en magnitud a medida que el vehículo se frena, el efecto de frenado es bastante suave. Los frenos de corrientes parásitas se usan también en algunas balanzas mecánicas y en diversas máquinas.

Las corrientes parásitas con frecuencia son indeseables porque disipan energía en forma de calor. Para reducir esta pérdida de energía, las partes conductoras móviles a menudo se laminan, esto es, se acumulan en delgadas capas separadas por un material no conductor, como laca u óxido metálico. Esta estructura en capas aumenta la resistencia de posibles trayectorias de las corrientes parásitas y confina efectivamente las corrientes a capas individuales. Una estructura laminada de estas características se usa en los núcleos de transformadores y motores para minimizar corrientes parásitas e incrementar de ese modo la eficiencia de estos dispositivos.

31.7 LAS MARAVILLOSAS ECUACIONES DE MAXWELL

Concluimos este capítulo presentando cuatro ecuaciones que pueden considerarse como la base de los fenómenos eléctricos y magnéticos. Estas ecuaciones, conocidas como ecuaciones de Maxwell, en honor a James Clerk Maxwell, son tan fundamentales para los fenómenos electromagnéticos como las leyes de Newton lo son para el estudio de los fenómenos mecánicos. De hecho, la teoría desarrollada por Maxwell tuvo mayores alcances que los que incluso él imaginó en esa época, debido a que concordó con la teoría especial de la relatividad, como Einstein demostró en 1905. Como veremos, las leyes de Maxwell representan leyes de la electricidad y el magnetismo que ya han sido estudiadas. Sin embargo, las ecuaciones tienen otras importantes consecuencias. En el capítulo 34 mostraremos que estas ecuaciones predicen la existencia de ondas electromagnéticas (patrones de recorrido de campos eléctricos y magnéticos), los cuales viajan con una velocidad $c = 1/\sqrt{\mu_0 \varepsilon_0} \approx 3 \times 10^8$ m/s, la velocidad de la luz, además, la teoría muestra que dichas ondas son radiadas por cargas aceleradas.

Por simplicidad, presentamos las **ecuaciones de Maxwell** como se aplican en el espacio libre, es decir, en ausencia de cualquier material dieléctrico o magnético. Éstas son las cuatro ecuaciones:

Ley de Gauss

$$\oint \mathbf{E} \cdot d\mathbf{A} = \frac{Q}{\varepsilon_0} \qquad (31.12)$$

Ley de Gauss en magnetismo

$$\oint \mathbf{B} \cdot d\mathbf{A} = 0 \qquad (31.13)$$

Ley de Faraday

$$\oint \mathbf{E} \cdot d\mathbf{s} = -\frac{d\Phi_B}{dt} \qquad (31.14)$$

Ley de Ampère-Maxwell

$$\oint \mathbf{B} \cdot d\mathbf{s} = \mu_0 I + \varepsilon_0 \mu_0 \frac{d\Phi_E}{dt} \qquad (31.15)$$

Analicemos estas ecuaciones una por una. La ecuación 31.12 es la ley de Gauss, la cual establece que *el flujo eléctrico total a través de cualquier superficie cerrada es igual a la carga neta dentro de esa superficie dividida por ε_0*. Esta ley relaciona el campo eléctrico con la distribución de carga, donde las líneas de campo eléctrico se originan en cargas positivas y terminan en cargas negativas.

La ecuación 31.13, la cual puede considerarse *la ley de Gauss en el magnetismo*, establece que *el flujo magnético neto a través de una superficie cerrada es cero*. Esto significa que el número de líneas de campo magnético que entra a un volumen cerrado debe de ser igual al número que sale de ese volumen. Esto implica que las líneas de campo magnético no pueden empezar o terminar en cualquier punto. Si eso pasara, esto significaría que hubo monopolos magnéticos aislados en esos puntos. El hecho de que no se hayan observado en la naturaleza monopolos magnéticos aislados puede tomarse como una confirmación de la ecuación 31.13.

La ecuación 31.14 es la *ley de inducción de Faraday* la cual describe la relación entre un campo eléctrico y un flujo magnético variable. Esta ley establece que *la integral de línea del campo eléctrico alrededor de cualquier trayectoria cerrada (la cual es igual a la fem) es igual a la tasa de cambio del flujo magnético a través de cualquier área de la superficie delimitada por esa trayectoria*. Una consecuencia de la ley de Faraday es la corriente inducida en un lazo conductor situado en un campo que cambia en el tiempo.

La ecuación 31.15 es la forma generalizada de la ley de Ampère, la cual describe una relación entre campos magnético y eléctrico y corrientes eléctricas. Esto es, *la integral de línea del campo magnético alrededor de cualquier trayectoria cerrada está determinada por la suma de la corriente de conducción neta a través de esa trayectoria y por la tasa de cambio del flujo eléctrico a través de cualquier superficie delimitada por esa trayectoria*.

Una vez que los campos eléctrico y magnético se conocen en algún punto en el espacio, la fuerza sobre una partícula de carga q puede calcularse de la expresión

La fuerza de Lorentz

$$\mathbf{F} = q\mathbf{E} + q\mathbf{v} \times \mathbf{B} \qquad (31.16)$$

Ésta recibe el nombre de **fuerza de Lorentz**. Las ecuaciones de Maxwell, junto con esta ley de fuerza, brindan una descripción completa de todas las interacciones electromagnéticas clásicas.

Es interesante observar la simetría de las ecuaciones de Maxwell. Las ecuaciones 31.12 y 31.13 son simétricas, excepto por la ausencia de un término de monopolo magnético en la ecuación 31.13. Además, las ecuaciones 31.14 y 31.15 son simétricas respecto de las integrales de línea de **E** y **B** alrededor de una trayectoria cerrada se relacionan con la tasa de cambio del flujo magnético y el flujo eléctrico, respectivamente. "Las maravillosas ecuaciones de Maxwell", como fueron llamada por John R. Pierce,[3] son de fundamental importancia no sólo para lo electrónico sino para toda la ciencia. Heinrich Hertz una vez escribió, "Uno no puede escapar al sentimiento de que estas fórmulas matemáticas tienen una existencia independiente y una inte-

[3]John R. Pierce, *Electrons and Waves*, Nueva York, Doubleday Science Study Series, 1964. El capítulo 6 de este interesante libro se recomienda como una lectura suplementaria.

ligencia propia, que son más sabias de lo que nosotros somos, más sabias incluso que sus descubrimientos, que dan más de lo que piden".

RESUMEN

La **ley de inducción de Faraday** establece que la fem inducida en un circuito es directamente proporcional a la tasa de cambio en el tiempo del flujo magnético a través del circuito. Esto es

$$\mathcal{E} = -\frac{d\Phi_B}{dt} \tag{31.1}$$

donde Φ_B es el flujo magnético:

$$\Phi_B = \int \mathbf{B} \cdot d\mathbf{A} \tag{31.2}$$

Cuando una barra conductora de longitud ℓ se mueve a través de un campo magnético $\mathbf{B}$ con una velocidad v tal que $\mathbf{B}$ es perpendicular a la barra, la fem inducida en ésta (la llamada **fem de movimiento**) es

$$\mathcal{E} = -B\ell v \tag{31.5}$$

La **ley de Lenz** establece que la corriente inducida y la fem inducida en un conductor están en tal dirección que se oponen al cambio que ellas producen.

Una forma general de la **ley de inducción de Faraday** es

$$\mathcal{E} = \oint \mathbf{E} \cdot d\mathbf{s} = -\frac{d\Phi_B}{dt} \tag{31.9}$$

donde $\mathbf{E}$ es un campo eléctrico no conservativo que varía en el tiempo y que produce un flujo magnético variable.

Cuando se usa con la ley de fuerza de Lorentz, $\mathbf{F} = q\mathbf{E} + q\mathbf{v} \times \mathbf{B}$, las **ecuaciones de Maxwell**, dadas a continuación en forma integral, describen todos los fenómenos electromagnéticos:

$$\oint \mathbf{E} \cdot d\mathbf{A} = \frac{Q}{\epsilon_0} \tag{31.12}$$

$$\oint \mathbf{B} \cdot d\mathbf{A} = 0 \tag{31.13}$$

$$\oint \mathbf{E} \cdot d\mathbf{s} = -\frac{d\Phi_B}{dt} \tag{31.14}$$

$$\oint \mathbf{B} \cdot d\mathbf{s} = \mu_0 I + \epsilon_0 \mu_0 \frac{d\Phi_E}{dt} \tag{31.15}$$

Las dos últimas ecuaciones son de particular importancia para el material estudiado en este capítulo. La ley de Faraday describe cómo puede inducirse un campo eléctrico mediante un flujo magnético variable. De manera similar, la ley de Ampère-Maxwell describe cómo puede ser producido un campo magnético tanto por una corriente de conducción como por un flujo eléctrico variable.

PREGUNTAS

1. ¿Cuál es la diferencia entre flujo magnético y campo magnético?

2. Un lazo de alambre se coloca en un campo magnético uniforme. ¿Para qué orientación del lazo es el flujo magnético un máximo? ¿Para qué orientación el flujo es cero?

3. A medida que la barra de conducción de la figura 31.23 se mueve hacia la derecha se establece un campo eléctrico dirigido hacia abajo. Si la barra se moviera hacia la izquierda, ¿explique por qué el campo eléctrico apuntaría hacia arriba?

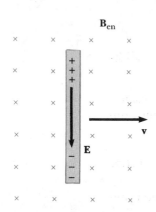

FIGURA 31.23 (Preguntas 3 y 4).

4. Cuando la barra de la figura 31.23 se mueve perpendicular al campo, ¿se requiere una fuerza externa para mantenerla en movimiento con velocidad constante?

5. La barra de la figura 31.24 se mueve sobre rieles hacia la derecha con una velocidad **v**, y el campo magnético constante y uniforme apunta hacia afuera de la página. ¿Por qué la corriente inducida está en la dirección de las manecillas del reloj? Si la barra se moviera hacia la izquierda, ¿cuál sería la dirección de la corriente inducida?

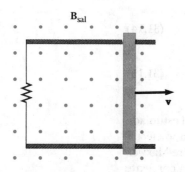

FIGURA 31.24 (Preguntas 5 y 6).

6. Explique por qué es necesaria una fuerza externa para mantener en movimiento la barra de la figura 31.24 con una velocidad constante.

7. Un gran lazo circular de alambre se encuentra en el plano horizontal. Un imán de barra se deja caer a través del lazo. Si el eje del imán permanece horizontal cuando éste cae, describa la fem inducida en el lazo. ¿Cómo se altera la situación si el eje del imán permanece vertical cuando cae?

8. Cuando un pequeño imán se mueve hacia un solenoide se induce una fem en la bobina. Sin embargo, si el imán se mueve por el interior de un toroide, no hay fem inducida. Explique.

9. ¿Al dejar caer un imán a lo largo de un tubo de cobre se produce una corriente en éste? Explique.

10. ¿Cómo se produce la energía eléctrica en presas (es decir, cómo se convierte en electricidad de ca la energía de movimiento del agua)?

11. En una balanza de viga algunas veces se utiliza una placa de aluminio para retardar las oscilaciones de la viga cerca del equilibrio. La placa se monta en el extremo de la viga y se mueve entre los polos de un pequeño imán en forma de herradura unido al armazón. ¿Por qué las oscilaciones de la viga se amortiguan fuertemente cerca del equilibrio?

12. ¿Qué suecede cuando aumenta la velocidad a la cual se hace girar la bobina de un generador?

13. ¿Podría inducirse una corriente en una bobina rotando un imán dentro de la misma? Si es así, ¿cómo?

14. Cuando el interruptor en la figura 31.25a se cierra, se establece una corriente en la bobina y el anillo metálico salta hacia arriba (Fig. 31.25b). Explique este comportamiento.

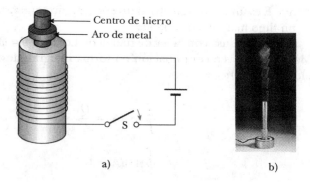

a)   b)

FIGURA 31.25 (Preguntas 14 y 15). *(Foto cortesía de Central Scientific Co.)*

15. Suponga que la batería de la figura 31.25a se reemplaza por una fuente de ca y el interruptor se mantiene cerrado. Si se mantiene abajo, el anillo metálico en la parte superior del solenoide se calienta. ¿Por qué?

16. ¿Las ecuaciones de Maxwell permiten la existencia de monopolos magnéticos?

PROBLEMAS

Sección 31.1   Ley de inducción de Faraday

1. Una bobina rectangular de 50 vueltas y dimensiones de 5.0 cm × 10.0 cm se deja caer desde una posición donde $B = 0$ hasta una posición donde $B = 0.50$ T y se dirige perpendicularmente al plano de la bobina. Calcule la fem promedio resultante inducida en la bobina si el desplazamiento ocurre en 0.25 s.

2. Un lazo plano de alambre que consta de una sola vuelta de área de sección transversal igual a 8.0 cm² es perpendicular a un campo magnético cuya magnitud aumenta uniformemente de 0.50 T a 2.50 T en 1.0 s. ¿Cuál es la corriente inducida resultante si el lazo tiene una resistencia de 2.0 Ω?

3. Un poderoso electroimán tiene un campo de 1.6 T y un área de sección transversal de 0.20 m². Si colocamos una bobina que tiene 200 vueltas y una resistencia total de 20 Ω alrededor del electroimán y luego activamos la potencia para el electroimán en 20 ms, ¿cuál es la corriente inducida en la bobina?

4. En la figura P31.4 encuentre la corriente a través de la sección *PQ*, la cual tiene una longitud $a = 65.0$ cm. El circuito se localiza en un campo magnético cuya magnitud varía con el tiempo de acuerdo con la expresión $B = (1.00 \times 10^{-3} \text{ T/s})\,t$. Suponga que la resistencia por unidad de longitud del alambre es 0.100 Ω/m.

4A. En la figura P31.4 encuentre la corriente a través de la sección *PQ*, la cual tiene una resistencia *R* y una longitud *a*. El circuito se localiza en un campo magnético cuya magnitud varía con el tiempo de acuerdo con la expresión $B = At$, donde *A* es una constante que tiene unidades de teslas/s.

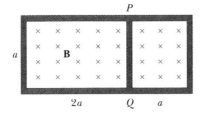

FIGURA P31.4

5. El lazo cuadrado de 10.0 Ω de la figura P31.5 se coloca en un campo magnético uniforme de 0.10 T con dirección perpendicular al plano del lazo. Éste, que está articulado en cada vértice, se jala como se ilustra hasta que la separación entre los puntos *A* y *B* es de 3.0 m. Si el proceso tarda 0.10 s, ¿cuál es la corriente promedio generada en el lazo?

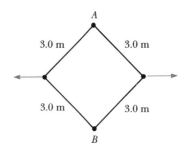

FIGURA P31.5

6. Una bobina circular se forma con 50 vueltas muy próximas unas de otras, cada una de 0.10 m de radio. Un campo magnético uniforme se activa a lo largo de una dirección perpendicular al plano de la bobina. Si el campo aumenta linealmente de 0 a 0.60 T en 0.20 s, ¿qué fem se induce en la bobina?

7. Una bobina circular de 30 vueltas de 4 cm de radio y 1 Ω de resistencia se pone en un campo magnético dirigido perpendicularmente al plano de la bobina. La magnitud del campo magnético varía en el tiempo de acuerdo con la expresión $B = 0.010t + 0.040t^2$, donde *t* está en segundos y *B* está en teslas. Calcule la fem inducida en la bobina en $t = 5.0$ s.

8. Un lazo de alambre circular de 0.50 m de radio está en un plano perpendicular a un campo magnético uniforme de 0.40 T de magnitud. Si en 0.10 s se reforma el alambre como un cuadrado pero permanece en el mismo plano, ¿cuál es la magnitud de la fem inducida promedio en el alambre durante este tiempo?

9. Un lazo de alambre plano de 14 cm² de área y dos vueltas es perpendicular a un campo magnético cuya magnitud disminuye en el tiempo de acuerdo con $B = (0.50 \text{ T})e^{-t/7}$. ¿Cuál es la fem inducida como una función del tiempo?

10. Un lazo rectangular de área *A* se pone en una región donde el campo magnético es perpendicular al plano del lazo. Se deja que la mangitud del campo varíe de acuerdo con $B = B_0 e^{-t/\tau}$, donde B_0 y τ son constantes. El campo tiene un valor de B_0 en $t \leq 0$. a) Emplee la ley de Faraday para mostrar que la fem inducida en el lazo es

$$\mathcal{E} = \frac{AB_0}{\tau}\, e^{-t/\tau}$$

b) Obtenga un valor numérico para $\mathcal{E}$ en $t = 4.0$ s cuando $A = 0.16$ m², $B_0 = 0.35$ T y $\tau = 2.0$ s. c) Para los valores de A, B_0 y τ dados en el inciso b), ¿cuál es el valor máximo de $\mathcal{E}$?

☐ Indica problemas que tienen soluciones completas disponibles en el *Manual de soluciones del estudiante* y en la *Guía de estudio*.

11. Un largo solenoide tiene 400 vueltas por metro y conduce una corriente $I = (30 \text{ A})(1 - e^{-1.6t})$. Dentro del solenoide y coaxial con él se encuentra un lazo que tiene un radio de 6.0 cm y se compone de un total de 250 vueltas de alambre delgado. ¿Qué fem induce en el lazo la corriente variable? (Véase la figura P31.11.)

11A. Un largo solenoide tiene n vueltas por metro y conduce una corriente $I = I_0(1 - e^{-1.6t})$. Dentro del solenoide y coaxial con él se encuentra un lazo que tiene un radio R y se compone de un total de N vueltas de alambre delgado. ¿Qué fem induce en el lazo la corriente variable? (Véase la figura P31.11.)

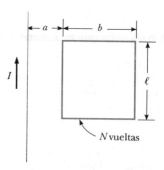

FIGURA P31.14

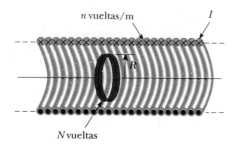

FIGURA P31.11

12. Hay un campo magnético de 0.20 T en la región encerrada por un solenoide que tiene 500 vueltas y un diámetro de 10 cm. ¿Dentro qué periodo debe el campo reducirse a cero si la magnitud promedio de la fem inducida dentro de la bobina durante este intervalo de tiempo será 10 kV?

13. Una bobina que se enrolla con 50 vueltas de alambre en la forma de un cuadrado se coloca en un campo magnético de modo que la normal al plano de la bobina forme un ángulo de 30° con la dirección del campo. Cuando la magnitud del campo magnético se incrementa uniformemente de 200 μT a 600 μT en 0.40 s, una fem de 80 mV se induce en la bobina. ¿Cuál es la longitud total del alambre?

14. Un alambre largo y recto conduce una corriente $I = I_0 \operatorname{sen}(\omega t + \phi)$ y se encuentra en el plano de un lazo rectangular de N vueltas de alambre como se ilustra en la figura P31.14. Las cantidades I_0, ω y ϕ son constantes. Determine la fem inducida en el lazo por el campo magnético creado por la corriente en el alambre, recto. Suponga que $I_0 = 50$ A, $\omega = 200\pi$ s^{-1}, $N = 100$, $a = b = 5.0$ cm, y $\ell = 20$ cm.

15. Un lazo de alambre circular de dos vueltas de 0.500 m de radio se encuentra en un plano perpendicular de campo magnético uniforme de 0.40 T de magnitud. Si el alambre se vuelve a formar del círculo de dos vueltas a un círculo de una vuelta en 0.10 s (mientras permanece en el mismo plano), ¿cuál es la magnitud de la fem inducida promedio en el alambre durante este tiempo?

15A. Un lazo de alambre circular de dos vueltas de radio R se encuentra en un plano perpendicular de campo magnético uniforme de magnitud B. Si el alambre se vuelve a formar del círculo de dos vueltas a un círculo de una vuelta en un tiempo t (mientras permanece en el mismo plano), ¿cuál es la magnitud de la fem inducida promedio en el alambre durante este tiempo?

16. Un toroide que tiene una sección transversal rectangular ($a = 2.0$ cm por $b = 3.0$ cm) y un radio interior $R = 4.0$ cm se compone de 500 vueltas de alambre que conducen una corriente $I = I_0 \operatorname{sen} \omega t$, con $I = 50$ A y una frecuencia $f = \omega/2\pi = 60$ Hz. Un lazo que se compone de 20 vueltas de alambre se une al toroide, como en la figura P31.16. Determine la fem inducida en el lazo por la corriente variable I.

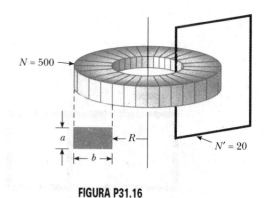

FIGURA P31.16

Sección 31.2 Fem de movimiento
Sección 31.3 Ley de Lenz

17. Un avión Boeing 747 con un tramo de ala de 60.0 m vuela horizontalmente a una velocidad de 300 m/s sobre Phoenix, donde la dirección del campo magnético terrestre es a 58° debajo de la horizontal. Si la magnitud del campo magnético es 50.0 mT, ¿cuál es el voltaje generado entre las puntas del ala?

18. Considere el arreglo mostrado en la figura P31.18. Suponga que $R = 6.0$ Ω, $\ell = 1.2$ m y un campo magnético uniforme de 2.5 T apunta hacia dentro de la página. ¿A qué velocidad debe moverse la barra para producir una corriente de 0.50 A en el resistor?

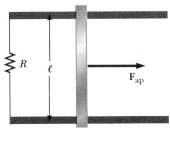

FIGURA P31.18

19. En el arreglo que se muestra en la figura P31.18, el resistor es de 6.0 Ω y un campo magnético se dirige hacia dentro de la página de 2.5 T. Sea $\ell = 1.2$ m e ignore la masa de la barra. a) Calcule la fuerza aplicada que se requiere para mover la barra hacia la derecha a una velocidad constante de 2.0 m/s. b) ¿A qué tasa se disipa la energía en el resistor?

20. En la figura P31.20 el imán de barra se mueve hacia el lazo. ¿$V_a - V_b$ es positiva, negativa o cero? Explique.

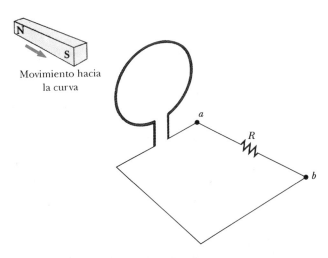

FIGURA P31.20

21. Sobre una región donde la componente vertical del campo magnético terrestre es de 40.0 μT y está dirigida hacia abajo, se sostiene un alambre de 5.00 m de longitud a lo largo de una dirección este-oeste y se mueve horizontalmente hacia el norte en 10.0 m/s. Calcule la diferencia de potencial entre los extremos del alambre y determine cuál extremo es positivo.

22. Una barra metálica se desliza sobre un anillo metálico de radio R, mostrado en la figura P31.22. Hay un campo magnético uniforme en el interior del anillo, y la barra se mueve a velocidad constante v. a) Encuentre la fem inducida en la barra cuando ésta se encuentra a una dis-

tancia d del centro del anillo. b) Grafique la fem como una función de d.

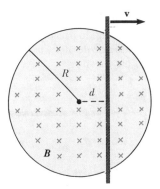

FIGURA P31.22

23. Un helicóptero tiene hélices de 3.0 m de longitud que rotan a 2.0 rev/s alrededor de un eje central. Si la componente vertical del campo magnético terrestre es 0.50 × 10⁻⁴ T, ¿cuál es la fem inducida entre la punta de la hélice y el eje central?

24. Una barra metálica gira a una tasa constante en el campo magnético de la Tierra, como se muestra en la figura 31.9. La rotación ocurre en una región donde la componente del campo magnético terrestre perpendicular al plano de rotación es 3.3 × 10⁻⁵ T. Si la barra mide 1.0 m de largo y su velocidad angular es 5 π rad/s, ¿qué diferencia de potencial se desarrolla entre sus extremos?

25. Dos rieles paralelos que tienen resistencia despreciable están separados 10.0 cm y se conectan por medio de un resistor de 5.00 Ω. El circuito contiene también barras metálicas de 10.0 Ω y 15.0 Ω que se deslizan a lo largo de los rieles y se alejan del resistor a las velocidades indicadas en la figura P31.25. Se aplica un campo magnético uniforme de 0.01 T perpendicular al plano de los rieles. Determine la corriente en el resistor de 5.00 Ω.

25A. Dos rieles paralelos que tienen resistencia despreciable están separados por una distancia d y se conectan por medio de un resistor R₁. El circuito contiene también barras metálicas de resistencia R₂ y R₃ que se deslizan a lo largo de los rieles (Fig. P31.25). Las barras se alejan del resistor a velocidades constantes v₂ y v₃, respectivamente. Se aplica un campo magnético unifor-

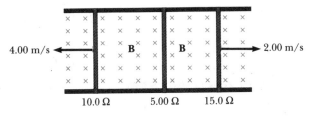

FIGURA P31.25

me de magnitud B perpendicular al plano de los rieles. Determine la corriente en el resistor R_1.

26. Encuentre la potencia disipada en el resistor de 12.0 Ω en la figura P31.26. El campo magnético uniforme de 0.675 T está dirigido hacia adentro del plano del circuito y el conductor de 50.0 cm de largo se mueve a una velocidad $v = 4.20$ m/s.

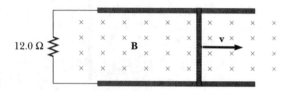

12.0 Ω

B

v

FIGURA P31.26

27. Emplee la ley de Lenz para responder las siguientes preguntas relativas a la dirección de corrientes inducidas. a) ¿Cuál es la dirección de la corriente inducida en el resistor R en la figura P31.27a cuando el imán de barra se mueve hacia la izquierda? b) ¿Cuál es la dirección de la corriente inducida en el resistor R inmediatamente después de que se cierra el interruptor S en la figura P31.27b? c) ¿Cuál es la dirección de la corriente inducida en R cuando la corriente I en la figura P31.27c disminuye rápidamente hasta cero? d) Una barra de cobre se mueve hacia la derecha mientras su eje se mantiene perpendicular a un campo magnético, como se ve en la figura P31.27d. Si la parte superior de la barra se vuelve positiva en relación con la parte inferior, ¿cuál es la dirección del campo magnético?

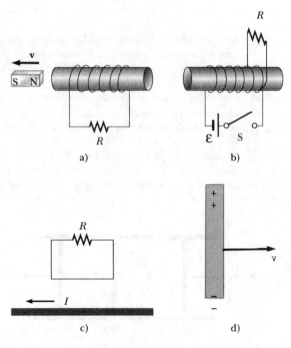

v

S   N

R

a)

R

ε S

b)

R

I

c)

v

d)

FIGURA P31.27

28. Un lazo rectangular conductor de masa M, resistencia R y dimensiones $\omega \times \ell$ desciende desde el reposo dentro de un campo magnético **B**, como en la figura P31.28. El lazo se acelera hasta que alcanza una velocidad terminal v_t. a) Muestre que

$$v_t = \frac{MgR}{B^2 w^2}$$

b) ¿Por qué es v_t proporcional a R? c) ¿Por qué es inversamente proporcional a B^2?

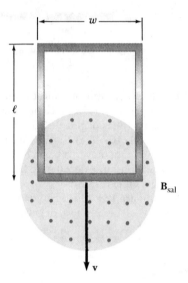

w

ℓ

$\mathbf{B}_{sal}$

v

FIGURA P31.28

29. Un alambre de 0.15 kg en la forma de un rectángulo cerrado de 1.0 m de ancho y 1.5 m de largo tiene una resistencia total de 0.75 Ω. Se deja que el rectángulo descienda por un campo magnético dirigido perpendicularmente a la dirección de movimiento del rectángulo (Fig. P31.28). El rectángulo se acelera hacia abajo hasta que adquiere una velocidad constante de 2.0 m/s con su parte superior que aún no está en esa región del campo. Calcule la magnitud de **B**.

Sección 31.4   Fems inducidas y campos eléctricos

30. La corriente en un solenoide está aumentando a razón de 10 A/s. El área de la sección transversal del solenoide es π cm², y hay 300 vueltas sobre su longitud de 15 cm. ¿Cuál es la fem inducida que se opone a la corriente creciente?

31. Un lazo circular de una sola vuelta de radio R es coaxial a un largo solenoide de radio igual a 0.030 m y longitud de 0.75 m y que tiene 1 500 vueltas (Fig. P31.31). El resistor variable está cambiando de manera que la corriente del solenoide disminuye linealmente de 7.2 A a 2.4 A en 0.30 s. Calcule la fem inducida en el lazo.

31A. Un lazo circular de una sola vuelta de radio R es coaxial a un largo solenoide de radio r y longitud ℓ y que tiene

N vueltas (Fig. P31.31). El resistor variable está cambiando de manera que la corriente del solenoide disminuye linealmente de I_1 a I_2 en un intervalo Δt. Calcule la fem inducida en el lazo.

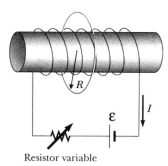

FIGURA P31.31

32. Una bobina de 15 vueltas y 10 cm de radio rodea a un largo solenoide de 2.0 cm de radio y 1.0×10^3 vueltas/metro (Fig. P31.32). Si la corriente en el solenoide cambia como $I = (5.0\,\text{A})\,\text{sen}(120t)$, ¿cuál es la fem inducida en una bobina de 15 vueltas?

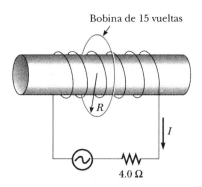

FIGURA P31.32

33. Un campo magnético dirigido hacia dentro de la página cambia con el tiempo de acuerdo con $B = (0.030t^2 + 1.4)$ T, donde t está en segundos. El campo tiene una sección transversal circular de radio $R = 2.5$ cm (Fig. P31.33). ¿Cuáles son la magnitud y dirección del campo eléctrico en el punto P_1 cuando $t = 3.0$ s y $r_1 = 0.020$ m?

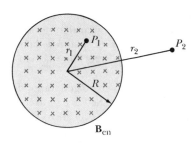

FIGURA P31.33

34. Para la situación descrita en la figura P31.33, el campo magnético cambia con el tiempo de acuerdo con $B = (2.0t^3 - 4.0t^2 + 0.80)$ T y $r_2 = 2R = 5.0$ cm. a) Calcule la magnitud y dirección de la fuerza ejercida sobre un electrón localizado en el punto P_2 cuando $t = 2.0$ s. b) ¿En qué tiempo esta fuerza es igual a cero?

35. Un largo solenoide con 1 000 vueltas/metro y 2.0 cm de radio conduce una corriente oscilante $I = (5.0\,\text{A})\,\text{sen}(100\pi t)$. ¿Cuál es el campo eléctrico inducido en un radio $r = 1.0$ cm a partir del eje del solenoide? ¿Cuál es la dirección de este campo eléctrico cuando la corriente está aumentando en dirección contraria a la de las manecillas del reloj en la bobina?

36. En 1832 Faraday propuso que el aparato mostrado en la figura P31.36 podría usarse para generar corriente eléctrica a partir del agua que fluía en el río Támesis. Dos planos conductores de longitudes a y b se ponen frente a frente en los lados opuestos del río, a una distancia w de separación. La velocidad de flujo del río es **v** y la componente vertical del campo magnético terrestre es B. a) Muestre que la corriente en el resistor de carga R es

$$I = \frac{abvB}{\rho + abR/w}$$

donde ρ es la resistividad eléctrica del agua. b) Calcule la corriente de corto circuito ($R = 0$) si $a = 100$ m, $b = 5.00$ m, $v = 3.00$ m/s, $B = 0.500\,\mu\text{T}$ y $\rho = 100\,\Omega \cdot \text{m}$.

FIGURA P31.36

37. Un anillo de aluminio de 5.0 cm de radio y $3.0 \times 10^{-4}\,\Omega$ de resistencia se pone sobre la parte superior de un largo solenoide con núcleo de aire, 100 vueltas por metro y radio de 3.0 cm, como se indica en la figura P31.37. En la posición del anillo, el campo magnético debido a la corriente en el solenoide es la mitad que en el centro del mismo. Si la corriente en el solenoide está aumentando a razón de 270 A/s, a) ¿cuál es la corriente inducida en el anillo? b) En el centro del anillo, ¿cuál es el campo magnético producido por la corriente inducida en el anillo? c) ¿Cuál es la dirección de este campo?

37A. Un anillo de aluminio de radio r_1 y resistencia R se pone sobre la parte superior de un largo solenoide con núcleo de aire, n vueltas por metro y radio r_2, como se indica en la figura P31.37. En la posición del anillo, el campo magnético debido a la corriente en el solenoide es la mitad que en el centro del mismo. Si la corriente en el solenoide está aumentando a una tasa $\Delta I/\Delta t$, a) ¿cuál es la corriente inducida en el anillo? b) En el centro del anillo, ¿cuál es el campo magnético producido por la corriente inducida en el anillo? c) ¿Cuál es la dirección de este campo?

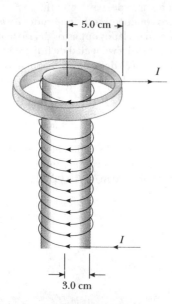

FIGURA P31.37

38. Una bobina circular que encierra un área de 100 cm² está integrada por 200 vueltas de alambre de cobre, como se muestra en la figura P31.38. Al principio, un campo magnético uniforme de 1.10 T apunta perpendicularmente hacia arriba a través del plano de la bobina. La dirección del campo se invierte después. Durante el tiempo que el campo está cambiando su dirección, ¿qué cantidad de carga fluye a través de la bobina si $R = 5.0\ \Omega$?

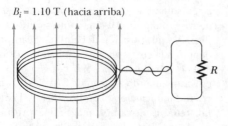

FIGURA P31.38

Sección 31.5   Generadores y motores

39. Una bobina cuadrada (20 cm × 20 cm) que consta de 100 vueltas de alambre gira alrededor de un eje vertical a 1 500 rev/min, como se indica en la figura P31.39. La componente horizontal del campo magnético terrestre en la posición de la bobina es 2.0×10^{-5} T. Calcule la máxima fem inducida en la bobina por este campo.

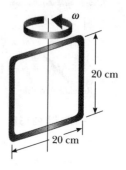

FIGURA P31.39

40. Un lazo circular de alambre de 25 vueltas tiene un diámetro de 1.0 m. En 0.20 s se gira 180° en una localidad donde la magnitud del campo magnético terrestre es 50 mT. ¿Cuál es la fem generada en el lazo?

41. Un anillo de 0.10 m² de área está girando a 60 rev/s con el eje de rotación perpendicular a un campo magnético de 0.20 T. a) Si hay 1 000 vueltas en el lazo, ¿cuál es el máximo voltaje inducido en él? b) Cuando el máximo voltaje inducido ocurre, ¿cuál es la orientación del lazo respecto del campo magnético?

42. En un alternador de automóvil de 250 vueltas, el flujo magnético en cada vuelta es $\Phi = (2.5 \times 10^{-4}\text{ Wb})\cos(\omega t)$, donde ω es la frecuencia angular del alternador. Éste gira tres veces por cada rotación del motor. Cuando el motor está funcionando a 1 000 rpm, determine a) la fem inducida en el alternador como una función del tiempo, y b) la máxima fem en el alternador.

43. Un largo solenoide, cuyo eje coincide con el eje x, consta de 200 vueltas/m de alambre que conducen una corriente estable de 15 A. Se forma una bobina enrollando 30 vueltas de alambre delgado alrededor de la armazón que tiene un radio de 8.0 cm. La bobina se pone dentro del solenoide y se monta sobre un eje que está a un diámetro de la bobina y coincide con el eje y. La bobina se hace girar después con una velocidad angular de 4π rad/s. (El plano de la bobina está en el plano yz en $t = 0$.) Determine la fem desarrollada en la bobina.

44. Un lazo rotatorio en un generador de ca es un cuadrado de 10 cm de lado. Se hace girar a 60 Hz en un campo uniforme de 0.80 T. Calcule a) el flujo a través del lazo como una función del tiempo, b) la fem inducida en el lazo, c) la corriente inducida en el mismo para una resistencia de lazo de 1.0 Ω, d) la potencia disipada en el

lazo y e) el momento de torsión que debe ejercerse para rotarlo.

45. a) ¿Cuál es el máximo momento de torsión que entrega un motor eléctrico si éste tiene 80 vueltas de alambre enrolladas sobre una bobina rectangular, cuyas dimensiones son de 2.5 cm por 4.0 cm? Suponga que el motor utiliza 10 A de corriente y que un campo magnético uniforme de 0.80 T existe dentro del motor. b) Si el motor gira a 3 600 rev/min, ¿cuál es la potencia pico producida por el motor?

46. Un conductor semicircular de radio $R = 0.25$ m se hace girar en torno al eje AC a una tasa constante de 120 rev/min (Fig. P31.46). Un campo magnético uniforme en toda la mitad inferior de la figura se dirige hacia afuera del plano de rotación y tiene una magnitud de 1.3 T. a) Calcule el valor máximo de la fem inducida en el conductor. b) ¿Cuál es el valor de la fem inducida promedio para cada rotación completa? c) ¿Cómo cambiarían las respuestas de a) y b) si **B** se dejara extender una distancia R sobre el eje de rotación. Dibuje la fem contra el tiempo d) cuando el campo es como se dibuja en la figura P31.46 y e) cuando el campo se extiende como se describe en c).

46A. Un conductor semicircular de radio R rota alrededor del eje AC a una velocidad angular constante ω (Fig. P31.46). Un campo magnético uniforme en toda la mitad inferior de la figura está dirigido hacia afuera del plano de rotación y tiene una magnitud B. a) Encuentre la máxima fem inducida en el conductor. b) ¿Cuál es el valor de la fem inducida promedio para cada rotación completa?

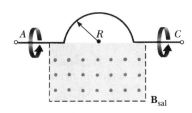

FIGURA P31.46

47. Una pequeña bobina rectangular compuesta de 50 vueltas de alambre tiene un área de 30 cm² y conduce una corriente de 1.5 A. Cuando el plano de la bobina forma un ángulo de 30° con un campo magnético uniforme, el momento de torsión sobre la misma es 0.10 N · m. ¿Cuál es la magnitud del campo magnético?

48. Un imán de barra se hace girar a una velocidad angular constante ω alrededor de un eje, como se ilustra en la figura P31.48. Un lazo de conducción rectangular plano rodea al imán y en $t = 0$ el imán está orientado, como se muestra. Dibuje la corriente inducida en el lazo como una función del tiempo, y grafique las corrientes en el sentido contrario de las manecillas del reloj como positivas y como negativas en el sentido opuesto.

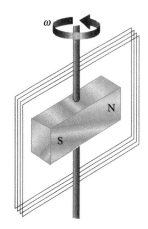

FIGURA P31.48

Sección 31.6 Corrientes parásitas

49. Un lazo rectangular con resistencia R tiene N vueltas, cada una de longitud ℓ y ancho w, como se muestra en la figura P31.49. El lazo se mueve dentro de un campo magnético uniforme **B** con velocidad **v**. ¿Cuáles son la magnitud y dirección de la fuerza resultante sobre el lazo a) cuando éste entra al campo magnético, b) cuando se mueve dentro del campo, c) cuando sale del campo?

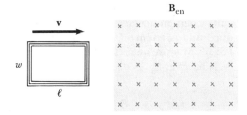

FIGURA P31.49

50. En la figura P31.50 se muestra una moneda que cuelga de un hilo entre los polos de un intenso imán en forma de herradura. La moneda gira a velocidad angular constante ω alrededor de un eje vertical. Permita que θ sea el ángulo entre la dirección de **B** y la normal a la cara de la moneda y dibuje una gráfica del momento de torsión debido a las corrientes inducidas como una función de θ para cero $\leq \theta \leq 2\pi$.

Sección 31.7 Las maravillosas ecuaciones de Maxwell

51. Un protón se mueve a través de un campo eléctrico uniforme **E** = 50**j** V/m y un campo magnético uniforme **B** = (0.20**i** + 0.30**j** + 0.40**k**) T. Determine la aceleración del protón cuando tiene una velocidad **v** = 200**i** m/s.

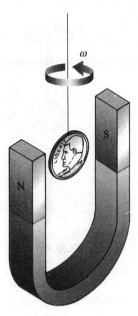

FIGURA P31.50

52. Un electrón se mueve a través de un campo eléctrico uniforme **E** = (2.5**i** + 5.0**j**)V/m y un campo magnético uniforme **B** = 0.40**k** T. Determine la aceleración del electrón cuando tiene una velocidad **v** = 10**i** m/s.

PROBLEMAS ADICIONALES

53. Una barra conductora se mueve con una velocidad constante **v** perpendicular a un largo alambre recto que conduce una corriente *I*, como se muestra en la figura P31.53. Muestre que la fem generada entre los extremos de la barra es

$$|\mathcal{E}| = \frac{\mu_0 vI}{2\pi r}\ell$$

En este caso, observe que la fem disminuye con el aumento de *r*, como debería esperarse.

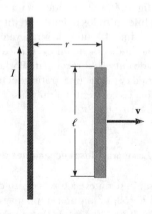

FIGURA P31.53

54. Un lazo circular de alambre de 5.0 cm de radio se encuentra en un campo magnético uniforme, con el plano del lazo perpendicular a la dirección del campo (Fig. P31.54). El campo magnético varía con el tiempo de acuerdo con $B(t) = a + bt$, donde $a = 0.20$ T y $b = 0.32$ T/s. a) Calcule el flujo magnético a través del lazo en $t = 0$. b) Calcule la fem inducida en el lazo. c) Si la resistencia del lazo es 1.2 Ω, ¿cuál es la corriente inducida? d) ¿A qué tasa se está disipando la energía eléctrica en el lazo?

54A. Un lazo circular de alambre de radio *r* se encuentra en un campo magnético uniforme, con el plano del lazo perpendicular a la dirección del campo (Fig. P31.54). El campo magnético varía con el tiempo de acuerdo con $B(t) = a + bt$, donde *a* y *b* son constantes. a) Calcule el flujo magnético a través del lazo en $t = 0$. b) Calcule la fem inducida en el lazo. c) Si la resistencia del lazo es *R*, ¿cuál es la corriente inducida? d) ¿A qué tasa se está disipando la energía eléctrica en el lazo?

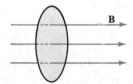

FIGURA P31.54

55. Considere un largo solenoide de longitud ℓ que contiene un núcleo de permeabilidad μ. El material del núcleo se magnetiza aumentando la corriente en la bobina, hasta que se produce un campo magnético variable dB/dt. a) Muestre que la tasa a la cual se está efectuando trabajo contra la fem inducida en la bobina es

$$\frac{dW}{dt} = I\mathcal{E} = HA\ell\,\frac{dB}{dt}$$

donde *A* es el área de la sección transversal del solenoide. (*Sugerencia:* Utilice la ley de Faraday y la ecuación 30.34 para encontrar $\mathcal{E}$.) b) Emplee los resultados del inciso a) para demostrar que el trabajo total efectuado en un ciclo de histéresis completo es igual al área encerrada por la curva *B* contra *H* (Fig. 30.31).

56. En la figura P31.56, un campo magnético uniforme disminuye a una tasa constante $dB/dt = -K$, donde *K* es una constante positiva. Un lazo de alambre circular de radio *a* que contiene una resistencia *R* y una capacitancia *C* se pone con su plano normal al campo. a) Encuentre la carga *Q* en el capacitor cuando éste se encuentra totalmente cargado. b) ¿Cuál de las placas está a mayor potencial? c) Analice la fuerza que provoca la separación de las cargas.

B dentro de página

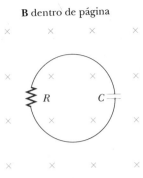

FIGURA P31.56

FIGURA P31.59

57. Una bobina rectangular de 60 vueltas, dimensiones de 0.10 m × 0.20 m y resistencia total de 10 Ω gira con velocidad angular de 30 rad/s alrededor del eje *y* en una región donde un campo magnético de 1.0 T está orientado a lo largo del eje *x*. La rotación se inicia de modo que el plano de la bobina es perpendicular a la dirección de **B** en *t* = 0. Calcule a) la fem inducida máxima en la bobina, b) la tasa de cambio máxima del flujo magnético a través de la bobina, c) la fem inducida en *t* = 0.050 s, y d) el momento de torsión ejercido en el lazo por el campo magnético en el instante en que la fem es un máximo.

58. Una barra de masa *m*, longitud *d* y resistencia *R* se desliza sin fricción sobre rieles paralelos, como se muestra en la figura P31.58. Una batería que mantiene una fem constante $\mathcal{E}$ se conecta entre los rieles y un campo magnético constante **B** se dirige perpendicularmente al plano de la página. Si la barra parte del reposo, muestre que en el tiempo *t* se mueve con una velocidad

$$v = \frac{\mathcal{E}}{Bd}(1 - e^{-B^2 d^2 t / mR})$$

FIGURA P31.58

59. Una pequeña rondana circular de cobre de 0.500 cm de radio se mantiene directamente abajo de un alambre largo y recto que conduce una corriente de 10.0 A y a 0.500 m sobre la cubierta de la mesa en la figura P31.59. a) Si la rondana se deja caer desde el reposo, ¿cuál es la magnitud de la fem promedio inducida en ella a partir del tiempo en que se suelta hasta el momento en que golpea la mesa? Suponga que el campo magnético a través de la rondana es el mismo que el campo magnético en su centro. b) ¿Cuál es la dirección de la corriente inducida en la rondana?

60. Para monitorear la respiración de un paciente de hospital, una delgada banda se envuelve alrededor del pecho del paciente. La banda es una bobina de 200 vueltas. Cuando el paciente inhala, el área circundada por la bobina aumenta en 39 cm². La magnitud del campo magnético terrestre es 50 μT y forma un ángulo de 28° con el plano de la bobina. Si un paciente tarda 1.8 s en inhalar, encuentre la fem inducida promedio en la bobina durante este tiempo.

61. Un automóvil tiene una antena de radio vertical de 1.2 m de largo. El automóvil viaja a 65 km/h sobre un camino horizontal donde el campo magnético terrestre es de 50 μT y se dirige hacia abajo (hacia el norte) a un ángulo de 65° debajo de la horizontal. a) Especifique la dirección en la que el automóvil debe moverse para generar la máxima fem de movimiento en la antena, con la parte superior de la misma positiva respecto de la inferior. b) Calcule la magnitud de esta fem inducida.

62. Un largo alambre recto está paralelo a un borde y en el plano de un lazo rectangular de una sola vuelta, como se muestra en la figura P31.62. a) Si la corriente en el alambre largo varía en el tiempo como $I = I_0 e^{-t/\tau}$, muestre que la fem inducida en el lazo es

$$\mathcal{E} = \frac{\mu_0 bI}{2\pi\tau}\ln\left(1 + \frac{a}{d}\right)$$

b) Calcule la fem inducida en *t* = 5.0 s considerando I_0 = 10 A, *d* = 3.0 cm, *a* = 6.0 cm, *b* = 15 cm y τ = 5.0 s.

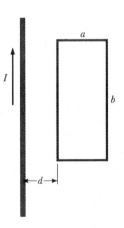

FIGURA P31.62

63. Una barra conductora de longitud ℓ se mueve con velocidad **v** paralela a un largo alambre que conduce una corriente estable I. El eje de la barra se mantiene perpendicular al alambre con el borde cercano a una distancia r, como se muestra en la figura P31.63. Demuestre que la fem inducida en la barra es

$$|\mathcal{E}| = \frac{\mu_0 I}{2\pi} v \ln\left(1 + \frac{\ell}{r}\right)$$

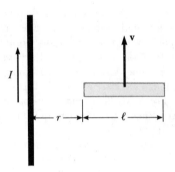

FIGURA P31.63

64. Un lazo rectangular de dimensiones ℓ y ω se mueve con una velocidad constante **v** alejándose de un largo alambre que conduce una corriente I en el plano del lazo (Fig. P31.64). La resistencia total del lazo es R. Obtenga una expresión que brinde la corriente en el lazo en el instante en que el lado cercano se encuentra a una distancia r del alambre.

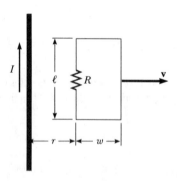

FIGURA P31.64

65. Un plano de un lazo cuadrado de alambre con longitud de lado $a = 0.20$ m es perpendicular al campo magnético terrestre en un punto donde $B = 15$ μT, como muestra la figura P31.65. La resistencia total del lazo y de los alambres que lo conectan al galvanómetro es 0.50 Ω. Si el lazo se colapsa repentinamente mediante fuerzas horizontales como se indica, ¿qué carga total pasa a través del galvanómetro?

65A. Un plano de un lazo cuadrado de alambre con longitud de lado a es perpendicular al campo magnético terrestre en un punto donde la magnitud del campo

magnético es B, como en la figura P31.65. La resistencia total del lazo y de los alambres que lo conectan al galvanómetro es R. Si el lazo se colapsa repentinamente mediante fuerzas horizontales como se indica, ¿qué carga total pasa a través del galvanómetro?

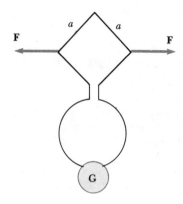

FIGURA P31.65

66. Un alambre horizontal puede deslizarse libremente sobre los rieles verticales de un armazón conductor, como en la figura P31.66. El alambre tiene una masa m y una longitud ℓ, y la resistencia del circuito es R. Si un campo magnético uniforme se dirige perpendicularmente al armazón, ¿cuál es la velocidad terminal del alambre cuando éste cae bajo la influencia de la gravedad?

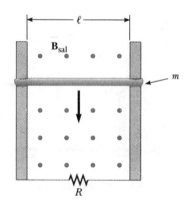

FIGURA P31.66

67. El flujo magnético que circunda a un anillo metálico varía con el tiempo de acuerdo con $\Phi_B = 3(at^3 - bt^2)$ T · m², con $a = 2.0$ s⁻³ y $b = 6.0$ s⁻². La resistencia del anillo es 3.0 Ω. Determine la corriente máxima inducida en el anillo durante el intervalo de $t = 0$ a $t = 2.0$ s.

67A. El flujo magnético que circunda a un anillo metálico varía con el tiempo t de acuerdo con $\Phi_B = 3(at^3 - bt^2)$ T · m², donde a y b son constantes. La resistencia del anillo es *R*. Determine la corriente máxima inducida en el anillo durante el intervalo de *t* = 0 a un tiempo posterior *t*.

68. La barra de masa *m* en la figura P31.68 se jala horizontalmente por rieles paralelos mediante una cuerda sin masa que pasa sobre una polea ideal y que está unida a una masa suspendida *M*. El campo magnético uniforme tiene una magnitud *B* y la distancia entre los rieles es ℓ. Los rieles están conectados en un extremo mediante un resistor de carga *R*. Obtenga una expresión que proporcione la velocidad horizontal de la bara como una función del tiempo, suponiendo que la masa suspendida se suelta con la barra en reposo en *t* = 0. Suponga que no hay fricción entre los rieles y la barra.

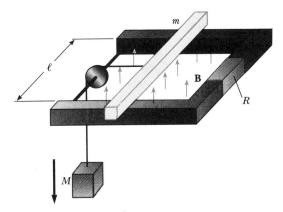

FIGURA P31.68

69. En la figura P31.69, el eje de rodamiento, de 1.5 m de largo, se empuja a lo largo de rieles horizontales a una velocidad constante *v* = 3.0 m/s. Un resistor *R* = 0.40 Ω se conecta a los rieles en los puntos *a* y *b*, directamente opuestos entre sí. (Las ruedas hacen un buen contacto con los rieles, de modo que el eje, los rieles y *R* forman un circuito de lazo cerrado. La única resistencia significativa en el circuito es *R*.) Hay un campo magnético uniforme *B* = 0.08 T verticalmente hacia abajo. a) Encuentre la corriente inducida *I* en el resistor. b) ¿Qué fuerza horizontal *f* se requiere para mantener el eje rodando a una velocidad constante? c) ¿Qué extremo del resistor, *a* o *b*, está a un potencial eléctrico más alto? d) Después de que el eje rueda más allá del resistor, ¿la corriente en *R* invierte su dirección?

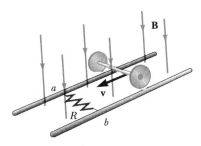

FIGURA P31.69

70. Dos solenoides infinitamente largos (vistos por su sección transversal) circundan una parte de un circuito, como en la figura P31.70. La magnitud de **B** dentro de cada uno es la misma y está creciendo a razón de 100 T/s. ¿Cuál es la corriente en cada resistor?

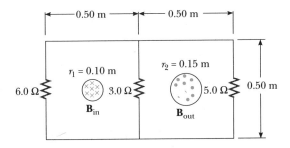

FIGURA. P31.70

71. La figura P31.71 muestra un lazo circular de radio *r* que tiene una resistencia *R* distribuida uniformemente por todo su largo. El plano del lazo es normal al campo magnético **B** que disminuye a una tasa constante *dB/dt* = −*K*, donde *K* es una constante positiva. ¿Cuáles son a) la dirección y b) el valor de la corriente inducida? c) ¿Qué punto, *a* o *b*, está al potencial más alto? Explique. d) Analice qué fuerza provoca la corriente en el lazo.

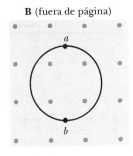

FIGURA P31.71

72. Un alambre de 30.0 cm de largo se mantiene paralelo y 80.0 cm arriba de un largo alambre que conduce 200 A y que descansa sobre el piso (Fig. P31.72). El alambre de 30.0 cm se suelta y cae, manteniéndose paralelo con el alambre que conduce corriente a medida que va descendiendo. Suponga que el alambre que cae se acelera a 9.80 m/s² y obtenga una ecuación para la fem inducida en él. Exprese su resultado como una función del tiempo *t* después de que el alambre se suelta. ¿Cuál es la fem inducida 0.30 s después de que se suelta el alambre?

72A. Un alambre de longitud *L* se mantiene paralelo y a una distancia *h* arriba de un largo alambre que conduce una corriente *I* y que descansa sobre el piso (Fig. P31.72). El alambre de longitud *L* se suelta y cae, manteniéndose paralelo con el alambre que conduce corriente a medida que va descendiendo. Suponiendo que el alambre que cae está en caída libre con una aceleración **g**, obtenga una ecuación para la fem inducida en él. Exprese su resultado como una función del tiempo *t* después de que el alambre se suelta.

bre está articulado en los puntos *a* y *b*. Si la tienda se derrumba sobre la mesa en 0.10 s, ¿cuál es la fem inducida en el alambre durante este tiempo?

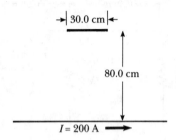

FIGURA P31.72

73. a) Un lazo de alambre en forma de un rectángulo de ancho *w* y longitud *L*, y un largo alambre recto que conduce una corriente *I* se encuentran sobre una mesa, como se indica en la figura P31.73. a) Determine el flujo magnético a través del lazo. b) Suponga que la corriente está cambiando con el tiempo de acuerdo con $I = a + bt$, donde *a* y *b* son constantes. Determine la fem inducida en el lazo si $b = 10.0$ A/s, $h = 1.00$ cm, $w = 10.0$ cm y $L = 100$ cm.

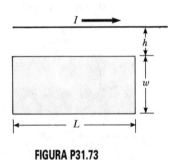

FIGURA P31.73

74. El alambre que se muestra en la figura P31.74 se dobla en la forma de una tienda de campaña, con $\theta = 60°$ y $L = 1.5$ m, y se coloca en un campo magnético de 0.30 T dirigido perpendicular a la cubierta de la mesa. El alam-

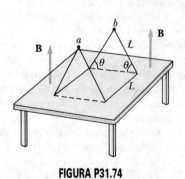

FIGURA P31.74

PROBLEMAS DE HOJA DE CÁLCULO

S1. El tamaño y la orientación de una superficie plana de área *A* puede describirse por medio de un vector $\mathbf{A} = A\hat{\mathbf{n}}$, donde $\hat{\mathbf{n}}$ es un vector perpendicular a la superficie. Suponga que un campo magnético **B** existe en la región de esta superficie. Si el campo magnético es constante sobre el área *A*, entonces el flujo magnético, ϕ, a través de la superficie es $\phi = \mathbf{B} \cdot \mathbf{A} = BA \cos \theta = B_x A_x + B_y A_y + B_z A_z$, donde $\mathbf{A} = A_x\mathbf{i} + A_y\mathbf{j} + A_z\mathbf{k}$ y $\mathbf{B} = B_x\mathbf{i} + B_y\mathbf{j} + B_z\mathbf{k}$ (Fig. PS31.1). La hoja de cálculo 31.1 calculará el flujo como una función del tiempo. También diferenciará numéricamente el flujo para encontrar la fem inducida, $\mathcal{E} = -\Delta \phi / \Delta t$. a) Considere $A_x = 0$, $A_y = 0$, $A_z = 0.2$ m², $B_x = 0$, $B_y = 0.5$ T, y $B_z = 0.6$ T en $t = 0$. Copie estos valores hasta $t = 4.5$ s. ¿Cuál es la fem inducida? b) Modifique la hoja de cálculo de modo que B_z aumente con el tiempo, $B_z = 0.2t$, donde *t* está en segundos y B_z está en teslas. ¿Cuál es la fem inducida?

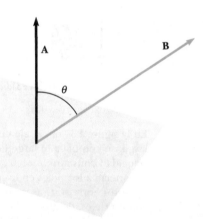

FIGURA PS31.1 Ley de Faraday: fem inducida

S2. Modifique la hoja de cálculo 31.1 de manera que $\mathbf{A} = 0.02$ sen $(\omega t)\mathbf{i} + 0.02 \cos(\omega t)\mathbf{k}$, donde *A* está en metros cuadrados. Tome $\mathbf{B} = 0.5$ T **k**. a) ¿A qué situación física corresponde esta variación en **A**? b) Considere $\omega = 1$ rad/s. Observe la gráfica incluida y describa la fem inducida. c) Aumente ω a 2 rad/s. ¿Cómo cambia la fem inducida del inciso b)?

S3. a) Con **A** como se da en el problema S2, modifique la hoja de cálculo 31.1 de modo que $B_z = 0.2t$, donde *t* está en segundos y B_z está en teslas. Observe la gráfica incluida y explique sus resultados numéricos. b) Elija cualquier otra dependencia de **B** con el tiempo. Explore las consecuencias de su elección.

CAPÍTULO 32

Inductancia

Esta fotografía de generadores accionados por agua fue tomada en la presa Bonneville, en Oregon, Estados Unidos. La potencia hidroeléctrica se genera cuando el agua de una presa pasa a través de los generadores por la influencia de la gravedad, lo cual hace girar las turbinas en el generador. La energía mecánica de las turbinas en rotación se transforma en energía eléctrica utilizando el principio de la inducción electromagnética, misma que usted estudiará en este capítulo. *(David Weintraub/Photo Researchers)*

En el capítulo anterior vimos que las corrientes y fems se inducen en un circuito cuando el flujo magnético a través de éste cambia con el tiempo. Esta inducción electromagnética tiene algunas consecuencias prácticas, las cuales se describen en este capítulo. En primer lugar, describimos un efecto conocido como *autoinducción*, en el cual una corriente que varía en el tiempo en un conductor induce en éste una fem que se opone a la fem externa que establece la corriente. La autoinducción es la base del *inductor*, un elemento eléctrico que desempeña un importante papel en circuitos que utilizan corrientes que varían en el tiempo. Analizamos la energía almacenada en un campo magnético de un inductor y la densidad de energía asociada a un campo magnético.

Después, estudiamos cómo una fem se induce en un circuito como resultado de un flujo magnético variable producido por un circuito externo, lo cual es la base del principio de *inducción mutua*. Por último, examinamos las características de circuitos que contienen inductores, resistores y capacitores en diversas combinaciones.

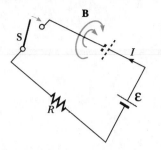

FIGURA 32.1 Después que el interruptor se cierra la corriente produce un flujo magnético a través del lazo. A medida que la corriente aumenta hacia su valor de equilibrio, el flujo cambia en el tiempo e induce una fem en el lazo. La batería dibujada con líneas interrumpidas es un símbolo para la fem autoinducida.

32.1 AUTOINDUCTANCIA

Considere un circuito que se compone de un interruptor, un resistor y una fuente de fem, como se muestra en la figura 32.1. En el momento en que el interruptor se mueve a la posición cerrada, la corriente no brinca de inmediato de cero a su máximo valor, $\mathcal{E}/R$. La ley de inducción electromagnética (ley de Faraday) evita que esto ocurra. Lo que sucede es lo siguiente: A medida que la corriente aumenta con el tiempo, el flujo magnético a través del lazo debido a esta corriente también se incrementa con el tiempo. Este flujo creciente induce en el circuito una fem que se opone al cambio en el flujo magnético neto a través del lazo. Por la ley de Lenz, la dirección del campo eléctrico inducido en los alambres debe ser en la dirección opuesta de la corriente, y esta fem opuesta da lugar a un incremento gradual en la corriente. Este efecto es conocido como *autoinducción* debido a que el flujo cambiante a través del circuito surge del circuito mismo. La fem $\mathcal{E}_L$ establecida en este caso recibe el nombre de **fem autoinducida**.

Para obtener una descripción cuantitativa de la autoinducción, recordemos de la ley de Faraday que la fem inducida es igual a la tasa de cambio en el tiempo negativa del flujo magnético. El flujo magnético es proporcional al campo magnético, el cual, a su vez, es proporcional a la corriente en el circuito. Por lo tanto, *la fem autoinducida siempre es proporcional a la tasa de cambio en el cambio de la corriente.* Para una bobina de N vueltas muy próximas entre sí (un toroide o un solenoide ideal), encontramos que

Fem autoinducida

$$\mathcal{E}_L = -N\frac{d\Phi_B}{dt} = -L\frac{dI}{dt} \qquad (32.1)$$

donde L es una constante de proporcionalidad, conocida como **inductancia** de la bobina, que depende de la geometría del circuito y de otras características físicas. A partir de esta expresión, vemos que la inductancia de una bobina que contiene N vueltas es

Inductancia de una bobina de N vueltas

$$L = \frac{N\Phi_B}{I} \qquad (32.2)$$

donde se supone que pasa el mismo flujo a través de cada vuelta. Después, con esta ecuación calcularemos la inductancia de algunas geometrías de corriente especiales.

De la ecuación 32.1, podemos también escribir la inductancia como la proporción

Inductancia

$$L = -\frac{\mathcal{E}_L}{dI/dt} \qquad (32.3)$$

Ésta suele tomarse como la ecuación de definición de la inductancia de cualquier bobina, independientemente de su forma, tamaño o características del material. Al igual que la resistencia es una medida de la oposición a la corriente, la inductancia es una medida de la oposición a cualquier cambio en la corriente.

La unidad de inductancia del SI es el **henry** (H), la cual, de acuerdo con la ecuación 32.3, se observa que es igual a 1 voltio-segundo por ampere:

$$1\ \text{H} = 1\ \frac{\text{V} \cdot \text{s}}{\text{A}}$$

Como veremos, *la inductancia de un dispositivo depende de su geometría.* Los cálculos de inducción pueden ser bastante difíciles para geometrías complicadas, pero los siguientes ejemplos incluyen situaciones comunes para las cuales las inductancias se evalúan con facilidad.

EJEMPLO 32.1   Inductancia de un solenoide

Encuentre la inductancia de un solenoide enrollado uniforme-mente que tiene N vueltas y longitud ℓ. Suponga que ℓ es grande comparada con el radio y que el núcleo del solenoide es aire.

Solución   En este caso, podemos tomar el campo magnético interior como uniforme y dado por la ecuación 30.20:

$$B = \mu_0 nI = \mu_0 \frac{N}{\ell} I$$

donde n es el número de vueltas por unidad de longitud, N/ℓ. El flujo magnético a través de cada vuelta es

$$\Phi_B = BA = \mu_0 \frac{NA}{\ell} I$$

donde A es el área de la sección transversal del solenoide. Con esta expresión y la ecuación 32.2 encontramos que

$$L = \frac{N\Phi_B}{I} = \frac{\mu_0 N^2 A}{\ell} \qquad (32.4)$$

Esto muestra que L depende de la geometría y que es propor-cional al cuadrado del número de vueltas. Debido a que $N = n\ell$, podemos expresar el resultado en la forma

$$L = \mu_0 \frac{(n\ell)^2}{\ell} A = \mu_0 n^2 A\ell = \mu_0 n^2 \text{ (volumen)} \qquad (32.5)$$

donde $A\ell$ es el volumen del solenoide.

EJEMPLO 32.2   Cálculo de la inductancia y la fem

a) Calcule la inductancia de un solenoide que contiene 300 vuel-tas si la longitud del solenoide es 25.0 cm y su área de sección transversal es $4.00 \text{ cm}^2 = 4.00 \times 10^{-4} \text{ m}^2$.

Solución   Utilizando la ecuación 32.4 obtenemos

$$L = \frac{\mu_0 N^2 A}{\ell} = (4\pi \times 10^{-7} \text{ Wb/A·m}) \frac{(300)^2(4.00 \times 10^{-4} \text{ m}^2)}{25.0 \times 10^{-2} \text{ m}}$$

$$= 1.81 \times 10^{-4} \text{ Wb/A} = \boxed{0.181 \text{ mH}}$$

b) Calcule la fem autoinducida en el solenoide descrito en el inciso a) si la corriente a través de él disminuye a una tasa de 50.0 A/s.

Solución   Empleando la ecuación 32.1 y dado que $dI/dt = 50.0$ A/s, encontramos

$$\mathcal{E}_L = -L\frac{dI}{dt} = -(1.81 \times 10^{-4} \text{ H})(-50.0 \text{ A/s})$$

$$= \boxed{9.05 \text{ mV}}$$

32.2   CIRCUITOS *RL*

Cualquier circuito que contiene una bobina, como un solenoide, tiene una autoinductancia que evita que la corriente crezca o decrezca instantáneamente. Un elemento de circuito que tiene una gran inductancia se denomina **inductor**, símbolo ꞁꞁꞁꞁ. Suponemos siempre que la autoinductancia del resto del circuito es despre-ciable comparada con la del inductor.

Considere el circuito que se muestra en la figura 32.2, donde la batería tiene una resistencia interna despreciable. Suponga que el interruptor S se cierra en $t = 0$. La corriente empieza a crecer, y por causa de la corriente en aumento, el inductor produce una fem inversa que se opone al incremento de la corriente. En otras pala-bras, el inductor actúa similar a una batería cuya polaridad es opuesta a la de la batería real en el circuito. La fem inversa es

$$\mathcal{E}_L = -L\frac{dI}{dt}$$

Puesto que la corriente está aumentando, dI/dt es positiva; por lo tanto, $\mathcal{E}_L$ es nega-tiva. Este valor negativo corresponde al hecho de que hay una caída de potencial al ir de a a b a través del inductor. Por esta razón, el punto a está a un mayor potencial que el punto b, como se ilustra en la figura 32.2.

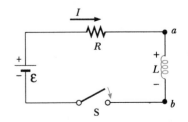

FIGURA 32.2   Un circutio *RL* en serie. Cuando la corriente aumenta hacia su valor máximo, el inductor produce una fem que se opone a la corriente creciente.

Con esto en mente, podemos aplicar la ecuación de lazo de Kirchhoff a este circuito:

$$\mathcal{E} - IR - L\frac{dI}{dt} = 0 \tag{32.6}$$

donde IR es la caída de voltaje a través del resistor. Debemos ahora buscar una solución para esta ecuación diferencial, la cual es similar a la del circuito RC (sección 28.4).

Para obtener una solución matemática de la ecuación 32.6, es conveniente cambiar variables dejando $x = \dfrac{\mathcal{E}}{R} - I$, de manera que $dx = -dI$. Con estas sustituciones, la ecuación 32.6 puede escribirse

$$x + \frac{L}{R}\frac{dx}{dt} = 0$$

$$\frac{dx}{x} = -\frac{R}{L}\,dt$$

Integrando esta última expresión encontramos

$$\ln\frac{x}{x_0} = -\frac{R}{L}t$$

donde la constante de integración se ha considerado igual a $-\ln x_0$. Al aplicar el antilogaritmo de este resultado obtenemos

$$x = x_0 e^{-Rt/L}$$

Puesto que en $t = 0$, $I = 0$, observemos que $x_0 = \mathcal{E}/R$. Por lo tanto, la última expresión es equivalente a

$$\frac{\mathcal{E}}{R} - I = \frac{\mathcal{E}}{R}e^{-Rt/L}$$

$$I = \frac{\mathcal{E}}{R}(1 - e^{-Rt/L})$$

la cual representa la solución de la ecuación 32.6.

Esta solución matemática de la ecuación 32.6, la cual representa a la corriente como una función del tiempo, también puede escribirse:

$$I(t) = \frac{\mathcal{E}}{R}(1 - e^{-t/\tau}) \tag{32.7}$$

donde la constante τ es la constante de tiempo del circuito RL:

$$\tau = L/R \tag{32.8}$$

Físicamente, τ es el tiempo que tarda la corriente en alcanzar $(1 - e^{-1}) = 0.632$ de su valor final, $\mathcal{E}/R$.

La figura 32.3 grafica la corriente contra el tiempo donde $I = 0$ en $t = 0$. Advierta que el valor de equilibrio de la corriente, el cual ocurre en $t = \infty$, es $\mathcal{E}/R$. Esto puede verse igualando a cero dI/dt en la ecuación 32.6 (en equilibrio, el cambio en la co-

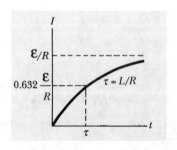

FIGURA 32.3 Gráfica de corriente contra tiempo para el circuito RL mostrado en la figura 32.2. El interruptor se cierra en $t = 0$ y la corriente aumenta hacia su valor máximo, $\mathcal{E}/R$. La constante de tiempo τ es el tiempo que tarda I en alcanzar 63% de su valor máximo.

rriente es cero) y despejando la corriente. De este modo, vemos que la corriente aumenta muy rápido inicialmente y después gradualmente se acerca al valor de equilibrio $\mathcal{E}/R$ conforme $t \rightarrow \infty$.

Podemos demostrar que la ecuación 32.7 es una solución de la 32.6 calculando dI/dt y notando que $I = 0$ en $t = 0$. Tomando la primera derivada de la ecuación 32.7, obtenemos

$$\frac{dI}{dt} = \frac{\mathcal{E}}{L} e^{-t/\tau} \tag{32.9}$$

La sustitución de este resultado para el término dI/dt en la ecuación 32.6 junto al valor de I dado por la ecuación 32.7 comprobará desde luego que nuestra solución satisface la ecuación 32.6. Esto es,

$$\mathcal{E} - IR - L\frac{dI}{dt} = 0$$

$$\mathcal{E} - \frac{\mathcal{E}}{R}(1 - e^{-t/\tau})R - L\left(\frac{\mathcal{E}}{L}e^{-t/\tau}\right) = 0$$

$$\mathcal{E} - \mathcal{E} + \mathcal{E}e^{-t/\tau} - \mathcal{E}e^{-t/\tau} = 0$$

De la ecuación 32.9 vemos que la tasa de aumento de la corriente en el tiempo es un máximo (igual a $\mathcal{E}/L$) en $t = 0$ y disminuye exponencialmente hasta cero a medida que $t \rightarrow \infty$ (Fig. 32.4).

Consideremos a continuación el circuito *RL* dispuesto como se muestra en la figura 32.5. El circuito contiene dos interruptores que operan de modo que cuando uno se cierra, el otro está abierto. Suponga que S_1 está cerrado durante un tiempo suficientemente largo para permitir que la corriente alcance su valor de equilibrio, $\mathcal{E}/R$. Si llamamos $t = 0$ al instante en el cual S_1 se abre y S_2 simultáneamente se cierra,

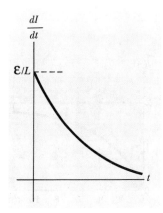

FIGURA 32.4 Gráfica de dI/dt contra tiempo para el circuito *RL* mostrado en la figura 32.2. La tasa de cambio en el tiempo de la corriente es un máximo en $t = 0$ cuando el interruptor está cerrado. La tasa disminuye exponencialmente con el tiempo cuando I aumenta hacia su valor máximo.

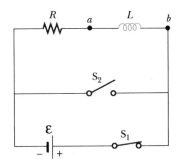

FIGURA 32.5 Un circuito *RL* que contiene dos interruptores. Cuando S_1 se cierra y S_2 se abre como se muestra, la batería está en el circuito. En el instante en que S_2 se cierra, S_1 se abre y la batería se elimina del circuito.

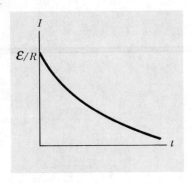

FIGURA 32.6 Corriente contra tiempo para el circuito mostrado en la figura 32.5. En $t<0$, S_1 se cierra y S_2 se abre. En $t=0$, S_2 está cerrado, S_1 está abierto y la corriente tiene su valor máximo $\mathcal{E}/R$.

tenemos un circuito sin batería ($\mathcal{E}=0$). Si aplicamos la ley de circuito de Kirchhoff al lazo superior que contiene al resistor y al inductor, obtenemos

$$IR + L\frac{dI}{dt} = 0$$

Se deja como un problema (problema 18) demostrar que la solución de esta ecuación diferencial es

$$I(t) = \frac{\mathcal{E}}{R}\,e^{-t/\tau} = I_0 e^{-t/\tau} \tag{32.10}$$

donde la corriente en $t=0$ es $I_0 = \mathcal{E}/R$ y $\tau = L/R$.

La gráfica de la corriente contra el tiempo (Fig. 32.6) muestra que la corriente disminuye continuamente con el tiempo, como habríamos esperado. Además, observe que la pendiente, dI/dt, siempre es negativa y tiene su valor máximo en $t=0$. La pendiente negativa significa que $\mathcal{E}_L = -L(dI/dt)$ es ahora positiva; esto significa que el punto a está a un potencial menor que el punto b en la figura 32.5.

EJEMPLO 32.3 Constante de tiempo de un circuito RL

El interruptor en la figura 32.7a se cierra en $t=0$. a) Encuentre la constante de tiempo del circuito.

Solución La constante de tiempo está dada por la ecuación 32.8

$$\tau = \frac{L}{R} = \frac{30.0\times10^{-3}\,\text{H}}{6.00\,\Omega} = \boxed{5.00\text{ ms}}$$

b) Calcule la corriente en el circuito en $t=2.00$ ms.

Solución Utilizando la ecuación 32.7 para la corriente como función del tiempo (con t y τ en milisegundos), encontramos que en $t=2.00$ ms

$$I = \frac{\mathcal{E}}{R}(1-e^{-t/\tau}) = \frac{12.0\text{ V}}{6.00\,\Omega}(1-e^{-0.400}) = \boxed{0.659\text{ A}}$$

Una gráfica de la ecuación 32.7 para este circuito se proporciona en la figura 32.7b.

Ejercicio Calcule la corriente en el circuito y el voltaje en el resistor después de que ha transcurrido una constante de tiempo.

Respuesta 1.37 A, 7.56 V

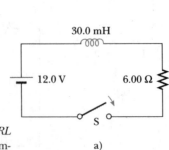

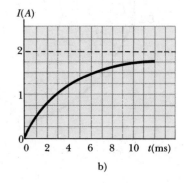

FIGURA 32.7 (Ejemplo 32.3) a) El interruptor en este circuito *RL* está cerrado en $t=0$. b) Una gráfica de la corriente contra tiempo para el circuito del inciso a).

32.3 ENERGÍA EN UN CAMPO MAGNÉTICO

Debido a que la fem inducida por un inductor evita que una batería establezca una corriente instantánea, la batería tiene que efectuar trabajo contra el inductor para crear una corriente. Parte de la energía suministrada por la batería se convierte en calor joule disipado en el resistor, en tanto que la energía restante se almacena en el inductor. Si multiplicamos cada términos en la ecuación 32.6 por I y reescribimos la expresión, obtenemos

$$I\mathcal{E} = I^2R + LI\frac{dI}{dt} \qquad (32.11)$$

Esta expresión nos dice que la tasa a la cual la energía es suministrada por la batería, $I\mathcal{E}$, es igual a la suma de la tasa a la cual se disipa el calor joule en el resistor, I^2R, y la tasa a la cual la energía se almacena en el inductor, $LI(dI/dt)$. Así, la ecuación 32.11 es simplemente una expresión de la conservación de la energía. Si dejamos que U_B exprese la energía almacenada en el inductor en cualquier tiempo (donde el subíndice B representa a la energía almacenada en el campo magnético del inductor), entonces la tasa dU_B/dt a la cual se almacena la energía puede escribirse

$$\frac{dU_B}{dt} = LI\frac{dI}{dt}$$

Para encontrar la energía total almacenada en el inductor podemos reescribir esta expresión como $dU_B = LI\,dI$ e integrar:

$$U_B = \int_0^{U_B} dU_B = \int_0^I LI\,dI$$

$$U_B = \tfrac{1}{2}LI^2 \qquad (32.12)$$

Energía almacenada en un inductor

donde L es constante y puede eliminarse de la integral. La ecuación 32.12 representa la energía almacenada en el campo magnético del inductor cuando la corriente es I. Observe que esta ecuación es similar a la ecuación para la energía almacenada en el campo eléctrico de un capacitor, $Q^2/2C$ (ecuación 26.10). En cualquier caso, vemos que se requiere trabajo para establecer un campo.

También podemos determinar la energía por unidad de volumen, o densidad de energía, almacenada en un campo magnético. Por simplicidad, considere un solenoide cuya inductancia está dada por la ecuación 32.5:

$$L = \mu_0 n^2 A\ell$$

El campo magnético de un solenoide está dado por la ecuación 30.20:

$$B = \mu_0 nI$$

Sustituyendo la expresión para L e $I = B/\mu_0 n$ en la ecuación 32.12, se obtiene

$$U_B = \tfrac{1}{2}LI^2 = \tfrac{1}{2}\mu_0 n^2 A\ell\left(\frac{B}{\mu_0 n}\right)^2 = \frac{B^2}{2\mu_0}(A\ell) \qquad (32.13)$$

Debido a que $A\ell$ es el volumen del solenoide, la energía almacenada por unidad de volumen en un campo magnético es

$$u_B = \frac{U_B}{A\ell} = \frac{B^2}{2\mu_0} \qquad (32.14)$$

Densidad de energía magnética

Aunque la ecuación 32.14 fue deducida para el caso especial de un solenoide, es válida para cualquier región del espacio en la cual haya un campo magnético. Advierta que la ecuación 32.14 es similar en forma a la ecuación para la energía por unidad de volumen almacenada en un campo eléctrico, dada por $\tfrac{1}{2}\varepsilon_0 E^2$ (ecuación 26.12). En ambos casos, la densidad de energía es proporcional al cuadrado de la intensidad de campo.

EJEMPLO 32.4 ¿Qué sucede con la energía en el inductor?

Considere otra vez al circuito RL que se muestra en la figura 32.5, en el cual el interruptor S_2 se cierra en el instante en el que S_1 se abre (en $t = 0$). Recuerde que la corriente en el lazo superior disminuye exponencialmente con el tiempo de acuerdo con la expresión $I = I_0 e^{-t/\tau}$, donde $I_0 = \mathcal{E}/R$ es la corriente inicial en el circuito y $\tau = L/R$ es la constante de tiempo. Demostraremos explícitamente que toda la energía almacenada en el campo magnético del inductor se disipa como calor en el resistor.

Solución La tasa a la cual la energía se disipa en el resistor, dU/dt (o la potencia) es igual a I^2R, donde I es la corriente instantánea:

$$\frac{dU}{dt} = I^2R = (I_0 e^{-Rt/L})^2 R = I_0^2 Re^{-2Rt/L}$$

Para encontrar la energía total disipada en el resistor, integramos esta expresión sobre los límites $t_0 = 0$ a $t = \infty$ (∞ debido a que transcurre un tiempo infinito que la corriente llegue a cero):

$$U = \int_0^\infty I_0^2 Re^{-2Rt/L}\, dt = I_0^2 R \int_0^\infty e^{-2Rt/L}\, dt \qquad (1)$$

El valor de la integral definida es $L/2R$, y por ello U se vuelve

$$U = I_0^2 R\left(\frac{L}{2R}\right) = \frac{1}{2} LI_0^2$$

Observe que esto es igual a la energía inicial almacenada en el campo magnético del inductor, dada por la ecuación 32.13, como probaremos.

Ejercicio Demuestre que la integral del lado derecho de la ecuación 1) tiene el valor $L/2R$.

EJEMPLO 32.5 El cable coaxial

Un largo cable coaxial se compone de dos conductores cilíndricos concéntricos de radios a y b y longitud ℓ, como se ve en la figura 32.8. El conductor interior se supone como un delgado cascarón cilíndrico. Cada conductor lleva una corriente I (el exterior es una trayectoria de retorno). a) Calcule la autoinductancia L de este cable.

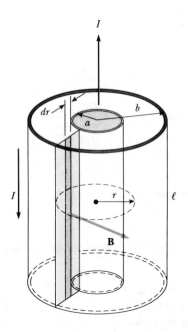

FIGURA 32.8 (Ejemplo 32.5) Sección de un cable coaxial largo. Los conductores interior y exterior conducen corrientes iguales y opuestas.

Solución Para obtener L debemos conocer el flujo magnético a través de cualquier sección transversal entre los dos conductores. De acuerdo con la ley de Ampère (sección 30.3), es fácil ver que el campo magnético entre los conductores es $B = \mu_0 I/2\pi r$. El campo es cero fuera de los conductores ($r > b$) debido a que la corriente neta a través de una trayectoria circular que rodea ambos alambres es cero y, en consecuencia, de acuerdo con la ley de Ampère, $\oint \mathbf{B} \cdot d\mathbf{s} = 0$. El campo es cero dentro del conductor interior debido a que éste es hueco y no hay corriente dentro de un radio $r < a$.

El campo magnético es perpendicular a la tira rectangular sombreada de longitud ℓ y ancho $(b - a)$, la sección transversal de interés. Al dividir este rectángulo en tiras de ancho dr, vemos que el área de cada tira es $\ell\, dr$ y que el flujo a través de cada tira es $B\, dA = B\ell\, dr$. Por lo tanto, el flujo a través de cualquier sección transversal es

$$\Phi_B = \int B\, dA = \int_a^b \frac{\mu_0 I}{2\pi r} \ell\, dr = \frac{\mu_0 I\ell}{2\pi} \int_a^b \frac{dr}{r} = \frac{\mu_0 I\ell}{2\pi} \ln\left(\frac{b}{a}\right)$$

Utilizando este resultado, encontramos que la autoinductancia del cable es

$$L = \frac{\Phi_B}{I} = \boxed{\frac{\mu_0 \ell}{2\pi} \ln\left(\frac{b}{a}\right)}$$

b) Calcule la energía total almacenada en el campo magnético del cable.

Solución Con la ecuación 32.13 y los resultados del inciso a), obtenemos

$$U_B = \tfrac{1}{2} LI^2 = \boxed{\frac{\mu_0 \ell I^2}{4\pi} \ln\left(\frac{b}{a}\right)}$$

*32.4 INDUCTANCIA MUTUA

Es común que el flujo magnético a través de un circuito varíe con el tiempo debido a corrientes variables en circuitos cercanos. Esta circunstancia induce una fem a través de un proceso conocido como inductancia mutua, llamado así debido a que depende de la interacción de dos circuitos.

Considere dos bobinas enrolladas con vueltas muy próximas entre sí, como se muestra en la vista de sección transversal de la figura 32.9. La corriente $I1$ en la bobina 1, que tiene N_1 vueltas, crea líneas de campo magnético, algunas de las cuales pasan a través de la bobina 2, la cual tiene N_2 vueltas. El flujo correspondiente a través de la bobina 2 producido por la bobina 1 se representa por medio de Φ_{21}. Definimos la **inductancia mutua** M_{21} de la bobina 2 respecto de la bobina 1 como la razón entre $N_2\Phi_{21}$ y la corriente I_1:

$$M_{21} \equiv \frac{N_2\Phi_{21}}{I_1} \qquad (32.15)$$

$$\Phi_{21} = \frac{M_{21}}{N_2} I_1$$

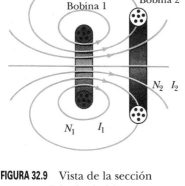

FIGURA 32.9 Vista de la sección transversal de dos bobinas adyacentes. Una corriente en la bobina 1 establece un flujo magnético, parte del cual pasa a través de la bobina 2.

La inductancia mutua depende de la geometría de ambos circuitos y de su orientación uno respecto del otro. Es claro que a medida que la separación de los circuitos aumenta, la inductancia mutua disminuye en virtud de que el flujo que enlaza a los circuitos se reduce.

Si la corriente I_1 varía con el tiempo, vemos a partir de la ley de Faraday y de la ecuación 32.15 que la fem inducida en la bobina 2 por la bobina 1 es

$$\mathcal{E}_2 = -N_2\frac{d\Phi_{21}}{dt} = -M_{21}\frac{dI_1}{dt} \qquad (32.16)$$

De modo similar, si la corriente I_2 varía con el tiempo, la fem inducida en la bobina 1 por la bobina 2 es

$$\mathcal{E}_1 = -M_{12}\frac{dI_2}{dt} \qquad (32.17)$$

Estos resultados son similares en forma a la ecuación 32.1 para la fem autoinducida $\mathcal{E} = -L(dI/dt)$. *La fem inducida por inductancia mutua en una bobina siempre es proporcional a la tasa de cambio de la corriente en la otra bobina.* Si las tasas a las cuales cambia la corriente con el tiempo son iguales (es decir, si $dI_1/dt = dI_2/dt$), entonces $\mathcal{E}_1 = \mathcal{E}_2$. Aunque las constantes de proporcionalidad M_{12} y M_{21} parecen ser diferentes, puede demostrarse que son iguales. De este modo, tomando $M_{12} = M_{21} = M$, las ecuaciones 32.16 y 32.17 se transforman en

$$\mathcal{E}_2 = -M\frac{dI_1}{dt} \qquad y \qquad \mathcal{E}_1 = -M\frac{dI_2}{dt}$$

La unidad de inductancia mutua es también el henry.

EJEMPLO 32.6   Inductancia mutua de dos solenoides

Un largo solenoide de longitud ℓ tiene N_1 vueltas, conduce una corriente I y tiene un área de sección transversal A. Una segunda bobina que contiene N_2 vueltas se enrolla alrededor del centro de la primera bobina, como en la figura 32.10. Encuentre la inductancia mutua del sistema.

Solución Si el solenoide conduce una corriente I_1, el campo magnético en su centro es

$$B = \frac{\mu_0 N_1 I_1}{\ell}$$

Puesto que el flujo Φ_{21} a través de la bobina 2 debido a la bobina 1 es BA, la inductancia mutua es

$$M = \frac{N_2 \Phi_{21}}{I_1} = \frac{N_2 BA}{I_1} = \mu_0 \frac{N_1 N_2 A}{\ell}$$

Ejercicio   Calcule la inductancia mutua de dos solenoides para los cuales $N_1 = 500$ vueltas, $A = 3 \times 10^{-3}$ m^2, $\ell = 0.5$ m y $N_2 = 8$ vueltas.

Respuesta   30.2 μH.

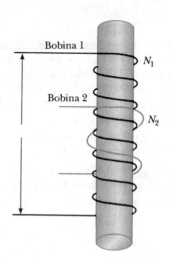

FIGURA 32.10   (Ejemplo 32.6) Una pequeña bobina de N_2 vueltas enrolladas alrededor del centro de un largo solenoide de N_1 vueltas.

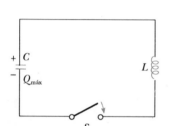

FIGURA 32.11   Un circuito LC simple, el capacitor tiene una carga inicial $Q_{máx}$ y el interruptor se cierra en $t = 0$.

32.5 OSCILACIONES EN UN CIRCUITO *LC*

Cuando un capacitor cargado se conecta a un inductor, como muestra la figura 32.11, y el interruptor se abre después, tanto la corriente como la carga en el capacitor oscila. Si la resistencia del circuito es cero, no se disipa energía como calor joule y las oscilaciones persisten. En esta sección ignoramos la resistencia en el circuito.

En el siguiente análisis supongamos que el capacitor tiene una carga inicial $Q_{máx}$ (la carga máxima) y que el interruptor se cierra en $t = 0$. Es conveniente describir lo que ocurre desde un punto de vista de la energía.

Cuando el capacitor está completamente cargado la energía total U en el circuito está almacenada en el campo eléctrico del capacitor y es igual a $Q_{máx}^2/2C$ (ecuación 26.10). En este tiempo, la corriente es cero, por lo cual no hay energía almacenada en el inductor. A medida que el capacitor empieza a descargarse, la energía almacenada en su campo eléctrico disminuye. Al mismo tiempo, la corriente aumenta y parte de la energía está ahora almacenada en el campo magnético del inductor. De este modo, vemos que la energía se transfiere del campo eléctrico del capacitor al campo magnético del inductor. Cuando el capacitor está completamente descargado no almacena energía. En este tiempo, la corriente alcanza su valor máximo y toda la energía está almacenada en el inductor. El proceso se repite después en la dirección inversa. La energía continúa oscilando entre el inductor y el capacitor indefinidamente.

Una descripción gráfica de esta transferencia de energía se muestra en la figura 32.12. El comportamiento del circuito es análogo al sistema masa-resorte oscilante estudiado en el capítulo 13. La energía potencial almacenada en un resorte alargado, $\frac{1}{2}kx^2$, es análoga a la energía potencial almacenada en el capacitor $Q_{máx}^2/2C$. La energía cinética de la masa en movimiento, $\frac{1}{2}mv^2$, es análoga a la energía almacenada en el inductor, $\frac{1}{2}LI^2$, para la cual es necesario la presencia de cargas en movimiento. En la figura 32.12a toda la energía se almacena como energía potencial en el capacitor en $t = 0$ (puesto que $I = 0$). En la figura 32.12b toda la energía está almacenada como energía "cinética" en el inductor, $\frac{1}{2}LI_{máx}^2$, donde $I_{máx}$ es la corriente máxima. En puntos intermedios, parte de la energía es energía potencial y parte energía cinética.

Considere algún tiempo arbitrario t después de que el interruptor se cierra, de modo que el capacitor tiene una carga Q y la corriente es I. En este tiempo, ambos elementos almacenan energía, pero la suma de las dos energías debe ser igual a la energía inicial total U almacenada en el capacitor cargado completamente en $t = 0$.

Energía total almacenada en el circuito LC

$$U = U_C + U_L = \frac{Q^2}{2C} + \tfrac{1}{2}LI^2 \qquad (32.18)$$

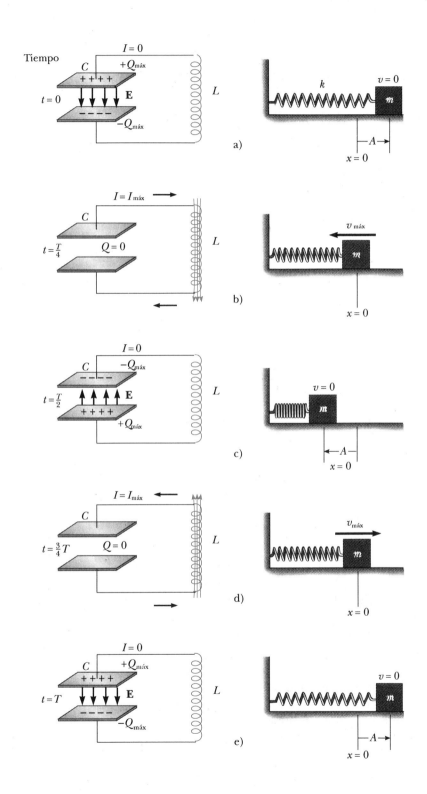

FIGURA 32.12 Transferencia de energía en un circuito *LC* sin resistencia. El capacitor tiene una carga $Q_{máx}$ en $t = 0$, al instante en el cual el interruptor se cierra. La analogía mecánica de este circuito es un sistema masa-esorte.

Puesto que hemos supuesto que la resistencia del circuito es cero, no se disipa energía como calor joule y consecuentemente *la energía total debe permanecer constante en el tiempo*. Esto significa que $dU/dt = 0$. Por lo tanto, al diferenciar la ecuación 32.18 respecto del tiempo mientras notamos que Q e I varían con el tiempo, obtenemos

La energía total en un circuito LC permanece constante; por tanto, $dU/dt = 0$

$$\frac{dU}{dt} = \frac{d}{dt}\left(\frac{Q^2}{2C} + \tfrac{1}{2}LI^2\right) = \frac{Q}{C}\frac{dQ}{dt} + LI\frac{dI}{dt} = 0 \tag{32.19}$$

Podemos reducir ésta a una ecuación diferencial en una variable empleando la relación $I = dQ/dt$. De esto, se deduce que $dI/dt = d^2Q/dt^2$. La sustitución de estas relaciones en la ecuación 32.19 produce

$$L\frac{d^2Q}{dt^2} + \frac{Q}{C} = 0$$

$$\frac{d^2Q}{dt^2} = -\frac{1}{LC}Q \tag{32.20}$$

Podemos despejar Q al advertir que la ecuación 32.20 es de la misma forma que la ecuación análoga 13.14 para un sistema masa-resorte:

$$\frac{d^2x}{dt^2} = -\frac{k}{m}x = -\omega^2 x$$

donde k es la constante de resorte, m es la masa y $\omega = \sqrt{k/m}$. La solución de esta ecuación tiene la forma general

$$x = A\cos(\omega t + \phi)$$

donde ω es la frecuencia angular del movimiento armónico simple, A es la amplitud del movimiento (el valor máximo de x) y ϕ es la constante de fase; los valores de A y ϕ dependen de las condiciones iniciales. Puesto que es de la misma forma que la ecuación diferencial de un oscilador armónico simple, la ecuación 32.20 tiene la solución

Carga contra tiempo para el circuito LC

$$Q = Q_{\text{máx}}\cos(\omega t + \phi) \tag{32.21}$$

donde $Q_{\text{máx}}$ es la carga máxima del capacitor y la frecuencia angular ω es

Frecuencia angular de oscilación

$$\omega = \frac{1}{\sqrt{LC}}. \tag{32.22}$$

Advierta que *la frecuencia angular de las oscilaciones depende sólo de la inductancia y la capacitancia del circuito.*

Debido a que Q varía armónicamente, la corriente también varía armónicamente. Esto se muestra fácilmente al diferenciar la ecuación 32.21 respecto del tiempo:

Corriente contra tiempo para la corriente LC

$$I = \frac{dQ}{dt} = -\omega Q_{\text{máx}}\operatorname{sen}(\omega t + \phi) \tag{32.23}$$

Para determinar el valor del ángulo de fase ϕ, examinemos las condiciones iniciales, las cuales en nuestra situación requieren que en $t = 0$, $I = 0$ y $Q = Q_{\text{máx}}$. Al considerar $I = 0$ en $t = 0$ en la ecuación 32.23, se obtiene

$$0 = -\omega Q_{\text{máx}} \operatorname{sen} \phi$$

la cual muestra que $\phi = 0$. Este valor para ϕ es también consistente con la ecuación 32.21 y con la condición de que $Q = Q_{\text{máx}}$ en $t = 0$. Por consiguiente, en nuestro caso, las variaciones de Q y de I en el tiempo son

$$Q = Q_{\text{máx}} \cos \omega t \qquad \qquad \textbf{(32.24)}$$

$$I = -\omega Q_{\text{máx}} \operatorname{sen} \omega t = -I_{\text{máx}} \operatorname{sen} \omega t \qquad \qquad \textbf{(32.25)}$$

donde $I_{\text{máx}} = \omega Q_{\text{máx}}$ es la máxima corriente en el circuito.

Las gráficas de Q contra t y de I contra t se presentan en la figura 32.13. Advierta que la carga en el capacitor oscila entre los valores extremos $Q_{\text{máx}}$ y $-Q_{\text{máx}}$, y que la corriente oscila entre $I_{\text{máx}}$ y $-I_{\text{máx}}$. Además, la corriente está a 90° fuera de fase con la carga. Es decir, cuando la carga alcanza un valor extremo, la corriente es cero, y cuando la carga es cero, la corriente tiene un valor extremo.

Regresemos a la energía del circuito LC. Sustituyendo las ecuaciones 32.24 y 32.25 en la ecuación 32.18, encontramos que la energía total es

$$U = U_C + U_L = \frac{Q_{\text{máx}}^2}{2C} \cos^2 \omega t + \frac{LI_{\text{máx}}^2}{2} \operatorname{sen}^2 \omega t \qquad \qquad \textbf{(32.26)}$$

Esta expresión contiene todas las características descritas cualitativamente al principio de esta sección. Muestra que la energía del sistema oscila continuamente entre la energía almacenada en el campo eléctrico del capacitor y la energía almacenada en el campo magnético del inductor. Cuando la energía almacenada en el capacitor tiene su valor máximo, $Q_{\text{máx}}^2/2C$, la energía almacenada en el inductor es cero. Cuando la energía almacenada en el inductor tiene su valor máximo, $\frac{1}{2}LI_{\text{máx}}^2$, la energía almacenada en el capacitor es cero.

Gráficas de las variaciones en el tiempo de U_C y de U_L se muestran en la figura 32.14. Advierta que la suma $U_C + U_L$ es una constante e igual a la energía total, $Q_{\text{máx}}^2/2C$. La prueba analítica de lo anterior es directa. La energía máxima almacenada en el capacitor (cuando $I = 0$) debe ser igual a la máxima energía almacenada en el inductor (cuando $Q = 0$), de modo que

$$\frac{Q_{\text{máx}}^2}{2C} = \tfrac{1}{2} LI_{\text{máx}}^2$$

Utilizando esta expresión en la ecuación 32.26 para la energía total, obtenemos

$$U = \frac{Q_{\text{máx}}^2}{2C}(\cos^2 \omega t + \operatorname{sen}^2 \omega t) = \frac{Q_{\text{máx}}^2}{2C} \qquad \qquad \textbf{(32.27)}$$

debido a que $\cos^2 \omega t + \operatorname{sen}^2 \omega t = 1$.

En nuestra situación idealizada las oscilaciones en el circuito persisten de manera indefinida, pero usted debe advertir que la energía total U permanece constante sólo si las pérdidas de energía son despreciables. En los circuitos reales siempre hay alguna resistencia y por ello la energía se perderá en forma de calor. (De hecho, aun cuando las pérdidas de energía debidas a la resistencia de los alambres se ignoran, la energía se pierde también en forma de ondas electromagnéticas radiadas por el circuito.)

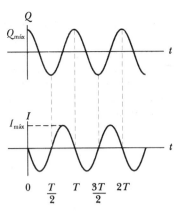

FIGURA 32.13 Gráficas de cargas contra tiempo y corriente contra tiempo para un circuito LC sin resistencia. Note que Q e I están 90° fuera de fase entre sí.

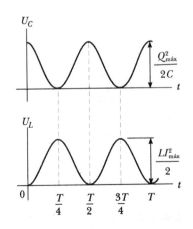

FIGURA 32.14 Gráfica de U_C contra t y U_L contra t para un circuito LC sin resistencia. La suma de las dos curvas es una constante e igual a la energía total almacenada en el circuito.

EJEMPLO 32.7   Un circuito *LC* oscilatorio

En la figura 32.15 el capacitor está inicialmente cargado cuando S_1 está abierto y S_2 está cerrado. Luego, S_1 empieza a cerrarse en el mismo instante en que S_2 se abre de modo que el capacitor está en corte a través del inductor. a) Encuentre la frecuencia de oscilación.

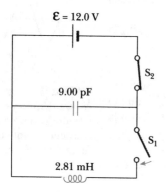

FIGURA 32.15   (Ejemplo 32.7) Primero el capacitor está completamente cargado con el interruptor S_1 abierto y S_2 cerrado. Luego, S_1 se cierra en el mismo tiempo que S_2 se abre.

Solución   Utilizando la ecuación 32.22 se obtiene para la frecuencia

$$f = \frac{\omega}{2\pi} = \frac{1}{2\pi\sqrt{LC}}$$

$$= \frac{1}{2\pi[(2.81 \times 10^{-3}\,\text{H})(9.00 \times 10^{-12}\,\text{F})]^{1/2}}$$

$$= \boxed{1.00 \times 10^6\,\text{Hz}}$$

b) ¿Cuáles son los valores máximos de carga en el capacitor y de corriente en el circuito?

Solución   La carga inicial en el capacitor es igual a la carga máxima, y puesto que $C = Q/V$, obtenemos

$$Q_{\text{máx}} = CV = (9.00 \times 10^{-12}\,\text{F})\,(12.0\,\text{V}) = \boxed{1.08 \times 10^{-10}\,\text{C}}$$

De la ecuación 32.25 vemos que la corriente máxima se relaciona con la carga máxima:

$$I_{\text{máx}} = \omega Q_{\text{máx}} = 2\pi f Q_{\text{máx}}$$

$$= (2\pi \times 10^6\,\text{s}^{-1})\,(1.08 \times 10^{-10}\,\text{C})$$

$$= \boxed{6.79 \times 10^{-4}\,\text{A}}$$

c) Determine la carga y la corriente como funciones del tiempo.

Solución   Las ecuaciones 32.24 y 32.25 proporcionan las siguientes expresiones para la variación en el tiempo de Q e I:

$$Q = Q_{\text{máx}} \cos\omega t = \boxed{(1.08 \times 10^{-10}\,\text{C}) \cos\omega t}$$

$$I = -I_{\text{máx}} \operatorname{sen}\omega t = \boxed{(-6.79 \times 10^{-4}\,\text{A}) \operatorname{sen}\omega t}$$

donde

$$\omega = 2\pi f = 2\pi \times 10^6\,\text{rad/s}$$

Ejercicio   ¿Cuál es la energía total almacenada en el circuito?

Respuesta $6.48 \times 10^{-10}\,\text{J}$.

*32.6   EL CIRCUITO *RLC*

Estudiemos ahora con más atención un circuito más realista compuesto por un inductor, un capacitor y un resistor conectados en serie, como en la figura 32.16. Supongamos que el capacitor tiene una carga inicial $Q_{\text{máx}}$ antes de que el interruptor se cierre. Una vez que el interruptor quede cerrado y se establezca el circuito, la energía total almacenada en el mismo en cualquier tiempo estará dada, como antes, por la ecuación 32.18. Esto significa que la energía almacenada en el capacitor es $Q^2/2C$, y la energía almacenada en el inductor es $\frac{1}{2}LI^2$. Sin embargo, la energía total ya no es constante, como en el caso del circuito *LC*, debido a la presencia de un resistor, el cual disipa la energía como calor. Puesto que la tasa de disipación de energía a través de un resistor es I^2R, tenemos

$$\frac{dU}{dt} = -I^2 R$$

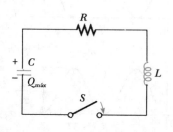

FIGURA 32.16   Un circuito *RLC* en serie. El capacitor tiene una carga $Q_{\text{máx}}$ en $t = 0$ que es el instante en el cual el interruptor se cierra.

donde el signo negativo significa que U está disminuyendo con el tiempo. La sustitución de este resultado en la ecuación 32.19 da como resultado

$$LI\frac{dI}{dt} + \frac{Q}{C}\frac{dQ}{dt} = -I^2 R \qquad (32.28)$$

Aprovechando que $I = dQ/dt$ y $dI/dt = d^2Q/dt^2$, y dividiendo la ecuación 32.28 entre I, obtenemos

$$L \frac{d^2Q}{dt^2} + R \frac{dQ}{dt} + \frac{Q}{C} = 0 \qquad (32.29)$$

Observe que el circuito *RLC* es análogo al oscilador armónico amortiguado estudiado en la sección 13.6 e ilustrado en la figura 32.17. La ecuación de movimiento para este sistema mecánico es

$$m \frac{d^2x}{dt^2} + b \frac{dx}{dt} + kx = 0 \qquad (32.30)$$

Comparando las ecuaciones 32.29 y 32.30 vemos que Q corresponde a x, L a m, R a la constante de amortiguamiento b, y C a $1/k$, donde k es la constante de fuerza del resorte.

Debido a que la solución analítica de la ecuación 32.29 es complicada, sólo damos una descripción cualitativa del comportamiento del circuito.

En el caso más simple, cuando $R = 0$, la ecuación 32.29 se reduce a la de un simple circuito *LC*, como se esperaba, y la carga y la corriente oscilan sinusoidalmente en el tiempo.

Considere a continuación la situación donde R es razonablemente pequeña. En este caso, la solución de la ecuación 32.29 es

$$Q = Q_{máx} \, e^{-Rt/2L} \cos \omega_d t \qquad (32.31)$$

donde

$$\omega_d = \left[\frac{1}{LC} - \left(\frac{R}{2L} \right)^2 \right]^{1/2} \qquad (32.32)$$

Es decir, la carga oscila con movimiento armónico amortiguado en analogía con un sistema masa-resorte que se mueve en un medio viscoso. De la ecuación 32.32, vemos que, cuando $R \ll \sqrt{4L/C}$, la frecuencia ω_d del oscilador amortiguado es cercana a la de un oscilador subamortiguado, $1/\sqrt{LC}$. Debido a que $I = dQ/dt$, se deduce que la corriente también experimenta un movimiento armónico amortiguado. En la figura 32.18 se presenta una gráfica de la carga contra el tiempo para el oscilador amortiguado. Observe que el valor máximo de Q disminuye después de cada oscilación, a medida que disminuye en el tiempo la amplitud de un oscilador armónico amortiguado.

Cuando consideramos valores mayores de R, encontramos que las oscilaciones se amortiguan más rápidamente; de hecho, hay un valor de resistencia crítica R_C sobre el cual no ocurren oscilaciones. El valor crítico está dado por $R_C = \sqrt{4L/C}$. Se dice que un sistema con $R = R_C$ está críticamente amortiguado. Cuando R excede a R_C, se afirma que el sistema está sobreamortiguado (Fig. 36.19).

FIGURA 32.17 Un sistema masa-resorte que se mueve en un medio viscoso con movimiento armónico amortiguado es análogo a un circuito *RLC*.

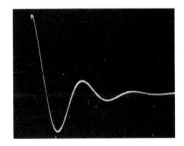

Patrón de un osciloscopio que muestra el decaimiento en las oscilaciones de un circuito *RLC*. Los parámetros utilizados fueron $R = 75\ \Omega$, $L = 10$ mH, $C = 0.19\ \mu$F y $F = 300$ Hz. *(Cortesía de J. Rudmin)*

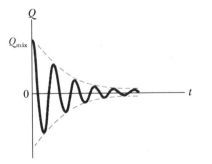

FIGURA 32.18 Carga contra tiempo para un circuito *RLC* amortiguado. Esto ocurre para $R \ll \sqrt{4L/C}$. La curva Q contra t representa una gráfica de la ecuación 32.31.

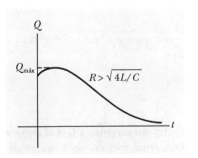

FIGURA 32.19 Gráfica de Q contra t para un circuito *RLC* sobreamortiguado, el cual ocurre para valores de $R > \sqrt{4L/C}$.

RESUMEN

Cuando la corriente en una bobina cambia con el tiempo, en ella se induce una fem, de acuerdo con la ley de Faraday. La **fem autoinducida es**

$$\mathcal{E}_L = -L \frac{dI}{dt} \tag{32.1}$$

donde L es la **inductancia** de la bobina. La inductancia es una medida de la oposición de un dispositivo a un cambio en la corriente. La inductancia tiene la unidad del SI **henry** (H), donde $1\ \text{H} = 1\ \text{V} \cdot \text{s/A}$.

La inductancia de una bobina es

$$L = \frac{N\Phi_B}{I} \tag{32.2}$$

donde Φ_B es el flujo magnético a través de la bobina y N es el número total de vueltas. La inductancia de un dispositivo depende de su geometría. Por ejemplo, la inductancia de un solenoide con núcleo de aire es

$$L = \frac{\mu_0 N^2 A}{\ell} \tag{32.4}$$

donde A es el área de la sección transversal y ℓ es la longitud del solenoide.

Si un resistor y un inductor se conectan en serie a una batería de fem $\mathcal{E}$ y un interruptor en el circuito se cierra en $t = 0$, la corriente en el circuito varía en el tiempo de acuerdo con la expresión

$$I(t) = \frac{\mathcal{E}}{R} \left(1 - e^{-t/\tau}\right) \tag{32.7}$$

donde $\tau = L/R$ es la constante de tiempo del circuito RL. Esto significa que la corriente aumenta hasta un valor de equilibrio de $\mathcal{E}/R$ después de un tiempo que es largo comparado con τ. Si se elimina la batería del circuito, la corriente disminuye exponencialmente con el tiempo, de acuerdo con la expresión

$$I(t) = \frac{\mathcal{E}}{R} e^{-t/\tau} \tag{32.10}$$

donde $\mathcal{E}/R$ es la corriente inicial en el circuito.

La energía almacenada en el campo magnético de un inductor que conduce una corriente I es

$$U_B = \tfrac{1}{2} L I^2 \tag{32.12}$$

La energía por unidad de volumen en un punto donde el campo magnético es B es

$$u_B = \frac{B^2}{2\mu_0} \tag{32.14}$$

En un circuito LC con resistencia cero, la carga en el capacitor y la corriente en el circuito varían en el tiempo de acuerdo con las expresiones

$$Q = Q_{\text{máx}} \cos(\omega t + \phi) \tag{32.21}$$

$$I = \frac{dQ}{dt} = -\omega Q_{\text{máx}} \operatorname{sen}(\omega t + \phi) \tag{32.23}$$

donde $Q_{máx}$ es la carga máxima en el capacitor, ϕ es la constante de fase y ω es la frecuencia angular de oscilación:

$$\omega = \frac{1}{\sqrt{LC}} \qquad \qquad (32.22)$$

La energía en un circuito LC continuamente pasa de energía almacenada en el capacitor a energía almacenada en el inductor. La energía total del circuito LC en cualquier tiempo t es

$$U = U_C + U_L = \frac{Q_{máx}^2}{2C} \cos^2 \omega t + \frac{LI_{máx}^2}{2} \text{sen}^2 \omega t \qquad (32.26)$$

En $t = 0$, toda la energía está almacenada en el campo eléctrico del capacitor ($U = Q_{máx}^2/2C$). Con el tiempo, la totalidad de esta energía se transfiere al inductor ($U = LI_{máx}^2/2$). Sin embargo, la energía total permanece constante debido a que las pérdidas de energía se ignoran en el circuito LC ideal.

En la carga y la corriente en un circuito RLC se advierte un comportamiento armónico amortiguado para pequeños valores de R. Esto es análogo al movimiento armónico amortiguado de un sistema masa-resorte en el cual está presente la fricción.

PREGUNTAS

1. ¿Por qué la fem inducida que aparece en un inductor se conoce como "contrafem" o "fem inversa"?

2. La corriente en un circuito que contiene una bobina, resistor y batería ha alcanzado un valor constante. ¿La bobina tiene una inductancia? ¿La bobina afecta el valor de la corriente?

3. ¿La inductancia de una bobina depende de la corriente en la misma? ¿Qué otros parámetros afectan la inductancia de una bobina?

4. ¿Cómo puede una larga pieza de alambre enrollarse sobre un carrete de manera que el alambre tenga una autoinductancia despreciable.

5. Un largo y delgado alambre se enrolla como un solenoide con una autoinductancia L. Si se conecta entre las terminales de una batería, ¿cómo depende la corriente máxima de L?

6. Para el circuito RL en serie mostrado en la figura 32.20, ¿la fem inversa puede ser siempre mayor que la fem de la batería? Explique

7. Suponga que el interruptor en la figura 32.20 se ha cerrado durante un largo tiempo y súbitamente se abre. ¿La corriente cae instántaneamente a cero? ¿Por qué aparece una chispa en los contactos del interruptor en el instante en que el interruptor se abre?

8. Si se duplica la corriente en un inductor, ¿en qué factor cambia la energía almacenada?

9. Analice las similitudes entre la energía almacenada en el campo eléctrico de un capacitor cargado y la energía almacenada en el campo magnético de una bobina que conduce corriente.

10. ¿Cuál es la inductancia de dos inductores conectados en serie?

11. Analice cómo surge la inductancia mutua entre las bobinas primaria y secundaria en un transformador.

12. Los centros de dos lazos circulares están separados por una distancia fija. ¿Para qué orientación relativa de los lazos su inductancia es un máximo?, ¿un mínimo?

13. Dos solenoides están conectados en serie de manera que cada uno conduce la misma corriente en cualquier instante. ¿Se presenta inductancia mutua? Explique.

14. En el circuito LC mostrado en la figura 32.12, la carga en el capacitor algunas veces es cero, aun cuando haya corriente en el circuito. ¿Cómo es esto posible?

15. Si la resistencia de dos alambres en un circuito LC no fuera cero, ¿persistirían las oscilaciones? Explique.

16. ¿Cómo puede usted decir si un circuito RLC está sobre o subamortiguado?

17. ¿Cuál es la importancia del amortiguamiento crítico en un circuito RLC?

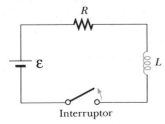

FIGURA 32.20   (Preguntas 6 y 7)

PROBLEMAS

Sección 32.1   Autoinductancia

1. Un inductor de 2.00 H conduce una corriente estable de 0.500 A. ¿Cuando el interruptor en el circuito se abre, la corriente desaparece en 10.0 ms. ¿Cuál es la fem inducida promedio en el inductor durante este tiempo?

2. Un resorte tiene un radio de 4.00 cm y una inductancia de 125 μH cuando se extiende hasta una longitud de 2.00 m. Encuentre un valor aproximado para el número total de vueltas en el resorte?

3. Un cordón de teléfono enrollado con 70 vueltas tiene un diámetro de sección transversal de 1.3 cm y una longitud sin alargar de 60 cm. Determine un valor aproximado de la autoinductancia del cordón sin alargar.

4. Un pequeño solenoide de núcleo de aire tiene una longitud de 4.0 cm y un radio de 0.25 cm. Si la inductancia será de 0.060 mH, ¿cuántas vueltas por centímetro se requiere?

5. Una fem inducida en un solenoide de inductancia L cambia en el tiempo como $\mathcal{E} = \mathcal{E}_0 e^{-kt}$. Determine la carga total que pasa a través del solenoide.

6. Calcule el flujo magnético a través de una bobina de 300 vueltas y 7.20 mH cuando la corriente en la misma es 10.0 mA.

6A. Calcule el flujo magnético a través de una bobina de N vueltas que tiene una inductancia L cuando conduce una corriente I.

7. Una corriente de 40.0 mA es conducida por un solenoide de núcleo de aire enrollado uniformemente con 450 vueltas, un diámetro de 15.0 mm y una longitud de 12.0 cm. Calcule a) el campo magnético dentro del solenoide, b) el flujo magnético a través de cada vuelta y c) la inductancia del solenoide. d) ¿Cuál de estas cantidades depende de la corriente?

8. Un inductor de 0.388 mH tiene una longitud que es cuatro veces su diámetro. Si se enrolla con 22 vueltas por centímetro, ¿cuál es su longitud?

9. Una fem de 36 mV se induce en una bobina de 400 vueltas en un instante en el que la corriente tiene un valor de 2.8 A y está cambiando a una tasa de 12 A/s. ¿Cuál es el flujo magnético total a través de la bobina?

10. La corriente en un inductor de 90 mH cambia con el tiempo como $I = t^2 - 6t$ (en unidades del SI). Encuentre la magnitud de la fem inducida en a) $t = 1.0$ s y b) $t = 4.0$ s. c) ¿A qué tiempo es la fem cero?

11. Un inductor de 10.0 mH conduce una corriente $I = I_{máx}$ sen ωt, con $I_{máx} = 5.00$ A y $\omega/2\pi = 60.0$ Hz. ¿Cuál es la fem inversa como una función del tiempo?

12. Un inductor de solenoide mide 20.0 cm de largo y tiene un área de sección transversal de 5.00 cm². Cuando la corriente a través del solenoide disminuye a razón de 0.625 A/s, la fem inducida es 200 μV. Encuentre el número de vueltas/longitud unitaria del solenoide.

13. Dos bobinas, A y B, se enrollan usando iguales longitudes de alambre. Cada bobina tiene el mismo número de vueltas por longitud unitaria, pero la bobina A tiene el doble de vueltas que la bobina B. ¿Cuál es la razón entre la autoinductancia de A y la autoinductancia de B? (*Nota:* Los radios de las dos bobinas no son iguales.)

14. Un toroide tiene un radio mayor R y un radio menor r y se enrolla con N vueltas de alambre muy próximas entre sí, como se muestra en la figura P32.14. Si $R \gg r$, el campo magnético dentro de la región del toroide de área de sección transversal $A = \pi r^2$ es esencialmente el de un largo solenoide que se ha doblado como un gran círculo de radio R. Utilizando el campo uniforme de un largo solenoide, muestre que la autoinductancia de dicho toroide es aproximadamente

$$L \cong \frac{\mu_0 N^2 A}{2\pi R}$$

(Una expresión exacta para la inductancia de un toroide con una sección transversal rectangular se deduce en el problema 78.)

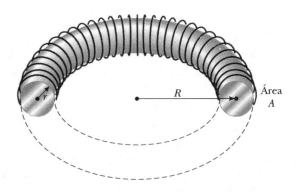

FIGURA P32.14

15. Un solenoide tiene 120 vueltas enrolladas uniformemente alrededor de un núcleo de madera, el cual tiene un diámetro de 10.0 mm y una longitud de 9.00 cm. a) Calcule la inductancia del solenoide. b) El núcleo de madera se sustituye por una barra de hierro blando que tiene las mismas dimensiones, pero una permeabilidad magnética $\kappa_m = 800 \mu_0$. ¿Cuál es la nueva inductancia?

16. Un inductor en forma de un solenoide contiene 420 vueltas, su longitud es 16.0 cm y tiene un área de sección transversal de 3.00 cm². ¿Qué tasa uniforme de reducción de corriente a través del inductor induce una fem de 175 mV?

16A. Un inductor en la forma de un solenoide contiene N vueltas, su longitud ℓ y tiene un área de sección transversal A. ¿Qué tasa uniforme de reducción de corriente a través del inductor induce una fem $\mathcal{E}$?

☐ Indica problemas que tienen soluciones completas disponibles en el *Manual de soluciones del estudiante* y en la *Guía de estudio*.

Sección 32.2 Circuitos *RL*

17. El interruptor en la figura P32.17 se cierra en un tiempo $t = 0$. Encuentre la corriente en el inductor y la corriente a través del interruptor como funciones del tiempo.

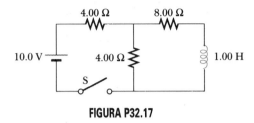

FIGURA P32.17

18. Muestre que $I = I_0 e^{-t/\tau}$ es una solución de la ecuación diferencial

$$IR + L \frac{dI}{dt} = 0$$

donde $\tau = L/R$ e $I_0 = \mathcal{E}/R$ es la corriente en $t = 0$.

19. Calcule la resistencia en un circuito *RL* en el cual $L = 2.5$ H y la corriente aumenta hasta 90% de su valor final en 3.0 s.

20. En un circuito en serie *RL* (Fig. 32.2), la máxima corriente es 0.500 A. Después de que el interruptor se abre, una corriente de 0.250 A se alcanza en 0.150 s y después el voltaje a través del resistor es 20.0 V. Calcule los valores de R, L y $\mathcal{E}$ para este circuito.

21. Un circuito *RL* en serie con $L = 3.00$ H y un circuito *RC* en serie con $C = 3.00$ μF tiene la misma constante de tiempo. Si los dos circuitos tienen la misma resistencia R, a) ¿cuál es el valor de R y b) cuál es la constante de tiempo?

21A. Un circuito *RL* en serie y un circuito *RC* en serie tienen la misma constante de tiempo. Si los dos circuitos tienen la misma resistencia R, a) ¿cuál es el valor de R en términos de L y C, y b) cuál es la constante de tiempo en función de L y C?

22. Un inductor que tiene una inductancia de 15.0 H y una resistencia de 30.0 Ω se conecta entre las terminales de una batería de 100 V. ¿Cuál es la tasa de aumento de la corriente a) en $t = 0$ y b) en $t = 1.50$ s?

23. Una batería de 12 V está a punto de conectarse a un circuito en serie que contiene un resistor de 10 Ω y un inductor de 2.0 H. ¿Cuánto tardará la corriente en llegar a a) 50% y b) 90% de su valor final?

24. Con un pulso de corriente se alimenta al circuito parcial que se muestra en la figura P34.24. La corriente empieza en cero, luego se vuelve igual a 10.0 A durante 200 ms y después es cero otra vez. Determine el voltaje en el inductor como una función del tiempo.

25. Un inductor de 140 mH y un resistor de 4.9 Ω se conectan con un interruptor a una batería de 6.0 V, como se muestra en la figura P32.25. a) Si el interruptor se mueve hacia la izquierda (conectando la batería), ¿cuánto tiempo transcurre antes de que la corriente alcance 220 mA? b) ¿Cuál es la corriente en el inductor 10.0 s des-

pués de que el interruptor se cierra? c) Después el interruptor se mueve rápidamente de A a B. ¿Cuánto tiempo pasa antes de que la corriente disminuya hasta 160 mA?

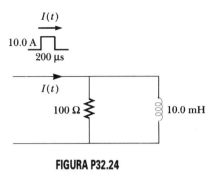

FIGURA P32.24

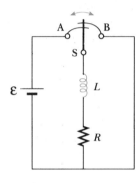

FIGURA P32.25

26. Cuando el interruptor de la figura P32.26 se cierra la corriente tarda 3.00 ms para llegar al 98% de su valor final. Si $R = 10.0$ Ω, ¿cuál es la inductancia?

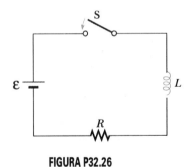

FIGURA P32.26

27. Para $\mathcal{E} = 6.00$ V, $L = 24.0$ mH y $R = 10.0$ Ω en la figura P32.26, encuentre a) la corriente 0.500 ms después de que S se cierra y b) la corriente máxima.

28. Considere dos inductores ideales, L_1 y L_2, los cuales tienen resistencia interna *cero* y están muy separados de modo que su inductancia mutua es cero. a) Si estos conductores se conectan en serie, muestre que son equivalentes a un solo inductor ideal que tiene $L_{eq} = L_1 + L_2$. b) Si los mismos inductores se conectan en paralelo, demuestre que son equivalentes a un solo inductor ideal que tiene $1/L_{eq} = 1/L_1 + 1/L_2$. c) Considere ahora dos inductores, L_1 y L_2, que tienen resistencia interna *no cero* R_1 y R_2, respectivamente, pero que están lo suficiente-

mente alejados para que su inductancia mutua sea cero. Si estos inductores se conectan en serie muestre que son equivalentes a un solo inductor con $L_{eq} = L_1 + L_2$ y $R_{eq} = R_1 + R_2$. d) Si estos mismos inductores se conectan después en paralelo, ¿es necesariamente cierto que son equivalentes a un solo inductor ideal que tiene $1/L_{eq} = 1/L_1 + 1/L_2$ y $1/R_{eq} = 1/R_1 + 1/R_2$? Explique.

29. Sea $L = 3.00$ H, $R = 8.00\ \Omega$ y $\mathcal{E} = 36.0$ V en la figura P32.26. a) Calcule la razón entre la diferencia de potencial a través del resistor y la correspondiente a través del inductor cuando $I = 2.00$ A. b) Calcule el voltaje a través del inductor cuando $I = 4.50$ A.

30. En el circuito que se muestra en la figura P32.30, el interruptor S_1 se cierra primero y después de cierto tiempo la corriente que circula por L_1 es 0.60 A. Luego el interruptor S_2 se cierra. Encuentre las corrientes a través de las bobinas en el momento en que el interruptor S_2 se cierra. Suponga que las resistencias de las bobinas son despreciables y considere $\mathcal{E} = 12.0$ V, $r = 10.0\ \Omega$, $L_1 = 2.00$ H y $L_2 = 6.00$ H.

30A. En el circuito que se muestra en la figura P32.30, el interruptor S_1 se cierra primero y después de cierto tiempo la corriente que circula por L_1 es I_1. Luego el interruptor S_2 se cierra. Encuentre las corrientes a través de las bobinas en el momento en que el interruptor S_2 se cierra. Suponga que las resistencias de las bobinas son despreciables.

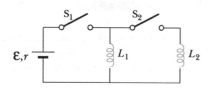

FIGURA P32.30

31. Una aplicación de un circuito RL es la generación de un alto voltaje que varía en el tiempo a partir de una fuente de bajo voltaje, como se muestra en la figura P32.12. a) ¿Cuál es la corriente en el circuito un largo tiempo después de que el interruptor ha estado en la posición A? b) Luego el interruptor se desplaza rápidamente de A a B. Calcule el voltaje inicial a través de cada resistor y el inductor. c) ¿Cuánto tiempo tarda antes de que el voltaje a través de inductor disminuya hasta 12 V?

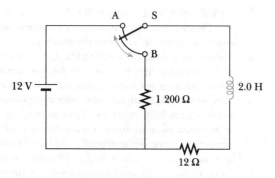

FIGURA P32.31

Sección 32.3 Energía en un campo magnético

32. Calcule la energía asociada al campo magnético de un solenoide de 200 vueltas en el cual una corriente de 1.75 A produce un flujo de 3.70×10^{-4} Wb en cada vuelta.

33. Un solenoide de núcleo de aire con 68 vueltas mide 8.0 cm de largo y tiene un diámetro de 1.2 cm. ¿Cuánta energía se almacena en su campo magnético cuando conduce una corriente de 0.77 A?

34. Considere el circuito en la figura P32.34. ¿Cuánta energía se almacena en el inductor cuando la corriente alcanza su valor de equilibrio final después de que se cierra el interruptor?

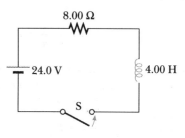

FIGURA P32.34

35. Una batería de 10.0 V, un resistor de 5.00 Ω y un inductor de 10.0 H se conectan en serie. Después de que la corriente en el circuito ha alcanzado su valor máximo, calcule a) la potencia suministrada por la batería, b) la potencia disipada en el resistor, c) la potencia disipada en el inductor y d) la energía almacenada en el campo magnético del inductor.

36. En $t = 0$, se aplica una fem de 500 V a una bobina que tiene una inductancia de 0.80 H y una resistencia de 32 Ω. a) Encuentre la energía almacenada en el campo magnético cuando la corriente alcanza la mitad de su valor máximo. b) Después de que la fem se conecta, ¿cuánto tarda la corriente en alcanzar este valor?

37. El campo magnético dentro de un solenoide superconductor es de 4.5 T. El solenoide tiene un diámetro interior de 6.2 cm y una longitud de 26 cm. Determine a) la densidad de energía magnética en el campo, y b) la energía almacenada en el campo magnético dentro del solenoide.

38. Un campo eléctrico uniforme de magnitud igual a 6.80×10^5 V/m por todo un volumen cilíndrico origina una energía total de 3.40 μJ. ¿Qué campo magnético sobre esta misma región almacena la misma energía total?

39. En un día claro hay un campo eléctrico vertical de 100 V/m cerca de la superficie terrestre. Al mismo tiempo, el campo magnético de la Tierra tiene una magnitud de 0.500×10^{-4} T. Calcule la densidad de energía de los dos campos.

40. Una batería de 15.0 V se conecta a un circuito RL para el cual $L = 0.600$ H y $R = 7.00\ \Omega$. Cuando la corriente ha alcanzado la mitad de su valor final, ¿cuál es la energía magnética total almacenada en el inductor?

41. Dos inductores, $L_1 = 85\ \mu$H y $L_2 = 200\ \mu$H, se conectan en serie con un suministro de potencia de 850 mA de cd. Calcule la energía almacenada en cada inductor.

42. En el circuito de la figura P32.42, $\mathcal{E} = 50.0$ V, $R = 250\ \Omega$ y $C = 0.50\ \mu$F. El interruptor S se cierra durante un largo tiempo y ningún voltaje se mide a través del capacitor. Justo después de que el interruptor se abre, el voltaje que se mide a través del capacitor es 150 V. ¿Cuál es la inductancia, L?

42A. En el circuito de la figura P32.42, el interruptor S se cierra durante un largo tiempo y ningún voltaje se mide a través del capacitor. Justo después de que el interruptor se abre, el voltaje que se mide a través del capacitor es V. Encuentre una expresión para la inductancia, L.

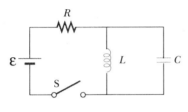

FIGURA P32.42

43. Un inductor tiene una autoinductancia de 20.0 H y una resistencia de 10.0 Ω. En $t = 0.10$ s después de que este inductor se conecta a una batería de 12.0 V, calcule a) la potencia magnética almacenada, b) la potencia disipada en el resistor, y c) la potencia entregada por la batería.

44. La magnitud de un campo magnético fuera de una esfera de radio R es $B = B_0(R/r)^2$, donde B_0 es una constante. Determine la energía total almacenada en el campo magnético fuera de la esfera y evalúe su resultado para $B_0 = 5.0 \times 10^{-5}$ T y $R = 6.0 \times 10^6$ m, valores apropiados para el campo magnético terrestre.

*Sección 32.4   Inductancia mutua

45. Dos bobinas están muy cercanas una de la otra. La primera conduce una corriente variable en el tiempo dada por $I(t) = (5.0$ A$)e^{-0.025t}$ sen$(377t)$. En $t = 0.80$ s, el voltaje medido en la segunda bobina es -3.2 V. ¿Cuál es la inductancia mutua de las bobinas?

46. Dos bobinas, mantenidas en posiciones fijas, tienen una inductancia mutua de 100 μH. ¿Cuál es el voltaje máximo en una cuando la segunda bobina conduce una corriente sinusoidal dada por $I(t) = (10.0$ A$)$ sen$(1\,000t)$?

47. Se induce una fem de 96.0 mV en los devanados de una bobina cuando la corriente en una bobina cercana está aumentando a la tasa de 1.20 A/s. ¿Cuál es la inductancia mutua de las dos bobinas?

48. Dos inductores que tienen autoinductancias $L_1 = 10.0$ H y $L_2 = 5.00$ H se conectan en paralelo, como en la figura P32.48a. La inductancia mutua entre los dos inductores es $M = 6.50$ H. Determine la autoinductancia equivalente, L_{eq}, para el sistema (Fig. P32.48b).

48A. Dos inductores que tienen autoinductancias L_1 y L_2 se conectan en paralelo, como en la figura P32.48a. La inductancia mutua entre los dos inductores es M. Determine la autoinductancia equivalente, Leq, para el sistema (Fig. P32.48b).

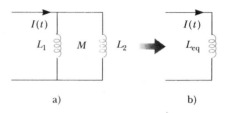

FIGURA P32.48

49. Una bobina de 50 vueltas se devana sobre un largo solenoide, como se muestra en la figura 32.10. El solenoide tiene un área de sección transversal de 8.8×10^{-3} m^2 y se enrolla uniformemente con 1 000 vueltas por metro de longitud. Calcule la inductancia mutua de los dos devanados.

50. Un solenoide de 70 vueltas mide 5.0 cm de largo y 1.0 cm de diámetro y conduce una corriente de 2.0 A. Un solo lazo de alambre de 3.0 cm de diámetro se sostiene de manera que el plano del lazo es perpendicular al eje largo del solenoide. ¿Cuál es la inductancia mutua de los dos si el plano del lazo pasa a través del solenoide a 2.5 cm de un extremo?

51. Dos solenoides A y B muy próximos uno del otro y compartiendo el mismo eje cilíndrico tienen 400 y 700 vueltas, respectivamente. Una corriente de 3.5 A en la bobina A produce un flujo de 300 μWb en el centro de A y un flujo de 90 μWb en el centro de B. a) Calcule la inductancia mutua de los dos solenoides. b) ¿Cuál es la autoinductancia de A? c) ¿Qué fem se induce en B cuando la corriente en A aumenta a razón de 0.50 A/s?

52. Dos lazos circulares de alambre de una sola vuelta tienen radios R y r, con $R \gg r$. Los lazos se encuentran en el mismo plano y son concéntricos. a) Muestre que la inductancia mutua del par es $M = \mu_0 \pi r^2 / 2R$. (*Sugerencia:* Suponga que el lazo más grande conduce una corriente I y calcule el flujo resultante a través del lazo más pequeño.) b) Evalúe M para $r = 2.00$ cm y $R = 20.0$ cm.

Sección 32.5   Oscilaciones en un circuito LC

53. Un capacitor de 1.00 μF es cargado mediante un suministro eléctrico de 40.0 V. El capacitor completamente cargado se descarga después a través de un inductor de 10.0 mH. Determine la corriente máxima en las oscilaciones resultantes.

54. Un circuito RC se compone de un inductor de 20 mH y de un capacitor de 0.50 μF. Si la máxima corriente instantánea es 0.10 A, ¿cuál es la diferencia de potencial más alta en el capacitor?

55. Un inductor de 1.00 mH y un capacitor de 1.00 μF se conectan en serie. La corriente en el circuito se describe por medio de $I = 20.0t$, donde t está en segundos e I en amperes. El capacitor inicialmente no tiene carga. Determine a) el voltaje a través del inductor como una función del tiempo, b) el voltaje a través del capacitor como una función del tiempo, c) el tiempo en el que la energía almacenada en el capacitor excede por primera vez la del inductor.

55A. Un inductor que tiene inductancia L y un capacitor de capacitancia C se conectan en serie. La corriente en el circuito se describe por medio de $I = Kt$, donde t está en segundos e I en amperes. El capacitor inicialmente no tiene carga. Determine a) el voltaje a través del inductor como una función del tiempo, b) el voltaje a través del capacitor como una función del tiempo y c) el tiempo en el que la energía almacenada en el capacitor excede por primera vez la del inductor.

56. Calcule la inductancia de un circuito LC que oscila a 120 Hz cuando la capacitancia es 8.00 μF.

57. Una inductancia fija $L = 1.05 \mu$H se emplea en serie con un capacitor variable en la sección de sintonización de un radio. ¿Qué capacitancia sintoniza el circuito en la señal de una estación que transmite a 6.30 MHz?

58. Un circuito LC como el de la figura 32.11 contiene un inductor de 82 mH y un capacitor de 17 μF que inicialmente contiene una carga de 180 μC. El interruptor se cierra en $t = 0$. a) Encuentre la frecuencia (en hertz) de las oscilaciones resultantes. En $t = 1.0$ ms, encuentre b) la carga en el capacitor y c) la corriente en el circuito.

59. a) ¿Qué capacitancia debe combinarse con un inductor de 45.0 mH para lograr una frecuencia resonante de 125 Hz? b) ¿Qué tiempo transcurre entre acumulaciones de carga máxima del mismo signo en una placa determinada del capacitor?

60. El interruptor en la figura P32.60 se conecta a un punto a durante un largo tiempo. Después de que el interruptor se mueve al punto b, encuentre a) la frecuencia de oscilación en el circutio LC, b) la carga máxima que se acumula en el capacitor, c) la corriente máxima en el inductor y d) la energía total almacenada en el circuito en $t = 3.0$ s.

60A. El interruptor en la figura P32.60 se conecta a un punto a durante un largo tiempo. Después de que el interruptor se mueve al punto b, encuentre (en términos de $\mathcal{E}$, R, L y C) a) la frecuencia de oscilación en el circutio LC, b) la carga máxima que se acumula en el capacitor, c) la corriente máxima en el inductor, y d) la energía total almacenada en el circuito en el tiempo t.

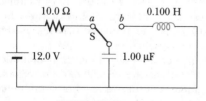

FIGURA P32.60

61. Un circuito LC, como el de la figura 32.11, está compuesto por un inductor de 3.30 H y un capacitor de 840 pF, que inicialmente tiene una carga de 105 μC. En $t = 0$ el interruptor se cierra. Calcule las siguientes cantidades en $t = 2.00$ ms: a) la energía almacenada en el capacitor, b) la energía almacenada en el inductor y c) la energía total en el circuito.

62. Una batería de 6.0 V se usa para cargar un capacitor de 50 μF. El capacitor se descarga después a través de un inductor de 0.34 mH. Encuentre a) la carga máxima en el capacitor, b) la corriente máxima en el circuito y c) la energía máxima almacenada en cada componente.

*Sección 32.6   El circuito RLC

63. En la figura 32.16, considere $R = 7.60 \Omega$, $L = 2.20$ mH y $C = 1.80 \mu$F. a) Calcule la frecuencia de la oscilación amortiguada del circuito. b) ¿Cuál es la resistencia crítica?

64. Considere un circuito LC en serie en el cual $L = 2.18$ H y $C = 6.00$ nF. ¿Cuál es el valor máximo de una resistencia que, insertada en serie con L y C, permite que el circuito continúe oscilando?

65. Considere un circuito LC en el cual $L = 500$ mH y $C = 0.100 \mu$F. a) ¿Cuál es la frecuencia resonante (ω_0)? b) Si una resistencia de 1.00 kΩ se introduce en el circuito, ¿cuál es la frecuencia de las oscilaciones (amortiguadas)? c) ¿Cuál es la diferencia porcentual entre las dos frecuencias?

66. Se inician oscilaciones eléctricas en un circuito en serie que contiene una capacitancia C, una inductancia L y una resistencia R. a) Si $R \ll \sqrt{4L/C}$ (amortiguamiento débil), ¿cuánto tiempo transcurre antes de que la corriente disminuya hasta 50% de su valor inicial? b) ¿Cuánto tiempo pasa para que la energía se reduzca a 50% de su valor inicial?

67. Muestre que la ecuación 32.29 en el texto es consistente con la ley de circuito de Kirchhoff cuando se aplica a la figura 32.16.

68. Considere un circuito RLC en serie compuesto por un capacitor cargado de 500 μF conectado a un inductor de 32 mH y un resistor R. Calcule la frecuencia de las oscilaciones (en hertz) para a) $R = 0$ (sin amortiguamiento); b) $R = 16 \Omega$ (amortiguamiento crítico: $R = \sqrt{4L/C}$); c) $R = 4.0 \Omega$ (subamortiguamiento): $R < \sqrt{4L/C}$; y d) $R = 64 \Omega$ (sobreamortiguamiento: $R > \sqrt{4L/C}$).

PROBLEMAS ADICIONALES

69. Un inductor que tiene una resistencia de 0.50 Ω se conecta a una batería de 5.0 V. Un segundo después de que el interruptor se cierra, la corriente en el circuito es 4.0 A. Calcule la inductancia.

70. Una barra de hierro blando ($\mu = 800 \mu_0$) se usa como el núcleo de un solenoide. La barra tiene un diámetro de 24 mm y mide 10 cm de largo. Un pedazo de 10 m de alambre de cobre de calibre 22 (diámetro = 0.644 mm) se enrolla alrededor de la barra en una sola capa uniforme, excepto en 10 cm de longitud en cada extremo que se van a usar para conexiones. a) ¿Cuántas vueltas de este alambre pueden enrollarse alrededor de la barra? (*Sugerencia:* El radio del alambre se suma al diámetro de la barra cuando se determina la circunferencia de cada vuelta. Además, el alambre forma la espiral diagonalmente a lo largo de la superficie de la barra.) b) ¿Cuál es la resistencia de este inductor? c) ¿Cuál es su inductancia?

71. Una bobina de alambre de 820 vueltas y 24.0 Ω de resistencia se coloca sobre la parte superior de un solenoide de 7.00 cm de largo y 12 500 vueltas, como en la figura P32.71. Tanto la bobina como el solenoide tienen áreas de sección transversal de 1.00×10^{-4} m². a) ¿Cuánto tarda la corriente del solenoide en alcanzar 63.2 por ciento de su valor máximo? Determine b) la fem inversa promedio producida por la autoinductancia del solenoide durante este intervalo, c) la tasa promedio de cambio en el flujo magnético a través de la bobina durante este intervalo y d) la magnitud de la corriente inducida promedio en la bobina.

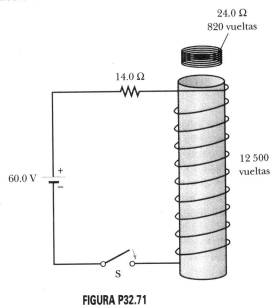

FIGURA P32.71

72. Un capacitor en un circuito *LC* en serie tiene una carga inicial *Q* y se está descargando. Encuentre, en función de *LC*, el flujo a través de la bobina cuando la carga sobre el capacitor es *Q*/2.

73. El inductor en la figura P32.73 tiene resistencia despreciable. Cuando el interruptor se abre, después de haber estado cerrado por un largo tiempo, la corriente en el inductor disminuye a 0.25 A en 0.15 s. ¿Cuál es la inductancia del inductor?

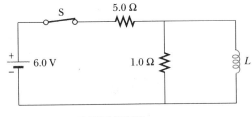

FIGURA P32.73

74. Un alambre de platino de 2.5 mm de diámetro se conecta en serie a un capacitor de 100 μF y a un inductor de 1.2×10^{-3} μH para formar un circuito *RLC*. La resistividad

del platino es 11×10^{-8} Ω · m. Calcule la longitud máxima del alambre para la cual oscila la corriente.

75. Suponga que el interruptor en la figura P32.75 está inicialmente en la posición 1. Muestre que si el interruptor se desplaza de la posición 1 a la posición 2, toda la energía almacenada en el campo magnético del inductor se disipa como energía térmica en el resistor.

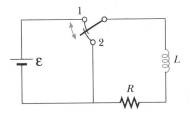

FIGURA P32.75

76. Los alambres de conexión de una antena de TV se construyen a menudo en la forma de dos alambres paralelos (Fig. P32.76). a) ¿Por qué esta configuración de conductores tiene una inductancia? b) ¿Qué constituye el lazo de flujo en esta configuración? c) Ignorando cualquier flujo magnético dentro de los alambres, muestre que la inductancia de una longitud *x* de este tipo de conexión es

$$L = \frac{\mu_0 x}{\pi} \ln\left(\frac{w - a}{a}\right)$$

donde *a* es el radio de los alambres y *w* es su superación centro a centro.

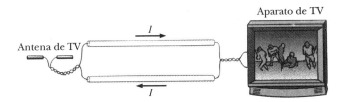

FIGURA P32.76

77. En *t* = 0, el interruptor en la figura P32.77 se cierra. Empleando las leyes de Kirchhoff para las corrientes y voltajes instantáneas en este circuito de dos lazos, muestre que la corriente en el inductor es

$$I(t) = \frac{\varepsilon}{R_1}[1 - e^{-(R'/L)t}]$$

donde $R' = R_1 R_2/(R_1 + R_2)$.

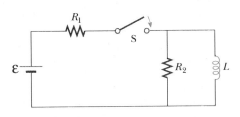

FIGURA P32.77

78. El toroide en la figura P32.78 consta de *N* vueltas y tiene una sección transversal rectangular. Sus radios interior y exterior son *a* y *b* respectivamente. a) Muestre que

$$L = \frac{\mu_0 N^2 h}{2\pi} \ln\left(\frac{b}{a}\right)$$

b) Empleando este resultado, calcule la autoinductancia de un toroide de 550 vueltas para el cual *a* = 10.0 cm, *b* = 12.0 cm y *h* = 1.00 cm. c) En el problema 14, se dedujo una fórmula aproximada para la inductancia de un toroide con $R \gg r$. Para tener una medida de la exactitud de este resultado, utilice la expresión del problema 14 para calcular la inductancia aproximada del toroide descrito en el inciso b).

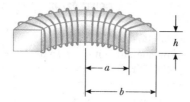

FIGURA P32.78

79. En la figura P32.79 el interruptor se cierra en *t* < 0 y se establece una condición de estado estable. El interruptor se abre después en *t* = 0. a) Encuentre el voltaje inicial $\mathcal{E}_0$ a través de *L* justo después de *t* = 0. ¿Cuál extremo de la bobina está a mayor potencial: *a* o *b*? b) Realice gráficas a mano de las corrientes en R_1 y en R_2 como una función del tiempo, considerando positivas las direcciones del estado estable. Muestre valores antes y después de *t* = 0. c) ¿Cuánto tiempo después de *t* = 0 la corriente en R_2 es 2.0 mA?

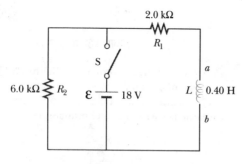

FIGURA P32.79

80. El interruptor en la figura P32.80 se cierra en *t* = 0. Antes de que esto pase, el capacitor está descargado y todas las corrientes son cero. Determine las corriente en *L*, *C* y *R* y las diferencias de potencial a través de *L*, *C* y *R* a) en el instante después de que se cierra el interruptor y b) mucho tiempo después de que se cierra.

81. Dos largos alambres paralelos, cada uno de radio *a*, tienen sus centros separados por una distancia *d* y conducen corrientes iguales en direcciones opuestas. Ignorando el flujo dentro de los alambres, calcule la inductancia por unidad de longitud.

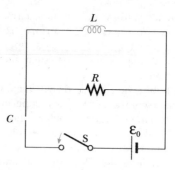

FIGURA P32.80

82. Un solenoide de núcleo de aire de 0.50 m de largo contiene 1 000 vueltas y tiene un área de sección transversal de 1.0 cm². a) Ignorando los efectos de los extremos, ¿cuál es la autoinductancia? b) Un devanado secundario enrollado alrededor del centro del solenoide tiene 100 vueltas. ¿Cuál es la inductancia mutua? c) El devanado secundario conduce una corriente constante de 1.0 A y el solenoide está conectado a una carga de 1.0 kΩ. La corriente constante se interrumpe repentinamente. ¿Cuánta carga fluye a través del resistor de carga?

83. Para evitar daños por arqueo en un motor eléctrico, algunas veces se pone un resistor de descarga en paralelo con la armadura. Si el motor se desconecta súbitamente mientras está funcionando, este resistor limita el voltaje que aparece a través de las bobinas de la armadura. Considere un motor de cd de 12 V que tiene una armadura con una resistencia de 7.5 Ω y una inductancia de 450 mH. Suponga que la fem inversa en las bobinas de la armadura es 10 V cuando el motor está operando a velocidad normal. (El circuito equivalente para la armadura se muestra en la figura P32.83.) Calcule la resistencia máxima *R* que limita el voltaje en la armadura a 80 V cuando el motor está desconectado.

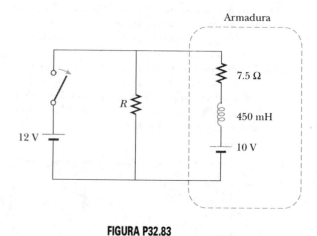

FIGURA P32.83

84. Una batería está en serie con un interruptor y un inductor de 2.0 H cuyos devanados tienen una resistencia *R*. Después de que el interruptor se cierra, las corrientes aumentan hasta 80% de su valor final en 0.40 s. Encuentre *R*.

85. Inicialmente el capacitor en un circuito LC en serie está cargado. Se cierra un interruptor, permitiendo que el capacitor se descargue, y 0.50 μs después la energía almacenada en el capacitor es un cuarto de su valor inicial. Determine L si $C = 5.0$ pF.

85A. Inicialmente el capacitor en un circuito LC en serie está cargado. Se cierra un interruptor, permitiendo que el capacitor se descargue, y t segundos después la energía almacenada en el capacitor es un cuarto de su valor inicial. Determine L si se conoce C.

86. Un toroide tiene dos conjuntos de devanados, cada uno distribuido uniformemente alrededor del toroide, con un total de vueltas N_1 y N_2, respectivamente. El toroide tiene una longitud de circunferencia ℓ y un área de sección transversal A. a) Escriba expresiones para las autoinductancias L_1 y L_2 cuando cada bobina se usa separadamente. b) Deduzca una expresión para la inductancia mutua M de las dos bobinas. c) Muestre que $M^2 = L_1 L_2$. (Esta expresión es verdadera sólo cuando todo el flujo a través de una bobina pasa también a través de la otra.)

PROBLEMAS DE HOJA DE CÁLCULO

S1. La hoja de cálculo 32.1 calcula la corriente y la energía almacenada en el campo magnético de un circuito RL cuando éste se está cargando y cuando se está descargando. Emplee $R = 1\,000$ Ω, $L = 0.35$ H y $\mathcal{E} = 10$ V. a) ¿Cuál es la constante de tiempo del circuito? A partir de la gráfica de la corriente contra el tiempo cuando el circuito se está cargando, ¿cuánto tiempo ha transcurrido cuando la corriente es 50% de su valor máximo? ¿90%? ¿99%? Proporcione sus respuestas tanto en segundos como en múltiplos de la constante de tiempo. b) Repita para el caso en el que el circuito se está descargando. c) ¿Cuánto tiempo ha transcurrido cuando la energía es 50% de su valor máximo para los dos casos? ¿90%? ¿99%?

S2. Una bobina de autoinductancia L conduce una corriente dada por $I = I_{máx}$ sen $2\pi ft$. La fem autoinducida en la bobina es $\mathcal{E}_L = -L\,dI/dt$. Elabore una hoja de cálculo para calcular I como una función del tiempo. Diferencie numéricamente la corriente y calcule $\mathcal{E}$. Elija $I_{máx} = 2.00$ A, $f = 60.0$ Hz y $L = 10.0$ mH. Grafique $\mathcal{E}$ contra t.

C A P Í T U L O 3 3

Circuitos de corriente alterna

Cuadrillas de reparación trabajando en líneas de distribución.

(Tom Pantages)

En este capítulo describimos los circuitos de corriente alterna (ca). Investigamos las características de circuitos que contienen elementos familiares y activados por un voltaje sinusoidal. Nuestro análisis se limita a circuitos en serie simples que contienen resistores, inductores y capacitores, y encontramos que la corriente ca en cada elemento es proporcional al voltaje ca instantáneo a través de cada elemento. Descubrimos también que cuando el voltaje aplicado es sinusoidal, la corriente en cada elemento también es sinusoidal pero no necesariamente está en fase con el voltaje aplicado. Concluimos el capítulo con dos secciones relacionadas con las características de filtros *RC*, transformadores y transmisión de electricidad.

33.1 FUENTES DE CA Y FASORES

Un circuito de ca se compone de elementos de circuito de un generador que brinda la corriente alterna. El principio básico del generador de ca es una consecuencia directa de la ley de inducción de Faraday. Cuando una bobina se hace girar en un campo magnético a frecuencia angular constante ω, un voltaje sinusoidal (fem) se induce en la bobina. Este voltaje instantáneo v es

$$v = V_{\text{máx}} \operatorname{sen} \omega t$$

donde $V_{\text{máx}}$ es el voltaje de salida máximo del generador de ca, o la **amplitud de voltaje**. La frecuencia angular está dada por

$$\omega = 2\pi f = \frac{2\pi}{T}$$

donde f es la frecuencia de la fuente y T es el periodo. Las plantas de generación eléctrica comerciales en Estados Unidos usan una frecuencia de 60 Hz, lo cual corresponde a una frecuencia angular de 377 rad/s.

El objetivo fundamental de este capítulo puede considerarse como sigue. Considere un generador de ca conectado a un circuito en serie que contiene elementos R, L y C. Si se dan la amplitud de voltaje y la frecuencia del generador, junto con los valores de R, L y C, encuentre la amplitud y constante de fase de la corriente. Con el propósito de simplificar nuestro análisis de circuitos que contienen dos o más elementos empleamos construcciones gráficas conocidas como *diagramas de fasores*. En estas construcciones, cantidades que se alternan, como la corriente y el voltaje, se representan por medio de vectores rotatorios llamados **fasores**. La longitud del fasor representa la amplitud (valor máximo) de la cantidad, en tanto que la proyección del fasor sobre el eje vertical representa el valor instantáneo de esa cantidad. Como veremos, el método de combinar varias corrientes o voltajes que varían sinusoidalmente con diferentes fases se simplifica de manera considerable utilizando este procedimiento.

33.2 RESISTORES EN UN CIRCUITO DE CA

Considere un circuito de ca simple compuesto por un resistor y un generador de ca (—⊘—), como en la figura 33.1. En cualquier instante, la suma algebraica del potencial que aumenta y disminuye alrededor de un lazo cerrado en un circuito debe ser cero (ecuación del lazo de Kirchhoff). Por lo tanto, $v - v_R = 0$, o

$$v = v_R = V_{\text{máx}} \operatorname{sen} \omega t \qquad \text{(33.1)}$$

donde v_R es la *caída de voltaje instantánea a través del resistor*. Por consiguiente, la corriente instantánea en el resistor es

$$i_R = \frac{v}{R} = \frac{V_{\text{máx}}}{R} \operatorname{sen} \omega t = I_{\text{máx}} \operatorname{sen} \omega t \qquad \text{(33.2)}$$

donde $I_{\text{máx}}$ es la corriente máxima:

$$I_{\text{máx}} = \frac{V_{\text{máx}}}{R}$$

De acuerdo con las ecuaciones 33.1 y 33.2, vemos que la caída de voltaje instantánea a través del resistor es

$$v_R = I_{\text{máx}} R \operatorname{sen} \omega t \qquad \text{(33.3)}$$

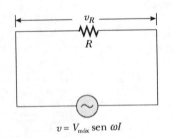

$$v = V_{\text{máx}} \operatorname{sen} \omega I$$

FIGURA 33.1 Un circuito compuesto por un resistor R conectado a un generador de ca, designado por medio del símbolo —⊘—.

Corriente máxima en un resistor

Debido a que i_R y v_R varían ambas como senωt y alcanzan sus valores máximos en el mismo tiempo, como se ve en la figura 33.2, se dice que están en fase. Un diagrama de fasores se usa para representar relaciones de fase. Las longitudes de las flechas corresponden a $V_{máx}$ e $I_{máx}$. Las proyecciones de las flechas sobre el eje vertical dan v_R e i_R. En el caso de un circuito resistivo de un solo lazo, los fasores de corriente y voltaje se encuentran a lo largo de la misma línea, como en la figura 33.2b, debido a que i_R y v_R están en fase.

Advierta que *el valor promedio de la corriente sobre un ciclo es cero.* Es decir, la corriente se mantiene en la dirección positiva durante el mismo tiempo y en la misma magnitud que se mantiene en la dirección negativa. Sin embargo, la dirección de la corriente no tiene efecto en el comportamiento del resistor. Esto puede entenderse reconociendo que los choques entre los electrones y los átomos fijos del resistor originan un aumento de la temperatura del resistor. A pesar de que este aumento de temperatura depende de la magnitud de la corriente, es independiente de la magnitud de la misma.

Este análisis puede establecerse sobre bases cuantitativas recordando que la tasa a la cual la energía eléctrica se convierte en calor en un resistor es la potencia $P = i^2R$, donde i es la corriente instantánea en el resistor. Puesto que el efecto de calentamiento de una corriente es proporcional al cuadrado de ella, no hay diferencia si la corriente es directa o alterna, esto es, si el signo asociado con la corriente es positivo o negativo. No obstante, el efecto de calentamiento producido por una corriente alterna que tiene un valor máximo $I_{máx}$ no es el mismo que el producido por una corriente directa del mismo valor. Esto se debe a que la corriente alterna está en su máximo valor sólo durante un breve instante durante cada ciclo. Lo que es importantes en un circuito de ca es un valor promedio de corriente, referido como la corriente rms. La notación **rms** se refiere a las siglas en inglés de raíz cuadrada media, lo cual equivale a la raíz cuadrada del valor promedio del cuadrado de la corriente. En virtud de que I^2 varía como sen$^2\omega t$, y debido a que el valor promedio de i^2 es $\frac{1}{2}I^2_{máx}$ (Fig. 33.3), la corriente rms es[1]

$$I_{rms} = \frac{I_{máx}}{\sqrt{2}} = 0.707\, I_{máx} \qquad (33.4)$$

Esta ecuación indica que una corriente alterna cuyo valor máximo es 2.00 A produce en un resistor el mismo efecto de calentamiento que una corriente continua de $(0.707)(2.00) = 1.41$ A. De este modo, podemos decir que la potencia promedio disipada en un resistor que conduce una corriente alterna es $P_{pro} = I^2_{rms}R$.

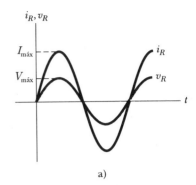

a)

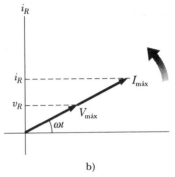

b)

FIGURA 33.2 a) Gráficas de la corriente y voltaje a través de un resistor como funciones del tiempo. La corriente está en fase con el voltaje, lo que significa que el voltaje es cero cuando la corriente es cero, máximo cuando la corriente es máxima y mínimo cuando la corriente es mínima. b) Un diagrama de fasores para el circuito resistivo, el cual muestra que la corriente está en fase con el voltaje.

---

[1] El hecho de que la raíz cuadrada del valor promedio del cuadrado de la corriente sea igual a $I_{máx}/\sqrt{2}$ puede mostrarse como sigue. La corriente en el circuito varía con el tiempo de acuerdo con la expresión $I = I_{máx}$ senωt por lo que $i^2 = I^2_{máx}$ sen$^2\omega t$. Por consiguiente, podemos encontrar el valor de i^2 calculando el valor promedio de sen$^2\omega t$. Advierta que una gráfica de cos$^2\omega t$ contra tiempo es idéntica a una gráfica de sen$^2\omega t$ contra tiempo, excepto en que los puntos están corridos sobre el eje de tiempo. De este modo el promedio en el tiempo de sen$^2\omega t$ es igual al promedio en el tiempo de cos$^2\omega t$ cuando se consideran uno o más ciclos completos. Esto es,

$$(\text{sen}^2\,\omega t)_{pro} = (\cos^2\,\omega t)_{pro}$$

Con este hecho y la identidad trigonométrica sen$^2\theta$ + cos$^2\theta$ = 1, obtenemos

$$(\text{sen}^2\,\omega t)_{pro} + (\cos^2\,\omega t)_{pro} = 2(\text{sen}^2\,\omega t)_{pro} = 1$$
$$(\text{sen}^2\,\omega t)_{pro} = \tfrac{1}{2}$$

Cuando este resultado se sustituye en la expresión $i^2 = I^2_{máx}$ sen$^2\omega t$, encontramos que $(i^2)_{pro} = I^2_{rms} = I^2_{máx}/2$, o $I^2_{rms} = I_{máx}/\sqrt{2}$, donde I_{rms} es la corriente rms. El factor de $1/\sqrt{2}$ es sólo válido para corrientes que varían sinusoidalmente. Otras formas de onda, como las variaciones de diente de sierra tienen factores diferentes.

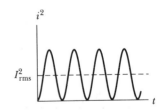

FIGURA 33.3 Gráfica del cuadrado de la corriente en un resistor contra el tiempo. La corriente rms es la raíz cuadrada del promedio del cuadrado de la corriente.

TABLA 33.1 Notación utilizada en este capítulo		
	Voltaje	**Corriente**
Valor instantáneo	v	i
Valor máximo	$V_{máx}$	$I_{máx}$
Valor rms	V_{rms}	I_{rms}

Los voltajes alternos se analizan mejor en términos de voltajes rms, y la relación en este caso es idéntica a la anterior; esto es, el voltaje rms es

Voltaje rms

$$V_{rms} = \frac{V_{máx}}{\sqrt{2}} = 0.707\ V_{máx} \tag{33.5}$$

Cuando hablamos de medir un voltaje de 120 V de ca correspondiente a una toma eléctrica, en realidad nos referimos a un voltaje rms de 120 V. Un rápido cálculo utilizando la ecuación 33.5 nos muestra que un voltaje de ca en realidad tiene un valor máximo cercano a 170 V. En este capítulo empleamos valores rms cuando analizamos corrientes y voltajes alternos. Una razón de lo anterior es que los amperímetros y los voltímetros de ca se diseñan para leer valores rms. Además, con valores rms muchas de las ecuaciones que usamos tienen la misma forma que sus contrapartes de corriente continua. La tabla 33.1 resume la notación empleada en este capítulo

EJEMPLO 33.1   ¿Qué es la corriente rms?

La salida de un generador es dada por $v = 200\ \mathrm{sen}\,\omega t$. Determine la corriente rms en el circuito cuando este generador se conecta a un resistor de 100 Ω.

Solución Comparando esta expresión para la salida de voltaje con la forma general, $v = V_{máx}\ \mathrm{sen}\,\omega t$, vemos que $V_{máx} = 200$ V. Así, el voltaje rms es

$$V_{rms} = \frac{V_{máx}}{\sqrt{2}} = \frac{200\ \mathrm{V}}{\sqrt{2}} = 141\ \mathrm{V}$$

El voltaje rms calculado puede usarse con la ley de Ohm para determinar la corriente rms en el circuito:

$$I_{rms} = \frac{V_{rms}}{R} = \frac{141\ \mathrm{V}}{100\ \Omega} = \boxed{1.41\ \mathrm{A}}$$

Ejercicio Encuentre la corriente máxima en el circuito.

Respuesta 2.00 A.

33.3 INDUCTORES EN UN CIRCUITO DE CA

Consideremos ahora un circuito de ca compuesto sólo por un inductor conectado a las terminales de un generador de ca, como en la figura 33.4. Debido a que la fem inducida en el inductor es LdI/dt, la regla del lazo de Kirchhoff aplicado al circuito produce

$$v - L\frac{di}{dt} = 0$$

Cuando reescribimos esta ecuación y sustituimos $V_{máx}\ \mathrm{sen}\,\omega t$ para v, obtenemos

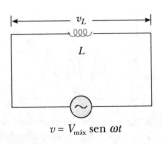

$v = V_{máx}\ \mathrm{sen}\ \omega t$

FIGURA 33.4 Un circuito compuesto por un inductor L conectado a un generador de ca.

$$L\frac{di}{dt} = V_{máx}\ \mathrm{sen}\ \omega t \tag{33.6}$$

Integrando esta expresión[2] se obtiene la corriente como una función del tiempo:

$$i_L = \frac{V_{máx}}{L}\int \text{sen } \omega t \, dt = -\frac{V_{máx}}{\omega L}\cos \omega t \tag{33.7}$$

Cuando empleamos la identidad trigonométrica $\cos\omega t = -\text{sen}(\omega t - \pi/2)$. Podemos expresar la ecuación 33.7 como

$$i_L = \frac{V_{máx}}{\omega L}\text{sen}\left(\omega t - \frac{\pi}{2}\right) \tag{33.8}$$

Comparando estos resultados con la ecuación 33.6 se demuestra claramente que la corriente y el voltaje están fuera de fase uno respecto de la otra por $\pi/2$ rad, o 90°. Una gráfica del voltaje y la corriente contra el tiempo se brinda en la figura 33.5a. El voltaje alcanza su valor máximo un cuarto de un periodo de oscilación antes de que la corriente llegue a su valor máximo. El diagrama de fasores correspondiente para este circuito se muestra en la figura 33.5b. De este modo, vemos que

> para un voltaje aplicado sinusoidal, la corriente en un inductor siempre está retrasada del voltaje a través del inductor en 90°.

La corriente en un inductor se retrasa del voltaje 90°

Este retraso puede entenderse notando que debido a que el voltaje a través del inductor es proporcional al di/dt, el valor de v_L es más grande cuando la corriente está cambiando más rápido. Puesto que i contra t es una curva sinusoidal, di/dt (la pendiente) es un máximo cuando la curva va hacia cero. Esto muestra que v_L alcanza su valor máximo cuando la corriente es cero.

De la ecuación 33.7 vemos que la corriente llega a su valores máximos cuando $\cos \omega t = 1$:

$$I_{máx} = \frac{V_{máx}}{\omega L} = \frac{V_{máx}}{X_L} \tag{33.9}$$

Corriente máxima en un inductor

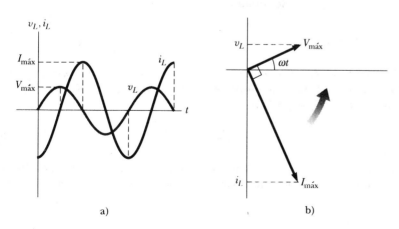

FIGURA 33.5 a) Gráficas de la corriente y el voltaje a través de un inductor como funciones del tiempo. La corriente está retrasada del voltaje 90°. b) El diagrama de fasores para el circuito inductivo. El ángulo entre el fasor de la corriente y el fasor del voltaje es 90°.

[2] La constante de integración se ignora aquí puesto que depende de las condiciones iniciales, las cuales no son importantes en esta situación.

donde la cantidad X_L, denominada la **reactancia inductiva**, es

Reactancia inductiva

$$X_L = \omega L \tag{33.10}$$

La expresión para la corriente rms es similar a la ecuación 33.9, con $V_{máx}$ reemplazada por V_{rms}.

La reactancia inductiva, al igual que la resistencia, tiene unidades de ohms. La máxima corriente disminuye a medida que la reactancia inductiva aumenta para un voltaje aplicado determinado. Sin embargo, a diferencia de la resistencia, la reactancia depende de la frecuencia así como de las características del inductor. Observe que la reactancia de un inductor aumenta cuando crece la frecuencia de la corriente. Esto se debe a que a frecuencias más elevadas, la corriente instantánea debe cambiar más rápidamente que como lo hace a frecuencias más bajas, lo cual, a su vez, produce un aumento en la fem inducida asociada a una corriente pico dada.

Con las ecuaciones 33.6 y 33.9 encontramos que la caída de voltaje instantánea a través del inductor es

$$v_L = L = \frac{di}{dt} = V_{máx}\,\text{sen}\,\omega t = I_{máx}\,X_L\,\text{sen}\,\omega t \tag{33.11}$$

Podemos considerar la ecuación 33.11 como la ley de Ohm para un circuito inductivo. Como ejercicio, muestre que X_L tiene la unidad del SI de ohm.

EJEMPLO 33.2   Un circuito de ca puramente inductivo

En un circuito de ca puramente inductivo (Fig. 33.4), $L = 25.0$ mH y el voltaje rms es 150 V. Encuentre la reactancia inductiva y la corriente rms en el circuito si la frecuencia es 60.0 Hz.

Solución   Primero, recuerde de la ecuación 13.4 que $\omega = 2\pi f$ $= 2\pi(60.0) = 377$ s^{-1}. La ecuación 33.10 produce entonces

$$X_L = \omega L = (377\ \text{s}^{-1})\ (25.0 \times 10^{-3}\ \text{H}) = \boxed{9.43\ \Omega}$$

La corriente rms es

$$I_{rms} = \frac{V_L}{X_L} = \frac{150\text{V}}{9.43\ \Omega} = \boxed{15.9\ \text{A}}$$

Ejercicio   Calcule la reactancia inductiva y la corriente rms en el circuito si la frecuencia es 6.00 kHz.

Respuestas   943 Ω, 0.159 A.

33.4 CAPACITORES EN UN CIRCUITO DE CA

La figura 33.6 muestra un circuito de ca compuesto por un capacitor conectado entre las terminales de un generador de ca. La regla de lazo de Kirchhoff aplicada a este circuito produce $v - v_C = 0$, o

$$v = v_C = V_{máx}\,\text{sen}\,\omega t \tag{33.12}$$

donde v_C es la *caída de voltaje instantánea a través del capacitor*. De la definición de capacitancia, $v_C = Q/C$, y este valor para v_C sustituido en la ecuación 33.12 da como resultado

$$Q = CV_{máx}\,\text{sen}\,\omega t \tag{33.13}$$

Puesto que $i = dQ/dt$, diferenciando la ecuación 33.13 se obtiene la corriente instantánea en el circuito:

$$i_C = \frac{dQ}{dt} = \omega C V_{máx}\,\cos\,\omega t \tag{33.14}$$

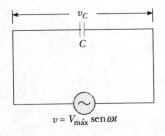

FIGURA 33.6 Un circuito compuesto por un capacitor C conectado a un generador de ca.

Aquí, otra vez vemos que la corriente no está en fase con la caída de voltaje a través del capacitor, dada por la ecuación 33.12. Empleando la identidad trigonométrica $\cos \omega t = \text{sen}\,(\omega t + \pi/2)$, podemos expresar la ecuación 33.14 en la forma alternativa

$$i_C = \omega C V_{\text{máx}} \,\text{sen}\, \left(\omega t + \frac{\pi}{2} \right) \qquad \text{(33.15)}$$

Al comparar esta expresión con la ecuación 33.12, vemos que la corriente está $\pi/2$ rad = 90° fuera de fase con el voltaje en el capacitor. Una gráfica de corriente y voltaje contra tiempo (Fig. 33.7a) muestra que la corriente alcanza su valor máximo un cuarto de un ciclo más rápido que lo que tarda el voltaje en alcanzar su máximo valor. El diagrama de fasores correspondiente en la figura 33.7b muestra también que

para una fem aplicada sinusoidalmente, la corriente siempre adelanta el voltaje en el capacitor por 90°.

La corriente adelanta al voltaje a través de un capacitor 90°

De acuerdo con la ecuación 33.14, vemos que la corriente en el circuito alcanza su valor máximo cuando $\cos \omega t = 1$:

$$I_{\text{máx}} = \omega C V_{\text{máx}} = \frac{V_{\text{máx}}}{X_C} \qquad \text{(33.16)}$$

donde X_C se denomina la **reactancia capacitiva**:

$$X_C = \frac{1}{\omega C} \qquad \text{(33.17)}$$

Reactancia capacitiva

La unidad del SI de X_C también es el ohm. La corriente rms está dada por una expresión similar a la ecuación 33.16, con $V_{\text{máx}}$ sustituida por V_{rms}.

Al combinar las ecuaciones 33.12 y 33.16, podemos expresar la caída de voltaje instantánea a través del capacitor como

$$v_C = V_{\text{máx}} \,\text{sen}\, \omega t = I_{\text{máx}} X_C \,\text{sen}\, \omega t \qquad \text{(33.18)}$$

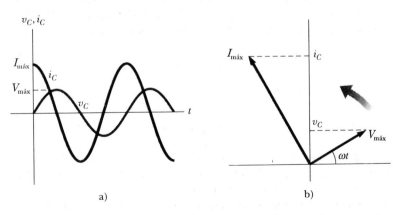

FIGURA 33.7 a) Gráficas de la corriente y el voltaje a través del capacitor como funciones del tiempo. El voltaje está retrasado de la corriente 90°. b) Diagrama de fasores para el circuito puramente capacitivo. Las proyecciones de los fasores en el eje vertical proporcionan los valores instantáneos v_C e i_C.

Conforme aumenta la frecuencia del circuito la corriente máxima crece pero la reactancia disminuye. Para un voltaje aplicado máximo determinado $V_{máx}$, la corriente aumenta conforme la frecuencia disminuye. A medida que la frecuencia tiende a cero, la reactancia capacitiva tiende al infinito y por ello la corriente se aproxima a cero. Esto tiene sentido debido a que el circuito se acerca a las condiciones de cd cuando $\omega \to 0$. Desde luego, ninguna corriente pasa a través del capacitor bajo condiciones de cd de estado estable.

EJEMPLO CONCEPTUAL 33.3

Explique por qué la reactancia de un capacitor disminuye cuando aumenta la frecuencia, en tanto que la reactancia de un inductor aumenta con la frecuencia creciente.

Razonamiento   A medida que la frecuencia de un circuito capacitivo aumenta, las polaridades de las placas cargadas deben cambiar más rápidamente con el tiempo, lo que corresponde a una corriente mayor. La reactancia capacitiva varía conforme el inverso de la frecuencia y, consecuentemente, tiende a cero

cuando f tiende al infinito. La corriente es cero en un circuito capacitivo de cd, lo cual corresponde a frecuencia cero y reactancia infinita. La reactancia inductiva es proporcional a la frecuencia y, por tanto, aumenta con la frecuencia reciente. A frecuencias más elevadas, la corriente cambia con mayor rapidez, lo cual, de acuerdo con la ley de Faraday, produce un aumento en la fem inversa asociada a un inductor y en una correspondiente disminución en la corriente.

EJEMPLO 33.4   Un circuito de ca puramente capacitivo

Un capacitor de 8.00 μF se conecta a las terminales de un generador de ca de 60.0 Hz cuyo voltaje rms es 150 V. Encuentre la reactancia capacitiva y la corriente rms en el circuito.

Solución   Con la ecuación 33.17 y aprovechando el hecho de que $\omega = 2\pi f = 377$ s^{-1} (ecuación 13.4), obtenemos

$$X_C = \frac{1}{\omega C} = \frac{1}{(377 \text{ s}^{-1})\,(8.00 \times 10^{-6} \text{ F})} = \boxed{332\ \Omega}$$

Por lo tanto, la corriente rms es

$$I_{rms} = \frac{V_{rms}}{X_C} = \frac{150 \text{ V}}{332\ \Omega} = \boxed{0.452 \text{ A}}$$

Ejercicio   Si la frecuencia se duplica, ¿qué pasa con la reactancia capacitiva y la corriente?

Respuesta X_C se reduce a la mitad, $I_{máx}$ se duplica.

33.5   EL CIRCUITO EN SERIE *RLC*

La figura 33.8a muestra un circuito que contiene un resistor, un inductor y un capacitor conectados en serie entre las terminales de una fuente de voltaje de ca. Como antes, suponemos que el voltaje aplicado varía sinusoidalmente con el tiempo. Es conveniente suponer que el voltaje aplicado está dado por

$$v = V_{máx} \text{ sen } \omega t$$

mientras que la corriente varía como

$$i = I_{máx} \text{ sen } (\omega t - \phi)$$

donde ϕ es el **ángulo de fase** entre la corriente y el voltaje aplicado. Nuestro objetivo es determinar ϕ e $I_{máx}$. La figura 33.8b muestra el voltaje contra el tiempo a través de cada elemento en el circuito y sus relaciones de fase.

Con el fin de resolver este problema, debemos analizar el diagrama de fasores para este circuito. En primer lugar, advierta que debido a que todos los elementos están en serie, la corriente en cualquier punto del circuito debe ser la misma en cualquier instante. Es decir, *la corriente en todos los puntos en un circuito de ca en serie tiene la misma amplitud y fase.* Por consiguiente, como encontramos en las secciones previas, el voltaje a través de cada elemento tiene diferentes amplitudes y fases, como se resume en la figura 33.9. En particular, el voltaje a través del resistor está en fase con la corriente, el voltaje a través del inductor adelanta a la corriente en 90°, y el voltaje a través del capacitor va retrasado de la corriente en 90°. Utilizando estas relaciones de fase, podemos expresar las caídas de voltaje instantáneas a través de los tres elementos como

$$v_R = I_{máx} R \operatorname{sen} \omega t = V_R \operatorname{sen} \omega t \tag{33.19}$$

$$v_L = I_{máx} X_L \operatorname{sen} \left(\omega t + \frac{\pi}{2} \right) = V_L \cos \omega t \tag{33.20}$$

$$v_C = I_{máx} X_C \operatorname{sen} \left(\omega t - \frac{\pi}{2} \right) = -V_C \cos \omega t \tag{33.21}$$

donde V_R, V_L y V_C son las amplitudes de voltaje a través de cada elemento:

$$V_R = I_{máx} R \qquad V_L = I_{máx} X_L \qquad V_C = I_{máx} X_C$$

En este punto, podríamos continuar notando que el voltaje instantáneo v a través de los tres elementos es igual a la suma

$$v = v_R + v_L + v_C$$

Aunque este enfoque analítico es correcto, es más simple obtener la suma examinando el diagrama de fasores.

Debido a que la corriente en cada elemento es la misma en cualquier instante, podemos obtener el diagrama de fasores resultante combinando los tres pares de fasores mostrados en la figura 33.9 para obtener la figura 33.10a, donde se usa un solo fasor $I_{máx}$ para representar la corriente en cada elemento. Para obtener la suma vectorial de estos voltajes, es conveniente volver a dibujar el diagrama de fasores de la figura 33.10b. De acuerdo con este diagrama, vemos que la suma vectorial de las amplitudes de voltaje V_R, V_L y V_C es igual a un fasor cuyo longitud es el máximo voltaje aplicado, $V_{máx}$, donde el fasor $V_{máx}$ forma un ángulo ϕ con el fasor de corriente, $I_{máx}$. Observe que los fasores de voltaje V_L y V_C están en direcciones opuestas a lo largo de la misma línea, por lo que podemos construir el fasor diferencia $V_L - V_C$, la cual es perpendicular al fasor V_R. Según el triángulo rectángulo en la figura 33.10b, vemos que

$$V_{máx} = \sqrt{V_R^2 + (V_L - V_C)^2} = \sqrt{(I_{máx} R)^2 + (I_{máx} X_L - I_{máx} X_C)^2}$$

$$V_{máx} = I_{máx} \sqrt{R^2 + (X_L - X_C)^2} \tag{33.22}$$

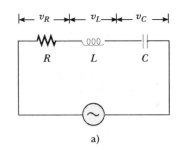

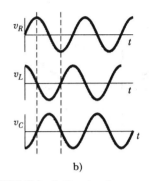

FIGURA 33.8 a) Un circuito en serie compuesto por un resistor, un inductor y un capacitor conectados a un generador de ca. b) Relaciones de fase en el circuito *RLC* en serie.

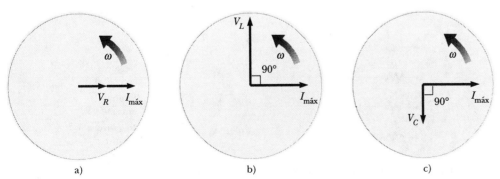

FIGURA 33.9 Relaciones de fase entre los fasores de voltaje pico y corriente para a) un resistor, b) un inductor y c) un capacitor.

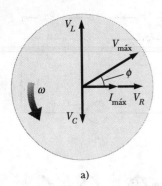

a)

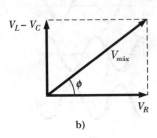

b)

FIGURA 33.10 a) El diagrama de fasores para el circuito *RLC* en serie mostrado en la figura 33.8. Observe que el fasor V_R está en fase con el fasor de corriente $I_{\text{máx}}$, el fasor V_L adelanta a $I_{\text{máx}}$ en 90° y el fasor V_C está 90° retrasado de $I_{\text{máx}}$. El voltaje total $V_{\text{máx}}$ forma un ángulo ϕ con $I_{\text{máx}}$. La versión simplificada del diagrama de fasores mostrado en el inciso a).

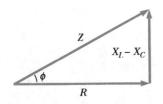

FIGURA 33.11 El triángulo de impedancia para un circuito *RLC* brinda la relación $Z = \sqrt{R^2 + (X_L - X_C)^2}$.

Por lo tanto, podemos expresar la corriente máxima como

$$I_{\text{máx}} = \frac{V_{\text{máx}}}{\sqrt{R^2 + (X_L - X_C)^2}}$$

La **impedancia** Z del circuito se define como

$$Z \equiv \sqrt{R^2 + (X_L - X_C)^2} \tag{33.23}$$

donde la impedancia tiene también la unidad del SI de ohm. Por tanto, podemos escribir la ecuación 33.22 en la forma

$$V_{\text{máx}} = I_{\text{máx}} Z \tag{33.24}$$

Podemos considerar la ecuación 33.24 como una ley de Ohm generalizada aplicada a un circuito de ca. Advierta que la corriente en el circuito depende de la resistencia, la inductancia, la capacitancia y la frecuencia puesto que las reactancias son dependientes de la frecuencia.

Eliminando el factor común $I_{\text{máx}}$ de cada fasor en la figura 33.10, podemos construir también un triángulo de impedancia, mostrado en la figura 33.11. A partir de este diagrama de fasores, encontramos que el ángulo de fase ϕ entre la corriente y el voltaje es

$$\tan \phi = \frac{X_L - X_C}{R} \tag{33.25}$$

Por ejemplo, cuando $X_L > X_C$ (lo cual ocurre a elevadas frecuencias), el ángulo de fase es positivo, lo que significa que la corriente está retrasada del voltaje aplicado, como se ve en la figura 33.10. En cambio, si $X_L < X_C$, el ángulo de fase es negativo, lo que significa que la corriente adelante al voltaje aplicado. Por último, cuando $X_L = X_C$, el ángulo de fase es cero. En este caso, la impedancia de ca es igual a la resistencia y la corriente tiene su máximo valor, dado por $V_{\text{máx}}/R$. La frecuencia a la cual esto ocurre recibe el nombre de *frecuencia de resonancia* y se describe con mayor detalle en la sección 33.7.

La figura 33.12 brinda valores de impedancia y ángulos de fase para diversos circuitos en serie que contienen distintas combinaciones de elementos de circuito.

Elementos de circuito	Impedancia, Z	Ángulo de fase, ϕ
R	R	0°
C	X_C	−90°
L	X_L	+90°
$R\quad C$	$\sqrt{R^2 + X_C^2}$	Negativo entre −90° y 0°
$R\quad L$	$\sqrt{R^2 + X_L^2}$	Positivo entre 0° y 90°
$R\quad L\quad C$	$\sqrt{R^2 + (X_L - X_C)^2}$	Negativo si $X_C > X_L$ Positivo si $X_C < X_L$

FIGURA 33.12 Los valores de impedancia y ángulos de fase para diversas combinaciones de elementos de circuito. En cada caso se aplica un voltaje ca (no mostrado) a través de la combinación de elementos (esto es, entre los puntos).

Simulador de osciloscopio

El osciloscopio es el principal instrumento de laboratorio para medir y observar fenómenos eléctricos. Es especialmente importante para los estudiantes de ingeniería eléctrica o cualquiera que intente trabajar en áreas que incluyen a la electrónica. El simulador de osciloscopio reproduce el comportamiento y apariencia de un osciloscopio. El simulador ofrece dos modos de operación. En el modo tutorial, usted puede marcar un componente con el cursor para ver un mensaje que describa cómo opera dicho componente. En el segundo modo de operación, el modo experimental, usted puede elegir diferentes señales de entrada y observar la señal como aparecería en una pantalla de osciloscopio.

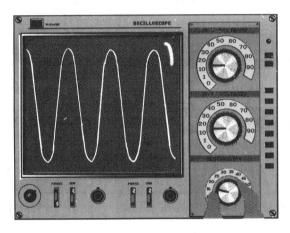
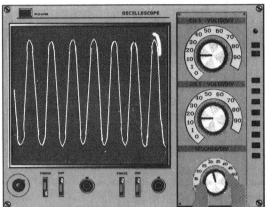

EJEMPLO 33.5 Análisis de un circuito *RLC* en serie

Analice un circuito *RLC* de ca para el cual $R = 250\ \Omega$, $L = 0.600$ H, $C = 3.50\ \mu$F, $\omega = 377$ s^{-1} y $V_{máx} = 150$ V.

Solución Las reactancias son $X_L = \omega L = 226\ \Omega$ y $X_C = 1/\omega C = 758\ \Omega$. Por lo tanto, la impedancia es

$$Z = \sqrt{R^2 + (X_L - X_C)^2}$$
$$= \sqrt{(250\ \Omega)^2 + (226\ \Omega - 758\ \Omega)^2} = 588\ \Omega$$

La corriente máxima es

$$I_{máx} = \frac{V_{máx}}{Z} = \frac{150\ V}{588\ \Omega} = 0.255\ A$$

El ángulo de fase entre la corriente y el voltaje es

$$\phi = \tan^{-1}\left(\frac{X_L - X_C}{R}\right) = \tan^{-1}\left(\frac{226 - 758}{250}\right) = -64.8°$$

Puesto que el circuito es más capacitivo que inductivo, ϕ es negativo y la corriente adelanta al voltaje aplicado.

Los voltajes máximos a través de cada elemento están dados por

$$V_R = I_{máx}R = (0.255\ A)\ (250\ \Omega) = 63.8\ V$$

$$V_L = I_{máx}\ X_L = (0.255\ A)\ (226\ \Omega) = 57.6\ V$$

$$V_C = I_{máx}\ X_C = (0.255\ A)\ (758\ \Omega) = 193\ V$$

Con las ecuaciones 33.19, 33.20 y 33.21 encontramos que los voltajes instantáneos a través de los tres elementos pueden escribirse

$$v_R = (63.8\ V)\ \text{sen}\ 377\ t$$
$$v_L = (57.6\ V)\ \cos 377\ t$$
$$v_C = (-193\ V)\ \cos 377\ t$$

y el voltaje aplicado es $v = 150\ \text{sen}(\omega t - 64.8°)$. La suma de los voltajes máximos a través de cada elemento es $V_R + V_L + V_C = 314$ V, lo cual es mucho más grande que el voltaje máximo del generador, 150 V. Aquella es una cantidad sin importancia. Esto se debe a que cuando se suman cantidades que varían armónicamente, *tanto sus amplitudes como sus fases* deben tomarse en cuenta y sabemos que los voltajes pico a través de los elementos de circuito diferentes ocurren a diferentes tiempos. Esto significa que el voltaje debe sumarse de forma tal que tome en cuenta las diferencias de fase. Cuando esto se hace, se satisface la ecuación 33.22. Usted debe tratar de verificar este resultado.

EJEMPLO 33.6   Determinación de *L* a partir de un diagrama de fasores

En un circuito *RLC* en serie, el voltaje aplicado tiene un valor máximo de 120 V y oscila a una frecuencia de 60.0 Hz. El circuito contiene un inductor cuya inductancia puede variarse, *R* = 800 Ω y *C* = 4.00 μF. Determine el valor de *L* de modo que el voltaje a través del capacitor esté fuera de fase con el voltaje aplicado en 30.0°, con $V_{máx}$ adelantando a V_C.

Solución   Las relaciones de fase para las caídas de voltaje a través de los elementos en el circuito se muestran en la figura 33.13. De acuerdo con la figura, vemos que el ángulo de fase es 60.0°. Esto se debe a que los fasores que representan a $I_{máx}$ y a V_R están en la misma dirección (se encuentran en fase). De la ecuación 33.25, encontramos que

$$X_L = X_C + R \tan \phi \qquad (1)$$

La sustitución de las ecuaciones 33.10 y 33.17 en 1) produce

$$2\pi f L = \frac{1}{2\pi f C} + R \tan \phi$$

o

$$L = \frac{1}{2\pi f}\left[\frac{1}{2\pi f C} + R \tan \phi\right] \qquad (2)$$

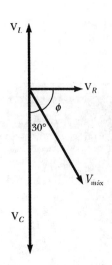

FIGURA 33.13 (Ejemplo 33.6).

La sustitución de los valores dados en 2) produce *L* = 5.44 H.

33.6   POTENCIA EN UN CIRCUITO DE CA

Comó veremos en esta sección, *no hay pérdidas de potencia asociadas a capacitores puros e inductores puros en un circuito de ca* (un inductor puro se define como aquel que no tiene resistencia o capacitancia). Primero, analicemos la potencia disipada en un circuito de ca que sólo contiene un generador y un capacitor.

Cuando la potencia comienza a aumentar en una dirección en un circuito de ca, la carga empieza a acumularse en el capacitor y una caída de voltaje aparece a través de él. Cuando esta caída de voltaje alcanza su valor máximo, la energía alamcenada en el capacitor es $\frac{1}{2}CV^2_{máx}$. Sin embargo, este almacenamiento de energía sólo es momentáneo. El capacitor se carga y descarga dos veces durante cada ciclo. En este proceso, la carga se entrega al capacitor durante dos cuartos del ciclo y se regresa a la fuente de voltaje durante los dos cuartos restantes. Por lo tanto, *la potencia promedio alimentada por la fuente es cero*. En otras palabras, *un capacitor en un circuito de ca no disipa energía*.

De manera similar, la fuente de voltaje debe realizar trabajo contra la fem inversa del inductor, el cual conduce una corriente. Cuando la corriente alcanza su valor pico, la energía almacenada en el inductor es un máximo y está dada por $\frac{1}{2}LI^2_{máx}$. Cuando la corriente empieza a decrecer en el circuito, esta energía almacenada se devuelve a la fuente cuando el inductor intenta mantener la corriente en el circuito.

Cuando estudiamos circuitos de cd en el capítulo 28 encontramos que la potencia entregada por una batería a un circuito es igual al producto de la corriente y la fem de la batería. Del mismo modo, la potencia instantánea entregada por un generador de ca a cualquier circuito es el producto de la corriente del generador y el voltaje aplicado. Para el circuito *RLC* que se muestra en la figura 33.8, podemos expresar la potencia instantánea *P* como

$$P = iv = I_{máx} \text{ sen } (\omega t - \phi)\ V_{máx} \text{ sen } \omega t$$
$$= I_{máx} V_{máx} \text{ sen } \omega t \text{ sen } (\omega t - \phi) \qquad \textbf{(33.26)}$$

Es claro que este resultado es una complicada función del tiempo y por lo tanto no es muy útil desde un punto de vista práctico. Lo que en general es más interesante es la potencia promedio sobre uno o más ciclos. Un promedio de este tipo puede calcularse usando primero la identidad trigonométrica sen($\omega t - \phi$) = sen ωt cos ϕ − cos ωt sen ϕ. Sustituyendo esto en la ecuación 33.26 obtenemos

$$P = I_{máx} V_{máx} \text{ sen}^2 \omega t \cos \phi - I_{máx} V_{máx} \text{ sen } \omega t \cos \omega t \text{ sen } \phi \qquad \textbf{(33.27)}$$

Después de esto tomamos el promedio en el tiempo de P a lo largo de uno o más ciclos, notando que $I_{máx}$, $V_{máx}$, ϕ y ω son constantes. El promedio en el tiempo del primer término de la derecha de la ecuación 33.27 incluye al valor promedio de sen$^2 \omega t$, el cual es $\frac{1}{2}$, como se muestra en la nota a pie de página 1. El promedio en el tiempo del segundo término a la derecha es idéntico a cero debido a que senωt cos$\omega t = \frac{1}{2}$ sen $2\omega t$, y el valor promedio de sen $2\omega t$ es cero. En consecuencia, podemos expresar la **potencia promedio** P_{pro} como

$$P_{pro} = \tfrac{1}{2} I_{máx} V_{máx} \cos \phi \qquad \textbf{(33.28)}$$

Es conveniente expresar la potencia promedio en términos de la corriente rms y el voltaje rms definidos por las ecuaciones 33.4 y 33.5. Empleando estas cantidades definidas, la potencia promedio se transforma en

$$P_{pro} = I_{rms} V_{rms} \cos \phi \qquad \textbf{(33.29)}$$

Potencia promedio

donde la cantidad cosϕ se denomina el **factor de potencia**. Al estudiar la figura 33.10 vemos que la caída de voltaje máxima a través del resistor está dada por $V_R = V_{máx}$ cos $\phi = I_{máx}R$. Empleando la ecuación 33.3 y el hecho de que cos $\phi = I_{máx}R/V_{máx}$, encontramos que P_{pro} puede expresarse como

$$P_{pro} = I_{rms} V_{rms} \cos \phi = I_{rms} \left(\frac{V_{máx}}{\sqrt{2}} \right) \frac{I_{máx}R}{V_{máx}} = I_{rms} \frac{I_{máx}R}{\sqrt{2}}$$

$$P_{pro} = I^2_{rms} R \qquad \textbf{(33.30)}$$

En otras palabras, la *potencia promedio entregada por el generador se disipa como calor en el resistor*, igual que en el caso de un circuito de cd. *No hay pérdida de potencia en un inductor o capacitor ideal.* Cuando la carga es puramente resistiva, entonces $\phi = 0$, cos $\phi = 1$, y de la ecuación 33.29 vemos que $P_{pro} = I_{rms}V_{rms}$.

EJEMPLO 33.7   **Potencia promedio en un circuito *RLC* en serie**

Calcule la potencia promedio entregada al circuito *RLC* en serie descrito en el ejemplo 33.5.

Solución   Primero calculemos el voltaje rms y la corriente rms:

$$V_{rms} = \frac{V_{máx}}{\sqrt{2}} = \frac{150 \text{ V}}{\sqrt{2}} = 106 \text{ V}$$

$$I_{rms} = \frac{I_{máx}}{\sqrt{2}} = \frac{V_{máx}/Z}{\sqrt{2}} = \frac{0.255 \text{ A}}{\sqrt{2}} = 0.180 \text{ A}$$

Puesto que $\phi = -64.8°$, el factor de potencia, cosϕ, es 0.426, y por lo tanto la potencia promedio es

$$P_{pro} = I_{rms} V_{rms} \cos \phi = (0.180 \text{ A}) (106 \text{ V}) (0.426)$$

$$= 8.13 \text{ W}$$

El mismo resultado puede obtenerse empleando la ecuación 33.30.

33.7 RESONANCIA EN UN CIRCUITO *RLC* EN SERIE

Se dice que un circuito *RLC* en serie está en resonancia cuando la corriente tiene su valor máximo. En general la corriente rms puede escribirse

$$I_{\text{rms}} = \frac{V_{\text{rms}}}{Z} \qquad (33.31)$$

donde *Z* es la impedancia. Sustituyendo la ecuación 33.23 en la 33.31, obtenemos

$$I_{\text{rms}} = \frac{V_{\text{rms}}}{\sqrt{R^2 + (X_L - X_C)^2}} \qquad (33.32)$$

Debido a que la impedancia depende de la frecuencia de la fuente, vemos que la corriente en el circuito *RLC* depende también de la frecuencia. Advierta que la corriente alcanza su pico cuando $X_L = X_C$, lo que corresponde a $Z = R$. La frecuencia ω_0 a la cual ocurre esto se denomina **frecuencia de resonancia** del circuito. Para determinar ω_0, empleamos la condición $X_L = X_C$, a partir de la cual obtenemos $\omega_0 L = 1/\omega_0 C$, o

Frecuencia de resonancia

$$\omega_0 = \frac{1}{\sqrt{LC}} \qquad (33.33)$$

Observe que esta frecuencia corresponde también a la frecuencia natural de oscilación de un circuito *LC* (sección 32.5). Por consiguiente, la corriente en un circuito *RLC* en serie alcanza su valor máximo cuando la frecuencia del voltaje aplicado se iguala a la frecuencia natural del oscilador, lo cual depende sólo de *L* y *C*. Además, a esta frecuencia la corriente está en fase con el voltaje aplicado.

Una gráfica de la corriente rms contra la frecuencia para un circuito *RLC* en serie se muestra en la figura 33.14a. Los datos que se grafican suponen un voltaje

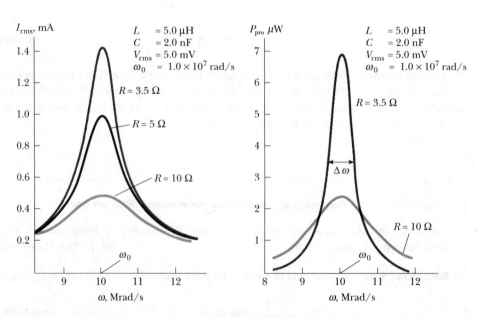

FIGURA 33.14   a) Gráficas de corriente rms contra frecuencia de un circuito *RLC* en serie para tres valores de *R*. Observe que la corriente alcanza su valor pico a la frecuencia de resonancia ω_0. b) Gráficas de la potencia promedio contra la frecuencia de un circuito *RLC* en serie para dos valores de *R*.

rms constante de 5.0 mV, $L = 5.0$ μH y $C = 2.0$ nF. Las tres curvas corresponden a tres valores de R. Advierta que en cada caso la corriente alcanza su valor máximo en la frecuencia resonante, ω_0. Además, las curvas se vuelven más estrechas y altas a medida que disminuye la resistencia.

Al estudiar la ecuación 33.32, debe concluirse que, cuando $R = 0$, la corriente se volvería infinita en la resonancia. Aunque la ecuación predice esto, los circuitos reales siempre tienen cierta resistencia, lo cual limita el valor de la corriente.

Los sistemas mecánicos también pueden presentar resonancias. Por ejemplo, cuando un sistema masa-resorte subamortiguado es excitado a su frecuencia natural de oscilación, su amplitud aumenta con el tiempo, como estudiamos en el capítulo 13. Las vibraciones mecánicas de gran amplitud pueden ser desastrosas, como en el caso del colapso del Puente de Tacoma Narrows.

También es interesante calcular la potencia promedio como una función de la frecuencia para un circuito *RLC* en serie. Empleando las ecuaciones 33.30 y 33.31, encontramos que

$$P_{\text{pro}} = I^2_{\text{rms}} R = \frac{V^2_{\text{rms}}}{Z^2} R = \frac{V^2_{\text{rms}} R}{R^2 + (X_L - X_C)^2} \qquad \textbf{(33.34)}$$

Puesto que $X_L = \omega L$, $X_C = 1/\omega C$ y $\omega_0^2 = 1/LC$ el factor $(X_L - X_C)^2$ puede expresarse como

$$(X_L - X_C)^2 = \left(\omega L - \frac{1}{\omega C} \right)^2 = \frac{L^2}{\omega^2}(\omega^2 - \omega_0^2)^2$$

Empleando este resultado en la ecuación 33.4 se obtiene

$$P_{\text{pro}} = \frac{V^2_{\text{rms}} R \omega^2}{R^2 \omega^2 + L^2 (\omega^2 - \omega_0^2)^2} \qquad \textbf{(33.35)}$$

Potencia en circuito *RLC*

Esta expresión muestra que en la resonancia, cuando $\omega = \omega_0$, la *potencia promedio es un máximo* y tiene el valor V^2_{rms}/R. En la figura 33.14b se presenta una gráfica de la potencia promedio contra la frecuencia para el circuito *RLC* en serie descrito en la figura 33.14a, tomando $R = 3.5\Omega$ y $R = 10\Omega$. A medida que la resistencia se hace más pequeña, la curva se vuelve más afilada en los alrededores de la frecuencia de resonancia. Lo pronunciado de la curva suele describirse mediante un parámetro adimensional conocido como el **factor de calidad**, denotado por Q_0 (no debe confundirse con el símbolo para la carga):[3]

$$Q_0 = \frac{\omega_0}{\Delta \omega}$$

donde $\Delta \omega$ es el ancho de la curva medido entre los dos valores de ω para los cuales P_{pro} tiene su valor máximo (puntos de media potencia, véase la figura 33.14b). Se deja como un problema (problema 87) mostrar que el ancho de los puntos de media potencia tienen el valor $\Delta \omega = R/L$, por lo que

$$Q_0 = \frac{\omega_0 L}{R} \qquad \textbf{(33.36)}$$

Esto es, Q_0 es igual a la proporción entre la reactancia inductiva y la resistencia evaluada en la frecuencia de resonancia, ω_0.

Las curvas graficadas en la figura 33.15 muestran que un circuito de alta Q_0 responde a un intervalo muy estrecho de frecuencias, en tanto que un circuito de

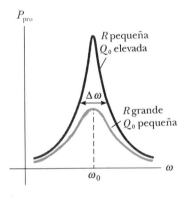

FIGURA 33.15 Gráficas de la potencia promedio contra frecuencia para un circuito *RLC* en serie (vea la ecuación 33.35). La curva superior más estrecha corresponde a un valor pequeño de *B*, y la curva inferior amplia es para un valor grande de *R*. El ancho $\Delta \omega$ de cada curva se mide entre puntos donde la potencia es la mitad de su valor máximo. La potencia es un máximo en la frecuencia de resonancia ω_0.

[3] El factor de calidad se define también como la razón $2\pi E/\Delta E$, donde E es la energía almacenada en el sistema oscilante y ΔE es la energía perdida por ciclo de oscilación. El factor de calidad para un sistema mecánico, como un oscilador amortiguado también puede definirse.

baja Q_0 responde a un intervalo mucho más amplio de frecuencias. Los valores característicos de Q_0 en circuitos electrónicos varían de 10 a 100.

El circuito del sector de un radio es una aplicación importante de un circuito resonante. El radio se sintoniza en una estación particular (la cual transmite una señal de frecuencia de radio específica) variando un capacitor, que cambia la frecuencia resonante del circuito receptor. Cuando la frecuencia de resonancia del circuito iguala a la de onda de radio entrante, la corriente en dicho circuito aumenta. Esta señal se amplifica después y se alimenta a un altavoz. En vista de que muchas señales a menudo se presentan en un intervalo de frecuencias, es importante diseñar un circuito de alta Q_0 para eliminar señales indeseables. De esta manera, las estaciones cuyas frecuencias son cercanas pero no corresponden a la frecuencia de resonancia proporcionan señales despreciablemente pequeñas en el receptor con relación a la que iguala a la frecuencia de resonancia.

EJEMPLO 33.8   Un circuito *RLC* en serie resonante

Considere un circuito *RLC* en serie para el cual $R = 150\ \Omega$, $L = 20.0$ mH, $V_{rms} = 20.0$ V y $\omega = 5\,000$ s^{-1}. Determine el valor de la capacitancia para la cual la corriente tiene su valor fijo.

Solución   La corriente tiene su valor fijo en la frecuencia de resonancia ω_0, la cual debe establecerse para igualar a la frecuencia "excitadora" de 5 000 s^{-1} en este problema:

$$\omega_0 = 5.00 \times 10^3\ \text{s}^{-1} = \frac{1}{\sqrt{LC}}$$

$$C = \frac{1}{\omega_0^2 L} = \frac{1}{(25.0 \times 10^6\ \text{s}^{-2})\,(2.00 \times 10^{-3}\ \text{H})} = \boxed{2.00\ \mu\text{F}}$$

Ejercicio   Calcule el valor máximo de la corriente rms en el circuito.

Respuesta   0.133 A.

---

*33.8   CIRCUITOS FILTRO

Un circuito filtro se usa para alisar o eliminar señales que varían en el tiempo. Por ejemplo, los radios suelen activarse por medio de un voltaje de ca y 60 Hz, el cual se convierte a cd utilizando un circuito rectificador. Después de la rectificación, sin embargo, el voltaje aún contiene una pequeña componente de ca a 60 Hz (algunas veces llamado rizo), el cual debe filtrarse. Por "filtrar", queremos dar a entender que el rizo de 60 Hz debe reducirse a un valor mucho más pequeño que la señal de audio que se va a amplificar, debido a que sin filtrado, la señal de audio resultante incluye molesto zumbido a 60 Hz.

Primero, considere el circuito *RC* en serie simple que se muestra en la figura 33.16a. El voltaje de entrada es a través de los dos elementos y se representa por

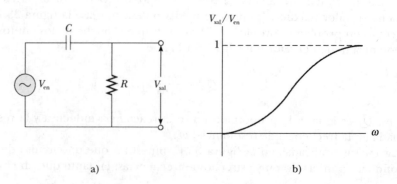

FIGURA 33.16   a) Un filtro pasa-altos *RC* simple. b) Razón entre el voltaje de salida y el voltaje de entrada para un filtro pasa-altos *RC*.

medio de $V_{máx}$ sen ωt. Puesto que estamos interesados únicamente en los valores máximos, podemos usar la ecuación 33.24, la cual muestra que el voltaje de entrada máximo se relaciona con la corriente máxima por medio de

$$V_{en} = I_{máx} \, Z = I_{máx} \, \sqrt{R^2 + \left(\frac{1}{\omega C}\right)^2}$$

Si el voltaje a través del resistor se considera como el voltaje de salida, V_{sal}, entonces de acuerdo con la ley de Ohm el máximo voltaje de salida es

$$V_{sal} = I_{máx} \, R$$

Por lo tanto, la razón entre el voltaje de salida y el voltaje de entrada es

$$\frac{V_{sal}}{V_{en}} = \frac{R}{\sqrt{R^2 + \left(\frac{1}{\omega C}\right)^2}}$$

(33.37) **Filtro pasa-altos**

Una gráfica de la ecuación 33.37, presentada en la figura 33.16b, muestra que a bajas frecuencias, V_{sal} es pequeño comparado con V_{en}, en tanto que a altas frecuencias los dos voltajes son iguales. Puesto que el circuito deja pasar de manera preferencial señales de frecuencia más alta mientras que las frecuencias bajas se filtran (o atenúan), el circuito recibe el nombre de filtro pasa-altos *RC*. Físicamente, un filtro pasa-altos es un resultado de la "acción de bloqueo" de un capacitor a la corriente directa o bajas frecuencias.

Consideremos ahora el circuito *RC* en serie que se muestra en la figura 33.17a, donde el voltaje de salida se toma a través del capacitor. En este caso, el voltaje máximo es igual al voltaje a través del capacitor. Debido a que la impedancia en el capacitor está dada por $X_C = 1/\omega C$,

$$V_{sal} = I_{máx} \, X_C = \frac{I_{máx}}{\omega C}$$

Por consiguiente, la razón entre el voltaje de salida y el voltaje de entrada es

$$\frac{V_{sal}}{V_{en}} = \frac{1/\omega C}{\sqrt{R^2 + \left(\frac{1}{\omega C}\right)^2}}$$

(33.38) **Filtro pasa-bajos**

Esta razón, graficada en la figura 33.17b, muestra que en este caso el circuito pasa preferencialmente señales de baja frecuencia. Por lo tanto, el circuito recibe el nombre de filtro pasa-bajos *RC*. Los filtros pueden diseñarse para bloquear, o pasar, una estrecha banda de frecuencias.

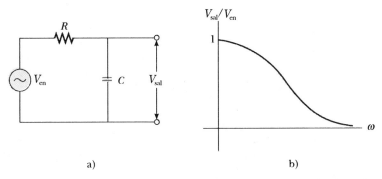

FIGURA 33.17 a) Un circuito *RC* pasa-bajos *RC* simple. b) Razón entre el voltaje de salida y el voltaje de entrada para un filtro pasa-bajos *RC*.

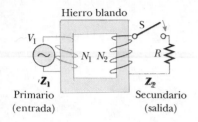

FIGURA 33.18 Un transformador ideal consta de dos bobinas enrolladas sobre el mismo núcleo de hierro blando. Un voltaje ca V_1 se aplica a la bobina primaria, y el voltaje de salida V_2 es a través de la resistencia de carga R.

Nikola Tesla (1856-1943) nació en Croacia pero pasó la mayor parte de su vida profesional como un inventor en Estados Unidos. Fue la principal figura en el desarrollo de la electricidad de corriente alterna, los transformadores de alto voltaje y el transporte de potencia eléctrica utilizando líneas de transmisión de ca. El punto de vista de Tesla estaba en desacuerdo con las ideas de Edison, quien se comprometió a usar la corriente continua en la transmisión de potencia eléctrica. El enfoque de ca de Tesla resultó ganador. *(UPI/Bettmann)*

*33.9 EL TRANSFORMADOR Y LA TRANSMISIÓN DE POTENCIA ELÉCTRICA

Cuando la energía eléctrica se transmite a largas distancias es económico emplear un alto voltaje y una baja corriente para minimizar las pérdidas térmicas I^2R en las líneas de transmisión. Por esta razón, son comunes las líneas de 350 kV y en muchas áreas se encuentran en construcción líneas de voltaje incluso más altos (765 kV). Dichos sistemas de transmisión de alto voltaje se han topado con una considerable resistencia pública debido a los problemas potenciales de seguridad y ambientales que presentan. En el extremo de recepción de este tipo de líneas, el consumidor requiere energía eléctrica a bajo voltaje y alta corriente (por seguridad y eficiencia en el diseño) para operar aparatos y máquinas accionadas por motores. Por consiguiente, se requiere un dispositivo que pueda aumentar (o disminuir) el voltaje de ca y la corriente sin producir cambios apreciables en la potencia eléctrica entregada. El transformador de ca es el dispositivo que se usa para este propósito.

En su forma más simple, el transformador de ca se compone de dos bobinas de alambre devanadas alrededor de un núcleo de hierro suave, como se ve en la figura 33.18. La bobina de la izquierda, la cual se conecta a la fuente de voltaje de ca de entrada, tiene N_1 vueltas, y se denomina devanado primario (o primario). La bobina de la derecha, compuesta por N_2 vueltas y conectada a un resistor de carga R, se denomina secundario. El propósito del núcleo de hierro común es aumentar el flujo magnético y proporcionar un medio en el cual casi todo el flujo que pase a través de una bobina lo haga a través de la otra. Las pérdidas por corrientes parásitas se reducen empleando un núcleo de hierro laminado. El núcleo blando se utiliza como el material del núcleo para reducir pérdidas por histéresis. Las pérdidas por calor joule causadas por la resistencia finita de los alambres de la bobina suelen ser bastante pequeñas. Los transformadores comunes tienen eficiencias de potencias que varían de 90% a 99%. En lo que sigue, suponemos un *transformador ideal,* en el cual las pérdidas de energía en el devanado y el núcleo son cero.

Primero, consideremos lo que ocurre en el circuito primario cuando el interruptor en el circuito secundario de la figura 33.18 se abre. Si suponemos que la resistencia de la bobina primaria es despreciable respecto de su reactancia inductiva, entonces el circuito primario es equivalente a un circuito simple compuesto por un inductor conectado a un generador de ca (descrito en la sección 33.3). Puesto que la corriente está 90° fuera de fase respecto del voltaje, el factor de potencia, cosϕ, es cero, por lo que la potencia promedio entregada del generador al circuito primario es cero. La ley de Faraday nos indica que el voltaje V_1 a través de la bobina primaria es

$$V_1 = -N_1 \frac{d\Phi_B}{dt} \tag{33.39}$$

donde Φ_B es el flujo magnético a través de cada vuelta. Si suponemos que no hay fugas de flujo fuera del núcleo de hierro, entonces el flujo a través de cada vuelta del primario es igual al flujo a través de cada vuelta del secundario. Por consiguiente, el voltaje a través de la bobina secundaria es

$$V_2 = -N_2 \frac{d\Phi_B}{dt} \tag{33.40}$$

Puesto que $d\Phi_B/dt$ es común a las ecuaciones 33.39 y 33.40, encontramos que

$$V_2 = \frac{N_2}{N_1} V_1 \tag{33.41}$$

Cuando $N_2 > N_1$, el voltaje de salida V_2 excede al voltaje de entrada V_1. Esta elevación se conoce como un transformador elevador. Cuando $N_2 < N_1$, el voltaje de salida es menor que el voltaje de entrada, y hablamos de un transformador reductor.

Cuando se cierra el interruptor en un circuito secundario, en éste se induce una corriente I_2. Si la carga en el circuito secundario es una resistencia pura, la corriente inducida está en fase con el voltaje inducido. La potencia suministrada al circuito

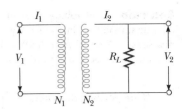

secundario debe ser brindada por un generador de ca conectado al circuito primario, como en la figura 33.19. En un transformador ideal, la potencia suministrada por el generador, $I_1 V_1$, es igual a la potencia en el circuito secundario, $I_2 V_2$. Esto es,

$$I_1 V_1 = I_2 V_2 \qquad (33.42)$$

Como se ve, el valor de la resistencia de carga R determina el valor de la corriente en el secundario, puesto que $I_2 = V_2/R$. Además, la corriente en el primario es $I_1 = V_1/R_{eq}$, donde

$$R_{eq} = \left(\frac{N_1}{N_2}\right)^2 R \qquad (33.43)$$

FIGURA 33.19 Diagrama de circuito convencional de un transformador.

es la resistencia equivalente de la resistencia de carga cuando se ve desde el lado primario. A partir de este análisis, vemos que un transformador puede emplearse para igualar resistencias entre el circuito primario y la carga. De este modo, la transferencia de potencia máxima puede lograrse entre una fuente de potencia dada y la resistencia de carga.

Ahora podemos entender por qué los transformadores son útiles en la transmisión de potencia eléctrica a largas distancias. Debido a que el voltaje del acelerador se eleva, la corriente en la línea de transmisión se reduce, disminuyendo por ello las pérdidas $I^2 R$. En la práctica, el voltaje se eleva hasta casi 230 000 V en la estación generadora, luego se reduce a cerca de 20 000 V en una estación de distribución y finalmente se reduce hasta 120-220 V en los postes eléctricos del consumidor. La potencia es suministrada por medio de un cable de tres alambres. En Estados Unidos, dos de estos alambres están "vivos" con voltajes de 120 V respecto de un alambre de tierra común. Los aparatos domésticos que operan a 120 V se conectan en paralelo entre uno de los alambres vivos y tierra. Los grandes aparatos, como los hornos eléctricos y las secadoras de ropa, requieren 220 V. Este valor se obtiene a través de los dos alambres vivos, los cuales están 180° fuera de fase de manera que la diferencia de voltaje es 220 V.

Hay un límite superior práctico para los voltajes que pueden usarse para las líneas de transmisión. Los voltajes excesivos podrían ionizar el aire alrededor de las líneas de transmisión, lo cual podría producir una trayectoria de conducción a tierra o hacia otros objetos en la vecindad. Esto, por supuesto, presentaría un serio peligro para cualquier criatura viva. Por esta razón, una larga cadena de aisladores se emplea para mantener los alambres de alto voltaje alejados de sus torres metálicas de soporte. Otros aisladores se emplean para mantener la separación entre los alambres.

EJEMPLO 33.9 Un transformador elevador

Un generador produce 10 A (rms) de corriente a 400 V. El voltaje se eleva hasta 4 500 V por medio de un transformador ideal y se transmite a larga distancia mediante una línea eléctrica de resistencia total de 30 Ω. a) Determine el porcentaje de potencia perdida cuando el voltaje se eleva.

Solución Con la ecuación 33.42 para un transformador ideal encontramos que la corriente en la línea de transmisión es

$$I_2 = \frac{I_1 V_1}{V_2} = \frac{(10\ \text{A})(400\ \text{V})}{4500\ \text{V}} = 0.89\ \text{A}$$

Por lo tanto, la potencia perdida en la línea de transmisión es

$$P_{\text{pérdida}} = I_2^2 R = (0.89\ \text{A})^2\,(30\ \Omega) = 24\ \text{W}$$

Puesto que la potencia de salida del generador es $P = IV = (10\ \text{A})(400\ \text{V}) = 4\ 000\ \text{W}$, el porcentaje de potencia perdida es

$$\%\ \text{de pérdida de potencia} = \left(\frac{24}{4\ 000}\right) \times 100 = \boxed{0.60\%}$$

b) ¿Qué porcentaje de la potencia original se perdería en la línea de transmisión si el voltaje no se elevara?

Solución Si el voltaje no se elevara, la corriente en la línea de transmisión sería de 10 A y la potencia perdida en la línea sería $I^2R = (10 \text{ A})^2(30 \ \Omega) = 3\,000$ W. En consecuencia, el porcentaje de potencia perdida sería

$$\% \text{ de pérdida de potencia} = \left(\frac{3\,000}{4\,000}\right) \times 100 = \boxed{75\%}$$

Este ejemplo ilustra la ventaja de las líneas de transmisión de alto voltaje.

Ejercicio Si la línea de transmisión se enfría de manera que la resistencia se reduce a 5.0 Ω, ¿cuánta potencia se perderá en la línea si conduce una corriente de 0.89 A?

Respuesta 4.0 W.

RESUMEN

Si un circuito de ca está compuesto por un generador y un resistor, la corriente en el circuito está en fase con el voltaje. Esto significa que la corriente y el voltaje alcanzan sus máximos valores al mismo tiempo.

La **corriente rms** y el **voltaje rms** en un circuito de ca en el cual el voltaje y la corriente varían sinusoidalmente están dados por

$$I_{\text{rms}} = \frac{I_{\text{máx}}}{\sqrt{2}} = 0.707 \ I_{\text{máx}} \tag{33.4}$$

$$V_{\text{rms}} = \frac{V_{\text{máx}}}{\sqrt{2}} = 0.707 \ V_{\text{máx}} \tag{33.5}$$

donde $I_{\text{máx}}$ y $V_{\text{máx}}$ son los valores máximos.

Si un circuito de ac consta de un generador y de un inductor, la corriente está retrasada 90° respecto del voltaje. Esto es, el voltaje alcanza su valor máximo un cuarto de periodo antes de que la corriente alcance su valor máximo.

Si un circuito de ac consta de un generador y un capacitor, la corriente adelanta al voltaje 90°. Lo que significa que la corriente alcanza su valor máximo un cuarto de periodo antes de que el voltaje llegue a su valor máximo.

En circuitos de ca que contienen inductores y capacitores es útil definir la **reactancia inductiva** X_L y la **reactancia capacitiva** X_C como

$$X_L = \omega L \tag{33.10}$$

$$X_C = \frac{1}{\omega C} \tag{33.17}$$

donde ω es la frecuencia angular del generador de ca. La unidad de reactancia del SI es el ohm.

La **impedancia** Z de un circuito de ca *RLC* en serie, el cual también tiene la unidad de ohm, es

$$Z \equiv \sqrt{R^2 + (X_L - X_C)^2} \tag{33.23}$$

El voltaje aplicado y la corriente están fuera de fase, donde el **ángulo de fase** ϕ entre la corriente y el voltaje es

$$\tan \phi = \frac{X_L - X_C}{R} \tag{33.25}$$

El signo de ϕ puede ser positivo o negativo, dependiendo de si X_L es mayor o menor que X_C. El ángulo de fase es cero cuando $X_L = X_C$.

La **potencia promedio** entregada por el generador en un circuito de ca *RLC* es

$$P_{\text{pro}} = I_{\text{rms}} \ V_{\text{rms}} \cos \phi \tag{33.29}$$

Una expresión equivalente para la potencia promedio es

$$P_{\text{pro}} = I^2_{\text{rms}} R \qquad (33.30)$$

La potencia promedio entregada por el generador se disipa como calor en el resistor. No hay pérdida de potencia en un inductor o capacitor ideal.

La corriente rms en un circuito *RLC* en serie es

$$I_{\text{rms}} = \frac{V_{\text{rms}}}{\sqrt{R^2 + (X_L - X_C)^2}} \qquad (33.32)$$

donde V_{rms} es el valor rms del voltaje aplicado.

Un circuito *RLC* en serie está en resonancia cuando la reactancia inductiva es igual a la reactancia capacitiva. Cuando se cumple esta condición, la corriente dada por la ecuación 33.32 alcanza su valor máximo. Si se considera $X_L = X_C$, la **frecuencia de resonancia** ω_0 del circuito tiene el valor

$$\omega_0 = \frac{1}{\sqrt{LC}} \qquad (33.33)$$

La corriente en un circuito *RLC* en serie llega a su valor máximo cuando la frecuencia del generador es igual a ω_0, es decir, cuando la frecuencia de "excitación" iguala a la frecuencia de resonancia.

PREGUNTAS

1. ¿Qué se quiere dar a entender con el enunciado "el voltaje a través de un inductor adelante a la corriente en 90°"?

2. Un velador es despedido por su jefe porque éste piensa que es derrochador pues mantenía todas las luces encendidas en el edificio. El portero se defiende afirmando que el edificio se calentaba eléctricamente, por lo que el señalamiento de su jefe no tiene fundamentos. ¿Cuál de los argumentos ganaría si el asunto acaba en una corte legal?

3. ¿Por qué un capacitor actúa como un cortocircuito a altas frecuencias? ¿Por qué actúa como un circuito abierto a bajas frecuencias?

4. Explique cómo el acrónimo "ELI the ICE man" puede usarse para recordar si la corriente adelanta al voltaje o el voltaje adelanta a la corriente en circuitos *RLC*.

5. ¿Por qué la suma de los voltajes máximos a través de cada de uno de los elementos en un circuito *RLC* en serie suele ser mayor que el máximo voltaje aplicado? ¿Esto no viola la ley de voltaje de Kirchhoff?

6. ¿El ángulo de fase depende de la frecuencia? ¿Cuál es el ángulo de fase cuando la reactancia inductiva es igual a la reactancia capacitiva?

7. En un circuito *RLC* en serie, ¿cuál es el intervalo posible de valores para el ángulo de fase?

8. Si se duplica la frecuencia en un circuito *RLC* en serie, ¿qué pasa con la resistencia, la reactancia inductiva y la reactancia capacitiva?

9. Se entrega energía a un circuito *RLC* en serie por medio de un generador. Esta energía se disipa como calor en el resistor. ¿Cuál es la fuente de esta energía?

10. Explique por qué la potencia promedio entregada a un circuito *RLC* por el generador depende de la fase entre la corriente y el voltaje aplicado.

11. Un experimento particular requiere un haz de luz de intensidad muy estable. ¿Por qué un voltaje de ca sería inadecuado para activar la fuente luminosa?

12. ¿Cuál es la impedancia de un circuito *RLC* a la frecuencia de resonancia?

13. Considere un circuito *RLC* en serie en el cual *R* es una lámpara incandescente, *C* es cierto capacitor fijo y *L* es una inductancia variable. La fuente es 120 V ca. Explique por qué la lámpara brilla intensamente para algunos valores de *L* y no brilla con los demás valores.

14. ¿Cuál es la ventaja de transmitir potencia a altos voltajes?

15. ¿Qué determina el voltaje máximo que puede emplearse en una línea de transmisión?

16. ¿Por qué las líneas de transmisión transportan energía eléctrica a un potencial de varios cientos de volts, pero éste siempre se reduce a 240 V cuando entra a su hogar?

17. ¿Funcionará un transformador si una batería se usa para el voltaje de entrada a través del primario? Explique.

18. ¿Cómo puede el valor promedio de una corriente ser cero y a pesar de ello la raíz cuadrada de la corriente al cuadrado promedio no ser cero?

19. ¿Cuál es el promedio de tiempo de un potencial sinusoidal con amplitud $V_{máx}$? ¿Cuál es el voltaje rms?
20. ¿Cuál es el promedio de tiempo del potencial de "onda cuadrada" mostrado en la figura 33.20? ¿Cuál es el voltaje rms?

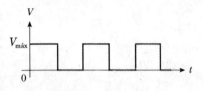

FIGURA 33.20   (Pregunta 20).

21. ¿Los amperímetros y los voltímetros leen los valores máximos, rms o promedio?
22. ¿El voltaje aplicado a un circuito siempre está en fase con la corriente en un resistor en el circuito?
23. ¿Un inductor y un capacitor empleados juntos en un circuito de ca disiparían cualquier potencia?
24. Muestre que la corriente máxima en un circuito *RLC* ocurre cuando éste se encuentra en resonancia.
25. Explique cómo el factor de calidad se relaciona con las características de respuesta de un receptor. ¿Cuál variable determina en mayor medida al factor de calidad?
26. Señale algunas aplicaciones de un circuito filtro.
27. La eficiencia aproximada de una lámpara incandescente para convertir energía eléctrica en calor es a) 30%, b) 60%, c) 100% o d) 10%.

28. ¿Por qué las bobinas primaria y secundaria de un transformador se enrollan en un núcleo de hierro que pasa a través de ambas?
29. En relación con la figura 33.21, explique por qué el capacitor evita que una señal de cd pase entre A y B, aunque deja que una señal de ca pase de A a B. (Se dice que los circuitos están acoplados capacitivamente.)

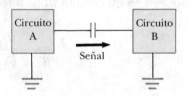

FIGURA 33.21   (Pregunta 29).

30. En relación con la figura 33.22, si *C* se hace suficientemente grande, una señal de ca pasa de A a tierra en vez de hacerlo de A a B. En consecuencia, el capacitor actúa como un filtro. Explique.

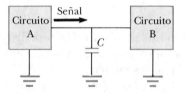

FIGURA 33.22   (Pregunta 30).

PROBLEMAS

Problema de repaso

En el circuito mostrado a continuación se brindan todos los parámetros excepto *C*. Encuentre a) la corriente como una función del tiempo, b) la potencia disipada en el circuito, c) la corriente como una función del tiempo *sólo* después de que el interruptor 1 se abre, d) la capacitancia *C* si la corriente y el voltaje están en fase después de que el interruptor 2 *también* se abre, e) la impedancia del circuito cuando se abren ambos interruptores, f) la energía máxima almacenada en el capacitor durante las oscilaciones, g) la energía máxima almacenada en el inductor durante las oscilaciones, h) el cambio de fase entre la corriente y el voltaje si se duplica la frecuencia de la fuente de voltaje, e i) la frecuencia que hace que la reactancia inductiva sea la mitad de la reactancia capacitiva.

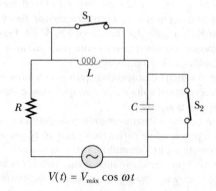

$V(t) = V_{máx} \cos \omega t$

Suponga que todos los voltajes y corrientes ca son sinusoidales, a menos que se establezca de otro modo.

Sección 33.2   Resistores en un circuito de ca

1. Muestre que el valor rms para el voltaje de diente de sierra mostrado en la figura P33.1 es $V_{máx}/\sqrt{3}$.
2. a) ¿Cuál es la resistencia de una lámpara que usa una potencia promedio de 75 W cuando se conecta a una fuente

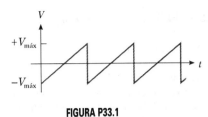

FIGURA P33.1

de potencia de 60 Hz que tiene un voltaje máximo de 170 V? b) ¿Cuál es la resistencia de una lámpara de 100 W?

3. Una fuente de potencia de ca produce un voltaje máximo $V_{máx} = 100$ V. Esta alimentación de potencia se conecta a un resistor de 24 Ω y se miden la corriente y el voltaje en el resistor con un amperímetro y un voltímetro de ca ideales, como en la figura P33.3. ¿Cuáles son los valores que registra cada medidor?

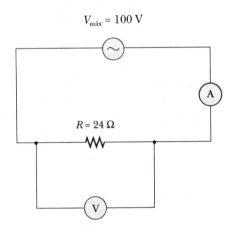

FIGURA P33.3

4. La figura P33.4 muestra tres lámparas conectadas a un suministro de voltaje doméstico de 120 V ca (rms). Las lámparas 1 y 2 tienen focos de 150 W y la lámpara 3 tiene un foco de 100 W. Encuentre la corriente rms y la resistencia de cada foco.

4A. La figura P33.4 muestra tres lámparas conectadas a un suministro de voltaje doméstico V de ca (rms). Las lámparas 1 y 2 tienen focos que disipan una potencia P_1 y la lámpara 3 tiene un foco que disipa una potencia P_2. Encuentre la corriente rms y la resistencia de cada foco.

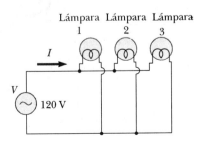

FIGURA P33.4

5. Un amplificador de audio, representado por medio de la fuente de ca y de un resistor en la figura P33.5, entrega a un altavoz voltaje alterno a frecuencias de audio. Si el voltaje de salida tiene una amplitud de 15.0 V, $R = 8.20$ Ω, y el altavoz es equivalente a una resistencia de 10.4 Ω, ¿cuál es la potencia promedio en el tiempo que se le entrega?

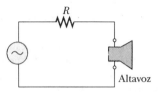

FIGURA P33.5

6. En el circuito sencillo de ca que se muestra en la figura 33.1, $R = 70$ Ω y $v = V_{máx} \operatorname{sen}\omega t$. a) Si $V_R = 0.25 V_{máx}$ en $t = 0.010$ s, ¿cuál es la frecuencia angular del generador? b) ¿Cuál es el siguiente valor de t para el cual $V_R = 0.25 V_{máx}$?

7. La corriente en el circuito mostrado en la figura 33.1 es igual al 60% de la corriente máxima en $t = 7.0$ ms, y $v = V_{máx} \operatorname{sen}\omega t$. ¿Cuál es la frecuencia más pequeña del generador que produce esta corriente?

Sección 33.3 Inductores en un circuito de ca

8. Determine el flujo magnético máximo a través de un inductor conectado a una toma de corriente estándar ($V_{rms} = 120$ V, $f = 60$ Hz).

9. En un circuito de ca puramente inductivo, como en la figura 33.4, $V_{máx} = 100$ V. a) Si la corriente máxima es 7.5 A a 50 Hz, calcule la inductancia L. b) ¿A qué frecuencia angular ω la corriente máxima es 2.5 A?

10. Cuando un inductor particular se conecta a un voltaje sinusoidal con una amplitud de 120 V, una corriente máxima de 3.0 A aparece en el inductor. a) ¿Cuál es la corriente máxima si la frecuencia del voltaje aplicado se duplica? b) ¿Cuál es la reactancia inductiva a estas dos frecuencias?

11. Un inductor se conecta a un suministro de potencia de 20.0 Hz que produce un voltaje rms de 50.0 V. ¿Qué inductancia se necesita para mantener la corriente instantánea en el circuito debajo de 80.0 mA?

12. Un inductor tiene una reactancia de 54.0 Ω a 60.0 Hz. ¿Cuál es la corriente máxima si este inductor se conecta a una fuente de 50.0 Hz que produce un voltaje rms de 100 V?

13. Para el circuito mostrado en la figura 33.4, $V_{máx} = 80.0$ V, $\omega = 65\pi$ rad/s y $L = 70.0$ mH. Calcule la corriente en el inductor en $t = 15.5$ ms.

14. a) Si $L = 310$ mH y $V_{máx} = 130$ V en la figura 33.4, ¿a qué frecuencia la reactancia inductiva es 40.0 Ω? b) Calcule la corriente máxima a esta frecuencia.

15. Un inductor de 20.0 mH está conectado a una toma de corriente estándar (V_{rms} = 120 V, f = 60.0 Hz). Determine la energía almacenada en el inductor en t = (1/180) s, suponiendo que esta energía es cero en t = 0.

Sección 33.4   Capacitores en un circuito de ca

16. Un capacitor de 1.0 mF se conecta a una toma de corriente estándar (V_{rms} = 120 V, f = 60.0 Hz). Determine la corriente en el capacitor en t = (1/180) s, suponiendo que en t = 0, la energía almacenada en el capacitor es cero.

17. a) ¿Para qué frecuencias lineales un capacitor de 22.0 μF tiene una reactancia por debajo de 175 Ω? b) Sobre este mismo intervalo de frecuencia, ¿cuál es la reactancia de un capacitor de 44.0 μF?

18. ¿Qué corriente máxima entrega un capacitor de 2.2 μF cuando se conecta a través de a) una toma de corriente en Estados Unidos que tiene un V_{rms} = 120 V, f = 60 Hz, y b) en una toma de corriente europea con V_{rms} = 240 V, f = 50 Hz?

19. Un capacitor de 98.0 pF está conectado a un suministro de potencia de 60.0 Hz que produce un voltaje rms de 20.0 V. ¿Cuál es la carga máxima que aparece en cualesquiera de las placas del capacitor?

19A. Un capacitor C está conectado a un suministro de potencia de frecuencia f que produce un voltaje rms V. ¿Cuál es la carga máxima que aparece en cualesquiera de las placas del capacitor?

20. Un voltaje sinusoidal $v(t)$ = $V_{máx}$ cos ωt se aplica a un capacitor, como muestra la figura P33.20. a) Escriba una expresión para la carga instantánea en el capacitor en función de $V_{máx}$, C, t y ω. b) ¿Cuál es la corriente instantánea en el circuito?

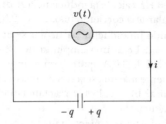

FIGURA P33.20

21. ¿Qué corriente máxima entrega un generador de ca con $V_{máx}$ = 48 V y f = 90 Hz cuando se conecta a través de un capacitor de 3.7 μF?

22. Un generador de ca de frecuencia variable con $V_{máx}$ = 18 V se conecta a través de un capacitor de 9.4 X 10^{-8} F. ¿A qué frecuencia debe operarse el generador para brindar una corriente máxima de 5.0 A?

23. El generador en un circuito de ca puramente capacitivo (Fig. 33.6) tiene una frecuencia angular de 100 π rad/s y $V_{máx}$ = 220 V. Si C = 20.0 μF, ¿cuál es la corriente en el circuito en t = 4.00 ms?

Sección 33.5   El circuito *RLC* en serie

24. ¿A qué frecuencia la reactancia inductiva de un inductor de 57 μH es igual a la reactancia capacitiva de un capacitor de 57 μF?

25. Un circuito en serie contiene los siguientes componentes: R = 150 W, L = 250 mH, C = 2.00 μF y un generador con $V_{máx}$ = 210 V operando a 50.0 Hz. Calcule a) la reactancia inductiva, b) la reactancia capacitiva, c) la impedancia, d) la corriente máxima, y e) el ángulo de fase.

26. Un voltaje sinusoidal $v(t)$ = (40.0 V) sen (100 t) se aplica a un circuito *RLC* en serie con L = 160 mH, C = 99.0 μF y R = 68.0 W. a) ¿Cuál es la impedancia del circuito? b) ¿Cuál es la corriente máxima? c) Determine los valores numéricos para $I_{máx}$, w y f en la ecuación $i(t)$ = $I_{máx}$ sen($wt - f$).

27. Un circuito *RLC* se compone de un resistor de 150 Ω, un capacitor de 21 μF y un inductor de 460 mH, conectados en serie con un suministro de potencia de 120 V y 60 Hz. a) ¿Cuál es el ángulo de fase entre la corriente y el voltaje aplicado? b) ¿Cuál alcanza su máximo primero, la corriente o el voltaje?

28. Un resistor (R = 900 Ω), un capacitor (C = 0.25 μF) y un inductor (L = 2.5 H) se conectan en serie a través de una fuente de ca de 240 Hz para la cual $V_{máx}$ = 140 V. Calcule a) la impedancia del circuito, b) la corriente pico entregada por la fuente, y c) el ángulo de fase entre la corriente y el voltaje. d) ¿La corriente se adelanta o se retrasa respecto del voltaje?

29. Una persona está trabajando cerca del secundario de un transformador, como se muestra en la figura P33.29. El voltaje primario es 120 V a 60 Hz. La capacitancia C_s, que es la capacitancia entre la mano y el devanado secundario, es 20.0 pF. Suponiendo que la persona tiene una resistencia de cuerpo a tierra Rc = 50.0 kΩ, determine el voltaje rms a través del cuerpo. (*Sugerencia:* Redibuje el circuito con el secundario del transformador como una fuente de ca simple.)

29A. Una persona está trabajando cerca del secundario de un transformador, como se muestra en la figura P33.29. El voltaje primario rms es V a una frecuencia f. La

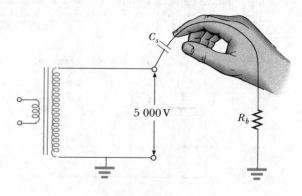

FIGURA P33.29

capacitancia parásita entre la mano y el devanado secundario es *Cs*. Suponiendo que la persona tiene una resistencia de cuerpo a tierra R_o, determine el voltaje rms a través del cuerpo. (*Sugerencia:* Redibuje el circuito con el secundario del transformador como una fuente de ca simple.)

30. La fuente de voltaje en la figura P33.30 tiene una salida Vrms = (100 V) cos(1 000t). Determine a) la corriente en el circuito y b) la potencia suministrada por la fuente. c) Muestre que la potencia disipada en el resistor es igual a la potencia suministrada por la fuente.

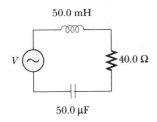

50.0 mH

V ⃝∼   40.0 Ω

50.0 μF

FIGURA P33.30

31. Una fuente ca con $V_{máx}$ = 150 V y r = 50.0 Hz está conectada entre los puntos *a* y *d* en la figura P33.31. Calcule los voltajes máximos entre los puntos a) *a* y *b*, b) *b* y *c*, c) *c* y *d* y d) *b* y *d*.

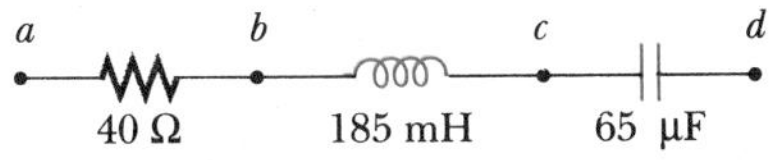

a —⋀⋀⋀— *b* —〇〇〇— *c* —‖— *d*
40 Ω   185 mH   65 μF

FIGURA P33.31

32. Dibuje a escala un diagrama de fasores que muestre Z, X_L, X_C y ϕ para un circuito de ca en serie para el cual R = 300 Ω, C = 11 μF, L = 0.20 H y f = 500/πHz.

33. Un inductor (L = 400 mH), un capacitor (C = 4.43 μF) y un resistor (R = 500 Ω) están conectados en serie. Un generador de ca de 50.0 Hz produce una corriente pico de 250 mA en el circuito. a) Calcule el voltaje pico requerido $V_{máx}$. b) Determine el ángulo por el cual la corriente adelanta al o está retrasada del voltaje aplicado.

34. Un circuito *RLC* en serie en el cual R = 1 500 Ω y C = 15.0 nF está conectado a un generador de ca cuya frecuencia puede variarse. Cuando la frecuencia se ajusta en 50.5 kHz, la corriente rms en el circuito alcanza un máximo en 0.140 A. Determine a) la inductancia y b) el valor rms del voltaje del generador.

Sección 33.6   Potencia en un circuito de ca

35. Si 100 MW de potencia a 50.0 kV se va a transmitir a 100 km con sólo 1.00 por ciento de pérdidas, ¿alambre

de cobre de qué diámetro debe usarse? Suponga densidad de corriente uniforme en los conductores.

35A. Si se va a transmitir una potencia *P* a una distancia *d* a un voltaje *V* con sólo 1.00 por ciento de pérdidas, ¿alambre de cobre de qué diámetro debe usarse? Suponga densidad de corriente uniforme en los conductores.

36. Un diodo es un dispositivo que deja pasar la corriente sólo en una dirección (indicada con la flecha). Encuentre, en términos de *V* y de *R*, la potencia promedio disipada en el circuito del diodo mostrado en la figura P33.36.

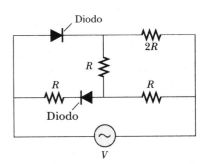

Diodo
2R
R
R R
Diodo
⃝∼
V

FIGURA P33.36

37. Un voltaje de ca de la forma v = (100 V) sen(1 000t) se aplica a un circuito *RLC* en serie. Si R = 400 Ω, C = 5.0 μF, y L = 0.50 H, encuentre la potencia promedio disipada en el circuito.

38. Un voltaje de ca con una amplitud de 100 V se aplica a una combinación en serie de un capacitor de 200 μF, un inductor de 100 mH y un resistor de 20.0 Ω. Calcule la potencia disipada y el factor de potencia para una frecuencia de a) 60.0 Hz y b) 50.0 Hz.

39. La salida de voltaje rms de un generador de ca es de 200 V y la frecuencia de operación es de 100 Hz. Escriba la ecuación que brinde el voltaje de salida como una función del tiempo.

40. La potencia promedio en un circuito para el cual la corriente rms es 5.00 A es 450 W. Calcule la resistencia del circuito.

41. En cierto circuito *RLC* en serie, I_{rms} = 9.0 A, V_{rms} = 180 V y la corriente adelanta al voltaje 37°. a) ¿Cuál es la resistencia total del circuito? b) Calcule la magnitud de la reactancia del circuito ($X_L - X_C$).

42. Un circuito *RLC* en serie tiene una resistencia de 45 Ω y una impedancia de 75 Ω. ¿Qué potencia promedio se entrega a este circuito cuando V_{rms} = 210 V?

Sección 33.7   Resonancia en un circuito *RLC* en serie

43. Calcule la frecuencia de resonancia de un circuito *RLC* en serie para el cual C = 8.40 μF y L = 120 mH.

44. Muestre que el valor *Q* en un circuito *RLC* en serie es

$$Q_0 = \frac{1}{R}\sqrt{\frac{L}{C}}$$

45. Un circuito *RLC* se usa en un radio para sintonizar una estación de FM que transmite a 99.7 MHz. La resistencia en el circuito es 12.0 Ω y la inductancia es 1.40 μH. ¿Qué capacitancia debe emplearse?

46. El circuito de sintonización de un radio de AM es una combinación *LC* en paralelo que tiene una resistencia de 1.00 Ω. La inductancia es 0.200 mH y la capacitancia es variable, de modo que el circuito puede resonar entre 550 kHz y 1650 kHz. Encuentre el intervalo de valores para *C*.

47. Una bobina de 35.0 Ω de resistencia e inductancia de 20.5 H está en serie con un capacitor y una fuente de 200 V (rms) y 100 Hz. La corriente rms en el circuito es 4.00 A. a) Calcule la capacitancia en el circuito. b) ¿Cuál es la V_{rms} a través de la bobina?

48. Un circuito *RLC* en serie tiene los siguientes valores: $L = 20.0$ mH, $C = 100$ nF, $R = 20.0$ Ω y $V_{máx} = 100$ V con $v = V_{máx}$ sen ωt. Encuentre a) la frecuencia resonante, b) la amplitud de la corriente a la frecuencia resonante, c) la *Q* del circuito, y d) la amplitud del voltaje a través del inductor en resonancia.

49. Un resistor de 10.0 Ω, un inductor de 10.0 mH y un capacitor de 100 μF se conectan en serie a una fuente de 50.0 V (rms) que tiene frecuencia variable. Determine el calor disipado en el circuito durante un periodo si la frecuencia de operación es dos veces la frecuencia de resonancia.

49A. Un resistor *R*, un inductor *L* y un capacitor *C* se conectan en serie a una fuente de ca de voltaje rms *V* y frecuencia variable. Determine el calor disipado en el circuito durante un periodo si la frecuencia de operación es dos veces la frecuencia de resonancia.

*Sección 33.8   Circuitos filtro

50. Considere el circuito mostrado en la figura 33.16, con $R = 800$ Ω y $C = 0.090$ μF. Calcule la razón V_{sal}/V_{en} para a) $\omega = 300$ s^{-1}, y b) $\omega = 7.0 \times 10^5$ s^{-1}.

51. El filtro pasa-altos *RC* mostrado en la figura 33.16 tiene una resistencia $R = 0.50$ Ω. a) ¿Qué capacitancia produce una señal de salida que tiene la mitad de la amplitud de una señal de entrada de 300 Hz? b) ¿Cuál es la ganancia (V_{sal}/V_{en}) para una señal de 600 Hz?

52. El filtro pasa-bajos *RC* que se muestra en la figura 33.17 tiene una resistencia $R = 90.0$ Ω y una capacitancia $C = 8.00$ nF. Calcule la ganancia (V_{sal}/V_{en}) para una frecuencia de entrada de a) 600 Hz, y b) 600 kHz.

53. El circuito de la figura P33.53 representa a un filtro pasa-altos en el cual el inductor tiene resistencia interna. Determine la frecuencia de la fuente si el voltaje de salida V_2 es la mitad del voltaje de entrada.

54. a) Para el circuito que se muestra en la figura P33.54, muestre que el máximo valor posible de la razón V_{sal}/V_{en} es la unidad. b) ¿A qué frecuencias (expresadas en función de *R*, *L* y *C*) ocurre este valor máximo?

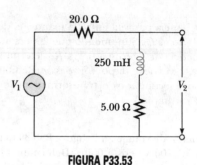

FIGURA P33.53

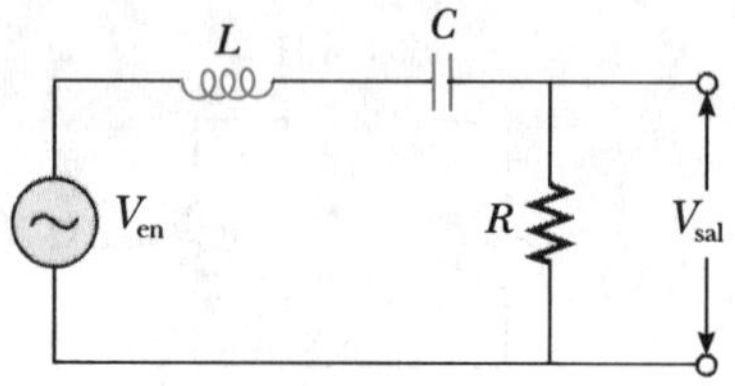

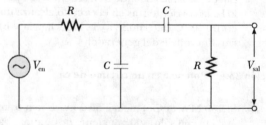

FIGURA P33.54

55. El circuito que se muestra en la figura P33.54 puede emplearse como un filtro para pasar señales que se encuentran en cierta banda de frecuencia. a) Muestre que la ganancia (V_{sal}/V_{en}) para un voltaje de entrada de frecuencia ω es

$$\frac{V_{sal}}{V_{en}} = \frac{1}{\sqrt{1 + \left[\dfrac{(\omega^2/\omega_0^2) - 1}{\omega RC}\right]^2}}$$

b) Sea $R = 100$ Ω, $C = 0.0500$ μF y $L = 0.127$ H. Calcule la ganancia de este circuito para frecuencias de entrada $f_1 = 1.50$ kHz, $f_2 = 2.00$ kHz y $f_3 = 2.50$ kHz.

56. Muestre que dos filtros pasa-altos sucesivos que tienen los mismos valores de *R* y *C* proporcionan una ganancia combinada

$$\frac{V_{sal}}{V_{en}} = \frac{1}{1 + (1/\omega RC)^2}$$

57. Considere un filtro pasa-bajos seguido por un filtro pasa-altos, como se ilustra en la figura P33.57. Si $R = 1\,000$ Ω y $C = 0.050$ μF, determine V_{sal}/V_{en} para una frecuencia de entrada de 2.0 kHz.

FIGURA P33.57

*Sección 33.9   El transformador y transmisión de energía eléctrica

58. El devanado primario de un transformador de un tren eléctrico tiene 400 vueltas y el secundario cuenta 50. Si el voltaje de entrada es 120 V/rms, ¿cuál es el voltaje de salida?

59. Un transformador tiene $N_1 = 350$ vueltas y $N_2 = 2\,000$ vueltas. Si el voltaje de entrada es $v(t) = (170\text{ V})\cos\omega t$, ¿qué voltaje rms se desarrolla a través de la bobina secundaria?

60. En un circuito *LR*, una fuente de 120 V (rms) y 60 Hz está en serie con un inductor de 25 mH y un resistor de 20 Ω. ¿Cuáles son a) la máxima corriente rms, y b) el factor de potencia? c) ¿Qué capacitor debe añadirse en serie para hacer que el factor de potencia sea 1?

61. Un transformador reductor se emplea para recargar las baterías de dispositivos portátiles como grabadoras de cinta. La relación de vueltas dentro del transformador es 13:1 y se usa con el servicio doméstico de 120 V (rms). Si una grabadora de cinta particular consume 0.35 A de la toma de corriente de la casa, ¿cuáles son a) el voltaje y b) la corriente alimentados por el transformador? c) ¿Cuánta potencia se entrega?

62. Un transformador elevador se diseña para tener un voltaje de salida de 2 200 V (rms) cuando el primario se conecta a través de una fuente de 110 V (rms). a) Si hay 80 vueltas en el devanado primario, ¿cuántas vueltas se requieren en el secundario? b) Si un resistor de carga a través del secundario requiere una corriente de 1.5 A, ¿cuál es la corriente en el primario, suponiendo condiciones ideales? c) Si el transformador tiene una eficiencia de 95 por ciento, ¿cuál es la corriente en el primario cuando la corriente en el secundario es 1.2 A?

63. En el transformador mostrado en la figura P33.63, el resistor de carga es de 50.0 Ω y el resistor de la fuente es de 150 Ω. La relación de vueltas $N_1{:}N_2$ es 5:2 y el voltaje de la fuente es 80.0 V (rms). Si un voltímetro a través de la carga mide 25.0 V (rms), ¿cuál es la resistencia de la fuente R_s?

63A. En el transformador mostrado en la figura P33.63, el resistor de carga es R_L y el resistor de la fuente es R_s. La relación de vueltas $N_1{:}N_2$, y el voltaje rms de la fuente es V_1. Si un voltímetro a través de la carga mide un voltaje rms V_2, ¿cuál es la resistencia de la fuente R_s?

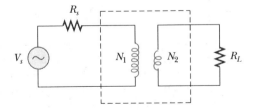

FIGURA P33.63

64. El voltaje secundario de un transformador de encendido que se utiliza en un horno es de 10.0 kV. Cuando el primario opera a un voltaje de 120 V, la impedancia del primario es de 24.0 Ω y el transformador es 90 por ciento eficiente. a) ¿Qué relación de vueltas se requiere? ¿Cuáles son b) la corriente y c) la impedancia en el secundario?

PROBLEMAS ADICIONALES

65. Un circuito *RLC* en serie se compone de un resistor de 8.00 Ω, un capacitor de 5.00 μF y un inductor de 50.0 mH. Una fuente de frecuencia variable de 400 V (rms) de amplitud se aplica a través de la combinación. Determine la potencia entregada al circuito cuando la frecuencia es igual a la mitad de la frecuencia de resonancia.

66. Un circuito *RLC* en serie tiene $R = 10.0$ Ω, $L = 2.00$ mH y $C = 4.00$ μF. Determine a) la impedancia a 60.0 Hz, b) la frecuencia resonante en hertz, c) la impedancia en la resonancia, y d) la impedancia a una frecuencia igual a la mitad de la frecuencia resonante.

67. En un circuito de ca *RLC* en serie, $R = 21.0$ Ω, $L = 25.0$ mH, $C = 17.0$ μF, $V_{máx} = 150$ V y $\omega = (2\,000/\pi)$ s^{-1}. a) Calcule la corriente máxima en el circuito. b) Determine el voltaje máximo a través de cada elemento. c) ¿Cuál es el factor potencia del circuito? d) Ilustre X_L, X_C, R y ϕ en un diagrama de fasores.

68. Una combinación en serie *RL* que se compone de un resistor de 1.50 Ω y de un inductor de 2.50 mH está conectada a un generador de 12.5 V (rms) y 400 Hz. Determine a) la impedancia del circuito, b) la corriente rms, c) el voltaje rms a través del resistor, y d) el voltaje rms a través del inductor.

69. Como una manera de determinar la inductancia de una bobina utilizada en un proyecto de investigación, un estudiante conecta primero la bobina a una batería de 12 V y mide una corriente de 0.63 A. El estudiante conecta después la bobina a un generador de 24 V (rms) y 60 Hz y mide una corriente rms de 0.57 A. ¿Cuál es la inductancia?

70. En la figura P33.70, encuentre la corriente entregada por el suministro de potencia de 45 V (rms) cuando a) la frecuencia es muy grande, y b) la frecuencia es muy pequeña.

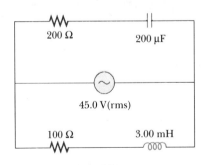

FIGURA P33.70

71. Con una línea de transmisión que tiene una resistencia por unidad de longitud de 4.50×10^{-4} Ω/m se transmitirán 5.00 MW a lo largo de 400 millas (6.44×10^5 m). El

voltaje de salida del generador es 4.50 kV. a) ¿Cuál es la pérdida en la línea si un transformador se utiliza para elevar el voltaje hasta 500 kV? b) ¿Qué fracción de la potencia de entrada se pierde en la línea en estas circunstancias? c) ¿Qué dificultades se encontrarían al intentar transmitir los 5.00 MW a un voltaje del generador de 4.50 kV?

72. Un transformador que opera a 120 V (rms) alimenta a un sistema de iluminación de 12 V de un jardín. Ocho luces, cada una de 40 W de valor nominal, se instalan en paralelo. a) Encuentre la resistencia equivalente del sistema. b) ¿Cuál es la corriente en el circuito secundario? c) ¿Qué resistencia individual, conectada a través de la alimentación de 120 V, consumiría la misma potencia que el transformador? Muestre que esta resistencia es igual a la respuesta del inciso a) multiplicada por el cuadrado de la relación de vueltas.

73. Filtros *LC* se emplean tanto como filtros pasa-altos como pasa-bajos al igual que en el caso de los filtros *RC* en la sección 33.8. Sin embargo, todos los inductores reales tienen resistencia, como se indica en la figura P33.73, y esta resistencia debe considerarse. a) Determine cuál circuito en la figura P33.73 es el filtro pasa-altos y cuál es el pasa-bajos. b) Obtenga las fórmulas de salida/entrada para cada circuito siguiendo el procedimiento empleado para los filtros *RC* en la sección 33.8.

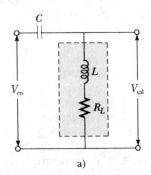

a)

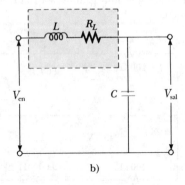

b)

FIGURA P33.73

74. Un resistor de 80.0 Ω y un inductor de 200 mH se conectan en paralelo a través de una fuente de 100 V (rms) y 60.0 Hz. a) ¿Cuál es la corriente rms en el resistor? b)

¿En qué ángulo la corriente total adelanta o está retrasada del voltaje?

75. Una central eléctrica transmite 1.50 MW a un pueblo a 10.0 km de distancia. La resistencia total en los alambres de conexión es de 1.10 Ω. Encuentre la potencia perdida como calor en los alambres si ésta se envía a a) 120 V, b) 12.0 kV, y c) 120 kV.

76. La potencia promedio entregada a un circuito *RLC* en serie a una frecuencia ω (sección 33.7) está dada por la ecuación 33.35. a) Muestre que la corriente máxima puede escribirse

$$I_{máx} = \omega V_{máx} \left[L^2(\omega_0{}^2 - \omega^2)^2 + (\omega R)^2 \right]^{-1/2}$$

donde ω es la frecuencia de operación del circuito y ω_0 es la frecuencia de resonancia. b) Muestre que el ángulo de fase puede expresarse como

$$\phi = \tan^{-1} \left[\frac{L}{R} \left(\frac{\omega_0{}^2 - \omega^2}{\omega} \right) \right]$$

77. Considere un circuito *RLC* en serie que tiene los siguientes parámetros: $R = 200$ Ω, $L = 663$ mH y $C = 26.5$ μF. El voltaje aplicado tiene una amplitud de 50.0 V y una frecuencia de 60.0 Hz. Encuentre las siguientes amplitudes: a) La corriente i, incluida su constante de fase ϕ relativa al voltaje aplicado v; b) el voltaje V_R a través del resistor y su fase relativa a la corriente; c) el voltaje V_C a través del capacitor y su fase relativa a la corriente; y d) el voltaje V_L a través del inductor y su fase relativa a la corriente.

78. Un voltaje $v = (100$ V$) \operatorname{sen}\omega t$ (en unidades del SI) se aplica a través de una combinación en serie de un inductor de 2.00 H, un capacitor de 10.0 μF y un resistor de 10.0 Ω. a) Determine la frecuencia angular ω_0 a la cual la potencia disipada en el resistor es un máximo. b) Calcule la potencia disipada a esa frecuencia. c) Determine las dos frecuencias angulares ω_1 y ω_2 a la cual la potencia disipada es la mitad del valor máximo. [La Q del circuito es aproximadamente $\omega_0/(\omega_2 - \omega_1)$.]

79. *Igualación de impedancia.* Es posible emplear un transformador para brindar máxima transferencia de potencia entre dos circuitos de ca que tienen diferentes impedancias. a) Demuestre que la relación de vueltas N_1/N_2 necesaria para cumplir esta condición es

$$\frac{N_1}{N_2} = \sqrt{\frac{Z_1}{Z_2}}$$

b) Suponga que usted desea emplear un transformador como un dispositivo de igualación de impedancia entre un amplificador de audio que tiene una impedancia de salida de 8.00 kΩ y un altavoz que tiene una impedancia de entrada de 8.00 Ω. ¿Cuál debe ser su relación N_1/N_2?

80. Una fuente de ca tiene una resistencia interna de 3.20 kΩ. Con el fin de que se transfiera la potencia máxima a una carga resistiva R_2 de 8.00 Ω, se utiliza un transformador entre la fuente y la carga. Suponiendo un transfor-

mador ideal, a) encuentre la relación de vueltas apropiada del transformador. Si el voltaje de salida de la fuente es 80.0 V (rms), determine b) el voltaje rms a través del resistor de carga, y c) la corriente rms en el resistor de carga. d) Calcule la potencia disipada en la carga. e) Verifique que la razón de corrientes es inversamente proporcional a la relación de vueltas.

81. La figura P33.81a muestra un circuito RLC en paralelo, y el correspondiente diagrama de fasores se presenta en la figura P33.81b. El voltaje instantáneo (y el voltaje rms) a través de cada uno de los tres elementos del circuito es el mismo, y cada uno se encuentra en fase con la corriente a través del resistor. Las corrientes en C y L adelantan a (o están retrasadas de) la corriente en el resistor, como se muestra en la figura P33.81b. a) Muestre que la corriente rms entregada por la fuente es

$$I_{rms} = V_{rms}\left[\frac{1}{R^2} + \left(\omega C - \frac{1}{\omega L}\right)^2\right]^{1/2}$$

b) Muestre que el ángulo de fase ϕ entre V_{rms} e I_{rms} es

$$\tan \phi = R\left(\frac{1}{X_C} - \frac{1}{X_L}\right)$$

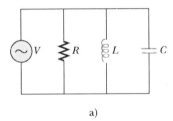

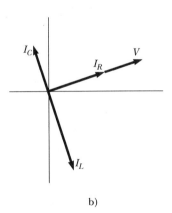

b)

FIGURA P33.81

82. Un resistor de 80.0 Ω, un inductor de 200 mH y un capacitor de 0.150 μF se conectan en paralelo a través de una fuente de 120 V (rms) que opera a 374 rad/s. a) ¿Cuál es la frecuencia resonante del circuito? b) Calcule la corriente rms en el resistor, inductor y capacitor. c) ¿Cuál es la corriente rms entregada por la fuente? d) ¿La corriente adelanta al o está retrasada del voltaje? ¿En qué ángulo?

83. Considere el circuito de corrimiento de fase que se muestra en la figura P33.83. El voltaje de entrada se describe por medio de la expresión $v = (10$ V$)$ sen $200\ t$ (en unidades del SI). Suponiendo que $L = 500$ mH, encuentre a) el valor de R de modo que el voltaje de salida v_{sal} está retrasado en 30° del voltaje de entrada, y b) la amplitud del voltaje de salida.

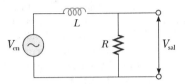

FIGURA P33.83

84. Un circuito RLC en serie opera a 2 000 Hz. A esta frecuencia, $X_L = X_C = 1\ 884\ \Omega$. La resistencia del circuito es 40 Ω. a) Prepare una tabla que muestre los valores de X_L, X_C y Z para $f = 300, 600, 800, 1\ 000, 1\ 500, 2\ 000, 3\ 000, 4\ 000, 6\ 000$ y $10\ 000$ Hz. b) Grafique en el mismo conjunto de ejes X_L, X_C y Z como una función de ln f.

85. Suponga que el filtro pasa-altos que se muestra en la figura 33.16 tiene $R = 1\ 000\ \Omega$ y $C = 0.050\ \mu$F. a) ¿A qué frecuencia $V_{sal}/V_{en} = \frac{1}{2}$? b) Grafique $\log_{10}(V_{sal}/V_{en})$ contra $\log_{10}$ f) sobre el intervalo de frecuencia de 1 Hz a 1 MHz. (Esta gráfica log-log de ganancia contra frecuencia se conoce como gráfica de Bode.

86. Suponga que el filtro pasa-bajos de la figura 33.17 tiene $R = 1\ 000\ \Omega$ y $C = 0.050\ \mu$F. a) ¿A qué frecuencia $V_{sal}/V_{ent} = \frac{1}{2}$? b) Grafique $\log_{10}(V_{sal}/V_{ent})$ contra $\log_{10}(f)$ sobre el intervalo de frecuencia de 1 Hz a 1 MHz.

87. Un circuito RLC en serie en el cual $R = 1.00\ \Omega$, $L = 1.00$ mH y $C = 1.00$ nF se conecta a un generador de ca que entrega 1.00 V (rms). Elabore una gráfica cuidadosa de la potencia entregada al circuito como una función de la frecuencia y verifique que la mitad del ancho del pico de resonancia sea $R/2\pi L$.

PROBLEMAS DE HOJA DE CÁLCULO

S1. La hoja de cálculo 33.1 calcula las impedancias (Z, X_L, X_C) y las amplitudes de voltaje (V_R, V_L, V_C) a través de cada elemento en un circuito de ca RLC en serie como una función de la frecuencia ω. Además, se calcula la frecuencia de resonancia ω_0. Emplee $R = 100\ \Omega$, $L = 0.50$ H y $C = 1.0\ \mu$F. La amplitud $V_{máx}$ del generador es 5.0 V. a) Grafique las amplitudes de voltaje contra ω y anote sus magnitudes relativas. b) A la frecuencia de resonancia ω_0, ¿cuáles son las magnitudes de V_L y V_C? c) Para una frecuencia muy baja ($\omega << \omega_0$), ¿cómo se compara V_L con V_C V_R? d) Repita el inciso c) para una frecuencia mucho más alta que la frecuencia de resonancia. e) El sintonizador de su radio es en realidad un circuito RLC. Varíe R, L y C de tal manera que se obtenga una resonancia muy definida en la frecuencia de su estación de radio favorita.

S2. La hoja de calculo 33.2 calcula los voltajes a través del resistor, capacitor e inductor de un circuito de ca *RLC* en serie como funciones del tiempo. Los parámetros de entrada son *R, L, C* y $V_{máx}$ y la frecuencia angular del generador es ω. La hoja de cálculo también estima X_L, X_C, Z, ω_0 y el ángulo de fase ϕ. a) Emplee $R = 1\,000\ \Omega$, $L = 0.37$ H, $C = 1.0\ \mu$F y $V_{máx} = 5.0$ V. Elija inicialmente $\omega = 1\,000$ rad/s. Grafique los voltajes contra el tiempo y anote las magnitudes y las diferencias de fase de diferentes voltajes. b) Aumente ω hasta 2 200 rad/s en etapas de 200 rad/s. Observe cómo cambian las diferencias de fase relativas. c) Selecciona $\omega = \omega_0$. ¿Cuál es la diferencia de fase entre V_L y V_C? ¿Cuáles son sus magnitudes relativas? ¿Cuál es la suma de V_L y V_C? d) Elija otros valores de *R, L* y *C* y repita la investigación.

S3. Un circuito *RLC* contiene un interruptor pero no tiene batería. El capacitor tiene una carga inicial Q_0 con el interruptor abierto y luego el interruptor se cierra en $t = 0$. La corriente en este circuito *RLC* para $t > 0$ está dada por

$$I = -\frac{I_0}{\cos \phi}\ \text{sen}\ (\omega_0 t + \phi)\, e^{-Rt/2L}$$

donde $I_0 = \omega' Q_0$, $\omega' = \sqrt{(1/LC) - (R/2L)^2}$ y $\tan \phi = R/2L\omega'$.

Construya una hoja de cálculo para calcular y graficar la corriente contra el tiempo para este circuito. Los parámetros de entrada deben ser *R, L, C* y Q_0. Emplee $R = 10\ \Omega$, $L = 10$ mH, $C = 4.0\ \mu$F y $Q_0 = 2.0\ \mu$C. Compruebe que la razón de máximos de amplitud sucesivos es una constante. ¿Por qué es este el caso? Varíe *R* de 0 Ω a 100 Ω en etapas de 10 Ω e investigue qué sucede con el amortiguamiento.

Ondas electromagnéticas

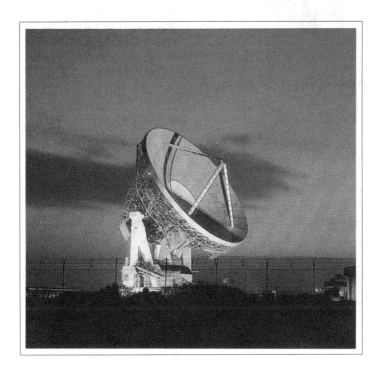

Antena receptora-transmisora de satélite en la noche. La fotografía fue tomada en la estación Land Earth en Goonhilly en Cornwall, Reino Unido. Esta estación terrena sirve a la organización INMARSAT (International Maritime Satellite). Proporciona servicios telefónicos, de télex, datos y facsímil a industrias de navegación, aviación, costeras y móviles terrestres. *(Foto Researchers, Inc.)*

L as ondas descritas en los capítulos 16, 17 y 18 son ondas mecánicas. Por definición, las perturbaciones mecánicas, como las ondas sonoras, las ondas en el agua y las ondas en una cuerda, necesitan la presencia de un medio. Este capítulo trata sobre las propiedades de las ondas electromagnéticas que (a diferencia de las ondas mecánicas) pueden propagarse a través del espacio vacío.

En la sección 31.7 brindamos una breve descripción de las ecuaciones de Maxwell, las cuales forman las bases teóricas de todos los fenómenos electromagnéticos.[1] Las consecuencias de las ecuaciones de Maxwell son enormes y muy impresionantes para la historia de la física. Una de ellas, la ley de Ampère-Maxwell, predice que un campo eléctrico variable en el tiempo produce un campo magnético del mismo modo que un campo magnético variable en el tiempo produce un campo eléctrico (ley de Faraday). A partir de esta generalización, Maxwell introdujo el concepto de corriente de desplazamiento, una nueva fuente de campo magnético. Así, la teoría de Maxwell proporciona el importante vínculo final entre los campos eléctrico y magnético.

[1] El lector debe revisar la sección 31.7 como un fundamento para el material de este capítulo.

James Clerk Maxwell es considerado como el más grande físico teórico del siglo XIX. Nacido en Edimburgo en el seno de una familia escocesa muy conocida, ingresó a la universidad de esa ciudad a la edad de 15 años, época en la cual descubrió un orginal método para dibujar un óvalo perfecto. Maxwell obtuvo su primera cátedra en 1856 en Aberdeen. Esto fue el principio de una carrera durante la cual desarrollaría la teoría electromagnética de la luz, la explicación de la naturaleza de los anillos de Saturno y en la que contribuiría a la teoría cinética de los gases.

El desarrollo de la teoría electromagnética de la luz de Maxwell duró muchos años y empezó con el artículo "Acerca de las líneas de fuerza de Faraday", en el cual Maxwell amplió la teoría de Faraday de que los efectos eléctricos y magnéticos son resultado de campos de fuerza alrededor de los conductores y los imanes. Su siguiente publicación, "Acerca de líneas de fuerza física", incluyó una serie

James Clerk Maxwell
| 1 8 3 1 - 1 8 7 9 |

de artículos que explicaban los efectos conocidos de la naturaleza del electromagnetismo.

Otras contribuciones importantes de Maxwell a la física teórica fueron en el área de la teoría cinética de los gases. En ésta amplió el trabajo de Rudolf Clausius, quien, en 1858, había demostrado que un gas debe componerse por moléculas en constante movimiento chocando con otras y con las paredes del recipiente. Esto dio lugar a la distribución de velocidades moleculares de Maxwell además de importantes aplicaciones de la teoría a la viscosidad, la conducción de calor y la difusión de gases.

La exitosa interpretación de Maxwell al concepto de Faraday del campo electromagnético culminó en la ecuación de campo que lleva el nombre de Maxwell. Una extraordinaria habilidad matemática combinada con una gran intuición permitieron a Maxwell encabezar la vanguardia en el estudio de las dos más importantes áreas de la física en esa época. Maxwell murió de cáncer antes de cumplir 50 años.

(Archivos North Wind Picture)

Sorprendentemente, el formalismo de Maxwell predice también la existencia de ondas electromagnéticas que se propagan por el espacio a la velocidad de la luz. Esta predicción fue confirmada experimentalmente por Heinrich Hertz, quien generó y detectó ondas electromagnéticas. Este descubrimiento ha l¹evado a muchos sistemas prácticos, que incluyen la radio, la televisión y el radar. En un nivel conceptual, Maxwell unificó los temas de la luz y el electromagnetismo desarrollando la idea de que la luz es una forma de radiación electromagnética.

Las ondas electromagnéticas son generadas por cargas eléctricas oscilantes. Las ondas radiadas están compuestas por campos eléctrico y magnético, los cuales forman *ángulos rectos entre sí* y también *ángulos rectos con la dirección de la propagación de la onda*. De este modo, las ondas electromagnéticas son de naturaleza transversal. La teoría de Maxwell demostró que las amplitudes de campo eléctrico y magnético en una onda electromagnética se relacionan por medio de $E = cB$. A largas distancias de la fuente de las ondas, estas amplitudes disminuyen con la distancia, en proporción a $1/r$. Las ondas radiadas pueden detectarse a grandes distancias desde las cargas oscilantes. Además, las ondas electromagnéticas conducen energía y momento y, en consecuencia, ejercen presión sobre una superficie.

Las ondas electromagnéticas cubren un amplio intervalo de frecuencias. Por ejemplo, las ondas de radio (frecuencias de aproximadamente 10^7 Hz) son ondas electromagnéticas producidas por corrientes oscilantes en una antena de transmisión de una torre de radio. Las ondas luminosas son una forma de radiación electromagnética de alta frecuencia (alrededor de 10^{14} Hz) producidas por electrones dentro de sistemas atómicos.

34.1 ECUACIONES DE MAXWELL Y DESCUBRIMIENTOS DE HERTZ

En su teoría unificada del electromagnetismo, Maxwell demostró que las ondas electromagnéticas son una consecuencia natural de las leyes fundamentales expresadas en cuatro ecuaciones:

$$\oint \mathbf{E} \cdot d\mathbf{A} = \frac{Q}{\epsilon_0} \qquad (34.1)$$

$$\oint \mathbf{B} \cdot d\mathbf{A} = 0 \qquad (34.2)$$

$$\oint \mathbf{E} \cdot d\mathbf{s} = -\frac{d\Phi_B}{dt} \qquad (34.3)$$

$$\oint \mathbf{B} \cdot d\mathbf{s} = \mu_0 I + \mu_0 \epsilon_0 \frac{d\Phi_E}{dt} \qquad (34.4)$$

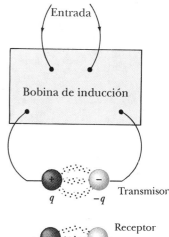

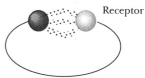

Como veremos en la siguiente sección, las ecuaciones 34.3 y 34.4 pueden combinarse para obtener una ecuación de onda tanto para el campo eléctrico como para el magnético. En el espacio vacío ($Q = 0$, $I = 0$), la solución de estas dos ecuaciones muestra que la velocidad de onda $(\mu_0\epsilon_0)^{-1/2}$ es igual a la velocidad medida de la luz. Este resultado condujo a Maxwell a la predicción de que las ondas luminosas son una forma de radiación electromagnética. Las ondas electromagnéticas fueron generadas y detectadas por Hertz en 1887, empleando fuentes eléctricas. Su aparato experimental se muestra esquemáticamente en la figura 34.1. Una bobina de inducción se conecta a dos electrodos esféricos que tienen un estrecho entrehierro entre ellos (el transmisor). La bobina proporciona cortos sobrevoltajes a las esferas, haciendo a una positiva y a la otra negativa. Se genera una chispa entre las esferas cuando el voltaje entre ellas alcanza el voltaje de ruptura para el aire. Conforme se ioniza el aire en el entrehierro, éste conduce más fácilmente y la descarga entre las esferas se vuelve oscilatoria. Desde un punto de vista de circuitos eléctricos, esto es equivalente a un circuito LC, donde la inductancia es la del lazo y la capacitancia se debe a los electrodos esféricos.

Puesto que L y C son bastante pequeñas, la frecuencia de oscilación es muy alta, ≈ 100 MHz. (Recuerde de la ecuación 32.22 que $\omega = 1/\sqrt{LC}$ en un circuito LC.) Las ondas electromagnéticas se radian a esta frecuencia como consecuencia de la oscilación (y consecuentemente de la aceleración) de cargas libres en el lazo. Hertz pudo detectar estas ondas usando un lazo individual de alambre con su propio entrehierro de chispa (el receptor). Este lazo, colocado a varios metros del transmisor tiene su

FIGURA 34.1 Diagrama esquemático del aparato de Hertz para generar y detectar ondas electromagnéticas. El transmisor se compone de dos electrodos esféricos conectados a una bobina de inducción, la cual proporciona cortos sobrevoltajes a las esferas, estableciendo oscilaciones en la descarga. El receptor es un lazo cercano que contiene un segundo entrehierro de chispa.

Heinrich Rudolf Hertz nació en 1857 en Hamburgo, Alemania. Estudió física con Helmholtz y Kirchhoff en la Universidad de Berlín. En 1885 aceptó el cargo de profesor de física en Karlsruhe; fue aquí donde demostró las ondas de radio en 1887, su contribución más importante.

En 1889 Hertz sucedió a Rudolf Clausius como profesor de física en la Universidad de Bonn. Los siguientes experimentos de Hertz que implicaban la penetración de metales por medio de rayos catódicos lo llevaron a la conclusión de que estos rayos son ondas en vez de partículas.

La investigación de ondas de radio, la demostración de su generación y la de-

terminación de su velocidad son algunas de las principales contribuciones de Hertz. Después de descubrir que la velocidad de una onda de radio era la misma que la de la luz, Hertz demostró que las ondas de radio, al igual que las luminosas, podían reflejarse, refractarse y difractarse.

Hertz murió de envenenamiento de sangre a la edad de 36 años. Durante su corta vida hizo muchas contribuciones a la ciencia. El hertz, igual a una vibración completa o ciclo por segundo, recibió ese nombre en su honor.

Heinrich Rudolf Hertz

❙ 1 8 5 7 - 1 8 9 4 ❙

(Archivo Bettmann)

Un largo oscilador (parte inferior), así como resonadores circular, octagonal y cuadrado empleados por Heinrich Hertz. *(Photo Deutsches Museum Munich)*

propia inductancia efectiva, capacitancia y frecuencia natural de oscilación. Se indujeron chispas a través del entrehierro de los electrodos de recepción cuando la frecuencia del receptor se ajustó para igualar a la del transmisor. De este modo, Hertz demostró que la corriente oscilante inducida en el receptor era producida por ondas electromagnéticas radiadas por el transmisor. Su experimento es análogo al fenómeno mecánico en el cual un diapasón capta las vibraciones de otro diapasón oscilante idéntico.

En una serie de experimentos, Hertz demostró también que la radiación generada por su dispositivo de entrehierro de chispa mostraba las propiedades ondulatorias de interferencia, difracción, reflexión, refracción y polarización, mismas que en su totalidad son propiedades de la luz. Por ello, fue evidente que las ondas de frecuencias de radio tenían propiedades similares a las ondas de luz y diferían únicamente en la frecuencia y la longitud de onda. Quizá su experimento más convincente fue la medición de la velocidad de esta radiación. Ondas de radio de frecuencia conocida se reflejaron en una lámina metálica y crearon un patrón de interferencia cuyos puntos nodales (donde E era cero) podían detectarse. La distancia medida entre los puntos nodales permitió la determinación de la longitud de onda λ. Utilizando la relación $v = \lambda f$, Hertz encontró que v era muy cercana a 3×10^8 m/s, la velocidad conocida de la luz visible.

34.2 ONDAS ELECTROMAGNÉTICAS PLANAS

Las propiedades de las ondas electromagnéticas pueden deducirse de las ecuaciones de Maxwell. Un método para obtener dichas propiedades es resolver la ecuación diferencial de segundo orden obtenida de las ecuaciones tercera y cuarta de Maxwell. Un riguroso tratamiento matemático de este tipo está más allá del alcance de este libro. Para evitar este problema, suponemos que los vectores eléctrico y magnético tienen un comportamiento específico en el espacio-tiempo que es consistente con las ecuaciones de Maxwell.

Primero, suponemos que la onda electromagnética es una onda plana, es decir, una que viaja en una dirección. La onda plana que estamos describiendo tiene las siguientes propiedades. Viaja en la dirección x (la dirección de propagación), el campo eléctrico **E** está en la dirección y y el campo magnético **B** en la dirección z, como muestra la figura 34.2. Las ondas en las cuales los campos eléctrico y magnético están restringidos a ser paralelos a ciertas líneas en el plano yz se dice que son

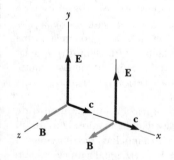

FIGURA 34.2 Una onda electromagnética polarizada plana que viaja en la dirección x positiva. El campo eléctrico es a lo largo de la dirección y, y el campo magnético es a lo largo de la dirección z. Estos campos dependen sólo de x y t.

ondas polarizadas linealmente.[2] Asimismo, suponemos que E y B en cualquier punto P dependen sólo de x y t y no de las coordenadas y o z de P.

Podemos relacionar E y B entre sí por medio de las ecuaciones 34.3 y 34.4. En el espacio vacío, donde $Q = 0$ e $I = 0$, la ecuación 34.3 permanece invariable y la ecuación 34.4 se convierte en

$$\oint \mathbf{B} \cdot d\mathbf{s} = \epsilon_0 \mu_0 \frac{d\Phi_e}{dt} \tag{34.5}$$

Empleando las ecuaciones 34.3 y 34.5 y la suposición de onda plana se obtienen las siguientes ecuaciones diferenciales que relacionan a E y B. (Hacemos esto formalmente más adelante en esta sección.) Por simplicidad de notación, eliminamos los subíndices en las componentes E_y y B_z:

$$\frac{\partial E}{\partial x} = -\frac{\partial B}{\partial t} \tag{34.6}$$

$$\frac{\partial B}{\partial x} = -\mu_0 \epsilon_0 \frac{\partial E}{\partial t} \tag{34.7}$$

Advierta que las derivadas aquí son parciales. Por ejemplo, cuando $\partial E/\partial x$ se evalúa, suponemos que t es constante. De igual modo, cuando se evalúa $\partial B/\partial t$, x se mantiene constante. Tomando la derivada de la ecuación 34.6 y combinando el resultado con la ecuación 34.7, obtenemos

$$\frac{\partial^2 E}{\partial x^2} = -\frac{\partial}{\partial x}\left(\frac{\partial B}{\partial t}\right) = -\frac{\partial}{\partial t}\left(\frac{\partial B}{\partial x}\right) = -\frac{\partial}{\partial t}\left(-\mu_0 \epsilon_0 \frac{\partial E}{\partial t}\right)$$

$$\frac{\partial^2 E}{\partial x^2} = \mu_0 \epsilon_0 \frac{\partial^2 E}{\partial t^2} \tag{34.8}$$

Ecuaciones de onda para ondas electromagnéticas en el espacio libre

De la misma manera, tomando la derivada de la ecuación 34.7 y combinándola con la ecuación 34.8, encontramos

$$\frac{\partial^2 B}{\partial x^2} = \mu_0 \epsilon_0 \frac{\partial^2 B}{\partial t^2} \tag{34.9}$$

Las ecuaciones 34.8 y 34.9 tienen ambas la forma de la ecuación de onda general,[3] con la velocidad de onda v sustituida por c, donde

$$c = \frac{1}{\sqrt{\mu_0 \epsilon_0}} \tag{34.10}$$

[2] Las ondas con otros patrones particulares de vibraciones de **E** y **B** incluyen a las ondas polarizadas circularmente. El patrón de polarización más general es elíptico.
[3] La ecuación de onda general es de la forma $(\partial^2 f/\partial x^2) = (1/v^2)(\partial^2 f/\partial t^2)$, donde v es la velocidad de la onda y f es la amplitud de onda. La ecuación de onda fue presentada por primera vez en el capítulo 16 y sería útil para el lector repasar este material.

Tomando $\mu_0 = 4\pi \times 10^{-7}$ Wb/A $\cdot$ m y $\varepsilon_0 = 8.85418 \times 10^{-12}$ C^2/N $\cdot$ m^2 en la ecuación 34.10, encontramos que $c = 2.99792 \times 10^8$ m/s. Puesto que esta velocidad es precisamente la velocidad de la luz en el espacio vacío, estamos orillados a creer (correctamente) que la luz es una onda electromagnética.

La solución de onda plana más simple es una onda sinusoidal, para la cual la amplitudes de campo E y B varían con x y t de acuerdo con las expresiones

$$E = E_{\text{máx}} \cos (kx - \omega t) \tag{34.11}$$

$$B = B_{\text{máx}} \cos (kx - \omega t) \tag{34.12}$$

donde $E_{\text{máx}}$ y $B_{\text{máx}}$ son los valores máximos de los campos. La constante $k = 2\pi/\lambda$, donde λ es la longitud de onda, y la frecuencia angular $\omega = 2\pi f$, donde f es el número de ciclos por segundo. La razón ω/k es igual a la velocidad c, puesto que

$$\frac{\omega}{k} = \frac{2\pi f}{2\pi/\lambda} = \lambda f = c$$

La figura 34.3 es una representación gráfica en un instante de una onda plana polarizada linealmente sinusoidal que se mueve en la dirección x positiva.

Tomando las derivadas parciales de las ecuaciones 34.11 y 34.12, encontramos que

$$\frac{\partial E}{\partial x} = -k E_{\text{máx}} \, \text{sen} \, (kx - \omega t)$$

$$-\frac{\partial B}{\partial t} = -\omega B_{\text{máx}} \, \text{sen} \, (kx - \omega t)$$

Puesto que éstas deben ser iguales, de acuerdo con la ecuación 34.6, encontramos que en cualquier instante

$$k E_{\text{máx}} = \omega B_{\text{máx}}$$

$$\frac{E_{\text{máx}}}{B_{\text{máx}}} = \frac{\omega}{k} = c$$

Con estos resultados junto y con las ecuaciones 34.11 y 34.12, vemos que

$$\frac{E_{\text{máx}}}{B_{\text{máx}}} = \frac{E}{B} = c \tag{34.13}$$

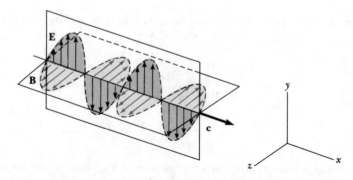

FIGURA 34.3 Representación de una onda electromagnética plana polarizada y sinusoidal que se mueve en la dirección x positiva con una velocidad c. El dibujo representa una instantánea, es decir, la onda en algún instante. Observe las variaciones sinusoidales de E y B con x.

Esto significa que, *a cada instante la razón entre el campo eléctrico y el campo magnético de una onda electromagnética es igual a la velocidad de la luz.*

Por último, debe notarse que las ondas electromagnéticas obedecen el principio de superposición, ya que las ecuaciones diferenciales que incluyen a E y B son ecuaciones lineales. Por ejemplo, dos ondas que se desplazan en direcciones opuestas con la misma frecuencia podrían sumarse con la simple adición algebraica de los campos de onda. Además, ahora tenemos un valor teórico para c, dado por la relación $c = 1/\sqrt{\mu_0 \varepsilon_0}$.

Resumamos las propiedades de las ondas electromagnéticas que hemos descrito:

- Las soluciones de la tercera y la cuarta ecuaciones de Maxwell son similares a las de ondas, donde tanto E como B satisfacen la misma ecuación de onda.
- Las ondas electromagnéticas viajan a través del espacio vacío con la velocidad de la luz, $c = 1/\sqrt{\varepsilon_0\mu_0}$.
- Las componentes de campo eléctrico y magnético de ondas electromagnéticas planas son perpendiculares entre sí y también perpendiculares a la dirección de propagación de la onda. La última propiedad puede resumirse afirmando que las ondas electromagnéticas son transversales.
- Las magnitudes relativas E y B en el espacio vacío se relacionan por medio de $E/B = c$.
- Las ondas electromagnéticas obedecen el principio de superposición.

Propiedades de ondas electromagnéticas

EJEMPLO 34.1 Una onda electromagnética

Una onda sinusoidal electromagnética plana de 40.0 MHz de frecuencia viaja en el espacio libre en la dirección x, como en la figura 34.4. En algún punto y en cierto instante el campo eléctrico tiene su valor máximo de 750 N/C y está a lo largo del eje y.
a) Determine la longitud de onda y el periodo de la onda.

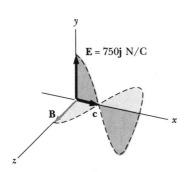

FIGURA 34.4 (Ejemplo 34.1) En algún instante, una onda electromagnética plana que se mueve en la dirección x tiene un campo eléctrico de 750 N/C en la dirección positiva y. El campo magnético correspondiente en ese punto tiene una magnitud E/c y está en la dirección z.

Solución Debido a que $c = \lambda f$ y $f = 40.0$ MHz $= 4.00 \times 10^7$ s^{-1}, obtenemos

$$\lambda = \frac{c}{f} = \frac{3.00 \times 10^8 \text{ m/s}}{4.00 \times 10^7 \text{ s}^{-1}} = \boxed{7.50 \text{ m}}$$

El periodo de la onda T es igual al inverso de la frecuencia, por lo que

$$T = \frac{1}{f} = \frac{1}{4.00 \times 10^7 \text{ s}^{-1}} = \boxed{2.50 \times 10^{-8} \text{ s}}$$

b) Calcule la magnitud y la dirección del campo magnético cuando $\mathbf{E} = 750\mathbf{j}$ N/C.

Solución De la ecuación 34.13 vemos que

$$B_{\text{máx}} = \frac{E_{\text{máx}}}{c} = \frac{750 \text{ N/C}}{3.00 \times 10^8 \text{ m/s}} = \boxed{2.50 \times 10^{-6} \text{ T}}$$

Puesto que $\mathbf{E}$ y $\mathbf{B}$ deben ser perpendiculares entre sí y ambos deben ser perpendiculares a la dirección de la propagación de la onda (x en este caso), concluimos que $\mathbf{B}$ está en la dirección z.

c) Escriba expresiones para la variación en el espacio-tiempo de las componentes eléctrica y magnética de esta onda.

Solución Podemos aplicar las ecuaciones 34.11 y 34.12 directamente:

$$E = E_{\text{máx}} \cos(kx - \omega t) = \boxed{(750 \text{ N/C}) \cos(kx - \omega t)}$$
$$B = B_{\text{máx}} \cos(kx - \omega t) = \boxed{(2.50 \times 10^{-6} \text{ T}) \cos(kx - \omega t)}$$

donde

$$\omega = 2\pi f = 2\pi(4.00 \times 10^7 \text{ s}^{-1}) = 8\pi \times 10^7 \text{ rad/s}$$
$$k = \frac{2\pi}{\lambda} = \frac{2\pi}{7.50 \text{ m}} = 0.838 \text{ rad/m}$$

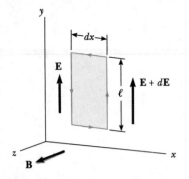

FIGURA 34.5 A medida que una onda plana pasa a través de una trayectoria rectangular de ancho dx que se encuentra en el plano xy, el campo eléctrico en la dirección y varía de $\mathbf{E}$ a $\mathbf{E} + d\mathbf{E}$. Esta variación espacial en $\mathbf{E}$ da origen a un campo magnético variable en el tiempo a lo largo de la dirección z, de acuerdo con la ecuación 34.6.

*Obtención de las ecuaciones 34.6 y 34.7

En esta sección opcional deducimos las ecuaciones 34.6 y 34.7. Para obtener la ecuación 34.6, empezamos con la ley de Faraday, es decir, la ecuación 34.3:

$$\oint \mathbf{E} \cdot d\mathbf{s} = -\frac{d\Phi_B}{dt}$$

En este caso también supongamos que la onda electromagnética es una onda plana que viaja en la dirección x, con el campo eléctrico $\mathbf{E}$ en la dirección positiva y y el campo magnético $\mathbf{B}$ en la dirección z positiva.

Considere un delgado rectángulo de ancho dx y altura ℓ que se encuentra en el plano xy, como en la figura 34.5. Para aplicar la ecuación 34.3, debemos evaluar primero la integral de línea de $\mathbf{E} \cdot d\mathbf{s}$ alrededor de este rectángulo. Las contribuciones de la parte superior y de la parte inferior del rectángulo son cero debido a que $\mathbf{E}$ es perpendicular a $d\mathbf{s}$ en estas trayectorias. Podemos expresar el campo eléctrico sobre el lado derecho del rectángulo como

$$E(x + dx, t) \approx E(x, t) + \frac{dE}{dx}\bigg]_{t\,\text{constante}} dx = E(x, t) + \frac{\partial E}{\partial x}\,dx$$

mientras el campo en el lado izquierdo es simplemente $E(x,t)$. Por lo tanto, la integral de línea sobre este rectángulo viene a ser aproximadamente[4]

$$\oint \mathbf{E} \cdot d\mathbf{s} = E(x + dx, t) \cdot \ell - E(x, t) \cdot \ell \approx (\partial E/\partial x)\,dx \cdot \ell \qquad (34.14)$$

Debido a que el campo magnético está en la dirección z, el flujo magnético a través del rectángulo de área $\ell\,dx$ es aproximadamente

$$\Phi_B = B\ell\,dx$$

(Esto supone que dx es pequeño comparada con la longitud de onda de la onda.) Tomando la derivada del flujo respecto del tiempo se obtiene

$$\frac{d\Phi_B}{dt} = \ell\,dx\,\frac{dB}{dt}\bigg]_{x\,\text{constante}} = \ell\,dx\,\frac{\partial B}{\partial t} \qquad (34.15)$$

La sustitución de las ecuaciones 34.14 y 34.15 en la ecuación 34.3 produce

$$\left(\frac{\partial E}{\partial x}\right)dx \cdot \ell = -\ell\,dx\,\frac{\partial B}{\partial t}$$

$$\frac{\partial E}{\partial x} = -\frac{\partial B}{\partial t}$$

Esta expresión es equivalente a la ecuación 34.6.

De manera similar, podemos verificar la ecuación 34.7 empezando con la cuarta ecuación de Maxwell en el espacio vacío (ecuación 34.5). En este caso, evaluamos la integral de línea de $\mathbf{B} \cdot d\mathbf{s}$ alrededor de un rectángulo que se ubica en el plano xz y que tiene ancho dx y longitud ℓ, como en la figura 34.6. Empleando el sentido de integración indicado y notando que el campo magnético cambia de $B(x,t)$ a $B(x + dx, t)$ sobre el ancho dx, obtenemos

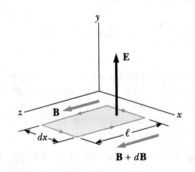

FIGURA 34.6 Conforme una onda plana pasa a través de una curva rectangular de ancho dx que se encuentra en el plano xz, el campo magnético a lo largo de z varía de $\mathbf{B}$ a $\mathbf{B} + d\mathbf{B}$. Esta variación espacial en $\mathbf{B}$ provoca un campo eléctrico variable en el tiempo a lo largo de la direccion y, de acuerdo con la ecuación 34.7.

$$\oint \mathbf{B} \cdot d\mathbf{s} = B(x, t) \cdot \ell - B(x + dx, t) \cdot \ell = -(\partial B/\partial x)\,dx \cdot \ell \qquad (34.16)$$

---

[4] Puesto que dE/dx significa el cambio en E con x en un instante t determinado, dE/dx es equivalente a la derivada parcial $\partial E/\partial x$. De igual modo, dB/dt significa el cambio de B con el tiempo en una posición particular x, por lo que puede sustituirse dB/dt por $\partial B/\partial t$.

El flujo eléctrico a través del rectángulo es

$$\Phi_E = E\ell \ dx$$

lo cual al diferenciarse respecto del tiempo produce

$$\frac{\partial \Phi_E}{\partial t} = \ell \ dx \frac{\partial E}{\partial t} \qquad (34.17)$$

La sustitución de las ecuaciones 34.16 y 34.17 en la ecuación 34.5 origina

$$-(\partial B/\partial x) \ dx \cdot \ell = \mu_0 \epsilon_0 \ell \ dx(\partial E/\partial t)$$

$$\frac{\partial B}{\partial x} = -\mu_0 \epsilon_0 \frac{\partial E}{\partial t}$$

que es equivalente a la ecuación 34.7.

34.3 ENERGÍA TRANSPORTADA POR ONDAS ELECTROMAGNÉTICAS

Las ondas electromagnéticas conducen energía, y cuando se propagan a través del espacio transfieren energía a objetos situados en su trayectoria. La tasa de flujo de energía en una onda electromagnética se describe por medio del vector **S**, denominado el **vector Poynting**, definido por la expresión

$$\mathbf{S} \equiv \frac{1}{\mu_0} \mathbf{E} \times \mathbf{B} \qquad (34.18)$$

Vector de Poynting

La magnitud del vector de Poynting representa la tasa a la cual la energía fluye a través de una superficie perpendicular al flujo y su dirección es a lo largo de la dirección de la onda (Fig. 34.7). Las unidades en el SI del vector de Poynting son $J/s \cdot m^2 = W/m^2$. (Éstas son las unidades que **S** debe tener debido a que representa la potencia por unidad de área, orientándose el área unitaria en ángulos rectos con la dirección de la propagación de la onda.)

Como un ejemplo, evaluemos la magnitud de **S** para una onda electromagnética plana donde $| \mathbf{E} \times \mathbf{B} | = EB$. En este caso

$$S = \frac{EB}{\mu_0} \qquad (34.19)$$

Puesto que $B = E/C$, podemos expresar esto como

$$S = \frac{E^2}{\mu_0 c} = \frac{c}{\mu_0} B^2$$

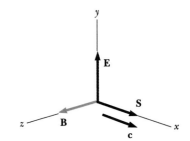

FIGURA 34.7 El vector de Poynting **S** para una onda electromagnética plana está a lo largo de la dirección de propagación.

Estas ecuaciones para S se aplican en cualquier instante de tiempo.

Lo que es de mayor interés para una onda electromagnética plana es el promedio en el tiempo de S sobre uno o más ciclos, lo que se denomina intensidad de onda, I. Cuando se toma este promedio, obtenemos una expresión que incluye el promedio en el tiempo de $\cos^2(kx - \omega t)$, lo cual es igual a $\frac{1}{2}$. Por lo tanto, el valor promedio de S (o la intensidad de la onda) es

$$I = S_{pro} = \frac{E_{máx} B_{máx}}{2\mu_0} = \frac{E^2_{máx}}{2\mu_0 c} = \frac{c}{2\mu_0} B^2_{máx} \qquad (34.20)$$

Intensidad de onda

La constante $\mu_0 c$, conocida como la **impedancia del espacio libre**, tiene la unidad ohms del SI y el valor

$$\mu_0 c = \sqrt{\frac{\mu_0}{\epsilon_0}} = 120\pi \; \Omega \approx 377 \; \Omega$$

Recuerde que la energía por unidad de volumen u_E, la cual es la densidad de energía instantánea asociada a un campo eléctrico (sección 26.4), está dada por la ecuación 26.12:

$$u_E = \tfrac{1}{2}\epsilon_0 E^2$$

y que la densidad de energía instantánea uB asociada con un campo magnético (sección 32.3) está dada por la ecuación 32.14:

$$u_B = \frac{B^2}{2\mu_0}$$

Debido que E y B varían con el tiempo en una onda electromagnética, la densidad de energía también varía con el tiempo. Empleando la relación $B = E/c$ y $c = \sqrt{\epsilon_0 \mu_0}$, la ecuación 32.15 se vuelve

$$u_B = \frac{(E/c)^2}{2\mu_0} = \frac{\epsilon_0 \mu_0}{2\mu_0} E^2 = \tfrac{1}{2}\epsilon_0 E^2$$

Al comparar este resultado con la expresión para u_E vemos que

$$u_B = u_E = \tfrac{1}{2}\epsilon_0 E^2 = \frac{B^2}{2\mu_0}$$

Esto es, *en una onda electromagnética, la densidad de energía instantánea asociada al campo magnético es igual a la densidad de energía instantánea asociada al campo eléctrico.* Por lo tanto, en un volumen dado la energía es igualmente compartida por los dos campos.

La **densidad de energía instantánea total** u es igual a la suma de las densidades de energía asociadas a los campos eléctrico y magnético:

$$u = u_E + u_B = \epsilon_0 E^2 = \frac{B^2}{\mu_0}$$

Cuando esto se promedia sobre uno o más ciclos de una onda electromagnética, obtenemos de nuevo un factor de $\tfrac{1}{2}$. Por consiguiente, la energía promedio total por unidad de volumen de una onda electromagnética es

$$u_{\text{pro}} = \epsilon_0 \, (E^2)_{\text{pro}} = \tfrac{1}{2}\epsilon_0 E_{\text{máx}}^2 = \frac{B_{\text{máx}}^2}{2\mu_0} \tag{34.21}$$

Comparando este resultado con la ecuación 34.20 para el valor promedio de S, vemos que

$$I = S_{\text{pro}} = c u_{\text{pro}} \tag{34.22}$$

En otras palabras, *la intensidad de una onda electromagnética es igual a la densidad de energía promedio multiplicada por la velocidad de la luz.*

EJEMPLO 34.2 Campos debidos a una fuente puntual

Un fuente puntual de radiación electromagnética tiene una salida promedio de 800 W. Calcule los valores máximos de los campos eléctrico y magnético en un punto a 3.50 m de la fuente.

Solución Recuerde del capítulo 17 que la intensidad de onda, I, a una distancia r de la fuente puntual es

$$I = \frac{P_{pro}}{4\pi r^2}$$

donde P_{pro} es la salida de potencia promedio de la fuente y $4\pi r^2$ es el área de una esfera de radio r centrada en la fuente. Debido a que la intensidad de la onda electromagnética está dada también por la ecuación 34.20, tenemos

$$I = \frac{P_{pro}}{4\pi r^2} = \frac{E_{máx}^2}{2\mu_0 c}$$

Al despejar $E_{máx}$ se obtiene

$$E_{máx} = \sqrt{\frac{\mu_0 c P_{pro}}{2\pi r^2}}$$

$$= \sqrt{\frac{(4\pi \times 10^{-7} \text{ N/A}^2)(3.00 \times 10^8 \text{ m/s})(800 \text{ W})}{2\pi(3.50 \text{ m})^2}}$$

$$= \boxed{62.6 \text{ V/m}}$$

Calcule el valor máximo del campo magnético utilizando este resultado y la relación $B_{máx} = E_{máx}/c$ (ecuación 34.13):

$$B_{máx} = \frac{E_{máx}}{c} = \frac{62.6 \text{ V/m}}{3.00 \times 10^8 \text{ m/s}} = \boxed{2.09 \times 10^{-7} \text{ T}}$$

Ejercicio Calcule la densidad de energía a 3.50 m de la fuente puntual.

Respuesta 1.73×10^{-8} J/m³.

34.4 MOMENTO Y PRESIÓN DE RADIACIÓN

Las ondas electromagnéticas transportan momento lineal así como energía. Por lo tanto, se deduce que se ejerce presión sobre una superficie cuando una onda electromagnética incide sobre ella. En lo que sigue, suponemos que la onda electromagnética transporta una energía U a una superficie en un tiempo t. Si la superficie absorbe toda la energía incidente U en este tiempo, Maxwell demostró que el momento total **p** entregado a esta superficie tiene una magnitud

$$p = \frac{U}{c} \quad \text{(absorción completa)} \tag{34.23}$$

Momento entregado a una superficie absorbente

Además, si el vector de Poynting de la onda es **S**, la presión de radiación P (fuerza por unidad de área) ejercida sobre la superficie absorbente perfecta es

$$P = \frac{S}{c} \tag{34.24}$$

Presión de radiación ejercida sobre una superficie perfectamente absorbente

Un cuerpo negro es una superficie perfectamente absorbente (capítulo 20), para el cual toda la energía absorbente se absorbe (nada se refleja).

Por otra parte, si la superficie es un reflector perfecto, entonces el momento entregado en un tiempo t para una incidencia normal es el doble que el dado por la ecuación 34.24. Es decir, se entrega primero un momento U/c por la onda incidente y luego otra vez por la onda reflejada, en analogía con una bola que choca elásticamente con una pared. Por lo tanto,

$$p = \frac{2U}{c} \quad \text{(reflexión completa)} \tag{34.25}$$

El momento entregado a una superficie que tiene una reflectividad entre estos dos extremos tiene un valor entre U/c y $2U/c$, dependiendo de las propiedades de la

Una casa solar en Oregon. *(John Neal/Photo Researchers, Inc.)*

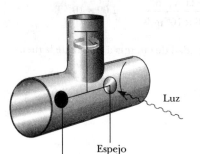

FIGURA 34.8 Un aparato para medir la presión ejercida por la luz. En la práctica, el sistema está contenido en un alto vacío.

superficie. Por último, la presión de radiación ejercida sobre una superficie reflejante perfecta para incidencia normal de la onda está dada por[5]

$$P = \frac{2S}{c} \qquad (34.26)$$

Aunque las presiones de radiación son muy pequeñas (alrededor de 5×10^{-6} N/m² para la luz solar directa), se han medido utilizando balanzas de torsión como la que se muestra en la figura 34.8. Se permite que la luz incida sobre un espejo o disco negro, ambos suspendidos de una delgada fibra. La luz que incide en el disco negro se absorbe por completo, por lo que todo su momento se transfiere al disco. La luz que incide sobre el espejo (incidencia normal) se refleja totalmente, de modo que la transferencia de momento es dos veces mayor que el transferido al disco. La presión de radiación se determina midiendo el ángulo a través del cual gira la barra de conexión horizontal. El aparato debe ponerse en un alto vacío para eliminar los efectos de las corrientes de aire.

EJEMPLO 34.3 Energía solar

El Sol entrega aproximadamente 1 000 W/m² de flujo electromagnético a la superficie terrestre. a) Calcule la potencia total incidente sobre un techo de dimensiones iguales a 8.00×20.0 m.

Solución El vector de Poynting tiene una magnitud $S = 1\,000$ W/m², la cual representa la potencia por unidad de área, o la intensidad luminosa. Suponiendo que la radiación incidente es normal al techo (el Sol exactamente arriba), obtenemos

$$\text{Potencia} = SA = (1\,000 \text{ W/m}^2)\,(8.00 \times 20.0 \text{ m}^2)$$

$$= \boxed{1.60 \times 10^5 \text{ W}}$$

Si esta potencia pudiera convertirse en su totalidad en energía eléctrica, brindaría más que la potencia suficiente a una casa promedio. Sin embargo, la energía solar no se aprovecha tan fácilmente, y las perspectivas para conversión a gran escala no son tan prometedoras como podría parecer a partir de este simple cálculo. Por ejemplo, la eficiencia de conversión de la energía solar en eléctrica es por lo común de 10% para celdas fotovoltaicas. Los sistemas de techo para convertir energía solar en energía térmica son aproximadamente 50% eficientes, sin embargo,

hay otros problemas prácticos con la energía solar que se deben considerar, como el costo inicial, los día nublados, la localización geográfica y el almacenamiento de energía.

b) Determine la presión de radiación y la fuerza de radiación sobre el techo suponiendo que la cubierta del mismo es un absorbedor perfecto.

Solución Empleando la ecuación 34.24 con $S = 1\,000$ W/m², encontramos que la presión de radiación es

$$P = \frac{S}{c} = \frac{1\,000 \text{ W/m}^2}{3.00 \times 10^8 \text{ m/s}} = \boxed{3.33 \times 10^{-6} \text{ N/m}^2}$$

Debido a que la presión es igual a fuerza por unidad de área, esto corresponde a una fuerza de radiación de

$$F = PA = (3.33 \times 10^{-6} \text{ N/m}^2)\,(160 \text{ m}^2) = \boxed{5.33 \times 10^{-4} \text{ N}}$$

Ejercicio ¿Cuánta energía solar (en joules) incide sobre el techo en 1 h?

Respuesta 5.76×10^8 J.

---

[5] En incidencia oblicua, el momento transferido es $2U\cos\theta/c$ y la presión está dada por $P = 2S\cos\theta/c$ donde θ es el ángulo entre la normal a la superficie y la dirección de propagación.

EJEMPLO 34.4   El vector de Poynting para un alambre

Un largo alambre recto de resistencia R, radio a y longitud ℓ conduce una corriente constante I, como en la figura 34.9. Calcule el vector de Poynting para este alambre.

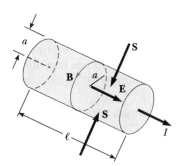

FIGURA 34.9   (Ejemplo 34.4) Un alambre de longitud ℓ, resistencia R y radio a que conduce una corriente I. El vector de Poynting **S** está dirigido radialmente hacia afuera.

Solución   Primero, encontremos el campo eléctrico **E** a lo largo del alambre. Si V es la diferencia de potencial entre sus extremos, entonces $V = IR$ y

$$E = \frac{V}{\ell} = \frac{IR}{\ell}$$

Recuerde que el campo magnético en la superficie del alambre (ejemplo 30.4) es

$$B = \frac{\mu_0 I}{2\pi a}$$

Los vectores **E** y **B** son mutuamente perpendiculares, como se muestra en la figura 34.9, y consecuentemente $|\mathbf{E} \times \mathbf{B}| = EB$. Por lo tanto, el vector de Poynting **S** está dirigido radialmente hacia dentro y tiene una magnitud

$$S = \frac{EB}{\mu} = \frac{1}{\mu}\,\frac{IR}{\ell}\,\frac{\mu_0 I}{2\pi a} = \frac{I^2 R}{2\pi a\ell} = \boxed{\frac{I^2 R}{A}}$$

donde $A = 2\pi a\ell$ es el área de la superficie del alambre, y el área total a través de la cual pasa S. A partir de este resultado, vemos que

$$SA = I^2 R$$

donde SA tiene unidades de potencia $(\text{J/s} = \text{W})$. Esto es, *la tasa a la cual la energía electromagnética fluye dentro del alambre, SA, es igual a la tasa de energía (o potencia) disipada como calor joule, I^2R.*

Ejercicio   Un alambre de calefactor de radio 0.30 mm, longitud 1.0 m y resistencia 5.0 Ω conduce una corriente de 2.0 A. Determine la magnitud y dirección del vector de Poynting para este alambre.

Respuesta 1.1×10^4 W/m² dirigido radialmente hacia dentro.

*34.5 RADIACIÓN DESDE UNA LÁMINA DE CORRIENTE INFINITA

En esta sección describimos los campos radiados por un conductor que conduce una corriente variable en el tiempo. En la geometría de plano simétrico que tratamos, las matemáticas son menos complejas que lo que se requiere en situaciones de menor simetría.

Considere una lámina conductora infinita que se encuentra en el plano yz y que conduce una corriente superficial por unidad de longitud $\mathbf{J}_S$ en la dirección y, como en la figura 34.10. Supongamos que J_S varía sinusoidalmente con el tiempo como

$$J_S = J_0 \cos \omega t$$

Un problema similar para el caso de una corriente estable se trató en ejemplo 30.6 donde encontramos que el campo magnético fuera de la lámina es en todas partes paralelo a la misma y se encuentra a lo largo del eje z. Se encontró que la magnitud del campo magnético era

$$B_z = -\mu_0 \frac{J_S}{2}$$

En este caso, donde J_S varía con el tiempo, esta ecuación para B_z sólo es válida para distancias cercanas a la lámina. Es decir,

$$B_z = -\frac{\mu_0}{2} J_0 \cos \omega t \qquad \text{(para valores pequeños de } x\text{)}$$

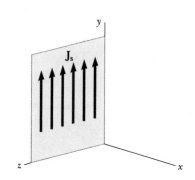

FIGURA 34.10   Una lámina de corriente infinita se encuentra en el plano yz. La densidad de corriente es sinusoidal y está dada por $J_s = J_0 \cos \omega t$. El campo magnético en todas partes es paralelo a la lámina y a lo largo de z.

Con el fin de obtener la expresión correspondiente a B_z para valores arbitrarios de x, podemos investigar la siguiente solución:[6]

Campo magnético radiado

$$B_z = -\frac{\mu_0 J_0}{2}\cos(kx - \omega t) \qquad (34.27)$$

Hay dos cosas que se deben observar acerca de esta solución, la cual es única para la geometría que se está considerando. Primero, concuerda con nuestra solución original para valores pequeños de x. Segundo, satisface la ecuación de onda según se expresa en la ecuación 34.9. En consecuencia, concluimos que el campo magnético se encuentra a lo largo del eje z y está caracterizado por una onda viajera transversal que tiene una frecuencia angular ω, un número de onda angular $k = 2\pi/\lambda$ y una velocidad de onda c.

Podemos obtener el campo eléctrico radiado que acompaña a este campo magnético variable empleando la ecuación 34.13:

Campo eléctrico radiado

$$E_y = cB_z = -\frac{\mu_0 J_0 c}{2}\cos(kx - \omega t) \qquad (34.28)$$

Esto es, el campo eléctrico está en la dirección y, perpendicular a **B**, y tiene las mismas dependencias con el espacio y el tiempo.

Estas expresiones para B_z y E_y muestran que el campo de radiación de una lámina de corriente infinita que conduce una corriente sinusoidal es una onda electromagnética plana que se propaga con una velocidad c a lo largo del eje x, como se muestra en la figura 34.11.

Podemos calcular el vector de Poynting para esta onda usando la ecuación 34.19 junto a las ecuaciones 34.27 y 34.28:

$$S = \frac{EB}{\mu_0} = \frac{\mu_0 J_0^2 c}{4}\cos^2(kx - \omega t) \qquad (34.29)$$

La intensidad de la onda, la cual es igual al valor promedio de S, es

$$S_{\text{pro}} = \frac{\mu_0 J_0^2 c}{8} \qquad (34.30)$$

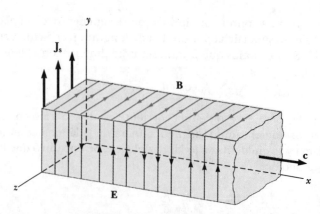

FIGURA 34.11 Representación de la onda electromagnética plana radiada por una lámina de corriente infinita que está en el plano yz. Advierta que **B** está en la dirección z, **E** apunta en la dirección y, y la dirección del movimiento ondulatorio está a lo largo de x. Ambos vectores tienen un comportamiento $\cos(kx - \omega t)$.

[6] Advierta que la solución puede escribirse también en la forma $\cos(\omega t - kx)$, lo cual es equivalente a $\cos(kx - \omega t)$. Esto significa que $\cos\theta$ es una función par, lo que quiere decir que $\cos(-\theta) = \cos\theta$.

La intensidad dada por la ecuación 34.30 representa la intensidad promedio de la onda saliente a cada lado de la lámina. La tasa total de energía emitida por unidad de área del conductor es $2S_{pro} = \mu_0 J_0^2 c/4$.

EJEMPLO 34.5 Una lámina infinita que conduce una corriente sinusoidal

Una lámina de corriente infinita que se encuentra en el plano yz conduce una corriente sinusoidal cuya densidad tiene un valor máximo de 5.00 A/m. a) Determine los valores máximos del campo magnético radiado y del campo eléctrico.

Solución A partir de las ecuaciones 34.28 y 34.29, vemos que los valores máximos de B_z y de E_y son

$$B_{máx} = \frac{\mu_0 J_0}{2} \quad y \quad E_{máx} = \frac{\mu_0 J_0 c}{2}$$

Utilizando los valores $\mu_0 = 4\pi \times 10^{-7}$ Wb/A · m, $J_0 = 5.00$ A/m y $c = 3.00 \times 10^8$ m/s, obtenemos

$$B_{máx} = \frac{(4\pi \times 10^{-7} \text{ Wb/A · m}) (5.00 \text{ A/m})}{2}$$

$$= \boxed{3.14 \times 10^{-6} \text{ T}}$$

$$E_{máx} = \frac{(4\pi \times 10^{-7} \text{ Wb/A · m}) (5.00 \text{ A/m}) (3.00 \times 10^8 \text{ m/s})}{2}$$

$$= \boxed{942 \text{ V/m}}$$

b) ¿Cuál es la potencia promedio incidente sobre una superficie plana que es paralela a la lámina y tiene un área de 3.00 m²? (La longitud y ancho de esta superficie son mucho más grandes que la longitud de onda de luz.)

Solución La potencia por unidad de área (el valor promedio del vector de Poynting) radiado en cada dirección por la lámina de corriente está dado por la ecuación 34.30. Multiplicando esto por el área del plano en cuestión se obtiene la potencia incidente:

$$P = \left(\frac{\mu_0 J_0^2 c}{8}\right) A$$

$$= \frac{(4\pi \times 10^{-7} \text{ Wb/A · m})(5.00 \text{ A/m})^2(3.00 \times 10^8 \text{ m/s})}{8} (3.00 \text{ m}^2)$$

$$= \boxed{3.54 \times 10^3 \text{ W}}$$

El resultado es independiente de la distancia desde la lámina de corriente debido a que estamos tratando con una onda plana.

---

*34.6 PRODUCCIÓN DE ONDAS ELECTROMAGNÉTICAS POR MEDIO DE UNA ANTENA

Las ondas electromagnética surgen como consecuencia de dos efectos:

- Un campo magnético variable produce un campo eléctrico.
- Un campo eléctrico variable produce un campo magnético.

Por consiguiente, es claro que ni cargas estacionarias ni corrientes estables pueden producir ondas electromagnéticas. Sin embargo, cada vez que la corriente que circula por un alambre cambia con el tiempo, el alambre emite radiación electromagnética.

El mecanismo fundamental responsable de esta radiación es la aceleración de una partícula cargada. Siempre que una partícula cargada acelera, debe radiar energía.

Las cargas aceleradas producen radiación *EM*

Un voltaje alterno aplicado en los alambres de una antena obliga a oscilar a una carga eléctrica en la antena. Ésta es una técnica común para acelerar partículas cargadas y es la fuente de las ondas de radio emitidas por la antena de una estación de radio. La figura 34.12 ilustra cómo se hace esto. Dos barras metálicas se conectan a un generador de ca, las cuales provocan que las cargas oscilen entre las dos barras. El voltaje de salida del generador es sinusoidal. En $t = 0$, la barra superior está proporcionando una carga positiva máxima y la barra inferior una carga negativa igual, como en la figura 34.12a. El campo eléctrico cerca de la antena en este instante

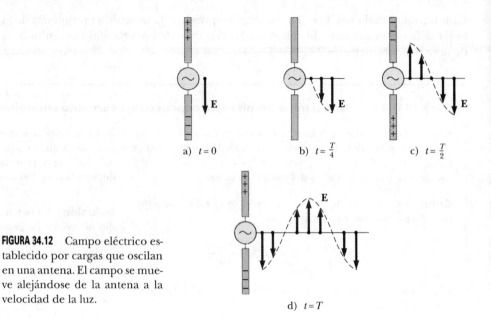

FIGURA 34.12 Campo eléctrico establecido por cargas que oscilan en una antena. El campo se mueve alejándose de la antena a la velocidad de la luz.

a) $t = 0$

b) $t = \frac{T}{4}$

c) $t = \frac{T}{2}$

d) $t = T$

también se muestra en la figura 34.12a. A medida que la carga oscila, las barras quedan menos cargadas, el campo cercano a las mismas disminuye en intensidad y el campo eléctrico máximo dirigido hacia abajo producido en $t = 0$ se aleja de la barra. Cuando las cargas se neutralizan, como en la figura 34.12b, el campo eléctrico en la barra se ha reducido a cero. Esto ocurre en un tiempo igual a un cuarto del tiempo de oscilación.

Así, la barra superior obtiene rápidamente una carga negativa máxima y la barra inferior se vuelve positiva, como en la figura 34.12c, lo que da origen a un campo eléctrico cerca de la barra dirigido hacia arriba. Esto ocurre después de un tiempo igual a medio periodo de oscilación. Las oscilaciones continúan como se indica en la figura 34.12d. (Un campo magnético oscilante perpendicular al plano del diagrama en la figura 34.12 acompaña al campo eléctrico oscilante, pero no se muestra por claridad.) El campo eléctrico cerca de la antena oscila en fase con la distribución de carga. Esto es, el campo apunta hacia abajo cuando la barra superior es positiva y hacia arriba cuando la barra superior es negativa. Además, la magnitud del campo en cualquier instante depende de la cantidad de carga en las barras en ese instante.

Conforme las cargas continúan oscilando (y acelerándose) entre las barras, el campo eléctrico que establecen se mueve alejándose de la antena a la velocidad de la luz. Como se puede ver, de acuerdo con la figura 34.12, un ciclo de oscilación de carga produce una longitud de onda en el patrón de campo eléctrico.

A continuación consideremos lo que ocurre cuando dos barras conductoras se conectan a los extremos opuestos de una batería (Fig. 34.13). Antes de que se cierre el interruptor la corriente es cero, por lo cual no hay campos presentes (Fig. 34.13a). Justo después de que el interruptor se cierra, se empieza a acumular carga de signos opuestos en las barras (Fig. 34.13b), lo cual corresponde a una corriente variable en el tiempo. La carga cambiante origina que cambie el campo eléctrico, lo cual, a su vez, produce un campo magnético alrededor de las barras.[7] Por último, cuando las barras están completamente cargadas, la corriente es cero y no hay campo magnético (Fig. 34.13c).

[7] Hemos ignorado el campo producido por los alambres que llegan a las barras. Ésta es una buena aproximación si las dimensiones del circuito son pequeñas en relación con la longitud de las barras.

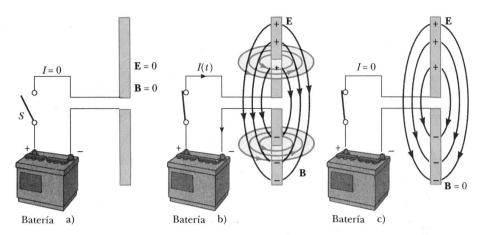

FIGURA 34.13 Un par de barras metálicas se conecta a una batería. a) Cuando el interruptor se abre y no hay corriente, tanto el campo eléctrico como el magnético son cero. b) Después de que el interruptor se cierra y las barras empiezan a cargarse (de modo que hay una corriente), las barras generan campos eléctrico y magnético variables. c) Cuando las barras están completamente cargadas, la corriente es cero, el campo eléctrico es un máximo y el campo magnético es cero.

Consideremos ahora la producción de ondas electromagnéticas por medio de una antena de media onda. En este arreglo, dos barras conductoras, cada una de un cuarto de largo de la longitud de onda, se conectan a una fuente de fem alterna (como un oscilador *LC*), como en la figura 34.14. El oscilador hace que las cargas se aceleren hacia adelante y hacia atrás entre las dos barras. La figura 34.14 muestra la configuración de campo en algún instante cuando la corriente es hacia arriba. Las líneas de campo eléctrico se asemejan a las de un dipolo eléctrico, es decir, dos cargas iguales y opuestas. Puesto que estas cargas oscilan continuamente entre las dos barras, la antena puede considerarse de manera aproximada como un dipolo eléctrico oscilante. Las líneas de campo magnético forman círculos concéntricos alrededor de la antena y son perpendiculares a las líneas de campo eléctrico en todos los puntos. El campo magnético es cero en todos los puntos a lo largo del eje de la antena. Además, **E** y **B** están 90° fuera de fase en el tiempo, esto es, **E** en algún punto alcanza su máximo valor cuando **B** es cero y viceversa. Esto se debe a que cuando las cargas en el extremo de las barras están en un máximo, la corriente es cero.

En los dos puntos donde el campo magnético se muestra en la figura 34.14, el vector de Poynting **S** está dirigido radialmente hacia afuera. Esto indica que la energía está fluyendo alejándose de la antena en este instante. Un tiempo después, los campos y el vector de Poynting cambian de dirección cuando la corriente se alterna. Puesto que **E** y **B** están a 90° fuera de fase en puntos cerca del dipolo, el flujo de energía neto es cero. A partir de esto, podríamos concluir (incorrectamente) que el dipolo no radia energía.

Puesto que los campos de dipolo disminuyen como $1/r^3$ (como en el caso de un dipolo estático estudiado en el capítulo 23), éstos no son importante a grandes distancias de la antena. Sin embargo, a estas grandes distancias, otro efecto produce el campo de radiación. La fuente de esta radiación es la inducción continua de un campo eléctrico por un campo magnético variable en el tiempo y la inducción de un campo magnético por medio de un campo eléctrico variable, predicha por las ecuaciones 34.3 y 34.4. Los campos eléctrico y magnético producidos de esta manera están en fase entre sí y varían como $1/r$. El resultado es un flujo hacia afuera de energía en todo momento.

Las líneas de campo eléctrico producidas por un dipolo oscilante en algún instante se muestran en la figura 34.15. Advierta que la intensidad (y la potencia radiada) es un máximo en un plano que es perpendicular a la antena y que pasa a través de su punto medio. Asimismo, la potencia radiada es cero a lo largo del eje de la

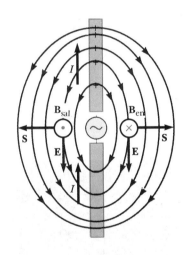

FIGURA 34.14 Una antena de media onda (de dipolo) está compuesta por dos barras metálicas conectadas a una fuente de voltaje alterna. El diagrama muestra **E** y **B** en un instante en el que la corriente es hacia arriba. Observe que las líneas de campo eléctrico se asemejan a las de un dipolo.

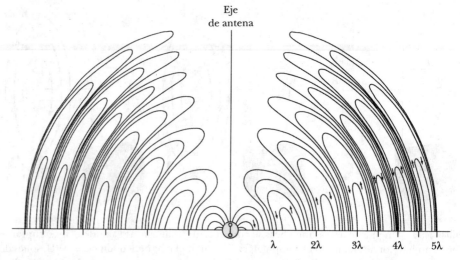

FIGURA 34.15   Líneas de campo eléctrico alrededor de un dipolo oscilante en un instante determinado. Los campos de radiación se propagan hacia fuera del dipolo con velocidad *c*.

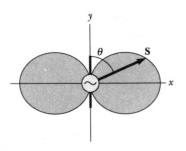

FIGURA 34.16   Dependencia angular
de la intensidad de la radiación
producida por un dipolo eléctrico
oscilante.

antena. Una solución matemática a las ecuaciones de Maxwell para el dipolo oscilante muestra que la intensidad del campo de radiación varía como $\operatorname{sen}^2\theta/r^2$, donde
θ se mide desde el eje de la antena. La dependencia angular de la intensidad de la
radiación (potencia por unidad de área) se ilustra en la figura 34.16.

Las ondas electromagnéticas también pueden inducir corrientes en una antena
receptora. La respuesta de una antena receptora de dipolo en una posición determinada es un máximo cuando el eje de la antena es paralelo al campo eléctrico en ese
punto y cero cuando el eje es perpendicular al campo eléctrico.

34.7   EL ESPECTRO DE ONDAS ELECTROMAGNÉTICAS

Puesto que todas las ondas electromagnéticas viajan a través del vacío con una velocidad *c*, su frecuencia *f* y longitud de onda λ están relacionadas por la importante
expresión.

$$c = f\lambda \tag{34.31}$$

Por ejemplo, una onda de radio de 5.00 MHz de frecuencia (un valor común) tiene
una longitud de onda

$$\lambda = \frac{c}{f} = \frac{3.00 \times 10^8 \text{ m/s}}{5.00 \times 10^6 \text{ s}^{-1}} = 60.0 \text{ m}$$

Los diversos tipos de ondas electromagnéticas se registran en la figura 34.17.
Advierta el amplio intervalo de frecuencias y longitudes de onda. No hay un punto
de división claro entre un tipo de onda y el siguiente. Debe observarse que todas las
formas de radiación se producen (clásicamente) por cargas aceleradas.

Las **ondas de radio**, como acabamos de ver, son el resultado de cargas que se
aceleran a través de alambres de conducción. Son generadas por dispositivos electrónicos, como los osciladores *LC*, y se usan en sistemas de comunicación de radio y
televisión.

Las **microondas** tienen longitudes de ondas que varían entre aproximadamente
1 mm y 30 cm y son generadas también por dispositivos electrónicos. Debido a su
corta longitud de onda, son bastante adecuadas en los sistemas de radar utilizados

Utilizadas principalmente en zonas
rurales, las antenas parabólicas de
televisión reciben señales de
estaciones de televisión de satélites
en órbita alrededor de la Tierra.
*(©Hank Delespinasse/The IMAGE
Bank)*

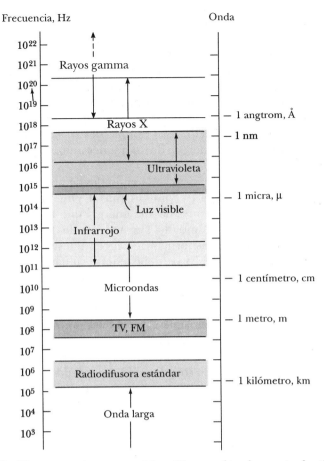

FIGURA 34.17 El espectro electromagnético. Observe el traslape entre los tipos de ondas adyacentes.

en la navegación aérea y para el estudio de las propiedades atómicas y moleculares de la materia. Los hornos de microondas representan una interesante aplicación doméstica de estas ondas. Se ha sugerido que la energía solar podría ser aprovechada por medio de un haz de microondas dirigido hacia la Tierra desde un colector solar en el espacio.[8]

Las **ondas infrarrojas** (llamadas algunas veces ondas de calor) tienen longitudes de onda que varían de aproximadamente de 1 mm hasta la longitud de onda más larga de luz visible, 7×10^{-7} m. Estas ondas, producidas por cuerpos calientes y moléculas, son absorbidas rápidamente por la mayor parte de los materiales. La energía infrarroja absorbida por una sustancia aparece como calor debido a que la energía agita los átomos del cuerpo, aumentando su movimiento vibratorio y rotacional, lo cual origina un aumento de temperatura. La radiación infrarroja tiene muchas aplicaciones prácticas y científicas, las cuales incluyen la terapia física, la fotografía infrarroja y la espectroscopia vibratoria.

Ondas infrarrojas

La **luz visible**, la forma más familiar de ondas electromagnéticas, es aquella parte del espectro electromagnético que el ojo humano puede detectar. La luz es producida por el reacomodo de electrones en átomos y moléculas. Las diversas longitudes de onda de la luz visible se clasifican con colores que van del violeta ($\lambda \approx 4 \times 10^{-7}$ m) al rojo ($\lambda \approx 7 \times 10^{-7}$ m). La sensibilidad del ojo es una función de la longitud de onda, siendo máxima a una longitud de onda de aproximadamente 5.6×10^{-7} m (amarillo-verde).

Ondas visibles

La **luz ultravioleta** abarca longitudes de onda que varían de aproximadamente 3.8×10^{-7} m (380 nm) a 6×10^{-8} m (60 nm). El Sol es una importante fuente de luz

Ondas ultravioleta

[8] P. Glaser, "Solar Power from Satellites", *Physics Today*, febrero de 1977, p. 30.

ultravioleta, la cual es la principal causa del bronceado. La mayor parte de la luz ultravioleta proveniente del Sol es absorbida por átomos en la atmósfera superior, o estratosfera. Lo anterior es afortunado, ya que la luz uv en grandes cantidades produce efectos dañinos en los humanos. Un importante constituyente de la estratosfera es el ozono (O_3), el cual es producido por las reacciones del oxígeno con la radiación ultravioleta. Esta cubierta de ozono convierte a la letal radiación ultravioleta de alta energía en calor, el cual, a su vez, calienta la estratosfera. En los años recientes ha habido una controversia respecto de la posible destrucción de la capa de ozono protectora como consecuencia del uso de los freones utilizados en las latas de aerosoles y como refrigerantes.

Rayos X

Los **rayos X** son ondas electromagnéticas con longitudes de onda en el intervalo de aproximadamente 10^{-8} m (10 nm) a 10^{-13} m (10^{-4} nm). La fuente más común de rayos X es la desaceleración de electrones de alta energía que bombardean a un blanco metálico. Los rayos X se usan como una herramienta de diagnóstico en medicina y como tratamiento para ciertas formas de cáncer. Puesto que los rayos X dañan o destruyen tejidos y organismos vivos, debe tenerse cuidado para evitar una exposición o sobreexposición innecesarias. Este tipo de rayos se usan también en el estudio de la estructura cristalina, ya que sus longitudes de onda son comparables a las distancias de separación atómicas (≈ 0.1 nm) en sólidos.

Rayos gamma

Los **rayos gamma** son ondas electromagnéticas emitidas por núcleos radiactivos (como ^{60}Co y ^{137}Cs) y durante ciertas reacciones nucleares. Tienen longitudes de onda que van aproximadamente de 10^{-10} m a menos 10^{-14} m. Son altamente penetrantes y producen serios daños cuando son absorbidos por tejidos vivos. En consecuencia, aquellos que trabajan cerca de dicha radiación peligrosa deben protegerse con materiales altamente absorbentes, como gruesas capas de plomo.

RESUMEN

Las **ondas electromagnéticas**, predichas por las ecuaciones de Maxwell, tienen las siguientes propiedades:

- Los campos eléctrico y magnético satisfacen las siguientes ecuaciones de onda, las cuales pueden obtenerse de la tercera y cuarta ecuaciones de Maxwell:

$$\frac{\partial^2 E}{\partial x^2} = \mu_0 \epsilon_0 \frac{\partial^2 E}{\partial t^2} \tag{34.8}$$

$$\frac{\partial^2 B}{\partial x^2} = \mu_0 \epsilon_0 \frac{\partial^2 B}{\partial t^2} \tag{34.9}$$

- Las ondas electromagnéticas viajan a través del vacío a la velocidad de la luz c, donde

$$c = \frac{1}{\sqrt{\mu_0 \epsilon_0}} = 3.00 \times 10^8 \text{ m/s} \tag{34.10}$$

- Los campos eléctrico y magnético de una onda electromagnética son perpendiculares entre sí y perpendiculares a la velocidad de propagación de la onda. (Por lo tanto, las ondas electromagnéticas son ondas transversales.)
- Las magnitudes instantáneas de | **E** | y | **B** | en una onda electromagnética se relacionan por medio de la expresión

$$\frac{E}{B} = c \tag{34.13}$$

- Las ondas electromagnéticas transportan energía. La tasa de flujo de energía que cruza un área unitaria se describe por medio del vector de Poynting **S**, donde

$$\mathbf{S} \equiv \frac{1}{\mu_0}\, \mathbf{E} \times \mathbf{B} \qquad (34.18)$$

- Las ondas electromagnéticas transportan momento, por lo tanto pueden ejercer presión sobre superficies. Si una onda electromagnética cuyo vector de Poynting **S** es absorbido completamente por una superficie sobre la cual incide normalmente, la presión de radiación sobre esa superficie es

$$P = \frac{S}{c} \qquad \text{(absorción completa)} \qquad (34.24)$$

Si la superficie refleja de manera total una onda que incide normalmente, la presión se duplica.

Los campos eléctrico y magnético de una onda electromagnética plana sinusoidal que se propaga en la dirección x positiva pueden escribirse

$$E = E_{\text{máx}} \cos\,(kx - \omega t) \qquad (34.11)$$

$$B = B_{\text{máx}} \cos\,(kx - \omega t) \qquad (34.12)$$

donde ω es la frecuencia angular de la onda y k es el número de onda angular. Estas ecuaciones representan soluciones especiales a las ecuaciones de onda para E y B. Puesto que $\omega = 2\pi f$ y $k = 2\pi/\lambda$, donde f y λ son la frecuencia y la longitud de onda, respectivamente, se encuentra que

$$\frac{\omega}{k} = \lambda f = c$$

El valor promedio del vector de Poynting para una onda electromagnética plana tiene una magnitud

$$S_{\text{pro}} = \frac{E_{\text{máx}} B_{\text{máx}}}{2\mu_0} = \frac{E^2_{\text{máx}}}{2\mu_0 c} = \frac{c}{2\mu_0} = B^2_{\text{máx}} \qquad (34.20)$$

La intensidad de una onda electromagnética plana sinusoidal es igual al valor promedio del vector de Poynting tomado sobre uno o más ciclos.

El espectro electromagnético incluye ondas que cubren un alto intervalo de frecuencias y longitudes de onda. La frecuencia f y la longitud de onda λ de una onda dada están relacionadas por medio de

$$c = f\lambda \qquad (34.31)$$

PREGUNTAS

1. Para una energía incidente determinada de una onda electromagnética, ¿por qué la presión de radiación sobre una superficie reflectora perfecta es dos veces mayor que sobre una superficie absorbente perfecta?
2. Describa el significado físico del vector de Poynting.
3. ¿Todos los conductores que conducen corriente eléctrica emiten ondas electromagnéticas? Explique.
4. ¿Cuál es la fuente fundamental de radiación electromagnética?
5. Los ingenieros eléctricos a menudo hablan de la resistencia a la radiación de una antena. ¿Qué supone usted que dan a entender con esta frase?
6. Si una corriente de alta frecuencia pasa a través de un solenoide que contiene un núcleo metálico, éste se calienta por inducción. Explique por qué los materiales se calientan en estas situaciones.
7. Ciertas orientaciones de la antena de recepción de un aparato de televisión brindan mejor recepción que otras. Ade-

más, la mejor orientación varía de una estación a otra. Explique.

8. ¿Un alambre conectado a una batería emite una onda electromagnética? Explique.

9. Si usted carga un peine frotándolo en su cabello y después lo sostiene cerca de un imán de barra, ¿los campos eléctrico y magnético producidos constituyen una onda electromagnética?

10. Un plato vacío de cristal o plástico que se saca de un horno de microondas se siente frío al tacto inmediatamente después de sacarlo. ¿Cómo puede ser esto posible? (Puede suponer que ya pagó su recibo de luz.)

11. A menudo, cuando usted toca la antena interior de un radio o receptor de televisión, la recepción mejora al instante. ¿Por qué?

12. Explique cómo funciona la antena VHF (dipolo) de un aparato de televisión.

13. Explique cómo funciona la antena UHF (lazo) de un aparato de televisión.

14. Explique por qué el voltaje inducido en una antena UHF (lazo) depende de la frecuencia de la señal, en tanto que el voltaje en una antena VHF (dipolo) no.

15. Liste todas las similitudes y diferencias que pueda entre las ondas sonoras y las ondas luminosas.

16. ¿Qué hace una onda de radio a las cargas en la antena de recepción para brindar una señal al radio de su automóvil?

17. ¿Qué determina la altura de una antena transmisora de una estación de radio AM?

18. Algunos transmisores de radio utilizan un "arreglo en fase" de antenas. ¿Cuál es su propósito?

19. ¿Qué pasa con la recepción de radio en un avión que vuela sobre la antena de dipolo (vertical) de la torre de control?

20. Cuando luz (u otra radiación electromagnética) viaja a través de una región determinada ¿qué es lo que se mueve?

21. ¿Por qué una fotografía infrarroja de una persona se observa diferente a una fotografía tomada con luz visible?

PROBLEMAS

Sección 34.2 Ondas electromagnéticas planas

1. Si la Estrella del Norte, o Polaris, se apagara hoy, ¿en qué año desparecería de nuestra visión? La distancia de la Tierra a Polaris es aproximadamente 6.44×10^{18} m.

2. Una onda electromagnética en el vacío tiene una amplitud de campo eléctrico de 220 V/m. Calcule la amplitud del campo magnético correspondiente.

3. a) Emplee la relación $B = \mu_0 H$ (ecuación 30.37) para el espacio libre donde $\mu_m = \mu_0$ junto a las propiedades de E y B descritas en la sección 34.2 para demostrar que $E/H = \sqrt{\mu_0/\varepsilon_0}$. Recuerde que H es la intensidad magnética. b) Calcule el valor numérico de esta proporción y muestre que tiene unidades del SI de ohms. (Debido a que $E/H = \sqrt{\mu_0/\varepsilon_0} = \mu_0 c$, vemos que la razón E/H es igual a la impedancia del espacio libre estudiada en la sección 34.3.)

4. Muestre que $E = f(x - ct) + g(x + ct)$ satisface la ecuación 34.8, donde f y g son funciones cualesquiera.

5. La amplitud de campo magnético de una onda electromagnética es 5.4×10^{-7} T. Calcule la amplitud de campo eléctrico si la onda está viajando a) en el espacio libre y b) en un medio en el cual la velocidad de la onda es $0.8c$.

6. La velocidad de una onda electromagnética que viaja en una sustancia transparente es $v = 1/\sqrt{\kappa\mu_0\varepsilon_0}$, donde κ es la constante dieléctrica de la sustancia. Determine la velocidad de la luz en el agua, la cual tiene una constante dieléctrica a frecuencias ópticas de 1.78.

7. Calcule el valor máximo del campo magnético en un medio donde la velocidad de la luz es dos tercios de la velocidad de la luz en el vacío y la amplitud del campo eléctrico tiene un valor máximo de 7.6 mV/m.

8. Escriba expresiones para los campos eléctrico y magnético de una onda electromagnética plana sinusoidal que tiene una frecuencia de 3.00 GHz y viaja en la dirección x positiva. La amplitud del campo eléctrico es 300 V/m.

9. La figura 34.3 muestra una onda sinusoidal electromagnética plana que se propaga en la dirección x. La longitud de onda es 50.0 m y el campo eléctrico vibra en el plano xy con una amplitud de 22.0 V/m. Calcule a) la frecuencia sinusoidal, y b) la magnitud y dirección de **B** cuando el campo eléctrico tiene su valor máximo en la dirección y negativa. c) Escriba una expresión para B en la forma

$$B = B_{máx} \cos(kx - \omega t)$$

con valores numéricos para $B_{máx}$, k y ω.

10. Verifique que las siguientes ecuaciones son soluciones para las ecuaciones 34.8 y 34.9, respectivamente:

$$E = E_{máx} \cos(kx - \omega t) \qquad B = B_{máx} \cos(kx - \omega t)$$

11. En unidades del SI, el campo eléctrico en una onda electromagnética está descrito por

$$E_y = 100 \operatorname{sen}(1.00 \times 10^7 x - \omega t)$$

Encuentre a) la amplitud de la onda magnética correspondiente, b) la longitud de onda λ y c) la frecuencia f.

Sección 34.3 Energía transportada por ondas electromagnéticas

12. ¿Cuánta energía electromagnética está contenida por metro cúbico cerca de la superficie terrestre si la intensidad de la luz solar bajo cielo despejado es de 1 000 W/m²?

13. ¿A qué distancia de una fuente puntual de una onda electromagnética de 100 W es $E_{máx} = 15$ V/m?

14. Un láser de 10 mW tiene un diámetro de haz de 1.6 mm. a) ¿Cuál es la intensidad de la luz, suponiendo que ésta

---

□ Indica problemas que tienen soluciones completas disponibles en el *Manual de soluciones del estudiante* y en la *Guía de estudio*.

es uniforme a través de un haz circular? b) ¿Cuál es la densidad de energía promedio del haz?

15. ¿Cuál es la magnitud promedio del vector de Poynting a 5.0 millas de un transmisor de radio que emite su señal isotrópicamente con una potencia promedio de 250 kW?

16. El Sol radia energía electromagnética a la tasa de $P_{sol} = 3.85 \times 10^{26}$ W. a) ¿A qué distancia del Sol la intensidad de su radiación disminuye hasta 1 000 W/m²? (Compare esta distancia con el radio de la órbita terrestre.) b) ¿A la distancia que acaba de encontrar, ¿cuál es la densidad de energía promedio de la radiación solar?

17. La amplitud del campo eléctrico es 0.20 V/m a 10 km de un transmisor de radio. ¿Cuál es la potencia total emitida por el transmisor?

18. En una región del espacio libre la intensidad de campo eléctrico en cualquier instante de tiempo es **E** = (80**i** + 32**j** − 64**k**) N/C y la intensidad de campo magnético es **B** = (0.20**i** + 0.080**j** + 0.29**k**) μT. a) Muestre que los dos campos son perpendiculares entre sí. b) Determine el vector de Poynting para estos campos.

19. El filamento de una lámpara incandescente tiene una resistencia de 150 Ω y conduce una corriente directa de 1.0 A. El filamento mide 8.0 cm de largo y 0.90 mm de radio. a) Calcule el vector de Poynting en la superficie del filamento. b) Encuentre la magnitud de los campos eléctrico y magnético en la superficie del filamento.

20. Una fuente de luz monocromática emite 100 W de potencia electromagnética uniformemente en todas las direcciones. a) Calcule la densidad de energía del campo eléctrico promedio a 1 m de la fuente. b) Calcule la densidad de energía del campo magnético a la misma distancia de la fuente. c) Encuentre la intensidad de onda en este punto.

21. Un láser de helio-neón destinado a la enseñanza opera a 5.0 mW. a) Determine el valor máximo del campo eléctrico en un punto donde el área de la sección transversal del haz es 4.0 mm². b) Calcule la energía electromagnética a una longitud de 1.0 m del haz.

22. El filamento de un foco eléctrico tiene una resistencia de 110 Ω. El foco se conecta en una toma estándar de 110 V (rms) y emite 1.0% del calor joule como radiación electromagnética de frecuencia *f*. Suponiendo que el foco se cubre con un filtro, que absorbe todas las demás frecuencias, encuentre la amplitud del campo magnético a 1.0 m del foco.

23. En cierto lugar de la Tierra, el valor rms del campo magnético provocado por la radiación solar es 1.8 μT. A partir de este valor, calcule a) el campo eléctrico promedio debido a la radiación solar, b) la densidad de energía promedio de la componente solar de la radiación electromagnética en esta localidad, y c) la magnitud del vector de Poynting (S_{pro}) para la radiación solar. d) Compare el valor encontrado en la parte c) con el valor del flujo solar dado en el ejemplo 34.3.

24. En algunas fábricas se emplean láseres de alta potencia para cortar lana y metal. Uno de dichos láseres tiene un haz de 1.00 mm de diámetro y genera un campo eléctrico en el blanco que tiene una amplitud de 0.70 MV/m. Encuentre a) la amplitud del campo magnético producido, b) la intensidad del láser, y c) la potencia disipada.

Sección 34.4 Momento y presión de radiación

25. Una onda de radio transmite 25 W/m² de potencia por unidad de área. Una superficie plana de área *A* es perpendicular a la dirección de propagación de la onda. Calcule la presión de radiación sobre ella si la superficie es un absorbedor perfecto.

26. Un haz láser de 100 mW se refleja de regreso sobre sí mismo por medio de un espejo. Calcule la fuerza sobre el espejo.

27. Un láser de helio-neón de 15 mW (λ = 632.8 nm) emite un haz de sección transversal circular cuyo diámetro es 2.00 mm. a) Encuentre el campo eléctrico máximo en el haz. b) ¿Qué energía total está contenida en una longitud de 1.0 m del haz? c) Determine el momento transportado por 1.0 m de distancia del haz.

28. Dado que la radiación solar incidente sobre la atmósfera superior de la Tierra es de 1340 W/m², determine a) la radiación solar incidente sobre Marte, b) la potencia total incidente sobre Marte, y c) la fuerza total que actúa sobre este mismo planeta. d) Compare esta fuerza con la atracción gravitacional entre Marte y el Sol. (Vea la tabla 14.2.)

29. Una onda electromagnética plana tiene un flujo de energía de 750 W/m². Una superficie rectangular plana de dimensiones iguales a 50 cm × 100 cm se coloca perpendicularmente a la dirección de la onda. Si la superficie absorbe la mitad de la energía y refleja la mitad, calcule a) la energía total absorbida por la superficie en 1.0 min, y b) el momento absorbido en este tiempo.

30. Se han usado láseres para suspender cuentas de vidrio esféricas en el campo gravitacional de la Tierra. a) Si una cuenta tiene una masa de 1.00 μg y una densidad de 0.20 g/cm³, determine la intensidad de la radiación necesaria para soportar la cuenta. b) Si el haz tiene un radio de 0.20 cm, ¿cuál es la potencia requerida para este láser?

30A. Se han usado láseres para suspender cuentas de vidrio esféricas en el campo gravitacional de la Tierra. a) Si una cuenta tiene una masa *m* y una densidad *ρ*, determine la intensidad de la radiación necesaria para soportar la cuenta. b) Si el haz tiene un radio *r*, ¿cuál es la potencia requerida para este láser?

Sección 34.5 Radiación de una lámina de corriente infinita

31. Una superficie rectangular de 120 cm × 40 cm de dimensiones está paralela y a 4.4 m de una lámina conductora mucho más grande en la cual hay una corriente superficial que varía sinusoidalmente y que tiene un valor máximo de 10 A/m. a) Calcule la potencia incidente promedio sobre la lámina más chica. b) ¿Qué potencia por unidad de área radia la lámina más grande?

32. Se espera que una gran lámina que conduce corriente radie en cada dirección (normal al plano de la lámina) a una tasa igual a 570 W/m². ¿Qué valor máximo de la densidad de corriente sinusoidal se requiere?

*Sección 34.6   Producción de ondas electromagnéticas por medio de una antena

33. ¿Cuál es la longitud de una antena de media onda diseñada para transmitir ondas de radio de 20 MHz?

34. Una estación de radio de AM transmite isotrópicamente con una potencia promedio de 4.0 kW. Una antena receptora de dipolo de 65 cm de largo se localiza a 4.0 millas del transmisor. Calcule la fem inducida por esta señal entre los extremos de la antena receptora.

35. Un televisor emplea una antena de recepción de dipolo para canales VHF y una antena de lazo para canales UHF. La antena UHF produce un voltaje a partir del flujo magnético variable a través del lazo. a) Empleando la ley de Faraday, obtenga una expresión para la amplitud del voltaje que aparece en una antena de lazo circular de una sola vuelta con un radio r. La estación de TV transmite una señal con una frecuencia f, y la señal tiene una amplitud de campo eléctrico $E_{máx}$ y una amplitud de campo magnético $B_{máx}$ en la posición de la antena de recepción. b) Si el campo eléctrico en la señal apunta verticalmente, ¿cuál debe ser la orientación del lazo para una mejor recepción?

36. La figura 34.14 muestra una antena de Hertz (conocida también como una antena de media onda, puesto que su longitud es $\lambda/2$). La antena está localizada suficientemente lejos de la tierra de manera tal que las reflexiones no afecten en forma significativa su patrón de radiación. La mayor parte de las estaciones de radio AM, sin embargo, emplean una antena de Marconi, la cual se compone de la mitad superior de una antena de Hertz. El extremo inferior de esta antena (de cuarto de onda) se conecta a la superficie de la Tierra, y esta misma sirve como la mitad inferior faltante. ¿Cuál es la longitud de la antena para una transmisión de estación de radio a a) 560 kHz y b) 1 600 kHz?

37. Cargas aceleradas pueden radiar ondas electromagnéticas. Calcule la longitud de onda de la radiación producida por un protón en un ciclotrón de 0.50 m de radio y una intensidad de campo magnético de 0.35 T.

37A. Cargas aceleradas pueden radiar ondas electromagnéticas. Calcule la longitud de onda de la radiación producida por un protón en un ciclotrón de radio R e intensidad de campo magnético B.

38. Dos antenas de transmisión de radio están separadas por la mitad de la longitud de onda de transmisión y se excitan en fase una respecto de la otra. ¿En qué direcciones se radian a) la señal más intensa y b) la señal más débil?

Sección 34.7   El espectro de ondas electromagnéticas

39. ¿Cuál es la longitud de onda de una onda electromagnética en el espacio libre que tiene una frecuencia de a) 5.00×10^{19} Hz y b) 4.00×10^9 Hz?

40. Suponga que usted está ubicado a 180 m de un transmisor de radio. ¿A cuántas longitudes de onda se encuentra usted del transmisor si la misma estación indica a) 1 150 AM (las frecuencias de la banda de AM están en kilohertz), y b) 98.1 FM (las frecuencias de la banda de FM están en milihertz)?

41. Un importante noticiario se transmite por ondas de radio a personas que se encuentran a 100 km de la estación, escuchando su radio, y por medio de ondas sonoras a gente que se encuentra sentada en la sala de noticias a 3.0 m del comentarista. ¿Quién recibe las noticias primero? Explique. Considere la velocidad del sonido en el aire como 343 m/s.

42. ¿Cuáles son los intervalos de longitud de onda en a) la banda de radio de AM (540-1 600 kHz), y b) la banda de radio FM (88 - 108 MHz)?

43. Hay doce canales de televisión VHF (canales 2 – 13) que se encuentran en el intervalo de frecuencias de 54 MHz a 216 MHz. Cada canal tiene un ancho de 6 MHz, con dos intervalos 72-76 MHz y 88-174 MHz reservados para propósitos no de televisión. (El canal 2, por ejemplo, se encuentra entre 54 y 60 MHz.) Calcule el intervalo de longitud de onda para a) el canal 4. b) el canal 6, y c) el canal 8.

PROBLEMAS ADICIONALES

44. Suponga que la radiación solar incidente sobre la Tierra es de 1 340 W/m². a) Calcule la potencia total radiada por el Sol, tomando la separación promedio Tierra-Sol igual a 1.49×10^{11} m. b) Determine los valores máximos de los campos eléctrico y magnético en la superficie terrestre debidos a la radiación solar.

45. Una comunidad planea construir una instalación para convertir la radiación solar en potencia eléctrica. Requieren 1.00 MW de potencia, y el sistema que se va a instalar tiene una eficiencia de 30% (esto es, 30% de la energía solar incidente sobre la superficie se convierte en energía eléctrica). ¿Cuál debe ser el área efectiva de una superficie absorbente perfecta utilizada en una instalación de este tipo, suponga un flujo de energía constante de 1 000 W/m²?

46. Una fuente de microondas produce pulsos de radiación de 20 GHz, cada uno de los cuales dura 1.0 ns. Se emplea un reflector parabólico ($R = 6.0$ cm) para enfocarlos en un haz de radiación paralelo, como en la figura P34.46. La potencia promedio durante cada pulso es 25 kW. a) ¿Cuál es la longitud de estas microondas? b) ¿Cuál es la energía total contenida en cada pulso? c) Calcule la densidad de energía promedio dentro de cada pulso. d) Determine la amplitud del campo eléctrico y del magnético en estas microondas. e) Si este haz de pulso incide sobre una superficie absorbente, calcule la fuerza ejercida sobre la superficie durante cada pulso de 1.0 ns de duración.

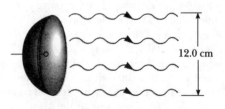

FIGURA P34.46

47. Una antena parabólica que tiene un diámetro de 20 m recibe (en incidencia normal) una señal de radio de una fuente distante, como se ilustra en la figura P34.47. La señal de radio es una onda sinusoidal continua con amplitud $E_{máx} = 0.20 \, \mu V/m$. Suponga que la antena absorbe toda la radiación que incide sobre el plato. a) ¿Cuál es la amplitud del campo magnético en esta onda? b) ¿Cuál es la intensidad de la radiación recibida por esta antena? c) ¿Cuál es la potencia recibida por la antena? d) ¿Qué fuerza es ejercida sobre la antena por las ondas de radio?

FIGURA P34.47

48. La potencia electromagnética radiada por una carga puntual en movimiento no relativista q que tiene una aceleración a es

$$P = \frac{q^2 a^2}{6 \pi \epsilon_0 c^3}$$

donde ϵ_0 es la permitividad del vacío y c es la velocidad de la luz en el vacío. a) Muestre que el lado derecho de esta ecuación está en watts. b) Si un electrón se sitúa en un campo eléctrico constante de 100 N/C, determine su aceleración y la potencia electromagnética que radia. c) Si un protón se coloca en un ciclotrón de 0.50 m de radio y campo magnético de magnitud igual a 0.35 T, ¿cuál es la potencia electromagnética radiada por este protón?

49. Un delgado filamento de tungsteno de 1.0 m de largo radia 60 W de potencia en forma de ondas electromagnéticas. Una superficie perfectamente absorbente en forma de un cilindro hueco de 5.0 cm de radio y 1.0 m de largo se coloca concéntricamente con el filamento. Calcule la presión de radiación que actúa sobre el cilindro. (Suponga que la radiación se emite en la dirección radial e ignore los efectos de los extremos.)

50. Un grupo de astronautas planea empujar una nave espacial utilizando un "velero" para reflejar la radiación solar. El velero es totalmente reflejante, se orienta con su plano perpendicular a la dirección del Sol y su tamaño es de 1.0 km × 1.50 km. ¿Cuál es la aceleración máxima que puede esperarse para una nave espacial de 4.00 toneladas métricas (4 000 kg)? (Emplee los datos de radiación solar del problema 44 e ignore las fuerzas gravitacionales.)

51. En 1965, Penzias y Wilson descubrieron la radiación cósmica de microondas dejada por la expansión del Universo producto del Big Bang. La densidad de energía de esta radiación es $4.0 \times 10^{-14} J/m^3$. Determine la amplitud del campo eléctrico correspondiente.

52. Un posible medio para volar en el espacio es poner una lámina aluminizada perfectamente reflejante en la órbita de la Tierra y usar la luz del Sol para empujar esta velero solar. Suponga que una embarcación de $6.00 \times 10^4 \, m^2$ de área y 6 000 kg de masa se pone en órbita frente al Sol. a) ¿Qué fuerza se ejerce sobre el velero? b) ¿Cuál es la aceleración del mismo? c) ¿Cuánto tarda en llegar a la Luna, a 3.84×10^8 m de distancia? Ignore todos los efectos gravitacionales, suponga que la aceleración calculada en el inciso b) permanece constante y considere una intensidad solar de 1 380 W/m². (*Sugerencia:* La presión de radiación ejercida por una onda reflejada está dada como el doble de la potencia por área promedio dividida por la velocidad de la luz.)

53. Un astronauta en una nave espacial que se mueve con velocidad constante desea aumentar la velocidad de la nave utilizando un haz láser unido a la nave. El haz láser emite 100 J de energía electromagnética por pulso, y el láser se pulsa a razón de 0.2 pulsos/s. Si la masa de la nave espacial más su contenido es igual a 5 000 kg, ¿por cuánto tiempo debe mantenerse el haz para aumentar la velocidad del vehículo en 1 m/s en la dirección de su movimiento inicial? ¿En qué dirección debe apuntar el haz para lograr lo anterior?

54. Considere una pequeña partícula esférica de radio r localizada en el espacio a una distancia R del Sol. a) Muestre que la razón $F_{rad}/F_{grav} \propto 1/r$, donde F_{rad} = la fuerza ejercida por la radiación solar y F_{grav} = la fuerza de atracción gravitacional. b) El resultado del inciso a) significa que, para un valor suficientemente pequeño de r, la fuerza ejercida sobre la partícula por la radiación solar supera a la fuerza de atracción gravitacional. Calcule el valor de r en el cual la partícula está en equilibrio bajo las dos fuerzas. (Suponga que la partícula tiene una superficie perfectamente absorbente y una densidad de masa de 1.50 g/cm³. Considere que la partícula está localizada a 3.75×10^{11} m del Sol y tome 214 W/m² como el valor del flujo solar en ese punto.)

55. La balanza de torsión mostrada en la figura 34.8 se emplea para medir presión de radiación. La constante de momento de torsión (momento de torsión de restauración elástica) de la fibra de suspensión es 1.0×10^{-11} N · m/gra, y la longitud de la barra horizontal es 6.0 cm. El haz de un láser de helio-neón de 3.0 mW incide sobre el disco negro, y el disco del espejo está completamente blindado. Calcule el ángulo entre las posiciones de equilibrio de la barra horizontal cuando el haz pasa del estado "desactivado" al "activado".

56. La Tierra refleja aproximadamente 38% de la luz solar incidente por reflexión de sus nubes y océanos. a) Dado que la intensidad de la radiación solar es 1 340 W/m² aproxime la presión de radiación sobre la Tierra en N/m². b) Compare este valor con la presión atmosférica normal, la cual es 1.01×10^5 N/m² en la superficie de la Tierra.

57. Una microonda polarizada linealmente de 1.50 cm de longitud de onda se dirige a lo largo del eje *x* positivo. El vector de campo eléctrico tiene un valor máximo de 175 V/m y vibra en el plano *xy*. a) Suponga que la componente de campo magnético de la onda puede escribirse en la forma $B = B_{máx} \operatorname{sen}(kx - \omega t)$ y brinde los valores para $B_{máx}$, *k* y ω. Además, determine en qué plano vibra el vector de campo magnético. b) Calcule la magnitud del vector de Poynting para esta onda. c) ¿Qué presión de radiación máxima ejercería esta onda si se dirige con una incidencia normal sobre una lámina perfectamente reflejante? d) ¿Qué aceleración máxima se impartiría a una lámina de 500 g (perfectamente reflejante y en incidencia normal) cuyas dimensiones son 1.0 m × 0.75 m?

58. Una unidad de radar de policía transmite a 10.525 GHz, frecuencia mejor conocida como la banda X. a) Muestre que cuando esta onda de radar se refleja en el frente de un auto en movimiento, la onda reflejada tiene un corrimiento de frecuencia igual a $\Delta f \cong 2fv/c$, donde *v* es la velocidad del auto. (*Sugerencia:* Considere la reflexión de una onda como dos procesos independientes: Primero, el movimiento del auto produce un corrimiento de frecuencia Doppler de un "observador en movimiento" de las ondas que inciden sobre el vehículo, y después estas ondas de corrimiento Doppler vuelven a emitirse por una fuente móvil. Además, las velocidades del automóvil son lo suficientemente bajas para que usted pueda usar el desarrollo del binomio $(1 + x)^n \cong 1 + nx$ en las fórmulas de Doppler acústicas deducidas en el capítulo 17.) b) La unidad suele calibrarse antes y después de una detención para velocidades de 35 mph y 80 mph. Calcule el corrimiento de frecuencia producido por estas dos velocidades.

59. Un astronauta, extraviado en el espacio, "en reposo" y a 10 m de su nave espacial, tiene una masa (incluido el equipo) de 110 kg. Al contar con una fuente luminosa de 100 W que forma un haz dirigido, decide usar el haz como un cohete de fotones para impulsarse a sí mismo continuamente hacia la nave. a) Calcule cuánto tiempo tarda en llegar a la nave mediante este método. b) Suponga, en lugar de lo anterior, que el astronauta decide lanzar una fuente luminosa en una dirección opuesta a la nave. Si la masa de la fuente luminosa es de 3.0 kg y, después de lanzarla, se mueve a 12 m/s *respecto del retroceso del astronauta*, ¿cuánto tarda en llegar a la nave?

60. Un "cañón láser" sobre una nave espacial tiene un haz de área de sección transversal A. El campo eléctrico máximo en el haz es *E*. ¿A qué tasa *a* un asteroide acelerará alejándose de la nave espacial si el haz láser incide sobre él perpendicularmente a su superficie, y ésta es no reflejante? La masa del asteroide es *m*. Ignore la aceleración de la nave espacial.

61. a) Para un capacitor de placas paralelas que tiene una separación de placa pequeña comparada con la longi-

tud o ancho de una placa, muestre que la corriente de desplazamiento es

$$I_d = C\frac{dV}{dt}$$

b) Calcule el valor de *dV/dt* requerido para producir una corriente de desplazamiento de 1.00 A en un capacitor de 1.00 μF.

62. Considere el caso mostrado en la figura P34.62. Un campo eléctrico de 300 V/m está confinado en un área circular de 10 cm de diámetro y dirigido hacia afuera a partir del plano de la figura. Si el campo aumenta a una tasa de 20 V/m · s, ¿cuáles son la dirección y magnitud del campo magnético en el punto *P*, a 15 cm del centro del círculo.

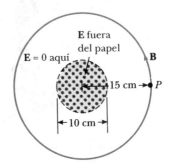

FIGURA P34.62

63. Una onda electromagnética plana varía sinusoidalmente a 90.0 MHz a medida que viaja a lo largo de la dirección + *x*. El valor pico del campo eléctrico es 2.00 mV/m y está dirigido a lo largo de la dirección ± *y*. a) Encuentre la longitud de onda, el periodo y el valor máximo del campo magnético. b) Escriba expresiones en unidades del SI para las variaciones en el espacio y en el tiempo del campo eléctrico y del campo magnético. Incluya valores numéricos, así como subíndices para indicar las direcciones de las coordenadas. c) Encuentre la potencia promedio por unidad de área que esta onda propaga por el espacio. d) Calcule la densidad de energía en la radiación (en joules por metro cúbico). e) ¿Qué presión de radiación ejercería esta onda sobre una superficie perfectamente reflejante en incidencia normal?

64. Un espejo de 1.00 m de diámetro enfoca los rayos solares sobre una placa absorbente de 2.00 cm de radio, la cual soporta una lata que contiene 1.00 litros de agua a 20°C. a) Si la intensidad solar es 1.00 kW/m², ¿cuál es la intensidad sobre la placa absorbente? b) ¿Cuáles son las intensidades de campo máximas de **E** y **B**? c) Si 40% de la energía se absorbe, ¿cuánto tardaría llevar al agua a su punto de ebullición?

Foto de la imagen de un antiguo edificio en Venecia con góndolas en primer plano. La imagen distorsionada se formó por medio de la luz reflejada en la superficie del agua ondulante.   *(John McDermott/Tony Stone Images)*

Luz y óptica

"Conseguí un prisma de vidrio triangular para intentar observar con él el famoso *fenómeno de los colores*... Coloqué mi prisma a su entrada (la luz del Sol), de manera que pudiera ser refractada en el muro opuesto. Fue una diversión muy placentera observar los vivos e intensos colores producidos de ese modo; ... Con frecuencia contemplo con admiración que todos los colores del prisma se hacen converger, y que por ello vuelven a mezclarse, como cuando estaban en la luz antes de incidir sobre el prisma, reproduciendo luz completa y perfectamente blanca, y en nada sensiblemente diferente de la luz directa del Sol..."

I S A A C   N E W T O N

Desde hace mucho tiempo los científicos han estado intrigados por la naturaleza de la luz, y los filósofos han creado argumentos sin fin relacionados con la definición y percepción adecuada de la luz. Es importante comprender la naturaleza de la luz porque es uno de los ingredientes fundamentales de la vida en la Tierra. Por medio de la fotosíntesis las plantas convierten la energía luminosa del Sol en energía química. La luz es el principal mecanismo por el cual podemos transmitir y recibir información de los objetos que nos rodean y de todo el universo.

La naturaleza y propiedades de la luz han sido tema de gran interés y especulación desde la Antigüedad. Los griegos pensaban que la luz estaba compuesta por diminutas partículas (corpúsculos) emitidas por una fuente luminosa y que después estimulaban la percepción de la visión al incidir en el ojo del observador. Newton empleó esta teoría corpuscular para explicar la reflexión y la refracción de la luz. Uno de los contemporáneos de Newton, el científico holándes Christian Huygens, en 1670 pudo explicar muchas propiedades de la luz a partir de su proposición de que está conformada por ondas. En 1801, Thomas Young mostró que los haces luminosos pueden interferir entre sí, lo que dio un fuerte apoyo a la teoría ondulatoria. En 1865, Maxwell desarrolló una brillante teoría en la que demostró que todas las ondas electromagnéticas viajaban a la misma velocidad, c. (capítulo 34). Por esa época, la teoría ondulatoria de la luz parecía tener una base firme.

Sin embargo, en los inicios del siglo xx, Albert Einstein retomó la teoría corpuscular de la luz para explicar la emisión de electrones de superficies metálicas expuestas a haces luminosos (el efecto fotoeléctrico). Estudiaremos éste y otros temas en la última parte de este texto, la cual se ocupa de la física moderna.

Hoy en día, los científicos ven a la luz con una naturaleza dual. En algunos experimentos, la luz se comporta como partícula y en otros experimentos presenta las propiedades ondulatorias.

En esta parte de libro nos concentramos en aquellos aspectos de la luz mejor entendidos a través del modelo ondulatorio. Primero, analizaremos la reflexión de la luz en la frontera entre dos medios, y la refracción de la luz cuando viaja de un medio a otro. Luego empleamos estas ideas para estudiar la refracción de la luz cuando pasa a través de lentes y su reflexión en superficies. Después describimos cómo se emplean los lentes y espejos para ver objetos a través de instrumentos como cámaras, telescopios y microscopios. Por último, analizamos los fenómenos de difracción, polarización e interferencia aplicados a la luz.

CAPÍTULO 35

La naturaleza de la luz y las leyes de la óptica geométrica

Esta fotografía tomada en Salamanca, España, muestra el reflejo de la Nueva Catedral en el río Tormes. ¿Es usted capaz de distinguir entre la catedral y su imagen? *(David Parker/ Photo Researchers)*

35.1 LA NATURALEZA DE LA LUZ

Antes de iniciar el siglo XIX la luz era considerada como una corriente de partículas emitidas por una fuente luminosa y que después estimulaban el sentido de la visión al entrar al ojo. El arquitecto principal de esta teoría corpuscular de la luz fue, como en otros muchos casos, Isaac Newton, quien explicó, sobre las bases de la teoría corpuscular, algunos hechos experimentales conocidos relacionados con la naturaleza de la luz, a saber, la reflexión y la refracción.

La mayoría de los científicos aceptó la teoría corpuscular de la luz. Sin embargo, durante el curso de su vida fue propuesta otra teoría, una que argumentaba que la luz es cierto tipo de movimiento ondulatorio. En 1678, un físico y astrónomo holandés, Christian Huygens (1629-1695), demostró que la teoría ondulatoria de la luz podría explicar también las leyes de la reflexión y la refracción. La teoría ondulatoria no recibió aceptación inmediatamente por varias razones. En primer lugar, todas las ondas conocidas en esa época (sonoras, en el agua, etcétera) viajaban a través de algún tipo de medio. Como la luz podía viajar hasta nosotros desde el Sol a través del vacío del espacio no podía ser que fuera una onda debido a que el viaje de las ondas necesita un medio. Asimismo, se argumentaba que, si la luz era alguna forma de onda, debería rodear los obstáculos; por lo tanto, seríamos capaces de ver los objetos alrededor de las esquinas. Ahora se sabe que la luz indudablemente rodea los bordes de los objetos. Este fenómeno, conocido como difracción, no es fácil de observar porque las ondas luminosas tienen longitud de onda cortas. De este modo, aunque Francisco Grimaldi (1618-1663) descubrió pruebas experimentales para la difracción de la luz aproximadamente en 1660, la mayoría de los científicos rechazaron la teoría ondulatoria y se adhirieron a la teoría corpuscular de Newton. Esto se debió, en gran parte, debido a la gran reputación de Newton como científico.

La primera demostración clara de la naturaleza ondulatoria de la luz fue brindada en 1801 por Thomas Young (1773-1829), quien demostró que, en condiciones apropiadas, los rayos luminosos interfieren entre sí. En ese tiempo, dicho comportamiento no podía explicarse mediante la teoría corpuscular debido a que no hay manera concebible por medio de la cual dos o más partículas puedan juntarse y cancelarse una a otra. Varios años después, un físico francés, Augustin Fresnel (1788-1829), efectuó varios experimentos relacionados con la interferencia y la difracción. En 1850, Jean Foucault (1791-1868) proporcionó pruebas adicionales de lo inadecuado de la teoría corpuscular al demostrar que la velocidad de la luz en vidrios y líquidos es menor que en el aire. De acuerdo con el modelo de partículas, la velocidad de la luz sería más alta en vidrios y líquidos que en el aire.

Experimentos adicionales durante el siglo XIX llevaron a la aceptación general de la teoría ondulatoria de la luz. El trabajo más importante fue el de Maxwell, quien en 1873 afirmó que la luz era una forma de onda electromagnética de alta frecuencia (capítulo 34). Como estudiamos en el capítulo 34, Hertz proporcionó la confirmación experimental de la teoría de Maxwell al producir y detectar ondas electromagnéticas. Además, Hertz y otros investigadores demostraron que *estas ondas exhibían reflexión, refracción y todas las otras propiedades características de las ondas.*

Aunque la teoría clásica de la electricidad y el magnetismo fue capaz de explicar la mayor parte de las propiedades conocidas de la luz por medio del modelo ondulatorio, algunos experimentos subsecuentes no pudieron explicarse a partir de ella. El más impresionante de éstos fue el efecto fotoeléctrico, descubierto también por Hertz: cuando la luz incide sobre una superficie metálica, algunas veces son arrancados los electrones de la superficie. Como un ejemplo de las dificultades que surgen, los experimentos mostraban que la energía cinética de un electrón arrancado es independiente de la intensidad luminosa. Esto era una contradicción de la teoría ondulatoria, la cual sostenía que un haz más intenso de luz debe agregar más energía al electrón. Una explicación del efecto fotoeléctrico fue propuesta por Einstein en 1905 en una teoría que empleó el concepto de cuantización desarrollado por Max Planck (1858-1947) en 1900. El modelo de cuantización supone que la energía de la onda luminosa está presente en paquetes de energía llamados fotones; por lo tanto, se dice que la energía está cuantizada. (Cualquier cantidad que aparece en paquetes discretos se dice que está cuantizada, del mismo modo que la carga y otras propiedades están cuantizadas.) De acuerdo con la teoría de Planck, la energía de un fotón es proporcional a la frecuencia de la onda electromagnética:

Energía de un fotón

$$E = hf \qquad (35.1)$$

donde la constante de proporcionalidad $h = 6.63 \times 10^{-34}$ J · s es la constante de Planck. Es importante observar que esta teoría retiene algunas características tanto de la teoría ondulatoria como de la teoría corpuscular de la luz. Como veremos después, el efecto fotoeléctrico es una consecuencia de la transferencia de energía de un fotón aislado a un electrón en el metal. Esto significa que el electrón interactúa con un fotón de luz como si hubiera sido golpeado por una partícula. Pero este fotón tiene características similares a las de las ondas debido a que su energía está determinada por la frecuencia (una cantidad ondulatoria).

En vista de estos hechos, debe considerarse que la luz tiene una naturaleza dual. Es decir, *en algunos casos la luz actúa como una onda y en otros actúa como una partícula.* La teoría ondulatoria electromagnética clásica proporciona una explicación adecuada de la propagación de la luz y de los efectos de interferencia, en tanto que el efecto fotoeléctrico y otros experimentos que incluyen la interacción de la luz con la materia se explican mejor suponiendo que la luz es una partícula. La luz es la luz, sin duda. Sin embargo, la pregunta, "¿la luz es una onda o una partícula?" es inadecuada. En algunos experimentos medimos sus propiedades ondulatorias; en otros experimentos medimos sus propiedades de partícula. En algunos de los siguientes capítulos, investigamos la naturaleza ondulatoria de la luz.

35.2 MEDICIONES DE LA VELOCIDAD DE LA LUZ

La luz viaja a una velocidad tan alta ($c \approx 3 \times 10^8$ m/s) que los primeros intentos para medir su velocidad no tuvieron éxito. Galileo intentó medir la velocidad de la luz colocando dos observadores en torres separadas por aproximadamente 5 millas. Cada observador llevaba una linterna tapada. Uno de los observadores destaparía su linterna primero y el otro haría lo mismo en el momento en que viera la luz de la primera linterna. La velocidad podía obtenerse entonces, en principio, conociendo el tiempo de tránsito de los haces luminosos entre las linternas. Los resultados no fueron convincentes. En la actualidad, sabemos (como el propio Galileo concluyó) que es imposible medir la velocidad de la luz de esta manera debido a que el tiempo de tránsito es muy pequeño comparado con el tiempo de reacción de los observadores.

A continuación describimos dos métodos para determinar la velocidad de la luz.

Método de Roemer

El primer cálculo exitoso de la velocidad de la luz fue hecho en 1675 por el astrónomo danés Ole Roemer (1644-1710). Su técnica incluía observaciones astronómicas de una de las lunas de Júpiter, Io, la cual tiene un periodo aproximado de 42.5 h; éste fue medido observando el eclipse de Io cuando pasaba detrás de Júpiter. El periodo de Júpiter es cercano a 12 años, por lo que cuando la Tierra se mueve 180° alrededor del Sol, Júpiter gira sólo 15° (Fig. 35.1).

Empleando el movimiento orbital de Io como un reloj se esperaría que su órbita alrededor de Júpiter tuviera un periodo constante a lo largo de intervalos de tiempo grandes. Sin embargo, Roemer observó variaciones sistemáticas en el periodo de Io durante un año. Descubrió que los periodos se volvían más grandes cuando la Tierra se alejaba de Júpiter, y más pequeños cuando nuestro planeta se aproximaba a él. Por ejemplo, si Io tenía un periodo constante, Roemer debía haber visto un eclipse que ocurría en un instante particular y habría podido predecir cuándo un eclipse debía empezar en un tiempo posterior en el año. Sin embargo, cuando verificó el segundo eclipse encontró que si la Tierra se alejaba de Júpiter el eclipse se retrasaba. De hecho, si el intervalo entre las observaciones era de tres meses, el tiempo de retraso era de aproximadamente 600 s. Roemer atribuyó esta variación en el periodo al hecho de que la distancia entre la Tierra y Júpiter cambiaba de una observación a la siguiente. En tres meses (un cuarto del periodo de la Tierra), la luz de Júpiter ha viajado una distancia adicional igual al radio de la órbita terrestre.

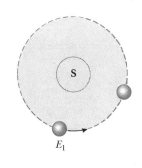
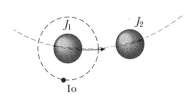

FIGURA 35.1 Método de Roemer para medir la velocidad de la luz. En el tiempo que tarda la Tierra en viajar 180° alrededor del Sol (6 meses), Júpiter recorre sólo 15°.

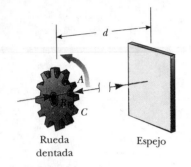

FIGURA 35.2 Método de Fizeau para medir la velocidad de la luz utilizando una rueda dentada giratoria.

Empleando los datos de Roemer, Huygens estimó el límite inferior para la velocidad de la luz aproximadamente igual a 2.3×10^8 m/s. Este experimento es importante históricamente debido a que demostró que la luz tiene una velocidad finita y proporcionó una estimación de esta velocidad.

Técnica de Fizeau

El primer método útil para medir la velocidad de la luz utilizando técnicas puramente terrestres fue desarrollado en 1849 por Armand H. L. Fizeau (1819-1896). La figura 35.2 representa un diagrama simplificado de su aparato. La idea básica es medir el tiempo total que tarda la luz en viajar de un punto a un espejo distante y regresar. Si d es la distancia entre la fuente y el espejo y si el tiempo de tránsito para un recorrido completo es t, entonces la velocidad de la luz es $c = 2d/t$. Para medir el tiempo de tránsito, Fizeau utilizó una rueda dentada rotatoria, la cual convierte un haz continuo de luz en una serie de pulsos luminosos. Adicionalmente, la rotación de la rueda controla lo que un observador ve en la fuente luminosa. Por ejemplo, si la luz que pasa por la abertura en el punto A en la figura 35.2 debe regresar en el instante que el diente B ha rotado a una posición para cubrir la trayectoria de regreso, la luz no alcanzaría al observador. A una tasa de rotación más rápida, la abertura en el punto C podía moverse a una posición que permitiera al haz reflejado llegar al observador. Conociendo la distancia d, el número de dientes en la rueda y la velocidad angular de la misma, Fizeau llegó al valor de $c = 3.1 \times 10^8$ m/s. Mediciones similares hechas después de la medición de Fizeau por otros investigadores produjeron valores más precisos de c, 2.9977×10^8 m/s.

EJEMPLO 35.1   Medición de la velocidad de la luz con la rueda dentada de Fizeau

Suponga que la rueda de Fizeau tiene 360 dientes y que está rotando a 27.5 rev/s cuando un rayo de luz que pasa por A en la figura 35.2 es bloqueado por el diente B al regresar. Si la distancia al espejo es de 7 500 m, encuentre la velocidad de la luz.

Solución   Debido a que la rueda tiene 360 dientes, gira un ángulo de 1/720 rev en el tiempo que transcurre mientras la luz efectúa su recorrido completo. De la definición de velocidad angular, vemos que el tiempo es

$$t = \frac{\theta}{\omega} = \frac{(1/720) \text{ rev}}{27.5 \text{ rev/s}} = 5.05 \times 10^{-5} \text{ s}$$

Por lo tanto, la velocidad de la luz es

$$c = \frac{2d}{t} = \frac{2(7\,500 \text{ m})}{5.05 \times 10^{-5} \text{ s}} = \boxed{2.97 \times 10^8 \text{ m/s}}$$

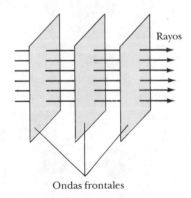

FIGURA 35.3 Una onda plana que se propaga hacia la derecha. Observe que los rayos, los cuales siempre apuntan en la dirección del movimiento de la onda, son líneas rectas perpendiculares a los frentes de onda.

35.3 LA APROXIMACIÓN DE RAYOS EN ÓPTICA GEOMÉTRICA

Al estudiar la óptica geométrica aquí y en el capítulo 36 empleamos lo que se conoce como **aproximación de rayos**. Para entender esta aproximación, advierta primero que los rayos de una onda determinada son líneas rectas perpendiculares a los frentes de onda, como se ilustra en la figura 35.3 para una onda plana. En la aproximación de rayos suponemos que una onda que se mueve por un medio viaja en línea recta en la dirección de sus rayos.

Si la onda llega a una barrera en la cual hay una abertura circular cuyo diámetro es grande en relación con la longitud de onda, como en la figura 35.4a, la onda que emerge de la abertura continúa moviéndose en línea recta (aparte de algunos efectos de borde); en consecuencia, la aproximación de rayos continúa siendo válida. Sin embargo, si el diámetro de la abertura es del orden de la longitud de onda, como en la figura 35.4b, las ondas se dispersan desde la abertura en todas las direcciones. Podemos afirmar que la onda saliente se difracta notablemente. Por último, si la abertura es pequeña en relación con la longitud de onda, la abertura puede considerarse de manera aproximada como una fuente de ondas puntual (Fig. 34.4c). De este modo, el efecto de difracción es más pronunciado cuando la razón d/λ se

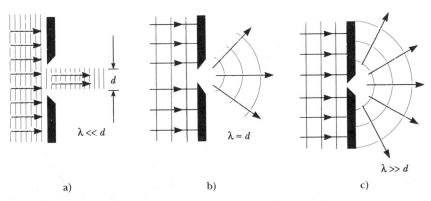

a)   b)   c)

FIGURA 35.4 Una onda plana de longitud de onda λ incide sobre una barrera en la cual hay una abertura de diámetro d. a) Cuando $\lambda \ll d$, casi no hay difracción observable y la aproximación de rayos sigue siendo válida. b) Cuando $\lambda \approx d$, la difracción se vuelve importante. c) Cuando $\lambda \gg d$, la abertura se comporta como una fuente puntual que emite ondas esféricas.

acerca a cero. Pueden verse efectos similares cuando las ondas encuentran un objeto circular opaco de diámetro d. En este caso, cuando $\lambda \ll d$, el objeto proyecta una sombra definida.

La aproximación de rayos y la suposición de que $\lambda \ll d$ empleadas aquí y en el capítulo 36, tienen que ver ambas con la óptica geométrica. Esta aproximación es muy buena en el estudio de espejos, lentes, prismas e instrumentos ópticos asociados, como telescopios, cámaras y anteojos. Regresaremos al tema de la difracción (donde $\lambda \approx d$) en el capítulo 38.

35.4 REFLEXIÓN Y REFRACCIÓN

Reflexión de la luz

Cuando un rayo de luz que viaja en un medio encuentra una frontera que conduce a un segundo medio, parte o la totalidad del rayo incidente se refleja en el primer medio. La figura 35.5a muestra varios rayos de un haz de luz incidente sobre una superficie reflectora lisa, similar a un espejo. Los rayos reflejados son paralelos entre sí, como se indica en la figura. La reflexión de la luz a partir de dicha superficie lisa recibe el nombre de **reflexión especular**. Si la superficie reflejante es rugosa, como en la figura 35.5b, la superficie refleja los rayos no como un conjunto paralelo sino en varias direcciones. La reflexión en cualquier superficie rugosa se conoce como **reflexión difusa**. Una superficie se comporta como una superficie lisa siempre que las variaciones en la misma sean pequeñas comparadas con la longitud de onda de la luz incidente. En las figuras 35.5c y 35.5d se presentan fotografías de reflexión especular y reflexión difusa utilizando luz láser. En este libro estamos interesados sólo en la reflexión especular, y utilizamos el término *reflexión* para referirnos a la reflexión especular.

Considere un rayo de luz que viaja en el aire y que incide a cierto ángulo sobre una superficie plana y lisa, como en la figura 35.6. Los rayos incidente y reflejado forman ángulos θ_1 y θ'_1, respectivamente, con una línea dibujada perpendicular a la superficie en el punto donde incide el rayo original. Llamamos a esta línea la normal a la superficie. Los experimentos muestran que *el ángulo de reflexión es igual al ángulo de incidencia*:

$$\theta'_1 = \theta_1 \qquad (35.2)$$

El lápiz parcialmente sumergido en agua parece doblado debido a que la luz se refracta cuando viaja a través de la frontera entre el agua y el aire. (*Jim Lehman*)

Ley de reflexión

Por convención, los ángulos de incidencia y reflexión se miden desde la normal a la superficie y no desde la propia superficie.

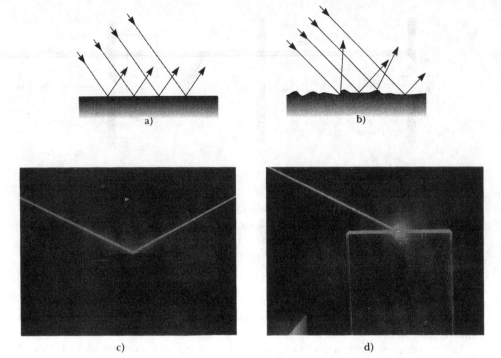

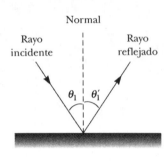

FIGURA 35.6 De acuerdo con la ley de reflexión, $\theta_1 = \theta_1'$. El rayo incidente, el rayo reflejado y la normal yacen en el mismo plano.

FIGURA 35.5 Representación esquemática de a) reflexión especular, donde los rayos reflejados son todos paralelos entre sí, y b) reflexión difusa, donde los rayos reflejados viajan en direcciones aleatorias; c) y d) fotografías de reflexión especular y difusa utilizando luz láser. *(Henry Leap y Jim Lehman)*

EJEMPLO 35.2 **Rayo de luz doblemente reflejado**

Dos espejos forman un ángulo de 120° entre sí, como se ve en la figura 35.7. Un rayo incide sobre el espejo M_1 a un ángulo de 65° con la normal. Encuentre la dirección del rayo después de que se refleja en el espejo M_2.

Razonamiento y solución De acuerdo con la ley de reflexión, sabemos que el primer rayo reflejado forma también un ángulo de 65° con la normal. De este modo, este rayo forma un ángulo de 90° −65° o 25°, con la horizontal. A partir del triángulo formado por el primer rayo reflejado y los dos espejos, observamos que el primer rayo reflejado forma un ángulo de 35° con M_2 (puesto que la suma de los ángulos interiores de cualquier triángulo es 180°). Esto significa que este rayo forma un ángulo de 55° con la normal a M_2. Por lo tanto, según la ley de reflexión, el segundo rayo reflejado forma un ángulo de 55° con la normal a M_2. Al comparar la dirección del rayo incidente en M_1 con su dirección después de reflejarse en M_2, vemos que el rayo se refleja 120° lo cual viene a corresponder con el ángulo entre los espejos.

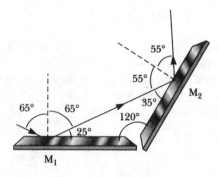

FIGURA 35.7 (Ejemplo 35.2) Los espejos M_1 y M_2 forman un ángulo entre sí de 120°.

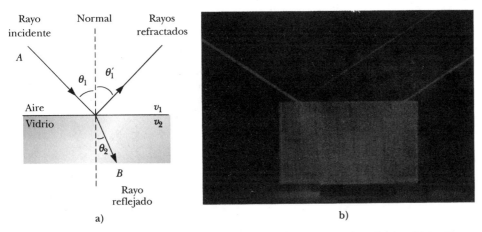

FIGURA 35.8 a) Un rayo que incide en forma oblicua sobre una interfase de aire-vidrio. El rayo reflejado se desvía hacia la normal debido a que $v_2 < v_1$. Todos los rayos y la normal se encuentran en el mismo plano. b) La luz incidente sobre el bloque de lucita se desvía tanto cuando entra al bloque como cuando sale de él. *(Henry Leap y Jim Lehman)*

Refracción de la luz

Cuando un rayo de luz que viaja a través de un medio transparente encuentra una frontera que lleva a otro medio transparente, como muestra la figura 35.8, parte del rayo se refleja y parte entra al segundo medio. El rayo que entra al segundo medio se dobla en la frontera y se dice que se refracta. *El rayo incidente, el rayo reflejado, la normal y el rayo refractado se encuentran en el mismo plano.* El ángulo de refracción, θ_2 en la figura 35.8, depende de las propiedades de los dos medios y del ángulo de incidencia a través de la relación.

$$\frac{\operatorname{sen} \theta_2}{\operatorname{sen} \theta_1} = \frac{v_2}{v_1} = \text{constante} \qquad (35.3)$$

donde v_1 es la velocidad de la luz en el medio 1 y v_2 es la velocidad de la luz en el medio 2.

El descubrimiento experimental de la relación suele acreditarse a Willebrord Snell (1591-1627), y consecuentemente se conoce como **ley de Snell.**[1]

La trayectoria de un rayo luminoso a través de una superficie refractora es reversible. Por ejemplo, el rayo en la figura 35.8 viaja del punto *A* al punto *B*. Si el rayo se hubiera originado en *B*, seguiría la misma trayectoria para llegar al punto *A*. En el último caso, sin embargo, el rayo reflejado estaría en el vidrio.

Cuando la luz se desplaza de un material en el cual su velocidad es alta a un material en el cual su velocidad es menor, el ángulo de refracción, θ_2, es menor que el ángulo de incidencia, como se indica en la figura 35.9a. Si el rayo se mueve de un material en el cual se desplaza lentamente a un material donde su movimiento es más rápido, se desvía respecto de la normal, como se ilustra en la figura 35.9b.

El comportamiento de la luz cuando ésta pasa del aire a otra sustancia y luego resurge en el aire es a menudo una fuente de confusión para los estudiantes. Echemos un vistazo a lo que sucede y expliquemos por qué este comportamiento es tan diferente de otros sucesos en nuestra vida diaria. Cuando la luz viaja en el aire, su velocidad es igual a 3×10^8 m/s, pero esta velocidad se reduce a aproximadamente a 2×10^8 m/s cuando entra a un bloque de vidrio. Cuando la luz vuelve a emerger en

---

[1] Esta ley también fue deducida a partir de la teoría corpuscular de la luz por René Descartes (1596-1650) y por ello en Francia se conoce como *ley de Descartes.*

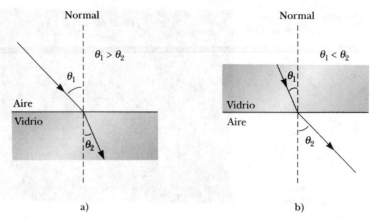

FIGURA 35.9   a) Cuando el haz luminoso se desplaza del aire al vidrio, su trayectoria se desvía hacia la normal b) Cuando el haz se desplaza del vidrio al aire, su trayectoria se desvía alejándose de la normal.

el aire, su velocidad aumenta instantáneamente hasta su valor original de 3×10^8 m/s. Esto es bastante diferente de lo que ocurre, por ejemplo, cuando una bala se dispara contra un bloque de madera. En este caso, la velocidad de la bala se reduce cuando ésta se mueve a través de la madera debido a que un poco de su energía original se utiliza para separar las fibras de la madera. Cuando la bala entra al aire otra vez, emerge a la velocidad que tenía justo antes de abandonar el bloque de madera.

Para ver por qué la luz se comporta así, observe la figura 35.10, la cual representa un haz de luz que entra a un pedazo de vidrio desde la izquierda. Una vez dentro del vidrio, la luz puede encontrar un electrón ligado a un átomo, indicado como punto *A* en la figura. Supongamos que la luz es absorbida por el átomo, lo cual origina que el electrón oscile (un detalle representado por las flechas verticales de doble punta en el dibujo). El electrón oscilante actúa luego como una antena y radia el haz de luz hacia un átomo en *B*, donde la luz es absorbida otra vez por el átomo. Los detalles de estas absorciones y radiaciones se explican mejor en términos de la mecánica cuántica, un tema que estudiamos en los últimos capítulos. Por ahora, es suficiente considerar el proceso como uno en el cual la luz pasa de un átomo a otro a través del vidrio. (Este caso es un poco análogo a una carrera de relevos en la cual la estafeta se pasa entre los corredores del mismo equipo.) A pesar de que la luz viaja de un átomo de vidrio a otro a 3×10^8 m/s, los procesos de absorción y radiación que ocurren en el vidrio ocasionan que la velocidad de la luz disminuya a 2×10^8 m/s. Una vez que la luz emerge en el aire, las absorciones y radiaciones cesan y su velocidad regresa al valor original.

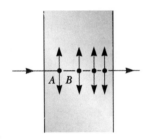

FIGURA 35.10   Luz que pasa de un átomo a otro en un medio. Los puntos son electrones, y las flechas verticales representan sus oscilaciones.

Índice de refracción

La velocidad de la luz en cualquier material es menor que la velocidad en el vacío excepto en bandas de absorción muy intensas.[2]

Índice de refracción

$$n = \frac{\text{velocidad de la luz en el vacío}}{\text{velocidad de la luz en un medio}} = \frac{c}{v} \qquad (35.4)$$

---

[2] Hay dos velocidades para una onda, las cuales pueden ser iguales o diferentes. La velocidad de grupo, o velocidad de señal, para la luz no puede ser mayor que la velocidad de la luz en el vacío. La velocidad considerada aquí es la velocidad de fase, la cual puede ser mayor que *c*, sin violar la relatividad especial.

A partir de esta definición, vemos que el índice de refracción es un número adimensional usualmente mayor que la unidad puesto que v suele ser menor que c. Además, n es igual a la unidad para el vacío. Los índices de refracción para diferentes sustancias se brindan en la tabla 35.1.

A medida que la luz viaja de un medio a otro, *su frecuencia no cambia pero su longitud de onda sí*. Para ver por qué ocurre esto, considere la figura 35.11. Frentes de onda pasan a un observador en el punto A en el medio 1 con una cierta frecuencia e inciden sobre la frontera entre el medio 1 y el medio 2. La frecuencia con la cual los frentes de onda pasan a un observador en el punto B en el medio 2 debe igualar la frecuencia a la cual llegan en el punto A en el medio 1. Si éste no fuera el caso, los frentes de onda se apilarían en la frontera o se destruirían o crearían en la frontera. Puesto que no hay mecanismo para que esto ocurra, la frecuencia debe ser una constante cuando un rayo luminoso pase de un medio a otro.

Por lo tanto, debido a que la relación $v = f\lambda$ (ecuación 16.14) debe ser válida en ambos medios, y en virtud de que $f_1 = f_2 = f$, vemos que

$$v_1 = f\lambda_1 \qquad \text{y} \qquad v_2 = f\lambda_2 \tag{35.5}$$

Como $v_1 \neq v_2$, se concluye que $\lambda_1 \neq \lambda_2$. Una relación entre el índice de refracción y la longitud de onda puede obtenerse al dividir la primera ecuación 35.5 por la otra y empleando la definición del índice de refracción dado por la ecuación 35.4:

$$\frac{\lambda_1}{\lambda_2} = \frac{v_1}{v_2} = \frac{c/n_1}{c/n_2} = \frac{n_2}{n_1} \tag{35.6}$$

la cual produce

$$\lambda_1 n_1 = \lambda_2 n_2$$

Si el medio 1 es el vacío, o aire para todos los fines prácticos, entonces $n_1 = 1$. En consecuencia, se concluye de la ecuación 35.6 que el índice de refracción de cualquier medio puede expresarse como la razón

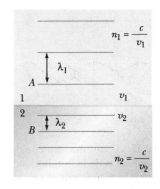

FIGURA 35.11 Conforme un frente de onda se desplaza de un medio 1 a un medio 2, su longitud de onda cambia pero su frecuencia permanece constante.

TABLA 35.1 Índice de refracción para diversas sustancias medido con luz de longitud de onda en el vacío $\lambda_0 = 589$ nm.			
Sustancia	**Índice de refracción**	**Sustancia**	**Índice de refracción**
Sólidos a 20°C		*Líquidos a 20°C*	
Diamante (C)	2.419	Benceno	1.501
Fluorita (CaF_2)	1.434	Bisulfuro de carbono	1.628
Sílice (SiO_2)	1.458	Tetracloruro de carbono	1.461
Vidrio, óptico	1.52	Alcohol etílico	1.361
Cristal	1.66	Glicerina	1.473
Hielo (H_2O)	1.309	Agua	1.333
Poliestireno	1.49	*Gases a 0°C, 1 atm*	
Cloruro de sodio (NaCl)	1.544		
Circón	1.923	Aire	1.000293
		Dióxido de carbono	1.00045

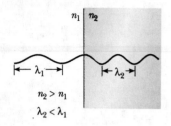

FIGURA 35.12 Diagrama esquemático de la reducción de la longitud de onda cuando la luz viaja de un medio de bajo índice de refracción a uno de índice de refracción más alto.

$$n = \frac{\lambda_0}{\lambda_n} \qquad (35.7)$$

donde λ_0 es la longitud de onda de la luz en el vacío y λ_n es la longitud de onda en el medio cuyo índice de refracción es n. Una representación esquemática de esta reducción de longitud de onda se muestra en la figura 35.12.

Así, ahora podemos expresar la ley de Snell de la refracción (ecuación 35.8) en una forma alternativa. Si sustituimos la ecuación 35.6 en la 35.33, obtenemos

$$n_1 \operatorname{sen} \theta_1 = n_2 \operatorname{sen} \theta_2 \qquad (35.8)$$

Ésta es la forma más empleada y práctica de la ley de Snell.

EJEMPLO 35.3   Una medición del índice de refracción

Un haz de luz de 500 nm de longitud de onda que viaja en el aire incide sobre una placa de material transparente. El haz incidente forma un ángulo de 40.0° con la normal, y el haz refractado forma un ángulo de 26.0° con la normal. Determine el índice de refracción del material.

$$n_2 = \frac{n_1 \operatorname{sen} \theta_1}{\operatorname{sen} \theta_2} = (1.00)\frac{\operatorname{sen} 40.0°}{\operatorname{sen} 26.0°} = \frac{0.643}{0.438} = \boxed{1.47}$$

Si comparamos este valor con los datos de la tabla 35.1, vemos que el material puede ser sílice.

Solución   La ley de refracción Snell (ecuación 35.8) con estos datos produce

$$n_1 \operatorname{sen} \theta_1 = n_2 \operatorname{sen} \theta_2$$

Ejercicio   ¿Cuál es la longitud de onda de la luz en el material?

Respuesta   374 nm.

EJEMPLO 35.4   Ángulo de refracción para el vidrio

Un rayo luminoso de 589 nm de longitud de onda que viaja a través del aire incide sobre una placa plana y lisa de vidrio óptico a un ángulo de 30.0° con la normal, según se dibuja en la figura 35.13. Determine el ángulo de refracción.

Solución   La ley de Snell dada por la ecuación 35.8 puede reescribirse como

$$\operatorname{sen} \theta_2 = \frac{n_1}{n_2} \operatorname{sen} \theta_1$$

De la tabla 35.1, encontramos que $n_1 = 1.00$ para el aire y $n_2 = 1.52$ para el vidrio óptico. Por consiguiente,

$$\operatorname{sen} \theta_2 = \left(\frac{1.00}{1.52}\right)(\operatorname{sen} 30.0°) = 0.329$$

$$\theta_2 = \operatorname{sen}^{-1}(0.329) = \boxed{19.2°}$$

El rayo se desvía hacia la normal, como se esperaba.

Ejercicio   Si el rayo luminoso se mueve del interior del vidrio hacia la interfaz vidrio-aire a un ángulo de 30.0° con la normal, determine el ángulo de refracción.

Respuesta   49.5° respecto de la normal.

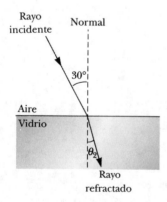

FIGURA 35.13   (Ejemplo 35.4) Refracción de la luz en vidrio.

EJEMPLO 35.5 La velocidad de la luz en sílice

Luz de 589 nm de longitud de onda en el vacío atravieza un pedazo de sílice ($n = 1.458$). a) Encuentre la velocidad de la luz en sílice.

Solución La velocidad de la luz en sílice puede obtenerse sin dificultad a partir de la ecuación 35.4:

$$v = \frac{c}{n} = \frac{3.00 \times 10^8 \text{ m/s}}{1.458} = \boxed{2.06 \times 10^8 \text{ m/s}}$$

b) ¿Cuál es la longitud de onda de esta luz en sílice?

Solución Con la ecuación 35.7 se calcula la longitud de onda en sílice, pero debe advertirse que se considera la longitud de onda en el vacío como $\lambda_0 = 589$ nm:

$$\lambda_n = \frac{\lambda_0}{n} = \frac{589 \text{ nm}}{1.458} = \boxed{404 \text{ nm}}$$

Ejercicio Encuentre la frecuencia de la luz.

Respuesta 5.09×10^{14} Hz.

EJEMPLO 35.6 Luz que pasa a través de una placa

Un haz luminoso pasa de un medio 1 a un medio 2; este último es una gruesa capa de material cuyo índice de refracción es n_2 (Fig. 35.14). Muestre que el haz emergente es paralelo al haz incidente.

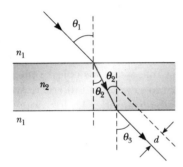

FIGURA 35.14 (Ejemplo 35.6) Cuando la luz pasa a través de una placa plana de material, el haz emergente es paralelo al haz incidente, por lo que $\theta_1 = \theta_3$. La línea verde representa la trayectoria que la luz seguiría si la placa no estuviera ahí.

Solución Primero, aplicamos la ley de Snell a la superficie superior:

$$1) \qquad \text{sen } \theta_2 = \frac{n_1}{n_2} \text{ sen } \theta_1$$

La aplicación de la ley de Snell a la superficie inferior produce

$$2) \qquad \text{sen } \theta_3 = \frac{n_2}{n_1} \text{ sen } \theta_2$$

La sustitución de 1) en 2) produce

$$\text{sen } \theta_3 = \frac{n_2}{n_1} \left(\frac{n_1}{n_2} \text{ sen } \theta_1 \right) = \text{sen } \theta_1$$

Esto es, $\theta_3 = \theta_1$, por lo tanto la capa no altera la dirección del haz, como indica la línea punteada verde. Sin embargo, lo que sí produce es un desplazamiento del haz. El mismo resultado se obtiene cuando la luz pasa a través de múltiples capas de materiales.

*35.5 DISPERSIÓN Y PRISMAS

Una importante propiedad del índice de refracción es que, para un material determinado, varía con la longitud de onda de luz que pasa a través del material, como indica la figura 35.15. Puesto que n es una función de la longitud de onda, la ley de Snell indica que luz de diferentes longitudes de onda se desvía a diferentes ángulos cuando incide sobre un material refractante. Como vemos en la figura 35.15, el índice de refracción disminuye con las longitudes de onda crecientes. Esto significa que la luz verde se desvía más que la luz del sílice cuando pasa por un material refractante. Las diferentes longitudes de onda se refractan a distintas longitudes de onda. Este fenómeno se conoce como **dispersión**.

Para entender los efectos que la dispersión puede tener en la luz, consideremos qué ocurre cuando la luz incide en un prisma, como en la figura 35.16. Un rayo de

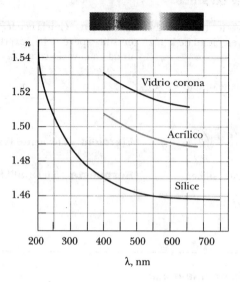

FIGURA 35.15 Variación del índice de refracción con longitudes de onda en el vacío para tres materiales.

luz incidente de una sola longitud de onda sobre el prisma de la izquierda emerge con una desviación respecto de su dirección original de recorrido en un ángulo δ, denominando **ángulo de desviación**. Supongamos ahora que un haz de luz blanca (una combinación de todas las longitudes de onda visibles) incide sobre un prisma, como en la figura 35.17. Los rayos que emergen de la segunda cara se dispersan en una serie de colores conocida como un **espectro**. Estos colores, en orden de longitud de onda decreciente, son rojo, naranja, amarillo, verde, azul, índigo y violeta. Newton demostró que cada color tiene un ángulo particular de desviación, que el espectro ya no puede descomponerse más y que los colores pueden recombinarse para formar la luz blanca original. Como se ve, el ángulo de desviación, δ, depende de la longitud de onda de un color determinado. La luz violeta es la que más se

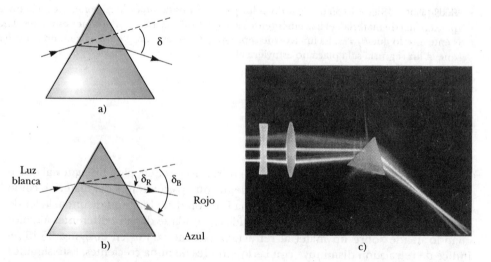

FIGURA 35.16 a) Un prisma refracta luz de una sola longitud de onda y la desvía un ángulo δ. b) Cuando la luz incide sobre un prisma, la luz azul se desvía más que la roja. c) Luz de diferentes colores pasa a través de un prisma y dos lentes. Cuando la luz atraviesa el prisma, las longitudes de onda diferentes se refractan a diferentes ángulos.   *(David Parker, SPL/Photo Researchers)*

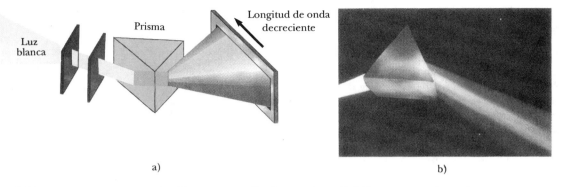

FIGURA 35.17   a) Dispersión de luz blanca por medio de un prisma. Debido a que *n* varía con la longitud de onda, el prisma dispersa la luz blanca en sus diversas componentes espectrales. b) Diferentes colores se refractan a diferentes ángulos debido a que el índice de refracción del vidrio depende de la longitud de onda. La luz violeta es la que se desvía más; la luz roja la que se desvía menos. *(Fotografías cortesía de Bausch and Lomb)*

desvía, la luz roja la que menos, y los colores restantes en el espectro visible caen entre estos extremos.

Con frecuencia se emplea un prisma en un instrumento conocido como **espectroscopio de prisma**, cuyos elementos esenciales se muestran en la figura 35.18. En general, el instrumento se utiliza para medir las longitudes de onda emitidas por una fuente luminosa. La luz de la fuente se envía por una estrecha ranura ajustable para producir un haz colimado. La luz pasa después a través del prisma y se dispersa en un espectro. La luz refractada se observa con un telescopio. El experimentador ve una imagen de la ranura a través del ocular del telescopio. El telescopio puede moverse o el prisma rotarse con el fin de observar las diversas imágenes formadas por longitudes de onda diferentes a distintos ángulos de desviación.

Todos los gases calientes a baja presión emiten su propio espectro característico. De este modo, uno de los empleos del espectroscopio de prisma es la identificación de gases. Por ejemplo, el sodio emite dos longitudes de onda en el espectro visible, las cuales aparecen como dos líneas amarillas muy próximas entre sí. Así, es posible identificar que un gas que emite estos colores tiene sodio como uno de sus constituyentes. De igual modo, el vapor de mercurio tiene su propio espectro característico, compuesto por cuatro longitudes de onda prominentes —naranja, verde, azul y violeta— junto con algunas longitudes de onda de intensidad menor. Las longitudes de onda particulares emitidas por un gas sirven como "huellas digitales" del gas.

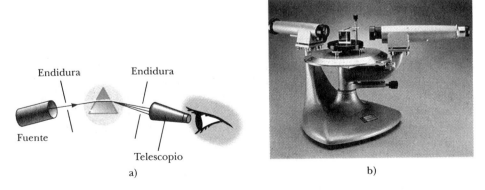

FIGURA 35.18   a) Diagrama de un espectrómetro de prisma. Los diversos colores en el espectro se ven a través de un telescopio. b) Fotografía de un espectrómetro de prisma. *(Cortesía de Central Scientific Co.)*

EJEMPLO 35.7   Medición de *n* empleando un prisma

Un prisma se utiliza para medir el índice de refracción de un sólido transparente. Aunque no lo probamos aquí, el ángulo de desviación mínimo, $\delta_{mín}$, ocurre a un ángulo de incidencia θ_1 donde el rayo refractado dentro del prisma forma el mismo ángulo α con la normal a las dos caras del prisma,[3] como se indica en la figura 35.19. A partir de esta información obtengamos una expresión para el índice de refracción del material del prisma.

Utilizando la geometría indicada, encontramos que $\theta_2 = \Phi/2$, donde Φ es el ángulo del ápice y

$$\theta_1 = \theta_2 + \alpha = \frac{\Phi}{2} + \frac{\delta_{mín}}{2} = \frac{\Phi + \delta_{mín}}{2}$$

De la ley de refracción de Snell

$$\operatorname{sen} \theta_1 = n \operatorname{sen} \theta_2$$

$$\operatorname{sen}\left(\frac{\Phi + \delta_{mín}}{2}\right) = n \operatorname{sen}(\Phi/2)$$

$$n = \frac{\operatorname{sen}\left(\dfrac{\Phi + \delta_{mín}}{2}\right)}{\operatorname{sen}(\Phi/2)} \qquad (35.9)$$

[3] Para mayores detalles, vea F. A. Jenkins y H. E. White, *Fundamentals of Optics,* Nueva York, McGraw-Hill, 1976, capítulo 2.

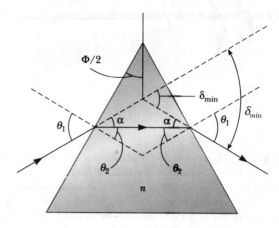

FIGURA 35.19   (Ejemplo 35.7) Rayo de luz que pasa a través de un prisma con el ángulo de desviación mínima, $\delta_{mín}$.

Por lo tanto, si conocemos el ángulo del ápice Φ del prisma y midiendo $\delta_{mín}$, podemos calcular el índice de refracción del material del prisma. Asimismo, es posible utilizar un prisma hueco para determinar los valores de *n* correspondientes a diversos líquidos.

35.6   EL PRINCIPIO DE HUYGENS

En esta sección desarrollamos las leyes de la reflexión y la refracción empleando un método propuesto por Huygens en 1678. Como señalamos en la sección 35.1, Huygens supuso que la luz era cierta forma de movimiento ondulatorio más que una corriente de partículas. Él no tenía conocimiento de la naturaleza de la luz o de su carácter electromagnético. A pesar de eso, su modelo ondulatorio simplificado es adecuado para comprender muchos aspectos prácticos de la propagación de la luz.

El **principio de Huygens** es una construcción para usar el conocimiento de un frente de onda anterior con el fin de determinar la posición de un nuevo frente de onda en algún instante. En la construcción de Huygens,

Principio de Huygens

todos los puntos de un frente de onda determinado se toman como fuentes puntuales de la producción de ondas secundarias esféricas, llamadas de ese mismo modo, las cuales se propagan hacia afuera alejándose con velocidades características de las ondas en ese medio. Después de que ha transcurrido cierto tiempo, la nueva posición del frente de onda es la superficie tangente a las ondas secundarias.

La figura 35.20 ilustra dos ejemplos sencillos de la construcción de Huygens. Primero, considere una onda plana que se mueve por el espacio libre, como en la figura 35.20a. En $t = 0$, el frente de onda es indicado por el plano marcado AA'. En la

Christian Huygens fue un físico y astrónomo holandés mejor conocido por sus contribuciones en los campos de la dinámica y la óptica. Como físico, sus aportes incluyen la invención del reloj de péndulo y la primera exposición de la teoría ondulatoria de la luz. Como astrónomo, fue el primero en reconocer los anillos alrededor de Saturno y de descubrir a Titán, uno de sus satélites.

Huygens nació en 1629 en una prominente familia en La Haya. Fue hijo de Constantin Huygens, una de las más importantes figuras del renacimiento en Holanda. Educado en la Universidad de Leyden, Christian fue un amigo cercano de René Descartes, un invitado frecuente al hogar del científico holandés. El primer artículo de Huygens trató sobre el tema de la cuadratura de diversas curvas y fue publicado en 1651.

La reputación de Huygens en óptica y dinámica se difundió por toda Europa y en 1663 fue elegido socio fundador de la Royal Society. Luis XIV llevó con engaños a Huygens a Francia en 1666, según su política de reunir sabios para la gloria de su régimen. Mientras permaneció en esa nación, Huygens fue uno de los fundadores de la Academia de Ciencias de Francia.

Christian Huygens
| 1 6 2 9 - 1 6 9 5 |

En 1673, en París, Huygens publicó *Horologium Oscillatorium*. En este trabajo describió una solución al problema del péndulo compuesto, para el cual calculó la longitud del péndulo simple equivalente. En la misma publicación obtuvo también una fórmula para calcular el periodo de oscilación de un péndulo simple y explicó sus leyes de la fuerza centrífuga para movimiento uniforme en un círculo.

Huygens regresó a Holanda en 1681, construyó algunos lentes de grandes longitudes focales e inventó el ocular acromático para telescopios. Poco después de regresar de una visita a Inglaterra, donde se encontró con Newton, Huygens publicó su tratado sobre la teoría ondulatoria de la luz. Para Huygens, la luz era un movimiento vibratorio en el éter, que se difundía y producía la sensación de luz al tropezar con el ojo. Con base en su teoría, pudo deducir las leyes de la reflexión y la refracción y de explicar el fenómeno de la doble refracción.

Huygens, quien estuvo sólo después de Newton entre los más grandes científicos de la segunda mitad del siglo XVII, fue el primero en avanzar en el campo de la dinámica más allá del punto al que llegaron Galileo y Descartes. Fue Huygens quien resolvió en esencia el problema de la fuerza centrífuga. Hombre solitario, Huygens no atrajo estudiantes o discípulos y tardó mucho en publicar sus descubrimientos. Después de una larga enfermedad murió en 1695.

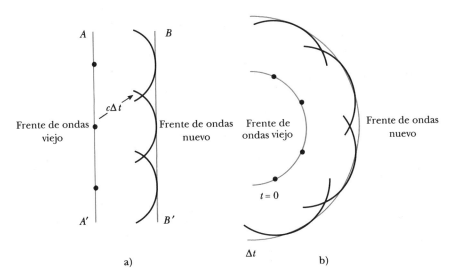

FIGURA 35.20 Construcción de Huygens para a) una onda plana propagándose hacia la derecha y b) una onda esférica.

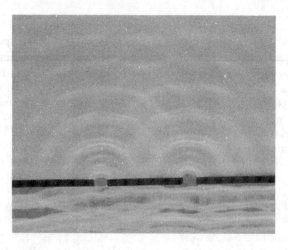

FIGURA 35.21 Las ondas en el agua en una cuba de ondas se emplean para demostrar las ondas secundarias de Huygens. Una onda plana incide sobre una barrera con dos pequeñas aberturas. Cada apertura actúa como una fuente de ondas secundarias circulares. *(Erich Schrempp/Photo Researchers)*

construcción de Huygens, cada punto en este frente de onda se considera una fuente puntual para generar otras ondas. Por claridad, sólo unos cuantos puntos en AA' se muestran. Con estos puntos como fuentes para las ondas secundarias (onditas) dibujamos círculos, cada uno de radio $c\Delta t$, donde c es la velocidad de la luz en el espacio libre y Δt es el tiempo de propagación de un frente de onda al siguiente. La superficie dibujada tangente a estas ondas secundarias está en el plano BB', el cual es paralelo a AA'. De una manera similar, la figura 35.20b muestra la construcción de Huygens para una onda esférica saliente.

Una demostración convincente del principio de Huygens se obtiene con ondas en el agua en un tanque poco profundo (denominado cuba de ondas), como se muestra en la figura 35.21. Las ondas planas producidas debajo de la ranura emergen sobre la misma como ondas circulares bidimensionales que se propagan hacia afuera.

El principio de Huygens aplicado a la reflexión y a la refracción

Las leyes de la reflexión y la refracción fueron enunciadas antes en este capítulo pero sin demostración. En seguida deducimos estas leyes utilizando el principio de Huygens.

Considere una onda plana incidente sobre una superficie reflectora, como se muestra en la figura 35.22. En $t = 0$, suponga que el frente de onda marcado como I_1 está en contacto con la superficie en A. El punto A es una fuente de ondas de Huygens, y en un intervalo de tiempo Δt estas ondas se expanden radialmente hacia afuera a una distancia $c\Delta t$ de A. En el mismo intervalo de tiempo, la onda incidente recorre una distancia $c\Delta t$ (que corresponde a un nuevo frente de onda I_2), incidiendo en la superficie en C.

A partir de la construcción de Huygens, el frente de onda reflejado R viaja en la dirección perpendicular al frente de onda. De acuerdo con la construcción de la figura 35.22, vemos que $BC = AD = c\Delta t$, y la hipotenusa AC es común a ambos triángulos rectángulos ADC y ABC. Por lo tanto, los dos triángulos son congruentes, y $\theta_1 = \theta_1'$. Debido a que el rayo incidente es perpendicular a AB, y el rayo reflejado es

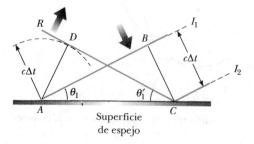

FIGURA 35.22 Construcción de Huygens para probar la ley de reflexión. Los triángulos ABC y ADC son congruentes.

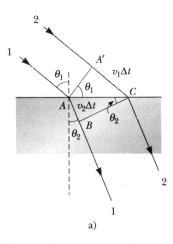
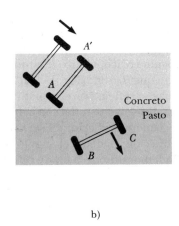

FIGURA 35.23 a) Construcción de Huygens para probar la ley de refracción. b) Una analogía mecánica de la refracción.

perpendicular a *DC*, los ángulos que esos rayos forman con la normal a la superficie son también los ángulos de incidencia y reflexión. Así, hemos probado la ley de la reflexión.

A usar a continuación, con el principio de Huygens y la figura 35.23a, deduciremos la ley de refracción de Snell. Observe que en el intervalo de tiempo Δt, el rayo 1 se mueve de *A* a *B* y el rayo 2 se mueve de *A'* a *C*. El radio de la onda secundaria esférica saliente que está centrada en *A* es igual a $v_2\Delta t$. La distancia *A'C* es igual a $v_1\Delta t$. Las consideraciones geométricas muestran que el ángulo *A'AC* es igual a θ_1 y el ángulo *ACB* es igual a θ_2. De acuerdo con los triángulos *AA'C* y *ACB*, encontramos que

$$\text{sen } \theta_1 = \frac{v_1 \Delta t}{AC} \qquad y \qquad \text{sen } \theta_2 = \frac{v_2 \Delta t}{AC}$$

Al dividir estas dos ecuaciones, obtenemos

$$\frac{\text{sen } \theta_1}{\text{sen } \theta_2} = \frac{v_1}{v_2}$$

Pero de la ecuación 35.4 sabemos que $v_1 = c/n_1$ y $v_2 = c/n_2$. En consecuencia,

$$\frac{\text{sen } \theta_1}{\text{sen } \theta_2} = \frac{c/n_1}{c/n_2} = \frac{n_2}{n_1}$$

$$n_1 \text{ sen } \theta_1 = n_2 \text{ sen } \theta_2$$

que es la ley de refracción de Snell.

Una analogía mecánica de la refracción se muestra en la figura 35.23b. Las ruedas sobre un dispositivo, como un carro, cambian su dirección conforme se mueven de una superficie de concreto a una superficie de pasto.

35.7 REFLEXIÓN INTERNA TOTAL

Un efecto interesante, denominado reflexión interna total, puede ocurrir cuando la luz intenta moverse de un medio que tiene un índice de refracción determinado a un medio con un índice de refracción menor. Considere el haz luminoso que viaja en el medio 1 y llega a la frontera entre éste y el medio 2, donde n_1 es más grande que n_2 (Fig. 35.24). Varias direcciones posibles del haz se indican por medio de los rayos del 1 al 5. Los rayos refractados se desvían apartándose de la normal debido a

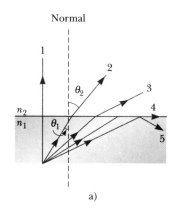
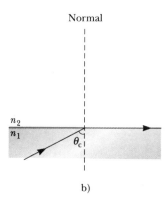

FIGURA 35.24 a) Rayos de un medio de índice de refracción n_1 viajan hacia un medio de índice de refracción n_2, donde $n_2 < n_1$. A medida que el ángulo de incidencia aumenta, el ángulo de refracción θ_2 aumenta hasta que su valor es 90° (rayo 4). Para éste y ángulos de incidencia mayores ocurre la reflexión interna total (rayo 5). b) El ángulo de incidencia que produce un ángulo de refracción igual a 90° es el ángulo crítico, θ_c.

Esta fotografía muestra rayos luminosos no paralelos que entran a un prisma de vidrio. Los dos rayos inferiores experimentan reflexión interna total en el lado más largo del prisma. Los tres rayos superiores se refractan en el lado más largo cuando salen del prisma.   *(Henry Leap y Jim Lehman)*

que n_1 es mayor que n_2. (Recuerde que cuando la luz se refracta en la interfase entre dos medios, también se refleja parcialmente. Por simplicidad, en este caso ignoramos estos rayos reflejados.) A cierto ángulo particular de incidencia, θ_c, denominado **ángulo crítico**, el rayo luminoso refractado se movería paralelo a la frontera de manera que $\theta_2 = 90°$ (Fig. 35.24b). Para ángulos de incidencia mayores o iguales que θ_c el haz se refleja por completo en la frontera, según indica el rayo 5 en la figura 35.24a. Este rayo se refleja en la frontera como si hubiera incidido en una superficie perfectamente reflectora. Este rayo, y todos aquellos similares a él, obedecen la ley de refracción; es decir, el ángulo de incidencia es igual al ángulo de reflexión.

Podemos utilizar la ley de refracción de Snell para determinar el ángulo crítico. Cuando $\theta_1 = \theta_c$, $\theta_2 = 90°$ y la ley de Snell (ecuación 35.8) produce

$$n_1 \operatorname{sen} \theta_c = n_2 \operatorname{sen} 90° = n_2$$

$$\operatorname{sen} \theta_c = \frac{n_2}{n_1} \qquad (\text{para } n_1 > n_2) \qquad \textbf{(35.10)}$$

En esta ecuación n_1 siempre es mayor que n_2. Es decir,

> la reflexión interna total ocurre sólo cuando la luz intenta trasladarse de un medio de índice de refracción determinado a uno de índice de refracción inferior.

Si n_1 fuera menor que n_2, la ecuación 35.10 produciría $\operatorname{sen} \theta_c > 1$, lo cual no tiene sentido debido a que el seno de un ángulo nunca puede ser mayor que la unidad.

El ángulo crítico para la reflexión interna total será menor cuando n_1 sea considerablemente mayor que n_2. Ejemplos de esta combinación son el diamante ($n = 2.42$ y $\theta_c = 24°$) y el vidrio óptico ($n = 1.52$ y $\theta_c = 41°$). Esta propiedad combinada con la adecuada dirección de las caras en la causa de que los diamantes y los cristales brillen.

Un prisma y el fenómeno de la reflexión interna total pueden usarse para alterar la dirección de recorrido de un haz que se propaga. Dos de estas posibilidades se muestran en la figura 35.25. En un caso el haz luminoso se desvía 90° (Fig. 35.25a) y en el segundo caso la trayectoria se invierte (Fig. 35.25b). Una aplicación común de

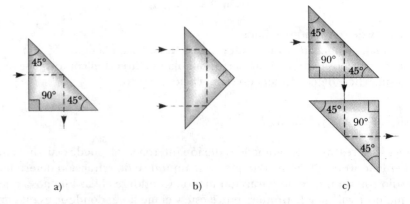

a)   b)   c)

FIGURA 35.25   Reflexión interna en un prisma. a) El rayo se desvía 90°. b) La dirección del rayo se invierte. c) Dos prismas utilizados como un periscopio.

la reflexión interna total es el periscopio submarino. En este dispositivo se colocan dos prismas, como en la figura 35.25c, de modo que un haz de luz incidente siga la trayectoria mostrada y uno pueda "ver a la vuelta de las esquinas".

EJEMPLO 35.8   Una vista desde el ojo de un pez

a) Encuentre el ángulo crítico para una frontera agua-aire si el índice de refracción del aire es 1.33.

Solución   Al aplicar la ecuación 35.10, encontramos que el ángulo crítico es

$$\operatorname{sen} \theta_c = \frac{n_2}{n_1} = \frac{1}{1.33} = 0.752$$

$$\theta_c = \boxed{48.8°}$$

b) Emplee los resultados del inciso a) para predecir lo que el pez ve cuando mira hacia arriba en dirección a la superficie del agua a un ángulo de 40°, 49° y 60° (Fig. 35.26).

Razonamiento   Examine la figura 35.24a. Advierta que debido a que la trayectoria del rayo luminoso es reversible, la luz que viaja del medio 2 al medio 1 sigue las trayectorias indicadas en la figura 35.24a, pero en la dirección *opuesta*. Esta situación se ilustra en la figura 35.26 para el caso de un pez mirando arriba hacia la superficie del agua. Un pez puede ver fuera del agua si ve hacia la superficie a un ángulo menor que el ángulo crítico. De este modo, a 40°, el pez puede ver el aire sobre el agua. A un ángulo de 49°, el ángulo crítico para el agua, la luz que llega al

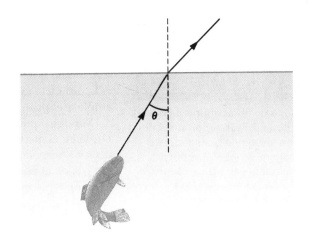

FIGURA 35.26   (Ejemplo 35.8).

pez a tenido que pasar apenas a lo largo de la superficie del agua antes de refractarse hacia el ojo del pez. A ángulos mayores que el crítico, la luz que llega al pez viene de la reflexión interna en la superficie. Así, a 60°, el pez ve una reflexión de algún objeto sobre el fondo del estanque.

Fibras ópticas

Otra aplicación interesante de la reflexión interna total es el empleo de barras de vidrio o plástico transparente para "entubar" la luz de un lugar a otro. Como se indica en la figura 35.27, la luz viaja confinada dentro de las barras, incluso alrededor de curvas suaves, como resultado de sucesivas reflexiones internas. Este "tubo luminoso" es flexible si se utilizan delgadas fibras en lugar de barras gruesas. Si se emplea un manojo de fibras paralelas para construir una línea de transmisión óptica, las imágenes pueden transferirse de un punto a otro.

Esta técnica se emplea en una industria muy importante, conocida como fibras ópticas. Muy poca intensidad luminosa se pierde en estas fibras como consecuencia de reflexiones en los lados. Toda pérdida de intensidad se debe en esencia a las reflexiones en los dos extremos y a la absorción que se produce en el material de la fibra. Estos dispositivos son particularmente útiles cuando quiere observarse la imagen de un objeto que se encuentra en un punto inaccesible. Por ejemplo, los médicos utilizan esta técnica para observar órganos internos del cuerpo. Las fibras ópticas se utilizan cada día más en telecomunicaciones, ya que las fibras pueden conducir un volumen mucho más alto de llamadas telefónicas u otras formas de comunicación que los alambres eléctricos.

FIGURA 35.27   La luz viaja en una barra transparente curva por múltiples reflexiones internas.

Manojos de fibras ópticas de vidrio se utilizan para transportar señales de voz, video y datos en redes de telecomunicaciones. Las fibras ordinarias tienen diámetros de 60 μm. *(©Richard Megna 1983, Fundamental Photographs)*

*35.8 PRINCIPIO DE FERMAT

Un principio general que puede utilizarse para determinar trayectorias de luz fue desarrollado por Pierre de Fermat (1601-1665). El **principio de Fermat** establece que

> cuando un rayo de luz viaja entre dos puntos cualesquiera P y Q, su trayectoria es aquella que necesita el menor tiempo, o tiempo constante.[4]

Una consecuencia natural de este principio es que cuando los rayos viajan en un solo medio homogéneo, las trayectorias son líneas rectas debido a que la línea recta es la distancia más corta entre dos puntos. Tomemos el siguiente ejemplo de cómo emplear el principio de Fermat para deducir la ley de refracción.

Suponga que un rayo luminoso va a viajar de P a Q, donde P está en el medio 1 y Q está en el medio 2 (Fig. 35.28). Los puntos P y Q están a distancias perpendiculares a y b, respectivamente, de la interfase. La velocidad de la luz es c/n_1 en el medio 1, y c/n_2 en el medio 2. Empleando la geometría de la figura 35.28, encontramos que el tiempo que tarda el rayo en viajar de P a Q es

$$t = \frac{r_1}{v_1} + \frac{r_2}{v_2} = \frac{\sqrt{a^2 + x^2}}{c/n_1} + \frac{\sqrt{b^2 + (d - x)^2}}{c/n_2}$$

Obtenemos el menor tiempo, o el valor mínimo de t, tomando la derivada de t respecto de x (la variable) e igualándola a cero:

$$\frac{dt}{dx} = \frac{n_1}{c} \frac{d}{dx} \sqrt{a^2 + x^2} + \frac{n^2}{c} \frac{d}{dx} \sqrt{b^2 + (d - x)^2}$$

$$= \frac{n_1}{c} \left(\frac{1}{2}\right) \frac{2x}{(a^2 + x^2)^{1/2}} + \frac{n_2}{c} \left(\frac{1}{2}\right) \frac{2(d - x)(-1)}{[b^2 + (d - x)^2]^{1/2}}$$

$$= \frac{n_1 x}{c(a^2 + x^2)^{1/2}} - \frac{n_2 (d - x)}{c[b^2 + (d - x)^2]^{1/2}} = 0$$

De acuerdo con la figura 35.28 y reconociendo que en esta ecuación,

$$\operatorname{sen} \theta_1 = \frac{x}{(a^2 + x^2)^{1/2}} \qquad \operatorname{sen} \theta_2 = \frac{d - x}{[b^2 + (d - x)^2]^{1/2}}$$

encontramos que

$$n_1 \operatorname{sen} \theta_1 = n_2 \operatorname{sen} \theta_2$$

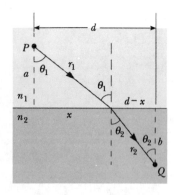

FIGURA 35.28 Geometría para obtener la ley de refracción utilizando el principio de Fermat.

que es la ley de refracción de Snell.

Es sencillo emplear un procedimiento similar para obtener la ley de reflexión. El cálculo se deja para que usted lo lleve a cabo (problema 47).

RESUMEN

En la óptica geométrica empleamos la **aproximación de rayos**, la cual supone que una onda viaja a través de un medio en líneas rectas en la dirección de los rayos.

[4] Más generalmente, el principio de Fermat sólo requiere que el tiempo sea un extremo de una función respecto de pequeñas variaciones en la trayectoria.

Las leyes fundamentales de la óptica geométrica son las de reflexión y refracción de rayos luminosos. La **ley de reflexión** establece que el ángulo de reflexión, θ'_1, es igual al ángulo de incidencia, θ_1. La **ley de refracción** o **ley de Snell**, señala que

$$\frac{\text{sen } \theta_2}{\text{sen } \theta_1} = \frac{v_2}{v_1} = \text{constante} \qquad (35.3)$$

donde θ_2 es el ángulo de refracción.

El **índice de refracción** de un medio, n, se define por medio de la razón

$$n \equiv \frac{c}{v} \qquad (35.4)$$

donde c es la velocidad de la luz en el vacío y v es la velocidad de la luz en el medio. En general, n varía con la longitud de onda y está dado por

$$n = \frac{\lambda_0}{\lambda_n} \qquad (35.7)$$

donde λ_0 es la longitud de onda en el vacío y λ_n es la longitud de onda en el medio.

Una forma alternativa de la ley de refracción de Snell es

$$n_1 \text{ sen } \theta_1 = n_2 \text{ sen } \theta_2 \qquad (35.8)$$

donde n_1 y n_2 son los índices de refracción en los dos medios. El rayo incidente, el rayo reflejado, el rayo refractado y la normal a la superficie se encuentran en el mismo plano.

El **principio de Huygens** establece que todos los puntos en un frente de onda pueden considerarse como fuentes puntuales para la producción de ondas secundarias. En algún tiempo posterior, la nueva posición del frente de onda es la superficie tangente a estas ondas secundarias.

La **reflexión interna total** puede ocurrir cuando la luz viaja de un medio de alto índice de refracción a uno de menor índice de refracción. El ángulo de incidencia mínimo, θ_c para el cual ocurre la reflexión total en una interfase está dado por

$$\text{sen } \theta_c = \frac{n_2}{n_1} \qquad (\text{para } n_1 > n_2) \qquad (35.10)$$

El **principio de Fermat** establece que cuando un rayo luminoso viaja entre dos puntos, su trayectoria es la que requiere el menor tiempo (o más generalmente, un extremo de una función, que puede ser un máximo).

PREGUNTAS

1. Luz de longitud de onda λ incide sobre una rendija de ancho d. ¿En qué condiciones es válida la aproximación de rayos? ¿En qué circunstancias la rendija produce suficiente difracción para que sea inválida la aproximación de rayos?
2. Las ondas sonoras tienen mucho en común con las ondas luminosas, incluidas las propiedades de reflexión y refracción. Proporcione ejemplos de estos fenómenos para ondas sonoras.
3. ¿Un rayo luminoso que viaja de un medio a otro siempre se desvía hacia la normal, como en la figura 35.8? Explique.
4. A medida que la luz viaja de un medio a otro, ¿cambia su longitud de onda? ¿Cambia la frecuencia? ¿La velocidad? Explique.
5. Un haz láser que pasa por una solución de azúcar no homogénea sigue una trayectoria curva. Explique.
6. Un haz láser ($\lambda = 632.8$ nm) incide sobre un pedazo de lucita, como en la figura 35.29. Parte del haz se refleja y parte se retracta. ¿Qué información puede obtener usted de esta fotografía?
7. Suponga que en el experimento mostrado en la figura 35.29, se utilizó luz azul en lugar de luz roja. ¿El haz refractado se desviaría a un ángulo mayor o menor?
8. El nivel del agua en un vaso de vidrio transparente y sin color se observa fácilmente a simple vista. El nivel de helio líquido en un recipiente de vidrio transparente es extremadamente difícil observar a simple vista. Explique.

FIGURA 35.29   (Pregunta 6 y 7) Luz de un haz láser de helio-neón ($\lambda = 632.8$ nm, luz roja) incide sobre un bloque de lucita. La fotografía muestra tanto los rayos reflejados como los refractados. ¿Puede usted identificar los rayos incidente, reflejado y refractado? A partir de esta fotografía, estime el índice de refracción de la lucita en esta longitud de onda. *(Henry Leap y Jim Lehman)*

9. Describa un experimento en el cual se utilice la reflexión interna para determinar el índice de refracción de un medio.
10. ¿Por qué un diamante muestra destellos de color cuando se observa con luz blanca?
11. Explique por qué un diamante brilla más que un cristal de vidrio de la misma forma y tamaño.
12. Explique por qué se ve doblado un remo en el agua.
13. Rediseñe el periscopio de la figura 35.25c de manera que pueda mostrarle dónde ha estado en vez de a dónde va.
14. En ciertas circunstancias, el sonido puede escucharse a distancias extremadamente largas. Esto sucede con frecuencia sobre un cuerpo de agua, donde el aire cerca de la superficie está más frío que el que se encuentra más arriba. Explique cómo la refracción de ondas sonoras en dicha situación podría aumentar la distancia a la cual puede escucharse el sonido.
15. ¿Por qué los astrónomos que investigan galaxias distantes hablan de mirar hacia atrás en el tiempo?
16. Un eclipse solar ocurre cuando la Luna queda entre la Tierra y el Sol. Emplee un diagrama para mostrar por qué en algunas áreas de la Tierra ven un eclipse total, en tanto que en otras ven un eclipse parcial y la mayor parte de las áreas no ven el eclipse.
17. Ciertas tiendas departamentales tienen sus ventanas ligeramente inclinadas hacia adentro en la parte inferior. Esto es para reducir el resplandor de la luces de la calle o del Sol, el cual dificultaría a los compradores ver lo que se exhibe en los aparadores. Dibuje un rayo luminoso que se refleje en una ventana de este tipo para mostrar cómo trabaja esta técnica.
18. Cuando dos colores de luz (X y Y) se envían a través de un prisma de vidrio, X se desvía más que Y. ¿Cuál de los colores viaja más lentamente en el prisma?
19. La figura 35.30 representa la luz solar incidiendo sobre una gota de agua en la atmósfera. Emplee las leyes de refracción y reflexión y el hecho de que la luz solar está compuesta por una amplia gama de longitudes de onda para estudiar la formación de arcoiris.

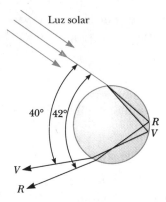

FIGURA 35.30   (Pregunta 19) Refracción de la luz solar por medio de una gota de lluvia esférica.

20. ¿Por qué el arco de un arcoiris aparece con rojo en la parte superior y violeta en la inferior?
21. ¿Cómo es posible que el círculo completo de un arcoiris pueda verse algunas veces desde un avión?
22. Usted puede hacer un reflector de esquina poniendo tres espejos planos en la esquina de un cuarto donde el techo y los muros se juntan. Muestre que sin importar dónde se encuentre usted en el cuarto, puede verse reflejado en los espejos, de cabeza.
23. Varios reflectores de esquina fueron dejados en el Mar de la Tranquilidad de la Luna por los astronautas del Apolo XI. ¿Cómo puede los científicos utilizar un haz láser enviado desde la Tierra incluso hoy en día para determinar la distancia precisa de la Tierra a la Luna?
24. ¿En qué condiciones se forma un espejismo? En un día caluroso, ¿qué es lo que vemos cuando observamos "agua sobre la carretera"?

PROBLEMAS

Sección 35.2   Medición de la velocidad de la luz

1. Durante el alunizaje del Apolo XI una alta pantalla reflectora se levantó sobre la superficie lunar. La velocidad de la luz se encuentra al medir el tiempo que tarda un haz láser en viajar desde la Tierra, reflejarse en la pantalla y regresar a nuestro planeta. Si este tiempo duró 2.51 s, ¿cuál es la velocidad medida de la luz? Tome la

☐ Indica problemas que tienen soluciones completas disponibles en el *Manual de soluciones del estudiante* y en la *Guía de estudio.*

distancia de centro a centro entre la Tierra y la Luna igual a 3.84×10^8 m, y no ignore los tamaños de la Tierra y de la Luna.

2. Como un resultado de sus observaciones, Roemer concluyó que el intervalo de tiempo entre eclipses de Io y Júpiter aumentaba en 22 min durante un periodo de 6 meses cuando la Tierra se movía de un punto en su órbita donde su movimiento era hacia Júpiter a un punto diametralmente opuesto donde se movía alejándose de dicho planeta. Empleando 1.5×10^8 km como el radio promedio de la órbita de la Tierra alrededor del Sol, calcule la velocidad de la luz a partir de estos datos.

3. La figura P35.3 presenta un aparato empleado para medir la distribución de velocidades de moléculas de gas. Consta de dos discos rotatorios con hendiduras separados por una distancia s, con las hendiduras desplazadas una de otra por un ángulo θ. Suponga que la velocidad de la luz se mide enviando un haz luminoso hacia el disco derecho de este aparato. a) Muestre que el haz luminoso incidirá en el detector (es decir, pasará a través de las dos hendiduras) sólo si su velocidad está dada por $c = \omega s / \theta$, donde ω es la velocidad angular de los discos y θ se mide en radianes. b) ¿Cuál es la velocidad de la luz medida si la distancia entre los dos discos rotatorios con las hendiduras es de 2.5 m, la hendidura en el segundo disco está desplazada $0.017°$ de la hendidura en el primer disco, y los discos giran a 5 555 rev/s?

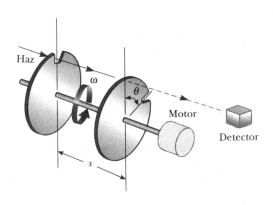

FIGURA P35.3

4. Albert Michelson empleó una versión mejorada de la técnica desarrollada por Fizeau para medir la velocidad de la luz. En uno de los experimentos de Michelson la rueda dentada se sustituyó por una rueda con 32 espejos idénticos montados sobre su perímetro, con el plano de cada espejo perpendicular al radio de la rueda. El recorrido total de la luz fue de 8 millas (obtenido por múltiples reflexiones del haz luminoso dentro de un tubo al vacío de 1 milla de largo). ¿Para qué velocidad angular mínima del espejo Michelson podría haber calculado la velocidad de la luz igual a 2.998×10^8 m/s?

5. En un experimento para medir la velocidad de la luz empleando el aparato de Fizeau (Fig. 35.2), la distancia entre la fuente luminosa y el espejo fue de 11.45 km y la rueda tuvo 720 muescas. El valor determinado experimentalmente de c fue 2.998×10^8 m/s. Calcule la velocidad angular mínima de la rueda para este experimento.

6. Si el experimento de Fizeau se efectúa de manera tal que la distancia del viaje redondo de la luz es 40 m, encuentre las dos velocidades más bajas de rotación que permitirían a la luz pasar a través de las muescas. Suponga que la rueda tiene 360 dientes y que la velocidad de la luz es 3×10^8 m/s. Repita el experimento para una distancia de viaje redondo de 4 000 m.

7. Emplee el valor de Roemer de 22 min del problema 2 y el valor aceptado actualmente de la velocidad de la luz en el vacío para determinar un valor promedio de la distancia entre la Tierra y el Sol.

Sección 35.4   Reflexión y refracción

(*Nota:* En esta sección si un valor de índice de refracción no se da, consúltese la tabla 35.1.)

8. Una moneda está en el fondo de una alberca de 1.00 m de profundidad. ¿Cuál es la profundidad aparente de la moneda, vista desde arriba de la superficie del agua?

9. La longitud de onda de luz láser roja de helio-neón en el aire es de 632.8 nm. a) ¿Cuál es su frecuencia? b) ¿Cuál es su longitud de onda en vidrio, el cual tiene un índice de refracción de 1.50? c) ¿Cuál es su velocidad en el vidrio?

10. Un estrecho haz de luz amarilla de sodio incide desde el aire sobre una superficie de agua tranquila a un ángulo $\theta_1 = 35.0°$. Determine el ángulo de refracción θ_2 y la longitud de onda de la luz en el agua.

11. Un buzo bajo el agua ve el Sol a un ángulo aparente de $45°$ respecto de la vertical. ¿Dónde está el Sol?

12. Un rayo luminoso en el aire incide sobre la superficie del agua a un ángulo de $30.0°$ respecto de la normal de la superficie. ¿Cuál es el ángulo del rayo refractado en relación con esta normal?

13. Un rayo de luz en el aire incide sobre una superficie plana de sílice. El rayo refractado forma un ángulo de $37.0°$ con la normal. Calcule el ángulo de incidencia.

14. Un rayo luminoso inicialmente en el agua entra a una sustancia transparente con un ángulo de incidencia de $37.0°$, y el rayo transmitido se refracta a un ángulo de $25.0°$. Calcule la velocidad de la luz en la sustancia transparente.

15. Un rayo de luz incide sobre un bloque de vidrio plano ($n = 1.50$) de 2.00 cm de espesor a un ángulo de $30.0°$ con la normal. Dibuje el haz luminoso a través del vidrio y encuentre los ángulos de incidencia y refracción en cada superficie.

16. Determine la velocidad de la luz en a) cristal, b) agua, y c) circón.

17. Luz de 436 nm de longitud de onda en el aire entra a una pecera llena de agua, luego sale a través de la pared de vidrio óptico del recipiente. ¿Cuál es la longitud de onda de la luz a) en el agua y b) en el vidrio?

18. Las superficies reflejantes de dos espejos planos que se intersectan a un ángulo de θ ($0° < \theta < 90°$), como en la figura P35.18. Si un rayo luminoso incide sobre el espejo horizontal, muestre que el rayo emergente intersectará al rayo incidente a un ángulo de $\beta = 180° - 2\theta$.

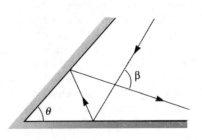

FIGURA P35.18

19. Una placa de vidrio de 1.00 cm de espesor y 4.00 cm de largo está hecha con dos prismas pegados. El prisma superior tiene un índice de refracción de 1.486 para luz azul y 1.472 para luz roja. El prisma inferior tiene un índice de refracción de 1.878 para luz azul y 1.862 para luz roja. Un rayo compuesto por luz roja y azul incide a 50.0° en la parte superior como se muestra en la figura P35.19. Determine los ángulos de salida para ambos rayos que atraviesan los prismas y el ángulo entre ellos.

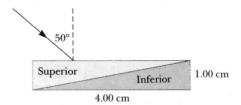

FIGURA P35.19

20. Un bloque de vidrio que tiene $n = 1.52$ y está rodeado por aire mide 10.0 cm × 10.0 cm. Para un ángulo de incidencia de 45.0°, ¿cuál es la distancia máxima x mos-

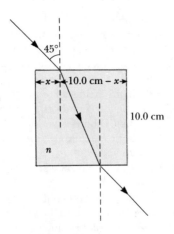

FIGURA P35.20

trada en la figura P35.20 de manera tal que el rayo emergerá del lado opuesto?

*Sección 35.5   Dispersión y prismas

21. Un rayo de luz incide en el punto medio de una cara de un prisma de vidrio de ángulos iguales ($n = 1.50$) a un ángulo de incidencia de 30.0°. Trace la trayectoria del rayo luminoso a través del vidrio y encuentre los ángulos de incidencia y refracción en cada superficie.

22. Un rayo de luz entra a la atmósfera de un planeta a lo largo de un radio y luego desciende hasta la superficie 20.0 km abajo. El índice de refracción donde la luz ingresa a la atmósfera es de 1.000, y éste aumenta uniformemente hasta la superficie, donde tiene un valor de 1.005. a) ¿Cuánto tarda el rayo en realizar este recorrido? b) Compare lo anterior con el tiempo necesario para cubrir la misma distancia en el vacío.

22A. Un rayo de luz entra a la atmósfera de un planeta a lo largo de un radio y luego desciende hasta la superficie una distancia h abajo. El índice de refracción donde la luz ingresa a la atmósfera es de 1.000, y éste aumenta uniformemente hasta la superficie, donde tiene un valor de n. a) ¿Cuánto tarda el rayo en realizar este recorrido? b) Compare lo anterior con el tiempo necesario para cubrir la misma distancia en el vacío.

23. Un estrecho rayo de luz blanca incide sobre un bloque de sílice a un ángulo de 30.0°. Encuentre el ancho angular del rayo luminoso dentro de la sílice.

23A. Un estrecho rayo de luz blanca incide sobre un bloque de sílice fundido a un ángulo θ. Encuentre el ancho angular del rayo luminoso dentro del sílice.

24. Cierto tipo de vidrio tiene un índice de refracción de 1.6500 para luz azul (430 nm) y un índice de 1.6150 para luz roja (680 nm). Si un haz que contiene estos dos colores incide a un ángulo de 30° sobre un pedazo de este vidrio, ¿cuál es el ángulo entre los dos haces dentro del vidrio?

25. Muestre que si el ángulo del ápice Φ de un prisma es pequeño, un valor aproximado para el ángulo de desviación mínima es $\delta_{mín} = (n - 1)\Phi$.

26. El índice de refracción para luz roja en el agua es 1.331, y el correspondiente a luz azul es 1.340. Si un rayo de luz blanca entra al agua con un ángulo de incidencia de 83.00°, ¿cuáles son los ángulos de refracción bajo el agua para las componentes azul y roja de la luz.

27. Un aparato experimental incluye un prisma hecho de cloruro de sodio. El ángulo de desviación mínima para luz de 589 nm de longitud de onda será de 10.0°. ¿Cuál es el ángulo del ápice del prisma que se necesita?

28. Luz de 700 nm de longitud de onda incide sobre la cara de un prisma de sílice a un ángulo de 75° (respecto de la normal a la superficie). El ángulo del ápice del prisma es de 60°. Emplee el valor de n de la figura 35.15 y calcule el ángulo a) de refracción en esta primera superficie,

b) de incidencia entre la segunda superficie, c) de refracción en la segunda superficie, y d) entre los rayos incidente y emergente.

29. Un prisma que tiene un ángulo de ápice de 50.0° está hecho de circona cúbica, con $n = 2.20$. ¿Cuál es el ángulo de desviación mínima?

30. Un prisma de vidrio triangular con ángulo de ápice de 60.0° tiene un índice de refracción $n = 1.50$. a) ¿Cuál es el ángulo de incidencia más pequeño θ_1 para el cual un rayo luminoso puede emerger del otro lado? (Vea la figura 35.19.) b) ¿Para qué ángulo de incidencia θ_1 el rayo luminoso sale al mismo ángulo θ_1?

31. El índice de refracción para luz violeta en cristal de sílice es 1.66 y el correspondiente a luz roja es 1.62. ¿Cuál es la dispersión angular promedio de luz visible que pasa a través de un prisma de ángulo de ápice igual a 60.0° si el ángulo de incidencia es de 50.0° (Fig. P35.31)?

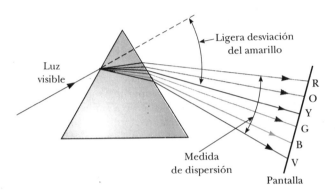

FIGURA P35.31

Sección 35.7 Reflección interna total

32. Un gran cubo de lucita ($n = 1.59$) tiene una pequeña burbuja de aire (un defecto en el proceso de fundido) debajo de una superficie. Cuando una pequeña moneda (1.90 cm de diámetro) se coloca directamente sobre la burbuja en el exterior del cubo, la burbuja no puede verse mirando hacia bajo dentro del cubo a ningún ángulo. Sin embargo, cuando una moneda un poco menor (1.75 cm) se pone directamente sobre la burbuja, ésta puede verse mirando hacia abajo dentro del cubo. ¿Cuál es el intervalo de posibles profundidades de la burbuja de aire debajo de la superficie?

33. Un cable de fibra óptica ($n = 1.50$) se sumerge en agua ($n = 1.33$). ¿Cuál es el ángulo crítico para que la luz se mantenga dentro del cable?

34. Un cubo de vidrio se pone sobre un periódico, el cual descansa sobre una mesa. Una persona lee las noticias a través del lado vertical del cubo. Determine el máximo índice de refracción del cubo.

35. Para luz de 589 nm, calcule el ángulo crítico correspondiente a los siguientes materiales rodeados por aire: a) diamante, b) cristal y c) hielo.

36. Repita el problema 35, pero ahora considere que los materiales están rodeados por agua.

37. Considere un espejismo común formado por aire sobrecalentado apenas arriba de la superficie de un camino. Si un observador mira desde 2.00 m sobre el camino (donde $n = 1.0003$) ve agua sobre el camino a $\theta_1 = 88.8°$, encuentre el índice de refracción del aire justo arriba de la superficie. (*Sugerencia*: Considere éste como un problema de reflexión interna total.)

38. Al viajar por el interior de un diamante, un rayo luminoso incide sobre la interfase entre el diamante y aire. ¿Cuál es el ángulo crítico para la reflexión interna total? Emplee la tabla 35.1. (La pequeñez de θ_c para el diamante significa que la luz es "atrapada" fácilmente dentro de un diamante y con el tiempo surge de las muchas caras cortadas; esto hace que un diamante sea más brillante que las piedras con n más pequeño y θ_c más grande.)

39. Una fibra óptica está hecha de un plástico claro para el cual el índice de refracción es 1.50. ¿Para qué ángulos con la superficie la luz permanece contenida dentro de la fibra?

PROBLEMAS ADICIONALES

40. Un poste de 4.00 de largo se mantiene vertical en un río que tiene una profundidad de 2.00 m. Cuando el Sol está 40.0° arriba de la horizontal, determine la longitud de la sombra del poste sobre el fondo del río. Considere el índice de refracción para el agua igual a 1.33.

40A. Un poste de longitud L se mantiene vertical en un río que tiene una profundidad d. Cuando el Sol está a un ángulo θ arriba de la horizontal, determine la longitud de la sombra del poste sobre el fondo del río. Considere el índice de refracción para el agua igual a n.

41. Una muestra de vidrio tiene un índice de refracción de 1.61 para la longitud de onda correspondiente a la línea brillante prominente en el espectro del sodio. Si un prisma equiangular está hecho de este vidrio, ¿qué ángulo de incidencia origina una desviación mínima de la línea de sodio?

42. Una moneda está en el fondo de un vaso de laboratorio de 6.00 cm de profundidad. El recipiente se llena hasta el borde con 3.50 cm de agua (índice de refracción = 1.33) cubierta por 2.50 cm de éter (índice de refracción = 1.36). ¿A qué profundidad parece estar la moneda cuando se mira desde la parte superior del recipiente?

43. Una pequeña luz de alberca submarina se encuentra a 1.00 m debajo de la superficie. La luz proveniente del agua forma un círculo sobre la superficie de la misma. ¿Cuál es el diámetro de este círculo?

44. Cuando el Sol está directamente arriba, un estrecho rayo de luz entra a una catedral por un pequeño agujero en el techo y forma un punto luminoso sobre el piso, 10.0 m abajo. a) ¿A qué velocidad? (en centímetros por minuto) el punto se mueve por el piso (plano)? b) Si un espejo se coloca sobre el piso para intersectar la luz, ¿a qué velocidad el punto reflejado se mueve por el techo?

45. Un vaso para beber tiene 4.00 cm de ancho en el fondo, como se muestra en la figura P35.45. Cuando un observador mira como se indica, éste ve el borde del fondo del vaso. Cuando éste se llena con agua, el observador ve el centro del fondo del vaso. Encuentre la altura del vidrio.

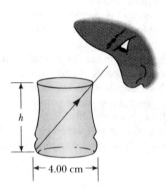

FIGURA P35.45

46. Un material que tiene un índice de refracción $n = 2.0$ está rodeado por el vacío y tiene la forma de un cuarto de círculo de radio $R = 10$ cm (Fig. P35.46). Un rayo luminoso paralelo a la base del material incide desde la izquierda a una distancia $L = 5.0$ cm sobre la base y emerge del material a un ángulo θ. Determine el valor de θ.

46A. Un material que tiene un índice de refracción n está rodeado por el vacío y tiene la forma de un cuarto de círculo de radio R (Fig. P35.46). Un rayo luminoso paralelo a la base del material incide desde la izquierda a una distancia L sobre la base y emerge del material a un ángulo θ. Determine una expresión para θ en función de L, n y R.

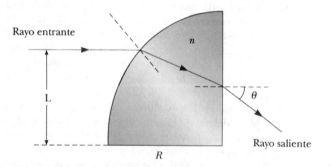

FIGURA P35.46

47. Obtenga la ley de reflexión (ecuación 35.2) a partir del principio de tiempo mínimo de Fermat. (Vea el procedimiento descrito en la sección 35.8 para obtener la ley de refracción a partir del principio de Fermat.)

48. El ángulo entre los dos espejos de la figura P35.48 es recto. El haz de luz en el plano vertical P incide sobre el espejo 1, como se indica. a) Determine la distancia que el haz luminoso reflejado viaja antes de llegar al espejo 2. b) ¿En qué dirección el haz de luz viaja después de reflejarse en el espejo 2?

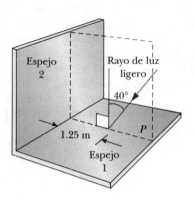

FIGURA P35.48

49. Un rayo luminoso de 589 nm de longitud de onda incide a un ángulo θ sobre la superficie superior de un bloque de poliestireno, de acuerdo a como se indica en la figura P35.49. a) Determine el valor máximo de θ para el cual el rayo refractado experimenta reflexión total interna en la cara vertical izquierda del bloque. Repita el cálculo para el caso en el cual el bloque de poliestireno está sumergido en b) agua, y c) disulfuro de carbono.

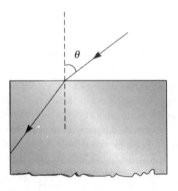

FIGURA P35.49

50. Un material cilíndrico de radio $R = 2.00$ m tiene una superficie plateada sobre su mitad derecha, como en la figura P35.50. Un rayo luminoso que viaja en el aire incide en el lado izquierdo del cilindro. Si el rayo luminoso incidente y el rayo luminoso de salida son paralelos y $d = 2.00$ m, determine el índice de refracción del material.

51. Un excursionista está parado en la cima de una montaña, cerca de la puesta del Sol, y observa un arcoiris causado por gotas de agua en el aire aproximadamente a 8 km de distancia. El valle está 2 km abajo de la cima de la montaña y es enteramente plano. ¿Qué fracción del arco circular completo del arcoiris es visible para el excursionista?

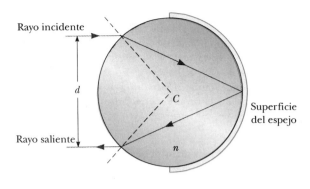

FIGURA P35.50

52. Un pescado está a una profundidad d bajo el agua. Demuestre que cuando se mira desde un ángulo de incidencia θ_1, la profundidad aparente z del pescado es

$$z = \frac{3d \cos \theta_1}{\sqrt{7 + 9 \cos^2 \theta_1}}$$

53. Un rayo luminoso incide sobre un prisma y se refracta en la primera superficie, como se muestra en la figura P35.53. Considere que Φ representa el ángulo del ápice del prisma y que n es su índice de refracción. Determine, en función de n y Φ, el valor permisible más pequeño del ángulo de incidencia en la primera superficie para el cual el rayo refractado no experimenta reflexión interna en la segunda superficie.

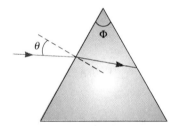

FIGURA P35.53

54. El prisma que se muestra en la figura P35.54 tiene un índice de refracción de 1.55. Incide luz a un ángulo de 20°. Determine el ángulo θ al cual la luz emerge.

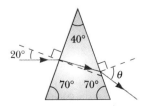

FIGURA P35.54

55. Un haz láser incide sobre un extremo de una placa de material, como se indica en la figura P35.55. El índice de refracción de la placa es 1.48. Determine el número de reflexiones internas del haz antes de que salga por el lado opuesto de la placa.

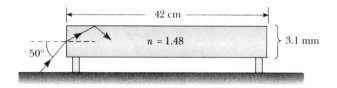

FIGURA P35.55

56. El método de A · H. Pfund para medir el índice de refracción del vidrio se muestra en la figura P35.56. Una cara de la placa de espesor t se pinta de color blanco, y un pequeño agujero raspado completamente en el punto P sirve como una fuente de rayos divergentes cuando la placa se ilumina desde abajo. El rayo PBB' incide en la superficie clara con el ángulo crítico y se refleja totalmente, como es el caso de los rayos PCC'. Rayos como PAA' emergen de la superficie clara. Sobre la superficie pintada aparece un círculo oscuro de diámetro d rodeado por una región iluminada, o halo. a) Determine una fórmula para n en términos de las cantidades medidas d y t. b) ¿Cuál es el diámetro del círculo oscuro si $n = 1.52$ para una placa de 0.600 cm de espesor? c) Si se emplea luz blanca, el ángulo crítico depende del color producido por la dispersión. ¿El borde interior del halo blanco se tiñe con luz roja o con luz violeta? Explique.

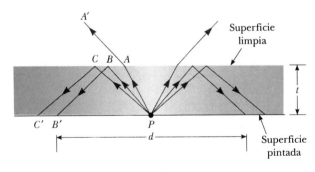

FIGURA P35.56

57. El haz luminoso de la figura P35.57 incide sobre la superficie 2 con el ángulo crítico. Determine el ángulo de incidencia θ_1.

58. Unos estudiantes dejan que un estrecho haz láser de luz incida sobre la superficie del agua. Hacen los arreglos para medir el ángulo de refracción respecto de ángulos

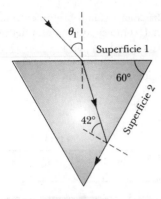

FIGURA P35.57

de incidencia seleccionados y registran los datos mostrados en la tabla siguiente. Utilice los datos para verificar la ley de refracción de Snell graficando el seno del ángulo de incidencia contra el seno del ángulo de refracción. Utilice la gráfica resultante para obtener el índice de refracción del agua.

Ángulo de incidencia (grados)	Ángulo de refracción (grados)
10.0	7.5
20.0	15.1
30.0	22.3
40.0	28.7
50.0	35.2
60.0	40.3
70.0	45.3
80.0	47.7

59. Un rayo luminoso que viaja en el aire incide sobre una cara de un prisma de ángulo recto de índice de refracción $n = 1.5$, como en la figura P35.59, y el rayo sigue la trayectoria mostrada en la figura. Si $\theta = 60°$ y la base del prisma es plateada, determine el ángulo ϕ formado por el rayo saliente con la normal a la cara recta del prisma.

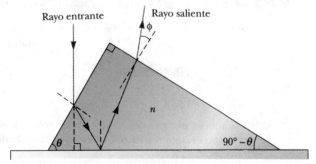

FIGURA P35.59

59A. Un rayo luminoso que viaja en el aire incide sobre una cara de un prisma de ángulo recto de índice de refracción n. El rayo sigue la trayectoria mostrada en la figura P35.59. Si la base del prisma es plateada, determine el ángulo ϕ formado por el rayo saliente con la normal a la cara recta del prisma en función de n y el ángulo θ.

60. Un pedazo de alambre se dobla un ángulo θ. El alambre doblado se sumerge parcialmente en benceno (índice de refracción = 1.50) de manera que al observar desde la parte "seca" del alambre, éste aparece recto y forma un ángulo de 30.0° con la horizontal. Determine el valor de θ.

61. Un rayo luminoso entra a un bloque rectangular de plástico con un ángulo de $\theta_1 = 45°$ y emerge a un ángulo de $\theta_2 = 76°$, como en la figura P35.61. a) Determine el índice de refracción del plástico. b) Si el rayo luminoso entra al plástico en un punto $L = 50$ cm desde el borde del fondo, ¿cuánto tarda el rayo luminoso en viajar a través del plástico?

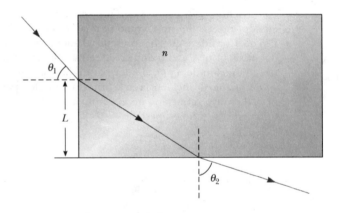

FIGURA P35.61

PROBLEMA DE HOJA DE CÁLCULO

S1. La hoja de cálculo 35.1 calcula el ángulo de refracción y el ángulo de desviación de haces luminosos de diferentes ángulos de incidencia que recorren un prisma de ángulo de ápice Φ. Los parámetros de entrada son el índice de retracción n y el ángulo de ápice Φ (Fig. PS35.1). Cuando el ángulo de incidencia θ_1 aumenta desde cero, el ángulo de desviación δ disminuye, alcanza un valor mínimo y luego aumenta. En la desviación mínima

$$n \, \text{sen} \, \frac{\Phi}{2} = \text{sen} \, \frac{\Phi + \delta_{\text{mín}}}{2} = \text{sen} \, \theta$$

Esta ecuación se emplea para determinar experimentalmente el valor n de cualquier prisma transparente. a) Para vidrio óptico ($n = 1.52$ y $\Phi = 60°$), encuentre el ángulo de desviación mínimo a partir de la gráfica. Con la

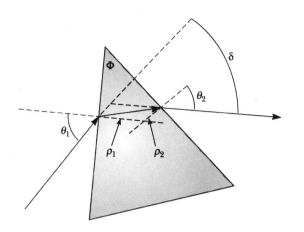

FIGURA P35.1

hoja de cálculo verifique estas ecuaciones. En este ángulo de desviación mínima, ¿cómo se relaciona el ángulo ρ_1 con ρ_2? b) Debido a que el índice de refracción depende un poco de la longitud de onda, varíe n entre 1.50 y 1.55 y observe cómo el ángulo de desviación mínimo cambia con la longitud de onda. c) Elija varios valores diferentes para Φ y advierta los ángulos de desviación mínimos para cada uno.

"La mayor parte de los espejos invierten la derecha y la izquierda. Éste invierte arriba y abajo."

Óptica geométrica

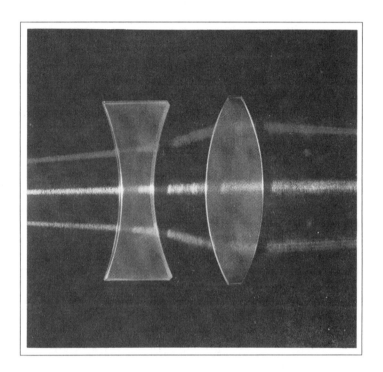

Rayos casi paralelos inciden sobre un lente divergente (cóncavo) a la izquierda. Los rayos rojo y azul refractados por el lente divergente se desvían alejándose de la horizontal cuando pasan a través del lente convergente a la derecha. El efecto neto es producir rayos casi paralelos a la derecha.
(Richard Megna/Fundamental Photographs)

Este capítulo está relacionado con las imágenes que se forman cuando ondas esféricas inciden sobre superficies planas y esféricas. Descubrimos que las imágenes pueden formarse por reflexión o por refracción y que los espejos y lentes trabajan gracias a estos fenómenos. Estos dispositivos, empleados comúnmente en instrumentos y sistemas ópticos, se describen en detalle. Asimismo, en este capítulo empleamos también la aproximación de rayos y suponemos que la luz viaja en líneas rectas, ambas categorías válidas debido a que estudiamos el campo denominado *óptica geométrica*. El campo de la óptica ondulatoria se estudia en capítulos subsecuentes.

36.1 IMÁGENES FORMADAS POR ESPEJOS PLANOS

En este capítulo analizamos la manera en la cual instrumentos ópticos, como los lentes y los espejos, forman imágenes. La investigación se inicia a partir del espejo más sencillo posible: el espejo plano.

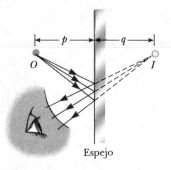

FIGURA 36.1 Una imagen formada por reflexión en un espejo plano. El punto imagen, *I*, se localiza detrás del espejo a una distancia *q*, la cual es igual a la distancia al objeto, *p*.

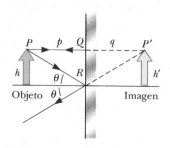

FIGURA 36.2 Construcción geométrica empleada para localizar la imagen de un objeto situado enfrente de un espejo plano. Debido a que los triángulos *PQR* y *P'QR* son congruentes, *p* = *q*, y *h* = *h'*.

Considere una fuente puntual de luz ubicada en *O* en la figura 36.1, a una distancia *p* frente a un espejo plano. La distancia *p* se denomina la **distancia al objeto**. Los rayos luminosos salen de la fuente y se reflejan en el espejo, y después de la reflexión, divergen (se dispersan), pero para el observador parece que provienen de un punto *I* localizado detrás del espejo. El punto *I* se denomina la **imagen** del objeto en *O*. Independientemente del sistema que se estudie, las imágenes se forman siempre de la misma manera. *Las imágenes se forman ya sea en el punto donde los rayos de luz se intersectan en realidad o en el punto desde el cual parece que se originan.* Puesto que los rayos de la figura 36.1 parecen originarse en *I*, la cual es una distancia *q* detrás del espejo, ésta es la localización de la imagen. La distancia *q* recibe el nombre de **distancia de la imagen**.

Las imágenes se clasifican como reales y como virtuales. Una **imagen real** es *aquella en la cual los rayos convergen en el punto de la imagen;* una **imagen virtual** es *aquella en la cual los rayos luminosos no convergen en el punto de la imagen sino que parecen emanar desde ese punto.* La imagen formada por el espejo de la figura 36.1 es virtual. Las imágenes vistas en los espejos planos *siempre son virtuales.* Con frecuencia, las imágenes reales pueden exhibirse sobre una pantalla (como en una película), pero las imágenes virtuales no pueden exhibirse sobre una pantalla.

Examinemos las propiedades de las imágenes formadas por espejos planos usando las sencillas técnicas geométricas mostradas en la figura 36.2. Con el fin de encontrar dónde se forma una imagen, siempre es necesario seguir por lo menos dos rayos de luz cuando se reflejan en el espejo. Uno empieza en *P*, sigue una trayectoria horizontal hacia el espejo y se refleja de regreso sobre sí mismo. El segundo rayo sigue la trayectoria oblicua *PR* y se refleja como se indica. Un observador a la izquierda del espejo trazaría los dos rayos reflejados de regreso al punto desde el cual aparentemente se originaron, es decir, el punto *P'*. Una continuación de este proceso para puntos sobre el objeto distintos de *P* produciría en una imagen virtual (dibujada como una flecha) a la derecha del espejo. Puesto que los triángulos *PQR* y *P'QR* son congruentes, *PQ* = *P'Q*. Por consiguiente, concluimos que *la imagen formada por un objeto situado frente a un espejo plano está a la misma distancia detrás del espejo que la del objeto frente al espejo.*

La geometría muestra también que la altura del objeto, *h*, es igual a la altura de la imagen *h'*. Definimos el **aumento lateral**, *M*, como sigue:

$$M \equiv \frac{\text{altura de la imagen}}{\text{altura del objeto}} = \frac{h'}{h} \qquad (36.1)$$

Ésta es una definición general del aumento lateral de cualquier tipo de espejo. *M* = 1 para un espejo plano debido a que en este caso *h'* = *h*.

La imagen formada por un espejo plano tiene una propiedad más importante: se invierte adelante y atrás, pero no se invierte a la izquierda y a la derecha o arriba y abajo. Si usted se encuentra frente al espejo y levanta su mano derecha, la imagen levanta la mano sobre su derecha, lo cual usted interpreta como la mano izquierda de la imagen debido a que la imagen encara la dirección opuesta a usted.

Así, concluimos que la imagen formada por un espejo plano tiene las siguientes propiedades:

- La imagen está atrás del espejo la misma distancia a la cual el objeto está frente de éste.
- La imagen no está magnificada, es virtual y está de pie. (Por de pie entendemos que, si la flecha del objeto apunta hacia arriba como en la figura 36.2, eso mismo pasa con la flecha de la imagen.)
- La imagen se ha invertido de atrás hacia adelante.

EJEMPLO CONCEPTUAL 36.1   **Imágenes múltiples formadas por dos espejos**

En la figura 36.3 se muestra cómo dos espejos planos forman entre sí un ángulo recto, y un objeto se coloca en el punto O. En este caso, se forman múltiples imágenes. Localice las posiciones de estas imágenes.

Razonamiento   La imagen del objeto está en I_1 en el espejo 1 y en I_2 en el espejo 2. Además, se forma una tercera imagen en I_3 que es la imagen de I_1 en el espejo 2 o, de una forma similar, la imagen de I_2 en el espejo 1. Esto significa que la imagen en I_1 (o I_2) sirve como el objeto para I_3. Con el fin de formar esta imagen observe que en I_3 los rayos se reflejan dos veces después de dejar al objeto en O.

Ejercicio   Dibuje los rayos correspondientes al mirar las imágenes en I_1 e I_2 y muestre que la luz se refleja sólo una vez en estos casos.

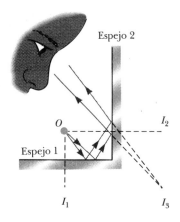

FIGURA 36.3 (Ejemplo conceptual 36.1) Cuando un objeto se coloca enfrente de dos espejos mutuamente perpendiculares, como se muestra, se forman tres imágenes.

EJEMPLO CONCEPTUAL 36.2   **El profesor que levita**

El profesor en la caja que se muestra en la figura 36.4 parece que se balanceara sobre unos cuantos dedos con los dos pies sin tocar del piso. El profesor puede mantener esta posición durante un tiempo prolongado y parecería que desafía a la gravedad. ¿Cómo supone usted que se crea esta ilusión?

Razonamiento   Éste es un ejemplo de una ilusión óptica, utilizada por los magos, que emplea un espejo. La caja sobre la que el profesor está parado es una armazón cúbica que contiene un espejo vertical plano sobre de su plano diagonal. El profesor se monta sobre el espejo de modo que un pie está enfrente del espejo que usted mira y el otro pie está detrás del espejo que usted no puede ver. Cuando levanta el pie que usted ve enfrente del espejo, también se levanta la imagen reflejada de este pie, de modo que parece que flota en el aire.

FIGURA 36.4 (Ejemplo conceptual 36.2) Una ilusión óptica.   *(Henry Leap y Jim Lehman)*

EJEMPLO CONCEPTUAL 36.3   **El espejo retrovisor inclinado**

La mayor parte de los espejos retrovisores en los autos tienen un ajuste para el día y otro para la noche. El ajuste nocturno disminuye en gran medida la intensidad de la imagen por lo que las luces de los vehículos traceros no ciegan al conductor. ¿Cómo trabaja dicho espejo?

Razonamiento   Observe la figura 36.5, la cual representa una vista de la sección transversal del espejo para los dos ajustes. El

espejo es una cuña de vidrio con un espejo reflector en el lado posterior. Cuando el espejo está en el ajuste de día, como en la figura 36.5a, la luz de un objeto detrás del auto incide en el espejo en el punto 1. La mayor parte de la luz entra en la cuña, se refracta y se refleja en la parte posterior del espejo para regresar a la superficie frontal, donde se vuelve a refractar y entra otra vez al aire en forma del rayo B (por *brillar*). Además, una pequeña porción de la luz se refleja en la superficie frontal, se gún se indica por medio del rayo *D* (por *oscurecer, dim*, en inglés). Esta luz reflejada atenuada es la que causa la imagen observada cuando el espejo está en el ajuste nocturno, como en la figura 36.5b. En este caso, la cuña se gira de modo que la trayectoria seguida por la luz brillante (rayo *B*) no llegue al ojo. En vez de eso, la luz débil que se refleja en la superficie frontal viaja hacia el ojo, y la brillantez de los faros de atrás no se vuelve un peligro.

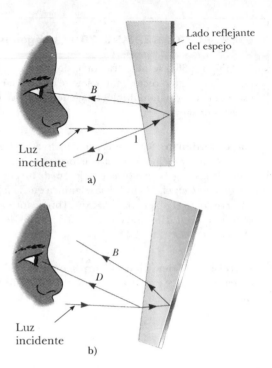

FIGURA 36.5 (Ejemplo conceptual 36.3) Una vista de la sección transversal de un espejo retrovisor. a) El ajuste de día forma una imagen brillante, *B*. b) El ajuste de noche forma una imagen oscura, *D*.

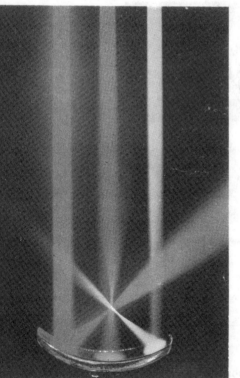

Rayos luminosos rojo, azul y verde se reflejan en un espejo parabólico. Observe que el punto focal donde los tres rayos se encuentran es luz blanca. *(Ken Kay/Fundamental Photographs)*

36.2 IMÁGENES FORMADAS POR ESPEJOS ESFÉRICOS

Espejos cóncavos

Un **espejo esférico**, como su nombre lo indica, tiene la forma de un segmento de una esfera. La figura 36.6a muestra la sección transversal de un espejo esférico cuya superficie está representada por la línea negra curva y continua. (La banda azul representa el área detrás del espejo.) Un espejo como éste, en el cual la luz se refleja en la superficie cóncava interior, recibe el nombre de **espejo cóncavo**. El espejo tiene un radio de curvatura *R* y su centro de curvatura se localiza en el punto *C*. El

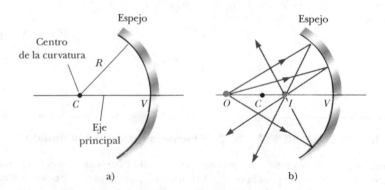

FIGURA 36.6 a) Un espejo cóncavo de radio *R* cuyo centro de curvatura está localizado en *C*, sobre el eje principal. b) Un objeto puntual situado en *O* frente a un espejo esférico cóncavo de radio *R*, donde *O* es cualquier punto sobre el eje principal que está más alejado que *R* de la superficie del espejo, forma una imagen real en *I*. Si los rayos divergen desde *O* a ángulos pequeños, todos se reflejan a través del mismo punto imagen.

punto *V* está en el centro del segmento esférico, y una línea dibujada de *C* a *V* se denomina el **eje principal** del sistema óptico.

Considere ahora una fuente puntual de luz colocada en el punto *O* en la figura 36.6b, localizado sobre el eje principal a la izquierda del punto *C*. Se muestran varios rayos divergentes que se originan en *O*. Después de reflejarse en el espejo, estos rayos convergen (se juntan) en el punto de la imagen *I*. Los rayos continúan después de divergir a partir de *I* como si ahí hubiera un objeto. Como consecuencia, se forma una imagen real.

En lo que sigue, suponemos que todos los rayos que divergen desde el objeto forman un pequeño ángulo con el eje principal. Dichos rayos se denominan **rayos paraxiales**. Todos los rayos de este tipo se reflejan a través del punto imagen, como en la figura 36.6b. Los rayos que están más lejos del eje principal, como en la figura 36.7, convergen hacia otros puntos sobre el eje principal, y producen una imagen difusa. Este efecto, denominado **aberración esférica**, se presenta hasta cierto grado en cualquier espejo esférico y se estudia en la sección 36.5.

Con la geometría mostrada en la figura 36.8 podemos calcular la distancia a la imagen *q* a partir de un conocimiento de la distancia al objeto *p* y del radio de curvatura del espejo, *R*. Por convención, estas distancias se miden desde el punto *V*. La figura 36.8 muestra dos rayos de luz que salen de la punta del objeto. Uno de estos rayos pasa por el centro de curvatura, *C*, del espejo, incide normal a la superficie del espejo y se refleja de regreso sobre sí mismo. El segundo rayo llega al espejo en el centro, punto *V*, y se refleja como se muestra, obedeciendo la ley de la reflexión. La imagen de la punta de la flecha se localiza en el punto donde estos rayos se intersectan. De acuerdo con el triángulo rectángulo más grande en la figura 36.8, cuya base es *OV*, vemos que $\tan\theta = h/p$, en tanto que el triángulo recto de color azul produce $\tan\theta = -h'/q$. El signo negativo se incluye debido a que la imagen está invertida, por lo que h' se considera negativa. De este modo, de la ecuación 36.1 y estos resultados, encontramos que el aumento del espejo es

$$M = \frac{h'}{h} = -\frac{q}{p} \tag{36.2}$$

Advertimos también de los otros dos triángulos de la figura 36.8 que

$$\tan\alpha = \frac{h}{p-R} \qquad y \qquad \tan\alpha = -\frac{h'}{R-q}$$

a partir de lo cual encontramos que

$$\frac{h'}{h} = -\frac{R-q}{p-R} \tag{36.3}$$

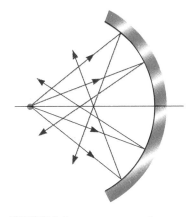

FIGURA 36.7 Los rayos a grandes ángulos respecto del eje horizontal se reflejan en un espejo cóncavo esférico hasta intersectar el eje principal en diferentes puntos, originando una imagen borrosa. Esto recibe el nombre de *aberración esférica*.

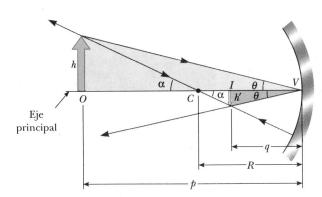

FIGURA 36.8 Imagen formada por un espejo cóncavo esférico donde el objeto *O* está fuera del centro de curvatura, *C*.

Si comparamos las ecuaciones 36.2 y 36.3, vemos que

$$\frac{R - q}{p - R} = \frac{q}{p}$$

Por álgebra simple esto se reduce a

$$\frac{1}{p} + \frac{1}{q} = \frac{2}{R} \qquad (36.4)$$

Esta expresión recibe el nombre de la **ecuación del espejo**, y se aplica sólo a rayos paraxiales.

Si el objeto está muy lejos del espejo, es decir, si la distancia al objeto, p, es suficientemente grande comparada con R, de modo que pueda decirse que p se acerca al infinito, entonces $1/p \approx 0$, y de la ecuación 36.4 vemos que $q \approx R/2$. Esto significa que cuando el objeto está muy lejos del espejo, *el punto imagen está a la mitad entre el centro de curvatura y el centro del espejo*, como en la figura 36.9a. Los rayos son esencialmente paralelos en esta figura debido a que, se supone, la fuente está muy lejos del espejo. En este caso especial llamamos al punto imagen el **punto focal**, *F*, y a la distancia imagen la **longitud focal**, *f*, donde

Longitud focal

$$f = \frac{R}{2} \qquad (36.5)$$

Por lo tanto, la ecuación del espejo puede expresarse en función de la longitud focal:

Ecuación del espejo

$$\frac{1}{p} + \frac{1}{q} = \frac{1}{f} \qquad (36.6)$$

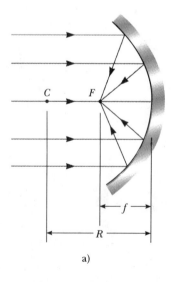

a)

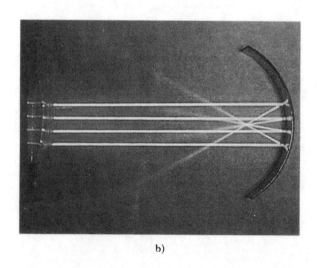

b)

FIGURA 36.9 a) Los rayos luminosos provenientes de un objeto distante ($p \approx \infty$) se reflejan en un espejo cóncavo y pasan por el punto focal, *F*. En este caso, la distancia a la imagen es $q = R/2$ $= f$, donde *f* es la distancia focal del espejo. b) Fotografía de la reflexión de rayos paralelos en un espejo cóncavo. *(Henry Leap y Jim Lehman)*

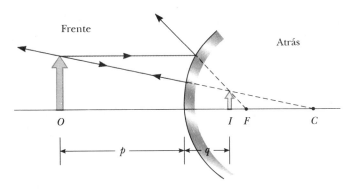

FIGURA 36.10 Formación de una imagen por medio de un espejo convexo esférico. La imagen formada por el espejo real es virtual y está de pie.

Espejo cilíndrico convexo: reflexión de líneas paralelas. La imagen de cualquier objeto enfrente del espejo es virtual, está de pie y ha disminuido su tamaño. (© *Richard Megna 1990, Fundamental Photographs*)

Espejos convexos

La figura 36.10 muestra la formación de una imagen por medio de un **espejo convexo**, es decir, uno plateado, de manera tal que la luz se refleja en la superficie convexa exterior. Se conoce como **espejo divergente** debido a que los rayos desde cualquier punto sobre un objeto real divergen después de la reflexión, como si hubieran provenido del mismo punto detrás del espejo. La imagen en la figura 36.10 es virtual debido a que los rayos reflejados sólo parecen originarse en el punto imagen. Además, la imagen siempre está de pie y es más pequeña que el objeto, como se muestra en la figura.

No obtenemos ninguna ecuación para los espejos esféricos convexos debido a que podemos emplear las ecuaciones 36.2, 36.4 y 36.6, ya sea para espejos cóncavos o convexos, si seguimos el siguiente procedimiento. Nos referiremos a la región en la cual los rayos se mueven como el *lado frontal* del espejo, y al otro lado, donde se forman las imágenes virtuales, como el *lado posterior*. Por ejemplo, en las figuras 36.7 y 36.9, el lado a la izquierda de los espejos es el lado frontal y el lado a la derecha de los espejos es el lado posterior. La figura 36.11 es útil para entender las reglas para las distancias al objeto y a la imagen, y la tabla 36.1 resume las convenciones de signo para todas las cantidades necesarias.

Diagramas de rayos para espejos

La posición y tamaño de las imágenes formadas por espejos puede determinarse de manera conveniente empleando *diagramas de rayos*. Estas construcciones gráficas nos indican la naturaleza total de la imagen y pueden utilizarse para verificar resultados

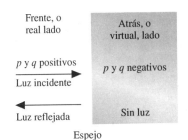

FIGURA 36.11 Un diagrama para describir los signos de p y q para espejos convexos y cóncavos.

TABLA 36.1 Convención de signos para espejos

p es + si el objeto está enfrente del espejo (objeto real).
p es – si el objeto está detrás del espejo (objeto virtual).
q es + si la imagen está enfrente del espejo (imagen real).
q es – si la imagen está detrás del espejo (imagen vitual).

Tanto f como R son + si el centro de curvatura está enfrente del espejo (espejo cóncavo).
Tanto f como R son – si el centro de curvatura está detrás del espejo (espejo convexo).

Si M es positiva, la imagen está de pie.
Si M es negativa, la imagen está invertida.

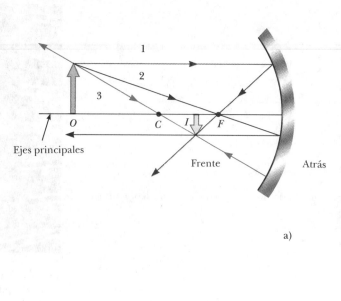
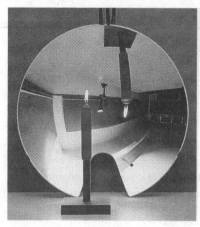

a)

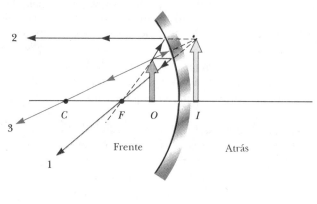

b)

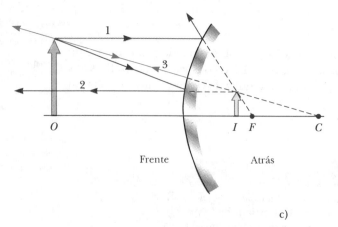

c)

FIGURA 36.12 Diagrama de rayos para espejos esféricos y fotografías correspondientes de las imágenes de velas. a) Cuando el objeto se localiza de manera que el centro de curvatura está entre el objeto y la superficie del espejo cóncavo, la imagen es real, invertida y de tamaño reducido. b) Cuando el objeto se localiza entre el punto focal y la superficie del espejo cóncavo, la imagen es virtual, está de pie y alargada. c) Cuando el objeto está frente a un espejo convexo esférico, la imagen es virtual, está de pie y es de tamaño reducido.

calculados a partir de las ecuaciones de espejo y de aumento. En estos diagramas necesitamos conocer la posición del objeto y la localización del centro de curvatura. Con objeto de localizar la imagen, se construyen tres rayos, como se muestra con diversos ejemplos en la figura 36.2. Todos estos rayos parten de cualquier punto del objeto (aunque por simplicidad en nuestros ejemplos siempre elegimos la punta de la flecha) y se dibujan del modo siguiente:

- El rayo 1 se dibuja desde la parte superior del objeto paralelo al eje óptico y se refleja a través del punto focal, *F*.
- El rayo 2 se dibuja desde la parte superior del objeto a través del punto focal. Así, se refleja paralelo al eje óptico.
- El rayo 3 se dibuja desde la parte superior del objeto a través del centro de curvatura, *C*, y se refleja de regreso sobre sí mismo.

En la intersección de dos de estos rayos se localiza la imagen. El tercer rayo servirá como una verificación de la construcción que usted realice. El punto imagen obtenido de este modo siempre debe concordar con el valor de *q*, calculado a partir de la ecuación del espejo.

Observe lo que sucede con espejos cóncavos cuando el objeto se acerca al espejo. La imagen invertida real en la figura 36.12a se mueve hacia la izquierda a medida que el objeto se aproxima al punto focal. Cuando el objeto se encuentra en el punto focal, la imagen está infinitamente lejos del lado izquierdo. Sin embargo, cuando el objeto está entre el punto focal y la superficie del espejo, como en la figura 36.12b, la imagen es virtual y está de pie. Por último, para el espejo convexo mostrado en la figura 36.12c, la imagen de un objeto real siempre es virtual y está de pie. En este caso, conforme la distancia al objeto aumenta, la imagen virtual reduce su tamaño y se acerca al punto focal a medida que *p* se aproxima al infinito. Usted debe construir otros diagramas para verificar cómo varía la posición de la imagen con la posición del objeto.

EJEMPLO 36.4   La imagen para un espejo cóncavo

Suponga que cierto espejo esférico cóncavo tiene una longitud focal de 10.0 cm. Encuentre la ubicación de la imagen para distancias al objeto de a) 25.0 cm, b) 10.0 cm y c) 5.00 cm. Describa la imagen en cada caso.

Solución   a) Para una distancia al objeto de 25.0 cm, encontramos la distancia a la imagen empleando la ecuación del espejo:

$$\frac{1}{p} + \frac{1}{q} = \frac{1}{f}$$

$$\frac{1}{25.0 \text{ cm}} + \frac{1}{q} = \frac{1}{10.0 \text{ cm}}$$

$$q = \boxed{16.7 \text{ cm}}$$

El aumento está dado por la ecuación 36.2:

$$M = -\frac{q}{p} = -\frac{16.7 \text{ cm}}{25.0 \text{ cm}} = -0.668$$

Este valor de *M* significa que la imagen es más pequeña que el objeto. El signo negativo indica que la imagen está invertida. Por último, como *q* es positiva, la imagen se localiza en el lado frontal del espejo y es real. Esta situación se describe en la figura 36.12a.

b) Cuando la distancia al objeto es 10.0 cm, el objeto se localiza en el punto focal. Sustituyendo los valores *p* = 10.0 cm y *f* = 10.0 cm en la ecuación del espejo, encontramos

$$\frac{1}{10.0 \text{ cm}} + \frac{1}{q} = \frac{1}{10.0 \text{ cm}}$$

$$q = \boxed{\infty}$$

De este modo, vemos que los rayos de luz que se originan en un objeto localizado en el punto focal de un espejo se reflejan de manera tal que la imagen se forma a una distancia infinita del espejo; es decir, los rayos viajan paralelos entre sí después de la reflexión.

c) Cuando el objeto está en la posición *p* = 5.00 cm, se ubica entre el punto focal y la superficie del espejo. En este caso, la ecuación del espejo produce

$$\frac{1}{5.00 \text{ cm}} + \frac{1}{q} = \frac{1}{10.0 \text{ cm}}$$

$$q = \boxed{-10.0 \text{ cm}}$$

Es decir, la imagen es virtual debido a que está localizada detrás del espejo. El aumento es

$$M = -\frac{q}{p} = -\left(\frac{-10.0 \text{ cm}}{5.00 \text{ cm}}\right) = 2.00$$

A partir de esto, vemos que la imagen es dos veces más grande que el objeto y el signo positivo para M indica que la imagen está de pie (Fig. 36.12b). El valor negativo de q significa que la imagen está detrás del espejo y es virtual.

Observe las características de las imágenes formadas por un espejo esférico cóncavo. Cuando el punto focal se encuentra entre el objeto y la superficie del espejo, la imagen está invertida y es real; cuando el objeto se ubica en el punto focal, la imagen se forma en el infinito; con el objeto entre el punto focal y la superficie del espejo, la imagen está de pie y es virtual.

Ejercicio   Si la distancia al objeto es 20.0 cm, encuentre la distancia a la imagen y el aumento del espejo.

Respuesta $q = 20.0$ cm, $M = -1.00$.

EJEMPLO 36.5   La imagen para un espejo convexo

Un objeto de 3.00 cm de altura se sitúa a 20.0 cm de un espejo convexo que tiene una longitud focal de 8.00 cm. Encuentre a) la posición de la imagen final, y b) el aumento.

Solución   a) Debido a que el espejo es convexo, su longitud focal es negativa. Para determinar la posición de la imagen, empleamos la ecuación del espejo:

$$\frac{1}{p} + \frac{1}{q} = \frac{1}{f} = -\frac{1}{8.00 \text{ cm}}$$

$$\frac{1}{q} = -\frac{1}{8.00 \text{ cm}} - \frac{1}{20.0 \text{ cm}}$$

$$q = \boxed{-5.71 \text{ cm}}$$

El valor negativo de q indica que la imagen es virtual, o está detrás del espejo, como en la figura 36.12c.

b) El aumento es

$$M = -\frac{q}{p} = -\left(\frac{-5.71 \text{ cm}}{20.0 \text{ cm}}\right) = \boxed{0.286}$$

La imagen es aproximadamente 30% del tamaño del objeto y está de pie debido a que M es positiva.

Ejercicio   Encuentre la altura de la imagen.

Respuesta   0.857 cm.

36.3   IMÁGENES FORMADAS POR REFRACCIÓN

En esta sección describimos cómo se forman imágenes en una superficie esférica de un material transparente por la refracción de rayos. Considere dos medios transparentes con índices de refracción n_1 y n_2, donde la frontera entre los dos medios es una superficie esférica de radio R (Fig. 36.13). Supongamos que el objeto en el punto O está en el medio cuyo índice de refracción es n_1. Además, de todos los rayos paraxiales que salen de O, consideremos sólo aquellos que forman un pequeño ángulo con el eje y entre sí. Como veremos, todos los rayos que se originan en el punto del objeto se refractan en la superficie esférica y se enfocan en un solo punto I, el punto imagen.

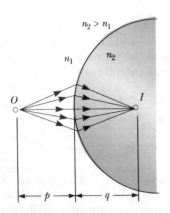

FIGURA 36.13   Una imagen formada por refracción en una superficie esférica. Los rayos que hacen ángulos pequeños con el eje óptico divergen desde un objeto puntual en O y pasan a través del punto de la imagen I.

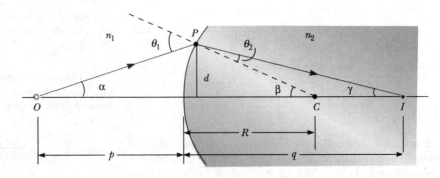

FIGURA 36.14   Geometría empleada para obtener la ecuación 36.8.

Sigamos considerando la construcción geométrica de la figura 36.14, la cual muestra un solo rayo que sale del punto *O* y que se enfoca en el punto *I*. La ley de Snell aplicada a este rayo refractado produce

$$n_1 \, \text{sen} \, \theta_1 = n_2 \, \text{sen} \, \theta_2$$

Debido a que los ángulos θ_1 y θ_2 se suponen pequeños, podemos emplear la aproximación de ángulo pequeño sen$\theta \approx \theta$ (ángulos en radianes). Por lo tanto, la ley de Snell se vuelve

$$n_1 \theta_1 = n_2 \theta_2$$

Ahora empleamos el hecho de que un ángulo exterior de cualquier triángulo es igual a la suma de los dos ángulos interiores opuestos. La aplicación de esto a los triángulos *OPC* y *PIC* de la figura 36.14 da como resultado

$$\theta_1 = \alpha + \beta$$
$$\beta = \theta_2 + \gamma$$

Si combinamos las últimas tres ecuaciones y eliminamos θ_1 y θ_2, encontramos

$$n_1 \alpha + n_2 \gamma = (n_2 - n_1)\beta \tag{36.7}$$

Otra vez, en la aproximación de ángulo pequeño, tan $\theta \approx \theta$, por lo que podemos escribir las relaciones aproximadas

$$\alpha \cong \frac{d}{p} \qquad \beta \cong \frac{d}{R} \qquad \gamma \cong \frac{d}{q}$$

donde *d* es la distancia mostrada en la figura 36.14. Sustituimos estas expresiones en la ecuación 36.7 y dividimos entre *d* para obtener

$$\frac{n_1}{p} + \frac{n_2}{q} = \frac{n_2 - n_1}{R} \tag{36.8}$$

Para una distancia al objeto fija *p*, la distancia a la imagen *q* es independiente del ángulo que el rayo forma con el eje. Este resultado nos indica que todos los rayos paraxiales se enfocan en el mismo punto *I*.

Como con los espejos, debemos emplear una convención de signos si vamos a aplicar esta ecuación en diversas circunstancias. Primero, advierta que las imágenes reales se forman en el lado de la superficie que es opuesto al lado del cual proviene la luz, en contraste con los espejos, donde las imágenes reales se forman en el mismo lado de la superficie reflejante. En consecuencia, *la convención de signos para superficies refractoras esféricas es similar a la convención para espejos, reconociendo el cambio en los lados de la superficie para las imágenes real y virtual.* Por ejemplo, en la figura 36.14 *p*, *q* y *R* son positivas.

La convención de signos para superficies refractoras esféricas se resumen en la tabla 36.2. (La misma convención de signos se emplea para lentes delgados, los cua-

TABLA 36.2 Convención de signos para superficies refractoras

p es + si el objeto está enfrente de la superficie (objeto real).
p es – si el objeto está detrás de la superficie (objeto virtual).

q es + si la imagen está atrás de la superficie (imagen real).
q es – si la imagen está enfrente de la superficie (imagen virtual).

R es + si el centro de curvatura está detrás de la superficie.
R es – si el centro de curvatura está enfrente de la superficie.

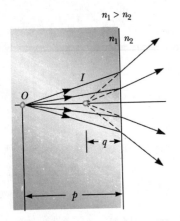

$n_1 > n_2$

FIGURA 36.15 La imagen formada por una superficie refractora plana es virtual; es decir, se forma a la izquierda de la superficie refractora. Todos los rayos se suponen paraxiales.

les analizamos en la siguiente sección.) Como con los espejos, suponemos que el frente de la superficie refractora es el lado a partir del cual la luz se aproxima a la superficie.

Superficies refractoras planas

Si la superficie refractora es plana, entonces R se acerca al infinito y la ecuación 36.8 se reduce a

$$\frac{n_1}{p} = -\frac{n_2}{q}$$

$$q = -\frac{n_2}{n_1} p \qquad (36.9)$$

De la ecuación 36.9 vemos que el signo de q es opuesto al de p. De este modo, *la imagen formada por una superficie refractante plana está en el mismo lado de la superficie que el objeto.* Esto se ilustra en la figura 36.15 para el caso en el cual n_1 es mayor que n_2, donde se forma una imagen virtual entre el objeto y la superficie. Si n_1 es menor que n_2, la imagen sigue siendo virtual pero se forma a la izquierda del objeto.

EJEMPLO CONCEPTUAL 36.6   Vamos a bucear

Como se sabe, los objetos vistos bajo el agua a simple vista aparecen difusos y fuera de foco. Sin embargo, un buzo que emplea un visor tiene una visión clara de los objetos bajo el agua. Brinde una explicación de esto a partir del hecho de que los índices de refracción de la córnea, el agua y el aire son 1.376, 1.333 y 1.00029, respectivamente.

Razonamiento   Como la córnea y el agua tienen índices de refracción casi idénticos hay muy poca refracción cuando se miran objetos bajo el agua a simple vista. En este caso, la luz proveniente del objeto se enfoca detrás de la retina y produce una imagen difusa. Cuando se emplea un visor, el espacio de aire entre el ojo y la superficie del visor brinda la cantidad normal de refracción en la interfase ojo-aire, y la luz proveniente del objeto se enfoca en la retina.

EJEMPLO 36.7   Fijar la mirada en la bola de cristal

Una moneda de 2.00 cm de diámetro está incrustada en una bola de vidrio sólida de 30.0 cm de radio (Fig. 36.16). El índice de refracción de la bola es $n_1 = 1.5$, y la moneda se encuentra a 20.0 cm de la superficie. Determine la posición de la imagen.

Solución   Debido a que $n_1 > n_2$, donde $n_2 = 1.00$ es el índice de refracción para el aire, los rayos que se originan en el objeto se refractan alejándose de la normal en la superficie y divergen hacia afuera. En consecuencia, la imagen que se forma en el vidrio es virtual. Al aplicar la ecuación 26.8, obtenemos

$$\frac{n_1}{p} + \frac{n_2}{q} = \frac{n_2 - n_1}{R}$$

$$\frac{1.50}{20.0 \text{ cm}} + \frac{1}{q} = \frac{1.00 - 1.50}{-30.0 \text{ cm}}$$

$$q = \boxed{-17.1 \text{ cm}}$$

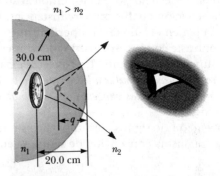

$n_1 > n_2$

30.0 cm

q

n_1 n_2

20.0 cm

FIGURA 36.16 (Ejemplo 36.7) Una moneda incrustada en una bola de vidrio forma una imagen virtual entre ella y la superficie de la bola. Se supone que todos los rayos son paraxiales.

El signo negativo indica que la imagen está en el mismo medio que el objeto (el lado de la luz incidente), en concordancia con nuestro diagrama de rayos. Al estar en el mismo medio que el objeto, la imagen debe ser virtual.

EJEMPLO 36.8 El que se escapa

Un pequeño pez nada a una profundidad d debajo de la superficie de un estanque (Fig. 35.17). ¿Cuál es la profundidad aparente del pez si se observa directamente desde arriba?

Solución En este ejemplo, la superficie refractante es plana, por lo que R es infinita. Por consiguiente, podemos emplear la ecuación 36.9 para determinar la ubicación de la imagen. Al aprovechar que $n_1 = 1.33$ para el agua y $p = d$, obtenemos

$$q = -\frac{n_2}{n_1}\, p = -\frac{1}{1.33}\, d = \boxed{-0.750\ d}$$

También en este caso, puesto que q es negativa, la imagen es virtual, como se indica en la figura 36.17. La profundidad aparente es tres cuartos de la profundidad real.

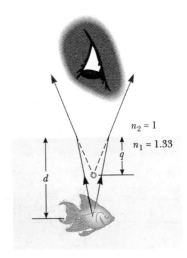

FIGURA 36.17 (Ejemplo 36.8) La profundidad aparente, q, del pez es menor que la profundidad real, d. Todos los rayos se suponen paraxiales.

36.4 LENTES DELGADOS

En general los lentes se emplean para formar imágenes por medio de la refracción en instrumentos ópticos, como cámaras, telescopios y microscopios. La idea esencial en la localización de la imagen final de un lente es *utilizar la imagen formada por una superficie refractante como el objeto para la segunda superficie.*

   Considere un lente que tiene un índice de refracción n y dos superficies esféricas de radio de curvatura R_1 y R_2, como se muestra en la figura 36.18. Un objeto se coloca en el punto O a una distancia p_1 frente a la superficie 1. En este ejemplo, p_1 se ha elegido de manera que produzca una imagen virtual I_1 a la izquierda del lente. Esta imagen se utiliza luego como el objeto para la superficie 2, lo cual produce en una imagen real I_2.

FIGURA 36.18 Para localizar la imagen de un lente, la imagen en I_1 formada por la primera superficie, se emplea como el objeto para la segunda superficie. La imagen final está en I_2.

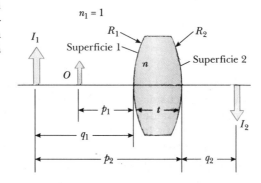

Con la ecuación 36.8 y suponiendo que $n_1 = 1$ debido a que el lente está rodeado por aire, encontramos que la imagen formada por la superficie 1 satisface la ecuación

$$(1) \qquad \frac{1}{p_1} + \frac{n}{q_1} = \frac{n-1}{R_1}$$

Aplicamos a continuación la ecuación 36.8 a la superficie 2, tomando $n_1 = n$ y $n_2 = 1$. Esto significa que la luz se aproxima a la superficie 2 como si hubiera provenido de I_1. Considerando a p_2 como la distancia al objeto y a q_2 como la distancia a la imagen para la superficie 2, se obtiene

$$(2) \qquad \frac{n}{p_2} + \frac{1}{q_2} = \frac{1-n}{R_2}$$

Pero $p_2 = -q_1 + t$, donde t es el espesor del lente. (Recuerde que q_1 es un número negativo y p_2 debe ser positivo por nuestra convención de signos.) Para un lente delgado, podemos ignorar t. En esta aproximación y de la figura 36.18 vemos que $p_2 = -q_1$. Por lo tanto, 2) se convierte en

$$(3) \qquad -\frac{n}{q_1} + \frac{1}{q_2} = \frac{1-n}{R_2}$$

Al sumar 1) y 3), encontramos que

$$(4) \qquad \frac{1}{p_1} + \frac{1}{q_2} = (n-1)\left(\frac{1}{R_1} - \frac{1}{R_2}\right)$$

Para el lente delgado, podemos omitir los subíndices en p_1 y q_2 en 4) y denominar con p la distancia al objeto y con q la distancia a la imagen, como en la figura 36.19. Por lo tanto, podemos escribir 4) en la forma

$$\frac{1}{p} + \frac{1}{q} = (n-1)\left(\frac{1}{R_1} - \frac{1}{R_2}\right) \qquad (36.10)$$

Esta expresión relaciona la distancia a la imagen q de la imagen formada por un lente delgado con la distancia al objeto p y con las propiedades del lente delgado (índice de refracción y radio de curvatura). Sólo es válida para rayos paraxiales y únicamente cuando el espesor del lente es pequeño respecto de R_1 y R_2.

Definimos ahora la longitud focal f de un lente delgado como la distancia a la imagen que corresponde a una distancia al objeto infinita, como hicimos con espejos. De acuerdo con esta definición y a partir de la ecuación 36.10, vemos que cuando $p \to \infty, q \to f$, en consecuencia, el inverso de la longitud focal para un lente delgado es

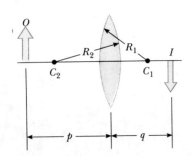

FIGURA 36.19 El lente biconvexo.

Ecuación del fabricante de lentes

$$\frac{1}{f} = (n-1)\left(\frac{1}{R_1} - \frac{1}{R_2}\right) \qquad (36.11)$$

La ecuación 36.11 se denomina la **ecuación del fabricante de lentes** porque permite que f sea calculada a partir de propiedades conocidas de los lentes. También puede emplearse para determinar los valores de R_1 y R_2 necesarios para dar un índice de refracción y una longitud focal deseada.

Con la ecuación 36.11 podemos escribir la ecuación 36.10 en una forma alternativa idéntica a la ecuación 36.6 para espejos:

$$\frac{1}{p} + \frac{1}{q} = \frac{1}{f} \qquad (36.12)$$

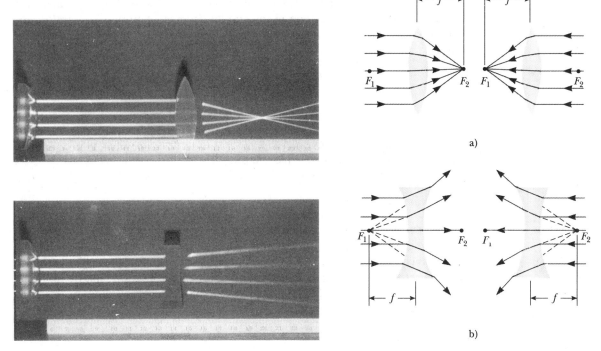

FIGURA 36.20 *(Izquierda)* Fotografías del efecto de lentes convergentes y divergentes en rayos paralelos.   *(Henry Leap y Jim Lehman). (Derecha)* Los puntos focales del objeto y la imagen de a) el lente biconvexo, y b) el lente bicóncavo.

Un lente delgado tiene dos puntos focales, lo que corresponde a dos rayos luminosos paralelos incidentes que viajan de izquierda a derecha. Esto se ilustra en la figura 36.20 para un lente biconvexo (convergente, f positiva) y un lente bicóncavo (divergente, f negativa). El punto focal F_1 algunas veces se conoce como *punto focal del objeto*, y F_2 se denomina *punto focal de la imagen*.

La figura 36.21 es útil para obtener los signos de p y q, y la tabla 36.3 proporciona las convenciones de signos completos para lentes. Observe que las convenciones de signo para lentes delgados son las mismas que para superficies refractantes. Al aplicar estas reglas a un lente convergente, vemos que cuando $p > f$, las cantidades p, q y R_1 son positivas y R_2 es negativa. En consecuencia, cuando un lente convergente forma una imagen real a partir de un objeto real, p, q y f son positivas. Para un lente divergente, p y R_2 son positivas, q y R_1 son negativas, por lo cual f es negativa en un lente divergente.

En la figura 36.22 se presentan dibujos de varias formas de lentes. En general, advierta que un lente convergente es más grueso en el centro que en el borde, en tanto que un lente divergente es más delgado en el centro que en el borde.

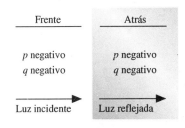

FIGURA 36.21 Un diagrama para obtener los signos de p y q para un lente delgado o una superficie refractora.

TABLA 36.3 Convención de signos para lentes delgados
p es + si el objeto está enfrente del lente.
p es − si el objeto está detrás del lente.
q es + si la imagen está detrás del lente.
q es − si la imagen está enfrente del lente.
R_1 y R_2 son + si el centro de curvatura está detrás del lente.
R_1 y R_2 son − si el centro de curvatura está enfrente del lente.

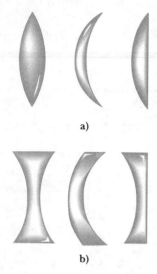

FIGURA 36.22 Varias formas de lentes: a) los lentes convergentes tienen una longitud focal positiva y son más gruesos en la parte media. De izquierda a derecha los lentes son biconvexo, convexo-cóncavo y plano-convexo. b) Los lentes divergentes tienen una longitud focal negativa y son más gruesos en los bordes. De izquierda a derecha son lentes bicóncavo, convexo-cóncavo y plano-cóncavo.

Considere un solo lente delgado iluminado por un objeto real (que el objeto sea real significa que $p > 0$). Como en el caso de los espejos, el aumento lateral de un lente delgado se define como la razón entre la altura de la imagen h' y la altura del objeto h:

$$M = \frac{h'}{h} = -\frac{q}{p}$$

A partir de esta expresión, se concluye que cuando M es positiva, la imagen está de pie y del mismo lado del lente que el objeto. Cuando M es negativa, la imagen está invertida y en el lado del lente opuesto al objeto.

Diagramas de rayos para lentes delgados

Los diagramas de rayos son muy convenientes para localizar la imagen formada por un lente delgado o un sistema de lentes. Estas construcciones también ayudan a clarificar las convenciones de signo que se han estudiado. La figura 36.23 ilustra este método para tres situaciones de un solo lente. Para localizar la imagen de un lente convergente (Figs. 36.23a y 36.23b), los siguientes tres rayos se dibujan desde la parte superior del objeto.

- El rayo 1 se dibuja paralelo al eje óptico. Después de ser refractado por el lente, este rayo atraviesa (o parece provenir) de uno de los puntos focales.
- El rayo 2 se dibuja a través del centro del lente; continúa en una línea recta.
- El rayo 3 se dibuja a través del punto focal del objeto y emerge del lente paralelo al eje óptico.

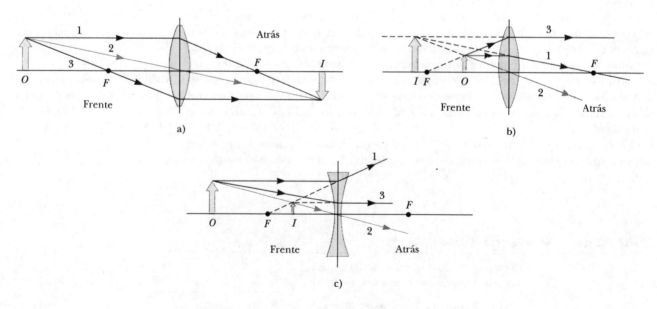

FIGURA 36.23 Diagramas de rayos para localizar la imagen formada por un lente delgado. a) El objeto se localiza a la izquierda del punto focal del objeto de un lente convergente. b) El objeto se localiza entre el punto focal del objeto y un lente convergente. c) El objeto se localiza a la izquierda del punto focal del objeto de un lente divergente.

Se emplea una construcción similar para localizar la imagen de un lente divergente, como se indica en la figura 36.23c.

Para el lente convergente de la figura 36.23a, donde el objeto está a la izquierda del punto focal del objeto ($p > f$), la imagen es real e invertida. Cuando el objeto real está entre el punto focal del objeto y el lente ($p < f$), como en la figura 36.23, la imagen es virtual y está de pie. Por último, para un lente divergente (Fig. 36.23c), la imagen siempre es virtual y está de pie. Estas construcciones geométricas son razonablemente precisas sólo si la distancia entre los rayos y el eje principal es pequeña comparada con los radios de las superficies del lente.

EJEMPLO 36.9 Una imagen formada por un lente divergente

Un lente divergente tiene una longitud focal de –20.0 cm. Un objeto de 2.00 cm de altura se pone a 30.0 cm enfrente del lente. Localice la posición de la imagen.

Solución Empleando la ecuación del lente delgado (ecuación 36.12) con $p = 30.0$ cm y $f = -20.0$ cm, obtenemos

$$\frac{1}{p} + \frac{1}{q} = \frac{1}{f}$$

$$\frac{1}{30.0 \text{ cm}} + \frac{1}{q} = -\frac{1}{20.0 \text{ cm}}$$

$$q = \boxed{-12.0 \text{ cm}}$$

El signo negativo nos dice que la imagen es virtual, como se indica en la figura 36.23c.

Ejercicio Encuentre el aumento y la altura de la imagen.

Respuesta $M = 0.400$, $h' = 0.800$ cm.

EJEMPLO 36.10 Una imagen formada por un lente convergente

Un lente convergente de 10.0 cm de longitud focal forma una imagen de un objeto situado a a) 30.0 cm, b) 10.0 cm y c) 5.00 cm del lente. Encuentre la distancia a la imagen y describa la imagen en cada caso.

Solución a) La ecuación del lente delgado, ecuación 36.12, puede utilizarse para determinar la distancia a la imagen:

$$\frac{1}{p} + \frac{1}{q} = \frac{1}{f}$$

$$\frac{1}{30.0 \text{ cm}} + \frac{1}{q} = \frac{1}{10.0 \text{ cm}}$$

$$q = \boxed{15.0 \text{ cm}}$$

El signo positivo nos indica que la imagen es real. El aumento es

$$M = -\frac{q}{p} = -\frac{15.0 \text{ cm}}{30.0 \text{ cm}} = \boxed{-0.500}$$

De este modo, la imagen ha reducido su tamaño a la mitad, y el signo negativo de *M* nos dice que la imagen está invertida. La situación es como la descrita en la figura 36.23a.

b) Ningún cálculo es necesario para este caso pues sabemos que, cuando el objeto se pone en el punto focal, la imagen se forma en el infinito. Esto se verifica fácilmente sustituyendo $p = 10.0$ cm en la ecuación del lente.

c) A continuación nos movemos dentro del punto focal, hasta una distancia del objeto de 5.00 cm. En este caso, la ecuación del lente delgado produce

$$\frac{1}{5.00 \text{ cm}} + \frac{1}{q} = \frac{1}{10.0 \text{ cm}}$$

$$q = \boxed{-10.0 \text{ cm}}$$

$$M = -\frac{q}{p} = -\left(\frac{-10.0 \text{ cm}}{5.00 \text{ cm}}\right) = \boxed{2.00}$$

La distancia a la imagen negativa nos indica que ésta es virtual. La imagen se ha alargado y el signo positivo para *M* nos señala que la imagen está de pie, como en la figura 36.23b.

Hay dos casos generales para un lente convergente. Cuando la distancia al objeto es mayor que la longitud focal ($p > f$), la imagen es real y está invertida. Cuando el objeto está entre el punto focal del objeto y el lente ($p < f$), la imagen es virtual, se encuentra de pie y está alargada.

EJEMPLO 36.11   Un lente bajo el agua

Un lente de vidrio convergente ($n = 1.52$) tiene una longitud focal de 40.0 cm en el aire. Encuentre su longitud focal cuando está inmerso en agua, la cual tiene un índice de refracción de 1.33.

Solución   Podemos emplear la fórmula del fabricante de lentes (ecuación 36.11) en ambos casos, pero observe que R_1 y R_2 permanecen iguales en aire y en agua:

$$\frac{1}{f_{aire}} = (n - 1) \left(\frac{1}{R_1} - \frac{1}{R_2} \right)$$

$$\frac{1}{f_{agua}} = (n' - 1) \left(\frac{1}{R_1} - \frac{1}{R_2} \right)$$

donde n' es el índice de refracción del vidrio en relación con el agua. Esto es, $n' = 1.52/1.33 = 1.14$. Al dividir las dos ecuaciones se obtiene

$$\frac{f_{agua}}{f_{aire}} = \frac{n - 1}{n' - 1} = \frac{1.52 - 1}{1.14 - 1} = 3.71$$

Puesto que $f_{aire} = 40.0$ cm, encontramos que

$$f_{agua} = 3.71 \, f_{aire} = 3.71 \, (40.0 \text{ cm}) = \boxed{148 \text{ cm}}$$

De hecho, la longitud focal de cualquier lente de vidrio se incrementa en el factor $(n - 1)/(n' - 1)$ cuando se sumerge en agua.

Combinación de lentes delgados

Si dos lentes delgados se emplean para formar una imagen, el sistema puede tratarse de la siguiente manera. Primero, la imagen del primer lente se localiza como si el segundo lente no estuviera presente. La luz se aproxima luego al segundo lente como si proviniera de la imagen formada por el primer lente. En otras palabras, la imagen del primer lente se trata como si fuera el objeto del segundo lente. La imagen del segundo lente es la imagen final del sistema. Si la imagen formada por el primer lente está a la derecha del segundo lente, entonces esa imagen se trata como un objeto virtual para el segundo lente (esto es, p negativa). El mismo procedimiento puede extenderse a un sistema de tres o más lentes. El aumento completo de un sistema de lentes delgados es igual al producto del aumento de los lentes individuales.

Supongamos a continuación que dos lentes delgados de longitudes focales f_1 y f_2 se ponen en contacto entre sí. Si p es la distancia al objeto para la combinación, entonces la aplicación de la ecuación del lente delgado al primer lente produce

$$\frac{1}{p} + \frac{1}{q_1} = \frac{1}{f_1}$$

donde q_1 es la distancia a la imagen para el primer lente. Considerando esta imagen como el objeto para el segundo lente, vemos que la distancia al objeto para el segundo lente debe ser $-q_1$. En consecuencia, para el segundo lente

$$-\frac{1}{q_1} + \frac{1}{q} = \frac{1}{f_2}$$

donde q es la distancia a la imagen final desde el segundo lente. La suma de estas ecuaciones elimina q_1 y da como resultado

$$\frac{1}{p} + \frac{1}{q} = \frac{1}{f_1} + \frac{1}{f_2}$$

$$\boxed{\frac{1}{f} = \frac{1}{f_1} + \frac{1}{f_2}} \qquad (36.13)$$

Luz de un objeto distante enfocada mediante dos lentes convergentes. ¿Puede usted estimar la longitud focal total de esta combinación a partir sólo de la fotografía?   *(Henry Leap y Jim Lehman)*

Longitud focal de dos lentes delgados en contacto

Si los dos lentes delgados están en contacto entre sí, entonces q es también la distancia de la imagen final desde el primer lente. Por lo tanto, *dos lentes delgados en contacto son equivalentes a un solo lente delgado cuya longitud focal está dada por la ecuación 36.13.*

EJEMPLO 36.12   ¿Dónde está la imagen final?

Dos lentes convergentes delgados de 10.0 cm y 20.0 cm de longitudes focales están separados 20.0 cm, como se indica en la figura 36.24. Un objeto está situado a 15.0 cm a la izquierda del primer lente. Determine la posición de la imagen final y el aumento del sistema.

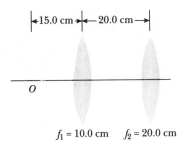

$f_1 = 10.0$ cm $f_2 = 20.0$ cm

FIGURA 36.24 (Ejemplo 36.12) Una combinación de dos lentes convergentes.

Solución   En primer lugar, encontramos la posición de la imagen para el primer lente en tanto que ignoramos al segundo lente:

$$\frac{1}{p_1} + \frac{1}{q_1} = \frac{1}{15.0 \text{ cm}} + \frac{1}{q_1} = \frac{1}{10.0 \text{ cm}}$$

$$q_1 = 30.0 \text{ cm}$$

donde q_1 se mide desde el primer lente.

Debido a que q_1 es mayor que la separación entre los dos lentes, la imagen del primer lente está a 10.0 cm a la derecha del segundo lente. Tomamos esto como la distancia al objeto del segundo lente. Es decir, aplicamos la ecuación del lente delgado al segundo lente con $p_2 = -10.0$ cm, donde las distancias se miden ahora desde el segundo lente, cuya longitud focal es 20.0 cm:

$$\frac{1}{p_2} + \frac{1}{q_2} = \frac{1}{f_2}$$

$$\frac{1}{-10.0 \text{ cm}} + \frac{1}{q_2} = \frac{1}{20.0 \text{ cm}}$$

$$q_2 = \boxed{6.67 \text{ cm}}$$

Esto significa que la imagen final se encuentra a 6.67 cm a la derecha del segundo lente.

El aumento de cada lente por separado está dado por

$$M_1 = \frac{-q_1}{p_1} = -\frac{30.0 \text{ cm}}{15.0 \text{ cm}} = -2.00$$

$$M_2 = \frac{-q_2}{p_2} = -\frac{6.67 \text{ cm}}{-10.0 \text{ cm}} = 0.667$$

El aumento total M de los dos lentes es el producto $M_1 M_2 = (-2.00)(0.667) = -1.33$. Por lo tanto, la imagen final es real, invertida y alargada.

*36.5 ABERRACIONES DE LENTES

Uno de los principales problemas de los lentes y de los sistemas de lentes son las imágenes imperfectas, producidas en gran medida por los defectos en la configuración y forma de los lentes. La teoría simple de espejos y lentes supone que los rayos forman ángulos pequeños con el eje óptico. En este sencillo modelo, todos los rayos que parten de la fuente puntual se enfocan en un solo punto produciendo una imagen nítida. Sin embargo, es claro que esto no es siempre cierto. Cuando las aproximaciones usadas en esta teoría no se cumplen, se forman imágenes imperfectas.

Si uno desea efectuar un análisis preciso de la formación de imágenes, es necesario trazar cada rayo empleando la ley de Snell en cada superficie refractora. Este procedimiento muestra que los rayos provenientes de un objeto puntual no se enfocan en un sólo punto. Es decir, no hay una sola imagen puntual; en vez de eso, la imagen está difusa. Las desviaciones (imperfecciones) de las imágenes reales de una imagen ideal predicha por la teoría simple se denominan **aberraciones**.

Aberraciones esféricas

Las aberraciones esféricas son producidas por el hecho de que los puntos focales de rayos luminosos alejados del eje óptico de un lente esférico (o espejo) son diferentes de los puntos focales de los rayos de la misma longitud de onda que pasan cerca del centro. La figura 36.25 ilustra la aberración esférica de rayos paralelos que pasan por un lente convergente. Los rayos cercanos a la mitad del lente forman la imagen más lejos del lente que los rayos en los bordes. En consecuencia, no hay una sola longitud focal para un lente.

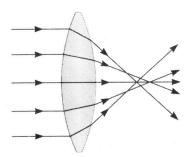

FIGURA 36.25 Aberración esférica causada por un lente convergente. ¿Un lente divergente ocasiona aberración esférica?

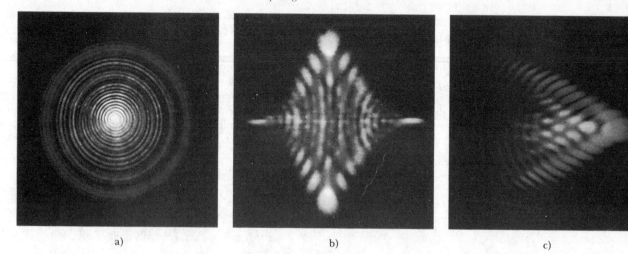

a)   b)   c)

Los lentes pueden producir diversas formas de aberraciones, según muestran las imágenes difusas de una fuente puntual en estas fotos. a) La aberración esférica ocurre cuando la luz que atraviesa el lente a diferentes distancias del eje óptico se enfoca en diferentes puntos. b) El astigmatismo es una aberración que ocurre para objetos no localizados sobre el eje óptico del lente. c) Aberración de coma. Esta aberración ocurre cuando la luz que pasa a través del lente lejos del eje óptico y la luz que pasa a través del lente cerca del foco del lente, se enfocan en diferentes partes del plano focal.   *(Fotografías de Norman Goldberg)*

Muchas cámaras están equipadas con una abertura variable para controlar la intensidad luminosa y reducir la aberración esférica cuando sea posible. (Una abertura variable se emplea para controlar la cantidad de luz transmitida a través del lente.) Las imágenes más nítidas se producen cuando se reduce el tamaño de la abertura, debido a que en aberturas pequeñas sólo la porción central del lente se expone a la luz incidente. Al mismo tiempo, sin embargo, menos luz forma imagen. Para compensar esta baja intensidad luminosa en películas fotográficas se utiliza un tiempo de exposición más largo. Un buen ejemplo es la nítida imagen producida por una cámara de "agujero de alfiler", cuyo tamaño de abertura es aproximadamente 1 mm.

En el caso de espejos empleados para objetos muy distantes, las aberraciones esféricas pueden eliminarse, o por lo menos reducirse al mínimo utilizando una superficie parabólica en vez de una superficie esférica. Sin embargo, las superficies parabólicas no se emplean a menudo, debido a que las que cuentan con óptica de alta calidad tienen un alto costo de fabricación. Los rayos luminosos paralelos que inciden en una de estas superficies se enfocan en un punto común. Las superficies reflectoras parabólicas se usan en muchos telescopios astronómicos para mejorar la calidad de la imagen. También se emplean en linternas, donde un haz luminoso paralelo cercano se produce desde una pequeña lámpara colocada en el foco de la superficie.

Aberraciones cromáticas

El hecho de que diferentes longitudes de onda de luz sean refractadas por un lente que enfoca en diferentes puntos origina las aberraciones cromáticas. En el capítulo 35 describimos cómo el índice de refracción de un material varía con la longitud de onda. Cuando luz blanca pasa a través de un lente se encuentra, por ejemplo, que los rayos de luz violeta se refractan más que los rayos de luz roja (Fig. 36.26). A partir de esto vemos que la longitud focal es más grande para luz roja que para luz violeta. Otras longitudes de onda (no mostradas en la figura 36.26) tienen puntos focales intermedios. La aberración cromática para un lente divergente es opuesta a la correspondiente a un lente convergente. La aberración cromática puede reducirse en

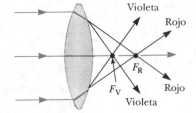

FIGURA 36.26 Aberración cromática causada por un lente convergente. Rayos de diferentes longitudes de onda se enfocan en puntos distintos.

gran medida usando una combinación de lentes convergentes y divergentes elaborados a partir de dos tipos diferentes de vidrio.

*36.6 LA CÁMARA

La **cámara** fotográfica es un instrumento óptico sencillo cuyas características esenciales se muestran en la figura 36.27. Se compone de una caja cerrada a la luz, un lente convergente que produce una imagen real y una película detrás del lente para recibir la imagen. El enfoque se logra al variar la distancia entre el lente y la película con fuelle ajustable en las cámaras antiguas o con algunos otros arreglos mecánicos en las cámaras modernas. Para el enfoque adecuado, o imágenes nítidas, la distancia del lente a la película dependerá de la distancia al objeto, así como de la longitud focal del lente. El obturador, localizado detrás del lente, es un dispositivo mecánico que se abre en intervalos de tiempo seleccionados. Con este arreglo, uno puede fotografiar objetos en movimiento empleando tiempos de exposición cortos o escenas oscuras (bajos niveles luminosos) usando largos tiempos de exposición. Si no se contara con este arreglo, sería imposible tomar fotografías fijas. Por ejemplo, un vehículo que se mueve muy rápido se movería lo suficiente en el tiempo que el obturador fuera abierto y produciría una imagen borrosa. Otra causa principal de las imágenes borrosas es el movimiento de la cámara mientras el obturador está abierto. Por esta razón, deben usarse cortos tiempos de exposición o un tripié, incluso en el caso de objetos estacionarios. Las velocidades de disparo más comunes son 1/30, 1/60, 1/125 y 1/250 s. Un objeto estacionario se capta normalmente con una velocidad del obturador de 1/60 s.

Las cámaras más costosas también tienen una abertura de diámetro ajustable ya sea detrás o entre los lentes para un control adicional de la intensidad de la luz que llega a la película. Cuando se utiliza una pequeña abertura de diámetro, sólo la luz de la porción central del lente alcanza la película y así la aberración se reduce un poco.

La brillantez de la imagen depende de la longitud focal y del diámetro D del lente. Como se ve, la intensidad luminosa I es proporcional al área del lente. Puesto que el área es proporcional a D^2, concluimos que $I \propto D^2$. Además, la intensidad es una medida de la energía recibida por la película por unidad de área de la imagen. Puesto que el área de la imagen es proporcional a $(q)^2$, y $q \approx f$ (para objetos con $p \gg f$), concluimos que la intensidad es también proporcional a $1/f^2$, de manera que $I \propto D^2/f^2$. La proporción f/D se define como el **número f** de un lente.

$$\text{número } f \equiv \frac{f}{D} \tag{36.14}$$

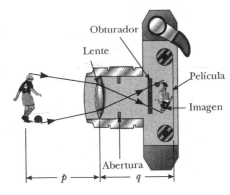

FIGURA 36.27 Vista de la sección transversal de una cámara simple. Advierta que en realidad, $p \gg q$.

Por lo tanto, la intensidad de la luz incidente sobre la película puede expresarse como

$$I \propto \frac{1}{(f/D)^2} \propto \frac{1}{(\text{número } f)^2} \tag{36.15}$$

El número f es una medida de la potencia de la "concentración de luz" y determina la "velocidad" del lente. Un lente "rápido" tiene un número f pequeño. Los lentes rápidos con un número f tan bajo como aproximadamente 1.4, son más caros debido a que es más difícil mantener las aberraciones aceptablemente pequeñas. Los lentes de cámara se marcan a menudo con diversos números f, como $f/2.8$, $f/4$, $f/5.6$, $f/8$, $f/11$, $f/16$. Estos ajustes se obtienen variando la abertura, la cual efectivamente cambia D. El número f más pequeño corresponde al ancho de la abertura abierta y al empleo del área completa del lente. Las cámaras simples para tomas de rutina usualmente tienen una longitud focal fija y tamaño de la abertura fija, con un número f cercano a $f/11$.

EJEMPLO 36.13   Determinación del tiempo de exposición correcto

El lente de cierta cámara de 35 mm (donde 35 mm es el ancho de la película) tiene una longitud focal de 55 mm y una velocidad de $f/1.8$. El tiempo de exposición correcto para esta velocidad en ciertas condiciones se sabe que es $(1/500)$ s. a) Determine el diámetro del lente.

Solución   De la ecuación 36.14, encontramos que

$$D = \frac{f}{\text{número } f} = \frac{55 \text{ mm}}{1.8} = \boxed{31 \text{ mm}}$$

b) Calcule el tiempo de exposición correcto si el número f cambia a $f/4$ en las mismas condiciones de iluminación.

Razonamiento y solución   La energía luminosa total recibida por cada parte de la imagen es proporcional al producto del flujo y el tiempo de exposición. Si I es la intensidad luminosa que llega a la película, entonces en un tiempo t, la energía recibida por la película es It. Al comparar los dos casos, es necesario que $I_1 t_1 = I_2 t_2$, donde t_1 es el tiempo de exposición correcto para $f/1.8$ y t_2 es el tiempo de exposición correcto para algún otro número f. Empleando este resultado, junto con la ecuación 36.15, encontramos que

$$\frac{t_1}{(\text{número } f_1)^2} = \frac{t_2}{(\text{número } f_2)^2}$$

$$t_2 = \left(\frac{\text{número } f_2}{\text{número } f_1}\right)^2 t_1 = \left(\frac{4}{1.8}\right)^2 \left(\frac{1}{500}\right) \text{s} \approx \boxed{\frac{1}{100} \text{ s}}$$

Esto significa que, cuando se reduce el tamaño de la abertura, el tiempo de exposición debe aumentar.

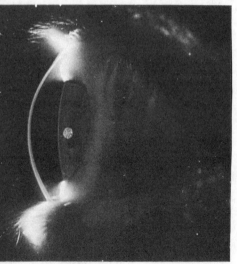

Fotografía de acercamiento de la córnea del ojo humano.   *(Lennart Nilsson,* Behold Man, *Little Brown and Company)*

*36.7   EL OJO

El ojo es una parte extremadamente compleja del cuerpo, y, debido a dicha complejidad, ciertos defectos que surgen a menudo pueden ocasionar una visión deteriorada. En esta sección describimos las partes del ojo, su función y algunas de las correcciones que pueden hacerse cuando el ojo no funciona apropiadamente.

Al igual que la cámara un ojo normal enfoca la luz y produce una imagen nítida. Sin embargo, el mecanismo por medio del cual el ojo controla la cantidad de luz admitida y se ajusta para producir imágenes enfocadas correctamente son mucho más complejas, intrincadas y efectivas que las correspondientes incluso a la cámara más avanzada. En todos aspectos, el ojo tiene una arquitectura sorprendente.

La figura 36.28 muestra las partes esenciales del ojo. El frente está cubierto por una membrana transparente denominada la *córnea*, detrás de la cual hay una región líquida clara (el *humor acuoso*), una abertura variable (el *iris* y la *pupila*) y el *lente cristalino*. La mayor parte de la refracción ocurre en la córnea debido a que el medio líquido que rodea al lente tiene un índice de refracción promedio cercano al del lente. El iris, el cual es la parte de color del ojo, es un diafragma muscular que controla el tamaño de la pupila. El iris regula la cantidad de luz que entra al ojo al

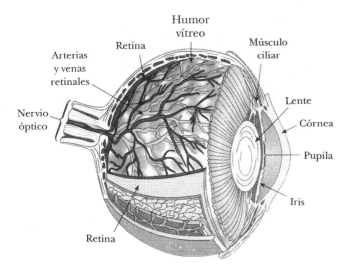

FIGURA 36.28 Partes esenciales del ojo. Advierta la similitud entre el ojo y la cámara simple. ¿Puede usted correlacionar las partes del ojo con las de la cámara?

dilatar la pupila en ambientes con luz de baja intensidad y contraerla en luz de alta intensidad. El intervalo del número f del ojo es aproximadamente de $f/2.8$ a $f/16$.

La luz que entra al ojo se enfoca por medio del sistema de lente de la córnea sobre la superficie posterior del ojo, denominada *retina*, la cual está compuesta por millones de estructuras sensibles llamadas *bastoncillos* y *conos*. Cuando son estimulados por la luz, estos receptores envían impulsos, vía el nervio óptico, al cerebro, donde se percibe una imagen. Por medio de este proceso, una imagen nítida de un objeto se observa cuando la imagen llega a la retina.

El ojo enfoca un objeto dado variando la forma del lente cristalino plegable a través de un asombroso proceso conocido como **adaptación**. Un importante componente en la adaptación es el músculo ciliar, el cual está pegado al lente. Cuando el ojo enfoca objetos distantes, el músculo ciliar se relaja. Para una distancia infinita al objeto, la longitud focal del ojo (la distancia entre el lente y la retina) es aproximadamente de 1.7 cm. El ojo enfoca objetos cercanos tensando el músculo ciliar. La acción reduce efectivamente la longitud focal al reducir un poco el radio de curvatura del lente, lo cual permite que la imagen sea enfocada sobre la retina. Este ajuste del lente ocurre tan rápidamente que no nos damos cuenta del cambio. También en este aspecto, incluso la cámara electrónica más fina es un juguete comparado con el ojo. Es evidente que hay un límite para la adaptación debido a que los objetos que están muy cercanos al ojo producen imágenes borrosas. El **punto cercano** representa la distancia más cercana para la cual el lente del ojo relajado puede enfocar luz sobre la retina. Esta distancia usualmente aumenta con la edad y tiene un valor promedio de 25 cm. Por lo común, a la edad de 10 años el punto cercano del ojo es aproximadamente de 18 cm. Éste aumenta a 25 cm a los 20 años, a 50 cm a los 40 y a 500 cm o más a la edad de 60. El **punto alejado** del ojo representa la distancia más larga para la cual el lente del ojo relajado puede enfocar luz sobre la retina. Una persona con visión normal es capaz de ver objetos muy distantes, como la Luna, y por ello tiene un punto lejano cercano al infinito.

Condiciones del ojo

El ojo puede tener varias anormalidades, las cuales se corrigen con anteojos, lentes de contacto o cirugía.

Cuando el ojo relajado (sin adaptación) produce una imagen de un objeto distante detrás de la retina, como en la figura 36.29a, la condición se conoce como

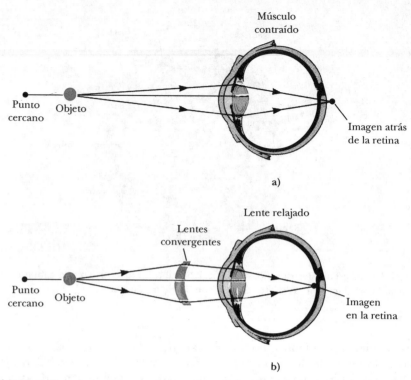

FIGURA 36.29 a) Cuando una persona hipermétrope observa un objeto dentro del punto cercano, la imagen se forma detrás de la retina, lo que produce una visión borrosa. El músculo del ojo se contrae para tratar de llevar al objeto dentro del foco. b) El estado de hipermetropía puede corregirse con lentes convergentes.

hipermetropía (o *hiperopía*). Una persona con hipermetropía puede ver con claridad objetos lejanos pero no puede enfocar objetos cercanos. Aunque el punto cercano de un ojo normal es aproximadamente 25 cm, el punto cercano de una persona con hipermetropía es mucho más lejano que éste. El ojo de una persona con hipermetropía trata de enfocar objetos más cercanos más cerca que el punto cercano por medio de la adaptación, es decir, acortando su longitud focal. Sin embargo, debido a que la longitud focal del ojo es más grande que lo normal, la luz de un objeto cercano forma una imagen nítida detrás de la retina, y se produce una imagen borrosa. Esta condición puede corregirse poniendo un lente convergente enfrente del ojo, como en la figura 36.29b. El lente refracta los rayos que entran más hacia el eje principal antes de entrar al ojo, permitiendo que converjan y se enfoquen sobre la retina.

La **visión corta** (o *miopía*) es una condición en la cual una persona es capaz de enfocar objetos cercanos pero no puede ver claramente objetos más lejanos. En muchos casos, la miopía se debe a un ojo cuyo lente está demasiado lejos de la retina. El punto lejano de la miopía no está en el infinito, y puede encontrarse tan cerca como a unos cuantos metros. La longitud focal máxima del ojo miope es insuficiente para producir una imagen claramente formada en la retina. En este caso, los rayos de un objeto distante se enfocan enfrente de la retina y producen visión borrosa (Fig. 36.30a). La miopía puede corregirse con un lente divergente, como en la figura 36.30b. El lente refracta los rayos alejándolos del eje principal antes de que entren al ojo, permitiendo que se enfoquen sobre la retina.

Al inicio de la edad madura, la mayor parte de la gente pierde algo de su potencia de adaptación a medida que el músculo ciliar se debilita y el lente se endurece. Esto origina que un individuo se vuelva miope. Afortunadamente, la condición puede corregirse con lentes convergentes.

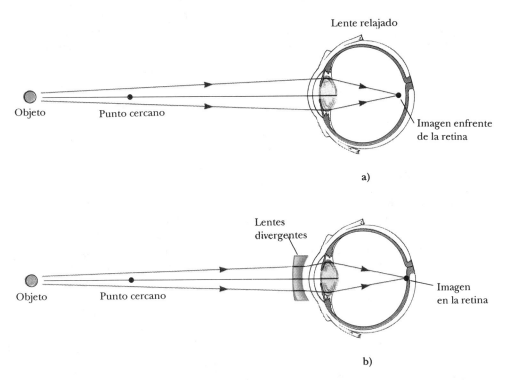

FIGURA 36.30 a) Cuando una persona miope observa un objeto distante que está más allá del punto lejano, la imagen se forma enfrente de la retina, lo que produce una visión borrosa. b) El estado de miopía puede corregirse con lentes divergentes.

Una persona también puede tener un defecto del ojo, conocido como **astigmatismo**, en la cual la luz de una fuente puntual produce una imagen lineal sobre la retina. Esta anomalía es producida ya sea porque la córnea o el lente o ambos no son perfectamente esféricos. El astigmatismo puede corregirse con lentes que tienen diferentes curvaturas en dos direcciones mutuamente perpendiculares.

Los optometristas y los oftalmólogos prescriben lentes medidos en **dioptrías**.

La **potencia**, P, de un lente en dioptrías es igual al inverso de la longitud focal en metros, esto es, $P = 1/f$.

Por ejemplo, un lente convergente cuya longitud focal es +20 cm tiene una potencia de +5.0 dioptrías, y un lente divergente cuya longitud focal es –40 cm tiene una potencia de –2.5 dioptrías.

EJEMPLO 36.14   Un caso de miopía

Una persona con miopía particular es incapaz de ver objetos claramente cuando están más allá de 2.5 m (el punto lejano del ojo). ¿Cuál debe ser la longitud focal del lente prescrito para corregir este problema?

Solución   El propósito del lente en este caso es "mover" un objeto del infinito a una distancia donde pueda verse con claridad. Esto se consigue con un lente que produzca una imagen en el punto lejano del ojo. De acuerdo con la ecuación del lente

tenemos

$$\frac{1}{p} + \frac{1}{q} = \frac{1}{\infty} - \frac{1}{2.5 \text{ m}} = \frac{1}{f}$$

$$f = \boxed{-2.5 \text{ m}}$$

¿Por qué usamos un signo negativo para la distancia a la imagen? Como usted debe de haber sospechado, el lente debe ser uno divergente (longitud focal negativa) para corregir la miopía.

Ejercicio   ¿Cuál es la potencia de este lente?

Respuesta   −0.40 dioptrías.

Un lente de aumento es útil cuando se observan los pequeños detalles de un mapa.   *(Jim Lehman)*

*36.8 EL AUMENTO SIMPLE

El aumento simple se compone de un solo lente convergente. Como su nombre lo indica, este dispositivo se emplea para aumentar el tamaño aparente de un objeto. Suponga que un objeto se ve a cierta distancia p del ojo, como en la figura 36.31. Es claro que el tamaño de la imagen formada en la retina depende del ángulo θ subtendido por el objeto en el ojo. A medida que el objeto se acerca al ojo, θ aumenta y se observan imágenes más grandes.[1] Sin embargo, un ojo normal promedio es incapaz de enfocar un objeto más cercano que aproximadamente 25 cm, el punto cercano (Fig. 36.32a). ¡Inténtelo! En consecuencia, θ es máximo en el punto cercano.

Para un mayor aumento del tamaño angular aparente de un objeto, puede colocarse un lente convergente enfrente del ojo con el objeto localizado en el punto O, apenas dentro del punto focal del lente, como en la figura 36.32b. En esta posición, el lente forma una imagen virtual, de pie y alargada, como se indica. Como se ve, el lente aumenta el tamaño angular del objeto. Definimos el **aumento angular**, m, como la razón entre el ángulo subtendido por un objeto con un lente en uso (ángulo θ en la figura 36.32b) y el subtendido por el objeto situado en el punto cercano sin lente (ángulo θ_0 en la figura 36.32a):

Aumento angular con el objeto en el punto cercano

$$m \equiv \frac{\theta}{\theta_0} \tag{36.16}$$

El aumento angular es un máximo cuando la imagen está en el punto cercano del ojo, es decir, cuando $q = -25$ cm. La distancia al objeto correspondiente a esta distancia a la imagen puede calcularse a partir de la fórmula del lente delgado:

$$\frac{1}{p} + \frac{1}{-25 \text{ cm}} = \frac{1}{f}$$

$$p = \frac{25f}{25 + f}$$

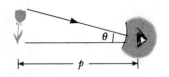

FIGURA 36.31 El tamaño de la imagen formada en la retina depende del ángulo θ subtendido en el ojo.

donde f es la longitud focal del aumento en centímetros. Si hacemos las aproximaciones del ángulo pequeño

$$\theta_0 \approx \frac{h}{25} \qquad \text{y} \qquad \theta \approx \frac{h}{p} \tag{36.17}$$

La ecuación 36.16 se transforma en

$$m = \frac{\theta}{\theta_0} = \frac{h/p}{h/25} = \frac{25}{p} = \frac{25}{25f/(25 + f)}$$

$$m = 1 + \frac{25 \text{ cm}}{f} \tag{36.18}$$

[1] Los anteojos comunes brindan cierto aumento debido a que los lentes no están localizados en el lente del ojo. Por otra parte, los lentes de contacto minimizan este efecto debido a su gran proximidad al lente del ojo.

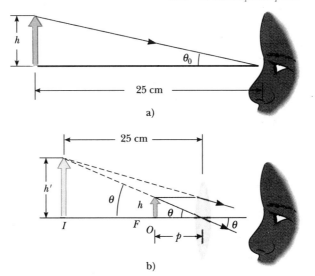

FIGURA 36.32 a) Un objeto situado en el punto cercano del ojo ($p = 25$ cm) subtiende un ángulo θ_0 en el ojo, donde $\theta_0 \approx h/25$. b) Un objeto colocado cerca del punto focal de un lente convergente produce una imagen aumentada, la cual subtiende un ángulo $\theta \approx h'/25$ en el ojo.

Aunque el ojo pueda enfocar una imagen formada en cualquier lugar entre el punto cercano y el infinito, está más relajado cuando la imagen está en el infinito (sección 36.7). Para que la imagen formada por el lente de aumento aparezca en el infinito, el objeto tiene que estar en el punto focal del lente. En este caso, las ecuaciones 36.17 se vuelven

$$\theta_0 \approx \frac{h}{25} \qquad \text{y} \qquad \theta \approx \frac{h}{f}$$

y el aumento es

$$m = \frac{\theta}{\theta_0} = \frac{25 \text{ cm}}{f} \qquad\qquad (36.19)$$

Con un solo lente, es posible obtener aumentos angulares casi por arriba de 4 sin grandes aberraciones. Los aumentos superiores a 20 pueden lograrse con 1 o 2 lentes adicionales para corregir las aberraciones.

EJEMPLO 36.15 Aumento máximo de un lente

¿Cuál es el aumento máximo de un lente que tiene una longitud focal de 10 cm, y cuál es el aumento de este lente cuando el ojo está relajado?

Solución El aumento máximo ocurre cuando la imagen se localiza en el punto cercano del ojo. En estas circunstancias la ecuación 36.18 produce

$$m = 1 + \frac{25 \text{ cm}}{f} = 1 + \frac{25 \text{ cm}}{10 \text{ cm}} = \boxed{3.5}$$

Cuando el ojo está relajado, la imagen se encuentra en el infinito. En este caso, empleamos la ecuación 36.19:

$$m = \frac{25 \text{ cm}}{f} = \frac{25 \text{ cm}}{10 \text{ cm}} = \boxed{2.5}$$

---

*36.9 EL MICROSCOPIO COMPUESTO

Un aumento simple sólo brinda una ayuda limitada al inspeccionar los diminutos detalles de un objeto. Un aumento mayor puede conseguirse al combinar dos lentes en un dispositivo denominado microscopio compuesto, del cual se presenta un diagrama esquemático en la figura 36.33a. Está compuesto por un lente objetivo que tiene una longitud focal muy corta $f_0 < 1$ cm, y un lente ocular que tiene un longitud focal, f_e, de unos cuantos centímetros. Los dos lentes están separados por una distancia L, donde L es mucho más grande que f_0 o f_e. El objeto, que se coloca justo a la izquierda

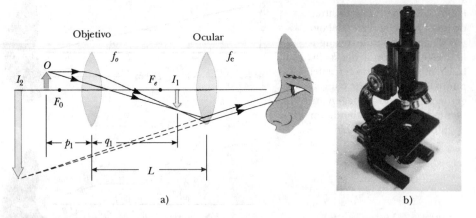

FIGURA 36.33 a) Diagrama de un microscopio compuesto, el cual consta de un lente objetivo y un lente ocular. b) Un microscopio compuesto. Los tres portaobjetos giratorios permiten al usuario cambiar a varias potencias de aumento diferentes. Las combinaciones de oculares con diferentes longitudes focales y diferentes objetivos pueden producir una amplia gama de aumentos.   *(Henry Leap y Jim Lehman)*

del punto focal del objetivo, forma una imagen invertida real en I_1, la cual está en o cerca del punto focal del ocular. Éste, que sirve como simple magnificador, produce en I_2 una imagen de la imagen en I_1, y esta imagen en I_2 es virtual e invertida. El aumento lateral, M_1, de la primera imagen es $-q_1/p_1$. Advierta de la figura 36.33a que q_1 es aproximadamente igual a L y recuerde que el objeto está muy cerca del punto focal del objetivo; de esta manera, $p_1 \approx f_0$. Esto produce un aumento para el objetivo de

$$M_1 \approx -\frac{L}{f_0}$$

El aumento angular del ocular para un objeto (correspondiente a la imagen en I_1) situado en el punto focal del ocular se encuentra que es, a partir de la ecuación 36.19,

$$m_e = \frac{25\ \text{cm}}{f_e}$$

El aumento total del microscopio compuesto se define como el producto de los aumentos lateral y angular:

$$M = M_1 m_e = -\frac{L}{f_0}\left(\frac{25\ \text{cm}}{f_e}\right) \tag{36.20}$$

El signo negativo indica que la imagen está invertida.

El microscopio ha extendido nuestra visión hasta detalles antes desconocidos de objetos increíblemente pequeños. Las capacidades de este instrumento se incrementan continuamente con técnicas mejoradas en la precisión del pulido de lentes. Una pregunta que a menudo se hace respecto de los microscopios es, "si usted fuera extremadamente paciente y cuidadoso, ¿sería posible construir un microscopio que le permitiera ver un átomo?" La respuesta a esta pregunta es no, mientras se emplee luz para iluminar el objeto. La razón es que, para poder ser visto, el objeto bajo el microscopio debe ser al menos tan grande como la longitud de onda de la luz. Un átomo es muchas veces más pequeño que las longitudes de onda de la luz visible y, por ello, sus misterios deben de ser investigados empleando otros tipos de "microscopios".

La dependencia de la longitud de onda de la capacidad de "ver" de una onda puede ilustrarse por medio de ondas en el agua de una tina. Suponga que usted agita su mano en el agua hasta producir ondas con una longitud de onda de aproximadamente 15 cm que se mueven sobre la superficie. Si usted fija un objeto pequeño, como un palillo, por ejemplo, en la trayectoria de las ondas, éstas no se perturban de manera apreciable por la acción del palillo, sino que en lugar de eso continúan su trayectoria, olvidándose del objeto pequeño. Suponga ahora que usted fija un objeto más grande, como un bote de juguete, en la trayectoria de las ondas. En este caso, las ondas son considerablemente "perturbadas" por el objeto. En el primer caso, el palillo es más pequeño que la longitud de onda de las ondas y como consecuencia las ondas no lo "ven". (La intensidad de las ondas dispersadas es baja.) En el segundo caso, el bote de juguete es casi del mismo tamaño que la longitud de onda de las ondas y, en consecuencia, crea una perturbación. Es decir, el objeto actúa como una fuente de ondas dispersadas que parecen surgir de él. En general, las ondas luminosas se comportan de la misma manera. La capacidad de un microscopio óptico de observar un objeto depende del tamaño del objeto en relación con la longitud de onda de la luz empleada para observarlo. Por consiguiente, nunca seremos capaces de observar átomos o moléculas con un microscopio óptico, debido a que sus dimensiones son pequeñas (≈ 0.1 nm) en relación con la longitud de onda de la luz (≈ 500 nm).

*36.10 EL TELESCOPIO

Hay dos tipos fundamentalmente de **telescopios**, los dos diferentes y diseñados para ayudar a observar objetos distantes, como los planetas en nuestro sistema solar. El **telescopio refractor**, utiliza una combinación de lentes para formar una imagen, y el **telescopio reflector** utiliza un espejo curvo y un lente.

El telescopio dibujado en la figura 36.34a es uno refractor. Los dos lentes se disponen de modo que el objetivo forme una imagen real e invertida del objeto distante muy cerca del punto focal del ocular. Además, la imagen en I_1 se forma en el punto focal del objetivo debido a que el objeto está esencialmente en el infinito. En consecuencia, los dos lentes están separados por una distancia $f_0 + f_e$, lo cual corresponde a la longitud del tubo del telescopio. El ocular forma, por último, en I_2, una imagen invertida y más grande que la imagen en I_1.

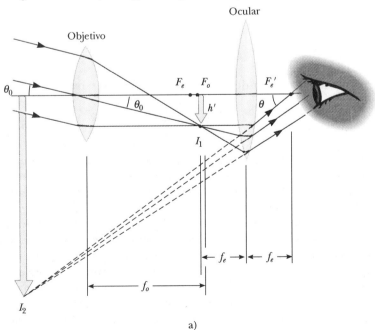

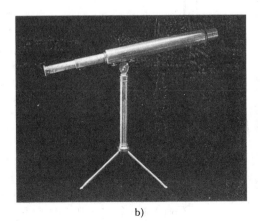

FIGURA 36.34 a) Diagrama de un telescopio refractor con el objeto en el infinito. b) Fotografía de un telescopio refractor. *(Henry Leap y Jim Lehman)*

Instrumentos ópticos

L os anteojos, espejos, microscopios y telescopios son ejemplos de instrumentos ópticos sin los cuales nuestras vidas serían totalmente diferentes. Este simulador le permite construir numerosos instrumentos ópticos e investigar cómo cambia su funcionamiento cuando usted modifica parámetros como la longitud focal, la longitud de onda y el índice de refracción. Las simulaciones que usted crea pueden incluir lentes, prismas, espejos y fuentes luminosas de diversas longitudes de onda. Además, el modelo que usted crea mostrará automáticamente una nueva imagen cuando usted mueva o modifique algún componente óptico. El estudiante emprendedor podría incluso inventar un nuevo instrumento óptico.

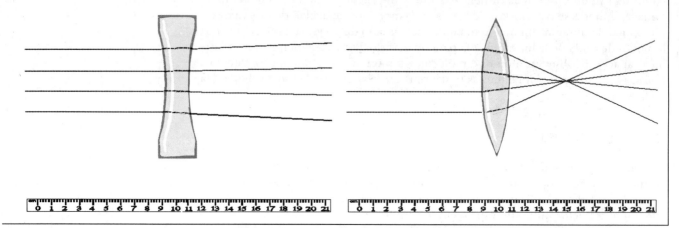

El aumento angular del telescopio está dado por θ/θ_0, donde θ_0 es el ángulo subtendido por el objeto en el objetivo, y θ es el ángulo subtendido por la imagen final en el ojo del observador. De acuerdo con los triángulos en la figura 36.34a, y para ángulos pequeños, tenemos

$$\theta \approx -\frac{h'}{f_e} \qquad y \qquad \theta_0 \approx \frac{h'}{f_0}$$

Por consiguiente, el aumento angular del telescopio puede expresarse como

$$m = \frac{\theta}{\theta_0} = \frac{-h'/f_e}{h'/f_0} = -\frac{f_0}{f_e} \qquad (36.21)$$

El signo menos indica que la imagen está invertida. Esta expresión señala que el aumento angular del telescopio es igual a la razón entre la longitud focal del objetivo y la longitud focal del ocular. También en este caso, el aumento es la razón entre el tamaño angular visto con el telescopio y el visto a simple vista.

En algunas aplicaciones, como la observación de objetos cercanos como el Sol, la Luna o los planetas, el aumento es importante. Sin embargo, las estrellas están tan alejadas que siempre aparecen como pequeños puntos de luz sin que importe cuánto aumento se emplee. Los grandes telescopios de investigación utilizados para estudiar objetos muy distantes deben tener un gran diámetro para adquirir la mayor cantidad de luz posible. Es difícil y costoso fabricar grandes lentes para telescopios refractores. Otra dificultad con los grandes lentes es que su considerable peso hace que se pandeen, lo cual es una fuente adicional de aberración. Estos problemas pueden superarse parcialmente al sustituir el lente del objetivo con un espejo cóncavo reflejante. La figura 36.35 presenta el diseño de un telescopio reflector común.

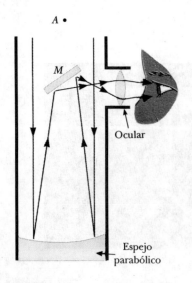

FIGURA 36.35 Un telescopio reflector con un foco newtoniano.

Los rayos luminosos que entran atraviesan el barril del telescopio y se reflejan por medio de un espejo parabólico en la base. Estos rayos convergen hacia el punto *A* en la figura, donde se formaría una imagen. Sin embargo, antes de que se forme esta imagen, un pequeño espejo plano *M* refleja la luz hacia una abertura en el lado del tubo que conduce hacia un ocular. Se dice que este diseño particular tiene un foco newtoniano debido a que fue Newton quien lo desarrolló. Observe que la luz nunca pasa por el vidrio en el telescopio reflector (excepto a través de un pequeño ocular). Como resultado, virtualmente se eliminan los problemas asociados a la aberración cromática.

El telescopio más grande del mundo es un telescopio reflector cuyo diámetro es de 6 metros ubicado en el Monte Pastukhov, en el Cáucaso, Rusia. El telescopio reflector más grande en Estados Unidos está en el Monte Palomar, en California. Su diámetro es de 5 metros. Por el contrario, el telescopio refractor más grande del mundo se localiza en el Observatorio Yerkes, en la Bahía Williams, Wisconsin. Su diámetro es de sólo un metro.

RESUMEN

El **aumento lateral** *M* de un espejo o lente se define como la razón entre la altura de la imagen *h'* y la altura del objeto *h*:

$$M = \frac{h'}{h} \tag{36.1}$$

En la aproximación de rayos paraxiales, la distancia al objeto *p* y la distancia a la imagen *q* para un espejo esférico de radio *R* se relacionan por medio de la **ecuación del espejo**

$$\frac{1}{p} + \frac{1}{q} = \frac{2}{R} = \frac{1}{f} \tag{36.4, 36.6}$$

donde *f* = *R*/2 es la **longitud focal** del espejo.

Una imagen puede formarse por refracción en una superficie esférica de radio *R*. Las distancias al objeto y a la imagen para refractarse en dicha superfice se relacionan por medio de

$$\frac{n_1}{p} + \frac{n_2}{q} = \frac{n_2 - n_1}{R} \tag{36.8}$$

donde la luz incide en el medio de índice de refracción n_1 y se refracta en el medio cuyo índice de refracción es n_2.

El inverso de la **longitud focal** de un lente delgado en aire es

$$\frac{1}{f} = (n - 1)\left(\frac{1}{R_1} - \frac{1}{R_2}\right) \tag{36.11}$$

Los **lentes convergentes** tienen sus longitudes focales positivas, y los **lentes divergentes** tienen longitudes focales negativas.

Para un lente delgado, y en la aproximación de rayos paraxiales, el objeto y las distancias a la imagen se relacionan por medio de

$$\frac{1}{p} + \frac{1}{q} = \frac{1}{f} \tag{36.12}$$

PREGUNTAS

1. Cuando usted se mira en un espejo, su imagen está invertida de izquierda a derecha pero no de arriba a abajo. Explique.

2. Empleando un diagrama de rayos simple, como el de la figura 36.2, muestre que un espejo plano cuya parte superior está al nivel del ojo no necesita ser tan largo como su altura para que usted observe su cuerpo completo.

3. Considere un espejo esférico cóncavo con un objeto real. ¿La imagen siempre está invertida? ¿La imagen siempre es real? Brinde las condiciones para sus respuestas.

4. Repita la pregunta anterior para un espejo esférico convexo.

5. ¿Por qué una corriente clara siempre parece ser más poco profunda de lo que en realidad es?

6. Considere la imagen formada por un delgado lente convergente. ¿En qué condiciones la imagen está a) invertida, b) de pie, c) es real, d) es virtual, e) es más grande que el objeto, y f) es más pequeña que el objeto?

7. Repita la pregunta 6 para un lente divergente delgado.

8. Si un cilindro de vidrio sólido o plástico transparente se coloca sobre las palabras LEAD OXIDE y se ve desde el lado que se muestra en la figura 36.36, la palabra LEAD aparece invertida pero OXIDE no. Explique.

FIGURA 36.36 (Pregunta 8) *(Henry Leap y Jim Lehman)*

9. Describa dos tipos de aberración común en un lente esférico.

10. Explique por qué un espejo no puede dar origen a aberración cromática.

11. ¿Qué es el aumento de un espejo plano? ¿Cuál es su longitud focal?

12. ¿Por qué algunos vehículos de emergencia tienen el símbolo AMBULANCIA escrito en el frente.

13. Explique por qué un pescado en una pecera esférica parece más grande de lo que en realidad es.

14. Los lentes empleados en anteojos, ya sean convergentes o divergentes, siempre se diseñan de modo tal que la mitad del lente se curve alejándose del ojo, del mismo modo que los lentes centrales de la figura 36.22a y 36.22b. ¿Por qué?

15. Un espejismo se forma cuando el aire se enfría gradualmente conforme la altura sobre el suelo aumenta. ¿Qué podría pasar si el aire gradualmente se vuelve más caliente a medida que la altura crece? Esto a menudo ocurre sobre cuerpos de agua o suelo cubierto de nieve: el efecto se denomina *sombra vaga*.

16. Considere un espejo cóncavo esférico, con el objeto localizado a la izquierda del espejo más allá del punto focal. Empleando diagramas de rayos, muestre que la imagen se mueve hacia la izquierda a medida que el objeto se acerca al punto focal.

17. En una novela de Julio Verne, un pedazo de hielo se moldea de manera que se forma un lente de aumento para enfocar la luz del Sol e iniciar una fogata. ¿Es esto posible?

18. El número f de una cámara es la longitud focal del lente dividida por su abertura (o diámetro). ¿Cómo puede cambiarse el número f del lente? ¿Cómo afecta el tiempo de exposición requerido el cambio de este número?

19. Un horno solar puede construirse empleando un espejo cóncavo para reflejar y enfocar la luz del Sol dentro del recinto de un horno. ¿Qué factores en el diseño del espejo reflejante garantizarían las temperaturas más altas?

20. Un método para determinar la posición de una imagen, ya sea real o virtual, es por medio del *paralaje*. Si un dedo u otro objeto se colocan en la posición de la imagen, como se ve en la figura 36.37, y el dedo y la imagen se observan simultáneamente (la imagen a través del lente si es virtual), el dedo y la imagen tienen el mismo paralaje, es decir, si se observa desde posiciones diferentes, la imagen parecerá moverse junto con el dedo. Emplee este método para localizar la imagen formada por un lente. Explique cómo trabaja el método.

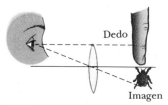

FIGURA 36.37 (Pregunta 20)

FIGURA 36.38 (Pregunta 21) *(M. C. Escher/Cordon Art-Baarn-Holland. Derechos reservados.)*

21. La figura 36.38 muestra una litografía de M.C. Escher titulada *Mano con esfera de reflexión (Autorretrato en un espejo esférico)*. Escher dijo lo siguiente acerca de la obra: "La imagen muestra un espejo esférico, descansando sobre la mano izquierda. Pero como una impresión es lo inverso del dibujo original sobre piedra, era mi mano derecha la que usted ve pintada.

(Como soy zurdo, necesitaba mi mano izquierda para hacer el dibujo.) Dicho reflejo en una esfera recoge casi todo lo que a uno lo rodea en una imagen en forma de disco. El cuarto completo, las cuatro paredes, el piso y el techo, todo, si bien distorsionado, está comprimido dentro de un círculo así de pequeño. Su propia cabeza, o más exactamente, el punto entre sus ojos, es el centro absoluto. No importa cómo gire o dé vueltas, no puede salir de ese punto central. Usted es el foco inamovible, el núcleo firme, de su mundo." Comente acerca de la exactitud de la descripción de Escher.

PROBLEMAS

Problema de repaso

Una de las superficies de un lente es plana; la otra es convexa y tiene un radio de curvatura $R = 10.0$ cm. La velocidad de la luz en el material del lentes es $v = 1.50 \times 10^8$ m/s. Encuentre a) el índice de refracción del material del lente, b) el ángulo de reflexión interna total, c) la potencia del lente, d) la longitud focal del lente, e) la distancia al objeto sin el aumento $M = 2.00$, f) la distancia a la imagen si un objeto está a 1.00 m de la pantalla y la imagen alargada aparece sobre ésta, g) el aumento M' en el caso f), y h) el aumento angular del lente.

Sección 36.1 Imágenes formadas por espejos planos

1. En un experimento de un laboratorio de física se aplica un momento de torsión a un alambre de diámetro pequeño suspendido verticalmente bajo esfuerzos de tensión. El ángulo pequeño el cual gira el alambre como una consecuencia del momento de torsión neto se mide uniendo un pequeño espejo al alambre y reflejando un haz de luz en el espejo y hacia una escala circular. Este arreglo se conoce como una palanca óptica y se muestra desde una vista superior en la figura P36.1. Demuestre que cuando el espejo gira un ángulo θ, el haz reflejado gira un ángulo 2θ.

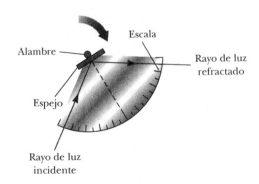

FIGURA P36.1

2. Un rayo luminoso entra por un pequeño agujero en una caja rectangular que tiene tres lados plateados, como en la figura P36.2. a) ¿Para qué angulo θ el haz de luz emerge del agujero, suponiendo que éste incide sólo una vez sobre cada espejo? b) Demuestre que su respuesta no depende de la posición del agujero.

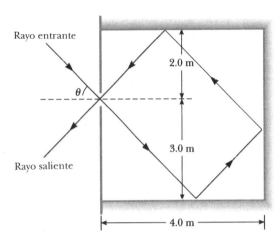

FIGURA P36.2

3. Determine la altura mínima de un espejo plano vertical en el cual una persona de 5 pies 10 pulg podría ver su imagen completa. (Un diagrama de rayos sería útil.)

3A. Determine la altura mínima de un espejo plano vertical en el cual una persona de altura h podría ver su imagen completa. (Un diagrama de rayos sería útil.)

4. Dos espejos planos tienen sus superficies reflejantes una frente a otra, con el borde de uno de los espejos en contacto con el borde del otro, de manera que el ángulo entre ellos es α. Cuando un objeto se sitúa entre los espejos se forman varias imágenes. En general, si el ángulo α es tal que $n\alpha = 360°$, donde n es un entero, el número de imágenes formadas es $n - 1$. Construya una gráfica y encuentre todas las posiciones de la imagen para el caso $n = 6$ cuando un objeto puntual está entre los espejos (pero no en el ángulo bisector).

Sección 36.2 Imágenes formadas por espejos esféricos

5. Un espejo cóncavo tiene una longitud focal de 40.0 cm. Determine la posición del objeto para la cual la imagen resultante está de pie y es cuatro veces el tamaño del objeto.

6. Un rectángulo de 10.0 cm $\times$ 20.0 cm se coloca de manera que su borde derecho está a 40.0 cm a la izquierda de un espejo esférico cóncavo, como en la figura P36.6. El radio de curvatura del espejo es 20.0 cm. a) Dibuje la imagen vista a través de este espejo. b) ¿Cuál es el área de la imagen?

□ Indica problemas que tienen soluciones completas disponibles en el *Manual de soluciones del estudiante* y en la *Guía de estudio*.

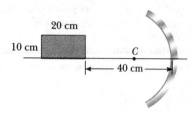

20 cm

10 cm

C

40 cm

FIGURA P36.6

7. Un espejo cóncavo tiene un radio de curvatura de 60 cm. Calcule la posición de la imagen y el aumento de un objeto colocado enfrente del espejo a distancias de a) 90 cm y b) 20 cm. c) Dibuje diagramas de rayos para obtener la imagen en cada caso.

8. La altura de una imagen real formada por un espejo cóncavo es cuatro veces mayor que la altura del objeto cuando éste se encuentra a 30.0 cm enfrente del espejo. a) ¿Cuál es el radio de curvatura del espejo? b) Emplee un diagrama de rayos para localizar esta imagen.

9. Una dedicada aficionada a los carros deportivos pule las superficies interior y exterior de un tapón de rueda que es una sección de una esfera. Cuando observa desde un lado del tapón, ve una imagen de su cara 30.0 cm atrás del tapón. Después lo voltea y ve otra imagen de su cara a 10.0 cm atrás del tapón. a) ¿A qué distancia está su cara del tapón? b) ¿Cuál es el radio de curvatura del tapón?

9A. Una dedicada aficionada a los carros deportivos pule las superficies interior y exterior de un tapón de rueda que es una sección de una esfera. Cuando observa desde un lado del tapón, ve una imagen de su cara a una distancia d atrás del tapón. Después lo voltea y ve otra imagen de su cara a una distancia $d/3$ atrás del tapón. a) ¿A qué distancia está su cara del tapón? b) ¿Cuál es el radio de curvatura del tapón?

10. Una vela está a 49 cm frente a un espejo esférico convexo que tiene una radio de curvatura de 70 cm. a) ¿Dónde está la imagen? b) ¿Cuál es el aumento?

11. Un objeto de 2.0 cm de altura se coloca a 10 cm frente a un espejo. ¿Qué tipo de espejo y qué radio de curvatura son necesarios para una imagen de pie que mide 4.0 cm de alto?

12. Una pelota se deja caer desde el reposo a 3.00 m directamente arriba del vértice de un espejo cóncavo que tiene un radio de 1.00 m y se encuentra en un plano horizontal. a) Describa el movimiento de la imagen de la pelota en el espejo. b) ¿En qué momento la pelota y su imagen coinciden?

13. Se va a utilizar un espejo esférico para formar, sobre una pantalla localizada a 5.0 cm del objeto, una imagen cinco veces el tamaño del objeto. a) Describa el tipo de espejo requerido. b) ¿Dónde debe colocarse el espejo en relación con el objeto?

14. a) Un espejo cóncavo forma una imagen invertida cuatro veces más grande que el objeto. Encuentre la longitud focal del espejo si la distancia entre el objeto y la imagen es de 0.60 m. b) Un espejo convexo forma una imagen virtual de la mitad del tamaño del objeto. Si la

distancia entre la imagen y el objeto es 20.0 cm, determine el radio de curvatura del espejo.

15. Un espejo convexo esférico tiene un radio de 40.0 cm. Determine la posición de la imagen virtual y el aumento para distancias al objeto de a) 30.0 cm y b) 60.0 cm. c) ¿Las imágenes están de pie o invertidas?

16. Un objeto está a 15 cm de la superficie de un adorno de árbol de Navidad esférico de 6.0 cm de diámetro. ¿Cuáles son el aumento y la posición de la imagen?

Sección 36.3   Imágenes formadas por refracción

17. Un bloque liso de hielo ($n = 1.309$) descansa sobre el piso con una cara paralela a éste. El bloque tiene un espesor vertical de 50.0 cm. Encuentre la posición de la imagen de un patrón en la cubierta del piso formado por los rayos que son casi perpendiculares al bloque.

18. Un extremo de una larga barra de vidrio ($n = 1.50$) se forma dentro de una superficie convexa de 6.0 cm de radio. Un objeto se localiza en el aire a lo largo del eje de barra. Encuentre las posiciones de la imagen correspondientes a distancias al objeto de a) 20.0 cm, b) 10.0 cm y c) 3.0 cm del extremo de la barra.

19. Un pequeño pez nada a 2.00 cm/s hacia el lado derecho de un estanque rectangular. ¿Cuál es la velocidad aparente del pez medida por un observador que mira desde fuera del lado derecho del tanque? El índice de refracción para el agua es 1.33.

19A. Un pequeño pez nada a una velocidad v hacia el lado derecho de un estanque rectangular. ¿Cuál es la velocidad aparente del pez medida por un observador que mira desde fuera del lado derecho del tanque? El índice de refracción para el agua es n.

20. Un lente hecho con un material de índice refractivo n tiene una longitud f en el aire. Cuando se sumerge en un líquido que tiene un índice refractivo n_1, el lente tiene una longitud focal f'. Obtenga una expresión para f' en función de f, n y n_1.

21. Una esfera de vidrio ($n = 1.50$) de 15 cm de radio tiene una diminuta burbuja de aire ubicada a 5.0 cm del centro. La esfera se observa sobre una dirección paralela al radio que contiene a la burbuja. ¿Cuál es la profundidad aparente de la burbuja debajo de la superficie de la esfera?

22. Una placa de cristal ($n = 1.66$) descansa sobre el fondo del tanque de un acuario. La placa tiene 8.0 cm de espesor (dimensión vertical) y está cubierta con agua ($n = 1.33$) a una profundidad de 12 cm. Calcule el espesor aparente de la placa cuando se observa desde arriba del agua. (Suponga incidencia casi normal.)

23. Un hemisferio de vidrio se emplea como pisapapeles con su cara plana descansando sobre una pila de documentos. El radio de la sección transversal circular es de 4.0 cm, y el índice de refracción del vidrio es 1.55. El centro del hemisferio está dirigido sobre una letra "O" que tiene 2.5 mm de diámetro. ¿Cuál es el diámetro de la imagen de la letra cuando se mira a lo largo de un radio vertical?

24. Un pequeño pez nada en el agua dentro de una pecera de plástico esférica de 1.33 de índice de refracción. Si el pez se encuentra a 10 cm de la pared de la pecera de 15 cm de radio, ¿dónde aparece éste para un observador fuera de la pecera?

25. Sobre la superficie de una esfera transparente de composición desconocida se observa que se forma una imagen del Sol. ¿Cuál es el índice refractivo del material de la esfera?

Sección 36.4   Lentes delgados

26. Un objeto localizado a 32 cm frente a un lente forma una imagen sobre una pantalla ubicada a 8.0 cm detrás de éste. a) Encuentre la longitud focal del lente. b) Determine el aumento. c) ¿El lente es convergente o divergente?

27. La cara izquierda de un lente biconvexo tiene un radio de curvatura de 12 cm, en tanto que la cara derecha tiene un radio de curvatura de 18 cm. El índice de refracción del vidrio es 1.44. a) Calcule la longitud focal del lente. b) Calcule la longitud focal si se intercambian los radios de curvatura de las dos caras.

28. El portaobjetos de un microscopio se pone frente a un lente convergente que tiene una longitud focal de 2.44 cm. El lente forma una imagen del portaobjetos a 12.9 cm de este último. ¿Qué tan lejos está el lente del portaobjetos si la imagen es a) real y b) virtual?

29. ¿Cuál es la distancia a la imagen de un objeto de 1.0 m enfrente de un lente convergente de 20 cm de longitud focal? ¿Cuál es el aumento del objeto? (Vea la figura 36.23a para un diagrama de rayos.)

30. Una persona observa una joya con un microscopio de joyero, el cual consta de un lente convergente que tiene una longitud focal de 12.5 cm. El microscopio forma una imagen virtual a 30.0 cm del lente. a) Determine el aumento. ¿La imagen está de pie o invertida? b) Construya un diagrama de rayos para este arreglo.

31. La figura P36.31 muestra un delgado lente convergente de vidrio ($n = 1.50$) para el cual los radios de curvatura son $R_1 = 15.0$ cm y $R_2 = 12.0$ cm. A la izquierda del lente está un cubo que tiene un área de cara de 100.0 cm². La base del cubo está sobre el eje del lente, y la cara derecha se encuentra a 20.0 cm a la izquierda del lente. a) Determine la longitud focal del lente. b) Dibuje la imagen de la cara cuadrada formada por el lente. ¿Qué tipo de figura geométrica es ésta? c) Determine el área de la imagen.

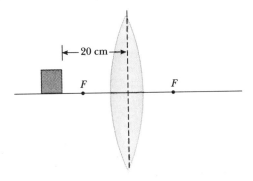

FIGURA P36.31

32. Un lente convergente tiene una longitud focal de 40 cm. Calcule el tamaño de la imagen real de un objeto a 4.0 cm de altura para las siguientes distancias al objeto: a) 50 cm, b) 60 cm, c) 80 cm, d) 100 cm, e) 200 cm, f) ∞.

33. Un objeto se localiza 20 cm a la izquierda de un lente divergente que tiene una longitud focal $f = -32$ cm. Determine a) la localización, y b) el aumento de la imagen. c) Construya un diagrama de rayos para este arreglo.

34. Un objeto está 5.00 m a la izquierda de una pantalla plana. Un lente convergente para el cual la longitud focal es $f = 0.800$ m se coloca entre el objeto y la pantalla. a) Muestre que hay dos posiciones del lente que forman una imagen sobre la pantalla y determine a qué distancias están esas posiciones del objeto. b) ¿Cómo difieren las dos imágenes entre sí?

34A. Un objeto está a una distancia d a la izquierda de una pantalla plana. Un lente convergente que tiene una longitud focal $f < d$ se coloca entre el objeto y la pantalla. a) Muestre que hay dos posiciones del lente que forman una imagen sobre la pantalla y determine a qué distancias están esas posiciones del objeto. b) ¿Cómo difieren las dos imágenes entre sí?

35. Una transparencia de 24.0 mm de altura se va a proyectar de modo que su imagen llene una pantalla de 1.80 m de altura. La distancia de la transparencia a la pantalla es de 3.00 m, como se muestra en la figura P36.35. a) Determine la longitud focal del lente en el proyector. b) ¿A qué distancia de la transparencia debe estar el lente del proyector para formar la imagen sobre la pantalla?

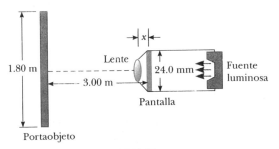

FIGURA P36.35

36. Un lente divergente se emplea para formar la imagen virtual de un objeto real. El objeto se coloca a 80.0 cm a la izquierda del lente, y la imagen se localiza 40.0 cm a la izquierda del lente. a) Determine la longitud focal del lente. b) Si las superficies del lente tienen radios de curvatura $R_1 = -40.0$ cm y $R_2 = -50.0$ cm, ¿cuál es el índice de refracción?

37. La imagen de la moneda en la figura P36.37 tiene el doble del diámetro de la moneda y se encuentra a 2.84 cm del lente. Determine la longitud focal del lente.

*Sección 36.6   La cámara y *Sección 36.7 El ojo

38. Una cámara brinda una exposición de película adecuada cuando se ajusta en $f/16$ y el obturador se abre durante $(1/32)$ s. Determine el tiempo de exposición correcto si se usa un ajuste de $f/8$. (Suponga que las condiciones luminosas no cambian.)

FIGURA P36.37

39. Una cámara se utiliza con una exposición correcta a $f/4$ y una velocidad de disparo de $(1/16)$ s. Para poder fotografiar un sujeto que se mueve rápidamente, la velocidad de disparo se cambia a $(1/28)$ s. Determine el nuevo ajuste de número f necesario para mantener una exposición satisfactoria.

40. Una mujer de 1.7 m de altura está de pie a 5.0 m frente a una cámara equipada con un lente de 50.0 mm de longitud focal. ¿Cuál es el tamaño de la imagen formada sobre la película?

41. Una mujer miope no puede ver con claridad objetos más allá de 25 cm (el punto lejano). Si no tiene astigmatismo y le prescriben lentes de contacto, ¿cuáles son la potencia y el tipo de lente requerido para corregir su visión?

42. Una cámara que trabaja adecuadamente con un lente de 50.0 mm se va a reconfigurar para emplearla bajo el agua. Si el presente lente convexo doble ($n = 1.50$, $R_1 = 10.0$ cm, $R_2 = -3.33$ cm) se va a conservar, a) ¿cuál es la longitud focal bajo el agua, y b) a qué distancia del lente debe ponerse la película cuando la cámara se utiliza bajo el agua?

43. Si el humor acuoso del ojo tiene un índice de refracción de 1.34 y la distancia desde el frente de la córnea hasta la retina es de 2.2 cm, ¿cuál es el radio de curvatura de la córnea para el cual objetos distantes enfocan en la retina? (Suponga que toda la refracción ocurre en el humor acuoso.)

44. Una persona ve claramente cuando usa anteojos que tienen una potencia de -4.0 dioptrías y se ponen a 2.0 cm frente de los ojos. Si la persona desea cambiar a lentes de contacto, los cuales se ponen directamente sobre los ojos, ¿qué potencia del lente debe prescribírsele?

45. Un corredor pasa frente a un espectador a 10.0 m/s. Éste fotografía al corredor con una cámara que tiene una longitud focal de 5.00 cm y un tiempo de exposición de 20 ms. El máximo borroso de la imagen permitido en una buena fotografía es de 0.500 mm. Determine la distancia mínima entre el corredor y la cámara para obtener una buena fotografía.

45A. Un corredor pasa frente a un espectador a una velocidad v. Éste fotografía al corredor con una cámara que tiene una longitud focal f y un tiempo de exposición Δt. El máximo borroso de la imagen permitido en una buena fotografía es de Δf. Determine la distancia mínima entre el corredor y la cámara para obtener una buena fotografía.

46. Los límites de adaptación para los ojos con miopía de Nick son 18.0 cm y 80.0 cm. Cuando él lleva sus anteojos, es capaz de ver con claridad objetos lejanos. ¿A qué distancia mínima es capaz de ver objetos claramente?

*Sección 36.8   El aumento simple, *Sección 36.9   El microscopio compuesto y *Sección 36.10   El telescopio

47. Un filatelista examina los detalles de impresión en una estampilla empleando un lente convexo de 10.0 cm de longitud focal como un aumento simple. El lente se mantiene cerca del ojo, y la distancia lente-objeto se ajusta de modo que la imagen virtual se forme en el punto cercano normal (25 cm). Calcule el aumento.

48. Un lente que tiene una longitud focal de 5.0 cm se utiliza como un lente de aumento. a) Para obtener un aumento máximo, ¿dónde debe colocarse el objeto? b) ¿Cuál es el aumento?

49. El telescopio refractor de Yerkes tiene un lente objetivo de 1.0 m de diámetro con longitud focal de 20 m y un ocular de longitud focal de 2.5 cm. a) Determine el aumento del planeta Marte por medio de este telescopio. b) ¿Los casquetes polares marcianos están de pie o invertidos?

50. El telescopio reflector del Monte Palomar tiene un espejo parabólico con longitud focal de 80 m. Determine el aumento alcanzado cuando se utiliza un ocular de 2.5 cm de longitud focal.

51. Un telescopio astronómico tiene un objetivo de 75 cm de longitud focal y un ocular de 4.0 cm de longitud focal. ¿Cuál es la potencia de aumento?

52. La distancia entre el ocular y el lente objetivo en cierto microscopio compuesto es de 23 cm. La longitud focal del ocular es 2.5 cm y la del objetivo es 0.40 cm. ¿Cuál es el aumento total del microscopio?

53. El aumento total deseado de un microscopio compuesto es 140×. El objetivo sólo produce un aumento lateral de 12×. Determine la loongitud local requerida del ocular.

PROBLEMAS ADICIONALES

54. Un objeto situado a 10.0 cm de un espejo esférico cóncavo produce una imagen real a 8.0 cm del espejo. Si el objeto se mueve a una nueva posición a 20.0 cm del espejo, ¿cuál es la posición de la imagen? ¿La última imagen es real o virtual?

55. La figura P36.55 muestra un lente convergente delgado para el cual los radios son $R_1 = 9.00$ cm y $R_2 = 11.0$ cm. El lente está frente a un espejo esférico cóncavo de radio $R = 8.00$ cm. a) Si sus puntos focales F_1 y F_2 están a 5.00 cm del vértice del lente, determine su índice de refracción. b) Si el lente y el espejo están separados 20.0 cm y el objeto se coloca a 8.00 cm a la izquierda del lente, determine la posición de la imagen final y su aumento cuando es vista por el ojo en la figura. c) ¿La imagen final está invertida o de pie? Explique.

56. Un microscopio compuesto tiene un objetivo de 0.300 cm de longitud focal y un ocular de 2.50 cm de longitud focal. Si un objeto está a 3.40 mm del objetivo, ¿cuál es el aumento? (*Sugerencia:* Emplee la ecuación del lente para el objetivo.)

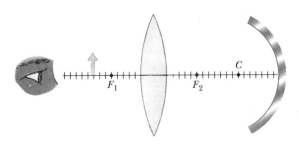

FIGURA P36.55

57. Un objeto de 2.00 cm de altura se pone 40.0 cm a la izquierda de un lente convergente que tiene una longitud focal de 30.0 cm. Un lente divergente cuya longitud focal es de –20.0 cm se coloca 110 cm a la derecha del lente convergente. a) Determine la posición final y el aumento de la imagen final. b) ¿La imagen está de pie o invertida? c) Repita a) y b) para el caso en el que el segundo lente es convergente y tiene una longitud focal de +20.0 cm.

58. Un objeto se coloca 15.0 cm a la izquierda de un lente convergente (f_1 = 10.0 cm). Un lente divergente (f_2 = –20.0 cm) se pone 15.0 cm a la derecha del lente convergente. Localice y describa la imagen final formada por los dos lentes.

59. Un haz paralelo de luz entra a un hemisferio de vidrio perpendicular a la cara plana, como se ilustra en la figura P36.59. El radio es R = 6.00 cm y el índice de refracción es n = 1.560. Determine el punto en el cual se enfoca el haz. (Suponga rayos paraxiales.)

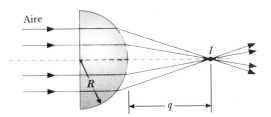

FIGURA P36.59

60. Un lente delgado con índice de refracción n se sumerge en un líquido que tiene índice n'. Muestre que la longitud focal f del lente es

$$\frac{1}{f} = \left(\frac{n}{n'} - 1 \right) \left(\frac{1}{R_1} - \frac{1}{R_2} \right)$$

61. Un lente delgado de 20.0 cm de longitud focal está sobre un espejo horizontal de frente pulido. ¿A qué distancia sobre el lente debe sostenerse un objeto si su imagen coincidirá con éste?

61A. Un lente delgado de longitud focal f está sobre un espejo horizontal de frente pulido. ¿A qué distancia sobre el lente debe sostenerse un objeto si su imagen coincidirá con éste?

62. La figura P36.62 muestra un recinto cerrado cuyas paredes internas son espejos. Un rayo de luz entra por un pequeño agujero en el centro del lado corto. Para cada uno de los casos siguientes, elabore un dibujo que muestre la trayectoria de la luz y encuentre el ángulo θ para un rayo que cumple las condiciones establecidas. a) Un rayo luminoso que se refleja una vez en cada lado del espejo y que luego sale por el agujero. b) Un rayo luminoso que se refleja sólo una vez y luego sale. c) ¿Hay una trayectoria que se refleja tres veces y luego sale? Si es así, dibuje la trayectoria y encuentre θ. d) Un rayo que se refleja cuatro veces y luego sale.

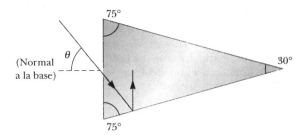

FIGURA P36.62

63. El lente de un ojo afectado por cataratas puede eliminarse quirúrgicamente y sustituirse por un lente fabricado. La longitud focal del nuevo lente está determinada por la distancia lente-retina, la cual se mide por medio de un dispositivo similar al sonar, y por el requerimiento de que el implante brinde la visión distante correcta. a) Si la distancia del lente a la retina es de 22.4 mm, calcule la potencia en dioptrías del lente implantado. b) Puesto que no hay adaptación y el implante permite la correcta visión distante, debe emplearse un lente de corrección para trabajo o lectura cercanos. Suponga una distancia de lectura de 33 cm y calcule la potencia del lente en los anteojos de lectura.

64. La distancia entre un objeto y su imagen de pie es de 20.0 cm. Si el aumento es 0.500, ¿cuál es la longitud focal del lente que se está usando para formar la imagen?

64A. La distancia entre un objeto y su imagen de pie es d. Si el aumento es M, ¿cuál es la longitud focal del lente que se está usando para formar la imagen?

65. Un objeto se pone 12.0 cm a la izquierda de un lente divergente de longitud focal igual a –6.0 cm. Un lente convergente de 12.0 cm de longitud focal se pone a una distancia d a la derecha del lente divergente. Encuentre la distancia d de manera tal que la imagen final se encuentre en el infinito. Dibuje un diagrama de rayos para este caso.

66. Un lente convergente tiene una longitud focal de 20.0 cm. Encuentre la posición de la imagen para distancias al objeto de a) 50.0 cm, b) 30.0 cm y c) 10.0 cm. d) Determine el aumento del lente para estas distancias al objeto y si la imagen está de pie o invertida. e) Dibuje un diagrama de rayos para estas distancias al objeto.

67. Dos rayos que viajan paralelos respecto del eje principal inciden sobre un lente convexo-plano que tiene un índice refractivo de 1.60 (Fig. P36.67). Si la cara convexa es esférica, un rayo cercano al borde no incide sobre el punto focal (aberración esférica). Si esta cara tiene un radio de curvatura de 20.0 cm y los dos rayos están a $h_1 = 0.500$ cm y $h_2 = 12.0$ cm del eje principal, encuentre la diferencia de las posiciones donde cada uno incide sobre el eje principal.

67A. Dos rayos que viajan paralelos respecto del eje principal inciden sobre un lente convexo-plano que tiene un índice refractivo n (Fig. P36.67). Si la cara convexa es esférica, un rayo cercano al borde no incide sobre el punto focal (aberración esférica). Si esta cara tiene un radio de curvatura R y los dos rayos están a h_1 y h_2 del eje principal, encuentre la diferencia de las posiciones donde cada uno incide sobre el eje principal.

72. Un telescopio reflector con un objetivo de longitud focal de 2.0 m y un ocular de 10 cm de longitud focal se emplea para observar la Luna. Calcule el tamaño de la imagen formada en el punto cercano del observador, a 25 cm del ojo. (El diámetro de la Luna = 3.5×10^3 km; la distancia Tierra-Luna = 3.84×10^5 km.)

73. La córnea de un ojo tiene un radio de curvatura de 0.80 cm. a) ¿Cuál es la longitud focal de la superficie reflejante del ojo? b) Si una moneda de oro de 20 dólares que tiene 3.4 cm de diámetro se mantiene a 25 cm de la córnea, ¿cuáles son el tamaño y la posición de la imagen reflejada?

74. Dos lentes convergentes que tienen longitudes focales de 10.0 cm y 20.0 cm están separados 50.0 cm, como se muestra en la figura P36.74. La imagen final se va a localizar entre los lentes en la posición indicada. a) ¿A qué distancia a la izquierda del primer lente debe estar el objeto? b) ¿Cuál es el aumento total? c) ¿La imagen final está de pie o invertida?

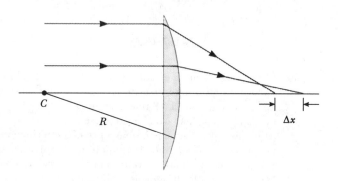

FIGURA P36.67

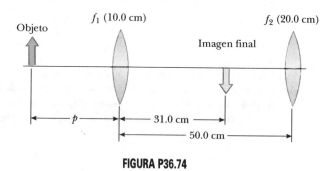

FIGURA P36.74

68. Considere rayos de luz paralelos al eje principal que se aproximan a un espejo esférico cóncavo. De acuerdo con la ecuación del espejo (ecuación 36.4), los rayos cercanos al eje principal se enfocan en F, a una distancia $R/2$ del espejo. ¿Qué ocurre con un rayo más alejado del eje principal? ¿Se reflejará hacia el eje en un punto más cercano o más alejado que F del espejo? Ilustre la situación con un rayo de luz dibujado con precisión que obedezca la ley de reflexión.

69. Una canica de colores se deja caer dentro de un gran tanque lleno con benceno ($n = 1.50$). a) ¿Cuál es la profundidad del tanque si la profundidad aparente de la canica cuando se ve directamente desde arriba del tanque es de 35 cm? b) Si la canica tiene un diámetro de 1.5 cm, ¿cuál es el diámetro aparente cuando se ve directamente desde arriba del tanque?

70. Un objeto de 1.0 cm de altura se coloca 4.0 cm a la izquierda de un lente convergente de 8.0 cm de longitud focal. Un lente divergente de longitud focal igual a −16 cm se ubica 6.0 cm a la derecha del lente convergente. Encuentre la posición y tamaño de la imagen final. ¿Está invertida o de pie? ¿Es real o virtual?

71. El disco del Sol subtiende un ángulo de 0.50° en la Tierra. ¿Cuáles son la posición y el diámetro de la imagen solar formada por un espejo esférico cóncavo de 3.0 m de radio?

75. En un cuarto oscuro se pone una vela encendida a 1.5 m de un muro blanco. Entre la vela y el muro se coloca un lente en una posición que produce una imagen invertida más grande en el muro. Cuando el lente se mueve 90 cm hacia el muro, se forma otra imagen de la vela. Encuentre a) las dos distancias al objeto que producen las imágenes indicadas antes, y b) la longitud focal del lente. c) Caracterice la segunda imagen.

76. Un lente y un espejo tienen longitudes focales de +80 cm y −50 cm, respectivamente, y el lente se localiza 1.0 m a la izquierda del espejo. Se coloca un objeto a 1.0 m a la izquierda del lente. Localice la imagen final. Diga si la imagen está de pie o invertida y determine el aumento total.

77. La ilusión de una moneda que flota la conforman en dos espejos parabólicos, cada uno con una longitud focal de 7.5 cm, frente a frente de modo que sus centros están separados 7.5 cm (Fig. P36.77). Si unas cuantas monedas se ponen sobre el espejo inferior, se forma una imagen de las monedas en la pequeña abertura en el centro del espejo superior. Demuestre que la imagen final se forma en esa posición y describa sus características. (*Nota*: Un efecto muy impresionante es hacer brillar un haz de una linterna sobre estas imágenes. Incluso a un ángulo indirecto, ¡el haz de luz entrante parece reflejarse en las imágenes! ¿Entiende usted por qué?)

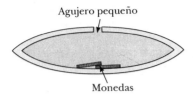

Agujero pequeño

Monedas

FIGURA P36.77

PROBLEMA DE HOJA DE CÁLCULO

S1. La ecuación para la refracción mediante una superficie esférica que separa dos medios (Fig. 36.11) que tienen índices de refracción n_1 y n_2 es

$$\frac{n_1}{p} + \frac{n_2}{q} = \frac{n_2 - n_1}{R}$$

Esta ecuación se dedujo empleando las aproximaciones de ángulo pequeño. La hoja de cálculo 36.1 prueba el intervalo de validez de estas aproximaciones y calcula la distancia a la imagen para una serie de ángulos incidentes α sin hacer las aproximaciones de ángulo pequeño. Los parámetros de entrada son los índices de refracción, el radio de curvatura de la superficie y la distancia al objeto. a) Considere $n_1 = 1.00$, $n_2 = 1.52$, $R = 10.0$ cm y $p = 30.0$ cm. Si el máximo error aceptable en la distancia a la imagen es 3.00 por ciento, ¿para qué ángulo máximo α puede emplearse la ecuación de refracción? b) Repita el inciso a) utilizando $p = 50.0$ cm. c) Elija otros valores para los parámetros de entrada y repita a). d) ¿El error es linealmente proporcional a α?

CAPÍTULO 37

Interferencia de ondas luminosas

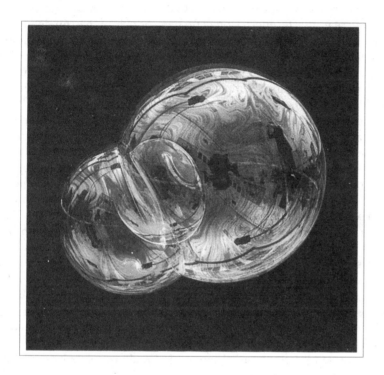

Una capa de burbujas sobre agua producida por una película de jabón. Los colores, producidos antes de que las burbujas se rompan, se debe a la interferencia entre los rayos luminosos reflejados en el frente y la parte posterior de la delgada película de agua que forma la burbuja. Los colores dependen del espesor de la película, y varían del negro, donde la película está más delgada, al rojo, cuando a medida que se vuelve más gruesa. *(Dr. Jeremy Burgess/ Science Photo Library)*

En el capítulo anterior sobre óptica geométrica, con rayos luminosos examinemos qué ocurre cuando la luz pasa por unos lentes o se refleja en un espejo. Los siguientes dos capítulos abordan la óptica ondulatoria, la cual tiene que ver con la interferencia, difracción y polarización de la luz. Estos fenómenos no pueden explicarse de manera adecuada con la óptica de rayos del capítulo 36, pero describimos cómo al tratar la luz como ondas y no como rayos lleva a una descripción satisfactoria de dichos fenómenos.

37.1 CONDICIONES PARA LA INTERFERENCIA

En el capítulo 18, encontramos que dos ondas puede sumarse constructiva o destructivamente. En la interferencia constructiva, la amplitud de la onda resultante es mayor que la de cualquiera de las ondas individuales. Las ondas luminosas también interfieren entre sí. Fundamentalmente, toda interferencia asociada a ondas luminosas surge cuando se combinan los campos electromagnéticos que constituyen las ondas individuales.

Para observar interferencia sostenida en ondas luminosas, deben cumplirse las siguientes condiciones:

Condiciones para la interferencia

- Las fuentes deben ser **coherentes**, es decir, deben mantener una fase constante entre sí.
- Las fuentes deben ser **monocromáticas**, es decir, de una sola longitud de onda.
- Debe aplicarse el principio de superposición.[1]

Describiremos ahora las características de fuentes coherentes. Como vimos cuando estudiamos las ondas mecánicas, se necesitan dos fuentes (que producen dos ondas viajeras) para crear interferencia. Con el fin de producir un patrón de interferencia estable, *las ondas individuales deben mantener una relación de fase constante entre sí.* Cuando éste es el caso, se dice que las fuentes son coherentes. Por ejemplo, las ondas emitidas por dos altavoces uno frente a otro excitados por un solo amplificador pueden interferir entre ellos debido a que los dos son coherentes, es decir, responden al amplificador de la misma manera y al mismo tiempo.

Si dos fuentes luminosas se colocan una al lado de la otra, no se observan efectos de interferencia debido a que las ondas luminosas de una fuente se emiten independientemente de la otra; por lo tanto, las emisiones de las dos fuentes no mantienen una relación de fase constante entre sí durante el tiempo de observación. La luz de una fuente de luz ordinaria experimenta cambios aleatorios por lo menos una vez cada 10^{-8} s. En consecuencia, las condiciones para interferencia constructiva, destructiva o algún estado intermedio dura tiempos del orden de 10^{-8} s. El resultado es que no se observan efectos de interferencia debido a que el ojo no puede seguir estos cambios de corto tiempo. Se dice que dichas fuentes luminosas son **incoherentes**.

Un método común para producir fuentes de luz coherente es emplear una fuente monocromática para iluminar una pantalla que contiene dos pequeñas aberturas (usualmente en forma de rendijas). La luz que emerge de una de las dos rendijas es coherente debido a que una sola fuente produce el haz luminoso original y las dos rendijas sirven sólo para separar el haz original en dos partes (lo cual, después de todo, fue lo que se hizo con la señal sonora de los altavoces de lado a lado). Todo cambio aleatorio en la luz emitida por la fuente ocurrirá en ambos haces al mismo tiempo, y como resultado es posible observar efectos de interferencia.

37.2 EXPERIMENTO DE LA DOBLE RENDIJA DE YOUNG

La interferencia en ondas luminosas de dos fuentes fue demostrada por primera vez por Thomas Young en 1801. Un diagrama esquemático del aparato que utilizó en este experimento se muestra en la figura 37.1a. Incide luz sobre una pantalla, en la cual hay una estrecha rendija S_0. Las ondas que emergen de esta rendija llegan a una segunda pantalla, que contiene dos rendijas estrechas y paralelas, S_1 y S_2. Estas dos rendijas sirven como un par de fuentes de luz coherente debido a que las ondas que emergen de ellas se originan del mismo frente de onda y, en consecuencia, mantienen una relación de fase constante. La luz de las dos rendijas produce sobre la pantalla C un patrón visible de bandas paralelas brillantes y oscuras denominadas **franjas** (Fig. 37.1b). Cuando la luz de S_1 y la de S_2 llegan a un punto sobre la pantalla C en forma tal que ocurra interferencia constructiva en ese punto, aparece una línea brillante. Cuando la luz de las dos rendijas se combina destructivamente en cualquier punto sobre la pantalla, se produce una línea oscura. La figura 37.2 es una

---

[1] Después descubriremos que la luz está compuesta por fotones, y violaría la conservación de la energía el que un fotón aniquilara a otro. La condición especificada antes refleja la condición fundamental de que un fotón sólo puede interferir consigo mismo.

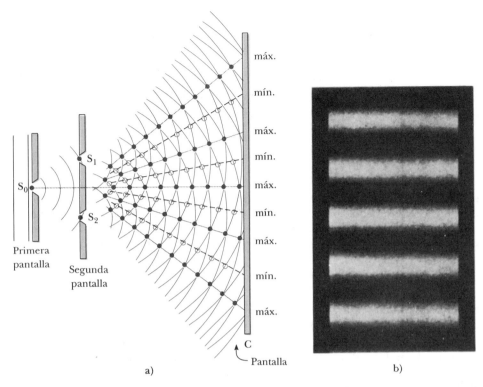

a)

b)

FIGURA 37.1 a) Diagrama esquemático del experimento de doble rendija de Young. Las estrechas rendijas actúan como fuentes de onda. Las rendijas S_1 y S_2 se comportan como fuentes coherentes que producen un patrón de interferencia sobre la pantalla C. (Advierta que este dibujo no es a escala.) b) El patrón de franjas formado sobre la pantalla C podría verse como esto.

fotografía de un patrón de interferencia producido por dos fuentes vibratorias coherentes en un tanque de agua.

La figura 37.3 es un diagrama esquemático de algunas de las maneras en que dos ondas pueden combinarse en la pantalla. En la figura 37.3a, las dos ondas, que salen en fase de las dos rendijas inciden sobre la pantalla en el punto central *P*. Puesto que estas ondas viajan igual distancia, llegan a *P* en fase, y como resultado, hay interferencia constructiva en ese punto y se observa un área brillante. En la figura 37.3b, las dos ondas luminosas también empiezan en fase, pero ahora la onda superior tiene que recorrer una longitud de onda más que la onda inferior para alcanzar el punto *Q* sobre la pantalla. Puesto que la onda superior cae detrás de la inferior exactamen-

FIGURA 37.2 Un patrón de interferencia con ondas en el agua se produce por medio de dos fuentes vibratorias en la superficie del agua. El patrón es análogo al observado en el experimento de doble rendija de Young. Observe las regiones de interferencia constructiva y destructiva. *(Richard Megna, Fundamental Photographs)*

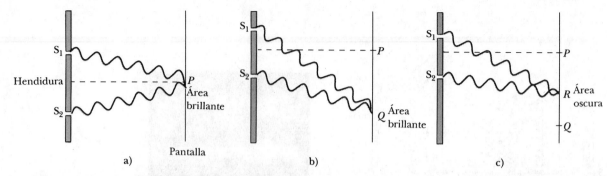

FIGURA 37.3 a) La interferencia constructiva ocurre en P cuando se combinan las ondas. b) La interferencia constructiva también ocurre en Q. c) La interferencia destructiva ocurre en R debido a que la onda de la rendija superior cae la mitad de una longitud de onda detrás de la onda de la rendija inferior. (Advierta que estas figuras no están dibujadas a escala.)

te una longitud de onda, las dos llegan en fase a Q, y por ello aparece una segunda luz brillante en este punto. Considere ahora el punto R, a la mitad entre P y Q en la figura 37.3c. En esta posición, la onda superior ha caído la mitad de una longitud de onda detrás de la onda inferior. Esto significa que el valle de la onda inferior se traslapa con la cresta de la onda superior, y da origen a interferencia destructiva en R. Por esta razón, se observa una región oscura en este punto.

Podemos describir el experimento de Young cuantitativamente con la ayuda de la figura 37.4. La pantalla se localiza a una distancia perpendicular L de la pantalla que contiene las rendijas S_1 y S_2, las cuales se encuentran separadas por una distancia d y la fuente es monocromática. En estas condiciones, las ondas que emergen de S_1 y S_2 tienen la misma frecuencia y amplitud y están en fase. La intensidad luminosa sobre la pantalla en cualquier punto arbitrario P es la resultante de la luz que provie-

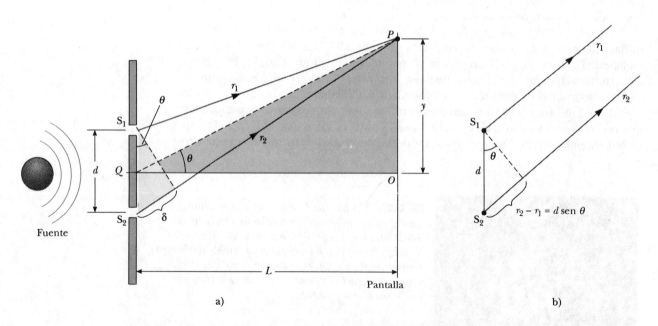

FIGURA 37.4 a) Construcción geométrica para describir el experimento de doble rendija de Young. (Advierta que esta figura no está dibujada a escala.) b) Cuando usamos la aproximación r_1 paralela a r_2, la diferencia de trayectoria entre los dos rayos es $r_2 - r_1 = d \operatorname{sen} \theta$. Para que la aproximación sea válida, es esencial que $L \gg d$.

ne de ambas rendijas. Observe que, con el fin de llegar a P, una onda de la rendija inferior viaja más lejos que una onda de la rendija superior una distancia igual a d sen θ. Esta distancia se denomina **diferencia de trayectoria**, donde δ

$$\delta = r_2 - r_1 = d \operatorname{sen} \theta \qquad (37.1)$$

Esta ecuación supone que r_1 y r_2 son paralelas, lo que es aproximadamente cierto puesto que L es mucho más grande que d. El valor de esta diferencia de trayectoria determina sí o no las dos ondas están en fase cuando llegan a P. Si la diferencia de trayectoria es cero o algún múltiplo entero de la longitud de onda, las dos ondas están en fase en P y se produce interferencia constructiva. Por lo tanto, la condición para franjas brillantes, o **interferencia constructiva**, en P es

$$\delta = d \operatorname{sen} \theta = m\lambda \qquad (m = 0, \pm 1, \pm 2, \dots) \qquad (37.2)$$

El número n recibe el nombre de **número de orden**. La franja brillante central en $\theta = 0$ ($m = 0$) recibe el nombre de máximo de orden cero. El primer máximo en cualquier lado, cuando $m = \pm 1$, se denomina máximo de primer orden, y así sucesivamente.

Cuando la diferencia de trayectoria es un múltiplo impar de $\lambda/2$, las dos ondas que llegan a P están 180° fuera de fase y dan origen a interferencia destructiva. Por lo tanto, la condición para franjas oscuras o **interferencia destructiva**, en P es

$$\delta = d \operatorname{sen} \theta = (m = \pm\tfrac{1}{2})\lambda \qquad (m = 0, \pm 1, \pm 2, \dots) \qquad (37.3)$$

Es útil obtener expresiones para las posiciones de franjas brillantes y oscuras medidas verticalmente de O a P. Además de nuestra suposición de que $L \gg d$, suponemos que $d \gg \lambda$. Esta situación prevalece en la práctica debido a que con frecuencia L es del orden de 1 m en tanto que d es una fracción de un milímetro y λ es una fracción de un micrómetro para la luz visible. En estas condiciones, θ es pequeño, por lo que podemos emplear la aproximación sen $\theta \approx \tan \theta$. En la figura 37.4, del triángulo OPQ vemos que

$$\operatorname{sen} \theta \approx \tan \theta = \frac{y}{L} \qquad (37.4)$$

Con este resultado más la ecuación 37.2 vemos que las posiciones de las franjas brillantes medidas desde O están dadas por

$$y_{\text{brillante}} = \frac{\lambda L}{d}\, m \qquad (37.5)$$

De manera similar, con las ecuaciones 37.3 y 37.4 encontramos que las franjas oscuras se localizan en

$$y_{\text{oscura}} = \frac{\lambda L}{d}\, (m + \tfrac{1}{2}) \qquad (37.6)$$

Como demostramos en el ejemplo 37.1, el experimento de doble rendija de Young brinda un método para medir la longitud de onda de la luz. De hecho, Young utilizó esta técnica para hacer exactamente eso. Además, el experimento dio una gran credibilidad al modelo ondulatorio de la luz.

EJEMPLO 37.1   Medición de la longitud de onda de una fuente luminosa

Una pantalla de observación está a una distancia de 1.2 m de una fuente de doble rendija. La distancia entre las dos rendijas es 0.030 mm. La franja brillante de segundo orden ($m = 2$) está a 4.5 cm de la línea central. a) Determine la longitud de onda de la luz.

Solución   Podemos emplear la ecuación 37.5, con $m = 2$, $y_2 = 4.5 \times 10^{-2}$ m, $L = 1.2$ m y $d = 3.0 \times 10^{-5}$ m:

$$\lambda = \frac{dy_2}{mL} = \frac{(3.0 \times 10^{-5}\ \text{m})(4.5 \times 10^{-2}\ \text{m})}{2 \times 1.2\ \text{m}}$$

$$= 5.6 \times 10^{-7}\ \text{m} = \boxed{560\ \text{nm}}$$

b) Calcule la distancia entre franjas brillantes adyacentes.

Solución   De la ecuación 37.5 y los resultados del inciso a), obtenemos

$$y_{m+1} - y_m = \frac{\lambda L(m+1)}{d} - \frac{\lambda L m}{d}$$

$$= \frac{\lambda L}{d} = \frac{(5.6 \times 10^{-7}\ \text{m})(1.2\ \text{m})}{3.0 \times 10^{-5}\ \text{m}}$$

$$= 2.2 \times 10^{-2}\ \text{m} = \boxed{2.2\ \text{cm}}$$

EJEMPLO 37.2   La distancia entre franjas brillantes

Una fuente luminosa emite luz visible de dos longitudes de onda $\lambda = 430$ nm y $\lambda' = 510$ nm. La fuente se emplea en un experimento de doble rendija en el cual $L = 1.5$ m y $d = 0.025$ mm. Encuentre la separación entre las franjas de tercer orden.

Solución   Utilizando la ecuación 37.5 con $m = 3$, encontramos que los valores de las posiciones de las franjas correspondientes a estas dos longitudes de onda son

$$y_3 = \frac{\lambda L}{d}\ m = 3\ \frac{\lambda L}{d} = 7.74 \times 10^{-2}\ \text{m}$$

$$y_3' = \frac{\lambda' L}{d}\ m = 3\ \frac{\lambda' L}{d} = 9.18 \times 10^{-2}\ \text{m}$$

Por lo tanto, la separación entre las dos franjas es

$$\Delta y = y_3' - y_3 = \frac{3(\lambda' - \lambda)}{d}\ L$$

$$= 1.4 \times 10^{-2}\ \text{m} = \boxed{1.4\ \text{cm}}$$

37.3   DISTRIBUCIÓN DE INTENSIDAD DEL PATRÓN DE INTERFERENCIA DE DOBLE RENDIJA

Calculemos ahora la distribución de la intensidad luminosa asociada al patrón de interferencia de doble rendija. También en este caso suponga que las dos rendijas representan fuentes coherentes de ondas sinusoidales. Por lo tanto, las ondas tienen la misma frecuencia angular ω y una diferencia de fase constante ϕ. La intensidad de campo eléctrico total en el punto P sobre la pantalla en la figura 37.5 es la superposición vectorial de las dos ondas. Suponiendo que las dos ondas tienen la misma amplitud E_0, podemos escribir las intensidades de campo eléctrico en P debidas a cada onda por separado como

$$E_1 = E_0\ \text{sen}\ \omega t \qquad \text{y} \qquad E_2 = E_0\ \text{sen}\ (\omega t + \phi) \tag{37.7}$$

Aunque las ondas están en fase en las rendijas, *su diferencia de fase ϕ en P depende de la diferencia de trayectoria $\delta = r_2 - r_1 = d$ sen θ.* Debido a que una diferencia de trayectoria de λ (interferencia constructiva) corresponde a una diferencia de fase de 2π rad, en tanto que una diferencia de $\lambda/2$ (interferencia destructiva) corresponde a una diferencia de fase de π rad, obtenemos la razón

$$\frac{\delta}{\phi} = \frac{\lambda}{2\pi}$$

$$\phi = \frac{2\pi}{\lambda}\ \delta = \frac{2\pi}{\lambda}\ d\ \text{sen}\ \theta \tag{37.8}$$

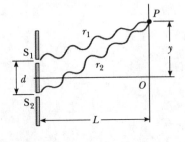

FIGURA 37.5 Construcción para analizar el patrón de interferencia de doble rendija. Una región brillante, o máximo de intensidad, se observa en *O*.

Esta ecuación no dice precisamente cómo la diferencia de fase ϕ depende del ángulo θ en la figura 37.4.

Empleando el principio de superposición y la ecuación 37.7, podemos obtener el campo eléctrico resultante en P:

$$E_P = E_1 + E_2 = E_0 \left[\text{sen } \omega t + \text{sen } (\omega t + \phi) \right] \qquad \textbf{(37.9)}$$

Para simplificar esta expresión, utilizamos la identidad trigonométrica

$$\text{sen } A + \text{sen } B = 2 \text{ sen} \left(\frac{A + B}{2} \right) \cos \left(\frac{A - B}{2} \right)$$

Tomando $A = \omega t + \phi$ y $B = \omega t$, podemos escribir la ecuación 37.9 en la forma

$$E_P = 2E_0 \cos \left(\frac{\phi}{2} \right) \text{ sen} \left(\omega t + \frac{\phi}{2} \right) \qquad \textbf{(37.10)}$$

Por lo tanto, el campo eléctrico en P tiene la misma frecuencia ω como la luz en las rendijas, pero su amplitud está multiplicada por el factor $2 \cos (\phi/2)$. Para comprobar la consistencia de este resultado, advierta que si $\phi = 0, 2\pi, 4\pi, \ldots$, la amplitud en P es $2E_0$, lo que corresponde a la condición de interferencia constructiva. Con referencia a la ecuación 37.8, encontramos que nuestro resultado es consistente con la ecuación 37.2. De igual modo, si $\phi = \pi, 3\pi, 5\pi, \ldots$, la amplitud en P es cero, lo cual es consistente con la ecuación 37.3 para interferencia destructiva.

Por último, para obtener una expresión para la intensidad luminosa en P, recuerde que *la intensidad de una onda es proporcional al cuadrado del campo eléctrico resultante en ese punto* (sección 34.3). Por lo tanto, con la ecuación 37.10 podemos expresar la intensidad en P como

$$I \propto E_P^2 = 4E_0^2 \cos^2 (\phi/2) \text{ sen}^2 \left(\omega t + \frac{\phi}{2} \right)$$

Puesto que la mayor parte de los instrumentos detectores de luz miden la intensidad luminosa promedio en el tiempo y el valor promedio en el tiempo de $\text{sen}^2(\omega t + \phi/2)$ sobre un ciclo es $1/2$, podemos escribir la intensidad promedio en P como

$$I_{\text{pro}} = I_0 \cos^2 (\phi/2) \qquad \textbf{(37.11)}$$

donde I_0 es la intensidad luminosa promedio en el tiempo máximo posible. [Debe observar que $I_0 = (E_0 + E_0)^2 = (2E_0)^2 = 4E_0^2$.] Al sustituir la ecuación 37.8 en la ecuación 37.11, encontramos que

$$I_{\text{pro}} = I_0 \cos^2 \left(\frac{\pi d \text{ sen } \theta}{\lambda} \right) \qquad \textbf{(37.12)}$$

Alternativamente, puesto que sen $\theta \approx y/L$ para pequeños valores de θ, podemos escribir la ecuación 37.12 en la forma

$$I_{\text{pro}} = I_0 \cos^2 \left(\frac{\pi d}{\lambda L} y \right) \qquad \textbf{(37.13)}$$

La interferencia constructiva, la cual produce máxima intensidad, ocurre cuando la cantidad $\pi y d/\lambda L$ es un múltiplo entero de π, lo que corresponde a $y = (\lambda L/d)m$. Esto es consistente con la ecuación 37.5.

Una gráfica de la distribución de la intensidad contra d sen θ se brinda en la figura 37.6. Observe que el patrón de interferencia se compone de franjas igualmente espaciadas de la misma intensidad. Sin embargo, el resultado sólo es válido si la distancia rendija-pantalla L es grande respecto de la separación de las rendijas, y sólo para valores pequeños de θ.

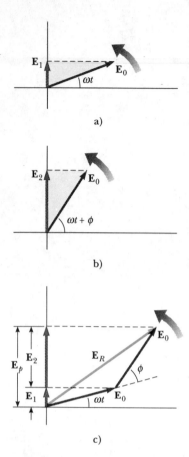

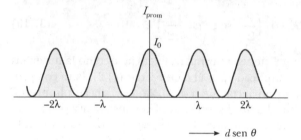

FIGURA 37.6 Distribución de intensidad contra d sen θ o el patrón de doble rendija cuando la pantalla está alejada de las dos rendijas $(L \gg d)$. *(Foto de M. Cagnet, M. Francon y J.C. Thierr,* Atlas de fenómenos ópticos, *Berlin, Springer-Verlag, 1962)*

FIGURA 37.7 a) Diagrama de fasores para la perturbación ondulatoria $E_1 = E_0$ sen ωt. El fasor es un vector de longitud E_0 que gira en sentido contrario al de las manecillas del reloj. b) Diagrama de fasores para la onda $E_2 = E_0$ sen $(\omega t + \phi)$. c) E_R es el fasor resultante formado a partir de los fasores individuales que se muestran en los incisos a) y b).

Hemos visto que el fenómeno de interferencia que surge de dos fuentes depende de la fase relativa de las ondas en un punto dado. Además, la diferencia de fase en un punto dado depende de la diferencia de trayectoria entre las dos ondas. La *intensidad resultante en un punto es proporcional al cuadrado de la amplitud resultante*. Es decir, la intensidad es proporcional a $(E_1 + E_2)^2$. Sería incorrecto calcular la intensidad resultante sumando las intensidades de las ondas individuales. El procedimiento daría $E_1^2 + E_2^2$, lo cual, por supuesto, no es lo mismo que $(E_1 + E_2)^2$. Por último, $(E_1 + E_2)^2$ tiene el mismo valor promedio que $E_1^2 + E_2^2$ cuando el tiempo promedio se toma sobre todos los valores de la diferencia de fase entre E_1 y E_2. Por lo tanto, no hay violación de la conservación de la energía.

37.4 ADICIÓN FASORIAL DE ONDAS

En la sección anterior combinamos algebraicamente dos ondas para obtener la amplitud de onda resultante en algún punto sobre la pantalla. Sin embargo, este procedimiento analítico se vuelve problemático cuando se suman varias amplitudes de onda. Puesto que con el tiempo debemos interesarnos en combinar un gran número de ondas, describiremos a continuación un procedimiento gráfico para este propósito.

También en este caso considere una onda sinusoidal cuya componente de campo eléctrico está dada por

$$E_1 = E_0 \text{ sen } \omega t$$

donde E_0 es la amplitud de onda y ω es la frecuencia angular. Esta onda puede representarse gráficamente por medio de un vector de magnitud E_0, que gira alrededor del origen en el sentido contrario de las manecillas del reloj con una frecuencia angular ω, como se indica en la figura 37.7a. Observe que el fasor forma un ángulo ωt con el eje horizontal. La proyección del fasor sobre el eje vertical representa E_1, la magnitud de la perturbación ondulatoria en algún tiempo t. En consecuencia, cuando el fasor gira en un círculo, la proyección E_1 oscila a lo largo del eje vertical en torno del origen.

A continuación consideremos una onda sinusoidal cuyo campo eléctrico está dado por

$$E_2 = E_0 \operatorname{sen}(\omega t + \phi)$$

Esto significa que esta onda tiene la misma amplitud y frecuencia que E_1, pero su fase es ϕ respecto de E_1. El fasor que representa a la onda E_2 se muestra en la figura 37.7b. La onda resultante, que es la suma de E_1 y E_2, puede obtenerse gráficamente redibujando los fasores extremo con extremo, como en la figura 37.7c, donde el origen del segundo fasor se pone en la punta del primero. Como con la adición de vectores, el fasor resultante $\mathbf{E}_R$ va del origen del primer fasor a la punta del segundo. Además, $\mathbf{E}_R$ gira junto con los dos fasores individuales a la misma frecuencia angular ω. La proyección de $\mathbf{E}_R$ a lo largo del eje vertical es igual a la suma de la proyección de los dos fasores: $E_P = E_1 + E_2$.

Es conveniente construir los fasores en $t = 0$, como en la figura 37.8. De la geometría del triángulo, vemos que

$$E_R = E_0 \cos \alpha + E_0 \cos \alpha = 2E_0 \cos \alpha$$

Debido a que la suma de los dos ángulos interiores opuestos es igual al ángulo exterior ϕ, vemos que $\alpha = \phi/2$, por lo que

$$E_R = 2E_0 \cos(\phi/2)$$

En consecuencia, la proyección del fasor $\mathbf{E}_R$ a lo largo del eje vertical en el tiempo t es

$$E_P = E_R \operatorname{sen}\left(\omega t + \frac{\phi}{2}\right) = 2E_0 \cos\left(\frac{\phi}{2}\right) \operatorname{sen}\left(\omega t + \frac{\phi}{2}\right)$$

Esto es consistente con el resultado obtenido algebraicamente, ecuación 37.10. El fasor resultante tiene una amplitud $2E_0 \cos(\phi/2)$ y forma un ángulo $\phi/2$ con el primer fasor. Además, la intensidad promedio en P, la cual varía como E_P^2, es proporcional a $\cos^2(\phi/2)$, como indica la ecuación 37.11.

Podemos describir ahora cómo obtener la resultante de varias ondas que tienen la misma frecuencia:

- Dibuje los fasores que representan cada onda extremo con extremo, como en la figura 37.9, pero recuerde mantener la relación de fase apropiada entre las ondas.
- La resultante representada por el fasor $\mathbf{E}_R$ es el vector suma de los fasores individuales. En cada instante, la proyección de $\mathbf{E}_R$ a lo largo del eje vertical representa la variación en el tiempo de la onda resultante. El ángulo de fase α de la onda resultante es el ángulo entre $\mathbf{E}_R$ y el primer fasor. De acuerdo con la construcción de la figura 37.9, dibujada para cuatro fasores, vemos que el fasor de la onda resultante está dado por $E_P = E_R \operatorname{sen}(\omega t + \alpha)$.

Diagrama de fasores para dos fuentes coherentes

Como un ejemplo del método de fasores, considere el patrón de interferencia producido por dos fuentes coherentes. La figura 37.10 representa los diagramas fasoriales para diversos valores de la diferencia de fase ϕ y los valores correspondientes de la diferencia de trayectoria δ, la cual se obtiene utilizando la ecuación 37.8. La intensidad en un punto es un máximo cuando $\mathbf{E}_R$ es un máximo. Esto ocurre en $\phi = 0, 2\pi, 4\pi, \ldots$ De igual modo, la intensidad en algún punto de observación es cero cuando $\mathbf{E}_R$ es cero. El primer punto de intensidad cero ocurre en $\phi = 180°$, lo que corresponde a $\delta = \lambda/2$, en tanto que los otros puntos cero (no indicados) ocurren en $\delta = 3\lambda/2$, $5\lambda/2, \ldots$ Estos resultados están en total concordancia con el procedimiento analítico descrito en la sección anterior.

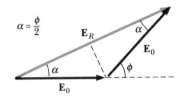

FIGURA 37.8 Reconstrucción de un fasor resultante $\mathbf{E}_R$. A partir de la geometría, advierta que $\alpha = \phi/2$.

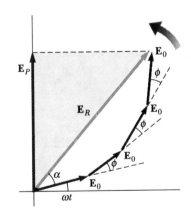

FIGURA 37.9 El fasor $\mathbf{E}_R$ es la resultante de cuatro fasores de igual magnitud E_0. La fase de $\mathbf{E}_R$ respecto del primer fasor es α.

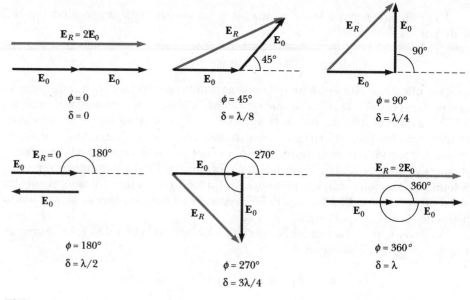

FIGURA 37.10 Diagramas de fasores para el patrón de interferencia de doble rendija. El fasor resultante E_R es un máximo cuando $\phi = 0$, 2π, 4π, ... y es cero cuando $\phi = \pi$, 3π, 5π, ...

Patrón de interferencia de tres rendijas

Con diagramas de fasores analizaremos el patrón de interferencia causado por tres rendijas igualmente espaciadas. Los campos eléctricos en un punto P sobre la pantalla causados por ondas provenientes de las rendijas individuales pueden expresarse como

$$E_1 = E_0 \text{ sen } \omega t$$

$$E_2 = E_0 \text{ sen } (\omega t + \phi)$$

$$E_3 = E_0 \text{ sen } (\omega t + 2\phi)$$

donde ϕ es la diferencia de fase entre ondas de rendijas adyacentes. Por lo tanto, el campo resultante en P puede obtenerse utilizando el diagrama de fasores mostrado en la figura 37.11.

Los diagramas de fasores para diversos valores de ϕ se muestran en la figura 37.12. Observe que la amplitud, resultante en P tiene un valor máximo de $3E_0$ (denomina-

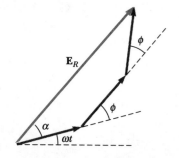

FIGURA 37.11 Diagrama de fasores para tres rendijas igualmente espaciadas.

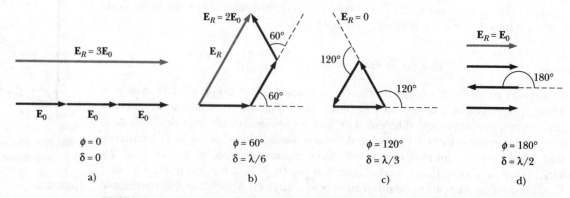

FIGURA 37.12 Diagrama de fasores para tres rendijas igualmente espaciadas a diversos valores de ϕ. Advierta que hay máximos primarios de amplitud $3E_0$ y máximos secundarios de amplitud E_0.

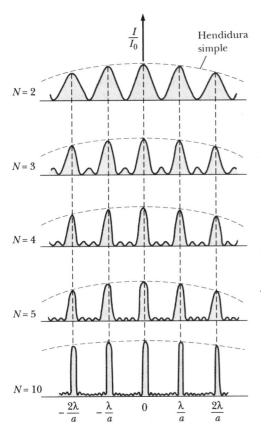

FIGURA 37.13 Patrón de interferencia de múltiples rendijas. Cuando el número de rendijas aumenta, los máximos primarios (las bandas más intensas) se vuelven más estrechos pero permanecen fijos en posición, y el número de máximos secundarios se incrementa. Para cualquier valor de N la reducción en la intensidad en los máximos a la izquierda y a la derecha del máximo central, indicado por las líneas punteadas, se debe a la difracción, la cual se estudia en el capítulo 38.

do el máximo primario) cuando $\phi = 0, \pm 2\pi, \pm 4\pi,\ldots$ Esto corresponde al caso donde los tres fasores se alinean, como en la figura 37.12a. Sin embargo, también encontramos que el máximo secundario de amplitud E_0 ocurre entre los máximos primarios cuando $\phi = \pm\pi, \pm 3\pi,\ldots$ Para estos puntos, la onda de una rendija cancela exactamente la de otra rendija (Fig. 37.12d), lo cual da como resultado una amplitud total de E_0. La interferencia constructiva total ocurre siempre que los tres fasores formen un triángulo cerrado, como en la figura 37.12c. Estos puntos en los que $E_0 = 0$ corresponde a $\phi = \pm 2\pi/3, \pm 4\pi/3,\ldots$ Usted debe ser capaz de construir otros diagramas de fasores para valores de ϕ mayores que π.

La figura 37.13 muestra patrones de interferencia de rendijas múltiples para varias configuraciones. Estos patrones representan gráficas de la intensidad para diversos máximos secundarios y primarios. Para tres rendijas, advierta que los máximos primarios son nueve veces más intensos que los máximos secundarios. Esto se debe a que la intensidad varía como E_R^2. La figura 37.13 muestra también que cuando el número de rendijas crece, el número de máximos secundarios también aumenta. De hecho, el número de máximos secundarios siempre es igual a $N-2$, donde N es el número de rendijas. Por último, cuando aumenta el número de rendijas, los máximos primarios crecen en intensidad y se vuelven más estrechos, en tanto que los máximos secundarios disminuyen en intensidad respecto de los máximos primarios.

37.5 CAMBIO DE FASE DEBIDO A LA REFLEXIÓN

El método de Young para producir fuentes de luz coherente incluye la iluminación de un par de rendijas con una sola fuente. Otro método sencillo, pero ingenioso, para producir un patrón de interferencia con una sola fuente luminosa, se conoce como espejo de Lloyd's (Fig. 37.14). Una fuente luminosa se coloca en S cerca de un

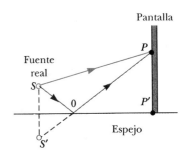

FIGURA 37.14 Espejo de Lloyd. Un patrón de interferencia se produce sobre una pantalla en P como un resultado de la combinación del rayo directo (verde) y el rayo reflejado (negro). El rayo reflejado experimenta un cambio de fase de 180°.

espejo y de una pantalla de observación y a un ángulo recto en relación con el espejo. Las ondas pueden alcanzar *P* en la pantalla ya sea por la trayectoria directa *SP* o por la que implica reflexión del espejo. El rayo reflejado puede tratarse como uno que se origina de una fuente virtual en *S'*. Por lo tanto, en puntos de observación alejados de la fuente esperaríamos un patrón de interferencia debido a ondas de *S* y *S'* igual a como se observa para dos fuentes coherentes reales. Se observa, desde luego, un patrón de interferencia. Sin embargo, las posiciones de las franjas oscuras y brillantes se invierte en relación con el patrón de las dos fuentes coherentes reales (experimento de Young). Esto se debe a que las fuentes coherentes en *S* y *S'* difieren en fase en 180°, un cambio de fase producido por reflexión.

Para ilustrar esto un poco más, considere el punto *P'*, donde el espejo toca a la pantalla. Este punto es equidistante de *S* y *S'*. Si sólo la diferencia de trayectoria fuera responsable de la diferencia de fase, esperaríamos ver una franja brillante en *P'* (puesto que la diferencia de trayectoria es cero en este punto), lo que corresponde a la franja central del patrón de interferencia de doble rendija. En lugar de eso, observamos una franja oscura en *P'* debido al cambio de fase producido por la reflexión. En general,

> una onda electromagnética experimenta un cambio de fase de 180° en la reflexión de un medio de mayor índice de refracción que el del medio en el que la onda está viajando.

Es útil sacar una analogía entre las ondas luminosas reflejadas y las reflexiones de una onda transversal en una cuerda alargada cuando la onda llega a una frontera

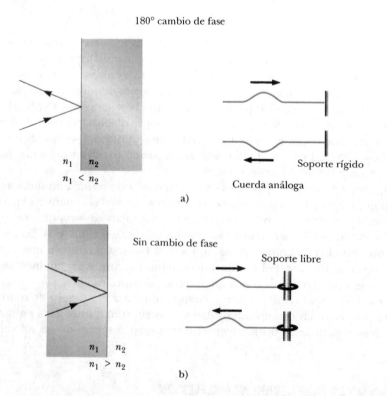

FIGURA 37.15 a) Un rayo que viaja en un medio 1 y que se refleja en la superficie del medio 2 experimenta un cambio de fase de 180°. El lado derecho muestra una analogía con el pulso reflejado sobre una cuerda fija en un extremo. b) Un rayo que viaja en el medio 1 y que se refleja en la superficie del medio 2 $n_1 > n_2$ no experimenta cambio de fase. El lado derecho muestra la analogía con un pulso reflejado en una cuerda cuyo extremo está libre.

(sección 16.6). El pulso reflejado en una cuerda experimenta un cambio de fase de 180° cuando se refleja en la frontera de un medio de índice de refracción más alto, aunque no ocurre cambio de base cuando se refleja en la frontera de un medio de índice de refracción menor. De manera similar, una onda electromagnética experimenta un cambio de fase de 180° cuando se refleja en una frontera que conduce a un medio de mayor índice de refracción, pero no hay cambio de fase cuando se refleja en una frontera que conduce a un medio de índice de refracción inferior. En cualquier caso, la parte de la onda que cruza la frontera no experimenta cambio de fase. Estas reglas, resumidas en la figura 37.15, pueden deducirse de las ecuaciones de Maxwell, pero el tratamiento está más allá del alcance de este libro.

37.6 INTERFERENCIA EN PELÍCULAS DELGADAS

Los efectos de interferencia se observan comúnmente en películas delgadas, como capas delgadas de aceite en agua y pompas de jabón. Los diversos colores que se observan cuando incide luz blanca sobre estas películas son resultado de la interferencia de ondas reflejadas en las dos superficies de la película.

Considere una película de espesor uniforme t e índice de refracción n, como en la figura 37.16. Suponga que los rayos luminosos que viajan en el aire son casi normales a las dos superficies de la película. Para determinar si los rayos reflejados interfieren constructiva o destructivamente, observe primero los siguientes hechos:

- Una onda que viaja de un medio de índice de refracción n_1 hacia un medio de índice de refracción n_2 experimenta un cambio de fase de 180° en la reflexión cuando $n_2 > n_1$. No hay cambio de fase en la onda reflejada si $n_2 < n_1$.
- La longitud de onda de la luz λ_n en un medio cuyo índice de refracción es n (sección 35.4) es

$$\lambda_n = \frac{\lambda}{n} \tag{37.14}$$

donde λ es la longitud de onda de la luz en el espacio libre.

Apliquemos estas reglas a la película de la figura 37.16. El rayo 1, que se refleja en la superficie superior, A, experimenta un cambio de fase de 180° respecto de la onda incidente, y el rayo 2, el cual se refleja en la superficie inferior, B, no experimenta cambio de fase. Por lo tanto, el rayo 1 está 180° fuera de fase con el rayo 2, lo cual es equivalente a una diferencia de trayectoria de $\lambda_n/2$. Sin embargo, debemos considerar que el rayo 2 viaja una distancia extra $2t$ antes de que las ondas se recombinen. Por ejemplo, si $2t = \lambda n/2$, los rayos 1 y 2 se recombinan en fase y el resultado es interferencia constructiva. En general, la condición para la interferencia constructiva es

$$2t = (m + \tfrac{1}{2})\lambda_n \qquad (m = 0, 1, 2, \ldots) \tag{37.15}$$

Esta condición toma en cuenta dos factores: a) la diferencia en la longitud de la trayectoria óptica para los dos rayos (el término $m\lambda_n$) y b) el cambio de fase de 180° en la reflexión (el término $\lambda_n/2$). Debido a que $\lambda_n = \lambda/n$, podemos escribir la ecuación 37.15 como

$$2nt = (m + \tfrac{1}{2})\lambda \qquad (m = 0, 1, 2, \ldots) \tag{37.16}$$

Si la distancia $2t$ recorrida por el rayo 2 corresponde a un múltiplo de λ_n, las dos ondas se combinan fuera de fase y el resultado es interferencia destructiva. La ecua-

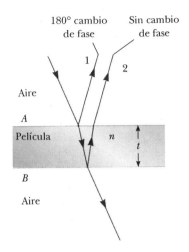

FIGURA 37.16 La interferencia en la luz reflejada sobre una película delgada se debe a una combinación de rayos reflejados en las superficies superior e inferior de la película.

Los brillantes colores en la pluma de un pavo real se deben a la interferencia, más que a la absorción y reflexión. La estructura de capas múltiples de las plumas ocasiona interferencia constructiva para ciertos colores, como los azules y verdes. Los colores cambian de acuerdo con el ángulo con el que usted mira la pluma del pavo real. Otras criaturas, como las mariposas, muestran efectos de interferencia similares. *(Werner H. Muller/Peter Arnold, Inc.)*

(Izquierda) Una película delgada de aceite en agua presenta interferencia, según muestra el patrón de colores cuando luz blanca incide sobre la película. El espesor de ésta varía, razón por la cual produce el interesante patrón de colores.   *(Peter Aprahamian/Science Photo Library)*.
(Derecha) Interferencia en una película de jabón vertical de espesor variable. La parte superior de la película aparece más oscura donde la película es más delgada.   *(© 1983 Larry Mulvehill, Photo Researchers)*

ción general para la interferencia destructiva es

$$2nt = m\lambda \qquad (m = 0, 1, 2, \ldots) \qquad (37.17)$$

Condiciones para la interferencia destructiva en películas delgadas

Las condiciones anteriores para la interferencia constructiva y destructiva son válidas sólo cuando el medio sobre la superficie superior de la película es el mismo que el medio debajo de la superficie inferior. El medio circundante tal vez tenga un índice de refracción menor o mayor que el de la película. En cualquier caso, los rayos reflejados de las dos superficies están fuera de fase en 180°. Si la película se coloca entre los dos medios diferentes, uno con $n < n_{\text{película}}$ y el otro con $n > n_{\text{película}}$, las condiciones para la interferencia constructiva y destructiva se invierten. En este caso, hay un cambio de fase de 180° tanto para el rayo 1, al reflejarse en la superficie *A* como para el rayo 2 al reflejarse en la superficie *B* o no hay cambio de fase para ninguno de los rayos; por lo tanto, el cambio neto en la fase relativa debido a reflexiones es cero.

Anillos de Newton

Otro método para observar interferencia de ondas luminosas es poner un lente plano-convexo (uno que tiene un lado plano y otro convexo) en la parte superior de una superficie de vidrio plano, como en la figura 37.17a. De este modo, la película de aire entre la superficie de vidrio varía en espesor de cero en el punto de contacto hasta cierto valor *t* en *P*. Si el radio de curvatura del lente *R* es muy grande, comparado con la distancia *r*, y el sistema se ve desde arriba utilizando luz de longitud de onda λ, se aprecia un patrón de anillos luminosos y oscuros. Una fotografía de este patrón se muestra en la figura 37.17b. Estas franjas circulares, descubiertas por Newton, se denominan **anillos de Newton**. El modelo corpuscular de la luz de Newton explicó el origen de los anillos suponiendo un comportamiento intermitente de la interacción partícula-medio.

El efecto de interferencia se debe a la combinación del rayo 1, reflejado en la placa plana, con el rayo 2, reflejado en la parte inferior del lente. El rayo 1 experimenta un cambio de fase de 180° en la reflexión debido a que se refleja en un medio de índice refractivo más alto, en tanto que el rayo 2 no sufre cambio de fase. Por lo tanto, las condiciones para interferencia constructiva y destructiva están dadas por las ecuaciones 37.16 y 37.17, respectivamente, con *n* = 1 debido a que la película es aire. El punto *O* es oscuro, como puede verse en la figura 37.17b, debido a que el rayo 1, reflejado en la superficie plana, experimenta un cambio de fase de 180° respecto del rayo 2. Empleando la geometría indicada en la figura 37.17a, es posible

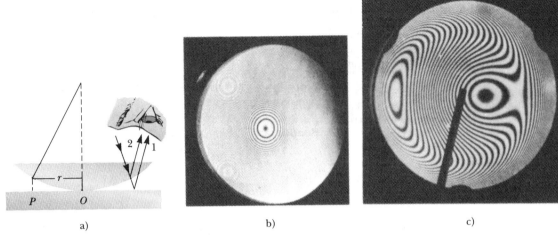

FIGURA 37.17 a) La combinación de rayos reflejados en la placa plana y en la superficie del lente curvo origina un patrón de interferencia conocido como anillos de Newton. b) Fotografía de los anillos de Newton.   *(Cortesía de Bausch and Lomb Optical Co.)* c) Este patrón de interferencia asimétrico indica imperfecciones en el lente.   *(De Physical Science Study Committee,* Colegio de Física, *Lexington, Mass., Heath, 1968)*

obtener expresiones para los radios de las bandas brillantes y oscuras en función de los radios de curvatura R y la longitud de onda λ. Por ejemplo, los anillos oscuros tienen radios dados por $r \approx \sqrt{m\lambda R/n}$. Los detalles se dejan como un problema para el lector (problema 62). Al medir los radios de los anillos puede obtenerse la longitud de onda, siempre que se conozca R. Inversamente, si se conoce con precisión la longitud de onda, este efecto puede emplearse para obtener R.

Una de las aplicaciones de los anillos de Newton está en la prueba de lentes ópticos. Un patrón circular, como el que se presenta en la figura 37.17b, se obtiene sólo cuando el lente está puesto sobre una curvatura perfectamente esférica. Las variaciones de esta simetría producen un patrón como el de la figura 37.17c. Estas variaciones indican cómo el lente debe apoyarse y pulirse para eliminar imperfecciones.

Estrategia para la solución de problemas
Interferencia de películas delgadas

Recuerde las siguientes ideas cuando trabaje problemas de interferencia de películas delgadas:

- Identifique la película delgada que produce la interferencia.
- El tipo de interferencia que ocurre se determina por medio de la relación de fase entre la porción de la onda reflejada en la superficie superior de la película y la porción reflejada en la superficie inferior.
- Las diferencias de fase entre las dos porciones de la onda tienen dos causas: 1) diferencias en las distancias recorridas por las dos porciones, y 2) cambios de fase que pueden ocurrir en la reflexión.
- Cuando se toman en cuenta tanto la distancia recorrida como los cambios de fase en la reflexión, la interferencia es constructiva si la diferencia de fase entre las dos ondas es un múltiplo entero de λ, y destructiva si la diferencia de trayectoria es $\lambda/2$, $3\lambda/2$, $5\lambda/2$, y así sucesivamente.

EJEMPLO 37.3 Interferencia en una película de jabón

Calcule el espesor mínimo de la película de una burbuja de jabón ($n = 1.33$) que origina interferencia constructiva en la luz reflejada si la película se ilumina con luz cuya longitud de onda en el espacio libre es 600 nm.

Solución El espesor mínimo de película para interferencia constructiva en la luz reflejada corresponde a $m = 0$ en la ecuación 37.16. Esto produce $2nt = \lambda/2$, o

$$t = \frac{\lambda}{4n} = \frac{600 \text{ nm}}{4(1.33)} = \boxed{113 \text{ nm}}$$

Ejercicio ¿Qué otro espesor de la película produce interferencia constructiva?

Respuesta 338 nm, 564 nm, 789 nm y así sucesivamente.

EJEMPLO 37.4 Recubrimientos no reflejantes para celdas solares

Con semiconductores como el silicio se fabrican celdas solares, que son dispositivos que generan electricidad cuando se exponen a la luz solar. Las celdas solares se recubren con una película delgada transparente, como el monóxido de silicio (SiO, $n = 1.45$), con el fin de minimizar las pérdidas reflectivas en la superficie. Una celda solar de silicio ($n = 3.5$) se recubre con una película delgada de monóxido de silicio con dicho propósito (Fig. 37.18). Determine el espesor mínimo de película que produce la menor reflexión a una longitud de onda de 552 nm, la cual se encuentra en el centro del espectro visible.

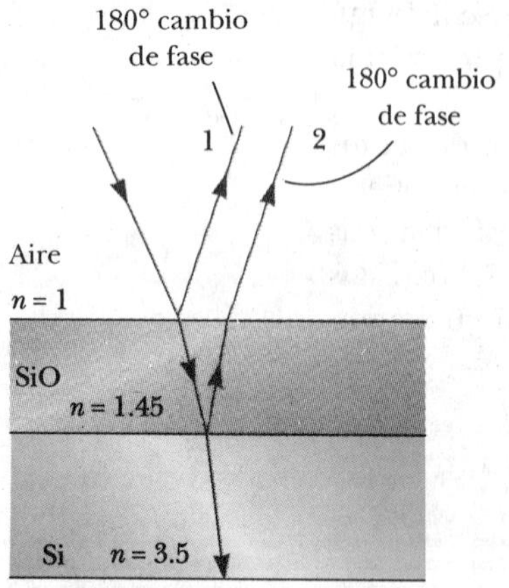

Razonamiento La luz reflejada es un mínimo cuando los rayos 1 y 2 en la figura 37.18 cumplen la condición de interferencia destructiva. Advierta que en este caso ambos rayos experimentan un cambio de fase de 180° en la reflexión, uno en la superficie superior y el otro en la inferior. Por lo tanto, el cambio neto en la fase es cero debido a la reflexión, y la condición para la reflexión mínima requiere una diferencia de trayectoria de $\lambda_n/2$; por tanto, $2t = \lambda/2n$.

Solución Puesto que $2t = \lambda/2n$, el espesor requerido es

$$t = \frac{\lambda}{4n} = \frac{550 \text{ nm}}{4(1.45)} = \boxed{94.8 \text{ nm}}$$

FIGURA 37.18 (Ejemplo 37.4) Las pérdidas reflectivas en una celda solar de silicio se minimizan recubriéndola con una película delgada de monóxido de silicio.

En general, dichos recubrimientos antirreflejantes reducen la pérdida reflectiva de 30% (sin recubrimiento) a 10% (con recubrimiento), razón por la cual aumentan la eficiencia de la celda, puesto que se dispone de más luz para crear portadores de carga en la celda. En realidad, el recubrimiento nunca es perfectamente no reflejante debido a que el espesor requerido depende de la longitud de onda y la luz incidente cubre una amplia gama de longitudes de onda.

Los lentes de vidrio utilizados en las cámaras y otros instrumentos ópticos suelen recubrirse con un película delgada transparente, como fluoruro de magnesio (MgF_2), para reducir o eliminar la reflexión indeseable. Aun más, estos recubrimientos incrementan la transmisión de la luz a través de los lentes.

Ejemplo 37.5 Interferencia en una película en forma de cuña

Una película delgada en forma de cuña de índice refractivo n se ilumina con luz monocromática de longitud de onda λ, como se ilustra en la figura 37.19. Describa el patrón de interferencia observado en este caso.

Razonamiento y solución El patrón de interferencia es el de una película delgada de espesor variable rodeada por aire. Por lo tanto, el patrón es una serie de bandas brillantes y oscuras alternas. Una banda oscura que corresponde a interferencia destructiva aparece en el punto O, el ápice, debido a que el rayo reflejado superior experimenta un cambio de fase de 180° mientras que el inferior no. De acuerdo con la ecuación 37.17, otras bandas oscuras aparecen cuando $2nt = m\lambda$, por lo que $t_1 = \lambda/2n$, $t_2 = \lambda/n$, $t_3 = 3\lambda/2n$, etcétera. De manera similar, las bandas brillantes se observan cuando el espesor satisface la condición $2nt = (m + \frac{1}{2})\lambda$, lo que corresponde a un espesor de $\lambda/4n$, $3\lambda/4n$, $5\lambda/4n$, etcétera. Si se emplea luz blanca, se observan bandas de colores distintos en diferentes puntos, lo que corresponde a diferentes longitudes de onda de la luz.

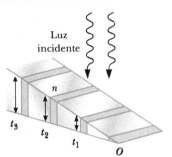

FIGURA 37.19 (Ejemplo 37.5) Bandas de interferencia en luz reflejada pueden observarse iluminando una película en forma de cuña con luz monocromática. Las áreas oscuras verdes corresponden a posiciones de interferencia destructiva.

*37.7 EL INTERFERÓMETRO DE MICHELSON

El **interferómetro**, inventado por el físico estadounidense A. A. Michelson (1852-1931), divide un haz luminoso en dos partes y después las recombina para formar un patrón de interferencia. El dispositivo puede utilizarse para medir con precisión longitudes de onda u otras longitudes.

Un diagrama esquemático del interferómetro se muestra en la figura 37.20. Un haz de luz proporcionado por una fuente monocromática se divide en dos rayos por

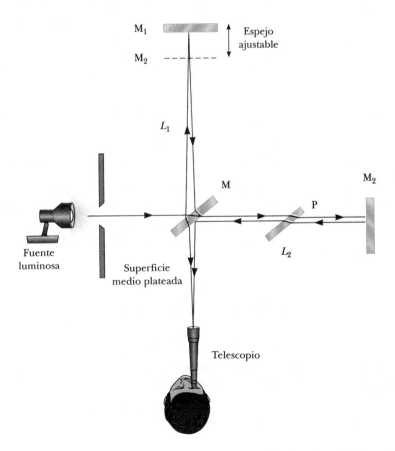

FIGURA 37.20 Diagrama del interferómetro de Michelson. Un haz simple se divide en dos rayos mediante el espejo plateado parcialmente M. La diferencia de recorrido entre los dos rayos se varía con el espejo ajustable M_1.

medio de un espejo parcialmente plateado M inclinado a 45° en relación con el haz de luz incidente. Un rayo se refleja verticalmente hacia arriba, hacia el espejo M_1, en tanto que el segundo rayo se transmite horizontalmente a través de M hacia el espejo M_2. Por lo tanto, los dos rayos recorren trayectorias independientes L_1 y L_2. Después de reflejarse en M_1 y M_2, los dos rayos se recombinan finalmente para producir un patrón de interferencia, el cual puede verse a través de un telescopio. La placa de vidrio P, de igual espesor que el espejo M, se coloca en la trayectoria del rayo horizontal para asegurar que los dos rayos recorran la misma distancia a través del vidrio.

La condición de interferencia para los dos rayos se determina por la diferencia en sus longitudes de trayectoria óptica. Cuando los dos rayos son vistos como se muestra, la imagen de M_2 está en M'_2 paralela a M_1. Por lo tanto, M'_2 y M_1 forman el equivalente de una película de aire. El espesor efectivo de la película de aire varía moviendo el espejo M_1 a lo largo de la dirección del haz de luz con un tornillo de rosca fina. En estas condiciones, el patrón de interferencia es una serie de anillos circulares brillantes y oscuros. Si un círculo oscuro aparece en el centro del patrón, los dos rayos interfieren destructivamente. Si M_1 se mueve después una distancia $\lambda/4$, la diferencia de trayectoria cambia en $\lambda/2$ (el doble de la separación entre M_1 y M'_2). Los dos rayos interfieren ahora constructivamente, dando un círculo brillante a la mitad. A medida que M_1 se mueve una distancia adicional $\lambda/4$, otro círculo oscuro aparece. Así, vemos que círculos sucesivos oscuros o brillantes se forman cada vez que M_1 se mueve una distancia de $\lambda/4$. La longitud de onda de la luz se mide después contando el número de franjas corridas para un desplazamiento determinado de M_1. Por el contrario, si la longitud de onda se conoce con precisión (como con un haz láser), los desplazamientos del espejo pueden medirse hasta una fracción de una longitud de onda.

Puesto que el interferómetro puede medir con exactitud el desplazamiento, se emplea con frecuencia para realizar mediciones de alta precisión de longitudes de componentes mecánicos.

RESUMEN

La **interferencia** en ondas luminosas ocurre siempre que dos o más ondas se traslapan en un punto dado. Un patrón de interferencia sostenido se observa si 1) las fuentes son coherentes (es decir, mantienen una relación de fase constante entre sí), 2) las fuentes tienen idénticas longitudes de onda, y 3) el principio de superposición lineal es aplicable.

En el experimento de doble rendija de Young, dos rendijas separadas por una distancia d se iluminan por medio de una fuente luminosa de una sola longitud de onda. Se observa un patrón de interferencia que consta de franjas y brillantes y oscuras sobre una pantalla de observación. La condición para las franjas brillantes (**interferencia constructiva**) es

$$d \operatorname{sen} \theta = m\lambda \qquad (m = 0, \pm 1, \pm 2, \ldots) \tag{37.2}$$

La condición de franjas oscuras (**interferencia destructiva**) es

$$d \operatorname{sen} \theta = (m \pm \tfrac{1}{2})\lambda \qquad (m = 0, \pm 1, \pm 2, \ldots) \tag{37.3}$$

El número m se denomina **número de orden** de la franja.

La **intensidad promedio** del patrón de interferencia de doble rendija es

$$I_{\text{pro}} = I_0 \cos^2\left(\frac{\pi d \operatorname{sen} \theta}{\lambda}\right) \tag{37.12}$$

donde I_0 es la intensidad máxima sobre la pantalla.

Cuando se ilumina una serie de N rendijas, el patrón de difracción que se produce puede verse como interferencia que surge de la superposición de un gran número de ondas. Es conveniente utilizar diagramas de fasores para simplificar el análisis de interferencia de tres o más rendijas igualmente espaciadas.

Una onda que viaja de un medio de índice de refracción n_1 hacia un medio de índice de refracción n_2 experimenta un cambio de fase de 180° en la reflexión cuando $n_2 > n_1$. No hay cambio de fase en la onda reflejada si $n_2 < n_1$.

La condición para la interferencia constructiva en una película de espesor t e índice de refracción n con un medio común en ambos lados de la película es

$$2nt = (m + \tfrac{1}{2})\lambda \qquad (m = 0, 1, 2, \ldots) \qquad (37.16)$$

De manera similar, la condición para interferencia destructiva en la película delgada es

$$2nt = m\lambda \qquad (m = 0, 1, 2, \ldots) \qquad (37.17)$$

PREGUNTAS

1. ¿Cuál es la condición necesaria en la diferencia de longitud de trayectoria entre dos ondas que interfieren a) constructivamente y b) destructivamente?
2. Explique por qué dos linternas que se mantienen muy próximas no producen un patrón de interferencia sobre una pantalla distante.
3. Si el experimento de doble rendija de Young se efectuara bajo el agua, ¿cómo se afectaría el patrón de interferencia observado?
4. ¿Cuál es la diferencia entre interferencia y difracción?
5. En el experimento de doble rendija de Young, ¿por qué empleamos luz monocromática? Si se emplea luz blanca, ¿cómo cambiaría el patrón?
6. Cuando una burbuja de jabón se evapora, aparece negra justo antes de que se rompa. Explique este fenómeno en función de los cambios de fase que ocurren en la reflexión sobre las dos superficies de la película de jabón.
7. Una película de aceite en agua aparece más brillante en las regiones exteriores, donde es más delgada. A partir de esta información, ¿qué puede usted decir acerca del índice de refracción del aceite en relación con el del agua?
8. Una película de jabón sobre un lazo de alambre que se mantiene en el aire aparece negra en las regiones más delgadas cuando se observa mediante luz reflejada y muestra una diversidad de colores en las regiones más gruesas, como en la figura 37.21. Explique.
9. Una manera sencilla de observar un patrón de interferencia es mirar una fuente luminosa distante a través de un pañuelo extendido o de una sombrilla abierta. Explique el mecanismo de este efecto.

FIGURA 37.21 (Pregunta 8).

10. Con el fin de observar interferencia en una película delgada, ¿por qué la película no debe ser muy gruesa (del orden de unas cuantas longitudes de onda)?
11. Un lente con un radio exterior de curvatura R e índice de refracción n descansa sobre una placa de vidrio plana y la combinación se ilumina con luz blanca desde arriba. ¿Hay un punto oscuro o un punto de luz en el centro del lente? ¿Qué significa que los anillos observados sean no circulares?
12. ¿Por qué el lente en una cámara de buena calidad está recubierto con una película delgada?
13. ¿Sería posible poner un recubrimiento no reflector sobre un avión para cancelar las ondas de radar de 3 cm de longitud de onda?
14. ¿Por qué es mucho más fácil efectuar experimentos de interferencia con un láser que con una fuente luminosa ordinaria?

PROBLEMAS

Sección 37.2 Experimento de doble rendija de Young

1. Un par de estrechas rendijas paralelas separadas por 0.25 mm se iluminan con luz verde ($\lambda = 546.1$ nm). El patrón de interferencia se observa sobre una pantalla a 1.2 m del plano de las rendijas. Calcule la distancia a) del máximo central a la primera región brillante a cada uno de sus lados, y b) entre la primera y la segunda bandas oscuras.

□ Indica problemas que tienen soluciones completas disponibles en el *Manual de soluciones del estudiante* y en la *Guía de estudio*.

2. Un haz láser ($\lambda = 632.8$ nm) incide sobre dos rendijas separadas 0.20 mm. ¿Aproximadamente qué distancia separa las líneas de interferencia brillantes sobre una pantalla de 5.0 m alejadas de las dos rendijas?

3. Un experimento de Young se realiza con luz monocromática. La separación entre las rendijas es 0.50 mm, y el patrón de interferencia sobre una pantalla a 3.3 m muestra el primer máximo a 3.4 mm del centro del patron. ¿Cuál es la longitud de onda?

4. Luz ($\lambda = 442$ nm) pasa a través de un sistema de doble rendija entre las cuales hay una separación $d = 0.40$ mm. Determine qué tan lejos debe colocarse la pantalla de modo que las franjas oscuras aparezcan directamente opuestas a ambas rendijas.

5. En un día en el que la velocidad del sonido es 354 m/s, una onda sonora de 2 000 Hz incide sobre dos rendijas separadas 30.0 cm. a) ¿A qué ángulo se localiza el primer máximo? b) ¿Si la onda sonora se sustituye por microondas de 3.0 cm, ¿qué separación de rendijas produce el mismo ángulo para el primer máximo? c) Si la separación de rendijas es de 1.00 μm, ¿luz de qué frecuencia produce el mismo ángulo del primer máximo?

6. Una doble rendija con un espaciamiento de 0.083 mm entre ellas está a 2.5 m de la pantalla. a) Si luz amarilla de longitud de onda de 570 nm incide sobre la doble rendija, ¿cuál es la separación entre los máximos de cero y primer orden sobre la pantalla? b) Si luz azul de 410 nm de longitud de onda incide sobre la doble rendija, ¿cuál es la separación entre los máximos de segundo y cuarto orden? c) Repita los incisos a) y b) para los mínimos.

7. Un almacén a la orilla del río tiene dos puertas abiertas, como muestra la figura P37.7. Un bote sobre el río suena su bocina. Para la persona *A* el sonido es intenso y claro. Para la persona *B*, el sonido apenas es audible. La longitud de onda principal de las ondas sonoras es de 3.00 m. Considere que *B* está en la posición del primer mínimo y determine la distancia entre las dos puertas,

9. Un transmisor de radio A, que opera a 60.0 MHz se encuentra a 10.0 m de un transmisor similar B que está 180° fuera de fase con A. ¿Qué distancia debe moverse un observador de A hacia B a lo largo de la línea que conecta los dos con el propósito de moverse entre dos puntos donde los dos haces se encuentran en fase?

9A. Un transmisor de radio A que opera a una frecuencia f se encuentra a una distancia d de un transmisor similar B que está 180° fuera de fase con A. ¿Qué distancia debe moverse un observador de A hacia B a lo largo de la línea que conecta a los dos con el propósito de moverse entre dos puntos donde los dos haces se encuentran en fase?

10. Dos antenas de radio separadas 300 m, como se ve en la figura P37.10, transmiten simultáneamente señales idénticas a la misma longitud de onda. Un radio en un auto que viaja rumbo al norte recibe las señales. a) Si el auto está en la posición del segundo máximo, ¿cuál es la longitud de onda de las señales? b) ¿Qué tan lejos debe viajar el auto para encontrar el siguiente mínimo? (*Advertencia*: No emplee aproximaciones de ángulo pequeño en este problema.)

10A. Dos antenas de radio separadas por una distancia d, como se ve en la figura P37.10 transmiten simultáneamente señales idénticas a la misma longitud de onda. Un radio en un auto que viaja rumbo al norte recibe las señales. a) Si el auto está en la posición del segundo máximo, ¿cuál es la longitud de onda de las señales? b) ¿Qué tan lejos debe viajar el auto para encontrar el siguiente mínimo? (*Advertencia*: No emplee aproximaciones de ángulo pequeño en este problema.)

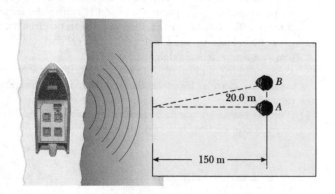

FIGURA P37.7

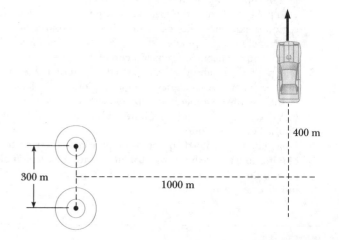

FIGURA P37.10

8. Luz monocromática ilumina un sistema de doble rendija cuando la separación entre ellas es $d = 0.30$ mm. El máximo de segundo orden ocurre en $y = 4.0$ mm sobre una pantalla a 1.0 m de las rendijas. Determine a) la longitud de onda, b) la posición (y) del máximo de tercer orden, y c) la posición angular (θ) del mínimo $m = 1$.

11. Dos rendijas están separadas por una distancia d. Rayos de luz coherente de longitud de onda λ inciden sobre las rendijas a un ángulo θ_1 como muestra la figura P37.11. Si un máximo de interferencia se forma a un ángulo θ_2 lejos de las rendijas, muestre que d (sen $\theta_2 -$ sen θ_1) = $m\lambda$, donde m es un entero.

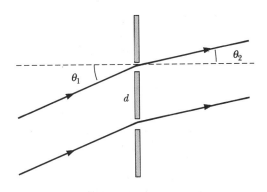

FIGURA P37.11

12. En el arreglo de doble rendija de la figura 37.4, $d = 0.15$ mm, $L = 140$ cm, $\lambda = 643$ nm y $y = 1.8$ cm. a) ¿Cuál es la diferencia de trayectoria δ para los dos rayos que provienen de las dos rendijas y llegan a P? b) Exprese esta diferencia de trayectoria en términos de λ. c) ¿P corresponde a un máximo, un mínimo o una condición intermedia?

Sección 37.3 Distribución de intensidad del patrón de interferencia de doble rendija

13. En la figura 37.4 considere $L = 120$ cm y $d = 0.25$ cm. Las rendijas se iluminan con luz coherente de 600 nm. Calcule la distancia y sobre el máximo central para el cual la intensidad promedio sobre la pantalla es 75% del máximo.

14. Dos rendijas están separadas 0.18 mm. Un patrón de interferencia se forma sobre una pantalla a 80 cm por luz de 656.3 nm. Calcule la fracción de la intensidad máxima 0.60 cm sobre el máximo central.

15. En la figura 37.4, $d = 0.20$ mm, $L = 160$ cm y $y = 1.0$ mm. ¿Qué longitud de onda se produce en una intensidad promedio en P que es 36% del máximo?

16. Luz coherente monocromática de amplitud E_0 y frecuencia angular ω pasa a través de tres rendijas paralelas separadas cada una por una distancia d de su vecina. a) Muestre que la intensidad promediada en el tiempo como una función del ángulo θ es

$$I(\theta) = E_0^2 \left[1 + 2 \cos \left(\frac{2\pi d \operatorname{sen} \theta}{\lambda L} \right) \right]^2$$

b) Determine la proporción entre las intensidades de los dos máximos.

17. En un experimento de doble rendija de Young en el cual se empleó luz de 350 nm, una delgada pieza de plexiglás ($n = 1.51$) cubre una de las rendijas. Si el punto central sobre la pantalla es un punto oscuro, ¿cuál es el espesor mínimo del plexiglás?

17A. En un experimento de doble rendija de Young en el cual se empleó luz de longitud de onda λ, una delgada pieza de plexiglás con índice de refracción n cubre una de las rendijas. Si el punto central sobre la pantalla es un punto oscuro, ¿cuál es el espesor mínimo del plexiglás?

18. En la figura 37.4, $L = 1.2$ m y $d = 0.12$ mm y suponemos que el sistema de rendijas se ilumina con luz monocro-mática de 500 nm. Calcule la diferencia de fase entre los dos frentes de onda que llegan a P cuando a) $\theta = 0.50°$, y b) $y = 5.0$ mm. c) ¿Cuál es el valor de θ para el cual 1) la diferencia de fase es 0.333 rad, y 2) la diferencia de trayectoria es λ sobre cuatro.

19. Dos rendijas están separadas por 0.32 mm. Un haz de luz de 500 nm incide sobre ellas y produce un patrón de interferencia. Determine el número de máximos observados en el intervalo angular $-30° < \theta < 30°$.

20. La intensidad sobre la pantalla en cierto punto en un patrón de interferencia de doble rendija es 64% del valor máximo. a) ¿Qué diferencia de fase mínima (en radianes) entre las fuentes produce este resultado? b) Exprese esta diferencia de fase como una diferencia de trayectoria para luz de 486.1 nm.

21. En un punto particular en un patrón de interferencia de Young, la intensidad sobre la pantalla es 6.4% del máximo. a) ¿Qué diferencia de fase mínima (en radianes) entre las fuentes produce este resultado? b) Determine la diferencia de trayectoria para luz de 587.5 nm.

22. Luz monocromática ($\lambda = 632.8$ nm) incide sobre dos rendijas paralelas separadas 0.20 nm. ¿Cuál es la distancia al primer máximo y su intensidad (en relación con el máximo central) sobre una pantalla a 2.0 m de las rendijas?

23. Dos estrechas rendijas paralelas separadas por 0.85 mm se iluminan con luz de 600 nm, y una pantalla de observación se encuentra a 2.80 m de las rendijas. a) ¿Cuál es la diferencia de fase entre las dos ondas que interfieren sobre una pantalla en un punto a 2.50 mm de la franja brillante central? b) ¿Cuál es la proporción entre la intensidad en este punto y la intensidad en el centro de la franja brillante?

Sección 37.4 Suma de fasores de ondas

24. Los campos eléctricos de tres fuentes coherentes se describen por medio de $E_1 = E_0$, sen ωt, $E_2 = E_0$ sen $(\omega t + \phi)$ y $E_3 = E_0$ sen $(\omega t + 2\phi)$. Considere que el campo resultante está representado por $E_P = E_R$ sen $(\omega t + \alpha)$. Emplee fasores para encontrar E_R y α cuando a) $\phi = 20°$, b) $\phi = 60°$, c) $\phi = 120°$. d) Repita cuando $\phi = (3\pi/2)$ rad.

25. Suponga que las aberturas de rendija en un experimento de doble rendija de Young tienen tamaños diferentes de modo que el campo eléctrico y la intensidad de una rendija son diferentes de los correspondientes a la otra rendija. Si $E_1 = E_{10}$ sen (ωt) y $E_2 = E_{20}$ sen $(\omega t + \phi)$, demuestre que el campo eléctrico resultante es $E = E_0$ sen $(\omega t + \theta)$, donde

$$E_0 = \sqrt{E_{10}^2 + E_{20}^2 + 2E_{10}E_{20} \cos \phi}$$

y

$$\operatorname{sen} \theta = \frac{E_{20} \operatorname{sen} \phi}{E_0}$$

26. Emplee fasores para encontrar la resultante (magnitud y ángulo de fase) de dos campos representados por $E_1 = 12$ sen ωt y $E_2 = 18$ sen $(\omega t + 60°)$. (Observe que en este caso las amplitudes de los dos campos son diferentes.)

27. Determine la resultante de las dos ondas $E_1 = 6.0$ sen$(100\pi t)$ y $E_2 = 8.0$ sen$(100\pi t + \pi/2)$.

28. Dos ondas coherentes se describen por medio de

$$E_1 = E_0 \operatorname{sen}\left(\frac{2\pi x_1}{\lambda} - 2\pi ft + \frac{\pi}{6}\right)$$

$$E_2 = E_0 \operatorname{sen}\left(\frac{2\pi x_2}{\lambda} - 2\pi ft + \frac{\pi}{8}\right)$$

Determine la relación entre x_1 y x_2 que produce interferencia constructiva cuando las dos ondas se superponen.

29. Cuando se iluminan, cuatro rendijas paralelas igualmente espaciadas actúan como fuentes coherentes múltiples, pero difieren cada una en fase con la adyacente en un ángulo ϕ. Con un diagrama de fasores determine el valor más pequeño de ϕ para el cual la resultante de las cuatro ondas (que se supone tendrán igual amplitud) es cero.

30. Dibuje un diagrama de fasores para ilustrar la resultante de $E_1 = E_{01} \operatorname{sen} \omega t$ y $E_2 = E_{02} \operatorname{sen}(\omega t + \phi)$, donde $E_{02} = 1.5 E_{01}$ y $\pi/6 \le \phi \le \pi/3$. Utilice el dibujo y la ley de los cosenos para demostrar que, en el caso de dos ondas coherentes, la intensidad resultante puede describirse en la forma $I_R = I_1 + I_2 + 2\sqrt{I_1 I_2} \cos\phi$.

31. Considere N fuentes coherentes descritas por $E_1 = E_0$ sen$(\omega t + \phi)$, $E_2 = E_0$ sen$(\omega t + 2\phi)$, $E_3 = E_0$ sen$(\omega t + 3\phi)$,..., $E_N = E_0$ sen$(\omega t + N\phi)$. Encuentre el valor mínimo de ϕ para el cual $E_R = E_1 + E_2 + E_3 + ... + E_N$ es cero.

Sección 37.6 Interferencia en películas delgadas

32. Un material que tiene un índice de refracción de 1.30 se usa para recubrir una pieza de vidrio ($n = 1.50$). ¿Cuál debe ser el espesor mínimo de esta película para minimizar la reflexión de luz de 500 nm?

33. Una película de MgF$_2$ ($n = 1.38$) que tiene un espesor de 1.00×10^{-5} cm se usa para recubrir un lente de cámara. ¿Todas las longitudes de onda en el espectro visible se intensifican en la luz reflejada?

34. Una burbuja de jabón cuyo índice de refracción es 1.33 refleja intensamente las componentes tanto roja como verde de la luz blanca. ¿Qué espesor de película permite que esto suceda? (En el aire, $\lambda_{roja} = 700$ nm, $\lambda_{verde} = 500$ nm.)

35. Una delgada película de aceite ($n = 1.25$) cubre un pavimento húmedo y liso. Cuando se observa en dirección perpendicular al pavimento, la película aparece predominantemente roja (640 nm) y no hay color azul (512 nm). ¿Cuál es su espesor?

36. Una delgada capa de aceite ($n = 1.25$) flota sobre agua. ¿Cuál es el espesor del aceite en la región que refleja luz verde ($\lambda = 525$ nm)?

37. Una delgada capa de ioduro de metileno líquido ($n = 1.756$) está atrapada entre dos placas planas paralelas de vidrio. ¿Cuál debe ser el espesor de la capa líquida si luz de 600 nm que incide normalmente se va a reflejar intensamente?

38. Un haz de luz de 580 nm atraviesa dos placas de vidrio muy cercanas una de otra, como se muestra en la figura P37.38. ¿Para qué valor diferente de cero mínimo de la separación de las placas, d, la luz transmitida es brillante?

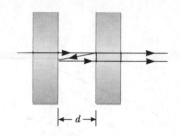

FIGURA P37.38

39. Una película de aceite ($n = 1.45$) que flota sobre agua es iluminada por medio de luz blanca que incide normalmente. La película tiene un espesor de 280 nm. Encuentre a) el color observado dominante en la luz reflejada y b) el color dominante en la luz transmitida. Explique su razonamiento.

40. Un medio posible para hacer invisible a un avión al radar es recubrirlo con un polímero antirreflejante. Si las ondas de radar tienen una longitud de onda de 3.00 cm y el índice de refracción del polímero es $n = 1.50$, ¿de qué grueso usted haría el recubrimiento?

41. Con una delgada película de criolita ($n = 1.35$) se cubre un lente de cámara ($n = 1.50$). El recubrimiento se diseña para reflejar longitudes de onda en el extremo azul del espectro y transmitir longitudes de onda en el infrarrojo cercano. ¿Qué espesor mínimo brinda alta reflectividad a 450 nm y alta transmisión a 900 nm?

42. Dos placas de vidrio planas y rectangulares ($n = 1.52$) están en contacto a lo largo de un borde y separadas a lo largo de otro borde por una lámina de papel de 4.0×10^{-3} cm de espesor (Fig. P37.42). La placa superior se ilumina con luz monocromática ($\lambda = 546.1$ nm). Calcule el número de bandas paralelas oscuras que cruzan la placa superior (incluya la banda oscura en el espesor cero a lo largo del borde de contacto entre las dos placas).

FIGURA P37.38

43. Una cuña de aire se forma entre dos placas de vidrio separadas en un borde por un alambre muy delgado, como se muestra en la figura P37.42. Cuando el borde se ilumina desde arriba con luz de 600 nm, se observan 30 franjas oscuras. Calcule el radio del alambre.

44. Cuando se introduce un líquido dentro del espacio de aire entre el lente y la placa en un aparato de anillos de Newton, el diámetro del décimo anillo cambia de 1.50 a 1.31 cm. Encuentre el índice de refracción del líquido.

44A. Cuando se introduce un líquido dentro del espacio de aire entre el lente y la placa en un aparato de anillos de Newton, el diámetro del décimo anillo cambia de d_1 a d_2. Encuentre el índice de refracción del líquido.

*Sección 37.7   El interferómetro de Michelson

45. El espejo M_1 en la figura 37.20 se desplaza una distancia ΔL. Durante dicho desplazamiento, se cuentan 250 franjas (formación de bandas oscuras y brillantes sucesivas). Se emplea luz que tiene un longitud de onda de 632.8 nm. Calcule el desplazamiento ΔL.

46. Un haz de luz monocromática se envía hacia un interferómetro de Michelson. El espejo móvil se desplaza 0.382 mm, lo que origina que el patrón del interferómetro se reproduzca a sí mismo 1 700 veces. Determine la longitud de onda de luz. ¿De qué color es?

47. Se utiliza luz de 550.5 nm de longitud de onda para calibrar un interferómetro de Michelson, y el espejo M_1 se mueve 0.18 mm. ¿Cuántas franjas oscuras se cuentan?

48. Un tramo de un interferómetro de Michelson está contenido en un cilindro al vacío de 3.00 cm de largo y que tiene una placa de vidrio en cada borde. Se filtra lentamente un gas hacia el interior del cilindro hasta que se alcanza una presión de 1.00 atm. Si pasan 35 franjas sobre la pantalla cuando se utiliza luz de 633 nm, ¿cuál es el índice de refracción del gas?

48A. Un tramo de un interferómetro de Michelson está contenido en un cilindro al vacío de largo L y que tiene una placa de vidrio en cada borde. Se filtra lentamente un gas hacia el interior del cilindro hasta que se alcanza una presión P. Si pasan N franjas sobre la pantalla cuando se usa luz de longitud de onda λ, ¿cuál es el índice de refracción del gas?

PROBLEMAS ADICIONALES

49. La figura P37.49 muestra un transmisor y un receptor de ondas de radio separados por $d = 600$ m y ambos de altura $h = 30.0$ m. El receptor puede recibir tanto señales directas del transmisor como indirectas reflejadas en el suelo. Suponiendo que el suelo está al mismo nivel entre las dos torres y que un corrimiento de fase de $\lambda/2$ ocurre en la reflexión, determine las longitudes de onda más largas que interfieren a) constructivamente y b) destructivamente.

49A. La figura P37.49 muestra un transmisor y un receptor de ondas de radio separados por una distancia d y ambos de altura h. El receptor puede recibir tanto señales directas del transmisor como indirectas reflejadas en el suelo. Suponiendo que el suelo está al mismo nivel entre las dos torres y que un corrimiento de fase de $\lambda/2$ ocurre en la reflexión, determine las longitudes de onda más largas que interfieren a) constructivamente y b) destructivamente.

50. En la figura 37.14 se muestra que, como consecuencia de rayos dirigidos desde una fuente de 500 nm y de rayos reflejados en el espejo, se producen efectos de interferencia en el punto P sobre una pantalla. Si la fuente está 100 m a la izquierda de la pantalla y 1.00 cm sobre el espejo, encuentre la distancia y (en milímetros) a la primera banda oscura sobre el espejo.

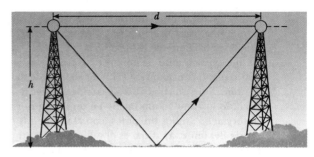

Transmisor   Receptor

FIGURA P37.49

51. Ciertos astrónomos observan en el mar una fuente de radio de 60 MHz tanto directamente como por reflexión. Si la antena receptora, se encuentra 20 m sobre el nivel del mar, ¿cuál es el ángulo de la fuente de radio sobre el horizonte en el primer máximo?

52. Las ondas de una estación de radio pueden llegar a un receptor doméstico por dos vías. Una es la trayectoria en línea recta del transmisor a la casa, a una distancia de 30 km. La segunda trayectoria es por reflexión en la ionosfera (una capa de moléculas de aire ionizadas cerca de la parte superior de la atmósfera). Suponga que esta reflexión ocurre en un punto a la mitad entre el receptor y el transmisor. Si la longitud de onda transmitida por la estación de radio es de 350 m, encuentre la altura mínima de la capa ionosférica que produce interferencia destructiva entre los haces directo y reflejado. (Suponga que no hay cambios de fase en la reflexión.)

53. Se realizan medidas de la distribución de intensidad en un patrón de interferencia de Young (Fig. 37.6). En un valor particular de y se encuentra que $I/I_0 = 0.81$ cuando se emplea luz de 600 nm. ¿Qué longitud de onda de luz debe emplearse para reducir la intensidad relativa en la misma posición hasta 64%?

54. Las ondas transmitidas por una estación de radio a 1 500 kHz llegan a un receptor doméstico por dos vías. Una es la trayectoria directa y la segunda es a partir de la reflexión en un avión directamente encima del receptor. El avión está casi a 100 m sobre el receptor, y la distancia directa de la estación a la casa es de 20.0 km. ¿Cuál es la altura exacta del avión si está ocurriendo interferencia destructiva? (Suponga que no hay cambio de fase en la reflexión.)

54A. Las ondas transmitidas por una estación de radio a una frecuencia f llegan a un receptor doméstico por dos vías. Una es la trayectoria directa y la segunda es a partir de la reflexión en un avión directamente encima del receptor. El avión está casi a una altura h sobre el receptor, y la distancia directa de la estación a la casa es d. ¿Cuál es la altura exacta del avión si está ocurriendo interferencia destructiva? (Suponga que no hay cambio de fase en la reflexión.)

55. En un experimento de interferencia de Young, las dos rendijas están separadas 0.15 mm y la luz incidente incluye luz de longitudes de onda $\lambda_1 = 540$ nm y $\lambda_2 = 450$ nm. Los patrones de interferencia que se traslapan se forman sobre una pantalla a 1.40 m de las rendijas. Cal-

cule la distancia mínima del centro de la pantalla al punto donde una línea brillante de la luz de λ_1 coincide con una línea brillante de la luz de λ_2.

56. En un experimento de anillos de Newton, un lente de vidrio plano-convexo ($n = 1.52$) de 10.0 cm de diámetro se pone sobre una placa plana, como en la figura 37.17a. Cuando luz de 650 nm incide en dirección normal, se observan 55 anillos brillantes, con el último justo en el borde del lente. a) ¿Cuál es el radio de curvatura de la superficie convexa del lente? b) ¿Cuál es la longitud focal del lente?

57. El experimento de doble rendija de Young se lleva a cabo con luz de 589 nm y una distancia de las rendijas a la pantalla de 2.00 m. El décimo mínimo de interferencia se observa a 7.26 mm del máximo central. Determine la separación de las rendijas.

58. Una película de jabón de 500 nm de espesor tiene un índice de refracción de 1.35 y se ilumina con luz blanca. a) Si la película es parte de una burbuja en aire, ¿de qué color es la luz reflejada? b) Si la película está sobre una placa de vidrio plana, ¿de qué color es la luz reflejada?

59. Un cabello se coloca en un borde entre dos placas de vidrio planas de 8.00 cm de largo. Cuando este arreglo se ilumina con luz de 600 nm, se cuentan 121 bandas oscuras, empezando en el punto de contacto de las dos placas. ¿Cuál es el espesor del cabello?

60. Una placa de vidrio ($n = 161$) se cubre con una placa uniforme delgada de aceite ($n = 1.20$). Un haz de luz no monocromática en el aire incide en dirección normal sobre la superficie del aceite. El haz reflejado muestra interferencia destructiva a 500 nm e interferencia constructiva a 750 nm sin que intervengan máximos o mínimos. Calcule el espesor de la capa de aceite.

61. Un pedazo de material transparente que tiene un índice de refracción n se corta en forma de cuña, como se muestra en la figura P37.61. El ángulo de la cuña es pequeño, y luz monocromática de longitud de onda λ incide en dirección normal desde arriba. Si la altura de la cuña es h y el ancho es ℓ, muestre que las franjas brillantes ocurren en las posiciones $x = \lambda\ell(m + \frac{1}{2})/2hn$ y que las franjas oscuras ocurren en las posiciones $x = \lambda\ell m/2hn$, donde $m = 0, 1, 2, \dots$ y x se mide como se indica

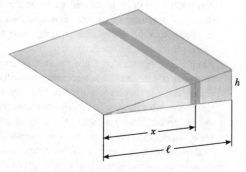

FIGURA P37.61

62. Una cuña de aire se forma entre dos placas de vidrio en contacto a lo largo de un borde y ligeramente separadas en el borde opuesto. Cuando las placas se iluminan con luz monocromática desde arriba, la luz reflejada tiene 85 franjas oscuras. Calcule el número de franjas oscuras

que aparecerían si en lugar de aire se pusiera agua ($n = 1.33$) entre las placas.

63. La condición para interferencia constructiva por reflexión en una película delgada en aire, según se desarrolló en la sección 37.6, supone incidencia casi normal. a) Muestre que si la luz incide sobre la película a un ángulo $\phi_1 \gg 0$ (relativo a la normal), entonces la condición para interferencia constructiva es $2nt \cos \theta_2 = (m + \frac{1}{2})\lambda$, donde θ_2 es el ángulo de refracción. b) Calcule el espesor mínimo para interferencia constructiva si luz de 590 nm incide con un ángulo de 30° sobre una película que tiene un índice de refracción de 1.38.

64. Emplee la suma de fasores para encontrar la amplitud resultante y la constante de fase cuando se combinan las tres siguientes funciones: $E_1 = \text{sen}(\omega t + \pi/6)$, $E_2 = 3.0 \text{sen}(\omega t + 7\pi/2)$, $E_3 = 6.0 \text{sen}(\omega t + 4\pi/3)$.

65. Un lente plano-convexo que tiene un radio de curvatura $r = 4.00$ m se coloca sobre una superficie reflejante cóncava que tiene un radio de curvatura $R = 12.0$ m, como en la figura P37.65. Determine el radio del anillo brillante número 100 si luz de 500 nm incide en dirección normal a la superficie plana del lente.

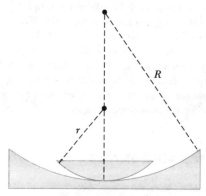

FIGURA P37.65

66. Una película de jabón ($n = 1.33$) está contenida dentro de un armazón rectangular de alambre. El armazón se mantiene verticalmente de manera que la película fluya hacia abajo y se vuelva más gruesa en la parte inferior que en la superior, donde el espesor es esencialmente cero. La película se observa en luz blanca con incidencia casi normal, y la primera banda de interferencia violeta ($\lambda = 420$ nm) se observa a 3.0 cm del borde superior de la película. a) Localice la primera banda de interferencia roja ($\lambda = 680$ nm). b) Determine el espesor de la película en las posiciones de las bandas violeta y roja. c) ¿Cuál es el ángulo de cuña de la película?

67. a) Un lente está hecho de manera tal que un lado es plano y el otro tiene la forma descrita por la función $y = f(x)$ rotada alrededor de un eje perpendicular al lado plano (Fig. P37.67). Si luz de longitud de onda λ incide normalmente desde arriba del lado plano, demuestre que los anillos oscuros que forma tienen radios

$$r = f^{-1}\left(\frac{m\lambda}{2n}\right)$$

donde n es el índice de refracción del medio que rodea al lente, m es un entero no negativo y f^{-1} es el inverso de la función *f*. b) Muestre que los anillos oscuros corresponden a los anillos de Newton descritos en el texto, donde

$$f(x) = \sqrt{2xR - x^2}$$

para $0 < x < R$ y R es el radio de curvatura del lente convexo.

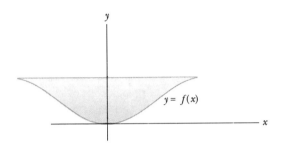

FIGURA P37.67

68. Se producen franjas de interferencia utilizando un espejo de Lloyd y una fuente de 606 nm, como en la figura 37.14. Si franjas separadas 1.2 mm se forman sobre un pantalla a 2.0 m de la fuente real *S*, encuentre la distancia vertical *h* de la fuente sobre la superficie reflejante.

69. a) Los dos lados de una película uniforme que tiene un índice de refracción *n* y espesor *d* están en contacto con el aire. Para incidencia en dirección normal de la luz, se observa una intensidad mínima en la luz reflejada en λ_2 y se observa una intensidad máxima en λ_1, donde $\lambda_1 > \lambda_2$. Si no hay mínimos de intensidad observados entre λ_1 y λ_2, muestre que el entero *m* en las ecuaciones 37.16 y 37.17 está dado por $m = \lambda_1/2(\lambda_1 - \lambda_2)$. b) Determine el espesor de la película si $n = 1.40$, $\lambda_1 = 500$ nm y $\lambda_2 = 370$ nm.

70. Considere el arreglo de doble rendija mostrado en la figura P37.70, donde la separación *d* está a 0.30 mm y la distancia *L* es 1.00 m. Una lámina de plástico transparente ($n = 1.50$) de 0.050 mm de espesor (aproximadamente el espesor de esta página) se coloca sobre la rendija superior. Como resultado, el máximo central del patrón de interferencia se mueve hacia arriba una distancia *y* '. Encuentre esta distancia.

70A. Considere el arreglo de doble rendija mostrado en la figura P37.70, donde la separación de las rendijas es *d* y la distancia rendija-pantalla es *L*. Una lámina de plástico transparente que tiene un índice refracción *n* y un espesor *t* se coloca sobre la rendija superior. Como resultado, el máximo central del patrón de interferencia se mueve hacia arriba una distancia *y* '. Encuentre *y* '.

71. La rendija 1 de una doble rendija es más ancha que la rendija 2 de manera que la luz que sale de la rendija 1

tiene una amplitud tres veces la de la luz de la rendija 2. Muestre que en este caso la ecuación 37.11 tiene la forma $I = (4I_0/9)(1 + 3\cos^2\phi/2)$.

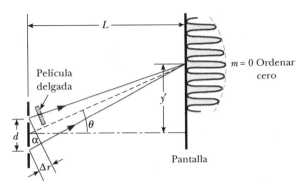

FIGURA P37.7

PROBLEMAS DE HOJA DE CÁLCULO

S1. Para calcular la distribución de la intensidad del patrón de interferencia para fuentes igualmente espaciadas es necesario agregar una serie de términos, como: $E_1 = A_0 \,\text{sen}\,\alpha$, $E_2 = A_0 \,\text{sen}(\alpha + \phi)$, $E_3 = A_0 \,\text{sen}(\alpha + 2\phi)$, donde ϕ es la diferencia de fase producida por diferentes longitudes de trayectoria. Para N fuentes la intensidad relativa promedio en el tiempo como una función del ángulo de fase ϕ es

$$I_{\text{rel}} = (f_N(\phi))^2 + (g_N(\phi))^2$$

donde

$$f_N(\phi) = \sum_{n=0}^{N-1} \cos\,(n\phi) \qquad g_N(\phi) = \sum_{n=0}^{N-1} \text{sen}\,(n\phi)$$

y I_{rel} es la razón entre la intensidad promedio para N fuentes y la de una fuente. La hoja de cálculo 37.1 calcula y grafica I_{rel} contra el ángulo de fase ϕ para hasta un máximo de seis fuentes. Los coeficientes *a, b, c, d, e* y *f* empleados en la hoja de cálculo determinan el número de fuentes. Para dos fuentes, por ejemplo, sea $a = 1$, $b = 1$ y $c = d = e = f = 0$. Para tres fuentes sea $a = b = c = 1$ $d = e = f = 0$, etc. a) Para tres fuentes, ¿cuál es la proporción entre la intensidad del máximo principal y el correspondiente a una sola fuente? b) ¿Cuál es la proporción entre la intensidad del máximo secundario y la correspondiente al máximo principal?

S2. Emplee la hoja de cálculo 37.1 para calcular el patrón de intensidad correspondiente a cuatro fuentes igualmente espaciadas. a) ¿Cuál es la proporción de la intensidad entre el máximo principal y el de una sola fuente? b) ¿Cuál es la proporción entre la intensidad del máximo secundario y la del máximo principal? c) Repita los incisos a) y b) para cinco y seis fuentes. d) ¿Todos son máximo secundarios de igual intensidad?

CAPÍTULO 38

Difracción y polarización

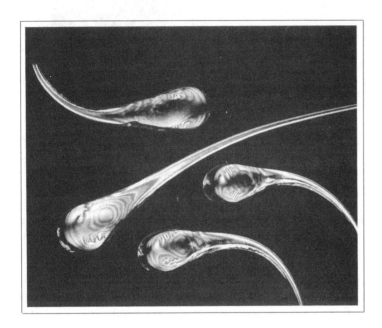

Estos objetos de vidrio, llamados lágrimas del príncipe Ruperto, se elaboran dejando caer vidrio fundido en agua. Las fotografías fueron realizadas colocando los objetos entre dos polarizados cruzados. Los patrones que se observan representan la distribución de esfuerzos en el vidrio. Los estudios de patrones de este tipo llevaron al desarrollo del vidrio templado. *(James L. Amos/Peter Arnold, Inc.)*

Cuando la luz pasa por una pequeña abertura se observa un patrón de interferencia en lugar de un punto definido de luz, lo que muestra que la luz se dispersa más allá de la abertura en las regiones donde se esperaría una sombra si la luz viajara en líneas rectas. Otras ondas, como las sonoras y las que se producen en el agua, también tienen esta propiedad de ser capaces de rodear esquinas. Este fenómeno, conocido como difracción, puede considerarse como interferencia de un gran número de fuentes de ondas coherentes. En otras palabras, la difracción y la interferencia son básicamente equivalentes.

En el capítulo 34 aprendimos que las ondas electromagnéticas son transversales. Esto significa que los vectores de campo eléctrico y magnético son perpendiculares a la dirección de propagación. En este capítulo veremos que en ciertas condiciones las ondas luminosas pueden polarizarse de diversas maneras, como al hacerlas pasar a través de láminas polarizantes.

38.1 INTRODUCCIÓN A LA DIFRACCIÓN

En la sección 37.2 aprendimos que cuando dos rendijas se iluminan por medio de una fuente luminosa de una sola longitud de onda se forma un patrón de interferencia sobre la pantalla de observación. Si la luz viaja realmente en trayectorias de

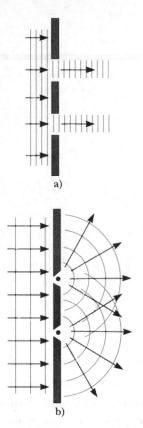

FIGURA 38.1 a) Si las ondas luminosas no se dispersaran después de pasar a través de las rendijas, no ocurriría interferencia. b) La luz de las dos rendijas se traslapa cuando se dispersa, llenando las regiones sombreadas esperadas con luz y produciendo franjas de interferencia.

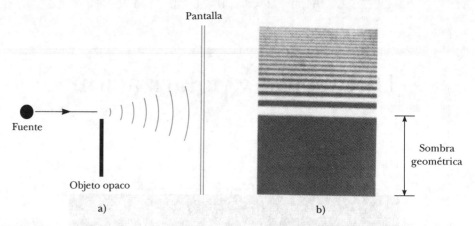

FIGURA 38.2 a) Esperamos que la región sombreada esté completamente protegida de la luz por medio del objeto opaco. En lugar de eso, la luz se desvía alrededor del objeto y entra a lo que "debe ser" una región sombreada. b) Patrón de difracción de un borde recto.

línea recta después de atravesar las rendijas como en la figura 38.1a, las ondas no se traslaparían y no se observaría un patrón de interferencia. En vez de eso, el principio de Huygens requiere que las ondas se dispersen a través de las rendijas, como se muestra en la figura 38.1b. En otras palabras, la luz se desvía de una trayectoria de línea recta y entra a la región que de otra manera sería sombreada. Esta divergencia de la luz a partir de su línea inicial de recorrido se conoce como **difracción**.

En general, la difracción ocurre cuando las ondas pasan a través de pequeñas aberturas, alrededor de obstáculos o por bordes afilados. Como un ejemplo de difracción considere lo siguiente. Cuando un objeto opaco se coloca entre una fuente puntual de luz y una pantalla, como en la figura 38.2a, la frontera entre las regiones sombreada e iluminada sobre la pantalla no está definida. Una inspección cuidadosa de la frontera muestra que una pequeña cantidad de luz se desvía hacia la región sombreada. La región fuera de la sombra contiene bandas alternas brillantes y oscuras, como en la figura 38.2b. La intensidad en la primera banda brillante es mayor que la intensidad en la región de iluminación uniforme.

La figura 38.3 muestra el patrón de difracción y la sombra de una pequeña moneda. Hay un punto brillante en el centro, franjas circulares cerca del borde de la sombra y otro conjunto de franjas fuera de la sombra. El punto brillante central puede explicarse sólo por medio de la teoría ondulatoria de la luz, la cual predice interferencia constructiva en este punto. De acuerdo con el punto de vista de la óptica geométrica (la luz como una colección de partículas), esperamos que el centro de la sombra sea oscuro debido a que esa parte de la pantalla de observación está completamente tapado por la moneda.

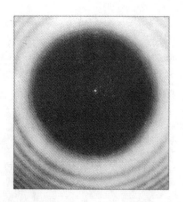

FIGURA 38.3 Patrón de difracción de una pequeña moneda, tomado con ésta a la mitad entre la pantalla y la fuente. (*Cortesía de P. M. Rinard, de* Am. J. Phys. *44:70, 1976*)

Es interesante señalar un incidente histórico que ocurrió un poco después de que el punto luminoso central fue observado por primera vez. Uno de los defensores de la óptica geométrica, Simeon Poisson, argumentaba que si la teoría ondulatoria de la luz de Augustin Fresnel fuera válida entonces un punto brillante central debía observarse en cualquier sombra. Debido a que el punto se observó un poco después, la predicción de Poisson reforzó la teoría ondulatoria en vez de desaprobarla.

Los fenómenos de difracción suelen clasificarse en dos tipos. La **difracción de Fraunhofer** ocurre cuando los rayos que llegan a la pantalla de observación son aproximadamente paralelos. Esto puede conseguirse de manera experimental poniendo la pantalla lejos de la abertura, como en la figura 38.4a o empleando un lente convergente para enfocar los rayos paralelos sobre la pantalla. Se observa una franja brillante a lo largo del eje en $\theta = 0$, con franjas alternas oscuras y brillantes en ambos lados de la franja brillante central. La figura 38.4b es una fotografía de un patrón de difracción de Fraunhofer de una sola rendija.

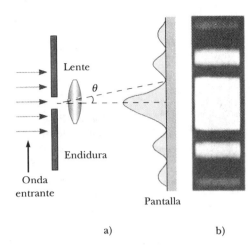

a)   b)

FIGURA 38.4 a) Patrón de difracción de Fraunhofer de una sola rendija. El patrón está compuesto de una región brillante central flanqueada por máximos más débiles que se alternan con bandas oscuras. (Advierta que esto no está a escala.) b) Fotografía de un patrón de difracción de Fraunhofer de una sola rendija. (*De M. Cagnet, M. Francon y J. C. Thier,* Atlas de fenómenos ópticos, *Berlín, Springer-Berlag, 1962, placa 18*)

Cuando la pantalla de observación se pone a una distancia finita de la rendija y no se utiliza un lente para enfocar rayos paralelos, el patrón observado se denomina patrón de **difracción de Fresnel** (Fig. 38.5). Los patrones de difracción que se muestran en las figuras 38.2b y 38.3 son ejemplos de la difracción de Fresnel. Debido a que ésta es difícil de tratar cuantitativamente, el siguiente análisis se dedica sólo a la difracción de Fraunhofer.

38.2 DIFRACCIÓN DE UNA SOLA RENDIJA

Hasta ahora hemos supuesto que las rendijas son fuentes puntuales de luz. En esta sección abandonamos esta suposición y determinamos cómo el ancho finito de las rendijas es la base para comprender la difracción de Fraunhofer.

Podemos deducir algunos rasgos importantes de este problema examinando ondas provenientes de diversas partes de la rendija, como se muestra en la figura 38.6. De acuerdo con el principio de Huygens, *cada porción de la rendija actúa como una fuente de ondas.* Por lo tanto, la luz de una porción de la rendija puede interferir con luz de otra porción, y la intensidad resultante de la pantalla depende de la dirección θ.

Para analizar el patrón de difracción es conveniente dividir la rendija en dos mitades, como en la figura 38.6. Todas las ondas que se originan desde la rendija están en fase. Considere las ondas 1 y 3, que se originan de un segmento justo arriba de la parte inferior y justo arriba del centro de la rendija, respectivamente. La onda 1 viaja más lejos que la onda 3 en una cantidad igual a la diferencia de recorrido ($a/2$) sen θ, donde a es el ancho de la rendija. De manera similar, la diferencia de recorrido entre las ondas 2 y 4 también es ($a/2$) sen θ. Si esta diferencia de recorrido es exactamente la mitad de la longitud de onda (lo que corresponde a una diferencia de fase de 180°), las dos ondas se cancelan entre sí y se produce interferencia destructiva. Esto es cierto, de hecho, para dos ondas cualesquiera que se originan en puntos separados por la mitad del ancho de la rendija debido a que la diferencia de fase entre dos de dichos puntos es 180°. En consecuencia, las ondas provenientes de la mitad superior de la rendija interfieren destructivamente con ondas provenientes de la mitad inferior de la rendija cuando

$$\frac{a}{2} \text{ sen } \theta = \frac{\lambda}{2}$$

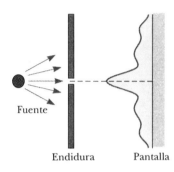

FIGURA 38.5 Un patrón de difracción de Fresnel de una sola rendija se observa cuando los rayos no son paralelos y la pantalla de observación está a una distancia finita desde la rendija. (Note que esto no está a escala.)

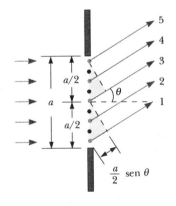

FIGURA 38.6 Difracción de luz por medio de una estrecha rendija de ancho a. Cada porción de la rendija actúa como una fuente puntual de ondas. La diferencia de trayectoria entre los rayos 1 y 3 o entre los rayos 3 y 4 es ($a/2$) sen θ. (Note que esto no está a escala.)

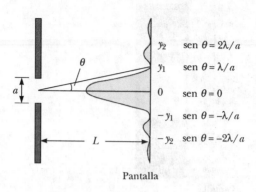

FIGURA 38.7 Posiciones de los mínimos para el patrón de difracción de Fraunhofer de una sola rendija de ancho a. El patrón se obtiene sólo si $L \gg a$. (Observe que esto no está a escala.)

o cuando

$$\text{sen } \theta = \frac{\lambda}{a}$$

Si dividimos la rendija en cuatro partes en vez de dos y usamos un razonamiento similar, encontramos que la pantalla también está oscura cuando

$$\text{sen } \theta = \frac{2\lambda}{a}$$

De igual modo, podemos dividir las rendijas en seis partes y mostrar que la pantalla se oscurece cuando

$$\text{sen } \theta = \frac{3\lambda}{a}$$

Por lo tanto, la condición general para interferencia destructiva es

Condición para interferencia destructiva

$$\text{sen } \theta = m\frac{\lambda}{a} \qquad (m = \pm 1, \pm 2, \pm 3, \ldots) \qquad \textbf{(38.1)}$$

La ecuación 38.1 brinda los valores de θ para los cuales el patrón de difracción tiene intensidad cero, es decir, se forma una franja oscura. Sin embargo, la ecuación 38.1 no nos dice nada acerca de la variación de intensidad a lo largo de la pantalla. Las características generales de la distribución de intensidad se muestran en la figura 38.7. Se observa una ancha franja brillante central, flanqueada por franjas brillantes mucho más débiles que se alternan con franjas oscuras. Las diversas franjas oscuras (puntos de intensidad cero) ocurren en los valores de θ que satisfacen la ecuación 38.1. La posición de los puntos de interferencia constructiva se encuentra aproximadamente a la mitad entre las franjas oscuras. Advierta que la franja brillante central es dos veces más ancha que los máximos más débiles.

EJEMPLO 38.1   ¿Dónde están las franjas oscuras?

Luz de 580 nm de longitud de onda incide sobre una rendija de 0.300 mm de ancho. La pantalla de observación está a 2.00 m de la rendija. Encuentre las posiciones de las primeras franjas oscuras y el ancho de la franja brillante central.

Solución Las primeras franjas oscuras que flanquean a la franja brillante central corresponden a $m = \pm 1$ en la ecuación 38.1.

Por lo tanto, encontramos que

$$\text{sen } \theta = \pm\frac{\lambda}{a} = \pm\frac{5.80 \times 10^{-7} \text{ m}}{0.300 \times 10^{-3} \text{ m}} = \pm 1.93 \times 10^{-3}$$

A partir del triángulo en la figura 38.7 advierta que $\tan \theta = y_1/L$. Puesto que θ es muy pequeña, podemos usar la aproximación sen $\theta \approx \tan \theta$, de manera que sen $\theta \approx y_1 / L$. Por consiguiente, las posiciones de los primeros mínimos medidos desde el eje central están dadas por

$$y_1 \approx \text{sen } \theta = \pm L \frac{\lambda}{a} = \boxed{\pm 3.87 \times 10^{-3} \text{ m}}$$

Los signos positivo y negativo corresponden a las franjas oscuras en cualesquiera de los lados de la franja brillante central. Por lo tanto, el ancho de la franja brillante central es igual a $2|y_1| = 7.73 \times 10^{-3}$ m = 7.73 mm. Observe que este valor es mucho más grande que el ancho de la rendija. Sin embargo, a medida que el ancho de la rendija aumenta, el patrón de difracción se estrecha, lo que corresponde a valores más pequeños de θ. De hecho, para valores grandes de a, los diversos máximos y mínimos están tan próximos que lo único que se observa es una gran área brillante central, la cual se asemeja a la imagen geométrica de la rendija. Este asunto es de gran importancia en el diseño de lentes empleados en telescopios, microscopios y otros instrumentos ópticos.

Ejercicio Determine el ancho de la franja brillante de primer orden.

Respuesta 3.87 mm.

Intensidad de un patrón de difracción de una sola rendija

Podemos emplear fasores para determinar la distribución de la intensidad de un patrón de difracción de una sola rendija. Imagine una rendija dividida en un gran número de pequeñas zonas, cada una de ancho Δy, como la de la figura 38.8. Cada zona actúa como una fuente de radiación coherente y cada una contribuye a una amplitud incremental del campo eléctrico ΔE en algún punto P sobre la pantalla. La amplitud del campo eléctrico total E en P es el cuadrado de la amplitud.

Las amplitudes incrementales del campo eléctrico entre zonas adyacentes están fuera de fase entre sí en una cantidad $\Delta \beta$. La diferencia de fase $\Delta \beta$ se relaciona con la diferencia de recorrido Δy sen θ entre zonas adyacentes por medio de

$$\text{Diferencia de fase} = \left(\frac{2\pi}{\lambda} \right) \text{ diferencia de trayectoria}$$

$$\Delta \beta = \frac{2\pi}{\lambda} \Delta y \text{ sen } \theta \tag{38.2}$$

Para encontrar la amplitud del campo eléctrico total sobre la pantalla a cualquier ángulo θ, sumamos las amplitudes incrementales ΔE producidas por cada zona. Para valores pequeños de θ podemos suponer que todos los valores ΔE son los mismos. Es conveniente emplear diagramas de fasores para diversos ángulos, como en la figura 38.9. Cuando $\theta = 0$, todos los fasores se alinean como en la figura 38.9a debido a que todas las ondas de las diversas zonas están en fase. En este caso, la amplitud total del centro de la pantalla es $E_0 = N\Delta E$, donde E es el número de zonas. La amplitud E_θ a cierto ángulo pequeño θ se muestra en la figura 38.9b, donde cada fasor difiere en fase de uno adyacente en una cantidad $\Delta \beta$. En este caso, E_θ es el vector suma de las amplitudes incrementales, de modo que está dado por la longi-

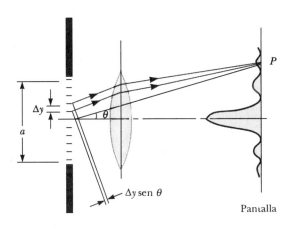

FIGURA 38.8 Difracción de Fraunhofer mediante una sola rendija. La intensidad en el punto P es la resultante de todos los campos incrementales de zonas de ancho Δy que abandonan la rendija.

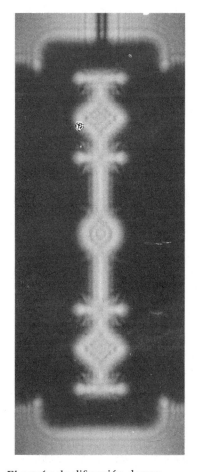

El patrón de difracción de una navaja de rasurar observado bajo luz monocromática. *(© Ken Kay, 1987/ Fundamental Photographs)*

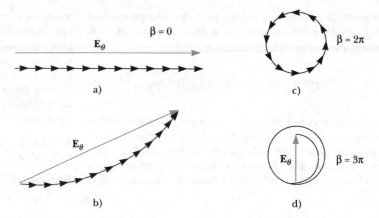

FIGURA 38.9 Diagrama de fasores para obtener los diversos máximos y mínimos de un patrón de difracción de una sola rendija.

tud de la cuerda. En consecuencia, $E_\theta < E_0$. La diferencia de fase total β entre las ondas de las porciones superior e inferior de la rendija es

$$\beta = N\,\Delta\beta = \frac{2\pi}{\lambda}\,N\,\Delta y\,\mathrm{sen}\ \theta = \frac{2\pi}{\lambda}\,a\,\mathrm{sen}\ \theta \qquad (38.3)$$

donde $a = N\Delta y$ es el ancho de la rendija.

A medida que θ aumenta, la cadena de fasores forma una trayectoria cerrada, como la de la figura 38.9c. En este punto, el vector suma es cero, y por ello $E_\theta = 0$, corresponde al primer mínimo sobre la pantalla. Observando que $\beta = N\Delta\beta = 2\pi$ en esta situación, de la ecuación 38.3 vemos que

$$2\pi = \frac{2\pi}{\lambda}\,a\,\mathrm{sen}\ \theta$$

$$\mathrm{sen}\ \theta = \frac{\lambda}{a}$$

Esto nos indica que el primer mínimo en el patrón de difracción ocurre cuando $\mathrm{sen}\ \theta = \lambda/a$, lo cual concuerda con la ecuación 38.1.

A valores más grandes de θ, la cadena espiral de fasores continúa. Por ejemplo, la figura 38.9d representa la situación correspondiente al segundo máximo, el cual ocurre cuando $\beta \approx 360° + 180° = 540°$ (3π rad). El segundo mínimo (dos espirales completas, que no se muestran) corresponden a $\beta = 720°$ (4π rad), lo cual satisface la condición $\mathrm{sen}\ \theta = 2\lambda/a$.

La amplitud e intensidad totales en cualquier punto sobre la pantalla puede obtenerse considerando el caso límite donde Δy se vuelve infinitesimal (dy) y $N \to \infty$. En este límite, la cadena de fasores en la figura 38.9 se convierte en curvas lisas, como en la figura 38.10. De acuerdo con esta figura, vemos que a cierto ángulo θ, la amplitud de onda sobre la pantalla E_θ, es igual a la longitud de la cuerda, en tanto que E_0 es la longitud del arco. A partir del triángulo cuyo ángulo es $\beta/2$, vemos que

$$\mathrm{sen}\ \frac{\beta}{2} = \frac{E_\theta/2}{R}$$

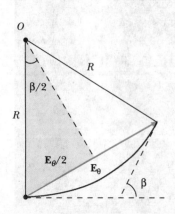

FIGURA 38.10 Diagrama de fasores para un gran número de fuentes coherentes. Advierta que todos los extremos de los fasores están sobre un arco circular de radio R. La amplitud resultante E_θ es igual a la longitud de la cuerda.

donde R es el radio de curvatura. Pero la longitud del arco E_θ es igual al producto $R\beta$, donde β está en radianes. Combinando esto con la expresión anterior, se obtiene

$$E_\theta = 2R\,\mathrm{sen}\ \frac{\beta}{2} = 2\left(\frac{E_0}{\beta}\right)\mathrm{sen}\ \frac{\beta}{2} = E_0\left[\frac{\mathrm{sen}\ (\beta/2)}{\beta/2}\right]$$

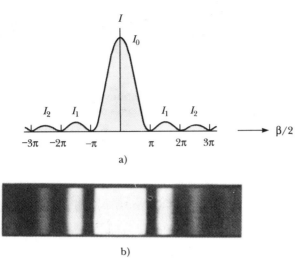

FIGURA 38.11 a) Una gráfica de la intensidad I contra $\beta/2$ para un patrón de difracción de Fraunhofer de una sola rendija. b) Fotografía de un patrón de difracción de Fraunhofer de una sola rendija. *(De M. Cagnet, M. Francon y J.C. Thierr,* Atlas de fenómenos ópticos, *Berlín, Springer-Verlag, 1962, placa 18)*

Debido a que la intensidad resultante I_θ en P es proporcional al cuadrado de la amplitud E_θ, encontramos

$$I_\theta = I_0 \left[\frac{\text{sen } (\beta/2)}{\beta/2} \right]^2 \qquad (38.4)$$

Intensidad de un patrón de difracción de Fraunhofen de una sola rendija

donde I_0 es la intensidad en $\theta = 0$ (el máximo central) y $\beta = 2\pi a \text{ sen} \theta/\lambda$. La sustitución de esta expresión para β en la ecuación 38.4 origina

$$I_\theta = I_0 \left[\frac{\text{sen } (\pi a \text{ sen } \theta/\lambda)}{\pi a \text{ sen } \theta/\lambda} \right]^2 \qquad (38.5)$$

A partir de este resultado, vemos que los mínimos ocurren cuando

$$\frac{\pi a \text{ sen } \theta}{\lambda} = m\pi$$

$$\text{sen } \theta = m \frac{\lambda}{a}$$

Condición para mínimos de intensidad

donde $m = \pm 1, \pm 2, \pm 3, \ldots$ Esto concuerda con nuestro resultado anterior, dado por la ecuación 38.1.

La figura 38.11a representa una gráfica de la ecuación 38.4, y una fotografía de un patrón de difracción de Fraunhofer de una sola rendija se muestra en la figura 38.11b. La mayor parte de la intensidad luminosa se concentra en la franja brillante central.

EJEMPLO 38.2 **Intensidades relativas de los máximos**

Encuentre la razón de las intensidades de los máximos secundarios y la intensidad del máximo central para un patrón de difracción de Fraunhofer de una sola rendija.

Solución Hasta una buena aproximación, los máximos secundarios se encuentran a la mitad entre los puntos cero. De acuerdo con la figura 38.11a, vemos que esto corresponde a valores $\beta/2$ de $3\pi/2$, $5\pi/2$, $7\pi/2$,... Sustituyendo éstos en la ecuación 38.4 obtenemos para las primeras proporciones

$$\frac{I_1}{I_0} = \left[\frac{\text{sen}\,(3\pi/2)}{(3\pi/2)}\right]^2 = \frac{1}{9\pi^2/4} = \boxed{0.045}$$

$$\frac{I_2}{I_0} = \left[\frac{\text{sen}\,(5\pi/2)}{(5\pi/2)}\right]^2 = \frac{1}{25\pi^2/4} = \boxed{0.016}$$

Esto significa que el máximo secundario (el adyacente al máximo central) tiene una intensidad de 4.5% de la de la franja brillante central, y el siguiente máximo de segundo orden tiene una intensidad de 1.6% de la correspondiente a la franja brillante central.

Ejercicio   Determine la intensidad de los máximos secundarios correspondientes a $m = 3$ en relación con el máximo central.

Respuesta   0.0083.

38.3 RESOLUCIÓN DE ABERTURA CIRCULAR Y DE UNA SOLA RENDIJA

La capacidad de los sistemas ópticos para distinguir entre objetos muy próximos es limitada debido a la naturaleza ondulatoria de la luz. Para entender esta dificultad considere la figura 38.12, la cual muestra dos fuentes luminosas alejadas de una rendija estrecha de ancho a. Las fuentes pueden considerarse como dos fuentes puntuales no coherentes, S_1 y S_2. Por ejemplo, podrían ser dos estrellas distantes. Si no hay difracción, dos puntos (o imágenes) brillantes distintos se observarían sobre la pantalla. Sin embargo, debido a la difracción, cada fuente se proyecta como una región central brillante flanqueada por bandas débiles brillantes y oscuras. Lo que se observa sobre la pantalla es la suma de dos patrones de difracción, uno de S_1 y el otro de S_2.

Si las dos fuentes están separadas lo suficiente para evitar que se traslapen sus máximos centrales, como en la figura 38.12a, sus imágenes pueden distinguirse y se dice que están resueltas. Sin embargo, si las fuentes están demasiado juntas, como en la figura 38.12b, los dos máximos centrales se traslapan y las imágenes no están resueltas. Para decidir cuándo dos imágenes están resueltas, se emplea el siguiente criterio:

Cuando el máximo central de una imagen cae sobre el primer mínimo de otra imagen, se dice que las imágenes están apenas resueltas. Esta condición de resolución límite se conoce como **criterio de Rayleigh**.

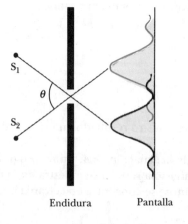

a)

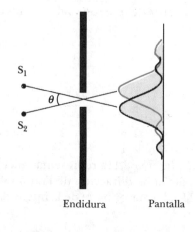

b)

FIGURA 38.12 Dos fuentes puntuales alejadas de una pequeña abertura producen cada una un patrón de difracción. a) El ángulo subtendido por las fuentes en la abertura es suficientemente grande para que se distingan los patrones de difracción. b) El ángulo subtendido por la fuente es tan pequeño que sus patrones de difracción se traslapan y las imágenes no se resuelven. (Advierta que los ángulos están considerablemente exagerados.)

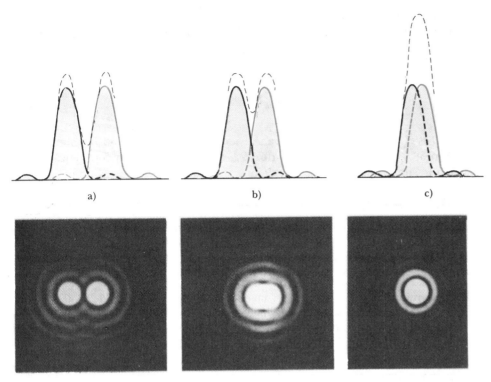

FIGURA 38.13 Los patrones de difracción de dos fuentes puntuales (curvas continuas) y el patrón resultante (curvas punteadas) para diferentes separaciones angulares de las fuentes. En cada caso, la curva punteada es la suma de las curvas continuas. a) Las fuentes están bastante apartadas, y los patrones se resuelven bien. b) Las fuentes están muy cercanas y los patrones apenas se resuelven. c) Las fuentes son tan cercanas que los patrones no se resuelven. *(De M. Cagnet, M. Francon y J.C. Thierr,* Atlas de fenómenos ópticos, *Berlín, Springer-Verlag, 1962, placa 16)*

La figura 38.13 muestra los patrones de difracción de tres situaciones. Cuando los objetos están muy alejados, las imágenes están bien resueltas (Fig. 38.13a). Las imágenes apenas se resuelven cuando la separación angular de los objetos satisface el criterio de Rayleigh (Fig. 38.13b). Por último, las imágenes no están resueltas en la figura 38.13c.

De acuerdo con el criterio de Rayleigh, podemos determinar la separación angular mínima, $\theta_{\text{mín}}$, subtendida por las fuentes en la rendija de modo que sus imágenes apenas se resuelven. En la sección 38.2 encontramos que el primer mínimo en un patrón de difracción de una sola rendija ocurre a un ángulo para el cual

$$\text{sen } \theta = \frac{\lambda}{a}$$

donde a es el ancho de la rendija. De acuerdo con el criterio de Rayleigh, esta expresión brinda la separación angular más pequeña para la cual se resuelven las dos imágenes. Debido a que $\lambda \ll a$ en muchas situaciones, sen θ es pequeño y podemos emplear la aproximación sen $\theta \approx \theta$. Por lo tanto, el ángulo de resolución límite para una rendija de ancho a es

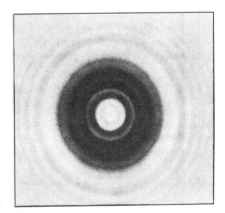

FIGURA 38.14 El patrón de difracción de una abertura circular está compuesto por un disco brillante central rodeado por anillos concéntricos brillantes y oscuros. *(De M. Cagnet, M. Francon y J.C. Thierr,* Atlas de fenómenos ópticos, *Berlín, Springer-Verlag, 1962, plac 34)*

$$\theta_{\text{mín}} = \frac{\lambda}{a} \qquad (38.6)$$

donde $\theta_{\text{mín}}$ se expresa en radianes. Por lo tanto, el ángulo subtendido por las dos fuentes en la rendija debe ser mayor que λ/a si las imágenes van a estar resueltas.

Muchos sistemas ópticos emplean aberturas circulares en lugar de rendijas rectangulares. El patrón de difracción de una abertura circular, ilustrado en la figura 38.14, consta de un disco brillante circular central rodeado por anillos progresivamente más tenues. El ángulo de resolución límite de la abertura circular es

Ángulo de resolución límite para una abertura circular

$$\theta_{\text{mín}} = 1.22 \frac{\lambda}{D} \tag{38.7}$$

donde D es el diámetro de la abertura. Advierta que la ecuación 38.7 es similar a la ecuación 38.6 excepto por el factor de 1.22, el cual surge de un complejo análisis matemático de la difracción a partir de una abertura circular.

EJEMPLO CONCEPTUAL 38.3   ¿Puede usted ver un átomo?

Explique por qué es teóricamente imposible ver un objeto tan pequeño como un átomo, independientemente de la calidad del microscopio óptico que se esté usando.

Razonamiento   Con el fin de "ver" un objeto, la longitud de onda de la luz en el microscopio debe ser comparable al tamaño del objeto. Un átomo es mucho más pequeño que la longitud de onda de la luz en la región visible del espectro, por lo que un átomo nunca puede verse empleando luz visible.

EJEMPLO 38.4   Límite de resolución de un microscopio

Se emplea luz de 589 nm para ver un objeto bajo un microscopio. Si la abertura del objetivo tiene un diámetro de 0.900 cm, a) encuentre el ángulo de resolución límite.

Solución   a) De la ecuación 38.7, encontramos el ángulo de resolución límite como

$$\theta_{\text{mín}} = 1.22 \left(\frac{589 \times 10^{-9} \text{ m}}{0.900 \times 10^{-2} \text{ m}} \right) = \boxed{7.98 \times 10^{-5} \text{ rad}}$$

Esto significa que dos puntos cualesquiera sobre el objeto que subtiendan un ángulo menor que aproximadamente 8×10^{-5} rad en el objetivo no pueden distinguirse en la imagen.

b) Empleando luz visible de cualquier longitud de onda, ¿cuál es el límite de resolución máximo de este microscopio?

Solución   Para obtener el ángulo más pequeño correspondiente al límite de resolución máximo, tenemos que usar la lon-

gitud de onda más corta disponible en el espectro visible. La luz violeta (400 nm) nos brinda un ángulo de resolución límite de

$$\theta_{\text{mín}} = 1.22 \left(\frac{400 \times 10^{-9} \text{ m}}{0.900 \times 10^{-2} \text{ m}} \right) = \boxed{5.42 \times 10^{-5} \text{ rad}}$$

c) Suponga que agua ($n = 1.33$) llena el espacio entre el objeto y el objetivo. ¿Qué efecto tendría esto en la capacidad de resolución?

Solución   En este caso, la longitud de onda de la luz de sodio en el agua se encuentra por medio de $\lambda_w = \lambda_a / n$ (ecuación 35.7). De este modo, tenemos que

$$\lambda_w = \frac{\lambda_a}{n} = \frac{589 \text{ nm}}{1.33} = 443 \text{ nm}$$

El ángulo de resolución límite en esta longitud de onda es

$$\theta_m = 1.22 \left(\frac{443 \times 10^{-9} \text{ m}}{0.900 \times 10^{-2} \text{ m}} \right) = \boxed{6.00 \times 10^{-5} \text{ rad}}$$

EJEMPLO 38.5   Resolución de un telescopio

El telescopio Hale en Monte Palomar tiene un diámetro de 200 pulg. ¿Cuál es el ángulo de resolución límite para luz de 600 nm?

Solución   Debido a que $D = 200$ pulg $= 5.08$ m y $\lambda = 6.00 \times 10^{-7}$ m, la ecuación 38.7 produce

$$\theta_{\text{mín}} = 1.22 \frac{\lambda}{D} = 1.22 \left(\frac{6.00 \times 10^{-7} \text{ m}}{5.08 \text{ m}} \right)$$

$$= \boxed{1.44 \times 10^{-7} \text{ rad} \cong 0.03 \text{ s de arco}}$$

Por lo tanto, dos estrellas cualesquiera que subtiendan un ángulo mayor o igual que este valor están resueltas (suponiendo condiciones atmosféricas ideales).

El telescopio Hale nunca puede alcanzar su límite de difracción. En vez de eso, su ángulo de resolución límite siempre es ajustado por borrosidad atmosférica. Este límite de visión suele ser cercano a 1 s de arco y nunca es más pequeño que aproximadamente 0.1 s de arco. (Ésta es una de la razones por el actual interés en un gran telescopio espacial.)

Ejercicio El gran radiotelescopio en Arecibo, Puerto Rico, tiene un diámetro de 305 m y está diseñado para detectar ondas de radio de 0.75 m. Calcule el ángulo de resolución mínimo para este telescopio y compare su respuesta con el valor correspondiente al telescopio Hale.

Respuesta 3.0×10^{-3} rad (10 min de arco), más de 10 mil veces mayor que el mínimo del Hale.

EJEMPLO 38.6 **Resolución del ojo**

Calcule el ángulo de resolución límite para el ojo, suponiendo un diámetro de la pupila de 2.00 mm, una longitud de onda de 500 nm en el aire y un índice de refracción para el ojo igual a 1.33.

Solución Empleamos la ecuación 38.7, notando que λ es la longitud de onda en el medio que contiene a la abertura. La longitud de onda de la luz en el ojo se reduce por el índice de refracción de éste: $\lambda = (500 \text{ nm})/1.33 = 376$ nm. Por lo tanto, la ecuación 38.7 produce

$$\theta_{\text{mín}} = 1.22 \frac{\lambda}{D} = 1.22 \left(\frac{3.76 \times 10^{-7} \text{ m}}{2.00 \times 10^{-3} \text{ m}} \right)$$

$$= 2.29 \times 10^{-4} \text{ rad} = 0.0131°$$

Podemos usar este resultado para calcular la separación mínima d entre las dos fuentes puntuales que el ojo puede distinguir si hay una distancia L desde el observador (Fig. 38.15). Puesto que $\theta_{\text{mín}}$ es pequeña, vemos que

$$\text{sen } \theta_{\text{mín}} \approx \theta_{\text{mín}} \approx \frac{d}{L}$$

$$d = L\theta_{\text{mín}}$$

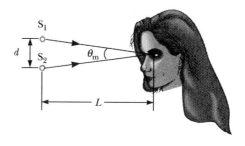

FIGURA 38.15 (Ejemplo 38.6) Dos fuentes puntuales separadas por una distancia d cuando se observan por medio del ojo.

Por ejemplo, si los objetos están a 25 cm del ojo (el punto cercano), entonces

$$d = (25 \text{ cm})(2.29 \times 10^{-4} \text{ rad}) = 5.7 \times 10^{-3} \text{ cm}$$

Esto es aproximadamente igual al espesor de un cabello humano.

Ejercicio Suponga que el ojo está dilatado hasta un diámetro de 5.0 mm y que está mirando hacia fuentes puntuales a 40 cm. ¿Cuánto deben estar separadas las fuentes si el ojo las va a resolver?

Respuesta 3.7×10^{-3} cm.

38.4 LA REJILLA DE DIFRACCIÓN

La rejilla de difracción, un útil dispositivo para analizar fuentes luminosas, se compone de un gran número de rendijas paralelas igualmente espaciadas. Una rejilla puede hacerse cortando líneas rectas paralelas sobre una placa de vidrio con una máquina de rayado de precisión. En una rejilla de transmisión, el espacio entre dos líneas cualesquiera es transparente a la luz y en consecuencia actúa como una rendija individual. Las rejillas con muchas líneas muy cercanas entre sí pueden tener espaciamientos de rendija muy pequeños. Por ejemplo, una rejilla rayada con 5 000 líneas/cm tiene un espaciamiento de rendija $d = (1/5\,000)$ cm $= 2.00 \times 10^{-4}$ cm).

Una sección de una rejilla de difracción se ilustra en la figura 38.16. Una onda plana incide desde la izquierda, normal al plano de la rejilla. Un lente convergente junta los rayos en el punto P. El patrón observado sobre la pantalla es el resultado de los efectos combinados de interferencia y difracción. Cada rendija produce difracción, y los rayos difractados interfieren entre sí para producir el patrón final. Además, cada rendija actúa como una fuente de ondas, donde todas éstas empiezan en las rendijas en fase. Sin embargo, para alguna dirección arbitraria θ medida desde la

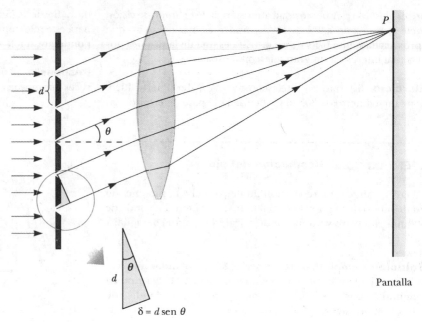

FIGURA 38.16 Vista lateral de una rejilla de difracción. La separación de rendijas es *d*, y la diferencia de trayectoria entre rendijas adyacentes es *d* sen θ.

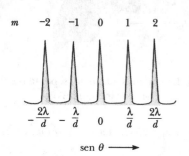

FIGURA 38.17 Intensidad contra sen θ para una rejilla de difracción. Se muestran los máximos de orden cero, primero y segundo.

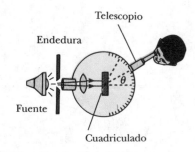

FIGURA 38.18 Diagrama de un espectrómetro de rejilla de difracción. El haz colimado incidente sobre la rejilla se difracta en los diversos órdenes a los ángulos θ que satisfacen la ecuación *d* sen θ = *m*λ, donde *m* = 0, 1, 2, ... (En la mayor parte de los espectrómetros, el ángulo de incidencia es aproximadamente igual al ángulo de difracción, de manera que *m*λ = *d*(sen θ + sen θ'), con θ ≈ ± θ'.)

horizontal, las ondas deben recorrer diferentes longitudes de trayectoria antes de llegar al punto *P*. Observe en la figura 38.16 que la diferencia de trayectoria entre ondas de dos rendijas adyacentes cualesquiera es igual a *d* sen θ. Si esta diferencia de trayectoria es igual a una longitud de onda o a algún múltiplo entero de una longitud de onda, las ondas provenientes de todas las rendijas están en fase en *P* y se observa una línea brillante. Por consiguiente, la condición para máximos en el patrón de interferencia al ángulo θ es

$$d\, \text{sen}\, \theta = m\lambda \qquad (m = 0, 1, 2, 3, \ldots) \qquad (38.8)$$

Esta expresión puede emplearse para calcular la longitud de onda a partir del conocimiento del espaciamiento de la rejilla y del ángulo de desviación θ. Si la radiación incidente contiene varias longitudes de onda, el máximo de orden *m* para cada longitud de onda ocurre a un ángulo específico. Todas las longitudes de onda se ven en θ = 0 lo que corresponde a *m* = 0, el máximo de orden cero. El máximo de primer orden (*m* = 1) se observa a un ángulo que satisface la relación sen θ = λ/*d*; el máximo de segundo orden (*m* = 2) se observa a un ángulo más grande θ, etcétera.

La distribución de intensidades para una rejilla de difracción empleando una fuente monocromática se muestra en la figura 38.17. Advierta lo nítido de los máximos principales y lo amplio de las áreas oscuras. Esto contrasta con la característica de franjas brillantes anchas del patrón de interferencia de doble rendija (Fig. 37.1).

Un arreglo sencillo utilizado para medir órdenes de un patrón de difracción se presenta en la figura 38.18. Ésta es una forma de un espectrómetro de rejilla de difracción. La luz que se analiza por una rendija, y un haz paralelo de luz sale del colimador, el cual es perpendicular a la rejilla. La luz difractada sale de la rejilla en ángulos que satisfacen la ecuación 38.8, y con un telescopio se observa la imagen de la rendija. La longitud de onda puede determinarse midiendo los ángulos precisos a los cuales las imágenes de la rendija aparecen para los diversos órdenes.

EJEMPLO CONCEPTUAL 38.7 El disco compacto es una rejilla de difracción

En la figura 38.19 se muestra que la luz reflejada en la superficie de un disco compacto tiene una apariencia multicolor. Además, la observación depende de la orientación del disco en relación con el ojo y a la posición de la fuente luminosa. Explique la razón de lo anterior.

Razonamiento La superficie de un disco compacto tiene una pista acanalada (con un espaciamiento de aproximadamente 1 mm) que actúa como una rejilla de difracción. La luz dispersa-

da por estos surcos muy próximos entre sí interfieren constructivamente sólo en ciertas direcciones que dependen de la longitud de onda y de la dirección de la luz incidente. Cualquier sección del disco sirve como una rejilla de difracción para luz blanca, enviando diferentes colores en diferentes direcciones. Los distintos colores que se ven cuando se observa una sección del disco cambian cuando la fuente luminosa, el disco o el observador se mueven para variar los ángulos de incidencia o difracción.

FIGURA 38.19 (Ejemplo conceptual 38.7) Un disco compacto observado bajo luz blanca. Los colores que se advierten en la luz reflejada y sus intensidades dependen de la orientación del disco en relación con el ojo y la fuente luminosa. ¿Puede usted explicar cómo funciona esto? *(Kristen Brochmann/Fundamental Photographs)*

EJEMPLO 38.8 Los órdenes de una rejilla de difracción

Luz monocromática de un láser de helio-neón ($\lambda = 632.8$ nm) incide en dirección normal sobre una rejilla de difracción que contiene 6 000 líneas/cm. Encuentre los ángulos a los cuales pueden observarse los máximos de primero, segundo y tercer orden.

Solución Primero debemos calcular la separación de rendijas, la cual es igual al inverso del número de líneas por centímetro:

$$d = (1/6\,000)\ \text{cm} = 1.667 \times 10^{-4}\ \text{cm} = 1\,667\ \text{nm}$$

Para el máximo de primer orden ($m = 1$), obtenemos

$$\text{sen}\ \theta_1 = \frac{\lambda}{d} = \frac{632.8\ \text{nm}}{1\,667\ \text{nm}} = 0.3797$$

$$\theta_1 = \boxed{22.31°}$$

Para $m = 2$, encontramos

$$\text{sen}\ \theta_2 = \frac{2\lambda}{d} = = \frac{2(632.8\ \text{nm})}{1\,667\ \text{nm}} = 0.7592$$

$$\theta_2 = \boxed{49.41°}$$

Para $m = 3$, encontramos que sen $\theta_3 = 1.139$. Puesto que sen θ no puede ser mayor que la unidad, esto no representa una solución realista. En consecuencia, sólo se observan en esta situación los máximos de cero, primero y segundo orden.

Potencia de resolución de una rejilla de difracción

La rejilla de difracción es útil para medir con exactitud las longitudes de onda. Al igual que el prisma, la rejilla de difracción puede emplearse para dispersar un espectro en sus componentes. De los dos dispositivos, la rejilla puede ser más precisa si uno desea distinguir dos longitudes de onda muy cercanas.

Si λ_1 y λ_2 son dos longitudes de onda casi iguales entre las cuales el espectrómetro apenas puede hacer la distinción, la **potencia de resolución** R se define como

Potencia de resolución

$$R \equiv \frac{\lambda}{\lambda_2 - \lambda_1} = \frac{\lambda}{\Delta\lambda} \qquad (38.9)$$

donde $\lambda = (\lambda_1 + \lambda_2)/2$ y $\Delta\lambda = \lambda_2 - \lambda_1$. De este modo, una rejilla con una alta potencia de resolución puede distinguir pequeñas diferencias en la longitud de onda. Además, si N líneas de la rejilla se iluminan, puede mostrarse que la potencia de resolución en la difracción de orden n es igual al producto Nm:

Potencia de resolución de una rejilla

$$R = Nm \qquad (38.10)$$

Así, la potencia de resolución aumenta con el número de orden creciente. Además, R es grande para una rejilla que tiene un número considerable de rendijas iluminadas. Advierta que para $m = 0$, $R = 0$, lo cual significa que *todas las longitudes de onda son indistinguibles* en el máximo de orden cero. Sin embargo, considere el patrón de difracción de segundo orden ($m = 2$) de una rejilla que tiene 5 000 líneas iluminadas por la fuente de luz. La potencia de resolución de una rejilla de este tipo en el segundo orden es $R = 5\,000 \times 2 = 10\,000$. Por consiguiente, la mínima separación de longitud de onda entre dos líneas espectrales que apenas puede resolverse, suponiendo una longitud de onda media de 600 nm, es $\Delta\lambda = \lambda/R = 6.00 \times 10^{-2}$ nm. Para el máximo principal de tercer orden, $R = 15\,000$ y $\Delta\lambda = 4.00 \times 10^{-2}$ nm, y así sucesivamente.

EJEMPLO 38.9   Resolución de las líneas espectrales del sodio

Dos líneas en el espectro del sodio tienen longitudes de onda de 589.00 nm y 589.59 nm. a) ¿Cuál debe ser la potencia de resolución de la rejilla con el fin de distinguir estas longitudes de onda?

Solución

$$R = \frac{\lambda}{\Delta\lambda} = \frac{589.30 \text{ nm}}{589.59 \text{ nm} - 589.00 \text{ nm}} = \frac{589.30}{0.59} = \boxed{999}$$

b) Para resolver estas líneas en el espectro de segundo orden ($m = 2$), ¿cuántas líneas de la rejilla deben iluminarse?

Solución   De la ecuación 38.10 y los resultados del inciso a), encontramos

$$N = \frac{R}{m} = \frac{999}{2} = \boxed{500 \text{ líneas}}$$

---

*38.5 DIFRACCIÓN DE RAYOS X MEDIANTE CRISTALES

En principio, la longitud de onda de cualquier onda electromagnética puede determinarse si se dispone de una rejilla con el espaciamiento apropiado (del orden de λ). Los rayos X, descubiertos por W. Roentgen (1845-1923) en 1895, son ondas electromagnéticas de muy corta longitud de onda (del orden de 0.1 nm). Como se puede ver, sería imposible construir una rejilla que tuviera un espaciamiento tan pequeño. Sin embargo, se sabe que el espaciamiento atómico en un sólido es de casi 10^{-1} m. En 1913, Max von Laue (1879-1960) sugirió que la disposición regular de átomos en un cristal podría actuar como una rejilla de difracción tridimensional para los rayos X. Experimentos ulteriores confirmaron esta predicción. Los patrones de difracción que se observan son complicados debido a la naturaleza tridimensional del cristal. A pesar de eso, la difracción de rayos X ha probado ser una invaluable técnica para dilucidar las estructuras cristalinas y comprender la estructura de la materia.[1]

---

[1] Para mayores detalles sobre este tema véase Sir Lawrence Bragg, "X–Ray Crystallography", *Scientific American*, julio 1968.

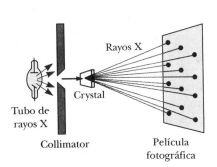

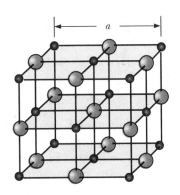

FIGURA 38.20 Diagrama esquemático de la técnica empleada para observar la difracción de rayos X por medio de un cristal. El arreglo de puntos formados sobre la película se denomina patrón de Laue.

FIGURA 38.21 Modelo de la estructura cristalina del cloruro de sodio. Las esferas verdes representan los iones Cl⁻ y las esferas negras representan los iones Na⁺. La longitud de la arista del cubo es $a = 0.562737$ nm.

La figura 38.20 es un arreglo experimental para observar la difracción de rayos X causada por un cristal. Un haz colimado de rayos X que contiene una gama continua de longitudes de onda incide sobre el cristal. Los haces difractados son muy intensos en ciertas direcciones, lo que corresponde a interferencia constructiva de ondas reflejadas en capas de átomos en el cristal. Los haces difractados pueden detectarse por medio de un contador o película fotográfica, formando un arreglo de puntos conocidos como *patrón de Laue*. La estructura cristalina se deduce analizando las posiciones e intensidades de los diversos puntos en el patrón.

La disposición de átomos en un cristal de NaCl se muestra en la figura 38.21. Las esferas oscuras más pequeñas representan iones de Na⁺ y las esferas más grandes a iones Cl⁻. Cada celda unitaria (el conjunto de átomos que se repite a través del cristal) contiene cuatro iones Na⁺ y cuatro Cl⁻. La celda unitaria es un cubo cuya longitud de arista es a.

Un examen detenido de la estructura del NaCl muestra que los iones se ubican en planos discretos, las áreas sombreadas en la figura 38.21. Suponga ahora un haz de rayos X incidente que forma un ángulo θ con uno de los planos, como en la figura 38.22. El haz puede reflejarse tanto desde el plano superior como desde el inferior. Sin embargo, la construcción geométrica en la figura 38.22 muestra que el haz reflejado desde el plano inferior viaja más lejos que el reflejado en el superior. La diferencia de recorrido efectivo entre los dos haces es $2d$ sen θ. Los dos haces se

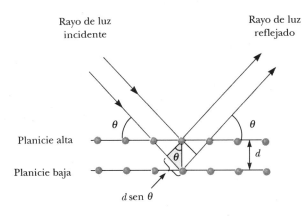

Rayo de luz incidente

Rayo de luz reflejado

Planicie alta

Planicie baja

d sen θ

FIGURA 38.22 Una descripción bidimensional de la reflexión de un haz de rayos X a partir de dos planos cristalinos paralelos separados por una distancia d. El haz reflejado por el plano inferior viaja más lejos que el reflejado por el plano superior en una distancia igual a $2d$ sen θ.

refuerzan entre sí (interferencia constructiva) cuando esta diferencia de recorrido es igual a un múltiplo entero de la longitud de onda λ. Lo mismo es cierto para la reflexión en la familia completa de planos paralelos. Por lo tanto, la condición para la interferencia constructiva (máximos en la onda reflejada) es

Ley de Bragg

$$2d \operatorname{sen} \theta = m\lambda \qquad (m = 1, 2, 3, \ldots) \tag{38.11}$$

Esta condición se conoce como **ley de Bragg** en honor a W. L. Bragg (1890-1971), quien fue el primero en deducir la relación. Si se miden la longitud de onda y el ángulo de difracción, la ecuación 38.11 puede emplearse para calcular el espaciamiento entre planos atómicos.

38.6 POLARIZACIÓN DE ONDAS LUMINOSAS

En el capítulo 34 describimos la naturaleza transversal de la luz y todas las ondas electromagnéticas. La figura 38.23 muestra que los vectores eléctrico y magnético asociados a una onda electromagnética están en ángulos rectos entre sí y también con la dirección de propagación de la onda. La polarización es una firme prueba de la naturaleza transversal de las ondas electromagnéticas.

Un haz ordinario de luz está compuesto por numerosas ondas emitidas por átomos o moléculas de la fuente luminosa. Cada átomo produce una onda con su propia orientación de **E**, como en la figura 38.23, correspondiente a la dirección de la vibración atómica. La dirección de polarización de la onda electromagnética se define como la dirección en la cual **E** está vibrando. Sin embargo, debido a que son posibles todas las direcciones de vibración, la onda electromagnética resultante es una superposición de ondas producidas por las fuentes atómicas individuales. El resultado es una onda luminosa **no polarizada**, descrita en la figura 38.24a. La dirección de propagación de la onda en esta figura es perpendicular a la página. Observe que *todas* las direcciones del vector de campo eléctrico, que están en el plano perpendicular a la dirección de propagación, son igualmente probables. En un punto dado y en algún instante del tiempo, hay sólo un campo eléctrico resultante y, por lo tanto, usted no debe engañarse con el significado de la figura 38.24a.

Se dice que una onda está **polarizada linealmente** si **E** vibra en la misma dirección *todo el tiempo* en un punto particular, como se ilustra en la figura 38.24b. (Algunas veces una onda de este tipo se describe como *plana-polarizada* o simplemente *polarizada*.) La onda descrita en la figura 38.23 es un ejemplo de una onda polarizada linealmente en la dirección y. Conforme la onda se propaga en la dirección x, **E** siempre está en la dirección y. El plano formado por **E** y la dirección de propagación recibe el nombre de *plano de polarización* de la onda. En la figura 38.23, el plano de polarización es el plano xy. Es posible obtener un haz polarizado linealmente a partir de un haz polarizado eliminando todas las ondas de él excepto aquellas cuyos vectores de campo eléctrico oscilan en un solo plano. A continuación analizaremos cuatro procesos para producir luz polarizada a partir de luz no polarizada.

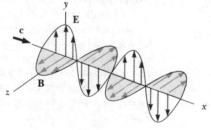

FIGURA 38.23 Diagrama esquemático de una onda electromagnética que se propaga en la dirección x. El vector de campo eléctrico **E** vibra en el plano xy y el vector de campo magnético **B** vibra en el plano xz.

Polarización mediante absorción selectiva

La técnica más común para polarizar luz es emplear un material que transmite ondas cuyos vectores de campo eléctrico vibran en un plano determinado y absorbe ondas cuyos vectores de campo eléctrico vibran en otras direcciones.

En 1938, E. H. Land descubrió un material, al cual llamó **Polaroid**, que polariza la luz a través de absorción selectiva por medio de moléculas orientadas. Este material se fabrica en láminas delgadas de hidrocarburos de cadena larga. Las láminas se fabrican de modo que las moléculas se alineen en largas cadenas. Después de que una lámina se sumerge dentro de una solución que contiene ioduro, las moléculas se vuelven buenos conductores eléctricos. Sin embargo, la conducción ocurre principalmente a lo largo de las cadenas de hidrocarburos puesto que los electrones de las moléculas únicamente pueden moverse sin dificultad a lo largo de las cadenas. Como consecuencia, las moléculas fácilmente absorben luz cuyo vector de campo eléctrico es paralelo a su longitud y transmiten luz cuyo vector de campo eléctrico es perpendicular a su longitud. Es común referirse a la dirección perpendicular de las cadenas moleculares como el **eje de transmisión**. En un polarizador ideal, toda la luz con **E** paralelo al eje de transmisión se transmite y toda la luz con **E** perpendicular al eje de transmisión se absorbe.

La figura 38.25 representa un haz de luz no polarizado que incide sobre una primera lámina polarizada, llamada el **polarizador**, donde el eje de transmisión se indica por medio de líneas rectas en el polarizador. La luz que pasa a través de esta lámina se polariza verticalmente como se muestra, donde el vector de campo eléctrico transmitido es E_0. Una segunda lámina de polarización, denominada el **analizador**, intercepta este haz debido a que el eje de transmisión del analizador se pone a un ángulo θ con el eje del polarizador. La componente de E_0 perpendicular al eje del analizador se absorbe por completo y la componente de E_0 paralela al eje del analizador es $E_0 \cos \theta$. Advierta que cuando la luz sale de un polarizador pierde toda la información en su plano original de polarización y tiene la polarización del polarizador más reciente. Debido a que la intensidad transmitida varía como el cuadrado de la amplitud transmitida, concluimos que la intensidad de la luz transmitida (polarizada) varía como

$$I = I_0 \cos^2 \theta \tag{38.12}$$

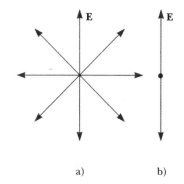

FIGURA 38.24 a) Un haz de luz no polarizada visto a lo largo de la dirección de propagación (perpendicular a la página). El vector de campo eléctrico transversal puede vibrar en cualquier dirección con igual probabilidad. b) Un haz de luz polarizada linealmente con el vector de campo eléctrico vibrando en la dirección vertical.

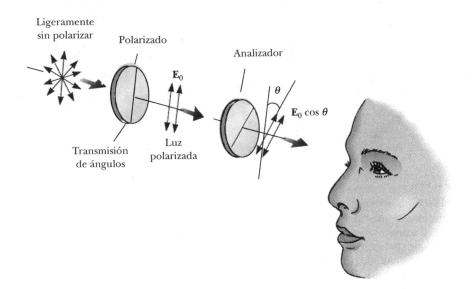

FIGURA 38.25 Dos láminas de polarización cuyos ejes de transmisión forman un ángulo θ entre sí. Sólo se transmite una fracción de la luz polarizada incidente en el analizador.

donde I_0 es la intensidad de la onda polarizada incidente en el analizador. Esta expresión, conocida como **ley de Malus**,[2] se aplica a dos materiales cualesquiera polarizantes cuyos ejes de transmisión están a un ángulo θ entre sí.

A partir de esta expresión, advierta que la intensidad transmitida es un máximo cuando los ejes de transmisión son paralelos ($\theta = 0$ o $180°$) y cero (absorción completa por el analizador) cuando los ejes de transmisión son perpendiculares entre sí. Esta variación en la intensidad transmitida a través de un par de láminas polarizantes se ilustra en la figura 38.26.

Polarización por reflexión

Cuando un haz de luz no polarizado se refleja en una superficie, la luz reflejada está completamente polarizada, parcialmente polarizada o despolarizada, según el ángulo de incidencia. Si el ángulo de incidencia es 0 o $90°$, el haz reflejado está despolarizado. Sin embargo, para ángulos de incidencia intermedios la luz reflejada está polarizada hasta cierto grado, y para un ángulo de incidencia particular, la luz reflejada está completamente polarizada. Investiguemos la reflexión a un ángulo especial.

Suponga que un haz de luz no polarizado incide sobre una superficie, como se ilustra en la figura 38.27a. El haz puede describirse por medio de dos componentes de campo eléctricas, una paralela a la superficie (representada por los puntos) y la otra perpendicular tanto a la primera componente (representada por las flechas rojas) como a la dirección de propagación. Se encuentra que la componente paralela se refleja con más fuerza que la componente perpendicular, lo que produce un haz reflejado polarizado parcialmente. Además, el haz refractado también está polarizado parcialmente.

Suponga ahora que el ángulo de incidencia, θ_1, varía hasta que el ángulo entre los haces reflejado y refractado es $90°$ (Fig. 38.27b). En este ángulo particular de incidencia, el haz reflejado está completamente polarizado, con su vector de campo eléctrico paralelo a la superficie, en tanto que el haz refractado está parcialmente polarizado. El ángulo de incidencia al cual esto ocurre se conoce como **ángulo de polarización**, θ_p.

El ángulo de polarización

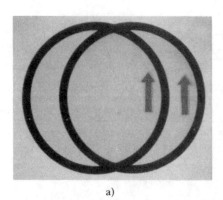
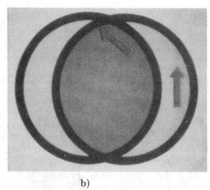
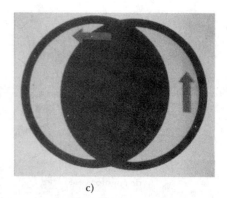

a)   b)   c)

FIGURA 38.26 La intensidad de la luz transmitida a través de dos polarizadores depende de la orientación relativa de sus ejes de transmisión. a) La luz transmitida tiene una intensidad máxima cuando los ejes de transmisión se alinean entre sí. b) La intensidad de luz transmitida disminuye cuando los ejes de transmisión están a un ángulo de $45°$ entre sí. c) La intensidad de la luz transmitida es un mínimo cuando los ejes de transmisión forman ángulos rectos entre sí. *(Henry Leap y Jim Lehman)*

[2]En honor de su descubridor, E. L. Malus (1775-1812). En realidad, Malus fue el primero que descubrió que la luz reflejada se polarizaba al observarla a través de un cristal de calcita ($CaCO_3$).

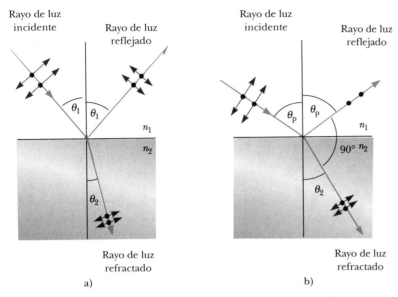

FIGURA 38.27 a) Cuando incide luz no polarizada sobre una superficie reflejante, los haces reflejado y refractado se polarizan parcialmente. b) El haz reflejado está polarizado completamente cuando el ángulo de incidencia es igual al ángulo de polarización, θ_p, lo cual satisface la ecuación $n = \tan \theta_p$.

Una expresión que relaciona el ángulo de polarización con el índice de refracción de la sustancia reflectora puede obtenerse de la figura 38.27b. De acuerdo con esta figura, vemos que $\theta_p + 90° + \theta_2 = 180°$, por lo que $\theta_2 = 90° - \theta_p$. Empleando la ley de Snell y considerando $n_1 = 1.00$ y $n_2 = n$, tenemos

$$n = \frac{\operatorname{sen}\theta_1}{\operatorname{sen}\theta_2} = \frac{\operatorname{sen}\theta_p}{\operatorname{sen}\theta_2}$$

Debido a que $\operatorname{sen}\theta_2 = \operatorname{sen}(90° - \theta_p) = \cos\theta_p$, la expresión para n puede escribirse como $n = \operatorname{sen}\theta_p / \cos\theta_p$, o

$$n = \tan\theta_p \tag{38.13}$$

Ley de Brewster

Esta expresión recibe el nombre de **ley de Brewster**, y el ángulo de polarización θ_p se nombra algunas veces **ángulo de Brewster**, en honor a su descubridor, Sir David Brewster (1781-1868). Por ejemplo, el ángulo de Brewster para el vidrio óptico ($n = 1.52$) es $\theta_p = \tan^{-1}(1.52) = 56.7°$. Debido a que n varía con la longitud de onda para una sustancia dada, el ángulo de Brewster es también una función de la longitud de onda.

La polarización por reflexión es un fenómeno común. La luz solar reflejada en agua, vidrio y nieve se polariza parcialmente. Si la superficie es horizontal, el vector de campo eléctrico de la luz reflejada tiene una fuerte componente horizontal. Los lentes contra el sol hechos de material polarizante reducen el resplandor de la luz reflejada. Los ejes de transmisión de los lentes se orientan verticalmente hasta absorber la intensa componente horizontal de la luz reflejada.

Polarización por doble refracción

Los sólidos pueden clasificarse sobre las bases de la estructura interna. Aquellos en los cuales los átomos se encuentran dispuestos en un orden específico se conocen

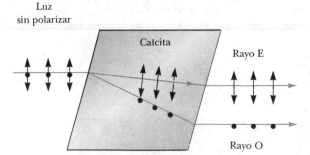

Luz
sin polarizar

Calcita

Rayo E

Rayo O

FIGURA 38.28 Luz no polarizada que incide sobre un cristal de calcita se divide en un rayo ordinario (O) y un rayo extraordinario (E). Estos dos rayos se polarizan en direcciones mutuamente perpendiculares. (Note que esto no está a escala.)

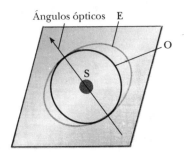

Ángulos ópticos   E

O

S

FIGURA 38.29 Una fuente puntual, S, dentro de un cristal de doble refracción produce un frente de onda esférico correspondiente al rayo ordinario y un frente de onda elíptico correspondiente al rayo extraordinario. Las dos ondas se propagan con la misma velocidad a lo largo del eje óptico.

como *cristalinos*; la estructura del cloruro de sodio de la figura 38.21 es sólo un ejemplo de sólidos cristalinos. Aquéllos en los cuales los átomos se distribuyen azarosamente se denominan *amorfos*. Cuando la luz viaja a través de un material amorfo, como el vidrio, se desplaza con una velocidad que es la misma en todas las direcciones. Esto significa que el vidrio tiene un solo índice de refracción. Sin embargo, en ciertos materiales cristalinos, como la calcita y el cuarzo, la velocidad de la luz no es la misma en todas las direcciones. Estos materiales se caracterizan por dos índices de refracción. En consecuencia, con frecuencia se les denomina materiales de **doble refracción** o **birrefringentes**.

Cuando luz no polarizada entra a un cristal de calcita se divide en dos rayos polarizados planos que viajan con velocidades diferentes, lo que corresponde a dos ángulos de refracción, como en la figura 38.28. Los dos rayos se polarizan en dos direcciones mutuamente perpendiculares, según se indica mediante los puntos y flechas. Un rayo, llamado el **rayo ordinario** (O), se caracteriza por un índice de refracción, n_O, que es el mismo en todas las direcciones. Esto significa que si uno pudiera poner una fuente puntual de luz dentro del cristal, como en la figura 38.29, las ondas ordinarias se dispersarían como esferas a partir de la fuente.

El segundo rayo polarizado plano, denominado **rayo extraordinario** (E), viaja con velocidades diferentes en direcciones diferentes y consecuentemente se caracteriza por un índice de refracción n_E que varía con la dirección de propagación. Una fuente puntual de luz dentro de un cristal de este tipo enviaría hacia afuera una onda extraordinaria con frentes de onda que son de sección transversal elíptica (Fig. 38.29). Advierta que en la figura 38.29 hay una dirección, llamada el **eje óptico**, a lo largo del cual los rayos ordinario y extraordinario tienen la misma velocidad, lo que corresponde a la dirección para la cual $n_O = n_E$. La diferencia de velocidad para los dos rayos es un máximo en la dirección perpendicular al eje óptico. Por ejemplo, en calcita, $n_O = 1.658$ a una longitud de onda de 589.3 nm, y n_E varía de 1.658 a lo largo del eje óptico hasta 1.486 perpendicular al eje óptico. Los valores para n_O y n_E para diversos cristales de doble refracción se proporcionan en la tabla 38.1.

Si una pieza de calcita se coloca sobre una hoja de papel y después miramos a través del cristal cualquier texto sobre el papel, se observan dos imágenes, como se muestra en la figura 38.30. Como puede verse de la figura 38.28, estas dos imágenes

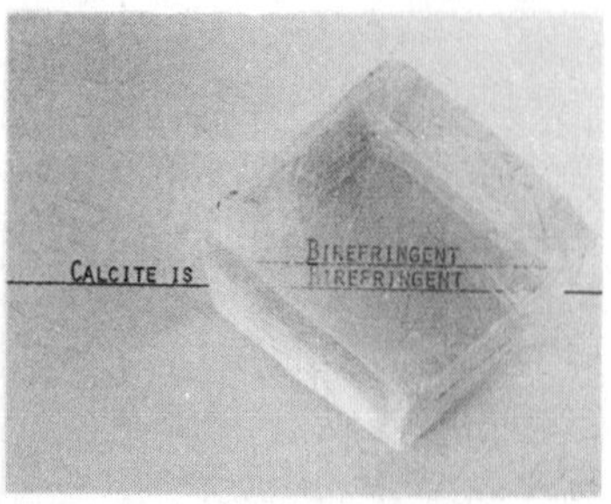

FIGURA 38.30 Un cristal de calcita produce una imagen doble debido a su material birrefringente (doblemente refractante).
(Henry Leap y Jim Lehman)

TABLA 38.1	Índices de refracción para algunos cristales doblemente refractantes a una longitud de onda de 589.3 nm		
Cristal	n_O	n_E	n_O/n_E
Calcita ($CaCO_3$)	1.658	1.486	1.116
Cuarzo (SiO_2)	1.544	1.553	0.994
Nitrato de sodio ($NaNO_3$)	1.587	1.336	1.188
Sulfuro de sodio ($NaSO_3$)	1.565	1.515	1.033
Cloruro de cinc ($ZnCl_2$)	1.687	1.713	0.985
Sulfuro de cinc (ZnS)	2.356	2.378	0.991

corresponden a una formada por el rayo ordinario y a la segunda formada por el rayo extraordinario. Si las dos imágenes se observan a través de una lámina de vidrio polarizado giratorio, éstas aparecen y desaparecen alternativamente debido a que los rayos ordinario y extraordinario están polarizados en un plano a lo largo de direcciones mutuamente perpendiculares.

Polarización por dispersión

Cuando incide luz sobre cualquier material, los electrones en éste pueden absorber y rerradiar parte de la luz. Esta absorción y rerradiación de la luz por electrones en las moléculas de gas que conforman el aire son la causa de que la luz solar que llega a un observador sobre la Tierra esté parcialmente polarizada. Usted puede observar este efecto —llamado **dispersión**— mirando directamente hacia arriba a través de unos anteojos para sol cuyos lentes están hechos de material polarizante. Pasa menos luz a través de ciertas orientaciones de los lentes que en otras.

La figura 38.31 ilustra cómo la luz solar se vuelve parcialmente polarizada. Un haz incidente no polarizado de luz solar viaja en la dirección horizontal y a punto de incidir sobre una molécula de uno de los gases que conforman el aire. Este haz que choca con la molécula de gas pone a los electrones de la molécula a vibrar. Estas cargas vibrantes actúan como las cargas vibrantes en una antena, salvo que estas últimas vibran en un complicado patrón. La parte horizontal del vector de campo eléctrico en la onda incidente hace que las cargas vibren horizontalmente, y la parte vertical del vector ocasiona al mismo tiempo que vibren verticalmente. Una onda polarizada horizontalmente es emitida por los electrones como consecuencia de su movimiento horizontal, y una onda polarizada verticalmente se emite paralela a la Tierra como resultado de su movimiento vertical.

Algunos fenómenos, incluido el de la dispersión de luz en la atmósfera, pueden entenderse de la manera siguiente. Cuando luz de diversas longitudes de onda incide sobre una molécula de gas de diámetro d, donde $d \ll \lambda$, la intensidad relativa de la luz dispersada varía como $1/\lambda^4$. Esta condición se satisface en la dispersión de la luz solar en la atmósfera terrestre. Es por ello que las longitudes de onda más cortas (luz azul) se dispersan más eficientemente que las longitudes de onda más largas (luz roja). Por lo tanto, cuando la luz solar es dispersada por moléculas de gas en el aire, la radiación de longitud de onda más corta (parte azul) se dispersa más intensamente que la radiación de longitud de onda más larga (parte roja), y como resultado el cielo se ve azul.

FIGURA 38.31 Dispersión de la luz solar no polarizada por medio de moléculas de aire. La luz observada a ángulos rectos es polarizada plana debido a que la molécula vibrante tiene una componente de vibración horizontal.

Actividad óptica

Muchas aplicaciones importantes de la luz polarizada incluyen materiales con **actividad óptica**. Se dice que una sustancia está activa ópticamente si gira el plano de polarización de la luz transmitida. El ángulo a lo largo del cual se hace girar a la luz por medio de un material específico depende de la longitud de la muestra y de la concentración si la sustancia está en solución. Un material activo ópticamente es una solución de la dextrosa de la azúcar común. Un método estándar para determinar la concentración de las soluciones de azúcar es medir la rotación producida por una longitud fija de la solución.

Un material es activo ópticamente debido a una asimetría en la forma de sus moléculas constituyentes. Por ejemplo, algunas proteínas son activas ópticamente debido a su forma espiral. Otros materiales, como el vidrio y el plástico, se vuelven activos ópticamente cuando se tensan. Suponga que un pedazo sin tensar de plástico se pone entre un polarizador y un analizador de manera que la luz pasa del polarizador al plástico y luego al analizador. Cuando el eje del analizador es perpendicular al del polarizador, no llega luz polarizada al analizador. En otras palabras, el plástico sin

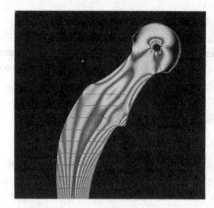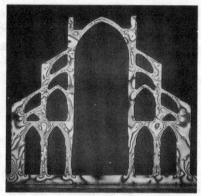

FIGURA 38.32 a) Fotografía que muestra la distribución de esfuerzos en un modelo de plástico de un reemplazo de cadera utilizado en un laboratorio médico de investigación. El patrón se produce cuando el modelo plástico se observa entre un polarizador y un analizador orientados perpendicularmente al polarizador.   *(Sepp Seitz, 1981)* b) Un modelo de plástico de una estructura de arco bajo condiciones de carga observada entre dos polarizados cruzados. Estos patrones son útiles en el diseño óptimo de componentes arquitectónicos.   *(Peter Aprahamian/ Science Photo Library)*

tensar no tiene efecto en la luz que pasa por él. Si el plástico se tensa, sin embargo, las regiones de mayor tensión rotan la luz polarizada a través de ángulos mayores. Por lo tanto, se observa una serie de bandas brillantes y oscuras en la luz admitida, con las bandas brillantes correspondiendo a regiones de esfuerzos más altos.

Los ingenieros emplean esta técnica, llamada *análisis de esfuerzos ópticos*, para apoyar el diseño de estructuras que van desde puentes hasta pequeñas herramientas. Un modelo plástico se construye y analiza en diferentes condiciones de carga para determinar regiones de debilidad y falla potenciales bajo esfuerzo. Algunos ejemplos de modelos plásticos bajo esfuerzo se muestran en la figura 38.32.

RESUMEN

La **difracción** surge de la interferencia en un número muy grande de fuentes coherentes. La difracción explica la desviación de la luz de una trayectoria de línea recta cuando pasa a través de una abertura o al rodear obstáculos.

El **patrón de difracción de Fraunhofer** producido por una sola rendija de ancho a sobre una pantalla distante se compone de un máximo brillante central y de regiones brillantes y oscuras alternas de intensidades mucho más bajas. Los ángulos θ a los cuales el patrón de difracción tiene intensidad cero, que corresponde a interferencia destructiva, están dados por

$$\operatorname{sen} \theta = m \frac{\lambda}{a} \qquad (m = \pm1, \pm2, \pm3,\ldots) \qquad \textbf{(38.1)}$$

Cómo varía la intensidad I de un patrón de difracción de una rendija con el ángulo θ se brinda por

$$I_\theta = I_0 \left[\frac{\operatorname{sen}\,(\beta/2)}{\beta/2} \right]^2 \qquad \textbf{(38.4)}$$

donde $\beta = 2\pi a \operatorname{sen} \theta / \lambda$ e I_0 es la intensidad en $\theta = 0$.

El **criterio de Rayleigh**, el cual es una condición límite de resolución, indica que dos imágenes formadas por una abertura apenas se distinguen si el máximo central del patrón de difracción correspondiente a una imagen cae sobre el primer mínimo del patrón de difracción de la otra imagen. El ángulo de resolución límite para una rendija de ancho a es $\theta_{\text{mín}} = \lambda/a$, y el ángulo de resolución límite para una abertura circular de diámetro D está dado por $\theta_{\text{mín}} = 1.22\lambda/D$.

Una **rejilla de difracción** está compuesta por un gran número de rendijas idénticas igualmente espaciadas. La condición para los máximos de intensidad en el patrón de interferencia de una rejilla de difracción para incidencia normal es

$$d \operatorname{sen} \theta = m\lambda \qquad (m = 0, 1, 2, 3,\ldots) \tag{38.8}$$

donde d es el espaciamiento entre rendijas adyacentes y m es el número de orden del patrón de difracción. La potencia de resolución de una rejilla de difracción de orden m del patrón de difracción es

$$R = Nm \tag{38.10}$$

donde N es el número de líneas en la rejilla.

Cuando luz polarizada de intensidad I_0 incide sobre una película polarizada, la luz transmitida a través de la película tiene una intensidad igual a $I_0 \cos^2 \theta$, donde θ es el ángulo entre el eje de transmisión del polarizador y el vector de campo eléctrico de la luz incidente.

En general, la luz reflejada se polariza parcialmente. Sin embargo, la luz reflejada se polariza por completo cuando el ángulo de incidencia es tal que el ángulo entre los haces reflejado y refractado es 90°. Este ángulo de incidencia, conocido como **ángulo polarizante** θ_p, satisface la **ley de Brewster**:

$$n = \tan \theta_p \tag{38.13}$$

donde n es el índice de refracción del medio reflejante.

PREGUNTAS

1. ¿Cuál es la diferencia entre la difracción de Fraunhofer y la de Fresnel?
2. Aunque podemos oír alrededor de las esquinas, no podemos ver alrededor de ellas. ¿Cómo puede usted explicar esto en vista del hecho de que el sonido y la luz son ondas?
3. Describa el cambio en el ancho del máximo central de un patrón de difracción de una rendija a medida que el ancho de la rendija se hace más estrecho.
4. Suponiendo que los faros de un auto son fuentes puntuales, estime la distancia máxima de un observador al auto a la cual los faros se distinguen uno de otro.
5. Un haz láser incide con un pequeño ángulo en una máquina rayadora que tiene una escala finamente calibrada. Las líneas sobre la escala originan un patrón de difracción sobre la pantalla. Considere cómo puede usted emplear está técnica para obtener una medida de la longitud de onda de la luz láser.
6. Ciertos anteojos para el Sol emplean material polarizante que reduce la intensidad de la luz reflejada en superficies brillantes. ¿Qué orientación de la polarización debe tener el material para ser más efectivo?
7. La trayectoria de un haz luminoso puede hacerse visible poniendo polvo en el aire (quizá, sacudiendo un borrador en la trayectoria del haz luminoso). Explique por qué el haz puede verse en estas circunstancias.
8. ¿La luz del cielo está polarizada? ¿Por qué las nubes que se ven a través de lentes Polaroid destacan por un marcado contraste con el cielo?
9. Si una moneda se adhiere a una lámina de vidrio y esta unión se mantiene frente a un haz láser, la sombra proyectada tiene anillos de difracción alrededor de su borde y un punto brillante en el centro. ¿Cómo es esto posible?
10. Si un alambre delgado se alarga cruzando la trayectoria de un haz láser, es posible producir un patrón de difracción.
11. ¿Cómo podría determinarse el índice de refracción de una pieza plana de vidrio de obsidiana oscuro?

PROBLEMAS

Problema de repaso

Una pantalla ancha se pone a 1.00 m de una rendija de 0.0200 mm de ancho. Un haz de luz blanca (λ = 400 – 750 nm) incide sobre la rendija. Encuentre a) el número de espectros formados sobre la pantalla (*Sugerencia:* el número de orden es un máximo para θ = 90°), b) la posición del máximo de segundo orden a 750 nm, c) el ancho del máximo de segundo orden a 400 nm, d) la intensidad luminosa fraccionaria (I/I_0) a 5.00 mm del centro cuando un filtro de transmisión de 500 nm se pone entre el haz y la rendija, e) la resolución de la rendija para luz de 600 nm, f) la separación mínima entre dos velas (a 1.00 km de la rendija) para que sean resueltas por la rendija, g) la máxima potencia de resolución (a 750 nm) de una rejilla de difracción que tiene 4.00 cm de ancho y un espaciamiento de líneas de 0.0200 mm.

Sección 38.2   Difracción de una rendija

1. Luz de un láser He-Ne (λ = 632.8 nm) incide sobre una rendija. ¿Cuál es el ancho mínimo para el cual no se observan mínimos de difracción?

2. Un patrón de difracción de Fraunhofer se produce sobre una pantalla a 140 cm de una rendija. La distancia del centro del máximo central al máximo de primer orden es $1.00 \times 10^4 \lambda$. Calcule el ancho de la rendija.

3. La franja brillante de segundo orden en un patrón de difracción de una sola rendija está a 1.4 mm del centro del máximo central. La pantalla se encuentra a 80 cm de la rendija de 0.80 mm de ancho. Suponiendo luz incidente monocromática, calcule la longitud de onda.

4. Se envía luz láser de helio-neón (λ = 632.8 nm) a través de una rendija de 0.300 mm de ancho. ¿Cuál es el ancho del máximo central sobre la pantalla a 1.00 m de la rendija?

5. La pupila del ojo de un gato se estrecha como una rendija de 0.50 mm de ancho con luz del día. ¿Cuál es la resolución angular? (Emplee luz de 500 nm en su cálculo.)

6. Luz de 587.5 nm de longitud de onda ilumina una sola rendija de 0.75 mm de ancho. a) ¿A qué distancia de la rendija debe localizarse una pantalla si el primer mínimo en el patrón de difracción va a estar a 0.85 mm del centro de la pantalla? b) ¿Cuál es el ancho del máximo central?

7. Una pantalla se pone a 50 cm de una rendija, la cual está iluminada con luz de 690 nm. Si la distancia entre el primero y el tercer mínimos en el patrón de difracción es 3.0 mm, ¿cuál es el ancho de la rendija?

8. Considere que en la ecuación 38.4, $\beta/2 \equiv \phi$ y muestre que $I = 0.5I_0$ cuando sen $\phi = \phi/\sqrt{2}$.

9. La ecuación sen $\phi = \phi/\sqrt{2}$ encontrada en el problema 8 se conoce como una *ecuación trascendental*, la cual puede resolverse gráficamente. Para ilustrar esto, sea $\phi = \beta/2$, y_1 = sen ϕ y $y_2 = \phi/\sqrt{2}$. Grafique y_1 y y_2 en el mismo conjunto de ejes sobre un rango de ϕ = 1 rad a $\phi = \pi/2$ rad. Determine ϕ desde el punto de intersección de las dos curvas.

10. Un haz de luz verde se difracta por medio de una rendija de 0.55 mm de ancho. El patrón de difracción se forma sobre una pared a 2.06 m más allá de la rendija. La distancia entre las posiciones de intensidad cero (m = ±1) es 4.1 mm. Estime la longitud de la luz láser.

11. Un patrón de difracción se forma sobre una pantalla a 120 cm de una rendija de 0.40 mm de ancho. Se emplea luz monocromática de 546.1 nm. Calcule la intensidad fraccionaria I/I_0 en un punto sobre la pantalla a 4.1 mm del centro del máximo principal.

12. Si la luz en la figura 38.6 llega a una rendija a un ángulo β desde la dirección perpendicular, muestre que la ecuación 38.1, la condición para interferencia destructiva, debe modificarse para leerse

$$\text{sen } \theta = m \left(\frac{\lambda}{a} \right) - \text{sen } \beta$$

Sección 38.3   Resolución de aberturas de un sola rendija y circulares

13. Un láser de helio-neón emite luz que tiene una longitud de onda de 632.8 nm. La abertura circular a través de la cual el haz emerge tiene un diámetro de 0.50 cm. Estime el diámetro del haz a 10.0 km del láser.

14. La Luna está aproximadamente a 400 000 km de la Tierra. ¿Es posible que dos cráteres lunares separados por 50 km se resuelvan mediante un telescopio en la Tierra si el espejo del telescopio tiene un diámetro de 15 cm? ¿Pueden resolverse cráteres separados 1.0 km? Considere la longitud de onda igual a 700 nm y justifique sus respuestas con cálculos aproximados.

15. En la noche del 18 de abril de 1775, una señal fue enviada desde el campanario de la Vieja Iglesia del Norte a Paul Revere, quien se encontraba a 1.8 millas. "Uno si es por Tierra, dos si es por mar". ¿A qué separación mínima el sacristán debía tener separadas las linternas de manera que Paul Revere pudiera recibir el mensaje completo? Suponga que las pupilas de Paul Revere tienen un diámetro de 4.00 mm en la noche y que la luz de la vela tiene una longitud de onda predominante de 580 nm.

16. Si enviáramos un haz de láser de rubí (λ = 694.3 nm) hacia el espacio desde el cilindro de un telescopio de 2.7 m de diámetro, ¿cuál sería el diámetro del gran punto rojo cuando el haz incidiera en la Luna a 384 000 km de distancia? (Ignore la dispersión atmosférica.)

17. Suponga que usted está de pie sobre una autopista recta y observa un carro que se aleja a 20.0 m/s. El aire está aire claro y después de 2.00 min usted sólo ve una luz trasera. Si el diámetro de su pupila es de 7.00 mm y el índice de refracción de su ojo es de 1.33, estime el ancho del auto.

Indica problemas que tienen soluciones completas disponibles en el *Manual de soluciones del estudiante* y en la *Guía de estudio*.

17A. Suponga que usted está de pie sobre una autopista recta y observa un carro que se aleja a una velocidad v. El aire está perfectamente claro y después de un tiempo t usted solamente ve una luz trasera. Si el diámetro de su pupila es d y el índice de refracción de su ojo es n, estime el ancho del auto.

18. Determine el radio de la imagen de una estrella formada en la retina del ojo si el diámetro de abertura (la pupila) en la noche es de 0.70 cm, y la longitud del ojo es 3.00 cm. Suponga que la longitud de onda de la luz estelar en el ojo es 500 nm.

19. ¿A qué distancia podría uno distinguir teóricamente dos faros de automóvil separados por 1.4 m? Suponga un diámetro de pupila de 6.0 mm y faros de luz amarilla (λ = 580 nm). El índice de refracción en el ojo es aproximadamente 1.33.

20. Un sistema de estrellas binarias en la constelación de Orión tiene una separación angular entre las dos estrellas de 1.0×10^{-5} rad. Si λ = 500 nm, ¿cuál es el diámetro más pequeño que el telescopio puede tener para resolver las dos estrellas?

21. El pintor impresionista Georges Seurat creó pinturas con un enorme número de puntos de pigmento puro de aproximadamente 2.0 mm de diámetro. La idea era tener colores como el rojo y el verde uno después de otro para formar lienzos centelleantes. ¿Más allá de qué distancia uno puede ser capaz de distinguir puntos individuales sobre el lienzo? (Suponga λ = 500 nm dentro del ojo y un diámetro de pupila de 4.0 mm.)

22. La resolución angular de un radiotelescopio va a ser 0.10° cuando las ondas incidentes tienen una longitud de onda de 3.0 mm. Aproximadamente qué distancia mínima se requiere para la antena receptora del telescopio.

23. Una antena de radar circular en un barco de la marina tiene un diámetro de 2.1 m y radia a una frecuencia de 15 GHz. Dos pequeños botes están localizados a 9.0 km del barco. ¿Cuál es la distancia más pequeña entre los barcos de manera que puedan seguirse detectando como dos objetos?

24. Cuando Marte está más cerca de la Tierra, la distancia que separa a los dos planetas es igual a 88.6×10^6 km. Marte se observa a través de un telescopio cuyo espejo tiene un diámetro de 30 cm. a) Si la longitud de la luz es 590 nm, ¿cuál es la resolución angular del telescopio? b) ¿Cuál es la distancia más pequeña que puede resolverse entre dos puntos sobre Marte?

Sección 38.4   La rejilla de difracción

25. Muestre que siempre que un espectro visible continuo pasa por una rejilla de difracción de cualquier tamaño de espaciamiento, la franja de tercer orden del extremo violeta del espectro visible siempre se traslapa con la franja de segundo orden, la luz roja en el otro extremo.

26. Un haz luminoso de 541 nm incide sobre una rejilla de difracción que tiene 400 líneas/mm. a) Determine el ángulo del rayo de segundo orden. b) Si el aparato completo se sumerge en agua, determine el nuevo ángulo de difracción de segundo orden. c) Muestre que los dos rayos difractados de las partes a) y b) se relacionan por medio de la ley de refracción.

27. Una rejilla con 250 líneas/mm se usa con una fuente luminosa incandescente. Suponga que el espectro visible varía en longitud de onda de 400 a 700 nm. ¿En cuántos órdenes de magnitud puede uno ver a) el espectro visible completo, y b) la región de longitudes de ondas cortas?

28. Dos longitudes de onda λ y $\lambda + \Delta\lambda (\Delta\lambda \ll \lambda)$ inciden sobre una rejilla de difracción. Demuestre que la separación angular entre los espectros de orden m es

$$\Delta\theta = \frac{\Delta\lambda}{\sqrt{(d/m)^2 - \lambda^2}}$$

donde d es la constante de la rejilla y m es el número de orden.

29. El ancho completo de una rejilla de 3.00 cm de ancho se ilumina por medio de un tubo de descarga de sodio. Las líneas en la rejilla están espaciadas uniformemente a 775 nm. Calcule la separación angular en el espectro de primer orden entre las dos longitudes de onda que forman la doble línea de sodio (λ_1 = 589.0 nm y λ_2 = 589.6 nm).

30. Luz de un láser de argón incide sobre una rejilla de difracción que tiene 5 310 líneas por centímetro. Los máximos principales central y de primer orden están separados por 0.488 m sobre una pared a 1.72 m de la rejilla. Determine la longitud de onda de la luz láser.

31. Una fuente emite luz de 531.62 nm y 531.81 nm. a) ¿Qué número mínimo de líneas se requiere para una rejilla que resuelve las dos longitudes de onda en el espectro de primer orden? b) Determine el espaciamiento de las rendijas en una rejilla de 1.32 cm de ancho que tiene el número mínimo requerido de líneas.

32. Una rejilla de difracción tiene 800 líneas por milímetro. Un haz de luz que contiene longitudes de onda de 500 a 700 nm incide en la rejilla. ¿Se traslapan los espectros de diferente orden? Explique.

33. Una rejilla de difracción tiene 4 200 líneas por centímetro. Sobre una pantalla a 2.0 m de la rejilla, se encuentra que para un orden particular m los máximos correspondientes a dos longitudes de onda muy próximas de sodio (589.0 y 589.6 nm) están separadas por 1.5 cm. Determine el valor de m.

34. Con un láser de helio-neón (λ = 632.8 nm) se calibra una rejilla de difracción. Si el máximo de primer orden ocurre a 20.5°, ¿cuál es el espaciamiento de líneas, d?

35. Luz blanca se descompone en sus componentes espectrales por medio de una rejilla de difracción. Si la rejilla tiene 2 000 líneas por centímetro, ¿a qué ángulo la luz roja (λ = 640 nm) aparece en el primer orden?

36. Dos líneas espectrales en una mezcla de hidrógeno (H_2) y gas deuterio (D_2) tienen longitudes de onda de 656.30 nm y 656.48 nm, respectivamente. ¿Cuál es el número mínimo de líneas que una rejilla de difracción puede tener para resolver estas dos longitudes de onda en el primer orden?

37. Luz monocromática de 632.8 nm incide sobre una rejilla de difracción que contiene 4 000 líneas por centímetro. Determine el ángulo del máximo de primer orden.

*Sección 38.5   Difracción de rayos X mediante cristales

38. El ioduro de potasio (KI) tiene la misma estructura cristalina que el NaCl, con $d = 0.353$ nm. Un haz de rayos X monocromático muestra un máximo de difracción cuando el ángulo rasante es 7.6°. Calcule la longitud de onda de los rayos X. (Suponga primer orden.)

39. Rayos X monocromáticos de la línea K_α de potasio provenientes de un blanco de níquel ($\lambda = 0.166$ nm) inciden sobre una superficie de cristal de KCl. La distancia interplanar entre el KCl es 0.314 nm. ¿A qué ángulo (respecto de la superficie) debe dirigirse el haz de manera que se observe un máximo de segundo orden?

40. Un haz de rayos X monocromático incide sobre la superficie de un cristal de NaCl que tiene un espaciamiento interplanar de 0.281 nm. El máximo de segundo orden en el haz reflejado se encuentra cuando el ángulo entre el haz incidente y la superficie es de 20.5°. Determine la longitud de onda de los rayos X.

41. Ciertos cristales cúbicos (como el NaCl) no difractan los órdenes impares ($m = 1, 3, 5, ...$) debido a la interferencia destructiva de los planos de celdas unitarias. Para un cristal de este tipo que tiene espaciamiento interplanar de 0.2810 nm y que se ilumina con rayos X de 0.0956 nm, encuentre a) los ángulos a los cuales ocurre interferencia constructiva, y b) los radios de los círculos concéntricos que dichos patrones hacen sobre una pantalla a 10.0 cm del cristal.

42. La difracción de primer orden se observa en +12.6° para un cristal en el cual el espaciamiento interplanar es de 0.240 nm. ¿Cuántos órdenes más pueden observarse?

43. Rayos X de 0.140 nm de longitud de onda se reflejan en un cristal de NaCl, y el máximo de primer orden ocurre a un ángulo de 14.4°. ¿Qué valor produce esto para el espaciamiento interplanar del NaCl?

44. Una longitud de onda de 0.129 nm caracteriza a los rayos X K_β del cinc. Cuando un haz de estos rayos X incide sobre la superficie de un cristal cuya estructura es similar a la del NaCl, se observa un máximo de primer orden a 8.15°. A partir de esta información, calcule el espaciamiento interplanar.

45. Si el espacio interplanar de NaCl es de 0.281 nm, ¿cuál es el ángulo predicho al cual se difractan rayos X de 0.140 nm en un máximo de primer orden?

46. En un experimento de difracción empleando rayos X de $\lambda = 0.500 \times 10^{-10}$ m, ocurre un máximo de primer orden a 5.0°. Encuentre el espaciamiento de planos del cristal.

Sección 38.6   Polarización de ondas de luz

47. El ángulo de incidencia de un haz de luz sobre una superficie reflejante es continuamente variable. Se encuentra que el rayo reflejado se polarizará completamente cuando el ángulo de incidencia es 48°. ¿Cuál es el índice de refracción del material reflejante?

48. Se refleja luz en una superficie de hielo lisa y el rayo reflejado está polarizado por completo. Determine el ángulo de incidencia. ($n = 1.309$ para el hielo)

49. Un haz luminoso incide sobre cristal grueso ($n = 1.65$) al ángulo de polarización. Calcule el ángulo de refracción para el rayo transmitido.

50. ¿Qué tan arriba del horizonte está la Luna cuando su imagen reflejada en agua tranquila está completamente polarizada? ($n_{agua} = 1.33$)

51. Considere un arreglo de polarizador-analizador como el que se muestra en la figura 38.25. ¿A qué ángulo está el eje del analizador respecto del eje del polarizador si la intensidad del haz original se reduce en a) 10, b) 50 y c) 90% después de pasar por ambas láminas?

52. Un haz de luz no polarizado en agua se refleja en una placa de vidrio ($n = 1.570$). ¿A qué ángulo debe incidir el haz sobre el plano para quedar totalmente polarizado después de la reflexión?

53. Luz polarizada plana incide sobre un solo disco de polarización con la dirección de E_0 paralela a la dirección del eje de transmisión. ¿A través de qué ángulo debe rotarse el disco de manera que la intensidad en el haz transmitido se reduzca por un factor de a) 3, b) 5, c) 10?

54. Tres discos polarizantes cuyos planos son paralelos están centrados en un eje común. La dirección del eje de transmisión en cada caso se muestra en la figura P38.54 en relación con la dirección vertical común. Un haz de luz polarizado plano con E_0 paralelo a la dirección de referencia vertical incide desde la izquierda sobre el primer disco con intensidad $I_i = 10$ unidades (arbitrarias). Calcule la intensidad transmitida I_f cuando a) $\theta_1 = 20°$, $\theta_2 = 40°$ y $\theta_3 = 60°$; b) $\theta_1 = 0°$, $\theta_2 = 30°$ y $\theta_3 = 60°$.

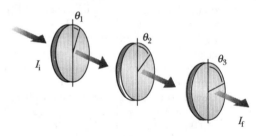

FIGURA P38.54

55. El ángulo crítico para un zafiro rodeado por aire es 34.4°. Calcule el ángulo de polarización para el zafiro.

56. Para un medio transparente particular rodeado por aire, muestre que el ángulo crítico para la reflexión interna y el ángulo de polarización están relacionados por $\cot \theta_p = \operatorname{sen} \theta_c$.

57. Si el ángulo de polarización para circonio cúbico (ZrO_2) es 65.6°, ¿cuál es el índice de refracción de este material?

PROBLEMAS ADICIONALES

58. Un eclipse solar se proyecta a través de un agujero muy pequeño de 0.50 mm de diámetro e incide sobre una pantalla a 2.0 m: a) ¿Cuál es el diámetro de la imagen? b) ¿Cuál es el radio del primer mínimo de difracción? Tanto el Sol como la Luna tienen diámetros angulares muy cercanos a 0.50°. (Suponga $\lambda = 550$ nm.)

59. El espectro de hidrógeno tiene una línea roja a 656 nm y una línea azul a 434 nm. ¿Cuál es la separación angular

entre las dos líneas espectrales obtenidas con una línea de difracción que tiene 4 500 líneas/cm?

60. ¿Cuáles son las dimensiones aproximadas del objeto más pequeño sobre la Tierra que los astronautas pueden resolver por medio del ojo cuando están orbitando a 250 km sobre la Tierra? Suponga luz de $\lambda = 500$ nm en el ojo y un diámetro de pupila de 5.0 mm.

61. Grote Reber fue un pionero en radioastronomía. Construyó un radiotelescopio con una antena receptora de 10 m de diámetro. ¿Cuál era la resolución angular del telescopio para ondas de radio de 2.0 m?

62. Un haz no polarizado de luz se refleja en una superficie de vidrio y el haz reflejado se polariza linealmente cuando la luz incide desde el aire a 58.6°. ¿Cuál es el índice de refracción del vidrio?

63. Un haz luminoso de 750 nm golpea la superficie plana de cierto líquido, y el haz se divide en un rayo reflejado y en uno refractado. Si los rayos reflejados están polarizados completamente a un ángulo de rozamiento de 36°, ¿cuál es la longitud de onda del rayo refractado?

64. Incide luz sobre una superficie de agua con el ángulo de polarización. La parte del haz refractada dentro del agua llega a una placa de vidrio sumergida (índice de refracción = 1.50) como en la figura P38.64. Si no se refleja luz en la superficie superior de la placa encuentre el ángulo entre la superficie del agua y la placa de vidrio.

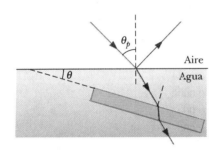

FIGURA P38.64

65. Una rejilla de difracción de 4.00 cm de largo contiene 6 000 líneas sobre un ancho de 2.00 cm. a) ¿Cuál es la potencia de resolución de esta rejilla en los primeros tres órdenes? b) Si dos ondas monocromáticas que inciden en esta rejilla tienen una longitud media de 400 nm, ¿cuál es su separación de longitud de onda si se van a resolver justamente en el tercer orden?

66. Una imagen de televisión estándar en Estados Unidos está compuesta por aproximadamente 485 líneas horizontales de intensidad luminosa variable. Suponga que su habilidad para resolver las líneas está limitada sólo por el criterio de Rayleigh y que las pupilas de sus ojos tienen 5.00 mm de diámetro. Calcule la razón entre la distancia de observación mínima y la dimensión vertical de la imagen tal que usted no pueda resolver las líneas. Suponga que la longitud de onda promedio de la luz que proviene de la pantalla es de 550 nm.

67. Luz de 500 nm de longitud de onda incide normalmente sobre una rejilla de difracción. Si el máximo de tercer orden del patrón de difracción se observa a 32°, a) ¿cuál es el número de líneas por centímetro en la rejilla? b)

Determine el número total de máximos primarios que pueden observarse en esta situación.

68. a) Si la luz que viaja en un medio para el cual el índice de refracción es n_1 incide a un ángulo θ sobre la superficie de un medio de índice n_2 de modo que el ángulo entre los rayos reflejado y refractado es β, muestre que

$$\tan \theta = \frac{n_2 \, \text{sen} \, \beta}{n_1 - n_2 \cos \beta}$$

(*Sugerencia*: Utilice la identidad $\text{sen}(A + B) = \text{sen} \, A \cos B + \cos A \, \text{sen} \, B$.) b) Muestre que esta expresión para $\tan \theta$ se reduce a la ley de Brewster cuando $\beta = 90°$, $n_1 = 1$ y $n_2 = n$.

69. Dos láminas polarizantes se juntan con sus ejes de transmisión cruzados de manera que no se transmite luz. Una tercera lámina se inserta entre ellas con su eje de transmisión a un ángulo de 45° respecto de cada uno de los otros ejes. Encuentre la fracción de luz no polarizada incidente transmitida por la combinación de las tres láminas. (Suponga que cada lámina de polarización es ideal.)

70. La figura P38.70a es un dibujo tridimensional de un cristal birrefringente. Las líneas punteadas ilustran cómo una placa delgada de caras paralelas de material podría cortarse a partir de una muestra más grande con el eje óptico del cristal paralelo a las caras de la placa. Una sección del cristal cortada de esta manera se conoce como una *placa de retardación*. Cuando un haz de luz incide sobre la placa perpendicular a la dirección del eje óptico, como se muestra en la figura P38.70b, el rayo O y el rayo E viajan a lo largo de una línea recta, pero con diferentes velocidades. a) Dejando que el espesor de la placa sea d muestre que la diferencia de fase entre el rayo O y el rayo E es

$$\theta = \frac{2\pi d}{\lambda_0} \, | \, n_O - n_E \, |$$

donde λ_0 es la longitud de onda en el aire. (Recuerde que la longitud de la trayectoria óptica en un material es el producto de la trayectoria geométrica y el índice de refracción.) b) Si en un caso particular la luz incidente tiene una longitud de onda de 550 nm, encuentre el valor mínimo de d para una placa de cuarzo en la cual $\theta = \pi/2$. Una placa de tipo recibe el nombre de placa de un cuarto de onda. (Use los valores de n_o y n_E de la tabla 38.1.)

71. Usted desea girar el plano de polarización de un haz de luz polarizada en 45° para reducir la intensidad máxima de 10%. a) ¿Cuántas láminas de polarizadores perfectos necesita para lograr su meta? b) ¿Cuál es el ángulo entre los polarizadores adyacentes?

72. En la figura P38.54 suponga que los discos polarizadores izquierdo y derecho tienen sus ejes de transmisión perpendiculares entre sí. Además, considere que el disco del centro gira sobre el eje común con una velocidad angular ω. Muestre que si incide luz no polarizada en el disco de la izquierda con una intensidad I_0, la intensidad del haz que emerge del disco de la derecha es

¿Qué valor de *a* brinda la mejor concordancia entre la teoría y el experimento?

Intensidad relativa	Distancia desde el centro del máximo central (nm)
0.95	0.8
0.80	1.6
0.60	2.4
0.39	3.2
0.21	4.0
0.079	4.8
0.014	5.6
0.003	6.5
0.015	7.3
0.036	8.1
0.047	8.9
0.043	9.7
0.029	10.5
0.013	11.3
0.002	12.1
0.0003	12.9
0.005	13.7
0.012	14.5
0.016	15.3
0.015	16.1
0.010	16.9
0.0044	17.7
0.0006	18.5
0.0003	19.3
0.003	20.2

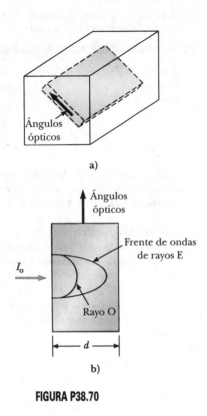

FIGURA P38.70

$$I = \frac{1}{16} I_0 (1 - \cos 4\omega t)$$

Esto significa que la intensidad del haz emergente está modulada a una tasa que es cuatro veces la tasa de rotación del disco central. [*Sugerencia:* Use las identidades trigonométricas $\cos^2 \theta = (1 + \cos 2\theta)/2$ y $\sin^2 \theta = (1 - \cos 2\theta/2$, y recuerde que $\theta = \omega t.$]

73. Suponga que la rendija en la figura 38.7 mide 6.0 cm de ancho y que está frente de una fuente de microondas que opera a 7.5 GHz. a) Calcule el ángulo subtendido por el primer mínimo en el patrón de difracción. b) ¿Cuál es la intensidad relativa I/I_0 en $\theta = 15°$? c) Considere el caso cuando hay dos de estas fuentes, separadas lateralmente por 20 cm, detrás de la rendija. ¿Cuál debe ser la distancia máxima entre el plano de las fuentes y la rendija si los patrones de difracción van a resolverse? (En este caso, la aproximación $\sin \theta \approx \tan \theta$ no es válida debido al relativamente pequeño valor de a/λ.)

74. Luz de 632.8 nm de longitud de onda ilumina una sola rendija, y se forma un patrón de difracción sobre una pantalla a 1.00 m de la rendija. Con los siguientes datos, grafique la intensidad relativa contra la distancia. Elija un valor apropiado para el ancho de la rendija a y, sobre la misma gráfica utilizada para los datos experimentales, grafique la expresión teórica para la intensidad relativa.

$$\frac{I_\theta}{I_0} = \frac{\sin^2 (\beta/2)}{(\beta/2)^2}$$

75. De acuerdo con la ecuación 38.4 demuestre que, en el patrón de difracción de Fraunhofer de una rendija, el ancho angular del máximo central en el punto donde $I = 0.5I_0$ es $\Delta\theta = 0.886\lambda/a$. (*Sugerencia:* En la ecuación 38.4, deje $\beta/2 = \phi$ y resuelva gráficamente la ecuación trascendental resultante. Vea el problema 9.)

76. Otro método para resolver la ecuación $\phi = \sqrt{2} \sin \phi$ en el problema 9 es usar una calculadora, pronosticar un primer valor de ϕ, ver si éste ajusta y continuar ajustando su estimación hasta que se balancee la ecuación. ¿Cuántos pasos (iteraciones) requiere lo anterior?)

PROBLEMA DE HOJA DE CÁLCULO

S1. La figura 38.11 muestra la intensidad relativa de un patrón de difracción de Fraunhofer de una sola rendija como una función del parámetro $\beta/2 = \pi a \sin \theta/\lambda$. La hoja de cálculo 38.1 grafica la intensidad relativa I/I_0 como una función de θ donde θ se define en la figura 38.8. Examine los casos donde $\lambda = a$, $\lambda = 0.5a$, $\lambda = 0.1a$ y $\lambda = 0.05a$, y explique sus resultados.

Simulación por computadora de un arreglo bidimensional
de esferas como aparecen cuando se mueven al pasar
al lado de un observador que se desplaza a una velocidad
relativista. *(Mel Pruitt)*

PARTE VI

Física moderna

"La imaginación es más importante que el
conocimiento."

ALBERT EINSTEIN

Hacia el final del siglo XIX, los científicos estaban convencidos de que habían aprendido la mayor parte de lo que se necesitaba conocer acerca de la física. Las leyes del movimiento de Newton y su teoría de la gravitación universal, el trabajo teórico de Maxwell en la unificación de la electricidad y el magnetismo, así como las leyes de la termodinámica y la teoría cinética tuvieron un gran éxito en la explicación de una amplia variedad de fenómenos.

Sin embargo, al comenzar el nuevo siglo, una mayor revolución impactó al mundo de la física. En 1900 Planck brindó las ideas básicas que llevaron a la formulación de la teoría cuántica, y en 1905 Albert Einstein formuló su brillante teoría especial de la relatividad. La emoción de la época lo expresan las palabras del propio Einstein: "Fue una época maravillosa para vivir." Las dos ideas tuvieron un profundo efecto en nuestra comprensión de la naturaleza. En unas cuantas décadas esas teorías inspiraron nuevos rumbos y otras teorías en los campos de la física atómica, la física nuclear y la física de la materia condensada.

En el capítulo 39 presentamos la teoría especial de la relatividad. Aunque los conceptos que fundamentan esta teoría parecen contradecir nuestro sentido común, la teoría nos brinda una visión nueva y más profunda de las leyes físicas.

Usted debe recordar que, si bien la física moderna se ha desarrollado durante este siglo y ha permitido numerosos e importantes logros tecnológicos, la historia aún no termina. Los descubrimientos continuarán surgiendo durante el transcurso de nuestra vida, y muchos de ellos harán más profunda o perfeccionarán nuestra comprensión de la naturaleza y del mundo que nos rodea. Aún es "una época maravillosa para vivir".

CAPÍTULO 39

Relatividad

Albert Einstein (1879-1955), uno de los más grandes físicos de todos los tiempos, es mejor conocido por el desarrollo de la teoría de la relatividad. Lo vemos aquí de muy buen humor conduciendo una bicicleta. La fotografía fue tomada en 1933 en Santa Bárbara, California. *(De los archivos del California Institute of Technology)*

L a mayor parte de nuestras experiencias y observaciones cotidianas se relacionan con objetos que se mueven a velocidades mucho menores que la de la luz. La mecánica newtoniana y las primeras ideas sobre el espacio y el tiempo se formularon para describir el movimiento de dichos objetos. Este formalismo es muy útil al describir una amplia gama de fenómenos que ocurren a bajas velocidades. Sin embargo, fracasa cuando se aplica a partículas cuyas velocidades se acercan a la de la luz. Experimentalmente, las predicciones de la teoría newtoniana pueden probarse a elevadas velocidades por medio de electrones acelerados u otras partículas aceleradas a través de una gran diferencia de potencial eléctrico. Por ejemplo, es posible acelerar un electrón a una velocidad de $0.99c$ (donde c es la velocidad de la luz) empleando una diferencia de potencial de varios millones de volts. De acuerdo con la mecánica newtoniana, si la diferencia de potencial (así como la energía correspondiente) se incrementa por un factor de cuatro, la velocidad del electrón debe saltar a $1.98c$. A pesar de eso, los experimentos muestran que la velocidad del electrón —al igual que las velocidades de otras partículas en el universo— siempre permanece menor que la velocidad de la luz, independientemente del voltaje de aceleración. Debido a que no impone un límite superior a la velocidad, la mecánica newtoniana es contraria a los resultados experimentales modernos, y por lo tanto, es una teoría limitada.

En 1905, a la edad de sólo 26 años, Einstein publicó su teoría especial de la relatividad. En relación con la misma, Einstein escribió:

> La teoría de la relatividad surge de la necesidad, de contradicciones serias y profundas en la vieja teoría de las cuales parece no haber salida. La fuerza de la nueva teoría radica en la consistencia y simplicidad con la cual resuelve todas estas dificultades, empleando sólo unas cuantas suposiciones convincentes...[1]

Aunque Einstein hizo muchas contribuciones importantes a la ciencia, la teoría de la relatividad representa sola una de las hazañas intelectuales más grandes del siglo xx. Con esta teoría, las observaciones experimentales pueden predecir correctamente en la gama de velocidades de $v = 0$ a velocidades que se acercan a la velocidad de la luz. La mecánica newtoniana, la cual fue aceptada durante 200 años, es de hecho un caso especial de la teoría de Einstein. Este capítulo brinda una introducción a la teoría especial de la relatividad, con énfasis en algunas de sus consecuencias.

La relatividad especial comprende fenómenos como el retraso de relojes y la contracción de longitudes en marcos de referencia en movimiento cuando son medidas por un observador de laboratorio. Analizamos también las formas relativistas del momento y la energía, así como las consecuencias de la famosa fórmula masa-energía, $E = mc^2$.

Además de su bien conocido y esencial papel en la física teórica, la teoría de la relatividad tiene aplicaciones prácticas, incluido el diseño de aceleradores y otros dispositivos que utilizan partículas de alta velocidad. Estos dispositivos no funcionarán si se diseñan de acuerdo con principios no relativistas. Tendremos ocasión de emplear la relatividad en algunos capítulos subsecuentes de este texto, presentando con mayor frecuencia sólo los resultados de los efectos relativistas.

39.1 EL PRINCIPIO DE LA RELATIVIDAD NEWTONIANA

Para describir un hecho físico es necesario establecer un marco de referencia. Recuerde del capítulo 5 que las leyes de Newton son válidas en todos los marcos de referencia inerciales. Debido a que un marco inercial se define como aquel en el cual la primer ley de Newton es válida, puede decirse que *un sistema inercial es uno en el cual un cuerpo libre no experimenta aceleración*. Además, cualquier sistema que se mueve con velocidad constante respecto de un sistema inercial también debe ser un sistema inercial.

No hay un marco privilegiado. Esto significa que los resultados de un experimento efectuado en un vehículo que se mueve con velocidad uniforme serán idénticos a los resultados del mismo experimento efectuado en un vehículo estacionario. El enunciado formal de este resultado se denomina el **principio de la relatividad newtoniana:**

> Las leyes de la mecánica deben ser las mismas en todos los marcos de referencia inerciales.

Consideremos una observación que ilustre la equivalencia de las leyes de la mecánica en diferentes marcos inerciales. Considere una camioneta pickup que se mueve con una velocidad constante, como la de la figura 39.1a. Si un pasajero en la camioneta lanza una pelota en línea recta hacia arriba en el aire, el pasajero observa que la

Marco de referencia inercial

---

[1] A. Einstein y L. Infeld, *The Evolution of Physics*, Nueva York, Simon and Schuster, 1961.

a)   b)

FIGURA 39.1 a) El observador en la camioneta ve que la pelota se mueve en una trayectoria vertical cuando se lanza hacia arriba. b) El observador en la Tierra ve la trayectoria de la pelota como una parábola.

pelota se mueve en una trayectoria vertical. El movimiento de la pelota parece ser precisamente el mismo como si la bola fuera lanzada por una persona en reposo sobre la Tierra. La ley de la gravedad y las ecuaciones de movimiento bajo aceleración constante se cumplen ya sea si la camioneta está en reposo o en movimiento uniforme. Consideremos a continuación el mismo experimento visto por un observador en reposo sobre la Tierra. Este observador estacionario ve la trayectoria de la pelota como una parábola, según se muestra en la figura 39.9b. Además, de acuerdo con este observador, la pelota tiene una componente horizontal de velocidad igual a la velocidad de la camioneta. A pesar de que los dos observadores están en desacuerdo sobre ciertos aspectos del experimento, coinciden en la validez de las leyes de Newton y de principios clásicos como la conservación de la energía y la conservación del momento. Según esta concordancia, ningún experimento mecánico puede detectar alguna diferencia entre los dos marcos inerciales. La única cosa que puede detectarse es el movimiento relativo de un marco respecto del otro. Esto significa que la noción de movimiento absoluto a través del espacio no tiene sentido, como ocurre también con la noción de un marco de referencia privilegiado.

Suponga que algún fenómeno físico, que podemos llamar un evento, ocurre en un marco inercial. La localización y tiempo de ocurrencia del evento pueden especificarse por medio de las coordenadas (x, y, z, t). Desearíamos poder transformar estas coordenadas de un marco inercial a otro que se mueva con velocidad relativa uniforme. Esto se consigue utilizando lo que se denomina *transformación galileana*, la cual debe su origen a Galileo.

Considere dos marcos inerciales S y S′ (Fig. 39.2). El sistema S′ se mueve con una velocidad constante **v** a lo largo de los ejes xx', donde **v** se mide en relación con S. Suponemos que un evento ocurre en el punto P y que los orígenes de S y S′ coinciden en $t = 0$. Un observador en S describe el evento con coordenadas espacio-tiempo (x, y, z, t), en tanto que un observador en S′ emplea (x', y', z', t') para describir el mismo evento. Como podemos ver en la figura 39.2, estas coordenadas se relacionan por medio de las ecuaciones

$$x' = x - vt$$

$$y' = y$$

$$z' = z \qquad\qquad (39.1)$$

$$t' = t$$

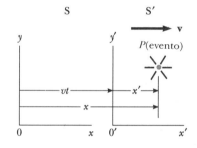

FIGURA 39.2 Un evento ocurre en un punto P. El evento es visto por dos observadores en marcos inerciales S y S′, donde S′ se mueve con una velocidad v relativa a S.

Transformación de coordenadas galileana

Ecuaciones que constituyen lo que se conoce como una **transformación galileana de coordenadas**. Advierta que el tiempo es supuesto como el mismo en ambos sistemas inerciales. Es decir, dentro del marco de la mecánica clásica, todos los relojes funcionan al mismo ritmo, sin que importe su velocidad, de modo que el tiempo durante el cual ocurre un evento para un observador en S es el mismo que el tiempo para el mismo evento en S′. Como consecuencia, el intervalo de tiempo entre dos acontecimientos sucesivos debe ser el mismo para ambos observadores. Aunque esta suposición puede ser obvia, se vuelve incorrecta cuando tratamos situaciones en las cuales v es comparable a la velocidad de la luz. Este punto de intervalos de tiempo iguales representa una de las profundas diferencias entre los conceptos newtoniano y el de la teoría de la relatividad de Einstein.

Suponga a continuación dos eventos que están separados una distancia dx y un intervalo de tiempo dt de acuerdo a como los mide un observador en S. Se deduce de la ecuación 39.1 que la distancia correspondiente dx' medida por un observador en S′ es $dx' = dx - v\ dt$, donde dx es la distancia entre los dos eventos medidos por un observador en S. Puesto que $dt = dt'$, encontramos que

$$\frac{dx'}{dt} = \frac{dx}{dt} - v$$

Ley de suma de velocidades galileana

$$u'_x = u_x - v \tag{39.2}$$

donde u_x y u'_x son las velocidades instantáneas del objeto en relación con S y S′, respectivamente. Este resultado, que conocemos como **ley galileana de adición de velocidades** (o transformación galileana de velocidades) se emplea en observaciones cotidianas y es consistente con nuestra noción intuitiva de tiempo y espacio. Sin embargo, como veremos más adelante, ésta conduce a serias contradicciones cuando se aplica a ondas electromagnéticas.

La velocidad de la luz

Es muy natural preguntar si el principio de la relatividad newtoniana en mecánica se aplica a la electricidad, magnetismo y óptica. La respuesta es no. Recuerde del capítulo 34 que Maxwell demostró en la década de 1860 que la velocidad de la luz en el espacio libre estaba dada por $c = 3.00 \times 10^8$ m/s. Los físicos de finales del siglo XIX pensaban que las ondas luminosas requerían un determinado medio para moverse denominado *éter*, y que la velocidad de la luz sólo era c en un marco de referencia absoluto especial en reposo respecto del éter. Se esperaba que la ley galileana de adición de velocidades se cumpliera en cualquier otro marco moviéndose a velocidad v en relación con el marco del éter absoluto.

Puesto que la existencia de un marco del éter absoluto y privilegiado hubiera mostrado que la luz era similar a otras ondas clásicas, y que las ideas newtonianas de un marco absoluto eran ciertas, se dio considerable importancia al establecimiento de la existencia del marco del éter. Debido a que la velocidad de la luz es enorme, los experimentos que implicaban el viaje de la luz en medios moviéndose a las velocidades de laboratorio en ese tiempo alcanzables no habían sido capaces de detectar cambios pequeños del tamaño de $c \pm v$ antes de que finalizara el siglo XIX. Los científicos de la época al descubrir que la Tierra se mueve alrededor del Sol a 30 km/s decidieron emplear nuestro planeta como el marco móvil en un intento por mejorar sus oportunidades para detectar estos pequeños cambios en la velocidad de la luz.

Desde nuestro punto de vista de observadores fijos sobre la Tierra, podemos afirmar que estamos estacionarios y que el marco del éter absoluto que contiene al medio para la propagación de la luz pasa al lado de nosotros con velocidad v. Determinar la velocidad de la luz en estas circunstancias es exactamente lo mismo que determinar la velocidad de un avión al medir la velocidad del aire al lado de él y, consecuentemente, hablamos de un "viento de éter" que sopla a través de nuestro aparato fijo a la Tierra.

Un método directo para detectar un viento de éter sería medir su influencia en la velocidad de la luz empleando un aparato fijo en un marco de referencia sobre la

Tierra. Si v es la velocidad del éter en relación con la Tierra, entonces la velocidad de la luz debe tener su valor máximo, $c + v$, cuando se propague en la dirección del viento, como se ilustra en la figura 39.3a. Del mismo modo, la velocidad de la luz debe tener su valor mínimo $c - v$, cuando se propague contra el viento, como se ilustra en la figura 39.3b, y algún valor intermedio $(c^2 - v^2)^{1/2}$, en la dirección perpendicular al viento de éter, como en la figura 39.3c. Si se supone que el Sol está en reposo en el éter, entonces la velocidad del viento de éter sería igual a la velocidad orbital de la Tierra alrededor del Sol, la cual tiene una magnitud de aproximadamente 3×10^4 m/s. En vista de que $c = 3 \times 10^8$ m/s, debe ser posible detectar un cambio en la velocidad de aproximadamente 1 parte en 10^4 para mediciones en las direcciones de o contra la corriente. Sin embargo, como veremos en la siguiente sección, todos los intentos para detectar estos cambios y establecer la existencia del éter (y, por lo tanto, el marco absoluto) ¡han sido inútiles!

Si se supone que las leyes de la electricidad y el magnetismo son las mismas en todos los marcos inerciales, de inmediato surge una paradoja relacionada con la velocidad de la luz. Lo anterior puede entenderse si se recuerda que según las ecuaciones de Maxwell, la velocidad de la luz siempre tiene un valor fijo $(\mu_0 \varepsilon_0)^{\frac{1}{2}} \approx 3.00 \times 10^8$ m/s, un resultado contradictorio con lo que se esperaría de la ley galileana. De acuerdo con Galileo, la velocidad de la luz no debe ser la misma en todos los marcos inerciales.

Por ejemplo, suponga que un pulso de luz es enviado por un observador S′ sobre un vagón que se mueve con una velocidad **v** (Fig. 39.4). El pulso de luz tiene una velocidad c en relación con S′. De acuerdo con la relatividad newtoniana, la velocidad del pulso relativa al observador estacionario S fuera del vagón debe ser $c + v$. Ésta es una clara contradicción con la teoría de Einstein, la cual, como veremos, postula que la velocidad del pulso de luz es la misma para todos los observadores.

Para resolver esta paradoja, debe concluirse que 1) las leyes de la electricidad y el magnetismo no son las mismas en todos los marcos inerciales, o 2) la ley galileana de suma de velocidades es incorrecta. Si consideramos la primera alternativa, estamos obligados a abandonar las aparentemente nociones obvias de tiempo absoluto y longitud absoluta que forman la base de las transformaciones galileanas. Si suponemos que la segunda alternativa es verdadera, entonces debe haber un marco de referencia privilegiado en el cual la velocidad de la luz tiene el valor c y la velocidad debe ser mayor o menor que este valor en cualquier otro marco de referencia, en concordancia con la ley galileana de suma de velocidades. Es útil hacer una analogía con las ondas sonoras que se propagan por el aire. La velocidad del sonido en el aire es aproximadamente de 330 m/s cuando se miden en un marco de referencia en el cual el aire está estacionario. Sin embargo, la velocidad es mayor o menor que este

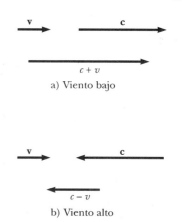

a) Viento bajo

b) Viento alto

c) Vientos encontrados

FIGURA 39.3 Si la velocidad del viento del éter relativa a la Tierra es **v**, y **c** es la velocidad relativa al éter, la velocidad de la luz relativa a la Tierra es a) $c + v$ en la dirección del viento, b) $c - v$ en la dirección contraria al viento y c) $(c^2 - v^2)^{1/2}$ en la dirección perpendicular al viento.

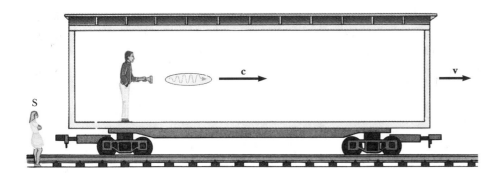

FIGURA 39.4 Un pulso de luz es enviado por una persona en un vagón en movimiento. De acuerdo con la relatividad newtoniana, la velocidad del pulso debe ser $c + v$ relativa a un observador estacionario.

1. A. Piccard
2. E. Henriot
3. P. Ehrenfest
4. E. Herzen
5. Th. de Donder
6. E. Schroedinger
7. E. Verschaffelt
8. W. Pauli
9. W. Heisenberg
10. R.H. Fowler

11. L. Brillouin
12. P. Debye
13. M. Knudsen
14. W.L. Bragg
15. H.A. Kramers
16. P.A.M. Dirac
17. A.H. Compton
18. L.V. de Broglie
19. M. Born
20. N. Bohr

21. I. Langmuir
22. M. Planck
23. M. Curie
24. H.A. Lorentz
25. A. Einstein
26. P. Langevin
27. C.E. Guye
28. C.T.R. Wilson
29. O.W. Richardson

Los "arquitectos de la física moderna". Esta extraordinaria fotografía muestra muchos científicos eminentes que participaron en el quinto congreso internacional de física realizado en 1927 por el Instituto Salvay en Bruselas. En ésta y en conferencias similares, realizadas regularmente a partir de 1911, los científicos pudieron discutir y compartir el gran número de impresionantes desarrollos en la física atómica y nuclear. Esta compañía de científicos de élite incluye a 15 ganadores del premio Nóbel de física y a tres de química.   *(Fotografía cortesía de AIP Niels Bohr Library)*

valor cuando se mide desde un marco de referencia que está en movimiento en relación con la fuente sonora.

39.2 EL EXPERIMENTO DE MICHELSON-MORLEY

El más famoso experimento ideado para detectar pequeños cambios en la velocidad de la luz fue efectuado en 1881 por Albert A. Michelson (1852-1931), y repetido bajo diversas condiciones en 1887 por Edward W. Morley (1838-1923). Establecimos al principio que el resultado del experimento fue nulo, lo que contradecía la hipótesis del éter. El experimento se diseñó para determinar la velocidad de la Tierra relativa al éter hipotético. La herramienta experimental utilizada fue el interferómetro de Michelson, mostrado en la figura 39.5. Uno de los brazos del dispositivo se alinea a lo largo de la dirección del movimiento de la Tierra a través del espacio. La Tierra, al moverse por el éter, es equivalente al éter que fluye por la Tierra en dirección opuesta con velocidad v, como se ilustra en la figura 39.5. Este viento del éter, que sopla en la dirección opuesta a la dirección del movimiento terrestre, debe hacer que la velocidad de la luz medida en el marco de referencia de la Tierra sea $c - v$ a medida que la luz se aproxima al espejo M_2 en la figura 39.5, y $c + v$ después de la reflexión. La velocidad v es la velocidad de la Tierra a través del espacio y, por consiguiente, la velocidad del viento del éter, en tanto que c es la velocidad de la luz en el marco del éter. Los dos haces de luz reflejados en M_1 y M_2 se recombinan y se forma un patrón de interferencia compuesto de franjas oscuras y brillantes alternas.

Durante el experimento se observó el patrón de interferencia mientras el interferómetro se había rotado un ángulo de 90°. Esta rotación cambió la velocidad del viento del éter a lo largo de la dirección de los brazos del interferómetro. El efecto de esta rotación debió haber causado que el patrón de franjas se corriera ligera pero mesurablemente. ¡Las mediciones fracasaron en la demostración de algún cambio en el patrón de interferencia! El experimento de Michelson-Morley se repitió en diferentes épocas del año cuando se esperaba que el viento del éter cambiara de dirección y magnitud, pero los resultados siempre fueron los mismos: *nunca se observó un corrimiento de franjas de la magnitud requerida.*[2]

Los nulos resultados del experimento de Michelson-Morley no sólo contradijeron la hipótesis del éter, sino que también demostraron que es imposible medir la velocidad absoluta de la Tierra respecto del marco del éter. Sin embargo, como veremos en la siguiente sección, Einstein ofreció un postulado de su teoría de la relatividad que dio una interpretación bastante diferente de estos resultados nulos. En años ulteriores, cuando se conoció más acerca de la naturaleza de la luz, la idea de un éter que permea todo el espacio fue reducida al montón de cenizas de los conceptos que implicaba. Ahora se considera a la luz como *una onda electromagnética, la cual no requiere un medio de propagación.* Como resultado, la idea de tener un éter en el cual estas ondas podrían viajar se vuelve innecesaria.

Detalles del experimento de Michelson-Morley

Para comprender el resultado del experimento de Michelson Morley, supongamos que los dos brazos del interferómetro de la figura 39.5 son de igual longitud L. Considere primero el haz de luz que viaja a lo largo del brazo 1 paralelo a la dirección del viento del éter. A medida que el haz luminoso se desplaza a la derecha, su velocidad se reduce por causa del viento que sopla en la dirección opuesta, y su

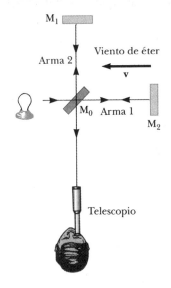

FIGURA 39.5 De acuerdo con la teoría del viento del éter, la velocidad de la luz debe ser $c - v$ cuando el haz se aproxima al espejo M_2, y $c + v$ después de la reflexión.

[2] Desde el punto de vista de un observador terrestre, los cambios en la velocidad y dirección del movimiento de la Tierra son vistos cuando el viento del éter se desplaza. Incluso si la velocidad de la Tierra respecto del éter fuera cero en algún tiempo, seis meses después la velocidad de la Tierra sería de 60 km/s con respecto al éter y un claro corrimiento de franjas debe encontrarse. Sin embargo, nunca se ha observado ninguno.

Albert A. Michelson (1852-1931), físico germano-americano. Inventó el interferómetro y dedicó gran parte de su vida a realizar mediciones precisas de la velocidad de la luz. En 1907 fue el primer estadounidense en obtener el premio Nóbel, el cual recibió por su trabajo en óptica. Su más famoso experimento, conducido con Edward Morley en 1887, señaló que era imposible medir la velocidad absoluta de la Tierra respecto del éter. El trabajo subsecuente de Einstein en su teoría especial de la relatividad eliminó el concepto de éter suponiendo que la velocidad de la luz tiene el mismo valor en todos los marcos de referencia inerciales. *(AIP Emilio Segré Visual Archives, Michelson Collection)*

velocidad en relación con la Tierra es $c - v$. En su recorrido de regreso, conforme el haz de luz se mueve a la izquierda a lo largo del brazo 1, su dirección es la misma que la del viento del éter y por ello su velocidad relativa a la Tierra es $c + v$. De este modo, el tiempo del viaje hacia la derecha es $L/(c-v)$ y el tiempo del viaje hacia la izquierda es $L/(c + v)$. El tiempo total del viaje para recorrido completo a lo largo de la trayectoria horizontal es

$$t_1 = \frac{L}{c + v} + \frac{L}{c - v} = \frac{2Lc}{c^2 - v^2} = \frac{2L}{c}\left(1 - \frac{v^2}{c^2}\right)^{-1}$$

Consideremos a continuación el haz de luz que viaja a lo largo del brazo 2, perpendicular al viento del éter. Debido a que la velocidad del haz relativo a la Tierra es $(c^2 - v^2)^{1/2}$, en este caso (vea la Fig. 39.5), entonces el tiempo de viaje para cada mitad de este viaje está dado por $L/(c^2 - v^2)^{1/2}$, y el tiempo total para el recorrido completo es

$$t_2 = \frac{2L}{(c^2 - v^2)^{1/2}} = \frac{2L}{c}\left(1 - \frac{v^2}{c^2}\right)^{-1/2}$$

De este modo, la diferencia de tiempo entre el haz luminoso que viaja horizontalmente (brazo 1) y el haz que viaja verticalmente (brazo 2) es

$$\Delta t = t_1 - t_2 = \frac{2L}{c}\left[\left(1 - \frac{v^2}{c^2}\right)^{-1} - \left(1 - \frac{v^2}{c^2}\right)^{-1/2}\right]$$

Debido a que $v^2/c^2 \ll 1$, esta expresión puede simplificarse empleando el siguiente desarrollo del binomio después de eliminar todos los términos de orden más alto que el segundo:

$$(1 - x)^n \approx 1 - nx \qquad (\text{para } x \ll 1)$$

En nuestro caso, $x = v^2/c^2$, y encontramos que

$$\Delta t = t_1 - t_2 \approx \frac{Lv^2}{c^3} \tag{39.3}$$

Los dos haces luminosos de la figura 39.5 empiezan en fase y regresan para formar un patrón de interferencia. Supongamos que el interferómetro se ajusta para franjas paralelas y que el telescopio se enfoca sobre una de dichas franjas. La diferencia de tiempo entre los dos instantes en los cuales los haces luminosos llegan al telescopio origina una diferencia de fase entre los haces, produciendo un patrón de interferencia cuando se combinan en la posición del telescopio. Debe detectarse una diferencia en el patrón al girar el interferómetro 90° en un plano horizontal, de manera que los dos brazos del interferómetro intercambien posiciones. Esto produce una diferencia de tiempo del doble de la dada por la ecuación 39.3. Así, la diferencia de trayectoria que corresponde a esa diferencia de tiempo es

$$\Delta d = c(2 \Delta t) = \frac{2Lv^2}{c^2}$$

El correspondiente corrimiento de las franjas es igual a esta diferencia de trayectoria dividida entre la longitud de onda de la luz, puesto que un cambio en la longitud de la trayectoria de una longitud de onda corresponde al corrimiento de una franja:

$$\text{Corrimiento} = \frac{2Lv^2}{\lambda c^2} \tag{39.4}$$

En los experimentos de Michelson y Morley, cada haz luminoso se reflejaba en espejos varias veces para producir una longitud de trayectoria efectiva L de aproximadamente 11 m. Si se emplea este valor, y se considera v igual a 3.0×10^4 m/s, la velocidad de la Tierra alrededor del Sol, obtenemos una diferencia de trayectoria de

$$\Delta d = \frac{2(11 \text{ m})(3.0 \times 10^4 \text{ m/s})^2}{(3.0 \times 10^8 \text{ m/s})^2} = 2.2 \times 10^{-7} \text{ m}$$

Esta distancia de viaje adicional debe producir un corrimiento notable en el patrón de franjas. En especial si empleamos luz de 500 nm de longitud de onda esperaríamos un corrimiento de franja para una rotación de 90° de

$$\text{Corrimiento} = \frac{\Delta d}{\lambda} = \frac{2.2 \times 10^{-7}}{5.0 \times 10^{-7}} \cong 0.40$$

El instrumento que Michelson y Morley emplearon tiene la capacidad de detectar corrimientos tan pequeños como 0.01 de franja. Sin embargo, *informaron sobre un corrimiento que es menor a un cuarto de una franja*. Desde entonces, el experimento ha sido repetido muchas veces en distintas condiciones, y nunca se ha detectado un corrimiento de franjas. De este modo, se concluyó que el movimiento de la Tierra respecto del éter no puede detectarse.

Se hicieron muchos esfuerzos para explicar los resultados nulos de los experimentos de Michelson-Morley y para salvar el concepto del marco del éter y de la ley de adición galileana para la velocidad de la luz. Puesto que se ha demostrado que todas estas propuestas son erróneas, no serán consideradas aquí. En la década de 1890, G. F. Fitzgerald y Hendrik A. Lorentz trataron de explicar, cada uno por su lado, los resultados nulos a partir de la siguiente suposición *ad hoc*. Propusieron que la longitud de un objeto que se movía a la velocidad v se contraería a lo largo de la dirección del movimiento por un factor de $\sqrt{1 - v^2/c^2}$. El resultado neto de esta contracción sería un cambio en la longitud de uno de los brazos del interferómetro de modo que no habría una diferencia de trayectoria cuando se girara el aparato. Esta contracción física explicaba por completo el experimento de Michelson-Morley original pero sería inconsistente con el mismo experimento cuando los dos brazos del interferómetro tuvieran longitud diferente.

A ningún experimento en la historia de la física se le han dedicado tan valientes esfuerzos para explicar la ausencia de un resultado esperado como al de Michelson-Morley. El escenario estaba puesto para el brillante Albert Einstein, quien en 1900 resolvió el problema con su teoría especial de la relatividad.

39.3 PRINCIPIO DE LA RELATIVIDAD DE EINSTEIN

En la sección anterior señalamos la imposibilidad de medir la velocidad del éter respecto de la Tierra y el fracaso de la ley galileana de suma de velocidades en el caso de la luz. Albert Einstein propuso una teoría que eliminó audazmente estas dificultades y al mismo tiempo alteró por completo nuestra noción de espacio y tiempo.[3] Einstein fundamentó su teoría especial de la relatividad en dos postulados:

1. **El principio de la relatividad:** Todas las leyes de la física son las mismas en todos los marcos de referencia inerciales.
2. **La constancia de la velocidad de la luz:** La velocidad de la luz en el vacío tiene el mismo valor, $c = 3.00 \times 10^8$ m/s, en todos los marcos inerciales, independientemente de la velocidad del observador o de la velocidad de la fuente que emite la luz.

Los postulados de la teoría especial de la relatividad

[3] A. Einstein, "On the Electrodynamics of Moving Bodies," *Ann. Physik* 17:891 (1905). Para una traducción al inglés de este artículo y otras publicaciones de Einstein, vea el libro de H. Lorentz, A. Einstein, H. Minkowski y H. Weyl, *The Principle of Relativity*, Dover, 1958.

El primer postulado sostiene que *todas* las leyes de la física, aquellas que se ocupan de la mecánica, la electricidad y el magnetismo, la óptica, la termodinámica, etcétera, son las mismas en todos los marcos de referencia que se mueven con velocidad constante relativa entre sí. Este postulado es una extensa generalización del principio de la relatividad newtoniana que sólo se refiere a las leyes de la mecánica. Desde un punto de vista experimental, el principio de la relatividad de Einstein equivale a que cualquier tipo de experimento (la medición de la velocidad de la luz, por ejemplo), efectuado en un laboratorio en reposo, debe dar el mismo resultado que cuando se realiza en un laboratorio que se mueve a velocidad constante respecto del primero. Por lo tanto, no existe un marco de referencia inercial privilegiado y es imposible detectar movimiento absoluto.

Observe en el postulado 2 que el principio de la constancia de la velocidad de la luz es requerido por el postulado 1: Si la velocidad de la luz no fuera la misma en todos los marcos inerciales, sería posible distinguir entre marcos inerciales y un marco absoluto privilegiado podría identificarse, en contradicción con el postulado 1. El postulado 2 también elimina el problema de medir la velocidad del éter al negar su existencia y sosteniendo audazmente que la luz se mueve siempre con velocidad c relativa a todos los observadores inerciales.

Aunque el experimento de Michelson-Morley se llevó a cabo antes de que Einstein publicara su trabajo sobre la relatividad, no es claro si Einstein estaba al tanto o no de los detalles del experimento. De cualquier modo, el resultado nulo del experimento puede entenderse fácilmente dentro del esquema de la teoría de Einstein. De acuerdo con este principio de la relatividad, las premisas del experimento de Michelson-Morley eran incorrectas. Al tratar de explicar los resultados esperados, establecimos que cuando la luz viaja contra el viento del éter su velocidad era $c - v$, de acuerdo con la ley galileana de suma de velocidades. Sin embargo, si el estado de movimiento del observador o de la fuente no tiene influencia sobre el valor encontrado para la velocidad de la luz, uno siempre medirá el valor igual a c. De manera similar, la luz hace el viaje de regreso después de la reflexión en el espejo a velocidad c, no a velocidad $c + v$. Así, el movimiento de la Tierra no afecta el patrón de franjas observado en el experimento de Michelson-Morley y se esperaría el resultado nulo.

Si aceptamos la teoría de la relatividad de Einstein, debemos concluir que el movimiento relativo no es importante cuando medimos la velocidad de la luz. Al mismo tiempo, debemos modificar nuestra noción de sentido común acerca del espacio y del tiempo y estar preparados para algunas de las consecuencias más inesperadas.

39.4 CONSECUENCIAS DE LA RELATIVIDAD ESPECIAL

Antes de que estudiemos las consecuencias de la relatividad especial, debemos entender primero cómo un observador localizado en un marco de referencia inercial describe un evento. Como se mencionó antes, un evento es una ocurrencia que puede describirse por medio de tres coordenadas espaciales y una coordenada de tiempo. Observadores diferentes en diferentes marcos inerciales suelen describir el mismo evento con diferentes coordenadas espacio-tiempo.

El marco de referencia utilizado para describir un evento consta de una malla de coordenadas y de un conjunto de relojes sincronizados que se ubican en las intersecciones de la malla, como se muestra en la figura 39.6 en dos dimensiones. Los relojes pueden sincronizarse de muchas maneras con la ayuda de señales luminosas. Por ejemplo, suponga que el observador se localiza en el origen con su reloj maestro y envía un pulso de luz a $t = 0$. El pulso tarda un tiempo r/c para llegar a un segundo reloj localizado a una distancia r del origen. Por lo tanto, el segundo reloj se sincroniza con el reloj en el origen si aquél registra un tiempo r/c en el instante en que el pulso lo alcanza. Este procedimiento de sincronización supone que la velocidad de la luz tiene el mismo valor en todas las direcciones y en todos los marcos inerciales. Ade-

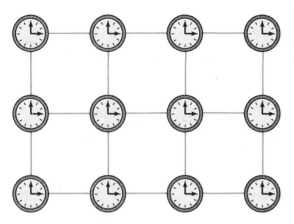

FIGURA 39.6 En la relatividad empleamos un marco de referencia compuesto de una malla de coordenadas y un conjunto de relojes sincronizados.

más, el procedimiento se relaciona con un evento registrado por un observador en un marco de referencia inercial. Un observador en algún otro marco inercial asignaría diferentes coordenadas espacio-tiempo a eventos que se están observando utilizando otra malla de coordenadas y otro arreglo de relojes.

Casi todo aquel que ha tenido relación incluso superficial con la ciencia sabe de algunas de las sorprendentes predicciones que surgen gracias al enfoque de Einstein para el movimiento relativo. Conforme examinamos algunas de las consecuencias de la relatividad en las siguientes tres secciones, vemos que entran en conflicto con nuestras nociones de espacio y tiempo. Restringimos nuestro análisis a los conceptos de longitud, tiempo y simultaneidad, los cuales son bastante diferentes en la mecánica relativista que en la mecánica newtoniana. Por ejemplo, *la distancia entre dos puntos y el intervalo de tiempo entre dos eventos depende del marco de referencia en el cual se miden.* Esto significa que, *no hay cosas como la longitud absoluta o el tiempo absoluto en la relatividad.* Además, *los eventos en diferentes posiciones que ocurren de manera simultánea en un marco no son simultáneos en otro marco que pasa al lado del otro moviéndose uniformemente.*

Simultaneidad y relatividad del tiempo

Una premisa básica de la mecánica newtoniana es que existe una escala de tiempo universal que es la misma para todos los observadores. En efecto, Newton escribió que "el tiempo absoluto, verdadero y matemático, por sí mismo, y a partir de su propia naturaleza, fluye uniformemente sin relación a nada externo". De este modo, Newton y sus seguidores hablaron de la simultaneidad dándola simplemente por un hecho. En su teoría especial de la relatividad, Einstein abandonó esta suposición. Según él, *una medida del intervalo de tiempo depende del marco de referencia en el cual se efectúa la medida.*

Einstein ideó el siguiente experimento pensado para ilustrar este punto. Un vagón se mueve con velocidad uniforme y dos rayos inciden en sus extremos, como en la figura 39.7a, dejando marcas sobre el vagón y el suelo. Las marcas sobre el vagón se denominan A' y B', en tanto que aquellas sobre el suelo se denominan A y B. Un observador en O' que se mueve con el vagón está a la mitad entre A' y B', mientras que un observador en el suelo en O está a la mitad entre A y B. Los acontecimientos registrados por los observadores son las señales luminosas de los rayos.

Las dos señales luminosas llegan al observador en O al mismo tiempo, como se indica en la figura 39.7b. Este observador se da cuenta de que las señales luminosas han viajado a la misma velocidad a lo largo de distancias iguales, de manera que concluye correctamente que los eventos en A y B ocurrieron simultáneamente. Considere ahora los mismos eventos de acuerdo a como los ve el observador en el vagón en O'. En el momento en que la luz ha llegado al observador O, el observador O' se

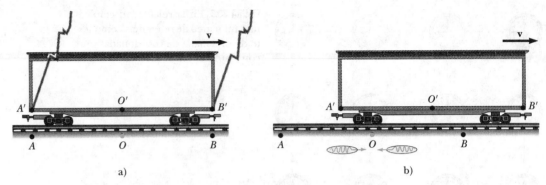

FIGURA 39.7 Dos rayos inciden en los extremos de un vagón en movimiento. a) Los eventos parecen ser simultáneos para el observador estacionario en O, quien está a la mitad entre A y B. b) Los eventos no parecen ser simultáneos para el observador en O', quien afirma que en el frente del vagón incide antes el rayo que en la parte posterior.

ha movido como se indica en la figura 39.7b. De este modo, la señal luminosa de B' ha pasado sobre O', en tanto que la luz de A' no ha llegado aún a O'. De acuerdo con Einstein, *el observador O' debe descubrir que la luz viaja a la misma velocidad que la medida por el observador O*. Por consiguiente, el observador O' concluye que el rayo incide sobre el frente del vagón antes de incidir en la parte posterior. Este experimento demuestra claramente que los dos acontecimientos, los cuales parecen ser simultáneos para el observador O, no lo son para el observador O'. En otras palabras,

> dos eventos que son simultáneos en un marco de referencia no son en general simultáneos en un segundo marco que se mueve en relación con el primero. Es decir, la simultaneidad no es un concepto absoluto sino que depende del estado de movimiento del observador.

En este punto, podría intrigarle cuál observador tiene la razón respecto de los dos acontecimientos. La respuesta es que *ambos están en lo correcto*, debido a que el principio de la relatividad establece que *no hay un marco de referencia inercial privilegiado*. Aunque los dos observadores llegan a diferentes conclusiones, los dos tienen razón en su propio marco de referencia debido a que el concepto de simultaneidad no es absoluto. Esto, en realidad, es el punto central de la relatividad: cualquier marco de referencia que se mueve uniformemente puede usarse para describir acontecimientos y hacer física. Sin embargo, los observadores en diferentes marcos de referencia inerciales siempre miden diferentes intervalos de tiempo con sus relojes y distintas distancias con sus reglas de medir. A pesar de eso, todos los observadores concuerdan en las formas de las leyes de la física en sus respectivos marcos, debido a que estas leyes deben ser las mismas para todos los observadores en movimiento uniforme. Esta alteración del tiempo y del espacio es lo que permite a las leyes de la física (incluidas las ecuaciones de Maxwell) ser las mismas para todos los observadores en movimiento uniforme.

Dilatación del tiempo

El hecho de que observadores en diferentes marcos inerciales siempre midan distintos intervalos de tiempo entre un par de acontecimientos puede ilustrarse de la siguiente manera: considere un vehículo que se mueve hacia la derecha con una velocidad v, como se muestra en la figura 39.8a. Un espejo se fija al techo del vehículo y la observadora O' en reposo en este sistema sostiene un láser a una distancia d debajo del espejo. En cierto instante el láser emite un pulso de luz dirigido hacia el

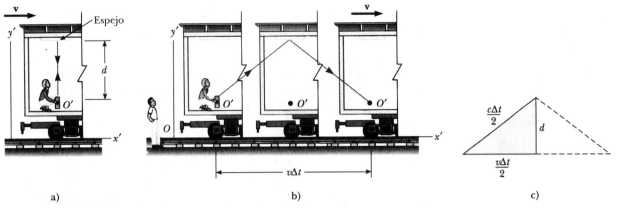

FIGURA 39.8 a) Un espejo se fija a un vehículo en movimiento, y un pulso luminoso sale de O' en reposo en el vehículo. b) Relativo a un observador estacionario sobre la Tierra, el espejo y O' se mueven con una velocidad v. Observe que la distancia que el curso recorre es mayor que $2d$ según el observador estacionario. c) El triángulo rectángulo para calcular la relación entre Δt y $\Delta t'$.

espejo (acontecimiento 1), y cierto tiempo después de reflejarse en el espejo, el pulso regresa al láser (acontecimiento 2). La observadora O' lleva un reloj C con el que mide el intervalo de tiempo $\Delta t'$ entre estos dos eventos. Debido a que el pulso luminoso tiene una velocidad c, el tiempo que tarda el pulso en viajar de O' al espejo y regresar a O' puede determinarse a partir de la definición de velocidad:

$$\Delta t' = \frac{\text{distancia recorrida}}{\text{velocidad}} = \frac{2d}{c} \qquad \textbf{(39.5)}$$

Este intervalo de tiempo $\Delta t'$ medido por O', quien está en reposo en el vehículo en movimiento, requiere de un solo reloj C' localizado en el mismo lugar en este marco.

Considere a continuación el mismo par de eventos visto por el observador O en un segundo marco, como en la figura 39.8b. De acuerdo con este observador, el espejo y el láser se mueven a la derecha con una velocidad v. La secuencia de eventos aparece por completo diferente cuando es vista por este observador. En el tiempo en el que la luz del láser llega al espejo, éste se ha movido una distancia $v\,\Delta t/2$, donde Δt es el tiempo que tarda la luz en viajar de O' al espejo y regresar a O', según mide el observador O. En otras palabras, el segundo observador concluye que debido al movimiento del vehículo, si la luz va a incidir sobre el espejo, debe salir del láser a un ángulo respecto de la dirección vertical. Al comparar las figuras 39.8a y 39.8b vemos que la luz debe de viajar más lejos en el segundo marco que en el primero.

De acuerdo con el segundo postulado de la relatividad especial, ambos observadores deben medir c para la velocidad de la luz. En virtud de que la luz viaja más lejos en el segundo marco, se concluye que el intervalo de tiempo Δt medido por el observador en el segundo marco es más largo que el intervalo de tiempo $\Delta t'$ medido por el observador en el primer marco. Para obtener una relación entre estos dos intervalos de tiempo, es conveniente usar el triángulo recto que se muestra en la figura 39.8c. El teorema de Pitágoras produce

$$\left(\frac{c\,\Delta t}{2}\right)^2 = \left(\frac{v\,\Delta t}{2}\right)^2 + d^2$$

Al despejar Δt obtenemos

$$\Delta t = \frac{2d}{\sqrt{c^2 - v^2}} = \frac{2d}{c\sqrt{1 - \dfrac{v^2}{c^2}}} \qquad \textbf{(39.6)}$$

Albert Eintein, uno de los más grandes físicos de todos los tiempos, nació en Ulm, Alemania. Abandonó el extremadamente disciplinado sistema escolar alemán después de que un profesor le dijo, "nunca serás nadie, Einstein". Después de unas vacaciones en Italia, terminó sus estudios en la Escuela Politécnica Federal de Suiza, en 1901. A pesar de que Einstein asistió a muy pocas clases, pudo aprobar los cursos con la ayuda de las excelentes notas de clase de un amigo. Incapaz de encontrar un puesto académico, Einstein aceptó un cargo como oficial asistente en la Oficina de Patentes Suiza en Berna. En este puesto, y durante su "tiempo libre", continuó sus estudios independientes en física teórica. En 1905, a la edad de 26 años, publicó cuatro artículos científicos que revolucionaron la física. (En el mismo año, obtuvo su doctorado en filosofía.) Uno de estos artículos, por el cual le concedieron el premio Nóbel de física en 1921, trataba sobre el efecto fotoeléctrico. Otro se relacionaba con el movimiento browniano, el movimiento regular de pequeñas partículas suspendidas en un líquido. Los dos artículos restantes trataban con lo que en la actualidad se considera su más importante contribución, la teoría especial de la relatividad. En 1916, Einstein publicó su trabajo sobre la teoría general de la relatividad, la cual relaciona la gravedad con la estructura del espacio y del tiempo. La más sorprendente predicción de esta teoría es el grado al cual la luz es desviada por un campo gravitacional. Las mediciones hechas por astrónomos en estrellas brillantes en las cercanías del eclipse de Sol de 1919 confirmaron la

Albert Einstein

| 1 8 7 9 - 1 9 5 5 |

predicción de Einstein, quien repentinamente se convirtió en una celebridad mundial.

En 1913, después de reuniones académicas en Suiza y Checoslovaquia, Einstein aceptó un puesto especial creado para él en el Kaiser Wilhelm Institute, en Berlín. Esto le permitió dedicar todo su tiempo a investigar, libre de problemas económicos y tareas rutinarias. Einstein abandonó Alemania en 1933, la

cual en ese entonces estaba dominada por el poder de Hitler, razón por la cual se libró del destino de millones de otros judíos europeos. En el mismo año aceptó un nombramiento especial en el Instituto de Estudios Avanzados de Princeton, donde permaneció el resto de su vida. Se convirtió en ciudadano estadounidense en 1940. A pesar de que fue un pacifista, Einstein fue convencido por Leo Szilard para escribir una carta al presidente Franklin D. Roosevelt recomendándole iniciar un programa para desarrollar la bomba nuclear. El resultado fue el exitoso proyecto Manhattan que duró seis años y las dos explosiones nucleares en Japón que terminaron con la Segunda Guerra Mundial en 1945.

Einstein hizo muchas contribuciones importantes al desarrollo de la física moderna, que incluyeron el concepto del cuanto de luz y la idea de emisión estimulada de radiación, que llevó a la invención del láser 40 años después. Sufrió una profunda inquietud por el desarrollo de la mecánica cuántica en 1920 a pesar de su propio papel de científico revolucionario. En particular, nunca pudo aceptar la visión probabilística de los eventos de la naturaleza que es un razgo central de la interpretación de Copenhagen de la teoría cuántica. Una vez dijo, "Dios no juega a los dados con la naturaleza". Las últimas décadas de su vida fueron dedicadas a una investigación sin éxito sobre una teoría unificada que combinaría la gravitación y el electromagnetismo en una sola descripción.

(Fotografía cortesía de AIP
Niels Bohr Library)

Debido a que $\Delta t' = 2d/c$, podemos expresar la ecuación 39.6 como

Dilatación del tiempo

$$\Delta t = \frac{\Delta t'}{\sqrt{1 - \dfrac{v^2}{c^2}}} = \gamma \Delta t' \qquad (39.7)$$

donde $\gamma = (1 - v^2/c^2)^{-1/2}$. Este resultado nos dice que *el intervalo de tiempo Δt medido por un observador que se mueve respecto del reloj es más largo que el intervalo de tiempo $\Delta t'$ medido por el observador en reposo respecto del reloj* debido a que γ es siempre más grande que la unidad. Esto es, $\Delta t > \Delta t'$. Este efecto se conoce como **dilatación del tiempo**.

El intervalo de tiempo $\Delta t'$ en la ecuación 39.7 se denomina **tiempo propio**. En general, el tiempo propio se define como *el intervalo de tiempo entre dos eventos medidos por un observador que ve que los acontecimientos ocurren en el mismo punto en el espacio*. En nuestro caso, la observadora O' mide el tiempo propio. Es decir, *el tiempo propio siempre es el tiempo medido con un solo reloj en reposo en el marco en el cual ocurre el evento*.

Debido a que se observa que el tiempo entre cada tictac de un reloj en movimiento, $\gamma(2d/c)$, resulta más largo que el tiempo entre los tictacs de un reloj idéntico en reposo, $2d/c$, se dice que "*un reloj en movimiento funciona más despacio que un reloj en reposo por un factor γ*". Esto es cierto para relojes mecánicos ordinarios así como para el reloj de luz que acabamos de describir. De hecho, podemos generalizar estos resultados estableciendo que *todos los procesos físicos, químicos y biológicos se retardan respecto de un reloj estacionario cuando dichos procesos ocurren en un marco en movimiento*. Por ejemplo, el latido del corazón de un astronauta que se mueve por el espacio mantendría el tiempo con un reloj dentro de la nave espacial. Tanto el reloj del astronauta como el latido se retardan respecto de un reloj estacionario. El astronauta no tendría ninguna sensación de que la vida se está retardando en la nave espacial. Para el astronauta, es el reloj en la Tierra y los compañeros en el centro de control de la misión los que se están moviendo y, en consecuencia, donde se retarda el tiempo.

La dilatación del tiempo es un fenómeno verificable. Por ejemplo, los muones son partículas elementales inestables que tienen una carga igual a la del electrón y 207 veces su masa. Los muones pueden producirse por el choque de radiación cósmica con átomos a gran altura en la atmósfera. Tienen una vida media de sólo 2.2 μs cuando se miden en un marco de referencia en reposo relativo a ellos. Si tomamos 2.2 μs como el tiempo de vida promedio de un muón y suponemos que su velocidad es cercana a la de la luz, encontramos que estas partículas pueden viajar sólo una distancia de aproximadamente 600 m antes del decaimiento (Fig. 39.9a). En consecuencia, no pueden alcanzar la Tierra desde la atmósfera superior donde se producen. Sin embargo, los experimentos muestran que un gran número de muones llegan a la Tierra. El fenómeno de la dilatación del tiempo explica este efecto. En relación con un observador sobre la Tierra, los muones tienen un tiempo de vida igual a $\gamma\tau$, donde $\tau = 2.2$ μs es el tiempo de vida en un marco de referencia que viaja con los muones. Por ejemplo, para $v = 0.99c$, $\gamma \approx 7.1$ y $\gamma\tau \approx 16$ μs. Por lo tanto, la distancia promedio recorrida, según mide un observador en la Tierra, es $\gamma v\tau \approx 4\,800$ m, como se indica en la figura 39.9b.

En 1976, en el laboratorio del Consejo Europeo para Investigación Nuclear (CERN) en Ginebra, Suiza, muones inyectados en un gran anillo de almacenamiento alcanzaron velocidades de aproximadamente $0.9994c$. Los electrones producidos por los muones en decaimiento fueron detectados mediante contadores alrededor del anillo, lo que permitió a los científicos medir la tasa de decaimiento y, por consiguiente, el tiempo de vida del muón. El tiempo de vida de muones en movimiento fue medido y se obtuvo un valor aproximadamente 30 veces mayor que el de un muón estacionario (Fig. 39.10), en concordancia con la predicción de la relatividad dentro de dos partes en mil.

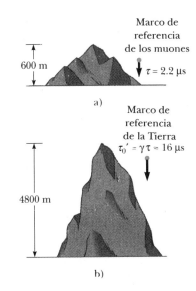

FIGURA 39.9 a) Los muones que viajan con una velocidad de $0.99c$ recorren sólo aproximadamente 600 m cuando se miden en su propio marco de referencia, donde su tiempo de vida es de casi 2.2 μs. b) Los muones viajan aproximadamente 4800 m cuando son medidos por un observador en la Tierra. Debido a la dilatación del tiempo, el tiempo de vida del muón es mayor cuando los mide un observador en la Tierra.

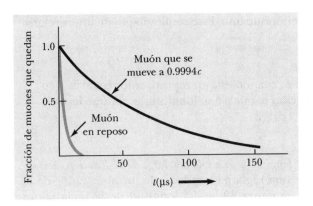

FIGURA 39.10 Curvas de decaimiento para muones que viajan a una velocidad de $0.9994c$ y para muones en reposo.

EJEMPLO 39.1 ¿Cuál es el periodo del péndulo?

El periodo medido de un péndulo es de 3.0 s en el marco en reposo del péndulo. ¿Cuál es el periodo cuando se mide por un observador que se mueve a una velocidad de $0.95c$ respecto del péndulo?

Razonamiento   Si en lugar del observador moviéndose a $0.95c$, consideramos el punto de vista equivalente de que el observador está en reposo y que el péndulo se mueve a $0.95c$ y pasa al lado del observador estacionario. Por lo tanto, el péndulo es un ejemplo de un reloj en movimiento.

Solución   El tiempo propio es 3.0 s. Debido a que un reloj en movimiento funciona más lentamente que uno estacionario por el factor γ, la ecuación 39.7 se obtiene

$$T = \gamma\, T' = \frac{1}{\sqrt{1 - \dfrac{(0.95c)^2}{c^2}}}\, T' = (3.2)\,(3.0\ \text{s}) = \boxed{9.6\ \text{s}}$$

Esto es, un péndulo en movimiento se retarda o tarda más para completar un periodo comparado con uno en reposo.

Contracción de la longitud

La distancia medida entre dos puntos depende también del marco de referencia. La **longitud propia** de un objeto se define como *la longitud del objeto medida por alguien que está en reposo respecto del objeto*. La longitud de un objeto medida por alguien en un marco de referencia que se mueve respecto del objeto siempre es menor que la longitud propia. Este efecto se conoce como **contracción de la longitud**.

Considere una nave espacial que viaja con una velocidad v de una estrella a otra. Hay dos observadores, uno en la Tierra y el otro en la nave espacial. El observador en reposo en la Tierra (y que también se supone que está en reposo respecto de las dos estrellas) mide la distancia entre las estrellas L_p, la longitud propia. De acuerdo con este observador, el tiempo que tarda la nave espacial en completar el viaje es $\Delta t = L_p/v$. ¿Qué distancia entre las estrellas mide un observador en la nave espacial en movimiento? Debido a la dilatación del tiempo, el viajero espacial mide un tiempo de viaje más pequeño: $\Delta t' = \Delta t/\gamma$. El viajero espacial afirma que está en reposo y que ve la estrella de destino moviéndose hacia la nave espacial con velocidad v. Debido a que el viajero espacial alcanza la estrella en un tiempo $\Delta t'$, concluye que la distancia, L, entre las estrellas es más corta que L_p. Esta distancia medida por el viajero espacial es

$$L = v\,\Delta t' = v\,\frac{\Delta t}{\gamma}$$

Puesto que $L_p = v\,\Delta t$, vemos que $L = L_p/\gamma$ o

$$L = L_p\left(1 - \frac{v^2}{c^2}\right)^{1/2} \tag{39.8}$$

donde $(1 - v^2/c^2)^{1/2}$ es un factor menor que uno. Este resultado puede interpretarse como sigue:

> Si un objeto tiene una longitud L_p cuando está en reposo, entonces al moverse con velocidad v en una dirección paralela a su longitud, se contrae hasta la longitud L, donde $L = L_p(1 - v^2/c^2)^{1/2}$.

Advierta que la *contracción de la longitud ocurre sólo a lo largo de la dirección de movimiento*. Por ejemplo, suponga que una regla pasa al lado de un observador de la Tierra con velocidad v, como en la figura 39.11. La longitud de la regla según

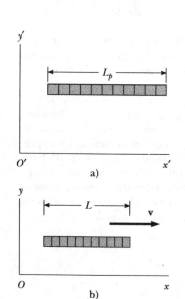

FIGURA 39.11   a) Una regla cuando es vista por un observador en un marco unido a la misma (es decir, ambos tienen la misma velocidad). b) La regla cuando es vista por un observador en un marco en el cual ésta tiene una velocidad **v** relativa al marco. La longitud es más corta que la longitud propia, L_p, por un factor $(1 - v^2/c^2)^{1/2}$.

la mide un observador en un marco unido a la misma es la longitud propia, L_p, como en la figura 39.11a. La longitud de la regla, L, medida por el observador terrestre es más corta que L_p por un factor $(1 - v^2/c^2)^{1/2}$. Además, la contracción de la longitud es un efecto simétrico: Si la regla está en reposo sobre la Tierra, un observador en el marco móvil mediría también una longitud más corta por el mismo factor $(1 - v^2/c^2)^{1/2}$.

Es importante subrayar que la longitud propia y el tiempo propio se miden en diferentes marcos de referencia. Como un ejemplo de este punto, regresamos a los muones en decaimiento que se mueven a velocidades próximas a la de la luz. Un observador en el marco de referencia del muón mediría el tiempo de vida propio, en tanto que un observador con base en la Tierra mediría la altura propia de la montaña de la figura 39.9. En el marco de referencia del muón no hay dilatación del tiempo sino que la distancia de recorrido se observa más corta cuando se mide en este marco. De igual modo, en el marco de referencia del observador terrestre hay dilatación del tiempo, aunque la distancia de viaje se mide igual a la altura real de la montaña. De este modo, cuando se efectúan los cálculos sobre el muón en ambos marcos, aparece el efecto de "castigo por fuera de lugar" y ¡el resultado del experimento en un marco es el mismo que el resultado en el otro marco!

Si una caja que pasa a una velocidad cercana a c pudiera fotografiarse, su imagen mostraría la contracción de la longitud, pero su forma también se distorsionaría. Lo anterior se ilustra en la figura 39.12 para una caja que pasa por una cámara con una velocidad $v = 0.8c$. Cuando el obturador de la cámara se abre, ésta registra la forma de la caja en un instante de tiempo determinado. Puesto que la luz de diferentes partes de la caja debe llegar a la cámara al mismo instante (el instante en el cual se toma la fotografía), la luz de partes más distantes debe empezar su camino antes que la luz de partes más cercanas. Por lo tanto, la fotografía registra diferentes partes de la caja en diferentes tiempos. Esto origina una imagen muy distorsionada, la cual muestra contracción de longitud horizontal, curvatura vertical y rotación de la imagen.

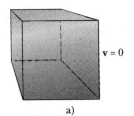
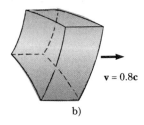

FIGURA 39.12 Fotografías simuladas por computadora de una caja a) en reposo respecto de la cámara, y b) moviéndose a una velocidad $\mathbf{v} = 0.8c$ relativa a la cámara.

EJEMPLO 39.2 **La contracción de una nave espacial**

Se mide una nave espacial y se encuentra que tiene 120 m de largo mientras está en reposo respecto de un observador. Si esta nave espacial después es tripulada por el observador con una velocidad de $0.99c$, ¿qué longitud mide el observador?

Solución De la ecuación 39.8, la longitud medida por el observador es

$$L = L_p \sqrt{1 - \frac{v^2}{c^2}} = (120 \text{ m}) \sqrt{1 - \frac{(0.99c)^2}{c^2}} = \boxed{17 \text{ m}}$$

Ejercicio Si la nave pasa cerca del observador con una velocidad de $0.01000c$, ¿qué longitud medirá el observador?

Respuesta: 119.40 m.

EJEMPLO 39.3 **La nave espacial triangular**

Una nave espacial en forma de un triángulo es tripulada por un observador con una velocidad de $0.95c$. Cuando la nave está en reposo en relación con el observador (Fig. 39.13a), las medidas de las distancias x y y son 52 m y 25 m, respectivamente. ¿Cuál es la forma de la nave vista por un observador en reposo cuando la nave está en movimiento a lo largo de la dirección mostrada en la figura 39.13b?

FIGURA 39.13 (Ejemplo 39.4) a) Cuando la nave espacial está en reposo, su forma es como se muestra. b) La nave espacial se observa como esto cuando se mueve a la derecha con una velocidad v. Observe que sólo su dimensión x se contrae en este caso.

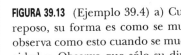
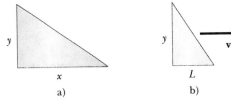

Solución El observador advierte que la longitud horizontal de la nave se contrae hasta un largo

$$L = L_p\sqrt{1 - \frac{v^2}{c^2}} = (52 \text{ m})\sqrt{1 - \frac{(0.95\,c)^2}{c^2}} = 16 \text{ m}$$

La altura vertical de 25 m no cambia debido a que es perpendicular a la dirección del movimiento en relación con el observador y la nave espacial. La figura 39.13b representa el tamaño de la nave espacial vista por el observador en reposo.

EJEMPLO CONCEPTUAL 39.4   Un viaje a Sirio

Una austronauta viaja a Sirio, localizado a 8 años luz de la Tierra. La astronauta calcula que el viaje de ida durará 6 años. Si la nave se desplaza a una velocidad constante de 0.8c, ¿cómo puede de la distancia de 8 años luz concordar con el tiempo de 6 años medido por la astronauta?

Razonamiento Los 8 años luz (al) representan la longitud propia (distancia) de la Tierra a Sirio medida por un observador que ve a ambas casi en reposo. La astronauta ve a Sirio acer-

cándose a ella a 0.8c, aunque también observa que la distancia se contrae a

$$\frac{8 \text{ al}}{\gamma} = (8 \text{ al})\sqrt{1 - \frac{v^2}{c^2}} = (8 \text{ al})\sqrt{1 - \frac{(0.8c)^2}{c^2}} = 5 \text{ al}$$

De modo que el tiempo de viaje medido en su reloj es

$$t = \frac{d}{v} = \frac{5 \text{ al}}{0.8\,c} = 6 \text{ a}$$

---

*La paradoja de los gemelos

Una fascinante consecuencia de la dilatación del tiempo es la llamada paradoja de los gemelos. Considere un experimento con dos hermanos gemelos llamados Speedo y Goslo quienes tienen, digamos, 21 años de edad. Los gemelos portan relojes idénticos que se han sincronizado (Fig. 39.14). Speedo, el aventurero de los dos, emprende un épico viaje al planeta X, localizado a 10 años luz de la Tierra. Además, su nave espacial es capaz de alcanzar una velocidad de 0.500c en relación con el marco inercial de su hermano gemelo en la Tierra. Después de llegar al planeta X, Speedo se pone nostálgico y de inmediato regresa a la Tierra a la misma velocidad que alcanzó en el viaje de ida. Después de su regreso, Speedo se impresiona al descubrir que muchas cosas han cambiado en su ausencia. Para él, el cambio más importante es que su hermano gemelo Goslo ha envejecido 40 años y ahora tiene 61. Speedo, en cambio, sólo tiene 34.6 años de edad.

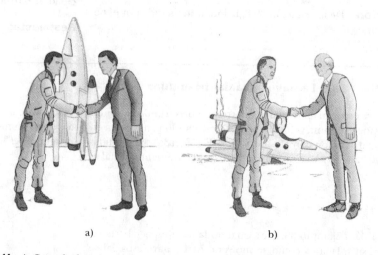

a)   b)

FIGURA 39.14 a) Cuando los gemelos se despiden tienen la misma edad. b) Cuando Speedo regresa de su viaje al planeta X, es más joven que su gemelo Goslo, ¿quién pemaneció en la Tierra?

En este punto es necesario plantear la siguiente pregunta: ¿cuál de los gemelos es el que viaja y cuál es en realidad el más joven como resultado de este experimento? Desde el marco de referencia de Goslo, él estaba en reposo mientras su hermano viajó a gran velocidad. De acuerdo con la perspectiva de Speedo, él era el que se encontraba en reposo mientras Goslo efectuaba un recorrido espacial de alta velocidad. Según Speedo, Goslo y la Tierra fueron los que se embarcaron en un viaje de 17.3 años y después volvieron en otros 17.3 años. Esto conduce a una aparente contradicción. ¿Cuál de los gemelos ha desarrollado señales de un envejecimiento excesivo?

Para resolver esta aparente paradoja, recuerde que la teoría especial de la relatividad trata con marcos de referencia inerciales que se mueven unos respecto de otros a velocidad uniforme. Sin embargo, la situación del viaje no es simétrica. Speedo, el viajero espacial, debe sufrir una serie de aceleraciones durante su trayecto. Como consecuencia, su velocidad no siempre es uniforme y por ello Speedo no se encuentra en un marco inercial. Él no puede considerarse como si siempre estuviera en reposo y como si Goslo estuviera en movimiento uniforme. Ya que hacerlo así sería una aplicación incorrecta de la teoría especial de la relatividad. De modo que no hay paradoja.

La conclusión de que Speedo está en un marco no inercial es ineludible. El tiempo requerido para acelerar y desacelerar la nave de Speedo puede hacerse muy pequeño empleando grandes cohetes, por lo que Speedo puede afirmar que él gastó más tiempo viajando al planeta X a $0.500c$ en un marco inercial. Sin embargo, Speedo debe frenar, invertir su movimiento y regresar a la Tierra en un marco inercial por completo diferente. En el mejor de los casos, Speedo se encuentra en dos marcos inerciales diferentes durante su viaje. Únicamente Goslo, quien está en un solo marco inercial, puede aplicar la fórmula simple de la dilatación del tiempo al recorrido de Speedo. De esta manera, Goslo descubre que en vez de envejecer 40 años, Speedo envejece sólo $(1 - v^2/c^2)^{1/2}$ (40 años) = 34.6 años. Por otra parte, Speedo tarda 17.3 años en viajar al planeta X y 17.3 años en regresar, para un tiempo de viaje total de 34.6 años, en concordancia con nuestro primer enunciado.

EJEMPLO CONCEPTUAL 39.5

Supóngase que se les paga a unos astronautas de acuerdo con el tiempo que viajan en el espacio. Después de un largo viaje que se realiza a una velocidad cercana a la de la luz, una tripulación regresa a la Tierra y abre su sobre de pago. ¿Cuál será su reacción?

Razonamiento Suponiendo que su tiempo de trabajo se llevó en la Tierra, tendrán una agradable sorpresa cuando vean su recibo de pago. Ha pasado menos tiempo para los astronautas en su marco de referencia que para su patrón cuando regresan a la Tierra.

Un experimento informado por Hafele y Keating brinda una prueba directa de la dilatación del tiempo.[4] Los intervalos de tiempo medidos con cuatro relojes atómicos de haz de cesio en un vuelo en jet se compararon con los intervalos de tiempo medidos por relojes atómicos de referencia con base en la Tierra. Con el fin de comparar estos resultados con la teoría, tuvieron que considerarse muchos factores, que incluyeron periodos de aceleración y desaceleración relativos a la Tierra, variaciones en la dirección de viaje y el campo gravitacional más débil experimentado por los relojes en vuelo en comparación con el reloj de la Tierra. Sus resultados concordaron bastante bien con las predicciones de la teoría especial de la relatividad y pueden explicarse en términos del movimiento relativo entre la rotación de la Tierra y el avión. En su artículo, Hafele y Keating afirmaban: "Con rela-

---

[1] J. C. Hafele y R. E. Keating, "Around the World Atomic Clocks: Relativistic Time Gains Observed," *Science*, Julio 14, 1972, p. 168.

ción a la escala de tiempo atómico del Observatorio Naval de Estados Unidos, los relojes en vuelo perdieron 59 ± 10 ns durante el viaje hacia el este y ganaron 273 ± 7 ns durante el viaje hacia el oeste… Estos resultados brindan una solución empírica indudable de la famosa paradoja del reloj con relojes macroscópicos."

39.5 LAS ECUACIONES DE TRANSFORMACIÓN DE LORENTZ

Hemos visto que la transformación galileana no es válida cuando v se aproxima a la velocidad de la luz. En esta sección, establecemos las ecuaciones de transformación correctas que se aplican en todas las velocidades en el intervalo $0 \leq v < c$.

Suponga que un evento que ocurre en algún punto P es informado por dos observadores, uno en descanso en el marco S, y otro en el marco S' que se mueve hacia la derecha con velocidad v, como en la figura 39.15. El observador en S informe sobre el evento con coordenadas espacio-tiempo (x, y, z, t), mientras el observador en S' informa sobre el mismo evento empleando las coordenadas (x', y', z', t'). Desearíamos encontrar una relación entre estas coordenadas que sea válida para todas las velocidades. En la sección 39.1, encontramos que la transformación de coordenadas galileana, dada en la ecuación 39.1 no concuerda con el experimento a velocidades comparables con la velocidad de la luz.

Las ecuaciones que son válidas de $v = 0$ a $v = c$ y que nos permiten transformar las coordenadas de S a S' están dadas por las **ecuaciones de transformación de Lorentz**:

Transformación de Lorentz para S → S'

$$x' = \gamma(x - vt)$$
$$x' = y$$
$$z' = z$$
$$t' = \gamma\left(t - \frac{v}{c^2}x\right)$$

(39.9)

Esta transformación, conocida como la transformación de Lorentz, fue desarrollada por Hendrik A. Lorentz (1853-1928) en 1890 en conexión con el electromagnetismo. Sin embargo, fue Einstein quien reconoció su significado físico y dio el audaz paso de interpretarlas dentro del marco conceptual de la teoría de la relatividad.

Vemos que el valor de t' asignado a un evento por un observador que permanece en O' depende tanto del tiempo t como de la coordenada x según los mide un observador en O. Esto es consistente con la noción de que un evento está caracterizado por cuatro coordenadas espacio-tiempo (x, y, z, t). En otras palabras, en la relatividad, el espacio y el tiempo no son conceptos separados sino que están estrechamente vinculados uno con el otro. Esto es diferente al caso de la transformación galileana en la cual $t = t'$.

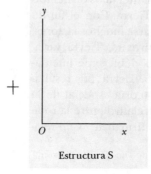

Estructura S

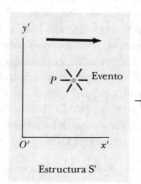

Estructura S'

FIGURA 39.15 Representación de un evento que ocurre en algún punto P cuando es visto por un observador en reposo en el marco S y otro en el marco S', el cual se mueve hacia la derecha con velocidad v.

Si deseamos transformar las coordenadas del marco S′ en coordenadas del marco S, simplemente sustituimos v por $-v$ e intercambiamos las coordenadas prima y no prima en la ecuación 39.9:

$$x = \gamma(x' + vt')$$
$$y = y'$$
$$z = z'$$
$$t = \gamma\left(t' + \frac{v}{c^2}x'\right)$$

(39.10)

Transformación inversa
de Lorentz para $S' \rightarrow S$

Cuando $v \ll c$, la transformación de Lorentz debe reducirse a la transformación galileana. Para confirmar esto, observe que cuando $v \rightarrow 0$, $v/c^2 \ll 1$ y $v^2/c^2 \ll 1$, por lo que $\gamma = 1$ y la ecuación 39.9 se reduce en este límite a las ecuaciones de transformación de coordenadas galileanas.

$$x' = x - vt \qquad y' = y \qquad z' = z \qquad t' = t$$

En muchas situaciones desearíamos conocer la diferencia en coordenadas entre dos eventos o el intervalo de tiempo entre dos eventos de acuerdo a como los ven los observadores O y O'. Esto puede conseguirse escribiendo las ecuaciones de Lorentz en una forma adecuada para describir pares de eventos. A partir de las ecuaciones 39.9 y 39.10, podemos expresar las diferencias entre las cuatro variables x, x', t y t' en la forma

$$\begin{matrix} \Delta x' = \gamma(\Delta x - v\,\Delta t) \\ \Delta t' = \gamma\left(\Delta t - \frac{v}{c^2}\Delta x\right) \end{matrix} \Bigg\} S \rightarrow S'$$

(39.11)

$$\begin{matrix} \Delta x = \gamma(\Delta x' + v\,\Delta t') \\ \Delta t = \gamma\left(\Delta t' + \frac{v}{c^2}\Delta x'\right) \end{matrix} \Bigg\} S' \rightarrow S$$

(39.12)

donde $\Delta x' = x'_2 - x_1$ y $\Delta t' = t'_2 - t'_1$ son las diferencias medidas por el observador en O', mientras que $\Delta x = x_2 - x_1$ y $\Delta t = t_2 - t_1$ son las diferencias medidas por el observador en O. No hemos incluido las expresiones para relacionar las coordenadas y y z debido a que no son afectadas por el movimiento a lo largo de la dirección x.[5]

EJEMPLO 39.6 **Repaso de la simultaneidad y de la dilatación del tiempo**

Emplee las ecuaciones de transformación de Lorentz en forma de diferencia para mostrar que a) la simultaneidad no es un concepto absoluto y b) los relojes en movimiento funcionan más lentamente que los relojes estacionarios.

Solución a) Suponga que dos eventos son simultáneos de acuerdo con un observador en movimiento en O', por lo que $\Delta t' = 0$. De las expresiones para Δt dadas en la ecuación 39.12, vemos que en este caso, $\Delta t = \gamma v\,\Delta x'/c^2$. Es decir, el intervalo de tiempo para los mismos dos eventos según mide un observador en O no es cero, y por ello, no parecen ser simultáneos en O.

b) Suponga que un observador en O' encuentra que los dos eventos ocurren en el mismo lugar ($\Delta x' = 0$), pero en tiempos diferentes ($\Delta t' \neq 0$). En este caso, la expresión para Δt dada en la ecuación 39.12 se convierte en $\Delta t = \gamma\,\Delta t'$. Ésta es la ecuación para la dilatación del tiempo encontrada antes, ecuación 39.7, donde $\Delta t' = \Delta t$ es el tiempo propio medido por un solo reloj localizado en O'.

Ejercicio Emplee las ecuaciones de transformación de Lorentz en forma de diferencia para confirmar que $L = L_p/\gamma$.

---

[5] Aunque el movimiento a lo largo de x no cambia las coordenadas y y z, sí cambia las componentes de velocidad a lo largo de y y z.

Transformación de velocidades de Lorentz

Obtengamos ahora la transformación de velocidades de Lorentz, la cual es la contraparte relativista de la transformación de velocidades galileana. También en este caso S es nuestro marco de referencia estacionario, y S′ es nuestro marco de referencia que se mueve a una velocidad v relativa a S. Suponga que se observa un objeto en el marco S′ con una velocidad instantánea u'_x medida en S′ dada por

$$u'_x = \frac{dx'}{dt'} \qquad (39.13)$$

Empleando las ecuaciones 39.9, tenemos

$$dx' = \gamma(dx - v\,dt)$$

$$dt' = \gamma\left(dt - \frac{v}{c^2}\,dx\right)$$

Al sustituir estos valores en la ecuación 39.13, obtenemos

$$u'_x = \frac{dx'}{dt'} = \frac{dx - v\,dt}{dt - \frac{v}{c^2}\,dx} = \frac{\frac{dx}{dt} - v}{1 - \frac{v}{c^2}\frac{dx}{dt}}$$

Pero dx/dt es justo la componente de velocidad u_x del objeto medida en S, por lo que esta expresión se convierte en

Transformación de velocidad de Lorentz para S → S′

$$u'_x = \frac{u_x - v}{1 - \frac{u_x v}{c^2}} \qquad (39.14)$$

De manera similar, si el objeto tiene componentes de velocidad a lo largo de y y z, las componentes en S′ son

$$u'_y = \frac{u_y}{\gamma\left(1 - \frac{u_x v}{c^2}\right)} \qquad \text{y} \qquad u'_z = \frac{u_z}{\gamma\left(1 - \frac{u_x v}{c^2}\right)} \qquad (39.15)$$

Cuando u_x y v son ambas mucho más pequeñas que c (el caso no relativista), el denominador de la ecuación 39.14 se aproxima a la unidad y por ello $u'_x \approx u_x - v$. Esto corresponde a las transformaciones de velocidades galileanas. En el otro extremo, cuando $u_x = c$, la ecuación 39.14 se vuelve

$$u'_x = \frac{c - v}{1 - \frac{cv}{c^2}} = \frac{c\left(1 - \frac{v}{c}\right)}{1 - \frac{v}{c}} = c$$

A partir de este resultado, vemos que un objeto que se mueve con una velocidad c relativa a un observador en S tiene también una velocidad c relativa a un observador en S′, independientemente del movimiento relativo de S y S′. Advierta que esta conclusión es consistente con el segundo postulado de Einstein, según el cual, la velocidad de la luz debe de ser c relativa a todos los marcos de referencia inerciales. Además, la velocidad de un objeto nunca debe ser mayor que c. Esto significa que la velocidad de la luz es la velocidad límite. Regresaremos después a este punto cuando consideremos la energía de una partícula.

Para obtener u'_x en función de u_x, sustituimos v por $-v$ en la ecuación 39.15 e intercambiamos los papeles de u_x y u'_x:

$$u_x = \frac{u'_x + v}{1 + \dfrac{u'_x v}{c^2}}$$

(39.16)   **Transformación de velocidad inversa de Lorentz para S' → S**

EJEMPLO 39.7   Velocidad relativa de naves espaciales

Dos naves espaciales A y B se mueven en direcciones opuestas, como se muestra en la figura 39.16. Un observador en la Tierra mide $0.750c$ como la velocidad de A, y $0.850c$ como la velocidad de B. Determine la velocidad de B respecto a A.

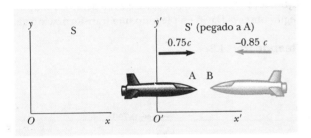

FIGURA 39.16   (Ejemplo 39.7) Dos naves espaciales A y B se desplazan en direcciones opuestas. La velocidad de B relativa a A es *menor* que c y se obtiene empleando la transformación de velocidades relativista.

Solución   Este problema puede resolverse considerando el marco S' como si estuviera unido a A, de modo que $v = 0.750c$ relativa al observador en la Tierra (el marco S). La nave espacial B puede considerarse como un objeto que se mueve con una velocidad $u_x = -0.850c$ relativa al observador terrestre. Por lo tanto, la velocidad de B respecto de A puede obtenerse empleando la ecuación 39.14:

$$u'_x = \frac{u_x - v}{1 - \dfrac{u_x v}{c^2}} = \frac{-0.850\,c - 0.750\,c}{1 - \dfrac{(-0.850c)\,(0.750c)}{c^2}} = \boxed{-0.980c}$$

El signo negativo indica que la nave espacial B se mueve en la dirección negativa x según se observa en A. Observe que el resultado es menor que c. Esto significa que un cuerpo cuya velocidad es menor que c en un marco de referencia debe tener una velocidad menor que c en otro marco. (Si la transformación de velocidades galileana se usara en este ejemplo, encontraríamos que $u'_x = u_x - v = -0.850c - 0.750c = -1.60c$, lo cual es mayor que c. La transformación galileana no funciona en situaciones relativistas.)

EJEMPLO 39.8 El motociclista veloz

Imagine un motociclista que se mueve con una velocidad de $0.80c$ y que pasa al lado de un observador estacionario, como se muestra en la figura 39.17. Si el motociclista lanza una pelota hacia adelante con una velocidad de $0.70c$ relativa a sí mismo, ¿cuál es la velocidad de la pelota según el observador estacionario?

Solución   En esta situación, la velocidad del motociclista respecto del observador estacionario es $v = 0.80c$. La velocidad de la pelota en el marco de referencia del motociclista es $0.70c$. Por tanto, la velocidad, u_x, de la pelota relativa al observador estacionario es

$$u_x = \frac{u'_x + v}{1 + \dfrac{u'_x v}{c^2}} = \frac{0.70\,c + 0.80\,c}{1 + \dfrac{(0.70c)\,(0.80c)}{c^2}} = \boxed{0.96c}$$

Ejercicio   Suponga que el motociclista activa un haz de luz que aleja de él hacia adelante con una velocidad c. ¿Cuál es la velocidad de la luz que mide el observador estacionario?

Respuesta c.

FIGURA 39.17   (Ejemplo 39.8) Un motociclista pasa al lado de un observador estacionario con una velocidad de $0.80c$ y lanza una pelota en la dirección de movimiento con una velocidad de $0.70c$ relativa a él mismo.

EJEMPLO 39.9   **Mensajeros relativistas**

Dos moticiclistas mensajeros llamados David y Emily corren a velocidades relativas a lo largo de trayectorias perpendiculares, como en la figura 39.18. ¿Qué tan rápido se aleja Emily del hombro derecho de David según este último?

Solución   La figura 39.18 representa la situación de acuerdo con un policía que se encuentra en reposo en el marco S, quien observa lo siguiente:

David: $u_x = 0.75\,c$ $u_y = 0$

Emily: $u_x = 0$ $u_y = -0.90\,c$

Para obtener la velocidad de alejamiento de Emily según David, consideramos S′ como si se moviera junto con David y calculamos u_x' y u_y' para Emily empleando las ecuaciones 39.14 y 39.15:

$$u_x' = \frac{u_x - v}{1 - \dfrac{u_x v}{c^2}} = \frac{0 - 0.75\,c}{1 - \dfrac{(0)(0.75\,c)}{c^2}} = -0.75\,c$$

$$u_y' = \frac{u_y}{\gamma\left(1 - \dfrac{u_x v}{c^2}\right)} = \frac{\sqrt{1 - \dfrac{(0.75\,c)^2}{c^2}}\,(-0.90\,c)}{\left(1 - \dfrac{(0)(0.75\,c)}{c^2}\right)}$$

$$= -0.60\,c$$

De este modo, la velocidad de Emily según observa David es

$$u' = \sqrt{(u_x')^2 + (u_y')^2} = \sqrt{(-0.75\,c)^2 + (-0.60\,c)^2} = \boxed{0.96\,c}$$

Advierta que esta velocidad es menor que c según requiere la relatividad especial.

Ejercicio   Calcule la velocidad de retroceso clásica para Emily según observa David empleando una transformación galileana.

Respuesta $1.2\,c$.

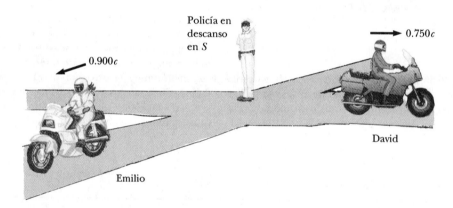

FIGURA 39.18 (Ejemplo 39.9) David se mueve al este con una velocidad de $0.750\,c$ relativa al policía, mientras que Emily viaja al sur a una velocidad de $0.900\,c$.

39.6   MOMENTO RELATIVISTA Y FORMA RELATIVISTA DE LAS LEYES DE NEWTON

Hemos visto que para describir propiamente el movimiento de partículas dentro del esquema de la relatividad especial, la transformación galileana debe sustituirse por la transformación de Lorentz. Debido a que las leyes de la física deben permanecer invariables bajo la transformación de Lorentz, debemos generalizar las leyes de Newton y las definiciones de momento y energía para ajustarlas a la transformación de Lorentz y al principio de la relatividad. Estas definiciones generalizadas deben reducirse a las definiciones clásicas (no relativistas) para $v \ll c$.

En primer lugar, recordemos que la ley de la conservación del momento establece que cuando dos cuerpos chocan, el momento total permanece constante, suponiendo que los cuerpos están aislados. Considere que el choque se describe en un marco de referencia S en el cual se conserva el momento. Si las velocidades en un segundo marco de referencia S′ se calculan empleando la transformación de Lorentz y la definición clásica de momento, **p** = *m***u** (donde **u** es la velocidad de la partícula), se encuentra que el momento *no* se conserva en el segundo marco de referencia. Sin embargo, debido a que las leyes de la física son las mismas en todos los marcos inerciales, el momento debe conservarse en todos los sistemas. En vista de esta condición y suponiendo que la transformación de Lorentz es correcta, debemos modificar la definición de momento para satisfacer las siguientes condiciones:

- **p** debe conservarse en todos los choques
- **p** debe aproximarse al valor clásico *m***u** a medida que **u** → 0

La ecuación relativista correcta para el momento que satisface estas condiciones es

$$\mathbf{p} \equiv \frac{m\mathbf{u}}{\sqrt{1 - \dfrac{u^2}{c^2}}}$$ (39.17)   ▸ Definición de momento relativista

donde **u** es la velocidad de la partícula. (Utilizamos el símbolo **u** para la velocidad de la partícula en lugar de **v**, el cual se utiliza para la velocidad relativa de dos marcos de referencia.) Cuando *u* es mucho menor que *c*, el denominador de la ecuación 39.17 tiende a la unidad, por lo que **p** se acerca a *m***u**. Por consiguiente, la ecuación relativista para **p** se reduce a la expresión clásica cuando *u* es pequeña comparada con *c*. Debido a que es más simple, la ecuación 39.17 a menudo se escribe como

$$\mathbf{p} = \gamma m\mathbf{u}$$ (39.18)

donde $\gamma = (1 - u^2/c^2)^{-1/2}$. Observe que γ tiene la misma forma funcional que la γ en la transformación de Lorentz. La transformación es de la partícula al marco del observador que se mueve a velocidad *u* relativa a la partícula.

La fuerza relativista **F** sobre una partícula cuyo momento es **p** se define como

$$\mathbf{F} \equiv \frac{d\mathbf{p}}{dt}$$ (39.19)

donde **p** está dada por la ecuación 39.17. Esta expresión es razonable debido a que mantiene la mecánica clásica en el límite de las bajas velocidades y requiere la conservación del momento en un sistema aislado (**F** = 0) tanto relativista como en la forma clásica.

Se deja como un problema de fin de capítulo (problema 55) mostrar que la aceleración de una partícula disminuye bajo el efecto de una fuerza constante, en cuyo caso $a \propto (1 - u^2/c^2)^{3/2}$. A partir de esta fórmula advierta que cuando la veloci-

---

EJEMPLO 39.10   **Momento de un electrón**

Un electrón, que tiene una masa de 9.11×10^{-31} kg, se mueve con una velocidad de $0.750c$. Encuentre su momento relativista y compárelo con el calculado a partir de la expresión clásica.

Solución   Empleando la ecuación 39.17 con $u = 0.75c$, tenemos

$$p = \frac{mu}{\sqrt{1 - \dfrac{u^2}{c^2}}}$$

$$p = \frac{(9.11 \times 10^{-31}\ \text{kg})(0.750 \times 3.00 \times 10^{8}\ \text{m/s})}{\sqrt{1 - \dfrac{(0.750\,c)^2}{c^2}}}$$

$$= 3.10 \times 10^{-22}\ \text{kg} \cdot \text{m/s}$$

La expresión clásica incorrecta da

$$\text{Momento} = mu = 2.05 \times 10^{-22}\ \text{kg} \cdot \text{m/s}$$

Por lo tanto, el resultado relativista correcto ¡es 50% mayor que el resultado clásico!

dad de la partícula se aproxima a c, la aceleración causada por una fuerza finita tiende a cero. En consecuencia, es imposible acelerar una partícula desde el reposo hasta una velocidad $v \geq c$.

39.7 ENERGÍA RELATIVISTA

Hemos visto que la definición de momento y las leyes de momento requieren de una generalización para hacerlas compatibles con el principio de la relatividad. Esto significa que la definición de energía cinética también debe modificarse.

Para obtener la forma relativista del teorema del trabajo y la energía, empezamos con la definición del trabajo realizado sobre una partícula por una fuerza F y empleamos la definición de fuerza relativista, ecuación 39.19:

$$W = \int_{x_1}^{x_2} F \, dx = \int_{x_1}^{x_2} \frac{dp}{dt} \, dx \tag{39.20}$$

para la fuerza y el movimiento ambos a lo largo del eje x. Con el fin de efectuar esta integración, y encontrar el trabajo hecho sobre una partícula, o la energía cinética relativista como una función de u, primero evaluamos dp/dt:

$$\frac{dp}{dt} = \frac{d}{dt} \frac{mu}{\sqrt{1 - \dfrac{u^2}{c^2}}} = \frac{m(du/dt)}{\left(1 - \dfrac{u^2}{c^2}\right)^{3/2}}$$

Si sustituimos esta expresión para dp/dt y $dx = u \, dt$ en la ecuación 39.20, se obtiene

$$W = \int_{x_1}^{x_2} \frac{m(du/dt)\, u \, dt}{\left(1 - \dfrac{u^2}{c^2}\right)^{3/2}} = m \int_0^u \frac{u}{\left(1 - \dfrac{u^2}{c^2}\right)^{3/2}} \, du$$

donde hemos supuesto que la partícula se acelera desde el reposo hasta cierta velocidad final u. Al evaluar la integral, encontramos que

$$W = \frac{mc^2}{\sqrt{1 - \dfrac{u^2}{c^2}}} - mc^2 \tag{39.21}$$

Recuerde del capítulo 7 que el trabajo hecho por una fuerza que actúa sobre una partícula es igual al cambio en la energía cinética de la misma. Debido a que la energía cinética inicial es cero, concluimos que el trabajo W es equivalente a la energía cinética relativista K:

Energía cinética relativista

$$K = \frac{mc^2}{\sqrt{1 - \dfrac{u^2}{c^2}}} - mc^2 = \gamma mc^2 - mc^2 \tag{39.22}$$

Esta ecuación se confirma rutinariamente mediante experimentos que emplean aceleradores de partículas de alta energía.

A bajas velocidades, donde $u/c \ll 1$, la ecuación 39.22 debe reducirse a la expresión clásica $K = \frac{1}{2} mu^2$. Podemos verificar esto empleando la expansión del binomio $(1 - x^2)^{-1/2} \approx 1 + \frac{1}{2} x^2 + \cdots$ para $x \ll 1$, donde las potencias de orden más alto de x se desprecian en la expansión. En nuestro caso, $x = u/c$, de modo que

$$\frac{1}{\sqrt{1 - \dfrac{u^2}{c^2}}} = \left(1 - \frac{u^2}{c^2}\right)^{-1/2} \approx 1 + \frac{1}{2}\frac{u^2}{c^2} + \cdots$$

La sustitución de esto en la ecuación 39.22 produce

$$K \approx mc^2\left(1 + \frac{1}{2}\frac{u^2}{c^2} + \cdots\right) - mc^2 = \frac{1}{2}mu^2$$

lo cual concuerda con el resultado clásico. Una gráfica que compara las expresiones relativista y no relativista se brinda en la figura 39.19. En el caso relativista, la velocidad de la partícula nunca es mayor que c, independientemente de la energía cinética. Las dos curvas están en buena concordancia con $u \ll c$.

El término constante mc^2 en la ecuación 39.22, el cual es independiente de la velocidad se denomina **energía en reposo** de la partícula libre E_R. El término γmc^2, el cual depende de la velocidad de la partícula, es consecuentemente la suma de las energías cinética y en reposo. Definimos γmc^2 como la **energía total** E, esto es,

Energía total = energía cinética + energía en reposo

$$E = \gamma mc^2 = K + mc^2 \qquad (39.23)$$

Definición de energía total

o, cuando γ se sustituye por su equivalente,

$$E = \frac{mc^2}{\sqrt{1 - \dfrac{u^2}{c^2}}} \qquad (39.24)$$

Conservación de la masa y la energía

Esto, desde luego, es la famosa ecuación de la equivalencia masa-energía de Einstein. La relación $E = \gamma mc^2 = \gamma E_R$ muestra que la *masa es una propiedad de la energía*. Además, este resultado demuestra que una masa pequeña corresponde a una cantidad enorme de energía. Este concepto es fundamental para gran parte del campo de la física nuclear.

En muchas situaciones, el momento o la energía de una partícula se mide en lugar de su velocidad. Por consiguiente, es útil tener una expresión que relacione la energía total E con el momento relativista p. Esto se logra empleando las expresiones $E = \gamma mc^2$ y $p = \gamma mu$. Al elevar al cuadrado estas ecuaciones y restar, podemos eliminar u (problema 23). El resultado, después de un poco de álgebra es

$$E^2 = p^2c^2 + (mc^2)^2 \qquad (39.25)$$

Relación de la energía y del momento

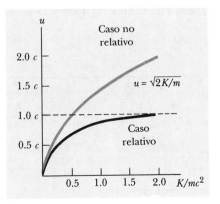

FIGURA 39.19 Una gráfica que compara la energía cinética relativista y la no relativista. Las energías se grafican contra la velocidad. En el caso relativista, u siempre es menor que c.

Cuando la partícula está en reposo, $p = 0$, y por ello $E = E_R = mc^2$. Es decir, la energía total es igual a la energía en reposo. Para el caso de partículas que tienen masa 0, como los fotones (partículas de luz sin masa y sin carga) y los neutrinos (partículas sin carga y sin masa asociadas al decaimiento beta de un núcleo), fijamos $m = 0$ en la ecuación 39.25, y vemos que

$$E = pc \qquad\qquad (39.26)$$

Esta ecuación es una expresión exacta que relaciona la energía y el momento para fotones y neutrinos, los cuales viajan siempre a la velocidad de la luz.

Por último, advierta que en vista de que la masa m de una partícula es independiente de su movimiento, m debe tener el mismo valor en todos los marcos de referencia. Por esta razón, m se conoce como *masa invariante*. Por otra parte, la energía y el momento totales de una partícula dependen del marco de referencia en el cual se miden, ya que ambas dependen de la velocidad. Puesto que m es una constante, entonces según la ecuación 39.26 la cantidad $E^2 - p^2 c^2$ debe tener el mismo valor en todos los marcos de referencia. Esto es, $E^2 - p^2 c^2$ es invariante bajo una transformación de Lorentz. Estas ecuaciones no toman en cuenta aún la energía potencial.

Cuando trabajamos con partículas subatómicas, es conveniente expresar su energía en electrón volts (eV), debido a que a las partículas usualmente se les da esta energía mediante aceleración a través de una diferencia de potencial. El factor de conversión es

$$1\text{ eV} = 1.60 \times 10^{-19}\text{ J}$$

Por ejemplo, la masa de un electrón es 9.11×10^{-31} kg. Por lo tanto, la energía en reposo del electrón es

$$mc^2 \doteq (9.11 \times 10^{-31}\text{ kg})(3.00 \times 10^{8}\text{ m/s})^2 = 8.20 \times 10^{-14}\text{ J}$$

Al convertir esto a eV, tenemos

$$mc^2 = (8.20 \times 10^{-14}\text{ J})(1\text{ eV}/1.60 \times 10^{-19}\text{ J}) = 0.511\text{ MeV}$$

EJEMPLO 39.11 La energía de un electrón rápido

Un electrón se mueve con una velocidad $u = 0.850c$. Encuentre su energía total y su energía cinética en electrón volts.

Solución Empleando el hecho de que la energía en reposo es 0.511 MeV junto con la ecuación 39.24, obtenemos

$$E = \frac{mc^2}{\sqrt{1 - \dfrac{u^2}{c^2}}} = \frac{0.511\text{ MeV}}{\sqrt{1 - \dfrac{(0.850\,c)^2}{c^2}}}$$

$$= 1.90\,(0.511\text{ MeV}) = \boxed{0.970\text{ MeV}}$$

La energía cinética se obtiene sustrayendo la energía en reposo de la energía total:

$$K = E - mc^2 = 0.970\text{ MeV} - 0.511\text{ MeV} = \boxed{0.459\text{ MeV}}$$

EJEMPLO 39.12 La energía de un protón rápido

La energía total de un protón es tres veces su energía en reposo.
a) Encuentre la energía en reposo del protón en electrón volts.

Solución

Energía en reposo $= mc^2 = (1.67 \times 10^{-27}\text{ kg})(3.00 \times 10^{8}\text{ m/s})^2$

$$= (1.50 \times 10^{-10}\text{ J})(1.00\text{ eV}/1.60 \times 10^{-19}\text{ J})$$

$$= \boxed{938\text{ MeV}}$$

b) ¿Con qué velocidad se mueve el protón?

Solución Puesto que la energía total E es tres veces la energía en reposo, $E = \gamma mc^2$ (ecuación 39.24) produce

$$E = 3mc^2 = \frac{mc^2}{\sqrt{1 - \dfrac{u^2}{c^2}}}$$

$$3 = \frac{1}{\sqrt{1 - \dfrac{u^2}{c^2}}}$$

Resolviendo para u se obtiene

$$\left(1 - \frac{u^2}{c^2}\right) = \frac{1}{9} \quad \text{o} \quad \frac{u^2}{c^2} = \frac{8}{9}$$

$$u = \frac{\sqrt{8}}{3}\,c = \boxed{2.83 \times 10^8 \text{ m/s}}$$

c) Determine la energía cinética del protón en electrón volts.

Solución

$$K = E - mc^2 = 3mc^2 - mc^2 = 2mc^2$$

Puesto que $mc^2 = 938$ MeV

$$K = \boxed{1\,876 \text{ MeV}}$$

d) ¿Cuál es el momento del protón?

Solución Podemos usar la ecuación 39.25 para calcular el momento con $E = 3mc^2$:

$$E^2 = p^2c^2 + (mc^2)^2 = (3mc^2)^2$$

$$p^2c^2 = 9(mc^2)^2 - (mc^2)^2 = 8(mc^2)^2$$

$$p = \sqrt{8}\,\frac{mc^2}{c} = \sqrt{8}\,\frac{(938 \text{ MeV})}{c} = \boxed{2\,650\,\frac{\text{MeV}}{c}}$$

Por conveniencia la unidad de momento se escribe MeV/c.

39.8 EQUIVALENCIA DE LA MASA Y LA ENERGÍA

Para entender la equivalencia de la masa y la energía considere el siguiente "experimento pensado" propuesto por Einstein al desarrollar su famosa ecuación $E = mc^2$. Imagine una caja de masa M y longitud L inicialmente en reposo, como en la figura 39.20a. Suponga que un pulso de luz se emite desde el lado izquierdo de la caja, como se muestra en la figura 39.20b. De la ecuación 39.26, sabemos que luz de energía E transporta un momento $p = E/c$. Por lo tanto, la caja debe retroceder hacia la izquierda con una velocidad v para conservar el momento. Suponiendo que la caja es muy masiva, la velocidad de retroceso es pequeña comparada con la velocidad de la luz, y la conservación del momento produce $Mv = E/c$, o

$$v = \frac{E}{Mc}$$

El tiempo que tarda la luz en recorrer la longitud de la caja es aproximadamente $\Delta t = L/c$ (donde, otra vez, suponemos que $v \ll c$). En este intervalo de tiempo, la caja se mueve una pequeña distancia Δx hacia la izquierda, donde

$$\Delta x = v\,\Delta t = \frac{EL}{Mc^2}$$

La luz incide después en el extremo izquierdo de la caja y le transfiere su momento, y hace que se detenga. Con la caja en su nueva posición, en apariencia su centro de masa se ha movido a la izquierda. Sin embargo, su centro de masa no puede moverse debido a que la caja es un sistema aislado. Einstein resolvió esta situación que nos deja perplejos suponiendo que en adición a la energía y el momento, la luz también conduce masa. Si m es la masa equivalente conducida por el pulso de luz, y el centro de masa de la caja se mantiene fijo, entonces

$$mL = M\,\Delta x$$

Al despejar m, y empleando la expresión previa para Δx, obtenemos

$$m = \frac{M\,\Delta x}{L} = \frac{M}{L}\frac{EL}{Mc^2} = \frac{E}{c^2}$$

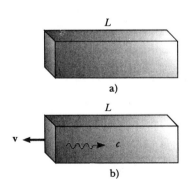

FIGURA 39.20 a) Una caja de longitud L está en reposo. b) Cuando un pulso de luz se emite en el extremo izquierdo de la caja, ésta retrocede hacia la izquierda cuando el pulso incide sobre el extremo derecho.

o

$$E = mc^2$$

De este modo, Einstein llegó a la profunda conclusión de que "si un cuerpo brinda la energía E en la forma de radiación, su masa disminuye en E/c^2,... La masa de un cuerpo es una medida de su contenido de energía".

Se concluye que la masa varía con la velocidad (relativa al observador). Debemos distinguir por tanto entre **masa en reposo**, m_o, que es la masa medida por un observador en reposo relativa a la partícula (y en la misma posición), y la masa medida en experimentos reales. Para una partícula libre, $m = \gamma m_0$ brinda una adecuada descripción. En el caso de un gran objeto, cuyo centro de masa está en reposo respecto del observador, $m = \sum_i \gamma m_{oi}$ (si ignoramos la energía de las interacciones de la partícula). En cualquier caso, la masa real es proporcionada por la energía total, E, dividida entre el cuadrado de la velocidad de la luz.

Aunque dedujimos la relación $E = mc^2$ para la energía de la luz, la equivalencia de la masa y la energía es universal. La ecuación 39.24, $E = \gamma m_o c^2$, la cual representa la energía total de cualquier partícula, sugiere que incluso cuando una partícula está en reposo ($\gamma = 1$), ésta sigue poseyendo una energía enorme por medio de su masa. Probablemente la prueba experimental más clara de la equivalencia de la masa y la energía ocurre en interacciones nucleares y de partículas elementales en las que se liberan grandes cantidades de energía, acompañadas por la liberación de masa. Debido a que la energía y la masa están relacionadas, vemos que las leyes de la conservación de la energía y de la conservación de la masa son una y la misma. El lado izquierdo de $E = mc^2$ es una constante para un sistema aislado; por lo tanto, el lado derecho debe ser constante, y por ello m (pero no m_o) es también constante.

En términos sencillos, esta ley establece que

Conservación de la masa y la energía

la energía y, consecuentemente, la masa, de un sistema de partículas antes de la interacción debe ser igual a la energía y, por tanto, a la masa, del sistema después de la interacción, donde la masa se define como $m = E/c^2$. Para partículas libres, $m = \gamma m_o$, de modo que

$$E_i = \frac{m_{oi} c^2}{\sqrt{1 - \dfrac{u_i^2}{c^2}}}$$

La liberación de una enorme energía, acompañada por el cambio en las masas de partículas después de que han perdido su exceso de energía cuando se llevan al reposo, es la base de las bombas atómica y de hidrógeno. De hecho, cada vez que se libera energía, como en las reacciones químicas, la masa (y energía) residual se reduce. En un reactor nuclear convencional, el núcleo de uranio experimenta fisión, una reacción que da lugar a varios fragmentos más ligeros que tienen energía cinética considerable. En el caso del ^{235}U (el núcleo padre), el cual experimenta fisión espontánea, los fragmentos son dos núcleos más ligeros y dos neutrones. La masa en reposo total de los fragmentos es menor que la de los núcleos padres en una cantidad Δm. La energía correspondiente Δmc^2 asociada a esta diferencia de masa es exactamente igual a la energía cinética total de los fragmentos. Esta energía cinética se usa luego para producir calor y vapor para la generación de electricidad.

En seguida considere la reacción de fusión básica en la cual dos átomos de deuterio se combinan para formar un átomo de helio. Esta reacción es de una gran importancia en la investigación y desarrollo actuales de los reactores de fusión controlada. La reducción de la masa en reposo producto de la creación de un átomo de helio a partir de dos átomos de deuterio es $\Delta m = 4.25 \times 10^{-29}$ kg. Por lo tanto, el correspondiente exceso de energía que se origina de una reacción de fusión es $\Delta mc^2 = 3.83 \times 10^{-12}$ J $= 23.9$ MeV. Para apreciar la magnitud de este resultado, si 1 g de deuterio se convierte en helio, ¡la energía liberada es casi de 10^{12} J! A los costos de la energía eléctrica de 1995, esto se valoró en 60 000 dólares.

EJEMPLO CONCEPTUAL 39.13

Debido a que la masa es una medida de energía, ¿puede concluirse que un resorte comprimido tiene más masa que el mismo resorte cuando no está comprimido?

Razonamiento Recuerde que cuando un resorte de constante de fuerza k se comprime (o alarga) una distancia x a partir de su posición de equilibrio, almacena energía potencial elástica $U = kx^2/2$. De acuerdo con la teoría de la relatividad especial, cualquier cambio en la energía total de un sistema es equivalente a un cambio de masa del sistema. Por lo tanto, la masa de un resorte comprimido (o alargado) es mayor que la masa del resorte en su posición de equilibrio en una cantidad U/c^2.

EJEMPLO 39.14 **Energía de enlace de un deuterón**

La masa del deuterón, que es el núcleo del "hidrógeno pesado", no es igual a la suma de las masas de sus constituyentes, que son el protón y el neutrón. Calcule esta diferencia de masa y determine su equivalencia de energía.

Solución Empleando las unidades de masa atómica (u), tenemos

$$m_p = \text{masa del protón} = 1.007276\ u$$
$$m_n = \text{masa del neutrón} = 1.008665\ u$$
$$m_p + m_n = 2.015941\ u$$

Puesto que la masa del deuterón es 2.013553 u (apéndice A), vemos que la diferencia de masa Δm es 0.002388 u. Por definición, 1 u $= 1.66 \times 10^{-27}$ kg, por lo tanto

$$\Delta m = 0.002388\ u = \boxed{3.96 \times 10^{-30}\ kg}$$

Al emplear $E = \Delta mc^2$, encontramos que

$$E = \Delta mc^2 = (3.96 \times 10^{-30}\ kg)(3.00 \times 10^8\ m/s)^2$$
$$= 3.56 \times 10^{-13}\ J = \boxed{2.23\ MeV}$$

En consecuencia, la mínima energía requerida para separar el protón del neutrón del núcleo de deuterio (la energía de enlace) es 2.23 MeV.

39.9 RELATIVIDAD Y ELECTROMAGNETISMO

La relatividad requiere que las leyes de la física sean las mismas en todos los marcos inerciales. La íntima conexión entre relatividad y electromagnetismo fue reconocida por Einstein en su primer artículo sobre relatividad titulado "Acerca de la electrodinámica de cuerpos en movimiento". Como hemos visto, una onda luminosa en un marco debe ser una onda luminosa en cualquier otro marco, y su velocidad debe ser c relativa a cualquier observador. Es decir, consistente con la teoría del electromagnetismo de Maxwell. Esto es, las ecuaciones de Maxwell no requieren modificarse en la relatividad.

Para entender la relación entre relatividad y electromagnetismo, describimos en seguida una situación que muestra cómo un campo eléctrico en un marco de referencia se ve como un campo magnético en otro marco de referencia. Considere un alambre que conduce una corriente y suponga que una carga de prueba positiva q se mueve paralela al alambre con velocidad **u**, como en la figura 39.21a. Suponemos

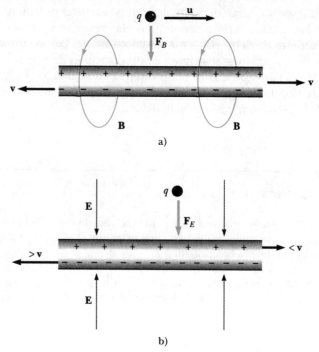

FIGURA 39.21 a) Una carga de prueba positiva que se mueve hacia la derecha con una velocidad **u** cerca de un alambre que conduce una corriente. En el marco del alambre, las cargas positivas y negativas de densidades iguales se mueven en direcciones opuestas, la carga neta es cero y **E** = 0. Un campo magnético **B** rodea al alambre, y la carga experimenta una fuerza magnética hacia el alambre. b) En el marco en reposo de la carga de prueba, las cargas negativas en el alambre se contraen más que las cargas positivas, por lo que el alambre tiene una carga negativa neta, creando un campo eléctrico **E** dirigido hacia el alambre. Por lo tanto, la carga de prueba experimenta una fuerza eléctrica hacia el alambre.

que la carga neta sobre el alambre es cero. La corriente en el alambre produce un campo magnético que forma círculos alrededor del alambre y que está dirigido hacia afuera de la página en la carga de prueba móvil. Esto produce una fuerza magnética $\mathbf{F}_B = q\ \mathbf{u} \times \mathbf{B}$ sobre la carga de prueba que actúa hacia el alambre, pero no en una fuerza eléctrica debido a que la carga neta sobre el alambre es cero cuando se observa en este marco.

Consideremos a continuación la misma situación vista desde el marco de la carga de prueba, como en la figura 39.21b. En este marco, las cargas positivas en el alambre se mueven más lentamente, en relación con la carga de prueba, que las cargas negativas en el alambre. Debido a la contracción de la longitud, las distancias entre las cargas positivas en el alambre son más pequeñas que las distancias entre las cargas negativas. En consecuencia, no hay carga negativa neta sobre el alambre cuando se observa en este marco. La carga negativa neta produce un campo eléctrico que apunta hacia el alambre, y nuestra carga de prueba positiva experimenta una fuerza eléctrica hacia el alambre. De este modo, lo que se observa como un campo magnético en el marco del alambre se transforma en un campo eléctrico en el marco de la carga de prueba.

*39.10 RELATIVIDAD GENERAL

Hasta aquí hemos evadido un curioso enigma. La masa tiene dos propiedades aparentemente diferentes: una *atracción gravitacional* con otras masas, y una propiedad *inercial* que se opone a la aceleración. Para designar estos dos atributos, empleamos los subíndices *g* e *i* y escribimos

$$\text{Propiedad gravitacional} \qquad F_g = m_g g$$

$$\text{Propiedad inercial} \qquad F = m_i a$$

El valor para la constante gravitacional *G* fue elegido para hacer numéricamente iguales las magnitudes de m_g y m_i. Sin embargo, independientemente de cómo se elija *G*, la igualdad estricta de m_g y m_i se ha medido hasta un grado extremadamente alto: unas cuantas partes en 10^{12}. Así, parece que la masa gravitacional y la masa inercial pueden ser desde luego exactamente iguales.

¿Pero por qué? Parece que dos conceptos enteramente diferentes están involucrados: una fuerza de atracción gravitacional mutua entre dos masas y la resistencia de una sola masa a ser acelerada. Esta pregunta, la cual intrigó a Newton y a muchos otros físicos durante años, fue contestada cuando Einstein publicó su teoría de gravitación, conocida como *relatividad general*, en 1916. Debido a que es una teoría matemáticamente compleja, ofrecemos sólo una probada de su elegancia y profundidad.

En la visión de Einstein, la notable coincidencia de que m_g y m_i parecen ser exactamente proporcionales fue una señal de la muy íntima y básica conexión entre los dos conceptos. Einstein señaló que ningún experimento mecánico (como dejar caer una masa) podría distinguir entre las dos situaciones ilustradas en las figuras 39.22a y 39.22b. En cada caso, una masa dejada caer por el observador se somete a una aceleración hacia abajo de *g* relativa al piso.

Einstein llevó esta idea más adelante y propuso que *ningún* experimento, mecánico o de otro tipo, podría distinguir entre estos dos casos. Esta extensión para incluir todos los fenómenos (no sólo los mecánicos) tiene interesantes consecuencias. Por ejemplo, suponga que un pulso luminoso se envía horizontalmente a través de un elevador, como en la figura 39.22c. La trayectoria del pulso de luz se desvía hacia abajo cuando el elevador acelera hacia arriba para encontrarlo. Por lo tanto, Einstein propuso que un haz de luz también debe desviarse hacia abajo por efecto del campo

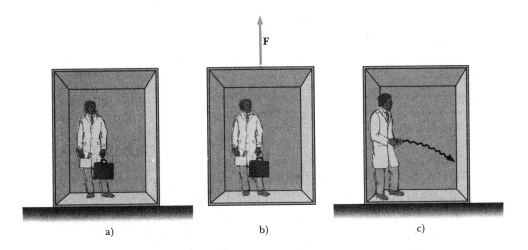

FIGURA 39.22 a) El observador en reposo en un campo gravitacional uniforme **g**. b) El observador en una región donde la gravedad es despreciable, pero el marco de referencia se acelera por medio de una fuerza externa **F** que produce una aceleración **g**. De acuerdo con Einstein, los marcos de referencia en los incisos a) y b) son equivalentes en cualquier forma. Ningún experimento local podría distinguir alguna diferencia entre los dos marcos. c) Si los incisos a) y b) son realmente equivalentes, como Einstein propuso, entonces un rayo luminoso se desviaría en un campo gravitacional.

gravitacional. (Ninguna desviación así se predice en la teoría de gravitación de Newton.)

Los dos postulados de Einstein en la **relatividad general** son como sigue:

- Todas las leyes de la naturaleza tienen la misma forma para observadores en cualquier marco de referencia, esté o no acelerado.
- En los alrededores de cualquier punto dado, un campo gravitacional es equivalente a un marco de referencia acelerado en ausencia de efectos gravitacionales. (Éste es el *principio de equivalencia*.)

El segundo postulado significa que la masa gravitacional y la masa inercial son completamente equivalentes, no exactamente proporcionales. Lo que pensaríamos de dos tipos diferentes de masa que son en realidad idénticos.

Un efecto interesante predicho por la relatividad general es que las escalas de tiempo son alteradas por la gravedad. Un reloj en presencia de la gravedad funciona más lentamente que uno donde la gravedad es despreciable. En consecuencia, las frecuencias de la radiación emitida por átomos en presencia de un intenso campo gravitacional están *corridas del rojo* hacia frecuencias menores cuando se comparan en las mismas emisiones en un campo débil. Este corrimiento gravitacional hacia el rojo ha sido detectado en líneas espectrales emitidos por átomos en estrellas masivas. También se ha verificado sobre la Tierra comparando las frecuencias de rayos gamma (una forma de radiación electromagnética de alta energía) emitidos por núcleos separados verticalmente en aproximadamente 20 m.

Según el segundo postulado un campo gravitacional puede "transformarse a distancia" en algún punto si elegimos un marco de referencia acelerado apropiado, por ejemplo, uno cayendo libremente. Einstein desarrolló un ingenioso método con el que se describe la aceleración necesaria para "desaparecer el campo gravitacional". Especificó una cierta cantidad, la *curvatura del espacio-tiempo*, que describe el efecto gravitacional en cada punto. De hecho, la curvatura del espacio-tiempo reemplaza por completo la teoría gravitacional de Newton. De acuerdo con Einstein, no hay una cosa como una fuerza gravitacional. En lugar de eso, la presencia de una masa ocasiona una curvatura del espacio-tiempo en la vecindad de la masa, y esta curvatura dicta la trayectoria del espacio-tiempo que todos los objetos que se mueven libremente deben seguir. Como un físico afirmó: "la masa le dice al espacio-tiempo cómo curvarse; el espacio-tiempo curvado le dice a la masa cómo moverse". Una importante prueba de la relatividad general es la predicción de que un rayo luminoso que pase cerca del Sol deba desviarse cierto ángulo. Esta predicción fue confirmada por astrónomos cuando la luz solar se desvió durante un eclipse solar total que sucedió poco después de la Primera Guerra Mundial (Fig. 39.23).

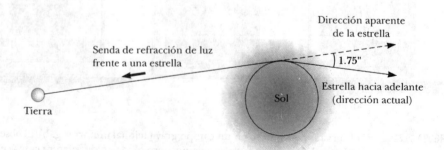

FIGURA 39.23 Deflexión de luz estelar que pasa cerca del Sol. Debido a este efecto, el Sol y otros objetos remotos pueden actuar como un *lente gravitacional.* En su teoría general de la relatividad, Einstein calculó que la luz estelar que apenas roza la superficie del Sol debe desviarse un ángulo de 1.75".

Si la concentración de la masa se vuelve muy grande, como se cree que ocurre cuando una gran estrella agota su combustible nuclear y se colapsa hasta un volumen muy pequeño, es posible que se forme un **hoyo negro**. Aquí la curvatura del espacio-tiempo es tan extrema que, dentro de cierta distancia desde el centro del hoyo negro, toda la materia y la luz quedan atrapadas.

RESUMEN

Los dos postulados básicos de la teoría especial de la relatividad son

- Todas las leyes de la física son las mismas en todos los marcos de referencia inerciales.
- La velocidad de la luz en el vacío tiene el mismo valor, $c = 3.00 \times 10^8$ m/s, en todos los marcos inerciales, independientemente de la velocidad del observador o de la velocidad de la fuente que emite la luz.

Tres consecuencias de la teoría especial de la relatividad son las siguientes:

- Los eventos que son simultáneos para un observador no son simultáneos para otro observador que se encuentra en movimiento relativo respecto del primero.
- Los relojes en movimiento relativo a un observador parecen retardarse por un factor γ. Esto se conoce como **dilatación del tiempo**.
- Las longitudes de los objetos en movimiento parecen contraerse en la dirección de movimiento.

Para satisfacer los postulados de la relatividad especial, las transformaciones galileanas deben sustituirse por las **transformaciones de Lorentz**:

$$x' = \gamma(x - vt)$$
$$y' = y$$
$$z' = z \qquad \text{(39.9)}$$
$$t' = \gamma\left(t - \frac{v}{c^2}x\right)$$

donde $\gamma = (1 - v^2/c^2)^{-1/2}$.

La forma relativista de la **transformación de la velocidad** es

$$u'_x = \frac{u_x - v}{1 - \frac{u_x v}{c^2}} \qquad \text{(39.14)}$$

donde u_x es la velocidad de un objeto de acuerdo a como se mide en el marco S y u'_x es su velocidad medida en el marco S$'$.

La expresión relativista para el **momento** de una partícula que se mueve con una velocidad **u** es

$$\mathbf{p} \equiv \frac{m\mathbf{u}}{\sqrt{1 - \frac{u^2}{c^2}}} = \gamma m\mathbf{u} \qquad \text{(39.18)}$$

La expresión relativista para la **energía cinética** de una partícula es

$$K = \gamma mc^2 - mc^2 \qquad \text{(39.22)}$$

donde mc^2 se denomina la **energía en reposo** de la partícula.

La energía total E de una partícula se relaciona con la **masa** mediante la famosa expresión de equivalencia de la **masa-energía**:

$$E = \gamma mc^2 = \frac{mc^2}{\sqrt{1 - \dfrac{u^2}{c^2}}} \qquad (39.24)$$

El momento relativista se relaciona con la energía total por medio de la ecuación

$$E^2 = p^2 c^2 + (mc^2)^2 \qquad (39.25)$$

PREGUNTAS

1. ¿Cuáles dos mediciones de velocidad que hacen dos observadores en movimiento relativo siempre concuerdan?

2. Una nave espacial en forma de esfera es vista por un observador sobre la Tierra con una velocidad de 0.5*c*. ¿Qué forma ve el observador cuando pasa la nave espacial?

3. Un astronauta se aleja de la Tierra a una velocidad cercana a la de la luz. Si un observador sobre la Tierra mide el tamaño y el pulso del astronauta, ¿qué cambios (si los hay) mediría el observador? ¿El astronauta mediría algunos cambios?

4. Dos relojes idénticos están sincronizados. Uno se pone en órbita dirigido hacia el este alrededor de la Tierra mientras que el otro permanece en la misma. ¿Cuál reloj funciona más lentamente? Cuando el reloj en movimiento regresa a la Tierra, ¿los dos siguen sincronizados?

5. Dos láseres situados sobre una nave espacial en movimiento se disparan simultáneamente. Un observador sobre la nave espacial afirma que vio los pulsos de luz de manera simultánea. ¿Qué condición es necesaria de manera que concuerde un segundo observador?

6. Cuando decimos que un reloj en movimiento funciona más lentamente que uno estacionario, ¿significa que

hay algo físico inusual relacionado con el reloj en movimiento?

7. Liste algunas maneras en las que nuestra vida cotidiana cambiaría si la velocidad de la luz fuera de sólo 50 m/s.

8. Brinde un argumento físico que muestre que es imposible acelerar un objeto de masa *m* a la velocidad de la luz, incluso con una fuerza continua que actúe sobre él.

9. Se dice que Einstein, en sus años de adolescente, hizo la pregunta: "¿Qué vería en un espejo si lo llevara en mis manos y corriera a la velocidad de luz?" ¿Cómo respondería usted esta pregunta?

10. ¿Qué sucede con la densidad de un objeto cuando aumenta su velocidad? Tome en cuenta que la densidad relativista es $m/V = E/c^2 V$.

11. Algunas de las estrellas distantes, llamadas quasares, se alejan de nosotros a la mitad (o más) de la velocidad de la luz. ¿Cuál es la velocidad de la luz que recibimos de estos quasares?

12. ¿Cómo es posible que los fotones de luz, los cuales tienen masa en reposo cero, tengan momento?

13. Respecto de marcos de referencia, ¿cómo difiere la relatividad general de la relatividad especial?

PROBLEMAS

Sección 39.1   El principio de la relatividad newtoniana

1. En un marco de referencia de un laboratorio, un observador nota que la segunda ley de Newton es válida. Muestre que ésta también es válida para un observador que se mueve a una velocidad constante relativa al marco de laboratorio.

2. Muestre que la segunda ley de Newton no es válida en un marco de referencia que se mueve respecto del marco del laboratorio del problema 1 con una aceleración constante.

3. Un carro de 2 000 kg que se mueve a 20 m/s choca y se queda pegado a un carro de 1 500 kg en reposo en un semáforo. Demuestre que el momento se conserva en un marco de referencia que se mueve a 10 m/s en la dirección del carro en movimiento.

4. Una bola de billar de 0.30 kg de masa que se mueve a 5.0 m/s choca elásticamente con una bola de 0.20 kg que se

mueve en la dirección opuesta a 3.0 m/s. Muestre que el momento se conserva en un marco de referencia que se mueve con una velocidad de 2.0 m/s en la dirección de la segunda bola.

5. Una bola se lanza a 20 m/s dentro de un vagón que se mueve sobre las vías a 40 m/s. ¿Cuál es la velocidad de la bola relativa al suelo si ésta se lanza a) hacia adelante, b) hacia atrás y c) fuera de la puerta lateral?

5A. Una bola se lanza a una velocidad v_b dentro de un vagón que se mueve sobre las vías a una velocidad v. ¿Cuál es la velocidad de la bola relativa al suelo si ésta se lanza a) hacia adelante, b) hacia atrás y c) fuera por la puerta lateral?

☐ Indica problemas que tienen soluciones completas disponibles en el *Manual de soluciones del estudiante* y en la *Guía de estudio*.

Sección 39.4   Consecuencias de la relatividad especial

6. ¿A qué velocidad tiene que moverse un reloj para funcionar a un ritmo que es la mitad del correspondiente a un reloj en reposo?

7. En 1962, cuando Scott Carpenter orbitó la Tierra 22 veces, la prensa señaló que por cada órbita él envejecía 2.0 × 10^{-6} s menos que lo que hubiera envejecido al permanecer en la Tierra. a) Suponiendo que estaba alejado 160 km de la Tierra en una órbita circular, determine la diferencia de tiempo entre alguien en la Tierra y Carpenter para las 22 órbitas. (*Sugerencia*: Emplee la aproximación $\sqrt{1-x} \approx 1 - x/2$ para *x* pequeñas.) b) ¿La información de la prensa es exacta? Explique.

8. La longitud propia de una nave espacial es tres veces la de otra. Las dos naves viajan en la misma dirección y, mientras ambas pasan arriba, un observador en la Tierra las mide y obtiene la misma longitud. Si la nave más lenta se desplaza a 0.35c, determine la velocidad de la más rápida.

8A. La longitud propia de una nave espacial es *N* veces la de otra. Las dos naves viajan en la misma dirección y, mientras ambas pasan arriba, un observador en la Tierra las mide y obtiene la misma longitud. Si la nave más lenta se desplaza con velocidad *v*, determine la velocidad de la más rápida.

9. Una nave espacial de 300 m de longitud propia tarda 0.75 μs para pasar a un observador terrestre. Determine su velocidad de acuerdo a como la mide el observador en la Tierra.

9A. Una nave espacial de longitud L_p propia tarda *t* segundos para pasar a un observador terrestre. Determine su velocidad de acuerdo a como la mide el observador en la Tierra.

10. Unos muones se mueven en órbitas circulares a una velocidad de 0.9994c en un anillo de almacenamiento de 500 m de radio. Si un muón en reposo decae en otras partículas después de $T = 2.20$ μs, ¿cuántos recorridos alrededor del anillo de almacenamiento se espera que realicen los muones antes de decaer?

11. Una nave espacial se mueve a 0.90c. Si su longitud es L_0 cuando se mide desde el interior de la misma, ¿cuál es su longitud medida por un observador terrestre?

12. Los rayos cósmicos de energía más alta son protones, que tienen una energía cinética de 10^{13} MeV. a) ¿Cuánto tardaría un protón de esta energía en viajar a través de la Vía Láctea, galaxia de 10^5 años luz de diámetro, de acuerdo a como se mediría en el marco del protón? b) Desde el punto de vista del protón, ¿cuántos kilómetros tiene de largo la galaxia?

13. El pión tiene una vida promedio de 26.0 ns cuando está en reposo. Para que recorra 10.0 m, ¿qué tan rápido debe moverse?

14. Si unos astronautas pudieran viajar a $v = 0.95c$, nosotros en la Tierra afirmaríamos que tardan $(4.2/0.95) = 4.4$ años en llegar a Alfa Centauri a 4.2 años luz de distancia. Los astronautas no estarían de acuerdo. a) ¿Qué tiempo pasa en los relojes de los astronautas? b) ¿Qué distancia a Alfa Centauri miden los astronautas?

Sección 39.5 Las ecuaciones de transformación de Lorentz

15. Una nave espacial viaja a 0.75c respecto a la Tierra. Si la nave espacial dispara un pequeño cohete hacia adelante, ¿qué velocidad inicial (relativa a la nave) debe tener el cohete para que viaje a 0.95c respecto a la Tierra?

16. Cierto quasar se aleja de la Tierra a $v = 0.87c$. Un chorro de material expulsado del quasar hacia la Tierra se mueve a 0.55c relativo al quasar. Encuentre la velocidad del material expulsado relativa a la Tierra.

17. Dos chorros de material provenientes del centro de una radio galaxia vuelan alejándose en direcciones opuestas. Ambos chorros se mueven a 0.75c respecto a la galaxia. Determine la velocidad de un chorro con relación al otro.

18. Una nave espacial de Klingon se mueve alejándose de la Tierra a una velocidad de 0.80c (Fig. P39.18). La nave estelar Enterprise la persigue a una velocidad de 0.90c respecto de la Tierra. Los observadores en la Tierra ven que la Enterprise alcanza a la nave de Klingon a una velocidad relativa de 0.10c. ¿Con qué velocidad la Enterprise alcanza a la nave de Klingon según observa la tripulación del Enterprise?

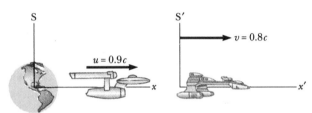

FIGURA P39.18 La Tierra en el marco S. La nave de Klingon está en el marco S′. La Enterprise es el objeto cuyo movimiento es seguido desde S y S′.

19. Un cubo de acero tiene un volumen de 1.0 cm^3 y una masa de 8.0 g cuando está en reposo en la Tierra. Si al cubo se le da después una velocidad $v = 0.90c$, ¿cuál es su densidad cuando es medida por un observador estacionario? Advierta que la densidad relativista es $m/V = E/c^2V$.

19A. Un cubo de acero tiene un volumen V y una masa m cuando está en reposo en la Tierra. Si al cubo se le da después una velocidad v, ¿cuál es su densidad cuando es medida por un observador estacionario? Advierta que la densidad relativista es $m/V = E/c^2V$.

Sección 39.6   Momento relativista y forma relativista de las leyes de Newton

20. Calcule el momento de un protón que se mueve a a) 0.0100c, b) 0.500c, c) 0.900c.

21. Determine el momento de un protón en unidades de MeV/c si su energía total es el doble de su energía en reposo.

22. Muestre que la velocidad de un objeto que tiene un momento p y masa m es

$$v = \frac{c}{\sqrt{1 + (mc/p)^2}}$$

Sección 39.7   Energía relativista

23. Muestre que la relación energía-momento $E^2 = p^2c^2 + (mc^2)^2$ se deriva de las expresiones $E = \gamma mc^2$ y $p = \gamma mu$.

24. La radiación Cherenkov se produce cuando un electrón viaja más rápido que la velocidad de la luz en un medio, el equivalente relativista de una explosión sonora. Considere un electrón que viaja diez por ciento más rápido que la luz en el agua. Determine a) la energía total y la energía cinética del electrón en electrón volts, y b) su momento en MeV/c.

25. Un protón se mueve a $0.95c$. Calcule su a) energía en reposo, b) energía total y c) energía cinética.

26. El volumen total del agua en los océanos es aproximadamente 1.4×10^9 km³. La densidad del agua de mar es 1 030 kg/m³ y su capacidad calorífica es de 4 200 J/kg · °C. Estime el aumento en la masa del agua de mar correspondiente a un aumento en la temperatura de 10°C.

27. Determine la velocidad de una partícula cuya energía total es el doble de su energía en reposo.

28. Un protón en un acelerador de alta energía adquiere una energía cinética de 50 GeV. Determine a) su momento y b) su velocidad.

29. Determine la energía requerida para acelerar un electrón de a) $0.50c$ a $0.90c$, y b) $0.90c$ a $0.99c$.

30. En un tubo de televisión a color ordinario, los electrones se aceleran a través de una diferencia de potencial de 25 000 V. a) ¿Qué velocidad tienen los electrones cuando inciden sobre la pantalla? b) ¿Cuál es su energía cinética en joules?

31. Se aceleran electrones hasta una energía de 20 GeV en el Acelerador Lineal de Stanford de 3.0 km de largo. a) ¿Cuál es el factor γ para los electrones? b) ¿Cuál es su velocidad? c) ¿Qué longitud tiene para ellos el acelerador?

32. Una nave espacial de 1.0×10^6 kg de masa se va a acelerar hasta $0.60c$. a) ¿Cuánta energía requiere lo anterior? b) ¿Cuántos kilogramos de masa (además de su combustible) gana la nave espacial a partir del quemado de su combustible?

33. Un pión en reposo ($m_\pi = 270 \, m_e$) decae en un muón ($m_\mu = 206 \, m_e$) y un antineutrino ($m_\nu = 0$): $\pi^- \rightarrow \mu^- + \bar{\nu}$. Encuentre la energía cinética del muón y del antineutrino en electrón volts. (*Sugerencia:* El momento relativista se conserva.)

Sección 39.8   Equivalencia de masa y energía

34. En una planta nucleoeléctrica, las barras de combustible duran tres años. Si una planta de 1.0 GW opera a 80% de capacidad durante los tres años, ¿cuál es la pérdida de masa (hacia el vapor) del combustible?

35. Considere el decaimiento $^{55}_{24}\text{Cr} \rightarrow ^{55}_{25}\text{Mn} + e$, donde e es un electrón. El núcleo de ^{55}Cr tiene una masa de 54.9279 u, y el núcleo de ^{55}Mn tiene una masa de 54.9244 u. a) Calcule la diferencia de masa entre los dos núcleos en electrón volts. b) ¿Cuál es la energía cinética máxima del electrón emitido?

36. Un núcleo de ^{57}Fe en reposo emite un fotón de 14 keV. Emplee la conservación de la energía y el momento para deducir la energía cinética del núcleo que retrocede en electrón volts. (Emplee $Mc^2 = 8.6 \times 10^{-9}$ J para el estado final del núcleo de ^{57}Fe.)

37. La salida de potencia del Sol es de 3.8×10^{26} W. ¿Cuánta masa en reposo se convierte en energía cinética en el Sol cada segundo?

38. Un rayo gama (un fotón de luz de alta energía) puede producir un electrón (e⁻) y un positrón (e⁺) cuando entra en el campo eléctrico de un núcleo pesado: ($\gamma \rightarrow$ e⁺ + e⁻). ¿Qué energía de rayo gama mínima se requiere para llevar a cabo esta tarea? (*Sugerencia:* Las masas del electrón y el positrón son iguales.)

PROBLEMAS ADICIONALES

39. Una nave espacial se aleja de la Tierra a $0.50c$ y dispara una nave transbordadora que viaja hacia adelante a $0.50c$ relativa a la nave espacial. El piloto del transbordador dispara una sonda hacia adelante a una velocidad de $0.50c$ relativa al transbordador. Determine a) la velocidad del transbordador relativa a la Tierra y b) la velocidad de la sonda relativa a la Tierra.

39A. Una nave espacial se aleja de la Tierra a una velocidad v y dispara una nave transbordadora que viaja hacia adelante a una velocidad v relativa a la nave. El piloto del transbordador dispara una sonda hacia adelante a una velocidad v relativa al transbordador. Determine a) la velocidad del transbordador relativa a la Tierra y b) la velocidad de la sonda relativa a la Tierra.

40. Un astronauta desea visitar la galaxia Andrómeda (a 2 millones de años luz de distancia) en un viaje de ida que tardará 30 años en el marco de referencia de la nave espacial. Suponiendo que su velocidad es constante, ¿qué tan rápido debe viajar respecto de la Tierra?

41. La reacción nuclear neta dentro del Sol es 4p $\rightarrow$ ⁴He + ΔE. Si la masa en reposo de cada protón es de 938.2 MeV y la masa en reposo del núcleo de ⁴He es de 3 727 MeV, calcule el porcentaje de la masa inicial que se libera como energía.

42. El requerimiento de energía anual de Estados Unidos es del orden de 10^{20} J. ¿Cuántos kilogramos de materia tendrían que liberarse como energía para alcanzar este requerimiento?

43. Un cohete se mueve hacia un espejo a $0.80c$ con relación al marco de referencia S en la figura P39.43. El espejo está estacionario relativo a S. Un pulso de luz emitido por el cohete viaja hacia el espejo y se refleja de regreso al cohete. El frente del cohete está a 1.8×10^{12} m del espejo (según miden los observadores en S) en el momento en que el pulso luminoso sale del cohete. ¿Cuál es el tiempo de viaje total del pulso según miden los observadores en a) el marco S, y b) el frente del cohete?

43A. Un cohete se mueve hacia un espejo a una velocidad v con relación al marco de referencia S en la figura P39.43. El espejo está estacionario relativo a S. Un pulso de luz emitido por el cohete viaja hacia el espejo y se refleja de regreso al cohete. El frente del cohete está a una distancia d del espejo (según miden los observadores en S) en el momento en que el pulso luminoso sale del cohete. ¿Cuál es el tiempo de viaje total del pulso según miden los observadores en a) el marco S y b) el frente del cohete?

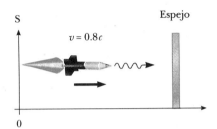

FIGURA P39.43

44. ¿Qué tan rápido tendría que moverse un motociclista para hacer que una luz roja aparezca verde? ($\lambda_{rojo} = 650$ nm, $\lambda_{verde} = 550$ nm.) Al computar lo anterior, emplee la fórmula relativista correcta para el corrimiento Doppler:

$$\frac{\Delta\lambda}{\lambda} + 1 = \sqrt{\frac{c-v}{c+v}}$$

donde v es la velocidd de acercamiento y λ es la longitud de onda de la fuente.

45. Una profesora de física en la Tierra aplica un examen a estudiantes que se encuentran en un cohete espacial que viaja a una velocidad v respecto de la Tierra. En el momento en que el cohete pasa sobre la profesora, ésta da la señal para iniciar el examen. Si desea que sus estudiantes tengan el tiempo T_0 (tiempo del cohete) para completar el examen, muestre que debe esperar un tiempo terrestre

$$T = T_0\sqrt{\frac{1-v/c}{1+v/c}}$$

antes de enviar la señal que les indique que terminen. (*Sugerencia:* Recuerde que transcurre cierto tiempo para que la segunda señal luminosa viaje desde la profesora hasta los estudiantes.)

46. Ted y Mary reciben una pelota en el marco S′, el cual se mueve a $0.60c$ relativo al marco S, mientras que Jim observa la acción en el marco S (Fig. P39.46). Ted lanza la pelota a Mary a $0.80c$ (según Ted) y su separación (medida en S′) es 1.8×10^{12} m. a) De acuerdo con Mary, ¿qué tan rápido se mueve la pelota? b) De acuerdo con Mary, ¿cuánto tarda la pelota en llegar a ella? c) De acuer-do con Jim, ¿qué distancia están separados Ted y Mary y

qué tan rápido se mueve la pelota? d) De acuerdo con Jim, ¿cuánto tarda la pelota en llegar a Mary?

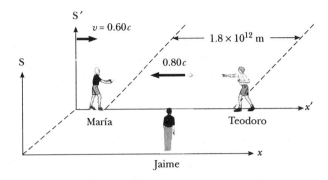

FIGURA P39.46

47. La nave espacial I, la cual contiene estudiantes que realizan un examen de física, se acerca a la Tierra con una velocidad de $0.60c$ (respecto de nuestro planeta), mientras que la nave espacial II, la cual contiene a los profesores que vigilan el examen, se mueve a $0.28c$ (con relación a la Tierra) directamente hacia los estudiantes. Si los profesores detienen el examen después de que han pasado 50 min en su reloj, ¿cuánto dura el examen según miden a) los estudiantes y b) un observador en la Tierra?

47A. La nave espacial I, la cual contiene estudiantes que realizan un examen de física, se acerca a la Tierra con una velocidad v_I (respecto de nuestro planeta), mientras que la nave espacial II, la cual contiene a los profesores que vigilan el examen, se mueve a una velocidad v_{II} (con relación a la Tierra) directamente hacia los estudiantes. Si los profesores detienen el examen después de que han pasado t_{II} minutos en su reloj, ¿cuánto dura el examen según miden a) los estudiantes y b) un observador en la Tierra?

48. Una barra de longitud L_0 que se mueve con una velocidad v a lo largo de la dirección horizontal forma un ángulo θ_0 respecto del eje x'. a) Muestre que la longitud de la barra medida por un observador estacionario es $L = L_0[1 - (v^2/c^2)\cos^2\theta_0]^{1/2}$. b) Muestre que el ángulo que la barra forma con el eje x es $\tan\theta_0 = \gamma\tan\theta_0$. Estos resultados demuestran que la barra se contrae y se gira. (Considere el extremo inferior de la barra en el origen del sistema de coordenadas primo.)

49. Imagine una nave espacial que parte de la Tierra moviéndose a velocidad constante hacia el todavía no descubierto planeta Retah, el cual se encuentra a 20 horas luz de la Tierra. Se requieren 25 h (de acuerdo con un observador terrestre) para que la nave llegue a este planeta. Suponiendo que los relojes sobre la Tierra y en la nave espacial están sincronizados al principio del viaje, compare el tiempo transcurrido en el marco de la nave espacial para un trayecto de ida con el tiempo transcurrido en el marco de la Tierra.

50. Si el número de muones en $t = 0$ es N_0, el número en el tiempo t es $N = N_0 e^{-t/\tau}$ donde τ es el tiempo de vida medio, igual a 2.2 ms. Suponga que los muones se mueven a $0.95c$ y que hay 5.0×10^4 de ellos en $t = 0$. a) ¿Cuál es el tiempo de vida observado de los muones? b) ¿Cuántos quedan después de viajar 3.0 km?

51. Considere dos marcos de referencia inerciales S y S', donde S' se mueve hacia la derecha con una velocidad constante de $0.60c$ relativa a S. Una regla de 1.0 m de longitud propia se mueve desde la izquierda hacia los orígenes de S y S', y la longitud de la misma es de 50 cm cuando la mide un observador en S'. a) Determine la velocidad de la regla de acuerdo a como la miden observadores en S y S'. b) ¿Cuál es la longitud de la regla cuando la mide un observador en S?

51A. Considere dos marcos de referencia inerciales S y S', donde S' se mueve hacia la derecha con una velocidad constante v relativa a S. Una regla de longitud propia L_p se mueve desde la izquierda hacia los orígenes de S y S', y la longitud de la misma es L' cuando la mide un observador en S'. a) Determine la velocidad de la regla de acuerdo a como la miden observadores en S y S'. b) ¿Cuál es la longitud de la regla cuando la mide un observador en S?

52. Suponga que nuestro Sol está a punto de explotar. Tratando de escapar, salimos de este mundo en una nave espacial a $v = 0.80c$ y nos dirigimos hacia la estrella Tau Ceti, a 12 años de luz de distancia. Cuando alcanzamos el punto medio de nuestro viaje desde la Tierra, vemos que el Sol estalla y, desafortunadamente, al mismo tiempo observamos que Tau Cety explota también. a) En el marco de referencia de la nave espacial, ¿debemos concluir que las dos explosiones ocurren simultáneamente? Si no, ¿cuál ocurre primero? b) En el marco de referencia en el cual el Sol y Tau Ceti están en reposo, ¿explotan simultáneamente? Si no, ¿cuál explota primero?

53. Dos cohetes están a punto de chocar. Se mueven a $0.800c$ y $0.600c$ y están al principio separados por 2.52×10^{12} m de acuerdo a una medición efectuada por Liz, la observadora terrestre en la figura P39.53. Los dos cohetes miden 50.0 m de largo según Liz. a) ¿Cuáles son sus longitudes propias respectivas? b) ¿Cuál es la longitud de cada cohete medida por un observador en el otro cohete? c) De acuerdo con Liz, ¿cuánto tiempo falta para que los cohetes choquen? d) En relación con el cohete 1,

¿cuánto tardan en chocar los cohetes? e) En relación con el cohete 2, cuánto tardan en chocar los cohetes? f) Si ambas tripulaciones de los cohetes son capaces de realizar la evacuación total en 90 min (su tiempo propio), ¿habrá algunas víctimas?

54. *El corrimiento hacia el rojo.* Una fuente luminosa se aleja de un observador con velocidad v_s, la cual es pequeña comparada con c. a) Muestre que el corrimiento fraccionario en la longitud de onda medida está dado por la expresión aproximada

$$\frac{\Delta \lambda}{\lambda} \approx \frac{v_s}{c}$$

Este resultado se conoce como el corrimiento hacia el rojo debido a que la luz visible se desplaza hacia el rojo. b) Las mediciones espectroscópicas de luz a $\lambda = 397$ nm provenientes de una galaxia en la Osa Mayor revelan un corrimiento hacia el rojo de 20 nm. ¿Cuál es la velocidad de retroceso de la galaxia?

55. Una partícula que tiene carga q se mueve a velocidad v a lo largo de una línea recta en un campo eléctrico uniforme **E**. Si el movimiento y el campo eléctrico están ambos en la dirección x, a) muestre que la aceleración de la partícula en la dirección x es

$$a = \frac{dv}{dt} = \frac{qE}{m}\left(1 - \frac{v^2}{c^2}\right)^{3/2}$$

b) Discuta la importancia del hecho de que la aceleración depende de la velocidad. c) Si la partícula parte desde el reposo en $x = 0$ y $t = 0$, ¿cómo encontraría su velocidad y posición después de que ha transcurrido un tiempo t?

56. Considere dos marcos de referencia inerciales S y S', donde S' se mueve hacia la derecha con velocidad constante $0.60c$ con relación a S. Jennifer está localizada a 1.8×10^{11} m hacia la derecha del origen de S y está fija en S (según mide un observador en S), en tanto que Matt está fijo en S' en el origen (cuando es medido por un observador en S'). En el instante en que sus orígenes coinciden, Matt lanza una bola hacia Jennifer a $0.80c$ según mide Matt (Fig. P39.56). a) ¿Cuál es la velocidad de la bola según mide Jennifer? ¿Cuánto tiempo transcurre antes de que Jennifer recibe la bola, medido respecto de b) Jennifer, c) la bola y d) Matt?

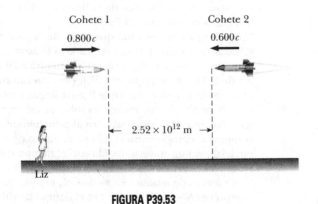

Cohete 1   Cohete 2
$0.800c$ $0.600c$

$\leftarrow 2.52 \times 10^{12}$ m $\rightarrow$

Liz

FIGURA P39.53

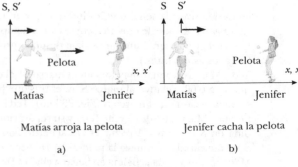

S, S'   S   S'

Pelota   Pelota
              x, x' x, x'
Matías   Jenifer   Matías   Jenifer

Matías arroja la pelota   Jenifer cacha la pelota

a)   b)

FIGURA P39.56

57. Según miden observadores en un marco de referencia S, una partícula que tiene carga q se mueve con velocidad **v** en un campo magnético **B** y un campo eléctrico **E**. La fuerza resultante sobre la partícula es $F = q(E + v \times B)$. Otro observador se mueve junto con la partícula y al medir su carga encuentra también un valor q pero un campo eléctrico **E**′. Si ambos observadores van a medir la misma fuerza **F**, muestre que $E′ = E + v \times B$.

PROBLEMAS DE HOJA DE CÁLCULO

S1. Los astrónomos emplean el corrimiento Doppler en la serie de Balmer del espectro de hidrógeno para determinar la velocidad radial de una galaxia. El cambio fraccionario en la longitud de onda de la línea espectral está dado por

$$Z = \frac{\Delta\lambda}{\lambda_0} = \frac{\lambda - \lambda_0}{\lambda_0} = \sqrt{\frac{1 + v/c}{1 - v/c}} - 1$$

Una vez que esta cantidad se mide para una galaxia en retroceso particular, la velocidad de recesión puede determinarse despejando v/c en función de Z. La hoja de cálculo 39.1 calcula la velocidad de recesión para un intervalo de valores de Z a) ¿Cuál es la velocidad de galaxias que tienen $Z = 0.2, 0.5, 1.0$ y 2.0? b) Los valores más grandes de Z, $Z \approx 3.8$, se han medido para varios quasares (fuentes de radio cuasiestelares). ¿Qué tan rápido se alejan estos quasares de nosotros?

S2. Astronautas en una nave estelar que viajan a una velocidad v relativa a una base estelar reciben instrucciones del centro de control de la misión para volver a llamar en 1 h medida por los relojes de su nave. La hoja de cálculo 39.2 calcula cuánto tiene que esperar el centro de control de la misión la llamada para diferentes velocidades de la nave. ¿Cuánto habrá qué esperar si la nave está viajando a $v = 0.1c, 0.2c, 0.4c, 0.6c, 0.8c, 0.9c, 0.95c, 0.995c, 0.9995c$?

S3. La mayoría de los astrónomos cree que el universo empezó en algún instante con una explosión conocida como el Big Bang y que la recesión observada de las galaxias es una consecuencia directa de esta explosión. Si las galaxias retroceden unas de otras a una tasa constante, espera-

mos entonces que las galaxias que se mueven más rápido están ahora más alejadas de la Tierra. Este resultado, denominado ley de Hubble, en honor a Edwin Hubble, puede expresarse como $v = Hr$, donde H puede determinarse de la observación, v es la velocidad de recesión de la galaxia, y r es su distancia desde la Tierra. Las estimaciones actuales de H varían entre 15 y 30 km/s/Mal, donde Mal es la distancia que la luz recorre en un millón de años, y una estimación conservadora es $H = 20$ km/s/Mal. Emplee la hoja de cálculo 39.1 para calcular la distancia de la Tierra a cada una de las galaxias en el problema S1.

S4. Diseñe un programa de hoja de cálculo para calcular y graficar la energía cinética relativista (ecuación 39.22) y la energía cinética clásica ($\frac{1}{2} mu^2$) de un objeto macroscópico. Grafique las energías relativista y clásica contra la velocidad en la misma gráfica. a) Para un objeto de masa en reposo $m_0 = 3$ kg, ¿a qué velocidad la energía cinética clásica subestima el valor relativista en 1%? ¿5%? ¿50%? ¿Cuál es la energía cinética relativista a estas velocidades? Repita el inciso a) para b) un electrón y c) un protón.

Introducción
a la física cuántica

En la sección del tubo de arrastre del acelerador de la Clinton P. Anderson Meson Physics Facility, las partículas se aceleran hasta una energía de 100 millones de eV. Este acelerador proporciona haces de protones, piones, muones, neutrones y neutrinos para científicos y estudiantes de más de 25 países. *(Cortesía del Laboratorio Nacional de Los Alamos)*

En el capítulo anterior analizamos el hecho de que la mecánica newtoniana debe ser reemplazada por la teoría especial de la relatividad de Einstein cuando trabajamos con velocidades de partícula comparables a la velocidad de la luz. A pesar de que muchos problemas fueron resueltos con la teoría de la relatividad en la primera parte del siglo xx, muchos otros problemas experimentales y teóricos permanecieron sin respuesta. Intentos de aplicar las leyes de la física clásica para explicar el comportamiento de la materia a escala atómica fueron consistentemente fallidos. Diversos fenómenos, como la radiación de cuerpo negro, el efecto fotoeléctrico y la emisión de líneas espectrales definidas por los átomos en una descarga en un gas no pudieron explicarse en el marco de la física clásica.

Cuando los físicos buscaron nuevas formas de resolver estos enigmas, otra revolución se desarrolló en la física entre 1900 y 1930. Esta nueva teoría denominada *mecánica cuántica* tuvo mucho éxito al explicar el comportamiento de átomos, moléculas y núcleos. Al igual que la relatividad, la teoría cuántica requiere una modificación de nuestras ideas respecto del mundo físico.

Las ideas básicas de la teoría cuántica fueron introducidas primero por Max Planck, pero la mayor parte de los desarrollos e interpretaciones matemáticos subsecuentes fueron hechos por varios físicos distinguidos, entre los que sobresalen Einstein, Bohr, Schrödinger, De Broglie, Heinsenberg, Born y Dirac. A pesar del gran éxito de la teoría cuántica, Einstein desempeñó frecuentemente el papel de crítico, especialmente en relación con la manera en la cual se interpretó la teoría. En particular, Einstein no aceptó la interpretación de Heisenberg del principio de incertidumbre, según el cual es imposible obtener una medición simultánea precisa de la posición y la velocidad de una partícula. De acuerdo con este principio, sólo es posible predecir la probabilidad del futuro de un sistema, lo que es contrario a la visión determinista sostenida por Einstein.[1]

Un extenso estudio de la teoría cuántica está ciertamente más allá del alcance de este libro y, por ello, este capítulo es simplemente una introducción a sus ideas fundamentales. Estudiaremos también dos aplicaciones simples de la teoría cuántica: el efecto fotoeléctrico y el efecto Compton.

40.1 RADIACIÓN DE CUERPO NEGRO E HIPÓTESIS DE PLANCK

Un objeto a cualquier temperatura emite radiación algunas veces referida como **radiación térmica**. Las características de esta radiación dependen de la temperatura y de las propiedades del objeto. A bajas temperaturas, las longitudes de onda de la radiación térmica están principalmente en la región infrarroja y, en consecuencia, no son observadas por el ojo. A medida que la temperatura del objeto aumenta, éste emite un brillo rojo; en otras palabras, la radiación térmica se corre a la parte visible del espectro. A temperaturas suficientemente altas, se observa blanco, como el brillo del caliente filamento de tungsteno en un foco incandescente. Un estudio cuidadoso muestra que cuando crece la temperatura del objeto, la radiación térmica que emite se compone de una distribución continua de longitudes de onda de las partes infrarroja, visible y ultravioleta del espectro.

Desde el punto de vista clásico, la radiación térmica se origina de cargas aceleradas cerca de la superficie del objeto; dichas cargas emiten radiación como muchas antenas lo hacen. Las cargas agitadas térmicamente pueden tener una distribución de aceleraciones, lo cual explica el espectro continuo de radiación emitido por el objeto. Cerca del final del siglo XIX, sin embargo, fue claro que la teoría clásica de la radiación térmica era inadecuada. El problema principal fue la comprensión de la distribución observada de longitudes de onda en la radiación emitida por un cuerpo negro. Como vimos en la sección 20.7, un cuerpo negro es un sistema ideal que absorbe toda la radiación que incide sobre él. Una buena aproximación al cuerpo negro es el interior de un objeto hueco, como el mostrado en la figura 40.1. La naturaleza de la radiación emitida a través de un pequeño agujero que conduce a la cavidad depende sólo de la temperatura de las paredes de la cavidad.

En la figura 40.2 se presentan datos experimentales para la distribución de energía de la radiación de cuerpo negro a tres temperaturas. La energía radiada varía con la longitud de onda y la temperatura. A medida que se incrementa la temperatura del cuerpo negro crece la cantidad total de energía que emite. Además, con las temperaturas crecientes, el pico de la distribución se corre a las longitudes de onda

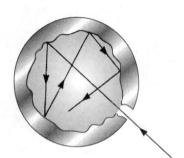

FIGURA 40.1 La abertura hacia la cavidad interior de un cuerpo es una buena aproximación de un cuerpo negro. La luz que entra por la pequeña abertura incide sobre la pared lejana, donde parte es absorbida pero parte se refleja a cierto ángulo aleatorio. Esta luz sigue reflejándose, y en cada reflexión una parte de ella es absorbida por las paredes de la cavidad. Después de muchas reflexiones, esencialmente toda la energía incidente se absorbe.

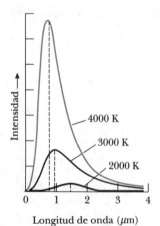

FIGURA 40.2 Intensidad de radiación de cuerpo negro contra la longitud de onda a tres temperaturas. Advierta que la cantidad de radiación emitida (el área bajo una curva) aumenta con la temperatura creciente.

---

[1] Los puntos de vista de Einstein acerca de la naturaleza probabilística de la teoría cuántica se plasman en su enunciado: "Dios no juega a los dados con el universo."

Max Planck nació en Kiel, Alemania, y recibió su educación universitaria en Munich y Berlín. Ingresó a la facultad en Munich en 1880 y cinco años después recibió una cátedra en la Universidad de Kiel. En 1889 sustituyó a Kirchhoff en la Universidad de Berlín y permaneció ahí hasta 1926. Introdujo el concepto de un "cuanto de acción" (constante de Planck *h*) con la intención de explicar la distribución espectral de la radiación de cuerpo negro, y este radicalmente nuevo concepto sentó las bases de la teoría cuántica. Planck fue premiado en 1918 con el premio Nóbel por su descubrimiento de la naturaleza cuantizada de la energía. El trabajo que lo condujo a la fórmula de la radiación de cuerpo negro fue descrito por Planck en su discurso de aceptación del premio Nóbel: "Pero incluso si la fórmula de la radiación de cuerpo negro ha demostrado ser perfectamente correcta, después de todo sólo tendríamos una fórmula de interpolación encontrada por una afortunada adivinación y, consecuentemente, habríamos quedado insatisfechos. Yo por ello lucho porque llegue el

Max Planck
| 1 8 5 8 - 1 9 4 7 |

día de su descubrimiento, para darle una interpretación física real y esto me ha llevado a considerar las relaciones entre la entropía y la probabilidad de acuerdo con las ideas de Boltzmann."

La vida de Planck estuvo llena de tragedias personales. Uno de sus hijos fue muerto en acción en la Primera Guerra Mundial, y dos hijas murieron durante el parto en el mismo periodo. Su casa fue destruida por bombas en la Segunda Guerra Mundial, y su hijo Erwin fue ejecutado por los nazis en 1944 después de habérsele acusado de planear el asesinato de Hitler.

Planck se convirtió en presidente del Kaiser Wilhelm Institute de Berlín en 1930. En su honor dicho centro cambió su nombre por el de Instituto Max Planck después de la Segunda Guerra Mundial. Aunque Planck permaneció en Alemania durante el régimen de Hitler, protestó abiertamente el tratamiento nazi que recibieron su colegas judíos y consecuentemente fue obligado a renunciar a su presidencia en 1937. Luego de la Segunda Guerra Mundial fue renombrado presidente del Instituto Max Planck. Pasó los dos últimos años de su vida en Göttingen como un honrado y respetado científico y humanista.

(Cortesía de AIP Niels Bohr Library, W. F. Meggers Collection)

más cortas. Se descubrió que este corrimiento obedecía la siguiente relación, denominada **ley de desplazamiento de Wien**:

$$\lambda_{\text{máx}} \, T = 0.2898 \times 10^{-2} \, \text{m} \cdot \text{K} \tag{40.1}$$

donde $\lambda_{\text{máx}}$ es la longitud de onda a la cual la curva tiene su pico y T es la temperatura absoluta del objeto que emite la radiación. Los primeros intentos para explicar las formas de las curvas en la figura 40.2 basados en las teorías clásicas fracasaron.

Para describir el espectro de radiación, es útil definir $I(\lambda, T) \, d\lambda$ como la potencia por unidad de área emitida en el intervalo de longitud de onda $d\lambda$. El resultado de un cálculo basado en el modelo clásico de la radiación de cuerpo negro conocido como la **ley de Rayleigh-Jeans** es

$$I(\lambda, T) = \frac{2\pi c \, k_B T}{\lambda^4} \tag{40.2}$$

donde k_B es la constante de Boltzmann. En este modelo clásico de la radiación de cuerpo negro, los átomos en las paredes de la cavidad se consideran como un conjunto de osciladores que emiten ondas electromagnéticas en todas las longitudes de onda. Este modelo conduce a una energía promedio por oscilador que es proporcional a T.

Una gráfica experimental del espectro de radiación de cuerpo negro se muestra en la figura 40.3, junto con la predicción teórica de la ley de Rayleigh-Jeans. A longitudes de onda largas, la ley de Rayleigh-Jeans está en razonable concordancia con los datos experimentales. Sin embargo, a longitudes de onda cortas hay un mayor desacuerdo. Esto puede verse al advertir que cuando λ tiende a cero, la función $I(\lambda, T)$

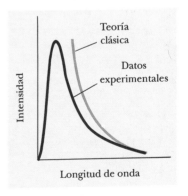

FIGURA 40.3 Comparación de los resultados experimentales con la curva predicha por medio del modelo clásico de Rayleigh-Jeans para la distribución de la radiación de cuerpo negro.

dada por la ecuación 40.2 tiende al infinito. Por lo tanto, no sólo debe predominar la radiación de corta longitud de onda, sino que la densidad de energía de la radiación emitida por *cualquier* cuerpo negro debe volverse infinita en el límite de las altas frecuencias o longitudes de onda cortas. Esto fue conocido como la catástrofe ultravioleta.

En contraste, los datos experimentales graficados en la figura 40.3 muestran que cuando λ se acerca a cero, $I(\lambda, T)$ también tiende a cero. No sólo permanece finita $I(\lambda, T)$, experimentalmente, sino que también la potencia total por área unitaria, dada por $\int_0^\infty I(\lambda, T)\ d\lambda$, permanece finita.[2]

En 1900 Planck descubrió una fórmula para la radiación de cuerpo negro que concordaba por completo con los experimentos en todas las longitudes de onda. El análisis de Planck llevó a la curva en rojo mostrada en la figura 40.3. La función propuesta por Planck es

Fórmula de Planck para la radiación de cuerpo negro

$$I(\lambda, T) = \frac{2\pi hc^2}{\lambda^5 (e^{hc/\lambda k_B T} - 1)} \tag{40.3}$$

donde h, la constante de Planck, puede modificarse para ajustar los datos. Como aprendimos en la sección 35.1, el valor de h es

$$h = 6.626 \times 10^{-34}\ \text{J} \cdot \text{s} \tag{40.4}$$

Usted debe demostrar que a largas longitudes de onda, la expresión de Planck, ecuación 40.3, se reduce a la expresión de Rayleigh-Jeans, ecuación 40.2. Además, a longitudes de onda cortas, la ley de Planck predice una reducción exponencial en $I(\lambda, T)$ con las longitudes de onda decrecientes, en concordancia con los resultados experimentales.

En su teoría, Planck hizo dos osadas y contradictorias suposiciones respecto de la naturaleza de las moléculas oscilantes en la superficie del cuerpo negro:

- Las moléculas sólo pueden tener unidades *discretas* de energía E_n,

Cuantización de la energía

$$E_n = nhf \tag{40.5}$$

donde n es un entero positivo denominado **número cuántico** y f es la frecuencia de vibración de las moléculas. Debido a que la energía de una molécula puede tener exclusivamente valores discretos dados por la ecuación 40.5, decimos que la energía está *cuantizada*. Cada valor de energía discreto representa un *estado cuántico* diferente, con cada valor de n representando un estado cuántico específico. Cuando la molécula está en el estado cuántico $n = 1$, su energía es hf; cuando está en el estado cuántico $n = 2$, su energía es $2hf$, y así sucesivamente.

---

[2] La potencia total por área unitaria $I = \int_0^\infty I(\lambda, T)\ d\lambda$ diverge a ∞ cuando todas las ondas son admitidas.

FIGURA 40.4 Una representación de fotones. Cada fotón tiene una energía discreta, *hf*.

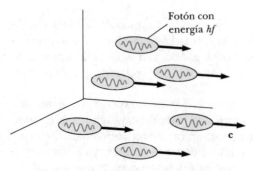

Fotón con energía *hf*

c

- Las moléculas emiten o absorben energía en paquetes discretos llamados **fotones**. Una sugestiva imagen de varios fotones, que no debe tomarse literalmente, se muestra en la figura 40.4. Las moléculas emiten o absorben estos fotones "saltando" de un estado cuántico a otro. Si el salto es de un estado a un estado adyacente —digamos del estado $n = 3$ al estado $n = 2$— la ecuación 40.5 muestra que la cantidad de energía radiada por la molécula es igual a hf. Por lo tanto, la energía de un fotón correspondiente a la diferencia de energía entre dos estados cuánticos adyacentes es

$$E = hf \qquad (40.6)$$

Una molécula radia o absorbe energía sólo cuando cambia de estados cuánticos. Si permanece en un estado cuántico, no se absorbe o emite energía. La figura 40.5 muestra los niveles de energía cuantizados y las transiciones permisibles propuestas por Planck.

El punto clave de la teoría de Planck es la suposición radical de los estados de energía cuantizados. Este desarrollo marcó el nacimiento de la teoría cuántica. Cuando Planck presentó su teoría, la mayoría de los científicos (¡incluso Planck!) no consideraron realista el concepto cuántico. En consecuencia, Planck y otros continuaron buscando una explicación más racional de la radiación de cuerpo negro. Sin embargo, los avances subsecuentes demostraron que una teoría basada en el concepto cuántico (más que en los conceptos clásicos) tenía que emplearse para explicar muchos otros fenómenos a nivel atómico.

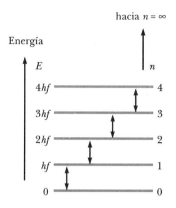

FIGURA 40.5 Niveles de energía permitidos, según predice la vieja teoría cuántica, para una molécula que oscila a sus frecuencias naturales f. Las transiciones permitidas se indican por medio de las flechas verticales.

EJEMPLO 40.1 Radiación térmica del cuerpo humano

La temperatura de la piel humana es aproximadamente 35°C. ¿Cuál es la longitud de onda pico en la radiación que emite?

Solución De acuerdo con la ley de desplazamiento de Wien (ecuación 40.1), tenemos

$$\lambda_{\text{máx}} T = 0.2898 \times 10^{-2} \text{ m} \cdot \text{K}$$

Al despejar $\lambda_{\text{máx}}$ y observando que 35°C corresponde a una temperatura absoluta de 309 K, tenemos

$$\lambda_{\text{máx}} = \frac{0.2898 \times 10^{-2} \text{ m} \cdot \text{K}}{308 \text{ K}} = \boxed{9.4 \ \mu\text{m}}$$

Esta radiación está en la región infrarroja del espectro.

EJEMPLO 40.2 El oscilador cuantizado

Una masa de 2.0 kg se une a un resorte sin masa de constante de fuerza $k = 25$ N/m. El resorte se alarga 0.40 m desde su posición de equilibrio y se suelta. a) Encuentre la energía total y la frecuencia de oscilación de acuerdo con los cálculos clásicos.

Solución La energía total de un oscilador armónico simple que tiene una amplitud A es $\frac{1}{2} kA^2$ (ecuación 13.19). Por lo tanto,

$$E = \tfrac{1}{2} kA^2 = \tfrac{1}{2} (25 \text{ N/m})(0.40 \text{ m})^2 = \boxed{2.0 \text{ J}}$$

La frecuencia de oscilación es (ecuación 13.16)

$$f = \frac{1}{2\pi} \sqrt{\frac{k}{m}} = \frac{1}{2\pi} \sqrt{\frac{25 \text{ N/m}}{2.0 \text{ kg}}} = \boxed{0.56 \text{ Hz}}$$

b) Suponga que la energía está cuantizada y encuentre el número cuántico, n, para el sistema.

Solución Si la energía está cuantizada, tenemos $E_n = nhf$, y del resultado del inciso a) obtenemos

$$E_n = nhf = n(6.626 \times 10^{-34} \text{ J} \cdot \text{s})(0.56 \text{ Hz}) = 2.0 \text{ J}$$

$$n = \boxed{5.4 \times 10^{33}}$$

c) ¿Cuánta energía se transfiere en un cambio cuántico?

Solución La energía transferida en un cambio cuántico es

$$E = hf = (6.63 \times 10^{-34} \text{ J} \cdot \text{s})(0.56 \text{ Hz}) = \boxed{3.7 \times 10^{-34} \text{ J}}$$

La energía transferida en un cambio cuántico de energía es una fracción tan pequeña de la energía total del oscilador que no podríamos esperar verlo en el sistema. De este modo, aun cuando la disminución de la energía de un sistema masa-resorte está cuantizada y se reduce por medio de pequeños saltos cuánticos, nuestros sentidos perciben la disminución como continua. Los efectos cuánticos se vuelven importantes y medibles sólo al nivel submicroscópico de átomos y moléculas.

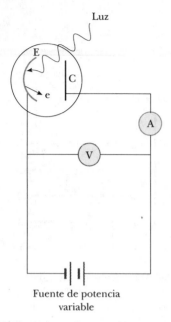

FIGURA 40.6 Un diagrama del circuito para observar el efecto fotoeléctrico. Cuando la luz incide sobre la placa E (el emisor), los fotoelectrones son expulsados de la placa. Los electrones colectados en C (el colector) constituyen una corriente en el circuito.

40.2 EL EFECTO FOTOELÉCTRICO

A finales del siglo XIX, los experimentos mostraron que la luz incidente sobre ciertas superficies metálicas ocasionaban que desde ellas se emitieran electrones. Este fenómeno, el cual lo encontramos primero en la sección 35.1, se conoce como el **efecto fotoeléctrico**, y los electrones emitidos reciben el nombre de **fotoelectrones**.

La figura 40.6 es un diagrama de un aparato en el cual puede ocurrir el efecto fotoeléctrico. Un tubo de vidrio o cuarzo donde se ha hecho vacío contiene una placa metálica, E, conectada a la terminal negativa de una batería. Otra placa metálica, C, se mantiene a un potencial positivo por medio de la batería. Cuando el tubo se mantiene en la oscuridad, el amperímetro registra cero, lo que indica que no hay corriente en el circuito. Sin embargo, cuando una luz monocromática de longitud de onda apropiada ilumina la placa E, el amperímetro detecta una corriente, lo que es indicio de un flujo de cargas a través del entrehierro entre E y C. La corriente asociada a este proceso surge de los electrones emitidos desde la placa negativa (el emisor) y colectados en la placa positiva (el colector).

La figura 40.7 es una gráfica de la corriente fotoeléctrica contra la diferencia de potencial, V, entre E y C para dos intensidades luminosas. Observe que para grandes valores de V, la corriente alcanza un valor máximo. Además, la corriente aumenta cuando la intensidad de la luz incidente crece, como usted tal vez esperaría. Por último, cuando V es negativo —es decir, cuando la batería en el circuito se invierte para hacer E positivo y C negativo— la corriente cae a un valor muy bajo debido a que la mayor parte de los fotoelectrones emitidos son repelidos por la placa negativa, C. Sólo aquellos electrones que tienen una energía cinética mayor que eV llegarán a C, donde e es la carga en el electrón. Cuando V es menor o igual que V_s, el **potencial de frenado**, ningún electrón llega a C y la corriente es cero. El potencial de frenado es independiente de la intensidad de la radiación. La energía cinética máxima de los fotoelectrones se relaciona con el potencial de frenado por medio de la relación

$$K_{\text{máx}} = eV_s \qquad (40.7)$$

Varias características del efecto fotoeléctrico no podían explicarse con la física clásica o con la teoría ondulatoria de la luz:

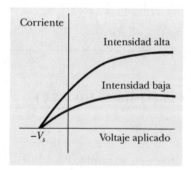

FIGURA 40.7 Corriente fotoeléctrica contra voltaje aplicado para dos intensidades de luz. La corriente aumenta con la intensidad pero alcanza un nivel de saturación para grandes valores de V. A voltajes iguales o menores que $-V_s$, el potencial de frenado, la corriente es cero.

- No se emite ningún electrón si la frecuencia de la luz incidente es menor que cierta **frecuencia de corte**, f_c, la cual es característica del material que se está iluminando. Esto es inconsistente con la teoría ondulatoria, que predice que el efecto fotoeléctrico debe ocurrir a cualquier frecuencia, siempre que la intensidad de la luz sea suficientemente alta.
- La energía cinética máxima de los fotoelectrones es independiente de la intensidad luminosa.
- La energía cinética máxima de los fotoelectrones aumenta con el incremento de la frecuencia de la luz.
- Los electrones se emiten desde la superficie casi instantáneamente (menos de 10^{-9} s después de que se ilumina la superficie), incluso a bajas intensidades luminosas. Clásicamente, esperaríamos que los electrones requirieran algún tiempo para absorber la radiación incidente antes de adquirir la suficiente energía cinética para escapar del metal.

Una explicación útil del efecto fotoeléctrico fue dada por Einstein en 1905, el mismo año en que publicó su teoría especial de la relatividad. Como parte de un artículo general sobre radiación electromagnética, por el cual recibió el premio Nóbel en 1921, Einstein extendió el concepto de Planck de la cuantización a las ondas electromagnéticas. Supuso que la luz (o cualquier onda electromagnética) de frecuencia f puede considerarse como una corriente de fotones. Cada fotón tiene una energía E, dada por la ecuación 40.6, $E = hf$.

La imagen de Einstein era que un fotón estaba de tal modo localizado que daba *toda* su energía, *hf*, a un solo electrón en el metal. De acuerdo con Einstein, la máxima energía cinética para estos electrones liberados es

$$K_{\text{máx}} = hf - \phi \qquad (40.8)$$

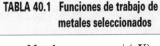

Ecuación del efecto fotoeléctrico

donde ϕ es la llamada **función de trabajo** del metal. La función de trabajo representa la energía mínima con la cual un electrón está ligado al metal, y es del orden de unos cuantos electrón volts. La tabla 40.1 registra las funciones de trabajo medidas para diferentes metales.

Con la teoría fotónica de la luz, podemos explicar las características antes mencionadas del efecto fotoeléctrico que no es posible entender utilizando los conceptos clásicos:

- Que el efecto no se observa bajo cierta frecuencia de corte es una consecuencia del hecho de que la energía del fotón debe ser $\geq \phi$. Si la energía de los fotones que llegan no es $\geq \phi$, los electrones nunca serán liberados desde la superficie, independientemente de la intensidad de la luz.
- El que $K_{\text{máx}}$ sea independiente de la intensidad de la luz puede comprenderse con el siguiente argumento. Si la intensidad de la luz se duplica, el número de fotones se duplica, lo cual produce el doble del número de fotoelectrones emitidos. Sin embargo, su energía cinética, la cual es igual a $hf - \phi$, depende sólo de la frecuencia de la luz y de la función de trabajo, no de la intensidad luminosa.
- El que $K_{\text{máx}}$ aumente con las frecuencias crecientes se entiende fácilmente con la ecuación 40.8.
- El que los electrones sean emitidos casi instantáneamente es consistente con la teoría corpuscular de la luz, en la cual la energía incidente aparece en pequeños paquetes y hay una interacción uno a uno entre los fotones y los electrones. Esto contrasta con tener la energía de los fotones distribuida uniformemente sobre una gran área.

La observación experimental de una relación lineal ente *f* y $K_{\text{máx}}$ sería una confirmación final de la teoría de Einstein. Desde luego, se observa tal relación lineal, según se ilustra en la figura 40.8. La pendiente de esta curva es *h*, y la intersección en el eje horizontal da la frecuencia de corte, la cual se relaciona con la función de trabajo por medio de la relación $f_c = \phi/h$. La frecuencia de corte corresponde a una **longitud de onda de corte** de

$$\lambda_c = \frac{c}{f_c} = \frac{c}{\phi/h} = \frac{hc}{\phi} \qquad (40.9)$$

donde *c* es la velocidad de la luz. Longitudes de onda más grandes que la λ_c incidente sobre un material que tiene una función de trabajo ϕ no originan la emisión de fotoelectrones.

TABLA 40.1 **Funciones de trabajo de metales seleccionados**

Metal	ϕ (eV)
Na	2.46
Al	4.08
Cu	4.70
Zn	4.31
Ag	4.73
Pt	6.35
Pb	4.14
Fe	4.50

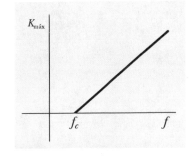

FIGURA 40.8 Una gráfica de $K_{\text{máx}}$ contra la frecuencia de luz incidente de fotoelectrones en un experimento del efecto fotoeléctrico característico. Los fotones con frecuencia menor que f_c no tienen suficiente energía para arrancar un electrón del metal.

EJEMPLO 40.3 **El efecto fotoeléctrico para el sodio**

Una superficie de sodio se ilumina con luz de 300 nm de longitud de onda. La función de trabajo para el metal de sodio es 2.46 eV. Encuentre a) la energía cinética de los electrones arrancados y b) la longitud de corte para el sodio.

Solución a) La energía del haz de luz incidente es

$$E = hf = \frac{hc}{\lambda} = \frac{(6.626 \times 10^{-34}\,\text{J}\cdot\text{s})(3.00 \times 10^8\,\text{m/s})}{300 \times 10^{-9}\,\text{m}}$$

$$= 6.63 \times 10^{-19}\,\text{J} = \frac{6.63 \times 10^{-19}\,\text{J}}{1.60 \times 10^{-19}\,\text{J/eV}} = 4.14\,\text{eV}$$

El empleo de la ecuación 40.8 produce

$$K_{\text{máx}} = hf - \phi = 4.14\,\text{eV} - 2.46\,\text{eV} = \boxed{1.68\,\text{eV}}$$

b) La longitud de corte puede calcularse de la ecuación 40.9 después de convertir ϕ de electrón volts a joules:

$$\phi = 2.46 \text{ eV} = (2.46 \text{ eV})(1.60 \times 10^{-19} \text{ J/eV})$$
$$= 3.94 \times 10^{-19} \text{ J}$$

Por lo tanto,

$$\lambda_c = \frac{hc}{\phi} = \frac{(6.626 \times 10^{-34} \text{ J} \cdot \text{s})(3.00 \times 10^8 \text{ m/s})}{3.94 \times 10^{-19} \text{ J}}$$

$$= 5.05 \times 10^{-7} \text{ m} = \boxed{505 \text{ nm}}$$

Esta longitud de onda está en la región verde del espectro visible.

Ejercicio Calcule la velocidad máxima del efecto fotoeléctrico bajo las condiciones descritas en este ejemplo.

Respuesta 7.68×10^5 m/s.

40.3 APLICACIONES DEL EFECTO FOTOELÉCTRICO

El fototubo, el cual opera con base en el efecto fotoeléctrico, actúa de manera muy similar a un interruptor en un circuito eléctrico, debido a que produce una corriente en un circuito externo cuando luz de frecuencia suficientemente alta incide sobre una placa metálica, pero no produce corriente en la oscuridad. Muchos dispositivos prácticos dependen del efecto fotoeléctrico. Uno de los primeros usos prácticos fue como el detector en el medidor de luz de una cámara fotográfica. La luz reflejada en el objeto que se va fotografiar incide sobre una superficie fotoeléctrica, y hace que ésta emita electrones, los cuales pasan luego por un amperímetro sensible. La magnitud de la corriente depende de la intensidad luminosa. Los modernos dispositivos de estado sólido han reemplazado los medidores de luz que emplean el efecto fotoeléctrico.

Otro ejemplo del efecto fotoeléctrico en acción es la lámpara contra robo. Este dispositivo emplea a menudo luz ultravioleta en vez de visible para hacer el haz invisible al ojo. Un haz de luz pasa desde la fuente hasta una superficie fotosensible; la corriente producida luego se amplifica y se usa para energizar un electroimán que atrae a una barra metálica, como en la figura 40.9a. Si un intruso cruza el haz luminoso, el electroimán se desconecta y el resorte jala la barra de hierro hacia la derecha (Fig. 40.9b). En esta posición, un circuito que se completa permite que la corriente circule y active el sistema de alarma.

La figura 40.10 muestra cómo se emplea el efecto fotoeléctrico para producir sonido sobre una película. La pista de sonido se localiza a lo largo del lado de la película en forma de un patrón óptico de líneas brillantes y oscuras. Un haz luminoso en el proyector se dirige a través de la pista sonora hacia un fototubo. La variación

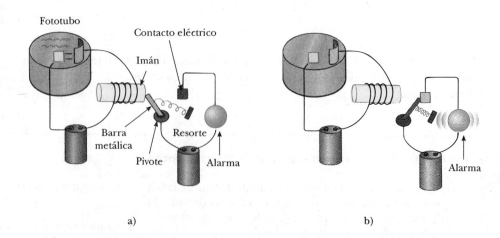

a)   b)

FIGURA 40.9 a) Cuando la luz incide sobre el fototubo, una corriente en el circuito de la izquierda energiza al imán, interrumpiendo el circuito contra robo de la derecha. b) Cuando el haz luminoso es interceptado (de manera que no incide luz en el fototubo), el circuito de la alarma se cierra, y ésta se activa.

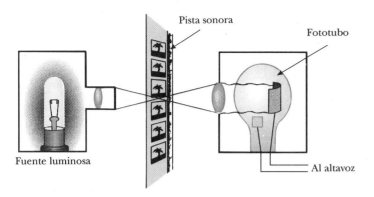

Pista sonora

Fototubo

Fuente luminosa

Al altavoz

FIGURA 40.10 La sombra sobre la pista sonora de una película varía la intensidad luminosa que llega al fototubo y consecuentemente la corriente hacia el altavoz.

del sombreado sobre la pista sonora varía la intensidad luminosa que incide sobre la placa del fototubo, lo que cambia por ello la corriente en el circuito. Esta corriente variable estimula eléctricamente la onda sonora original y la reproduce en el altavoz.

40.4 EL EFECTO COMPTON

En 1906, Einstein concluyó que un fotón de energía E viaja en una sola dirección (a diferencia de una onda esférica) y que conduce un momento igual a $E/c = hf/c$. En sus propias palabras, "si un haz de radiación origina que una molécula emita o absorba un paquete de energía hf, entonces se transfiere a la molécula una cantidad de momento hf/c, dirigida a lo largo de la línea del haz en la absorción y opuesta al haz en la emisión". En 1923, Arthur Holly Compton (1892-1962) y Peter Debye (1884-1966) ampliaron, por separado, la idea del momento del fotón de Einstein. Se dieron cuenta de que la dispersión de fotones de rayos X a partir de electrones podía explicarse tratando a los fotones como partículas puntuales con energía hf y momento hf/c y suponiendo que la energía y el momento del par fotón-electrón se conserva en el choque.

Antes de 1922, Compton y sus colaboradores habían acumulado evidencias de que la teoría clásica fracasaba al tratar de explicar la dispersión de rayos X a partir de electrones. De acuerdo con la teoría clásica, ondas electromagnéticas incidentes de frecuencia f_0 deben acelerar a los electrones, obligándolos a oscilar y a volver a radiar a una frecuencia $f < f_0$, como en la figura 40.11a. Además, la frecuencia o longitud de onda de la radiación dispersada debe depender de cuánto se expuso la muestra a la radiación incidente y de la intensidad de la radiación.

Imagine la sorpresa cuando Comptom demostró, experimentalmente, que el corrimiento de la longitud de onda de los rayos X dispersados a un ángulo determinado es absolutamente independiente de la intensidad de la radiación y de la duración de la exposición, y que sólo depende del ángulo de dispersión. La figura 40.11b muestra la imagen cuántica de la transferencia de momento y de energía entre un fotón de rayos X y un electrón. La imagen cuántica explica la frecuencia de dispersión inferior f, debido a que el fotón incidente transfiere una parte de su energía al fotón de retroceso.

La figura 40.12 es un diagrama esquemático del aparato utilizado por Compton. En su experimento original Compton midió cómo la intensidad de los rayos X dispersados depende de la longitud de onda a tres ángulos de dispersión. La longitud de onda fue medida para rayos X dispersados en un blanco de grafito, analizados con un espectrómetro de cristal giratorio, y la intensidad se midió con una cámara de ionización que generaba una corriente proporcional a la intensidad de los rayos

Arthur Holly Compton (1892-1962), físico estadounidense. *(Cortesía de AIP Emilio Segré Visual Archives)*

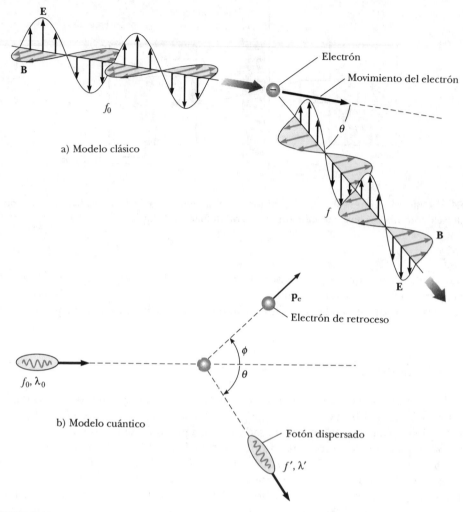

a) Modelo clásico

b) Modelo cuántico

FIGURA 40.11 Dispersión de rayos X por un electrón: a) el modelo clásico y b) el modelo cuántico.

X. El haz incidente consistía de rayos X monocromáticos de longitud de onda $\lambda_0 = 0.071$ nm. Las gráficas de intensidad experimental contra longitud de onda observadas por Compton para cuatro ángulos de dispersión se muestran en la figura 40.12b. Presentan dos picos, uno en λ_0 y uno a una longitud de onda más larga λ'. El pico corrido en λ es provocado por la dispersión de rayos X a partir de electrones, y Compton predijo que dependería del ángulo de dispersión como

Ecuación de corrimiento Compton

$$\lambda' - \lambda_0 = \frac{h}{mc}(1 - \cos\theta) \tag{40.10}$$

En esta expresión, conocida como la **ecuación de corrimiento Compton**, m es la masa del electrón; h/mc recibe el nombre de **longitud de onda Compton** λ_C del electrón y tiene un valor actualmente aceptado de

Longitud de onda Compton

$$\lambda_C = \frac{h}{mc} = 0.00243 \text{ nm}$$

El pico en λ_0 es ocasionado por los rayos X dispersados por electrones estrechamente ligados a los átomos blanco que tienen una masa efectiva igual a la del átomo de

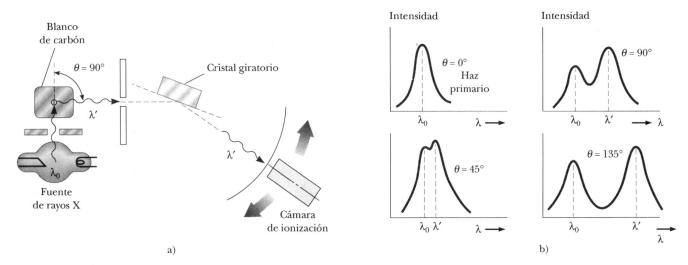

FIGURA 40.12 a) Diagrama esquemático del aparato de Compton. La longitud de onda se midió con un espectrómetro de cristal giratorio empleando grafito (carbono) como blanco. La intensidad fue determinada por una cámara de ionización móvil que generaba una corriente proporcional a la intensidad de los rayos X. b) Intensidad de rayos X dispersados contra la longitud de onda para la dispersión Compton a $\theta = 0°$, 45°, 90° y 135°.

carbono. Este pico sin corrimiento también es predicho por la ecuación 40.10 si la masa del electrón se sustituye por la masa del carbono, la cual es casi 23 000 veces la masa del electrón. Las mediciones de Compton concordaron excelentemente con las predicciones de la ecuación 40.10. Es justo decir que estos resultados ¡fueron los primeros que realmente convencieron a la mayoría de los físicos de la validez fundamental de la teoría cuántica!

Deducción de la ecuación de corrimiento Compton

Es posible deducir la ecuación de corrimiento Compton suponiendo que el fotón se comporta como una partícula y que choca elásticamente con un electrón libre inicialmente en reposo, como en la figura 40.13. En este modelo, el fotón se considera como una partícula de energía $E = hf = hc/\lambda$ y masa cero. En el proceso de dispersión,

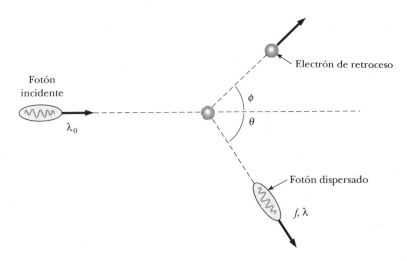

FIGURA 40.13 Diagrama que representa la dispersión Compton de un fotón por un electrón. El fotón dispersado tiene una energía menor (o longitud de onda más larga) que el fotón incidente.

la energía y el momento totales del sistema deben conservarse. La aplicación de la conservación de la energía a este proceso produce

$$\frac{hc}{\lambda_0} = \frac{hc}{\lambda'} + K_e$$

donde hc/λ_0 es la energía del fotón incidente, hc/λ' es la energía del fotón dispersado y K_e es la energía cinética del electrón que retrocede. Debido a que el electrón puede retroceder a velocidades comparables con la de la luz, debemos emplear la expresión relativista $K_r + \gamma mc^2 - mc^2$ (ecuación 39.23). Por consiguiente,

$$\frac{hc}{\lambda_0} = \frac{hc}{\lambda'} + \gamma mc^2 - mc^2 \qquad \textbf{(40.11)}$$

donde $\gamma = 1/\sqrt{1 - v^2/c^2}$.

Luego, aplicamos la ley de la conservación del momento a este choque, pero observando que *tanto las componentes de momento en* x y y *se conservan*. Debido a que el momento de un fotón tiene magnitud $p = E/c = h/\lambda$, y debido a que la expresión relativista para el momento del electrón que retrocede es $p_e = \gamma mv$ (ecuación 39.18), obtenemos las siguientes expresiones para las componentes x y y del momento lineal:

componente x: $$\frac{h}{\lambda_0} = \frac{h}{\lambda'} \cos \theta + \gamma mv \cos \phi \qquad \textbf{(40.12)}$$

componente y: $$0 = \frac{h}{\lambda'} \operatorname{sen} \theta - \gamma mv \operatorname{sen} \phi \qquad \textbf{(40.13)}$$

Al eliminar v y ϕ de las ecuaciones 40.11 y 40.13, obtenemos una sola expresión que relaciona las tres variables restantes (λ', λ_0 y θ). Después de un poco de álgebra (Problema 68), se obtiene la ecuación de corrimiento Compton:

$$\Delta\lambda = \lambda' - \lambda_0 = \frac{h}{mc} (1 - \cos \theta)$$

EJEMPLO 40.4   Dispersión Compton a 45°

Se dispersan rayos X de longitud de onda $\lambda_0 = 0.200$ nm en un bloque de material. Los rayos X dispersados se observan a un ángulo de 45.0° en relación con el haz incidente. Calcule su longitud de onda.

Solución   El corrimiento en la longitud de onda de los rayos X dispersados está dado por la ecuación 40.10:

$$\Delta\lambda = \frac{h}{mc} (1 - \cos \theta)$$

$$\Delta\lambda = \frac{6.626 \times 10^{-34}\,\text{J}\cdot\text{s}}{(9.11 \times 10^{-31}\,\text{kg})(3.00 \times 10^8\,\text{m/s})} (1 - \cos 45.0°)$$

$$= 7.10 \times 10^{-13}\,\text{m} = 0.000\,710\,\text{nm}$$

Por lo tanto, la longitud de onda de los rayos X dispersados a este ángulo es

$$\lambda' = \Delta\lambda + \lambda_0 = \boxed{0.200\,710\,\text{nm}}$$

Ejercicio   Encuentre la fracción de energía perdida por el fotón en este choque.

Respuesta   Fracción = $\Delta E/E = 0.003\,54$.

40.5   ESPECTROS ATÓMICOS

Como se señaló en la sección 40.1, todas las sustancias a una temperatura dada emiten radiación térmica caracterizada por una distribución continua de longitudes de onda. La forma de la distribución depende de la temperatura y propiedades de la sustancia. En claro contraste con este espectro de distribución continua está el **espectro de líneas** emitido por un elemento gaseoso a baja presión sujeto a una descarga eléctrica. (La descarga eléctrica ocurre cuando el voltaje aplicado excede el voltaje de ruptura del gas.) Cuando la luz de dicha descarga de gas a baja presión se examina con el espectroscopio, se descubre que se compone de unas cuantas líneas brillantes de color puro generalmente sobre un fondo oscuro. Esto contrasta marcadamente con el arco iris continuo de colores visto cuando un sólido que brilla se mira a través de un espectroscopio. Además, como usted puede ver de la figura 40.14a, las longitudes de onda contenidas en un espectro de líneas determinado son características del elemento que emite la luz. El espectro de líneas más simple es el del hidrógeno atómico, espectro que describimos en detalle. Otros átomos emiten espectros de líneas completamente diferentes. Debido a que no hay dos elementos que emitan el mismo espectro de líneas, este fenómeno representa una técnica práctica y sensible para identificar los elementos presentes en muestras desconocidas.

Otra forma de espectroscopia muy útil en el análisis de sustancias es la **espectroscopia por absorción**. Un espectro de absorción se obtiene pasando luz de una fuente continua por un gas o solución diluida del elemento que se analiza. El espectro de absorción se compone de una serie de líneas oscuras sobreimpuestas sobre el de otro espectro continuo del mismo elemento, como se ilustra en la figura 40.14b para el átomo de hidrógeno. En general, no todas las líneas de emisión están presentes en el espectro de absorción.

El espectro de absorción de un elemento tiene muchas aplicaciones prácticas. Por ejemplo, el espectro continuo de la radiación emitida por el Sol debe pasar a través de los gases más fríos de la atmósfera solar y a través de la atmósfera de la Tierra. Las diversas líneas de absorción observadas en el espectro solar se han empleado para identificar elementos en la atmósfera del Sol. En los primeros estudios del espectro solar, los experimentadores descubrieron algunas líneas que no corres-

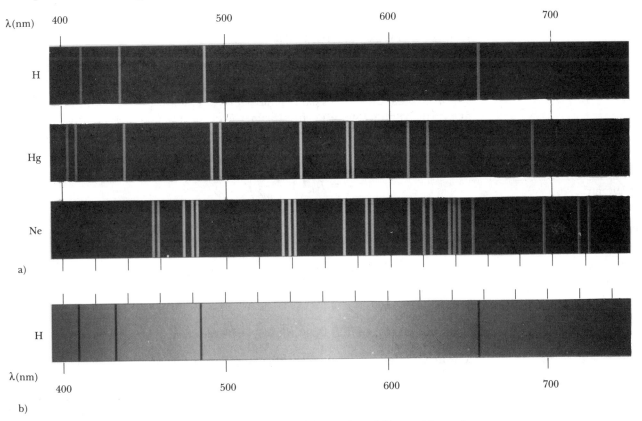

FIGURA 40.14 Espectros visibles. a) Espectros de líneas producidos por la emisión en el intervalo visible del hidrógeno, mercurio y helio. b) El espectro de absorción del hidrógeno. Las líneas de absorción oscuras ocurren a las mismas longitudes de onda que las líneas de emisión del hidrógeno en a). *(K. W. Whitten, K. D. Gailey y R.E. Davis,* General Chemistry, *3a. ed., Saunders College Publishing, 1992)*

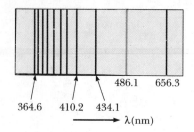

λ(nm)

FIGURA 40.15 Una serie de líneas espectrales del átomo de hidrógeno. Las líneas prominentes marcadas son parte de la serie de Balmer.

---

pondían con ningún elemento conocido. ¡Se había descubierto un nuevo elemento! Recibió el nombre de helio, por la palabra griega correspondiente al Sol, *helios*. De esta manera los científicos eran capaces de examinar la luz de otras estrellas, además de nuestro Sol, pero los elementos no presentes en la Tierra nunca se habían detectado. La espectroscopia por absorción atómica también ha sido una útil técnica para analizar contaminación por metales pesados en la cadena alimenticia. **Por** ejemplo, la primera determinación de altos niveles de mercurio en atún fue hecha con absorción atómica.

De 1860 a 1885, los científicos acumularon una gran cantidad de datos utilizando mediciones espectroscópicas. En 1885, un profesor suizo, Johann Jacob Balmer (1825-1898) encontró una fórmula que predecía correctamente las longitudes de onda de cuatro líneas de emisión visibles del hidrógeno: H_α (roja), H_β (verde), H_γ(azul) y H_δ(violeta). La figura 40.15 muestra éstas y otras líneas en el espectro de emisión del hidrógeno. Las cuatro líneas visibles ocurren en las longitudes de onda de 656.3 nm, 486.1 nm, 434.1 nm y 410.2 nm. Las longitudes de onda de estas líneas (conocidas como la serie de Balmer) pueden describirse por medio de la ecuación empírica

Serie de Balmer

$$\frac{1}{\lambda} = R_H\left(\frac{1}{2^2} - \frac{1}{n^2}\right) \qquad (40.14)$$

donde n puede tener valores enteros de 3, 4, 5,... y R_H es una constante que recibe el nombre de **constante de Rydberg**. Si la longitud de onda está en metros, R_H tiene el valor

Constante de Rydberg

$$R_H = 1.0973732 \times 10^7 \, \text{m}^{-1}$$

La primera línea en la serie de Balmer a 656.3 nm corresponde a $n = 3$ en la ecuación 40.14; la segunda línea a 486.1 nm corresponde a $n = 4$, y así sucesivamente. Para gran deleite de Balmer, ¡las líneas espectrales medidas concuerdan con su fórmula empírica hasta 0.1%!

Otras líneas espectrales para el hidrógeno se encontraron siguiendo el descubrimiento de Balmer. Estos espectros recibieron el nombre de series de Lyman, Paschen y Brackett en honor a sus descubridores. Las longitudes de onda de las líneas en estas series pueden calcularse siguiendo las fórmulas empíricas:

Serie de Lyman

$$\frac{1}{\lambda} = R_H\left(1 - \frac{1}{n^2}\right) \qquad n = 2, 3, 4, \ldots \qquad (40.15)$$

Serie de Paschen

$$\frac{1}{\lambda} = R_H\left(\frac{1}{3^2} - \frac{1}{n^2}\right) \qquad n = 4, 5, 6, \ldots \qquad (40.16)$$

Serie de Brackett

$$\frac{1}{\lambda} = R_H\left(\frac{1}{4^2} - \frac{1}{n^2}\right) \qquad n = 5, 6, 7, \ldots \qquad (40.17)$$

40.6 MODELO CUÁNTICO DE BOHR DEL ÁTOMO

A principios del siglo xx, los científicos estaban perplejos por el fracaso de la física clásica al explicar las características de los espectros atómicos. ¿Por qué los átomos de un elemento determinado emiten sólo ciertas líneas espectrales? Además, ¿por qué los átomos absorben sólo aquellas longitudes de onda que ellos emiten? En 1913, Niels Bohr brindó una explicación de los espectros atómicos que incluye algunos aspectos de la teoría aceptada en ese momento. La teoría de Bohr contenía una combinación de las ideas de la teoría cuántica original de Planck, la teoría de fotones de luz de Einstein y el modelo del átomo de Rutherford. Empleando el átomo más simple, el hidrógeno, Bohr describió un modelo de lo que él pensaba debía ser la

Niels Bohr, un físico danés, propuso el primer modelo cuántico del átomo. Fue un activo participante en los primeros desarrollos de la mecánica cuántica y brindó gran parte de su marco filosófico. Hizo muchas otras importantes contribuciones a la física nuclear teórica, incluyendo el desarrollo del modelo de la gota líquida del núcleo y trabajo en fisión nuclear. Recibió el premio Nóbel de física en 1922 por su investigación relativa a la estructura de los átomos y la radiación que emana de ellos.*

Bohr pasó la mayor parte de su vida en Copenhage y recibió su doctorado en la universidad de dicha ciudad en 1911. El siguiente año viajó a Inglaterra, donde trabajó bajo las órdenes de J. J. Thomson en Cambridge, y luego fue a Manchester donde colaboró con Ernest Rutherford. Se casó en 1912 y regresó a la Universidad de Copenhage en 1916 como profesor de física. Durante las décadas de los veinte y los treinta, Bohr dirigió el Instituto de Estudios Avanzados de Copenhage bajo el auspicio de la cer-

* Respecto de varios interesantes artículos sobre Bohr, lea el número especial del centenario de Niels Bohr de *Physics Today*, Octubre de 1985.

Niels Bohr

| 1 8 8 5 - 1 9 6 2 |

vecería Carlsberg. (Éste fue sin duda el más grande beneficio brindado por una cerveza al campo de la física teórica.) El instituto fue el imán para muchos de los mejores físicos del mundo y proporcionó un foro para el intercambio de ideas. Bohr fue siempre el iniciador de preguntas indagatorias, reflexiones y discusiones con sus visitantes.

Cuando Bohr visitó Estados Unidos en 1939 para asistir a una conferencia

científica, llevó la noticia de que Hahn y Strassman habían descubierto la fisión del uranio. Los resultados, confirmados por otros científicos poco tiempo después, fueron los cimientos de la bomba atómica desarrollada en Estados Unidos durante la Segunda Guerra Mundial. Regresó a Dinamarca y permaneció ahí durante la ocupación alemana en 1940. Escapó a Suecia en 1943 para evitar la prisión y ayudar a arreglar la escapatoria de muchos otros ciudadanos daneses en peligro.

A pesar de que Bohr trabajó en el Proyecto Manhattan en Los Alamos hasta 1945, estaba totalmente convencido de que la sinceridad entre las naciones con respecto a las armas nucleares debía ser el primer paso para establecer su control. Después de la guerra, el mismo se comprometió a muchas actividades humanitarias, entre las que se incluyeron el desarrollo de usos pacíficos de la energía atómica. Obtuvo el premio Átomos para la Paz en 1957. Como John Archibald Wheeler resume: "Bohr fue un gran científico. Fue un gran ciudadano de Dinamarca, del mundo. Fue un gran ser humano."

(Fotografía cortesía de AIP Niels Bohr Library, Colección Margarethe Bohr)

---

estructura del átomo. Su modelo del átomo de hidrógeno contenía algunas características clásicas, así como algunos postulados revolucionarios que no podían justificarse dentro del marco de la física clásica. Las ideas básicas de la teoría de Bohr cuando se aplican al átomo de hidrógeno son como sigue:

- El electrón se mueve en órbitas circulares alrededor del protón bajo la influencia de la fuerza de atracción de Coulomb, como en la figura 40.16. En este caso, la fuerza de Coulomb es la fuerza centrípeta.
- Sólo ciertas órbitas electrónicas son estables. Estas órbitas estables son unas en las cuales el electrón no emite energía en forma de radiación. Por lo tanto, la energía total del átomo permanece constante, y la mecánica clásica puede usarse para describir el movimiento del electrón.
- La radiación es emitida por un átomo cuando el electrón "salta" de una órbita más energética inicial a una órbita inferior. Este "salto" no puede ser visualizado o tratado clásicamente. En particular, la frecuencia f del fotón emitido en el salto se relaciona con el cambio en la energía del átomo y *no es igual a la frecuencia del movimiento orbital del electrón*. La frecuencia de la radiación emitida es

$$E_i - E_f = hf \qquad (40.18)$$

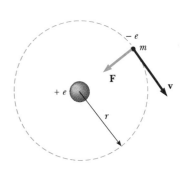

FIGURA 40.16 Diagrama que representa el modelo de Bohr del átomo de hidrógeno, en el cual se permite que el electrón orbital esté sólo en órbitas específicas de radios discretos.

donde E_i es la energía del estado inicial, E_f es la energía del estado final y $E_i > E_f$.

- El tamaño de las órbitas electrónicas permitidas se determina por una condición impuesta sobre el momento angular orbital de los electrones: las órbitas permitidas son aquellas para las cuales el momento angular orbital del electrón alrededor del núcleo es un múltiplo entero de $\hbar = h/2\pi$,

$$mvr = n\hbar \qquad n = 1, 2, 3, \ldots \qquad (40.19)$$

Empleando estas cuatro suposiciones, podemos calcular los niveles de energía permitidos y las longitudes de onda de emisión del átomo de hidrógeno. Recuerde que la energía potencial eléctrica del sistema mostrado en la figura 40.16 está dada por la ecuación 25.13, $U = qV = -k_e e^2/r$, donde k_e es la constante de Coulomb. De este modo, la energía total del átomo, la cual incluye tanto el término de la energía cinética como el de la potencial, es

$$E = K + U = \tfrac{1}{2}mv^2 - k_e \frac{e^2}{r} \qquad (40.20)$$

Al aplicar la segunda ley de Newton a este sistema, vemos que la fuerza atractiva coulombiana sobre el electrón, $k_e e^2/r^2$, debe ser igual a la masa por la aceleración centrípeta ($a = v^2/r$) del electrón:

$$\frac{k_e e^2}{r^2} = \frac{mv^2}{r}$$

De esta expresión, observamos que la energía cinética del electrón es

$$K = \frac{mv^2}{2} = \frac{k_e e^2}{2r} \qquad (40.21)$$

Mediante la sustitución de este valor de K en la ecuación 40.20, encontramos que la energía total del átomo es

$$E = -\frac{k_e e^2}{2r} \qquad (40.22)$$

Observe que la energía total es negativa, lo que indica un sistema ligado electrón-protón. Esto significa que energía en la cantidad de $k_e e^2/2r$ debe sumarse al átomo para eliminar el electrón y hacer cero la energía total.

Una expresión para r, el radio de las órbitas permitidas, puede obtenerse despejando V de las ecuaciones 40.19 y 40.21 e igualando los resultados:

$$v^2 = \frac{n^2\hbar^2}{m^2 r^2} = \frac{k_e e^2}{mr}$$

Radios de las órbitas de Bohr en el hidrógeno

$$r_n = \frac{n^2\hbar^2}{mk_e e^2} \qquad n = 1, 2, 3, \ldots \qquad (40.23)$$

Esta ecuación muestra que los radios tienen valores discretos, o están cuantizados. El resultado se basa en la *suposición* de que el electrón sólo puede existir en ciertas órbitas determinadas por el entero n.

La órbita con el radio más pequeño, llamado **radio de Bohr**, a_0, corresponde a $n = 1$ y tiene el valor

$$a_0 = \frac{\hbar^2}{mk_e e^2} = 0.0529 \text{ nm} \qquad (40.24)$$

Una expresión general para el radio de cualquier órbita en el átomo de hidrógeno se obtiene sustituyendo la ecuación 40.24 en la 40.23:

$$r_n = n^2 a_0 = n^2 (0.0529 \text{ nm})$$ (40.25)

El hecho de que la teoría de Bohr brinde un valor preciso para el radio del hidrógeno a partir de principios básicos sin ninguna calibración empírica del tamaño de la órbita se consideró un triunfo contundente de esta teoría. Las primeras tres órbitas de Bohr se muestran a escala en la figura 40.17.

La cuantización del radio de la órbita llevó de inmediato a la cuantización de la energía. Esto puede verse sustituyendo $r_n = n^2 a_0$ en la ecuación 40.22, lo que produce los niveles de energía permitidos

$$E_n = -\frac{k_e e^2}{2 a_0}\left(\frac{1}{n^2}\right) \qquad n = 1, 2, 3, \dots$$ (40.26)

La inserción de valores numéricos en la ecuación 40.26 resulta en

$$E_n = -\frac{13.6}{n^2} \text{ eV} \qquad n = 1, 2, 3, \dots$$ (40.27)

El nivel de energía más bajo permitido, denominado el **estado base**, tiene $n = 1$ y energía $E_1 = -13.6$ eV. El siguiente nivel de energía, el **primer estado excitado**, tiene $n = 2$ y energía $E_2 = E_1/2^2 = -3.4$ eV. La figura 40.18 es un diagrama de niveles de energía que muestra las energías de estos estados de energía discretos y los números cuánticos correspondientes. El nivel más alto, correspondiente a $n = \infty$ (o $r = \infty$) y $E = 0$, representa el estado para el cual el electrón se arranca del átomo (esto es, para sacar completamente un electrón en el estado base de la influencia del protón) recibe el nombre de **energía de ionización**. Como puede verse de la figura 40.18, la energía de ionización para el hidrógeno con base en el cálculo de Bohr es 13.6 eV. Esto constituyó otro logro fundamental de la teoría de Bohr porque precisamente ya se había medido el valor de 13.6 eV para la energía de ionización del hidrógeno.

La ecuación 40.26, junto con el tercer postulado de Bohr, pueden utilizarse para calcular la frecuencia del fotón emitido cuando el electrón salta de una órbita exterior a una interior:

$$f = \frac{E_i - E_f}{h} = \frac{k_e e^2}{2 a_0 h}\left(\frac{1}{n_f^2} - \frac{1}{n_i^2}\right)$$ (40.28)

Puesto que la cantidad medida es la longitud de onda, es conveniente usar $c = f\lambda$ para convertir la frecuencia a longitud de onda:

$$\frac{1}{\lambda} = \frac{f}{c} = \frac{k_e e^2}{2 a_0 h c}\left(\frac{1}{n_f^2} - \frac{1}{n_i^2}\right)$$ (40.29)

El hecho sobresaliente es que esta expresión, la cual es puramente teórica, es idéntica a una forma generalizada de las relaciones empíricas descubiertas por Balmer y otros y dada por las ecuaciones de la 40.14 a la 40.17:

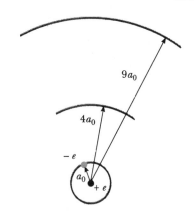

FIGURA 40.17 Las primeras tres órbitas circulares predichas por el modelo de Bohr del átomo de hidrógeno.

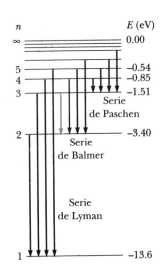

FIGURA 40.18 Un diagrama de niveles de energía del hidrógeno. Las energías permitidas discretas se grafican sobre el eje vertical. No se grafica nada sobre el eje horizontal, aunque la extensión horizontal del diagrama se hace lo suficientemente grande para mostrar las transiciones permitidas. Los números cuánticos se brinda a la izquierda y las energías (en eV) están a la derecha.

$$\frac{1}{\lambda} = R_H\left(\frac{1}{n_f{}^2} - \frac{1}{n_i{}^2}\right) \tag{40.30}$$

siempre que la constante $k_e e^2/2a_0 hc$ sea igual a la constante de Rydberg determinada experimentalmente, $R_H = 1.0973732 \times 10^7$ m^{-1}. Después de que Bohr demostró la concordancia entre estas dos cantidades hasta una precisión de aproximadamente 1%, se reconoció de inmediato como el logro que coronaba su nueva teoría de la mecánica cuántica. Además, Bohr demostró que todas las series espectrales para el hidrógeno tenían una interpretación natural en su teoría. La figura 40.18 muestra estas series espectrales como transiciones entre los niveles de energía.

Bohr extendió inmediatamente su modelo para el hidrógeno a otros elementos en los cuales al menos un electrón se había eliminado. Se sospechaba que elementos ionizados, como He$^+$, Li^{++} y Be^{+++} existían en atmósferas estelares calientes, donde los choques atómicos con frecuencia tienen la suficiente energía para apartar uno o más electrones atómicos. Bohr demostró que muchas misteriosas líneas observadas en el Sol y varias estrellas más podrían no deberse al hidrógeno sino que eran correctamente predichas por esta teoría si se atribuían a helio simplemente ionizado. En general, para describir un solo electrón que órbita a un núcleo fijo de carga $+Ze$ (donde Z es el *número atómico* del elemento, definido como el número de protones en el núcleo), la teoría de Bohr produce

$$r_n = (n^2)\frac{a_0}{Z} \tag{40.31}$$

$$E_n = -\frac{k_e e^2}{2a_0}\left(\frac{Z^2}{n^2}\right) \qquad n = 1, 2, 3, \ldots \tag{40.32}$$

EJEMPLO 40.5   Líneas espectrales de la estrella ξ-Puppis

Algunas misteriosas líneas observadas en 1896 en el espectro de emisión de la estrella ξ-Puppis corresponden con la fórmula empírica

$$\frac{1}{\lambda} = R_H\left(\frac{1}{(n_f/2)^2} - \frac{1}{(n_i/2)^2}\right)$$

Muestre que estas líneas pueden explicarse mediante la teoría de Bohr originándose del He$^+$.

Solución   El He$^+$ tiene $Z = 2$. De modo que los niveles de energía están dados por la ecuación 40.32 como

$$E_n = -\frac{k_e e^2}{2a_0}\left(\frac{4}{n^2}\right)$$

Empleando $hf = E_i - E_f$, encontramos

$$f = \frac{E_i - E_f}{h} = \frac{k_e e^2}{2a_0 h}\left(\frac{4}{n_f{}^2} - \frac{4}{n_i{}^2}\right)$$

$$= \frac{k_e e^2}{2a_0 h}\left(\frac{1}{(n_f/2)^2} - \frac{1}{(n_i/2)^2}\right)$$

$$\frac{1}{\lambda} = \frac{f}{c} = \frac{k_e e^2}{2a_0 hc}\left(\frac{1}{(n_f/2)^2} - \frac{1}{(n_i/2)^2}\right)$$

Ésta es la solución deseada, debido a que $R_H \equiv k_e e^2/2a_0 hc$.

EJEMPLO 40.6   Una transición electrónica en el hidrógeno

El electrón en el átomo de hidrógeno realiza una transición del estado de energía $n = 2$ al estado base (correspondiente a $n = 1$). Encuentre la longitud de onda y frecuencia del fotón emitido.

Solución   Podemos emplear la ecuación 40.30 directamente para obtener λ, con $n_i = 2$ y $n_f = 1$:

$$\frac{1}{\lambda} = R_H\left(\frac{1}{n_f{}^2} - \frac{1}{n_i{}^2}\right)$$

$$\frac{1}{\lambda} = R_H\left(\frac{1}{1^2} - \frac{1}{2^2}\right) = \frac{3R_H}{4}$$

$$\lambda = \frac{4}{3R_H} = \frac{4}{3(1.097 \times 10^7 \text{ m}^{-1})}$$

$$= 1.215 \times 10^{-7} \text{ m} = \boxed{121.5 \text{ nm}} \quad \text{(ultravioleta)}$$

Puesto que $c = f\lambda$, la frecuencia del fotón es

$$f = \frac{c}{\lambda} = \frac{3.00 \times 10^8 \text{ m/s}}{1.215 \times 10^{-7} \text{ m}} = \boxed{2.47 \times 10^{15} \text{ Hz}}$$

Ejercicio ¿Cuál es la longitud de onda del fotón emitido por el hidrógeno cuando el electrón hace una transición del estado $n = 3$ al estado $n = 1$?

Respuesta $\dfrac{9}{8R_H} = 102.6$ nm.

EJEMPLO 40.7 La serie de Balmer para el hidrógeno

La serie de Balmer para el átomo de hidrógeno corresponde a las transiciones electrónicas que terminan en el estado de número cuántico $n = 2$, como se muestra en la figura 40.19. a) Encuentre el fotón de longitud de onda más larga emitido en la serie y determine su energía.

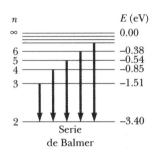

FIGURA 40.19 (Ejemplo 40.8) Transiciones responsables para las series de Balmer del átomo de hidrógeno. En esta serie todas las transiciones terminan en el nivel $n = 2$.

Solución La longitud de onda más corta en la serie de Balmer es producto de la transición de $n = 3$ a $n = 2$. El empleo de la ecuación 40.30 da

$$\frac{1}{\lambda} = R_H\left(\frac{1}{n_f^2} - \frac{1}{n_i^2}\right)$$

$$\frac{1}{\lambda_{\text{máx}}} = R_H\left(\frac{1}{2^2} - \frac{1}{3^2}\right) = \frac{5}{36}R_H$$

$$\lambda_{\text{máx}} = \frac{36}{5R_H} = \frac{36}{5(1.097 \times 10^7 \text{ m}^{-1})}$$

$$= \boxed{656.3 \text{ nm}} \quad \text{(rojo)}$$

La energía de este fotón es

$$E_{\text{fotón}} = hf = \frac{hc}{\lambda_{\text{máx}}}$$

$$= \frac{(6.626 \times 10^{-34} \text{ J} \cdot \text{s})(3.00 \times 10^8 \text{ m/s})}{656.3 \times 10^{-9} \text{ m}}$$

$$= 3.03 \times 10^{-19} \text{ J} = \boxed{1.89 \text{ eV}}$$

También podríamos obtener la energía utilizando la expresión $hf = E_3 - E_2$, donde E_2 y E_3 pueden calcularse de la ecuación 40.26. Advierta que éste es el fotón de energía más baja en esta serie debido a que implica el cambio de energía más pequeño.

b) Encuentre el fotón de longitud de onda más corta emitido en la serie de Balmer.

Solución El fotón de longitud de onda más corta en la serie de Balmer se emite cuando el electrón realiza una transición de $n = \infty$ a $n = 2$. Por consiguiente,

$$\frac{1}{\lambda_{\text{mín}}} = R_H\left(\frac{1}{2^2} - \frac{1}{\infty}\right) = \frac{R_H}{4}$$

$$\lambda_{\text{mín}} = \frac{36}{R_H} = \frac{36}{1.097 \times 10^7 \text{ m}^{-1}} = \boxed{364.6 \text{ nm}}$$

Esta longitud de onda está en la región ultravioleta y corresponde al límite de la serie.

Ejercicio Encuentre la energía del fotón de menor longitud de onda emitido en la serie de Balmer para el hidrógeno.

Respuesta 3.40 eV.

Principio de correspondencia de Bohr

En nuestro estudio de la relatividad encontramos que la mecánica newtoniana es un caso especial de la mecánica relativista y utilizable sólo cuando v es mucho menor que c. De manera similar, *la mecánica cuántica concuerda con la física clásica en los casos donde la diferencia entre los niveles cuantizados desaparece.* Este principio, expuesto por primera vez por Bohr, recibe el nombre de **principio de correspondencia**.

Por ejemplo, considere un electrón dando vueltas alrededor del átomo de hidrógeno con $n > 10\,000$. Para valores tan grandes de n, las diferencias de energía entre niveles adyacentes tienden a cero y, en consecuencia, los niveles son casi continuos. En consecuencia, el modelo clásico es razonablemente preciso al describir el sistema para grandes valores de n. De acuerdo con la imagen clásica, la frecuencia de la luz emitida por el átomo es igual a la frecuencia de revolución del electrón en su órbita alrededor del núcleo. Los cálculos muestran que para $n > 10\ 000$, esta frecuencia es diferente de la predicha por la mecánica cuántica en menos de 0.015 %.

RESUMEN

Las características de la radiación de cuerpo negro no pueden explicarse con los conceptos clásicos. Planck introdujo por primera vez el concepto cuántico cuando supuso que los osciladores atómicos responsables de esta radiación existían sólo en estados discretos.

El **efecto fotoeléctrico** es un proceso por medio del cual los electrones se expulsan de una superficie metálica cuando la luz incide sobre dicha superficie. Einstein brindó una explicación útil de este efecto extendiendo la hipótesis cuántica de Planck al campo electromagnético. En este modelo, la luz se considera como una corriente de fotones, cada uno con energía $E = hf$, donde f es la frecuencia y h es la constante de Planck. La energía cinética máxima del fotoelectrón expulsado es

$$K_{\text{máx}} = hf - \phi \tag{40.8}$$

donde ϕ es la **función de trabajo** del metal.

Los rayos X de un haz incidente son desviados a diversos ángulos por los electrones en el blanco. En dicha dispersión se observa un corrimiento de la longitud de onda de los rayos X desviados, y el fenómeno se conoce como el **efecto Compton**. La física clásica no explica este efecto. Si el rayo X se trata como un fotón, la conservación de la energía y el momento se aplica a los choques fotón-electrón producidos para el corrimiento Compton:

$$\lambda' - \lambda_0 = \frac{h}{mc}(1 - \cos\theta) \tag{40.10}$$

donde m es la masa del electrón, c es la velocidad de la luz y θ es el ángulo de desviación.

El modelo de Bohr del átomo es exitoso en la descripción de los espectros del hidrógeno atómico y de iones similares a él. Una de las suposiciones básicas del modelo es que el electrón puede existir sólo en órbitas discretas, como el momento angular mvr sea un múltiplo entero de $h/2\pi = \hbar$. Suponiendo órbitas circulares y una simple atracción coulombiana entre el electrón y el protón, se calcula que las energías de los estados cuánticos para el hidrógeno son

$$E_n = -\frac{k_e e^2}{2a_0}\left(\frac{1}{n^2}\right) \qquad n = 1, 2, 3, \ldots \tag{40.26}$$

donde k_e es la constante de Coulomb, e es la carga del electrón, n es un entero llamado el **número cuántico**, y $a_0 = 0.0529$ nm es el **radio de Bohr.**

Si el electrón en el átomo de hidrógeno realiza una transición de una órbita cuyo número cuántico es n_i a uno cuyo número cuántico es n_f, donde $n_f < n_i$, el átomo emite un fotón y la frecuencia de éste es

$$f = \frac{k_e e^2}{2a_0 h}\left(\frac{1}{n_f{}^2} - \frac{1}{n_i{}^2}\right) \tag{40.28}$$

PREGUNTAS

1. ¿Qué suposiciones fueron hechas por Planck al abordar el problema de la radiación de cuerpo negro. Analice las consecuencias de estas suposiciones.

2. El modelo clásico de la radiación de cuerpo negro dado por la ley de Rayleigh-Jeans tuvo una defecto principal. Identifíquelo y explique cómo lo trató la ley de Planck.

3. Si el efecto fotoeléctrico se observa para un metal, ¿puede usted concluir que el efecto también será observado para otro metal en las mismas condiciones? Explique.

4. En el efecto fotoeléctrico, explique por qué el potencial de frenado depende de la frecuencia de la luz pero no de la intensidad.

5. Suponga que el efecto fotoeléctrico ocurre en un blanco gaseoso y no en una placa sólida. ¿Se producirán fotoelectrones a todas las frecuencias del fotón incidente? Explique.

6. ¿En qué difiere el efecto Compton del efecto fotoeléctrico?

7. ¿Qué suposiciones hizo Compton al trabajar con la dispersión de un fotón mediante un electrón?

8. La teoría de Bohr del átomo de hidrógeno se basa en varias suposiciones. Estúdielas junto con su significado. ¿Alguna de ellas contradice la física clásica?

9. Suponga que el electrón en el átomo de hidrógeno obedece la mecánica clásica en vez de la mecánica cuántica. ¿Por qué debe tal átomo "hipotético" emitir un espectro continuo en lugar del espectro de líneas observado?

10. ¿Puede el electrón en el estado base del hidrógeno absorber un fotón de energía a) menor que 13.6 eV y b) mayor que 13.6 eV?

11. ¿Por qué las líneas espectrales del hidrógeno diatómico serían diferentes a las del hidrógeno monoatómico?

12. Explique por qué, en el modelo de Bohr, la energía total del átomo es negativa.

13. Un fotón de rayos X es dispersado por un electrón. ¿Qué pasa con la frecuencia del fotón dispersado relativa a la del fotón incidente?

14. ¿Por qué la existencia de una frecuencia de corte en el efecto fotoeléctrico favorece una teoría corpuscular para la luz en vez de una teoría ondulatoria?

15. Empleando la ley de desplazamiento de Wien, calcule la longitud de onda de la intensidad más alta dada por el cuerpo humano. Empleando esta información, explique por qué un detector infrarrojo sería una alarma útil en tareas de seguridad.

16. Todos los objetos radian energía, pero no somos capaces de ver todos los objetos en un cuarto oscuro. Explique.

17. ¿Qué tiene más energía, un fotón de radiación ultravioleta o un fotón de luz amarilla?

18. Algunas estrellas se ven rojas y algunas azules. ¿Cuáles tienen la temperatura superficial más alta? Explique.

PROBLEMAS

Sección 40.1   Radiación de cuerpo negro e hipótesis de Planck

1. Calcule la energía, en electrón volts, de un fotón cuya frecuencia es a) 6.2×10^{14} Hz, b) 3.1 GHz, c) 46 MHz. d) Determine las longitudes de onda correspondientes a estos fotones.

2. a) Suponiendo que un filamento de tungsteno de un foco eléctrico es un cuerpo negro, determine su longitud de onda pico y si su temperatura es 2 900 K. b) ¿Por qué su respuesta al inciso a) sugiere que más energía de un foco se convierte en calor que en luz?

3. Un transmisor de radio de FM tiene una salida de potencia de 150 kW y opera a una frecuencia de 99.7 MHz. ¿Cuántos fotones por segundo emite el transmisor?

4. La potencia promedio generada por el Sol es igual a 3.74×10^{26} W. Suponiendo que la longitud de onda promedio de la radiación solar sea de 500 nm, determine el número de fotones emitidos por el Sol en 1 s.

5. Un cuerpo negro a 7 500 K tiene un agujero en él de 0.0500 mm de diámetro. Estime el número de fotones por segundo qué salen por el agujero con longitudes de onda entre 500 nm y 501 nm.

5A. Un cuerpo negro a temperatura T tiene un agujero en él de diámetro d. Estime el número de fotones por segundo que salen por el agujero con longitudes de onda entre λ_1 y λ_2.

6. Una lámpara de vapor de sodio tiene una salida de potencia de 10 W. Empleando 589.3 nm como la longitud promedio de esta fuente, calcule el número de fotones emitidos por segundo.

7. Utilizando la ley de desplazamiento de Wien, calcule la temperatura superficial de una estrella gigante roja que radia con una longitud de onda pico de 650 nm.

8. El radio de nuestro Sol es 6.96×10^8 m, y su salida de potencia total corresponde a 3.77×10^{26} W. a) Suponiendo que la superficie solar emite como un cuerpo negro ideal, calcule su temperatura superficial. b) Empleando el resultado del inciso a), encuentre la $\lambda_{máx}$ del Sol.

9. ¿Cuál es la longitud de onda pico emitida por el cuerpo humano? Suponga una temperatura del cuerpo de 98.6° F y use la ley de desplazamiento de Wien. ¿En qué parte del espectro electromagnético se encuentra esta longitud de onda?

10. Un filamento de tungsteno se calienta hasta 800°C. ¿Cuál es la longitud de onda de la radiación más intensa?

11. El ojo humano es más sensible a la luz de 560 nm. ¿Qué temperatura de un cuerpo negro radiará más intensamente a esta longitud de onda?

12. Una estrella que se aleja de la Tierra a $0.280c$ emite radiación que tiene una intensidad máxima a una longitud de onda de 500 nm. Determine la temperatura

☐ Indica problemas que tienen soluciones completas disponibles en el *Manual de soluciones del estudiante* y en la *Guía de estudio*.

superficial de esta estrella. (*Sugerencia:* Vea el problema S1 en el capítulo 39.)

12A. Una estrella que se aleja de la Tierra a una velocidad v emite radiación que tiene una intensidad máxima a una longitud de onda λ. Determine la temperatura superficial de esta estrella. (*Sugerencia:* Vea el problema S1 en el capítulo 39.)

13. Muestre que a cortas longitudes de onda o bajas temperaturas, la ley de radiación de Planck (ecuación 40.3) predice una reducción exponencial en $I(\lambda, T)$ dada por la ley de radiación de Wien:

$$I(\lambda, T) = \frac{2\pi hc^2}{\lambda^5} e^{-hc/\lambda kT}$$

Sección 40.2   El efecto fotoeléctrico
Sección 40.3   Aplicaciones del efecto fotoeléctrico

14. En un experimento sobre el efecto fotoeléctrico, la fotocorriente es interrumpida por un potencial de frenado de 0.54 V para radiación de 750 nm. Encuentre la función de trabajo para el material.

15. La función de trabajo para el potasio es 2.24 eV. Si el metal potasio se ilumina con luz de 480 nm, encuentre a) la energía cinética máxima de los fotoelectrones y b) la longitud de onda de corte.

16. El molibdeno tiene una función de trabajo de 4.2 eV. a) Determine la longitud de onda de corte y la frecuencia de corte para el efecto fotoeléctrico. b) Calcule el potencial de frenado si la luz incidente tiene una longitud de onda de 180 nm.

17. Un estudiante que analiza el efecto fotoeléctrico a partir de dos metales diferentes registra la siguiente información: i) el potencial de frenado para los fotoelectrones liberados en el metal 1 es 1.48 eV mayor que para el metal 2, y ii) la frecuencia de corte para el metal 1 es 40% más pequeña que para el metal 2. Determine la función de trabajo para cada metal.

18. Cuando luz de 445 nm incide sobre cierta superficie metálica, el potencial de frenado es 70.0% del que resulta cuando luz de 410 nm incide sobre la misma superficie metálica. Con base en esta información y la siguiente tabla de funciones de trabajo, identifique el metal implicado en el experimento.

Metal	Función de trabajo (eV)
Cesio	1.90
Potasio	2.24
Plata	4.73
Tungsteno	4.58

19. Dos fuentes luminosas se utilizan en un experimento fotoeléctrico para determinar la función de trabajo correspondiente a una superficie metálica particular. Cuando se emplea luz verde de una lámpara de mercurio ($\lambda = 546.1$ nm), un potencial de frenado de 1.70 V reduce la fotocorriente a cero. a) Con base en esta medición, ¿cuál es la función de trabajo para este metal? b)

¿Qué potencial de frenado se observaría al usar la luz amarilla de un tubo de descarga de helio ($\lambda = 587.5$ nm)?

20. Cuando luz de 625 nm brilla sobre cierta superficie metálica, los fotoelectrones tienen velocidades hasta de 4.6 $\times 10^5$ m/s. ¿Cuáles son a) las funciones de trabajo y b) la frecuencia de corte para este metal?

21. El litio, el berilio y el mercurio tienen funciones de trabajo de 2.3 eV, 3.9 eV y 4.5 eV, respectivamente. Si luz de 400 nm incide sobre cada uno de estos metales, determine a) cuál de ellos exhibe el efecto fotoeléctrico y b) la energía cinética máxima para el fotoelectrón en cada caso.

22. Luz de 300 nm de longitud de onda incide sobre una superficie metálica. Si el potencial de frenado para el efecto fotoeléctrico es 1.2 V, encuentre a) la máxima energía de los electrones emitidos, b) la función de trabajo y c) la longitud de onda de corte.

23. Una fuente luminosa que emite radiación a 7.0×10^{14} Hz es incapaz de arrancar fotoelectrones de cierto metal. Con la intención de utilizar esta fuente para extraer fotoelectrones del metal, se le da una velocidad a la fuente hacia el metal. a) Explique por qué este procedimiento produce fotoelectrones. b) Cuando la velocidad de la fuente luminosa es igual a $0.28c$, los fotoelectrones empiezan a ser expulsados del metal. ¿Cuál es la función de trabajo del metal? c) Cuando la velocidad de la fuente luminosa se incrementa a $0.90c$ determine la máxima energía cinética de los fotoelectrones.

24. Si un fotodiodo se expone a luz verde (500 nm), adquiere el voltaje de 1.4 V. Determine el voltaje que será causado por la exposición del mismo fotodiodo a luz violeta (400 nm).

Sección 40.4   El efecto Compton

25. Un fotón de 0.70 MeV se dispersa por medio de un electrón libre de modo que el ángulo de dispersión del fotón es el doble del ángulo de dispersión del electrón (Fig. P40.25). Determine a) el ángulo de dispersión para el electrón y b) la velocidad final del electrón.

25A. Un fotón de energía E_0 se dispersa por medio de un electrón libre de modo que el ángulo de dispersión del fotón es el doble del ángulo de dispersión del electrón (Fig. P40.25). Determine a) el ángulo de dispersión para el electrón y b) la velocidad final del electrón.

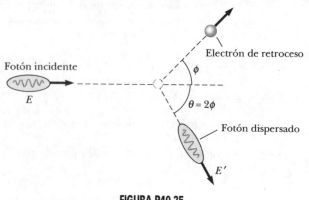

FIGURA P40.25

26. Rayos X de 0.200 nm de longitud de onda son dispersados en un bloque de carbono. Si la radiación dispersada se detecta a 60° respecto del haz incidente, encuentre a) el corrimiento Compton y b) la energía cinética dada al electrón de retroceso.

27. Un fotón que tiene una longitud de onda λ dispersa a un electrón libre en A (Fig. P40.27) produciendo un segundo fotón que tiene longitud de onda λ'. Este fotón dispersa después otro electrón libre en B produciendo un tercer fotón con longitud de onda λ'' que se mueve en dirección directamente opuesta al fotón original, como en la figura P40.27. Determine el valor numérico de $\Delta\lambda = \lambda'' - \lambda$.

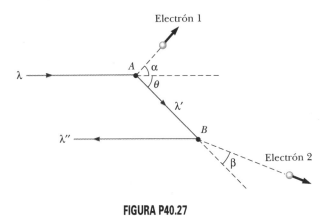

FIGURA P40.27

28. En un experimento de dispersión Compton, un fotón se desvía un ángulo de 90° y el electrón se desvía un ángulo de 20°. Determine la longitud de onda del fotón dispersado.

29. Un rayo gama de 0.667 MeV dispersa a un electrón que está ligado a un núcleo con una energía de 150 keV. Si el fotón se desvía a un ángulo de 180°, a) determine la energía y el momento del electrón de retroceso después de que ha sido arrancado del átomo. b) ¿Dónde aparece el momento faltante?

30. Rayos X que tienen una energía de 300 keV experimentan dispersión Compton en un blanco. Si los rayos dispersados se detectan a 37° respecto de los rayos incidentes, determine a) el corrimiento Compton a este ángulo, b) la energía de los rayos X dispersados y c) la energía del electrón de retroceso.

31. Después de que un fotón de rayos X de 0.80 nm dispersa a un electrón libre, el electrón retrocede a 1.4×10^6 m/s. a) ¿Cuál fue el corrimiento Compton en la longitud de onda del fotón? b) ¿Qué ángulo se dispersó el fotón?

32. Un fotón de 0.110 nm choca con un electrón estacionario. Después del choque el electrón se mueve hacia adelante y el fotón retrocede. Encuentre el momento y la energía cinética del electrón.

33. Un fotón de 0.88 MeV es dispersado por un electrón libre inicialmente en reposo de manera tal que el ángulo de dispersión del electrón dispersado es igual al del fotón dispersado ($\phi = \theta$ en la figura 40.11). Determine a) los ángulos ϕ y θ, b) la energía y momento del fotón dispersado y c) la energía cinética y el momento del fotón dispersado.

33A. Un fotón que tiene energía E_y es dispersado por un electrón libre inicialmente en reposo de manera tal que el ángulo de dispersión del electrón dispersado es igual al del fotón dispersado ($\phi = \theta$ en la figura 40.11). Determine a) los ángulos ϕ y θ, b) la energía y momento del fotón dispersado y c) la energía cinética y el momento del fotón dispersado.

34. Un fotón de rayos X de 0.500 nm se desvía 134° en un evento de dispersión Compton. ¿A qué ángulo (en relación con el haz incidente) se encuentra el electrón de retroceso?

35. Un fotón de 0.0016 nm se dispersa a partir de un electrón libre. ¿Para qué ángulo de dispersión (fotón) el electrón de retroceso y el fotón dispersado tienen la misma energía cinética?

Sección 40.5 Espectros atómicos

36. Muestre que las longitudes de onda para la serie de Balmer satisfacen la ecuación

$$\lambda = \frac{364.5\,n^2}{n^2 - 4}\ \text{nm}$$

donde $n = 3, 4, 5\ldots$

37. a) Suponga que la constante de Rydberg estuvo dada por $R_H = 2.0 \times 10^7$ m^{-1}, ¿a qué parte del espectro electromagnético correspondería la serie de Balmer? b) Repita para $R_H = 0.5 \times 10^7$ m^{-1}.

38. a) Calcule la longitud de onda más corta en cada una de estas series espectrales del hidrógeno: Lyman, Balmer, Paschen y Brackett. b) Calcule la energía (en electrón volts) del fotón de más alta energía producido en cada serie.

39. a) ¿Qué valor de n se asocia a la línea de 94.96 nm en las series de hidrógeno de Lyman? b) ¿Esta longitud de onda podría estar asociada a las series de Paschen o Brackett?

40. El oxígeno líquido tiene un color azulado, lo que significa que absorbe preferencialmente luz hacia el extremo rojo del espectro visible. Aunque la molécula de oxígeno (O_2) no absorbe intensamente radiación visible, lo hace en esa forma a 1 269 nm, que es la región infrarroja del espectro. Las investigaciones han mostrado que es posible que dos moléculas de O_2 que choquen absorban un solo fotón, compartiendo equitativamente su energía. La transición que ambas moléculas experimentan es la misma que la producida cuando absorben radiación de 1 269 nm. ¿Cuál es la longitud del fotón aislado que ocasiona esta doble transición? ¿Cuál es el color de esta radiación?

Sección 40.6 Modelo cuántico de Bohr del átomo

41. Emplee la ecuación 40.23 para calcular el radio de la primera, segunda y tercera órbitas de Bohr para el hidrógeno.

42. Para el átomo de hidrógeno en el estado base, utilice el modelo de Bohr para calcular a) la velocidad orbital del electrón, b) su energía cinética (en electrón volts) y

c) la energía potencial eléctrica (en electrón volts) del átomo.

43. a) Construya un diagrama de niveles de energía para el ion He^+, para el cual $Z = 2$. b) ¿Cuál es la energía de ionización para el He^+?

44. Un haz de luz monocromática es absorbido por una colección de átomos de hidrógeno en estado base de modo que es posible observar seis diferentes longitudes de onda cuando el hidrógeno regresa de nuevo al estado base. ¿Cuál es la longitud de onda del haz incidente?

45. ¿Cuál es el radio de la primera órbita de Bohr en a) He^+, b) Li^{2+} y c) Be^{3+}?

46. Dos átomos de hidrógeno chocan frontalmente y terminan con energía cinética cero. Cada uno emite después un fotón de 121.6 nm (una transición de $n = 2$ a $n = 1$). ¿A qué velocidad se movían los átomos antes del choque?

46A. Dos átomos de hidrógeno chocan frontalmente y terminan con energía cinética cero. Cada uno emite después un fotón de longitud de onda λ. ¿A qué velocidad se desplazaban los átomos antes del choque?

47. Un fotón se emite cuando un átomo de hidrógeno experimenta una transición del estado $n = 6$ al $n = 2$. Calcule a) la energía, b) la longitud de onda y c) la frecuencia del fotón emitido.

48. Una partícula de carga q y masa m, que se mueve con velocidad constante, v, perpendicular a un campo magnético constante, B, sigue una trayectoria circular. Si el momento angular alrededor del centro de este círculo está cuantizado de manera que $mvr = n\hbar$, muestre que los rayos permitidos para la partícula son

$$r_n = \sqrt{\frac{n\hbar}{qB}}$$

para $n = 1, 2, 3,...$

49. A continuación se brindan cuatro transiciones posibles para el átomo de hidrógeno

(A)	$n_i = 2$; $n_f = 5$
(B)	$n_i = 5$; $n_f = 3$
(C)	$n_i = 7$; $n_f = 4$
(D)	$n_i = 4$; $n_f = 7$

a) ¿Cuál de las transiciones emite los fotones que tienen la longitud de onda más corta? b) ¿Para cuál transición el átomo gana la mayor cantidad de energía? c) ¿Para cuál(es) transición(es) el átomo pierde energía?

50. Un electrón está en la enésima órbita de Bohr del átomo de hidrógeno. a) Muestre que el periodo del electrón es $T = \tau_0 n^3$ y determine el valor numérico de τ_0. b) En promedio, un electrón permanece en la órbita $n = 2$ por aproximadamente 10 μs antes de saltar a la órbita $n = 1$ (estado base). ¿Cuántas revoluciones efectúa el electrón antes de saltar al estado base? c) Si una revolución del electrón se define como un "año electrón" (análogo a que un año terrestre es una revolución de la Tierra alrededor del Sol), ¿el electrón en la órbita $n = 2$ "vive"

mucho? Explique. d) ¿De qué manera el cálculo anterior sostiene el concepto de la "nube de electrones"?

51. Determine la energía potencial y la energía cinética del electrón en el primer estado excitado del átomo de hidrógeno.

PROBLEMAS ADICIONALES

52. Un átomo de hidrógeno está en su primer estado excitado ($n = 2$). Empleando la teoría del átomo de Bohr, calcule a) el radio de la órbita, b) el momento lineal del electrón, c) el momento angular del electrón, d) la energía cinética, e) la energía potencial y f) la energía total.

53. El positronio es un átomo similar al hidrógeno compuesto por un positrón (un electrón cargado positivamente) y un electrón que giran uno alrededor del otro. Empleando el modelo Bohr, determine los radios permitidos (relativos a los centros de masa de las dos partículas) y las energías permitidas del sistema.

54. La figura P40.54 muestra el potencial de frenado contra la frecuencia de los fotones incidentes en el efecto fotoeléctrico correspondiente al sodio. Con los puntos dato determine a) la función de trabajo, b) la razón h/e y c) la longitud de onda de corte. (Datos tomados de R. A. Millikan, *Phys. Rev.* 7:362 [1916].)

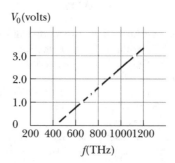

FIGURA P40.54

55. Un electrón en el cromo se mueve del estado $n = 2$ al estado $n = 1$ sin emitir un fotón. En lugar de eso, el exceso de energía se transfiere a un electrón exterior (uno en el estado $n = 4$), el cual después es expulsado por el átomo. (Lo anterior se llama proceso Auger [pronunciado 'oyei'], y el electrón expulsado se conoce como un electrón Auger.) Con la teoría de Bohr calcule la energía cinética del electrón Auger.

56. Fotones de 450 nm de longitud de onda inciden sobre un metal. Los electrones más energéticos expulsados del metal se desvían en un arco circular de 20 cm de radio por medio de un campo magnético cuya intensidad es 2.0×10^{-5} T. ¿Cuál es la función de trabajo del metal?

56A. Fotones de longitud de onda λ inciden sobre un metal. Los electrones más energéticos expulsados del metal se desvían en un arco circular de radio R por medio de un campo magnético cuya magnitud es B. ¿Cuál es la función de trabajo del metal?

57. Rayos gamma (fotones de alta energía) de 1.02 MeV de energía son dispersados por electrones que están inicialmente en reposo. Si la dispersión es simétrica, es decir, si $\theta = \phi$, encuentre a) el ángulo de dispersión θ y b) la energía de los fotones dispersados.

58. Un fotón de 200 MeV es dispersado a 40° por un protón libre inicialmente en reposo. a) Encuentre la energía (MeV) del fotón dispersado. b) ¿Qué energía cinética (en MeV) adquiere el protón?

59 Como aprendimos en la sección 39.4, un muón tiene una carga de $-e$ y una masa igual a 207 veces la masa de un electrón. Plomo muónico se forma cuando un núcleo de plomo captura un muón. De acuerdo con la teoría de Bohr, ¿cuáles son el radio y la energía del estado base del plomo muónico?

60. Emplee el modelo del átomo de hidrógeno de Bohr para mostrar que cuando el electrón se mueve del estado n al estado $n-1$, la frecuencia de la luz emitida es

$$f = \frac{2\pi^2 m k_e^2 e^4}{h^3}\left[\frac{2n-1}{(n-1)^2 n^2}\right]$$

Muestre que cuando $n \to \infty$, esta expresión varía como $1/n^3$ y se reduce a la frecuencia clásica que se espera que emita el átomo. (*Sugerencia:* Para calcular la frecuencia clásica, advierta que la frecuencia de revolución es $v/2\pi r$, donde r está dada por la ecuación 40.23.)

61. Un muón (problema 59) es capturado por un deuterón para formar un átomo muónico. a) Encuentre la energía del estado base y el primer estado excitado. b) ¿Cuál es la longitud de onda del fotón emitido cuando el átomo hace una transición del primer estado excitado al estado base?

62. Muestre que un fotón no puede transferir toda su energía a un electrón libre. (*Sugerencia*: Recuerde que la energía y el momento deben conservarse.)

63. Un fotón con longitud de onda λ se mueve hacia un electrón libre que se desplaza con velocidad v en la misma dirección que el fotón (Fig. P40.63a). Si el fotón se dispersa a un ángulo θ (Fig. P40.63b), muestre que la longitud de onda del fotón dispersado es

$$\lambda' = \lambda\left(\frac{1-(u/c)\cos\theta}{1-u/c}\right)$$
$$+\frac{h}{mc}\sqrt{\frac{1+u/c}{1-u/c}}(1-\cos\theta)$$

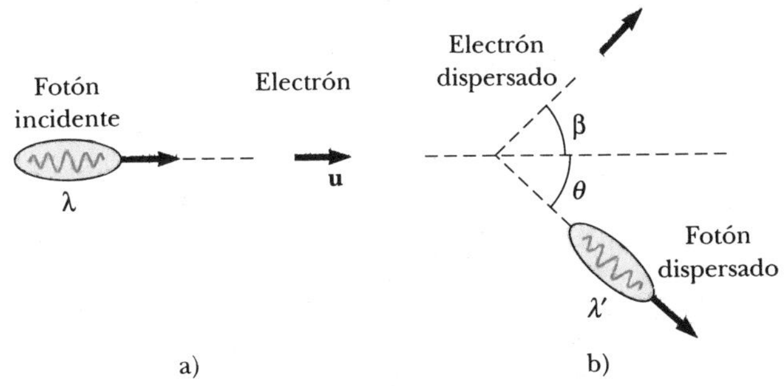

FIGURA P40.63

64. La potencia total por unidad de área radiada por un cuerpo negro a una temperatura T es el área bajo la curva I

(λ, T) contra λ, como en la figura 40.2. a) Muestre que esta potencia por unidad de área es

$$\int_0^\infty I(\lambda, T)\, d\lambda = \sigma T^4$$

donde $I(\lambda, T)$ está dada por la ley de radiación de Planck, y σ es una constante independiente de T. Este resultado se conoce como la ley de Stefan-Boltzmann. Para efectuar la integración, usted debe hacer el cambio de variable $x = hc/k_B T$ y aprovechar el hecho de que

$$\int_0^\infty \frac{x^3\, dx}{e^x - 1} = \frac{\pi^4}{15}$$

b) Muestre que la constante de Stefan-Boltzmann σ tiene el valor

$$\sigma = \frac{2\pi^5 k_B^4}{15 c^2 h^3} = 5.7 \times 10^{-8}\ \text{W/m}^2\cdot\text{K}^4$$

65. La serie de Lyman para un (¿nuevo?) átomo de un electrón se observa en una galaxia distante. La longitud de onda de las primeras cuatro líneas y el límite de la longitud de onda corta de esta serie están dadas por el diagrama de niveles de energía en la figura P40.65. Con base en esta información, calcule a) las energías del estado base y de los primeros cuatro estados excitados para este átomo de un electrón y b) la longitud de onda de las primeras tres líneas y el límite de la longitud de onda corta en la serie de Balmer correspondiente a este átomo. c) Muestre que las longitudes de onda de las primeras cuatro líneas y el límite de la longitud de onda corta de la serie de Lyman para el átomo de hidrógeno son todas exactamente 60% de las longitudes de onda para la serie de Lyman en el átomo de un electrón descrito en el inciso b). d) Con base en esta observación, explique por qué este átomo podría ser hidrógeno. (*Sugerencia*: Vea el problema S1 en el capítulo 39.)

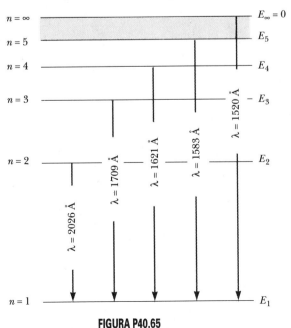

FIGURA P40.65

66. Un fotón de energía inicial E_0 sufre una dispersión Compton a un ángulo θ por causa de un electrón libre (masa m) inicialmente en reposo. Utilizando las ecuaciones relativistas para la conservación de la energía y el momento, obtenga la siguiente relación para la energía final E del fotón dispersado:

$$E = E_0[1 - (E_0/mc^2)(1 - \cos\theta)]^{-1}$$

67. Muestre que la proporción entre la longitud de onda Compton λ_C y la longitud de onda de De Broglie $\lambda = h/p$ para un electrón relativista es

$$\frac{\lambda_C}{\lambda} = \left[\left(\frac{E}{mc^2}\right)^2 - 1\right]^{1/2}$$

donde E es la energía total del electrón y m es su masa.

68. Deduzca la fórmula para el corrimiento Compton (ecuación 40.10) a partir de las ecuaciones 40.11, 40.12 y 40.13.

69. Un electrón inicialmente en reposo retrocede en un choque frontal con un fotón. Demuestre que la energía cinética adquirida por el electrón es $2hf\alpha/(1 + 2\alpha)$, donde α es la proporción entre la energía inicial del fotón y la energía en reposo del electrón.

70. La tabla siguiente muestra datos obtenidos en un experimento fotoeléctrico. a) Utilizando estos datos, haga una gráfica similar a la de la figura 40.8 que se trace como una línea recta. A partir de esta gráfica, determine b) un valor experimental para la constante de Planck (en joule-segundos), y c) la función de trabajo (en electrón volts) para la superficie. (Dos cifras significativas para cada respuesta son suficientes.)

Longitud de onda (nm)	Energía cinética máxima de los fotoelectrones (eV)
588	0.67
505	0.98
445	1.35
399	1.63

71. La función de distribución espectral $I(\lambda, T)$ para un cuerpo negro ideal a temperatura absoluta T se muestra en la figura P40.71. a) Muestre que el porcentaje de la potencia total radiada por unidad de área en el intervalo $0 \le \lambda \le \lambda_{máx}$ es

$$\frac{A}{A + B} = 1 - \frac{15}{\pi^4}\int_0^{4.965}\frac{x^3}{e^x - 1}\,dx$$

independiente del valor de T. b) Usando integración numérica, muestre que esta razón es aproximadamente 1/4.

72. Un filamento de tungsteno de un foco eléctrico es equivalente a un cuerpo negro a 2 900 K. a) Determine el porcentaje de la potencia radiante emitida por unidad de área que está en la forma de luz visible. Esto es equivalente a encontrar la razón de áreas mostrada en las figuras P40.72a y P40.72b, donde $\lambda_1 = 400$ nm y $\lambda_2 = 700$ nm. (*Sugerencia*: Tal vez encuentre útil examinar la función

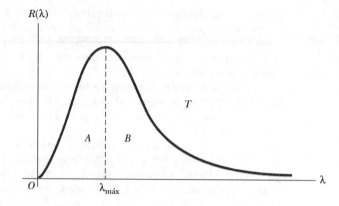

FIGURA P40.71

$$F(x) = \int_0^x \frac{t^3}{e^t - 1}\,dt$$

la cual es el área bajo la curva en la figura P40.72c y se tabula para diferentes valores de x en la tabla siguiente.) b) Con base en su respuesta, ¿sería más apropiado llamarlo "foco térmico" en lugar de "foco luminoso"? Explique.

x	$F(x)$	x	$F(x)$	x	$F(x)$
7.0	6.003	9.0	6.367	11.0	6.464
7.1	6.034	9.1	6.375	11.1	6.467
7.2	6.062	9.2	6.383	11.2	6.469
7.3	6.089	9.3	6.391	11.3	6.470
7.4	6.115	9.4	6.398	11.4	6.472
7.5	6.139	9.5	6.405	11.5	6.474
7.6	6.162	9.6	6.411	11.6	6.475
7.7	6.183	9.7	6.417	11.7	6.477
7.8	6.203	9.8	6.422	11.8	6.478
7.9	6.222	9.9	6.427	11.9	6.479
8.0	6.240	10.0	6.432	12.0	6.480
8.1	6.256	10.1	6.436	12.1	6.481
8.2	6.272	10.2	6.440	12.2	6.482
8.3	6.287	10.3	6.444	12.3	6.483
8.4	6.300	10.4	6.448	12.4	6.484
8.5	6.313	10.5	6.451	12.5	6.485
8.6	6.325	10.6	6.454	12.6	6.486
8.7	6.337	10.7	6.457	12.7	6.487
8.8	6.347	10.8	6.460	12.8	6.488
8.9	6.357	10.9	6.462	12.9	6.489

PROBLEMA DE HOJA DE CÁLCULO

S1. La dispersión Compton implica la dispersión de un fotón incidente de longitud de onda λ_0 por un electrón libre. El fotón dispersado tiene una longitud de onda reducida λ' que depende de su ángulo de dispersión θ. El electrón retrocede con energía cinética K_e a un ángulo de dispersión ϕ relativo a la dirección incidente. La hoja de cálculo 40.1 calcula y grafica tanto K_e y ϕ como

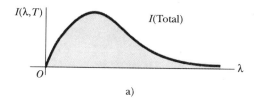

a)

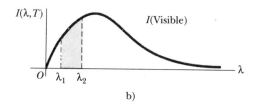

b)

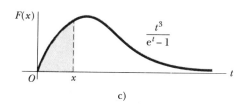

c)

FIGURA P40.72

funciones de θ para una λ determinada. a) Para $\lambda = 1 \times 10^{-10}$ m, examine los valores de K_e y ϕ a $\theta = 30°$, $90°$, $120°$ y $180°$. ¿Sus resultados tienen sentido? (Considere la conservación de la energía y el momento.) b) Repita el inciso a) para $\lambda = 1 \times 10^{-9}$ m, 1×10^{-11} m y 1×10^{-12} m. Explique la variación total con la longitud de onda incidente.

Mecánica cuántica

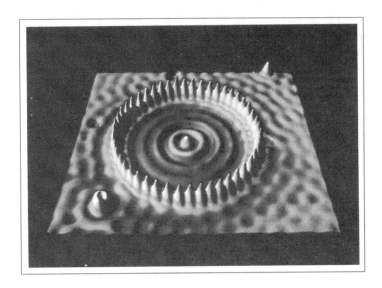

Esta fotografía es una demostración de un "corral cuántico" compuesto de un anillo de 48 átomos de hierro localizados sobre una superficie de cobre. El diámetro del anillo es igual a 143 nm, y la fotografía se obtuvo empleando un microscopio de tunelaje exploratorio de baja temperatura. Los corrales y otras estructuras son capaces de confinar ondas electrónicas superficiales. El estudio de estas estructuras desempeñará un importante papel en la determinación de futuros dispositivos electrónicos pequeños. *(IBM Corporation Research Division)*

En el capítulo 40, señalamos que el modelo de Bohr del átomo de hidrógeno tiene serias limitaciones. Por ejemplo, no explica los espectros de átomos complejos ni predice detalles como las variaciones en las intensidades de las líneas espectrales y en los desdoblamientos observados en ciertas líneas espectrales en condiciones de laboratorio controladas. Por último, no nos permite entender cómo interactúan entre sí los átomos y cómo dichas interacciones afectan las propiedades físicas y químicas observadas de la materia.

En este capítulo presentamos la mecánica cuántica, una teoría para explicar la estructura atómica. Este esquema desarrollado de 1925 a 1926 por Schrödinger, Heisenberg y otros, se enfoca en las limitaciones del modelo de Bohr y nos permite comprender una gran cantidad de fenómenos que comprende átomos, moléculas, núcleos y sólidos. Empezamos describiendo la dualidad onda-partícula, donde una partícula puede considerarse como si tuviera propiedades ondulatorias, y su longitud de onda puede calcularse si se conoce su momento. Luego, describimos algunos de los rasgos básicos del formalismo de la mecánica cuántica y su aplicación a sistemas sencillos unidimensionales. Por ejemplo, tratamos el problema de una partícula confinada a un pozo de potencial que tiene barreras infinitamente altas.

41.1 FOTONES Y ONDAS ELECTROMAGNÉTICAS

Fenómenos como el efecto fotoeléctrico y el efecto Compton ofrecen una rigurosa evidencia de que cuando la luz y la materia interactúan, aquélla se comporta como si estuviera compuesta de partículas con energía hf y momento h/λ. Una pregunta

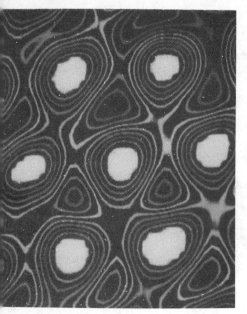

Observación de superficies cristalinas. La superficie de TaSe$_2$, "vista" con un microscopio de tunelaje exploratorio. La fotografía es en realidad el contorno de una onda de densidad de carga de la superficie, donde las diversas tonalidades indican regiones de diferentes densidades de carga. *(Cortesía del Prof. R.V. Coleman, Universidad de Virginia)*

obvia en este punto es, "¿cómo puede considerarse la luz un fotón (en otras palabras, una partícula) cuando sabemos que es una onda?". Por otra parte, describimos la luz en términos de fotones que tienen energía y momento. Asimismo, reconocemos que la luz y otras ondas electromagnéticas muestran efectos de interferencia y difracción, los cuales sólo son consistentes con una interpretación ondulatoria.

¿Cuál modelo es el correcto? ¿La luz es una onda o una partícula? La respuesta depende del fenómeno que se observa. Algunos experimentos pueden explicarse mejor, o únicamente, con el concepto de fotón, en tanto que otros se describen de modo más adecuado, o únicamente pueden describirse, con un modelo ondulatorio. El resultado final es que *debemos aceptar los dos modelos y admitir que la verdadera naturaleza de la luz no puede describirse en función de alguna imagen clásica simple.* Sin embargo, usted debe darse cuenta de que el mismo haz de luz que puede arrancar fotoelectrones de un metal (lo que significa que el haz está compuesto por fotones) puede también difractarse por medio de una rejilla (lo que significa que el haz es una onda). En otras palabras, *la teoría del fotón y la teoría ondulatoria de la luz se complementan una a otra.*

El éxito del modelo corpuscular de la luz en la explicación del efecto fotoeléctrico y del efecto Compton da lugar a muchas otras preguntas. Si la luz es una partícula, ¿cuál es el significado de su "frecuencia" y "longitud de onda", y cuál de estas dos propiedades determina su energía y momento? ¿La luz es simultáneamente una onda y una partícula? Aunque los fotones no tienen masa en reposo (una cantidad no observable), ¿hay una expresión simple para la masa efectiva de un fotón en movimiento? Si un fotón tiene masa, ¿los fotones experimentan atracción gravitacional? ¿Cuál es la extensión espacial de un fotón, y cómo un electrón absorbe o dispersa a un fotón? Si bien algunas de estas cuestiones son refutables otras exigen una visión de los procesos atómicos que es demasiado descriptiva y literal. Además, muchas de estas preguntas surgen de analogías clásicas, como los choques de las bolas de billar y las ondas en el agua que rompen en una playa. La mecánica cuántica da luz a una naturaleza más fluida y flexible al incorporar tanto el modelo corpuscular como el modelo ondulatorio de la luz cuando sea necesario y complementario. Por consiguiente,

---

La naturaleza dual de la luz

la luz tiene una naturaleza dual: muestra características tanto de onda como de partícula.

Para entender por qué los fotones son compatibles con ondas electromagnéticas, considere como un ejemplo ondas de radio de 2.5 MHz. La energía de un fotón que tiene esta frecuencia es sólo de aproximadamente 10^{-8} eV, demasiado pequeña para ser detectada como un fotón aislado. Un receptor de radio sensible podría requerir casi 10^{10} de estos fotones para producir una señal detectable. Un número tan grande de fotones aparecería, en promedio, como una onda continua. Con tantos fotones llegando al detector cada segundo es improbable que alguna granulosidad apareciera en la señal detectada. Es decir, con ondas de 2.5 MHz, uno no sería capaz de detectar los fotones individuales que inciden en la antena.

Considere a continuación lo que ocurre cuando vamos a las longitudes de onda más cortas. En la región visible es posible observar tanto las características de fotón como ondulatoria de la luz. Como mencionamos antes, un haz de luz visible muestra fenómenos de interferencia (de este modo es una onda) y al mismo tiempo puede producir fotoelectrones (de esta manera es una partícula). En incluso longitudes de onda más cortas, el momento y la energía del fotón aumentan. En consecuencia, la naturaleza fotónica de la luz se vuelve más evidente que su naturaleza ondulatoria. Por ejemplo, la absorción de un fotón de rayos X se detecta con facilidad como un evento aislado. Sin embargo, cuando la longitud de onda disminuye, los efectos ondulatorios se vuelven más difíciles de observar.

41.2 LAS PROPIEDADES ONDULATORIAS DE LAS PARTÍCULAS

A los estudiantes que se les presenta la naturaleza dual de la luz a menudo les parece difícil aceptar el concepto. En el mundo que nos rodea, estamos acostumbrados a considerar cosas como pelotas de beisbol exclusivamente como partículas, y cosas como las ondas sonoras únicamente como formas de movimiento ondulatorio. Toda observación a gran escala puede interpretarse considerando ya sea una explicación ondulatoria o una explicación corpuscular, pero en el mundo de los fotones y los electrones, estas distinciones no están tan claramente definidas. Incluso, más desconcertante es el hecho de que, en ciertas condiciones, las cosas que ambiguamente denominamos "partículas" ¡muestran características de onda!

En 1923, en su disertación doctoral, Louis Victor de Broglie postuló que *debido a que los fotones tienen características de onda y de partícula, quizá todas las formas de la materia tienen propiedades de onda, así como de partícula.* Ésta fue una idea sumamente revolucionaria sin confirmación experimental en esa época. De acuerdo con De Broglie, los electrones tienen una naturaleza dual partícula-onda. Un electrón en movimiento exhibe caracter ondulatorio o propiedades de onda. De Broglie explicó la fuente de esta afirmación en su discurso de aceptación del premio Nóbel en 1929:

Louis de Broglie (1892-1987), un físico francés, obtuvo el premio Nóbel en 1929 por su descubrimiento de la naturaleza ondulatoria de los electrones. "Parecería que la idea básica de la teoría cuántica es la imposibilidad de imaginar una cantidad de energía aislada sin asociarla a cierta frecuencia". *(AIP Niels Bohr Library)*

> Por un lado la teoría cuántica de la luz no puede considerarse satisfactoria puesto que define la energía de un corpúsculo luminoso en términos de la frecuencia f. Ahora bien, una teoría puramente corpuscular no contiene nada que nos permita definir una frecuencia; por esta sola razón, en consecuencia, estamos obligados, en el caso de la luz, a introducir la idea de un corpúsculo y la de la periodicidad simultáneamente. Por otro lado, la determinación del movimiento estable de electrones en el átomo introduce enteros, y hasta este punto los únicos fenómenos que implican enteros en la física fueron los de la interferencia y los de los modos normales de vibración. Este hecho me sugirió la idea de que los electrones también podrían considerarse no simplemente como corpúsculos, sino que debía asignárseles también periodicidad.

En el capítulo 39 encontramos que la relación entre la energía y el momento de un fotón el cual tiene una masa en reposo cero, es $p = E/c$. Sabemos también que la energía de un fotón es $E = hf = hc/\lambda$. De modo que el momento del fotón puede expresarse como

$$p = \frac{E}{c} = \frac{hc}{c\lambda} = \frac{h}{\lambda}$$

Momento de un fotón.

A partir de esta ecuación vemos que la longitud de onda del fotón puede ser especificada por su momento, o $\lambda = h/p$. De Broglie sugirió que las partículas materiales de momento p tienen una longitud de onda característica $\lambda = h/p$. Debido a que el momento de una partícula de masa m y velocidad v es $p = mv$, la longitud de onda de De Broglie de esa partícula es

$$\lambda = \frac{h}{p} = \frac{h}{mv} \qquad (41.1)$$

Longitud de onda de De Broglie

Además, en analogía con los fotones, De Broglie postuló que la frecuencia de las ondas materiales (es decir, ondas asociadas con partículas de masa en reposo diferente de cero) obedecen la relación de Planck $E = hf$, por lo que

$$f = \frac{E}{h} \qquad (41.2)$$

Frecuencia de ondas materiales

La naturaleza dual de la materia es patente en estas dos ecuaciones debido a que cada una contiene tanto los conceptos de partícula (mv y E) como los conceptos de onda (λ y f). El hecho de que estas relaciones se establezcan experimentalmente para fotones hace a la hipótesis de De Broglie mucho más fácil de aceptar.

Cuantización del momento angular en el modelo de Bohr

El modelo de Bohr del átomo, estudiado en el capítulo 40, tiene muchas imperfecciones y problemas. Por ejemplo, cuando los electrones giran alrededor del núcleo, ¿cómo visualizamos el hecho de que sólo ciertas energías electrónicas son permitidas? Además, ¿por qué todos los átomos de un elemento dado tienen precisamente las mismas propiedades físicas independientemente de la infinita variedad de velocidades y posiciones iniciales de los electrones en cada átomo?

La gran intuición de De Broglie le permitió darse cuenta de que las teorías ondulatorias de la materia utilizan el concepto de interferencia para explicar estas observaciones. Recuerde del capítulo 18 que una cuerda de guitarra pulsada, mientras se somete inicialmente a un amplio intervalo de longitudes de onda, mantiene sólo patrones de onda estacionarios que tienen nodos en sus extremos. Cualquier vibración libre de la cuerda se compone de una superposición de cantidades variables de muchas ondas estacionarias. Este mismo razonamiento puede aplicarse a las ondas de materia del electrón doblándolas dentro de un círculo alrededor del núcleo. Todos los estados posibles del electrón son estados de ondas estacionarias, cada uno con su propia longitud de onda, velocidad y energía. La figura 41.1a ilustra este punto cuando tres longitudes de onda completas están contenidas en la circunferencia de una órbita. Es posible dibujar patrones similares para órbitas que contienen dos longitudes de onda, cuatro longitudes de onda, etcétera. Esta situación es análoga a las de ondas estacionarias en una cuerda que tiene frecuencias preferidas (resonantes) de vibración. La figura 41.1b muestra un patrón de onda estacionaria que contiene tres longitudes de onda para una cuerda que está fija en cada extremo. Imaginemos a continuación que la cuerda vibrante se separa de sus soporte en A y B y se dobla en una forma circular de manera que los puntos A y B se conectan. El resultado final es un patrón como el que se muestra en la figura 41.1a.

Otro aspecto de la teoría de Bohr, que es más fácil de visualizar físicamente empleando la hipótesis de De Broglie, es la cuantización del momento angular. Simplemente necesitamos suponer que las órbitas de Bohr permitidas surgen debido a que las ondas de materia del electrón forman ondas estacionarias cuando un número entero de longitudes de onda cabe exactamente dentro de la circunferencia de una órbita circular. De este modo,

$$n\lambda = 2\pi r$$

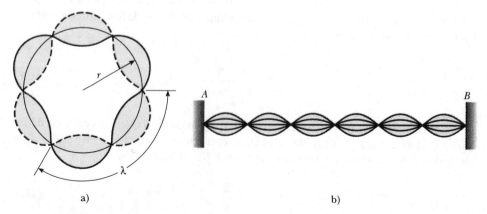

a)   b)

FIGURA 41.1 Patrones de onda estacionaria. a) Tres longitudes de onda completas asociadas a un electrón que se mueve en una órbita atómica estable. b) Tres longitudes de onda completas en una cuerda estirada.

donde r es el radio de la órbita y $n = 1, 2, 3, 4\ldots$ Debido a que la longitud de onda de De Broglie es $\lambda = h/mv$, y en virtud de que $\hbar = h/2\pi$, podemos escribir la ecuación precedente como $n(h/mv) = 2\pi r$, o

$$mvr = n\hbar$$

Advierta que ésta es precisamente la condición de Bohr de la cuantización del momento angular (ecuación 40.19).[1] De este modo, las ondas del electrón que caben en las órbitas son ondas estacionarias debido a las condiciones de frontera impuestas. Estas ondas estacionarias tienen frecuencias discretas, que corresponden a las longitudes de onda permitidas. Si $n\lambda \neq 2\pi r$, un patrón de ondas estacionarias nunca puede formar una órbita circular cerrada, como en la figura 41.1a, debido a que las ondas interfieren destructivamente.

El experimento de Davisson-Germer

La propuesta de De Broglie en 1923 de que cualquier tipo de partícula muestra tanto propiedades de onda como de partícula se consideró como pura especulación. Si partículas como los electrones tuvieran propiedades similares a las de las ondas, entonces en condiciones adecuadas deben mostrar efectos de difracción. Sólo tres años después, C. J. Davisson y L. H. Germer, de Estados Unidos, tuvieron éxito en la medición de la longitud de onda de electrones. Su importante descubrimiento proporcionó la primera confirmación experimental de las ondas de materia propuestas por de De Broglie.

Interesantemente, el intento del experimento inicial de Davisson-Germer no fue confirmar la hipótesis de De Broglie. De hecho, su descubrimiento fue hecho por accidente (como a menudo es el caso). El experimento implicaba la dispersión de electrones de baja energía (alrededor de 54 eV) en un blanco de níquel en el vacío. Durante un experimento, la superficie de níquel se oxidó de manera incorrecta debido a una ruptura accidental en el sistema de vacío. Después de que el blanco se calentó en una corriente de hidrógeno que circulaba para remover el revestimiento de óxido, los electrones dispersados por él exhibieron máximos de intensidad a ángulos específicos. Los experimentadores se dieron cuenta finalmente de que el níquel había formado grandes regiones cristalinas después del calentamiento y que los planos espaciados regularmente de los átomos en esas regiones servían como una rejilla de difracción para las ondas de material del electrón.

Poco después, Davisson y Germer efectuaron mediciones de difracción más amplias en electrones dispersados a partir de blancos de un solo cristal. Sus resultados mostraron definitivamente la naturaleza ondulatoria de los electrones y confirmaron la relación de De Broglie $p = h/\lambda$, y un año después, en 1928, G. P. Thomson, de Escocia, observó patrones de difracción de electrones al hacer pasar electrones a través de láminas de oro muy delgadas. Desde entonces se han observado patrones de difracción de haces de átomos de helio, átomos de hidrógeno y neutrones. En consecuencia, la naturaleza universal de las ondas de materia se ha establecido de diversas maneras.

El problema de comprender la naturaleza dual de la material y la radiación es conceptualmente difícil debido a que los dos modelos parecen contradecirse. Este problema aplicado a la luz se estudió antes. Bohr ayudó a resolverlo en su **principio de complementariedad**, el cual establece que *los modelos de onda y partícula ya sea de la materia o de la radiación se complementan entre sí*. Ningún modelo puede usarse exclusivamente para describir de manera adecuada la materia o la radiación. Una comprensión completa se obtiene sólo cuando los dos modelos se combinan de manera complementaria.

El principio de complementariedad

---

[1] El análisis de De Broglie falla al explicar el hecho de que existen estados que tienen un número cuántico de momento angular orbital de cero.

EJEMPLO 41.1 La longitud de onda de un electrón

Calcule la longitud de onda de De Broglie para un electrón ($m = 9.11 \times 10^{-31}$ kg) que se mueve a 1.00×10^7 m/s.

Solución La ecuación 41.1 produce

$$\lambda = \frac{h}{mv} = \frac{6.63 \times 10^{-34}\, \text{J} \cdot \text{s}}{(9.11 \times 10^{-31}\, \text{kg})(1.00 \times 10^7\, \text{m/s})}$$

$$= 7.28 \times 10^{-11}\, \text{m}$$

Ésta es la longitud de onda de un rayo X.

Ejercicio Encuentre la longitud de onda de De Broglie de un protón que se mueve a 1.00×10^7 m/s.

Respuesta 3.97×10^{-14} m.

EJEMPLO 41.2 La longitud de onda de una roca

Una roca de 50 g de masa se lanza con una velocidad de 40 m/s. ¿Cuál es su longitud de onda de De Broglie?

Solución De la ecuación 41.1, tenemos

$$\lambda = \frac{h}{mv} = \frac{6.63 \times 10^{-34}\, \text{J} \cdot \text{s}}{(50 \times 10^{-3}\, \text{kg})\ (40\, \text{m/s})} = 3.3 \times 10^{-34}\, \text{m}$$

Esta longitud de onda es mucho más pequeña que el tamaño de cualquier posible abertura a través de la cual podría pasar la roca. Lo anterior significa que no podríamos observar efectos de difracción y como consecuencia nos damos cuenta que las propiedades ondulatorias de objetos a gran escala no pueden observarse.

EJEMPLO 41.3 Una carga acelerada

Una partícula de carga q y masa m se acelera desde el reposo a través de una diferencia de potencial V. Encuentre su longitud de onda de De Broglie.

Solución Cuando una carga se acelera desde el reposo a través de una diferencia de potencial V su ganancia en energía cinética $\frac{1}{2}mv^2$ debe ser igual a su pérdida de energía potencial qV:

$$\tfrac{1}{2}mv^2 = qV$$

Puesto que $p = mv$, podemos expresar esto en la forma

$$\frac{p^2}{2m} = qV \qquad \text{o} \qquad p = \sqrt{2mqV}$$

Sustituyendo esta expresión para p en la ecuación 41.1, se obtiene

$$\lambda = \frac{h}{p} = \frac{h}{\sqrt{2mqV}}$$

Ejercicio Calcule la longitud de onda de De Broglie del electrón acelerado a través de una diferencia de potencial de 50 V.

Respuesta 0.174 nm.

41.3 REGRESO AL EXPERIMENTO DE DOBLE RENDIJA

Una manera de cristalizar nuestras ideas acerca de la dualidad onda-partícula es considerar la difracción de electrones que pasan a través de una doble rendija. Este experimento muestra la imposibilidad de medir *simultáneamente* tanto las propiedades de onda como de partícula e ilustra el empleo de la función de onda en la determinación de efectos de interferencia.

Considere un haz de electrones monoenergéticos que incide sobre una doble rendija, como se muestra en la figura 41.2. Debido a que las aberturas de rendija son mucho más pequeñas que la longitud de onda de los electrones, no se espera una estructura a partir de la difracción de una sola rendija. Un detector de electrones se coloca alejado de las rendijas a una distancia mucho mayor que D. *Si el detector recoge electrones en diferentes posiciones por un tiempo suficientemente largo, se encuentra un patrón de interferencia que representa el número de electrones que llegan en cualquier posición a lo largo de la línea del detector.* Tal patrón de interferencia no se esperaría si los electrones se comportaran como partículas clásicas.

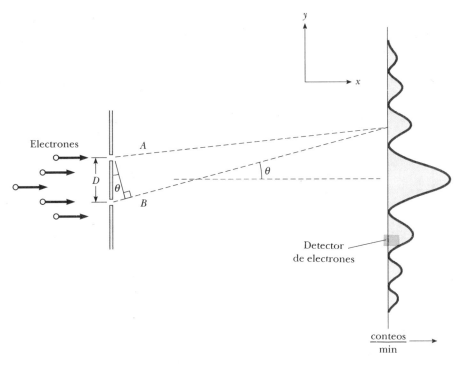

FIGURA 41.2 Difracción de electrones. La separación de las rendijas D es mucho mayor que sus anchos individuales y mucho menor que la distancia de las rendijas a la pantalla.

Si el experimento se efectúa a intensidades más bajas del haz, sigue observándose el patrón de interferencia si el tiempo de medición es bastante largo. Esto se ilustra en los patrones simulados por computadora en la figura 41.3. Advierta que el patrón de interferencia se vuelve más claro cuando el número de electrones que llegan a la pantalla aumenta.

Si se imagina un solo electrón que produce "ondas secundarias" en fase cuando llega a una de las rendijas, la teoría ondulatoria estándar puede emplearse para determinar la separación angular, θ, entre el máximo de probabilidad central y su mínimo vecino. El mínimo ocurre cuando la diferencia de longitud de la trayectoria entre A y B es la mitad de una longitud de onda, o

$$D \operatorname{sen} \theta = \frac{\lambda}{2}$$

A medida que la longitud de onda del electrón está dada por $\lambda = h/p$, vemos que, para θ pequeña,

$$\operatorname{sen} \theta \approx \theta = \frac{h}{2p_x D}$$

De este modo la naturaleza dual del electrón se muestra claramente en el experimento: *Los electrones se detectan como partículas en un punto localizado en algún instante de tiempo, pero la probabilidad de llegada en ese punto se determina encontrando la intensidad de las dos ondas de materia que interfieren.*

Y hay todavía más. Si una rendija se cubre durante el experimento, y el ancho de la rendija es pequeño comparado con la longitud de onda de los electrones, se obtiene una curva simétrica con un pico alrededor del centro de la rendija abierta, muy similar al patrón formado por las balas disparadas a través de un agujero en una placa blindada. Gráficas de los conteos por minuto o la probabilidad de llegada de electrones con la rendija inferior o superior cerrada se muestran en las curvas verdes en la parte central de la figura 41.4. Estas curvas se expresan como el cuadrado

a) Después de 28 electrones

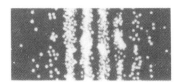

b) Después de 1 000 electrones

c) Después de 10 000 electrones

d) Patrón de electrones de dos rendijas

FIGURA 41.3 a), b), c) Patrones de interferencia simulados por computadora de un haz de electrones incidente en una rendija doble. *(De E. R. Huggins,* Physics I, *Nueva York, W. A. Benjamin, 1968)* d) Fotografía de un patrón de interferencia de doble rendija producido por electrones. *(De C. Jönsson,* Zeitschrift für Physik *161:454, 1961, usado con permiso)*

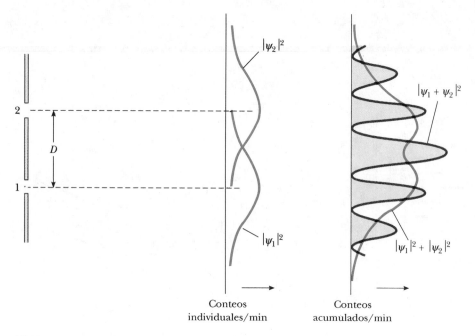

FIGURA 41.4 La curva verde sobre la derecha representa el patrón acumulado de conteos por minuto cuando cada rendija se cierra a la mitad del tiempo. La curva negra representa el patrón de difracción con ambas rendijas abiertas al mismo tiempo.

del valor absoluto de cierta función de onda, $|\psi_1|^2 = \psi_1^*\psi_1$ o $|\psi_2|^2 = \psi_2^*\psi_2$, donde ψ_1 y ψ_2 representan al electrón que pasa a través de la rendija 1 y de la rendija 2, respectivamente.

Si un experimento se lleva a cabo con la rendija 2 bloqueada a la mitad del tiempo y luego la rendija 1 se bloquea durante el tiempo restante, el patrón acumulado de conteos/minuto mostrado por la curva verde sobre el lado derecho de la figura 41.4 es por completo diferente del caso con ambas rendijas abiertas (curva negra). Ya no hay una probabilidad máxima de llegada en $\theta = 0$. De hecho, *se ha perdido el patrón de interferencia y el resultado acumulado es simplemente la suma de los resultados individuales.* Debido a que el electrón debe pasar ya sea a través de la rendija 1 o a través de la rendija 2 tiene la misma localizabilidad e indivisibilidad en las rendijas cuando medimos en el detector. De este modo, el patrón debe representar la suma de aquellos electrones que provienen de la rendija 1, $|\psi_1|^2$, y aquellos que provienen de la rendija 2, $|\psi_2|^2$.

Cuando ambas rendijas están abiertas, es tentador suponer que el electrón pasa a través de la rendija 1 o de la rendija 2 y que los conteos/minuto están dados de nuevo por $|\psi_1|^2 + |\psi_2|^2$. Sabemos, sin embargo, que los resultados experimentales indicados por el patrón de interferencia en la figura 41.4 contradicen esta suposición. De modo que nuestra idea de que el electrón se localiza y atraviesa sólo una rendija cuando ambas están abiertas debe ser equivocada (¡una conclusión dolorosa!). Debido a que muestra interferencia, estamos obligados a concluir que —de algún modo— *el electrón debe estar presente simultáneamente en ambas rendijas.* Para encontrar la probabilidad de detectar el electrón en un punto particular sobre la pantalla cuando ambas rendijas están abiertas, podemos decir que el electrón está en un *estado de superposición* dado por

$$\psi = \psi_1 + \psi_2$$

De manera que la probabilidad de detectar el electrón en la pantalla es $|\psi_1 + \psi_2|^2$ y no $|\psi_1|^2 + |\psi_2|^2$. Debido a que las ondas de materia que parten en fase en las rendijas recorren en general diferentes distancias hasta la pantalla, ψ_1 y ψ_2 poseen una diferencia de fase relativa ϕ en la pantalla. Empleando un diagrama de fasores (Fig. 41.5) para encontrar $|\psi_1 + \psi_2|^2$ se obtiene de inmediato

$$|\psi|^2 = |\psi_1 + \psi_2|^2 = |\psi_1|^2 + |\psi_2|^2 + 2|\psi_1||\psi_2|\cos\phi$$

donde $|\psi_1|^2$ es la probabilidad de detección si la rendija 1 está abierta y la rendija 2 está cerrada y $|\psi_2|^2$ es la probabilidad de detección si la rendija 2 está abierta y la rendija 1 está cerrada. El término $2|\psi_1||\psi_2|\cos\phi$ en esta expresión es el término de interferencia, el cual surge de la fase relativa ϕ de las ondas en analogía con la visión de fasores usada en óptica ondulatoria (capítulo 37).

Con el propósito de interpretar estos resultados, estamos obligados a concluir que *un electrón interactúa con ambas rendijas simultáneamente.* Si intentamos determinar por medios experimentales cuál rendija atraviesa el electrón, la acción de medir destruye el patrón de interferencia. Es imposible determinar cuál rendija atraviesa el electrón. En efecto, *sólo podemos decir que ¡el electrón pasa a través de ambas rendijas!* Los mismos argumentos se aplican a fotones.

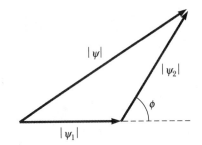

FIGURA 41.5 Diagrama de fasores para representar la visión de dos cantidades complejas, ψ_1 y ψ_2.

El microscopio electrónico

Un práctico dispositivo que se basa en las características ondulatorias de los electrones es el **microscopio electrónico** (Fig. 41.6), el cual es en muchos aspectos similar al microscopio compuesto ordinario. Una importante diferencia entre los dos es el que el microscopio electrónico tiene una potencia de resolución mucho mayor debido a que los electrones pueden acelerarse hasta energías cinéticas muy altas, brindándoles longitudes de onda muy cortas. Cualquier microscopio es capaz de detectar detalles que son comparables en tamaño con la longitud de onda de la radiación utilizada para iluminar el objeto. Por lo común, las longitudes de onda de los electrones son casi 100 veces más cortas que las de la luz visible empleada en microscopios ópticos. Como resultado, los microscopios electrónicos son capaces de distinguir detalles alrededor de 100 veces más pequeños.

En operación, un haz de electrones incide sobre una delgada rebanada del material que se va a examinar. La sección que se estudiará debe ser muy delgada, por lo común sólo de unos cuantos micrómetros de espesor, con el fin de minimizar efectos indeseables, como la absorción o dispersión de los electrones. El haz de electrones se controla por medio de desviación electrostática o magnética, la cual actúa sobre las cargas para enfocar el haz en una imagen. En vez de examinar la imagen a través de un ocular, como en un microscopio ordinario, un lente magnético forma una imagen sobre una pantalla fluorescente. (La pantalla de observación debe ser fluorescente porque de otro modo la imagen producida no sería visible.) Una fotografía tomada por medio de un microscopio electrónico se muestra en la figura 41.7.

41.4 EL PRINCIPIO DE INCERTIDUMBRE

Si usted fuera a medir la posición y velocidad de una partícula en cualquier instante, siempre se enfrentaría con incertidumbres experimentales en sus mediciones. De acuerdo con la mecánica clásica, no hay una barrera fundamental o un mejoramiento final de los aparatos o procedimientos experimentales. En otras palabras, es posible, en principio, hacer estas mediciones con una incertidumbre arbitrariamente pequeña. La teoría cuántica predice, sin embargo, que *es fundamentalmente imposible efectuar mediciones simultáneas de la posición y velocidad de una partícula con precisión infinita.*

En 1927, Werner Heisenberg (1901-1976) dedujo esta idea, la cual se conoce ahora como el **principio de incertidumbre de Heisenberg:**

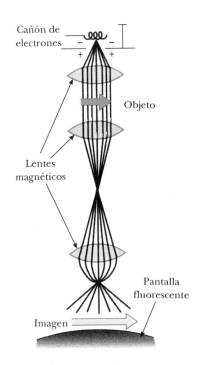

FIGURA 41.6 Diagrama de un microscopio electrónico. Los "lentes" que controlan el haz de electrones son bobinas de desviación magnética.

FIGURA 41.7 Micrográfica electrónica de exploración de una especie de pizca de polvo no identificada. Aumento de ×200.   *(Andrew Syred/ SPL/Photo Researchers, Inc.)*

Si una medición de la posición se hace con precisión Δx y una medición simultánea de las componentes de momento, p_x, se lleva a cabo con precisión Δp_x, entonces el producto de las dos incertidumbres nunca puede ser más pequeño que $\hbar/2$. Es decir,

$$\Delta x \, \Delta p_x \geq \frac{\hbar}{2} \tag{41.3}$$

Esto significa que *es físicamente imposible medir simultáneamente la posición exacta y el momento exacto de una partícula.* Si Δx es muy pequeña, entonces Δp_x es grande, y viceversa. Heisenberg tuvo cuidado en señalar que las inevitables incertidumbres Δx y Δp_x no surgen de imperfecciones en los instrumentos de medida. Más bien, provienen de la estructura cuántica de la materia: de efectos como el retroceso impredecible de un electrón cuando contra él choca un fotón indivisible o la difracción de la luz o electrones pasando a través de una pequeña abertura.

Para comprender el principio de incertidumbre, considere el siguiente experimento pensado introducido por Heisenberg. Suponga que usted desea medir la posición y el momento de un electrón lo más exactamente posible. Usted podría efectuar lo anterior viendo el electrón con un potente microscopio óptico. Con el fin de ver el electrón, y de esa manera determinar su posición, al menos un fotón de luz debe rebotar en el electrón, como se muestra en la figura 41.8a, y después debe pasar a través del microscopio hasta su ojo, como se muestra en la figura 41.8b. Cuando choca con el electrón, sin embargo, el fotón transfiere cierta cantidad desconocida de su momento al electrón. Por ello, en el proceso de localizar el electrón con mucha exactitud (es decir, haciendo Δx muy pequeña), la gran cantidad de luz que le permite a usted conseguir su propósito cambia el momento del electrón hasta un grado indeterminado (haciendo Δp_x grande).

Analicemos el choque advirtiendo primero que el fotón incidente tiene momento h/λ. Como consecuencia del choque, el fotón transfiere parte de todo su momen-

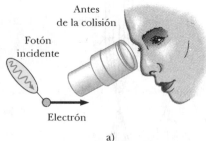

FIGURA 41.8 Un experimento pensado para ver un electrón con un poderoso microscopio. a) El electrón se mueve hacia la derecha antes de chocar con el fotón. b) El electrón retrocede (su momento cambia) como consecuencia del choque con el fotón.

to a lo largo del eje *x* al electrón. De modo que la incertidumbre en el momento del electrón después del choque es tan grande como el momento del fotón incidente. Es decir, $\Delta p_x = h/\lambda$. Asimismo, puesto que la luz posee también propiedades de onda, esperaríamos poder determinar la posición del electrón hasta dentro de una longitud de onda de la luz que se está usando para verlo, de modo que $\Delta x = \lambda$. La multiplicación de estas dos incertidumbres produce

$$\Delta x \, \Delta p_x = \lambda \left(\frac{h}{\lambda} \right) = h$$

Esto representa el mínimo en los productos de las incertidumbres. Puesto que esta incertidumbre puede ser siempre más grande que este mínimo, tenemos

$$\Delta x \, \Delta p_x \geqslant h$$

Esto concuerda con la ecuación 41.3 (aparte del factor numérico de $1/4\pi$ introducido por medio de un análisis más preciso de Heisenberg).

El principio de incertidumbre de Heisenberg nos permite entender mejor la naturaleza onda-partícula de la luz y la materia. Hemos visto que la descripción ondulatoria es bastante diferente de la descripción de partículas. Por lo tanto, si un experimento (como el efecto fotoeléctrico) se diseña para revelar el caracter de partícula de un electrón, su caracter de onda se vuelve menos aparente. Si el experimento (como la difracción por medio de un cristal) se diseña para medir con precisión las propiedades de onda del electrón, su caracter de partícula se vuelve menos aparente.

Otra relación de incertidumbre impone un límite en la exactitud con la cual la energía de un sistema, ΔE, puede medirse si se permite un intervalo de tiempo finito, Δt, en la medición. Este principio de incertidumbre de energía-tiempo puede establecerse como

$$\Delta E \, \Delta t \geqslant \frac{\hbar}{2} \qquad (41.4)$$

Esta relación es plausible si una medición de frecuencia de cualquier onda se considera. Por ejemplo, considere la medición de una onda eléctrica de 1 000 Hz. Si su dispositivo de medición de frecuencia tiene una sensibilidad de fase fija de ± 1 ciclo, en 1 s medimos una frecuencia de $(1\,000 \pm 1)$ ciclos/1 s, pero en 2 s, medimos una frecuencia de $(2\,000 \pm 1)$ ciclos/2 s. De este modo, la incertidumbre en la frecuencia Δf, es inversamente proporcional a Δt, el intervalo durante el cual se efectúa la medición. Esto puede establecerse como

$$\Delta f \, \Delta t \approx 1$$

Puesto que todos los sistemas cuánticos son similares a las ondas y pueden describirse por medio de la relación $E = hf$, podemos sustituir $\Delta f = \Delta E/h$ en la expresión anterior para obtener

$$\Delta E \, \Delta t \approx h$$

En concordancia básica con la ecuación 41.4, aparte del factor de $1/4\pi$.

Concluimos esta sección con dos ejemplos de los tipos de cálculos que pueden hacerse con el principio de incertidumbre. En el espíritu de Fermi o Heisenberg estos "cálculos de atrás hacia adelante" son sorprendentes por su simplicidad y por descripción esencial de sistemas cuánticos de los cuales los detalles son desconocidos.

Werner Heisenberg (1901-1976), un físico teórico alemán, obtuvo su doctorado en filosofía en 1923 en la Universidad de Munich, donde estudió bajo la dirección de Arnold Sommerfeld y se convirtió en un entusiasta montañista y esquiador. Mientras físicos como De Broglie y Schrödinger trataban de desarrollar modelos físicos del átomo, Heisenberg desarrolló un modelo matemático abstracto llamado mecánica matricial para explicar las longitudes de onda de líneas espectrales. La más exitosa mecánica ondulatoria de Schrödinger anunciada unos pocos meses después mostró ser equivalente al planteamiento de Heisenberg. Éste hizo muchas otras contribuciones importantes a la física, incluyendo su famoso principio de incertidumbre, por el cual recibió el premio Nóbel en 1932; la predicción de dos formas de hidrógeno molecular, y modelos teóricos del núcleo.

EJEMPLO CONCEPTUAL 41.4   ¿El modelo de Bohr es realista?

De acuerdo con el modelo de Bohr del átomo de hidrógeno, el electrón en el estado base se mueve en una órbita circular de 0.529×10^{-10} m de radio, y la velocidad del electrón en este estado es 2.2×10^6 m/s. En vista del principio de incertidumbre de Heisenberg, ¿es realista este modelo del átomo?

Razonamiento   Debido a que el modelo de Bohr supone que el electrón se localiza exactamente en $r = 0.529$ nm, la incertidumbre Δr en la posición radial en este modelo es cero. Pero, según el principio de incertidumbre, el producto $\Delta p_r \Delta r \geq \hbar/2$, donde Δp_r es la incertidumbre en el momento del electrón en la dirección radial. En virtud de que el momento del electrón es mv, podemos suponer que la incertidumbre en su momento es menor que este valor. Esto es,

$$\Delta p_r < mv = (9.11 \times 10^{-31}\ \text{kg})(2.2 \times 10^6\ \text{m/s})$$
$$= 2.0 \times 10^{-24}\ \text{kg} \cdot \text{m/s}$$

A partir del principio de incertidumbre, podemos estimar la incertidumbre mínima en la posición radial:

$$\Delta r_{\text{mín}} = \frac{\hbar}{2\Delta p_r} = \frac{1.05 \times 10^{-34}\ \text{J} \cdot \text{s}}{2 \times 2 \times 10^{-24}\ \text{kg} \cdot \text{m/s}} = 0.26 \times 10^{-10}\ \text{m}$$

En vista de que esta incertidumbre en la posición es aproximadamente igual al tamaño del radio de Bohr, debemos concluir que el modelo de Bohr es una descripción incorrecta del átomo.

EJEMPLO 41.5   Localización de un electrón

Se mide un valor de 5.00×10^3 m/s para la velocidad de un electrón hasta una precisión de 0.0030%. Encuentre la incertidumbre al determinar la posición de este electrón.

Solución   El momento del electrón es

$$p_x = mv = (9.11 \times 10^{-31}\ \text{kg})(5.00 \times 10^3\ \text{m/s})$$
$$= 4.56 \times 10^{-27}\ \text{kg} \cdot \text{m/s}$$

La incertidumbre en p_x es 0.0030% de este valor:

$$\Delta p_x = 0.000030 p_x = (0.000030)(4.56 \times 10^{-27}\ \text{kg} \cdot \text{m/s})$$

$$= 1.37 \times 10^{-31}\ \text{kg} \cdot \text{m/s}$$

La incertidumbre en la posición puede calcularse ahora empleando este valor de Δp_x y la ecuación 41.3:

$$\Delta x\, \Delta p_x \geq \frac{\hbar}{2}$$

$$\Delta x \geq \frac{\hbar}{2\, \Delta p} = \frac{1.05 \times 10^{-34}\ \text{J} \cdot \text{s}}{2(1.37 \times 10^{-31}\ \text{kg} \cdot \text{m/s})}$$

$$= 0.38 \times 10^{-3}\ \text{m} = \boxed{0.38\ \text{mm}}$$

EJEMPLO 41.6   El ancho de líneas espectrales

A pesar de que un átomo excitado puede radiar en cualquier tiempo de $t = 0$ a $t = \infty$, el tiempo promedio después de la excitación a la cual un grupo de átomos radia se llama el **tiempo de vida**, τ. a) Si $\tau = 1.0 \times 10^{-8}$ s, utilice el principio de incertidumbre para calcular el ancho de línea Δf producido por este tiempo de vida finito.

Solución   Empleamos $\Delta E\, \Delta t \geq \hbar/2$, donde $\Delta E = \hbar\, \Delta f$, y $\Delta t = 1.0 \times 10^{-8}$ s es el tiempo promedio disponible para medir el estado excitado. Así,

$$\Delta f = \frac{1}{4\pi \times 10^{-8}\ \text{s}} = \boxed{8.0 \times 10^6\ \text{Hz}}$$

Observe que ΔE es la incertidumbre en la energía del estado excitado. Es también la incertidumbre en la energía del fotón emitido por un átomo en este estado.

b) Si la longitud de onda de la línea espectral implicada en este proceso es 500 nm, encuentre la anchura fraccionaria $\Delta f/f$.

Solución   Primero encontramos la frecuencia central de esta línea:

$$f_0 = \frac{c}{\lambda} = \frac{3.00 \times 10^8\ \text{m/s}}{500 \times 10^{-9}\ \text{m}} = 6.00 \times 10^{14}\ \text{Hz}$$

Por consiguiente,

$$\frac{\Delta f}{f_0} = \frac{8.0 \times 10^6\ \text{Hz}}{6.00 \times 10^{14}\ \text{Hz}} = \boxed{1.3 \times 10^{-8}}$$

Este estrecho ancho de la línea natural podría verse con un interferómetro sensible. Sin embargo, los efectos de presión y temperatura suelen cubrir el ancho de la línea natural y ensanchan la línea por medio de mecanismos asociados al efecto Doppler y colisiones.

41.5 INTRODUCCIÓN A LA MECÁNCIA CUÁNTICA

Del mismo modo que la teoría ondulatoria de la luz brinda sólo la probabilidad de encontrar un fotón en un punto dado en algún instante, la teoría ondulatoria de la materia proporciona únicamente la probabilidad de encontrar una partícula de materia en un punto dado en algún instante. Las ondas de materia se describen por medio de una función de onda de valor complejo (usualmente denotada por ψ) cuyo cuadrado absoluto $|\psi|^2$ es proporcional a la probabilidad de encontrar a la partícula en un punto dado en cierto instante. La función de onda contiene en ella toda la información que podemos conocer acerca de la partícula.

La función de onda ψ

Esta interpretación de ondas materiales fue sugerida por primera vez por Max Born (1882-1970) en 1928. En 1926, Erwin Schrödinger (1887-1961) propuso una ecuación de onda que describe cómo las ondas de materia cambian en el espacio y en el tiempo. La ecuación de onda de Schrödinger representa un elemento clave de la teoría de la mecánica cuántica.

Los conceptos de la mecánica cuántica, extraños como algunas veces parecen, se desarrollaron a partir de ideas clásicas. En efecto, cuando las técnicas de la mecánica cuántica se aplican a sistemas macroscópicos, los resultados son esencialmente idénticos a aquellos de la física clásica. Esta fusión armoniosa de las dos teorías ocurre cuando la longitud de onda de De Broglie es pequeña comparada con las dimensiones del sistema. La situación es similar a la concordancia entre la mecánica relativista y la mecánica clásica cuando $v \ll c$.

Varios experimentos muestran que la materia tiene tanto una naturaleza ondulatoria como una naturaleza corpuscular. Una pregunta que surge de manera bastante natural a este respecto es la siguiente: si describimos una partícula, ¿cómo observamos que está ondulando? En los casos de ondas en cuerdas, ondas en el agua y ondas sonoras, la onda se representa por medio de alguna cantidad que varía con el tiempo y la posición. De una manera similar, las ondas materiales (ondas de De Broglie) se representan por medio de una función de onda ψ. En general, ψ depende tanto de la posición de todas las partículas en un sistema como del tiempo, por lo que suele escribirse $\psi(x, y, z, t)$. Si ψ se conoce para una partícula, entonces las propiedades particulares de la misma pueden describirse. De hecho, el problema fundamental de la mecánica cuántica es éste: dada la función de onda en algún instante, encuentre la función de onda en algún tiempo ulterior t.

En la sección 41.2, encontramos que la ecuación de De Broglie relaciona el momento de la partícula con su longitud de onda por medio de la relación $p = h/\lambda$. Si una partícula libre tiene un momento conocido con precisión, su función de onda es una onda sinusoidal de longitud de onda $\lambda = h/p$, y la partícula tiene igual probabilidad de estar en algún punto a lo largo del eje x. La función de onda para esta partícula libre que se mueve a lo largo del eje x puede escribirse como

$$\psi(x) = A \operatorname{sen}\left(\frac{2\pi x}{\lambda}\right) = A \operatorname{sen}(kx) \tag{41.5}$$

donde $k = 2\pi/\lambda$ es el número de onda angular, y A es una amplitud constante. Como mencionamos antes, la función de onda es generalmente una función tanto de la posición como del tiempo. La ecuación 41.5 representa esa parte de la función de onda que depende únicamente de la posición. Por esta razón, podemos ver $\psi(x)$ como una instantánea de la función de onda en un instante dado, como se muestra en la figura 41.9a. La función de onda para una partícula cuya longitud de onda no se define precisamente se muestra en la figura 49.1b. Puesto que la longitud de onda no se define precisamente, se concluye que el momento sólo se conoce de manera aproximada. Esto significa que si se midiera el momento de la partícula, el resultado tendría cualquier valor en algún intervalo, determinado por la dispersión de la longitud de onda.

Aunque no podemos medir ψ, sí podemos medir $|\psi|^2$, una cantidad que puede interpretarse como sigue. Si ψ representa a una sola partícula, entonces $|\psi|^2$ —lla-

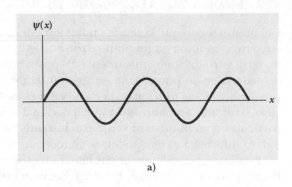

a)

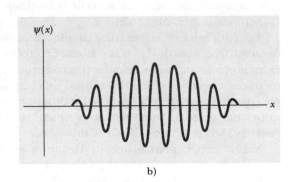

b)

FIGURA 41.9 a) Segmento de la función de onda de una partícula cuya longitud de onda se conoce con precisión. b) Función de onda para una partícula cuya longitud de onda no se conoce con precisión y, consecuentemente, cuyo momento se conoce sólo en cierto intervalo de valores.

| ψ |^2 igual a la densidad de probabilidad

mada la **densidad de probabilidad**— es la probabilidad relativa por unidad de volumen de que una partícula se encontrará en cualquier punto dado en el volumen. Esta interpretación, sugerida por primera vez por Born en 1928, también puede establecerse de la siguiente manera. Si dV es un pequeño elemento de volumen que rodea a algún punto, entonces la probabilidad de encontrar la partícula en ese elemento de volumen es $|\psi|^2\, dV$. En este capítulo tratamos sólo con sistemas unidimensionales, en los que la partícula debe localizarse a lo largo del eje x; de este modo, sustituimos dV por dx. En este caso, la probabilidad, $P(x)\, dx$, de que predice que la partícula se encontrará en el intervalo infinitesimal dx alrededor del punto x es

$$P(x)\; dx = |\psi|^2\; dx$$

Debido a que la partícula debe estar en algún lado a lo largo del eje x, la suma de las probabilidades sobre todos los valores de x debe ser:

Condición de normalización sobre ψ

$$\int_{-\infty}^{\infty} |\psi|^2\; dx = 1 \qquad (41.6)$$

Cualquier función de onda que satisfaga la ecuación 41.6 se dice que está normalizada. La **normalización** es simplemente un enunciado de que la partícula existe en algún punto todo el tiempo. Si la probabilidad fuera cero, la partícula no existiría. Por consiguiente, aunque no es posible especificar la posición de una partícula con completa certidumbre, es posible, por medio de $|\psi|^2$, especificar la probabilidad de observarla. Además, *la probabilidad de encontrar la partícula en el intervalo $a \le x \le b$ es*

$$P_{ab} = \int_{a}^{b} |\psi|^2\; dx \qquad (41.7)$$

La probabilidad P_{ab} es el área bajo la curva de densidad de probabilidad contra x entre los puntos $x = a$ y $x = b$, como en la figura 41.10.

Experimentalmente, siempre hay cierta probabilidad de encontrar una partícula en algún punto y en cierto instante, por lo que el valor de la probabilidad debe estar entre los límites 0 y 1. Por ejemplo, si la probabilidad es 0.3, hay 30% de posibilidades de encontrar la partícula.

La función de onda ψ satisface una ecuación de onda, del mismo modo que el campo eléctrico asociado a una onda electromagnética satisface una ecuación de onda que se obtiene de las ecuaciones de Maxwell. La ecuación de onda satisfecha por ψ es la ecuación de Schrödinger, y ψ se puede calcular a partir de ella. Aunque ψ no es una cantidad medible, todas las cantidades medibles de una partícula, como su energía y momento, pueden obtenerse de un conocimiento de ψ. Por ejemplo, una vez que se conoce la función de onda para una partícula, es posible calcular la posición promedio x de la partícula, después de muchos ensayos experimentales. Esta posición promedio recibe el nombre de **valor de esperanza** de x y está definido por la ecuación

$$\langle x \rangle \equiv \int_{-\infty}^{\infty} x \, | \, \psi \, |^2 \, dx \qquad (41.8)$$

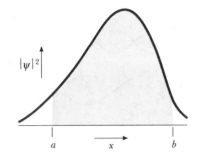

FIGURA 41.10 La probabilidad de que una partícula esté en el intervalo $a \leq x \leq b$ es el área bajo la curva de a a b.

Valor de esperanza de x

(Los paréntesis angulares, $\langle \ldots \rangle$, se emplean para denotar valores esperados.) Esta expresión implica que la partícula se encuentra en un estado definido, de manera que la densidad de probabilidad es independiente del tiempo. Advierta que el valor de esperanza es equivalente al valor promedio de x que se obtendría al tratar con un gran número de partículas en el mismo estado. Además, el valor de esperanza de cualquier función $f(x)$ puede encontrarse empleando la ecuación 41.8 con x sustituida por $f(x)$.

41.6   UNA PARTÍCULA EN UNA CAJA

Desde un punto de vista clásico, si una partícula está confinada a moverse a lo largo del eje x y a rebotar en ambas direcciones entre dos paredes impenetrables (Fig. 41.11), es fácil describir su movimiento. Si la velocidad de la partícula es v entonces la magnitud de su momento (mv) permanece constante, como sucede con su energía cinética. Además, la física clásica no impone restricciones en los valores de su momento y energía. El enfoque de la mecánica cuántica respecto de este problema es bastante diferente y requiere que encontremos la función de onda apropiada consistente con las condiciones de la situación.

Antes de que abordemos este problema, es instructivo repasar la situación clásica de ondas estacionarias en una cuerda alargada (secciones 18.2 y 18.3). Si una cuerda de longitud L se fija en cada extremo, las ondas estacionarias establecidas en la cuerda deben tener nodos en los extremos, como en la figura 41.12, debido a que la

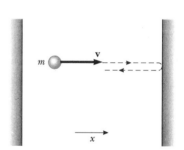

FIGURA 41.11 Una partícula de masa m y velocidad **v** confinada a moverse paralela al eje x y que rebota entre dos paredes impenetrables.

Este simulador le permite investigar varios experimentos importantes en el campo de la física moderna, entre los que se incluyen el experimento de la gota de aceite de Millikan, el efecto fotoeléctrico, la dispersión Compton, la medición de e/m, la dispersión de Rutherford, el decaimiento radiactivo, fenómenos de tunelaje y espectroscopia atómica. Usted debe aprovechar la oportunidad de ejecutar estos experimentos en diferentes condiciones y de verificar los resultados con los resultados esperados teóricamente según se describe en el texto.

Experimentos de física moderna

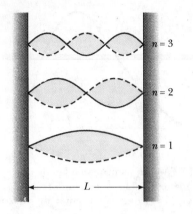

FIGURA 41.12 Ondas estacionarias establecidas en una cuerda estirada de longitud *L*.

función de onda debe hacerse cero en las fronteras. La resonancia se logra sólo cuando la longitud es algún múltiplo entero de medias longitudes de onda. Es decir, requerimos que

$$L = n\frac{\lambda}{2}$$

o

$$\lambda = \frac{2L}{n} \qquad n = 1, 2, 3, \ldots$$

Este resultado muestra que *la longitud de onda de una onda estacionaria en una cuerda está cuantizada.*

Como vimos en la sección 18.2, cada punto sobre la onda estacionaria oscila con movimiento armónico simple. Además, todos los puntos oscilan con la misma frecuencia, pero la amplitud de oscilación, *y*, difiere de un punto al siguiente y depende de qué tan lejos está un punto dado de un extremo. Encontramos que la parte dependiente de la posición de la función de onda para una onda estacionaria es

$$y(x) = A \text{ sen } (kx) \tag{41.9}$$

donde *A* es la amplitud y $k = 2\pi/\lambda$. Puesto que $\lambda = 2L/n$, vemos que

$$k = \frac{2\pi}{\lambda} = \frac{2\pi}{2L/n} = n\frac{\pi}{L}$$

Sustituyendo este valor en la ecuación 41.9, obtenemos

$$y(x) = A \text{ sen } \left(\frac{n\pi x}{L}\right)$$

De acuerdo con esta expresión, vemos que la función de onda para una onda estacionaria en una cuerda cumple con las condiciones de frontera requeridas, a saber, que para todos los valores de *n*, *y* = 0 en *x* = 0 y en *x* = *L*. Las funciones de onda para *n* = 1, 2 y 3 se grafican en la figura 41.12.

Regresemos a la descripción de la mecánica cuántica de una partícula en una caja. Debido a que las paredes son impenetrables, la función de onda $\psi(x) = 0$ para $x \leq 0$ y para $x \geq L$, donde *L* es en este caso la distancia entre las dos paredes. Sólo son permitidas aquellas funciones de onda que satisfagan esta condición. En analogía con las ondas estacionarias con una cuerda, las funciones de onda permitidas para la partícula en la caja son sinusoidales y están dadas por

Funciones de onda permitidas para una partícula en una caja

$$\psi(x) = A \text{ sen } \left(\frac{n\pi x}{L}\right) \qquad n = 1, 2, 3,\ldots \tag{41.10}$$

donde *A* es el valor máximo de la función de onda. Esta expresión muestra que, para una partícula confinada en una caja y que tiene una longitud de onda de De Broglie bien definida, ψ se representa por medio de una onda sinusoidal. La longitud de ondas permitidas son aquellas para las cuales $L = n\lambda/2$. Estos estados permitidos del sistema se denominan **estados estacionarios** debido a que son constantes con el tiempo.

Las figuras 41.13a y b presentan gráficas de ψ contra *x* y $|\psi|^2$ contra *x* para *n* = 1, 2 y 3. Rápidamente vemos que éstas corresponden a las tres energías permitidas más bajas de la partícula. Note que aunque ψ puede ser positiva o negativa, $|\psi|^2$ siempre es positiva. Desde cualquier punto de vista, un valor negativo de $|\psi|^2$ no tiene sentido.

Un examen adicional a la figura 41.13b muestra que $|\psi|^2$ siempre es cero en las fronteras, lo que indica que es imposible encontrar la partícula en estos puntos.

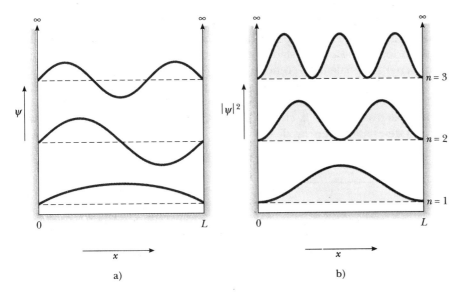

FIGURA 41.13 Los primeros tres estados estacionarios permitidos para una partícula confinada en una caja unidimensional. Las funciones de onda para $n = 1, 2$ y 3. b) Las distribuciones de probabilidad para $n = 1, 2$ y 3.

Además, $|\psi|^2$ es cero en otros puntos, dependiendo del valor de n. Para $n = 2$, $|\psi|^2 = 0$ en $x = L/2$; para $n = 3$, $|\psi|^2 = 0$ en $x = L/3$, y en $x = 2L/3$. Para $n = 1$, sin embargo, la probabilidad de encontrar la partícula es un máximo en $x = L/2$. Para $n = 4$, $|\psi|^2$ tiene máximos también en $x = L/4$ y en $x = 3L/4$, etcétera.

Debido a que las longitudes de onda de la partícula están restringidas por la condición $\lambda = 2L/n$ la magnitud del momento también se restringe a valores específicos:

$$p = \frac{h}{\lambda} = \frac{h}{2L/n} = \frac{nh}{2L}$$

Empleando $p = mv$, encontramos que los valores permitidos de la energía cinética son

$$E_n = \tfrac{1}{2}mv^2 = \frac{p^2}{2m} = \frac{(nh/2L)^2}{2m}$$

$$E_n = \left(\frac{h^2}{8mL^2}\right)n^2 \qquad n = 1, 2, 3,\dots \qquad \textbf{(41.11)}$$

Como vemos de esta expresión, *la energía de la partícula está cuantizada*, como esperaríamos. La energía permitida más baja corresponde a $n = 1$, para el cual $E_1 = h^2/8mL^2$. Puesto que $E_n = n^2E_1$, los estados excitados correspondientes a $n = 2, 3, 4,\dots$ tienen energías dadas por $4E_1, 9E_1, 16E_1,\dots$ La figura 41.14 es un diagrama de niveles de energía que describe las posiciones de los estados permitidos. Observe que el estado $n = 0$ no está permitido. Esto significa que, de acuerdo con la mecánica cuántica, la partícula nunca puede estar en reposo. La menor energía que la partícula puede tener, correspondiente a $n = 1$, se denomina la energía del punto cero. Este resultado es claramente contradictorio con el punto de vista clásico, en el cual $E = 0$ es un estado aceptable, como lo son todos los valores positivos de E. En esta situación, sólo los valores positivos de E son considerados, debido a que la energía total E es igual a la energía cinética, y la energía potencial es cero.

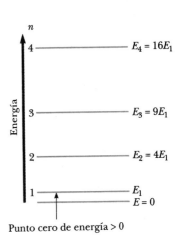

FIGURA 41.14 Diagrama de niveles de energía de una partícula confinada en una caja unidimensional de ancho L. La energía permitida más baja $E_1 = h^2/8mL^2$.

Los niveles de energía son de importancia especial por la siguiente razón. Si la partícula se carga eléctricamente, puede emitir un fotón cuando desciende de un estado excitado, como E_3, a un estado inferior, como E_2. También puede absorber un fotón cuya energía iguala la diferencia de energía entre los estados permitidos. Por ejemplo, si la frecuencia del fotón es f, la partícula salta del estado E_1 al estado E_2 si $hf = E_2 - E_1$. El proceso de la emisión o absorción de fotones puede observarse por medio de espectroscopia, en la cual las longitudes de onda espectrales son una medida directa de estas diferencias de energía.

EJEMPLO 41.7 Un electrón ligado

Un electrón está confinado entre dos paredes impenetrables separadas por 0.200 nm. Determine los niveles de energía para los estados $n = 1$, 2 y 3.

Solución Podemos aplicar la ecuación 41.11, utilizando $m = 9.11 \times 10^{-31}$ kg y $L = 0.200$ nm $= 2.00 \times 10^{-10}$ m. Para el estado $n = 1$ obtenemos

$$E_1 = \frac{h^2}{8mL^2} = \frac{(6.63 \times 10^{-34}\,\text{J·s})^2}{8(9.11 \times 10^{-31}\,\text{kg})(2.00 \times 10^{-10}\,\text{m})^2}$$

$$= 1.51 \times 10^{-18}\,\text{J} = \boxed{9.42\,\text{eV}}$$

Para $n = 2$ y $n = 3$, encontramos que $E_2 = 4E_1 = 37.7$ eV y $E_3 = 9E_1 = 84.8$ eV. Aunque éste es un modelo algo primitivo, puede usarse para describir un electrón atrapado en un sitio vacío de un cristal.

EJEMPLO 41.8 Cuantización de energía de un objeto macroscópico

Un objeto de 1.00 mg está confinado a moverse entre dos paredes rígidas separadas por 1.0 cm. a) Calcule la velocidad mínima del objeto.

Solución La velocidad mínima corresponde al estado para el cual $n = 1$. Empleando la ecuación 41.11 con $n = 1$, se obtiene la energía del punto cero:

$$E_1 = \frac{h^2}{8mL^2} = \frac{(6.63 \times 10^{-34}\,\text{J·s})^2}{8(1.00 \times 10^{-6}\,\text{kg})(1.00 \times 10^{-2}\,\text{m})^2}$$
$$= 5.49 \times 10^{-58}\,\text{J}$$

Puesto que $E = \frac{1}{2}mv^2$, podemos determinar v como sigue:

$$\tfrac{1}{2}mv^2 = 5.49 \times 10^{-58}\,\text{J}$$

$$v = \left[\frac{2(5.49 \times 10^{-58}\,\text{J})}{1.00 \times 10^{-6}\,\text{kg}}\right]^{1/2} = \boxed{3.31 \times 10^{-26}\,\text{m/s}}$$

Esta velocidad es tan pequeña que el objeto puede considerarse como si estuviera en reposo, que es lo que esperaríamos para un objeto macroscópico.

b) Si la velocidad del objeto es 3.00×10^{-2} m/s, encuentre el valor correspondiente de n.

Solución La energía cinética es

$$E = \tfrac{1}{2}mv^2 = \tfrac{1}{2}(1.00 \times 10^{-6}\,\text{kg})(3.00 \times 10^{-2}\,\text{m/s})^2$$
$$= 4.50 \times 10^{-10}\,\text{J}$$

Puesto que $E_n = n^2 E_1$ y $E_1 = 5.49 \times 10^{-58}$ J, encontramos que

$$n^2 E_1 = 4.50 \times 10^{-10}\,\text{J}$$

$$n = \left(\frac{4.50 \times 10^{-10}\,\text{J}}{E_1}\right)^{1/2} = \left(\frac{4.50 \times 10^{-10}\,\text{J}}{5.49 \times 10^{-58}\,\text{J}}\right)^{1/2}$$

$$= \boxed{9.05 \times 10^{23}}$$

Este valor de n es tan grande que no seríamos capaces de distinguir la naturaleza cuantizada de los niveles de energía. Esto es, la diferencia de energía entre dos estados adyacentes corresponde a los números cuánticos $n_1 = 9.05 \times 10^{23}$ y $n_2 = (9.05 \times 10^{23}) + 1$ es demasiado pequeño para ser detectado experimentalmente. Éste es otro ejemplo que ilustra el funcionamiento del principio de correspondencia, es decir, cuando m o L se vuelven grandes, la descripción cuántica debe concordar con el resultado clásico. En realidad, la velocidad de la partícula en este estado no puede medirse debido a que su posición en la caja no puede especificarse.

EJEMPLO 41.9 Modelo de un átomo

Un átomo puede verse como varios electrones en movimiento alrededor de un núcleo cargado positivamente, donde los electrones están sujetos principalmente a la atracción coulombiana del núcleo (el cual está parcialmente "oculto" por los electrones del núcleo interno). La figura 41.15 representa la energía potencial del electrón como una función de r. Emplee el modelo

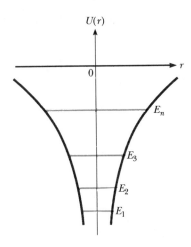

FIGURA 41.15   (Ejemplo 41.9) Modelo de la energía potencial contra r para un átomo.

de una partícula en una caja para estimar la energía (en eV) requerida para llevar a un electrón del estado $n = 1$ al estado $n = 2$, suponiendo que el átomo tiene un radio de 0.1 nm.

Solución   Empleando la ecuación 41.11 y considerando la longitud L de la caja igual a 0.200 nm (el diámetro del átomo) y $m = 9.11 \times 10^{-31}$ kg, encontramos que

$$E_n = \left(\frac{h^2}{8mL^2} \right) n^2$$

$$= \frac{(6.63 \times 10^{-34}\,\text{J}\cdot\text{s})^2}{8(9.11 \times 10^{-31}\,\text{kg})(2.00 \times 10^{-10}\,\text{m})^2} n^2$$

$$= (1.51 \times 10^{-18})\, n^2\,\text{J} = 9.42 n^2\,\text{eV}$$

Por lo tanto, la diferencia de energía entre los estados $n = 1$ y $n = 2$ es

$$\Delta E = E_2 - E_1 = 9.42(2)^2 - 9.42(1)^2 = \boxed{28.3\,\text{eV}}$$

Podríamos calcular también la longitud de onda del fotón que causaría esta transición, empleando el hecho de que $\Delta E = hc/\lambda$:

$$\lambda = \frac{hc}{\Delta E} = \frac{(6.63 \times 10^{-34}\,\text{J}\cdot\text{s})(3.00 \times 10^8\,\text{m/s})}{(28.3\,\text{eV} \times 1.60 \times 10^{-19}\,\text{J/eV})}$$

$$= 4.40 \times 10^{-8}\,\text{m} = 44.0\,\text{nm}$$

Esta longitud de onda se encuentra en la región del ultravioleta lejano, y es interesante notar que el resultado es más o menos correcto. A pesar de que este modelo sobresimplificado brinda una buena estimación para las transiciones entre los niveles inferiores del átomo, la estimación se vuelve progresivamente errónea para transiciones de mayor energía.

41.7   LA ECUACIÓN DE SCHRÖDINGER

Como se mencionó antes, la función de onda para las ondas de De Broglie deben satisfacer una ecuación desarrollada por Schrödinger. Uno de los métodos de la mecánica cuántica se enfoca a determinar una solución a esta ecuación, la cual produce a su vez las funciones de ondas permitidas y los niveles de energía del sistema bajo consideración. Las manipulaciones apropiadas de las funciones de onda permiten el cálculo de todas las características medibles del sistema.

En el capítulo 16, estudiamos la forma general de la ecuación de onda para ondas que viajan a lo largo del eje x:

$$\frac{\partial^2 \psi}{\partial x^2} = \frac{1}{v^2} \frac{\partial^2 \psi}{\partial t^2} \tag{41.12}$$

donde v es la velocidad de la onda y donde la función de onda ψ depende de x y t. (Empleamos ψ aquí en lugar de y debido a que ahora estamos tratando con ondas de De Broglie.)

Al describir las ondas de De Broglie, restringimos nuestra discusión a sistemas ligados cuya energía total E permanece constante. Puesto que $E = hf$, la frecuencia de la onda de De Broglie asociada a la partícula permanece también constante. En este caso, podemos expresar la función de onda $\psi(x, t)$ como el producto del término que depende sólo de x y el término que únicamente depende de t:

$$\psi(x, t) = \psi(x) \cos(\omega t) \tag{41.13}$$

Esto es análogo al caso de ondas estacionarias en una cuerda, donde la función de onda se representa por medio de $y(x, t) = y(x) \cos \omega t$. La parte dependiente de la frecuencia de la función de onda es sinusoidal debido a que la frecuencia se co-

Erwin Schrödinger (1887-1961) fue un físico teórico austriaco mejor conocido como el creador de la mecánica ondulatoria. Produjo también importantes artículos en los campos de la mecánica estadística, la visión de los colores y la relatividad general. Schrödinger hizo mucho por acelerar la aceptación universal de la teoría cuántica al demostrar la equivalencia matemática entre su mecánica ondulatoria y la más abstracta mecánica matricial desarrollada por Heisenberg. En 1927 Schrödinger aceptó la presidencia de física teórica en la Universidad de Berlín donde hizo una estrecha amistad con Max Planck. En 1933 abandonó Alemania y se estableció en el Instituto de Estudios Avanzados de Dublín, donde dedicó 17 felices y creativos años al trabajo sobre problemas de relatividad general, cosmología y la aplicación de la física cuántica a la biología. En 1956 regresó a su hogar en Austria y a sus amadas montañas del Tirol, donde murió en 1961.

noce con precisión. La sustitución de la ecuación en la ecuación 41.13 41.12 produce

$$\cos(\omega t)\, \frac{\partial^2 \psi}{\partial x^2} = -\left(\frac{\omega^2}{v^2}\right)\psi \cos(\omega t)$$

$$\frac{\partial^2 \psi}{\partial x^2} = -\left(\frac{\omega^2}{v^2}\right)\psi \tag{41.14}$$

Recuerde que $\omega = 2\pi f = 2\pi v/\lambda$ y, para ondas de De Broglie, $p = h/\lambda$. Por lo tanto,

$$\frac{\omega^2}{v^2} = \left(\frac{2\pi}{\lambda}\right)^2 = \frac{4\pi^2}{h^2}\, p^2 = \frac{p^2}{\hbar^2}$$

Además, podemos expresar la energía total E como la suma de la energía cinética y la energía potencial:

$$E = K + U = \frac{p^2}{2m} + U$$

por lo que

$$p^2 = 2m(E - U)$$

y

$$\frac{\omega^2}{v^2} = \frac{p^2}{\hbar^2} = \frac{2m}{\hbar^2}\,(E - U)$$

La sustitución de esto en la ecuación 41.14 produce

$$\frac{\partial^2 \psi}{\partial x^2} = -\frac{2m}{\hbar^2}\,(E - U)\psi \tag{41.15}$$

Ésta es la famosa **ecuación de Schrödinger** aplicada a una partícula confinada a moverse a lo largo del eje x. Debido a que esta ecuación es independiente del tiempo, se conoce comúnmente como la *ecuación de Schrödinger independiente del tiempo*. (No discutiremos esta ecuación en el texto.)

En principio, si se conoce la energía potencial $U(x)$ del sistema, podemos resolver la ecuación 41.15 y obtener las funciones de ondas y energías para los estados permitidos. Puesto que U puede variar con la posición, tal vez sea necesario resolver la ecuación en partes. En el proceso, las funciones de onda para las diferentes regiones deben unirse suavemente en las fronteras. En el lenguaje de las matemáticas, requerimos que $\psi(x)$ sea *continua*. Además, puesto que obedece la condición de normalización, requerimos que $\psi(x)$ se aproxime a cero cuando x tiende a $\pm\infty$. Por último, $\psi(x)$ debe ser *univaluada* y $d\psi/dx$ debe también ser continua para valores finitos de $U(x)$.

Es importante reconocer que los pasos que llevan a la ecuación 41.15 no representan una derivación de la ecuación de Schrödinger. En vez de eso, el procedimiento representa un argumento plausible basado en la analogía con otros fenómenos ondulatorios que ya nos son familiares.

La tarea de resolver la ecuación de Schrödinger puede ser muy difícil, dependiendo de la forma de la función de energía potencial. Como se ha indicado, la ecuación de Schrödinger ha sido en extremo útil al explicar el comportamiento de los sistemas atómicos y nucleares, en tanto que la física clásica ha fracasado al intentarlo. Además, cuando la mecánica ondulatoria se aplica a objetos macroscópicos, los resultados concuerdan con la física clásica, como requiere el principio de correspondencia.

Regreso a la partícula en una caja

Resolveremos la ecuación de Schrödinger para nuestra partícula en una caja unidimensional de ancho L (Fig. 41.16). Las paredes son infinitamente altas, lo que corresponde a $U(x) = \infty$ para $x = 0$ y $x = L$. La energía potencial es constante dentro de la caja, y convenientemente se iguala a cero. Por lo tanto, en la región $0 < x < L$ podemos expresar la ecuación de Schrödinger en la forma

$$\frac{d^2\psi}{dx^2} = -\frac{2mE}{\hbar^2}\psi = -k^2\psi \qquad (41.16)$$

$$k = \frac{\sqrt{2mE}}{\hbar}$$

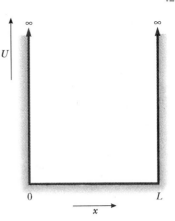

FIGURA 41.16 Diagrama de una caja unidimensional de ancho L y paredes infinitamente altas.

Debido a que las paredes son infinitamente altas, la partícula no puede existir fuera de la caja. En consecuencia, $\psi(x)$ debe ser cero fuera de la caja y en las paredes. La solución de la ecuación 41.16 que cumple las condiciones de frontera $\psi(x) = 0$ en $x = 0$ y $x = L$ es

$$\psi(x) = A \operatorname{sen}(kx) \qquad (41.17)$$

Esto puede verificarse sin dificultades por medio de la sustitución en la ecuación 41.16. Advierta que la primera condición de frontera, $\psi(0) = 0$, es satisfecha por la ecuación 41.17 pues sen $0 = 0$. La segunda condición de frontera, $\psi(L) = 0$, se satisface sólo si kL es un múltiplo entero de π, esto es, si $kL = n\pi$, donde n es un entero. Puesto que $k = \sqrt{2mE}/\hbar$, obtenemos

$$kL = \frac{\sqrt{2mE}}{\hbar}L = n\pi$$

La solución para las energías permitidas E_n producen

$$E_n = \left(\frac{h^2}{8mL^2}\right)n^2$$

Del mismo modo, las funciones de onda permitidas están dadas por

$$\psi_n(x) = A \operatorname{sen}\left(\frac{n\pi x}{L}\right)$$

Estos resultados concuerdan con los obtenidos en la sección anterior. La normalización de esta relación demuestra que $A = (2/L)^{1/2}$. (Vea el problema 37.)

*41.8 UNA PARTÍCULA EN UN POZO DE ALTURA FINITA

Considere una partícula cuya energía potencial es cero en la región $0 < x < L$, la cual podemos llamar el pozo, y tiene un valor finito U fuera de esta región, como en la figura 41.17. Si la energía E de la partícula es menor que U, clásicamente la partícula está confinada permanentemente en el pozo. Sin embargo, de acuerdo con la mecánica cuántica hay una probabilidad finita de que la partícula pueda encontrarse fuera del pozo. Esto es, la función de onda generalmente no es cero fuera del pozo, en las regiones I y III en la figura, y por ello la densidad de probabilidad también es diferente de cero en estas regiones. Esto demuestra, de nuevo, la importancia de lo que se conoce y es medible en relación al sistema, en contraste con lo que esperaríamos conocer acerca de un sistema clásico.

En la región II, donde $U = 0$, las funciones de onda permitidas son de nuevo sinusoidales debido a que representan soluciones de la ecuación 41.16. Sin embargo, las condiciones de frontera no requieren ya que ψ sea cero en las paredes, como fue el caso con paredes infinitamente altas.

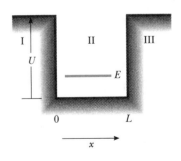

FIGURA 41.17 Diagrama de energía potencial de un pozo de altura finita U y ancho L. La energía E de la partícula es menor que U.

La ecuación de Schrödinger para las regiones I y III puede escribirse

$$\frac{d^2\psi}{dx^2} = \frac{2\,m(U-E)}{\hbar^2}\,\psi \tag{41.18}$$

Debido a que $U > E$, el coeficiente del lado derecho necesariamente es positivo. Por lo tanto, podemos expresar la ecuación 41.18 en la forma

$$\frac{d^2\psi}{dx^2} = C^2\psi \tag{41.19}$$

donde $C^2 = 2m\,(U-E)/\hbar^2$ es una constante positiva en las regiones I y III. Como usted puede verificar por medio de sustitución, la solución general de la ecuación 41.19 es

$$\psi = Ae^{Cx} + Be^{-Cx}$$

donde A y B son constantes.

Podemos emplear esta solución como un punto de partida para determinar la forma apropiada de las soluciones para las regiones I y III. Las funciones que elegimos para nuestra solución deben permanecer finitas sobre toda la región que se considera. En la región I, donde $x < 0$, debemos eliminar el término Be^{-Cx}. En otras palabras, debemos requerir que $B = 0$ en la región I para evitar un valor infinito de ψ correspondiente a grandes valores de x medidos en la dirección negativa. Del mismo modo, en la región III, donde $x > L$, debemos eliminar el término Ae^{Cx}; esto se consigue dejando $A = 0$ en esta región. Esta elección evita un valor infinito de ψ para valores positivos de x. Por lo tanto, las soluciones en las regiones I y III son

$$\psi_{\mathrm{I}} = Ae^{Cx} \qquad \text{para } x < 0$$

$$\psi_{\mathrm{III}} = Be^{-Cs} \qquad \text{para } x > L$$

En la región II la función de onda es sinusoidal y tiene la forma general

$$\psi_{\mathrm{II}}\,(x) = F \operatorname{sen}\,(kx) + G \cos\,(kx)$$

donde F y G son constantes.

Estos resultados muestran que las funciones de onda en las regiones exteriores decaen exponencialmente con la distancia. A grandes valores negativos de x, ψ_{I} se aproxima a cero exponencialmente; a grandes valores positivos de x, ψ_{III} se acerca a cero exponencialmente. Estas funciones, junto con la solución sinusoidal en la región II, se muestran en la figura 41.18a para los primeros tres estados de energía. Al evaluar la función de onda completa, requerimos que

$$\psi_{\mathrm{I}} = \psi_{\mathrm{II}} \qquad \text{y} \qquad \frac{d\psi_{\mathrm{I}}}{dx} = \frac{d\psi_{\mathrm{II}}}{dx} \qquad \text{en } x = 0$$

$$\psi_{\mathrm{II}} = \psi_{\mathrm{III}} \qquad \text{y} \qquad \frac{d\psi_{\mathrm{II}}}{dx} = \frac{d\psi_{\mathrm{III}}}{dx} \qquad \text{en } x = L$$

La figura 41.18b grafica las densidades de probabilidad para estos estados. Observe que en cada caso las funciones de onda se unen suavemente en las fronteras del pozo de potencial. Estas condiciones de frontera y gráficas provienen de la ecuación de Schrödinger. Una inspección adicional de la figura 41.18a muestra que las funciones de onda no son iguales a cero en las paredes del pozo de potencial y en las regiones exteriores. Por lo tanto, la densidad de probabilidad es diferente de cero en estos puntos. El hecho de que ψ sea diferente de cero en las paredes aumenta la longitud de onda de De Broglie en la región II (compare el caso de una partícula en un pozo de potencial de profundidad infinita), y esto a su vez disminuye la energía y el momento de la partícula.

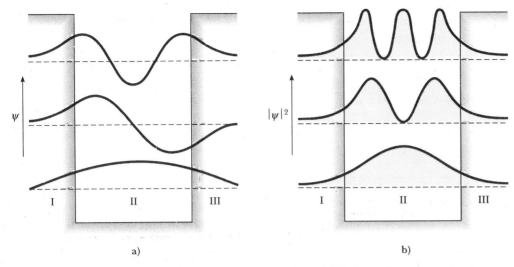

a)

b)

FIGURA 41.18 a) Funciones de onda y b) densidades de probabilidad para los tres estados de energía más bajos de una partícula en un pozo de potencial de altura finita.

*41.9 TUNELAJE A TRAVÉS DE UNA BARRERA

Un fenómeno muy interesante y peculiar ocurre cuando una partícula incide en una barrera de altura y ancho finitos. Considere una partícula de energía E incidente sobre una barrera rectangular de altura U y ancho L, donde $E < U$ (Fig. 41.19). Clásicamente, la partícula rebota debido a que no tiene suficiente energía para cruzar e incluso penetrar la barrera. De tal modo, las regiones II y III están clásicamente *prohibidas* para la partícula.

Sin embargo, de acuerdo con la mecánica cuántica, *todas las regiones son accesibles a la partícula, sin que importe su energía* debido a que la amplitud de la onda de materia asociada a la partícula es diferente de cero en todos lados (excepto en ciertos puntos). Una forma de onda típica para este caso, ilustrada en la figura 41.19, muestra a la onda penetrando dentro de la barrera y más allá. Las funciones de onda son sinusoidales a la izquierda (región I) y a la derecha (región III) de la barrera, y se unen suavemente con una función que decae exponencialmente dentro de la barrera (región II). Debido a que la probabilidad de localizar a la partícula es proporcional a $|\psi|^2$, concluimos que la posibilidad de encontrar la partícula más allá de la barrera en la región III es diferente de cero. Esta penetración de la barrera está en completo desacuerdo con la física clásica. La posibilidad de que la partícula penetre la barrera se denomina **tunelaje** o **penetración de barrera**. Cualquier intento para observar la partícula dentro de la barrera y confirmar el valor de su energía es frustrado por el principio de incertidumbre. Si ocurre el tunelaje, la barrera debe ser suficientemente estrecha y baja, para permitir una medición de la posición y momento de la partícula consistente con las expectativas. Este resultado sorprendente surge de nuestra visión clásica de la barrera como si fuera continua. En la práctica, las barreras por lo común están formadas por partículas de posición incierta, de modo muy similar al de centinelas errantes fuera del campamento. En ocasiones los intrusos pueden penetrar las barreras de centinelas y entrar al campo.

La probabilidad de tunelaje puede describirse con un coeficiente de transmisión, T, y un coeficiente de reflexión, R. El coeficiente de transmisión mide la probabilidad de que la partícula penetre la barrera, y el coeficiente de reflexión es la probabilidad de que la partícula sea reflejada por la barrera. Debido a que la partícula incidente se refleja o se transmite debemos requerir que $T + R = 1$. Una expre-

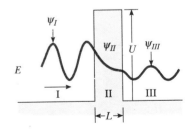

FIGURA 41.19 Función de onda para una partícula que incide desde la izquierda sobre una barrera de altura U. La función de onda es sinusoidal en las regiones I y III pero decae exponencialmente en la región II.

sión aproximada para el coeficiente de transmisión cuando $T \ll 1$ (una barrera muy alta o ancha) es

$$T \cong e^{-2KL} \tag{41.20}$$

donde K está dada por

$$K = \frac{\sqrt{2m(U-E)}}{\hbar} \tag{41.21}$$

EJEMPLO 41.10 Coeficiente de transmisión de un electrón

Un electrón de 30 eV incide sobre una barrera cuadrada de 40 eV de altura. ¿Cuál es la probabilidad de que electrón penetre la barrera si su ancho es a) 1.0 nm y b) 0.10 nm?

Solución a) En esta situación, la cantidad $U - E$ tiene el valor

$$U - E = (40\ eV - 30\ eV) = 10\ eV = 1.6 \times 10^{-18}\ J$$

Empleando la ecuación 41.21, y dado que $L = 1.0$ nm, encontramos para la cantidad $2KL$

$$2KL = 2\frac{\sqrt{2(9.11 \times 10^{-31}\ kg)(1.6 \times 10^{-18}\ J)}}{1.054 \times 10^{-34}\ J \cdot s}(1.0 \times 10^{-9}\ m)$$
$$= 32.4$$

De este modo, la probabilidad de tunelaje a través de la barrera es

$$T \cong e^{-2KL} = e^{-32.4} = \boxed{8.5 \times 10^{-15}}$$

Esto es, el electrón tiene sólo aproximadamente 1 oportunidad en 10^{14} para atravesar la barrera de 1.0 nm de ancho.

b) Para $L = 0.10$ nm, $2KL = 3.24$ y

$$T \cong e^{-2KL} = e^{-3.24} = \boxed{0.039}$$

El electrón tiene una elevada probabilidad (4% de posibilidades) de penetrar la barrera de 0.10 nm. Así, la reducción del ancho de la barrera en sólo un orden de magnitud ¡ha aumentado la probabilidad de tunelaje casi en 12 órdenes de magnitud!

Algunas aplicaciones de tunelaje

Como hemos visto, el tunelaje es un fenómeno cuántico, una manifestación de la naturaleza ondulatoria de la materia. Hay muchos ejemplos en la naturaleza en las escalas atómica y nuclear que pueden comprenderse sólo con base en el tunelaje.

- **Diodo túnel** El diodo túnel es un dispositivo semiconductor que se compone de dos regiones cargadas opuestamente y separadas por una región neutra muy estrecha. La corriente eléctrica, o tasa de tunelaje, puede controlarse sobre un amplio intervalo variando el voltaje de polarización, lo cual cambia la energía de los electrones de tunelaje.

- **Unión Josephson** Una unión Josephson consta de dos superconductores separados por una capa de óxido aislante delgada, de 1 a 2 nm de espesor. En condiciones apropiadas, los electrones en los superconductores viajan como un par y efectúan tunelaje de un superconductor a otro a través de una capa de óxido. Se han observado varios efectos en este tipo de unión. Por ejemplo, una corriente directa se observa a través de la unión *en ausencia de campos eléctricos o magnéticos*. La corriente es proporcional a sen ϕ, donde ϕ es la diferencia de fase entre las funciones de onda en los dos superconductores. Cuando un voltaje de polarización V se aplica a través de la unión, se observa la corriente oscilante con una frecuencia $f = 2eV/h$, donde e es la carga del electrón.

- **Decaimiento alfa** Una forma de decaimiento radiactivo es la emisión de partículas alfa (los núcleos de átomos de helio) por medio de núcleos pesados e inestables. Para escapar del núcleo, una partícula debe penetrar una barrera varias veces mayor que su energía. La barrera se debe a una combinación de la fuerza nuclear atractiva y de la repulsión de Coulomb entre la partícula alfa y el resto de los núcleos. Ocasionalmente, una partícula alfa realiza tunelaje a través de la barrera, lo cual explica el mecanismo básico de este tipo de decaimiento y las grandes variaciones en los tiempos de vida media de diversos núcleos radiactivos.

41.10 EL MICROSCOPIO DE TUNELAJE EXPLORATORIO[3]

Uno de los fenómenos básicos de la mecánica cuántica —el tunelaje— es el corazón de un dispositivo muy práctico, el *microscopio de tunelaje exploratorio*, o *MTE*, el cual nos permite obtener imágenes altamente detalladas de superficies con resoluciones comparables al tamaño de un *solo átomo*.

La figura 41.20, una imagen de la superficie de un pedazo de grafito, muestra lo que el MTE puede hacer. Observe la alta calidad de la imagen y los anillos reconocibles de los átomos de carbono. Lo que hace que esta imagen sea tan importante es que su *resolución* —el tamaño del detalle más pequeño que puede distinguirse— es del orden de 0.2 nm. En un microscopio ordinario, la resolución está limitada por la longitud de onda de las ondas usadas para hacer la imagen. De tal modo, un microscopio óptico tiene una resolución no mejor que 200 nm, casi la mitad de la longitud de onda de la luz visible, por lo que nunca podría mostrar el detalle exhibido en la figura 41.20. Los microscopios electrónicos pueden tener una resolución de 0.2 nm empleando ondas electrónicas de esta longitud de onda, dada por la fórmula de De Broglie $\lambda = h/p$. El momento del electrón p requerido para producir esta longitud de onda es 10 000 eV/c, lo que corresponde a una velocidad del electrón de 2% de la velocidad de la luz. Los electrones que viajan a esta velocidad penetrarían en el interior del pedazo de grafito en la figura 41.20 y no podrían brindarnos información acerca de los átomos de la supeficie individuales.

El MTE alcanza su muy fina resolución empleando la idea básica ilustrada en la figura 41.21. Una sonda de conducción con una punta muy afilada se acerca a la superficie que se va a estudiar. Debido a que es atraída hacia los iones positivos en la superficie, un electrón en la superficie tiene una energía total menor que un electrón en el espacio vacío entre la superficie y la punta. Lo mismo es cierto para un electrón en la punta de la sonda, el cual es atraído hacia los iones positivos en la punta. En la mecánica newtoniana, esto significa que los electrones no pueden moverse entre la superficie y la punta debido a la carencia de energía para escapar de cualquier material. Debido a que los electrones obedecen a la mecánica cuántica, sin embargo, ellos pueden "tunelar" a través de la barrera del espacio vacío. Aplicando un voltaje entre la superficie y la punta, puede hacerse que los electrones realicen el tunelaje preferencialmente desde la superficie hasta la punta. En esta forma, la punta muestrea la distribución de electrones justo arriba de la superficie.

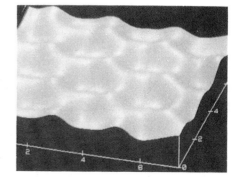

FIGURA 41.20 La superficie de grafito cuando se "ve" con un microscopio de exploración. Esta técnica permite a los científicos ver pequeños detalles en superficies con una resolución lateral de aproximadamente 0.2 nm y una resolución vertical de 0.001 nm. El contorno que se observa aquí representa el arreglo de átomos de carbono individuales en la superficie del cristal.

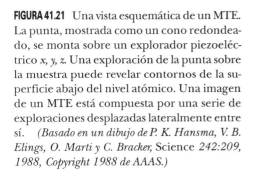

FIGURA 41.21 Una vista esquemática de un MTE. La punta, mostrada como un cono redondeado, se monta sobre un explorador piezoeléctrico *x, y, z*. Una exploración de la punta sobre la muestra puede revelar contornos de la superficie abajo del nivel atómico. Una imagen de un MTE está compuesta por una serie de exploraciones desplazadas lateralmente entre sí. *(Basado en un dibujo de P. K. Hansma, V. B. Elings, O. Marti y C. Bracker,* Science 242:209, *1988, Copyright 1988 de AAAS.)*

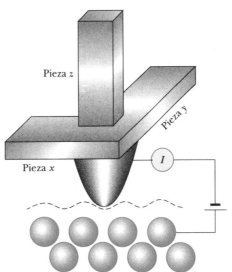

Pieza z

Pieza y

Pieza x

I

[3]Esta sección fue escrita por Roger A. Freedman y Paul K. Hansma, Universidad de California, Santa Barbara.

Debido a la naturaleza del tunelaje, el MTE es muy sensible a la distancia z de la punta a la superficie. La razón es que en el espacio vacío entre la punta y la superficie, la función de onda del electrón disminuye exponencialmente con una longitud de decaimiento del orden de 0.1 nm, esto es, la función de onda disminuye $1/e$ a lo largo de esa distancia. Para distancias z mayores que 1 nm (es decir, más allá de unos cuantos diámetros atómicos), en esencia no ocurre tunelaje. Este comportamiento exponencial ocasiona que la corriente de electrones que efectúa tunelaje de la superficie a la punta dependa fuertemente de z. Esta sensibilidad es la base de la operación del MTE: monitoreando la corriente de tunelaje cuando la punta explora la superficie, los científicos obtienen una medida de la sensibilidad de la topografía de la distribución de electrones en la superficie. El resultado de esta exploración se usa para hacer imágenes como la de la figura 41.20. De este modo el MTE puede medir la altura de los rasgos de la superficie hasta dentro de 0.001 nm, ¡aproximadamente $1/100$ de un diámetro atómico!

Usted puede ver exactamente como es sensible el MTE examinando la figura 41.20. De los 6 átomos de carbono en cada anillo, tres *se manifiestan* inferiores que los otros tres. De hecho, los seis átomos están al mismo nivel, pero todos tienen una distribución de electrones un poco diferente. Los tres átomos que aparecen inferiores están ligados a otros átomos de carbono directamente por debajo de ellos en la capa atómica subyacente, por lo que sus distribuciones electrónicas —las cuales son responsables de los enlaces— se extienden hacia abajo de la superficie. Los átomos en la capa de la superficie que aparece superior no yacen directamente sobre los átomos abajo de la superficie y consecuentemente no están ligados a los átomos de carbono debajo de ellos. Para estos átomos que aparecen superiores, la distribución de electrones se extiende hacia arriba en el espacio sobre la superficie. Esta densidad de electrones adicional es lo que hace que estos electrones parezcan más altos en la figura 41.20, ya que lo que el MTE rastrea es la topografía de la distribución de electrones.

El MTE tiene, sin embargo, una seria limitación: depende de la conductividad eléctrica de la muestra y de la punta. Desafortunadamente, la mayor parte de los materiales no son conductivos eléctricamente en su superficie. Incluso, los metales como el aluminio, se cubren con óxidos no conductores. Un microscopio más reciente, el microscopio de fuerza atómica, o MFA, supera esta limitación. Mide la fuerza entre una punta y la muestra en lugar de una corriente eléctrica. Esta fuerza, la cual es típicamente un resultado del principio de exclusión, depende fuertemente de la punta —la separación de la muestra del mismo modo que la corriente de tunelaje electrónica es para el MTE—. De este modo, el MFA tiene una sensibilidad comparable para medir la topografía y su uso se ha extendido ampliamente en aplicaciones tecnológicas.

Quizá el aspecto más sobresaliente acerca del MTE es que su operación se basa en un fenómeno de la mecánica cuántica —el tunelaje— que se comprendió perfectamente en los años 20, aun cuando el primer MTE no se construyó hasta la década de los 80. ¿Qué otras aplicaciones de la mecánica cuántica todavía esperan a ser descubiertas?

41.11 EL OSCILADOR ARMÓNICO SIMPLE

Finalmente, consideraremos el problema de una partícula sujeta a una fuerza restauradora lineal $F = -kx$, donde x es el desplazamiento de la partícula a partir del equilibrio ($x = 0$) y k es la fuerza constante. El movimiento clásico de una partícula sujeta a tal fuerza es el armónico simple, el cual estudiamos en el capítulo 13. La energía potencial del sistema es

$$U = \tfrac{1}{2}kx^2 = \tfrac{1}{2}m\omega^2 x^2$$

donde la frecuencia angular de vibración es $\omega = \sqrt{k/m}$. Clásicamente, si la partícula se desplaza desde su posición de equilibrio y se suelta oscila entre los puntos $x = -A$ y $x = A$, donde A es la amplitud del movimiento. Además, su energía total E es

$$E = K + U = \tfrac{1}{2}kA^2 = \tfrac{1}{2}m\omega^2 A^2$$

En el modelo clásico, cualquier valor de E es permitido y la energía total puede ser cero si la partícula está en reposo en $x = 0$.

La ecuación de Schrödinger para este problema se obtiene sustituyendo $U = \tfrac{1}{2}m\omega^2 x^2$ en la ecuación 41.15:

$$\frac{d^2\psi}{dx^2} = -\left[\left(\frac{2mE}{\hbar^2}\right) - \left(\frac{m\omega}{\hbar}\right)^2 x^2\right]\psi \qquad (41.22)$$

La técnica matemática para resolver esta ecuación está más allá del nivel de este texto. Sin embargo, es instructivo predecir una solución. Consideramos nuestra predicción como la siguiente función de onda:

$$\psi = Be^{-Cx^2} \qquad (41.23)$$

Al sustituir esta función en la ecuación 41.22, encontramos que la ecuación 41.23 es una solución satisfactoria a la ecuación de Schrödinger siempre que

$$C = \frac{m\omega}{2\hbar} \qquad \text{y} \qquad E = \tfrac{1}{2}\hbar\omega$$

Resulta que la solución que hemos predicho corresponde al estado base del sistema, el estado que tiene menos energía, $\tfrac{1}{2}\hbar\omega$, el cual es el estado de la energía del punto cero del sistema. Puesto que $C = m\omega/2\hbar$, se concluye de la ecuación 41.23 que la función de onda para este estado es

$$\psi = Be^{-(m\omega/2\hbar)x^2} \qquad (41.24)$$

Ésta es sólo una solución a la ecuación 41.22. Las soluciones restantes, las cuales describen los estados excitados, son más complicadas, pero todas tienen la forma de un factor exponencial, e^{-Cx^2}, multiplicado por un polinomio en x.

Los niveles de energía de un oscilador armónico están cuantizados, como esperaríamos. La energía del estado para el cual el número cuántico es n es

$$E_n = (n + \tfrac{1}{2})\hbar\omega \qquad n = 0, 1, 2, \ldots$$

El estado n corresponde al estado base, donde $E_0 = \tfrac{1}{2}\hbar\omega$, el estado $n = 1$ corresponde al primer estado excitado, donde $E_1 = \tfrac{3}{2}\hbar\omega$, y así sucesivamente. El diagrama del nivel de energía para este sistema se muestra en la figura 41.22. Advierta que las separaciones entre niveles adyacentes son iguales y están dadas por

$$\Delta E = \hbar\omega \qquad (41.25)$$

Las densidades de probabilidad para los primeros tres estados de un oscilador armónico se indican por medio de curvas negras en la figura 41.23. Las líneas verdes representan las densidades de probabilidad clásicas que corresponden a la misma energía, y se brindan para comparación. Advierta que cuando n aumenta, la concordancia entre las mecánicas clásica y cuántica mejora, como se esperaba.

La solución de la mecánica cuántica al problema del oscilador armónico simple predice una serie de niveles de energía igualmente espaciados con separaciones iguales a $\hbar\omega$. Este resultado representa una justificación a la hipótesis cuántica de Planck, hecha 25 años antes de que se desarrollara la ecuación de Schrödinger. Ade-

Función de onda para el estado base de un oscilador armónico

Energías permitidas para un oscilador armónico simple

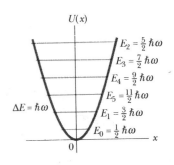

FIGURA 41.22 Diagrama de niveles de energía de un oscilador armónico simple. Los niveles están igualmente espaciados con separación $\hbar\omega$. La energía del punto cero es E_0.

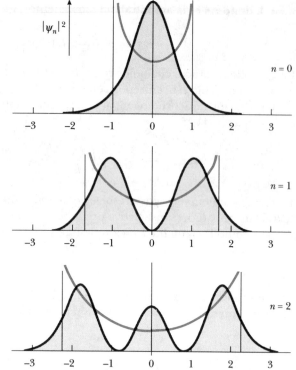

FIGURA 41.23 Curvas negras: densidades de probabilidad para unos cuantos estados de un oscilador armónico representado. Curvas verdes: probabilidades clásicas correspondientes a las mismas energías. *(De C. W. Sherwin,* Introduction to Quantum Mechanics, *Nueva York, Holt, Rinehart y Winston, 1959, usado con permiso)*

más, la solución presentada es útil al describir problemas más complicados, como las vibraciones moleculares, las cuales pueden aproximarse por medio del modelo idealizado del movimiento armónico simple.

RESUMEN

La luz tiene una naturaleza dual en la que tiene tanto las características de onda como de partícula. Algunos experimentos pueden explicarse mejor, o únicamente, empleando la descripción de partícula, mientras que otros se describen mejor, o sólo pueden describirse, con un modelo ondulatorio.

Cualquier objeto de masa m y momento p tiene propiedades como las de las ondas, con una longitud de onda dada por la relación de De Broglie

$$\lambda = \frac{h}{p} \tag{41.2}$$

Aplicando esta teoría ondulatoria de la materia a los electrones en el átomo, De Broglie fue capaz de explicar la cuantización en el modelo de Bohr del átomo de hidrógeno como un fenómeno de ondas estacionarias.

El **principio de incertidumbre** establece que si una medida de la posición se hace con una precisión Δx y una medición simultánea del momento se realiza con una precisión Δp_x, el producto de las dos incertidumbres nunca puede ser más pequeño que $\hbar/2$.

$$\Delta x \, \Delta p_x \geq \frac{\hbar}{2} \tag{41.3}$$

En la mecánica cuántica, las ondas de materia (llamadas también ondas de De Broglie) se representan por medio de la función de onda $\psi(x, y, z, t)$. La probabilidad por unidad de volumen (o densidad de probabilidad) de que la partícula se encontrará en un punto es $|\psi|^2$. Si la partícula está restringida a moverse a lo largo del eje x, entonces la probabilidad de que se localizará en un intervalo dx es $|\psi|^2\, dx$. Además, la suma de todas estas probabilidades sobre todos los valores de x debe ser 1:

$$\int_{-\infty}^{\infty} |\psi|^2\, dx = 1 \tag{41.6}$$

Esto recibe el nombre de **condición de normalización**. La posición x de la partícula, promediada a lo largo de muchos ensayos, se llama el **valor de esperanza** de x y se define por medio de

$$\langle x \rangle \equiv \int_{-\infty}^{\infty} x\,|\psi|^2\, dx \tag{41.8}$$

Si una partícula de masa m se confina a moverse en una caja unidimensional de ancho L cuyas paredes están perfectamente rígidas, requerimos que ψ sea cero en las paredes y fuera de la caja. Las **funciones de onda permitidas** para la partícula están dadas por

$$\psi(x) = A \operatorname{sen}\left(\frac{n\pi x}{L}\right) \qquad n = 1, 2, 3,\ldots \tag{41.10}$$

donde A es el valor máximo de ψ. La partícula tiene una longitud de onda bien definida λ cuyos valores son tales que $L = n\lambda/2$. Los estados permitidos se llaman **estados estacionarios** del sistema. Las energías de una partícula en la caja están cuantizados y están dados por

$$E_n = \left(\frac{h^2}{8mL^2}\right)n^2 \qquad n = 1, 2, 3, \ldots \tag{41.11}$$

La función de onda debe satisfacer la **ecuación de Schrödinger**. La ecuación de Schrödinger independiente del tiempo para una partícula confinada a moverse a lo largo del eje x es

$$\frac{\partial^2 \psi}{\partial x^2} = -\frac{2m}{\hbar^2}(E - U)\psi \tag{41.15}$$

donde E es la energía total del sistema y U es la energía potencial.

El enfoque de la mecánica cuántica es resolver la ecuación 41.15 para ψ y E, dada la energía potencial $U(x)$ del sistema. Al hacerlo de ese modo, debemos poner una restricción especial sobre $\psi(x)$. Requerimos 1) que $\psi(x)$ sea continua, 2) que $\psi(x)$ tienda a cero cuando x tienda a $\pm\infty$, 3) que $\psi(x)$ sea de un solo valor y 4) que $d\psi/dx$ sea continua para todos los valores finitos de $U(x)$.

PREGUNTAS

1. ¿La luz es una onda o una partícula? Apoye su respuesta citando evidencias experimentales específicas.
2. ¿Un electrón es una partícula o una onda? Apoye su respuesta citando algunos resultados experimentales.
3. Un electrón y un protón se aceleran desde el reposo a través de una diferencia de potencial. ¿Cuál partícula tiene la longitud de onda más larga?
4. Si la materia tiene una naturaleza ondulatoria, ¿por qué esta característica similar a la de las ondas no se observa en nuestras experiencias cotidianas?
5. ¿De qué formas el modelo de Bohr del átomo de hidrógeno viola el principio de incertidumbre?
6. ¿Por qué es imposible medir simultáneamente con exactitud infinita la posición y velocidad de una partícula?

7. Suponga que un haz de electrones incide sobre tres o más rendijas. ¿Como afectaría lo anterior al patrón de interferencia? ¿El estado del electrón dependería del número de rendijas? Explique.

8. Al describir el paso de electrones a través de una rendija y su arribo a una pantalla, el físico Richard Feynman dice que "los electrones llegan en montones, como partículas, pero la probabilidad de arribo de estos montones se determina como la intensidad que las ondas tendrían. Es en este sentido en el que el electrón se comportan a veces como una partícula y a veces como una onda". Enuncie este punto en sus propias palabras. (Para una discusión más amplia respecto de este punto, vea R. Feynman, *The Character of Physical Law*, Cambridge, Mass., MIT Press, 1980, capítulo 6.)

9. Para una partícula en una caja, la densidad de probabilidad en ciertos puntos es cero, como se ve en la figura 41.13b. ¿Esto implica que la partícula no puede moverse a través de estos puntos? Explique.

10. Analice la relación entre el punto de cero energía y el principio de incertidumbre.

11. Cuando una partícula de energía E se refleja en una barrera de potencial de altura U, donde $E < U$, ¿cómo cambia la amplitud de la onda reflejada al reducirse la altura de la barrera?

12. Un filósofo dijo una vez que "es necesario para la completa existencia de la ciencia que las mismas condiciones siempre produzcan los mismos resultados". En vista de lo que se ha discutido en esta sección, presente un argumento que muestre que dicho enunciado es falso. ¿Cómo podría replantearse el argumento para hacerlo verdadero?

13. En la mecánica ondulatoria es posible para la energía E que una partícula sea menor que la energía potencial, pero clásicamente esto no es posible. Explique.

14. Considere dos pozos cuadrados del mismo ancho, uno con paredes finitas y el otro con paredes infinitas. Compare la energía y el momento de una partícula atrapada en el pozo finito con la energía y el momento de una partícula idéntica en el pozo infinito.

15. ¿Por qué no puede ser cero el estado de menor energía de un oscilador armónico?

16. ¿Por qué es un microscopio electrónico más apropiado que un microscopio óptico para "ver" objetos de tamaño atómico?

17. ¿Qué es la ecuación de Schrödinger? ¿De qué modo es útil al describir los fenómenos atómicos?

18. ¿Por qué la difracción de Davisson-Germer de los electrones fue un importante experimento?

19. ¿Cuál es el significado de la función de onda ψ?

PROBLEMAS

Sección 41.1   Fotones y ondas electromagnéticas y
Sección 41.2   Las propiedades ondulatorias de las partículas

1. La luz solar llega a la Tierra a una intensidad promedio de 1 350 W/m². Estime el número de fotones que llegan a la superficie de la Tierra por segundo si la temperatura del Sol es 6 000 K.

2. Calcule la longitud de onda de De Broglie para un electrón que tiene una energía cinética de a) 50 eV y b) 50 keV.

3. Después de aprender de acuerdo con la hipótesis de De Broglie que las partículas de momento p tienen caracterísiticas de onda con longitud de onda $\lambda = h/p$, a un estudiante de 80 kg le ha interesado mucho saber si se difractará cuando pase por el claro de una puerta de 75 cm de ancho. Suponiendo que ocurrirá una difracción importante cuando el ancho de la apertura de difracción sea menor que 10 veces la longitud de onda que se está difractando, a) determine la máxima velocidad a la cual el estudiante puede pasar a través del claro de la puerta para que se difracte de manera considerable. b) ¿Con esa velocidad, cuánto tardará el estudiante en atravesar la puerta si ésta tiene 15 cm de espesor? Compare su resultado con la edad aceptada del universo, la cual es de 4×10^{17} s. c) ¿Le debe preocupar a este estudiante ser difractado?

4. La capacidad de visión, o resolución, de la radiación se determina por su longitud de onda. Si el tamaño de un átomo es del orden de 0.10 nm, ¿qué tan rápido debe viajar un electrón para tener una longitud de onda lo suficientemente pequeña para "ver" un átomo?

5. Una fuerza constante de 20.0 N se aplica a una partícula de 3.00 g inicialmente en reposo. a) ¿Después de qué intervalo (en horas) la longitud de onda de De Broglie de la partícula es igual a su longitud de onda Compton, $\lambda_C = h/mc$? b) ¿A qué velocidad se estará moviendo la partícula en ese tiempo?

6. Calcule la longitud de onda de De Broglie correspondiente a un protón que se acelera a través de una diferencia de potencial de 10 MV.

7. a) Muestre que la frecuencia, f, y la longitud de onda, λ, de una partícula están relacionadas por la expresión

$$\left(\frac{f}{c} \right)^2 = \frac{1}{\lambda^2} + \frac{1}{\lambda_C^2}$$

donde $\lambda_C = h/mc$ es la longitud de onda Compton de la partícula. b) ¿Es posible que un fotón y una partícula (que tiene masa diferente de cero) tengan la misma longitud de onda y frecuencia? Explique.

8. La distancia entre átomos adyacentes en cristales es del orden de 0.10 nm. El empleo de electrones en estudios de difracción de cristales requiere que la longitud de onda de De Broglie de los electrones sea del orden de la distancia entre los átomos de los cristales. ¿Cuál debe ser la energía mínima (en eV) de los electrones que se van a emplear con estos fines?

□ Indica problemas que tienen soluciones completas disponibles en el *Manual de soluciones del estudiante* y en la *Guía de estudio*.

9. ¿Cuál es la velocidad de un electrón si su longitud de onda de De Broglie es igual a su longitud de onda Compton? (*Sugerencia*: Si usted obtiene como respuesta el valor de *c*, vea el problema 55.)

10. Para un electrón que se va a confinar en un núcleo, ¿su longitud de onda de De Broglie tendría que ser menor que 10^{-14} m. a) ¿Cuál sería la energía cinética de un electrón confinado en esta región? b) Con base en este resultado, esperaría encontrar un electrón en un núcleo? Explique.

11. En el experimento de Davisson-Germer, electrones de 54 eV se difractaron en una retícula de níquel. Si se observó el primer máximo en el patrón de difracción en ϕ = 50° (Fig. P41.11), ¿cuál es el espaciamiento de la retícula *d*?

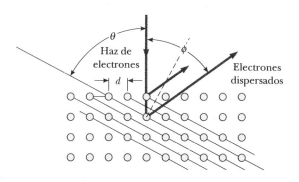

FIGURA P41.11

12. Robert Hofstadter ganó el premio Nóbel de física por su trabajo pionero en la dispersión de electrones de 20 GeV en núcleos. a) ¿Cuál es el factor γ para un electrón de 20 GeV, donde $\gamma = (1 - v^2/c^2)^{-1/2}$? ¿Cuál es el momento del electrón en kg · m/s? b) ¿Cuál es la longitud de onda de un electrón de 20 GeV y cómo se compara con el tamaño del núcleo?

13. Se aceleran electrones a través de 40 000 V en un microscopio electrónico. ¿Cuál es, teóricamente, la distancia observable más pequeña entre objetos?

Sección 41.3   Regreso al experimento de doble rendija

14. Se emplea un osciloscopio modificado para efectuar un experimento de interferencia de electrones. Éstos inciden sobre un par de rendijas estrechas separadas 0.060 μm. Las bandas brillantes en el patrón de interferencia están separadas por 0.40 mm sobre una pantalla a 20 cm de las rendijas. Determine la diferencia de potencial a la cual se aceleraron los electrones para producir este patrón.

15. Un haz de electrones con una energía cinética de 1.00 MeV incide en dirección normal en un arreglo de átomos separados por 0.25 mm. ¿En qué dirección podemos esperar los electrones del quinto orden?

16. Neutrones que viajan a 0.40 m/s se conducen a través de una doble rendija que tiene una separación de 1.0 mm. Un arreglo de detectores se coloca a 10 m de la rendija. a) ¿Cuál es la longitud de onda de De Broglie de los neutrones? b) ¿A qué distancia del eje está el pri-

mer punto de intensidad cero en el arreglo de detectores? c) ¿Podemos decir a través de cuál rendija pasó el neutrón? Explique.

17. La potencia de resolución de un microscopio es proporcional a la longitud de onda empleada. Si uno desea emplear un microscopio para "ver" un átomo, tendría que obtenerse una resolución de aproximadamente 10^{-11} m. a) Si se emplean electrones (microscopio electrónico), ¿que energía cinética mínima se requiere para los electrones? b) Si se utilizan fotones qué energía mínima del fotón es necesaria para obtener la resolución requerida?

18. Un rifle de aire se emplea para disparar partículas de 1.0 g a 100 m/s a través de un agujero de 2.0 mm de diámetro. ¿A qué distancia del rifle debe estar un observador para ver el haz desviado 1 cm debido al principio de incertidumbre? Compare esta respuesta con el diámetro del universo (2×10^{26} m).

Sección 41.4   El principio de incertidumbre

19. Una fuente luminosa se usa para determinar la localización de un electrón en un átomo hasta una precisión de 0.05 nm. ¿Cuál es la incertidumbre en la velocidad del electrón?

20. Suponga que Fuzzy, un pato mecanocuántico, vive en un mundo donde $h = 2\pi$ J · s. Fuzzy tiene una masa de 2.0 kg y se sabe al principio que se encuentra dentro de una región de 1.0 m de ancho. a) ¿Cuál es la incertidumbre mínima en su velocidad? b) Suponiendo que esta incertidumbre en la velocidad va a prevalecer durante 5.0 s, determine la incertidumbre en la posición después de este tiempo.

21. a) Suponga que un electrón está confinado dentro de un núcleo de 5.0×10^{-15} m de diámetro. Emplee el principio de incertidumbre para determinar si este electrón es relativista o no relativista. b) Si este núcleo contiene sólo protones y neutrones, ¿algunas de éstas son partículas relativistas? Explique.

22. Un electrón ($m = 9.11 \times 10^{-31}$ kg) y una bala ($m = 0.020$ kg) tienen cada una una velocidad de 500 m/s, con una precisión hasta dentro de 0.010%. ¿Dentro de qué límites podríamos determinar las posiciones de los objetos?

23. Una mujer sobre una escalera tira pequeños perdigones hacia una mancha sobre el piso. a) Muestre que, de acuerdo con el principio de incertidumbre, la distancia errada debe ser al menos de

$$\Delta x = \left(\frac{\hbar}{m}\right)^{1/2} \left(\frac{H}{2g}\right)^{1/4}$$

donde *H* es la altura inicial de cada perdigón sobre el suelo y *m* es la masa de cada uno. b) Si *H* = 2.0 m y *m* = 0.50 g, ¿cuál es Δx?

Sección 41.5   Introducción a la mecánica cuántica

24. Un electrón libre tiene una función de onda

$$\psi(x) = A \operatorname{sen} (5.00 \times 10^{10} x)$$

donde x se mide en metros. Encuentre a) la longitud de onda de De Broglie, b) el momento y c) la energía en electrón volts.

25. La función de onda de un electrón es

$$\psi(x) = \sqrt{\frac{2}{L}}\, \text{sen}\left(\frac{2\pi x}{L}\right)$$

Encuentre la probabilidad de encontrar el electrón entre $x = 0$ y $x = \dfrac{L}{4}$.

Sección 41.6   Una partícula en una caja

26. Un electrón está confinado en una región unidimensional en la cual su energía en el estado base ($n = 1$) es 2.00 eV. a) ¿Cuál es el ancho de la región? b) ¿Cuánta energía se requiere para promover ascender al electrón a su primer estado excitado?

27. Emplee el modelo de la partícula en una caja para calcular los primeros tres niveles de energía de un neutrón atrapado en un núcleo de 2.00×10^{-5} nm. ¿Las diferencias de los niveles de energía son realistas?

28. Una partícula en un pozo cuadrado finito tiene una función de onda dada por

$$\psi_1(x) = \sqrt{\frac{2}{L}}\, \text{sen}\left(\frac{\pi x}{L}\right)$$

para $0 \le x \le L$ y cero en cualquier otro caso. a) Determine la probabilidad de encontrar la partícula entre $x = 0$ y $x = L/3$. b) Use los resultados de este cálculo y argumentos de simetría para encontrar la probabilidad de encontrar la partícula entre $x = L/3$ y $x = 2L/3$. No reevalúe la integral.

29. Una partícula en un pozo cuadrado infinito tiene una función de onda dada por

$$\psi_2(x) = \sqrt{\frac{2}{L}}\, \text{sen}\left(\frac{2\pi x}{L}\right)$$

para $0 \le x \le L$ y cero en otro caso. Determine a) el valor de esperanza de x; b) la probabilidad de encontrar la partícula cerca de $L/2$, calculando la probabilidad de que la partícula se encuentre en el intervalo, $0.49L \le x \le 0.51\,L$ y c) la probabilidad en contrar la parícula cerca de $L/4$, al calcular la probabilidad de que la partícula esté en el intervalo de $0.24\,L \le x \le 0.26\,L$, d) Ajuste estas probabilidades con el resultado para el valor promedio de x encontrado en el inciso a).

30. Un electrón que tiene una energía de aproximadamente 6.0 eV se mueve entre paredes rígidas a 1.00 nm de separación. Encuentre a) el número cuántico para n correspondiente al estado de energía que el electrón ocupa y b) la energía del electrón.

31. Una partícula alfa en un núcleo se puede considerar como una partícula que se mueve en una caja de 1.0×10^{-14} m de ancho (el diámetro aproximado del núcleo). Aplicando este modelo, estime la energía y la cantidad de movimiento de una partícula alfa en su estado de energía más bajo ($m_\alpha = 4 \times 1.66 \times 10^{-27}$ kg).

32. Un electrón en un pozo cuadrado infinito tiene una función de onda dada por

$$\psi_2(x) = \frac{2}{L}\, \text{sen}\left(\frac{2\pi x}{L}\right)$$

para $0 \le x \le L$ y cero en cualquier otro caso. ¿Cuáles son las posiciones más probables de los electrones?

33. Un electrón está contenido en una caja unidimensional de 0.100 nm de ancho. a) Dibuje un diagrama de nivel de energía para el electrón en niveles hasta $n = 4$. b) Encuentre la longitud de onda de todos los fotones que pueden ser emitidos por el electrón al hacer transiciones que a la larga lo llevarán del estado $n = 4$ al estado $n = 1$.

34. Considere una partícula que se mueve en una caja unidimensional para la cual las paredes están en $x = -L/2$ y $x = L/2$. a) Escriba las funciones de onda y densidades de probabilidad para $n = 1$, $n = 2$ y $n = 3$. b) Dibuje las funciones de onda y las densidades de probabilidad. (*Sugerencias*: Haga una analogía con el caso de una partícula en una caja para la cual las paredes están en $x = 0$ y $x = L$.)

35. Un láser de rubí emite luz de 694.3 nm. Si esta luz se debe a transiciones de un electrón en una caja del estado $n = 2$ al estado $n = 1$, encuentre el ancho de la caja.

35A. Un láser de rubí emite luz de longitud de onda λ. Si esta luz se debe a transiciones de un electrón en una caja del estado $n = 2$ al estado $n = 1$, encuentre el ancho de la caja.

36. Un protón está restringido a moverse en una caja unidimensional de 0.2 nm de ancho. a) Encuentre la energía más baja posible del protón. b) ¿Cuál es la energía más baja posible de un electrón confinado en la misma caja? c) ¿Cómo puede usted explicar la gran diferencia en sus resultados de los incisos a) y b)?

Sección 41.7   La ecuación de Schrödinger

37. La función de onda para una partícula restringida a moverse en una caja unidimensional es

$$\psi(x) = A\, \text{sen}\left(\frac{n\pi x}{L}\right)$$

Emplee la condición de normalización en ψ para demostrar que

$$A = \sqrt{\frac{2}{L}}$$

Sugerencia: Como el ancho de la caja es L, la condición de normalización (ecuación 41.6) es

$$\int_0^L |\psi|^2\, dx = 1$$

38. La función de onda para una partícula es

$$\psi(x) = \sqrt{\frac{a}{\pi(x^2 + a^2)}}$$

para $a > 0$ y $-\infty < x < +\infty$. Determine la probabilidad de que la partícula se localice en algún punto entre $x = -a$ y $x = +a$.

39. Una partícula de masa m se mueve en un pozo de potencial de ancho $2L$ (de $x = -L$ a $x = +L$), y en este pozo el potencial está dado por

$$V(x) = \frac{-\hbar^2 x^2}{mL^2(L^2 - x^2)}$$

Además, la partícula está en un estado estacionario descrito por la función de onda, $\psi(x) = A(1 - x^2/L^2)$ para $-L < x < +L$, y $\psi(x) = 0$ en cualquier otro lado. a) Determine la energía de la partícula en términos de $\hbar$, m y L. (*Sugerencia*: Emplee la ecuación de Schrödinger, ecuación 41.15). b) Muestre que $A = (15/16L)^{1/2}$. c) Determine la probabilidad de que la partícula se localice entre $x = -L/3$ y $x = +L/3$.

40. En una región del espacio, una partícula con energía cero tiene una función de onda

$$\psi(x) = Axe^{-x^2/L^2}$$

a) Encuentre la energía potencial U como una función de x. b) Elabore una gráfica de $U(x)$ contra x.

41. Muestre que la función de onda dependiente del tiempo

$$\psi = Ae^{i(kx - \omega t)}$$

es una solución a la ecuación de Schrödinger (ecuación 41.15). ($k = 2\pi/\lambda$)

*Sección 41.8   Una partícula en un pozo de altura finita

42. Dibuje la función de onda $\psi(x)$ y la densidad de probabilidad $|\psi(x)|^2$ para el estado $n = 4$ de una partícula en un pozo de potencial finito. (Vea la figura 41.18.)

43. Suponga que una partícula está atrapada en su estado base en una caja que tiene paredes infinitamente altas (Fig. 41.13a). Suponga después que la pared de la izquierda se baja repentinamente hasta una altura finita. a) Dibuje cualitativamente la función de una para la partícula un breve tiempo después. b) Si la caja tiene un ancho L, ¿cuál es la longitud de onda de la onda que penetra la barrera?

44. Una partícula que tiene 7.00 eV de energía cinética se mueve de una región donde la energía potencial es cero hacia dentro de otra en la que $U = 5.00$ eV (Fig. P41.44). Clásicamente, uno esperaría que la partícula continuara su movimiento, aunque con menos energía cinética. De acuerdo con la mecánica cuántica, la partícula tiene una probabilidad de transmitirse y una probabilidad de reflejarse. ¿Cuáles son estas probabilidades?

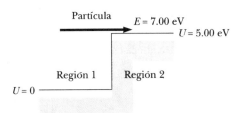

FIGURA P41.44

Sección 41.9   Tunelaje a través de una barrera y
Sección 41.11   El oscilador armónico simple

45. Un electrón de 5.0 eV incide sobre una barrera de 0.20 nm de espesor y 10 eV de altura (Fig. P41.45). ¿Cuál es la probabilidad de que el electrón a) efectúe tunelaje a través de la barrera y b) se refleje?

45A. Un electrón que tiene una energía E incide sobre una barrera de ancho L y altura U (Fig. P41.45). ¿Cuál es la probabilidad de que el electrón a) efectúe tunelaje a través de la barrera y b) se refleje?

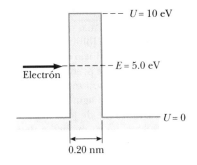

FIGURA P41.45

46. Un función de onda de un oscilador armónico unidimensional es

$$\psi = Axe^{-bx^2}$$

a) Muestre que ψ satisface la ecuación 41.22. b) Encuentre b y la energía total E. c) ¿Éste es un estado base o un primer estado excitado?

47. Un péndulo simple tiene una longitud de 1.0 m y una masa de 1.0 kg. Si la amplitud de las oscilaciones del péndulo es 3.0 cm, estime el número cuántico del péndulo.

48. La energía total de una partícula que se mueve con movimiento armónico simple a lo largo del eje x es

$$E = \frac{p_x^2}{2m} + \frac{Kx^2}{2}$$

donde p_x es el momento de la partícula y K es la constante de resorte. a) Empleando el principio de incertidumbre, muestre que esta expresión puede escribirse también como

$$E = \frac{p_x^2}{2m} + \frac{K\hbar^2}{2p_x^2}$$

b) Muestre que la energía cinética mínima del oscilador armónico es

$$K_{\text{mín}} = \frac{p_x^2}{2m} = \frac{1}{2}\hbar\sqrt{\frac{K}{m}} = \frac{1}{2}\hbar\omega$$

PROBLEMAS ADICIONALES

49. La energía potencial nuclear que liga a los protones y a los neutrones en un núcleo a menudo se considera de manera aproximada por medio de un pozo cuadrado. Imagine un protón confinado en un pozo cuadrado infinitamente alto de 1.0×10^{-5} nm de ancho, un diámetro nuclear común. Calcule la longitud de onda y la energía asociada al fotón emitido cuando el protón se mueve del estado $n = 2$ al estado base. ¿A qué región del espectro electromagnético pertenece esta longitud de onda?

50. Emplee la relación de incertidumbre para mostrar que un electrón confinado a un núcleo que tiene un diámetro de 2.0×10^{-15} m debe analizarse empleando la relatividad einsteniana, pero que un protón confinado al mismo núcleo puede analizarse empleando la relatividad newtoniana.

51. El truco favorito de Johnny Jumper es saltar 50 m desde la ventana de un edificio de 16 pisos y caer en una alberca. Un reportero de prensa emplea un tiempo de exposición de 5.0 ms para tomar una foto de Johnny justo antes de golpear el agua. Encuentre a) la longitud de onda de De Broglie de Johnny en este momento, b) la incertidumbre de su medición de energía cinética durante tal intervalo de tiempo y c) el error porcentual causado por dicha incertidumbre.

52. Un átomo en un estado excitado 1.8 eV arriba del estado base permanece en ese estado 2.0 μs antes de moverse hacia el estado base. Encuentre a) la frecuencia del fotón emitido, b) su longitud de onda y c) su incertidumbre de energía aproximada.

52A. Un átomo en un estado E arriba del estado base permanece en ese estado durante cierto tiempo T antes de moverse hacia el estado base. Encuentre a) la frecuencia del fotón emitido, b) su longitud de onda y c) su incertidumbre de energía aproximada.

53. Un mesón π^0 es una partícula inestable producida en choques de partículas de alta energía. Tiene una masa-energía equivalente de aproximadamente 135 MeV, y existe durante un tiempo de vida promedio de sólo 8.7×10^{-17} s antes de decaer en dos rayos gama. Empleando el principio de incertidumbre, estime la incertidumbre fraccionaria $\Delta m/m$ en su determinación de masa.

54. El neutrón tiene una masa de 1.67×10^{-27} kg. Los neutrones emitidos en reacciones nucleares pueden frenarse vía colisiones con materia. Se conocen como neutrones neutros una vez que entran en equilibrio térmico con sus alrededores. La energía cinética promedio $(3k_B T/2)$ de un neutrón térmico es aproximadamente 0.040 eV. Calcule la longitud de onda de De Broglie de un neutrón que tiene esta energía cinética. Compare esta longitud de onda con el espaciamiento atómico característico en un cristal. ¿Esperaría usted que los neutrones térmicos exhiban efectos de difracción cuando sean dispersados por medio de un cristal?

55. Muestre que la velocidad de una partícula que tiene una longitud de onda de De Broglie λ y una longitud de onda Compton $\lambda_C = h/(mc)$ es

$$v = \frac{c}{\sqrt{1 + (\lambda/\lambda_C)^2}}$$

56. Una partícula se describe por medio de la función de onda

$$\psi(x) = \begin{cases} A\cos\left(\dfrac{2\pi x}{L}\right) & \text{para } -\dfrac{L}{4} \le x \le \dfrac{L}{4} \\ 0 & \text{para otros valores de } x \end{cases}$$

a) Determine la constante de normalización A. b) ¿Cuál es la probabilidad de que la partícula se encontrará entre $x = 0$ y $x = L/8$ si se mide su posición? (*Sugerencia:* Emplee la ecuación 41.7.)

57. Para una partícula descrita por una función de onda $\psi(x)$, el valor de esperanza o valor de expectación de una cantidad física $f(x)$ asociada a la partícula está definida por

$$\langle f(x) \rangle \equiv \int_{-\infty}^{\infty} f(x)\,|\psi|^2\,dx$$

Para una partícula en una caja unidimensional que se extiende de $x = 0$ a $x = L$, muestre que

$$\langle x^2 \rangle = \frac{L^2}{3} - \frac{L^2}{2n^2\pi^2}$$

58. a) Muestre que la longitud de onda de un neutrón es

$$\lambda = \frac{2.86 \times 10^{-11}}{\sqrt{K_n}}\text{ m}$$

donde K_n es la energía cinética del neutrón en electrón volts. b) ¿Cuál es la longitud de onda de un neutrón de 1.00 keV?

59. Partículas que inciden desde la izquierda se entrentan con la energía potencial de escalón mostrada en la figura P41.59. El escalón tiene una altura U_0, y las partículas tienen energía $E > U_0$. Clásicamente, todas las partículas pasarían dentro de la región de energía potencial más alta a la derecha. Sin embargo, de acuerdo con la mecánica cuántica, una fracción de partículas se refleja en la barrera. El coeficiente de reflexión R para este caso es

$$R = \frac{(k_1 - k_2)^2}{(k_1 + k_2)^2}$$

donde $k_1 = 2\pi/\lambda_1$ y $k_2 = 2\pi/\lambda_2$ son los números de onda angular de las partículas incidente y transmitida, respectivamente. Si $E = 2U_0$, ¿qué fracción de las partículas incidentes se refleja? (Esta situación es análoga a la reflexión y transmisión parciales de luz que incide en la interfase entre dos medios diferentes.)

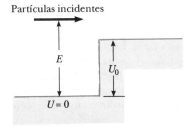

FIGURA P41.59

60. Una partícula tiene una función de onda

$$\psi(x) = \begin{cases} \sqrt{\dfrac{2}{a}}\, e^{-x/a} & \text{para } x > 0 \\ 0 & \text{para } x < 0 \end{cases}$$

a) Determine y grafique la densidad de probabilidad. b) Encuentre la probabilidad de que la partícula estará en algún punto donde $x < 0$. c) Muestre que ψ está normalizada y luego encuentre la probabilidad de que la partícula se encontrará entre $x = 0$ y $x = a$.

61. Un electrón de momento p está a una distancia r de un protón estacionario. El electrón tiene energía cinética $K = p^2/2m$, energía potencial $U = -k_e e^2/r$, y energía total $E = K + U$. Si el electrón se liga a un protón para formar un átomo de hidrógeno, su posición promedio está en el protón, pero la incertidumbre en la posición es aproximadamente igual al radio r de su órbita. El momento promedio del electrón es cero, pero la incertidumbre en su momento está dada por el principio de incertidumbre. Al tratar al átomo como un sistema unidimensional, a) estime la incertidumbre en el momento del electrón en términos de r. b) Calcule las energías cinética, potencial y total del electrón en términos de r. c) El valor real de r es aquel que *minimiza la energía total*, lo que produce un átomo estable. Encuentre el valor de r y la energía total resultante. Compare su respuesta con las predicciones de la teoría de Bohr.

62. Cierto microscopio electrónico acelera electrones hasta una energía de 65 keV. a) Encuentre la longitud de onda de estos electrones. b) Si pueden resolverse dos puntos separados por al menos 50 longitudes de onda, ¿cuál es la separación más pequeña (o tamaño mínimo del objeto) que puede resolverse con el microscopio?

63. Una partícula de masa m se sitúa en una caja unidimensional de ancho L. La caja es tan pequeña que el movimiento de la partícula es *relativista*, de modo que $E = p^2/2m$ no es válida. a) Obtenga una expresión para los niveles de energía de la partícula. b) Si la partícula es un electrón en una caja de ancho $L = 1.00 \times 10^{-12}$ m, encuentre la energía cinética más baja posible. ¿En qué porcentaje está equivocada la fórmula no relativista? (*Sugerencia*: Vea la ecuación 39.25.)

64. Considere un "cristal" consistente de dos núcleos y dos electrones, como se muestra en la figura P41.64. a) Tomando en cuenta todos los pares de interacciones, encuentre la energía potencial del sistema como una función de d. b) Suponiendo que los electrones van a estar restringidos en una caja unidimensional de ancho $3d$, encuentre la energía cinética mínima de los dos electrones. c) Encuentre el valor de d para el cual la energía total es un mínimo. d) Compare este valor de d con el espaciamiento de los átomos en litio, el cual tiene una densidad de 0.53 g/cm³ y una masa atómica de 7 u. (Este tipo de cálculo puede usarse para estimar las densidades de cristales y ciertas estrellas.)

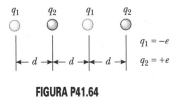

FIGURA P41.64

65. Un electrón se representa por medio de la función de onda independiente del tiempo

$$\psi(x) = \begin{cases} Ae^{-\alpha x} & \text{para } x > 0 \\ Ae^{+\alpha x} & \text{para } x < 0 \end{cases}$$

a) Dibuje la función de onda como una función de x. b) Dibuje la probabilidad de que el electrón se encuentre entre x y $x + dx$. c) ¿Por qué supone usted que ésta es una función de onda físicamente razonable? d) Normalice la función de onda. e) Determine la probabilidad de encontrar el electrón en algún lugar en el intervalo

$$x_1 = -\frac{1}{2\alpha} \quad \text{hacia} \quad x_2 = \frac{1}{2\alpha}$$

66. La función de onda de estado base normalizada para el electrón en el átomo de hidrógeno es

$$\psi(r, \theta, \phi) = \frac{2}{\sqrt{4\pi}} \left(\frac{1}{a_0}\right)^{3/2} e^{-r/a_0}$$

donde r es la coordenada radial del electrón y a_0 es el radio de Bohr. a) Dibuje la función de onda contra r. b) Muestre que la probabilidad de encontrar el electrón entre r y $r + dr$ es $|\psi(r)|^2\, 4\pi r^2\, dr$. c) Dibuje la probabilidad contra r y a partir de su gráfica determine el radio al cual es más probable encontrar al electrón. d) Muestre que la función de onda en la forma en que se da está normalizada. e) Encuentre la probabilidad de localizar el electrón entre $x_1 = a_0/2$ y $x_2 = 3a_0/2$.

67. Un electrón que tiene una energía total $E = 4.5$ eV se acerca a una barrera donde $U = 5.0$ eV y $L = 950$ pm, como en la figura P41.67. Clásicamente, el electrón no podría atravesar la barrera debido a que $E < U$. Sin embargo, de acuerdo con la mecánica cuántica, hay una probabilidad finita de tunelaje. a) Use el coeficiente de transmisión para calcular esta probabilidad. b) ¿En cuán-

to se tendría que incrementar el ancho L de la barrera de potencial para que la posibilidad de que un electrón incidente de 4.5 eV efectúe tunelaje a través de la barrera sea de uno en un millón?

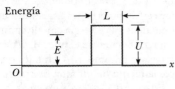

FIGURA P41.67

68. Un electrón está atrapado en un defecto de un cristal. El defecto puede modelarse como una caja de paredes rígidas unidimensional de 1.0 nm. a) Dibuje las funciones de onda y las densidades de probabilidad para los estados $n = 1$ y $n = 2$. b) Para el estado $n = 1$, calcule la probabilidad de encontrar el electrón entre $x_1 = 0.15$ nm y $x_2 = 0.35$ nm, donde $x = 0$ es el lado izquierdo de la caja. c) Repita el inciso b) para el estado $n = 2$. d) Calcule las energías en electrón volts de los estados $n = 1$ y $n = 2$. *Sugerencia:* Para los incisos b) y c), emplee la ecuación 41.7 y note que

$$\int \text{sen}^2\, ax\, dx = \tfrac{1}{2}\, x - \frac{1}{4a}\, \text{sen}\, 2ax$$

69. *El oscilador armónico simple:* a) muestre que la ecuación 41.24 es una solución de la ecuación 41.22 con energía $E = \tfrac{1}{2}\hbar\omega$. b) La función de onda

$$\psi(x) = Cxe^{-(m\omega/2\hbar)x^2}$$

es también una solución al problema del oscilador armónico simple. Encuentre la energía correspondiente a este estado. ¿Puede usted identificar este estado?

70. *Normalización de funciones de onda:* a) Encuentre la constante de normalización A para una función de onda integrada a partir de los estados más bajos de una partícula en una caja:

$$\psi(x) = A\left[\text{sen}\left(\frac{\pi x}{L}\right) + 4\,\text{sen}\left(\frac{2\pi x}{L}\right)\right]$$

b) Una partícula se describe en el espacio $-a \le x \le a$ por medio de la función de onda

$$\psi(x) = A\cos\left(\frac{\pi x}{2a}\right) + B\,\text{sen}\left(\frac{\pi x}{a}\right)$$

Determine los valores para A y B. (*Sugerencia:* Emplee la identidad sen $2\theta = 2$ sen θ cos θ).

Física atómica

Una de las muchas aplicaciones de la tecnología láser se muestra en esta foto de un robot que lleva un dispositivo empleado para cortar fibras en la industria textil. *(Philippe Plailly/SPL/Photo Researchers)*

E n el capítulo 41 presentamos algunos de los conceptos y técnicas básicas empleadas en la mecánica cuántica, junto con sus aplicaciones a diversos sistemas simples. Este capítulo estudia la aplicación de la mecánica cuántica al mundo real de la estructura atómica.

Gran parte del capítulo es una aplicación de la mecánica cuántica al estudio del átomo de hidrógeno, el más simple sistema atómico. Comprender este átomo es especialmente importante, por varias razones:

- Mucho de lo que se aprende acerca del átomo de hidrógeno, con su único electrón, puede extenderse a iones de un solo electrón, como He^+ y Li^{2+}.
- El átomo de hidrógeno es un sistema ideal para efectuar pruebas precisas de teoría contra experimento y para mejorar en general nuestra comprensión de la estructura atómica.
- Con los números cuánticos empleados para caracterizar los estados permitidos del hidrógeno se pueden describir los estados permitidos de átomos más complejos. Esto nos permite comprender la tabla periódica de los elementos, uno de los más grandes triunfos de la mecánica cuántica.

Sir Joseph John Thomson (1856-1940), físico inglés que recibió el premio Nóbel en 1906. Thomson, considerado el descubridor del electrón, abrió el campo de la física de las partículas subatómicas con su amplio trabajo sobre la desviación de rayos catódicos (electrones) en un campo eléctrico.   *(Stock Montage, Inc.)*

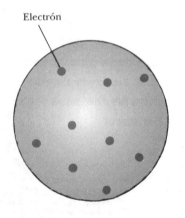

FIGURA 42.1 Modelo del átomo de Thomson.

• Las ideas básicas en torno de la estructura atómica deben comprenderse muy bien antes de que se intente trabajar con las complejidades de las estructuras moleculares y de la estructura electrónica de sólidos.

La solución totalmente matemática de la ecuación de Schrödinger aplicada al átomo de hidrógeno proporciona una hermosa y completa descripción de sus diversas propiedades. Sin embargo, los procedimientos matemáticos empleados están más allá del alcance de este texto, por lo cual se omiten los detalles. Se analizan las soluciones para algunos estados del hidrógeno junto con los números cuánticos utilizados para caracterizar diversos estados estacionarios permitidos. Estudiamos también el significado físico de los números cuánticos y el efecto de un campo magnético en ciertos estados cuánticos.

También se presenta una nueva idea física, el *principio de exclusión*. Este principio físico es en extremo importante para entender las propiedades de átomos de múltiples electrones y la disposición de los elementos en la tabla periódica. De hecho, las implicaciones del principio de exclusión son casi de la misma importancia que las de la ecuación de Schrödinger. Para finalizar el capítulo, aplicamos nuestro conocimiento de la estructura atómica para describir los mecanismos implicados en la producción de rayos x y en la operación de un láser.

42.1 LOS PRIMEROS MODELOS DEL ÁTOMO

El modelo del átomo en los días de Newton fue una diminuta esfera, indestructible y dura. Aunque este modelo brindó una buena base para la teoría cinética de los gases, fue necesario idear nuevos modelos cuando experimentos posteriores revelaron la naturaleza eléctrica del átomo. J. J. Thomson diseñó un modelo que describe al átomo como un volumen de carga positiva con electrones incrustados por todo el volumen, muy semejante a las semillas de una sandía (Fig. 42.1).

En 1911, Ernest Rutherford y dos de sus alumnos, Hans Geiger y Ernst Marsden, efectuaron un experimento crítico que mostró que el modelo de Thomson podría no ser correcto. En este experimento, un haz de **partículas alfa** cargadas positivamente, conocidas ahora como los núcleos de átomos de helio, se proyectaron contra una delgada hoja metálica, como se muestra en la figura 42.2a. Los resultados de los

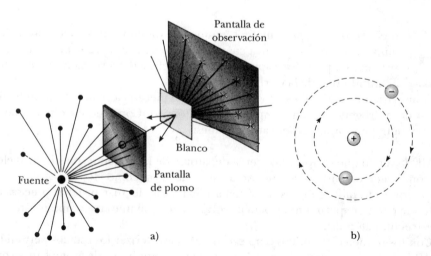

FIGURA 42.2 a) Técnica de Rutherford para observar la dispersión de partículas alfa en un delgado blanco metálico. La fuente es una sustancia radiactiva que se encuentra en forma natural, como el radio. b) Modelo planetario del átomo de Rutherford.

experimentos fueron asombrosos: La mayor parte de las partículas atravesaban la hoja como si fuera un espacio vacío. Pero muchas partículas se desviaban de sus direcciones originales de recorrido a ángulos muy grandes. Algunas partículas incluso se regresaban en dirección contraria a la que se habían lanzado. Cuando Geiger informó a Rutherford que algunas partículas habían rebotado, este último escribió: "Fue con mucho el más increíble evento que me había sucedido en la vida. Era tan increíble como si usted disparara una pieza de artillería de 15 pulg contra un pedazo de papel facial y que ésta regresara y lo golpeara".

No se esperaban tan grandes desviaciones con base en el modelo del budín de pasas. De acuerdo con este modelo, una partícula alfa cargada positivamente nunca se acercaría lo suficiente a una carga bastante grande como para producir desviaciones a ángulos tan grandes. Rutherford explicó sus asombrosos resultados suponiendo que la carga positiva en el átomo estaba concentrada en una región que era pequeña en relación con el tamaño del átomo. A esta concentración de carga positiva él la denominó el **núcleo** del átomo. Se supuso que todos los electrones que pertenecían al átomo estaban en un volumen relativamente grande fuera del núcleo. Para explicar por qué estos electrones no eran atraídos al núcleo, se consideró que los electrones se movían en órbitas alrededor del núcleo cargado positivamente, igual a como los planetas giran alrededor del Sol, como muestra la figura 42.2b.

Hay dos dificultades básicas con el modelo planetario de Rutherford. Como vimos en el capítulo 40, un átomo emite ciertas frecuencias características de radiación electromagnética y no otras; el modelo de Rutherford no puede explicar este fenómeno. Una segunda dificultad es que los electrones de Rutherford están sujetos a la aceleración centrípeta. De acuerdo con la teoría del electromagnetismo de Maxwell, las cargas aceleradas centrípetamente que giran con frecuencia f deben radiar ondas electromagnéticas de frecuencia f. Desafortunadamente, este modelo conduce a un desastre cuando se aplica al átomo. Conforme el electrón radia energía, el radio de su órbita disminuye de forma estable y su frecuencia de revolución aumenta. Esto lleva a una frecuencia siempre en aumento de la radiación emitida y a un colapso final del átomo cuando el electrón se precipita al núcleo (Fig. 42.3).

¡Después de esto el escenario quedaba listo para Bohr! Para evitar las deducciones erróneas de que el electrón se precipitaba hacia el núcleo, y de un espectro de emisión continua de los elementos, Bohr postuló que la teoría de la radiación clásica no se cumplía en sistemas de tamaño atómico. Superó él los problemas del electrón clásico que continuamente pierde energía aplicando las ideas de Planck de los niveles de energía cuantizados para los electrones que giran alrededor del núcleo. Así, Bohr postuló que los electrones en los átomos están por lo general confinados a niveles de energía no radiantes y estables y a órbitas llamadas estados estacionarios. También, aplicó el concepto del fotón de Einstein para llegar a una expresión para la frecuencia de la luz emitida cuando el electrón salta de un estado estacionario a otro.

Uno de los primeros indicios, de que la teoría de Bohr necesitaba modificarse surgió cuando se usaron técnicas espectroscópicas mejoradas para examinar las líneas espectrales del hidrógeno. Se encontró que muchas de las líneas en la serie de Balmer, junto con otras, no eran líneas únicas. En lugar de eso, cada una correspondía a un grupo de líneas muy próximas entre sí. Una dificultad adicional se presentó cuando se observó que, en algunas situaciones, ciertas líneas espectrales se dividían en tres líneas muy cercanas entre sí cuando los átomos se ponían en un campo magnético intenso.

Los esfuerzos por explicar estas desviaciones del modelo de Bohr llevaron a mejorar la teoría. Uno de los cambios introducidos en la teoría original fue postular que el electrón podría girar en torno de su propio eje. Asimismo, Arnold Sommerfeld mejoró la teoría de Bohr al introducir la teoría de la relatividad en el análisis del movimiento del electrón. Un electrón en una órbita elíptica tiene una velocidad continuamente cambiante, con una velocidad promedio que depende de la excen-

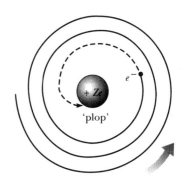

FIGURA 42.3 El modelo clásico del átomo nuclear.

tricidad de la órbita. Diferentes órbitas tienen distintas velocidades promedio y energías relativistas ligeramente diferentes.

42.2 NUEVA VISITA AL ÁTOMO DE HIDRÓGENO

El átomo de hidrógeno se compone de un electrón y un protón. En el capítulo 40 describimos la manera en que el modelo de Bohr ve al electrón: como una partícula que gira alrededor del núcleo en niveles de energía cuantizados que no radian. El modelo de De Broglie dio a los electrones una naturaleza ondulatoria al considerarlos como ondas estacionarias en ondas permitidas. Esta descripción de onda estacionaria eliminó las objeciones a los postulados de Bohr, los cuales eran bastante arbitrarios. Sin embargo, el modelo de De Broglie creó otros problemas. La naturaleza exacta del átomo de De Broglie no estaba especificada, y el modelo implicaba densidades de electrones poco probables a grandes distancias del núcleo. Por fortuna, estas dificultades se hicieron un lado cuando los métodos de la mecánica cuántica se utilizaron para describir átomos.

La función energía potencial para el átomo de hidrógeno es

$$U(r) = -k_e \frac{e^2}{r} \tag{42.1}$$

donde k_e es la constante de Coulomb y r es la distancia radial del protón (situado en $r = 0$) al electrón. La figura 42.4 es una gráfica de esta función contra r/a_0, donde a_0 es el radio de Bohr, 0.0529 nm.

El procedimiento formal para resolver el problema del átomo de hidrógeno sería sustituir $U(r)$ en la ecuación de Schrödinger y encontrar soluciones apropiadas a la ecuación, como hicimos en el capítulo 41. Sin embargo, el presente problema es más complicado debido a que es tridimensional y debido a que U depende de la coordenada radial r. No intentaremos obtener estas soluciones. En vez de eso, describiremos simplemente las propiedades de esas soluciones y algunas de sus implicaciones respecto de su estructura atómica.

De acuerdo con la mecánica cuántica, las energías de los estados permitidos para el átomo de hidrógeno son

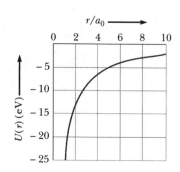

FIGURA 42.4 La energía potencial $U(r)$ contra el radio r/a_0 para el átomo de hidrógeno. La constante a_0 es el radio de Bohr, y r es la separación electrón-protón.

Energías permitidas en el átomo de hidrógeno

$$E_n = -\left(\frac{k_e e^2}{2a_0}\right)\frac{1}{n^2} = -\frac{13.6}{n^2}\text{ eV} \qquad n = 1, 2, 3, \ldots \tag{42.2}$$

Este resultado está en exacta concordancia con el obtenido en la teoría de Bohr. Observe que las energías permitidas dependen sólo del número cuántico n.

En problemas unidimensionales sólo un número cuántico es necesario para caracterizar un estado estacionario. En el átomo de hidrógeno tridimensional son necesarios tres números cuánticos para cada estado estacionario, lo que corresponde a tres grados de libertad independientes para el electrón. Los tres números cuánticos surgidos de la teoría se representan por medio de los símbolos n, ℓ y m_ℓ. El número cuántico n se denomina **número cuántico principal**, ℓ se denomina **número cuántico orbital**, en tanto que m_ℓ recibe el nombre de **número cuántico magnético orbital**.

Hay ciertas relaciones importantes entre estos números cuánticos, así como ciertas restricciones en sus valores:

Restricciones en los valores de los números cuánticos

- Los valores de n pueden variar de 1 a ∞.
- Los valores de ℓ pueden variar de 0 a $n - 1$.
- Los valores de m_ℓ pueden variar de $-\ell$ a ℓ.

TABLA 42.1 Tres números cuánticos para el átomo de hidrógeno

Número cuántico	Nombre	Valores permitidos	Número de estados permitidos
n	Número cuántico principal	1, 2, 3. ...	Cualquier número
ℓ	Número cuántico orbital	0, 1, 2, ..., $n-1$	n
m_e	Número cuántico magnético orbital	$-\ell, -\ell+1, ...,$ 0, ..., $\ell-1, \ell$	$2\ell+1$

Por ejemplo, si $n=1$, sólo se permite $\ell=0$ y $m_\ell=0$. Si $n=2$, ℓ puede ser 0 o 1; si $\ell=0$, entonces $m_\ell=0$, pero si $\ell=1$, entonces m_e puede ser 1, 0 o −1. La tabla 42.1 resume las reglas para determinar los valores permitidos de ℓ y m_ℓ para un n dado.

Por razones históricas, *se dice que todos los estados que tienen el mismo número cuántico principal forman una* **capa**. Las capas se identifican por medio de las letras K, L, M, ..., las cuales designan los estados para los que $n=1, 2, 3, ...$. Del mismo modo, *los estados que tienen los mismos valores de n y ℓ se dice que forman una subcapa*. Las letras *s, p, d, f, g, h,* ...se emplean para designar los estados para los cuales $\ell=0, 1, 2, 3, ...$. Por ejemplo, el estado designado por $3p$ tiene los números cuánticos $n=3$ y $\ell=1$; el estado $2s$ tiene los números cuánticos $n=2$ y $\ell=0$. Estas notaciones se registran en la tabla 42.2.

Los estados que violan las reglas dadas en la tabla 42.1 no pueden existir. Por ejemplo, el estado $2d$, el cual tendría $n=2$ y $\ell=2$, no puede existir debido a que el valor más alto permitido de ℓ es $n-1$, o 1 en este caso. De este modo, para $n=2$, $2s$ y $2p$ son estados permitidos, pero $2d, 2f, ...$ no lo son. Para $n=3$, los estados permitidos son $3s$, $3p$ y $3d$.

TABLA 42.2 Capa atómica y notaciones de la subcapa

n	Símbolo de la capa	ℓ	Símbolo de la subcapa
1	K	0	s
2	L	1	p
3	M	2	d
4	N	3	f
5	O	4	g
6	P	5	h
...		...	

EJEMPLO 42.1 El nivel *n* = 2 del hidrógeno

Para un átomo de hidrógeno, determine el número de estados orbitales correspondientes al número cuántico principal $n=2$, y calcule las energías de estos estados.

Solución Cuando $n=2$, ℓ puede ser cero o 1. Si $\ell=0$, m_ℓ sólo puede ser cero; para $\ell=1$, m_ℓ puede ser −1, 0 o 1. En consecuencia, tenemos un estado designado como el estado asociado con los números cuánticos $n=2$, $\ell=0$ y $m_\ell=0$, y tres estados orbitales designados como estados $2p$, para los cuales los números cuánticos son $n=2, \ell=1, m_\ell=-1$; $n=2, \ell=1, m_\ell=0$; y $n=2, \ell=1, m_\ell=1$.

Como todos estos estados orbitales tienen el mismo número cuántico principal también tienen la misma energía, la cual puede calcularse empleando la ecuación 42.2, considerando $n=2$:

$$E_2 = -\frac{13.6}{2^2}\,\text{eV} = \boxed{-3.40\ \text{eV}}$$

Ejercicio ¿Cuántos estados posibles hay para el nivel $n=3$ del hidrógeno? ¿Para el nivel $n=4$?

Respuestas 9 y 16.

42.3 EL NÚMERO CUÁNTICO MAGNÉTICO DEL ESPÍN

En el ejemplo 42.1 encontramos cuatro estados cuánticos que corresponden a $n=2$. Sin embargo, en realidad hay ocho estados más que los cuatro. Estos estados adicionales pueden explicarse requiriendo un cuarto número cuántico para cada estado: el **número cuántico magnético del espín**, m_s.

La necesidad de este número cuántico surgió más o menos debido a una característica inusual en los espectros de ciertos gases, como el vapor de sodio. La inspección detallada de una de las líneas sobresalientes del sodio muestra que ésta es, en realidad, dos líneas muy próximas una de la otra llamadas un doblete. Las longitudes de onda de estas líneas ocurren en la sección amarilla en 589.0 nm y 589.6 nm.

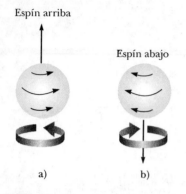

Espín arriba

Espín abajo

a)   b)

FIGURA 42.5   El espín de un electrón puede estar a) arriba o b) abajo.

En 1925, cuando este doblete fue observado por primera vez, la teoría atómica no pudo explicarla. Para resolver este dilema, Samuel Goudsmidt y George Uhlenbeck, siguiendo una sugerencia del físico austriaco Wolfgang Pauli, propusieron un nuevo número cuántico, llamado el número cuántico de espín.

Con el fin de describir el número cuántico de espín es conveniente (aunque incorrecto) considerar al electrón como si girara sobre su eje a medida que orbita el núcleo, del mismo modo que la Tierra gira alrededor de su eje cuando orbita alrededor del Sol. Sólo hay dos direcciones en las que el electrón puede girar a medida que orbita al núcleo, como se muestra en la figura 42.5. Si la dirección de espín es como se indica en la figura 42.5a, se dice que el electrón tiene "espín arriba". Si la dirección del espín se invierte, como en la figura 42.5b, se afirma que el electrón tiene "espín abajo". En presencia de cualquier otro campo magnético, la energía del electrón es ligeramente diferente para las dos direcciones del espín, y esta diferencia de energía explica el doblete del sodio. Los números cuánticos asociados al espín del electrón son $m_s = \frac{1}{2}$ para el estado de espín arriba, y $m_s = -\frac{1}{2}$ para el estado de espín abajo.

Esta descripción clásica del espín del electrón es incorrecta, porque la mecánica cuántica nos dice que un grado de libertad rotacional requeriría demasiados números cuánticos, y la teoría más reciente indica que el electrón es una partícula puntual, sin extensión espacial. No puede considerarse que el electrón gire como se ilustra en la figura 42.5. A pesar de esta dificultad conceptual, todas las pruebas experimentales respaldan el hecho de que un electrón tiene alguna propiedad intrínseca que puede describirse por medio del número cuántico magnético del espín. Sommerfeld y Dirac mostraron que el origen de este cuarto número cuántico estaba en las propiedades relativistas del electrón, las cuales requieren cuatro números cuánticos para describir su localización en un espacio tiempo cuatridimensional.

EJEMPLO 42.2   Añadiendo algo de espín al hidrógeno

Para un átomo de hidrógeno determine los números cuánticos asociados a los estados posibles que corresponden al número cuántico principal $n = 2$.

Solución   Con la adición del número cuántico del espín tenemos las posibilidades dadas en la tabla a la derecha.

Ejercicio   Muestre que para $n = 3$, hay 18 estados posibles. (Esto se desprende de las restricciones que el número máximo de electrones en el estado $3s$ es 2, el número máximo en el estado $3p$ es 6, y el número máximo en el estado $3d$ es 10.)

n	ℓ	m_ℓ	m_s	Subcapa	Capa	Número de electrones en la subcapa
2	0	0	$\frac{1}{2}$	$2s$	L	2
2	0	0	$-\frac{1}{2}$			
2	1	1	$\frac{1}{2}$	$2p$	L	6
2	1	1	$-\frac{1}{2}$			
2	1	0	$\frac{1}{2}$			
2	1	0	$-\frac{1}{2}$			
2	1	−1	$\frac{1}{2}$			
2	1	−1	$-\frac{1}{2}$			

42.4 LAS FUNCIONES DE ONDA PARA EL HIDRÓGENO

Ignoremos por ahora el espín del electrón, de modo que la energía potencial del átomo de hidrógeno dependa sólo de la distancia radial r entre el núcleo y el electrón. Esperamos por tanto que alguno de los estados permitidos para este átomo pueda representarse por medio de las funciones de onda que dependen sólo de r. Desde luego, éste es el caso. La función de onda más simple para el hidrógeno es una que describe al estado $1s$ y se designa por medio de $\psi_{1s}(r)$:

Función de onda para el hidrógeno en su estado base

$$\psi_{1s}(r) = \frac{1}{\sqrt{\pi a_0^3}}\, e^{-r/a_0}$$

(42.3)

donde a_0 es el radio de Bohr:

$$a_0 = \frac{\hbar^2}{mk_e e^2} = 0.0529 \text{ nm} \tag{42.4}$$

Observe que ψ_{1s} satisface la condición de que tiende a cero a medida que r tiende a ∞, y está normalizada como se presenta. Además, como ψ_{1s} depende sólo de r, es *esféricamente simétrica*. Lo cual, en efecto, es válido para todos los estados s.

Recuerde que la probabilidad de encontrar al electrón en cualquier región es igual a una integral de $|\psi|^2$ sobre la región. La densidad de probabilidad para el estado 1s es

$$|\psi_{1s}|^2 = \left(\frac{1}{\pi a_0{}^3}\right)e^{-2r/a_0} \tag{42.5}$$

y la probabilidad real de encontrar el electrón en un elemento de volumen dV es $|\psi|^2\,dV$. Es conveniente definir la función de densidad de probabilidad radial $P(r)$ como la probabilidad de encontrar el electrón en un cascarón esférico de radio r y espesor dr. El volumen de dicho cascarón es igual al área de su superficie, $4\pi r^2$, multiplicada por el espesor del cascarón, dr (Fig. 42.6), por lo que obtenemos

$$P(r)\ dr = |\psi|^2\,dV = |\psi|^2\,4\pi r^2\,dr$$

$$P(r) = 4\pi r^2 |\psi|^2 \tag{42.6}$$

La sustitución de la ecuación 42.5 en la ecuación 42.6 brinda la función de densidad de probabilidad radial para el átomo de hidrógeno en su estado base:

$$P_{1s}(r) = \left(\frac{4r^2}{a_0{}^3}\right)e^{-2r/a_0} \tag{42.7}$$

En la figura 42.7a se muestra una gráfica de la función $P_{1s}(r)$ contra r. El pico de la curva corresponde al valor más probable de r para este estado particular. La simetría esférica de la función de distribución se muestra en la figura 42.7b.

FIGURA 42.7 a) La probabilidad de encontrar el electrón como una función de la distancia a partir del núcleo en el átomo del hidrógeno en el estado 1s (base). Advierta que la probabilidad tiene su valor máximo cuando r es igual al primer radio de Bohr, a_0. b) La distribución de carga esférica del electrón para el átomo de hidrógeno en su estado 1s.

EJEMPLO 42.3 El estado base del hidrógeno

Calcule el valor más probable de r para un electrón en el estado base del átomo de hidrógeno.

Solución El valor más probable de r corresponde al pico de la gráfica de $P(r)$ contra r. La pendiente de la curva en este punto es cero, por lo que podemos evaluar el valor más probable de r si consideramos $dP/dr = 0$ y despejando r. Con la ecuación 42.7, obtenemos

$$\frac{dP}{dr} = \frac{d}{dr}\left[\left(\frac{4r^2}{a_0^3}\right)e^{-2r/a_0}\right] = 0$$

Al realizar la operación de la derivada y simplificando la expresión, se encuentra que

$$e^{-2r/a_0}\frac{d}{dr}(r^2) + r^2\frac{d}{dr}(e^{-2r/a_0}) = 0$$

$$2re^{-2r/a_0} + r^2(-2/a_0)e^{-2r/a_0} = 0$$

$$2r[1 - (r/a_0)]e^{-2r/a_0} = 0$$

Esta expresión se satisface si

$$1 - \frac{r}{a_0} = 0$$

$$r = a_0$$

EJEMPLO 42.4 Probabilidades del electrón en el hidrógeno

Calcule la probabilidad de que el electrón en el estado base del hidrógeno se encontrará fuera del primer radio de Bohr.

Solución La probabilidad se encuentra integrando la densidad de probabilidad radial para este estado, $P_{1s}(r)$ desde el radio de Bohr a_0 hasta ∞. Utilizando la ecuación 42.7, obtenemos

$$P = \int_{a_0}^{\infty} P_{1s}(r)\,dr = \frac{4}{a_0^3}\int_{a_0}^{\infty} r^2 e^{-2r/a_0}\,dr$$

Podemos poner la integral en forma adimensional cambiando variables de r a $z = 2r/a_0$. Observe que $z = 2$ cuando $r = a_0$ y que $dr = (a_0/2)\,dz$, encontramos

$$P = \frac{1}{2}\int_2^{\infty} z^2 e^{-z}\,dz = -\frac{1}{2}\{z^2 + 2z + 2\}e^{-z}\Big|_2^{\infty}$$

$$P = 5e^2 = 0.677 \quad \text{o} \quad 67.7\%$$

El ejemplo 42.3 muestra que, para el estado base del hidrógeno, el valor más probable de r es igual al primer radio de Bohr a_0. Indica que el valor promedio de r para el estado base del hidrógeno es $3/2a_0$, el cual es 50% más grande que el valor más probable (vea el problema 40). La razón para esto es la gran asimetría en la función de distribución radial mostrada en la figura 42.7a, la cual tiene un área mayor hacia la derecha del pico. De acuerdo con la mecánica cuántica, no hay una frontera claramente definida para el átomo. Por consiguiente, la distribución de probabilidad para el electrón puede verse como si fuera una región difusa del espacio, conocida comúnmente como una "nube de electrones".

La siguiente función de onda más simple para el átomo de hidrógeno es la que corresponde al estado $2s$ ($n = 2$, $\ell = 0$). La función de onda normalizada para este estado es

Función de onda para el hidrógeno en el estado $2s$

$$\psi_{2s}(r) = \frac{1}{4\sqrt{2\pi}}\left(\frac{1}{a_0}\right)^{3/2}\left[2 - \frac{r}{a_0}\right]e^{-r/2a_0} \tag{42.8}$$

También en este caso, vemos que ψ_{2s} depende sólo de r y es simétrica esféricamente. La energía correspondiente a este estado es $E_2 = -(13.6/4)$ eV $= -3.4$ eV. Este nivel de energía representa el primer estado excitado del hidrógeno. Gráficas de la función de distribución radial para éste y otros estados se muestran en la figura 42.8. La gráfica para el estado $2s$, la cual se aplica a un solo electrón, tiene dos picos. En este caso, el valor más probable corresponde al valor de r que tiene el valor más alto de P ($\approx 5a_0$). Un electrón en el estado $2s$ estaría más alejado del núcleo (en promedio) que un electrón en el estado $1s$. El valor promedio de r es incluso mayor para los estados $3d$, $3p$ y $4d$.

Como hemos mencionado, todos los estados tienen funciones de onda simétricas esféricamente. Los otros estados no tienen esta simetría. Por ejemplo, las tres

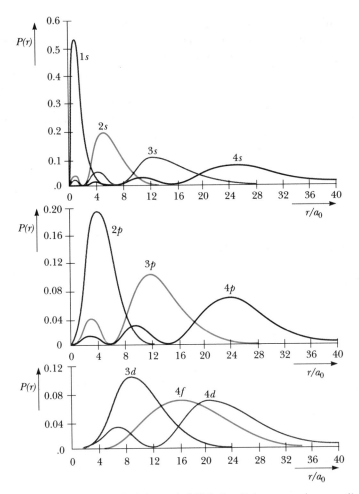

FIGURA 42.8 La función de densidad de probabilidad radial contra r/a_0 para diversos estados del átomo de hidrógeno. *(De E.U. Condon and G.H. Shortley,* The Theory of Atomic Spectra, *Cambridge, Cambridge University Press, 1953; utilizado con permiso.)*

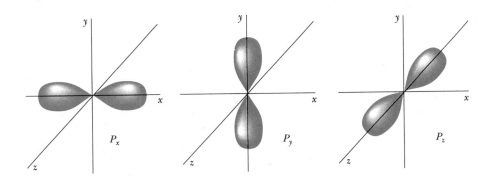

FIGURA 42.9 Distribución de carga electrónica para un electrón en un estado p. Las tres distribuciones de carga p_x, p_y y p_z tienen la misma estructura y difieren sólo en su orientación en el espacio.

funciones de onda correspondientes a los estados para los cuales $n = 2$, $\ell = 1$ ($m_\ell = 1$, 0 o -1) pueden expresarse como combinaciones lineales apropiadas de los tres estados p. Aunque la mecánica cuántica limita nuestro conocimiento del momento angular a la proyección a lo largo de cualquier eje en un tiempo, estos estados p pueden describirse en forma matemática como combinaciones lineales de funciones mutuamente perpendiculares p_x, p_y y p_z, como se representa en la figura 42.9, donde sólo se muestra la dependencia angular de estas funciones. Observe que las tres nubes tienen estructura idéntica pero difieren en su orientación respecto de los ejes x, y y z. Las funciones de onda no esféricas para estos estados son

Funciones de onda para el estado 2p

$$\psi_{2p_x} = xF(r)$$
$$\psi_{2p_y} = yF(r) \tag{42.9}$$
$$\psi_{2p_z} = zF(r)$$

donde $F(r)$ es alguna función exponencial de r. Las funciones de onda que tienen un carácter altamente direccional, como éstas, por ejemplo, son convenientes en descripciones de enlaces químicos, la formación de moléculas y propiedades químicas.

42.5 LOS "OTROS" NÚMEROS CUÁNTICOS

La energía de un estado particular depende fundamentalmente del número cuántico principal. A continuación veremos qué aportan los otros tres números cuánticos a nuestro modelo atómico.

El número cuántico orbital

Si una partícula se mueve en un círculo de radio r, la magnitud de su momento angular relativa al centro del círculo es $L = mvr$. La dirección de L es perpendicular al plano del círculo y su sentido está dado por la regla de la mano derecha.[1] De acuerdo con la física clásica, L puede tener cualquier valor. Sin embargo, el modelo de Bohr del hidrógeno postula que el momento angular del electrón está restringido a múltiplos de $\hbar$; esto significa que $mvr = n\hbar$. Este modelo debe modificarse debido a que predice (de manera incorrecta) que el estado base del hidrógeno ($n = 1$) tiene una unidad de momento angular. Además, si L se considera como cero en el modelo de Bohr, estamos obligados a aceptar una descripción del electrón como una partícula que oscila a lo largo de una línea recta a través del núcleo, lo cual es una situación física inaceptable.

Estas dificultades se resuelven con el modelo de la mecánica cuántica del átomo. De acuerdo con la mecánica cuántica un átomo en un estado cuyo número cuántico principal es n puede tomar los siguientes valores *discretos* del momento angular orbital:

Valor permitido de L

$$L = \sqrt{\ell(\ell+1)}\,\hbar \qquad \ell = 1, 2, 3, \ldots, n-1 \tag{42.10}$$

En virtud de que ℓ está restringida a los valores $\ell = 0, 1, 2, \ldots n-1$, vemos que $L = 0$ (corresponde a $\ell = 0$) es un valor aceptable del momento angular. El hecho de que L puede ser cero en este modelo sirve para señalar las dificultades inherentes en cualquier intento por describir resultados basados en la mecánica cuántica en función simplemente de un modelo de partícula. En la interpretación de la mecánica cuántica, la nube de electrones para el estado $L = 0$ es simétrica esféricamente y no tiene eje de revolución fundamental.

[1] Si ha olvidado este material, vea las secciones 11.2 y 11.3 para detalles acerca del momento angular.

EJEMPLO 42.5   Cálculo de *L* para un estado *p*

Calcule el momento angular orbital de un electrón en un estado *p* del hidrógeno.

Solución   Como sabemos que $\hbar = 1.054 \times 10^{-34}$ J · s, podemos utilizar la ecuación 42.10 para calcular *L*. Con $\ell = 1$ para un estado *p*, tenemos

$$L = \sqrt{1(1+1)}\,\hbar = \sqrt{2}\,\hbar = \boxed{1.49 \times 10^{-34} \text{ J} \cdot \text{s}}$$

Este número es extremadamente pequeño en relación con, digamos, el momento angular orbital de la Tierra dando vueltas alrededor del Sol, el cual es aproximadamente de 2.7×10^{40} J · s. El número cuántico que describe *L* para objetos macroscópicos, como la Tierra, es tan grande que la separación entre estados adyacentes no puede medirse. Otra vez, se sostiene el principio de correspondencia.

El número cuántico orbital magnético

Debido a que el momento angular es un vector, su dirección también debe especificarse. Recuerde del capítulo 30 que un electrón orbitando puede considerarse como un lazo de corriente efectiva con un momento magnético correspondiente. Un momento de este tipo puesto en un campo magnético **B** interactúa con el campo. Suponga que un campo magnético débil aplicado a lo largo del eje *z* define una dirección en el espacio. De acuerdo con la mecánica cuántica, L^2 y L_z, la proyección de **L** a lo largo del eje *x*, puede tener valores discretos. El cuanto orbital magnético m_ℓ especifica los valores permitidos de L_z de acuerdo con la expresión

$$\boxed{L_z = m_\ell \hbar} \qquad\qquad (42.11)$$

> Valores permitidos de L_z

El hecho de que la dirección de **L** esté cuantizada respecto de un campo magnético externo se conoce como una **cuantización del espacio**.

> Cuantización del espacio

Veamos las posibles orientaciones de **L** para un valor dado de ℓ. Recuerde que m_ℓ puede tener valores que varían de $-\ell$ a ℓ. Si $\ell = 0$, entonces $m_e = 0$ y $L_z = 0$. Para que L_z sea cero, **L** debe ser perpendicular a **B**. Si $\ell = 1$, entonces los valores posibles de m_e son -1, 0 y 1, de modo que L_z puede ser $-\hbar$, 0 o $\hbar$. Si $\ell = 2$, m_ℓ puede ser -2, -1, 0, 1 o 2, lo que corresponde a valores de L_z de $-2\hbar$, $-\hbar$, 0, $\hbar$ o $2\hbar$, etcétera.

Un modelo vectorial que describe la cuantización del espacio para $\ell = 2$ se muestra en la figura 42.10a. Observe que **L** nunca puede alinearse paralelo o antiparalelo a **B** debido a que L_z debe ser más pequeño que el momento angular total *L*. Desde un punto de vista tridimensional, **L** debe encontrarse sobre la superficie de un cono que forma un ángulo θ con el eje *z*, como se indica en la figura 42.10b. De acuerdo

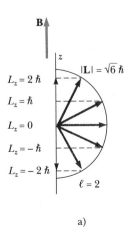

a)

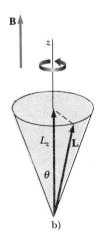

b)

FIGURA 42.10   a) Proyecciones permitidas del momento angular orbital para el caso $\ell = 2$. b) El vector del momento angular orbital se encuentra sobre la superficie de un cono y precede alrededor del eje *z* cuando se aplica un campo magnético **B** en esta dirección.

con la figura, vemos que θ también está cuantizado y que sus valores se especifican por medio de la relación

$$\cos \theta = \frac{L_z}{|\mathbf{L}|} = \frac{m_\ell}{\sqrt{\ell(\ell+1)}} \tag{42.12}$$

Observe que m_ℓ nunca es mayor que ℓ y, en consecuencia, θ nunca puede ser cero. (Clásicamente, θ puede tener cualquier valor.)

Debido al principio de incertidumbre, $\mathbf{L}$ no apunta en una dirección específica sino más bien forma un cono en el espacio. Si $\mathbf{L}$ tiene un valor definido, entonces las tres componentes L_x, L_y y L_z estarían especificadas exactamente. Por el momento, supongamos que éste es el caso y que el electrón se mueve en el plano xy, de modo que $\mathbf{L}$ está en la dirección z y $p_z = 0$. Esto significa que p_z se conoce con precisión, lo cual es una violación al principio de incertidumbre, $\Delta p_z \Delta z \geq h/2$. En realidad, sólo la magnitud de $\mathbf{L}$ y una componente (digamos L_z) pueden tener valores definidos. En otras palabras, la mecánica cuántica nos permite especificar L y L_z pero no L_x y L_y. Debido a que la dirección de $\mathbf{L}$ cambia constantemente cuando precede alrededor del eje z, los valores promedio de L_x y L_y son cero y L_z mantiene un valor fijo de $m_\ell \hbar$.

EJEMPLO 42.6   Cuantización espacial para el hidrógeno

Considere el átomo de hidrógeno en el estado $\ell = 3$. Calcule la magnitud de $\mathbf{L}$ y los valores permitidos de L_z y θ.

Solución   Puesto que $\ell = 3$, podemos calcular el momento angular total empleando la ecuación 42.10:

$$L = \sqrt{\ell(\ell+1)}\,\hbar = \sqrt{3(3+1)}\,\hbar = \boxed{2\sqrt{3}\hbar}$$

Los valores permitidos de L_z pueden calcularse empleando $L_z = m_\ell \hbar$, con $m_\ell = -3, -2, -1, 0, 1, 2$ y 3:

$$\boxed{L_z = -3\hbar,\ -2\hbar,\ -\hbar,\ 0,\ \hbar,\ 2\hbar,\ \text{y}\ 3\hbar}$$

Por último, calculamos los valores permitidos de θ utilizando la ecuación 42.12. Puesto que $\ell = 3$, $\sqrt{\ell(\ell+1)} = 2\sqrt{3}$ y tenemos

$$\cos \theta = \frac{m_\ell}{2\sqrt{3}}$$

Al sustituir los valores permitidos de m_ℓ, obtenemos

$$\cos \theta = \pm 0.866,\ \pm 0.577,\ \pm 0.289,\ \text{y}\ 0$$

$$\boxed{\theta = 30.0°,\ 54.8°,\ 73.2°,\ 90.0°,\ 107°,\ 125°\ \text{y}\ 150°}$$

Espín del electrón

En 1921, Stern y Gerlach efectuaron un experimento que demostró el fenómeno de la cuantización espacial. Sin embargo, sus resultados no concordaron cuantitativamente con la teoría que existía en ese tiempo. En su experimento, un haz de átomos neutros de plata que se enviaba a través de un campo magnético uniforme se dividía en dos componentes (Fig. 42.11). El experimento se repitió con otros átomos y en cada caso el haz se dividía en dos o más componentes. El argumento clásico es el siguiente: si se elige la dirección z como la dirección de máxima inhomogeneidad de $\mathbf{B}$, la fuerza magnética neta sobre el átomo está a lo largo del eje z y es proporcional al momento magnético en la dirección de $\boldsymbol{\mu}_z$. Clásicamente, $\boldsymbol{\mu}_z$ puede tener cualquier orientación, por lo que el haz desviado debe dispersarse continuamente. De acuerdo con la mecánica cuántica, sin embargo, el haz desviado tiene varias componentes y el número de componentes determina los diversos valores posibles de μ_z. Por lo tanto, debido a que el experimento de Stern-Gerlach mostraba haces divididos, la cuantización espacial se verificó al menos cualitativamente.

Por el momento, supongamos que μ_z se debe al momento angular orbital. En vista de que μ_z es proporcional a m_ℓ, el número de valores posibles de μ_z es $2\ell + 1$.

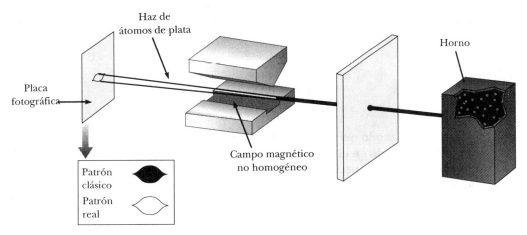

FIGURA 42.11 El aparato empleado por Stern y Gerlach para verificar la cuantización del espacio. Un haz de átomos de plata neutros se divide en dos componentes mediante un campo magnético no uniforme.

Además, como ℓ es un entero el número de valores de μ_z siempre es impar. Esta predicción es claramente inconsistente con las observaciones de Stern y Gerlach, quienes observaron sólo dos componentes en el haz desviado de átomos de plata. Por lo tanto, estamos obligados a concluir que la mecánica cuántica es incorrecta o que el modelo necesita mejorarse.

En 1927, Phipps y Taylor repitieron el experimento de Stern-Gerlach pero esta vez emplearon un haz de átomos de hidrógeno. Este experimento es importante debido a que trata con un átomo con un solo electrón en su estado base, para lo cual la teoría hace predicciones confiables. Recuerde que $\ell = 0$ para el hidrógeno en su estado base, por lo que $m_\ell = 0$. En consecuencia, no esperaríamos que el haz fuera desviado por el campo debido a que μ_z es cero. Sin embargo, el haz en el experimento de Phipps-Taylor se divide otra vez en dos componentes. A partir de este resultado, llegamos a una única conclusión: algo más que el movimiento orbital está contribuyendo al momento magnético.

Como aprendimos antes, Goudsmidt y Uhlenbeck habían propuesto que el electrón tiene un momento angular intrínseco aparte de su momento angular orbital. Desde un punto de vista clásico, este momento angular intrínseco se atribuye al electrón cargado que gira alrededor de su propio eje y, por consiguiente, recibe el nombre de espín del electrón.[2] En otras palabras, el momento angular total del electrón en un estado electrónico particular contiene tanto una contribución orbital **L** y una contribución del espín **S**. El resultado de Phipps-Taylor confirmó esta hipótesis de Goudsmidt y Uhlenbeck.

En 1929, Dirac resolvió la ecuación de onda relativista para el electrón en un pozo de potencial utilizando la forma relativista de la energía total. El análisis de Dirac confirmó la naturaleza fundamental del espín del electrón. Además, la teoría mostró que el espín del electrón puede describirse por medio de un solo número

---

[2]Con frecuencia los físicos emplean la palabra *espín* cuando se refieren al momento angular del espín. Por ejemplo, es común utilizar la frase *el electrón tiene un espín* de $\frac{1}{2}$. El momento angular del espín del electrón *nunca cambia*. Esta idea contradice las leyes clásicas, donde una carga en rotación se frena en presencia de un campo magnético aplicado debido a la fem de Faraday que acompaña al campo variable. Además, si el electrón se ve como una bola de carga girando sujeta a las leyes clásicas, partes de su superficie cercana rotarían con velocidades superiores a la de la luz. De este modo, no se debe abusar de la descripción clásica; por último, el electrón girando es una entidad cuántica que desafía a cualquier simple descripción clásica.

cuántico *s*, cuyo valor sólo podría ser $\frac{1}{2}$. La magnitud del **momento angular del espín** **S** para el electrón es

Momento angular del espín de un electrón

$$S = \sqrt{s(s+1)}\,\hbar = \frac{\sqrt{3}}{2}\hbar \qquad (42.13)$$

Del mismo modo que el momento angular orbital, el momento angular del espín está cuantizado en el espacio, como se describe en la figura 42.12. Puede tener dos orientaciones, especificadas por el número cuántico magnético del espín m_s, donde $m_s = \pm\frac{1}{2}$. La componente *s* del momento angular del espín es

$$S_z = m_s\hbar = \pm\frac{1}{2}\hbar \qquad (42.14)$$

Los dos valores de $\pm h/2$ para S_z corresponden a las dos orientaciones posibles de **S** mostradas en la figura 42.12. El valor $m_s = +1/2$ se refiere al caso del espín arriba, en tanto que el valor $m_s = -1/2$ se refiere al caso del espín abajo.

El momento magnético del espín del electrón, $\boldsymbol{\mu}_s$, se relaciona con su momento angular de espín **S** por medio de la expresión

$$\boldsymbol{\mu}_s = -\frac{e}{m}\mathbf{S} \qquad (42.15)$$

Puesto que $S_z = \pm\frac{1}{2}\hbar$, la componente *z* del momento magnético del espín puede tener los valores

$$\mu_{sz} = \pm\frac{e\hbar}{2m} \qquad (42.16)$$

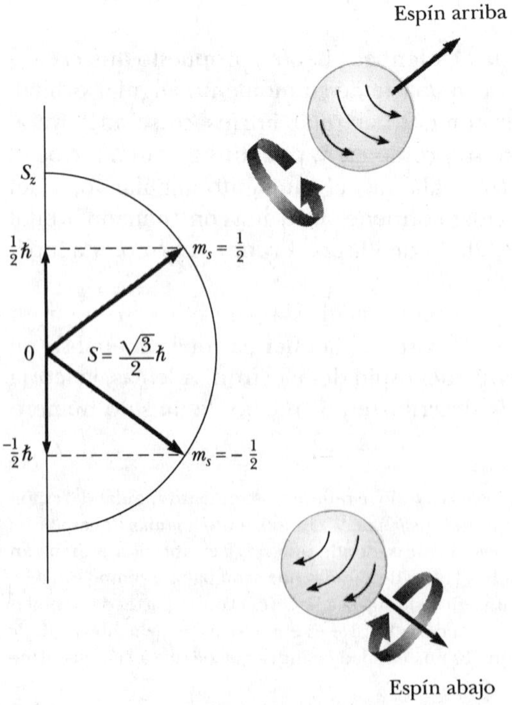

FIGURA 42.12 El momento angular de espín presenta también cuantización del espacio. Esta figura muestra las dos orientaciones permitidas de un vector de espín **S** para una partícula de espín $\frac{1}{2}$, como el electrón.

Como aprendimos en la sección 30.9, la cantidad $e\hbar/2m$ es el magnetón de Bohr μ_B, y tiene el valor numérico de 9.27×10^{-24} J/T. Advierta que la contribución del espín al momento angular es el doble de la contribución del movimiento orbital. El factor de 2 se explica en un tratamiento relativista del sistema que fue realizado por primera vez por Dirac.

Los físicos actuales explican el experimento de Stern-Gerlach de la siguiente manera. Los momentos observados tanto para la plata como para el hidrógeno se deben al momento angular del espín y no al momento angular orbital. Un átomo de un solo electrón, como el hidrógeno tiene su electrón cuantizado en el campo magnético de modo tal que su componente z del momento angular de espín es $\frac{1}{2}\hbar$ o $-\frac{1}{2}\hbar$, lo que corresponde a $m_s = \pm\frac{1}{2}$. Los electrones con espín $+\frac{1}{2}$ se desvían hacia abajo, y aquéllos con espín $-\frac{1}{2}$ se desvían hacia arriba. El experimento de Stern-Gerlach brindó dos importantes resultados. Primero, verificó el concepto de cuantización espacial. Segundo, mostró que el momento angular de espín existe aun cuando esta propiedad no se reconoció hasta cuatro años después de que se llevó a cabo el experimento.

42.6 EL PRINCIPIO DE FUSIÓN Y LA TABLA PERIÓDICA

Wolfgang Pauli y Niels Bohr observando un trompo girando. *(Cortesía de AIP Niels Bohr Library, Margarethe Bohr Collection)*

En párrafos anteriores encontramos que el estado del átomo de hidrógeno está especificado por cuatro números cuánticos: n, ℓ, m_ℓ y m_s. Por ejemplo, un electrón en el estado base del hidrógeno podría tener números cuánticos de $n = 1$, $\ell = 0$, $m_\ell = 0$, $m_s = \frac{1}{2}$. Como se señaló, el estado de un electrón en cualquier otro átomo también puede especificarse mediante este mismo conjunto de números cuánticos. De hecho, estos cuatro números cuánticos pueden emplearse para describir todos los estados electrónicos de un átomo independientemente del número de electrones en su estructura.

Una pregunta obvia es: "¿Cuántos electrones puede tener un conjunto particular de números cuánticos?" Esta importante pregunta fue contestada por Pauli en 1925 en un contundente enunciado conocido como el **principio de exclusión**:

> Dos electrones nunca pueden estar en el mismo estado cuántico; en consecuencia, dos electrones en el mismo átomo no pueden tener el mismo conjunto de números cuánticos.

Principio de exclusión

Si este principio no fuera válido, cualquier electrón podría terminar en el estado de energía más bajo posible del átomo y el comportamiento químico del elemento se modificaría considerablemente. ¡La naturaleza como la conocemos no existiría! En realidad, podemos ver la estructura electrónica de átomos complejos como una sucesión de niveles llenos que crecen en energía.

Como una regla general, el orden de llenado de las subcapas de un átomo con electrones es como sigue. Una vez que se llena una subcapa, el siguiente electrón va a la subcapa vacía de menor energía. Este principio puede comprenderse al reconocer que si un átomo no estuviera en su estado de energía más bajo disponible, radiaría energía hasta alcanzar este estado.

Antes de estudiar la configuración electrónica de diversos elementos, es conveniente definir un *orbital* como el estado de un electrón caracterizado por los números cuánticos n, ℓ y m_ℓ. A partir del principio de fusión, vemos que *sólo puede haber dos electrones en cualquier orbital*. Uno de estos electrones tiene un número cuántico de espín $m_s = +\frac{1}{2}$ y el otro tiene $m_s = -\frac{1}{2}$. Debido a que cada orbital está limitado a dos electrones, el número de éstos que pueden ocupar los diferentes niveles también está limitado.

TABLA 42.3   Números cuánticos permitidos de un átomo para el cual $n = 3$

n	1	2				3								
ℓ	0	0	1			0	1			2				
m_ℓ	0	0	1	0	-1	0	1	0	-1	2	1	0	-1	-2
m_s	⇅	⇅	⇅	⇅	⇅	⇅	⇅	⇅	⇅	⇅	⇅	⇅	⇅	⇅

La tabla 42.3 muestra el número de estados cuánticos permitidos para un átomo en el cual $n = 3$. Las flechas que apuntan hacia arriba indican $m_s = \frac{1}{2}$, y las que apuntan hacia abajo indican $m_s = -\frac{1}{2}$. La capa $n = 1$ puede acomodar sólo dos electrones debido a que sólo hay un orbital permitido con $m_\ell = 0$. La capa $n = 2$ tiene dos subcapas, con $\ell = 0$ y $\ell = 1$. La subcapa $\ell = 0$ está limitada a sólo dos electrones debido a que $m_\ell = 0$. La subcapa $\ell = 1$ tiene tres orbitales permitidos, lo que corresponde a

Wolfgang Pauli fue un físico teórico austriaco sumamente talentoso que hizo importantes contribuciones en numerosas áreas de la física moderna. A la edad de 21 años, Pauli ganó reconocimiento público con un magistral artículo de análisis de la relatividad, el cual sigue considerándose como una de las introducciones más elegantes y amplias al tema. Otras contribuciones importantes fueron el descubrimiento del principio de exclusión, la explicación de la conexión entre el espín de las partículas y la estadística, teorías de electrodinámica cuántica relativista, la hipótesis del neutrino y la hipótesis del espín nuclear. Un artículo titulado "Los principios fundamentales de la mecánica cuántica", escrito por Pauli en 1933 para el *Handbuch der Physik*, es ampliamente reconocido como uno de los mejores tratamientos de la física cuántica que han sido escritos. Pauli tuvo un enérgico y pintoresco carácter, muy conocido por su ingeniosa y a menudo sarcástica crítica a quienes presentaban nuevas teorías de manera menos clara y perfecta. Pauli ejerció gran influencia en sus alumnos y colegas obligándolos con su aguda crítica a una comprensión más profunda y clara. Victor Weisskopf, uno de los más famosos estudiantes de Pauli,

Wolfgang Pauli
| 1 9 0 0 - 1 9 5 8 |

lo describió apropiadamente como "la conciencia de la física teórica". El agudo sentido del humor de Pauli fue recogido con exactitud también por Weisskopf en la siguiente anécdota:

"A las pocas semanas, Pauli me solicitó venir a Zurich. Llegué a la gran puerta de su oficina. Toqué y nadie me contestó. Volví a tocar sin respuesta. Después de cinco minutos dijo, con enojo, '¿Quién es? ¡Entre!' Abrí la puerta, y ahí estaba Pauli —era una gran oficina— al otro lado de la habitación, en su escritorio, escribiendo y escribiendo. Dijo: '¿Quién es? Primero debo terminar el cálculo.' De nuevo me dejó esperando por cerca de cinco minutos y después: '¿Quién es usted?' 'Soy Weisskopf.' 'Uhh, Weisskopf, ja, usted es mi nuevo asistente.' Luego me miró y afirmó, 'Bien, como usted sabe yo quería contratar a Bethe, pero ahora trabaja en estado sólido. El estado sólido no me agrada, aunque he empezado a trabajar en él. Ésta es la razón por la que lo elegí a usted.' En seguida añadí: '¿Qué puedo hacer para usted señor?' y me contestó, 'Le voy a dar a resolver un problema.' Me dio un problema, cierto cálculo, y me dijo, 'Vaya y trabaje'. Cuando regresé, después de un poco más de 10 días, me dijo, 'Bueno, muéstreme lo que hizo.' Se lo enseñé. Me miró y exclamó: '¡Debería haber contratado a Bethe!'"[1]

(Foto tomada por S. A. Goudsmidt, AIP Niels Bohr Library)

[1] De *Physics in the Twentieth Century: Selected Essays, My Life as a Physicist*, Victor F. Weisskopf, p.10, The MIT Press, 1972.

$m_\ell = 1$, 0 y -1. Debido a que cada orbital puede acomodar dos electrones, la subcapa $\ell = 1$ puede contener seis electrones. La capa $n = 3$ tiene tres subcapas y nueve orbitales y puede acomodar hasta 18 electrones. En general, cada capa puede acomodar hasta $2n^2$ electrones.

El principio de exclusión puede ilustrarse mediante un examen del arreglo electrónico en unos cuantos átomos más ligeros.

El *hidrógeno* sólo tiene un electrón, el cual, en su estado base, puede describirse por medio de dos conjuntos de números cuánticos: 1, 0, 0, $\frac{1}{2}$ o 1, 0, 0, $-\frac{1}{2}$. La configuración electrónica de este átomo suele designarse como $1s^1$. La notación $1s$ se refiere al estado para el cual $n = 1$ y $\ell = 0$, y el superíndice indica que un electrón está presente en la subcapa s.

El *helio* neutro tiene dos electrones. En el estado base, los números cuánticos para estos dos electrones son 1, 0, 0, $\frac{1}{2}$ y 1, 0, 0, $-\frac{1}{2}$. No hay otras combinaciones posibles de números cuánticos para este nivel, y decimos que la capa K está llena. El helio se designa por medio de $1s^2$.

El *litio* neutro tiene tres electrones. En el estado base dos están en la subcapa $1s$ y el tercero en la subcapa $2s$, debido a que esta subcapa es ligeramente inferior en

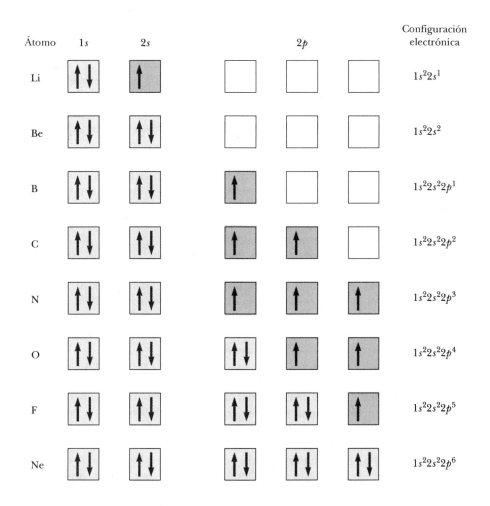

FIGURA 42.13 Para llenar los estados electrónicos se debe obedecer el principio de exclusión de Pauli y la regla de Hund. Las configuraciones electrónicas para estos elementos se dan a la derecha.

energía que la subcapa $2p$. Por lo tanto, la configuración electrónica para el litio es $1s^2 2s^1$.

Las configuraciones electrónicas de algunos elementos sucesivos están dados en la figura 42.13. Observe que la configuración electrónica del *berilio*, con sus cuatro electrones, es $1s^2 2s^2$, y el *boro* tiene una configuración de $1s^2 2s^2 2p^1$. El electrón $2p$ en el boro puede describirse mediante seis conjuntos de números cuánticos, lo que corresponde a seis estados de igual energía.

El *carbono* tiene seis electrones, y surge una pregunta relativa a cómo asignar los dos electrones $2p$. ¿Van dentro del mismo orbital que espines apareados ($\uparrow\downarrow$), u ocupan diferentes orbitales con espines no apareados ($\uparrow\uparrow$)? Los datos experimentales muestran que la configuración más estable (es decir, la que es preferida energéticamente) es la última, donde los espines no están apareados. En consecuencia, los dos electrones $2p$ en el carbono y los tres electrones $2p$ en el nitrógeno, tienen espines no apareados (Fig. 42.13). La regla general que gobierna estas situaciones, conocida como la **regla de Hund**, establece que

Regla de Hund

> cuando un átomo tiene orbitales de igual energía, el orden en el cual se llenan de electrones es uno en el que un número máximo de electrones tienen espines no apareados.

Algunas excepciones a esta regla ocurren en elementos que tienen subniveles que están cerca de llenarse o medio llenos.

En la tabla 42.4 se brinda una lista completa de las configuraciones electrónicas. Un primer intento para encontrar algún orden entre los elementos fue hecho por un químico ruso, Dmitri Mendeleev, en 1871. Él dispuso los átomos en una tabla similar a la que se muestra en el apéndice C, según sus masas atómicas y similitudes químicas. El número atómico Z es el número de protones en un núcleo. La primera tabla propuesta por Mendeleev contenía muchos espacios en blanco, y él audazmente señaló que los huecos correspondían únicamente a elementos aún no descubiertos. Al advertir que la columna en la cual algunos elementos faltantes deben localizarse, fue capaz de hacer predicciones aproximadas acerca de sus propiedades químicas. Dentro de los 20 años posteriores a su señalamiento, la mayor parte de estos elementos fueron efectivamente descubiertos.

Los elementos en la tabla periódica están dispuestos de manera que todos aquellos en una columna tienen propiedades químicas similares. Por ejemplo, considere los elementos en la última columna: He (helio), Ne (neón), Ar (argón), Kr (kriptón), Xe (xenón) y Rn (radón). La característica distintiva de estos elementos es que normalmente no toman parte en las reacciones químicas —es decir, no se unen a otros átomos para formar moléculas— y, por lo tanto, se clasifican como inertes. Debido a esta indiferencia, se conocen como los *gases nobles*.

Podemos entender parcialmente este comportamiento si observamos las configuraciones electrónicas en la tabla 42.4. La configuración electrónica para el helio es $1s^2$; en otras palabras, una capa está llena. Además, se encuentra que la energía de los electrones en esta capa llena es considerablemente menor que la energía del siguiente nivel disponible, el nivel $2s$. Luego, consideremos la configuración electrónica para el neón, $1s^2 2s^2 2p^6$. En este caso también está llena la capa exterior y hay una amplia brecha de energía entre el nivel $2p$ y el $3s$. El argón tiene la configuración $1s^2 2s^2 2p^6 3s^2 3p^6$. Aquí, la subcapa $3p$ está llena y hay una amplia brecha en la energía entre la subcapa $3p$ y la subcapa $3d$. Podríamos continuar este procedimiento en todos los gases nobles, y el patrón sería el mismo. Un gas noble se forma cuando una capa o subcapa se llena y hay una gran brecha de energía antes de que se encuentren los siguientes niveles posibles.

TABLA 42.4 Configuración electrónica de los elementos

Z	Símbolo	Configuración del estado base	Energía de ionización (eV)
1	H	$1s^1$	13.595
2	He	$1s^2$	24.581
3	Li	[He] $2s^1$	5.39
4	Be	$2s^2$	9.320
5	B	$2s^22p^1$	8.296
6	C	$2s^22p^2$	11.256
7	N	$2s^22p^3$	14.545
8	O	$2s^22p^4$	13.614
9	F	$2s^22p^5$	17.418
10	Ne	$2s^22p^6$	21.559
11	Na	[Ne] $3s^1$	5.138
12	Mg	$3s^2$	7.644
13	Al	$3s^23p^1$	5.984
14	Si	$3s^23p^2$	8.149
15	P	$3s^23p^3$	10.484
16	S	$3s^23p^4$	10.357
17	Cl	$3s^23p^5$	13.01
18	Ar	$3s^23p^6$	15.755
19	K	[Ar] $4s^1$	4.339
20	Ca	$4s^2$	6.111
21	Sc	$3d^14s^2$	6.54
22	Ti	$3d^24s^2$	6.83
23	V	$3d^34s^2$	6.74
24	Cr	$3d^54s^1$	6.76
25	Mn	$3d^54s^2$	7.432
26	Fe	$3d^64s^2$	7.87
27	Co	$3d^74s^2$	7.86
28	Ni	$3d^84s^2$	7.633
29	Cu	$3d^{10}4s^1$	7.724
30	Zn	$3d^{10}4s^2$	9.391
31	Ga	$3d^{10}4s^24p^1$	6.00
32	Ge	$3d^{10}4s^24p^2$	7.88
33	As	$3d^{10}4s^24p^3$	9.81
34	Se	$3d^{10}4s^24p^4$	9.75
35	Br	$3d^{10}4s^24p^5$	11.84
36	Kr	$3d^{10}4s^24p^6$	13.996
37	Rb	[Kr] $5s^1$	4.176
38	Sr	$5s^2$	5.692
39	Y	$4d^15s^2$	6.377
40	Zr	$4d^25s^2$	
41	Nb	$4d^45s^1$	6.881
42	Mo	$4d^55s^1$	7.10
43	Tc	$4d^55s^2$	7.228
44	Ru	$4d^75s^1$	7.365
45	Rh	$4d^85s^1$	7.461
46	Pd	$4d^{10}$	8.33
47	Ag	$4d^{10}5s^1$	7.574
48	Cd	$4d^{10}5s^2$	8.991

TABLA 42.4 *(Continuación)*

Z	Símbolo	Configuración del estado base		Energía de ionización (eV)
49	In		$5p^1$	
50	Sn		$4d^{10}5s^25p^2$	7.342
51	Sb		$4d^{10}5s^25p^3$	8.639
52	Te		$4d^{10}5s^25p^4$	9.01
53	I		$4d^{10}5s^25p^5$	10.454
54	Xe		$4d^{10}5s^25p^6$	12.127
55	Cs	[Xe]	$6s^1$	3.893
56	Ba		$6s^2$	5.210
57	La		$5d^16s^2$	5.61
58	Ce		$4f^15d^16s^2$	6.54
59	Pr		$4f^36s^2$	5.48
60	Nd		$4f^46s^2$	5.51
61	Pm		$4f^56s^2$	
62	Fm		$4f^66s^2$	5.6
63	Eu		$4f^76s^2$	5.67
64	Gd		$4f^75d^16s^2$	6.16
65	Tb		$4f^96s^2$	6.74
66	Dy		$4f^{10}6s^2$	
67	Ho		$4f^{11}6s^2$	
68	Er		$4f^{12}6s^2$	
69	Tm		$4f^{13}6s^2$	
70	Yb		$4f^{14}6s^2$	6.22
71	Lu		$4f^{14}5d^16s^2$	6.15
72	Hf		$4f^{14}5d^26s^2$	7.0
73	Ta		$4f^{14}5d^36s^2$	7.88
74	W		$4f^{14}5d^46s^2$	7.98
75	Re		$4f^{14}5d^56s^2$	7.87
76	Os		$4f^{14}5d^66s^2$	8.7
77	Ir		$4f^{14}5d^76s^2$	9.2
78	Pt		$4f^{14}5d^86s^2$	8.88
79	Au	[Xe, $4f^{14}5d^{10}$]	$6s^1$	9.22
80	Hg		$6s^2$	10.434
81	Tl		$6s^26p^1$	6.106
82	Pb		$6s^26p^2$	7.415
83	Bi		$6s^26p^3$	7.287
84	Po		$6s^26p^4$	8.43
85	At		$6s^26p^5$	
86	Rn		$6s^26p^6$	10.745
87	Fr	[Rn]	$7s^1$	
88	Ra		$7s^2$	5.277
89	Ac		$6d^17s^2$	6.9
90	Th		$6d^27s^2$	
91	Pa		$5f^26d^17s^2$	
92	U		$5f^36d^17s^2$	4.0
93	Np		$5f^46d^17s^2$	
94	Pu		$5f^67s^2$	
95	Am		$5f^77s^2$	
96	Cm		$5f^76d^17s^2$	

TABLA 42.4 (*Continuación*)

Z	Símbolo	Configuración del estado base	Energía de ionización (eV)
97	Bk	$5f^86d^17s^2$	
98	Cf	$5f^{10}7s^2$	
99	Es	$5f^{11}7s^2$	
100	Fm	$5f^{12}7s^2$	
101	Mv	$5f^{13}7s^2$	
102	No	$5f^{14}7s^2$	
103	Lw	$5f^{14}6d^17s^2$	
104	Ku	$5f^{14}6d^27s^2$	

Nota: La notación entre corchetes se emplea como un método abreviado para evitar las repeticiones al indicar electrones de la capa interna. [He] representa $1s^2$, [Ne] representa $1s^22s^22p^6$, [Ar] representa $1s^22s^22p^63s^23p^6$, y así sucesivamente.

42.7 ESPECTROS ATÓMICOS: VISIBLE Y RAYOS X

En el capítulo 40 estudiamos brevemente el origen de las líneas espectrales para el hidrógeno e iones similares al hidrógeno. Recuerde que un átomo emite radiación electromagnética si un electrón en un estado excitado hace una transición hacia un estado de menor energía. El conjunto de longitudes de onda observado cuando una especie específica experimenta este tipo de procesos se denomina **espectro de emisión** para esas especies. De igual modo, los átomos con electrones en la configuración del estado base también pueden absorber radiación electromagnética en longitudes de onda específicas, lo que produce un **espectro de absorción**. Estos espectros pueden utilizarse para identificar elementos.

El diagrama de niveles de energía para el hidrógeno se muestra en la figura 42.14. Las diferentes líneas diagonales dibujadas representan transiciones permitidas entre estados estacionarios. Cada vez que un electrón efectúa una transición de un estado de energía mayor a uno menor, se emite un fotón de luz. La frecuencia de este fotón es $f = \Delta E/h$, donde ΔE es la diferencia de energía entre los dos niveles, y h es la constante de Planck. Las **reglas de selección** para las *transiciones permitidas* son

$$\Delta \ell = \pm 1 \tag{42.17}$$

$$\Delta m_\ell = 0 \text{ o } \pm 1$$

Reglas de selección para transiciones atómicas permitidas

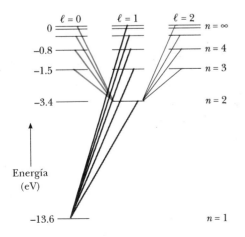

FIGURA 42.14 Algunas transiciones electrónicas permitidas para el hidrógeno, representadas con líneas de color. Estas transiciones deben obedecer la regla de selección $\Delta \ell = \pm 1$.

Se dice que las transiciones que no obedecen las reglas de selección anterior son *prohibidas*. (Dichas transiciones pueden ocurrir, pero su probabilidad es insignificante comparada con la probabilidad de las transiciones permitidas.)

En virtud de que el momento angular orbital de un átomo cambia cuando un fotón se emite o absorbe (es decir, como resultado de una transición) y debido a que el momento angular debe conservarse, concluimos que *el fotón implicado en el proceso debe tener momento angular*. De hecho, el fotón tiene un momento angular equivalente al de una partícula que tiene un espín de 1. El momento angular del fotón también es consistente con la descripción clásica de la radiación electromagnética. En consecuencia, un fotón tiene energía, momento lineal y momento angular.

Es interesante graficar la energía de ionización contra el número atómico Z, como en la figura 42.15. Advierta que el patrón de $\Delta Z = 2, 8, 8, 18, 18, 32$ para los diversos máximos. Este patrón se obtiene a partir del principio de exclusión de Pauli y ayuda a explicar por qué los elementos repiten sus propiedades químicas en grupos. Por ejemplo, los picos en $Z = 2, 10, 18$ y 36 corresponden a los elementos He, Ne, Ar y Kr, los cuales tienen capas llenas. Estos elementos tienen energías relativamente altas y comportamiento químico similar.

Recuerde del capítulo 40 que las energías permitidas para átomos de un electrón, como el hidrógeno o el He⁺, son

$$E_n = -\frac{13.6\,Z^2}{n^2}\ \text{eV} \tag{42.18}$$

Para átomos con numerosos electrones, la carga nuclear Z_e es cancelada o tapada en forma considerable por la carga negativa de los electrones del núcleo interno. Por lo tanto, los electrones exteriores interactúan con una carga neta del orden de la carga electrónica. La expresión para las energías permitidas correspondientes a átomos

El fotón transporta momento angular

Energías permitidas para átomos de un electrón

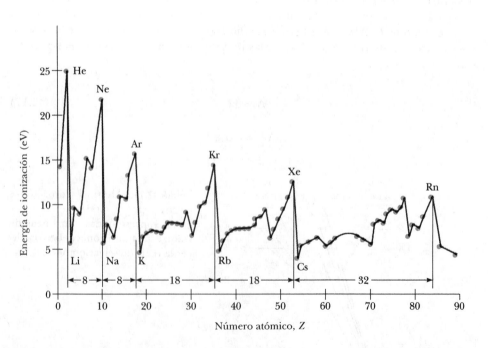

FIGURA 42.15 a) Energía de ionización de los elementos contra el número atómico Z. b) Volumen atómico de los elementos contra el número atómico. *(Adaptado de J. Orear, Physics, Nueva York, Macmillan, 1979.)*

con numerosos electrones tienen la misma forma que la ecuación 42.18 con Z sustituida por un número atómico efectivo Z_{ef}. Esto significa que,

$$E_n = -\frac{13.6\,Z_{ef}^2}{n^2}\,\text{eV} \qquad (42.19)$$

Energías permitidas para átomos de múltiples electrones

donde Z_{ef} depende de n y ℓ. Para los estados de energía más alta, esta reducción en la carga aumenta y $Z_{ef} \rightarrow 1$.

Espectros de rayos X

Los rayos X se emiten cuando un blanco metálico es bombardeado con electrones de alta energía o cualquier otra partícula cargada. El espectro de rayos X consiste por lo común en una amplia banda continua y en una serie de líneas definidas que dependen del material utilizado para el blanco, como se muestra en la figura 42.16. Estas líneas se conocen como **líneas características**, puesto que son características del material del blanco. Se descubrieron en 1908, aunque su origen permaneció sin explicar hasta que se desarrollaron los detalles de la estructura atómica, en particular de la estructura de capas del átomo.

El primer paso en la producción de rayos X característicos ocurre cuando un electrón bombardeado que choca con un electrón en una capa interna de un átomo blanco tiene suficiente energía para separar al electrón del átomo. El espacio vacío creado en el átomo se llena cuando un electrón de un nivel más alto desciende y lo ocupa. El tiempo en que esto sucede es una función de Z y el nivel del espacio vacío, pero por lo general es menor a 10^{-9} s. Esta transición se acompaña con la emisión de un fotón cuya energía es igual a la diferencia de energía entre los dos niveles. Es común que la energía de dichas transiciones sea mayor que 10 000 eV, y los fotones de los rayos X emitidos tienen longitudes de onda en el intervalo de 0.001 nm a 0.1 nm.

Supongamos que el electrón incidente tiene un electrón atómico desalojado de su capa más interna, la capa K. Si el lugar vacío se llena con un electrón que desciende de la siguiente capa más alta, la capa L, el fotón emitido en el proceso tiene una energía correspondiente a la línea K_α en la curva de la figura 42.16. Si el espacio vacío se llena con un electrón que desciende de la capa M, la línea producida recibe el nombre de línea K_β.

Otras líneas de rayos X características se forman cuando los electrones descienden de niveles superiores a espacios vacíos diferentes a las de la capa K. Por ejemplo, las líneas L son producidas cuando los espacios de la capa L se llenan con electrones que descienden de capas más altas. Una línea L_α se produce cuando un electrón cae de la capa M a la capa L, y una línea L_β se produce por una transición de la capa N a la capa L.

Podemos estimar la energía de los rayos X emitidos como sigue. Considere dos electrones en la capa K de un átomo cuyo número atómico es Z. Cada electrón protege parcialmente al otro de la carga del núcleo, Ze, por lo cual cada electrón se somete a una carga nuclear efectiva $Z_{ef} = (Z-1)e$. Podemos emplear ahora la ecuación 42.19 para estimar la energía de cualquier electrón en la capa K (con $n = 1$). Esto produce

$$E_K = -(Z-1)^2(13.6\,\text{eV}) \qquad (42.20)$$

Como mostramos en el siguiente ejemplo, la energía de un electrón en una capa L o M puede estimarse de un modo similar. Considerando la diferencia de energía entre estos dos niveles, la energía y la longitud de onda del fotón emitido puede calcularse.

En 1914, Henry G. J. Moseley graficó los valores de Z para varios elementos contra $\sqrt{1/\lambda}$, donde λ es la longitud de onda de la línea K_α de cada elemento. Encontró que la gráfica es una línea recta, como la que se muestra en la figura 42.17. Esto es

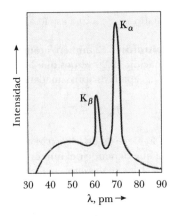

FIGURA 42.16 El espectro de rayos x de un blanco metálico se compone de un ancho espectro continuo más varias líneas definidas, las cuales se deben a rayos X característicos. La información mostrada se obtuvo cuando electrones de 35 keV bombardearon un blanco de molibdeno. Observe que 1 pm = 10^{-12} m = 10^{-3} nm.

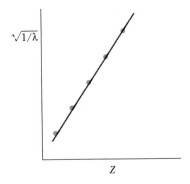

FIGURA 42.17 Una gráfica Moseley es una de $\sqrt{1/\lambda}$ contra Z, donde λ es la longitud de onda de las líneas de los rayos X K_α de los elementos.

consistente con el cálculo aproximado de los niveles de energía dado por la ecuación 42.20. De acuerdo con esta gráfica, Moseley fue capaz de determinar los valores Z de algunos elementos faltantes, lo cual brindó una tabla periódica que concordaba muy bien con las propiedades químicas conocidas de los elementos.

EJEMPLO 42.7   Cálculo de la energía de un rayo X

Calcule la energía del rayo X característico emitido por un blanco de tungsteno cuando un electrón desciende de la capa M (estado $n = 3$) a una espacio vacío en la capa K (estado $n = 1$).

Solución   El número atómico del tungsteno es $Z = 74$. Con la ecuación 42.20 vemos que la energía del electrón en el estado de la capa K es aproximadamente

$$E_K = -(74-1)^2 (13.6 \text{ eV}) = -72\,500 \text{ eV}$$

El electrón en la capa M está sujeto a una carga nuclear efectiva que depende del número de electrones en los estados $n = 1$ y $n = 2$, los cuales cubren al electrón M del núcleo. Debido a que hay ocho electrones en el estado $n = 2$ y uno en el estado $n = 1$, casi nueve electrones tapan al electrón M del núcleo, por lo que $Z_{ef} = Z - 9$. Por lo tanto, la energía de un electrón en la capa M, siguiendo la ecuación 42.19, es

$$E_M = -Z_{ef}{}^2 E_3 = -(Z-9)^2 \frac{E_0}{3^2}$$

$$= -(74-9)^2 \frac{(13.6 \text{ eV})}{9} = -6380 \text{ eV}$$

donde E_3 es la energía de un electrón en la capa M del átomo de hidrógeno, y E_0 es la energía del estado base. Por consiguiente, el rayo X emitido tiene una energía igual a $E_M - E_K = -6\,380 \text{ eV} - (-72\,500 \text{ eV}) = 66\,100 \text{ eV}$. Advierta que esta diferencia de energía también es igual a $hf = hc/\lambda$, donde λ es la longitud de onda del rayo X emitido.

Ejercicio   Calcule la longitud de onda de un rayo X emitido en esta transición.

Respuesta   0.0188 nm.

42.8 TRANSICIONES ATÓMICAS

Hemos visto que un átomo absorbe y emite radiación sólo a frecuencias que corresponden a la separación de energía entre los estados permitidos. A continuación consideraremos los detalles de estos procesos. Imagine un átomo con muchos estados de energía permitidos, denominados E_1, E_2, E_3, …, como en la figura 42.18. Cuando la luz incide sobre el átomo, sólo aquellos fotones cuya energía hf es igual a la separación de energía ΔE entre dos niveles pueden ser absorbidos por el átomo. La figura 42.19 es un diagrama esquemático que representa esta **absorción estimula-**

FIGURA 42.18 Diagrama de niveles de energía de un átomo con varios estados permitidos. El estado de menor energía, E_1, es el estado base. Todos los demás son estados excitados.

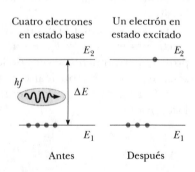

FIGURA 42.19 Absorción estimulada de un fotón. Los puntos representan electrones. Un electrón se transfiere del estado base al estado excitado cuando el átomo absorbe un fotón cuya energía es $hf = E_2 - E_1$.

da. A temperaturas ordinarias, la mayor parte de los átomos en la muestra están en el estado base. Si un recipiente que contiene muchos átomos de un elemento gaseoso se ilumina con un haz de luz que contiene todas las frecuencias de fotón posibles (es decir, un espectro continuo), sólo los fotones de energías $E_2 - E_1$, $E_3 - E_1$, $E_4 - E_1$, $E_3 - E_2$, $E_4 - E_2$, etc., son absorbidos por los átomos. Como un resultado de esta absorción, algunos átomos en el recipiente se llevan a niveles de energía permitidos más altos llamados **estados excitados**.

Una vez que un átomo está en un estado excitado hay cierta probabilidad de que el electrón excitado saltará de regreso al nivel inferior y emitirá un fotón durante el proceso, como se muestra en la figura 42.20. Este proceso se conoce como **emisión espontánea**. En general, un átomo permanece en el estado excitado sólo por aproximadamente 10^{-8} s.

Por último, hay un tercer proceso: la **emisión estimulada**, que es muy importante en los láseres. Suponga que un electrón en un átomo está en un estado excitado E_2, como en la figura 42.21, y un fotón de energía $hf = E_2 - E_1$ incide sobre él. El estado excitado debe ser un estado metaestable con una vida mucho mayor a 10^{-8} s. El fotón incidente aumenta la probabilidad de que el electrón retornará al estado base, razón por la cual emite un segundo fotón de energía hf. Advierta que no se absorbe el fotón incidente, de manera que después de la emisión estimulada, hay dos fotones casi idénticos, es decir, el incidente y el emitido; el fotón emitido está en fase con el fotón incidente. Estos fotones pueden, a su vez, estimular a otros átomos a emitir fotones en una cadena de procesos similares. La gran cantidad de fotones producidos en emisiones estimuladas son la fuente de la intensa luz coherente en un láser.

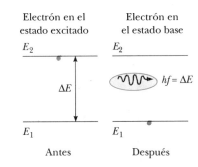

FIGURA 42.20 Emisión espontánea de un fotón por medio de un átomo inicialmente en el estado excitado E_2. Cuando el electrón cae al estado base, el átomo emite un fotón cuya energía es $hf = E_2 - E_1$.

*42.9 LÁSERES Y HOLOGRAFÍA

Hemos descrito cómo un fotón incidente puede producir transiciones atómicas hacia arriba (absorción estimulada) o hacia abajo (emisión estimulada). Los dos procesos son igualmente probables. Cuando incide luz sobre un sistema de átomos, suele haber una absorción neta de energía debido a que, cuando el sistema está en equilibrio térmico, hay muchos más átomos en el estado base que en los estados excitados. Sin embargo, si la situación se invirtiera de manera que haya más átomos en un estado excitado que en el estado base, puede producirse una emisión neta de fotones. A este tipo de situaciones se les conoce como **inversión de población**.

De hecho, esto es un principio fundamental incluido en la operación de un **láser**, el acrónimo de *light amplification by stimulated emission of radiation* (amplificación de luz por emisión estimulada de radiación). La amplificación corresponde a la acumulación de fotones en el sistema como una consecuencia de una reacción en cadena de eventos. Las siguientes tres condiciones deben satisfacerse para conseguir la acción láser:

- El sistema debe estar en un estado de inversión de población (más átomos en un estado excitado que en el estado base).
- El estado excitado del sistema debe ser un *estado metaestable*, lo que significa que su tiempo de vida debe ser grande comparado con los usuales tiempos de vida cortos de los estados excitados. Cuando éste es el caso, la emisión estimulada ocurre antes que la emisión espontánea.
- Los fotones emitidos deben estar confinados en el sistema suficiente tiempo para permitirles estimular la emisión adicional de otros átomos excitados. Esto se consigue usando espejos reflejantes en los extremos del sistema. Un extremo se hace totalmente reflejante y el otro es ligeramente transparente para dejar que el haz láser escape (Fig. 42.22a).

Un dispositivo que presenta emisión estimulada de radiación es el láser gaseoso de helio-neón. La figura 42.23 es un diagrama de niveles de energía para el átomo

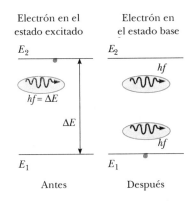

FIGURA 42.21 Emisión estimulada de un fotón por medio de un fotón incidente de energía hf. Al principio, el átomo está en el estado excitado. El fotón incidente estimula al átomo para emitir un segundo fotón de energía $hf = E_2 - E_1$.

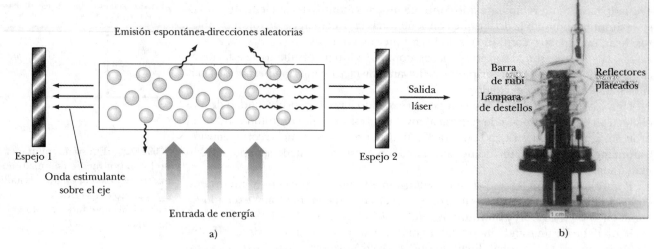

Emisión espontánea-direcciones aleatorias

Espejo 1

Onda estimulante
sobre el eje

Entrada de energía

a)

Barra
de rubí

Lámpara
de destellos

Reflectores
plateados

Salida
láser

Espejo 2

b)

FIGURA 42.22 Diagrama esquemático del diseño de un láser. El tubo contiene átomos, los cuales representan el medio activo. Una fuente externa de energía (es decir, óptica, eléctrica) se necesita para "bombear" los átomos a estados de energía excitados. Los espejos paralelos de los extremos brindan la realimentación de la onda estimulante. b) Fotografía del primer láser de rubí en la cual se muestra la lámpara de destellos circundando a la barra de rubí. *(Cortesía de Hughes Aircraft Company)*

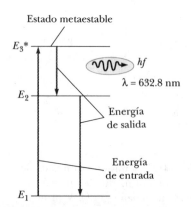

FIGURA 42.23 Diagrama de niveles de energía para el átomo de neón, el cual emite fotones de 632.8 nm por medio de emisión estimulada. Estos fotones surgen de la transición $E_3^* - E_2$. Esta es la fuente de luz coherente en el láser gaseoso de helio-neón.

de neón en este sistema. La mezcla de helio y neón se confina en un tubo de vidrio sellado en los extremos con espejos. Un oscilador conectado al tubo ocasiona que los electrones lo barran, chocando con los átomos del gas y llevándolos a estados excitados. Los átomos de neón se excitan hasta el estado E_3^* por medio de este proceso (el asterisco * indica que éste es un estado metaestable) y también como consecuencia de los choques con átomos de helio excitados. La emisión estimulada ocurre cuando los átomos de neón hacen una transición al estado E_2 y los átomos excitados cercanos se estimulan. El resultado es la producción de luz coherente a una longitud de onda de 632.8 nm.

Aplicaciones

Desde el desarrollo del primer láser en 1960, la tecnología láser ha crecido de manera muy importante. Ahora se pueden conseguir láseres que cubren longitudes de onda en las regiones infrarroja, visibles y ultravioleta. Las aplicaciones incluyen la "soldadura" quirúrgica de retinas separadas, agrimensura de precisión y mediciones de longitud, corte preciso de metales y otros materiales, así como comunicaciones telefónicas por fibra óptica. Éstas y otras aplicaciones son posibles gracias a las características inimitables de la luz láser. Además de ser altamente monocromática, también es muy direccional y puede enfocarse con exactitud para producir regiones de energía luminosa en extremo intensa (con densidades de energía que se aproximan a las del interior del tubo láser).

Los láseres se utilizan en mediciones de precisión de grandes distancias (determinación de alcance). Se ha vuelto importante, para fines astronómicos y geofísicos, medir lo más exacto posible la distancia desde diferentes puntos sobre la superficie de la Tierra hasta un punto en la superficie lunar. Para facilitar esto, los astronautas del Apolo instalaron un equipo compacto de prismas reflectores de 0.5 m cuadrados sobre la Luna, lo cual permite que los pulsos láser dirigidos desde una estación terrestre sean retrorreflejados hacia la misma estación. Empleando la velocidad conocida de la luz y el tiempo de recorrido medido del viaje redondo de un pulso de 1 ns, es posible determinar la distancia Tierra-Luna, 380 000 km, hasta una precisión superior a 10 cm.

Información de este tipo sería útil, por ejemplo, para hacer predicciones de temblores más confiables y para aprender más sobre los movimientos del sistema Tierra-Luna. Esta técnica necesita un láser pulsado de alta potencia para tener buenos resultados debido a que un cúmulo suficiente de fotones debe regresar al telescopio colector en la Tierra y ser detectado. Con variantes de este método se mide la distancia a puntos inaccesibles sobre la Tierra, así como en rastreadores de alcance militar.

Las más recientes aplicaciones médicas aprovechan que diferentes longitudes de onda láser pueden absorberse en tejidos biológicos específicos. Una enfermedad del ojo muy extendida, el glaucoma, se manifiesta por una alta presión de fluido en el ojo, la cual puede destruir el nervio óptico. Una sencilla operación láser (iridectomía) puede "quemar" y abrir un pequeño agujero en una membrana obstruida, y liberar la presión destructiva. Asimismo, un serio efecto colateral de la diabetes es la neovascularización, o formación de vasos sanguíneos débiles, los cuales a menudo pierden sangre en las extremidades. Cuando esto ocurre en el ojo, la visión se deteriora (rinopatía diabética), hasta que produce ceguera en pacientes diabéticos. En la actualidad es posible dirigir la luz verde del láser del ion argón a través del lente del cristalino y el fluido ocular, enfocar sobre los bordes de la retina y fotocoagular los vasos rotos. Este procedimiento ha reducido de manera considerable la ceguera en pacientes con glaucoma y diabetes.

La cirugía láser es ahora una realidad práctica. Luz infrarroja a 10 μm de un láser de dióxido de carbono puede cortar tejido muscular, calentando y evaporando principalmente el agua contenida en el material celular. En esta técnica se necesita una potencia de láser cercana a 100 W. La ventaja de este "bisturí láser" sobre los métodos convencionales es que la radiación láser corta y coagula al mismo tiempo, lo cual evita que se pierda mucha sangre. Además, la técnica elimina virtualmente la migración de células, lo cual es muy importante al extirpar un tumor. Asimismo, un láser

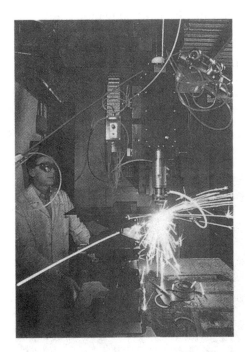
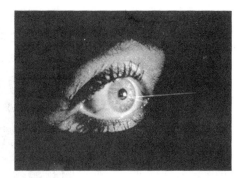

(Izquierda) Científicos que verifican el desempeño de un dispositivo experimental láser para cortar montado sobre un brazo de robot. El láser está cortando una placa metálica. *(Philippe Plailly/SPL/Photo Researchers, Inc.) (Derecha)* Un láser de argón que atraviesa una córnea y el cristalino durante una cirujía del ojo.   *(©Alexander Tsiaras/Science Source/Photo Researchers, Inc.)*

puede atraparse en finas guías luminosas de fibra de vidrio (endoscopios) mediante la reflexión total interna. Las fibras de luz pueden introducirse por orificios naturales, conducirse alrededor de órganos internos y dirigirse a puntos interiores del cuerpo específicos, eliminando la necesidad de cirugía mayor. Por ejemplo, el sangrado en el tracto gastrointestinal puede cauterizarse ópticamente mediante endoscopios de fibra óptica introducidos por la boca.

En investigaciones biológicas y médicas, con frecuencia es importante aislar y extraer células raras para estudio y crecimiento. Un separador de células láser aprovecha que células específicas pueden marcarse con tinturas fluorescentes. Después, todas las células se dejan caer desde una delgada boquilla cargada y se exploran con un láser para el etiquetado. Si se activan mediante la etiqueta de emisión de luz correcta, un pequeño voltaje aplicado a placas paralelas desvía la célula cargada eléctricamente que cae en un vaso colector. Éste es un eficiente método para extraer las proverbiales agujas de un pajar.

Una de las más inusuales e interesantes aplicaciones del láser es la producción de imágenes tridimensionales en un proceso llamado **holografía**. La figura 42.24a muestra cómo se hace un holograma. La luz de un láser se divide en dos partes por medio de un espejo semiplateado en B. Una parte del haz se refleja en el objeto que se va a fotografiar e incide sobre una película fotográfica ordinaria. La otra mitad del haz se hace divergir por medio del lente L_2, se refleja en los espejos M_1 y M_2 y finalmente llega a la película. Los dos haces se superponen para formar un modelo de interferencia extremadamente complicado sobre la película. Este modelo de interferencia puede producirse sólo si la relación de fase de las dos ondas es constante durante toda la exposición de la película. Esta condición se consigue si se ilumina la escena con luz a través de un diminuto agujero o con radiación láser coherente. El holograma no sólo registra la intensidad de la luz dispersada en el objeto (como en una fotografía convencional) sino también la diferencia de fase entre el haz de referencia y el haz dispersado en el objeto. Debido a esta diferencia de fase se forma un modelo de interferencia que produce una imagen con una perspectiva completa en tres dimensiones.

Un holograma se observa mejor si se permite que luz coherente pase a través de la película revelada cuando uno mira hacia atrás en dirección de donde proviene el haz. La figura 42.24b es la fotografía de un holograma elaborado mediante el empleo de una figura cilíndrica. Uno ve una imagen tridimensional del objeto de la misma manera a como la cabeza del observador se mueve y la perspectiva cambia, como en el caso de un objeto real.

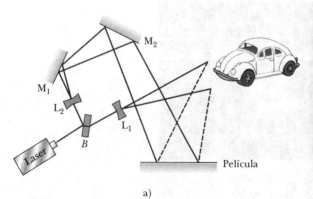

a)

b)

FIGURA 42.24   a) Dispositivo experimental para producir un holograma. b) Fotografía de un holograma que utiliza una película cilíndrica.   *(Cortesía de Central Scientific Co.)*

RESUMEN

La mecánica cuántica puede aplicarse al átomo de hidrógeno empleando la función energía potencial $U(r) = -k_e e^2/r$ en la ecuación de Schrödinger. La solución a esta ecuación produce las funciones de onda para los estados permitidos y las energías permitidas:

$$E_n = -\left(\frac{k_e e^2}{2a_0}\right)\frac{1}{n^2} = -\frac{13.6}{n^2}\text{ eV} \qquad n = 1, 2, 3, \ldots \qquad (42.2)$$

La energía permitida depende sólo del **número cuántico principal** n. Las funciones de onda permitidas dependen de tres números cuánticos: n, ℓ y m_ℓ, donde ℓ es el **número cuántico orbital**, y m_ℓ es el **número cuántico magnético orbital**. Las restricciones sobre los números cuánticos son

$$n = 1, 2, 3, \ldots$$
$$\ell = 0, 1, 2, \ldots, n-1$$
$$m_\ell = -\ell, -\ell + 1, \ldots, \ell - 1, \ell$$

Todos los estados que tienen el mismo número cuántico principal n forman una **capa**, identificada por las letras K, L, M, ... (que corresponden a $n = 1, 2, 3, \ldots$). Todos los estados que tienen los mismos valores de n y ℓ forman una **subcapa**, designada por las letras s, p, d, f, ... (que corresponden a $\ell = 0, 1, 2, 3, \ldots$).

Con el fin de describir de manera completa un estado cuántico, es necesario incluir un cuarto número cuántico, m_s, llamado el **número cuántico magnético de espín**. Este número cuántico puede tener sólo dos valores, $\pm\frac{1}{2}$.

Un átomo en un estado caracterizado por un n específico puede tener los siguientes valores del *momento angular orbital* L:

$$L = \sqrt{\ell(\ell + 1)}\,\hbar \qquad (42.10)$$

donde ℓ está restringido a los valores $\ell = 0, 1, 2, \ldots, n-1$. Los valores permitidos de la proyección de **L** a lo largo del eje z son

$$L_z = m_\ell \hbar \qquad (42.11)$$

donde m_ℓ está restringido a valores enteros que se encuentra entre $-\ell$ y ℓ. Sólo se permiten valores discretos de L_z, y éstos están determinados por la restricción en m_ℓ. Esta cuantización de L_z se conoce como una **cuantización espacial**.

El electrón tiene un momento angular intrínseco denominado **momento angular de espín**. Esto significa que el momento angular total de un electrón en un átomo puede tener dos contribuciones, una que surge del espín del electrón (**S**) y otra que proviene del momento orbital del electrón (**L**). El espín electrónico puede describirse con un solo número cuántico $s = \frac{1}{2}$. La **magnitud del momento angular de espín** es

$$S = \frac{\sqrt{3}}{2}\,\hbar \qquad (42.13)$$

y la componente z de **S** es

$$S_z = m_s \hbar = \pm \tfrac{1}{2}\hbar \qquad (42.14)$$

Es decir, el momento angular de espín también está cuantizado en el espacio, como lo especifica el **número cuántico magnético de espín** $m_s = \pm\frac{1}{2}$.

El momento magnético $\boldsymbol{\mu}_s$ asociado al momento angular de un electrón es

$$\boldsymbol{\mu}_s = -\frac{e}{m}\,\mathbf{S} \tag{42.15}$$

El cual es dos veces mayor que el momento magnético orbital. La componente z de μ_s puede tener los valores

$$\mu_{sz} = \pm\frac{e\hbar}{2m} \tag{42.16}$$

El **principio de exclusión** establece que *dos electrones en un átomo nunca pueden estar en el mismo estado cuántico*. En otras palabras, dos electrones no pueden tener el mismo conjunto de números cuánticos n, ℓ, m_ℓ y m_s. Con este principio y el principio de mínima energía es posible determinar la configuración electrónica de los elementos. Esto sirve como una base para comprender la estructura atómica y las propiedades químicas de los elementos.

Las transiciones electrónicas permitidas entre dos niveles cualesquiera en un átomo están gobernadas por las reglas de selección

$$\Delta\ell = \pm 1 \qquad y \qquad \Delta m_\ell = 0,\,\pm 1 \tag{42.17}$$

Los rayos x son emitidos por átomos cuando un electrón experimenta una transición de una capa externa a una desocupada en una capa interna. Las transiciones hacia un estado vacío en la capa K originan la serie K de líneas espectrales; las transiciones hacia el estado desocupado en la capa L crean la serie L de líneas, y así sucesivamente. El espectro de rayos x de un blanco metálico se compone de un conjunto de líneas características definidas superpuestas sobre un amplio espectro continuo.

PREGUNTAS

1. ¿Por qué se necesitan tres números cuánticos para describir el estado de un átomo de un electrón (ignorando el espín)?

2. Compare la teoría de Bohr y el tratamiento de Schrödinger del átomo de hidrógeno. Comente sobre la energía total y el momento angular orbital.

3. ¿Por qué la dirección del momento angular orbital del electrón es opuesta a la de su momento magnético?

4. ¿Por qué se utiliza un campo magnético no homogéneo en el experimento de Stern-Gerlach?

5. ¿El experimento de Stern-Gerlach podría realizarse con iones en vez de átomos neutros? Explique.

6. Describa algunos experimentos que apoyen la conclusión de que el número cuántico de espín de los electrones sólo puede tener los valores $\pm\frac{1}{2}$.

7. Explique algunas de las consecuencias del principio de exclusión.

8. ¿Por qué el litio, el potasio y el sodio muestran propiedades químicas similares?

9. Explique por qué un fotón debe tener un espín de 1.

10. Se necesita una energía de aproximadamente 21 eV para mover un electrón en un átomo de helio del estado $1s$ al estado $2s$. La misma transición para el ion He$^+$ requiere casi el doble de energía. Explique.

11. ¿La intensidad de la luz de un láser disminuye como $1/r^2$?

12. El espectro de absorción o emisión de un gas está compuesto por líneas que se ensanchan cuando la densidad de las moléculas del gas aumenta. ¿Por qué supone usted que ocurre lo anterior?

13. ¿Cómo es posible que los electrones, los cuales tienen una distribución de probabilidad alrededor de un núcleo, puedan existir en estados de energía definida (o sea, $1s$, $2p$, $3d$, …)?

14. Es fácil entender cómo dos electrones (uno con espín arriba, otro con espín abajo) pueden llenar la capa $1s$ de un átomo de helio. ¿Cómo es posible que ocho electrones más puedan caber en el nivel $2s$, $2p$ para completar la capa $1s^2 2s^2 2p^6$ de un átomo de neón?

15. En 1914, Henry Moseley fue capaz de determinar el número atómico de un elemento a partir de su espectro de rayos x característico. ¿Cómo fue posible? (*Sugerencia:* Vea las figuras 42.16 y 42.17.)

16. ¿Cuáles son las ventajas de usar luz monocromática para ver una imagen holográfica?

17. ¿Por qué la emisión estimulada es tan importante en la operación de un láser?

PROBLEMAS

Sección 42.2   Nueva visita al átomo de hidrógeno

1. En el experimento de dispersión de Rutherford, partículas alfa de 4.00 MeV (núcleos de ^{4}He que contienen 2 protones y 2 neutrones) se dispersan en un núcleo de oro (que contiene 79 protones y 118 neutrones). Si una partícula alfa choca de frente con el núcleo de oro y se dispersa de regreso a 180°, determine a) la distancia de máximo acercamiento de la partícula alfa al núcleo de oro, y b) la fuerza máxima ejercida sobre la partícula alfa. Suponga que el núcleo de oro permanece fijo a lo largo de todo el proceso.

1A. En el experimento de dispersión de Rutherford, partículas alfa de energía E (núcleos de ^{4}He que contienen 2 protones y 2 neutrones) se dispersan en un blanco cuyos átomos tienen un número atómico Z. Si una partícula alfa choca de frente con un núcleo y se dispersa de regreso a 180°, determine a) la distancia de máximo acercamiento de la partícula alfa al núcleo, y b) la fuerza máxima ejercida sobre la partícula alfa. Suponga que el núcleo permanece fijo a lo largo de todo el proceso.

2. Un fotón apenas es capaz de producir un efecto fotoeléctrico cuando incide sobre una placa de sodio que tiene una función de trabajo de 2.28 eV. Encuentre a) el mínimo n para un átomo de hidrógeno que puede ser ionizado por medio de este fotón, y b) la velocidad del electrón liberado que se aleja del núcleo.

3. Una expresión general para los niveles de energía de átomos e iones de un electrón es

$$E_n = -\left(\frac{\mu k_e^2 q_1 q_2}{2\hbar^2}\right)\frac{1}{n^2}$$

donde k_e es la constante de Coulomb, q_1 y q_2 son las cargas de las dos partículas y μ es la masa reducida, dada por $\mu = m_1 m_2 /(m_1 + m_2)$. En el ejemplo 40.7 encontramos que la longitud de onda para la transición de $n = 3$ a $n = 2$ del átomo de hidrógeno es 656.3 nm (luz roja visible). ¿Cuáles son las longitudes de onda para esta misma transición en a) positronio, el cual se compone de un electrón y de un positrón, y b) de helio ionizado individualmente? (*Nota:* Un positrón es un electrón cargado positivamente.)

4. La energía de un electrón en un átomo de hidrógeno es

$$E = \frac{p^2}{2m_e} - \frac{k_e e^2}{r}$$

De acuerdo con el principio de incertidumbre, si el electrón se localiza dentro de una distancia r del núcleo, su momento p debe ser al menos $\hbar r$. Emplee este principio para determinar los valores mínimos de r y E. Comparé los resultados con los de Bohr (ecuaciones 40.24 y 40.26).

Sección 42.3   El número cuántico magnético de espín

Sección 42.4   Las funciones de onda para el hidrógeno

5. Durante un periodo particular, un electrón en el estado base de un átomo de hidrógeno se "observa" mil veces a una distancia $a_0/2$ del núcleo. ¿Cuántas veces se observa este electrón a una distancia $2a_0$ del núcleo durante este periodo de "observación"?

6. Grafique la función de onda $\psi_{1s}(r)$ (ecuación 42.3) y la función de densidad de probabilidad radial $P_{1s}(r)$ (ecuación 42.7) para el hidrógeno. Considere que r varía de 0 a $1.5a_0$, donde a_0 es el radio de Bohr.

7. La función de onda para un electrón en el estado $2p$ del hidrógeno es

$$\psi_{2p} = \frac{1}{\sqrt{3}(2a_0)^{3/2}}\frac{r}{a_0}e^{-r/2a_0}$$

¿Cuál es la distancia más probable desde el núcleo para encontrar un electrón en el estado $2p$? (véase la Fig. 42.8).

8. Muestre que una función de onda $1s$ para un electrón en el hidrógeno

$$\psi(r) = \frac{1}{\sqrt{\pi a_0^3}}e^{-r/a_0}$$

satisface la ecuación de Schrödinger simétrica radialmente,

$$-\frac{\hbar^2}{2m}\left(\frac{d^2\psi}{dr^2} + \frac{2}{r}\frac{d\psi}{dr}\right) - \frac{k_e e^2}{r}\psi = E\psi$$

9. Si un muón (una partícula cargada negativamente que tiene una masa 206 veces la masa del electrón) es capturado por un núcleo de plomo, $Z = 82$, el sistema resultante se comporta como un átomo de un electrón. a) ¿Cuál es el "radio de Bohr" de un muón capturado por un núcleo de plomo? (*Sugerencia:* Emplee la ecuación 42.4.) b) Con la ecuación 42.2, con e sustituida por Ze, calcule la energía del estado base de un muón capturado por un núcleo de plomo. c) ¿Cuál es la energía de transición de un muón que desciende del nivel $n = 2$ al $n = 1$ en un átomo de plomo muónico?

Sección 42.5   Los "otros" números cuánticos

10. Calcule el momento angular de un electrón en a) el estado $4d$, y b) el estado $6f$.

11. Un átomo de hidrógeno está en su quinto estado excitado. El átomo emite un fotón de 1 090 nm de longitud de onda. Determine el máximo momento angular posible del electrón después de la emisión.

☐ Indica problemas que tienen soluciones completas disponibles en el *Manual de soluciones del estudiante* y en la *Guía de estudio*.

12. Enumere los posibles conjuntos de números cuánticos para electrones en a) la subcapa $3d$, y b) la subcapa $3p$.

13. ¿Cuántos conjuntos de números cuánticos son posibles para un electrón en el cual a) $n = 1$, b) $n = 2$, c) $n = 3$, d) $n = 4$ y e) $n = 5$? Verifique sus resultados para mostrar que concuerdan con la regla general de que el número de conjuntos de números cuánticos es igual a $2n^2$.

14. a) Escriba la configuración electrónica del oxígeno ($Z = 8$). b) Escriba los valores para el conjunto de números cuánticos n, ℓ, m_ℓ y m_s para cada electrón en el oxígeno.

15. Un mesón ρ tiene una carga de $-\ell$, un número cuántico de espín de 1 y una masa de 1 507 veces la del electrón. Si los electrones en los átomos fueran sustituidos por mesones ρ, enumere los posibles conjuntos de números cuánticos para mesones ρ en la subcapa $3d$.

16. Considere un átomo cuya capa M está completamente llena. a) Identifique el átomo. b) Enumere el número de electrones en cada subcapa.

17. Un electrón está en la capa N. Determine el valor máximo de la componente Z de su momento angular.

18. Determine el número de electrones que pueden ocupar la capa $n = 3$.

19. Encuentre todos los valores posibles de L, L_z y θ para un electrón en el estado $3d$ del hidrógeno.

20. Todos los objetos, grandes y pequeños, se comportan de acuerdo con la mecánica cuántica. a) Estime el número cuántico ℓ para la Tierra en su órbita alrededor del Sol. b) ¿Qué cambio de energía (en joules) ocurriría si la Tierra hiciera una transición a un estado permitido adyacente?

21. La componente z del momento magnético del espín del electrón está dada por el magnetón de Bohr, $\mu_B = eh/2m$. Muestre que el magnetón de Bohr tiene el valor numérico de 9.27×10^{-24} J/T $= 5.79 \times 10^{-5}$ eV/T.

22. Considere un electrón como una esfera clásica, con la misma densidad de masa que la del protón que tiene un radio de 1.00×10^5 m. Si el momento angular de espín del electrón es causado por una rotación alrededor de su eje, a) determine la velocidad de un punto sobre la superficie del electrón, y b) compare esta velocidad con la de la luz. (*Sugerencia: $L = I\omega = h/2$.*)

Sección 42.6   El principio de exclusión y la Tabla Periódica

23. ¿Cuál configuración electrónica tiene una energía inferior: $[Ar]3d^44s^2$ o $[Ar]3d^54s^1$? Identifique este elemento y analice la regla de Hund en este caso.

24. Cuando se descubra el elemento 110, ¿cuál sería su configuración electrónica probable?

25. Diseñe una tabla similar a la que se muestra en la figura 42.13 para átomos que contienen de 11 a 19 electrones. Emplee la regla de Hund y suposiciones a partir de esta información.

26. a) Revise la tabla 42.4 con el fin de aumentar el número atómico y advierta que los electrones llenan las subcapas de manera tal que aquéllas con los valores más bajos de $n + \ell$ se llenan primero. Si las dos subcapas tienen el mismo valor de $n + \ell$, la que tiene el valor menor de n se llena primero. Con estas dos reglas escriba el orden en el cual se llenan las subcapas hasta $n = 7$. b) Prediga la valencia química para los elementos que tienen números atómicos 15, 47 y 86, y compare sus predicciones con las valencias reales.

Sección 42.7   Espectros atómicos: visibles y rayos X

27. Si usted desea producir rayos X de 10 mn en el laboratorio, ¿cuál es el voltaje mínimo que debe usar al acelerar los electrones?

27A. Si usted desea producir rayos X de longitud de onda λ en el laboratorio, ¿cuál es el voltaje mínimo que debe usar al acelerar los electrones?

28. En la producción de rayos X, los electrones se aceleran a través de un alto voltaje V y luego se desaceleran incidiendo en un blanco. Muestre que la longitud de onda más corta de los rayos X que pueden producirse es

$$\lambda_{\text{mín}} = \frac{1\ 243 \text{ nm}}{V}$$

29. La longitud de onda de rayos X característicos correspondientes a la línea K_β es 0.152 nm. Determine el material en el blanco.

30. El rayo X K_α es el único que se emite cuando un electrón sufre una transición de la capa L ($n = 2$) a la capa K ($n = 1$). Calcule la frecuencia del rayo X K_α desde un blanco de níquel ($Z = 28$).

31. Se disparan electrones hacia un blanco de Bi y se emiten rayos X. Determine a) la energía de transición de la capa M a la L para el Bi, y b) la longitud de onda de los rayos x emitidos cuando un electrón desciende de la capa M a la capa L.

32. Utilice el método ilustrado en el ejemplo 42.7 para calcular la longitud de onda de los rayos X emitidos por un blanco de molibdeno ($Z = 42$) cuando un electrón se mueve de la capa L ($n = 2$) a la capa K ($n = 1$).

Sección 42.8   Transiciones atómicas

33. La familiar luz amarilla de una lámpara de calle de vapor de sodio se produce a partir de una transición $3p \rightarrow 3s$ en ^{11}Na. Evalúe la longitud de esta luz dado que la diferencia de energía $E_{3p} - E_{3s} = 2.1$ eV.

34. La longitud de onda de luz coherente de un láser de rubí es 694.3 nm. ¿Cuál es la diferencia de energía (en electrón volts) entre el estado superior excitado y el estado inferior no excitado?

35. Un láser de rubí entrega un pulso de 10 ns de 1.0 MW de potencia promedio. Si los fotones tienen una longitud de onda de 694.3 nm, ¿cuántos contiene el pulso?

35A. Un láser entrega un pulso de duración *t* a una potencia promedio *P*. Si los fotones tienen una longitud de onda λ, ¿cuántos contiene el pulso?

PROBLEMAS ADICIONALES

36. La figura P42.36 muestra los diagramas de niveles de energía del He y el Ne. Un voltaje eléctrico excita el átomo de He de su estado base a su estado excitado de 20.61 eV. El átomo de He excitado choca con un átomo de Ne en su estado base y lo excita hasta el estado a 20.66 eV. La acción láser ocurre en la transición electrónica de E_4 a E_3 en los átomos de Ne. Muestre que la longitud de onda de este láser de He-Ne rojo es aproximadamente de 633 nm.

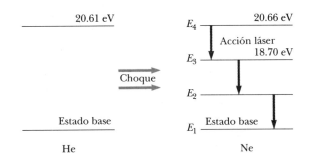

FIGURA P42.36

37. En la técnica conocida, resonancia del espín del electrón (REE), una muestra que contiene electrones no apareados se pone en un campo magnético. Considere la situación más simple, aquella en la cual sólo hay un electrón y, por lo tanto, sólo dos posibles estados de energía, que corresponden a $m_s = \pm \frac{1}{2}$. En la REE, la absorción de un fotón hace que el momento magnético del espín del electrón pase de un estado de energía menor a uno de energía mayor. (El estado de energía inferior corresponde al caso en el que el momento magnético $\boldsymbol{\mu}_s$ se alinea con el campo magnético, y el estado de energía superior corresponde al caso en el que $\boldsymbol{\mu}_s$ se alinea contra el campo.) ¿Cuál es la frecuencia requerida del fotón para excitar una transición de REE en un campo magnético de 0.35 T?

38. Un láser de Nd:YAG que se utiliza en cirujía del ojo emite un pulso de 3.0 μm en 1.0 ns, enfocado en un punto de 30 μm de diámetro sobre la retina. a) Encuentre (en unidades del SI) la potencia por unidad de área en la retina. (Esta cantidad se denomina irradiancia.) b) ¿Qué energía se entrega a un área de tamaño molecular, digamos un área circular de 0.60 nm, de diámetro.

39. Un número adimensional que aparece a menudo en la física atómica es la constante de estructura fina $\alpha = k_e e l^2 / \hbar c$, donde k_e es la constante de Coulomb. a) Obtenga un valor numérico para $1/\alpha$. b) En experimentos de dispersión se considera que el tamaño del electrón es igual al radio clásico del electrón, $r_e = k_e e l^2 / m_e c^2$. En función

de α, ¿cuál es la proporción entre la longitud de onda de Compton (sección 40.4), $\lambda_C = h/m_e c$, y el radio clásico del electrón? c) En función de α, ¿cuál es la proporción entre el radio de Bohr, a_0, y la longitud de onda de Compton? d) En función de α, ¿cuál es la proporción entre la longitud de onda de Rydberg, $1/R_H$, y el radio de Bohr (sección 40.6)?

40. Muestre que el valor promedio de *r* para el estado 1*s* del hidrógeno es $3a_0/2$. (*Sugerencia*: Emplee la ecuación 42.7.)

41. Suponga que un átomo de hidrógeno está en el estado 2*s*. Considere $r = a_0$ y calcule los valores para a) $\psi_{2s}(a_0)$, b) $|\psi_{2s}(a_0)|^2$, y c) $P_{2s}(a_0)$. (*Sugerencia*: Utilice la ecuación 42.8.)

42. El láser de dióxido de carbono es uno de los más poderosos que se han desarrollado. La diferencia de energía entre los dos niveles del láser es 0.117 eV. Determine la frecuencia y la longitud de onda de la radiación emitida por este láser. ¿En qué parte del espectro electromagnético se encuentra esta radiación?

43. Muestre que la función de onda para un electrón en el estado 2*s* en el hidrógeno

$$\psi(r) = \frac{1}{4\sqrt{2\pi}}\left(\frac{1}{a_0}\right)^{3/2}\left(2 - \frac{r}{a_0}\right)e^{-r/2a_0}$$

satisface la ecuación de Schrödinger simétrica radialmente dada en el problema 8.

44. En el estado base del hidrógeno, ¿cuál es la probabilidad de encontrar un electrón más cerca del núcleo que el radio de Bohr correspondiente a *n* = 1?

45. Un láser de rubí de pulsos emite luz a 694.3 nm. Para un pulso de 14 ps que contiene 3.0 J de energía, encuentre a) la longitud física del pulso conforme viaja por el espacio, y b) el número de fotones en él. c) Si el haz tiene una sección transversal circular de 0.60 cm de diámetro, encuentre el número de fotones por milímetro cúbico.

45A. Un láser de rubí de pulsos emite luz de longitud de onda λ. Para un pulso de duración *t* que contiene una energía *E*, encuentre a) la longitud física del pulso conforme viaja por el espacio, y b) el número de fotones en él. c) Si el haz tiene una sección transversal circular de diámetro *d*, encuentre el número de fotones por unidad de volumen.

46. El número *N* de átomos en un estado particular recibe el nombre de población de ese estado. Este número depende de la energía de ese estado y la temperatura. La población de átomos en un estado de energía E_n está dada por una expresión de la distribución de Boltzmann:

$$N = N_0 e^{-E_n/kT}$$

donde N_0 es la población del estado cuando $T \to \infty$. Encuentre a) la proporción entre las poblaciones de los estados E_3^* y E_2 para el láser en la figura 42.22, suponiendo $T = 27°C$, y b) la proporción entre las poblaciones de los dos estados en un láser de rubí que produce un haz luminoso de 694.3 nm de longitud de onda a 4 K.

47. Considere un átomo de hidrógeno en su estado base. a) Considere al electrón orbital como un lazo de corriente efectiva de radio a_0, y obtenga una expresión para el campo magnético en el núcleo. (*Sugerencia:* Utilice la teoría de Bohr del hidrógeno y vea el ejemplo 30.3.) b) Encuentre un valor numérico para el campo magnético en el núcleo en esta situación.

48. Cuando las nubes de electrones se traslapan puede efectuarse un cálculo detallado de la carga efectiva en el núcleo empleando mecánica cuántica. Para el caso del átomo de litio, la carga efectiva en cada electrón interno es $-0.85e$. Emplee esto para encontrar a) la carga efectiva en el núcleo según es vista por el electrón de valencia exterior, y b) la energía de ionización (compare esto con 5.4 eV).

49. a) Calcule el valor más probable de r para un electrón en el estado $2s$ del hidrógeno. (*Sugerencia:* Considere $x = r/a_0$ y encuentre una ecuación para x y muestre que $x = 5.236$ es una solución a esta ecuación.) b) Muestre que la función de onda dada por la ecuación 42.8 está normalizada.

50. Todos los átomos tienen aproximadamente el mismo tamaño. a) Para demostrarlo calcule los diámetros del aluminio, masa atómica molar = 27 g/mol y densidad 2.70 g/cm³, y del uranio, masa atómica molar = 238 g/mol y densidad 18.9 g/cm³. b) ¿Qué significan los resultados acerca de las funciones de onda para electrones de capa interna cuando avanzamos hacia átomos de masas atómicas más y más grandes. (*Sugerencia:* El volumen molar es aproximadamente proporcional a $D^3 N_A$, donde D es el diámetro atómico y N_A es el número de Avogadro.)

51. Para hidrógeno en el estado $1s$, ¿cuál es la probabilidad de encontrar el electrón más allá de $2.50a_0$ del núcleo?

52. De acuerdo con la física clásica, una carga acelerada e radia a razón

$$\frac{dE}{dt} = -\frac{1}{6\pi\epsilon_0}\frac{e^2 a^2}{c^3}$$

a) Demuestre que un electrón en un átomo de hidrógeno clásico (vea la Fig. 42.3) gira en espiral dentro del núcleo a una tasa de

$$\frac{dr}{dt} = -\frac{e^4}{12\pi^2\epsilon_0{}^2 r^2 m^2 c^3}$$

b) Encuentre el tiempo que tarda el electrón en llegar a $r = 0$, empezando desde $r_0 = 2 \times 10^{-10}$ m.

53. Luz de cierto láser de He-Ne tiene una salida de potencia de 1.0 mW y un área de sección transversal de 10 mm². El haz completo incide sobre un blanco metálico que requiere 1.5 eV para arrancar un electrón de su superficie. a) Efectúe un cálculo clásico para determinar cuánto tarda un átomo en el metal en absorber 1.5 eV del haz incidente. (*Sugerencia:* Suponga que el área de la superficie de un átomo es 1.0×10^{-20} m², y calcule primero la energía incidente en cada átomo por segundo.) b) Compare la respuesta (equivocada) obtenida en el inciso a) con el tiempo de respuesta real de la emisión fotoeléctrica ($\approx 10^{-9}$ s) y analice las razones de la gran discrepancia.

53A. Luz de un láser tiene una salida de potencia de P y un área de sección transversal A. El haz completo incide sobre un blanco metálico que requiere energía ϕ para arrancar un electrón de su superficie. a) Efectúe un cálculo clásico para determinar cuánto tarda un átomo en el metal en absorber una energía ϕ del haz incidente.

54. En el espacio interestelar, el hidrógeno atómico produce la línea espectral definida conocida como radiación de 21 cm, la cual los astrónomos han encontrado muy útil para detectar nubes de hidrógeno entre estrellas. Esta radiación es útil debido a que el polvo interestelar que oscurece las longitudes de onda visibles es transparente a estas longitudes de onda de radio. La radiación no es generada por una transición electrónica entre estados de energía caracterizados por n. En lugar de eso, en el estado base ($n = 1$), los espines del electrón y el protón pueden ser paralelos o antiparalelos, con una resultante ligeramente diferente en estos estados de energía. a) ¿Cuál condición tiene la energía más alta? b) La línea está en realidad a 21.11 cm. ¿Cuál es la diferencia de energía entre los estados? c) El tiempo de vida promedio en el estado excitado es aproximadamente de 10^7 a. Calcule la incertidumbre asociada en la energía de este nivel de energía excitado.

Moléculas y sólidos

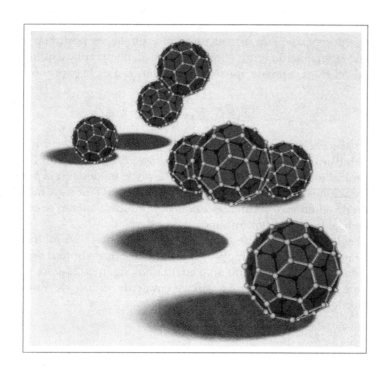

Una representación artística de "bolas de bucky", nombre abreviado de la molécula de buckminsterfulereno. Estas estructuras moleculares casi esféricas con apariencia de balones de futbol recibieron este nombre en honor a R. Buckminster Fuller, inventor del domo geodésico. Esta nueva forma de carbono, C_{60}, fue descubierta por astrofísicos mientras investigaban el gas de carbono que existe entre las estrellas. Los científicos están estudiando activamente las propiedades y usos potenciales del buckminsterfulereno y moléculas relacionadas. Por ejemplo, muestras que contienen C_{60} dopado con rubideo presentan superconductividad a aproximadamente 30 K.

La hermosa simetría y regularidad de los sólidos cristalinos ha estimulado y permitido rápidos avances en el campo de la física de estado sólido en el siglo xx. A pesar de los rápidos avances teóricos en los arreglos atómicos más regulares (sólidos cristalinos) y en los arreglos atómicos más aleatorios (gases), se ha avanzado mucho menos con líquidos y sólidos amorfos (irregulares), hasta hace muy poco. El reciente interés en los materiales amorfos de bajo costo ha sido motivado por su empleo en la fabricación de celdas solares, elementos de memoria y guías de onda de fibra óptica.

En este capítulo estudiamos los conjuntos de átomos conocidos como moléculas. Describimos primero los mecanismos de enlace en las moléculas, los diversos modos de fijación molecular y la radiación emitida o absorbida por moléculas. Luego seguimos el siguiente paso lógico y mostramos cómo se combinan las moléculas para formar sólidos. Después, mediante el examen de sus distribuciones electrónicas, explicamos las diferencias entre cristales aislantes, metálicos y semiconductores. El capítulo concluye con análisis de uniones semiconductoras y la operación de varios dispositivos semiconductores.

43.1 ENLACES MOLECULARES

Dos átomos se combinan para formar una molécula debido a una fuerza de atracción neta que existe entre ellos siempre que su distancia de separación sea mayor que su distancia de separación de equilibrio en la molécula. Además, la energía de la molécula de enlace estable es menor que la energía total de los átomos separados.

Fundamentalmente, los mecanismos de enlace en una molécula se deben principalmente a fuerzas electrostáticas entre átomos (o iones). Cuando dos átomos están separados por una distancia infinita, la fuerza entre ellos es cero, como lo es la energía potencial electrostática del sistema que constituyen. A medida que los átomos se aproximan entre sí, actúan ambas fuerzas atractiva y repulsiva. A separaciones muy grandes, las fuerzas dominantes son atractivas. Para pequeñas separaciones, las fuerzas repulsivas entre cargas similares empiezan a dominar.

La energía potencial de un sistema de átomos puede ser positiva o negativa, dependiendo de la separación entre ellos. En ausencia de un enlace químico, la energía potencial del sistema puede aproximarse por medio de la expresión

$$U = -\frac{A}{r^n} + \frac{B}{r^m} \qquad (43.1)$$

donde r es la separación internuclear, A y B son parámetros asociados a las fuerzas atractiva y repulsiva, y n y m son enteros pequeños. En la figura 43.1 se grafica la energía potencial total contra la separación internuclear. La energía potencial para grandes separaciones es negativa, lo que corresponde a una fuerza atractiva neta. En la separación de equilibrio, las fuerzas atractiva y repulsiva apenas se equilibran y la energía potencial tiene su valor mínimo.

Una descripción completa de los mecanismos de enlace en moléculas es muy complicada debido a que están implicadas las interacciones mutuas de muchas partículas. En esta sección, por lo tanto, sólo analizamos algunos modelos simplificados en el siguiente orden: enlace iónico, enlace covalente, enlace de Van der Waals y enlace de hidrógeno.

Enlaces iónicos

Los **enlaces iónicos** se deben fundamentalmente a la atracción de Coulomb entre iones con cargas opuestas. Un ejemplo familiar de una molécula enlazada iónicamente es el cloruro de sodio, NaCl, es decir, la familiar sal de mesa. El sodio, que tiene una configuración electrónica $1s^2 2s^2 2p^6 3s$, es relativamente fácil de ionizar, brindando su electrón $3s$ para formar un ion Na$^+$. La energía requerida para ionizar el átomo con el fin de formar Na$^+$ es 5.1 eV. El cloro, que tiene una configuración electrónica $1s^2 2s^2 2p^5$, tiene un electrón menos que la estructura de capa llena del argón. Debido a que las configuraciones de capa llena son energéticamente más favorables que las configuraciones de capa no llena, el ion Cl$^-$ es más estable que el átomo Cl neutro. La energía liberada cuando un átomo toma un electrón recibe el nombre de afinidad electrónica. Para el cloro la afinidad electrónica es 3.6 eV. Por consiguiente, una energía igual a 5.1 − 3.6 = 1.5 eV debe proporcionarse a los átomos neutros de Na y Cl para transformarlos en iones Na$^+$ y Cl$^-$ a una separación infinita.

La energía total contra la separación internuclear se muestra en la figura 43.2 para el NaCl. La energía total de la molécula tiene un valor mínimo de −4.2 eV a la separación de equilibrio, la cual es aproximadamente de 0.24 nm. La energía necesaria para separar la molécula de NaCl en átomos neutros de sodio y cloro, denominada **energía de disociación**, es igual a 4.2 eV.

Cuando dos iones se acercan hasta 0.24 nm uno del otro, los electrones en las capas llenas empiezan a traslaparse, lo cual produce una repulsión entre los iones. Cuando los iones están bastante separados, la interacción puede considerarse como una atracción de dos cargas puntuales. Conforme se aproximan uno al otro, las

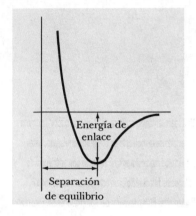

FIGURA 43.1 Energía potencial total como una función de la separación internuclear de un sistema de dos átomos.

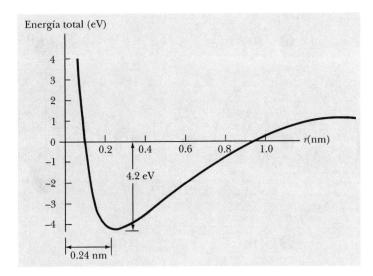

FIGURA 43.2 Energía total contra la separación internuclear para la molécula de NaCl. Observe que la energía de disociación es 4.2 eV.

repulsiones electrón-electrón, especialmente de electrones del núcleo, empiezan a dominar.

Enlaces covalentes

Un **enlace covalente** entre dos átomos en una molécula puede visualizarse como la compartición de electrones suministrados por uno o ambos átomos. Muchas moléculas diatómicas, como H_2, F_2 y CO deben su estabilidad a enlaces covalentes. En el caso de la molécula de H_2, los dos electrones son compartidos por los núcleos y ocupan lo que se conoce como un *orbital molecular*. La densidad electrónica es grande en la región entre los dos núcleos, de manera que los electrones actúan como el pegamento que mantiene unido a los núcleos. La formación del orbital molecular a partir de los orbitales *s* de los dos átomos de hidrógeno se muestra en la figura 43.3. Debido al principio de exclusión, los dos electrones en el estado base de H_2 deben tener espines antiparalelos. Asimismo, debido al principio de exclusión, si un tercer átomo H se lleva cerca de la molécula H_2, el tercer electrón tendría que ocupar un nivel cuántico de mayor energía, lo cual es energéticamente una situación desfavorable. En consecuencia, la molécula de H_3 no es estable y no se forma.

Moléculas estables más complejas que H_2, como H_2O, CO_2 y CH_4 se forman también mediante enlaces covalentes. Considere al metano, CH_4, una molécula orgánica común que se muestra de manera esquemática en el diagrama de electrones compartidos de la figura 43.4a. En este caso los cuatro enlaces covalentes se forman entre el átomo de carbono y cada uno de los átomos de hidrógeno. La distribución electrónica espacial de los cuatro enlaces covalentes se muestra en la figura 43.4b. Los cuatro núcleos de hidrógeno están en las esquinas de un tetrahedro regular, con el núcleo de carbono en el centro.

FIGURA 43.3 El enlace covalente formado por los dos electrones 1s de la molécula H_2. La intensidad del color verde es proporcional a la probabilidad de encontrar un electrón en esa posición.

Enlaces de Van der Waals

Si dos moléculas están separadas a cierta distancia, se atraen entre sí por fuerzas electrostáticas débiles denominadas **fuerzas de Van der Waals**. De igual modo, los átomos que no forman enlaces iónicos o covalentes se atraen mutuamente por medio de fuerzas de Van der Waals. Por esta razón, a temperaturas suficientemente bajas donde las excitaciones térmicas son despreciables, los gases se condensan primero en líquidos y después se solidifican (con la excepción del helio, el cual no se solidifica a presión atmosférica).

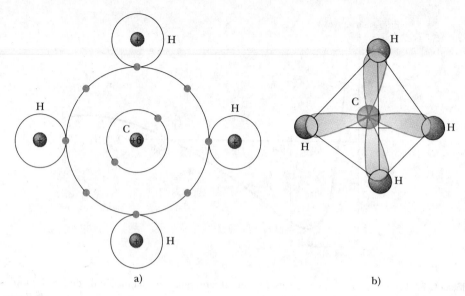

a)   b)

FIGURA 43.4   a) Los cuatro enlaces covalentes en la molécula de CH_4. b) Una representación esquemática de la dependencia angular de estos cuatro enlaces covalentes. El átomo de carbono está en el centro del tetrahedro que tiene átomos de hidrógeno en sus esquinas. La densidad de electrones es más grande en el núcleo, aunque hay alguna distorsión para incrementar la densidad de electrones entre los núcleos.

Hay tres tipos de fuerzas intermoleculares débiles. El primer tipo, denominado la *fuerza de dipolo-dipolo*, es una interacción entre dos moléculas, cada una con un momento de dipolo eléctrico permanente. Por ejemplo, moléculas polares, como el H_2O, tienen momentos de dipolo eléctrico permanente y atraen a otras moléculas polares (Fig. 43.5). En efecto, una molécula interactúa con el campo eléctrico producido por otra molécula.

El segundo tipo es una *fuerza de dipolo-dipolo inducido* en la cual una molécula polar que tiene un momento de dipolo eléctrico permanente induce un momento de dipolo en una molécula no polar.

El tercer tipo, llamado de Van der Waals o *fuerza de dispersión*, es una fuerza atractiva que ocurre entre dos moléculas no polares. En este caso, la interacción es resultado de que, aunque el momento de dipolo promedio de una molécula no polar es cero, el promedio del cuadrado del momento de dipolo es diferente de cero debido a las fluctuaciones de carga. En consecuencia, dos moléculas no polares cerca una de otra tienden a estar correlacionadas como para producir una fuerza atractiva de Van der Waals.

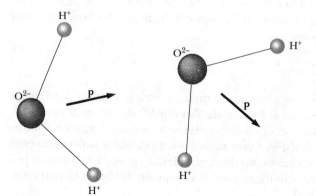

FIGURA 43.5   Las moléculas de agua tienen momentos de dipolo eléctrico permanentes. Las moléculas se atraen entre sí debido a que el campo eléctrico producido por una molécula interactúa con una cercana y orienta el momento de la misma.

El enlace de hidrógeno

Debido a que el hidrógeno sólo tiene un electrón, se espera que forme un enlace covalente sólo con otro átomo. Sin embargo, en algunas moléculas el hidrógeno forma un tipo de enlace diferente, uno que comprende más de un átomo. Los enlaces en un arreglo de este tipo reciben el nombre de **enlaces de hidrógeno**. Éste es un enlace químico relativamente débil, con una energía de enlace de aproximadamente 0.1 eV. Aunque el enlace de hidrógeno es débil, es el mecanismo responsable del enlace de moléculas biológicas gigantes y polímeros. Por ejemplo, en el caso de la famosa molécula de DNA que tiene una estructura de doble hélice, los enlaces de hidrógeno formados cuando dos átomos comparten un protón crea uniones entre las vueltas de la hélice. El mecanismo de compartir un protón es similar al de compartir electrones en el enlace covalente.

43.2 LA ENERGÍA Y ESPECTROS DE MOLÉCULAS

Como en el caso de los átomos, la estructura y propiedades de moléculas pueden estudiarse al examinar la radiación que emiten o absorben. Antes de que describamos estos procesos, es importante entender primero las distintas maneras en que puede excitarse una molécula.

Considere una molécula individual en la fase gaseosa. La energía de la molécula puede dividirse en cuatro categorías: 1) energía electrónica, debida a interacciones mutuas de los electrones y núcleos de las moléculas; 2) energía traslacional, la cual se debe al movimiento del centro de masa de la molécula por el espacio, 3) energía rotacional, que es producto de la rotación de la molécula alrededor de su centro de masa, y 4) energía vibratoria, consecuencia de la vibración de los átomos constituyentes. De este modo, podemos escribir la energía total de la molécula en la forma

$$E = E_{el} + E_{trans} + E_{rot} + E_{vib}$$

Excitaciones de una molécula

La energía electrónica de una molécula es muy compleja debido a que incluye la interacción de muchas partículas cargadas; sin embargo, se han desarrollado algunas técnicas para aproximar sus valores. La energía traslacional no se relaciona con la estructura interna, por lo que esta energía molecular no es importante al interpretar los espectros moleculares.

Movimiento rotacional de una molécula

Consideremos la rotación de una molécula alrededor de su centro de masa, limitando nuestro análisis al caso diatómico (Fig. 43.6a), pero se debe observar que las mismas ideas pueden extenderse a moléculas poliatómicas. Una molécula diatómica sólo tiene dos grados de libertad rotacionales, lo que corresponde a rotaciones alrededor de los ejes y y z, esto es, los ejes perpendiculares al eje molecular.[1] Si ω es la frecuencia angular de rotación alrededor de uno de los ejes, la energía cinética rotacional de la molécula se puede expresar en la forma

$$E_{rot} = \tfrac{1}{2}I\omega^2 \qquad (43.2)$$

donde I es el momento de inercia de la molécula, dado por

$$I = \left(\frac{m_1 m_2}{m_1 + m_2}\right)r^2 = \mu r^2 \qquad (43.3)$$

Momento de inercia de una molécula diatómica

[1] La energía de excitación correspondiente a rotaciones alrededor del eje molecular es tan grande que dichos modos no son observables debido a que casi toda la masa molecular está concentrada dentro de las dimensiones nucleares del eje de rotación, dando un momento de inercia despreciablemente pequeño alrededor de la línea internuclear.

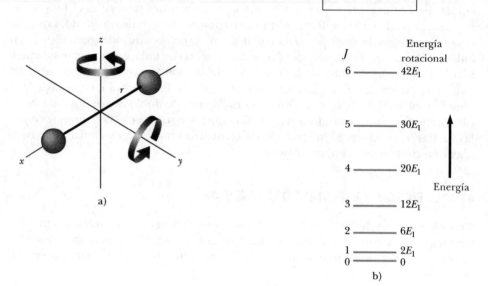

$$E_1 = \frac{\hbar^2}{2I}$$

FIGURA 43.6   a) Una molécula diatómica orientada a lo largo del eje x tiene dos grados de libertad rotacionales, que corresponden a rotación alrededor de los ejes y y z. b) Energías rotacionales permitidas de una molécula diatómica de acuerdo a como se calculan empleando la ecuación 43.6.

donde m_1 y m_2 son las masas de los átomos que forman la molécula, r es la separación atómica y μ es la **masa reducida** de la molécula:

Masa reducida de una molécula

$$\mu = \frac{m_1 m_2}{m_1 + m_2} \tag{43.4}$$

La magnitud del momento angular de la molécula es $I\omega$, la cual de manera clásica puede tener cualquier valor. La mecánica cuántica, sin embargo, restringe los valores de momento angular a múltiplos de $\hbar$

Valores permitidos del momento angular rotacional

$$I\omega = \sqrt{J(J+1)}\,\hbar \qquad J = 0, 1, 2, \ldots \tag{43.5}$$

donde J es un entero conocido como **número cuántico rotacional.** Al sustituir la ecuación 43.5 en la 43.2, obtenemos una expresión para los valores permitidos de la energía cinética rotacional:

$$E_{\text{rot}} = \tfrac{1}{2}I\omega^2 = \frac{1}{2I}(I\omega)^2 = \frac{(\sqrt{J(J+1)}\,\hbar)^2}{2I}$$

Valores permitidos de la energía rotacional

$$E_{\text{rot}} = \frac{\hbar^2}{2I} J(J+1) \qquad J = 0, 1, 2, \ldots \tag{43.6}$$

Así, vemos que *la energía rotacional de la molécula está cuantizada y depende de su momento de inercia.* Las energías rotacionales permitidas de una molécula diatómica se grafican en la figura 43.6b.

El espaciamiento de niveles de energía rotacionales adyacentes de la mayor parte de las moléculas está en el intervalo de frecuencias de las microondas ($f \approx 10^{11}$ Hz) o en el infrarrojo lejano. Cuando una molécula absorbe un fotón de microondas salta de un nivel de energía rotacional inferior a uno superior. Las transiciones

TABLA 43.1 Líneas de absorción de microondas correspondientes a varias transiciones rotacionales de la molécula de CO

Transición rotacional	Longitud de onda de la línea de absorción (m)	Frecuencia de la línea de absorción (Hz)
$J = 0 \rightarrow J = 1$	2.60×10^{-3}	1.15×10^{11}
$J = 1 \rightarrow J = 2$	1.30×10^{-3}	2.30×10^{11}
$J = 2 \rightarrow J = 3$	8.77×10^{-4}	3.46×10^{11}
$J = 3 \rightarrow J = 4$	6.50×10^{-4}	4.61×10^{11}

De G. M. Barrows, *The Structure of Molecules*, Nueva York, W. A. Benjamin, 1963.

rotacionales permitidas de moléculas lineales se regulan por medio de la regla de selección $\Delta J = \pm 1$. Es decir, una línea de absorción en el espectro de microondas de una molécula lineal corresponde a una separación de energía igual a $E_J - E_{J-1}$. De acuerdo con la ecuación 43.6, vemos que las transiciones permitidas están dadas por la condición

$$\Delta E = E_J - E_{J-1} = \frac{\hbar^2}{2I}\left[J(J+1) - (J-1)J\right]$$

$$= \frac{\hbar^2}{I} J = \frac{h^2}{4\pi^2 I} J \qquad (43.7)$$

Separación entre niveles rotacionales adyacentes

donde J es el número cuántico rotacional del estado de energía más alto. Debido a que $\Delta E = hf$, donde f es la frecuencia del fotón de microondas absorbido, vemos que la frecuencia permitida de la transición $J = 0$ a $J = 1$ es $f_1 = h^2/4\pi^2 I$. La frecuencia correspondiente a la transición $J = 1$ a $J = 2$ es $2f_1$, y así sucesivamente. Estas predicciones conuerdan muy bien con las frecuencias observadas.

Las longitudes de onda y frecuencias para el espectro de absorción de microondas de la molécula de CO están dadas en la tabla 43.1. A partir de estos datos, el momento de inercia y la longitud del enlace de la molécula pueden evaluarse.

EJEMPLO 43.1 **Rotación de la molécula de CO**

La transición rotacional de $J = 0$ a $J = 1$ de la molécula de CO ocurre a 1.15×10^{11} Hz. a) Emplee esta información para calcular el momento de inercia de la molécula.

Solución De acuerdo con la ecuación 43.7, vemos que la diferencia de energía entre los niveles rotacionales $J = 0$ y $J = 1$ es $h^2/4\pi^2 I$. Igualando esto con la energía del fotón absorbido, obtenemos

$$\frac{h^2}{4\pi^2 I} = hf$$

Al despejar I se obtiene

$$I = \frac{h}{4\pi^2 f} = \frac{6.626 \times 10^{-34}\, \text{J} \cdot \text{s}}{4\pi^2 (1.15 \times 10^{11}\, \text{s}^{-1})}$$

$$= \boxed{1.46 \times 10^{-46}\, \text{kg} \cdot \text{m}^2}$$

b) Calcule la longitud del enlace de la molécula.

Solución La ecuación 43.3 puede emplearse para calcular la longitud del enlace, pero primero necesitamos conocer el valor de la masa reducida μ de la molécula de CO. Puesto que $m_1 = 12$ u y $m_2 = 16$ u, la masa reducida es

$$\mu = \frac{m_1 m_2}{m_1 + m_2} = \frac{(12\,\text{u})(16\,\text{u})}{12\,\text{u} + 16\,\text{u}} = 6.86\,\text{u}$$

$$= (6.86\,\text{u})\left(1.66 \times 10^{-27}\,\frac{\text{kg}}{\text{u}}\right) = 1.14 \times 10^{-26}\,\text{kg}$$

donde hemos usado el hecho de que 1 u $= 1.66 \times 10^{-27}$ kg.

Al sustituir este valor y el resultado del inciso a) en la ecuación 43.3, y al despejar r, obtenemos

$$r = \sqrt{\frac{I}{\mu}} = \sqrt{\frac{1.46 \times 10^{-46}\,\text{kg} \cdot \text{m}^2}{1.14 \times 10^{-26}\,\text{kg}}}$$

$$= 1.13 \times 10^{-10}\,\text{m} = \boxed{0.113\,\text{nm}}$$

Movimiento vibratorio de moléculas

Una molécula es una estructura flexible en la cual los átomos están ligados entre sí por lo que pueden considerarse "resortes efectivos". Si se perturba, la molécula puede vibrar y adquirir energía vibratoria. Este movimiento vibratorio y la energía vibratoria correspondiente puede alterarse si la molécula se expone a la radiación de la frecuencia adecuada.

Considere la molécula diatómica que se muestra en la figura 43.7a, donde el resorte efectivo tiene una constante de fuerza k. Una gráfica de la energía potencial contra la separación atómica para una de estas moléculas se dibuja en la figura 43.7b, donde r_0 es la separación atómica de equilibrio. De acuerdo con la mecánica clásica, la frecuencia de vibración para un sistema de este tipo es

$$f = \frac{1}{2\pi}\sqrt{\frac{k}{\mu}} \qquad (43.8)$$

donde de nuevo μ es la masa reducida por la ecuación 43.4.

Como esperamos, la solución de la mecánica cuántica a este sistema muestra que la energía está cuantizada, con energías permitidas

$$E_{\text{vib}} = (v + \tfrac{1}{2})\,hf \qquad v = 0, 1, 2, \ldots \qquad (43.9)$$

donde v es un entero llamado el **número cuántico vibratorio**. Si el sistema está en el estado de vibración más bajo, para el cual $v = 0$, su energía de punto cero es $\tfrac{1}{2}\,hf$. La vibración acompañante —el movimiento del punto cero— siempre está presente, incluso si la molécula no está excitada. En el primer estado excitado, $v = 1$ y la energía vibratoria es $\tfrac{3}{2}\,hf$, y así sucesivamente.

Sustituyendo la ecuación 43.8 en la 43.9 se obtiene la siguiente expresión para la energía vibratoria:

Valores permitidos de energía vibratoria

$$E_{\text{vib}} = (v + \tfrac{1}{2})\,\frac{h}{2\pi}\sqrt{\frac{k}{\mu}} \qquad v = 0, 1, 2, \ldots \qquad (\mathbf{43.10})$$

La regla de selección para las transiciones vibratorias permitidas es $\Delta v = \pm 1$. De acuerdo con la ecuación 43.10 vemos que la diferencias de energía entre dos niveles vibratorios sucesivos cualesquiera es

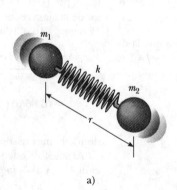

a)

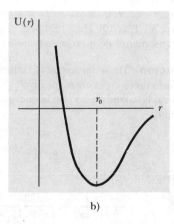

b)

FIGURA 43.7 a) Modelo de resorte efectivo de una molécula diatómica. La vibración fundamental es a lo largo del eje molecular. b) Una gráfica de la energía potencial de una molécula diatómica contra la separación atómica, donde r_0 es la separación de equilibrio de los átomos.

TABLA 43.2 Frecuencias vibratorias fundamentales y constantes de fuerza efectiva de algunas moléculas diatómicas

Molécula	Frecuencia (Hz), $v = 0$ a $v = 1$	Constante de fuerza (N/m)
HF	8.72×10^{13}	970
HCl	8.66×10^{13}	480
HBr	7.68×10^{13}	410
HI	6.69×10^{13}	320
CO	6.42×10^{13}	1 860
NO	5.63×10^{13}	1 530

De G. M. Barrows, *The Structure of Molecules,* Nueva York, W. A. Benjamin, 1963.

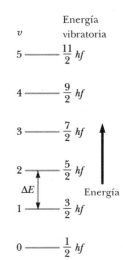

FIGURA 43.8 Energías vibratorias permitidas de una molécula diatómica, donde f es la frecuencia de vibración fundamental, dada por la ecuación 43.8. Advierta que los espaciamientos entre los niveles de vibración adyacentes son iguales.

$$\Delta E_{\text{vib}} = \frac{h}{2\pi} \sqrt{\frac{k}{\mu}} = hf \qquad (43.11)$$

Las energías vibratorias de la molécula diatómica se grafican en la figura 43.8. A temperaturas ordinarias, la mayor parte de las moléculas tienen energías vibratorias correspondientes al estado $v = 0$ debido a que el espaciamiento entre estados vibratorios es grande comparado con $k_B T$. Las transiciones entre niveles vibratorios se encuentran en la *región infrarroja* del espectro. Esto es, una molécula salta de un nivel de energía vibratoria menor a uno mayor absorbiendo un fotón que tiene una frecuencia en el intervalo infrarrojo. Las frecuencias de absorción correspondientes a la transición $v = 0$ a $v = 1$ de diversas moléculas diatómicas se registran en la tabla 43.2 junto a los valores k calculados empleando la ecuación 43.11. La rigidez de un enlace puede medirse por medio del tamaño de la constante de fuerza k. Por ejemplo, la molécula CO, que está enlazada por medio de varios electrones, tiene un enlace más rígido que el de moléculas con un solo enlace, como el HCl.

EJEMPLO 43.2 Vibración de la molécula de CO

La frecuencia del fotón correspondiente a la transición $v = 0$ a $v = 1$ para la molécula de CO ocurre a 6.42×10^{13} Hz. a) Calcule la constante de fuerza k de esta molécula.

Solución Según la ecuación 43.9 vemos que la diferencia de energía entre los estados vibratorios $v = 0$ y $v = 1$ es

$$\Delta E = \tfrac{3}{2} hf - \tfrac{1}{2} hf = hf$$

Empleando la ecuación 43.11 y el hecho de que la masa reducida es $\mu = 1.14 \times 10^{-26}$ kg para la molécula de CO (ejemplo 43.1), encontramos

$$\frac{h}{2\pi} \sqrt{\frac{k}{\mu}} = hf$$

$$k = 4\pi^2 \mu f^2$$

$$= 4\pi^2 (1.14 \times 10^{-26} \text{ kg})(6.42 \times 10^{13} \text{ s}^{-1})^2$$

$$= \boxed{1.85 \times 10^3 \text{ N/m}}$$

b) ¿Cuál es la amplitud máxima de vibración de esta molécula en el estado vibratorio $v = 0$?

Solución La energía potencial máxima almacenada en la molécula es $\tfrac{1}{2} kA^2$, donde A es la amplitud de vibración. Igualando esto con la energía vibratoria dada por la ecuación 43.10, con $v = 0$, obtenemos

$$\tfrac{1}{2} kA^2 = \frac{h}{4\pi} \sqrt{\frac{k}{\mu}}$$

Sustituyendo el valor $k = 1.86 \times 10^3$ N/m y el valor de μ en el inciso a), encontramos

$$A^2 = \frac{h}{2\pi k} \sqrt{\frac{k}{\mu}} = \frac{h}{2\pi} \sqrt{\frac{1}{k\mu}}$$

$$= \frac{6.626 \times 10^{-34}}{2\pi} \sqrt{\frac{1}{(1.86 \times 10^3)(1.14 \times 10^{-26})}}$$

$$= 2.30 \times 10^{-23} \text{ m}^2$$

de manera que

$$A = 4.79 \times 10^{-12} \text{ m} = \boxed{4.79 \times 10^{-3} \text{ nm}}$$

Al comparar este resultado con la longitud del enlace de 0.1128 nm, vemos que la amplitud de vibración es casi 4% de la longi-

tud del enlace. De este modo, observamos que la espectroscopia infrarroja brinda información útil acerca de las propiedades elásticas (resistencias del enlace) de las moléculas.

Espectros moleculares

En general, una molécula excitada gira y vibra de manera simultánea. En una primera aproximación, estos movimientos son independientes, por lo que la energía total de la molécula es la suma de las ecuaciones 43.6 y 43.9:

$$E = \frac{\hbar^2}{2I}\left[J(J+1)\right] + (v + \tfrac{1}{2})hf \qquad (43.12)$$

Los niveles de energía pueden calcularse a partir de esta expresión, y cada nivel es indicado mediante dos números cuánticos, J y v. A partir de estos cálculos, puede construirse un diagrama de niveles de energía, como el que se muestra en la figura 43.9a. Para cada valor permitido del número cuántico vibratorio v, hay un conjunto completo de niveles rotacionales que corresponden a $J = 0, 1, 2, ...$ Note que la separación de energía entre niveles rotacionales sucesivos es mucho más pequeña que la separación entre niveles vibratorios sucesivos.

A temperaturas ordinarias, la mayor parte de las moléculas están en el estado vibratorio $v = 0$ pero en diversos estados rotacionales. Cuando una molécula absorbe un fotón, v aumenta en una unidad en tanto que J aumenta o disminuye en una unidad, como en la figura 43.9. De este modo, el espectro de absorción molecular se compone de dos grupos de líneas: el grupo a la derecha del centro satisface las

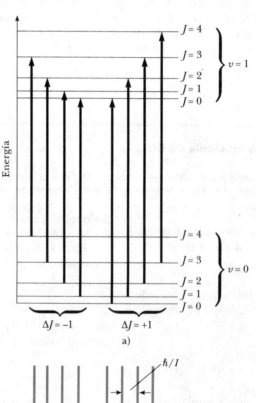

FIGURA 43.9   a) Transiciones de absorción entre los estados vibratorios $v = 0$ y $v = 1$ de una molécula diatómica. Las transiciones obedecen la regla de selección $\Delta J = \pm 1$ y caen dentro de dos secuencias, aquellas para las cuales $\Delta J = +1$, y aquellas para las que $\Delta J = -1$. Las energías de transición están dadas por la ecuación 43.12. b) Líneas esperadas en el espectro de absorción óptica de una molécula. Las líneas al lado derecho del centro corresponden a transiciones en las cuales J cambia en +1, mientras que las líneas a la izquierda del centro corresponden a transiciones para las cuales J cambia en −1. Estas mismas líneas aparecen en el espectro de emisión.

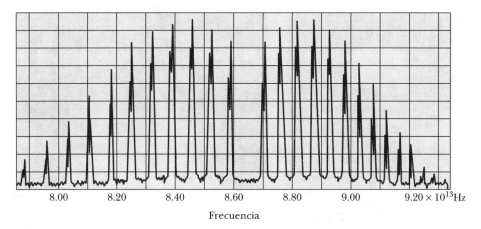

FIGURA 43.10 El espectro de absorción de la molécula de HCl. Cada línea se divide en un doblete debido a que el cloro tiene dos isótopos, ^{35}Cl y ^{37}Cl, los cuales tienen masas nucleares diferentes.

reglas de selección $\Delta J = 1$ y $\Delta v = 1$, y el grupo a la izquierda del centro satisface las reglas de selección $\Delta J = -1$ y $\Delta v = 1$.[2]

Las energías de los fotones absorbidos pueden calcularse de la ecuación 43.12:

$$\Delta E = hf + \frac{\hbar^2}{I}(J+1) \qquad J = 0, 1, 2, \ldots (\Delta J = +1) \qquad \textbf{(43.13)}$$

$$\Delta E = hf + \frac{\hbar^2}{I}J \qquad J = 1, 2, 3, \ldots (\Delta J = -1) \qquad \textbf{(43.14)}$$

donde ahora J es el número cuántico rotacional del estado *inicial*. La ecuación 43.13 genera la serie de líneas igualmente espaciadas *arriba* de la frecuencia característica *f*, en tanto que la ecuación 43.14 genera la serie *abajo* de esta frecuencia. Las líneas adyacentes están separadas en frecuencia por la unidad fundamental $\hbar/I$. La figura 43.9b muestra las frecuencias esperadas en el espectro de absorción de la molécula; estas mismas frecuencias aparecen en el espectro de emisión.

El espectro de absorción de la molécula HCl mostrado en la figura 43.10 sigue muy bien este modelo y refuerza nuestro modelo. Sin embargo, es patente una peculiaridad: cada línea se divide en un doblete. Este doblamiento ocurre debido a que los dos isótopos del cloro (^{35}Cl y ^{37}Cl) tienen diferentes masas, y las dos moléculas de HCl tienen valores diferentes de I.

43.3 ENLACES EN SÓLIDOS

Un sólido cristalino se compone de un gran número de átomos dispuesto en una configuración regular, formando una estructura periódica. Los esquemas de enlazamiento de moléculas descritos en la sección 43.1 también son apropiados al describir los enlaces en sólidos. Por ejemplo, los iones del cristal NaCl están enlazados iónicamente, en tanto que los átomos de carbono en la estructura del diamante forman enlaces covalentes. El enlace metálico, el cual es de la misma naturaleza general que el enlace iónico y covalente, es responsable de la cohesión del cobre, plata, sodio y otros metales.

[2] La regla de selección $\Delta J = \pm 1$ implica que el fotón (el cual excita una transición) es una partícula de un espín con número cuántico de espín $s = 1$. Por lo tanto, esta regla de selección describe la conservación del momento angular del sistema molécula más fotón.

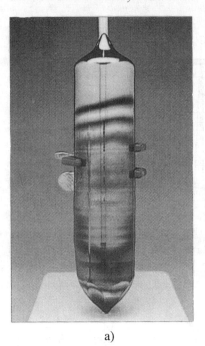

a)   b)

Sólidos cristalinos. a) Un cilindro de silicio cristalino (Si) casi puro, de aproximadamente 10 pulgadas de largo. Dichos cristales se cortan en obleas y se procesan para fabricar diversos dispositivos semiconductores. *(© Charles D. Winters)* b) Cristales de cuarzo natural (SIO_2), uno de los minerales más comunes sobre la Tierra. Los cristales de cuarzo se usan para fabricar lentes y prismas especiales y en ciertas aplicaciones electrónicas.   *(Cortesía de Ward's Natural Science)*

Sólidos iónicos

Muchos cristales se forman mediante enlace iónico, en el cual la interacción dominante entre los iones es la interacción coulombiana. Considere el cristal de NaCl en la figura 43.11, donde cada ión Na^+ tiene seis iones Cl^- vecinos más cercanos, y cada ion Cl^- tiene seis iones Na^+ vecinos más cercanos. Cada ion Na^+ es atraído hacia sus seis vecinos Cl^-. La energía potencial atractiva correspondiente es $-6k_e e^2/r$, donde r es la separación $Na^+ - Cl^-$. Además, hay también 12 iones Na^+ a una distancia de $\sqrt{2}r$

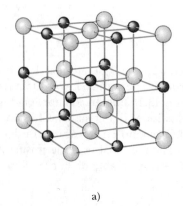
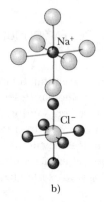

a)   b)

FIGURA 43.11   a) La estructura cristalina del NaCl. b) En la estructura del NaCl, cada ion de sodio positivo (esferas negras) está rodeado por seis iones de cloro negativos (esferas grises) y cada ion de cloro está rodeado por seis iones de sodio.

desde el Na^+, los cuales producen una fuerza repulsiva más débil sobre él. Asimismo, más allá de estos 12 iones de Na^+ están más iones Cl^- que producen una fuerza atractiva, etcétera. El efecto neto de todas estas interacciones es una energía potencial electrostática y negativa resultante

$$U_{\text{atractiva}} = - \alpha k_e \frac{e^2}{r} \qquad (43.15)$$

donde α es un número puro conocido como la **constante de Madelung**. El valor de α depende sólo de la estructura del cristal, por ejemplo, $\alpha = 1.7476$ para la estructura del NaCl. Cuando los iones constituyentes de un compuesto se acercan unos a otros, sus subcapas evitan el traslape debido a que los electrones se repelen entre sí. Esto es tomado en cuenta por el término de energía potencial B/r^m (sección 43.1). Por lo tanto, la energía potencial total es

$$U_{\text{total}} = - \alpha k_e \frac{e^2}{r} + \frac{B}{r^m} \qquad (43.16)$$

Una gráfica de la energía potencial total contra la separación de iones se muestra en la figura 43.12. La energía potencial tiene su valor mínimo U_0 en la separación de equilibrio, cuando $r = r_0$. Se deja como un problema (problema 35) mostrar que

$$U_0 = - \alpha k \frac{e^2}{r_0} \left(1 - \frac{1}{m} \right) \qquad (43.17)$$

Esta energía mínima U_0 se conoce como **energía cohesiva iónica** del sólido, y su valor absoluto representa la energía requerida para separar el sólido en una colección de iones aislados positivos y negativos. Su valor para NaCl es -7.84 eV por par Na^+ - Cl^-. Con el fin de calcular la **energía cohesiva atómica**, la cual es la energía de enlace relativa a los átomos neutros, se ganan 5.14 eV al ir del Na^+ a Na, y deben proporcionarse 3.61 eV para convertir el Cl^- en Cl. De este modo, la energía cohesiva atómica del NaCl es

$$-7.84 \text{ eV} + 5.14 \text{ eV} - 3.61 \text{ eV} = -6.31 \text{ eV}$$

Los cristales iónicos tienen las siguientes propiedades generales:

- Forman cristales relativamente estables y duros.
- Son pobres conductores eléctricos debido a que no contienen electrones libres.
- Tienen altas temperaturas de evaporación.
- Son transparentes a la radiación visible pero absorben intensamente en la región infrarroja. Esto ocurre debido a que los electrones forman capas tan rígidamente enlazadas en sólidos iónicos que la radiación visible no posee suficiente energía para estimular a los electrones a la siguiente capa permitida. La intensa absorción infrarroja ocurre debido a que las vibraciones de los iones más masivos tienen una baja frecuencia natural y experimentan absorción resonante en la región infrarroja de baja energía.
- Muchos son bastante solubles en líquidos polares, como el agua. La molécula del agua, la cual tiene un momento de dipolo eléctrico permanente, ejerce una fuerza reactiva sobre los iones cargados, la cual rompe los enlaces iónicos y disuelve el sólido.

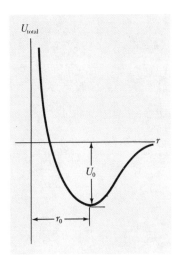

FIGURA 43.12 Energía potencial total contra la separación de iones en un sólido iónico, donde U_0 es la energía cohesiva iónica y r_0 es la separación de equilibrio entre iones.

Propiedades de sólidos iónicos

Cristales covalentes

El carbono sólido, en forma de diamante, es un cristal cuyos átomos están enlazados covalentemente. Debido a que el carbono atómico tiene una configuración electrónica $1s^2 2s^2 2p^2$, le faltan cuatro electrones para llenar la capa $2p^6$. Por lo tanto, dos

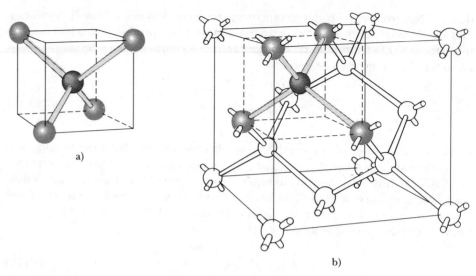

FIGURA 43.13   a) Cada átomo de carbono en el diamante está enlazado covalentemente a otros cuatro carbonos y forma una estructura tetrahedral. b) Estructura de cristal del diamante, mostrando el arreglo de enlace tetrahedral.

átomos de carbono tienen una intensa atracción entre sí, con una energía cohesiva de 7.37 eV.

En la estructura del diamante, cada átomo está enlazado covalentemente a otros cuatro átomos del carbono localizados en las cuatro esquinas diagonalmente opuestas de un cubo, como en la figura 43.13a. Para formar dicha configuración de enlaces, un electrón de cada átomo debe ascenderse a la configuración $1s^2 2s 2p^2$, la cual es una capa p medio llena y requiere una energía de casi 4 eV. La estructura cristalina del diamante se muestra en la figura 43.13b. Observe que cada átomo de carbono forma enlaces covalentes con cuatro átomos vecinos cercanos. La estructura básica del diamante se denomina tetrahédrica (cada átomo de carbono está en el centro de un tetrahedro regular), y el ángulo entre los enlaces es de 109.5°. Otros cristales, como el silicio y el germanio, tienen estructuras similares.

Las energías cohesivas de algunos sólidos covalentes se proporcionan en la tabla 43.3. Las grandes energías explican la dureza de los sólidos covalentes. El diamante es particularmente duro y tiene un punto de fusión extremadamente alto (alrededor de 4 000 K). Los sólidos enlazados covalentemente con frecuencia son muy duros, tienen grandes energías de enlace y altos puntos de fusión, además de ser buenos aisladores.

Sólidos metálicos

Los enlaces metálicos son por lo general más débiles que los enlaces iónicos o covalentes. Los electrones de valencia en un metal pueden moverse con relativa libertad por todo el material. Hay un gran número de estos electrones móviles en un metal, por lo común 1 o 2 por átomo. La estructura del metal puede verse como un "mar" o "gas" de electrones casi libres rodeados por una retícula de iones positivos (Fig. 43.14). El mecanismo de enlace en un metal es la fuerza atractiva entre los iones positivos y el gas de electrones.

Los metales tienen una energía cohesiva en el intervalo de 1 a 3 eV, el cual es más pequeño que las energías cohesivas de sólidos iónicos o covalentes. Puesto que los fotones visibles también tienen energías en este intervalo, la luz interactúa intensamente con los electrones libres en los metales. Por esa razón, la luz visible se absorbe y reemite muy cerca de la superficie de un metal, lo cual explica la naturaleza brillante de las superficies metálicas. Además de la alta conductividad eléctrica de los metales producidos por electrones libres, la naturaleza no direccional del enlace

TABLA 43.3 Las energías cohesivas de algunos sólidos covalentes

Cristal	Energía cohesiva (eV)
C (diamante)	7.37
Si	4.63
Ge	3.85
InAs	5.70
SiC	12.3
ZnS	6.32
CuCl	9.24

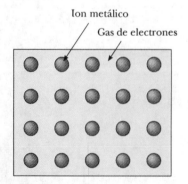

FIGURA 43.14   Diagrama esquemático de un metal. El área verde representa el gas de electrones, en tanto que los círculos negros representan los núcleos del ion metálico positivo.

metálico permite que muchos diferentes tipos de átomos metálicos se disuelvan en un metal anfitrión en cantidades variables. Las soluciones sólidas resultantes, o *aleaciones*, pueden ser diseñadas para tener propiedades particulares, como resistencia a la tensión, ductibilidad, conductividad eléctrica y térmica, así como resistencia a la corrosión. Estas propiedades suelen ser controlables y en algunos casos predecibles.

43.4 TEORÍA DE BANDAS DE SÓLIDOS

Si dos átomos idénticos se apartan considerablemente no interactúan y sus niveles de energía pueden considerarse como los de átomos aislados. Suponga que los dos átomos son sodio, cada uno con un electrón $3s$ que tiene una energía específica bien definida. Cuando los dos átomos de sodio se juntan, sus órbitas exteriores empiezan a traslaparse. En el momento en que la interacción entre ellos es lo suficientemente intensa, se forman dos niveles $3s$ diferentes, como se indica en la figura 43.15a.

Cuando un gran número de átomos se juntan para formar un sólido, ocurre un fenómeno similar. Conforme los átomos se acercan unos a otros, los diversos niveles de energía atómicos empiezan a dividirse. Esta división de niveles para seis átomos muy próximos se muestra en la figura 43.15b. En este caso, hay seis niveles de energía y seis funciones de onda traslapadas del sistema. Puesto que el ancho de una banda de energía que surge de un nivel de energía atómico particular es independiente del número de átomos en un sólido, los niveles de energía tienen un espaciamiento más próximo en el caso de seis átomos que en el caso de dos átomos. Si extendiéramos este argumento a un gran número de átomos (del orden de 10^{23} átomos/cm^3), obtenemos un gran número de niveles con un espaciamiento tan próximo que es posible considerarlos como una banda continua de niveles de energía, como en la figura 43.15c. El ancho de una banda de energía depende sólo de las interacciones de vecinos cercanos, en tanto que el número de niveles dentro de la banda depende del número total de partículas interactuando (por lo tanto, del número de átomos en un cristal). En el caso del sodio, es común referirse a la distribución continua de niveles de energía permitidos, como la banda $3s$, debido a que la banda se origina a partir de los niveles $3s$ de átomos de sodio individuales. En general, un sólido cristalino tiene un número considerable de bandas de energía permitidas que proviene de diferentes niveles de energía atómicos. La figura 43.16 muestra las bandas de energía permitidas del sodio. Advierta que las brechas de energía ocurren entre las bandas permitidas; estas brechas se denominan *bandas de energía prohibidas* debido a que no se permite a los electrones entrar en ellas.

Si el sólido contiene N átomos, cada banda de energía tiene N niveles de energía. En el caso del sodio, las bandas $1s$, $2s$ y $2p$ están llenas, como se indica por medio de las áreas de color verde en la figura 43.16. Un nivel cuyo momento angular orbital es ℓ puede contener $2(2\ell + 1)$ electrones. El factor 2 surge de las dos posibles orientaciones del espín del electrón, en tanto que el factor $2\ell + 1$ corresponde al número de posibles orientaciones del momento angular orbital. La capacidad de cada banda para un sistema de N átomos es $2(2\ell + 1)N$ electrones. Por lo tanto, las bandas $1s$ y

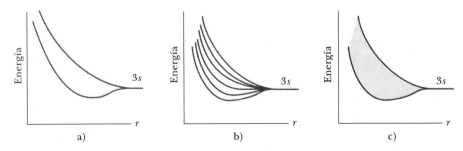

FIGURA 43.15 a) La división de los niveles $3s$ cuando dos átomos de sodio se acercan. b) La división de los niveles $3s$ cuando se acercan seis átomos de sodio. c) La formación de una banda $3s$ cuando numerosos átomos de sodio se juntan para formar un sólido.

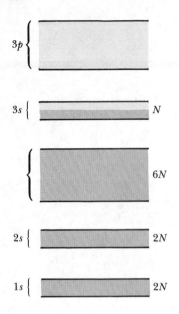

FIGURA 43.16 Las bandas de energía del sodio. El sólido contiene N átomos. Advierta las brechas de energía entre las bandas permitidas; los electrones no pueden ocupar estados que se encuentran en estas brechas prohibidas.

$2s$ contienen cada una $2N$ electrones ($\ell = 0$), mientras que la banda $2p$ contiene $6N$ electrones ($\ell = 1$). Debido a que el sodio sólo tiene un electrón de valencia $3s$ y hay un total de N átomos en el sólido, la banda $3s$ contiene sólo N electrones y sólo está medio lleno. La banda $3p$, la cual se encuentra arriba de la banda $3s$, está completamente vacía.

43.5 TEORÍA DE ELECTRONES LIBRES DE METALES

En esta sección estudiamos la teoría de electrones libres de metales. En este modelo imaginamos que los electrones de la capa exterior en el metal no están enlazados fuertemente a átomos individuales sino que tienen libertad de movimiento a través del metal.

La física estadística puede aplicarse a una colección de partículas con el propósito de relacionar las propiedades microscópicas con las macroscópicas. En el caso de electrones es necesario recurrir a la estadística cuántica, con el requisito de que cada estado del sistema puede ser ocupado por sólo un electrón. Cada estado se especifica por medio de un conjunto de números cuánticos. Todas las partículas con espín de medio entero, llamadas **fermiones**, deben obedecer el principio de exclusión de Pauli. Un electrón es un ejemplo de un fermión. La probabilidad de encontrar un electrón en un estado particular de energía E es

$$f(E) = \frac{1}{e^{(E-E_F)/k_B T} + 1} \tag{43.18}$$

donde E_F recibe el nombre de **energía de Fermi**, y $f(E)$ se denomina **función de distribución de Fermi-Dirac**. Una gráfica de $f(E)$ contra E a $T = 0$ K se muestra en la figura 43.17a. Observe que $f = 1$ para $E < E_F$, y $f = 0$ para $E > E_F$. Esto significa que, a 0 K, todos los estados cuyas energías están debajo de la energía de Fermi están ocupados, en tanto que todos los estados con energías mayores que la energía de Fermi están vacíos. Una gráfica de $f(E)$ contra E a cierta temperatura $T > 0$ K se muestra en la figura 43.17b. En $E = E_F$, la función $f(E)$ tiene el valor $\frac{1}{2}$. Las variaciones principales de la función de distribución de Fermi-Dirac con la temperatura ocurren a altas energías en los alrededores de la energía de Fermi. Advierta que sólo se ocupa una fracción pequeña de los niveles con energías mayores que la energía de Fermi. Además, una pequeña fracción de los niveles debajo de la energía de Fermi está vacía.

En el capítulo 41 encontramos que si una partícula está confinada a moverse en una caja unidimensional de longitud L, los estados permitidos tienen niveles de energía cuantizados

$$E = \frac{\hbar^2 \pi^2}{2mL^2} n^2 \qquad n = 1, 2, 3, \ldots$$

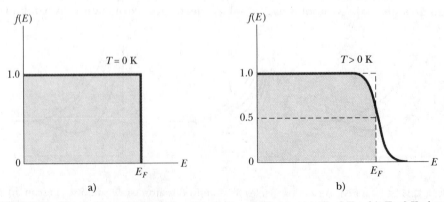

FFIGURA 43.17 Una gráfica de la distribución de Fermi-Dirac en a) $T = 0$ K, y b) $T > 0$ K, donde E_F es la energía de Fermi.

Las funciones de onda para estos estados permitidos son ondas estacionarias dadas por $\psi = A \operatorname{sen}(n\pi x/L)$, la cual satisface la condición de frontera $\psi = 0$ en $x = 0$ y $x = L$.

Imagine a continuación un electrón que se mueve en un cubo tridimensional de longitud de lado L y volumen L^3, donde las caras del cubo representan las superficies del metal. Puede mostrarse (problema 24) que la energía para una partícula de este tipo es

$$E = \frac{\hbar^2 \pi^2}{2mL^2}(n_x^2 + n_y^2 + n_z^2) \tag{43.19}$$

donde n_x, n_y y n_z son números cuánticos. También en este caso los niveles de energía están cuantizados, y cada uno está caracterizado por este conjunto de tres números cuánticos (uno para cada grado de libertad) y el número cuántico de espín m_s. Por ejemplo, el estado base correspondiente a $n_x = n_y = n_z = 1$ tiene una energía igual a $3\hbar^2\pi^2/2mL^2$, etcétera. En este modelo, requerimos que $\psi(x, y, z) = 0$ en las fronteras. Este requerimiento produce soluciones que son ondas estacionarias en tres dimensiones.

Si los números cuánticos se tratan como variables continuas, se encuentra que el número de estados permitidos por unidad de volumen que tienen energías entre E y $E + dE$ es

$$g(E)\ dE = CE^{1/2}\ dE \tag{43.20}$$

donde

$$C = \frac{8\sqrt{2}\,\pi m^{3/2}}{h^3} \tag{43.21}$$

La función $g(E) = CE^{1/2}$ recibe el nombre de **función de densidad de estados**.

En equilibrio térmico, el número de electrones por unidad de volumen que tienen energía entre E y $E + dE$ es igual al producto $f(E)\,g(E)\ dE$:

$$N(E)\ dE = C\,\frac{E^{1/2}\ dE}{e^{(E - E_F)/k_B T} + 1} \tag{43.22}$$

Una gráfica de $N(E)$ contra E se brinda en la figura 43.18. Si n es el número total de electrones por unidad de volumen, requerimos que

$$n = \int_0^\infty N(E)\ dE = C \int_0^\infty \frac{E^{1/2}\ dE}{e^{(E - E_F)/k_B T} + 1} \tag{43.23}$$

Con esta condición se puede calcular la energía de Fermi. En $t = 0$ K, la función de distribución de Fermi $f(E) = 1$ para $E < E_F$, y 0 para $E < E_F$. Por lo tanto, en $T = 0$ K, la ecuación 43.23 se convierte en

$$n = C \int_0^{E_F} E^{1/2}\ dE = \tfrac{2}{3}\,CE_F^{3/2} \tag{43.24}$$

La sustitución de la ecuación 43.21 en la 43.24 y al despejar E_F produce

$$E_F = \frac{h^2}{2m}\left(\frac{3n}{8\pi}\right)^{2/3} \tag{43.25}$$

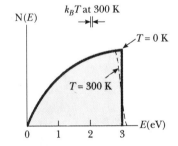

FIGURA 43.18 Una gráfica de la distribución de electrones contra la energía en un metal a $T = 0$ K y $T = 300$ K. La energía de Fermi se considera como 3 eV.

Energía de Fermi a $T = 0$ K

De acuerdo con este resultado, E_F muestra un aumento gradual con la concentración de electrones creciente. Esto se esperaba, pues los electrones llenan los estados de energía disponibles, dos electrones por estado, en concordancia con el principio de exclusión de Pauli, hasta la energía de Fermi.

TABLA 43.4   Valores calculados de diversos parámetros de metales a 300 K basados en la teoría de electrones libres

Metal	Concentración de electrones (m⁻³)	Energía de Fermi (eV)	Velocidad de Fermi (m/s)	Temperatura de Fermi (K)
Li	4.70×10^{28}	4.72	1.29×10^6	5.48×10^4
Na	2.65×10^{28}	3.23	1.07×10^6	3.75×10^4
K	1.40×10^{28}	2.12	0.86×10^6	2.46×10^4
Cu	8.49×10^{28}	7.05	1.57×10^6	8.12×10^4
Ag	5.85×10^{28}	5.48	1.39×10^6	6.36×10^4
Au	5.90×10^{28}	5.53	1.39×10^6	6.41×10^4

El orden de magnitud de la energía de Fermi para metales es aproximadamente de 5 eV. En la tabla 43.4 se brindan valores de la energía de Fermi con base en la teoría de electrones libres, junto con valores para la velocidad del electrón en el nivel de Fermi, definida por

$$\tfrac{1}{2}mv_F^2 = E_F \tag{43.26}$$

y la temperatura de Fermi, T_F, definida por

$$k_B T_F = E_F \tag{43.27}$$

Se deja como un problema (problema 22) mostrar que la energía promedio de un electrón de conducción en un metal a 0 K es

$$E_{\text{prom}} = \tfrac{3}{5}E_F \tag{43.28}$$

En resumen, podemos considerar un metal como un sistema con un número muy grande de niveles de energía disponibles para los electrones libres. Estos electrones llenan estos niveles en concordancia con el principio de exclusión de Pauli, empezando con $E = 0$ y terminando con E_F. En $T = 0$ K, todos los niveles debajo de la energía de Fermi están llenos, en tanto que todos los niveles arriba de la energía de Fermi están vacíos. Aunque los niveles son discretos, están tan próximos que los electrones tienen una distribución de energía casi continua. A 300 K, una pequeña fracción de los electrones de valencia se excitan sobre la energía de Fermi. Una estimación de esta fracción está dada en el ejemplo 43.4.

EJEMPLO 43.3   La energía de Fermi del oro

Cada átomo de oro contribuye con un electrón libre para el metal. Calcule a) la energía de Fermi, b) la velocidad de Fermi, y c) la temperatura de Fermi para el oro.

Solución   a) La concentración de electrones libres en el oro es 5.90×10^{28} m⁻³ (tabla 43.4). La sustitución de este valor en la ecuación 43.25 produce

$$E_F = \frac{h^2}{2m}\left(\frac{3n}{8\pi}\right)^{2/3}$$

$$= \frac{(6.626 \times 10^{-34}\,\text{J}\cdot\text{s})^2}{2(9.11 \times 10^{-31}\,\text{kg})}\left(\frac{3 \times 5.90 \times 10^{28}\,\text{m}^{-3}}{8\pi}\right)^{2/3}$$

$$= 8.85 \times 10^{-19}\,\text{J} = \boxed{5.53\ \text{eV}}$$

b) La velocidad de Fermi se define mediante la expresión $\tfrac{1}{2}mv_F^2 = E_F$. Si se despeja v_F se obtiene

$$v_F = \left(\frac{2E_F}{m}\right)^{1/2} = \left(\frac{2 \times 5.85 \times 10^{-19}\,\text{J}}{9.11 \times 10^{-31}\,\text{kg}}\right)^{1/2}$$

$$= \boxed{1.39 \times 10^6\ \text{m/s}}$$

c) La temperatura de Fermi está definida por la ecuación 43.27:

$$T_F = \frac{E_F}{k_B} = \frac{8.85 \times 10^{-19}\,\text{J}}{1.38 \times 10^{-23}\,\text{J/K}} = \boxed{6.41 \times 10^4\ \text{K}}$$

Así, ¡un gas de partículas clásicas tendrá que calentarse hasta cerca de 64 000 K para tener una energía promedio por partícula igual a la energía de Fermi a 0 K!

EJEMPLO 43.4 **Electrones excitados en cobre**

Calcule un valor aproximado para la fracción de electrones que se excitan desde abajo de E_F hasta arriba de E_F cuando el cobre se calienta de 0 K a 300 K.

Solución Sólo aquellos electrones dentro de un intervalo de $k_B T \approx 0.025$ eV son afectados por el cambio de temperatura de

300 K. Debido a que la energía de Fermi para el cobre es de 7.0 eV, la fracción de electrones excitados desde abajo de E_F hasta arriba de E_F es del orden de $k_B T/E_F$. En este caso, $k_B T/E_F = 0.025/7.0 = 0.0036$ o 0.36%. De tal modo, vemos que sólo una pequeña fracción de los electrones son afectados. Un análisis más preciso muestra que la fracción excitada es $9k_B T/16 E_F$.

43.6 CONDUCCIÓN ELÉCTRICA EN METALES, AISLADORES Y SEMICONDUCTORES

En el capítulo 27 encontramos que los buenos conductores eléctricos contienen una alta densidad de portadores de carga, en tanto que la densidad de portadores de carga en aislantes es casi cero. Los semiconductores son una clase de materiales tecnológicamente importantes en los cuales las densidades de portadores de carga son intermedias entre las de los aisladores y las de los conductores. En esta sección estudiamos los mecanismos de conducción en estas tres clases de materiales. Las enormes variaciones en sus conductividades eléctricas pueden explicarse en función de las bandas de energía.

Metales

En la sección 43.4 describimos la imagen de la banda de energía para el estado base del sodio metálico. Si se agrega energía al sistema (digamos en forma de calor), los electrones pueden moverse de los estados llenos a uno de muchos estados vacíos.

Podemos obtener una mejor comprensión de las propiedades de los metales considerando una banda medio llena, como la banda 3s del sodio. La figura 43.19 muestra una banda medio llena de un metal a $T = 0$ K, donde la región verde representa niveles llenos de electrones. Debido a que los electrones obedecen la estadística de Fermi-Dirac, todos los niveles debajo de la energía de Fermi están llenos con electrones y todos los niveles arriba de E_F están vacíos. En el caso del sodio, la energía de Fermi está a la mitad de la banda. A temperaturas un poco mayores de 0 K, algunos electrones son excitados térmicamente hasta niveles arriba de E_F, pero todo lo que ocurre es un cambio menor respecto del caso de 0 K. *Sin embargo, si un campo eléctrico se aplica al metal, los electrones que tienen energías cercanas a la de Fermi sólo requieren una pequeña cantidad de energía adicional del campo aplicado para llegar a estados de energía cercanos.* De este modo, los electrones tienen libertad para moverse con sólo un pequeño campo aplicado en el metal debido a que hay muchos estados vacíos disponibles para ocuparse cercanos a los estados de energía ocupados.

Aisladores

Considere a continuación las dos bandas de energía más altas de un material, con la inferior de ellas llena con electrones y la superior vacía a 0 K (Fig. 43.20). Es común referirse a la separación entre la banda más exterior llena y la vacía como la *brecha de energía*, E_b, del material. La brecha de energía para un aislador es grande (≈ 10 eV). La banda inferior llena se conoce como la *banda de valencia*, y la banda superior vacía es la *banda de conducción*. La energía de Fermi está en algún lado en la brecha de energía, como se muestra en la figura 43.20. A 300 K (temperatura ambiente), $k_B T = 0.025$ eV, la cual es mucho más pequeña que la brecha de energía en un aislador. A estas temperaturas, la distribución de Fermi-Dirac predice que muy pocos electrones se excitan térmicamente dentro de la banda de conducción a temperaturas normales. Por lo tanto, aunque un aislador tiene muchos estados vacíos en su banda de conducción, hay tan pocos electrones ocupando estos estados que la conductividad

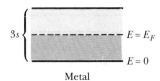

FIGURA 43.19 Una banda llena a la mitad de un conductor, como la banda 3s del sodio. A $T = 0$ K, la energía de Fermi se encuentra a la mitad de la banda.

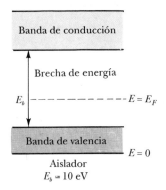

FIGURA 43.20 Un aislador a $T = 0$ K tiene una banda de valencia llena y una banda de conducción vacía. El nivel de Fermi se encuentra en alguna parte entre estas bandas.

TABLA 43.5 Valores del hueco de energía para algunos semiconductores

Cristal	E_b (eV) 0 K	E_b (eV) 300 K
Si	1.17	1.14
Ge	0.744	0.67
InP	1.42	1.35
GaP	2.32	2.26
GaAs	1.52	1.43
CdS	2.582	2.42
CdTe	1.607	1.45
ZnO	3.436	3.2
ZnS	3.91	3.6

* Datos tomados de C. Kittel, *Introduction to Solid State Physics*, 5a. ed., Nueva York, John Wiley & Sons, 1976.

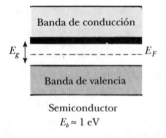

FIGURA 43.21 La estructura de bandas de un semiconductor a temperaturas ordinarias ($T \approx 300$ K). La brecha de energía es mucho más pequeña que en un aislador, y muchos electrones ocupan estados en la banda de conducción.

eléctrica total es muy pequeña, lo que da como resultado una alta resistividad de los aisladores.

Semiconductores

Los materiales que tienen una brecha de energía de aproximadamente 1 eV reciben el nombre de semiconductores. La tabla 43.5 muestra las brechas de energía para algunos materiales representativos. A $T = 0$ K, todos los electrones están en la banda de valencia. De este modo, los semiconductores son pobres conductores a temperaturas muy bajas. A temperaturas ordinarias, sin embargo, la situación es bastante diferente. Por ejemplo, la conductividad del silicio a temperatura ambiente es de aproximadamente 1.6×10^{-3} ($\Omega \cdot$ m)$^{-1}$. La estructura de bandas de un semiconductor puede representarse por medio del diagrama mostrado en la figura 43.21. Debido a que el nivel de Fermi se localiza cerca de la parte media de la brecha para un semiconductor y en virtud de que E_b es pequeña, un número apreciable de electrones son excitados térmicamente desde la banda de valencia hasta la banda de conducción. Hay muchos estados cercanos vacíos en la banda de conducción, por lo que un pequeño potencial aplicado puede incrementar sin dificultad la energía de los electrones en la banda de conducción, originando una corriente moderada. Dado que la excitación térmica a través de la brecha estrecha es más probable a temperaturas más altas, la conductividad de semiconductores aumenta rápidamente con la temperatura. Esto contrasta claramente con la conductividad de un metal, la cual disminuye en forma lenta con la temperatura.

Los portadores de carga en un semiconductor pueden ser negativos y/o positivos. Cuando un electrón se mueve de una banda de valencia dentro de la banda de conducción, deja atrás un sitio del cristal vacío, que recibe el nombre de **hoyo**, en la de otro modo banda de valencia llena. Este hoyo (sitio deficiente de electrones) aparece como una carga positiva, $+e$ y actúa como un portador de carga en el sentido de que un electrón de valencia de un sitio cercano puede transferirlo dentro de un hoyo. Siempre que un electrón se comporta así, crea un nuevo hoyo. De este modo el efecto neto puede verse como el hoyo que emigra a través del material. En un cristal puro que contiene sólo un elemento o compuesto, hay igual número de electrones y hoyos de conducción. Estas combinaciones de cargas reciben el nombre de pares electrón-hoyo, y un semiconductor puro que contiene dichos pares se denomina semiconductor intrínseco (Fig. 43.22). En presencia de un campo eléctrico, los hoyos se mueven en la dirección del campo y los electrones de conducción se mueven opuestos al campo.

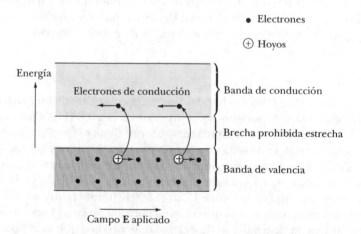

FIGURA 43.22 Un semiconductor intrínseco. Advierta que los electrones se mueven en la dirección opuesta al campo eléctrico aplicado y que los hoyos se mueven en la dirección del campo.

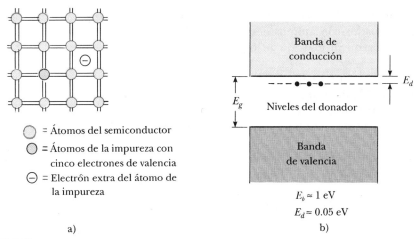

FIGURA 43.23 a) Representación bidimensional de un semiconductor que contiene un átomo donador (punto negro). b) Diagrama de bandas de energía de un semiconductor en el cual los niveles del donador se encuentran dentro de la brecha prohibida, justo abajo del fondo de la banda de conducción.

Semiconductores con impurezas

Cuando se añaden impurezas a semiconductores, su estructura de bandas y resistividades se modifica. El proceso de agregar impurezas, denominado **dopaje**, es importante al fabricar dispositivos y semiconductores que tengan regiones bien definidas de diferente conductividad. Por ejemplo, cuando un átomo que contiene cinco electrones en la capa exterior, como el arsénico, se añade a un semiconductor, cuatro de ellos participan en los enlaces covalentes y uno queda afuera (Fig. 43.23a). Este electrón extra está casi libre y tiene un nivel de energía que se encuentra dentro de la brecha de energía, justo debajo de la banda de conducción (Fig. 43.23b). Este átomo pentavalente dona en efecto un electrón a la estructura y, en consecuencia, se conoce como un **átomo donador**. Puesto que los espaciamientos de energía entre los niveles del donador y de la parte inferior de la banda de conducción son muy pequeños (por lo común, casi de 0.05 eV), sólo una pequeña cantidad de energía térmica se necesita para hacer que un electrón en estos niveles se mueva dentro de la banda de conducción. (Recuerde que la energía térmica promedio de un elec-

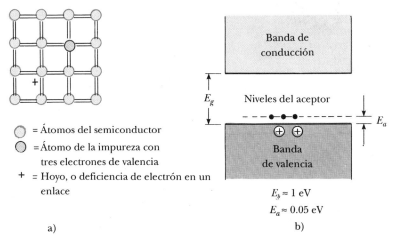

FIGURA 43.24 a) Representación bidimensional de un semiconductor que contiene un átomo aceptor (punto negro). b) Diagrama de bandas de energía de un semiconductor en el cual los niveles del aceptor están dentro de la brecha prohibida, justo arriba de la parte superior de la banda de valencia.

trón a temperatura ambiente es aproximadamente $k_B T \cong 0.026$ eV.) Los semiconductores dopados con átomos donadores reciben el nombre de **semiconductores tipo *n*** debido a que la mayoría de los portadores de cargas son electrones, cuya carga es negativa.

Si el semiconductor se dopa con átomos que contienen tres electrones en la capa exterior, como indio y aluminio, los tres forman enlaces covalentes con sus átomos vecinos, dejando una deficiencia de un electrón, u hoyo, en el cuarto enlace (Fig. 43.24a). Los niveles de energía de dichas impurezas también están dentro de la brecha de energía, esta vez justo arriba de la banda de valencia, como en la figura 43.24b. Los electrones de la banda de valencia tienen suficiente energía térmica a temperatura ambiente para llenar estos niveles de impurezas, dejando detrás un hoyo en la banda de valencia. Debido a que un átomo trivalente acepta en efecto un electrón de la banda de valencia, estas impurezas se conocen como **aceptores**. Un semiconductor dopado con impurezas trivalentes (aceptor) se conoce como un **semiconductor tipo *p*** debido a que los portadores de carga son hoyos cargados positivamente.

Cuando la conducción es dominada por impurezas de aceptor o donador, el material se denomina **semiconductor extrínseco.** El intervalo normal de densidades de dopamiento para semiconductores tipo *n* o tipo *p* es de 10^{13} a 10^{19} cm^{-3}. Esto puede compararse con una densidad de semiconductor común de aproximadamente 10^{21} átomos/cm^3.

*43.7 DISPOSITIVOS SEMICONDUCTORES

La unión *p-n*

Consideremos ahora qué pasa cuando un semiconductor tipo *p* se une a un semiconductor tipo *n* para formar una unión *p-n*. La unión se compone de las tres distintas regiones semiconductoras mostradas en la figura 43.25a: una región tipo *p*, una región de agotamiento y una región tipo *n*. La región de agotamiento, que se extiende varios micrómetros a cualquiera de los lados del centro de la unión, puede consi-

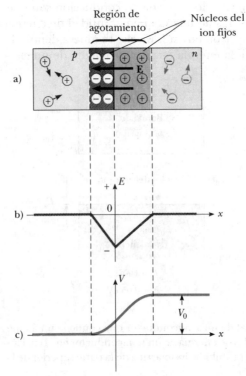

FIGURA 43.25 a) Arreglo físico de una unión *p-n*. b) Campo eléctrico integrado contra *x* para la unión *p-n*. c) Potencial integrado contra *x* para la unión *p-n*.

 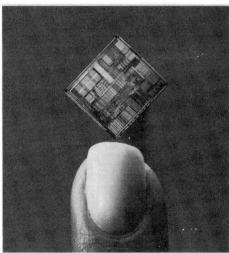

(*Izquierda*) Este diodo de arseniuro de galio de alta frecuencia emite luz rosa cuando se polariza directamente. (*Mike McNamee/SPL/Photo Researchers*) (*Derecha*) El *chip* del procesador Pentium™ de alto desempeño contiene aproximadamente 3.3 millones de transistores a pesar de que es casi del tamaño de la uña de un dedo. (*Cortesía de Intel Corporation*)

derarse como si surgiera cuando las dos mitades de la unión se juntan. Los electrones donadores móviles del lado *n* más cercano a la unión (área verde en la figura 43.25a) se difunden hacia el lado *p*, dejando atrás iones positivos inmóviles. (Inversamente, los hoyos del lado *p* más cercanos a la unión se difunden hacia el lado *n* y dejan atrás una región de iones negativos fijos.) De este modo, la región de agotamiento recibe este nombre debido a que en ella se agotan los portadores de carga móvil. Contiene también un campo eléctrico integrado del orden de 10^4 a 10^6 V/cm, el cual sirve para barrer cargas móviles fuera de esta región y mantenerla realmente agotada. Este campo eléctrico interno crea una barrera de potencial V_0 que evita la difusión adicional de hoyos y electrones a través de la unión y asegura una corriente cero a través de la unión cuando no se aplica voltaje externo.

Quizá el rasgo más notable de la unión *p-n* es su capacidad para pasar corriente en una sola dirección. Esta acción de *diodo* es más fácil de entender en función del diagrama de potencial de la figura 43.25c. Si un voltaje externo positivo se aplica en el lado *p* de la unión, la barrera completa se reduce, y produce una corriente que aumenta exponencialmente con el voltaje directo, o *polarización directa*, creciente. En la *polarización inversa* (un voltaje externo positivo en el lado *n* de la unión) la barrera de potencial se incrementa, originando una corriente inversa muy pequeña que alcanza con rapidez un valor de saturación, I_0, cuando la polarización inversa se incrementa. La relación corriente-voltaje para un diodo ideal es

$$I = I_0(e^{qV/k_B T} - 1) \qquad (43.29)$$

donde *q* es la carga electrónica, k_B es la constante de Boltzmann, y *T* es la temperatura en kelvin. La figura 43.26 muestra una curva característica *I-V* de un diodo real junto con un dibujo esquemático de un diodo bajo polarización directa.

El transistor de unión

El descubrimiento del transistor por John Bardeen, Walter Brattain y William Shockey en 1948 revolucionó por completo el mundo de la electrónica. Por este trabajo, estos tres hombres compartieron el premio Nóbel en 1956. Hacia 1960, el transistor había sustituido al tubo de vacío en muchas aplicaciones electrónicas. La llegada del

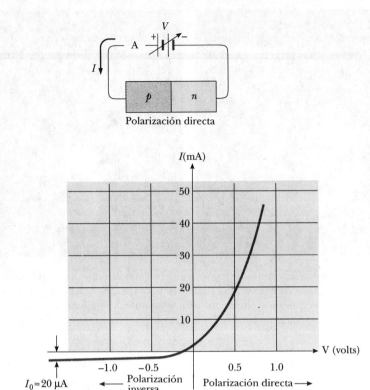

FIGURA 43.26   La curva característica de un diodo real.

transistor creó una industria de miles de millones de dólares que produce dispositivos tan populares como los radios portátiles, las calculadoras de bolsillo,
computadoras, televisores y juegos electrónicos.

El transistor de unión consta de un material semiconductor en el cual una región n muy estrecha está enmedio de dos regiones p. Esta configuración se denomina **transistor** pnp. Otra configuración es el **transistor** npn, el cual se compone de una
región p enmedio de dos regiones n. Debido a que la operación de los dos transistores es esencialmente la misma, describimos sólo al transistor pnp.

La estructura del transistor pnp junto con su símbolo de circuito, se muestra en
la figura 43.27. Las regiones exteriores se denominan el **emisor** y **colector** y la estre-

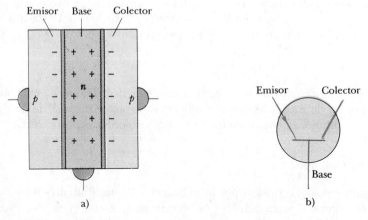

FIGURA 43.27   a) El transistor pnp está compuesto por una región n (base) emparedada entre
dos regiones p (el emisor y el colector). b) El símbolo de circuito para el transistor pnp.

cha región central se conoce como **base**. La configuración contiene dos uniones: la interfase emisor-base y la interfase colector-base.

Suponga que se aplica un voltaje al transistor de modo que el emisor está a un potencial más alto que al colector. (Esto se consigue con la batería V_{ec} en la figura 43.28.) Si consideramos al transistor como dos diodos uno tras de otro, vemos que la unión emisor-base está directamente polarizada y que la unión base-colector está inversamente polarizada.

Debido a que el emisor tipo p está altamente dopado con relación a la base, casi toda la corriente se compone de hoyos que se mueven a través de la unión emisor-base. La mayor parte de estos hoyos no se recomiendan en la base debido a que ésta es muy estrecha. Los hoyos se aceleran finalmente a través de la unión base-colector polarizada inversamente, produciendo la corriente I_c en la figura 43.28.

Aunque sólo un pequeño porcentaje de los hoyos se recombina en la base, los que lo hacen limitan la corriente del emisor a un valor pequeño debido a que los portadores de carga positiva se acumulan en la base y evitan que los hoyos fluyan en ella. Con el fin de evitar esta limitación de corriente, una parte de la carga positiva en la base debe extraerse; esto se logra conectando la base a una segunda batería, V_{eb}, en la figura 43.28. Aquellas cargas positivas que no son barridas a través de la unión base-colector salen de la base por medio de esta trayectoria agregada. Esta corriente de la base, I_b, es muy pequeña, pero un mínimo cambio en ella puede alterar de manera significativa la corriente del colector, I_c. Si el transistor está polarizado apropiadamente, la corriente del colector (salida) es directamente proporcional a la corriente de la base (entrada), y el transistor actúa como un amplificador de corriente. Esta condición puede escribirse como

$$I_c = \beta I_b$$

donde β, la ganancia de corriente, está en el intervalo de 10 a 100. Así, el transistor puede emplearse para amplificar una señal pequeña variable en el tiempo. El pequeño voltaje que se va a amplificar se pone en serie con la batería V_{eb}, como se ilustra en la figura 43.28. La señal de entrada dependiente del tiempo produce una pequeña variación en la corriente de la base, lo que produce un gran cambio en la corriente del colector y consecuentemente un gran cambio en el voltaje a través del resistor de salida.

El circuito integrado

El circuito integrado, inventado independientemente por Jack Kilby en Texas Instruments al final del año de 1958, y por Robert Noyce en Firechild Camera and Instrument a principios de 1955, ha sido llamado justamente "la más extraordinaria tecnología que impactará a la humanidad". El primer dispositivo de Kilby se muestra

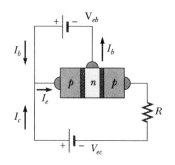

FIGURA 43.28 Un voltaje de polarización V_{eb} aplicado a la base en la forma que se muestra produce una pequeña corriente de base, I_b, la cual se usa para controlar la corriente del colector, I_c.

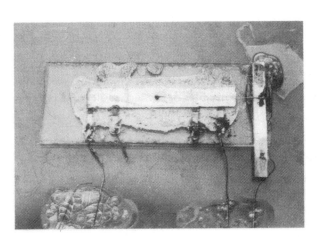

FIGURA 43.29 El primer circuito integrado de Jack Kilby, probado el 12 de septiembre de 1958. *(Cortesía de Texas Instruments, Inc.)*

FIGURA 43.30 Un circuito integrado de microprocesador de 32 bits que contiene más de 200 000 componentes es casi del tamaño de una pequeña moneda. *(Cortesía de AT&T Bell Labs)*

en la figura 43.29. Los circuitos integrados han iniciado efectivamente una segunda revolución industrial y se encuentran en el corazón de computadoras, relojes, cámaras, automóviles, aeronaves, robots, vehículos espaciales y todo tipo de redes de comunicación y conmutación. En los términos más simples, un circuito integrado es una colección de transistores, diodos, resistores y capacitores interconectados que se fabrican sobre un pedazo de silicio, conocido familiarmente como un *chip*. Los chips más avanzados contienen fácilmente varios cientos de miles de componentes en un área de 1 cm² (Fig. 43.30).

Es interesante que los circuitos integrados fueran inventados parcialmente con el propósito de alcanzar la miniaturización de circuitos y parcialmente para resolver el problema de interconexión generado por el transistor. En la era de los tubos de vacío, las consideraciones de potencia y tamaño de componentes individuales impusieron modestos límites sobre el número de componentes que podrían interconectarse en un circuito dado. Con la llegada del diminuto transistor de baja potencia y alta confiabilidad, los límites de diseño sobre el número de componentes desaparecieron y fueron sustituidos con el problema de alambrar juntos cientos de miles de componentes. La magnitud de este problema puede apreciarse cuando consideramos que las computadoras de segunda generación (compuestas por transistores discretos) contenían varios cientos de miles de componentes que requerían más de un millón de uniones soldadas que debían hacerse y probarse manualmente.

Además de resolver el problema de interconexión, los circuitos integrados poseen las ventajas de la miniaturización y de la rápida respuesta, dos atributos fundamentales para las computadoras de alta velocidad. La respuesta rápida es producto de la miniaturización y del empaque compacto de los componentes, debido a que el tiempo de respuesta de un circuito depende del tiempo que tardan las señales eléctricas en viajar a casi 0.3 m/ns para pasar de un componente a otro. Este tiempo se reduce claramente por el empaque compacto de los componentes.

RESUMEN

Dos o más átomos se combinan para formar moléculas debido a una fuerza atractiva neta entre los átomos. Los mecanismos responsables del enlace molecular pueden clasificarse como sigue:

- Los **enlaces iónicos** se forman en ciertas moléculas debido principalmente a la atracción de Coulomb entre iones con carga opuesta. El cloruro de sodio (NaCl) es un ejemplo.
- Los **enlaces covalentes** se forman cuando los átomos constituyentes comparten electrones. Por ejemplo, los dos electrones de la molécula de H_2 están compartidos igualmente entre los dos núcleos.

- Los **enlaces de Van der Waals** son enlaces electrostáticos débiles entre átomos que no forman enlaces iónicos o covalentes. Son responsables de la condensación de átomos de gas inertes y de moléculas no polares en la fase líquida.
- Los **enlaces de hidrógeno** se forman por medio de un protón compartido entre dos átomos, como el oxígeno, el nitrógeno o flúor.

La energía de una molécula de gas está compuesta por contribuciones de la energía electrónica (química), la traslación de la molécula, rotaciones y vibraciones. Los valores permitidos de la energía rotacional de una molécula diátomica heteronuclear son

$$E_{\text{rot}} = \frac{\hbar^2}{2I} J(J+1) \qquad J = 0, 1, 2, \ldots \qquad (43.6)$$

donde I es el momento de inercia de la molécula y J es un entero, denominado **número cuántico rotacional**. La regla de selección para las transiciones entre niveles rotacionales (los cuales usualmente se encuentran en la región infrarroja lejana) está dada por $\Delta J = \pm 1$, y la separación entre niveles adyacentes es igual.

Los valores permitidos de la energía vibratoria de una molécula diátomica están dados por

$$E_{\text{vib}} = (v + \tfrac{1}{2}) \frac{h}{2\pi} \sqrt{\frac{k}{\mu}} \qquad v = 0, 1, 2, \ldots \qquad (43.10)$$

donde v es el número cuántico vibratorio, k es la constante de fuerza del resorte efectivo que enlaza la molécula, y μ es la masa reducida de la molécula. La regla de selección para las transiciones vibratorias permitidas (las cuales están en la región infrarroja) es $\Delta v = \pm 1$, y la separación entre niveles adyacentes es igual.

Los mecanismos de enlace en los sólidos pueden ser clasificados de manera similar a los esquemas para moléculas. Por ejemplo, los iones Na^+ y Cl^- en el NaCl forman enlaces iónicos, mientras que los átomos de carbono en el diamante forman enlaces covalentes. El enlace metálico, que es por lo general más débil que los enlaces covalentes, se caracteriza por una fuerza atractiva neta entre los núcleos de ion positivo y los electrones de valencia móviles.

En un sólido cristalino, los niveles de energía del sistema forman un conjunto de bandas. Los electrones ocupan los estados de más baja energía, con no más que un electrón por estado. Hay brechas de energía entre las bandas de estados permitidos.

En la teoría de electrones libres de metales, los electrones libres llenan los estados cuantizados en concordancia con el principio de exclusión de Pauli. El número de estados por unidad de volumen disponibles para los electrones de conducción con energías entre E y $E + dE$ es

$$N(E) \, dE = C \frac{E^{1/2} \, dE}{e^{(E - E_F)/k_B T} + 1} \qquad (43.22)$$

donde C es una constante, y E_F es la **energía de Fermi**. En $T = 0$ K, todos los niveles debajo de E_F están llenos, todos los niveles arriba de E_F vacíos, y

$$E_F = \frac{h^2}{2m} \left(\frac{3n}{8\pi} \right)^{2/3} \qquad (43.25)$$

donde n es el número total de electrones de conducción por unidad de volumen. Sólo los electrones que tienen energías cercanas a E_F pueden contribuir a la conductividad eléctrica del metal.

Un **semiconductor** es un material que tiene una brecha de energía de aproximadamente 1 eV y una banda de valencia que está llena en $T = 0$ K. Debido a su pequeña brecha de energía, un número significativo de electrones puede excitarse térmicamente desde la banda de la valencia hasta la banda de conducción cuando aumenta la temperatura. Las estructuras de banda y las propiedades eléctricas de un semiconductor pueden modificarse agregando átomos donadores que contienen cinco electrones de valencia (como el arsénico) o átomos aceptores que contienen tres electrones de valencia (como el indio). Un semiconductor **dopado** con átomos impuros donadores recibe el nombre de **semiconductor de tipo *n***, en tanto que uno dopado con átomos impuros aceptores se conoce como de **tipo *p***. Los niveles de energía de estos átomos de impurezas caen dentro de las brechas de energía del material.

PREGUNTAS

1. Analice las tres principales formas de excitación de una molécula (además del movimiento traslacional) y la energía relativa asociada a las tres excitaciones.
2. Explique el papel del principio de exclusión de Pauli en la descripción de las propiedades eléctricas de metales.
3. Analice las propiedades de un material que determinan si es un buen aislador eléctrico o un buen conductor.
4. La tabla 43.5 muestra que las brechas de energía para semiconductores disminuye con la temperatura creciente. ¿Qué es lo que usted supone que explica este comportamiento?
5. La resistividad de metales aumenta con la temperatura en aumento, en tanto que la resistividad de un semiconductor intrínseco disminuye con la temperatura creciente. Explique.
6. Estudie las diferencias en las estructuras de bandas de metales, aisladores y semiconductores. ¿Cómo el modelo de estructuras de banda le permite a usted comprender mejor las propiedades eléctricas de estos materiales?
7. Analice los modelos responsables de los diferentes tipos de enlace que forman moléculas estables.
8. Reflexione sobre las propiedades eléctricas, físicas y ópticas de los sólidos enlazados iónicamente.
9. Estudie las propiedades eléctricas y físicas de sólidos enlazados covalentemente.
10. Analice las propiedades eléctricas y físicas de los metales.
11. Cuando un fotón es absorbido por un semiconductor se crea un par electrón-hoyo. Brinde una explicación física de este enunciado empleando el modelo de bandas de energía como la base para su descripción.
12. Los átomos pentavalentes, como el arsénico, son átomos donadores en un semiconductor, como el silicio, en tanto que los átomos trivalentes, como el indio, son aceptores. Estudie la tabla periódica en el apéndice C y determine qué otros elementos podrían ser buenos donadores o aceptores.
13. ¿Cuáles son las suposiciones esenciales hechas en la teoría de electrones libres de metales? ¿Cómo el modelo de bandas de energía difiere de la teoría de electrones libres al describir las propiedades de los metales?
14. ¿Cómo los niveles vibratorios y rotacionales de las moléculas de hidrógeno pesado (D_2) se comparan con los de las moléculas de H_2.
15 ¿Qué es más fácil de excitar en una molécula diatómica, el movimiento rotacional o el vibratorio?
16. La energía de la luz visible varía entre 1.8 y 3.2 eV. ¿Esto explica por qué el silicio, con una brecha de energía de 1.1 eV (tabla 43.5), aparece opaco, en tanto que el diamante, con una brecha de energía de 5.5 eV, aparece transparente?
17. ¿Por qué un emparedado *pnp* o *npn* (con la región central muy delgada) es esencial en la operación del transistor?
18. ¿Cómo puede el análisis del espectro rotacional de una molécula llevar a una estimación del tamaño de esa molécula?

PROBLEMAS

Sección 43.1   Enlaces moleculares

1. Un ion K$^+$ y uno Cl$^-$ están separados 5.0×10^{-10} m. Suponiendo que los dos iones actúan como cargas puntuales, determine a) la fuerza de atracción entre ellos, y b) la energía potencial de atracción en electrón volts.

2. Una descripción de la energía potencial de moléculas diatómicas está dada por el potencial de Lenard-Jones,

$$U = \frac{A}{r^{12}} - \frac{B}{r^6}$$

donde A y B son constantes. Encuentre, en términos de A y B, a) el valor r_0 al cual la energía es un mínimo, y b) la energía E requerida para romper una molécula diatómica. c) Evalúe r_0 en metros y E en electrón volts para la molécula H_2. En sus cálculos, considere $A = 0.124 \times 10^{-120}$ eV · m^{12}, y $B = 1.488 \times 10^{-60}$ eV · m^6. (Observe que aunque este potencial sigue usándose extensamente, se sabe ahora que tiene serios defectos. Por ejemplo, su comportamiento tanto en pequeños como en grandes valores de r presenta grandes errores.)

Sección 43.2   La energía y espectros de moléculas

3. La molécula de ioduro de cesio (CsI) tiene una separación atómica de 0.127 nm. a) Determine la energía del estado rotacional más bajo y la frecuencia del fotón

☐ Indica problemas que tienen soluciones completas disponibles en el *Manual de soluciones del estudiante* y en la *Guía de estudio*.

absorbido en la transición $J = 0$ a $J = 1$. b) ¿Cuál sería el cambio fraccionario en esta frecuencia si la estimación de la separación atómica tiene un error de más del 10%?

4. La molécula de CO hace una transición del estado retacional $J = 1$ a $J = 2$ cuando absorbe un fotón de 2.30×10^{11} Hz de frecuencia. Encuentre el momento de inercia de esta molécula.

5. Emplee los datos en la tabla 43.2 para calcular la mínima amplitud de vibración de a) la molécula HI, y b) la molécula HF. ¿Cuál tiene el enlace más débil?

6. Los núcleos de la molécula de O_2 están separados por 1.2×10^{-10} m. La masa de cada átomo de oxígeno en la molécula es de 2.66×10^{-26} kg. a) Determine las energías rotacionales de una molécula de oxígeno en electrón volts para los niveles correspondientes a $J = 0$, 1 y 2. b) La constante de fuerza efectiva k entre los átomos en la molécula de oxígeno es 1 177 N/m. Determine las energías vibratorias (en electrón volts) correspondientes a $v = 0$, 1 y 2.

7. La figura P43.7 es un modelo de una molécula de benceno. Todos los átomos se encuentran en un plano, y los átomos de carbono forman un hexágono regular, como lo hacen los átomos de hidrógeno. Los átomos de carbono están a 0.110 nm de separación de centro a centro. Determine las energías de rotación permitidas alrededor de un eje perpendicular al plano del papel a través del punto central O. Los átomos de hidrógeno y carbono tienen masas de 1.67×10^{-27} kg y 1.99×10^{-26} kg, respectivamente.

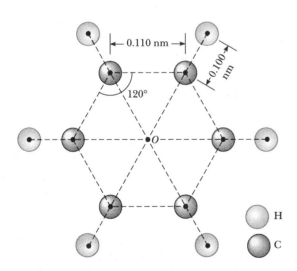

FIGURA P43.7

8. Si la molécula de CO fuera rígida, ¿qué transición del estado $J = 0$ podría absorber el fotón de la misma longitud de onda que el de la transición vibratoria de 0 a 1? (Utilice la información que brinda la tabla 43.2.)

9. La molécula de HCl se excita hasta su primer nivel de energía rotacional, correspondiente a $J = 1$. Si la distancia entre sus núcleos es de 0.1275 nm, ¿cuál es la veloci-

dad angular de la molécula alrededor de su centro de masa?

10. a) Una molécula diatómica se compone de dos átomos que tienen masas m_1 y m_2 separadas por una distancia r. Muestre que el momento de inercia alrededor del centro de masa de una molécula diatómica está dado por la ecuación 43.3, $I = \mu r^2$. b) Calcule el momento de inercia del NaCl alrededor de su centro de masa ($r = 0.28$ nm). c) Calcule la longitud de onda de la radiación si una molécula de NaCl se somete a una transición desde el estado $J = 2$ al estado $J = 1$.

11. Si la constante de fuerza efectiva de una molécula de HCl vibrante es $k = 480$ N/m, estime la diferencia de energía entre el estado base y el primer nivel vibratorio.

12. El espectro rotacional de la molécula de HCl contiene líneas correspondientes a longitudes de onda de 0.0604, 0.0690, 0.0804, 0.0964 y 0.1204 mm. ¿Cuál es el momento de inercia de la molécula?

13. La separación entre los átomos de oxígeno de O_2 es 1.2 $\times 10^{-10}$ m. Tratando los átomos como partículas, determine los valores de la energía rotacional para los estados $J = 1$ y $J = 2$.

Sección 43.3 Enlaces en sólidos

14. Emplee la ecuación 43.16 para calcular la energía cohesiva iónica para el NaCl. Considere $\alpha = 1.7476$, $r_0 = 0.281$ nm y $m = 8$.

15. La distancia entre los iones K^+ y Cl^- en un cristal de KCl es de 0.314 nm. Calcule la distancia desde un ión K^+ hasta los tres iones K^+ más cercanos.

16. Considere una cadena unidimensional de iones alternantes positivo y negativo. Muestre que la energía potencial de un ion en este cristal hipotético es

$$U(r) = -k_e \alpha \frac{e^2}{r}$$

donde $\alpha = 2 \ln 2$ (la constante de Madelung) y r es el espaciamiento interiónico. [*Sugerencia:* Use la expansión en serie para $\ln (1 + x)$.]

Sección 43.4 Teoría de bandas de sólidos, y

Sección 43.5 Teoría de electrones libres de metales

17. Muestre que la ecuación 43.24 puede expresarse como $E_F = (3.65 \times 10^{-19}) n^{2/3}$ eV, donde E_F está en electrón volts cuando n está en electrones por metro cúbico.

18. La energía de Fermi para la plata es de 5.48 eV. Además, la plata tiene una densidad de 10.6×10^3 kg/m³ y una masa atómica de 108. Con esta información muestre que la plata tiene un electrón de valencia (libre) por átomo.

19. a) Encuentre la velocidad común de un electrón de conducción en cobre cuya energía cinética es igual a la energía de Fermi, 7.05 eV. b) ¿Cómo se compara esto con la velocidad de arrastre de 0.10 mm/s?

20. El sodio es un metal monovalente que tiene una densidad de 0.971 g/cm³, y una masa molar de 23.0 g/mol.

Emplee esta información para calcular a) la densidad de los portadores de carga, b) la energía de Fermi, y c) la velocidad de Fermi para el sodio.

21. Calcule la energía de un electrón de conducción en plata a 800 K si la probabilidad de encontrar el electrón en ese estado es 0.95. La energía de Fermi es 5.48 eV a esta temperatura.

22. Muestre que la energía cinética promedio de un electrón de conducción en un metal a 0 K es $E_{pro} = 3/5E_F$. (*Sugerencia:* En general, la energía cinética promedio es

$$E_{pro} = \frac{1}{n} \int E N(E) \, dE$$

donde n es la densidad de partículas y $N(E) \, dE$ está dada por la ecuación 43.22.)

23. Considere un cubo de oro de 1.00 mm por lado. Calcule el número aproximado de electrones de conducción en este cubo cuyas energías estén en el intervalo de 4.000 a 4.025 eV.

24. Un electrón se mueve en una caja tridimensional de longitud de lado L y volumen L^3. Si la función de onda de la partícula es $\psi = A = sen(k_x x) \, sen(k_y y) \, sen(k_z z)$, muestre que su energía es

$$E = \frac{\hbar^2 \pi^2}{2mL^2} (n_x^2 + n_y^2 + n_z^2)$$

donde los números cuánticos (n_x, n_y, n_z) son ≥ 1. (*Sugerencia:* La ecuación de Schrödinger en tres dimensiones puede escribirse

$$\frac{d^2\psi}{dx^2} + \frac{d^2\psi}{dy^2} + \frac{d^2\psi}{dz^2} = \frac{\hbar^2}{2m} (U - E)\psi$$

Para confinar al electrón dentro de la caja, considere $U = 0$ en el interior y $U = \infty$ en el exterior.)

25. a) Considere un sistema de electrones confinado en una caja tridimensional. Calcule la proporción entre el número de niveles de energía permitidos a 8.5 eV y el número a 7.0 eV. b) El cobre tiene una energía de Fermi de 7.0 eV a 300 K. Calcule la proporción entre el número de niveles ocupados a una energía de 8.5 eV y el número a la energía de Fermi. Compare su respuesta con la obtenida en el inciso a).

Sección 43.6   Conducción eléctrica en metales, aisladores y semiconductores

26. La brecha de energía para el silicio a 300 K es 1.14 eV. a) Encuentre el fotón de más baja frecuencia que asciende un electrón de la banda de valencia a la banda de conducción. b) ¿Cuál es la longitud de onda de este fotón?

27. Luz de un tubo de descarga de hidrógeno incide sobre un cristal de CdS. ¿Cuáles líneas espectrales de la serie de Balmer se absorben y cuáles se transmiten?

28. Un diodo emisor de luz (LED) hecho del semiconductor GaAsP emite luz roja ($\lambda = 650$ nm). Determine la brecha de la banda de energía E_b en el semiconductor.

29. La mayor parte de la radiación solar tiene una longitud de onda de 10^{-6} m o menos. ¿Qué brecha de energía debe tener el material en una celda solar para absorber esta radiación? ¿El silicio es apropiado (vea la tabla 43.5)?

*Sección 43.7   Dispositivos semiconductores

30. ¿Para qué valores del voltaje de polarización V en la ecuación 43.29 a) $I = 9I_0$? b) ¿$I = -0.9I_0$? Suponga $T = 300$ K.

31. El diodo mostrado en la figura 43.26 está conectado en serie con una batería y un resistor de 150 Ω. ¿Qué fem de la batería se requiere para una corriente de 25 mA?

PROBLEMAS ADICIONALES

32. La constante de resorte efectiva asociada a los enlaces en la molécula N_2 es de 2 297 N/m. Cada uno de los átomos de nitrógeno tiene una masa de 2.32×10^{-26} kg, y los núcleos están a 0.120 nm. Suponga que la molécula es rígida y está en el estado de vibración base. Calcule el valor J del estado rotacional que tendría la misma energía que el primer estado vibratorio excitado.

33. La molécula de hidrógeno se separa (disocia) cuando es excitada internamente por 4.5 eV. Suponiendo que esta molécula se comporta como un oscilador armónico que tiene frecuencia angular clásica $\omega = 8.28 \times 10^{14}$ rad/s, encuentre el número cuántico vibratorio más alto debajo de la energía de disociación de 4.5 eV.

34. El helio líquido se solidifica cuando cada átomo se enlaza con otros cuatro, teniendo cada liga una energía promedio de 1.74×10^{-23} J. Encuentre el calor latente de fusión del helio en joules por gramo. (La masa molar del He es 4 g/mol.)

35. Muestre que la energía cohesiva iónica de un sólido enlazado iónicamente está dada por la ecuación 43.17. (*Sugerencia:* Empiece con la ecuación 43.16 y observe que $dU/dr = 0$ a $r = r_0$.)

36. Una partícula de masa m se mueve en un movimiento unidimensional en una región donde su energía potencial es

$$U(x) = \frac{A}{x^3} - \frac{B}{x}$$

donde A y B son constantes con unidades apropiadas. La forma general de esta función se muestra en la figura 43.12, donde x sustituye a r. a) Encuentre la posición de equilibrio estático x_0 de la partícula en términos de m, A y B. b) Determine la profundidad U_0 de este pozo de potencial. c) Al moverse a lo largo del eje x, ¿qué fuerza máxima hacia la dirección x negativa experimenta la partícula?

37. La constante de Madelung puede encontrarse sumando una serie alternante infinita de términos que dan la energía potencial electrostática entre un ion Na^+ y sus seis vecinos Cl^- más cercanos, sus doce vecinos Na^+ que siguen en cercanía, y así sucesivamente (Fig. 43.11a). a) A partir de esta expresión, muestre que los primeros tres términos de la serie producen $\alpha = 2.13$ para la estructura NaCl. b) ¿Esta serie converge rápidamente? Calcule el cuarto término como una comprobación.

PROBLEMAS DE HOJA DE CÁLCULO

S1. La función de distribución de Fermi-Dirac puede escribirse como

$$f(E) = \frac{1}{e^{(E-E_F)/k_B T} + 1} = \frac{1}{e^{(E/E_F - 1)T_F/T} + 1}$$

Prepare una hoja de cálculo que le permita calcular y graficar $f(E)$ contra E/E_F a una temperatura fija T. Examine las curvas obtenidas para $T = 0.1T_F$, $0.2T_F$ y $0.5T_F$, donde $T_F = E_F/k_B$.

S2. Cierto metal a una temperatura de 290 K ($k_B T = 0.025$ eV) tiene una energía de Fermi de 5.0 eV. a) Elabore una hoja de cálculo que le permita graficar la función de probabilidad para la región 4.8 eV $\leq E \leq$ 5.2 eV y utilice lo anterior para calcular el área bajo la curva sobre la energía de Fermi. Advierta que esto brinda la fracción de electrones de valencia en la banda de conducción. b) ¿Qué fracción del área total es este resultado?

S3. El cobre tiene una energía de Fermi de 7.05 eV y una concentración de electrones de conducción de 8.49 × 10^{28} m^{-3} a 300 K. Elabore una hoja de cálculo que grafique la función de distribución de partícula $N(E)$, como una función de la energía para un intervalo de temperaturas de $T = 100$ a $T = 1\,300$ K. (El punto de fusión del cobre es 1 356 K.) Sus escalas de energía deben variar de 0 a 10 eV. Describa el comportamiento de la función de distribución conforme T aumenta. ¿Cómo cambiaría la distribución si el cobre se sustituyera por sodio? (Vea la tabla 43.4.)

Superconductividad

Fotografía de un pequeño imán permanente que levita sobre una pastilla del superconductor $Y_1Ba_2Cu_3O_{7-\delta}$ (123) enfriado hasta la temperatura del nitrógeno líquido. *(Cortesía de IBM Research Laboratories)*

E l fenómeno de la superconductividad siempre ha sido muy emocionante, tanto por el interés científico fundamental como por sus múltiples aplicaciones. El descubrimiento de la superconductividad de alta temperatura en ciertos óxidos metálicos en los años de 1980 generó una excitación muy grande en las comunidades científica y comercial. Este gran descubrimiento es considerado por muchos científicos igual de importante que la invención del transistor. Por esta razón, es fundamental que todos los estudiantes de ciencia e ingeniería comprendan las propiedades electromagnéticas básicas de los superconductores y estén concientes del alcance de sus aplicaciones actuales.

Los superconductores tienen muchas propiedades electromagnéticas inusuales, y la mayor parte de las aplicaciones aprovechan estas propiedades. Por ejemplo, una vez que se produce una corriente en un anillo superconductor mantenido a una temperatura suficientemente baja, esa corriente persistirá sin un decaimiento mensurable. El anillo de superconductividad no presenta resistencia eléctrica a las corrientes eléctricas, ni calentamiento ni pérdidas. Además de la propiedad de resistencia cero, ciertos superconductores expulsan los campos magnéticos aplicados de manera que el campo siempre es cero en todas partes dentro del superconductor.

Como veremos, la física clásica no puede explicar el comportamiento y propiedades de los superconductores. De hecho, se sabe ahora que el estado superconductor es una condensación cuántica especial de electrones. Este comportamiento cuántico ha sido verificado por observaciones como la cuantización del flujo magnético producido por un anillo superconductor.

En este capítulo, damos primero un breve repaso histórico de la superconductividad iniciando con su descubrimiento en 1911 y finalizamos con desarrollos recientes en la superconductividad de alta temperatura. Siempre que sea posible, al escribir algunas de las propiedades electromagnéticas de los superconductores, utilizamos argumentos físicos simples. Las características esenciales de la teoría de la superconductividad se revisan con el reconocimiento de que un estudio detallado está más allá del alcance de este texto. Analizamos después muchas de las importantes aplicaciones de la superconductividad y especulamos acerca de las potenciales aplicaciones futuras.

44.1 BREVE REPASO HISTÓRICO

La era de la física de las bajas temperaturas inició en 1908 cuando el físico holandés Heike Kamerlingh Onnes licuó por primera vez el helio, el cual hierve a 4.2 K. En 1911, Onnes y uno de sus colaboradores descubrieron el fenómeno de la superconductividad mientras estudiaban la resistividad de metales a bajas temperaturas.[1] Estudiaron primero el platino y encontraron que su resistividad, cuando se extrapolaba a 0 K, dependía de su pureza. Después decidieron estudiar el mercurio puesto que era posible preparar con facilidad muestras muy puras por medio de la destilación. Para su gran sorpresa, la resistencia de una muestra de mercurio se reduce abruptamente a 4.15 K hasta un valor inmensurablemente pequeño. Resultó bastante natural para Onnes elegir el nombre de **superconductividad** para este nuevo fenómeno. La figura 44.1 muestra los resultados experimentales para el mercurio y el platino. Advierta que el platino no muestra comportamiento superconductor, según se indica por medio de su resistividad finita cuando T se acerca a 0 K. En 1913, Onnes recibió el premio Nóbel en física por el estudio de la materia a bajas temperaturas y la licuefacción del helio.

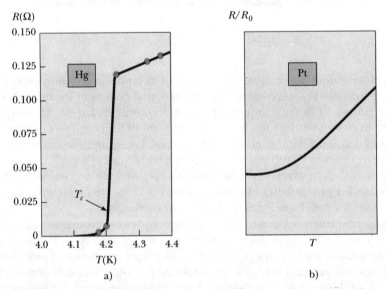

FIGURA 44.1 Gráficas de resistencia contra temperatura para a) mercurio (los datos originales publicados por Onnes), y b) platino. Advierta que la resistencia del mercurio sigue la trayectoria de un metal normal arriba de la temperatura crítica T_c y después disminuye repentinamente hasta cero a la temperatura crítica, la cual es de 4.15 K para el mercurio. En contraste, los datos para el platino muestran una resistencia finita R_0 incluso a temperaturas muy bajas.

[1] H. K. Onnes. *Leiden Comm.* 120b, 122b, 124c (1911)

Sabemos ahora que la resistividad de un superconductor es realmente cero. Inmediatamente después del descubrimiento de Onnes, se encontraron muchos otros metales elementales que presentaban resistencia cero cuando su temperatura se reducía debajo de cierta temperatura característica del material llamada la **temperatura crítica**, T_c.

Las propiedades magnéticas de los superconductores son tan impresionantes y tan difíciles de entender como sus propiedades eléctricas. En 1933 W. Hans Meissner y Robert Ochsenfeld estudiaron el comportamiento magnético de superconductores y encontraron que cuando algunos de ellos se enfrían por abajo de su temperatura crítica en presencia de un campo magnético, *el flujo magnético es expulsado del interior del superconductor.*[2] Además, estos materiales pierden su comportamiento superconductor arriba de cierto **campo magnético crítico** dependiente de la temperatura, B_c (T). Una teoría fenomenológica de la superconductividad fue desarrollada en 1935 por Fritz London y Heinz London,[3] pero la naturaleza y origen real del estado superconductor fue explicado por primera vez por John Bardeen, Leon N. Cooper y J. Robert Schrieffer en 1957.[4] Una característica fundamental de esta teoría, conocida comúnmente como la teoría BCS, es la formación de estados de dos electrones ligados llamados pares de Cooper. En 1962, Brian D. Josephson predijo una corriente de tunelaje entre dos superconductores separados por una delgada barrera aislante (< 2 mm), donde la corriente es conducida por estos electrones en pares.[5] Poco tiempo después, las predicciones de Josephson fueron verificadas y en la actualidad un campo completo de física de dispositivos existe con base en el efecto Josephson. A principios de 1986, J. Georg Bednorz y Karl Alex Müller informaron de evidencias de superconductividad en un óxido de lantano, bario y cobre a una temperatura cercana a 30 K.[6] Éste fue uno de los principales descubrimientos en la superconductividad debido a que el valor conocido más alto de T_c en ese tiempo era alrededor de 23 K en un compuesto de niobio y germanio. Este importante descubrimiento, que marca el principio de una nueva era de superconductividad a alta temperatura, recibió atención mundial tanto de la comunidad científica como del mundo comercial. Hace poco, algunos investigadores informaron sobre temperaturas críticas tan altas como 150 K en óxidos metálicos más complejos, pero el mecanismo responsable de la superconductividad en estos materiales sigue sin aclararse.

Hasta el descubrimiento de la superconductividad de alta temperatura, el empleo de los superconductores requería baños refrigerantes de helio licuado (escaso y costoso) o de hidrógeno líquido (muy explosivo). Por otra parte, los superconductores con $T_c > 77$ K requieren sólo de nitrógeno líquido (el cual hierve a 77 K y es comparativamente barato, abundante e inerte). Si los superconductores con T_c arriba de la temperatura ambiente se encontraran alguna vez, la tecnología del hombre sería alterada drásticamente.

44.2 ALGUNAS PROPIEDADES DE LOS SUPERCONDUCTORES TIPO I

Temperatura crítica y campo magnético crítico

Las temperaturas críticas de algunos elementos superconductores, clasificados como **superconductores tipo I**, se dan en la tabla 44.1. Advierta la ausencia de cobre, plata y oro, los cuales son excelentes conductores eléctricos a temperaturas ordinarias, pero no presentan superconductividad.

[2] W. Meissner y R. Ochsenfeld, *Naturwisschaften* **21**, 787 (1933).

[3] F. London y H. London, *Proc. Roy. Soc. (Londres)* **A149**, 71 (1935)

[4] J. Bardeen, L. N. Cooper y J. R. Schrieffer, *Phys. Rev.* **108**, 1175 (1957)

[5] B. D. Josephson, *Phys. Letters* **1**, **251** (1962)

[6] J. G. Bednorz y K. A. Müller, *Z. Phys.* **B 64**, 189 (1986)

TABLA 44.1 Temperaturas críticas y campos magnéticos críticos (medidos a *T* = 0 K) de algunos superconductores elementales

Superconductor	T_c (K)	B_c (0) en teslas
Al	1.196	0.0105
Ga	1.083	0.0058
Hg	4.153	0.0411
In	3.408	0.0281
Nb	9.26	0.1991
Pb	7.193	0.0803
Sn	3.722	0.0305
Ta	4.47	0.0829
Ti	0.39	0.010
V	5.30	0.1023
W	0.015	0.000115
Zn	0.85	0.0054

En presencia de un campo magnético aplicado **B**, el valor de T_c disminuye con el campo magnético creciente, como se indica en la figura 44.2 para varios superconductores de tipo I. Cuando el campo magnético excede al campo crítico, **B**$_c$, el estado de superconductividad se acaba y el material se comporta como un conductor normal que tiene resistencia finita.

El campo magnético crítico varía con la temperatura de acuerdo con la expresión aproximada

$$B_c(T) \cong B_c(0)\left[1 - \left(\frac{T}{T_c}\right)^2\right] \tag{44.1}$$

Como usted puede ver a partir de esta ecuación y la figura 44.2, el valor de B_c es un máximo a 0 K. El valor de $B_c(0)$ se encuentra determinando B_c a cierta temperatura finita y extrapolando de regreso hasta 0 K, una temperatura que no puede alcanzarse. La corriente máxima que puede sostenerse en superconductores de tipo I está limitada por el valor del campo crítico.

Observe que $B_c(0)$ es el campo magnético máximo requerido para acabar con la superconductividad en un material determinado. Si el campo aplicado es mayor que

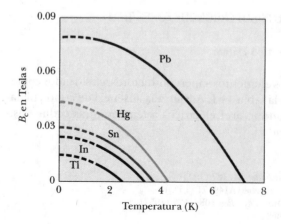

FIGURA 44.2 Campo magnético crítico contra la temperatura para varios superconductores tipo I. Las extrapolaciones de estos campos hasta 0 K proporcionan los campos críticos registrados en la tabla 44.1. Para un metal determinado, el material es superconductor en campos y temperaturas por debajo de su temperatura crítica y se comportan como un conductor normal arriba de esa curva.

$B_c(0)$, el metal deja de ser superconductor a cualquier temperatura. Los valores para el campo crítico de superconductores tipo I son bastante pequeños, como se muestra en la tabla 44.1. Por esta razón, los superconductores tipo I no pueden usarse para construir imanes de campo intenso, conocidos como imanes superconductores.

Propiedades magnéticas de superconductores tipo I

Es posible utilizar argumentos simples basados en las leyes de la electricidad y el magnetismo para mostrar que el campo magnético dentro de un superconductor no puede cambiar con el tiempo. De acuerdo con la ley de Ohm, el campo eléctrico dentro de un conductor es proporcional a la resistencia del conductor. Así, puesto que $R = 0$ en un superconductor, *el campo eléctrico en su interior debe ser cero*. Recuerde ahora que la ley de inducción de Faraday puede expresarse como

$$\oint \mathbf{E} \cdot d\mathbf{s} = -\frac{d\Phi_B}{dt} \tag{44.2}$$

Es decir, la integral de línea del campo eléctrico alrededor de cualquier lazo cerrado es igual a la tasa de cambio negativa del flujo magnético Φ_B a través del lazo. Puesto que $\mathbf{E}$ es cero en cualquier parte del superconductor, la integral sobre cualquier trayectoria cerrada dentro del superconductor es cero. En consecuencia, $d\Phi_B/dT = 0$, lo cual nos dice que *el flujo magnético en el superconductor no puede cambiar.* A partir de esto, concluimos que $B(= \Phi_B/A)$ *debe permanecer constante dentro del superconductor.*

Antes de 1933 se supuso que la superconductividad era una manifestación de la conductividad perfecta. Si un conductor perfecto se enfría por debajo de su temperatura crítica en presencia de un campo magnético aplicado, el campo debe quedar atrapado en el interior del conductor, incluso después de eliminarlo. El estado final de un conductor perfecto en un campo magnético aplicado debe depender de lo que ocurra primero: la aplicación del campo o el enfriamiento por debajo de la temperatura crítica. Si el campo se aplica después de enfriar por debajo de T_c, el campo debe ser expulsado del superconductor. Por otra parte, si el campo se aplica antes del enfriamiento, el campo no debe ser expulsado del superconductor después de enfriarse debajo de T_c.

En la década de 1930, cuando se llevaron a cabo experimentos para examinar el comportamiento magnético de superconductores, los resultados fueron bastante diferentes. En 1933, Meissner y Ochsenfeld descubrieron que cuando un metal se vuelve superconductor en presencia de un campo magnético débil, el campo era expulsado, de modo que $\mathbf{B} = 0$ en todas partes en el interior del superconductor. Así, el mismo estado final $\mathbf{B} = 0$ se alcanzó sin que el campo fuera aplicado antes o después de que el material fuera enfriado por debajo de su temperatura crítica. Este efecto se ilustra en la figura 44.3 para un material en forma de un largo cilindro. Advierta que el campo penetra el cilindro cuando su temperatura es mayor que T_c (Fig. 44.3a). Sin embargo, cuando la temperatura se reduce por debajo de T_c, las líneas se expulsan espontáneamente del interior del superconductor (Fig. 44.3b). De esta manera, un superconductor tipo I es más que un conductor perfecto (resistividad $\rho = 0$); también es un diamagneto perfecto ($\mathbf{B} = 0$). El fenómeno de la expulsión de los campos magnéticos del interior de un superconductor se conoce como el **efecto Meissner**. La propiedad de que $\mathbf{B} = 0$ en el interior de un superconductor tipo I es tan fundamental como la propiedad de resistencia cero. Si el campo aplicado es suficientemente grande ($\mathbf{B} > \mathbf{B}_c$), el estado superconductor se destruye y el campo penetra la muestra.

Debido a que un superconductor es un diamagneto perfecto, repele a un imán permanente. De hecho, uno puede efectuar una demostración deslumbrante del efecto Meissner al hacer flotar un pequeño imán permanente encima de un superconductor y logrando la levitación magnética. Una impresionante fotografía

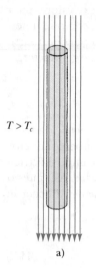
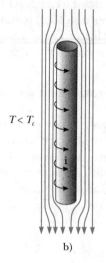

$T > T_c$

$T < T_c$

i

a)   b)

FIGURA 44.3 Un superconductor tipo I en forma de un largo cilindro en presencia de un campo magnético externo. a) A temperaturas arriba de T_c, las líneas de campo penetran la muestra debido a que están en su estado normal. b) Cuando la barra se enfría hasta $T < T_c$ y se vuelve superconductora, el flujo magnético es excluido de su interior por la inducción de corrientes superficiales.

de levitación magnética se muestra en la página con que se inicia este capítulo. Los detalles de esta demostración se brindan en las preguntas 17-23.

Usted debe recordar de nuestro estudio de la electricidad que un buen conductor expulsa los campos eléctricos estáticos moviendo cargas hacia su superficie. En efecto, las cargas superficiales producen un campo eléctrico que cancela exactamente el campo aplicado de modo externo dentro del conductor. De manera similar, un superconductor expulsa campos magnéticos formando corrientes superficiales. Para ilustrar este punto, considere de nuevo el superconductor en la figura 44.3. Supongamos que la muestra está inicialmente a una temperatura $T > T_c$, como en la figura 44.3a, por lo que el campo penetra el cilindro. Cuando el cilindro se enfría hasta una temperatura $T < T_c$, el campo es expulsado como en la figura 44.3b. En este caso, las corrientes superficiales son inducidas en el superconductor, produciendo un campo magnético que cancela exactamente al campo aplicado de manera externa dentro del superconductor. Como usted esperaría, las corrientes superficiales desaparecen cuando el campo magnético externo se elimina.

EJEMPLO 44.1   Corriente crítica en un alambre de Pb

Un alambre de plomo tiene un radio de 3.00 mm y está a una temperatura de 4.20 K. Encuentre a) el campo magnético crítico en el plomo a esta temperatura, y b) la corriente máxima que el alambre puede conducir a esta temperatura.

Solución   a) Podemos usar la ecuación 44.1 para encontrar el campo crítico a cualquier temperatura si se conocen $B_c(0)$ y T_c. De la tabla 44.1, vemos que el campo magnético crítico del plomo a 0 K es 0.0803 T y su temperatura crítica es 7.193 K. Por lo tanto, la ecuación 44.1 produce

$$B_c(4.20 \text{ K}) = (0.0803 \text{ T}) \left[1 - \left(\frac{4.20}{7.193} \right)^2 \right] = \boxed{0.0529 \text{ T}}$$

b) Recuerde de la ley de Ampère (capítulo 30) que, para un alambre que conduce una corriente estable I, el campo magnético generado en un punto exterior a una distancia r del alambre es

$$B = \frac{\mu_0 I}{2 \pi r}$$

Cuando la corriente en el alambre es igual a cierta corriente crítica I_c, el campo magnético en la superficie del alambre es igual al campo magnético crítico B_c. (Observe que $B = 0$ en el interior debido a que toda la corriente está sobre la superficie del alambre.) Empleando la expresión anterior y tomando r igual al radio del alambre, encontramos

$$I = \frac{2 \pi r B}{\mu_0}$$

$$= 2\pi \frac{(3.00 \times 10^{-3} \text{ m}) (0.0529 \text{ T})}{4\pi \times 10^{-7} \text{ N/A}^2} = \boxed{794 \text{ A}}$$

Magnetización

Cuando una muestra a granel se pone en un campo magnético externo $\mathbf{B}_{ext}$, adquiere una magnetización $\mathbf{M}$ (vea la sección 30.9). El campo magnético $\mathbf{B}_{int}$ dentro de la muestra se relaciona con $\mathbf{B}_{ext}$ y $\mathbf{M}$ por medio de la relación $\mathbf{B}_{int} = \mathbf{B}_{ext} + \mu_0\mathbf{M}$. Cuando la muestra está en el estado superconductor, $\mathbf{B}_{int} = 0$; en consecuencia, se concluye que la magnetización es

$$\mathbf{M} = -\frac{\mathbf{B}_{ext}}{\mu_0} = \chi\mathbf{B}_{ext} \tag{44.3}$$

donde χ $(= -1/\mu_0)$ en este caso es otra vez la susceptibilidad magnética, como lo fue en la ecuación 30.36. Esto es, siempre que un material está en un estado superconductor, su magnetización se opone al campo magnético externo y la susceptibilidad magnética tiene su máximo valor negativo. También en este caso, vemos que un superconductor tipo I es un diamagnético perfecto.

Una gráfica del campo magnético dentro de un superconductor tipo I contra un campo externo (paralelo a un largo cilindro) a $T < T_c$ se muestra en la figura 44.4a, mientras la magnetización contra el campo externo a alguna temperatura constante se grafica en la figura 44.4b. Note que cuando $B_{ext} > B_c$, la magnetización es aproximadamente cero.

Con el descubrimiento del efecto Meissner, Fritz y Heinz London fueron capaces de desarrollar ecuaciones fenomenológicas para los superconductores tipo I basadas en termodinámica de equilibrio. Podían explicar el campo magnético crítico en términos del aumento de energía del estado superconductor, un aumento de energía resultante de la exclusión del flujo del interior de un superconductor. De acuerdo con la termodinámica de equilibrio, un sistema prefiere estar en un estado que tiene la menor energía libre. Por lo tanto, el estado superconductor debe tener una energía libre inferior que el estado normal. Si E_s representa la energía de un estado superconductor por unidad de volumen y E_n la energía de un estado normal por unidad de volumen, entonces $E_s < E_n$ debajo de T_c y el material se vuelve superconductor. La exclusión del campo B hace que la energía total del estado superconductor aumente en una cantidad igual a $B^2/2\mu_0$ por unidad de volumen. El valor del campo crítico está definido por la ecuación

$$E_s + \frac{B_c^{\ 2}}{2\mu_0} = E_n \tag{44.4}$$

Debido a que la teoría de London brinda también la dependencia de la temperatura de E_s, es posible obtener una expresión exacta para $B_c(T)$. Advierta que la energía de exclusión de campo $B_c^2/2\mu_0$ es justo el área bajo la curva en la figura 44.4b.

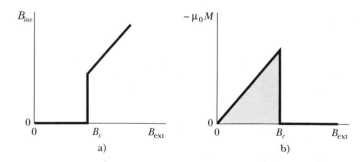

FIGURA 44.4 Las propiedades dependientes de campo magnético de un superconductor tipo I. a) Una gráfica del campo interno contra el campo externo, donde $\mathbf{B}_{int} = 0$ para $\mathbf{B}_{ext} < \mathbf{B}_c$. b) Una gráfica de magnetización contra campo externo. Note que $\mathbf{M} \approx 0$ para $\mathbf{B}_{ext} > \mathbf{B}_c$.

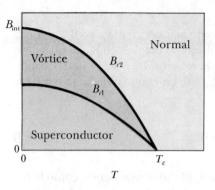

FIGURA 44.5 Campos magnéticos críticos como una función de la temperatura para un superconductor tipo II. Debajo de B_{c1}, el material se comporta como un superconductor tipo I. Arriba de B_{c2}, el material se comporta como un conductor normal. Entre estos dos campos, el superconductor está en el estado de vórtice (mezclado).

44.3 SUPERCONDUCTORES TIPO II

Por los años de 1950 los investigadores sabían que había otra clase de superconductores, conocida como superconductores de tipo II. Estos materiales están caracterizados por dos campos magnéticos críticos, denominados B_{c1} y B_{c2} en la figura 44.5. Cuando el campo magnético externo es menor que el campo crítico inferior B_{c1}, el material es completamente superconductor y no hay penetración de flujo, igual que con los superconductores tipo I. Cuando el campo crítico es mayor que el campo crítico superior B_{c2}, el flujo penetra por completo y el estado superconductor se destruye, del mismo modo que para los materiales tipo I. Para campos que se encuentran entre B_{c1} y B_{c2}, sin embargo, el material está en un estado mixto, conocido como un **estado de vórtice**. (Este nombre se debe a los remolinos de corrientes que están asociados a este estado.) En tanto que en el estado de vórtice, el material puede tener resistencia cero y tiene penetración de flujo parcial. Las regiones de vórtice son esencialmente filamentos de material normal que corren por la muestra cuando el campo externo excede el campo crítico inferior, como se ilustra en la figura 44.6. Cuando la intensidad del campo externo aumenta, el número de filamentos aumenta hasta que el campo alcanza el valor crítico superior, y la muestra se vuelve normal.

El estado de vórtice puede verse como un remolino cilíndrico de supercorrientes que rodean a un núcleo metálico normal cilíndrico que permite que un poco de flujo penetre al interior del superconductor tipo II. Asociado a cada filamento de vórtice está un campo magnético que es más grande en el centro del núcleo y disminuye exponencialmente fuera del núcleo. Las supercorrientes son la "fuente" de **B** para cada vórtice.

Las temperaturas críticas y los valores B_{c2} para varios superconductores tipo II se brindan en la tabla 44.2. Los valores de B_{c2} son muy grandes cuando se comparan

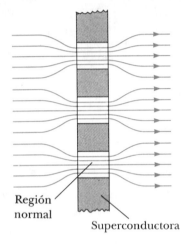

FIGURA 44.6 Un diagrama esquemático de un superconductor tipo II en el estado de vórtice. La muestra contiene filamentos de regiones normales (sin sombra) a través de las cuales pueden pasar las líneas de campo magnético. Las líneas de campo se excluyen de las regiones superconductoras (sombreadas).

TABLA 44.2	Valores de la temperatura crítica y campo magnético crítico superior (a $T = 0$ K) para varios superconductores tipo II	
Superconductor	T_c **(K)**	$B_{c2}(0)$ **en teslas**
Nb_3Al	18.7	32.4
Nb_3Sn	18.0	24.5
Nb_3Ge	23	38
NbN	15.7	15.3
NbTi	9.3	15
$Nb_3(AlGe)$	21	44
V_3Si	16.9	23.5
V_3Ga	14.8	20.8
PbMoS	14.4	60

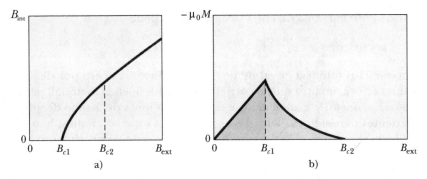

FIGURA 44.7 El comportamiento magnético de un superconductor tipo II. a) Gráfica del campo interno contra el campo externo. b) Gráfica de la magnetización contra el campo externo.

con los valores de B_c para superconductores tipo I (tabla 44.1). Por esta razón, los superconductores tipo II son muy apropiados para construir imanes superconductores de campo intenso. Por ejemplo, empleando la aleación NbTi, los solenoides superconductores pueden devanarse para producir y soportar campos magnéticos en el intervalo de 5 a 10 T *sin consumo de potencia*. Los electroimanes de núcleo de hierro rara vez exceden 2 T y consumen mucha más potencia. Advierta también que los superconductores tipo II son compuestos formados a partir de elementos de las series de transición y de los actínidos.

La figura 44.7a muestra el campo magnético interno contra el campo externo para un supeconductor tipo II, en tanto que la figura 44.7b es la magnetización correspondiente contra el campo externo.

Cuando un superconductor tipo II está en el estado de vórtice, corrientes suficientemente grandes pueden ocasionar que los vórtices se muevan perpendicularmente a la corriente. Este movimiento de vórtice corresponde a un cambio en el flujo con el tiempo y produce resistencia en el material. Añadiendo impurezas u otras inclusiones especiales, uno puede sujetar efectivamente el vórtice y evitar su movimiento, para producir resistencia cero en el estado de vórtice. La corriente crítica para superconductores tipo II es la corriente que, cuando se multiplica por el flujo en los vórtices, genera una fuerza de Lorentz que supera a la fuerza de sujeción.

EJEMPLO 44.2   Un solenoide superconductor

Se quiere construir un solenoide con alambre hecho de la aleación Nb_3Al, el cual tiene un campo crítico superior de 32.0 T a $T = 0$ K y una temperatura crítica de 18.0 K. El alambre tiene un radio de 1.00 mm, el solenoide se va a enrollar sobre un cilindro hueco de 8.00 cm y 90.0 cm de largo, y habrá 150 vueltas de alambre por centímetro de longitud. a) ¿Cuánta corriente se requiere para producir un campo magnético de 5.00 T en el centro del solenoide?

Solución   Recuerde del capítulo 30 que el campo magnético en el centro de un solenoide enrollado con vueltas muy próximas entre sí es $B = \mu_0 nI$, donde n es el número de vueltas por longitud unitaria a lo largo del solenoide e I es la corriente en el alambre del solenoide. Considerando $B = 5.00$ T y $n = 150$ vueltas/cm $= 1.50 \times 10^4$ vueltas/m encontramos

$$I = \frac{B}{\mu_0 n}$$

$$= \frac{5.00 \text{ T}}{(4\pi \times 10^{-7} \text{ N/A}^2)\,(1.50 \times 10^4 \text{ m}^{-1})} = \boxed{265 \text{ A}}$$

b) ¿Qué corriente máxima puede conducir el solenoide si su temperatura se va a mantener en 15.0 K? (Observe que B cerca de los devanados del solenoide es aproximadamente igual a B sobre su eje.)

Solución   Empleando la ecuación 44.1, con $B_c(0) = 32.0$ T, encontramos que $B_c = 9.78$ T a una temperatura de 15.0 K. Para este valor de B, obtenemos $I_{\text{máx}} = 518$ A.

44.4 OTRAS PROPIEDADES DE LOS SUPERCONDUCTORES

Corrientes persistentes

Debido a que la resistencia de cd de un superconductor es cero por debajo de la temperatura crítica, una vez que la corriente se establece en el material, persiste *sin ningún voltaje aplicado* (lo cual se deduce de la ley de Ohm y del hecho de que $R = 0$). Estas **corrientes persistentes**, llamadas algunas veces supercorrientes, han sido observadas hasta por varios años sin pérdidas medibles. En un experimento llevado a cabo por S. S. Collins, en Gran Bretaña, se mantuvo una corriente en un anillo superconductor durante 2.5 años, interrumpiéndola sólo porque un choque del camión repartidor retrasó la entrega del helio líquido necesario para mantener el anillo bajo su temperatura crítica.[7]

Para entender mejor el origen de las corrientes persistentes, considere un lazo de alambre hecho de material superconductor. Suponga que el lazo se coloca, en su estado normal ($T > T_c$), en un campo magnético externo y que luego la temperatura se reduce por debajo de T_c de modo que el alambre se vuelve superconductor, como en la figura 44.8a. Como con un cilindro, el flujo se extrae del interior del alambre debido a las corrientes superficiales inducidas, sin embargo, advierta que las *líneas de flujo* siguen pasando a través del hoyo en el lazo. Cuando el campo externo se desactiva, como en la figura 44.8b, *el flujo a través de este hoyo queda atrapado debido a que el flujo magnético a través del lazo no puede cambiar.* El alambre superconductor evita que el flujo vaya a cero a través de la aparición de una gran corriente espontánea inducida por el campo magnético externo que se está colapsando. Si la resistencia de cc del alambre superconductor es verdaderamente cero, esta corriente debe persistir por siempre. Los resultados experimentales empleando una técnica conocida como resonancia magnética nuclear ¡indican que estas corrientes persistirán más de 10^5 años! Se ha demostrado que la resistividad de un superconductor basada en estas mediciones es menor que $10^{-26}\ \Omega \cdot$ m. Esto reafirma el hecho de que R es cero en un superconductor. (Vea el problema 30 para una simple pero convincente demostración de resistencia cero.)

Considere a continuación lo que ocurre si el lazo se enfría hasta una temperatura $T < T_c$ antes de que se active el campo externo. Cuando el campo se activa mientras el lazo se mantiene a esta temperatura, *el flujo debe excluirse de todo el lazo, incluso*

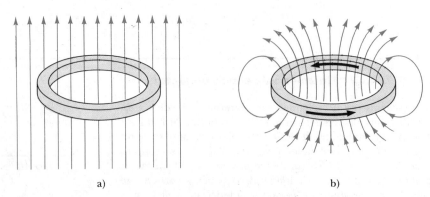

a)   b)

FIGURA 44.8   a) Cuando un lazo superconductor a $T > T_c$ se pone en un campo magnético externo y la temperatura se reduce después hasta $T < T_c$, el flujo pasa por el hoyo en el lazo aun cuando no penetra el interior del material que lo forma. b) Después que se elimina el campo externo, el flujo a través del hoyo permanece atrapado y una corriente inducida aparece en el material que forma el lazo.

---

[7] Esta fascinante historia fue proporcionada por Steve Van Wyk.

del hoyo, debido a que el lazo está en el estado superconductor. También en este caso, se induce una corriente en el lazo para mantener flujo cero a través del mismo y del interior del alambre. En este caso, la corriente desaparece cuando el campo externo se desactiva.

Cuantización de flujo

El fenómeno de la exclusión del flujo por medio de un superconductor se aplica sólo a un objeto conectado simplemente; esto es, uno sin hoyos o su equivalente topológico. Sin embargo, cuando un anillo superconductor se pone en un campo magnético, y el campo se elimina, las líneas de flujo quedan atrapadas y se mantienen por medio de una corriente circulante persistente, como se muestra en la figura 44.8b. Dándose cuenta que la superconductividad es fundamentalmente un fenómeno cuántico, Fritz London sugirió[8] que el flujo magnético atrapado debe cuantizarse en unidades de h/e. (La carga electrónica e en el denominador surge debido a que London supuso que la corriente persistente es conducida por electrones individuales.) Subsecuentes mediciones precisas en pequeños cilindros huecos superconductores mostraron que el cuantum de flujo es la mitad del valor postulado por London.[9] Esto es, el flujo magnético Φ está cuantizado no en unidades de h/e sino en unidades de $h/2e$.

$$\Phi = \frac{nh}{2e} = n\Phi_0 \qquad (44.5)$$

donde n es un entero y

$$\Phi_0 = \frac{h}{2e} = 2.0679 \times 10^{-15} \; \text{T} \cdot \text{m}^2 \qquad (44.6)$$

es el **cuantum de flujo magnético**.

44.5   CALOR ESPECÍFICO ELECTRÓNICO

Las propiedades térmicas de superconductores se han estudiado y comparado ampliamente con las de los mismos materiales en el estado normal, y una medida muy importante es el calor específico. Cuando una pequeña cantidad de energía térmica se agrega a un metal normal, parte de la energía se usa para excitar vibraciones de la retícula, y el resto se emplea para aumentar la energía cinética de los electrones de conducción. El **calor específico electrónico** C se define como la razón entre la energía térmica absorbida por el sistema de los electrones y el aumento en la temperatura del sistema.

La figura 44.9 muestra cómo varía el calor específico electrónico con la temperatura tanto en el estado normal como en el estado de superconductividad del superconductor tipo I del galio. A bajas temperaturas, el calor específico electrónico del material en el estado normal, C_n, varía con la temperatura como $AT + BT^3$. El término lineal surge de las excitaciones electrónicas, en tanto que el término cúbico se debe a las vibraciones de la retícula. El calor específico electrónico del material en el estado superconductor, C_s, es alterado sustancialmente debajo de la temperatura crítica. A medida que la temperatura se reduce empezando a partir de $T > T_c$, el calor específico primero brinca a un valor muy alto a T_c y luego cae debajo del valor correspondiente al estado normal a temperaturas muy bajas. El análisis de estos datos muestra que a temperaturas bastante abajo de T_c, la parte electrónica del calor específico es dominada por un término que varía como $\exp(-\Delta/k_B T)$, donde Δ es la

[8] F. London, *Superfluids*, vol. I, Nueva York, John Wiley, 1954.

[9] El efecto fue descubierto por B. S. Deaver, Jr. y W. M. Fairbank, *Phys. Rev. Letters* **7**; 43, 1961 e independientemente por R. Doll y M. Nabauer, *Phys. Rev. Letters* **7**; 51, 1961.

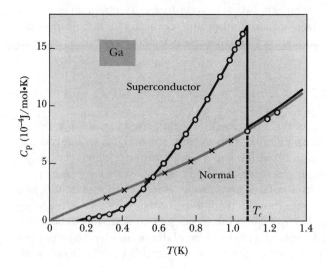

FIGURA 44.9 Calor específico electrónico contra temperatura para galio superconductor (en un campo magnético aplicado cero) y galio normal (en un campo magnético de 0.020 T). Para el estado superconductor, note la discontinuidad que ocurre en T_c y la dependencia exponencial en $1/T$ a bajas temperaturas. *(Tomado de N. Phillips,* Phys. Rev. *134, 385, 1964)*

mitad de la brecha de energía. Este resultado sugiere la existencia de una brecha de energía en los niveles de la misma disponibles para el electrón, donde la brecha es una medida de la energía térmica necesaria para mover los electrones de los estados base al excitado.

44.6 LA TEORÍA BCS

De acuerdo con la física clásica, parte de la resistividad de un metal se debe a los choques entre electrones libres e iones vibrantes de la retícula del metal y parte al encuentro entre electrones e impurezas/defectos en el metal. Inmediatamente después del descubrimiento de la superconductividad, los científicos se dieron cuenta de que el estado superconductor nunca podría explicarse con base en el modelo clásico debido a que los electrones en un material siempre sufren algunos choques y, por ello, la resistividad nunca puede ser cero. Tampoco podía entenderse la superconductividad por medio de un simple modelo microscópico cuántico-mecánico, donde un electrón individual se consideraba como una onda viajando a través del material. A pesar de que muchas teorías fenomenológicas se propusieron con base en las propiedades conocidas de los superconductores, ninguna podía explicar por qué los electrones entraban en el estado superconductor y por qué los electrones en este estado no eran dispersados por impurezas y vibraciones de la retícula.

Desarrollos importantes en los años de 1950 condujeron a una mejor comprensión de la superconductividad. En particular, muchos grupos de investigación informaron que las temperaturas críticas de isótopos de un elemento disminuían con la masa atómica creciente. Este efecto, conocido como **efecto del isótopo**, fue una temprana evidencia de que el movimiento de la retícula desempeñaba un importante papel en la superconductividad. Por ejemplo, en el caso del mercurio, $T_c = 4.161$ K para el isótopo ^{199}Hg, 4.153 K para ^{200}Hg y 4.126 K para ^{204}Hg. Las frecuencias características de las vibraciones de la retícula se espera que cambien con la masa M de los átomos vibrantes. De hecho, las frecuencias vibratorias de la retícula se espera que sean proporcionales a $M^{-1/2}$ [análogo a la frecuencia angular ω de un sistema masa-resorte, donde $\omega = (k/M)^{1/2}$]. Con esta base, se hizo patente que cualquier teoría de superconductividad de metales debía incluir las interacciones electrón-retícula.

La teoría microscópica completa de la superconductividad presentada en 1957 por Bardeen, Cooper y Schrieffer ha tenido buenos resultados al explicar las diversas características de los superconductores. Los detalles de esta teoría, conocida ahora

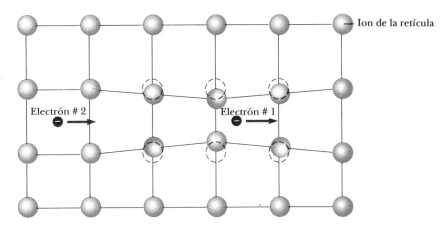

FIGURA 44.10 Bases para la interacción atractiva entre dos electrones por medio de la deformación de la retícula. El electrón 1 atrae a los iones positivos, los cuales se mueven hacia adentro desde sus posiciones de equilibrio (círculos punteados). Esta región perturbada de la retícula tiene una carga positiva neta y, en consecuencia, el electrón 2 es atraído a ella.

como la teoría BCS, están más allá del alcance de este texto, aunque podemos describir algunos de sus rasgos y predicciones principales.

Como mencionamos en la sección 44.2, la característica central de esta teoría es que dos electrones en el superconductor son capaces de formar un par de Cooper enlazado si de alguna manera experimentan una interacción atractiva. Esta idea al principio parece contraria a la intuición pues los electrones normalmente se repelen entre sí en virtud de sus cargas similares. Sin embargo, puede lograrse una atracción neta si los electrones interactúan unos con otros mediante el movimiento de la retícula cristalina conforme la estructura de la misma se deforma momentáneamente por el paso de un electrón. Para ilustrar este punto, la figura 44.10 muestra dos electrones que se mueven a través de la retícula. El paso del electrón 1 es la causa de que los iones cercanos se muevan hacia adentro en dirección al electrón, lo que produce un ligero aumento de la concentración de carga positiva en esta región. El electrón 2 (el segundo electrón del par de Cooper), acercándose antes de que los iones hayan tenido oportunidad de regresar a sus posiciones de equilibrio, es atraído hacia la región perturbada (cargada positivamente). El efecto neto es una débil fuerza atractiva retrasada entre los dos electrones producto del movimiento de los iones positivos. Como un investigador ha señalado elegantemente: "El electrón trasero surfea sobre la estela de la retícula virtual del electrón delantero." En términos más técnicos, podemos decir que la fuerza atractiva entre dos electrones de Cooper es una *interacción electrón-retícula-electrón*, donde la retícula cristalina sirve como el mediador de la fuerza atractiva. Algunos científicos se refieren a esto como un *mecanismo mediado por un fonón* debido a que las vibraciones de la retícula cuantizadas reciben el nombre de *fonones*.

Un par de Cooper en un superconductor consta de dos electrones que tienen momento y espín iguales y opuestos, como se ilustra en la figura 44.11. Por lo tanto,

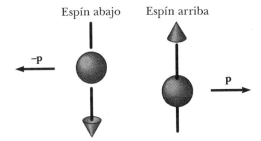

FIGURA 44.11 Diagrama esquemático de un par de Cooper. El electrón que se mueve hacia la derecha tiene un momento **p** y su espín es hacia arriba, en tanto que el electrón que se mueve hacia la izquierda tiene un momento −**p** y su espín es hacia abajo. Por lo tanto, el momento total del sistema es cero y el espín total es cero.

en el estado superconductor y en la ausencia de cualesquiera supercorrientes, *el par de Cooper forma un sistema que tiene momento total cero y espín cero.* Debido a que los pares de Cooper tienen espín cero todos pueden estar en el mismo estado. Esto contrasta con los electrones, los cuales son fermiones (espín 1/2) que deben obedecer el principio de exclusión de Pauli. En la teoría BCS, un estado base es el que se construye *con todos los electrones formando pares ligados.* En efecto, todos los pares de Cooper están "ligados" dentro del *mismo estado cuántico de momento cero.* Este estado de cosas puede considerarse como una condensación de todos los electrones dentro del mismo estado. Debe notarse que debido a que los pares de Cooper tienen espín cero (y consecuentemente momento angular cero), sus funciones de onda son simétricas esféricamente (al igual que los estados *s* del átomo de hidrógeno). En un sentido "semiclásico" los electrones siempre están sujetos a choques frontales, y por tal motivo, cada uno de ellos siempre se mueve en la estela de otro.

La teoría BCS ha sido muy exitosa al explicar las propiedades superconductoras características de resistencia cero y expulsión de flujo. A partir de un punto de vista cualitativo, puede decirse que para reducir el momento de cualquier par de Cooper aislado por medio de dispersión, es necesario reducir de manera simultánea el momento de todos los demás pares; en otras palabras, todo o nada. Usted no puede cambiar la velocidad de un par de Cooper sin cambiar la de todos ellos.[10] Las imperfecciones de la retícula y las vibraciones de la misma, las cuales dispersan efectivamente a los electrones en metales normales, ¡no tienen efecto en los pares de Cooper! En ausencia de dispersión, la resistividad es cero y la corriente persiste por siempre. Es bastante extraño, y quizá sorprendente, que el mecanismo de las vibraciones de retícula responsable (en parte) de la resistividad de metales normales también brinde la interacción que da origen a su superconductividad. De este modo, el cobre, la plata y el oro, los cuales tienen baja dispersión de retícula a temperatura ambiente, no son superconductores, en tanto que el plomo, el estaño y el mercurio, así como otros conductores modestos, tienen una gran dispersión de retícula a temperatura ambiente y se vuelven superconductores a bajas temperaturas.

Como mencionamos antes, el estado superconductor es aquel en el cual los pares de Cooper actúan colectiva y no independientemente. La condensación de todos los pares en el mismo estado cuántico hace que el sistema se comporte como un sistema mecanocuántico gigante que está cuantizado al nivel macroscópico. *El estado condensado de los pares de Cooper se representa por medio de una sola función de onda coherente* ψ *que se extiende por todo el volumen del superconductor.*

La estabilidad del estado superconductor depende críticamente de la fuerte correlación entre los pares de Cooper. De hecho, la teoría explica el comportamiento superconductor en términos de los niveles de energía de la "macromolécula" y la existencia de una brecha de energía E_b entre los estados base y excitado del sistema, como en la figura 44.12a.[11] En la figura 44.12b observe que no hay brecha de energía para un conductor normal. En un conductor normal, la energía de Fermi, E_F, representa la energía cinética más grande que los electrones libres pueden tener a 0 K.

La brecha de energía en un superconductor es muy pequeña, del orden de $k_B T_c$ ($\approx 10^{-3}$ eV) a 0 K, cuando se compara con la brecha de energía en semiconductores (≈ 1 eV) o la energía de Fermi de un metal (≈ 5 eV). La brecha de energía represen-

---

[10] Muchos autores prefieren referirse a este estado de cosas cooperativo como un estado **colectivo**. Como una analogía, un autor escribió que los electrones en el estado apareado "se mueven como escaladores de montañas unidos por un cuerda: uno de ellos deja las filas debido a las irregularidades del terreno (causadas por las vibraciones térmicas de los átomos de la retícula) y sus vecinos deben jalarlo de regreso".

[11] Un par de Cooper es algo análogo a un átomo de helio $^4_2$He, en el que ambos son bosones con espín cero. Se sabe bien que la superfluidez del helio líquido puede verse como una condensación de bosones en el estado base. De igual modo, la superconductividad puede verse como un estado superfluido de pares de Cooper, todos en el mismo estado cuántico.

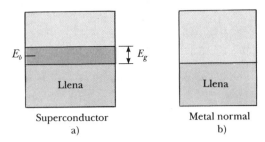

FIGURA 44.12 a) Estructura de bandas de energía simplificada para un superconductor. Observe la brecha de energía entre los estados llenos inferiores y los estados vacíos superiores. b) La estructura de bandas de energía para un conductor normal no tiene brecha de energía. En $T = 0$ K, todos los estados debajo de la energía de Fermi, E_F, están llenos y todos los estados arriba de ella están vacíos.

ta la que se necesita para romper un par de Cooper. La teoría BCS predice que a $T = 0$ K,

$$E_b = 3.53 \, k_B T_c \qquad \textbf{(44.7)}$$

De este modo, los superconductores con grandes brechas de energía tienen temperaturas críticas relativamente altas. **El argumento de la función exponencial en la capacidad calorífica electrónica analizada en la sección previa —exp$(-\Delta / k_B T)$— contiene un factor $\Delta = E_b/2$.** Además, los valores de la brecha de energía predichos por la ecuación 44.7 están en una buena concordancia con los valores experimentales dados en la tabla 44.3. (El experimento de tunelaje empleado para obtener estos valores se describe después.) Como se notó antes, la capacidad calorífica electrónica en campo magnético cero se somete a una discontinuidad a la temperatura crítica. Asimismo, a temperaturas finitas, los electrones individuales excitados térmicamente interactúan con los pares de Cooper y reducen la brecha de energía, la cual disminuye en forma continua desde un valor pico a 0 K hasta cero a la temperatura crítica, como se ilustra en la figura 44.13 para varios superconductores.

TABLA 44.3 La brecha de energía de varios superconductores a $T = 0$ K.

Superconductor	E_b (meV)
Al	0.34
Ga	0.33
Hg	1.65
In	1.05
Pb	2.73
Sn	1.15
Ta	1.4
Zn	0.24
La	1.9
Nb	3.05

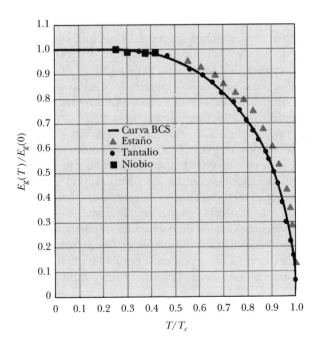

FIGURA 44.13 Los puntos sobre esta gráfica representan valores reducidos de la brecha de energía observada $E_b(T)/E_b(0)$ como una función de la temperatura reducida T/T_c para estaño, tantalio y niobio. La curva continua brinda los valores predichos por la teoría BCS. *(Los datos son de mediciones de tunelaje de electrones de P. Townsend y J. Sutton,* Phys. Ref. *28:591, 1962)*

EJEMPLO 44.3   La brecha de energía del plomo

Emplee la ecuación 44.7 para calcular la brecha de energía del plomo y compare la respuesta con el valor experimental en la tabla 44.3.

$$E_b = 3.53 k_B T_c = (3.53)(1.38 \times 10^{-23} \text{ J/K})(7.193 \text{ K})$$

$$= 3.50 \times 10^{-22} \text{ J} = 0.00219 \text{ eV} = \boxed{2.19 \times 10^{-3} \text{ eV}}$$

Solución   Debido a que $T_c = 7.193$ K para el plomo, la ecuación 44.7 produce

El valor experimental es 2.73×10^{-3} eV, lo que corresponde a una diferencia de porcentaje de cerca de 20%.

Debido a que los dos electrones de un par de Cooper tienen momentos angulares de espín opuestos, un campo magnético externo eleva la energía de un electrón y reduce la del otro (vea el problema 16). Si el campo magnético se hace suficientemente intenso, se vuelve más favorable para el par romperse hacia un estado donde ambos espines apuntan en la misma dirección para reducir su energía. Este valor del campo externo que ocasiona el rompimiento corresponde al del campo crítico. Tal efecto debe explicarse cuando se trabaje con superconductores tipo II que tienen valores muy altos del campo crítico superior.

44.7   MEDICIONES DE LA BRECHA DE ENERGÍA

Tunelaje (ejecto túnel) de una sola partícula

Las brechas de energía en superconductores pueden medirse con mucha precisión en experimentos de tunelaje de una sola partícula (aquellos que comprenden electrones normales), de los cuales informó por primera vez I. Giaever en 1960.[12] Como se describió en la sección 41.9, el tunelaje es un fenómeno en la mecánica cuántica que permite a una partícula penetrar a través de una barrera cuya energía es mayor que la energía de la partícula. Si dos metales están separados por un aislador, éste actúa normalmente como una barrera para el movimiento de los electrones entre los dos metales. Sin embargo, si el aislador se hace suficientemente delgado (menor de 2 nm, aproximadamente), hay una pequeña probabilidad de que los electrones efectúen tunelaje de un metal al otro.

Considere primero dos metales normales separados por una delgada barrera aislante como en la figura 44.14a. Si una diferencia de potencial V se aplica entre los dos metales, los electrones pasan de un metal al otro y se establece una corriente. Para voltajes aplicados pequeños, la relación corriente-voltaje es lineal (la unión obedece la ley de Ohm). Sin embargo, si uno de los metales se sustituye por un superconductor mantenido a una temperatura menor a T_c, como en la figura 44.14b, ocurre algo bastante inusual. A medida que V se incrementa, no se observa ninguna corriente hasta que V alcanza un valor umbral V_t que satisface la relación $V_t = E_b/2e$ $= \Delta/e$, donde Δ es la mitad de la brecha de energía. (El factor de un medio surge del hecho de que estamos trabajando con tunelaje de una sola partícula, y la energía requerida es la mitad de la energía de enlace de un par, 2Δ.) Esto es, si $eV \geq 0.5\, E_b$, entonces puede ocurrir tunelaje entre el metal normal y el superconductor.

De ese modo, el tunelaje de una sola partícula proporciona una medición experimental directa de la brecha de energía. El valor de Δ obtenido a partir de estos experimentos está en buena concordancia con los resultados de las mediciones de capacidad calorífica electrónica. La curva I-V mostrada en la figura 44.14b ilustra la relación no lineal de esta unión. Advierta que cuando la temperatura aumenta hacia

---

[12] I. Giaever, *Phys. Rev. Letters* **5**, 147 y 464 (1960).

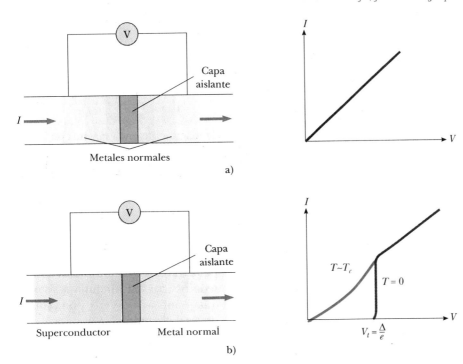

FIGURA 44.14 a) Relaciones de corriente-voltaje para el tunelaje de electrones a través de un delgado aislador entre dos metales normales. La relación es lineal para corrientes y voltajes pequeños. b) Relación de corriente-voltaje para el tunelaje de electrones a través de un delgado aislador entre un superconductor y un metal normal. La relación es no lineal y fuertemente dependiente de la temperatura. *(Adaptado de N. W. Aschcroft y N.D. Mermin,* Solid State Physics, *Philadelphia, Saunders College Publishing, 1975)*

T_c, hay cierta corriente de tunelaje a voltajes más pequeños que el voltaje de umbral de la brecha de energía. Esto se debe a una combinación de electrones excitados térmicamente y a una disminución en la brecha de energía.

Absorción de radiación electromagnética

Otro experimento empleado para medir la brecha de energía de superconductores es la absorción de radiación electromagnética. En semiconductores, los fotones pueden ser absorbidos por el material cuando su energía es mayor que la energía de la brecha. Los electrones en la banda de valencia del semiconductor absorben los fotones incidentes, excitando los electrones a través de la brecha hasta la banda de conducción. De manera similar, los superconductores absorben fotones si la energía del fotón excede a la energía de la brecha 2Δ. Si la energía del fotón es menor que 2Δ no ocurre absorción. Cuando los fotones son absorbidos por el superconductor, los pares de Cooper se rompen. La absorción de fotones en superconductores ocurre por lo común en el intervalo entre las frecuencias de microondas e infrarrojas, como se muestra en el ejemplo de la siguiente página.

44.8 TUNELAJE (EFECTO TÚNEL DE JOSEPHSON)

En la sección 44.7 describimos el tunelaje de una sola partícula de un metal normal a un superconductor a través de una delgada barrera aislante. Considere a continuación el tunelaje en dos superconductores separados por un aislador delgado. En

EJEMPLO 44.4 **La absorción de radiación por plomo**

Encuentre la frecuencia mínima de un fotón que puede ser absorbido por plomo a $T = 0$ K.

Solución De acuerdo con la tabla 44.3, vemos que la brecha de energía del plomo es 2.73×10^{-3} eV. Igualando este valor a la energía del fotón hf y usando la conversión 1 eV =.1.60×10^{-19} J, encontramos

$$hf = 2\Delta = 2.73 \times 10^{-3} \text{ eV} = 4.37 \times 10^{-22} \text{ J}$$

$$f = \frac{4.37 \times 10^{-22} \text{ J}}{6.626 \times 10^{-34} \text{ J} \cdot \text{s}} = \boxed{6.60 \times 10^{11} \text{ Hz}}$$

Ejercicio ¿Cuál es la longitud de onda máxima de la radiación que puede absorber el plomo a 0 K?

Respuesta $\lambda = c/f = 0.455$ mm, entre la región de microondas y el infrarrojo lejano.

1962, Brian Josephson propuso que, además del tunelaje de una sola partícula, también puede haber tunelaje en los pares de Cooper a través de una de dichas uniones. Josephson predijo que el tunelaje del par puede ocurrir sin ninguna resistencia, produciendo una corriente directa cuando el voltaje aplicado es cero, y una corriente alterna cuando un voltaje de cd se aplica a través de la unión.

Al principio, los físicos estuvieron muy escépticos respecto de la propuesta de Josephson debido a que se pensaba que el tunelaje de una sola partícula podría enmascarar el tunelaje del par. Sin embargo, cuando se toma en cuenta la coherencia de fase de los pares, se encuentra que, en las condiciones apropiadas, la probabilidad de tunelaje de pares a través de la unión es comparable a la del tunelaje de una sola partícula. De hecho, cuando la barrera aislante que separa a los dos superconductores se hace lo suficientemente delgada (digamos, ≈ 1 nm), el tunelaje Josephson es tan fácil de observar como el tunelaje de una sola partícula.

En lo que resta de esta sección, describiremos dos efectos sobresalientes asociados al tunelaje de pares.

Efecto Josephson de cd

Considere dos superconductores separados por una delgada capa de óxido, por lo común de 1 a 2 nm, como en la figura 44.15a. Una configuración de este tipo se conoce como una unión Josephson. En un superconductor dado, los pares deben

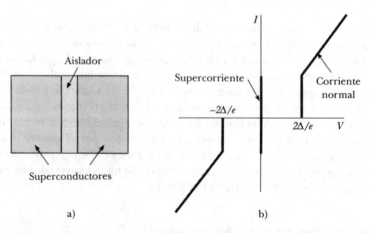

FIGURA 44.15 a) Una unión Josephson está compuesta por dos superconductores separados por un aislador muy delgado. Los pares de Cooper pueden efectuar tunelaje a través de esta barrera aislante en ausencia de un voltaje aplicado, estableciendo una corriente directa. b) Curva *I-V* para una unión Josephson. Cuando la corriente de polarización excede cierto valor umbral $I_{máx}$, se genera un voltaje y la corriente oscila con una frecuencia $f = 2eV/h$.

representarse por medio de funciones de onda $\Psi = \Psi_0 e^{i\phi}$, donde ϕ es la fase y es la misma para cualquier par. Si uno de los superconductores tiene una fase ϕ_1 y el otro una fase ϕ_2, Josephson demostró que a voltaje cero aparece a través de la unión una supercorriente que satisface la unión

$$I_s = I_{\text{máx}} \operatorname{sen} (\phi_2 - \phi_1) = I_{\text{máx}} \operatorname{sen} \delta \qquad (44.8)$$

donde $I_{\text{máx}}$ es la corriente máxima a través de la unión bajo condiciones de voltaje cero. El valor de $I_{\text{máx}}$ depende del área de la superficie de cada superconductor/interfase de óxido y disminuye en forma exponencial con el espesor de la capa de óxido.

La primera confirmación del efecto Josephson de cd fue hecha en 1963 por Rowell y Anderson. Desde entonces, todas las otras predicciones teóricas de Josephson han sido confirmadas. Una gráfica de la corriente contra el voltaje aplicado para la unión Josephson se muestra en la figura 44.15b.

Efecto Josephson de ca

Cuando un voltaje de cd se aplica a través de la unión Josephson, ocurre un efecto más notable: *El voltaje de cd genera una corriente alterna* dada por

$$I = I_{\text{máx}} \operatorname{sen} (\delta - 2\pi f t) \qquad (44.9)$$

donde δ es una constante igual a la fase en $t = 0$, y f es la frecuencia de la corriente Josephson, dada por

$$f = \frac{2eV}{h} \qquad (44.10)$$

Un voltaje de cd de 1 μV produce una frecuencia de corriente de 483.6 MHz. Mediciones precisas de la frecuencia y el voltaje han permitido a los físicos obtener el valor de e/h hasta una precisión sin precedentes.

El efecto de Josephson de ca puede demostrarse de varias maneras. Un método es aplicar un voltaje de cd y detectar la radiación electromagnética generada por la unión. Otro método consiste en irradiar la unión con radiación externa de frecuencia f'. Con este método, una gráfica de la corriente directa contra el voltaje tiene escalones cuando el voltaje corresponde a las frecuencias Josephson f que son múltiplos enteros de la frecuencia externa f'; así, cuando $V = hf/2e = nhf'/2e$ (Fig. 44.16). Debido a que los dos lados de la unión están en estados cuánticos diferentes, ésta se comporta como un átomo que sufre transiciones entre estos estados cuando

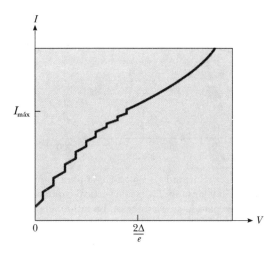

FIGURA 44.16 Gráfica de la corriente cd como una unión del voltaje de polarización para una unión Josephson ubicada en un campo electromagnético. A una frecuencia de 10 GHz, se han observado cerca de 500 escalones. (En presencia de un campo electromagnético aplicado, no es claro el inicio del tunelaje de una sola partícula.)

absorbe o emite radiación. En efecto, cuando un par de Cooper cruza la unión, un fotón de frecuencia $f = 2eV/h$ es emitido o absorbido por el sistema.

44.9 SUPERCONDUCTIVIDAD DE ALTA TEMPERATURA

Durante muchos años, los científicos han buscado materiales que sean superconductores a temperaturas más altas, y hasta 1986, la aleación Nb_3Ge tuvo la temperatura crítica conocida más alta, 23.2 K. Había varias predicciones teóricas de que la temperatura crítica máxima para un superconductor en la cual la interacción electrón-retícula era importante sería aproximadamente de 30 K. A principios de 1986, J. Georg Bednorz y Karl Alex Müller, dos científicos de los laboratorios de investigación IBM en Zurich, hicieron un descubrimiento notable que ha originado una revolución en el campo de la superconductividad. Encontraron que un óxido de lantano, bario y cobre en una forma de fase mezclada de una cerámica se volvía superconductor a casi 30 K. La dependencia de la temperatura de la resistividad de sus muestras se presenta en la figura 44.17. La fase superconductora se identificó rápidamente en otros laboratorios como el compuesto $La_{2-x}Ba_xCuO_4$, donde $x \approx 0.2$.

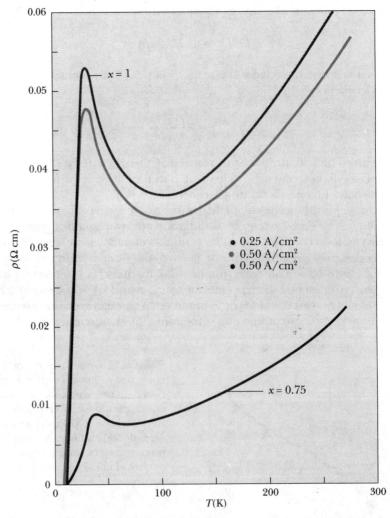

FIGURA 44.17 Dependencia de la temperatura de la resistividad de Ba-La-Cu-O para muestras que contienen diferentes concentraciones de bario y lantano. La escala vertical izquierda es para las dos curvas superiores: la escala derecha es para la curva inferior. La influencia de la densidad de corriente se muestra en las dos curvas superiores.   *(Tomada de J. G. Bednorz y K. A. Müller, Z. Phys. B, 64:189, 1986)*

Sustituyendo el bario por estroncio, los investigadores rápidamente incrementaron el valor de T_c hasta aproximadamente 36 K. Inspirados por estos desarrollos, los científicos de todo el mundo trabajaron febrilmente para descubrir materiales con valores incluso más altos de T_c, y la investigación acerca del comportamiento superconductor de óxidos metálicos se aceleró a un ritmo tremendo. El año de 1986 marcó el principio de una nueva era de la superconductividad de alta temperatura. Bednorz y Müller fueron galardonados con el premio Nóbel en 1987 (el reconocimiento más rápido de todos los tiempos hecho por el comité Nóbel) por su importante descubrimiento.

A principio de 1987, los grupos de investigación en la Universidad de Alabama y la Universidad de Houston anunciaron el descubrimiento de superconductividad cerca de 92 K en una muestra de fase mezclada que contenía itrio, bario, cobre y oxígeno.[13] El descubrimiento fue confirmado en otros laboratorios alrededor del mundo, y se identificó rápidamente que la fase superconductora correspondía al compuesto $YBa_2Cu_3O_{7-\delta}$. Una gráfica de la resistividad contra temperatura para este compuesto se muestra en la figura 44.18. Esto fue un acontecimiento importante en la superconductividad de alta temperatura, debido a que la temperatura de transición de este compuesto está por arriba del punto de ebullición del nitrógeno líquido (77 K), un refrigerante que se consigue fácilmente, es económico y mucho más fácil de manejar que el helio líquido.

En una reunión de la Sociedad Física de Estados Unidos el 18 de marzo de 1987, un panel de discusión especial sobre superconductividad de alta temperatura presentó al mundo a los nuevos superconductores recientemente descubiertos. Esta sesión que duró toda la noche, la cual atrajo a una multitud de 3 000 personas en un abarrotado auditorio, produjo una gran emoción en la comunidad científica y se le conoce como el "Woodstock de la física". Reconociendo la posibilidad de operar de manera rutinaria dispositivos superconductores a la temperatura del nitrógeno líquido y con el tiempo quizá a temperatura ambiente, cientos de científicos de diversas disciplinas entraron a la arena de la investigación en superconductividad. El interés excepcional en estos nuevos materiales se debe al menos a cuatro factores:

- Los óxidos metálicos son relativamente fáciles de fabricar y, en consecuencia, pueden investigarse en laboratorios y universidades más pequeñas.
- Tienen valores de T_c muy altos y campos magnéticos críticos superiores sumamente elevados, estimados para ser más grandes que 100 T en varios materiales (tabla 44.4).
- Sus propiedades y los mecanismos responsables de su comportamiento superconductor representan un gran reto para los teóricos.
- Pueden ser de una importancia tecnológica considerable.

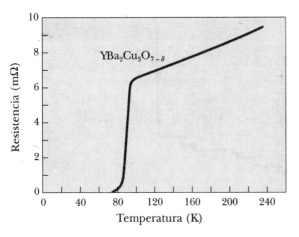

FIGURA 44.18 Dependencia de la temperatura de la resistencia de una muestra de $YBa_2Cu_3O_{7-\delta}$ que muestra la temperatura de transición cerca de 92 K. *(Tomado de M. W. Wu et al.,* Phys. Rev. Letters *58:908, 1987)*

[13] M. K. Wu, J. R. Ashburn, C. J. Torng, P. H. Hor, R. L. Meng, L. Gao, Z. J. Huang, Y. Q. Wang y C. W. Chu, *Phys. Rev. Letters* **58**:908, 1987.

TABLA 44.4 Algunas propiedades de supeconductores de alta T_c en forma de cerámicas a granel

Superconductor	T_c (K)	$B_{c2}(0)$ en teslas
La-Ba-Cu-O	30	
$La_{1.85}Sr_{0.15}CuO_5$	36.2	> 36
La_2CuO_4	40	
$YBa_2Cu_3O_{7-\delta}$	92	≈ 160
$ErBa_2Cu_3O_{9-\delta}$	94	> 28
$DyBa_2Cu_3O_7$	92.5	
Bi-Sr-Ca-Cu-O	120	
Ti-Ba-Ca-Cu-O	125	
$HgBa_2Ca_2Cu_2O_{8+\delta}$	153	

[a]Éstas son extrapolaciones proyectadas con base en datos hasta aproximadamente 30 T.

Recientemente, varios óxidos metálicos complejos en la forma de cerámicas se han investigado y se han observado temperaturas críticas arriba de 100 K (superconductividad de tres dígitos). A principios de 1988, algunos investigadores informaron de superconductividad a casi 120 K en un compuesto de Bi-Sr-Ca-Cu-O y de aproximadamente 125 K en un compuesto de Tl-Ba-Ca-Cu-O. El compuesto cuproso basado en mercurio $HgBa_2Ca_2Cu_2O_{8+\delta}$ tiene el registro de corriente para la temperatura crítica más alta, T_c = 153 K. El aumento en T_c desde 1986 es sobresaliente según la

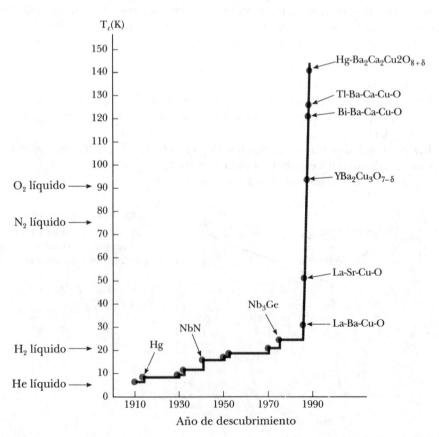

FIGURA 44.19 Evolución de la temperatura crítica superconductora desde el descubrimiento del fenómeno.

figura 44.19. Como usted puede ver de acuerdo con esta gráfica, los nuevos materiales de alta T_c son todos óxidos de cobre de una forma u otra.

Mecanismos de superconductividad de alta T_c

Aunque el marco de la teoría BCS convencional ha sido bastante exitoso al explicar el comportamiento y las propiedades de los superconductores de la "vieja generación", los teóricos están tratando de comprender la naturaleza de la superconductividad en los óxidos metálicos de alta T_c de la "nueva generación". Los diferentes modelos y mecanismos que se han propuesto hasta ahora son demasiado técnicos para describirlos aquí, aunque es interesante señalar que muchas de las observaciones empíricas son consistentes con las predicciones de la teoría BCS. La evidencia de esto es la siguiente:

- Muchos de los óxidos del cobre tiene brechas de energía en el intervalo del valor BCS predicho de $3.53kT_c$, a pesar de que hay amplias discrepancias en los resultados informados por diversos grupos.
- Pares de portadores de carga, como los pares de Cooper, están implicados en la superconductividad como muestran los experimentos de cuantización de flujo.
- La discontinuidad en el calor específico a T_c es similar a la predicha por el modelo BCS.

*44.10 APLICACIONES

Los superconductores de alta temperatura pueden llevar a muchos avances tecnológicos importantes, como dispositivos superconductores en cada caso, por ejemplo. Sin embargo, muchos problemas importantes de la ciencia de materiales deben superarse antes de que dichas aplicaciones se vuelvan realidad. Quizás el problema técnico más difícil es cómo moldear los quebradizos materiales cerámicos en formas útiles como alambres y tiras para aplicaciones a gran escala y películas delgadas para dispositivos electrónicos pequeños. Otro problema principal son las relativamente bajas densidades de corriente en compuestos cerámicos a granel. Suponiendo que dichos problemas se resuelvan, es interesante especular acerca de algunas aplicaciones futuras de estos materiales recientemente descubiertos.

Una aplicación obvia que utiliza la propiedad de resistencia cero para corrientes directas es la transmisión de potencia eléctrica de bajas pérdidas. Una fracción significativa de la potencia eléctrica se pierde como calor cuando la corriente pasa a través de los conductores normales. Si las líneas de transmisión de potencia pudieran hacerse superconductoras, estas pérdidas de cd podrían eliminarse y habría ahorros sustanciales en los costos de energía.

Los nuevos superconductores podrían tener un gran impacto en el campo de la electrónica. Debido a sus propiedades de conmutación (switcheo), la unión Josephson puede emplearse como elemento de computadoras. Además, si las películas superconductoras pudieran usarse para interconectar chips computarizados, el tamaño de éstos podría reducirse y las velocidades se incrementarían debido a este menor tamaño. De tal modo, la información podría transmitirse más rápidamente y más chips podrían caber en un tablero de circuito con bastante menos generación de calor.

El fenómenos de la levitación magnética puede explotarse en el campo de la transportación. De hecho, un tren prototipo que se desplaza sobre imanes superconductores ha sido contruido en Japón. El tren móvil levita sobre una pista metálica conductora normal por medio de la repulsión de corriente parásita. Uno puede imaginar una sociedad futura de vehículos de todos los tipos deslizándose sobre una autopista aprovechando imanes superconductores. Algunos científicos especulan que el primer mercado importante para los dispositivos levitadores estará en la industria del juguete.

Este tren prototipo, construido en Japón, tiene imanes superconductores integrados en su base. Un poderoso campo magnético hace que el tren levite a unas cuantas pulgadas sobre la pista y lo impulsa suavemente a velocidades de 300 millas por hora o más. *(Joseph Brignolo/The Image Bank)*

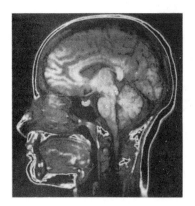

IRM intensificada por computadora de un cerebro humano normal con la glándula pituitaria destacada. *(Scott Camazine/Science Source)*

Otra aplicación muy importante de la superconductividad son los imanes superconductores, componentes cruciales en los aceleradores de partículas. En la actualidad, todos los aceleradores de partículas de alta energía emplean tecnología superconductora basada en helio líquido. También en este caso, habría importantes ahorros en los costos de enfriamiento y operación si se desarrollara una tecnología basada en nitrógeno líquido.

Una aplicación importante de los imanes superconductores es una herramienta de diagnóstico llamada imágenes de resonancia magnética (IRM). Esta técnica ha desempeñado un prominente papel en la medicina de diagnóstico en los últimos años debido a que utiliza radiación de radiofrecuencia relativamente segura para producir imágenes de secciones del cuerpo, en lugar de rayos X. Debido a que la técnica se sustenta en intensos campos magnéticos generados por imanes superconductores, los costos iniciales y de operación de los sistema IRM son altos. Un imán enfriado con nitrógeno líquido podría reducir los costos de manera significativa.

En el campo de la generación de potencia, varias compañías y laboratorios gubernamentales han trabajado durante años en el desarrollo de motores y generadores superconductores. De hecho, un motor superconductor de pequeña escala que utiliza los superconductores cerámicos recientemente descubiertos ya se ha construido en Argonne National Laboratory en Illinois.

RESUMEN

Los superconductores son materiales que tienen resistencia de cd cero a cierta temperatura T_c, llamada **temperatura crítica**. Una segunda característica de un superconductor tipo I es que se comporta como un diamagneto perfecto. A temperaturas por debajo de T_c, cualquier flujo magnético aplicado es expulsado del interior del superconductor tipo I. Este fenómeno de la expulsión de flujo se conoce como el **efecto Meissner**. La superconductividad de un superconductor tipo I se destruye cuando un campo magnético aplicado excede al **campo magnético crítico**, B_c, el cual es menor que 0.2 T para los superconductores elementales.

Un superconductor tipo II se caracteriza por dos campos críticos. Cuando un campo magnético aplicado es menor que el campo crítico inferior, B_{c1}, el material es enteramente superconductor y no hay penetración de flujo. Cuando el campo aplicado excede al campo crítico superior B_{c2}, el estado superconductor se destruye y el flujo penetra por completo al material. Sin embargo, cuando el campo aplicado está entre B_{c1} y B_{c2}, el material está en un **estado de vórtice** que es una combinación de regiones superconductoras atravesadas por regiones de resistencia normal.

Las **corrientes persistentes** (conocidas también como supercorrientes), una vez establecidas en un anillo superconductor, circulan por varios años sin pérdidas medibles y con cero voltaje aplicado. Ésta es una consecuencia directa del hecho de que la resistencia de cd es en realidad cero en el estado superconductor.

Una característica central de la teoría BCS de la superconductividad en metales es la formación de un estado enlazado llamado **par de Cooper**, consistente en dos electrones que tienen momentos iguales y opuestos y espines opuestos. Los dos electrones son capaces de formar un estado enlazado a través de una interacción atractiva débil en la cual la retícula cristalina del metal sirve como un mediador. En efecto, un electrón es atraído débilmente al otro después de que la retícula es deformada momentáneamente por el primer electrón. En el estado base del sistema superconductor, todos los electrones forman pares de Cooper y todos los pares de Cooper están en el mismo estado cuántico de momento cero. Así, el estado superconductor se representa por medio de una sola función de onda coherente que se extiende por todo el volumen de la muestra.

El modelo BCS predice una brecha de energía $E_b = 3.53k_B T_c$, la cual está en contraste con un conductor normal, el cual no tiene brecha de energía. Ésta representa la energía necesaria para romper un par de Cooper y es del orden de 1 meV en superconductores elementales.

Los superconductores de alta temperatura tienen temperaturas críticas tan altas como 153 K. Todos son óxidos de cobre y las temperaturas críticas parecen vinculadas al número de capas de cobre-oxígeno en las estructuras. Los materiales de la nueva generación, conocidos como superconductores tipo II, tienen resistividades altamente anisotrópicas y elevados campos críticos superiores. Sin embargo, en la forma de muestras cerámicas a granel, los materiales tienen corrientes críticas limitadas y son bastante quebradizos. A pesar de que el modelo BCS parece ser consistente con la mayor parte de las observaciones empíricas en los superconductores de alta temperatura, los mecanismos básicos que dan origen al estado superconductor permanecen desconocidos.

PREGUNTAS

1. Describa cómo mediría usted las dos principales características de un superconductor.

2. ¿Por qué no es posible explicar la resistencia cero usando un modelo clásico de transporte de carga a través de un sólido?

3. Defina la temperatura crítica, el campo magnético crítico y la corriente crítica, y describa cómo se relacionan estos términos entre sí.

4. Analice las diferencias y similitudes entre superconductores tipo I y tipo II.

5. ¿Qué son las corrientes persistentes y cómo pueden establecerse en un superconductor?

6. El calor específico de un superconductor en ausencia de un campo magnético experimenta una anomalía en la temperatura crítica y decae exponencialmente hacia cero debajo de esta temperatura. ¿Qué información proporciona este comportamiento?

7. ¿Qué es el efecto del isótopo y por qué desempeña un papel importante en la confirmación de la validez de la teoría BCS?

8. ¿Qué son los pares de Cooper? Discuta sus propiedades esenciales, como su momento, espín, energía de enlace, etcétera?

9. ¿Cómo explicaría usted el hecho de que las imperfecciones de la retícula junto con las vibraciones de la misma pueden dispersar electrones en metales normales pero no tienen efecto sobre los pares de Cooper?

10. Analice el origen de la brecha de energía de un superconductor, y cómo la estructura de bandas de energía de un superconductor difiere de un conductor normal.

11. Defina el tunelaje de una sola partícula y las condiciones bajo las cuales puede observarse. ¿Qué información puede obtenerse de un experimento de tunelaje?

12. Defina el tunelaje Josephson y las condiciones bajo las cuales puede observarse. ¿Cuál es la diferencia entre el tunelaje Josephson y el de una sola partícula?

13. ¿Qué se entiende por cuantización del flujo magnético y cómo se relaciona con el concepto de pares de Cooper?

14. ¿Cuáles son las características limitantes de los conductores de alta temperatura en lo que se refiere a las posibles aplicaciones?

15. ¿Cómo diseñaría un solenoide superconductor? ¿Qué propiedades deben interesarle en su diseño?

16. Discuta cuatro características de los superconductores de alta T_c que los hacen superiores a la vieja generación de superconductores. ¿En qué forma estos nuevos superconductores son inferiores a los antiguos?

Las siguientes preguntas tienen que ver con el efecto Meissner. Un pequeño imán permanente se pone en la parte superior de un superconductor de alta temperatura (usualmente YBa$_2$Cu$_3$O$_{7-\delta}$), empezando a temperatura ambiente. Cuando el superconductor se enfría con nitrógeno líquido (77 K) el imán permanente levita como se muestra en la figura 44.20, un fenómeno de lo más deslumbrante. Suponga por simplicidad que el superconductor es del tipo I.

FIGURA 44.20 (Preguntas 17-23) Fotografía que muestra un pequeño imán permanente que levita sobre un disco del superconductor YBa$_2$Cu$_3$O$_{7-\delta}$ que está a una temperatura de 77 K. *(Cortesía de los profesores J. Dinardo y Som Tyagi, Drexel University)*

17. Cuando un superconductor alcanza su temperatura crítica, expulsa todos los campos magnéticos. ¿Cómo explica esto la levitación de un imán permanente? ¿Qué debe pasar con el superconductor para explicar este comportamiento?

18. Si el imán permanente se pone en rotación mientras levita, continuará girando durante largo tiempo. ¿Puede usted pensar en alguna aplicación que aprovecharía este cojinete magnético sin fricción?

19. Tan rápido como un imán permanente ha levitado, gana energía potencial ¿qué explica este aumento en energía potencial? (Esto es engañoso.)

20. Cuando el imán permanente levitado se empuja hacia el borde de un superconductor, a menudo sale volando fuera del borde. ¿Por qué supone usted que ocurre lo anterior?

21. ¿Por qué es necesario usar un imán permanente muy pequeño pero relativamente intenso en esta demostración?

22. Si el experimento se repite enfriando primero el superconductor debajo de su temperatura crítica y colocando después el imán permanente sobre él, ¿el imán permanente seguirá levitando? Si es así, ¿habría alguna diferencia en su elevación en comparación con el caso anterior?

23. Si un termopar calibrado se uniera a un superconductor para medir su temperatura, describa cómo podría usted obtener la temperatura crítica del superconductor mediante el efecto de levitación. (*Sugerencia:* Inicie la observación debajo de T_c con un imán permanente levitado.)

PROBLEMAS

Sección 44.2   Algunas propiedades de superconductores tipo I y
Sección 44.3   Superconductores tipo II

1. Un alambre de Nb_3Al tiene un radio de 2.0 mm y se mantiene a 4.2 K. Empleando los datos de la tabla 44.2, encuentre a) el campo crítico superior para este alambre a esta temperatura, b) la corriente máxima que puede circular por el alambre antes de que se destruya la superconductividad y c) el campo magnético a 6.0 mm de la superficie del alambre cuando la corriente tiene su valor máximo.

2. Se va a diseñar un solenoide superconductor para generar un campo magnético de 10 T. a) Si el devanado tiene 2 000 vueltas/metro, ¿cuál es la corriente requerida? b) ¿Qué fuerza por metro ejerce el campo magnético sobre los devanados interiores?

3. Determine la corriente generada en un anillo superconductor de metal de niobio de 2.0 cm si un campo magnético de 0.020 T que se dirige perpendicular al anillo súbitamente se reduce a cero. La inductancia del anillo es $L = 3.1 \times 10^{-8}$ H.

4. Determine la energía del campo magnético en joules que se necesita sumar para destruir la superconductividad en 1.0 cm^3 de plomo cerca de 0 K. Use el hecho de que $B_c(0)$ para el plomo es 0.080 T.

5. Un alambre de Nb de 2.5 mm de radio está a 4.0 K. El alambre se conecta en serie con un resistor de 100 Ω y una fuente de fem. ¿Qué fem se requiere para destruir la superconductividad del alambre?

6. ¿Qué corriente máxima puede pasar a través de un solenoide de 30 cm de largo y vueltas apretadas hecho de alambres de Nb_3Ge de 1.5 mm de radio mientras se mantienen a 4.0 K sin destruir su superconductividad?

Sección 44.4   Otras propiedades de los superconductores

7. *Corrientes persistentes.* En un experimento efectuado por S. C. Collins entre 1955 y 1958 se mantuvo una corriente en un anillo de plomo superconductor durante 2.5 años sin pérdida observada. Si la inductancia del anillo era de 3.14×10^{-8} H y la sensibilidad del experimento era de 1 parte en 10^0, determine la resistencia máxima del anillo. (*Sugerencia:* Considere ésta como una corriente de-

creciente en un circuito RL y recuerde que $e^{-x} \cong 1 - x$ para x pequeña.)

8. *Velocidad del flujo de electrones.* Circula corriente a través del cuerpo de un superconductor tipo II de niobio-estaño. Si la sección transversal de 2.0 mm^2 del alambre de niobio-estaño puede conducir una supercorriente máxima de 1.0×10^5 A, estime la velocidad promedio de los electrones superconductores. (Suponga que la densidad de los electrones de conducción es $n_s = 5.0 \times 10^{27}/m^3$.)

9. *Diamagnetismo.* Cuando un material superconductor se pone en un campo magnético, las corrientes superficiales que se establecen hacen que el campo magnético dentro del material sea verdaderamente cero. (Esto es, el material es perfectamente diamagnético.) Suponga que un disco circular de 2.0 cm de diámetro se pone en un campo magnético de 0.020 T con el plano del disco perpendicular a las líneas del campo. Encuentre la corriente superficial equivalente si toda se encuentra en la circunferencia del disco.

10. *Corrientes superficiales.* Una barra de un material superconductor de 2.5 cm de largo se coloca en un campo magnético de 0.54 T con su eje cilíndrico a lo largo de las líneas del campo magnético. a) Dibuje las direcciones del campo aplicado y las corrientes superficiales inducidas, y b) estime la magnitud de la corriente superficial.

Sección 44.6   La teoría BCS y
Sección 44.7   Medidas de la brecha de energía

11. Calcule la brecha de energía para cada superconductor de la tabla 44.1 según predice la teoría BCS. Compare sus respuestas con los valores experimentales dados en la tabla 44.4.

12. Calcule las brechas de energía para cada superconductor de la tabla 44.2 según predice la teoría BCS. Compare sus valores con los encontrados para los superconductores tipo I.

13. El fotón de longitud de onda más larga que puede excitar electrones del estado lleno al estado vacío en Nb_3Ge es aproximadamente 0.18 mm. Estime la temperatura crítica para el Nb_3Ge.

☐ Indica problemas que tienen soluciones completas disponibles en el *Manual de soluciones del estudiante* y en la *Guía de estudio.*

14. *Efecto de isótopo.* Como consecuencia del efecto de isótopo, $T_c \propto M^{-\alpha}$. Emplee estos datos del mercurio para determinar el valor de la constante α. ¿Su resultado se acerca al que podría esperar en un modelo simple?

Isótopo	T_c (K)
^{199}Hg	4.161
^{200}Hg	4.153
^{204}Hg	4.126

15. *Pares de Cooper.* Un par de Cooper en un superconductor tipo I tiene una separación de partícula promedio de aproximadamente 1.0×10^{-4} cm. Si estos dos electrones pueden interactuar dentro de un volumen de este diámetro, ¿cuántos pares de Cooper más tienen sus centros dentro del volumen ocupado por un par? Emplee los datos apropiados para el plomo, el cual tiene $n_s = 2.0 \times 10^{22}$ electrones/cm^3.

16. *Dipolo en un campo magnético.* La energía potencial de un dipolo magnético de momento $\boldsymbol{\mu}$ en presencia de un campo magnético **B** es $U = -\boldsymbol{\mu} \cdot \mathbf{B}$. Cuando un electrón, que tiene un espín de 1/2, se pone en un campo magnético, su momento magnético puede alinearse ya sea con o contra el campo. Debido a que el momento magnético es negativo, el estado de mayor energía, que tiene energía $E_2 = \mu B$, corresponde al caso donde el momento se alinea con el campo, en tanto que el estado de menor energía, con energía $E_1 = -\mu B$, corresponde al caso donde el momento se alinea contra el campo. De tal modo, la separación de energía entre estos dos estados es $\Delta E = 2\mu B$, donde el momento magnético del electrón es igual a $\mu = 5.79 \times 10^{-5}$ eV/T. a) Si un par de Cooper se somete a un campo magnético de 38 T (el campo crítico para el Nb_3Ge), calcule la separación de energía entre los electrones de espín arriba y espín abajo. b) Calcule la brecha de energía para el Nb_3Ge según predice la teoría BCS a 0 K usando el hecho de que $T_c = 23$ K. c) ¿Cómo se comparan sus respuestas de los incisos a) y b)? ¿Que sugiere este resultado con base en lo que usted ha aprendido acerca de campos críticos?

Sección 44.8   Tunelaje (Efecto túnel de Josephson)

17. El tunelaje Josephson puede emplearse para determinar con precisión la razón e/h. En una unión Josephson de Pb de 1.500 nm de espesor, la longitud de onda de la radiación es 62.03 cm cuando se aplica un voltaje de 1.000 μV a través de la unión. Determine e/h.

18. Una unión Josephson se fabrica empleando indio para las capas superconductoras. Si la unión se polariza con voltaje de cd de 0.50 mV, encuentre la frecuencia de la corriente alterna generada. (Por comparación, note que la brecha de energía del indio a 0 K es 1.05 meV.)

19. Si un flujo magnético de $1.0 \times 10^{-4}\Phi_0$ (1/10 000 del cuanto de flujo) puede medirse con un dispositivo llamado un DICS (SQUID, Fig. P44.19), ¿cuál es el cambio más pequeño del campo magnético ΔB que puede detectarse con este dispositivo para un anillo que tiene un radio de 2.0 mm?

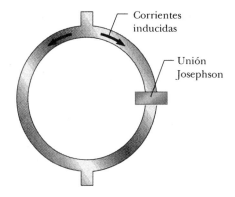

FIGURA P44.19 Dispositivo de *I*nterferencia *C*uántica *S*uperconductor (DICS). También conocido como SQUIA

20. Un lazo circular superconductor de alambre muy fino tiene un diámetro de 2.0 mm y una autoinductancia de 5.0 nH. El flujo a través del lazo, Φ, es la suma del flujo aplicado, Φ_{ap}, y el flujo debido a la supercorriente, $\Phi_{sc} = LI$, donde L es la autoinductancia del lazo. Debido a que el flujo a través del lazo está cuantizado, tenemos

$$n\Phi_0 = \Phi_{ap} + \Phi_{sc} = \Phi_{ap} + LI$$

donde Φ_0 es el cuanto de flujo. a) Si el flujo aplicado es cero, ¿cuál es la corriente más pequeña que puede alcanzar esta condición de cuantización? b) Si el campo aplicado es perpendicular al plano del lazo y tiene una magnitud de 3.0×10^{-9} T, encuentre la corriente más pequeña que circula alrededor del lazo.

PROBLEMAS ADICIONALES

21. Un solenoide de 8.0 cm de diámetro y 1.0 m de longitud se enrolla con 2 000 vueltas de alambre superconductor. Si el solenoide conduce una corriente de 150 A, encuentre a) el campo magnético en el centro, b) el flujo magnético a través de la sección transversal del centro y c) el número de cuantos de flujo a través del centro.

22. *Almacenamiento de energía.* Se ha propuesto un método novedoso para almacenar energía eléctrica fabricando una gigantesca bobina superconductora subterránea de 1.0 km de diámetro. La bobina conduciría una corriente máxima de 50 kA a través de cada devanado de un solenoide de Nb_3Sn de 150 vueltas. a) Si la inductancia de esta enorme bobina es de 50 H, ¿cuál es la energía total almacenada? b) ¿Cuál es la fuerza compresiva por metro que actúa entre dos devanados adyacentes separados 0.25 m?

23. *Transmisión de potencia superconductora.* Los superconductores se han propuesto también para las líneas de

transmisión eléctricas. Un solo cable coaxial (Fig. P44.23) conduciría 1.0×10^3 MW (la salida de una gran planta eléctrica) a 200 kV, cd, a lo largo de una distancia de 1 000 km sin pérdida. El superconductor sería un cable de Nb_3Sn de 2.0 cm de radio interior que conduciría la corriente I en una dirección, en tanto que el superconductor exterior que lo rodea de 5.0 cm de radio conduciría la corriente de retorno I. En un sistema de estas características, ¿cuál es el campo magnético a) en la superficie del conductor interior, y b) en la superficie del conductor exterior? c) ¿Cuánta energía se almacenaría en el espacio entre los conductores en una línea superconductora de 1 000 km? d) ¿Cuál es la fuerza por metro de longitud ejercida sobre el conductor exterior?

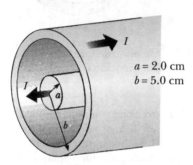

$a = 2.0$ cm
$b = 5.0$ cm

FIGURA P44.23

24. *Profundidad de penetración.* La profundidad de penetración λ de un campo magnético dentro de un superconductor, definida como la profundidad a la que el campo disminuye hasta $1/e$ en la superficie es

$$\lambda = \sqrt{\frac{m_e}{\mu_0 n_s e^2}}$$

Estime el número de electrones superconductores por metro cúbico en plomo a 0 K si la profundidad de penetración magnética cerca de 0 K es $\lambda_0 = 4.0 \times 10^{-8}$ m.

25. *"Flotación" de un alambre.* ¿Es posible "hacer flotar" un alambre de plomo superconductor de 1.0 mm de radio en el campo magnético de la Tierra? Suponga que la componente horizontal del campo magnético terrestre es 4.0×10^{-5} T.

26. *Campo magnético dentro de un alambre.* Un alambre superconductor tipo II de radio R conduce corriente uniformemente distribuida a través de su sección transversal. Si la corriente total conducida por el alambre es I, muestre que la energía magnética por unidad de longitud dentro del alambre es $m_0 I^2 / 16\pi$.

27. *Levitación magnética.* Si un muy pequeño pero intenso imán permanente se sumerge en el fondo plano de un plato superconductor tipo I, en algún punto el imán levitará sobre el superconductor debido a que éste es un diamagneto perfecto y expulsa todo flujo magnético. Por tanto, el superconductor actúa como un imán idéntico que se encuentra a una distancia igual debajo de la superficie (Fig. P44.27). ¿A qué altura levita el imán si

su masa es de 4.0 g y su momento magnético $\mu = 0.25$ $A \cdot m^2$? (*Sugerencia:* La energía potencial entre dos imanes de dipolo a una distancia r de separación es $\mu_0 \mu^2 / 4\pi r^3$.)

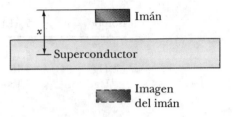

Imán

x

Superconductor

Imagen
del imán

FIGURA P44.27

28. *Diseño de un solenoide superconductor.* Se fabricó un solenoide superconductor de alambre Nb_3Zr enrollado sobre un tubo de 10 cm de diámetro. El devanado del solenoide consiste en una doble capa de alambre de 0.50 mm de diámetro con 984 vueltas (lo que corresponde a una longitud de bobina de 25 cm). a) Calcule la inductancia, L, del solenoide, suponiendo que su longitud es larga en relación con su diámetro. b) Se ha informado que la magnitud de la corriente persistente en este solenoide en el estado superconductor disminuye en una parte en 10^9 por hora. Si la resistencia del solenoide es R, entonces la corriente en el circuito debe decaer de acuerdo con $I = I_0 e^{-Rt/L}$. Esta resistencia, aunque pequeña, se debe a una migración de flujo magnético en el superconductor. Determine un límite superior de la resistencia de la bobina en el estado superconductor. [Los datos fueron informados por J. File y R. G. Mills, *Phys. Rev. Letters* 10, 93 (1963).]

29. *Diferencia de entropía.* La diferencia de entropía por unidad de volumen entre los estados normal y superconductor es

$$\frac{\Delta S}{V} = -\frac{\partial}{\partial T}\left(\frac{B^2}{2\mu_0}\right)$$

donde $B^2/2\mu_0$ es la energía magnética por unidad de volumen requerida para destruir la superconductividad. Determine la diferencia de entropía entre los estados normal y superconductor en 1.0 mol de plomo a 4.0 K si el campo magnético crítico $B_c(0) = 0.080$ T y $T_c = 7.2$ K.

30. *Una demostración convincente de resistencia cero.* Una demostración directa y relativamente simple de resistencia de cd cero puede efectuarse usando el método de la sonda de cuatro puntos. La sonda mostrada en la figura P44.30 consta de un disco de $YBa_2Cu_3O_{7-\delta}$ (un superconductor de alta T_c) al cual se unen cuatro alambres mediante soldadura de indio (o algún otro material de contacto apropiado). Una corriente constante se mantiene a través de la muestra aplicando un voltaje de cd entre los puntos a y b, y se mide con amperímetro de cd. (La corriente se varía con la resistencia variable R.) La diferencia de potencial V_{cd} entre c y d se mide con un voltímetro digital. Cuando la sonda se sumerge en nitrógeno líquido, la muestra se enfría rápidamente hasta 77 K, lo cual está abajo de la temperatura crítica de la muestra (92 K); la

TABLA 44.5 Corriente contra diferencia de potencial V_{cd} medida en una muestra cerámica a granel de $YBa_2Cu_3O_{7-\delta}$ a temperatura ambiente[a]

I (mA)	V_{cd} (mV)
57.8	1.356
61.5	1.441
68.3	1.602
76.8	1.802
87.5	2.053
102.2	2.398
123.7	2.904
155	3.61

[a] La corriente fue suministrada con una batería en serie de 6 V con resistores variables R. Los valores de R varían de $10\ \Omega$ a $100\ \Omega$. Los datos son del laboratorio del autor.

corriente permanece aproximadamente constante, pero V_{cd} *cae abruptamente hasta cero.* a) Explique esta observación con base en lo que usted sabe acerca de superconductores y de su comprensión de la ley de Ohm. b) Los datos de la tabla 44.5 representan valores reales de V_{cd} para diferentes valores de I tomados sobre una muestra a temperatura ambiente. Elabore una gráfica I-V de los datos y determine si la muestra se comporta de manera lineal. A partir de los datos, obtenga un valor de la resistencia de cd de la muestra a temperatura ambiente.

c) A temperatura ambiente, se encuentra que V_{cd} = 2.234 mV para I = 100.3 mA, pero después de que se enfría la muestra hasta 77 K, V_{cd} = 0 e I = 98.1 mA. ¿Qué piensa usted que podría explicar la ligera reducción de la corriente?

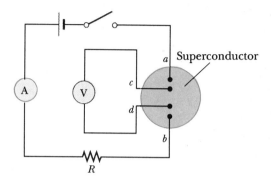

FIGURA P44.30 Diagrama de circuito empleado en la medición de la sonda de cuatro puntos de la resistencia de cd de una muestra. Con un aperímetro digital de cd se mide la corriente, y la diferencia de potencia entre c y d se mide con un voltímetro digital de cd. Advierta que no hay fuente de voltaje en el circuito del lazo interior donde se mide V_{cd}.

31. Un alambre de NbTi se convierte en un toroide que tiene 20 000 vueltas con un radio interior de 30.0 cm y un radio exterior de 40.0 cm. El toroide se mantiene a la temperatura del helio líquido y conduce una corriente de 350 A. Determine el intervalo del campo magnético inducido dentro del toroide. ¿Este campo es lo suficientemente intenso para destruir la superconductividad?

CAPÍTULO 45

Estructura nuclear

Trayectorias de partículas generadas a partir del choque de dos protones con dos antiprotones. Una partícula subatómica conocida como mesón omega "nació" durante el choque. Las trayectorias se forman en hidrógeno líquido en el interior de una cámara de burbujas. *(Lawrence Radiation Laboratory/Science Source/Photo Researchers, Inc.)*

En 1896, año que marca el nacimiento de la física nuclear, el físico francés Henry Becquerel (1852-1908) descubrió radiactividad en compuestos de uranio. Una gran cantidad de investigación siguió a este descubrimiento en un intento por entender la naturaleza de la radiación emitida por los núcleos radiactivos. El trabajo pionero de Ernest Rutherford mostró que la radiación emitida era de tres tipos, a los que él llamó rayos alfa, beta y gama, y los clasificó de acuerdo con la naturaleza de la carga eléctrica que poseen y su capacidad para penetrar la materia e ionizar el aire. Después, los experimentos mostraron que los rayos alfa son núcleos de helio, los rayos beta, electrones y los rayos gama, fotones de alta energía.

En 1911, Rutherford y sus alumnos Geiger y Marsden (sección 42.1) efectuaron varios importantes experimentos de dispersión que incluían partículas alfa. Estos experimentos establecieron que el núcleo de un átomo puede considerarse esencialmente como una masa puntual y una carga puntual y que la mayor parte de la masa atómica está contenida en el núcleo. Estudios subsecuentes reconocieron la presencia de un tipo totalmente nuevo de fuerza, la fuerza nuclear, la cual es predominante a distancias de menos de aproximadamente 10^{-14} y cero en grandes distancias. Es decir, la fuerza nuclear es una fuerza de corto alcance.

Otros acontecimientos importantes en el desarrollo de la física nuclear incluye

- La observación de reacciones nucleares en 1930 por Cockroft y Walton en la que se emplearon partículas aceleradas artificialmente
- El descubrimiento del neutrón en 1932 por Chadwick, y la conclusión de que los neutrones integran casi la mitad del núcleo
- El descubrimiento de la radiactividad artificial en 1933, por Joliot e Irene Curie
- El descubrimiento de la fisión nuclear en 1938 por Hahn y Strassmann
- El desarrollo del primer reactor de fisión controlada en 1942 por Fermi y sus colaboradores

En este capítulo estudiaremos las propiedades y estructura del núcleo atómico. Empezamos por describir las propiedades básicas de los núcleos y después se analizan las fuerzas nucleares y la energía de enlace, modelos nucleares y el fenómeno de radiactividad. Estudiamos también reacciones nucleares y los diversos procesos por medio de los cuales decaen los núcleos.

45.1 ALGUNAS PROPIEDADES DE LOS NÚCLEOS

Todos los núcleos están compuestos por dos tipos de partículas: protones y neutrones. La única excepción a esto es el núcleo de hidrógeno ordinario el cual es un solo protón. Al describir el núcleo atómico, debemos hablar de las siguientes cantidades:

- El **número atómico**, Z, que es igual al número de protones en el núcleo (el número atómico a veces se denomina número de carga)
- El **número neutrón**, N, que es igual al número de neutrones en el núcleo
- El **número masa**, A, el cual es igual al número de nucleones (neutrones más protones) en el núcleo

Al representar núcleos es conveniente tener una forma simbólica de mostrar cuántos protones y neutrones están presentes. El símbolo utilizado es $^A_Z X$, donde X representa el símbolo químico del elemento. Por ejemplo, $^{56}_{26}Fe$ (hierro) tiene un número de masa de 56 y un número atómico de 26; por lo tanto, contiene 26 protones y 30 neutrones. Cuando no haya dudas, omitimos el subíndice Z gracias a que el símbolo químico siempre puede utilizarse para determinar Z.

Los núcleos de todos los átomos de un elemento particular contienen el mismo número de protones pero a menudo contienen diferente número de neutrones. Los núcleos que se relacionan de esta forma se denominan isótopos.

Isótopos

Los isótopos de un elemento tienen el mismo valor Z pero diferentes valores de N y A.

La cantidad natural de un isótopo puede diferir sustancialmente. Por ejemplo, $^{11}_6C$, $^{12}_6C$, $^{13}_6C$ y $^{14}_6C$ son cuatro isótopos del carbono. La abundancia natural del isótopo $^{12}_6C$ es casi de 98.9%, en tanto que la del isótopo $^{13}_6C$ es de aproximadamente 1.1%. Algunos isótopos no se producen naturalmente pero pueden producirse en el laboratorio mediante reacciones nucleares.

Incluso, el elemento más simple, el hidrógeno, tiene isótopos: $^1_1$H, el núcleo de hidrógeno ordinario; $^2_1$H, deuterio; y $^3_1$H, tritio.

Carga y masa

El protón conduce una sola carga positiva, igual en magnitud a la carga *e* del electrón (donde $|e| = 1.6 \times 10^{-19}$ C). Como su nombre indica, el neutrón es eléctricamente neutro, es decir, no tiene carga, y debido a esta característica, es difícil detectarlo.

Las masas nucleares pueden medirse con gran precisión con la ayuda del espectrómetro de masas (sección 29.5) y el análisis de reacciones nucleares. El protón tiene aproximadamente 1 836 veces la masa del electrón; las masas del protón y el neutrón son casi iguales. En el capítulo 1 definimos la unidad de masa atómica, u, de modo tal que la masa del isótopo ^{12}C es exactamente 12 u, donde 1 u = 1.660 559 $\times 10^{-27}$ kg. Tanto el protón como el neutrón tienen una masa de aproximadamente 1 u, en tanto que el electrón tiene una masa que es sólo una pequeña fracción de una unidad de masa atómica:

$$\text{Masa del protón} = 1.007\ 276\ u$$
$$\text{Masa del neutrón} = 1.008\ 665\ u$$
$$\text{Masa del electrón} = 0.000\ 5486\ u$$

Como la energía en reposo de una partícula está dada por $E_R = mc^2$, es conveniente expresar la unidad de masa atómica en función de su energía en reposo equivalente. Para una unidad de masa atómica, tenemos

$$E_R = mc^2 = (1.660\ 559 \times 10^{-27}\ \text{kg})(2.997\ 92 \times 10^8\ \text{m/s})^2$$
$$= 931.494\ \text{MeV}$$

Los físicos nucleares a menudo expresan la masa en función de la unidad MeV/c^2, donde

$$1\ u \equiv 931.494\ \text{MeV}/c^2$$

Las masas en reposo de algunos núcleos y átomos se brindan en la tabla 45.1. Las masas y otras propiedades de isótopos seleccionados se proporcionan en el apéndice A.3.

TABLA 45.1 Masa en reposo de partículas seleccionadas en diversas unidades

Partícula	Masa		
	kg	u	MeV/c^2
Protón	$1.672\ 62 \times 10^{-27}$	1.007 276	938.28
Neutrón	$1.674\ 93 \times 10^{-27}$	1.008 665	939.57
Electrón	$9.109\ 39 \times 10^{-31}$	$5.485\ 79 \times 10^{-4}$	0.510 899
Átomo de $^1_1$H	$1.673\ 53 \times 10^{-27}$	1.007 825	938.783
$^4_2$He	$6.644\ 66 \times 10^{-27}$	4.001 506	3 727.38
Átomo de $^{12}_6$C	$1.992\ 65 \times 10^{-26}$	12	11 177.9

EJEMPLO 45.1   La unidad de masa atómica

Emplee el número de Avogadro para mostrar que la unidad de masa atómica es 1 u = 1.66 × 10⁻²⁷ kg.

$$\text{Masa de un átomo de } ^{12}\text{C} = \frac{0.012 \text{ kg}}{6.02 \times 10^{23} \text{ átomos}}$$
$$= 1.99 \times 1^{-26} \text{ kg}$$

Solución   Sabemos que exactamente 12 kg de ¹²C contiene el número de átomos de Avogadro. El número de Avogadro, N_A, tiene el valor de 6.02 × 10²³ átomos/mol.

Así, la masa de un átomo de carbono es

Puesto que un átomo de ¹²C se define de modo que tenga una masa de 12 u, encontramos que

$$1 \text{ u} = \frac{1.99 \times 10^{-26} \text{ kg}}{12} = 1.66 \times 10^{-27} \text{ kg}$$

El tamaño y la estructura de los núcleos

El tamaño y la estructura de los núcleos se investigó por primera vez en el experimento de dispersión de Rutherford, estudiado en la sección 42.1. En estos experimentos, núcleos de átomos de helio cargados positivamente (partículas alfa) se dirigían a una delgada pieza de hoja metálica. Conforme las partículas alfa atravesaban la hoja pasaban cerca de un núcleo del metal. Debido a la carga positiva, tanto en las partículas incidentes como en los núcleos, aquéllas se desviaban de sus trayectorias de línea recta por la fuerza repulsiva de Coulomb. De hecho, algunas partículas incluso rebotaban, formando un ángulo de 180° respecto de la dirección incidente. Estas partículas se movían en apariencia directamente hacia un núcleo, en un curso de choque frontal.

Rutherford empleó un cálculo de energía y encontró una expresión para la distancia, *d*, a la cual una partícula que se acercaba a un núcleo se regresaba por la repulsión de Coulomb. En este choque frontal, la energía cinética de la partícula alfa incidente debe convertirse por completo en energía potencial eléctrica cuando la partícula se detiene en el punto de máximo acercamiento y regresa (Fig. 45.1). Si igualamos la energía cinética inicial de la partícula alfa con la energía potencial eléctrica del sistema (partícula alfa más núcleo blanco), tenemos

$$\tfrac{1}{2}mv^2 = k_e \frac{q_1 q_2}{r} = k_e \frac{(2e)(Ze)}{d}$$

Al despejar *d*, la distancia de máximo acercamiento, obtenemos

$$d = \frac{4k_e Ze^2}{mv^2}$$

Ernest Rutherford (1871-1937), un físico originario de Nueva Zelanda, fue galardonado con el premio Nóbel en 1908 por descubrir que los átomos pueden romperse mediante rayos alfa y por el estudio de la radiactividad. "A este respecto, me di cuenta que este rebote debe ser el resultado de un solo choque, y cuando hice los cálculos vi que era imposible obtener algo de ese orden de magnitud a menos que usted tomara un sistema en el cual la mayor parte de la masa del átomo estaba concentrada en un diminuto núcleo. Fue entonces que tuve la idea de un átomo con un pequeñísimo centro masivo que porta una carga." *(Fotografía cortesía de AIP Niels Bohr Library)*

A partir de esta expresión, Rutherford encontró que las partículas alfa se acercaban a los núcleos hasta 3.2 × 10⁻¹⁴ m cuando la hoja era de oro. Así, el radio del núcleo de oro debe ser menor que este valor. Para átomos de plata, se encontró que la distancia de máximo acercamiento era de 2 × 10⁻¹⁴ m. A partir de estos resultados Rutherford concluyó que la carga positiva en un átomo se concentra en una pequeña esfera, a la cual dio el nombre de núcleo, cuyo radio es aproximadamente 10⁻¹⁴ m. Como longitudes tan pequeñas son comunes en física nuclear, una unidad de longitud conveniente que se utiliza es el femtómetro (fm) llamado algunas veces el **fermi**, definido como

$$1 \text{ fm} \equiv 10^{-15} \text{ m}$$

A principios de la década de los veinte se sabía que el núcleo contenía *Z* protones y una masa equivalente a la de *A* protones, donde en promedio $A \gtrsim 2Z$. Para explicar la masa nuclear, Rutherford propuso que un núcleo también contiene *A* – *Z* partículas neutras que llamó neutrones. En 1932, el físico británico James Chadwick (1891-

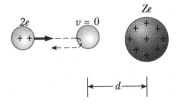

FIGURA 45.1 Una partícula alfa en un curso de choque frontal con un núcleo de carga *Ze*. Debido a la repulsión de Coulomb entre cargas similares, la partícula alfa se acerca hasta una distancia *d* del núcleo, llamada la distancia de máximo acercamiento.

FIGURA 45.2 Un núcleo puede modelarse como un cúmulo muy compacto de esferas, donde cada una de ellas es un nucleón.

1974) descubrió el neutrón y fue galardonado con el premio Nóbel por este importante trabajo.

Aunque en la idea de Rutherford el neutrón era una combinación neutra protón-electrón, la idea de que los electrones existen dentro del núcleo no ha sido abandonada. La imagen actual es que el neutrón no es una partícula fundamental y que los electrones emitidos en el decaimiento de ciertos elementos radiactivos se crean en el momento en que este fenómeno ocurre.

Desde los experimentos de dispersión de Rutherford, numerosos experimentos han mostrado que los núcleos son aproximadamente esféricos y que tienen un radio promedio dado por

$$r = r_0 A^{1/3}$$ (45.1)   Radio nuclear

donde *A* es el número de masa y r_0 es una constante igual a 1.2×10^{-15} m. Debido a que el volumen de una esfera es proporcional al cubo de su radio, se desprende de la ecuación 45.1 que el volumen de un núcleo (supuesto esférico) es directamente proporcional a *A*, el número total de nucleones. Según esto *todos los núcleos tienen casi la misma densidad*. Cuando los nucleones se combinan para formar un núcleo, lo hacen como si fueran esferas empaquetadas apretadamente (Fig. 45.2). Este hecho ha llevado a una analogía entre el núcleo y una gota de líquido en la cual la densidad de la gota es independiente de su tamaño. Estudiaremos el modelo de la gota líquida en la sección 45.4.

EJEMPLO 45.2 El volumen y densidad de un núcleo

Encuentre a) una expresión aproximada para la masa de un núcleo de número de masa *A*, b) una expresión para el volumen de este núcleo en función del número de masa, y c) un valor numérico para su densidad.

Solución a) La masa del protón es aproximadamente igual a la del neutrón, de modo que, si la masa de una de estas partículas es *m*, la masa del núcleo es aproximadamente *Am*.

b) Si suponemos que el núcleo es esférico y al emplear la ecuación 45.1, encontramos que el volumen es

$$V = \tfrac{4}{3}\pi r^3 = \tfrac{4}{3}\pi r_0^3 A$$

c) La densidad nuclear puede encontrarse como sigue:

$$\rho_n = \frac{\text{masa}}{\text{volumen}} = \frac{Am}{\tfrac{4}{3}\pi r_0^3 A} = \frac{3m}{4\pi r_0^3}$$

Al considerar $r_0 = 1.2 \times 10^{-15}$ m, y $m = 1.67 \times 10^{-27}$ kg, encontramos que

$$\rho_n = \frac{3(1.67 \times 10^{-27}\ \text{kg})}{4\pi(1.2 \times 10^{-15}\ \text{m})^3} = \boxed{2.3 \times 10^{17}\ \text{kg/m}^3}$$

La densidad nuclear es aproximadamente 2.3×10^{14} veces tan grande como la densidad del agua ($\rho_{\text{agua}} = 1.0 \times 10^3$ kg/m³).

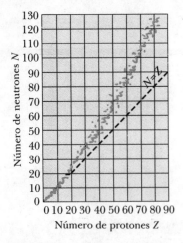

FIGURA 45.3 Una gráfica del número de neutrones, N, contra el número atómico, Z, para núcleos estables. La línea punteada, correspondiente a la condición $N = Z$, se llama la línea de estabilidad.

Estabilidad nuclear

Debido a que el núcleo se considera como un grupo de protones y neutrones empaquetada apretadamente es posible que a usted le sorprenda que pueda existir. En virtud de que cargas similares (los protones) muy próximas ejercen fuerzas electrostáticas repulsivas muy grandes entre sí, estas fuerzas deben separar al núcleo. Sin embargo, los núcleos son estables gracias a la presencia de la **fuerza nuclear**. Esta fuerza, la cual tiene un alcance muy corto (más o menos 2 fm), es una fuerza atractiva que actúa entre todas las partículas nucleares. Los protones se atraen entre sí por medio de la fuerza nuclear, y al mismo tiempo se repelen entre ellos mediante la fuerza de Coulomb. La fuerza nuclear actúa también entre pares de neutrones y entre neutrones y protones.

Hay aproximadamente 400 núcleos estables; cientos de los otros se han observado, pero éstos son inestables. En la figura 45.3 se proporciona una gráfica de N contra Z para varios núcleos estables. Observe que los núcleos ligeros son más estables si contienen un número igual de protones y neutrones, es decir, si $N = Z$. También advierta que los núcleos pesados son más estables si el número de neutrones es mayor que el de protones. Esto puede comprenderse reconociendo que, conforme aumenta el número de protones, la intensidad de la fuerza de Coulomb aumenta, lo cual tiende a romper el núcleo. Como consecuencia, son necesarios más neutrones para mantener el núcleo estable pues éstos sólo experimentan las fuerzas nucleares atractivas. Con el tiempo las fuerzas repulsivas entre protones no pueden compensarse mediante la adición de más neutrones. Esto ocurre cuando $Z = 83$. Los elementos que contienen más de 83 protones no tienen núcleos estables.

Es interesante observar que la mayor parte de los núcleos estables tienen valores pares de A. Además, sólo ocho núcleos tienen número Z y N que son impares ambos. De hecho, ciertos valores de Z y N corresponden a núcleos que tienen una estabilidad inusualmente alta. Estos valores de N y Z, denominados **números mágicos**, son

$$Z \text{ o } N = 2, 8, 20, 28, 50, 82, 126 \qquad \textbf{(45.2)}$$

Por ejemplo, la partícula alfa (dos protones y dos neutrones), que tiene $Z = 2$ y $N = 2$, es muy estable. La inusual estabilidad de núcleos con números mágicos progresivamente mayores indica una estructura de capas del núcleo similar a la estructura de capas atómicas. En la sección 45.4 tratamos brevemente el modelo de capas del núcleo el cual explica los números mágicos.

Espín nuclear y momento magnético

En el capítulo 42 analizamos el hecho de que un electrón tiene un momento angular intrínseco asociado a su espín. Los núcleos, al igual que los electrones, tienen también un momento angular intrínseco que surge de propiedades relativistas. La magnitud del momento angular nuclear es $\sqrt{I(I+1)}\hbar$, donde I es un número cuántico conocido como espín nuclear, puede ser un entero o la mitad de un entero. La componente máxima del momento angular proyectada a lo largo del eje Z es $I\hbar$. La figura 45.4 ilustra las orientaciones posibles del espín nuclear y sus proyecciones a lo largo del eje Z para el caso donde $I = \frac{3}{2}$.

El momento angular nuclear tiene un momento magnético nuclear correspondiente asociado a él, similar al del electrón. El momento magnético de un núcleo se mide en términos del **magneto nuclear** μ_n, una unidad de momento definida como

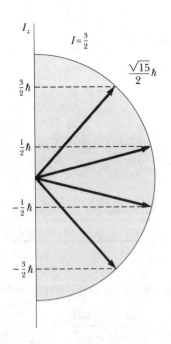

FIGURA 45.4 Las orientaciones posibles del espín nuclear y sus proyecciones a lo largo del eje Z para el caso $I = \frac{3}{2}$.

Magnetón nuclear

$$\mu_n \equiv \frac{e\hbar}{2m_p} = 5.05 \times 10^{-27} \text{ J/T} \qquad \textbf{(45.3)}$$

donde m_p es la masa del protón. Esta definición es análoga a la del magnetón de Bohr μ_B, la cual corresponde al momento magnético de espín de un electrón libre (sección 42.5). Advierta que, debido a la gran diferencia en las masas del protón y del electrón, μ_n es más pequeña que μ_B por un factor de aproximadamente 2 000.

El momento magnético de un protón libre es 2.7928 μ_n. Por desgracia, no hay una teoría general del magnetismo nuclear que explique este valor. Otro punto sorprendente es que el neutrón también tiene un momento magnético, el cual tiene un valor de −1.9135 μ_n. El signo menos indica que este momento es opuesto al momento angular de espín del neutrón.

45.2 RESONANCIA MAGNÉTICA E IRM

Los momentos magnéticos nucleares (así como los momentos magnéticos electrónicos) realizan un movimiento de precesión cuando se colocan en un campo magnético externo. La frecuencia a la cual lo hacen, conocida como **frecuencia de precesión de Larmor** ω_p, es directamente proporcional al campo magnético. Esto se describe de manera esquemática en la figura 45.5a, donde el campo magnético está a lo largo del eje z. Por ejemplo, la frecuencia de Larmor de un protón en un campo magnético de 1 T es de 42.577 MHz. La energía potencial de un momento de dipolo magnético en un campo magnético externo está dada por $-\boldsymbol{\mu} \cdot \mathbf{B}$. Cuando la proyección de $\boldsymbol{\mu}$ es a lo largo del campo, la energía potencial del momento de dipolo es $-\mu B$, es decir, tiene su valor mínimo. Cuando la proyección de $\boldsymbol{\mu}$ es contra el campo, la energía potencial es μB y tiene su valor máximo. Estos dos estados de energía para un núcleo con un espín de $\frac{1}{2}$ se muestran en la figura 45.5b.

Si se emplea una técnica llamada **RMN**, por **resonancia magnética nuclear** es posible observar transiciones entre estos dos estados de espín. Un campo magnético de cd se introduce para alinear los momentos magnéticos (Fig. 45.5a), junto a un segundo y débil campo magnético oscilante orientado perpendicular a **B**. Cuando la frecuencia del campo oscilante se ajusta para igualar la frecuencia de precesión de Larmor, un momento de torsión que actúa sobre los momentos que realizan precesión causa que ellos se "muevan rápidamente" entre los dos estados de espín. Estas

Frecuencia de Larmor

Resonancia magnética nuclear

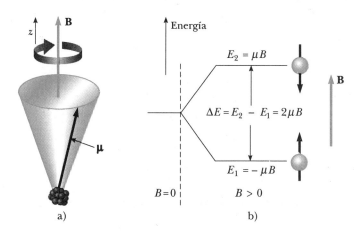

FIGURA 45.5 a) Cuando un núcleo se coloca en un campo magnético externo, **B**, el momento magnético precede alrededor del campo magnético con una frecuencia proporcional al campo. b) Un protón, cuyo espín es $\frac{1}{2}$, puede ocupar uno de dos estados de energía cuando se pone en un campo magnético externo. El estado de menor energía E_1 corresponde al caso en el que el espín se alinea con el campo, y el estado de mayor energía E_2 corresponde al caso donde el espín es opuesto al campo. Lo inverso es válido para electrones.

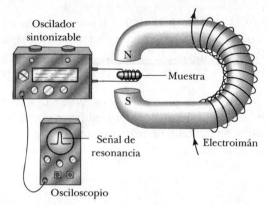

FIGURA 45.6 Un arreglo experimental para la resonancia magnética nuclear. El campo magnético de radiofrecuencia de la bobina, proporcionado por el oscilador de frecuencia variable, debe ser perpendicular al campo magnético de cd. Cuando los núcleos en la muestra alcanzan la condición de resonancia, los espines absorben energía del campo de la bobina, y esta absorción cambia la Q del circuito en el cual está incluida la bobina. Los más modernos espectrómetros de RMN emplean imanes superconductores a intensidades de campo fijas y operan a frecuencias de aproximadamente 200 MHz.

transiciones producen una absorción neta de energía por el sistema de espín, una absorción que puede detectarse electrónicamente. El diagrama de un aparato empleado en resonancia magnética nuclear se ilustra en la figura 45.6. La energía absorbida es suministrada por el generador que produce el campo magnético oscilante. La resonancia magnética nuclear, y una técnica relacionada conocida como resonancia del espín del electrón, son métodos muy importantes para estudiar sistemas nucleares diatómicos, así como la forma en que estos sistemas interactúan con sus alrededores. Un espectro RMN común se muestra en la figura 45.7.

Una técnica de diagnóstico ampliamente utilizada, denominada **IRM, imágenes por resonancia magnética**, se basa en la resonancia magnética nuclear. En IRM, el paciente se coloca dentro de un gran solenoide que suministra un campo magnético variable espacialmente. Debido al gradiente en el campo magnético, los protones en diferentes partes del cuerpo realizan precesión a diferentes frecuencias, por lo

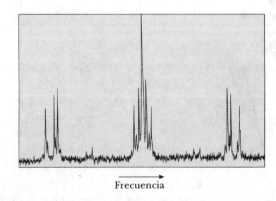

FIGURA 45.7 Espectro de RMN del ^{31}P en un complejo metálico puenteado que contiene platino. Las líneas que flanquean al pico intenso central se deben a la interacción entre ^{31}P y otros núcleos distantes de ^{31}P. El conjunto de líneas más externo se debe a la interacción de ^{31}P y los núcleos de platino vecinos. El espectro se registró en un campo magnético fijo de aproximadamente 4 T y la frecuencia media fue de 200 MHz.

que la señal de resonancia puede utilizarse para brindar información acerca de las posiciones de los protones. Una computadora se emplea para analizar la información de la posición y brindar datos para construir una imagen final. Una exploración por IRM tomada en una cabeza humana se muestra en la figura 45.8. La principal ventaja de IRM sobre otras técnicas de imágenes en diagnóstico médico es que producen un daño mínimo a las estructuras celulares. Los fotones asociados a las señales de radiofrecuencia usadas en IRM tienen energías de sólo aproximadamente 10^{-7} eV. Debido a que las intensidades de los enlaces moleculares son mucho más grandes (aproximadamente 1 eV), la radiación de las radiofrecuencias causa poco daño celular. En comparación, los rayos X o los rayos γ tienen energías que varían de 10^4 a 10^6 eV y pueden causar un daño celular considerable.

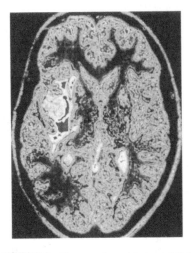

FIGURA 45.8 Una exploración por IRM amplificada a color por digitalización de computadora de un cerebro con un tumor. *(Scott Camazine/Science Source)*

45.3 ENERGÍA DE ENLACE Y FUERZAS NUCLEARES

La masa total de un núcleo siempre es menor que la suma de las masas de sus nucleones. Debido a que la masa es una medida de la energía, *la energía total de un sistema ligado (el núcleo) es menor que la energía combinada de los nucleones separados.* Esta diferencia de energía recibe el nombre de **energía de enlace** del núcleo y puede considerarse como la energía que debe sumarse al núcleo para dividirlo en sus componentes. Por lo tanto, con el fin de separar un núcleo en protones y neutrones, debe entregarse energía al sistema.

La conservación de la energía y la relación de equivalencia masa-energía de Einstein muestra que la energía de enlace de cualquier núcleo de masa M_A es

$$E_b(MeV) = (Zm_p + Nm_n - M_A) \times 931.494 \text{ MeV/u} \qquad (45.4)$$

Energía de enlace de un núcleo

donde m_p es la masa del protón, m_n es la masa del neutrón y todas las masas están en unidades de masa atómica. En la práctica, es más conveniente utilizar la masa de átomos neutros (masa nuclear más masa de los electrones) al calcular la energía de enlace debido a que los espectrómetros de masas miden por lo general masas atómicas.[1]

En la figura 45.9 se muestra una gráfica de la energía de enlace por nucleón, E_b/A, como una función del número de masa correspondiente a diversos núcleos

---

EJEMPLO 45.3 La energía de enlace del deuterón

Calcule la energía de enlace del deuterón (el núcleo de un átomo de deuterio), el cual consta de un protón y un neutrón, dado que la masa del deuterón es 2.013 553 u.

Solución De acuerdo con la tabla 45.1, vemos que las masas del protón y del neutrón son $m_p = 1.007\ 276$ u y $m_n = 1.008\ 665$ u. Por tanto,

$$m_p + m_n = 2.015\ 941 \text{ u}$$

Para calcular la diferencia de masa, a este valor restamos la masa del deuterón:

$$\begin{aligned} \Delta m &= (m_p + m_n) - m_d \\ &= 2.015\ 941 \text{ u} - 2.013\ 553 \text{ u} \\ &= 0.002\ 388 \text{ u} \end{aligned}$$

Empleando la ecuación 45.4, encontramos que la energía de enlace es

$$E_b = \Delta mc^2 = (0.002\ 388 \text{ u})(931.494 \text{ MeV/u})$$

$$= 2.224 \text{ MeV}$$

Según este resultado, para separar un deuterón en su protón y neutrón constituyentes es necesario añadir 2.224 MeV de energía al deuterón. Una manera de brindarle al deuterón esta energía es bombardeándolo con partículas energéticas.

Si la energía de enlace de un núcleo fuera cero, el núcleo se dividiría en sus protones y neutrones constituyentes sin agregar energía; es decir, se rompería espontáneamente.

---

[1] Es posible hacer esto debido a que las masas del electrón se cancelan en estos cálculos. Una excepción a esto es el proceso de decaimiento β^+.

Maria Goeppert-Mayer

| 1 9 0 6 - 1 9 7 2 |

aria Goeppert-Mayer nació en Alemania y recibió su doctorado en física por la Universidad de Göttingen. Su trabajo de tesis, que abordó los efectos mecanocuánticos en átomos, fue alentado por Paul Ehrenfest. Viajó a Estados Unidos en 1930, después de que su esposo obtuvo una cátedra de química en la Universidad Johns Hopkins. Mientras educaba en casa a sus dos hijos, en cooperación con su esposo, escribió un libro sobre mecánica estadística. Después de la publicación del libro se le invitó a que impartiera una conferencia sobre química en la Universidad Johns Hopkins, pero su presencia como mujer en el funcionamiento de la facultad fue incómoda.

Al final de los años cuarenta ella y su esposo recibieron nombramientos en la Universidad de Chicago, pero el puesto de ella sería sin salario debido a una estricta norma de nepotismo. Mientras estuvo en Chicago trabajó con Enrico Fermi y Edward Teller. Durante su colaboración con este último, le interesó por qué ciertos elementos en la tabla periódica eran muy abundantes. Con el paso del tiempo descubrió que los elementos más estables se caracterizaban por valores particulares de números atómicos y de neutrones, a los cuales denominó "números mágicos". Trabajó acerca de una explicación teórica de estos números alrededor de un año y, finalmente, llegó a una solución durante una conversación con Fermi. Esto dio lugar a una publicación en 1950 en la cual describía el modelo "de capas" del núcleo. (Es interesante resaltar que el artículo confundió a muchos científicos rusos, quienes tradujeron "capa" como "granada".) Como a menudo pasa en la investigación científica, un modelo similar fue desarrollado simultáneamente por Hans Jensen, un científico alemán. Maria Goeppert-Mayer y Hans Jensen fueron galardonados con el premio Nóbel de Física en 1963 por su extraordinario trabajo acerca de la comprensión de la estructura del núcleo. Cuando Goeppert-Mayer se enteró que había ganado el premio Nóbel, dijo "Oh, qué maravilloso, siempre he querido conocer a un rey".

Cortesía de Louise Barker/AIP Niels Bohr Library

estables. Advierta que, salvo para los núcleos más ligeros, la energía de enlace promedio por nucleón es cercana a 8 MeV. Para el deuterón, la energía de enlace promedio por nucleón es $E_b/A = 2.224/2$ MeV $= 1.112$ MeV. Observe que la curva en la figura 45.9 tiene su máximo cerca de $A = 60$. Esto significa que los núcleos con

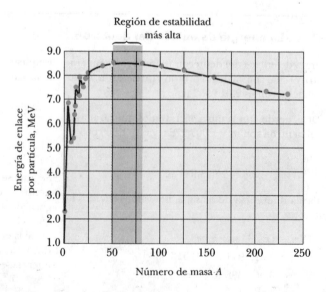

FIGURA 45.9 Una gráfica de la energía de enlace por nucleón contra el número de masa para núcleos que se encuentran a lo largo de la línea de estabilidad de la figura 45.3.

números de masa mayores o menores que 60 no están tan fuertemente enlazados como los que están cerca de la mitad de la tabla periódica. Los valores más altos de la energía de enlace cerca de $A = 60$ indican que se libera energía cuando un núcleo pesado se divide o fisiona en dos núcleos más ligeros. La energía se libera en la fisión debido a que el estado final consistente de dos fragmentos más ligeros está ligado más firmemente (inferior en energía) que el núcleo original. Estos dos importantes procesos de fisión y fusión se consideran en detalle en el capítulo 46.

Otra importante característica de la figura 45.9 es que la energía de enlace por nucleón es más o menos constante para $A > 50$. Para estos núcleos, se dice que las fuerzas nucleares están saturadas; esto significa que un nucleón particular forma enlaces atractivos sólo con un número limitado de otros nucleones en la estructura empaquetada apretadamente que se muestra en la figura 45.2.

Las características generales de la fuerza nuclear responsable de la energía de enlace de los núcleos se han rebelado en una amplia variedad de experimentos y son las siguientes:

- La fuerza nuclear atractiva es la fuerza más intensa en la naturaleza.
- La fuerza nuclear es una de corto alcance que se reduce a cero cuando la separación entre nucleones es mayor que varios fermis. El limitado alcance de la fuerza nuclear resalta en los experimentos de dispersión. El corto alcance de la fuerza nuclear se muestra en la gráfica de energía potencial neutrón-protón (n-p) de la figura 45.10a obtenida dispersando neutrones en un blanco que contiene hidrógeno. La profundidad de la energía potencial es de 40 a 50 MeV y contiene una fuerte componente repulsiva que evita que los nucleones se acerquen a más de 0.4 fm. Otro rasgo interesante de la fuerza nuclear es que su tamaño depende de las orientaciones del espín relativas de los nucleones.
- Los experimentos de dispersión y otras pruebas indirectas muestran que la fuerza nuclear es independiente de la carga de los nucleones interactuantes. Por esta razón, es posible utilizar electrones de alta velocidad para sondear las propiedades del núcleo. La independencia de la carga de la fuerza nuclear significa tam-

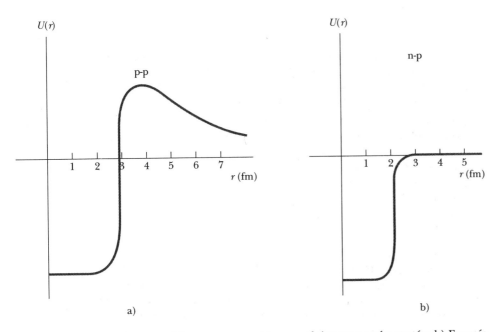

FIGURA 45.10   a) Energía potencial contra separación para el sistema protón-protón. b) Energía potencial contra separación para el sistema neutrón-protón. La diferencia en las dos curvas se debe principalmente a la gran repulsión de Coulomb en el caso de la interacción protón-protón.

bién que la única diferencia entre las interacciones n-p y p-p es que la energía potencial p-p consta de una superposición de interacciones nuclear y de Coulomb, como se ilustra en la figura 45.10b. A distancias menores que 2 fm, tanto la energía potencial p-p como la energía potencial n-p son casi idénticas, aunque para distancias mayores que esto, la energía potencial p-p es positiva con un máximo de alrededor 1 MeV a 4 fm.

45.4 MODELOS NUCLEARES

A pesar de que los detalles de las fuerzas nucleares siguen sin comprenderse bien, se han propuesto varios modelos nucleares muy útiles para entender las características generales de los datos experimentales nucleares y los mecanismos responsables de la energía de enlace. El modelo de la gota líquida explica la energía de enlace nuclear, y el modelo de partícula independiente explica la existencia de isótopos estables.

Modelo de la gota líquida

El **modelo de la gota líquida**, propuesto por Bohr en 1936, considera a los nucleones como si fueran moléculas en una gota de líquido y es muy parecido al modelo del átomo de Thomas-Fermi. Los núcleos interactúan fuertemente entre sí y experimentan frecuentes choques cuando se agitan dentro del núcleo. Este movimiento es similar al movimiento de moléculas en una gota líquida agitado térmicamente.

Tres efectos principales afectan la energía de enlace del núcleo en el modelo de la gota líquida.

- **El efecto de volumen**   Antes mostramos que la energía de enlace por nucleón es aproximadamente constante, lo que indica que la fuerza nuclear se satura (Fig. 45.9). Por lo tanto, la energía de enlace del núcleo es proporcional a A y al volumen nuclear. La contribución de este efecto de volumen a la energía de enlace es C_1A, donde C_1 es una constante ajustable.
- **El efecto de superficie**   Debido a que los nucleones sobre la superficie de la gota tienen menor número de vecinos que los que se encuentran en el interior, los nucleones superficiales reducen la energía de enlace en una cantidad proporcional al número de nucleones en la superficie. Debido a que el número de nucleones superficiales es proporcional al área de la superficie del núcleo, $4\pi r^2$, y $r^2 \propto A^{2/3}$ (ecuación 45.1), el término de la superficie puede expresarse como $-C_2A^{2/3}$, donde C_2 es una constante.
- **El efecto de la repulsión de Coulomb**   Cada protón repele a cualquier otro protón en el núcleo. La energía potencial correspondiente por par de partículas interactuantes es k_ee^2/r, donde k_e es la constante de Coulomb. La energía de Coulomb total representa el trabajo requerido para congregar Z protones desde el infinito hasta una esfera de volumen V. Esta energía es proporcional al número de pares de protones $Z(Z-1)$ e inversamente proporcional al radio nuclear. En consecuencia, la reducción de energía resultado del efecto de Coulomb es $-C_3Z(Z-1)/A^{1/3}$.

Otro pequeño efecto que disminuye la energía de enlace es importante para núcleos que tienen un número excesivo de neutrones, en otras palabras, núcleos pesados. Este efecto origina un término de energía de enlace de la forma $-C_4(N-Z)^2/A$.

Sumando estas contribuciones, obtenemos la energía de enlace total

Fórmula de energía de enlace
semiempírica

$$E_b = C_1A - C_2A^{2/3} - C_3\frac{Z(Z-1)}{A^{1/3}} - C_4\frac{(N-Z)^2}{A}$$

(45.5)

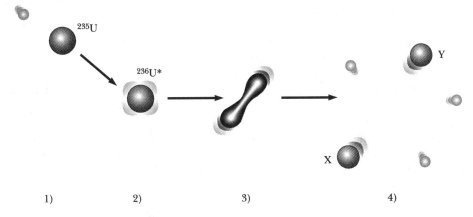

FIGURA 45.11 Etapas que conducen a la fisión de acuerdo con el modelo de la gota líquida del núcleo.

Esta ecuación, llamada a menudo la **fórmula de energía de enlace semiempírica**, contiene cuatro constantes que se varían para ajustar la expresión con los datos experimentales. Para núcleos con $A \geq 15$, las constantes tienen los valores

$$C_1 = 15.7 \text{ MeV} \qquad C_2 = 17.8 \text{ MeV}$$
$$C_3 = 0.71 \text{ MeV} \qquad C_4 = 23.6 \text{ MeV}$$

La ecuación 44.5, junto con estas constantes, se ajusta bastante bien a los valores conocidos de las masas nucleares. Sin embargo, el modelo de la gota líquida no explica algunos detalles más finos de la estructura nuclear, como las reglas de estabilidad y el momento angular. Por otra parte, brinda una descripción cualitativa de la fisión nuclear, mostrada de modo esquemático en la figura 45.11.

El modelo de partícula independiente

Denominando con frecuencia *modelo de capas*, se basa en la suposición de que cada nucleón se mueve en una órbita bien definida dentro del núcleo. Este modelo es idéntico al modelo de capas del átomo, excepto por el carácter del término de fuerza. En este modelo, los nucleones existen en estados de energía cuantizados y hay pocos choques entre ellos. Obviamente, las suposiciones de este modelo difieren considerablemente de las efectuadas en el modelo de la gota líquida.

Los estados cuantizados ocupados por los nucleones pueden ser descritos por un conjunto de números cuánticos. Puesto que tanto el neutrón como el protón tienen el espín $\frac{1}{2}$, el principio de exclusión de Pauli puede aplicarse para describir los estados permitidos (como lo hicimos para los electrones en el capítulo 42). Es decir, cada estado puede contener sólo dos protones (o dos neutrones) que tengan espines *opuestos* (Fig. 45.12). El protón tiene un conjunto de estados permitidos, y éstos difieren de los del neutrón debido a que se mueven en diferentes pozos de potencial. Los niveles del protón son más altos en energía que los niveles del neutrón debido a que los protones experimentan una superposición de potencial de Coulomb y potencial nuclear, en tanto que los neutrones sólo experimentan un potencial nuclear.

Con el fin de entender las características observadas de los estados base nucleares es necesario incluir efectos de *espín nuclear-órbita*. A diferencia de la interacción espín-órbita de un electrón en un átomo, la cual es de origen magnético, el efecto espín-órbita para nucleones en un núcleo se debe a la fuerza nuclear; éste es mucho más intenso que en el caso atómico y tiene signo opuesto. Este modelo es capaz de explicar los números mágicos observados.

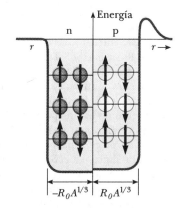

FIGURA 45.12 Un potencial de pozo cuadrado que contiene 12 nucleones. Los círculos negros representan protones y los verdes representan neutrones. Los niveles de energía para los protones son un poco mayores que los de los neutrones debido al potencial de Coulomb en los primeros. La diferencia en los niveles aumenta cuando Z crece. Note que sólo dos nucleones que tienen espín opuesto pueden ocupar un nivel determinado, como lo requiere el principio de exclusión de Pauli.

Las manecillas y los números de este reloj luminoso contienen cantidades mínimas de sal de radio. El decaimiento radiactivo del radio provoca que el reloj brille en la oscuridad. *(Richard Megna 1990, Fundamental Photographs)*

Por último, es posible entender por qué los núcleos que contienen un número par de protones y neutrones son más estables que otros. En realidad, hay 160 de estos isótopos estables par-par. Cualquier estado particular se llena cuando contiene dos protones (o dos neutrones) que tienen espines opuestos. Un protón o neutrón extra puede añadirse al núcleo sólo a expensas de aumentar la energía de éste. El aumento de energía conduce a un núcleo que es menos estable que el original. Una inspección cuidadosa de los núcleos estables muestra que la mayoría tiene una estabilidad especial cuando sus nucleones se combinan en pares, lo cual produce un momento angular de cero. Esto explica el gran número de núcleos de gran estabilidad (aquéllos con energías de enlace altas) con los números mágicos dados por la ecuación 45.2.

45.5 RADIACTIVIDAD

En 1896, Henry Becquerel descubrió accidentalmente que cristales de sulfato de potasio de uranilo emiten una radiación invisible que puede velar una placa fotográfica cuando la placa se cubre para evitar la luz. Después de una serie de experimentos concluyó que la radiación emitida por los cristales era de un nuevo tipo, una que no requiere estimulación externa y que era tan penetrante que podía velar placas fotográficas protegidas e ionizar gases. Este proceso de emisión espontánea de radiación por uranio rápidamente recibió el nombre de **radiactividad**. Experimentos subsecuentes realizados por otros científicos mostraron que otras sustancias eran más poderosamente radiactivas. Las investigaciones más importantes de este tipo

Marie Sklodowska Curie nació en Polonia poco después de la infructuosa revolución polaca contra Rusia en 1863. Después de terminar su preparatoria, trabajó diligentemente para contribuir a cubrir los gastos educativos de su hermano y hermana mayores, quienes habían partido a París. Al mismo tiempo logró ahorrar el dinero suficiente para su propio viaje a la ciudad luz e ingresó a la Sorbona en 1891. Aunque vivió muy frugalmente durante este periodo (en cierta ocasión se desmayó por hambre en el salón de clases), se graduó como la alumna más brillante de su clase.

En 1895 se casó con el físico francés Pierre Curie (1859-1906), quien ya era conocido por el descubrimiento de la piezoelectricidad. (Un cristal piezoeléctrico presenta una diferencia de potencial bajo presión.) Empleando materiales piezoeléctricos para medir la actividad de sustancias radiactivas, Marie Curie demostró la naturaleza radiactiva de los elementos uranio y torio. En 1898, junto con su esposo descubrió un nuevo elemento radiactivo contenido en el mineral de

Marie Sklodowska Curie

| 1 8 6 7 - 1 9 3 4 |

uranio, al cual llamaron polonio, en honor a su tierra nativa. Al final de 1898, los Curie lograron aislar trazas de un elemento incluso más radiactivo, al cual

nombraron radio. Con el fin de producir cantidades de radio que pudieran pesarse, se embarcaron en la esmerada tarea de aislar el radio de la pecblenda, un mineral rico en uranio. Después de cuatro años de purificar y repurificar toneladas de mineral y usando sus propios ahorros para financiar su trabajo, los Curie lograron preparar cerca de 0.1 g de radio. En 1903 se les otorgó el premio Nóbel en Física, que compartieron con Becquerel, por sus estudios de sustancias radiactivas.

Después de que su esposo murió en un accidente en 1906, Marie Curie se hizo cargo de una cátedra en la Sorbona. Desafortunadamente, sufrió el prejuicio de la comunidad científica debido a que era mujer. Por ejemplo, después de haber sido nominada para la Academia Francesa de Ciencias, por un voto no fue aceptada.

En 1911 fue galardonada con un segundo premio Nóbel, éste en química, por el descubrimiento del radio y el polonio. Dedicó los últimos años de su vida a dirigir el Instituto de Radio de París.

fueron hechos por Marie y Pierre Curie. Después de varios años de cuidadosos y laboriosos procesos de separación química de toneladas de pecblenda, un mineral radiactivo, los Curie informaron sobre el descubrimiento de dos elementos antes desconocidos, los cuales eran radiactivos. Éstos recibieron el nombre de polonio y radio. Experimentos subsecuentes, incluido el famoso trabajo de Rutherford acerca de la dispersión de partículas alfa, sugirieron que la radiactividad es el resultado del decaimiento, o desintegración, de núcleos inestables.

Hay tres tipos de radiación que pueden ser emitidos por una sustancia radiactiva: decaimiento alfa (α), en el cual las partículas emitidas son núcleos de ^{4}He; decaimiento beta (β), en el cual las partículas emitidas son electrones o positrones; y decaimiento gama (γ), en el cual los "rayos" emitidos son fotones de alta energía. Un **positrón** es una partícula como el electrón en todos los aspectos excepto en que el positrón tiene una carga de $+e$ (en otras palabras, el positrón es el gemelo antimateria del electrón). El símbolo β^- se emplea para designar un electrón, y β^+ designa a un positrón.

Es posible distinguir estas tres formas de radiación empleando el esquema descrito en la figura 45.13. La radiación de una muestra radiactiva se dirige hacia una región en la cual hay un campo magnético. El haz se divide en tres componentes, dos que se desvían en direcciones opuestas y la tercera que no sufre cambio de dirección. A partir de esta simple observación, podemos concluir que la radiación del haz no desviado no porta carga (el rayo gama), la componente desviada hacia arriba corresponde a las partículas cargadas positivamente (partículas alfa), y la componente desviada hacia abajo corresponde a partículas cargadas negativamente (β^-). Si el haz incluye un positrón (β^+), éste se desvía hacia arriba.

Los tres tipos de radiación tienen potencias de penetración bastante diferentes. Las partículas alfa apenas penetran una hoja de papel, las partículas beta pueden penetrar unos cuantos milímetros de aluminio y los rayos gama pueden penetrar varios centímetros de plomo.

La tasa a la cual un proceso de decaimiento particular ocurre en una muestra radiactiva es proporcional al número de núcleos radiactivos presentes (es decir, aquellos núcleos que aún no han decaído). Si N es el número de núcleos radiactivos presentes en algún instante, la tasa de cambio de N es

$$\frac{dN}{dt} = -\lambda N \tag{45.6}$$

donde λ recibe el nombre de **constante de decaimiento** y es la probabilidad de decai-

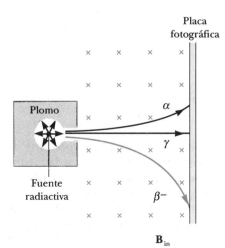

FIGURA 45.13 La radiación de una fuente radiactiva puede separarse en tres componentes empleando un campo magnético para desviar las partículas cargadas. La placa fotográfica a la derecha registra los eventos. El rayo gama no es desviado por el campo magnético.

miento por núcleo por segundo. El signo menos indica que dN/dt es negativa; esto es, N está disminuyendo en el tiempo.

Si escribimos la ecuación 45.6 en la forma

$$\frac{dN}{N} = -\lambda \, dt$$

podemos integrar la expresión para obtener

$$\int_{N_0}^{N} \frac{dN}{N} = -\lambda \int_{0}^{t} dt$$

$$\ln\left(\frac{N}{N_0}\right) = -\lambda t$$

Decaimiento exponencial

$$N = N_0 e^{-\lambda t} \qquad (45.7)$$

donde la constante N_0 representa el número de núcleos radiactivos en $t = 0$. La ecuación 45.7 muestra que el número de núcleos radiactivos en una muestra disminuye exponencialmente con el tiempo.

La **tasa de decaimiento** R, o el número de decaimientos por segundo, puede obtenerse diferenciando la ecuación 45.7 respecto del tiempo:

$$R = \left|\frac{dN}{dt}\right| = N_0 \lambda e^{-\lambda t} = R_0 e^{-\lambda t} \qquad (45.8)$$

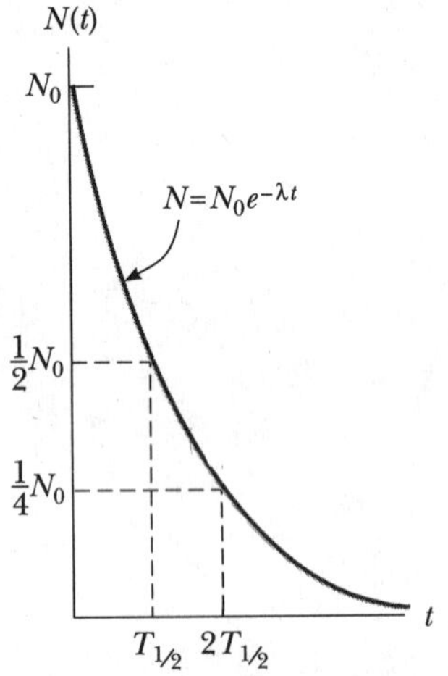

$N(t)$

N_0

$N = N_0 e^{-\lambda t}$

$\frac{1}{2}N_0$

$\frac{1}{4}N_0$

$T_{1/2}$ $2T_{1/2}$ t

FIGURA 45.14 Gráfica de la ley de decaimiento exponencial de núcleos radiactivos. El eje vertical representa el número de núcleos radiactivos presentes en cualquier tiempo t, y el eje horizontal es el tiempo. El tiempo $T_{1/2}$ es la vida media de la muestra.

donde $R_0 = N_0 \lambda$ es la tasa de decaimiento a $t = 0$ y $R = \lambda N$. La tasa de decaimiento de una muestra se conoce como su **actividad**. Advierta que tanto N como R disminuyen exponencialmente con el tiempo. La gráfica de N contra t mostrada en la figura 45.14 ilustra la ley de decaimiento exponencial.

Otro parámetro útil en la caracterización del decaimiento de un núcleo particular es la **vida media**, $T_{1/2}$:

La **vida media** de una sustancia radiactiva es el tiempo que tarda en decaer la mitad de un número dado de núcleos radiactivos.

Al considerar $N = N_0/2$ y $t = T_{1/2}$ en la ecuación 45.7, se obtiene

$$\frac{N_0}{2} = N_0 e^{-\lambda T_{1/2}}$$

Al escribir esto en la forma $e^{\lambda T_{1/2}} = 2$ y tomando el logaritmo natural de ambos lados, encontramos

Ecuación de la vida media

$$T_{1/2} = \frac{\ln 2}{\lambda} = \frac{0.693}{\lambda} \qquad (45.9)$$

Ésta es una expresión conveniente que relaciona la vida media con la constante de decaimiento. Advierta que después de un tiempo transcurrido de una vida media, quedan (por definición) $N_0/2$ núcleos radiactivos; después de dos vidas medias, la mitad de éstos han decaído y quedan $N_0/4$ núcleos radiactivos; después de tres vidas medias, quedan $N/8$, etc. En general, después de N vidas medias, el número de núcleos radiactivos que quedan es $N_0/2^n$. De este modo, vemos que el decaimiento nuclear es independiente de la historia pasada de una muestra.

Una unidad de actividad que se usa con frecuencia es el **curie** (Ci), definida como

$$1 \text{ Ci} \equiv 3.7 \times 10^{10} \text{ decaimientos/s}$$

El curie

Este valor se eligió originalmente debido a que es la actividad aproximada de 1 g de radio. La unidad de actividad del Si es el **becquerel** (Bq):

$$1 \text{ Bq} \equiv 1 \text{ decaimiento/s}$$

El becquerel

Por lo tanto, $1 \text{ Ci} = 3.7 \times 10^{10} \text{ Bq}$. El curie es una unidad bastante grande y las unidades de actividad empleadas más a menudo es el milicurie y el microcurie.

EJEMPLO CONCEPTUAL 45.4 ¿Cuántos núcleos quedan?

El isótopo carbono 14, $^{14}_{6}C$, es radiactivo y tiene una vida media de 5 730 años. Si usted empieza con una muestra de 1 000 núcleos de carbono 14, ¿cuántos quedarán en alrededor de 22 920 años?

Razonamiento y solución En 5 730 años, la mitad de la muestra habrá decaído, quedando 500 núcleos de carbono 14. En otros 5 730 años (para un total de tiempo transcurrido de 11 460 años), el número se habrá reducido a 250 núcleos. Des-

pués de otros 5 730 años (tiempo total de 17 190 años), quedan 125. Finalmente, después de cuatro vidas medias (22 920 años), quedan aproximadamente 62.

Estos números representan circunstancias ideales. El decaimiento radiactivo es un proceso promediado sobre numerosos átomos, y el resultado real depende de la estadística. Nuestra muestra original en este ejemplo contenía 1 000 núcleos, un número ciertamente no muy grande. De este modo, si contáramos realmente el número restante después de una vida media para esta pequeña muestra, probablemente no sería 500.

EJEMPLO 45.5 La actividad del radio

La vida media del núcleo radiactivo $^{226}_{88}Ra$ es 1.6×10^3 años. a) ¿Cuál es la constante de decaimiento del $^{226}_{88}Ra$?

Solución Podemos calcular la constante de decaimiento λ empleando la ecuación 45.9 y el hecho de que

$$
\begin{aligned}
T_{1/2} &= 1.6 \times 10^3 \text{ años} \\
&= (1.6 \times 10^3 \text{ años})(3.16 \times 10^7 \text{ s/año}) \\
&= 5.0 \times 10^{10} \text{ s}
\end{aligned}
$$

Por lo tanto,

$$\lambda = \frac{0.693}{T_{1/2}} = \frac{0.693}{5.0 \times 10^{10} \text{ s}} = \boxed{1.4 \times 10^{-11} \text{ s}^{-1}}$$

Advierta que este resultado es también la probabilidad de que cualquier núcleo de $^{226}_{88}Ra$ aislado decaerá en un segundo.

b) Si una muestra contiene 3.0×10^{16} de tales núcleos en $t = 0$, determine su actividad en este tiempo.

Solución Podemos calcular la actividad de la muestra en $t = 0$ empleando $R_0 = \lambda N_0$, donde R_0 es la tasa de decaimiento a $t =$

0 y N_0 es el número de núcleos radiactivos presentes en $t = 0$. Puesto que $N_0 = 3.0 \times 10^{16}$, tenemos

$$
\begin{aligned}
R_0 = \lambda N_0 &= (1.4 \times 10^{-11} \text{ s}^{-1})(3.0 \times 10^{16}) \\
&= 4.1 \times 10^5 \text{ decaimientos/s}
\end{aligned}
$$

Puesto que $1 \text{ Ci} = 3.7 \times 10^{10} \text{ decaimientos/s}$, la actividad o tasa de decaimiento, en $t = 0$ es

$$R_0 = \boxed{11.1 \ \mu\text{Ci}}$$

c) ¿Cuál es la tasa de decaimiento después de que la muestra tiene 2.0×10^3 años de edad?

Solución Podemos utilizar la ecuación 45.8, así como el hecho de que $2.0 \times 10^3 \text{ años} = (2.0 \times 10^3 \text{ años})(3.15 \times 10^7 \text{ s/año}) = 6.3 \times 10^{10} \text{ s}$:

$$R = R_0 e^{-\lambda t} = (4.2 \times 10^5 \text{ decaimientos/s}) e^{-(1.4 \times 10^{-11} \text{ s}^{-1})(6.3 \times 10^{10} \text{ s})}$$

$$= \boxed{1.7 \times 10^5 \text{ decaimientos/s}}$$

EJEMPLO 45.6 La actividad del carbono

Una muestra radiactiva contiene 3.50 μg de $^{11}_{6}C$ puro, el cual tiene una vida media de 20.4 min. a) Determine el número de núcleos en la muestra en $t = 0$.

Solución La masa atómica de $^{11}_{6}C$ es aproximadamente 11.0 y, en consecuencia, 11.0 g contiene un número de Avogadro (6.0 $\times 10^{23}$) de núcleos. Por lo tanto, 3.50 μg contienen N núcleos, donde

$$\frac{N}{6.02 \times 10^{23} \text{ núcleos/mol}} = \frac{3.50 \times 10^{-6} \text{ g}}{11.0 \text{ g/mol}}$$

$$N = \boxed{1.92 \times 10^{17} \text{ núcleos}}$$

b) ¿Cuál es la actividad de la muestra inicialmente y después de 8.00 h?

Solución   Puesto que $T_{1/2} = 20.4$ min = 1 224 s, la constante de decaimiento es

$$\lambda = \frac{0.693}{T_{1/2}} = \frac{0.693}{1\ 224 \text{ s}} 5.66 \times 10^{-4} \text{ s}^{-1}$$

En consecuencia, la actividad inicial de la muestra es

$$R_0 = \lambda N_0 = (5.66 \times 10^{-4} \text{ s}^{-1})(1.92 \times 10^{17})$$

$$= \boxed{1.08 \times 10^{14} \text{ decaimientos/s}}$$

Podemos emplear la ecuación 45.8 para determinar la actividad en cualquier tiempo t. Para $t = 8.00$ h $= 2.88 \times 10^4$ s vemos que $\lambda t = 16.3$ y así

$$R = R_0 e^{-\lambda t} = (1.09 \times 10^{14} \text{ decaimientos/s}) e^{-16.3}$$

$$= \boxed{8.96 \times 10^6 \text{ decaimientos/s}}$$

Una lista de actividad contra tiempo para esta situación se brinda en la tabla 45.2.

Ejercicio   Calcule el número de núcleos radiactivos que quedan después de 8.00 h.

Respuesta 1.58×10^{10} núcleos.

TABLA 45.2   Actividad contra tiempo para la muestra descrita en el ejemplo 45.6

t(h)	R(decaimientos/s)
0	1.08×10^{14}
1	1.41×10^{13}
2	1.84×10^{12}
3	2.39×10^{11}
4	3.12×10^{10}
5	4.06×10^9
6	5.28×10^8
7	6.88×10^7
8	8.96×10^6

EJEMPLO 45.7   Un isótopo radiactivo del iodo

Una muestra del isótopo ^{131}I, la cual tiene una vida media de 8.04 días, tiene una actividad de 5 mCi en el momento del embarque. Después de recibirla en un laboratorio médico la actividad es de 4.2 mCi. ¿Cuánto tiempo ha transcurrido entre las dos mediciones?

Solución   Podemos usar la ecuación 45.8 en la forma

$$\frac{R}{R_0} = e^{-\lambda t}$$

Tomando el logaritmo natural de cada lado obtenemos

$$\ln\left(\frac{R}{R_0}\right) = -\lambda t$$

1) $$t = -\frac{1}{\lambda} \ln\left(\frac{R}{R_0}\right)$$

Para determinar λ empleamos la ecuación 45.9:

2) $$\lambda = \frac{0.693}{T_{1/2}} = \frac{0.693}{8.04 \text{ días}}$$

La sustitución de 2) en 1) produce

$$t = -\left(\frac{8.04 \text{ días}}{0.693}\right) \ln\left(\frac{4.2 \text{ mCi}}{5.0 \text{ mCi}}\right) = \boxed{2.02 \text{ días}}$$

45.6   EL PROCESO DE DECAIMIENTO

Como establecimos en la sección anterior, un núcleo radiactivo decae exponencialmente por medio de uno de tres procesos: decaimiento alfa, decaimiento beta o decaimiento gama. Estudiemos estos tres procesos con mayor detalle.

Decaimiento alfa

Si un núcleo emite una partícula alfa ($^4_2$He), pierde dos protones y dos neutrones. Por lo tanto, el número atómico Z disminuye en 2, el número de masa A disminuye en 4 y el número de neutrones disminuye en 2. El decaimiento puede escribirse como

$$\ce{^{A}_{Z}X} \longrightarrow \ce{^{A-4}_{Z-2}Y} + \ce{^{4}_{2}He} \tag{45.10}$$

donde X recibe el nombre de **núcleo padre** y Y el **núcleo hijo**. Como ejemplos, ^{238}U y ^{226}Ra son ambos emisores alfa y decaen de acuerdo con los esquemas

$$\ce{^{238}_{92}U} \longrightarrow \ce{^{234}_{90}Th} + \ce{^{4}_{2}He} \tag{45.11}$$

$$\ce{^{226}_{88}Ra} \longrightarrow \ce{^{222}_{86}Rn} + \ce{^{4}_{2}He} \tag{45.12}$$

La vida media para el decaimiento del ^{238}U es de 4.47×10^9 años, y la correspondiente al decaimiento del ^{226}Ra es de 1.60×10^3 años. En ambos casos, note que el número de masa del núcleo hijo es menor en 4 que el del núcleo padre. De igual modo, el número atómico se reduce en 2. Las diferencias están en la partícula alfa emitida (el núcleo ^{4}He).

El decaimiento del ^{226}Ra se muestra en la figura 45.15. Cuando un elemento cambia en otro, como en el proceso del decaimiento alfa, el proceso se llama decaimiento espontáneo. Como una regla general, 1) la suma de los números de masa A debe ser la misma en ambos lados de la ecuación, y 2) la suma de los números atómicos Z debe ser la misma en ambos lados de la ecuación. Además, la energía y el momento relativista deben conservarse. Si llamamos M_X a la masa del núcleo padre, M_Y a la masa del núcleo hijo, y M_α a la masa de la partícula alfa, podemos definir la **energía de desintegración** Q:

$$Q = (M_X - M_Y - M_\alpha)\,c^2 \tag{45.13}$$

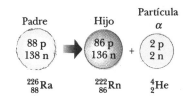

FIGURA 45.15 El decaimiento alfa del radio. El núcleo de radio está inicialmente en reposo. Después del decaimiento, tanto el núcleo de radón como la partícula alfa tienen energía cinética y momento.

Enrico Fermi
| 1 9 0 1 - 1 9 5 4 |

Enrico Fermi, un físico ítalo-americano, recibió su doctorado por la Universidad de Pisa en 1922 y realizó trabajo postdoctoral en Alemania bajo la dirección de Max Born. Regresó a Italia en 1924 y se convirtió en profesor de física en la Universidad de Roma en 1926. Recibió el premio Nóbel de física en 1938 por su trabajo relativo a la producción de elementos radiactivos transuránicos (aquéllos más masivos que el uranio) mediante el bombardeo de neutrones.

Fermi se interesó por primera vez en la física a la edad de 14 años después de leer un viejo libro de física en latín. Tenía una excelente historia académica y era capaz de recitar la *Divina Comedia* de Dante y mucho de Aristóteles de memoria. Su gran habilidad para resolver problemas de física teórica y su capacidad para simplificar situaciones muy complejas hicieron de él algo así como un profeta. Fue también un brillante experimentador y profesor. Durante uno de sus primeros viajes en los que dictó conferencias en Estados Unidos, un auto que había comprado se descompuso y tuvo que empujarlo a la gasolinera más cercana. Después de repararlo con facilidad, el dueño de la gasolinera de inmediato le ofreció trabajo.

Fermi y su familia emigraron a Estados Unidos y se volvió un ciudadano naturalizado en 1944. Ya en América aceptó un puesto en la Universidad de Columbia y después fue profesor en la Universidad de Chicago. Tras establecerse el proyecto Manhattan (en el que se diseñó y construyó la bomba atómica durante la Segunda Guerra Mundial), Fermi fue comisionado para diseñar y construir una estructura (llamada una pila atómica) en la cual una reacción en cadena autosostenida podría ocurrir. La estructura, construida en la cancha de frontón de la Universidad de Chicago, contenía uranio en combinación con bloques de grafito para frenar los neutrones hasta velocidades térmicas. Barras de cadmio insertadas en la pila se usaron para absorber neutrones y controlar la velocidad de reacción. Se hizo historia a las 3:45 p.m. del 2 de diciembre de 1942, cuando las barras de cadmio fueron extraídas lentamente y se observó una reacción en cadena autosostenida. El estremecedor logro de Fermi del primer reactor nuclear del mundo marcó el inicio de la era atómica.

Fermi murió de cáncer en 1954 a la edad de 54 años. Un año después, el centésimo elemento fue descubierto y en su honor se le nombró *fermio*.

National Accelerator Laboratory

Q está en joules cuando las masas están en kilogramos y c es 3.00×10^8 m/s. Sin embargo, cuando las masas nucleares se expresan en la más conveniente unidad u, el valor Q puede calcularse en MeV empleando la expresión

$$Q = (M_X - M_Y - M_\alpha) \times 931.494 \text{ MeV/u} \qquad (45.14)$$

La energía de desintegración Q aparece en la forma de energía cinética en el núcleo hijo y la partícula alfa. La cantidad dada por la ecuación 45.13 se denomina algunas veces como el valor Q de la reacción nuclear. En el caso del decaimiento del ^{226}Ra descrito en la figura 45.15, si el núcleo padre decae en reposo, la energía cinética residual de los productos es 4.87 MeV. La mayor parte de la energía cinética se asocia a la partícula alfa debido a que ésta es mucho menos masiva que el núcleo hijo en retroceso, ^{222}Rn. Esto es, debido a que el momento debe conservarse, la partícula alfa más ligera retrocede con una velocidad mucho mayor que el núcleo hijo. Generalmente, las partículas ligeras portan la mayor parte de la energía en los decaimientos nucleares.

Por último, es interesante notar que si uno supone que ^{238}U (u otros emisores alfa) decaen emitiendo un protón o neutrón, la masa de los productos de decaimiento sería mayor que la de los núcleos padre, correspondiendo a valores de Q negativos. Estos valores de Q negativos indican que tales decaimientos no ocurren espontáneamente.

EJEMPLO 45.8   La energía liberada cuando decae el radio

El núcleo de ^{226}Ra experimenta decaimiento alfa de acuerdo con la ecuación 45.12. Calcule el valor Q para este proceso. Considere las masas iguales a 226.025 406 u para el ^{226}Ra, 222.017 574 u para ^{222}Rn, y 4.002 603 u para $^4_2$He, como se encuentran en la tabla A.3.

Solución   Empleando la ecuación 45.14, vemos que

$$Q = (M_X - M_Y - M_\alpha) \times 931.494 \text{ MeV/u}$$
$$= (226.025\,406 \text{ u} - 222.017\,574 \text{ u}$$

$$- 4.002\,603 \text{ u}) \times 931.494 \text{ MeV/u}$$

$$= (0.005\,229 \text{ u}) \times \left(931.494 \frac{\text{MeV}}{\text{u}}\right) = \boxed{4.87 \text{ MeV}}$$

Se deja como un problema (problema 75) mostrar que la energía cinética de la partícula es aproximadamente 4.8 MeV, en tanto que el núcleo hijo en retroceso sólo tiene alrededor de 0.1 MeV de energía cinética.

Regresamos ahora al mecanismo del decaimiento alfa. La figura 45.16 es una gráfica de la energía potencial contra la distancia r desde el núcleo del sistema núcleo-partícula alfa, donde R es el alcance de la fuerza nuclear. La curva representa los efectos combinados de 1) la energía repulsiva de Coulomb, la cual proporciona

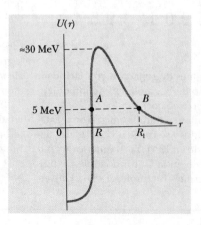

FIGURA 45.16 Energía potencial contra separación para el sistema partícula alfa-núcleo. Clásicamente, la energía de la partícula alfa no es suficientemente grande para superar la barrera, y por ello la partícula no es capaz de escapar del núcleo.

el pico positivo para $r > R$, y 2) la fuerza atractiva nuclear, la cual ocasiona que la curva sea negativa para $r < R$. Como vimos en el ejemplo 45.8, la energía de desintegración es cercana a 5 MeV, la cual es la energía cinética aproximada de la partícula alfa, representada por la línea punteada inferior en la figura 45.16. De acuerdo con la física clásica, la partícula alfa está atrapada en el pozo de potencial. ¿Cómo, entonces, puede escapar alguna vez del núcleo?

La respuesta a esta pregunta fue dada por primera vez por George Gamow en 1928 e independientemente por R. W. Gureny y E. U. Condon en 1929, empleando mecánica cuántica. Brevemente, la visión de la mecánica cuántica es que siempre hay alguna probabilidad de que la partícula pueda penetrar (o efectuar tunelaje, también llamado efecto túnel) a través de la barrera (sección 41.9). Recuerde que la probabilidad de localizar la partícula depende de su función de onda ψ y que la probabilidad de tunelaje se mide por medio de $|\psi|^2$. La figura 45.17 es un dibujo de la función de onda para una partícula de energía E que llega a la barrera cuadrada de altura finita, una forma que se asemeja a una barrera nuclear. Observe que la función de onda existe tanto en el interior como en el exterior de la barrera. Aunque la amplitud de la función de onda se reduce de manera considerable en el lado lejano de la barrera, su valor finito en esta región indica una pequeña pero finita probabilidad de que la partícula pueda penetrar la barrera. Cuando la energía E de la partícula se incrementa, su probabilidad de escapar también aumenta. Además, la probabilidad crece cuando el ancho de la barrera disminuye.

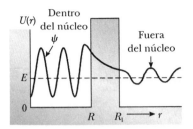

FIGURA 45.17 La energía potencial nuclear se modela como una barrera cuadrada. La energía de la partícula alfa es E, la cual es menor que la altura de la barrera. De acuerdo con la mecánica cuántica, la partícula alfa tiene cierta oportunidad de efectuar tunelaje a través de la barrera, según se indica por el tamaño finito de la función de onda para $r > R_1$.

Decaimiento beta

Cuando un núcleo radiactivo sufre decaimiento beta, el núcleo hijo tiene el mismo número de nucleones que el núcleo padre pero el número atómico cambia en 1:

$$_{Z}^{A}X \longrightarrow _{Z+1}^{A}Y + \beta^{-} \qquad (45.15)$$

$$_{Z}^{A}X \longrightarrow _{Z-1}^{A}Y + \beta^{+} \qquad (45.16)$$

Decaimiento beta

También en este caso, advierta que tanto el número de nucleones como la carga total se conservan en estos decaimientos. Como veremos más adelante, *estos procesos no están completamente descritos por estas expresiones.* Brindaremos las razones de lo anterior en breve.

Dos procesos de decaimiento beta típicos son

$$_{6}^{14}C \longrightarrow _{7}^{14}N + \beta^{-}$$

$$_{7}^{12}N \longrightarrow _{6}^{12}C + \beta^{+}$$

Advierta que en el decaimiento beta, un neutrón se transforma en un neutrón (o viceversa). También es importante observar que el electrón o positrón en estos decaimientos no está presente de antemano en el núcleo, sino que se crea en el momento del decaimiento a partir de la energía en reposo de los núcleos que decaen.

Considere a continuación la energía del sistema antes y después del decaimiento. Como con el decaimiento alfa, la energía debe conservarse. Se ha encontrado experimentalmente, que las partículas beta se emiten sobre un intervalo continuo de energías (Fig. 45.18). Estos resultados muestran que se emiten partículas beta que tienen diferentes energías. La energía cinética de las partículas debe ser balanceada por la disminución de la masa del sistema, esto es, el valor Q. Sin embargo, debido a que todos los núcleos que decaen tienen la misma masa inicial, *el valor Q debe ser el mismo en cada decaimiento.* En vista de esto, ¿por qué las partículas emitidas tienen diferentes energías cinéticas? ¡La ley de la conservación de la energía parece violarse! Un análisis adicional muestra que, de acuerdo con los procesos de decaimiento dados por las ecuaciones 45.15 y 45.16, ¡se violan los principios de conservación tanto del momento angular (espín) como del momento lineal!

Después de gran cantidad de estudios experimentales y teóricos, Pauli en 1930

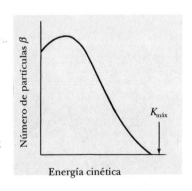

FIGURA 45.18 Una curva de decaimiento beta común. La máxima energía cinética observada para las partículas beta corresponde al valor Q de la reacción.

propuso que una tercera partícula debe estar presente para llevarse la energía y el momento "faltantes". Fermi nombró después a esta partícula **neutrino** (una neutra pequeña) debido a que era eléctricamente neutra y tenía poca o ninguna masa en reposo. A pesar de que eludió la detección durante muchos años, el neutrino (símbolo v) finalmente fue detectado de manera experimental en 1956. Tiene las siguientes propiedades:

Propiedades del neutrino

- carga eléctrica cero
- hay una creciente evidencia de que su masa en reposo es cero y de que viaja a la velocidad de la luz
- un espín de $\frac{1}{2}$, el cual satisface la ley de la conservación del momento angular
- interactúa muy débilmente con la materia y consecuentemente es muy difícil de detectar

Podemos ahora escribir los procesos de decaimiento beta en su forma correcta:

$$^{14}_{6}C \longrightarrow {}^{14}_{7}N + \beta^- + \bar{\nu} \qquad (45.17)$$

$$^{12}_{7}N \longrightarrow {}^{12}_{6}C + \beta^+ + \nu \qquad (45.18)$$

$$n \longrightarrow p + \beta^- + \bar{\nu} \qquad (45.19)$$

donde el símbolo $\bar{v}$ representa al **antineutrino**, la antipartícula del neutrino. Estudiaremos un poco más las antipartículas en el capítulo 47. Por ahora, basta decir que *un neutrón se emite en el decaimiento del positrón y un antineutrino se emite en el decaimiento del electrón.* Como en el caso del decaimiento alfa, los decaimientos listados antes se analizan mediante la conservación de la energía y el momento, aunque deben emplearse expresiones relativistas para partículas beta debido a que su energía es grande (por lo general 1 MeV) comparada con su energía en reposo de 0.511 MeV.

Un proceso que compite con el decaimiento β^+ recibe el nombre de **captura del electrón**. Éste ocurre cuando un núcleo padre captura uno de sus propios electrones orbitales y emite un neutrino. El producto final después del decaimiento es un núcleo cuya carga es $Z-1$:

Captura del electrón

$$^{A}_{Z}X + {}_{-1}^{0}e \longrightarrow {}_{Z-1}^{A}X + \nu \qquad (45.20)$$

En la mayor parte de los casos, es un electrón de la capa K el que se captura, y esto se conoce como **captura K.** Un ejemplo de este proceso es la captura de un electrón por el $^{7}_{4}Be$ para transformarse en $^{7}_{3}Li$:

$$^{7}_{4}Be + {}_{-1}^{0}e \longrightarrow {}_{3}^{7}Li + \nu$$

Finalmente, es instructivo mencionar los valores de Q para los procesos de decaimiento beta. Los valores de Q para el decaimiento β^- y la captura del electrón están dados por $Q = (M_X - M_Y)\,c^2$, en tanto que los valores de Q para el decaimiento β^+ están dados por $Q = (M_X - M_Y - 2m_e)\,c^2$. Estas relaciones son útiles para determinar sí o no los procesos son energéticamente posibles.

Fechamiento con carbono

El decaimiento beta del ^{14}C dado por la ecuación 45.17 se usa comúnmente para fechar muestras orgánicas. Los rayos cósmicos en la atmósfera superior producen reacciones nucleares que crean ^{14}C. De hecho, la proporción entre ^{14}C y ^{12}C en las moléculas de dióxido de carbono de nuestra atmósfera tiene un valor constante de aproximadamente 1.3×10^{-12}. Todos los organismos vivientes tienen esta misma proporción de ^{14}C a ^{12}C debido a que continuamente intercambian dióxido de carbono con sus alrededores. Sin embargo, cuando un organismo muere ya no absorbe ^{14}C de la atmósfera, por lo que la proporción $^{14}C/^{12}C$ disminuye como consecuencia del decaimiento delta del ^{14}C, el cual tiene una vida media de 5 730 años. Es por tanto posible medir la edad de un material al registrar su actividad por unidad de masa provocada por el decaimiento de ^{14}C. Empleando esta técnica, los científicos han podido identificar muestras de madera, carbón de leña, huesos y caparazones que vivieron hace 1 000 a 25 000 años. Este conocimiento nos ha ayudado a reconstruir la historia de los organismos vivos —incluso los humanos— durante este intervalo de tiempo.

Un ejemplo particularmente interesante es el fechamiento de los Pergaminos del Mar Muerto. Este grupo de manuscritos fue descubierto por un pastor en 1947. La traducción mostró que eran documentos religiosos, que incluían la mayor parte de los libros del Viejo Testamento. Debido a su importancia histórica y religiosa, los eruditos querían conocer su edad. El fechamiento de carbono aplicado al material en el cual estaban enrollados estableció su edad en aproximadamente 1 950 años.

EJEMPLO CONCEPTUAL 45.9 La edad del hombre de hielo

En 1991, un turista alemán descubrió los restos bien preservados del hombre de las nieves atrapado en un glaciar en los Alpes italianos. El fechamiento radiactivo de una muestra del hombre de hielo reveló una edad de 5 300 años. ¿Por qué los científicos fecharon la muestra usando el isótopo ^{14}C, en lugar del ^{11}C, un emisor beta con una vida media de 20.4 min?

Razonamiento El ^{14}C tiene una larga vida media de 5 730 años, por lo que la fracción de núcleos de ^{14}C restantes después de una vida media es suficientemente amplia para medir cambios exactos en la actividad de la muestra. El isótopo ^{11}C, el cual tiene una vida media muy corta, no es útil debido a que su actividad disminuye hasta un valor pequeño que casi se desvanece respecto de la edad de la muestra, haciendo imposible registrarla.

Si la muestra que se va a fechar no es muy antigua, digamos alrededor de 50 años, uno debe seleccionar entonces el isótopo de algún otro elemento cuya vida media es comparable con la edad de la muestra. Por ejemplo, si la muestra contenía hidrógeno, es posible medir la actividad de ^{3}H (tritio), un emisor beta de vida media de 12.3 años. Como regla general, la edad esperada de la muestra debe ser lo suficientemente grande para medir un cambio en la actividad, pero no demasiado como para que su actividad no pueda detectarse.

El hombre de las nieves, descubierto en 1991 cuando un glaciar italiano se fundió lo suficiente para exponer sus restos. Sus pertenencias, particularmente sus herramientas, han podido brindar indicios de la manera en que la gente vivía en la Edad de Bronce. El fechamiento con carbono 14 fue utilizado por los arqueólogos para determinar el marco de tiempo de su descubrimiento. *(Paul Hanny/Gamma Liaison)*

EJEMPLO 45.10 Fechamiento radiactivo

Un pedazo de 25.0 g de carbón de leña se encuentra en algunas ruinas de una ciudad antigua. La muestra indica una actividad de 250 decaimientos/min del ^{14}C. ¿Cuánto tiempo tiene de haber muerto el árbol del cual proviene este carbón de leña?

Solución Primero, calculemos la constante de decaimiento del ^{14}C, el cual tiene una vida media de 5 730 años.

$$\lambda = \frac{0.693}{T_{1/2}} = \frac{0.693}{(5\ 730\ \text{años})\ (3.16 \times 10^7\ \text{s/años})}$$
$$= 3.83 \times 10^{-12}\ \text{s}^{-1}$$

El número de núcleos de ^{14}C puede calcularse en dos pasos. En primer lugar, el número de núcleos de ^{12}C en 25.0 g de carbón es

$$N(^{12}\text{C}) = \frac{6.02 \times 10^{23}\ \text{núcleos/mol}}{12.0\ \text{g/mol}}\ (25.0\ \text{g})$$
$$= 1.26 \times 10^{24}\ \text{núcleos}$$

Sabiendo que la proporción entre el ^{14}C y ^{12}C en la muestra viva era de 1.3×10^{-12}, vemos que el número de núcleos de ^{14}C en 25.0 g *antes* del decaimiento es

$$N_0(^{14}\text{C}) = (1.3 \times 10^{-12})\ (1.26 \times 10^{24}) = 1.6 \times 10^{12}\ \text{núcleos}$$

Por lo tanto, la actividad inicial de la muestra es

$$R_0 = N_0\lambda = (1.6 \times 10^{12}\ \text{núcleos})\ (3.83 \times 10^{-12}\ \text{s}^{-1})$$
$$= 6.13\ \text{decaimientos/s} = 3.70\ \text{decaimientos/min}$$

Podemos calcular ahora la edad del carbón de leña utilizando la ecuación 45.8, la cual relaciona la actividad R a cualquier tiempo t con la actividad inicial R_0:

$$R = R_0 e^{-\lambda t} \quad \text{o} \quad e^{-\lambda t} = \frac{R}{R_0}$$

Debido a que se indica que $R = 250$ decaimientos/min y en virtud de que encontramos que $R_0 = 370$ decaimientos/min, podemos calcular t tomando el logaritmo natural en ambos lados de la última ecuación:

$$-\lambda t = \ln\left(\frac{R}{R_0}\right) = \ln\left(\frac{250}{370}\right) = -0.39$$

$$t = \frac{0.39}{\lambda} = \frac{0.39}{3.84 \times 10^{-12}\ \text{s}^{-1}}$$

$$= 1.0 \times 10^{11}\ \text{s} = \boxed{3.2 \times 10^3\ \text{años}}$$

Decaimiento gama

Muy a menudo, un núcleo que sufre decaimiento radiactivo se deja en un estado de energía excitado. El núcleo puede sufrir después un segundo decaimiento hasta un estado de energía inferior, tal vez hasta el estado base, emitiendo un fotón de alta energía:

$$_{Z}^{A}\text{X}^* \longrightarrow _{Z}^{A}\text{X} + \gamma \tag{45.21}$$

Decaimiento gama

donde X* indica un núcleo en un estado excitado. La vida media común de un estado nuclear excitado es de 10^{-10} s. Los fotones emitidos en un proceso de desexcitación de este tipo reciben el nombre de rayos gama. Estos fotones tienen muy alta energía (en el intervalo de 1 MeV a 1 GeV) con relación a la energía de la luz visible (alrededor de 1 eV). Recuerde que la energía de los fotones emitidos (o absorbidos) por un átomo es igual a la diferencia de energía entre los dos estados electrónicos implicados en la transición. De modo similar, un fotón de rayos gama tiene una energía hf que es igual a la diferencia de energía ΔE entre dos niveles de energía nuclear. Cuando un núcleo decae emitiendo un rayo gama, el núcleo no cambia, salvo por el hecho de que termina en un estado de energía inferior.

Un núcleo puede alcanzar un estado excitado como consecuencia de una violenta colisión con otra partícula. Sin embargo, es más común que un núcleo esté en un estado excitado después de que ha sufrido un decaimiento alfa o beta previo. La siguiente secuencia de eventos representa una situación típica en la cual ocurre el decaimiento gama:

$$_{5}^{12}\text{B} \longrightarrow _{6}^{12}\text{C}^* + _{-1}^{0}\text{e} + \bar{\nu} \tag{45.22}$$

$$_{6}^{12}\text{C}^* \longrightarrow _{6}^{12}\text{C} + \gamma \tag{45.23}$$

La figura 45.19 muestra el esquema del decaimiento para el ^{12}B, el cual sufre un decaimiento beta hacia cualquiera de dos niveles de ^{12}C. Puede 1) decaer directamente hasta el estado base del ^{12}C emitiendo un electrón de 13.4 MeV, o 2) experimentar un decaimiento β^- hasta un estado excitado de ^{12}C* seguido por un decaimiento gama hasta el estado base. Este último proceso produce la emisión de un electrón de 9.0 MeV y de un fotón de 4.4 MeV.

Los diversos caminos por medio de los cuales los núcleos radiactivos pueden experimentar decaimiento se resumen en la tabla 45.3.

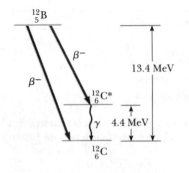

FIGURA 45.19 El núcleo ^{12}B sufre decaimiento β^- hasta dos niveles de ^{12}C. El decaimiento hasta el nivel excitado, ^{12}C*, es seguido por un decaimiento gama hasta el estado base.

TABLA 45.3　Diversos caminos de decaimiento

Decaimiento alfa	$_{Z}^{A}\text{X} \rightarrow _{Z-2}^{A-4}\text{X} + _{2}^{4}\text{He}$
Decaimiento beta (β^-)	$_{Z}^{A}\text{X} \rightarrow _{Z+1}^{A}\text{X} + \beta^- + \nu-$
Decaimiento beta (β^+)	$_{Z}^{A}\text{X} \rightarrow _{Z-1}^{A}\text{X} + \beta^+ + \nu$
Captura del electrón	$_{Z}^{A}\text{X} + _{-1}^{0}\text{e} \rightarrow _{Z-1}^{A}\text{X} + \nu$
Decaimiento gama	$_{Z}^{A}\text{X}^* \rightarrow _{Z}^{A}\text{X} + \gamma$

45.7 RADIACTIVIDAD NATURAL

Los núcleos radiactivos por lo general se clasifican en dos grupos: 1) Núcleos inestables encontrados en la naturaleza, los cuales dan lugar a lo que se conoce como **radiactividad natural**, y 2) núcleos producidos en el laboratorio por medio de reacciones nucleares, los cuales presentan **radiactividad artificial**.

Hay tres series de núcleos radiactivos que ocurren naturalmente (tabla 45.4). Cada serie empieza con un isótopo radiactivo de larga vida específico cuya vida media es mayor que cualquiera de las de sus descendentes. Las tres series naturales empiezan con los isótopos ^{238}U, ^{235}U y ^{232}Th, y los correspondientes productos finales estables son tres isótopos del plomo: ^{206}Pb, ^{207}Pb y ^{208}Pb. La cuarta serie en la tabla 45.4 empieza con el ^{237}Np y tiene como su producto final estable al ^{209}Bi. El elemento ^{237}Np es transuránico (uno que tiene un número atómico mayor que el del uranio (no encontrado en la naturaleza). Este elemento tiene una vida media de "sólo" 2.14×10^6 años.

La figura 45.20 muestra los decaimientos sucesivos para la serie del ^{232}Th. Observe que el ^{232}Th experimenta primero decaimiento alfa hasta el ^{228}Ra. Luego, el ^{228}Ra experimenta dos decaimientos (β) sucesivos hasta el ^{228}Th. La serie continúa y finalmente se ramifica cuando llega al ^{212}Bi. En este punto, hay dos posibilidades de decaimiento. El final de la serie de decaimiento es el isótopo estable ^{208}Pb. La secuencia de decaimiento completa ilustrada en la figura 45.20 puede caracterizarse por una disminución en el número de masa ya sea de 4 (para decaimientos alfa) o de 0 (para decaimientos beta o gama).

Las dos series del uranio son un poco más complejas que la serie del ^{232}Th. Además, hay varios isótopos radiactivos que ocurren naturalmente, como el ^{14}C y el ^{40}K, que no son parte de ninguna de las series de decaimiento.

La existencia de series radiactivas en la naturaleza permite que nuestro ambiente se surta constantemente con elementos radiactivos que de otro modo habrían desaparecido hace mucho. Por ejemplo, debido a que el Sistema Solar tiene aproximadamente 5×10^9 años de edad, el suministro de ^{226}Ra (cuya vida media es de sólo 1 600 años) se habría agotado por decaimiento radiactivo hace mucho si no fuera por las series de decaimiento que empiezan con el ^{238}U.

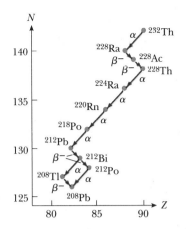

FIGURA 45.20 Decaimientos sucesivos de la serie del ^{232}Th.

45.8 REACCIONES NUCLEARES

Es posible cambiar la estructura de los núcleos bombardeándolos con partículas energéticas. Estos choques, los cuales cambian la identidad del núcleo blanco, se conocen como **reacciones nucleares**. Rutherford fue el primero en observarlas en 1919, empleando fuentes radiactivas que ocurren naturalmente para las partículas bombardeantes. Desde entonces, cientos de reacciones nucleares se han observado después del desarrollo de los aceleradores de partículas cargadas en los años 30. Con la tecnología avanzada actual en aceleradores de partículas y detectores de partículas es posible alcanzar energías de partícula de al menos 1 000 GeV = 1 TeV. Estas

TABLA 45.4 Las cuatro series radiactivas

Series		Isótopo inicial	Vida media (años)	Producto final estable
Uranio	⎫	$^{238}_{92}U$	4.47×10^9	$^{206}_{82}Pb$
Actinio	⎬ Natural	$^{235}_{92}U$	7.04×10^8	$^{207}_{82}Pb$
Torio	⎭	$^{232}_{90}Th$	1.41×10^{10}	$^{208}_{82}Pb$
Neptunio		$^{237}_{93}Np$	2.14×10^6	$^{209}_{83}Bi$

partículas de alta energía se usan para crear nuevas partículas cuyas propiedades ayudan a resolver el misterio del núcleo.

Considere una reacción en la cual un núcleo blanco X es bombardeado por una partícula a, dando como resultado un núcleo Y y una partícula b:

Reacción nuclear

$$a + X \longrightarrow Y + b \tag{45.24}$$

Algunas veces esta reacción se escribe en la forma más compacta

$$X(a, b)\ Y$$

En la sección anterior, el valor Q, o energía de desintegración, de un decaimiento radiactivo se definió como la energía liberada como consecuencia del proceso de decaimiento. De igual modo, definimos la **energía de reacción** Q asociada a una reacción nuclear como *la energía total liberada como resultado de la reacción*. De manera más específica, Q se define como

Energía de reacción Q

$$Q = (M_a + M_X - M_Y - M_b)\ c^2 \tag{45.25}$$

Como un ejemplo, considere la reacción $^7\text{Li}(p, \alpha)^4\text{He}$, o

$$^1_1\text{H} + {^7_3}\text{Li} \longrightarrow {^4_2}\text{He} + {^4_2}\text{He}$$

Reacción exotérmica

la cual tiene un valor Q de 17.3 MeV. Una reacción de este tipo para la cual Q es positiva, se llama **exotérmica**. Una reacción endotérmica es aquélla en la cual la pérdida de energía del sistema se equilibra mediante un aumento de la energía cinética de las partículas finales. Una reacción para la cual Q es negativa recibe el nombre de **endotérmica**. Una reacción endotérmica no ocurre a menos que la partícula bombardeante tenga una energía cinética mayor que Q. La energía mínima necesaria para que una reacción de este tipo ocurra se denomina **energía umbral**.

Reacción endotérmica

Energía de umbral

Las reacciones nucleares deben obedecer la ley de la conservación del momento lineal. Esto supone que la única fuerza que actúa sobre las partículas interactuantes es su fuerza mutua de interacción; es decir, no hay campos eléctricos acelerantes externos presentes cerca de las partículas que chocan. Si ocurre una reacción nuclear en la cual las partículas a y b son idénticas, de manera que X y Y son también necesariamente idénticas, la reacción se denomina un evento de dispersión. Si la energía cinética es una constante como un resultado de la reacción (esto es, si $Q = 0$), ésta se clasifica como dispersión elástica. Por otro lado, si $Q \neq 0$, la energía cinética no es constante y la reacción se denomina dispersión inelástica. Esta terminología es idéntica a la empleada al trabajar con la colisión entre objetos macroscópicos (sección 9.4).

Una lista de los valores de Q medidos para varias reacciones nucleares que incluyen núcleos ligeros se presenta en la tabla 45.5.

Además de la energía y el momento, la carga total y el número total de nucleones debe conservarse en cualquier reacción nuclear. Por ejemplo, considere la reacción $^{19}\text{F}(p, \alpha)^{16}\text{O}$, la cual tiene un valor Q de 8.124 MeV. Podemos mostrar esta reacción de manera más completa como

$$^1_1\text{H} + {^{19}_9}\text{F} \longrightarrow {^{16}_8}\text{O} + {^4_2}\text{He}$$

Vemos que el número total de nucleones antes de la reacción $(1 + 19 = 20)$ es igual al número total después de la reacción $(16 + 4 = 20)$. Además, la carga total $(Z = 10)$ es la misma antes y después de la reacción.

TABLA 45.5 Valores *Q* de reacciones nucleares que implican núcleos ligeros

Reacción[a]	Valor *Q* medido (MeV)
^{2}H(n, γ)^{3}H	6.257 ± 0.004
^{2}H(d, p)^{3}H	4.032 ± 0.004
^{6}Li(p, α)^{3}He	4.016 ± 0.005
^{6}Li(d, p)^{7}Li	5.020 ± 0.006
^{7}Li(p, n)^{7}Be	-1.645 ± 0.001
^{7}Li(p, α)^{4}He	17.337 ± 0.007
^{9}Be(n, γ)^{10}Be	6.810 ± 0.006
^{9}Be(γ, n)^{8}Be	-1.666 ± 0.002
^{9}Be(d, p)^{10}Be	4.585 ± 0.005
^{9}Be(p, α)^{6}Li	2.132 ± 0.006
^{10}B(n, α)^{7}Li	2.793 ± 0.003
^{10}B(p, α)^{7}Be	1.148 ± 0.003
^{12}C(n, γ)^{13}C	4.948 ± 0.004
^{13}C(p, n)^{13}N	-3.003 ± 0.002
^{14}N(n, p)^{14}C	0.627 ± 0.001
^{14}N(n, γ)^{15}N	10.833 ± 0.007
^{18}O(p, n)^{18}F	-2.453 ± 0.002
^{19}F(p, α)^{16}O	8.124 ± 0.007

De C. W. Li, W. Whaling, W. A. Fowler y C. C. Lauritsen, *Physical Review* 83:512 (1951).
[a] Los símbolos n, p, d, α y γ denotan al neutrón, protón, deuterón, partícula alfa y fotón, respectivamente.

RESUMEN

Una especie nuclear puede representarse por medio de $^A_Z X$, donde *A* es el **número de masa**, el cual es igual al número total de nucleones, y *Z* es el **número atómico**, que corresponde al número total de protones. El número total de neutrones en un núcleo es el **número de neutrones** *N*, donde $A = N + Z$. Los elementos con el mismo *Z* pero diferentes valores de *A* y *N* son **isótopos** del mismo elemento.

Suponiendo que los núcleos son esféricos, su radio está dado por

$$r = r_0 A^{1/3} \tag{45.1}$$

donde $r_0 = 1.2$ fm.

Los núcleos son estables debido a la **fuerza nuclear** entre nucleones. Esta fuerza de corto alcance supera a la fuerza repulsiva de Coulomb a distancias aproximadamente menores que 2 fm y es casi independiente de la carga. Los núcleos ligeros son más estables cuando el número de protones es igual al número de neutrones. Los núcleos pesados son más estables cuando el número de neutrones es mayor que el número de protones. Además, la mayor parte de los núcleos estables tienen valores de *Z* y *N* que son pares.

Los núcleos tienen un momento angular de espín intrínseco de magnitud $\sqrt{I(I+1)}\hbar$, donde *I* es el **número cuántico de espín nuclear**. El momento magnético de un núcleo se mide en términos del **magnetón nuclear** μ_n, donde

$$\mu_n \equiv \frac{e\hbar}{2m_p} = 5.05 \times 10^{-27} \, \text{J/T} \tag{45.3}$$

Cuando un momento nuclear se pone en un campo magnético externo, precede alrededor del campo con una frecuencia que es proporcional al mismo.

La diferencia entre la masa de los nucleones separados y la del núcleo compuesto que contiene a estos nucleones, cuando se multiplica por c^2, da la **energía de enlace** E_e del núcleo: $E_e = \Delta m c^2$. Podemos calcular la energía de enlace de cualquier núcleo de masa M_A empleando la expresión:

$$E_e(\text{MeV}) = (Zm_p + Nm_n - M_A) \times 931.494 \text{ MeV/u} \qquad (45.4)$$

donde m_p es la masa del protón y m_n es la masa del neutrón.

El **modelo de la gota líquida** de la estructura nuclear considera a los nucleones como moléculas en una gota de líquido. Las tres principales contribuciones que influyen en la energía de enlace son el efecto de volumen, el efecto de superficie y la repulsión de Coulomb. La suma de tales contribuciones origina la **fórmula de energía de enlace semiempírica**:

$$E_e = C_1 A - C_2 A^{2/3} - C_3 \frac{Z(Z-1)}{A^{1/3}} - C_4 \frac{(N-Z)^2}{A} \qquad (45.5)$$

El **modelo de partícula independiente** supone que cada nucleón se mueve en una órbita cuantizada bien definida dentro del núcleo. La estabilidad de ciertos núcleos puede explicarse con este modelo.

Una sustancia radiactiva decae por medio de decaimiento alfa, beta o gama. Una partícula alfa es el núcleo ^{4}He; una partícula beta es un electrón (β^-) o un positrón (β^+); una partícula gama es un fotón de alta energía.

Si un material radiactivo contiene N_0 núcleos radiactivos en $T = 0$, el número N de núcleos que quedan después de que ha transcurrido el tiempo t es

$$N = N_0 e^{-\lambda t} \qquad (45.7)$$

donde λ es la **constante de decaimiento**, un número igual a la probabilidad por segundo de que un núcleo decaerá. La **tasa de decaimiento**, o **actividad**, de una sustancia radiactiva es

$$R = \left| \frac{dN}{dt} \right| = R_0 e^{-\lambda t} \qquad (45.8)$$

donde $R_0 = N_0 \lambda$ es la actividad o número de decaimientos por segundo en $t = 0$. La **vida media** $T_{1/2}$ se define como el tiempo que se requiere para que la mitad de un número dado de núcleos radiactivos decaiga, donde

$$T_{1/2} = \frac{0.693}{\lambda} \qquad (45.9)$$

Puede ocurrir decaimiento alfa debido a que algunos núcleos tienen barreras a través de las cuales las partículas alfa pueden realizar tunelaje (efecto túnel). Este proceso es energéticamente más favorable para aquellos núcleos que tienen un gran excedente de neutrones. Un núcleo que sufre decaimiento beta emite un electrón (β^-) y un antineutrino ($\bar{v}$) o un positrón (β^+) y un neutrino (v). En la captura del electrón, el núcleo de un átomo absorbe uno de sus propios electrones y emite un neutrino. En el decaimiento gama, un núcleo en un estado excitado decae hasta su estado base y emite un rayo gama (fotón).

Las **reacciones nucleares** pueden ocurrir cuando un núcleo X es bombardeado por una partícula a, lo que produce un núcleo Y y una partícula b:

$$\text{a} + \text{X} \longrightarrow \text{Y} + \text{b} \qquad \text{o} \qquad \text{X}(\text{a, b})\text{Y} \qquad (45.24)$$

La energía liberada en una reacción de este tipo, llamada la **energía de reacción** Q, es

$$Q = (M_a + M_X - M_Y - M_b) c^2 \qquad (45.25)$$

PREGUNTAS

1. ¿Por qué los núcleos pesados son inestables?
2. Un protón precede con una frecuencia ω_p en presencia de un campo magnético. Si la intensidad del campo magnético se duplica, ¿qué ocurre con la frecuencia de precesión?
3. Explique por qué los núcleos que están muy afuera de la línea de estabilidad en la figura 45.3 tienden a ser inestables.
4. ¿Por qué casi todos los isótopos que ocurren naturalmente se encuentran sobre la línea $N = Z$ en la figura 45.3?
5. Considere dos núcleos pesados X y Y que tienen números de masa similares. Si X tiene la energía de enlace más alta, ¿cuál de los núcleos tiende a ser más inestable?
6. Analice las diferencias entre el modelo de la gota líquida y el modelo de partícula independiente del núcleo.
7. ¿Cuántos valores de I_z son posibles para $I = 5/2$? ¿Para $I = 3$?
8. En una resonancia magnética nuclear, ¿cómo el aumento del campo magnético cambia la frecuencia del campo de ca que excita una transición particular?
9. ¿De entre los modelos de la gota líquida o de partícula independiente, cuál sería más apropiado para predecir el comportamiento de un núcleo en una reacción de fisión? ¿Cuál sería el más exitoso en la predicción del momento magnético de un núcleo determinado? ¿Cuál podría explicar mejor el espectro de rayos γ de un núcleo excitado?
10. Si un núcleo tiene una vida media de un año, ¿esto significa que decaerá completamente después de dos años? Explique.
11. ¿Qué fracción de una muestra radiactiva ha caído después de que han transcurrido dos vidas medias?
12. Se preparan dos muestras de los mismos núclidos radiactivos. La muestra A tiene dos veces la actividad inicial de la muestra B. ¿Cómo se compara la vida media de A con la vida media de B? Después de que cada una ha pasado cinco vidas medias, ¿cuál es la proporción de sus actividades?
13. Explique por qué las vidas medias de núcleos radiactivos son esencialmente independientes de la temperatura.
14. El núcleo radiactivo $^{226}_{88}$Ra tiene una vida media de aproximadamente 1.6×10^3 años. En vista de que el Sistema Solar tiene una edad de casi 5 mil millones de años, ¿por qué seguimos encontrando este núcleo en la naturaleza?
15. ¿Por qué el electrón está implicado en la reacción

$$^{14}_{6}\text{C} \longrightarrow \, ^{14}_{7}\text{N} + \beta^-$$

escrito como (β^-), en tanto que el electrón implicado en la reacción

$$^{7}_{4}\text{Be} + \, _{-1}^{0}e \longrightarrow \, ^{7}_{3}\text{Li} + \nu$$

se escribe como $_{-1}^{0}e$?

16. Un neutrón libre sufre decaimiento beta con una vida media de aproximadamente 15 min. ¿Puede un protón libre sufrir un decaimiento similar?
17. Explique cómo puede usted fechar con carbono la edad de una muestra.
18. ¿Cuál es la diferencia entre un neutrino y un fotón?
19. ¿La Q en la ecuación 45.25 representa la cantidad (masa final-masa inicial) c^2 o representa la cantidad (masa inicial - masa final) c^2?
20. Emplee las ecuaciones de la 45.17 a la 45.19 para explicar por qué el neutrino debe tener un espín de $\frac{1}{2}$.
21. Si un núcleo como ^{226}Ra inicialmente en reposo sufre decaimiento alfa, ¿cuál tiene más energía cinética después del decaimiento, la partícula alfa o el núcleo hijo?
22. ¿Puede un núcleo emitir partículas alfa que tengan diferentes energías? Explique.
23. Explique por qué muchos núcleos pesados sufren decaimiento alfa pero no emiten espontáneamente neutrones o protones.
24. Si una partícula alfa y un electrón tienen la misma energía cinética, ¿cuál sufre la mayor desviación cuando pasa a través de un campo magnético?
25. Si una película se mantiene en una caja de madera, las partículas alfa de una fuente radiactiva fuera de la caja no pueden velar la película pero las partículas beta sí pueden hacerlo. Explique.
26. Tome cualquier proceso de decaimiento beta y muestre que el neutrino debe tener carga cero.
27. Suponga que podría demostrarse que la intensidad de los rayos cósmicos en la superficie de la Tierra era mucho mayor hace 10 000 años. ¿Cómo afectaría esta diferencia lo que nosotros aceptamos como valores válidos de fechamiento de carbono de la edad de muestras antiguas de materia alguna vez viva?
28. ¿Por qué el fechamiento de carbono es capaz de brindar estimaciones precisas de material muy viejo?
29. El elemento X tiene varios isótopos. ¿Qué tienen estos isótopos en común? ¿En qué difieren?
30. Explique las principales diferencias entre rayos alfa, beta y gama.
31. ¿Cuántos protones hay en el núcleo de $^{222}_{86}$Rn? ¿Cuántos neutrones? ¿Cuántos electrones orbitales hay en el átomo neutro?

PROBLEMAS

La tabla 45.6 será útil en muchos de estos problemas. Una lista más completa de masas atómicas se brinda en la tabla A.3 en el apéndice A.

Sección 45.1 Algunas propiedades de los núcleos

1. Encuentre el radio de a) un núcleo de $^{4}_{2}$He, y b) un núcleo de $^{238}_{92}$U. c) ¿Cuál es la proporción de estos radios?

☐ Indica problemas que tienen soluciones completas disponibles en el *Manual de soluciones del estudiante* y en la *Guía de estudio*.

TABLA 45.6 Algunas masas atómicas

Elemento	Masa atómica (u)	Elemento	Masa atómica (u)
$^{4}_{2}$He	4.002 603	$^{27}_{13}$Al	26.981 541
$^{7}_{3}$Li	7.016 004	$^{30}_{15}$P	29.978 310
$^{9}_{4}$Be	9.012 182	$^{40}_{20}$Ca	39.962 591
$^{10}_{5}$B	10.012 938	$^{42}_{20}$Ca	41.958 63
$^{12}_{6}$C	12.000 000	$^{43}_{20}$Ca	42.958 770
$^{13}_{6}$C	13.003 355	$^{56}_{26}$Fe	55.934 939
$^{14}_{7}$N	14.003 074	$^{64}_{30}$Zn	63.929 145
$^{15}_{7}$N	15.000 109	$^{64}_{29}$Cu	63.929 599
$^{15}_{8}$O	15.003 065	$^{93}_{41}$Nb	92.906 378
$^{17}_{8}$O	16.999 131	$^{197}_{79}$Au	196.966 560
$^{18}_{8}$O	17.999 159	$^{202}_{80}$Hg	201.970 632
$^{18}_{9}$F	18.000 937	$^{216}_{84}$Po	216.001 790
$^{20}_{10}$Ne	19.992 439	$^{220}_{86}$Rn	220.011 401
$^{23}_{11}$Na	22.989 770	$^{234}_{90}$Th	234.043 583
$^{23}_{12}$Mg	22.994 127	$^{238}_{92}$U	238.050 786

2. Construya un diagrama como el de la figura 45.4 para el caso en el que I es igual a a) $5/2$ y b) 4.

3. El núcleo comprimido de una estrella formado en la estela de una explosión de una supernova puede estar compuesto de material nuclear puro y recibe el nombre de pulsar o estrella de neutrones. Calcule la masa de 10 cm³ de un pulsar.

4. Carbono simplemente ionizado se acelera a través de 1 000 V y pasa al interior de un espectrómetro de masas para determinar los isótopos presentes (vea el capítulo 29). La intensidad del campo magnético en el espectrómetro es 0.200 T. a) Determine los radios de los isótopos ^{12}C y ^{13}C cuando pasan a través del campo. b) Muestre que la proporción de los radios puede escribirse en la forma

$$\frac{r_1}{r_2} = \sqrt{\frac{m_1}{m_2}}$$

y verifique que sus radios del inciso a) concuerdan con esto.

5. De acuerdo con tabla A.3, identifique los núcleos estables que corresponden a los números mágicos dados por la ecuación 45.2.

6. Considere al átomo de hidrógeno como una esfera de radio igual al radio de Bohr, a_0, y calcule el valor aproximado de la proporción densidad nuclear: densidad atómica.

7. La unidad de masa atómica es exactamente $\frac{1}{12}$ de la masa de un átomo de ^{12}C. Antes de 1961, había dos unidades de uso general:

u (escala física) = $\frac{1}{16}$ de la masa del ^{16}O

u (escala química) = $\frac{1}{16}$ de la masa promedio del oxígeno tomando en cuenta las abundancias isotópicas relativas

Calcule la diferencia porcentual entre la unidad de masa atómica en la escala presente y la escala física antigua. Emplee valores de masas atómicas de la tabla A.3.

8. Para los núcleos estables en la tabla A.3, identifique el número de núcleos estables con Z par, N par; Z par, N impar; Z impar, N par; y Z impar, N impar.

9. Se cree que ciertas estrellas al final de sus vidas se colapsan, combinando sus protones y electrones para formar una estrella de neutrones. Dicha estrella podría considerarse como un núcleo atómico gigantesco. Si una estrella de masa igual a la del Sol ($M = 1.99 \times 10^{30}$ kg) se colapsa en neutrones ($m_n = 1.67 \times 10^{-27}$ kg), ¿cuál sería el radio? (*Sugerencia:* $r = r_0 A^{1/3}$.)

10. La frecuencia de precesión de Larmor es

$$\omega_p = \frac{\Delta E}{\hbar} = \frac{2\mu B}{\hbar}$$

Calcule la frecuencia de ondas de radio a la cual ocurrirá absorción de resonancia para a) neutrones libres en un campo magnético de 1.00 T, b) protones libres en un campo magnético de 1.00 T, y c) protones libres en el campo magnético terrestre en un punto donde la intensidad de campo es de 50.0 μT.

11. En un experimento de dispersión de Rutherford se disparan partículas alfa que tienen energía cinética de 7.7 MeV hacia un núcleo de oro. a) Emplee la fórmula del libro para determinar la distancia de máxima aproximación entre la partícula alfa y el núcleo de oro. b) Calcule la longitud de onda de De Broglie para las partículas alfa de 7.7 MeV y compárela con la distancia obtenida en el inciso a). c) Con base en esta comparación, ¿por qué es más adecuado tratar a la partícula alfa como una partícula y no como una onda en el experimento de dispersión de Rutherford?

12. ¿Cuánta energía cinética debe tener una partícula alfa (carga = $2 \times 1.6 \times 10^{-19}$ C) para acercarse hasta 1.0×10^{14} m de un núcleo de oro (carga = $79 \times 1.6 \times 10^{-19}$ C)?

13. a) Emplee métodos de energía para calcular la distancia de máxima aproximación de un choque frontal entre una partícula alfa que tiene una energía inicial de 0.50 MeV y un núcleo de oro (^{197}Au) en reposo. (Suponga que el núcleo de oro permanece en reposo durante el choque.) b) ¿Qué velocidad inicial mínima debe tener la partícula alfa para conseguir un acercamiento de 300 fm?

Sección 45.3 Energía de enlace y fuerzas nucleares

14. Calcule la energía de enlace por nucleón para a) ^{2}H, b) ^{4}He, c) ^{56}Fe y d) ^{238}U.

15. En el ejemplo 45.3 la energía de enlace del deuterón fue calculada como 2.224 MeV. Esto corresponde a un valor de 1.112 MeV/nucleón. ¿Cuál es la energía de enlace por nucleón del tritio, ^{3}H?

16. La energía requerida para construir una esfera cargada uniformemente de carga total Q y radio R es $U = 3k_eQ^2/5R$, donde k_e es la constante de Coulomb (vea el problema 72). Suponga que un núcleo de ^{40}Ca está compuesto por 20 protones distribuidos de manera uniforme en un volumen esférico. a) ¿Cuánta energía se requiere para contrarrestar la repulsión electrostática dada por la ecuación anterior? (*Sugerencia:* Calcule primero el radio de un núcleo de ^{40}Ca.) b) Calcule la energía de enlace del ^{40}Ca y compárela con el resultado del inciso a). c) Explique por qué el resultado del inciso b) es mayor que el del inciso a).

17. La energía requerida para desintegrar una esfera uniforme de masa total M y radio R está dada por $E = 3GM^2/5R$, donde G es la constante gravitacional. Suponga que un núcleo de calcio ^{40}Ca está compuesto por 20 protones y 20 neutrones (cada uno con una masa de 1.67×10^{-27} kg) distribuida uniformemente en un volumen esférico. a) ¿Cuánta energía se requiere para desmantelar un núcleo de ^{40}Ca? (*Sugerencia:* Calcule primero el radio de un núcleo ^{40}Ca.) b) Calcule la energía de enlace del ^{40}Ca y compárela con el resultado del inciso a). c) Basado en los resultados de los incisos a) y b), ¿por qué la energía potencial gravitacional no corresponde con la energía de enlace del núcleo de ^{40}Ca?

18. Calcule la energía de enlace del último neutrón en un núcleo de $^{16}_8$O.

19. Dos isótopos que tienen el mismo número de masa se conocen como isobaros. Calcule la diferencia en la energía de enlace por nucleón para los isobaros $^{23}_{11}$Na y $^{23}_{12}$Mg. ¿Cómo explica usted la diferencia?

20. El pico de la curva de estabilidad ocurre en el ^{56}Fe. Ésta es la razón por la que el hierro prevalece en el espectro del Sol y las estrellas. Muestre que el ^{56}Fe tiene una energía de enlace superior por nucleón que sus vecinos ^{55}Mn y ^{59}Co.

21. Calcule la energía mínima requerida para quitar un neutrón de un núcleo de $^{43}_{20}$Ca.

22. Un par de núcleos para los cuales $Z_1 = N_2$ y $Z_2 = N_1$ reciben el nombre de isobaros espejo (los números atómicos y de neutrones son intercambiables). Las mediciones de energía de enlace en estos núcleos pueden emplearse para obtener evidencia de la independencia de la carga de las fuerzas nucleares (esto es, las fuerzas protón-protón, protón-neutrón y neutrón-neutrón son aproximadamente iguales). Calcule la diferencia de la energía de enlace para los dos isobaros espejo $^{15}_8$O y $^{15}_7$N.

23. El isótopo $^{139}_{57}$La es estable. Un isobaro radiactivo (vea el problema 19) de este isótopo de lantano, $^{139}_{59}$Pr, se localiza sobre la línea de núcleos estables en la figura 45.3 y decae por medio de emisión β^+. Otro isobaro radiactivo del ^{139}La, el $^{139}_{55}$Cs, decae mediante emisión β^- y se localiza debajo de la línea de núcleos estables en la figura 45.3. a) ¿Cuál de estos tres isobaros tiene la proporción neutrón-protón más alta? b) ¿Cuál tiene la energía de enlace por nucleón mayor? c) ¿Cuál esperaría usted que sea más pesado, el ^{139}Pr o el ^{139}Cs?

Sección 45.4 Modelos nucleares

24. a) En el modelo de la gota líquida de la estructura nuclear, ¿por qué el término del efecto de la superficie $-C_2A^{2/3}$ tiene un signo menos? b) La energía de enlace del núcleo aumenta cuando crece la proporción volumen-superficie. Calcule esta proporción tanto para formas esféricas como cúbicas y explique cuál es más plausible para los núcleos.

25. Empleando la gráfica en la figura 45.9, estime cuánta energía se libera cuando un núcleo de número de masa 200 se divide en dos núcleos cada uno con número de masa 100.

26. Emplee la ecuación 45.5 y los valores dados para las constantes C_1, C_2, C_3 y C_4 para calcular la energía de enlace por nucleón para los isobaros $^{64}_{29}$Cu y $^{64}_{30}$Zn.

27. a) Emplee la ecuación 45.5 para calcular la energía de enlace del $^{56}_{26}$Fe. b) ¿Con qué porcentaje contribuye cada uno de los cuatro términos a la energía de enlace?

Sección 45.5 Radiactividad

28. ¿Cuánto tiempo transcurre antes de que 90.0% de la radiactividad de una muestra de $^{72}_{33}$As desaparezca cuando se mide mediante su actividad? La vida media del $^{72}_{33}$As es de 26 h.

29. Una muestra de material radiactivo contiene 10^{15} átomos y tiene una actividad de 6.00×10^{11} Bq. ¿Cuál es su vida media?

30. La vida media del ioduro radiactivo 131 es de 8 días. Encuentre el número de núcleos de ^{131}I necesarios para producir una muestra que tenga una actividad de 1.00 μCi.

31. Una muestra recién preparada de cierto isótopo radiactivo tiene una actividad de 10 mCi. Después de 4.0 h, su actividad es 8.0 mCi. a) Encuentre la constante de decaimiento y la vida media. b) ¿Cuántos átomos del isótopo estaban contenidos en la muestra recién preparada? c) ¿Cuál es la actividad de la muestra 30 h después?

32. El potasio ordinario de la leche contiene 0.0117% del isótopo radiactivo ^{40}K que tiene una vida media de 1.227×10^9 años. Si usted bebe un vaso de leche (0.25 litros)

un día, ¿cuál es la actividad justo después de que ha terminado de beberla? Suponga que un litro de leche contiene 2.0 g de potasio.

33. Una muestra de roca contiene trazas de ^{238}U, ^{235}U, ^{232}Th, ^{208}Pb, ^{207}Pb y ^{206}Pb. Un análisis cuidadoso muestra que la proporción entre la cantidad de ^{238}U y ^{206}Pb es 1.164. a) A partir de esta información, determine la edad de la roca. b) ¿Cuáles deben ser las proporciones entre el ^{235}U y el ^{207}Pb, y entre el ^{232}Th y el ^{208}Pb de modo que ellos revelaran la misma edad de la roca? Ignore las pequeñas cantidades de productos de decaimiento intermedios en las cadenas de decaimiento. Note que esta forma de fechamiento múltiple produce datos geológicos confiables.

34. Determine la actividad de 1 g de ^{60}Co. La vida media del ^{60}Co es 5.24 años.

35. Una solución almacenada de un laboratorio tiene una actividad inicial debida al ^{24}Na de 2.5 mCi/ml y 10 ml se diluyen (en $t_0 = 0$) en 250 ml. Después de 48 h, una muestra de 5 ml de la solución diluida se monitorea con un contador. ¿Cuál es la actividad medida?

36. Una muestra de material radiactivo pierde 10^{10} átomos por mol cada segundo. ¿Cuánto tiempo es necesario para que decaigan 99% de todos los átomos?

37. El isótopo radiactivo ^{198}Au tiene una vida media de 64.8 h. Una muestra que contiene este isótopo tiene una actividad inicial ($t = 0$) de 40.0 μCi. Calcule el número de núcleos que decaen en el intervalo de tiempo entre $t_1 = 10.0$ h y $t_2 = 12.0$ h.

37A. Un núcleo radiactivo tiene una vida media de $T_{1/2}$. Una muestra que contiene estos núcleos tiene una actividad inicial R_0. Calcule el número de núcleos que decaen en el intervalo de tiempo entre los tiempos t_1 y t_2.

Sección 45.6   Los procesos de decaimiento

38. Identifique el núclido faltante (X):

(a) $X \rightarrow {}^{65}_{28}Ni + \gamma$
(b) $^{215}_{84}Po \rightarrow X + \alpha$
(c) $X \rightarrow {}^{55}_{26}Fe + \beta^+ + \nu$
(d) $^{109}_{48}Cd + X \rightarrow {}^{109}_{47}Ag + \nu$
(e) $^{14}N(\alpha, X)^{17}O$

39. Encuentre la energía liberada en el decaimiento alfa

$$^{238}_{92}U \longrightarrow {}^{234}_{90}Th + {}^4_2He$$

Encontrará útiles los siguientes valores de masa:

$$M(^{238}_{92}U) = 238.050\ 786\ u$$

$$M(^{234}_{90}Th) = 234.043\ 583\ u$$

$$M(^4_2He) = 4.002\ 603\ u$$

40. Un espécimen vivo en equilibrio con la atmósfera contiene un átomo de ^{14}C (vida media = 5 730 años) por cada 7.7×10^{11} átomos de carbono estables. Una muestra arqueológica de madera (celulosa, $C_{12}H_{22}O_{11}$) contiene

21.0 mg de carbono. Cuando la muestra se pone dentro de un contador beta cuya eficiencia de conteo es de 88%, se acumulan 837 conteos en una semana. Suponiendo que el flujo de rayos cósmicos y la atmósfera terrestre no han cambiado de manera apreciable desde que la muestra se formó, encuentre la edad de la muestra.

41. Un núcleo de ^{3}He en un decaimiento beta se transforma en ^{3}H creando un electrón y un antineutrino de acuerdo con la reacción

$$^3_1H \longrightarrow {}^3_2He + \beta^- + \bar{\nu}$$

Emplee la tabla A.3 para determinar la energía total liberada en esta reacción.

42. Calcule la energía liberada en el decaimiento alfa del ^{210}Po.

43. Un núcleo de ^{239}Pu en reposo sufre un decaimiento alfa, quedando un núcleo de ^{235}U en su estado base. Determine la energía cinética de la partícula alfa.

44. Determine cuáles decaimientos pueden ocurrir espontáneamente:

(a) $^{40}_{20}Ca \rightarrow {}^0_1\beta^+ + {}^{40}_{19}K$
(b) $^{98}_{44}Ru \rightarrow {}^4_2He + {}^{94}_{42}Mo$
(c) $^{144}_{60}Nd \rightarrow {}^4_2He + {}^{140}_{58}Ce$

45. Ponga el símbolo del isótopo correcto en cada cuadrado abierto en la figura P45.45.

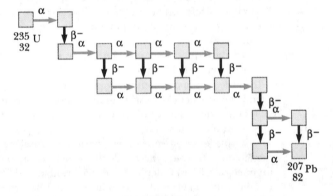

FIGURA P45.45

46. Muestre que el decaimiento β^- del ^{255}Md no puede ocurrir.

47. El núcleo $^{15}_8$O decae mediante captura del electrón. Escriba a) el proceso nuclear básico, y b) el proceso de decaimiento. c) Determine la energía del neutrino. Descarte el retroceso del átomo hijo.

Sección 48.8   Reacciones nucleares

48. La reacción $^9_4Be(\alpha, n)^{12}_6C$ observada por primera vez en 1930 condujo al descubrimiento del neutrón por Chadwick. Calcule el valor Q de esta reacción.

49. La reacción $^{27}_{13}Al(\alpha, n)^{30}_{15}P$ lograda en 1934, es la primera conocida en la cual el núcleo producto es radiactivo. Calcule el valor Q de esta reacción.

50. Determine el valor Q asociado a la fisión espontánea de ^{236}U en los fragmentos ^{90}Rb y ^{143}Cs, los cuales tienen ma-

sas de 89.914 811 u y 142.927 220 u, respectivamente. Las masas de las otras partículas reactivas se brindan en el apéndice A.3.

51. a) Determine la energía de enlace del último neutrón en ^{7}Li. b) Compare este valor con el valor Q de la reacción, ^{6}Li (d, p) ^{7}Li en la tabla 45.5. c) ¿Cómo se compara la diferencia de estos dos valores con la energía de enlace del deuterón?

52. El oro natural sólo tiene un isótopo, $^{197}_{79}$Au. Si se irradia oro natural mediante un flujo de neutrones lentos, se emiten partículas β^-. a) Escriba las ecuaciones de reacción apropiadas. b) Calcule la energía máxima de las partículas beta emitidas. La masa del $^{198}_{80}$Hg es 197.966 75 u.

53. Empleando las reacciones apropiadas y los valores Q de la tabla 45.5 calcule la masa del ^{8}Be y del ^{10}Be en unidades de masa atómica hasta cuatro decimales.

PROBLEMAS ADICIONALES

54. Después de determinar que el Sol ha existido por cientos de millones de años, pero antes del descubrimiento de la física nuclear, los científicos no podían explicar por qué el Sol ha continuado quemándose por un periodo tan largo. [Si se usa un proceso de combustión no nuclear (por ejemplo, carbono), se habría consumido en alrededor de 3 000 años.] Suponga que el Sol, cuya masa es 1.99×10^{30} kg, se compone por completo de hidrógeno y que su salida de potencia es de 3.9×10^{26} W. a) Si el mecanismo de generación del Sol es la transformación de hidrógeno en helio por medio de la reacción,

$$4(^1_1\text{H}) \longrightarrow ^4_2\text{He} + 2\beta^+ + 2\nu + \gamma$$

calcule la energía (en joules) proporcionada por esta reacción. b) Determine cuántos átomos de hidrógeno están disponibles para quemarse. Tome la masa de un átomo de hidrógeno igual a 1.67×10^{-27} kg. c) Suponiendo que la salida de potencia total permanece constante, ¿cuánto tiempo transcurrirá antes de que todo el hidrógeno se convierta en helio, y el Sol muera? d) ¿Por qué son sus resultados más grandes que el tiempo de vida aceptado de aproximadamente 10 000 millones de años?

55. Considere una muestra radiactiva. Determine la proporción entre el número de átomos que han decaído durante la primera mitad de su vida media y el número de átomos que han decaído durante la segunda mitad de su vida media.

56. a) La primera reacción nuclear fue lograda por Rutherford en 1919, quien bombardeó átomos de nitrógeno con partículas alfa emitidas por el isótopo ^{214}Bi:

$$^4_2\text{He} + ^{14}_7\text{N} \longrightarrow ^{17}_8\text{O} + ^1_1\text{H}$$

¿Cuál es el valor Q? b) La primera reacción nuclear utilizando aceleradores de partículas fue efectuada por Cockroft y Walton. Se usaron protones acelerados para bombardear núcleos de litio:

$$^1_1\text{H} + ^7_3\text{Li} \longrightarrow ^4_2\text{He} + ^4_2\text{He}$$

Debido a que las masas de las partículas implicadas en la reacción eran bien conocidas, estos resultados se emplearon para obtener una de las primeras pruebas de la relación masa-energía de Einstein. Calcule el valor Q de la reacción.

57. a) Un método de producción de neutrones para uso experimental consiste en bombardear núcleos ligeros con partículas alfa. En un arreglo particular, partículas alfa emitidas por polonio inciden sobre núcleos de berilio:

$$^4_2\text{He} + ^9_4\text{Be} \longrightarrow ^{12}_6\text{C} + ^1_0\text{n}$$

¿Cuál es el valor Q? b) Los neutrones también se producen a menudo por medio de pequeños aceleradores de partículas. En un diseño, deuterones aceleradores en un generador Van de Graaf bombardean a otros núcleos de deuterio:

$$^2_1\text{H} + ^2_1\text{H} \longrightarrow ^3_2\text{He} + ^1_0\text{n}$$

¿La reacción es exotérmica o endotérmica? Calcule su valor Q.

58. La actividad de una muestra radiactiva se midió durante 12 h, con las siguientes tasas de conteo netas:

Tiempo (h)	Tasa de conteo (conteos/min)
1	3 100
2	2 450
4	1 480
6	910
8	545
10	330
12	200

a) Dibuje la curva de actividad en papel semilog. b) Determine la constante de desintegración y la vida media de los núcleos radiactivos en la muestra. c) ¿Qué tasa de conteo esperaría usted para la muestra en $t = 0$? d) Suponiendo la eficiencia del instrumento de conteo igual a 10%, calcule el número de átomos radiactivos en la muestra en $t = 0$.

59. Un subproducto de algunos reactores de fusión es el isótopo $^{239}_{94}$Pu, un emisor alfa que tiene una vida media de 24 000 años:

$$^{239}_{94}\text{Pu} \longrightarrow ^{235}_{92}\text{U} + \alpha$$

Considere una muestra de 1 kg de $^{239}_{94}$Pu puro en $t = 0$. Calcule a) el número de núcleos de $^{239}_{94}$Pu presentes en $t = 0$, y b) la actividad inicial en la muestra. c) ¿Cuánto tiempo tiene que almacenarse la muestra si un nivel de actividad "seguro" es 0.1 Bq?

60. Se sabe que un pedazo de 25 g de carbón de leña tiene cerca de 25 000 años de edad. a) Determine el número de decaimientos por minuto esperados de esta muestra. b) Si el fondo radiactivo en el contador sin una muestra es de 20 conteos/min y suponemos una eficiencia de 100% en el conteo, explique por qué 25 000 años está cerca del límite de fechamiento con esta técnica.

61. Un gran reactor nuclear de potencia produce cerca de 3 000 MW de potencia térmica en su núcleo. Tres meses después de que un reactor se apaga, la potencia del núcleo de los subproductos radiactivos es de 10 MW. Suponiendo que cada emisión entrega 1.0 MeV de energía a la potencia térmica, estime la actividad en becquerels tres meses después de que el reactor se apaga.

62. En un pedazo de roca de la Luna, la constante del ^{87}Rb se estima en 1.82×10^{10} átomos por gramo de material, y el contenido de ^{87}Sr se encuentra igual a 1.07×10^{9} átomos por gramo. a) Determine la edad de la roca. b) ¿Podría el material en la roca realmente ser mucho más viejo? ¿Qué suposición está implícita al usar el método de fechamiento radiactivo? (El decaimiento relevante es ^{87}Rb $\rightarrow$ ^{87}Sr $+ e^-$. La vida media del decaimiento es 4.8×10^{10} años.)

63. a) ¿El ^{57}Co puede decaer mediante emisión β^+? Explique. b) ¿El ^{14}C puede decaer por medio de emisión β^-? Explique. c) Si cualquiera de las respuestas es sí, ¿cuál es el intervalo de energías cinéticas disponibles para la partícula β?

64. a) ¿Por qué el decaimiento beta inverso p $\rightarrow$ n $+ \beta^+ + \nu$ está prohibido para un protón libre? b) ¿Por qué la misma reacción es posible si el protón está ligado a un núcleo? Por ejemplo, ocurre la siguiente reacción:

$$^{13}_{7}N \longrightarrow \,^{13}_{6}C + \beta^+ + \nu$$

c) ¿Cuánta energía se libera en la reacción dada en el inciso b)? [$m(\beta^+) = 0.000\ 549$ u, $M(^{13}C) = 13.003\ 355$ u, $M(^{13}N) = 13.005\ 739$ u.]

65. a) Encuentre el radio del núcleo del $^{12}_{6}$C. b) Determine la fuerza de repulsión entre un protón en la superficie de un núcleo de $^{12}_{6}$C y los restantes cinco protones. c) ¿Cuánto trabajo (en MeV) tiene que hacerse para vencer esta repulsión electrostática con el fin de poner el último protón dentro del núcleo? d) Repita los incisos a), b) y c) para el $^{238}_{92}$U.

66. El núcleo del ^{145}Pm decae por emisión alfa. a) Determine los núcleos hijo. b) Con los valores dados en la tabla A.3, determine la energía liberada en este decaimiento. c) ¿Qué fracción de esta energía se lleva la partícula alfa cuando el retroceso del núcleo hijo se toma en cuenta?

67. Considere un átomo de hidrógeno con el electrón en el estado 1 s. El campo magnético en el núcleo producido por el electrón orbital tiene un valor de 12.5 T. (Vea el problema 47, capítulo 42.) El protón puede tener su momento magnético alineado en cualquiera de dos direcciones perpendiculares al plano de la órbita del electrón. Debido a la interacción del momento magnético del protón con el campo magnético del electrón, habrá una diferencia de energía entre los estados con las dos orientaciones diferentes del momento magnético del protón. Encuentre esa diferencia de energía en eV.

68. Una muestra recién preparada de ^{60}Co radiactivo tiene una actividad inicial de 1 Curie, esto es, 3.7×10^{10} átomos decaen cada segundo. a) Si la vida media del ^{60}Co es 5.24 años, ¿cuál es el número total de átomos radiactivos en la muestra en $t = 0$? b) ¿Cuánto tiempo tarda la actividad de la muestra en disminuir hasta 0.001 Ci?

69. Las detonaciones de carbono son poderosas reacciones nucleares que temporalmente separan los núcleos de estrellas masivas al final de sus vidas. Estas explosiones son producidas por la fusión de carbono, la cual requiere una temperatura cercana a 6×10^8 K para superar la intensa repulsión de Coulomb entre los núcleos de carbono. a) Estime la barrera de energía repulsiva para la fusión, empleando la temperatura de ignición requerida para la fusión de carbono. (En otras palabras, ¿cuál es la energía cinética para un núcleo de carbono a 6×10^8 K?) b) Calcule la energía (en MeV) liberada en cada una de estas reacciones de "combustión de carbono":

$$^{12}C + \,^{12}C \longrightarrow \,^{20}Ne + \,^{4}He$$
$$^{12}C + \,^{12}C \longrightarrow \,^{24}Mg + \gamma$$

c) Calcule la energía (en kWh) producida cuando 2 kg de carbono se funden por completo de acuerdo con la primera reacción.

70. Cuando un material de interés se irradia mediante neutrones, se producen continuamente átomos radiactivos y algunos decaen de acuerdo con su vida media determinada. a) Si se producen átomos radiactivos a una tasa constante R y su decaimiento es gobernado por la ley de decaimiento radiactivo convecional, muestre que el número de átomos radiactivos acumulados después de un tiempo de irradiación t es

$$N = \frac{R}{\lambda}(1 - e^{-\lambda t})$$

b) ¿Cuál es el número máximo de átomos radiactivos que puede producirse?

71. Muchos radioisótopos tienen importantes aplicaciones industriales, médicas y de investigación. Uno de éstos es el ^{60}Co, el cual tiene una vida media de 5.2 años y decae por la misión de una partícula beta (energía de 0.31 MeV) y dos fotones gama (energías de 1.17 MeV y 1.33 MeV). Un científico desea preparar una fuente sellada de ^{60}Co que tendrá una actividad de al menos 10 Ci después de 30 meses de uso. a) ¿Cuál es la mínima masa inicial de ^{60}Co requerida? b) ¿A qué tasa emitirá energía la fuente después de 30 meses?

72. Considere un modelo del núcleo en el cual la carga positiva (Ze) se distribuye uniformemente a través de una esfera de radio R. Integrando la densidad de energía, $\frac{1}{2}\varepsilon_0 E^2$, sobre todo el espacio, muestre que la energía electrostática puede escribirse

$$U = \frac{3Z^2 e^2}{20\pi\varepsilon_0 R}$$

73. "Neutrones libres" tienen una vida media característica de 12 min. ¿Qué fracción de un grupo de neutrones libres a energía térmica (0.04 eV) decaerá antes de recorrer una distancia de 10 km?

74. Cuando, después de una reacción o perturbación de cualquier tipo, un núcleo se deja en un estado excitado, puede regresar a su estado normal (base) mediante la emisión de un fotón (o varios fotones) de rayos gama. Este proceso se ilustra mediante la ecuación 45.21. El núcleo emisor debe retroceder para conservar tanto la energía como el momento. a) Muestre que la energía de retroceso del núcleo es

$$E_r = \frac{(\Delta E)^2}{2Mc^2}$$

donde ΔE es la diferencia de energía entre los estados excitado y base de un núcleo de masa M. b) Calcule la energía de retroceso del núcleo de ^{57}Fe cuando decae por emisión gama desde el estado excitado de 14.4 keV. Para este cálculo, considere la masa igual a 57 u. (*Sugerencia*: Cuando escriba la ecuación para la conservación de la energía, emplee $(Mv)^2/2M$ para la energía cinética del núcleo en retroceso. También, suponga que $hf \ll Mc^2$ y use el desarrollo del binomio.)

75. El decaimiento de un núcleo inestable por emisión alfa se representa mediante la ecuación 45.10. La energía de desintegración Q dada por la ecuación 45.13 debe ser compartida por la partícula alfa y el núcleo hijo con el fin de conservar tanto la energía como el momento en el proceso de decaimiento. a) Muestre que Q y K_α, la energía cinética de la partícula alfa, se relacionan por medio de la expresión

$$Q = K_\alpha \left(1 + \frac{M_\alpha}{M}\right)$$

donde M es la masa del núcleo hijo. b) Emplee el resultado del inciso a) para encontrar la energía de la partícula α emitida en el decaimiento de ^{226}Ra. (Vea el ejemplo 45.8 para el cálculo de Q.)

76. Considere la reacción de fusión deuterio-tritio con el núcleo de tritio en reposo:

$$^2_1H + {}^3_1H \longrightarrow {}^4_2He + {}^1_0n$$

a) A partir de la ecuación 45.1, estime la distancia requerida de máximo acercamiento. b) ¿Cuál es la energía potencial de Coulomb (en eV) a esta distancia? c) Si el deuterón tiene apenas la suficiente energía para alcanzar la distancia de máximo acercamiento, ¿cuál es la velocidad final de los núcleos de deuterio y tritio en términos de la velocidad del deuterón, v_0? (*Sugerencia:* En este punto los dos núcleos tienen una velocidad común igual a la velocidad del centro de masa.) d) Emplee métodos de energía para encontrar la energía mínima inicial del deuterón requerida para conseguir la fusión. c) ¿Por qué la reacción de fusión ocurre a energías del deuterón mucho menores que la calculada en el inciso d)?

77. El estado base del $^{93}_{43}$Tc (masa molar, 92.9102) decae por la captura del electrón y β^+ hasta niveles de energía del núcleo hijo (masa molar en el estado base, 92.9068) a 2.44 MeV, 2.03 MeV, 1.48 MeV y 1.35 MeV. a) ¿Para cuáles de estos niveles son permitidos los decaimientos de captura del electrón y β^+? b) Identifique el núcleo hijo y dibuje el esquema de decaimiento, asumiendo todos los estados excitados desexcitados por decaimiento γ directo hasta el estado base.

78. El isótopo $^{25}_{11}$Na decae por emisión β^- (energía de desintegración = 4.83 MeV; $T_{1/2}$ = 60.3 s) hasta el estado base del $^{25}_{12}$Mg. También se emiten los siguientes rayos γ: 0.40 MeV, 0.58 MeV, 0.98 MeV, 1.61 MeV. El rayo gama de 0.40 MeV es el primero en una cascada de dos etapas hasta el estado base del $^{25}_{12}$Mg. Todos los otros rayos gama decaen desde un estado excitado directamente hasta el estado base. Construya el esquema de decaimiento.

79. El potasio en la forma en que se presenta en la naturaleza incluye un isótopo radiactivo ^{40}K, el cual tiene una vida media de 1.27×10^9 años y una abundancia relativa de 0.0012%. Estos núcleos decaen por dos diferentes caminos: 89% por emisión β^- y 11% por emisión β^+. Calcule la actividad total en becquerels asociada a 1.00 kg de KCl debida a emisión β^-.

80. Cuando la reacción nuclear representada por la ecuación 45.24 es endotérmica, la energía de desintegración Q es negativa. Para que esta reacción proceda, la partícula incidente debe tener una energía mínima denominada energía de umbral, E_u. Cierta fracción de la energía de la partícula incidente se transfiere al núcleo compuesto para conservar el momento. En consecuencia, E_u debe ser mayor que Q. a) Muestre que

$$E_u = -Q\left(1 + \frac{M_a}{M_X}\right)$$

b) Calcule la energía de umbral de la partícula alfa incidente en la reacción

$$^4_2He + {}^{14}_7N \longrightarrow {}^{17}_8O + {}^1_1H$$

81. Durante la fabricación de un componente de motor de acero, hierro radiactivo (^{59}Fe) se incluye en la masa total de 0.2 kg. El componente se pone en un motor de prueba cuando la actividad debida a este isótopo es de 20 μCi. Después de un periodo de prueba de 1 000 h, se separa el aceite del motor y se encuentra que contiene suficiente ^{59}Fe para producir 800 desintegraciones/min por litro de aceite. El volumen total del aceite en el motor es de 6.5 litros. Calcule la masa total gastada del componente de motor por hora de operación. (La vida media del ^{59}Fe es de 45.1 días.)

82. La tasa de decaimiento de una muestra radiactiva se mide en intervalos de 10 s, empezando en $t = 0$. Se obtienen los siguientes datos en conteos por segundo: 1 137, 861, 653, 495, 375, 284, 215, 163. a) Grafique estos datos en papel gráfico semilog y determine la línea recta de mejor ajuste. b) De acuerdo con la gráfica, determine la vida media de la muestra.

83. La tasa de decaimiento de una muestra radiactiva se mide en intervalos de 1 min empezando en $t = 0$. Se obtienen los siguientes datos (en conteos por segundo): 260, 160, 101, 72, 35, 24, 13, 10, 6, 4. a) Grafique estos datos en papel gráfico semilog y dibuje la línea recta de mejor ajuste. Determine, hasta dos cifras significativas,

b) la vida media de esta muestra, y c) la constante de decaimiento.

84. *Determinación del estudiante de la vida media del* ^{137}*Ba.* El isótopo de bario radiactivo (^{137}Ba) tiene una vida media relativamente corta y puede extraerse con facilidad de una solución que contiene cesio radiactivo (^{137}Cs). Este isótopo de bario se emplea comúnmente en un ejercicio de laboratorio universitario para demostrar la ley de decaimiento radiactivo. Los datos presentados en la figura P45.84 fueron obtenidos por estudiantes universitarios empleando equipo experimental modesto. Determine la vida media para el decaimiento del ^{137}Ba empleando sus datos.

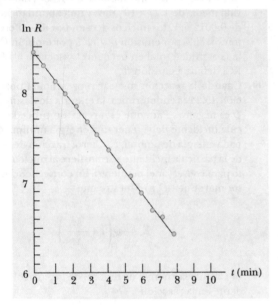

FIGURA P45.84

PROBLEMAS DE HOJA DE CÁLCULO

S1. Rápidamente después del descubrimiento de la radiactividad, los investigadores se dieron cuenta de que algunos núclidos radiactivos decaían en núclidos que eran también radiactivos. Cadenas completas de núclidos radiactivos se formarían. Por ejemplo, con una vida media de 3.83 días, el ^{222}Rn decae en ^{218}Po, el cual tiene una vida media de 3.05 min y decae en ^{214}Pb. Para el caso en el cual el padre y el hijo decaen, la tasa de decaimiento del padre es

$$\frac{dN_1}{dt} = -\lambda_1 N_1$$

donde N_1 es el número de núcleos padre presentes y λ_1 es la constante de decaimiento de los mismos. La tasa de formación del núcleo hijo es exactamente

$$\frac{dN_2}{dt} = \lambda_1 N_1 \quad \textit{(formación)}$$

donde N_2 es el número de núcleos hijo presentes y λ_2 es la constante de decaimiento de los mismos. La tasa de decaimiento de los núcleos hijo es

$$\frac{dN_2}{dt} = -\lambda_2 N_2 \quad \textit{(decaimiento)}$$

La producción neta de los núcleos hijo es entonces

$$\frac{dN_2}{dt} = \lambda_1 N_1 - \lambda_2 N_2$$

La hoja de cálculo 45.1 calcula estas tasas de decaimiento y formación de cualquier par padre-hijo de núclidos radiactivos integrando estas ecuaciones diferenciales acopladas. a) Supongamos que empezamos con 5 000 átomos de núcleos padre, los cuales tienen una vida media de 5 min. Los núcleos hijo decaen adicionalmente con una vida de 1 min. Incorpore estos datos en la hoja de cálculo. ¿Cuántos núcleos padre e hijo están presentes después de 1 min? ¿2 min? ¿30 min? b) Si la vida media del padre se cambia a 2 min y la vida media del hijo se cambia a 5 min, ¿cuántos núcleos de cada uno están presentes en los tiempos registrados en el inciso a). c) Cambie la vida media del padre a 1 000 min y la del hijo a 2 min. Discuta el número de núcleos hijo presentes como una función del tiempo.

S2. Modifique la hoja de cálculo 45.1 para tomar en cuenta el decaimiento de los núcleos nieto, los cuales tienen una vida media de 10 min. Fije la vida media del padre en 5 min y la del hijo en 2 min. La tasa de producción neta del nieto es

$$\frac{dN_3}{dt} = \lambda_2 N_2 - \lambda_3 N_3$$

donde N_3 es el número de núcleos nieto presentes y λ_3 es la constante de decaimiento de los mismos. ¿Cuántas especies de cada núcleo están presentes en 1 min, 2 min, 5 min, 10 min, 30 min y 60 min?

Fisión y fusión

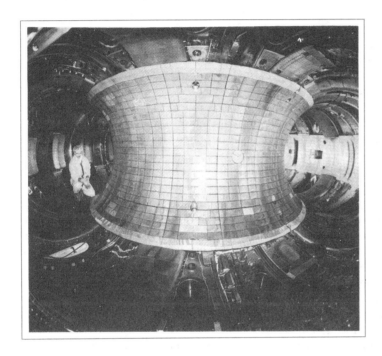

Vista interior del recipiente de vacío del Reactor de Prueba de Fusión Tokamak (TFTR). Este reactor se localiza en el Laboratorio de Física de Plasmas de la Universidad de Princeton, Nueva Jersey. Tejas de grafito, las cuales protegen al recipiente contra haces neutros, pueden verse a la derecha a lo largo de la parte media de la pared exterior de la cámara. Lanzadores de radiofrecuencia del ciclotrón de iones se observan a la izquierda del recipiente cerca de los hombros de la persona que está de rodillas. *(Cortesía del Laboratorio de Física de Plasmas de Princeton)*

E ste capítulo trata principalmente con las dos formas por medio de las cuales puede obtenerse energía de reacciones nucleares: la fisión, en la cual un gran núcleo se divide, o fisiona, en dos núcleos más pequeños, y la fusión, donde dos pequeños núcleos se funden para formar uno más grande. En cualquier caso, hay una liberación de energía que puede emplearse ya sea destructivamente (bombas) o constructivamente (producción de energía eléctrica). Examinamos también la interacción de la radiación con la materia y varios dispositivos utilizados para detectar radiación. El capítulo concluye con un análisis de algunas aplicaciones industriales y biológicas de la radiación.

46.1 INTERACCIONES QUE IMPLICAN NEUTRONES

Con el fin de entender la fisión nuclear y la física de los reactores nucleares debemos entender primero cómo interactúan los neutrones con los núcleos. Debido a su neutralidad de carga, los neutrones no se someten a las fuerzas de Coulomb. Puesto que los neutrones interactúan muy débilmente con los electrones, la materia se manifiesta bastante "abierta" a los neutrones libres. En general, se encuentra que la tasa de reacciones inducidas por neutrones aumenta conforme disminuye la energía cinética del neutrón. Los neutrones libres experimentan decaimiento beta con un tiempo de vida media de casi 10 min. Por otra parte, los neutrones que viajan a través de la materia son absorbidos por los núcleos antes de que decaigan.

Un neutrón rápido (energía aproximadamente mayor a 1 MeV) que viaja a través de la materia se sujeta a muchos acontecimientos de dispersión con los núcleos. En cada uno de dichos sucesos, el neutrón cede una parte de su energía cinética a un núcleo. El neutrón continúa sometido a choques hasta que su energía es del orden de la energía térmica $k_B T$, donde k_B es la constante de Boltzmann y T es la temperatura absoluta. Un neutrón que tiene esta cantidad de energía recibe el nombre de **neutrón térmico**. A esta baja energía, la probabilidad de que el neutrón será capturado por un núcleo es alta, un evento que se acompaña por la emisión de un rayo gama. Esta **captura del neutrón** puede escribirse así

$$\,^1_0 n + \,^A_Z X \longrightarrow \,^{A+1}_Z X + \gamma \tag{46.1}$$

Aunque no lo indicamos aquí, una vez que el neutrón es capturado, el núcleo $^{A+1}_Z X$ está en un estado excitado durante un tiempo muy corto antes de que experimente decaimiento gama. Además, el núcleo producto $^{A+1}_Z X$ suele ser radiactivo y decae por emisión beta.

La tasa de captura de neutrones depende de la naturaleza del núcleo blanco y de la energía del neutrón incidente. Para algunos materiales y neutrones rápidos, los choques elásticos son dominantes. Los materiales en los que ocurre esto reciben el nombre de **moderadores** debido a que frenan (en otras palabras, moderan) los originalmente energéticos neutrones de manera muy efectiva. Un buen moderador debe ser un núcleo de baja masa y no debe tender a capturar neutrones. El boro, grafito y el agua son unos cuantos ejemplos de materiales moderadores.

Como aprendimos en el capítulo 9, durante un choque elástico entre dos partículas, la máxima energía cinética se transfiere de una partícula a otra cuando tienen la misma masa (ejemplo 9.12). Consecuentemente, un neutrón pierde toda su energía cinética cuando choca frontalmente con un protón, en analogía con el choque entre una bola de billar móvil y una estacionaria. Si la colisión es oblicua, el neutrón pierde sólo parte de su energía cinética. Por esta razón, materiales abundantes en átomos de hidrógeno con su núcleo de un solo protón, como la parafina y el agua, son buenos moderadores.

En algún punto, muchos de los neutrones en un moderador se vuelven neutrones térmicos, lo cual significa que en ese caso están en equilibrio térmico con el material moderador. Su energía cinética promedio a temperatura ambiente es

$$K_{pro} = \tfrac{3}{2} k_B T \approx 0.04 \text{ eV}$$

la cual corresponde a una velocidad efectiva (rms) del neutrón de casi 2 800 m/s. Los neutrones térmicos tienen una distribución de velocidades, del mismo modo que las moléculas en un recipiente de gas (capítulo 21). Un neutrón de alta energía, aquel en el cual la energía es de varios MeV, se vuelve térmico (esto es, alcanza K_{pro}) en menos de 1 ms cuando incide sobre un moderador. Estos neutrones térmicos tienen una probabilidad muy alta de sufrir captura neutrónica por los núcleos del moderador.

46.2 FISIÓN NUCLEAR

Como vimos en la sección 45.3, la fisión nuclear ocurre cuando un núcleo pesado, como el ^{235}U, se divide, o fisiona, en dos núcleos más pequeños. En una reacción de este tipo, *la masa en reposo combinada de los núcleos hijo es menor que la masa en reposo del núcleo padre.* La fisión se inicia por la captura de un neutrón térmico por un núcleo pesado e implica la liberación de energía de alrededor 200 MeV por fisión. Esta liberación de energía ocurre debido a que los núcleos producto de la fisión más pequeños están enlazados más estrechamente en cerca de 1 MeV por nucleón que el original núcleo pesado.

La fisión nuclear fue observada por primera vez en 1938 por Otto Hahn y Fritz Strassman, siguiendo algunos estudios básicos efectuados por Fermi. Después de bombardear uranio ($Z = 92$) con neutrones, Hahn y Strassman descubrieron entre los productos de reacción dos elementos de masa media, bario y lantano. Poco después, Lisa Meitner y Otto Frisch explicaron lo que había sucedido. El núcleo de uranio se había dividido en dos fragmentos casi iguales después de absorber un neutrón. Tal suceso fue de considerable interés para los físicos que intentaban entender el núcleo, pero tuvo consecuencias incluso más impredecibles. Las mediciones mostraron que alrededor de 200 MeV de energía se liberaban en cada evento de fisión, y este hecho afectó el curso de la historia.

La fisión de ^{235}U por neutrones lentos puede representarse por la ecuación

$$\ _{0}^{1}n + \ _{92}^{235}U \longrightarrow \ _{92}^{236}U^* \longrightarrow X + Y + \text{neutrones} \tag{46.2}$$

Fisión

donde el ^{236}U* es un estado excitado intermedio que dura alrededor de 10^{-12} s antes de partirse en X y Y. Los núcleos resultantes X y Y, reciben el nombre de **fragmentos de fisión**. En toda ecuación de fisión hay muchas combinaciones de X y Y que satisfacen los requerimientos de conservación de energía y carga. Con uranio, por ejemplo, hay cerca de 90 diferentes núcleos hijo que pueden formarse.

También se produce fisión en la producción de varios neutrones, normalmente dos o tres. En promedio alrededor de 2.5 neutrones se liberan por evento. Una reacción de fisión común para el uranio es

$$\ _{0}^{1}n + \ _{92}^{235}U \longrightarrow \ _{56}^{141}Ba + \ _{36}^{92}Kr + 3(\ _{0}^{1}n) \tag{46.3}$$

Fisión del ^{235}U

De los más o menos 200 MeV liberados en esta reacción, la mayor parte se transforma en la energía cinética de los fragmentos pesados de bario y kriptón.

El rompimiento del núcleo de uranio puede compararse con lo que ocurre con una gota de agua cuando se le añade un exceso de energía. Todos los átomos en la gota tienen energía pero esta energía no es lo suficientemente grande para romper la gota. Sin embargo, si se añade suficiente energía para poner a vibrar la gota, ésta se alarga y se comprime hasta que la amplitud de vibración se vuelve lo bastante grande para hacer que la gota se rompa. En el núcleo de uranio, ocurre un proceso similar (Fig. 46.1):

- El núcleo de ^{235}U captura un neutrón térmico.
- Esta captura da lugar a la formación de ^{236}U*, y el exceso de energía de este núcleo hace que experimente violentas oscilaciones.
- El núcleo de ^{236}U* se distorsiona considerablemente, y la fuerza de repulsión entre protones en las dos mitades de lo que parece una pesa tiende a incrementar la distorsión.

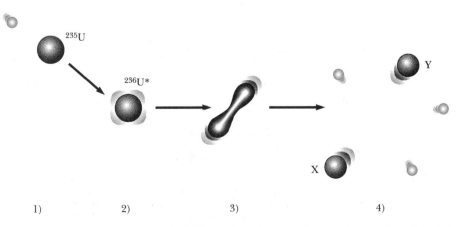

FIGURA 46.1 Las etapas en un evento de fisión nuclear descritos de acuerdo con el modelo de la gota líquida del núcleo.

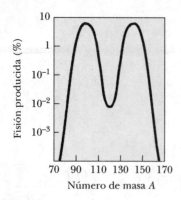

FIGURA 46.2 La distribución de productos de fisión contra el número de masa en la fisión de ^{235}U bombardeado con neutrones lentos. Observe que la ordenada tiene una escala logarítmica.

• El núcleo se divide en dos fragmentos, emitiendo varios neutrones en el proceso.

La figura 46.2 es una gráfica de la distribución de productos de fisión contra el número de masa A. Los eventos de fisión más probables producen fragmentos que tienen números de masa $A \approx 140$ y $A \approx 95$. Estos fragmentos caen a la izquierda de la línea de estabilidad en la figura 45.3. En otras palabras, *los fragmentos que tienen un exceso considerable de neutrones son inestables, liberando casi instantáneamente dos o tres neutrones*. Los fragmentos restantes siguen siendo ricos en neutrones y continúan decayendo hacia núcleos más estables a través de una sucesión de decaimientos β^-. En el proceso de este decaimiento, núcleos en estados excitados emiten rayos gama.

Calculemos la energía de desintegración Q liberada en un proceso de fisión normal. De la figura 45.9 vemos que la energía de enlace por nucleón es cercana a 7.6 MeV para núcleos pesados (aquellos que tienen un número de masa aproximadamente igual a 240) y de aproximadamente 8.5 MeV para núcleos de masa intermedia. Esto significa que los nucleones en los fragmentos de fisión están enlazados más estrechamente y, en consecuencia, tienen menos masa que los nucleones en el núcleo original. Esta reducción en la masa por nucleón aparece como energía liberada cuando ocurre la fisión. La cantidad de energía liberada es (8.5 − 7.6) MeV por nucleón. Suponiendo un total de 240 nucleones, encontramos que la energía liberada por evento de fisión es

$$Q = (240 \text{ nucleones})\left(8.5 \frac{\text{MeV}}{\text{nucleón}} - 7.6 \frac{\text{MeV}}{\text{nucleón}}\right) = 220 \text{ MeV}$$

Ésta es efectivamente una cantidad muy grande de energía en relación con la cantidad liberada en procesos químicos. Por ejemplo, la energía liberada en la combustión de una molécula de octano utilizada en motores de gasolina ¡es alrededor de un millonésimo de la energía liberada en un solo evento de fisión!

EJEMPLO 46.1 La fisión de uranio

Además de la reacción de bario-lantanio observada por Meitner y Frisch y de la reacción de bario-kriptón de la ecuación 43.3, las otras dos maneras en que el ^{235}U puede fisionarse cuando se bombardea con un neutrón son 1) formando ^{140}Xe y ^{94}Sr y 2) formando ^{132}Sn y ^{101}Mo. En cada caso, también se liberan neutrones. Encuentre el número de neutrones liberados en cada evento.

Solución Balanceando los números de masa y los números atómicos, encontramos que estas reacciones pueden escribirse

$$^{1}_{0}n + ^{235}_{92}U \longrightarrow ^{140}_{54}Xe + ^{94}_{38}Sr + 2(^{1}_{0}n)$$
$$^{1}_{0}n + ^{235}_{92}U \longrightarrow ^{132}_{50}Sn + ^{101}_{42}Mo + 3(^{1}_{0}n)$$

De tal modo, se liberan dos neutrones en el primer evento y tres en el segundo.

EJEMPLO 46.2 La energía liberada en la fisión del ^{235}U

Calcule la energía total liberada si 1.00 kg de ^{235}U experimenta fisión, tomando la energía de desintegración por evento igual a $Q = 208$ MeV.

Solución Necesitamos conocer el número de núcleos en 1.00 kg de uranio. Puesto que $A = 235$, el número de núcleos es

$$N = \left(\frac{6.02 \times 10^{23} \text{ núcleo/mol}}{235 \text{ g/mol}}\right)(1.00 \times 10^3 \text{ g})$$
$$= 2.56 \times 10^{24} \text{ núcleo}$$

De manera que la energía de desintegración total es

$$E = NQ = (2.56 \times 10^{24} \text{ núcleo})\left(208 \frac{\text{MeV}}{\text{núcleos}}\right)$$
$$= 5.32 \times 10^{26} \text{ MeV}$$

Puesto que 1 MeV es equivalente a 4.45×10^{-20} kWh, $E = 2.36 \times 10^7$ kWh. Ésta es suficiente energía para mantener encendida una bombilla eléctrica de 100 W durante casi 30 000 años. De este modo, 1 kg de ^{235}U es una cantidad relativamente grande de material fisionable.

46.3 REACTORES NUCLEARES

En la sección anterior vimos que, cuando se fisiona el ^{235}U, se emiten un promedio de 2.5 neutrones por evento. Estos neutrones pueden a su vez disparar la fisión de otros núcleos, con la posibilidad de una reacción en cadena (Fig. 43.3). Los cálculos muestran que si la reacción en cadena no se controla (es decir, no procede lentamente), podría producir una violenta explosión, con la liberación de una enorme cantidad de energía. Por ejemplo, si se liberara la energía en 1 kg de ^{235}U, sería equivalente a detonar ¡alrededor de 20 000 tons de TNT! Esto, desde luego, es el principio que está detrás de la primera bomba nuclear, una reacción de fisión descontrolada.

Un reactor nuclear es un sistema diseñado para mantener lo que se llama una **reacción en cadena autosostenida**. Este importante proceso fue logrado por primera vez en 1942 por Fermi en la Universidad de Chicago, con uranio natural como el combustible. La mayor parte de los reactores en operación en la actualidad también usan como combustible uranio. El uranio natural contiene sólo cerca de 0.7% del isótopo ^{235}U, siendo el restante 99.3% ^{238}U. Este hecho es importante para la operación de un reactor porque ^{238}U casi nunca se fisiona. En vez de eso, tiende a absorber neutrones, produciendo neptunio y plutonio. Por esta razón, los combustibles de reactores deben *enriquecerse* artificialmente para contener al menos un pequeño porcentaje de ^{235}U.

Reacción en cadena

Con el fin de alcanzar la reacción en cadena autosostenida, uno de los neutrones emitidos en la fisión del ^{235}U, en promedio, debe ser capturado por otro núcleo de ^{235}U y provocar que éste se fisione. Un parámetro útil para describir el nivel de operación del reactor es la **constante de reproducción K**, definida como *el número promedio de neutrones de cada evento de fisión que ocasiona otro evento de fisión*. Como hemos visto K puede tener un valor máximo de 2.5 en la fisión del uranio. Sin embargo, en la práctica K es menor que esto debido a varios factores que se estudian en seguida.

Constante de reproducción

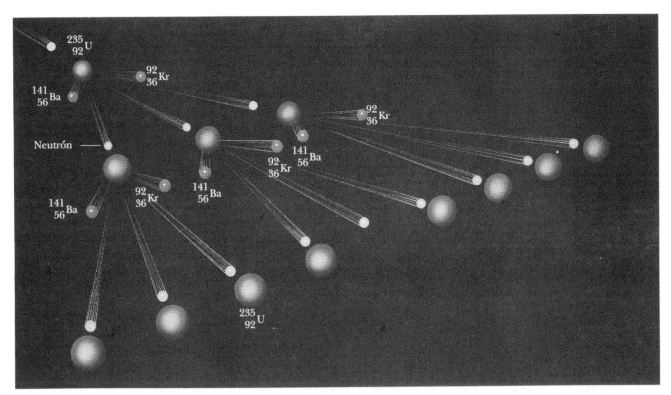

FIGURA 46.3 Una reacción en cadena iniciada por la captura de neutrón. (Se producen muchos pares de isótopos diferentes, pero sólo se muestra uno.)

Dibujo del primer reactor mundial. Debido al silencio en tiempo de guerra, no hay fotografías del reactor completo, el cual se componía de capas de grafito intercaladas con uranio. Una primera reacción en cadena autosostenida se alcanzó el 2 de diciembre de 1942. La noticia del éxito fue telefoneada de inmediato a Washington con este mensaje: "El navegante italiano ha llegado a tierra en el Nuevo Mundo y encontrado que los nativos son amigables." El hecho histórico ocurrió en un laboratorio improvisado en el frontón bajo las tribunas oeste del Campo Stagg de la Universidad de Chicago y el navegante italiano era Fermi.   *(Cortesía de la Sociedad Histórica de Chicago)*

Una reacción en cadena autosostenida se consigue cuando $K = 1$. Bajo esta condición, se dice que el reactor será **crítico**. Cuando $K < 1$, el reactor es subcrítico y la reacción se extingue. Cuando $K \gg 1$, se dice que el reactor será supercrítico y ocurre una reacción incontrolable. En un reactor nuclear empleado para entregar potencia a una empresa eléctrica, es necesario mantener un valor de K ligeramente mayor que la unidad. El diseño básico de un núcleo de reactor nuclear se muestra en la figura 46.4. Los elementos de combustible consisten en uranio enriquecido.

En cualquier reactor, una fracción de los neutrones producidos en la fusión sale del núcleo antes de inducir otros eventos de fusión. Si la fracción de fuga es demasiado grande, el reactor no operará. La pérdida porcentual es larga si el reactor es muy pequeño debido a que la fuga es una función de la razón entre el área de la superficie y el volumen. Por consiguiente, una característica fundamental del diseño de un reactor es elegir la correcta proporción área de la superficie-volumen de manera que pueda lograrse una reacción sostenida.

Los neutrones liberados en eventos de fisión son muy energéticos, con energías cinéticas del orden de 2 MeV. Es necesario frenar estos neutrones hasta energías térmicas para permitir que sean capturados y produzcan fisión de otros núcleos de ^{235}U (ejemplo 9.12) debido a que la probabilidad de captura de un neutrón aumenta con la energía decreciente. Los neutrones energéticos son frenados por una sustancia moderadora que rodea al combustible.

Para entender cómo se frenan los neutrones, considere una colisión entre un objeto ligero y uno muy masivo. En un evento de este tipo, el objeto rebota en la colisión con la mayor parte de su energía cinética original. Sin embargo, si la colisión es entre objetos cuyas masas son casi iguales, el objeto incidente transfiere un gran porcentaje de su energía cinética al objeto blanco. En el primer reactor nuclear que fue construido, Fermi colocó ladrillos de grafito (carbono) entre los elementos del combustible. Los núcleos de carbono son casi 12 veces más masivos que los neutrones, pero después de varias colisiones con núcleos de carbón, un neutrón se ha frenado lo suficiente para aumentar su probabilidad de fisión con ^{235}U. En éste

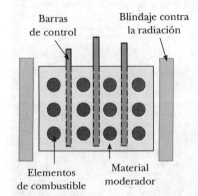

Barras de control

Blindaje contra la radiación

Elementos de combustible

Material moderador

FIGURA 46.4 Sección transversal de un reactor nuclear que muestra las barras de control, los elementos de combustible y el material moderador rodeado por un blindaje contra la radiación.

diseño, el moderador es carbono; los reactores más modernos usan agua como moderador.

En el proceso de frenado, los neutrones pueden ser capturados por núcleos que no se fisionan. El evento más común de este tipo es la captura neutrónica por el ^{238}U, el cual constituye más del 90% del uranio en los elementos de combustible. La probabilidad de la captura de un neutrón por el ^{238}U es muy alta cuando los neutrones tienen altas energías cinéticas y muy baja cuando tienen energías cinéticas bajas. De tal modo, el frenado de los neutrones mediante el moderador sirve al propósito secundario de hacerlos disponibles para la reacción con ^{235}U y reduce las oportunidades de que sean capturados por el ^{238}U.

Control del nivel de potencia

Es posible para un reactor alcanzar la etapa crítica (K= 1) después de que se minimizan todas las pérdidas de neutrones que acaban de describirse. Sin embargo, un método de control es necesario para mantener un valor de K cerca de la unidad. Si K aumenta arriba de este valor, el calor producido en la reacción incontrolable fundiría al reactor. Para controlar el nivel de potencia, se insertan barras de control en el núcleo del reactor (véase la Fig. 46.4). Estas barras están hechas de materiales, como el cadmio, que son muy eficientes al absorber neutrones. Ajustando el número y posición de estas barras de control en el núcleo del reactor, el valor K puede variarse y cualquier nivel de potencia dentro del rango de diseño del reactor puede conseguirse.

Si bien hay varios tipos de sistemas de reactores que convierten la energía cinética de los fragmentos de fisión en energía eléctrica, el reactor más común en Estados Unidos es el reactor de agua presurizada. Un diagrama de éste se muestra en la figura 46.5, y sus partes principales son comunes a todos los diseños de reactor. Los eventos de fisión en el núcleo del reactor suministran calor al agua contenida en el circuito primario (cerrado) y la mantienen a alta presión para evitar que hierva. Esta agua sirve también como el moderador. El agua caliente se bombea a través de un intercambiador de calor, y el calor se transfiere al agua contenida en el circuito

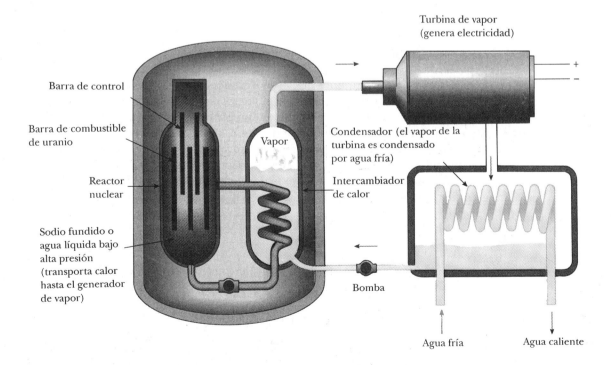

FIGURA 46.5 Componentes principales de un reactor de agua presurizada.

secundario. El agua caliente en este último circuito se convierte en vapor, el cual impulsa un sistema turbina-generador para crear potencia eléctrica. Observe que el agua en el circuito secundario está aislada del agua en el circuito primario para evitar la contaminación del agua secundaria y el vapor por núcleos radiactivos del núcleo del reactor.

Seguridad y disposición de desechos

Uno de los peligros inherentes en un reactor nuclear es la posibilidad de la interrupción del flujo de agua en el sistema de enfriamiento secundario. Si esto ocurre, la temperatura del reactor podría aumentar hasta el punto en el que se fundirían los elementos de combustible, lo cual fundiría la base del reactor y el suelo de abajo. Además, las grandes cantidades de calor generado producirían una explosión de vapor de alta presión. Para disminuir las posibilidades de un evento como éste, todos los reactores se construyen con un sistema de enfriamiento de respaldo que empieza a operar si falla el sistema de enfriamiento regular. Es importante advertir que los reactores bien diseñados no pueden explotar o producir fusión (el llamado "síndrome de China").

Otro problema en los reactores de fisión es la disposición del material radiactivo cuando el núcleo se reemplaza. Este material de desecho contiene isótopos altamente radiactivos de larga vida que deben almacenarse durante largo tiempo de manera tal que no haya posibilidad de contaminación ambiental. En el presente, la confinación de desechos radiactivos en minas de sal profundas parece ser el método elegido.

Otra consecuencia de las centrales nucleoeléctricas es la disposición del exceso de calor en el sistema de enfriamiento. El agua de un río cercano se emplea a menudo para enfriar el reactor. Esto eleva las temperaturas del río aguas abajo del reactor y afecta a los organismos de mayor temperatura que viven en y adyacentes al río. Otra técnica para enfriar el agua del reactor es emplear torres de evaporación.

Incluso después del incidente de Chernobyl en Rusia el registro de seguridad de los reactores nucleares es bastante mejor que otras alternativas. De este modo, el mayor uso de la potencia nuclear, junto con un creciente énfasis en los métodos de conservación de la energía, aparecen como las componentes lógicas de una política de energía razonable.

46.4 FUSIÓN NUCLEAR

En el capítulo 45 encontramos que la energía de enlace de núcleos ligeros (los que tienen un número de masa menor que 20) es mucho más pequeña que la energía de enlace para núcleos pesados. Esto sugiere un proceso que es el inverso de la fisión. Como vimos en la sección 45.3, cuando dos núcleos ligeros se combinan para formar un núcleo más pesado, el proceso se conoce como fusión nuclear. Debido a que la masa del núcleo final es menor que las masas en reposo combinadas de los núcleos originales, hay una pérdida de masa acompañada de una liberación de energía. Las siguientes son ejemplos de dichas reacciones de fusión liberadoras de energía:

$$_1^1\text{H} + {}_1^1\text{H} \longrightarrow {}_1^2\text{H} + \beta^+ + \nu$$

$$_1^1\text{H} + {}_1^2\text{H} \longrightarrow {}_2^3\text{He} + \gamma$$

Esta segunda reacción es seguida por una de las siguientes reacciones:

$$_1^1\text{H} + {}_2^3\text{He} \longrightarrow {}_2^4\text{He} + \beta^+ + \nu$$

$$_2^3\text{He} + {}_2^3\text{He} \longrightarrow {}_2^4\text{He} + {}_1^1\text{H} + {}_1^1\text{H}$$

Éstas son las reacciones básicas de lo que se denomina el **ciclo protón-protón**, el cual se cree uno de los ciclos básicos por medio de los cuales se genera la energía en el Sol y en otras estrellas que tienen una abundancia de hidrógeno. La mayor parte de la producción de energía ocurre en el interior del Sol, donde la temperatura es aproximadamente de 1.5×10^7 K. Como veremos después, se requieren temperaturas así de altas para impulsar estas reacciones, y por ello reciben el nombre de **reacciones de fusión termonucleares**. La bomba de hidrógeno (fusión), que explotó por primera vez en 1952, es un ejemplo de una reacción de fusión termonuclear descontrolada.

Todas las reacciones en el ciclo protón-protón son exotérmicas. Una visión completa del ciclo protón-protón es la de que cuatro protones se combinan para formar una partícula alfa y dos positrones con la liberación de 25 MeV de energía.

Reacciones de fusión

La enorme cantidad de energía liberada en las reacciones de fusión sugiere la posibilidad de aprovechar dicha energía con propósitos útiles aquí en la Tierra. Numerosos esfuerzos se realizan en la actualidad para desarrollar un reactor termonuclear sostenido y controlable, un reactor de potencia de fusión. La fusión controlada se denomina la fuente de energía final debido a la disponibilidad de su fuente de combustible: agua. Por ejemplo, si se usara deuterio como el combustible, 0.12 g de él podrían extraerse de 1 gal de agua a un costo de aproximadamente cuatro centavos de dólar. Estas tarifas harían los costos de combustible de un reactor incluso ineficiente casi insignificantes. Una ventaja adicional de los reactores de fusión es que comparativamente se forman pocos subproductos radiactivos. Para el ciclo protón-protón descrito antes en este capítulo, el producto final de la fusión de los núcleos de hidrógeno es el seguro helio no radiactivo. Para nuestra mala fortuna, un reactor termonuclear que pueda entregar una salida de potencia neta distribuida a lo largo de un intervalo de tiempo razonable no es aún realidad, y muchas dificultades deben resolverse antes de que pueda construirse un dispositivo exitoso.

(Izquierda) Este acelerador llamado Saturno, una de las más poderosas fuentes de rayos X en el mundo, tiene el potencial de encender un reactor de fusión de laboratorio controlado. Consume hasta 25 billones de watts de potencia para producir una corriente de haz de electrones de 1.25×10^7 A. Los electrones energéticos se convierten en rayos X en el centro de la máquina. El brillo en esta fotografía se debe a que se genera una descarga eléctrica bajo el agua cuando el acelerador se enciende. *(Cortesía de Sandia National Laboratories) (Derecha)* Durante la operación del TFTR, la descarga del plasma se monitorea empleando un sistema óptico que ve el interior del recipiente al vacío. Esta imagen de un plasma de deuterio calentado muestra una banda de radiación en el frente. Tal fenómeno ocurre cuando la densidad del plasma se acerca al límite disruptivo de un conjunto dado de condiciones de la descarga. *(Cortesía del Laboratorio de Física de Plasmas de Princeton)*

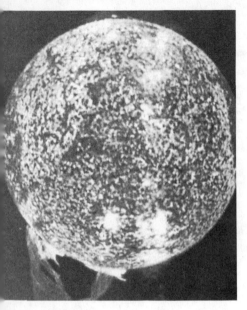

Esta fotografía del Sol tomada el 19 de diciembre de 1973, durante la tercera y última misión tripulada del Skylab, muestra una de las más espectaculares explosiones solares jamás registradas, extendiéndose más de 588 000 km a través de la superficie solar. La última imagen, tomada 17 horas antes, mostró este rasgo como una gran prominencia sobre el lado este del Sol. El fulgor dio la clara impresión de una cortina torcida de gas en el proceso de destorcerse por sí sola. En esta fotografía, los polos solares se distinguen por una ausencia relativa de granulación y un tono mucho más oscuro que en las porciones centrales del disco. La fotografía fue tomada a la luz de helio ionizado por medio de un instrumento que opera en la región del ultravioleta extremo del Laboratorio de Investigación Naval de los Estados Unidos. *(NASA)*

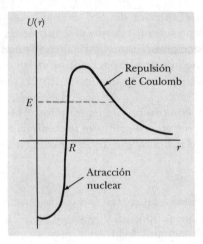

FIGURA 46.6 Energía potencial como una función de la separación entre dos deuterones. La fuerza repulsiva de Coulomb domina a largo alcance, en tanto que la fuerza atractiva nuclear domina a corto alcance, donde R es del orden de 1 fm. Los dos deuterones requerirían una energía E más grande que la altura de la barrera para experimentar fusión.

Hemos visto que la energía del Sol se basa en parte en un conjunto de reacciones en las cuales el hidrógeno se convierte en helio. Desafortunadamente, la interacción protón-protón no es adecuada para usarse en un reactor de fusión debido a que el evento requiere presiones y densidades muy altas. El proceso funciona en el sol debido sólo a la en extremo alta densidad de protones en el interior solar.

Las reacciones de fusión que parecen ser más prometedoras para un reactor de potencia de fusión incluyen deuterio ($_1^2H$) y tritio ($_1^3H$):

$$_1^2H + _1^2H \longrightarrow _2^3He + _0^1n \qquad Q = 3.27 \text{ MeV}$$
$$_1^2H + _1^2H \longrightarrow _1^3H + _1^1H \qquad Q = 4.03 \text{ MeV} \qquad (46.4)$$
$$_1^2H + _1^3H \longrightarrow _2^4He + _0^1n \qquad Q = 17.59 \text{ MeV}$$

Como se señaló antes, el deuterio se dispone en cantidades casi ilimitadas en nuestros lagos y océanos y su extracción es muy económica. El tritio, sin embargo, es radiactivo ($T_{1/2} = 12.3$ años) y experimenta decaimiento beta y se convierte en ^3He. Por esta razón, el tritio no ocurre naturalmente en ningún grado considerable y debe producirse artificialmente.

Uno de los principales problemas en la obtención de energía a partir de la fusión nuclear es el hecho de que la fuerza de repulsión de Coulomb entre dos núcleos cargados debe superarse antes de que éstos puedan fundirse. La energía potencial como una función de la separación de partículas para dos deuterones (cada uno con carga $+e$) se muestra en la figura 46.6. La energía potencial es positiva en la región $r > R$, donde la fuerza respulsiva de Coulomb domina ($R \approx 1$ fm), y negativa en la región $r < R$, donde domina la fuerza nuclear fuerte. El problema fundamental entonces es brindar a los dos núcleos suficiente energía cinética para vencer esta fuerza repulsiva. Esto puede conseguirse calentando el combustible hasta temperaturas extremadamente altas (hasta alrededor de 10^8 K, superior que la temperatura interior del Sol). A estas altas temperaturas, los átomos están ionizados y el sistema se compone de una colección de electrones y núcleos conocida comúnmente como un plasma.

EJEMPLO 46.3   La fusión de dos deuterones

La separación entre dos deuterones debe ser alrededor de 10^{-14} m para que la fuerza nuclear atractiva supere la fuerza de Coulomb repulsiva. a) Calcule la altura de la barrera de potencial debida a la fuerza repulsiva.

Solución La energía potencial asociada a dos cargas separadas por una distancia r es

$$U = k_e \frac{q_1 q_2}{r}$$

donde k_e es la constante de Coulomb. En el caso de dos deuterones, $q_1 = q_2 = + e$, de modo que

$$U = k_e \frac{e^2}{r} = \left(8.99 \times 10^9 \; \frac{\text{N} \cdot \text{m}^2}{\text{C}^2} \right) \frac{(1.60 \times 10^{-19} \text{ C})^2}{1.0 \times 10^{-14} \text{ m}}$$

$$= 2.3 \times 10^{-14} \text{ J} = \boxed{0.14 \text{ MeV}}$$

b) Estime la temperatura efectiva requerida para que un deuterón supere la barrera de potencial, suponiendo una energía de $3/2 k_B T$ por deuterón (donde k_B es la constante de Boltzmann).

Solución Puesto que la energía de Coulomb total del par de deuterones es 0.14 MeV, la energía de Coulomb por deuterón es 0.07 MeV = 1.1×10^{-14} J. Dejando esto igual a la energía térmica promedio por deuterón, obtenemos

$$\tfrac{3}{2} k_B T = 1.1 \times 10^{-14} \text{ J}$$

donde k_B es igual a 1.38×10^{-23} J/K. Al despejar T, encontramos

$$T = \frac{2 \times (1.1 \times 10^{-14} \text{ J})}{3 \times (1.38 \times 10^{-23} \text{ J/K})} = \boxed{5.3 \times 10^8 \text{ K}}$$

El ejemplo 46.3 sugiere que los deuterones deben calentarse hasta 6×10^8 K para lograr la fusión. Esta estimación de la temperatura requerida es demasiado alta, sin embargo, debido a que las partículas en el plasma tienen una distribución de velocidades maxweliana y, por lo tanto, algunas reacciones de fusión son provocadas por partículas en la "cola" de alta energía de esta distribución. Asimismo, incluso aquellas partículas que no tienen energía suficiente para vencer la barrera tienen cierta probabilidad de tunelaje a través de la barrera. Cuando estos efectos se toman en cuenta, una temperatura de "únicamente" 4×10^8 K parece adecuada para fundir los dos deuterones.

La temperatura a la cual la tasa de generación de potencia es mayor que la tasa de pérdida (debida a mecanismos como las pérdidas por radiación) se llama la **temperatura de encendido crítica**. Esta temperatura para la reacción deuterio-deuterio (D-D) es de 4×10^8 K. De acuerdo con $E \cong k_B T$, esta temperatura es equivalente a alrededor de 35 keV. Esto indica que la temperatura de encendido crítica para las reacciones deuterio-tritio (D-T) es de casi 4.5×10^7 K, o sólo 4 keV. Una gráfica de la potencia generada por fusión contra temperatura para las dos reacciones se muestra mediante las curvas verde y negra en la figura 46.7. La línea recta gris representa la potencia perdida contra la temperatura por medio del mecanismo de radiación conocido como **radiación de frenado**. Éste es el principal mecanismo de pérdida de energía, en el cual la radiación (fundamentalmente rayos X) se emite como consecuencia de las colisiones electrón-ion dentro del plasma. La intersección de la línea $P_{\text{pérdida}}$ con la curva P_f brinda las temperaturas de encendido críticas.

Además de los requerimientos de alta temperatura, hay otros parámetros críticos que determinan sí o no un reactor termonuclear será exitoso: la **densidad de iones**, n, y el **tiempo de confinamiento**, τ. *El tiempo de confinamiento es el que los iones interactuantes se mantienen a una temperatura igual o mayor que la temperatura de encendido.* El físico británico J.D. Lawson ha demostrado que la densidad de iones y el tiempo de confinamiento deben ser ambos suficientemente grandes para asegurar que

Temperatura de encendido crítica

Tiempo de confinamiento

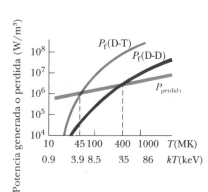

FIGURA 46.7 Potencia generada contra temperatura para las reacciones de fusión deuterio-deuterio (negra) y deuterio-tritio (verde). La curva gris representa la pérdida de potencia contra la temperatura. Cuando la tasa de generación P_f excede la tasa de pérdida P_{perdida}, ocurre el encendido.

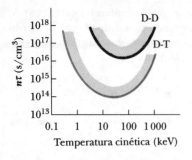

FIGURA 46.8 El número de Lawson $n\tau$ contra la temperatura para las reacciones de fusión D-T y D-D.

más energía de fusión se libere que lo que se requiere para calentar el plasma. En particular, el **criterio de Lawson** establece que una salida de energía es posible bajo las siguientes condiciones:

$$n\tau \geqslant 10^{14} \text{ s/cm}^3 \qquad \text{(D-T)}$$
$$n\tau \geqslant 10^{16} \text{ s/cm}^3 \qquad \text{(D-D)} \qquad\qquad (46.5)$$

Una gráfica de $n\tau$ contra temperatura para reacciones D-T y D-D se brinda en la figura 46.8.

Se llegó al criterio de Lawson comparando la energía requerida para calentar el plasma con la energía generada por el proceso de fusión.[1] La energía E_h requerida para calentar el plasma es proporcional a la densidad de iones n, o $C_1 n$. La energía generada por el proceso de fusión es proporcional a $n^2\tau$, o $E_f = C_2 n^2\tau$. Esto puede entenderse reconociendo que la energía liberada de la fusión es proporcional tanto a la tasa a la cual chocan los iones (αn^2) como al tiempo de confinamiento, τ. La energía neta se produce cuando la energía generada por la fusión, E_f, es mayor que E_h. Cuando las constantes C_1 y C_2 se calculan para diferentes reacciones, la condición de que $E_f \geq E_h$ condujo al criterio de Lawson.

En resumen, las tres condiciones fundamentales de un reactor de potencial termonuclear exitoso son

Requerimientos para un reactor de potencia de fusión

- La temperatura del plasma debe ser muy alta, alrededor de 4.5×10^7 K para la reacción D-T y 4×10^8 para la reacción D-D.
- La densidad de iones debe ser alta. Es necesario tener una alta densidad de núcleos interactuantes para aumentar la tasa de colisiones entre las partículas.
- El tiempo de confinamiento del plasma debe ser largo. Con el fin de cumplir con el criterio de Lawson, el producto $n\tau$ debe ser grande. Para un valor dado de n, la probabilidad de fusión entre dos partículas crece cuando τ aumenta.

Los esfuerzos actuales se orientan a alcanzar el criterio de Lawson a temperaturas que excedan la temperatura de encendido crítica. Aunque se han alcanzado las densidades de plasma mínimas, el problema del tiempo de confinamiento es más difícil. ¿Cómo puede el plasma confinarse a 10^8 K durante 1 s? Las dos técnicas básicas bajo investigación para confinar plasmas son el confinamiento de campo magnético y el confinamiento inercial.

Confinamiento de campo magnético

Muchos experimentos de plasma relacionados con la fusión emplean **confinamiento de campo magnético** para contener el plasma cargado. Un dispositivo toroidal llamado un **tokamak**, desarrollado primero en Rusia, se muestra en la figura 46.9. Una combinación de dos campos magnéticos se usan para confinar y estabilizar el plasma: 1) un intenso campo toroidal, producido por la corriente en los devanados, y 2) un campo "poloidal" más débil, producido por la corriente toroidal. Además de confinar el plasma, la corriente toroidal se usa para calentarlo. Las líneas de campo helicoidales resultantes forman espirales alrededor del plasma y evitan que toque las paredes de una cámara al vacío. Si el plasma entra en contacto con las paredes, su temperatura se reduce e impurezas pesadas salpicadas de las paredes "lo envenenan" y llevan a grandes pérdidas de potencia. Uno de los principales descubrimientos en la década de los 80 fue en el área del calentamiento auxiliar para alcanzar temperaturas de encendido. Los experimentos han mostrado que la inyección de

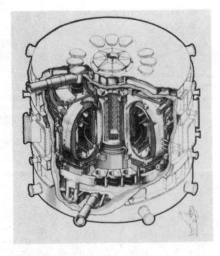

FIGURA 46.9 Diagrama esquemático de un tokamak empleado en confinamiento magnético. El campo magnético total es la superposición del campo toroidal y del campo poloidal.   *(Cortesía del Laboratorio de Física de Plasmas en Princeton)*

---

[1] El criterio de Lawson ignora la energía necesaria para establecer el intenso campo magnético utilizado para confinar el plasma. Se espera que esta energía sea casi 20 veces mayor que la requerida para calentar el plasma. Por esta razón, es necesario tener un sistema de recuperación de energía magnética o emplear imanes superconductores.

un haz de partículas neutras energéticas dentro del plasma es un método muy eficiente para calentarlo hasta temperaturas de encendido (5 a 10 keV). El calentamiento por medio de radiofrecuencias probablemente será necesario para plasmas de tamaño de un reactor.

El Reactor de Prueba de Fusión Tokamak (TFTR) en Princeton ha informado de temperaturas de ion centrales de 34.6 keV (aproximadamente 4×10^8 K), lo que representa un aumento cinco veces mayor a lo conseguido desde 1981. Durante este mismo periodo, los tiempos de confinamiento del plasma han aumentado de 0.02 s a casi 1.4 s. Los valores de $n\tau$ para la reacción D-T están bastante arriba de 10^{13} s/cm^3 y se acercan al valor requerido por el criterio de Lawson. En 1991, se alcanzaron tasas de reacción de 6×10^{17} fusiones D-T por segundo en el JET Tokamak en Abington, Inglaterra, y 1×10^{17} fusiones D-D por segundo se han informado en el TFTR en Princeton. Un esfuerzo de colaboración internacional que implica cuatro programas de fusión principales se lleva a cabo en la actualidad para diseñar y contruir un reactor de fusión ITER (International Termonuclear Experimental Reactor). Esta instalación está diseñada para abordar los restantes temas tecnológicos y científicos que establecerán la factibilidad de la potencia de fusión.

Confinamiento inercial

La segunda técnica para confinar un plasma se llama **confinamiento inercial** y usa un blanco D-T que tiene una densidad de partículas muy alta. En este esquema, el tiempo de confinamiento es muy corto (por lo común de 10^{-11} a 10^{-9} s), por lo que debido a su propia inercia, las partículas no tienen oportunidad para moverse apreciablemente a partir de sus posiciones iniciales. De este modo, el criterio de Lawson puede satisfacerse combinando una alta densidad de partículas con un breve tiempo de confinamiento.

La fusión láser es la forma más común de confinamiento inercial. Una pequeña pastilla D-T, de alrededor de 1 mm de diámetro, es golpeada simultáneamente por varios haces láser enfocados de alta intensidad, lo que produce un gran pulso de energía de entrada que hace que la superficie de la píldora de combustible se evapo-

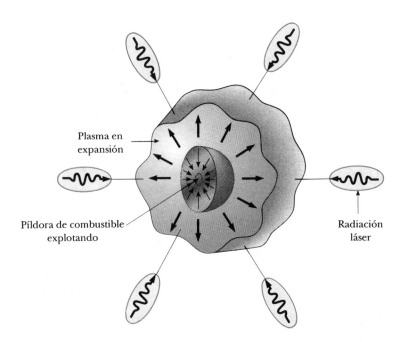

FIGURA 46.10 En el esquema de confinamiento inercial, una píldora D-T se funde cuando inciden simultáneamente sobre ella varios haces láser de alta intensidad.

a)

b)

FIGURA 46.11 a) La cámara blanco de la Instalación Láser Nova en el Lawrence Livermore Laboratory. *(Cortesía del Lawrence Livermore National Laboratory de la Universidad de California, Livermore, y del Departamento de Energía de EU)* b) Capas blanco de plástico esféricas empleadas para contener el combustible D-T se muestran en cúmulos en una moneda. Las capas tienen superficies muy lisas y tienen un espesor aproximado de 100 nm.   *(Cortesía del Laboratorio Nacional de Los Alamos)*

re (Fig. 46.10). Las partículas que escapan producen una fuerza de reacción sobre el núcleo de la píldora, originando una fuerte onda de choque compresiva que se mueve hacia el interior. Esta onda de choque aumenta la presión y densidad del núcleo y produce un correspondiente incremento de temperatura. Cuando la temperatura del núcleo alcanza la temperatura de encendido, las reacciones de fusión ocasionan que explote la píldora.

Dos de los laboratorios de fusión láser más adelantados en Estados Unidos son la instalación Omega en la Universidad de Rochester, y la instalación Nova en el Lawrence Livermore National Laboratory, en California. Ambas instalaciones emplean láseres de cristal de neodimio; la instalación Omega enfoca 24 haces láser sobre el blanco y la instalación Nova utiliza 10 haces. La figura 46.11a muestra la cámara del blanco en Nova y la figura 46.11b muestra las diminutas píldoras esféricas D-T utilizada. Nova es capaz de inyectar una potencia de 200 kJ dentro de una píldora D-T de 0.5 mm en 1 ns y ha alcanzado valores de $n\tau \approx 5 \times 10^{14}$ s/cm^3 y temperaturas de ion de 5.0 keV. Estos valores se acercan a los requeridos para el encendido D-T. Los avances en los experimentos de fusión láser a lo largo del tiempo se muestran en la figura 46.12. Este avance estable ha llevado al Departamento de Energía de Estados Unidos y a otros grupos a planear una instalación nacional que incluirá un dispositivo de fusión láser con una energía de entrada en el intervalo de 5-10 MJ.

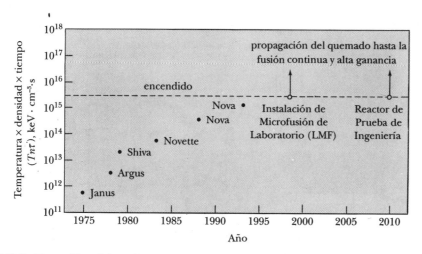

FIGURA 46.12 Una gráfica del producto de la temperatura del plasma, la densidad y el tiempo de confinamiento para la fusión láser contra el año. Los puntos llenos representan los resultados alcanzados en la actualidad.

Diseño del reactor de fusión

En la reacción de fusión D-T

$$\ce{^2_1H} + \ce{^3_1H} \longrightarrow \ce{^4_2He} + \ce{^1_0n} \qquad Q = 17.59 \text{ MeV}$$

la partícula alfa transporta 20% de la energía y el neutrón 80%, o alrededor de 14 MeV. En tanto que las partículas alfa cargadas son absorbidas principalmente en el plasma y producen el deseado calentamiento adicional de este mismo, los neutrones de 14 MeV atraviesan el plasma y deben ser absorbidos en un material de manto que lo rodea para extraer su gran energía cinética y generar potencia eléctrica. Un esquema consiste en usar metal de litio fundido como el material absorbente de neutrones y circular el litio en un circuito de intercambio cerrado para producir vapor e impulsar turbinas como en una central eléctrica convencional. La figura 46.13 muestra un diagrama de este reactor de fusión. Se estima que un material de manto de litio de alrededor de un metro de espesor capturaría 100% de los neutrones de la fusión de una pequeña píldora D-T.

La captura de neutrones mediante litio se describe con la reacción

$$\ce{^1_0n} + \ce{^6_3Li} \longrightarrow \ce{^3_1H} + \ce{^4_2He}$$

donde las energías cinéticas de litio cargado y los productos de las partículas alfa se convierten en calor en el litio. Una ventaja adicional del empleo de litio como el medio de transferencia de energía es la producción de tritio, $\ce{^3_1H}$, el cual puede ser separado del litio y regresarse como combustible al reactor. El proceso se indica en el reactor de fusión genérico mostrado en la figura 46.13.

Ventajas y problemas de la fusión

Si la potencia de la fusión pudiera aprovecharse, ofrecería varias ventajas sobre la potencia generada por la fisión: 1) el bajo costo y la abundancia del combustible (deuterio), 2) la imposibilidad de accidentes incontrolables, y 3) un peligro de radiación mucho menor que con la fisión. Algunas de las áreas problemáticas y desventajas que se prevén incluyen 1) su aún no demostrada factibilidad, 2) los muy altos costos de planta propuestos, 3) la escasez de litio, 4) el suministro limitado del helio necesario para enfriar los imanes superconductores empleados para producir intensos campos de confinamiento, 5) daño estructural y radiactividad inducida pro-

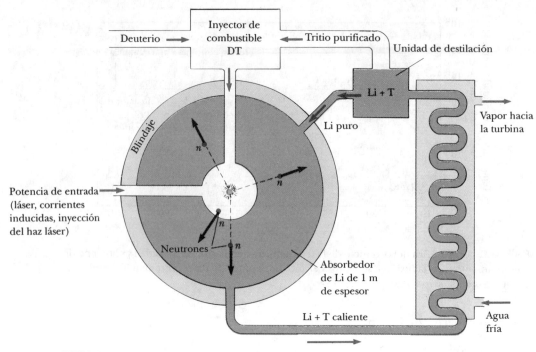

FIGURA 46.13 Un reactor de fusión genérico.

vocados por el bombardeo de neutrones, y 6) el alto grado de contaminación térmica previsto. Si estos problemas básicos y los factores de diseño e ingeniería pueden resolverse, la fusión nuclear puede convertirse en una fuente de energía factible a mediados del siguiente siglo.

*46.5 DESARROLLOS RECIENTES DE LA ENERGÍA DE FUSIÓN[2]

La investigación de fuentes alternas de energía ha conducido a un esfuerzo de investigación internacional exitoso para desarrollar la fusión como una fuente de energía práctica. Este proceso se ilustra en la figura 46.14, donde iones de deuterio y

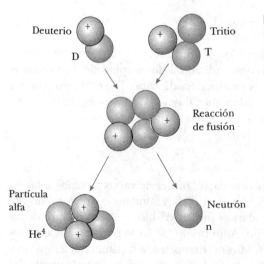

FIGURA 46.14 Diagrama esquemático de la reacción de fusión deuterio D)-tritio (T). Ochenta por ciento (80%) de la energía liberada está en los neutrones de 14 MeV.

[2] Esta sección fue preparada por el Dr. Ronald C. Davidson, Director del Princeton Plasma Physics Laboratory y profesor del Asptrophysical Physical Sciences at Princeton University.

tritio, en un plasma de alta temperatura, confinados mediante un intenso campo magnético, experimentan reacciones de fusión y producen tanto partículas alfa de 3.5 MeV que son atrapadas en el plasma, como neutrones energéticos de 14 MeV que se llevan el calor de la reacción.

Como se ilustra en la figura 46.15, la potencia producida en los experimentos de fusión de laboratorio ha aumentado por un factor de más de 60 millones desde la construcción del tokamak más grande de Estados Unidos, el Reactor de Prueba de Fusión Tokamak (TFTR) en el Laboratorio de Física de Plasmas en Princeton. Los descubrimientos científicos y registros mundiales en el desempeño de plasmas se han visto en los más grandes tokamaks en Europa, Japón y Estados Unidos. Este último país tomó la delantera en diciembre de 1993, cuando generó una potencia de fusión de 6.2 MW durante los experimentos históricos en el TFTR.

La figura 46.16 muestra una fotografía del dispositivo TFTR, que incluye los inyectores de haces neutros de alta potencia alrededor de la periferia del tokamak que se usan para calentar y alimentar combustible a los plasmas hasta temperaturas de iones aproximadamente de 4×10^8 K y densidades de iones de 0.6×10^{14} cm^{-3}. Una vez que los átomos de tritio y deuterio neutros de alta energía entran a la cámara del plasma, se ionizan y por medio de las colisiones calientan el plasma de fondo. El plasma de alta temperatura en el TFTR se confina y aísla de la pared de la cámara mediante un intenso campo magnético toroidal de 5 T de magnitud, el cual se mantiene durante dos segundos a partir de suministros de potencia externos.

Las propiedades del plasma en el TFTR se miden por medio de un arreglo de instrumentos de diagnóstico no invasivos, que incluyen desde detectores que registran emisiones de microondas y luz del plasma, hasta detectores que miden los iones

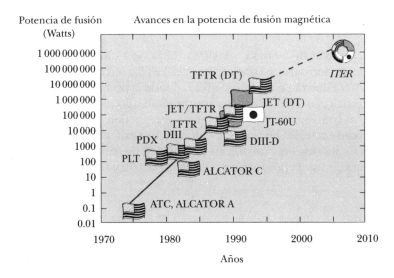

PLT	Gran toro de Princeton	
PDX	Experimento Desviador de Princeton	
JET	Toro Europeo Conjunto	
JT-60	Japón	
ITER	Reactor Experimental Termonuclear Internacional	
DIII & DIII-D	Experimentos Tokamak Atómicos Generales	
ATC & TFTR	Laboratorio de Física de Plasmas de Princeton	
ALCATOR A, C	Instituto de Tecnología de Massachusetts	

FIGURA 46.15 Los avances en la potencia de fusión alcanzados desde la autorización de la construcción del Reactor de Prueba de Fusión Tokamak en 1976 ha sido por un factor de 60 millones.

FIGURA 46.16 Fotografía del Reactor de Prueba de Fusión Tokamak en el Laboratorio de Física de Plasmas de Princeton. Los inyectores del haz neutro que rodean al dispositivo tokamak son capaces de entregar hasta 33 MW de potencia de calentamiento auxiliar al plasma.

energéticos que escapan del plasma, y los neutrones de 14 MeV producidos en el proceso de fusión deuterio-tritio. Datos típicos del TFTR acerca de la producción de potencia de fusión se ilustran en la figura 46.17, donde la potencia de fusión (en los neutrones y las partículas alfa) se grafica contra el tiempo para los tres diferentes experimentos con concentraciones variables de tritio y deuterio en la mezcla de combustible. En cada caso, los inyectores del haz neutro están "activados" entre $t = 0$ y $t = 0.75$ s. En la figura observe que una mezcla de 50% de tritio-50% de deuterio es lo óptimo para maximizar la producción de potencia de fusión a 6.2 MW. La figura

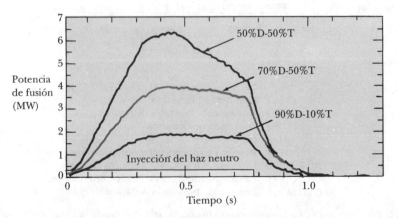

FIGURA 46.17 Gráfica de la potencia de fusión total contra el tiempo obtenida en los históricos experimentos en el Reactor de Prueba de Fusión Tokamak en diciembre de 1993.

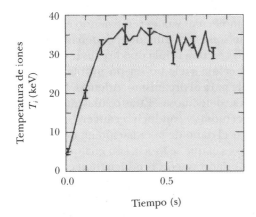

FIGURA 46.18 Gráfica de la temperatura de iones pico T_i contra el tiempo obtenida en el experimento de potencia de fusión (6.2 MW) de la figura 46.17.

46.18 es una gráfica de la temperatura máxima de iones T_i en el centro del plasma contra el tiempo para el mismo intervalo de tiempo que los datos de potencia de fusión mostrados en la figura 46.17. Advierta que T_i aumenta hasta casi 35 keV (correspondiendo a 3.9×10^8 K) en estos experimentos.

También en los experimentos de alta potencia con plasmas de deuterio-tritio hay indicaciones preliminares de que los electrones del plasma se calientan por colisiones a partir de partículas alfa energéticas de 3.5 MeV creadas en el proceso de fusión. Los electrones experimentan un aumento de temperatura de aproximadamente 0.075 keV ($\cong 0.8 \times 10^7$ K) sobre la línea de base de la temperatura del electrón de 9 keV ($\cong 10^8$ K) obtenida en plasmas de deuterio de otro modo similares. El calentamiento del plasma de fondo por medio de partículas alfa será muy importante en los reactores de potencia de la futura generación y en instalaciones experimentales, como el ITER, el cual se está diseñando en el presente. El dispositivo ITER será un tokamak mucho más grande en tamaño físico que el TFTR, y se diseñará para producir 1 000 MW de potencia de fusión, casi un factor 100 veces mayor que la última capacidad de diseño del TFTR de 10 MW. En el ITER, el contenido de energía de las partículas alfa será tan intenso que ellas calentarán y mantendrán el plasma, permitiendo que las fuentes de calentamiento auxiliar sean desconectadas una vez que se inicie la reacción. Tal estado de "combustión sostenida" de un plasma se conoce como "encendido".

*46.6 DAÑO POR RADIACIÓN EN LA MATERIA

La radiación que pasa a través de la materia puede provocar severos daños. El grado y el tipo de daño depende de varios factores, incluyendo el tipo y energía de la radiación y las propiedades de la materia. Por ejemplo, los metales empleados en las estructuras de los reactores nucleares pueden debilitarse seriamente por altos flujos de neutrones energéticos, ya que éstos conducen a la fatiga metálica. El daño en estas situaciones es en la forma de desplazamientos atómicos, lo que origina con frecuencia alteraciones mayores de las propiedades del material. Los materiales también pueden ser dañados por radiación ionizante, como los rayos gama y x. Por ejemplo, defectos llamados centros de color pueden producirse en cristales inorgánicos irradiándolos con rayos X. Un centro de color estudiado ampliamente se ha identificado como un electrón atrapado en una vacante de un ion Cl^-.

El daño por radiación en organismos biológicos se debe primordialmente a efectos de ionización en células. La operación normal de una célula puede interrumpirse cuando se forman iones o radicales altamente reactivos como consecuencia de la radiación ionizante. Por ejemplo, los radicales hidrógeno e hidroxilo producidos a partir de moléculas de agua pueden inducir reacciones químicas que tienen posibilidades de romper enlaces en proteínas y otras moléculas vitales. Además, la radia-

Un brillo de color azul de la radiación Cerenkov es emitido por el núcleo del reactor en el Laboratorio Nacional de Los Álamos. *(Laboratorio Nacional de Los Álamos)*

ción ionizante puede afectar directamente moléculas vitales removiendo electrones de su estructura. Grandes dosis de radiación son especialmente pequeñas debido a que el daño de un gran número de moléculas en una célula puede causar la muerte de la célula. Si bien la muerte de una sola célula suele no ser un problema, la de muchas puede producir un daño irreversible para el organismo. Además, las células que sobreviven a la radiación pueden volverse defectuosas. Estas células alteradas, al dividirse, pueden producir más células defectuosas y conducir a cáncer.

En sistemas biológicos, es común separar el daño de la radiación en dos categorías: *daño somático y daño genético.* El primero es el que se asocia con cualquier célula del cuerpo excepto las reproductoras. Este daño puede producir cáncer en altas dosis o alterar seriamente las características de organismos específicos. Los daños genéticos sólo afectan a células reproductivas. Los daños a los genes en las células reproductivas pueden llevar a descendencia anormal. Desde luego, debemos ocuparnos del efecto de tratamientos de diagnóstico, como los rayos x y otras formas de exposición a la radiación.

Hay varias unidades que se emplean para cuantificar la cantidad, o dosis, de cualquier radiación que interactúa con una sustancia.

El roentgen

El **roentgen** (R) es la cantidad de radiación ionizante que produce una carga eléctrica de $\frac{1}{3} \times 10^{-9}$ C en 1 cm^3 de aire bajo condiciones estándar.

Equivalentemente, el roentgen es la cantidad de radiación que deposita una energía de 8.76×10^{-3} J en 1 kg de aire.

Para la mayor parte de los empleos el roentgen se ha sustituido por rad (que es un acrónimo de *r*adiation *a*bsorbed *d*ose: dosis de radiación absorbida):

El rad

Un **rad** es la cantidad de radiación que deposita 10^{-2} J de energía en 1 kg de material absorbente.

El factor RBE

A pesar de que el rad es una unidad física perfectamente correcta, no es la mejor unidad para medir el grado de daño biológico producido por radiación debido a que éste no sólo depende de la dosis sino del tipo de radiación. Por ejemplo, una dosis dada de partículas alfa ocasiona cerca de 10 veces más daño biológico que una dosis igual de rayos X. El factor **RBE** (relative biological effectiveness: eficacia biológica relativa) para un tipo de radiación es *el número de rad de radiación x o radiación gama que produce el mismo daño biológico que 1 rad de la radiación que se está usando.* Los factores RBE para diferentes tipos de radiación se presentan en la tabla 46.1. Los valores son sólo aproximados debido a que varían con la energía de la partícula y

TABLA 46.1 RBE^a para diversos tipos de radiación

Radiación	Factor RBE
Rayos X y rayos gama	1.0
Partículas beta	1.0 – 1.7
Partículas alfa	10 – 20
Neutrones lentos	4 – 5
Neutrones y protones rápidos	10
Iones pesados	20

^{a} RBE = relative biological effectiveness (eficacia biológica relativa).

con la forma del daño. El factor RBE debe considerarse sólo una guía de primera aproximación a los efectos reales de la radiación.

Por último, el **rem** (radiation equivalent in man: radiación equivalente en el hombre) es el producto de la dosis en rad y del factor RBE:

$$\text{Dosis en rem} \equiv \text{dosis en rad} \times \text{RBE} \qquad (46.6)$$

De acuerdo con esta definición, 1 rem de dos radiaciones cualesquiera produce la misma cantidad de daño biológico. Según la tabla 46.1, vemos que una dosis de 1 rad de neutrones rápidos representa una dosis efectiva de 10 rem. Por otra parte 1 rad de radiación gama es equivalente a una dosis de 1 rem.

La radiación de bajo nivel de fuentes naturales, como los rayos cósmicos y las rocas y el suelo radiactivos, nos entrega a cada uno de nosotros una dosis de aproximadamente 0.13 rem/año. Esta radiación se denomina *radiación de fondo*. Es importante notar que la radiación de fondo varía con la geografía. El límite superior de la dosis de radiación recomendado por el gobierno de Estados Unidos (además de la radiación de fondo) es casi de 0.5 rem/año. Muchas ocupaciones implican exposiciones de radiación mucho más altas, por lo que un límite superior de 5 rem/año ha sido establecido para la exposición combinada de todo el cuerpo. Son permisibles límites superiores más altas para otras partes del cuerpo, como las manos y los antebrazos. Una dosis de 400 a 500 rem dan lugar a una tasa de mortalidad cercana a 50% (lo que significa que la mitad de la gente expuesta a este nivel de radiación muere). La forma más peligrosa de exposición es ya sea la ingestión o la inhalación de isótopos radiactivos, especialmente aquellos elementos que el cuerpo retiene y concentra, como el ^{90}Sr. En algunos casos, una dosis de 1 000 rem puede originarse a partir de la ingestión de 1 mCi de material radiactivo.

*46.7 DETECTORES DE RADIACIÓN

Se han desarrollado varios dispositivos para detectar radiación. Éstos se usan para numerosos propósitos, incluido el diagnóstico médico, mediciones de fechamiento radiactivo, la medición de la radiación de fondo y la medición de la masa, energía y momento de partículas creadas en reacciones nucleares de alta energía.

Una **cámara de iones** (Fig. 46.19) es una clase general de detector que aprovecha los pares electrón-ion generados por el paso de radiación a través de un gas para producir una señal eléctrica. Dos placas en la cámara se mantienen a diferentes potenciales conectándolas a un suministro de voltaje. La placa positiva atrae electrones, en tanto que la negativa atrae iones, lo que produce un pulso de corriente que es proporcional al número de pares electrón-ion producido cuando una partícula radiactiva entra a la cámara. Cuando la cámara de iones se utiliza tanto para detectar la presencia de una partícula radiactiva como para medir su energía, recibe el nombre de un **contador proporcional**.

El **contador Geiger** (Fig. 46.20) es quizá la forma más común de cámara de iones empleada para detectar radiación. Puede considerarse el prototipo de todos los contadores que usan la ionización de un medio como el proceso de detección básico. Está compuesto por un tubo metálico cilíndrico lleno con gas a baja presión y un extenso alambre a lo largo del eje del tubo. El alambre se mantiene a un alto potencial positivo (alrededor de 10^3 V) respecto del tubo. Cuando una partícula o fotón de alta energía entra al tubo a través de una delgada ventana en un extremo, parte de los átomos del gas se ioniza. Los electrones extraídos de estos átomos son atraídos hacia el alambre positivo, y en el proceso ionizan a otros átomos en su camino. Esto produce un alud de electrones que a su vez produce un pulso de corriente a la salida del tubo. Después de que se amplifica el pulso puede usarse para activar un contador electrónico o alimentar a un altavoz que hace un ruido ligero cada vez que se detecta una partícula. En tanto que un contador Geiger detecta con facilidad la

La cámara de iones

Contador Geiger

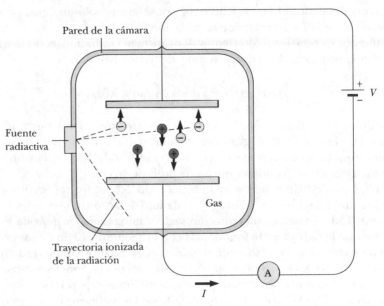

FIGURA 46.19 Diagrama simplificado de una cámara de iones. La fuente radiactiva crea pares electrón-ion que son colectados por las placas cargadas. Esto establece una corriente en el circuito externo que es proporcional a la enegía cinética de las partículas.

Detector de diodo semiconductor

presencia de una partícula radiactiva, la energía perdida por esta misma en el contador *no* es proporcional al pulso de corriente que ella produce. De tal modo, un contador Geiger no puede utilizarse para medir la energía de una partícula radiactiva.

Un **detector de diodo semiconductor** es en esencia una unión *p-n* polarizada inversamente. Del capítulo 43 recuerde que un diodo de unión *p-n* deja pasar corriente sin dificultad cuando está polarizado directamente y obstruye una corriente bajo condiciones de polarización inversa. Cuando una partícula energética pasa por la unión, los electrones son excitados hasta la banda de conducción y se forman hoyos en la banda de valencia. El campo eléctrico interno barre los electrones hacia el lado positivo (*n*) de la unión y los hoyos hacia el lado negativo (*p*). Este movimiento de electrones y hoyos crea un pulso de corriente que se mide con un contador electrónico. En un dispositivo comunal, la duración del pulso es aproximadamente de 10^{-8} s.

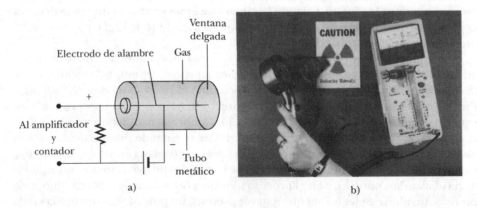

FIGURA 46.20 a) Diagrama de un contador Geiger. El voltaje entre el alambre central y el tubo metálico suele ser cercano a 1 000 V. b) Empleo de un contador Geiger para medir la actividad de un mineral radiactivo.   *(Henry Leap y Jim Lehman)*

Un **contador de destellos** (Fig. 46.21) suele usar un material sólido o líquido cuyos átomos son excitados con facilidad por la radiación. Éstos emiten luz visible cuando regresan a su estado base. Los materiales comunes empleados como destelladores son cristales transparentes de ioduro de sodio y ciertos plásticos. Si un material de este tipo se une a un extremo de un dispositivo llamado tubo **fotomultiplicador** (FM), los fotones emitidos por el destellador pueden convertirse en una señal eléctrica. El tubo FM está compuesto por numerosos electrodos, llamados dinodos, cuyos potenciales se incrementan en sucesión a lo largo de la longitud del tubo, como se muestra en la figura 46.21. La parte superior del tubo contiene un fotocátodo, el cual emite electrones por medio del efecto fotoeléctrico. Cuando uno de estos electrones emitidos incide en el primer dinodo, el electrón tiene suficiente energía cinética para arrancar varios electrones más. Cuando estos electrones se aceleran hasta el segundo dinodo, se arrancan mucho más electrones y ocurre un proceso de multiplicación. El resultado final es 1 millón o más de electrones incidiendo en el último dinodo. Por consiguiente, una partícula que llega al centellador produce un pulso eléctrico medible a la salida del tubo FM, y este pulso se envía a su vez a un contador electrónico. Tanto el centellador como el detector de diodo son mucho más sensibles que un contador Geiger, debido fundamentalmente a la densi-

Contador de destellos

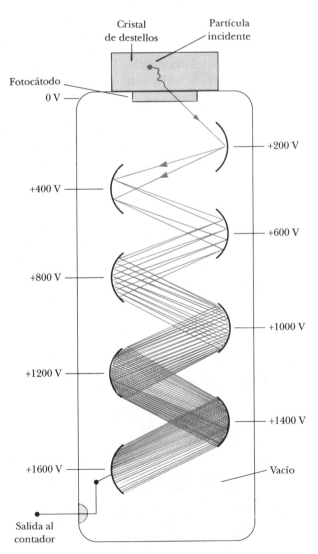

FIGURA 46.21 Diagrama de un contador de destellos conectado a un tubo fotomultiplicador.

Esta investigadora científica estudia una fotografía de trayectorias de partículas hechas en una cámara de burbujas en el Fermilab. Las trayectorias curva son producidas por partículas cargadas que se mueven a través de la cámara en la presencia de un campo magnético aplicado. Las partículas cargadas negativamente se desvían en una dirección, en tanto que las partículas cargadas positivamente se desvían en la dirección opuesta. *(Dan McCoy/Rainbow)*

dad más alta del medio de detección. Ambos pueden emplearse para medir la energía de partículas si éstas se detienen en el detector.

Los **detectores de traza** son diversos dispositivos que se utilizan para ver directamente las trayectorias de partículas cargadas. Las partículas de alta energía producidas en los aceleradores de partículas pueden tener energías que varían de 10^9 a 10^{12} eV. De este modo, no pueden ser detenidas y su energía no puede medirse con los pequeños detectores ya mencionados. En vez de eso, la energía y el momento de estas partículas energéticas se determinan a partir de la curvatura de la trayectoria de la partícula en un campo magnético conocido, de ahí la necesidad de los detectores de traza. Una **emulsión fotográfica** es el ejemplo más simple de un detector de traza. Una partícula cargada ioniza los átomos en una capa de la emulsión. La trayectoria de la partícula corresponde a una familia de puntos en los cuales han ocurrido cambios químicos en la emulsión. Cuando la emulsión se revela, las trayectorias de las partículas se vuelven visibles.

Una **cámara de niebla** contiene un gas que ha sido superenfriado justo abajo de su punto de condensación usual. Una partícula energética que atraviesa al gas lo ioniza a lo largo de su trayectoria. Estos iones sirven como centros de condensación del gas superenfriado. La trayectoria puede verse a simple vista y es posible fotografiarla. Un campo magnético puede aplicarse para determinar las cargas de las partículas radiactivas, así como su momento y energía.

Un dispositivo llamado **cámara de burbujas**, inventado en 1952 por D. Glaser, utiliza un líquido (casi siempre hidrógeno líquido) mantenido cerca de su punto de ebullición. Los iones producidos por las partículas cargadas entrantes dejan trayectorias de burbujas, las cuales pueden fotografiarse (Fig. 46.22). Debido a que la densidad del medio de detección de una cámara de burbujas es mucho más alta que la densidad del gas en una cámara de niebla, aquélla tiene una sensibilidad mucho más alta.

Una **cámara de chispas** es un dispositivo de conteo que está compuesta por un arreglo de placas paralelas conductoras y es capaz de grabar un registro de trayectoria tridimensional. Las placas con número par están conectadas a tierra y las de número impar se mantienen a un elevado potencial (alrededor de 10 kV). Los espacios entre las placas contienen un gas noble a presión atmosférica. Cuando una partícula cargada pasa a través de la cámara la ionización ocurre en el gas, lo que produce una gran sobrecorriente y en una serie visible de chispas a lo largo de la trayectoria de la partícula. Estas trayectorias pueden fotografiarse o detectarse electrónicamente y enviarse a una computadora para la reconstrucción de la trayectoria y la determinación de la masa, momento y energía de la partícula.

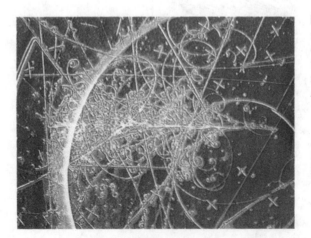

FIGURA 46.22 Fotografía de una cámara de burbujas coloreada artificialmente en la que se muestran trayectorias de partículas sub-atómicas. *(Photo Researchers, Inc. Science Photo Library)*

Los **detectores de neutrones** son más difíciles de construir que los detectores de partículas cargadas, ya que los neutrones no interactúan eléctricamente con los átomos cuando atraviesan la materia. Los neutrones rápidos, sin embargo, pueden detectarse llenando una cámara de iones con gas hidrógeno y detectando la ionización producida por protones de retroceso de alta densidad producidos en las colisiones neutrón-protón. Los neutrones lentos con energías menores de 1 MeV no transfieren suficiente energía a los protones para que se detecten de este modo; sin embargo, los neutrones lentos pueden detectarse usando una cámara de iones llena con gas BF_3. En este caso, los núcleos de boro se desintegran en un proceso de captura de neutrones lentos emitiendo partículas alfa altamente ionizadas que se detectan sin dificultad en la cámara de iones.

*46.8 USOS DE LA RADIACIÓN

Los empleos de la física nuclear se han extendido considerablemente en la industria, medicina y biología. Incluso una breve discusión de todas las posibilidades llenaría un libro completo, y mantener actualizado tal libro requeriría varias revisiones cada año. En esta sección, presentamos unas cuantas de estas aplicaciones y las teorías fundamentales que las respaldan.

Trazado radiactivo

Las partículas radiactivas pueden usarse para seguir el recorrido de compuestos químicos que participan en diversas reacciones. Uno de los más valiosos usos de los trazadores radiactivos está en la medicina. Por ejemplo, el ^{131}I es un isótopo del yodo producido de modo artificial (el isótopo natural no radiactivo es el ^{127}I). El yodo, un nutriente necesario para el cuerpo humano, se obtiene en mayor grado a través de la ingestión de sal yodada y mariscos. La glándula tiroides desempeña un papel principal en la distribución del yodo por todo el cuerpo. Para evaluar el desempeño de la tiroides el paciente bebe una cantidad muy pequeña de yoduro de sodio radiactivo. Dos horas después, la cantidad de yoduro en la glándula tiroides se determina midiendo la intensidad de la radiación en el área del cuello.

Un segundo empleo médico se indica en la figura 46.23. Aquí, una sal que contiene sodio radiactivo se inyecta en una vena de la pierna. El tiempo en el cual el

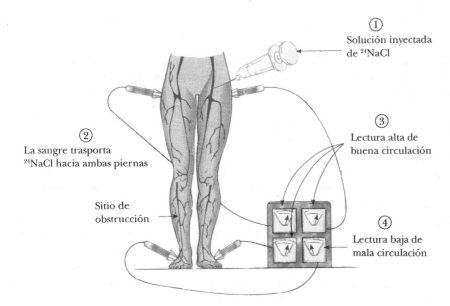

FIGURA 46.23 Una técnica de trazadores para determinar el estado del sistema circulatorio humano.

radioisótopo llega a otra parte del cuerpo se detecta con un contador de radiación. El tiempo transcurrido es una buena indicación de la presencia o ausencia de obstrucciones en el sistema circulatorio.

La técnica de trazadores también es útil en la investigación agrícola. Suponga que se va a determinar el mejor método para fertilizar una planta. Cierto elemento en el fertilizador, como el nitrógeno, puede etiquetarse (identificarse) con uno de sus isótopos radiactivos. El fertilizador se dispersa después sobre un grupo de plantas, rociándolo sobre el suelo para un segundo grupo y rastrillándolo en el suelo para un tercero. Un contador Geiger se emplea después para rastrear el nitrógeno a través de los tres grupos.

Las técnicas de trazado radiactivo son tan amplias como el propio ingenio humano. Las aplicaciones presentes varían de la verificación de la absorción de flúor en los dientes y la revisión de la contaminación en equipo procesador de alimentos por medio de limpiadores, hasta monitorear el deterioro dentro del motor de un automóvil. En el último caso, se utiliza un material radiactivo en la fabricación de los pistones, y se revisa la radiactividad del aceite para determinar el grado de desgaste de los mismos.

Análisis de activación

Por siglos, un método estándar para identificar elementos en una muestra de material ha sido el análisis químico, el cual implica probar una parte del material para que reaccione con diversos compuestos químicos. Un segundo método es el análisis espectral, el cual utiliza el hecho de que, cuando está excitado, cada elemento emite su propio conjunto característico de longitud de ondas electromagnéticas. Estos métodos ahora son suplementados por una tercera técnica, el **análisis de activación de neutrones**. Tanto los métodos químicos como los espectrales tienen la desventaja de que una muestra bastante grande del material debe destruirse para el análisis. Además, cantidades extremadamente pequeñas de un elemento pueden no detectarse por cualesquiera de estos métodos. El análisis de activación tiene una ventaja sobre los otros dos métodos en ambos de estos aspectos.

Cuando el material bajo investigación se irradia con neutrones, los núcleos en el material los absorben y se transforman en diferentes isótopos, la mayor parte de los cuales son radiactivos. Por ejemplo, el ^{65}Cu absorbe un neutrón para convertirse en ^{66}Cu, mismo que sufre decaimiento beta:

$$\,^{1}_{0}n + \,^{65}_{29}Cu \longrightarrow \,^{66}_{29}Cu \longrightarrow \,^{66}_{30}Zn + \beta^{-}$$

La presencia del cobre puede deducirse debido a que se sabe que el ^{66}Cu tiene una vida media de 5.1 min y decae con la emisión de partículas beta que tienen energías máximas de 2.63 y 1.59 MeV. También se emite en el decaimiento del ^{66}Cu un rayo gama de 1.04 MeV. De esta manera, examinando la radiación emitida por una sustancia después de que se ha expuesto a la irradiación de neutrones, es posible detectar trazas en extremo pequeñas de un elemento.

El análisis de activación de neutrones se usa de forma rutinaria en muchas industrias, pero el siguiente ejemplo no rutinario de su uso es de interés. Napoléon murió en la isla de Santa Helena en 1821. Supuestamente por causas naturales. Con el paso de los años, han surgido sospechas de que su muerte no fue del todo natural. Después de su fallecimiento su cabeza fue rapada y mechones de su pelo se vendieron como souvenirs. En 1961, la cantidad de arsénico en una muestra de su cabello se midió por medio de análisis de activación de neutrones. Se encontraron cantidades inusualmente grandes de arsénico. (El análisis de activación es tan sensible que piezas pequeñas de un solo cabello podrían analizarse.) Los resultados mostraron que se le administró arsénico irregularmente. De hecho, el modelo de concentración de arsénico correspondió a las fluctuaciones en la severidad de la enfermedad de Napoléon de acuerdo a como se ha determinado a partir de los registros históricos.

RESUMEN

La probabilidad de que los neutrones sean capturados cuando se mueven a través de la materia por lo general aumenta con la energía decreciente de los mismos. Un neutrón térmico (uno cuya energía es aproximadamente k_BT) tiene una alta probabilidad de ser capturado por un núcleo:

$$\ce{^1_0n} + \ce{^A_ZX} \longrightarrow \ce{^{A+1}_ZX} + \gamma \tag{46.1}$$

Los neutrones energéticos son frenados con facilidad en materiales llamados **moderadores**. En estos materiales, los neutrones pierden su energía principalmente a través de colisiones elásticas.

La **fisión nuclear** ocurre cuando un núcleo muy pesado, como el ^{235}U, se divide en dos fragmentos más pequeños. Los neutrones térmicos pueden crear fisión en el ^{235}U:

$$\ce{^1_0n} + \ce{^{235}_{92}U} \longrightarrow \ce{^{236}_{92}U^*} \longrightarrow X + Y + \text{neutrones} \tag{46.2}$$

donde X y Y son los fragmentos de fisión, y el $^{236}U^*$ es un núcleo compuesto en un estado excitado. En promedio, 2.47 neutrones se liberan por evento de fisión. Los fragmentos y neutrones tienen una gran cantidad de energía cinética después del evento de fisión. Los fragmentos se someten luego a una serie de decaimientos beta y gama hasta convertirse en diversos isótopos estables. La energía liberada por eventos de fisión es alrededor de 208 MeV.

La **constante de reproducción** K es el número promedio de neutrones liberados en cada evento de fisión que produce otro evento. En un reactor de potencia es necesario mantener $K \approx 1$. El valor de K es afectado por factores como la geometría del reactor, la energía media del neutrón, y la probabilidad de captura del neutrón. El diseño apropiado de la geometría del reactor es necesario para minimizar la fuga de neutrones del núcleo del reactor. Las energías de los neutrones se regulan con un material moderador para frenar neutrones energéticos y consecuentemente aumentar la probabilidad de captura neutrónica por otros núcleos de ^{235}U. El nivel de potencia del reactor se ajusta con barras de control hechas de un material que es muy eficiente al absorber neutrones. El valor de K puede ajustarse incertando las barras a diversas profundidades dentro del núcleo del reactor.

La **fusión nuclear** es un proceso en el cual dos núcleos ligeros se funden para formar un núcleo más pesado. Una gran cantidad de energía se libera en este proceso. El principal obstáculo en la obtención de energía útil a partir de la fusión es la gran fuerza repulsiva de Coulomb entre los núcleos cargados a pequeñas separaciones. Debe suministrarse suficiente energía a las partículas para vencer esta barrera de Coulomb. La temperatura requerida para producir la fusión es del orden de 10^8 K, y a esta temperatura toda la materia se presenta como plasma.

En un reactor de fusión, la temperatura del plasma debe alcanzar por lo menos la **temperatura del encendido crítica**, la temperatura a la cual la potencia generada por las reacciones de fusión es mayor que la pérdida de potencia en el sistema. La reacción de fusión más prometedora es la D-T, la cual tiene una temperatura de encendido crítica de aproximadamente 4.5×10^7 K. Dos parámetros críticos implicados en el diseño del reactor de fusión son la **densidad de iones** n y el **tiempo de confinamiento** τ. Este último es el tiempo que las partículas interactuantes deben mantenerse a una temperatura igual o mayor que la de encendido crítica. El **criterio de Lawson** establece que para la reacción D-T, $n\tau \geq 10^{14}$ s/cm^3.

PREGUNTAS

1. Explique la función de un moderador en un reactor de fisión.

2. ¿Por qué el agua es mejor blindaje contra neutrones que el plomo o el acero?

3. Analice las ventajas y desventajas de los reactores de fisión desde el punto de vista de seguridad, contaminación y recursos. Haga una comparación con la potencia generada a partir del quemado de combustibles fósiles.

4. ¿Por qué un reactor de fusión produciría menos desechos radiactivos que un reactor de fisión?

5. El criterio de Lawson establece que el producto de la densidad de iones y el tiempo de confinamiento debe ser mayor que cierto número antes de que pueda ocurrir una reacción de fusión continua. ¿Por qué estos dos parámetros determinan el resultado?

6. ¿Por qué la temperatura requerida para la fusión D-T es menor que la necesaria para la fusión D-D? Estime la importancia relativa de la repulsión de Coulomb y la atracción nuclear en cada caso.

7. ¿Qué factores hacen que una reacción de fusión sea difícil de lograr?

8. Analice las similitudes y diferencias entre la fusión y la fisión.

9. Discuta las ventajas y desventajas de la potencia de fusión desde el punto de vista de seguridad, contaminación y recursos.

10. Estudie tres de los principales problemas asociados al desarrollo de un reactor de fusión controlado.

11. Describa dos técnicas que se están persiguiendo con el fin de obtener potencia de una fusión nuclear.

12. Si dos muestras radiactivas tienen la misma actividad medida en curies, ¿necesariamente producirán el mismo daño en un medio? Explique.

13. Un método de tratamiento del cáncer de la tiroides es introducir una pequeña fuente radiactiva directamente en el tumor. La radiación emitida por la fuente puede destruir células cancerosas. Muy a menudo, el isótopo radiactivo $^{131}_{53}I$ se inyecta en la corriente sanguínea en este tratamiento. ¿Por qué supone usted que se usa yodo?

14. ¿Por qué puede un radiólogo ser en extremo cuidadoso respecto de las dosis de rayos x cuando trata a una mujer embarazada?

15. El diseño de un tubo FM podría sugerir que cualquier número de dinodos puede emplearse para amplificar una señal débil. ¿Qué factores supone usted que limitarían la amplificación en este dispositivo?

PROBLEMAS

Sección 46.2   Fisión nuclear

1. El estroncio 90 es un producto de fisión particularmente peligroso del ^{235}U debido a que es radiactivo y que sustituye al calcio en los huesos. ¿Qué otros productos de fisión directos lo acompañarían en la fisión inducida de neutrones del ^{235}U? (*Nota:* Esta reacción puede liberar dos, tres o cuatro neutrones libres.)

2. Registre las reacciones nucleares requeridas para producir ^{239}Pu a partir del ^{238}U bajo bombardeo de neutrones rápidos.

3. Registre las reacciones nucleares requeridas para producir ^{233}U a partir de ^{232}Th bajo bombardeo de neutrones rápidos.

4. a) Encuentre la energía liberada en la siguiente reacción liberada de fisión:

$$^1_0n + {}^{235}_{92}U \longrightarrow {}^{141}_{56}Ba + {}^{92}_{36}Kr + 3({}^1_0n)$$

Las masas requeridas son

$$M({}^1_0n) = 1.008\ 665\ u$$

$$M({}^{235}_{92}U) = 235.043\ 915\ u$$

$$M({}^{141}_{56}Ba) = 140.913\ 9\ u$$

$$M({}^{92}_{36}Kr) = 91.897\ 3\ u$$

b) ¿Qué fracción de la masa inicial del sistema se emite?

5. Encuentre el número de núcleos de ^6Li y de ^7Li presentes en 2 kg de litio. (La abundancia natural de ^6Li es de 7.5%; el resto es ^7Li.)

6. Una central de potencia de fisión nuclear típica produce alrededor de 1 000 MW de potencia eléctrica. Suponga que la planta tiene una eficiencia total de 40% y que cada fisión produce 200 MeV de energía térmica. Calcule la masa de ^{235}U consumida cada día.

7. Suponga que uranio enriquecido que contiene 3.4% del isótopo fisionable $^{235}_{92}U$ se emplea como combustible de un barco. El agua ejerce un arrastre friccionante promedio de 1.0×10^5 N sobre el barco. ¿Qué distancia puede recorrer el barco por kilogramo de combustible? Suponga que la energía liberada por evento de fisión es de 208 MeV y que el motor del barco tiene una eficiencia de 20%.

Sección 46.3   Reactores nucleares

8. Para minimizar la fuga de neutrones de un reactor, la proporción área de la superficie/volumen debe ser un mínimo. Para un volumen dado V, calcule esta proporción para a) una esfera, b) un cubo, y c) un paralelepípedo de dimensiones $a \times a \times 2a$. d) ¿Cuál de estas formas tendría la fuga mínima? ¿Cuál tendría la fuga máxima?

9. Se ha estimado que hay 10^9 tons de uranio natural disponible en concentraciones que exceden 100 partes por millón, de las cuales 0.7% es ^{235}U. Si todas las necesidades de energía del mundo (7×10^{12} J/s) fueran a proporcionarse por medio de la fisión del ^{235}U, ¿cuánto durarían estas reservas? (Esta estimación de reservas de uranio fue tomada de K.S. Deffeyes e I.D. MacGregor, *Scientific American,* enero 1980, p. 66.)

Sección 46.4   Fusión nuclear

10. Una antigua predicción para el futuro era tener calor suministrado por un reactor de fusión para reducir desperdicios a una forma elemental, ponerlos a través de un espectrómetro gigante y reducir la basura a una nueva fuente de elementos puros isotópicamente, es decir,

---

☐ Indica problemas que tienen soluciones completas disponibles en el *Manual de soluciones del estudiante* y en la *Guía de estudio.*

la mina del futuro. Suponiendo una masa atómica de 56 y una carga promedio de 26 (estimación alta con todos los materiales orgánicos), a una corriente de 10^6 A, ¿cuánto tardaría el procesamiento de 1 ton métrica de basura?

11. a) Si se construyera un generador de fusión para generar 3 000 MW de potencia térmica, determine la tasa de combustible quemado en gramos por hora si se recurre a la reacción D-T. b) Haga lo mismo para la reacción D-D suponiendo que los productos de reacción se dividen igualmente entre (n, ^{3}He) y (p, ^{3}H).

12. Dos núcleos que tienen números atómicos Z_1 y Z_2 se aproximan uno al otro con una energía total *E*. a) Si la distancia mínima de acercamiento para que ocurra la fusión es $r = 10^{14}$ m, encuentre *E* en términos de Z_1 y Z_2. b) Calcule la energía mínima por fusión de las reacciones D-D y D-T (la primera y tercera reacciones en la ecuación 46.4).

13. Para entender por qué la contención del plasma es necesaria, considere la tasa a la cual un plasma no contenido se perdería. a) Estime la velocidad rms de deuterones en un plasma a 4×10^8 K. b) Estime el tiempo que un plasma de este tipo permanecería en un cubo de 10 cm si no se tomaran medidas para contenerlo.

14. De todos los núcleos de hidrógeno en el océano, 0.0156 de la masa es deuterio. Los océanos tienen un volumen de 317 millones de millas cúbicas. a) Si todo el deuterio en los océanos se fundiera en $_2^4$He, ¿cuántos joules de energía se liberarían? b) El consumo de energía mundial en la actualidad es aproximadamente de 7×10^{12} W. Si el consumo fuera 100 veces mayor, ¿cuánto duraría la energía calculada en el inciso a)?

15. Se ha señalado que los reactores de fusión son seguros en cuanto a la explosión debido a que nunca hay suficiente energía en el plasma para hacer mucho daño. a) En 1992, el reactor TFTR tenía una temperatura de iones de 4.0×10^8 K, una densidad de plasma de 2.0×10^{13} cm^{-3} y un tiempo de confinamiento de 3.0×10^{13} s. Calcule la cantidad de energía almacenada en el plasma del reactor. b) ¿Cuántos kilogramos de agua podrían hervirse con esta gran energía? (El volumen del plasma del reactor TFTR es alrededor de 50 m^3.)

16. Con el fin de confinar un plasma estable, la densidad de energía magnética en el campo magnético (ecuación 32.15) debe ser mayor que la presión 2 nk_BT del plasma por un factor por lo menos de 10. En lo que sigue, suponga un tiempo de confinamiento $\tau = 1.0$ s. a) Empleando el criterio de Lawson, determine la densidad de iones requerida. b) A partir del criterio de temperatura de encendido para la reacción D-T, determine la presión de plasma requerida. c) Determine la magnitud del campo magnético requerido para contener el plasma.

Sección 46.6   Daño por radiación en la materia

17. Un edificio se ha contaminado accidentalmente con radiactividad. El material de más larga vida en el edificio es estroncio 90 (el $_{38}^{90}$Sr tiene una masa atómica de 88.9077 y su vida media es de 28.8 años). Si inicialmente 1.0 kg de esta sustancia estaba distribuida uniformemente por todo el edificio (una situación improbable) y el nivel de

seguridad es menor que 10.0 conteos/min, ¿cuánto tiempo será inseguro el edificio?

18. Una fuente radiactiva particular produce 100 mrad de rayos gama de 2 MeV por hora a una distancia de 1.0 m. a) ¿Cuánto tiempo podría estar parada una persona a esta distancia antes de acumular una dosis intolerable de 1 rem? b) Suponiendo que la fuente radiactiva es puntual, ¿a qué distancia la persona recibiría una dosis de 10 mrad/h?

19. Suponga que un técnico de rayos x efectúa un promedio de 8 radiografías al día y recibe una dosis de 5 rem/año como consecuencia. a) Estime la dosis en rem por radiografía tomada. b) ¿Cómo se compara este resultado con la radiación de fondo de bajo nivel?

20. Cuando los rayos gama inciden sobre la materia, la intensidad del rayo gama que atraviesa al material varía con la profundidad x como $I(x) = I_0 e^{-\mu x}$, donde μ es el coeficiente de absorción e I_0 es la intensidad de la radiación en la superficie del material. Para rayos gama de 0.400 MeV en plomo, el coeficiente de absorción es 1.59 cm^{-1}. a) Determine el "medio espesor" para el plomo, es decir, el espesor del plomo que absorbería la mitad de los rayos gama incidentes. b) ¿Qué espesor reduciría la radiación por un factor de 10^4?

21. Un "inteligente" técnico decide calentar algo de agua para su café con una máquina de rayos x. Si la máquina produce 10 rad/s, ¿cuánto tardará en elevar la temperatura de una taza de agua en 50°C?

22. El daño al cuerpo por una alta dosis de rayos gama no se debe a la cantidad de energía absorbida sino que se presenta debido a la naturaleza ionizante de la radiación. Para ilustrar esto, calcule el aumento en la temperatura del cuerpo que resultaría si una dosis "letal" de 1 000 rad fuera absorbida estrictamente como calor.

23. El tecnecio 99 se emplea en ciertos procedimientos de diagnóstico médico. Si 1.0×10^{-8} g de ^{99}Tc se inyecta a un paciente de 60 kg y la mitad de los rayos gama de 0.14 MeV son absorbidos en el cuerpo, determine la dosis de radiación total recibida por el paciente.

24. El estroncio 90 sigue encontrándose en la atmósfera proveniente de las pruebas de bombas atómicas. El decaimiento del ^{90}Sr libera 1.1 MeV de energía en los huesos de una persona en la que el estroncio ha sustituido al calcio. Si una persona de 70 kg recibe 1.0 μg de ^{90}Sr de leche contaminada, calcule la tasa de dosis absorbida (en J/kg) en un año. Suponga que la vida media del ^{90}Sr es de 29 años.

Sección 46.7   Detectores de radiación

25. En un tubo Geiger, el voltaje entre los electrodos es por lo común de 1.0 kV y el pulso de corriente descarga un capacitor de 5.0 pF. a) ¿Cuál es la amplificación de energía de este dispositivo para un electrón de 0.50 MeV? b) ¿Cuántos electrones se precipitan a partir del electrón inicial?

25A. En un tubo Geiger, el voltaje entre los electrodos es *V* y el pulso de corriente descarga un capacitor de capacitancia *C*. a) ¿Cuál es la amplificación de energía de este dispositivo para un electrón de energía *E*? b)

¿Cuántos electrones se precipitan a partir del electrón inicial?

26. En un tubo FM, suponga siete dinodos que tienen potenciales de 100, 200, 300, ..., 700 V. La energía promedio requerida para liberar a un electrón de la superficie es 10 eV. Por cada electrón incidente, ¿cuántos electrones se liberan a) en el primer dinodo y b) en el último dinodo? c) ¿Cuál es la energía promedio suministrada por el tubo para cada electrón? (Suponga una eficiencia de 100%.)

PROBLEMAS ADICIONALES

27. La bomba atómica que se dejó caer en Japón en 1945 liberó 1.0×10^{14} J de energía (equivalente a la de 20 000 tons de TNT). Estime a) el número de $^{235}_{92}$U fisionados, y b) la masa mínima de $^{235}_{92}$U necesaria en la bomba.

28. Compare la pérdida de energía fraccionaria en una reacción de fisión típica de ^{235}U con la pérdida de energía fraccionaria en la fusión D-T.

29. La vida media del tritio es de 12 años. Si el reactor de fusión TFTR contiene 50 m³ de tritio a una densidad igual a 2.0×10^{14} partículas/cm³, ¿cuántos curies de tritio están en el plasma? Compare este valor con un inventario de fisión (el suministro estimado de material fisionable) de 4×10^{10} Ci.

29A. La vida media del tritio es de 12 años. Si el reactor de fusión TFTR contiene tritio de volumen V a una densidad n partículas/cm³, ¿cuántos curies de tritio están en el plasma?

30. Considere un núcleo en reposo, el cual se parte después en dos fragmentos, de masas m_1 y m_2. Muestre que la fracción de la energía cinética total que se lleva m_1 es

$$\frac{K_1}{K_{\text{tot}}} = \frac{m_2}{m_1 + m_2}$$

y la fracción que se lleva m_2 es

$$\frac{K_2}{K_{\text{tot}}} = \frac{m_1}{m_1 + m_2}$$

suponiendo que se ignoran las correcciones relativistas. (*Nota:* Si el núcleo padre se estaba moviendo antes del decaimiento, entonces m_1 y m_2 siguen dividiendo la energía cinética, como se muestra, siempre y cuando todas las velocidades se midan en el marco de referencia del centro de masa, en el cual el momento total del sistema es cero.)

31. Un neutrón de 2 MeV se emite en un reactor de fisión. Si pierde la mitad de su energía cinética en cada colisión con un átomo del moderador, ¿cuántas colisiones debe sufrir para llegar a la energía térmica (0.039 eV)?

32. Una planta de potencia nuclear opera utilizando el calor liberado en la fisión nuclear para convertir agua a 20°C en vapor a 400°C. ¿Cuánta agua podría convertirse teóricamente en vapor mediante la fisión completa de 1 g de ^{235}U a 200 MeV/fisión?

32A. Una planta de potencia nuclear opera utilizando el calor liberado en la fisión nuclear para convertir agua a T_r en vapor a T_h. ¿Cuánta agua podría convertirse teóricamente en vapor mediante la fisión completa de N gramos de ^{235}U a 200 MeV/fisión?

33. Casi 1 de cada 6 500 moléculas de agua contiene un átomo de deuterio. a) Si los átomos de deuterio en 1 litro de agua se funden en pares de acuerdo con la reacción D-D ^{2}H + ^{2}H → ^{3}He + n + 3.3 Mev, ¿cuántos joules de energía se liberan? b) La combustión de la gasolina produce cerca de 3.4×10^7 J/L. Compare la energía obtenida de la fusión del deuterio en un litro de agua con la energía liberada por la combustión de 1 litro de gasolina.

34. El emisor de partículas α polonio 210 ($^{280}_{80}$Po) se usa en una batería nuclear. Determine la salida de potencia inicial de la batería si ésta contiene 0.115 kg de ^{210}Po. Suponga que la eficiencia de conversión de la energía del decaimiento radiactivo en energía eléctrica es de 1.0%.

35. Cierta central nucleoeléctrica genera 3 065 MW de potencia térmica para producir 1 000 MW de potencia eléctrica. Del calor de desecho, 3.0% se expulsa a la atmósfera y el resto se envía a un río. Una ley estatal requiere que el agua no se caliente más de 3.5°C cuando se regrese al río. a) Determine la cantidad de agua de enfriamiento necesaria (en kg/h y m³/h) para enfriar la planta. b) Si la fisión genera 7.80×10^{10} J/g de ^{235}U, determine la tasa de quemado de combustible (en kg/h) del ^{235}U.

36. Un neutrón lento (velocidad aproximadamente igual a cero) puede iniciar la reacción

$$n + {}^{10}_{5}B \longrightarrow {}^{7}_{3}Li + {}^{4}_{2}He$$

Si la partícula alfa se aleja con una velocidad de 9.3×10^6 m/s, calcule la energía cinética del núcleo de litio. Emplee fórmulas no relativistas.

37. Suponiendo que el deuterón y el tritio están en reposo cuando se funden de acuerdo con ^{2}H + ^{3}H → ^{4}He + n + 17.6 MeV, determine la energía cinética adquirida por el neutrón.

38. Un paciente ingiere un radiofármaco marcado con fósforo 32 ($^{32}_{15}$P), un emisor β^-. La energía cinética de las partículas beta es 700 keV. Si la actividad inicial es 5.22 MBq, determine la dosis absorbida durante un periodo de 10 días. Suponga que las partículas beta son absorbidas por completo en 10.0 g de tejido. (*Sugerencia:* Encuentre el número de partículas beta emitidas.)

39. a) Calcule la energía (en kilowatt horas) liberada si 1.00 kg de ^{239}Pu sufre fisión completa y la energía liberada por evento de fisión es 200 MeV. b) Calcule la energía (en electrón volts) liberada en la fusión D-T:

$$^2_1H + {}^3_1H \longrightarrow {}^4_2He + {}^1_0n$$

c) Calcule la energía (en kilowatt horas) liberada si 1.00 kg del deuterio experimenta fusión. d) Calcule la energía (en kilowatt hora) liberada por la combustión de 1.00 kg de carbón si cada reacción $C + O_2 \rightarrow CO_2$ produce 4.2 eV. e) Liste las ventajas y desventajas de cada uno de estos métodos de generación de energía.

40. El Sol radia energía a razón de 4.0×10^{23} kW. Si la reacción

$$4(^1_1H) \longrightarrow \,^4_2He + 2\beta^+ + 2\nu + \gamma$$

toma en cuenta toda la energía liberada, calcule a) el número de protones fundidos por segundo, y b) la cantidad de energía liberada por segundo.

41. Suponga que el blanco en un reactor de fusión láser es una esfera de hidrógeno sólida que tiene un diámetro de 1.5×10^{-4} m y una densidad de 0.20 g/cm³. Suponga también que la mitad de los núcleos son ^2H y la mitad ^3H. a) Si 1.0% de un pulso láser de 200 kJ se entrega a esta esfera, ¿qué temperatura alcanza la esfera? b) Si todo el hidrógeno se "quema" de acuerdo con la reacción D-T, ¿cuántos joules de energía se liberan?

42. Si el tiempo promedio entre fisiones sucesivas en una reacción en cadena en un reactor de fisión es 1.2 ms, ¿en qué factor la tasa de la reacción aumentará en un minuto? Suponga que el factor de multiplicación del neutrón es 1.000 25.

43. Considere las dos reacciones nucleares

$$(I) \quad A + B \longrightarrow C + E$$
$$(II) \quad C + D \longrightarrow F + G$$

a) Muestre que la desintegración de energía neta para estas dos reacciones ($Q_{neta} = Q_I + Q_{II}$) es idéntica a la energía de desintegración de la reacción

$$A + B + D \longrightarrow E + F + G$$

b) Una cadena de reacciones en el ciclo protón-protón en el interior del Sol es

$$^1_1H + ^1_1H \longrightarrow \,^2_1H + \beta^+ + \nu$$
$$^1_1H + ^2_1H \longrightarrow \,^3_2H + \gamma$$
$$^1_1H + ^3_2He \longrightarrow \,^4_2He + \beta^+ + \nu$$

Con base en el inciso a), ¿cuál es el valor de Q_{neta} para esta secuencia?

44. El ciclo del carbono, propuesto primero por Hans Bethe en 1939, es otro ciclo mediante el cual se libera energía en estrellas y el hidrógeno se convierte en helio. El ciclo del carbono requiere temperaturas más altas que el ciclo protón-protón. La serie de reacciones es

$$^{12}C + ^1H \longrightarrow \,^{13}N + \gamma$$
$$^{13}N \longrightarrow \,^{13}C + \beta^+ + \nu$$
$$^{13}C + ^1H \longrightarrow \,^{14}N + \gamma$$
$$^{14}N + ^1H \longrightarrow \,^{15}O + \gamma$$
$$^{15}O \longrightarrow \,^{15}N + \beta^+ + \nu$$
$$^{15}N + ^1H \longrightarrow \,^{12}C + ^4He$$

a) Si el ciclo protón-protón requiere una temperatura de 1.5×10^7 K, estime la temperatura requerida para la primera etapa en el ciclo de carbono. b) Calcule el valor Q de cada etapa en el ciclo del carbono y la energía total liberada. c) ¿Considera usted que la energía que se llevan los neutrinos se deposita en la estrella? Explique.

45. Cuando los fotones atraviesan la materia, la intensidad I del haz (medida en watts por metro cuadrado) disminuye exponencialmente de acuerdo con

$$I = I_0 e^{-\mu x}$$

donde I_0 es la intensidad del haz incidente, e I es la intensidad del haz que acaba de atravesar un espesor x del material. La constante μ se conoce como el *coeficiente de absorción lineal*, y su valor depende del material absorbente y de la longitud de onda del haz de fotones. Esta dependencia de la longitud de onda (o energía) nos permite impedir el paso de longitudes de onda indeseables de un haz de rayos X de amplio espectro. a) Dos haces de rayos X de longitudes de onda λ_1 y λ_2 e intensidades incidentes iguales pasa a través de la misma placa metálica. Muestre que la proporción entre las intensidades emergentes es

$$\frac{I_2}{I_1} = e^{-[\mu_2 - \mu_1]x}$$

b) Calcule la proporción de intensidades que emergen de una placa de aluminio de 1.0 mm de espesor si el haz incidente contiene intensidades iguales de rayos x de 50 pm y 100 pm. Los valores de μ para el aluminio a estas dos longitudes de onda son $\mu_1 = 5.4$ cm⁻¹ a 50 pm y $\mu_2 = 41.0$ cm⁻¹ a 100 pm. c) Repita para una placa de aluminio de 10 mm de espesor.

Física de partículas y cosmología

Simulación generada por computadora de un choque protón-protón en el Fermi National Accelerator Laboratory. *(Peter Arnold, Inc.)*

En este capítulo final examinamos las propiedades y clasificaciones de las diversas partículas subatómicas conocidas y de las interacciones fundamentales que gobiernan su comportamiento. Estudiamos también la teoría actual de las partículas elementales, en la cual se cree que toda la materia se construye a partir de sólo dos familias de partículas, quarks y leptones. Por último, analizamos cómo las clasificaciones de dichos modelos podrían ayudar a los científicos a entender la cosmología, la cual trata acerca de la evolución del universo.

La palabra átomo proviene del griego *atomos*, que significa "indivisible". En un tiempo, se consideraba a los átomos como los constituyentes indivisibles de la materia; es decir, se consideraban como partículas elementales. Después de 1932, los físicos imaginaban a toda la materia compuesta de sólo tres partículas constituyentes: electrones, protones y neutrones. Con excepción del neutrón libre, estas partículas eran muy estables. A principio de 1945 se descubrieron muchas nuevas partículas en experimentos que incluyeron choques de alta energía entre partículas conocidas. La característica de estas nuevas partículas es ser sumamente inestables, y tienen vidas medias muy cortas, que oscilan entre 10^{-6} y 10^{-23} s. Hasta ahora, más de 300 de estas partículas temporales inestables se han catalogado.

Durante los últimos 35 años, se han construido muchos poderosos aceleradores de partículas por todo el mundo, con los que es posible observar choques de partículas altamente energéticas en condiciones de laboratorio controladas, hasta revelar el mundo subatómico en su más fino detalle. Hasta los años 60, los físicos estaban confundidos por el gran número y variedad de partículas subatómicas que se estaban descubriendo. Les asombraba si las partículas se asemejarían a los animales en un zoológico, sin tener una relación sistemática que las conectara, o si estaba emergiendo un patrón que brindaría una mejor comprensión de la elaborada estructura en el mundo subnuclear. En los últimos 25 años, los físicos han avanzado enormemente nuestro conocimiento de la estructura de la materia reconociendo que todas las partículas salvo los electrones, fotones y unas cuantas partículas relacionadas están conformadas de partículas más pequeñas llamadas quarks. De modo que los protones y neutrones, por ejemplo, no son realmente elementales sino sistemas de quarks enlazados estrechamente.

47.1 LAS FUERZAS FUNDAMENTALES EN LA NATURALEZA

Como aprendimos en la sección 6.6, todos los fenómenos naturales pueden describirse por medio de **cuatro fuerzas fundamentales** entre partículas elementales. En orden de intensidad decreciente, están la fuerza fuerte, la fuerza electromagnética, la fuerza débil y la fuerza gravitacional.

La **fuerza fuerte**, como mencionamos en el capítulo 45, representa el pegamento que mantiene unidos a los nucleones. Es de muy corto alcance y es despreciable para separaciones mayores que aproximadamente 10^{-15} m (casi el tamaño del núcleo). La **fuerza electromagnética**, la cual une átomos y moléculas para formar la materia ordinaria, tiene alrededor de 10^{-2} veces la intensidad de la fuerza fuerte. Es una fuerza de largo alcance que disminuye en intensidad como el cuadrado inverso de la separación de las partículas interactuantes. La **fuerza débil** es una fuerza de corto alcance que tiende a producir inestabilidad en ciertos núcleos. Es responsable de la mayor parte de los procesos de decaimiento radiactivos, como el beta, y su intensidad es sólo alrededor de 10^{-5} veces la de la fuerza fuerte. Por último, la **fuerza gravitacional** es una fuerza de largo alcance que tiene una intensidad de sólo aproximadamente 10^{-39} veces la de la fuerza fuerte (en unidades del SI). Aunque esta interacción familiar es la fuerza que mantiene unidos a los planetas, estrellas y galaxias, su efecto sobre partículas elementales es despreciable. En física moderna, las interacciones entre partículas son descritas en función del intercambio de partículas de campo, o cuantos, en el caso de la familiar interacción electromagnética, por ejemplo, las partículas de campo son fotones. En el lenguaje de la física moderna se dice que la fuerza en la electromagnética es *mediada* por fotones y los fotones son cuantos del campo electromagnético. Del mismo modo, la fuerza fuerte es mediada por partículas de campo llamadas gluones, la fuerza débil es mediada por partículas llamadas bosones W y Z, y la fuerza gravitacional es mediada por cuantos del campo gravitacional llamados *gravitones*. Estas interacciones, sus alcances y sus intensidades relativas se resumen en la tabla 47.1.

TABLA 47.1   Interacciones de partículas

Interacción	Intensidad relativa	Alcance de la fuerza	Partícula de campo mediadora
Fuerte	1	Corto (≈ 1 fm)	Gluón
Electromagnético	10^{-2}	∞	Fotón
Débil	10^{-5}	Corto ($\approx 10^{-3}$ fm)	Bosones $W^{\pm}$, Z^{0}
Gravitacional	10^{-39}	∞	Gravitón

47.2 POSITRONES Y OTRAS ANTIPARTÍCULAS

En los años 20, el físico teórico Paul Adrien Maurice Dirac (1902-1984) encontró una solución mecanocuántica relativista para el electrón. La teoría de Dirac explicaba con éxito el origen del espín del electrón y de su momento magnético. No obstante, tenía un gran problema: su ecuación de onda relativista requería soluciones que correspondían a estados de energía negativos, y si los estados de energía negativos existían, se esperaría que un electrón en el estado de energía positiva efectuara una transición rápida a uno de estos estados, emitiendo un fotón en el proceso.

Dirac evitó este problema postulando que todos los estados de energía negativos estaban llenos. Aquellos electrones que ocupan estos estados de energía negativos se dicen que se encuentran en el *mar de Dirac* y no son directamente observables debido a que el principio de exclusión de Pauli no les permite reaccionar a fuerzas externas. Sin embargo, si uno de estos estados de energía negativos está vacío, dejando un hoyo en el mar de estados llenos, el hoyo puede reaccionar a las fuerzas externas y consecuentemente es observable. La profunda implicación de esta teoría es que, *para cada partícula, hay una antipartícula*. La antipartícula tiene la misma masa que la partícula, pero carga opuesta. Por ejemplo, la antipartícula del electrón (llamada ahora un *positrón*) tiene una energía en reposo de 0.511 MeV y una carga positiva de 1.60×10^{-19} C.

El positrón fue descubierto por Carl Anderson en 1932, y en 1936 fue premiado con el premio Nóbel por este resultado. Anderson descubrió el positrón mientras examinaba trayectorias creadas por partículas similares al electrón de carga positiva en una cámara de niebla. (Estos primeros experimentos empleaban rayos cósmicos —fundamentalmente protones energéticos que atraviesan el espacio interestelar— para iniciar reacciones de alta energía del orden de varios GeV.) Con el fin de discriminar entre cargas positivas y negativas, la cámara de niebla se puso en un campo magnético, provocando que las cargas en movimiento siguieran trayectorias curvas. Anderson notó que algunas trayectorias similares a las del electrón se desviaban en una dirección que correspondía a una partícula cargada positivamente.

A partir del descubrimiento inicial de Anderson, el positrón se ha observado en una gran cantidad de experimentos. Quizás el proceso más común de la producción de positrones es la **producción de pares**. En este proceso, un fotón de rayos gama con suficiente energía choca con un núcleo y se crea un par electrón-positrón. Debido a que la energía en reposo total del par electrón-positrón es $2m_e c^2 = 1.02$ MeV (donde m_e es la masa en reposo del electrón), el fotón debe tener al menos esta gran energía para crear un par electrón-positrón. De este modo, la energía electromagnética en forma de un rayo gama se convierte en masa en concordancia con la famosa relación de Einstein $E = mc^2$. La figura 47.1 muestra trayectorias de pares electrón-positrón creados por rayos gama de 300 MeV que inciden en una lámina de plomo.

El proceso inverso también puede ocurrir. En las condiciones apropiadas, un electrón y un positrón pueden aniquilarse entre sí para producir dos fotones de rayos gama que tienen una energía combinada de al menos 1.02 MeV:

$$e^- + e^+ \longrightarrow 2\gamma$$

Muy raramente, un protón y un antiprotón también se aniquilan entre sí para producir dos fotones de rayos gama.

Prácticamente cada partícula elemental conocida tiene una antipartícula. Entre las excepciones están el fotón y el pión neutro (π^0). Después de la construcción de los aceleradores de alta energía en la década de los 50, se descubrieron muchas otras antipartículas. Éstas incluyeron al antiprotón descubierto por Emilio Segrè y Owen Chamberlain en 1955 y al antineutrino descubierto poco después.

Paul Adrien Maurice Dirac (1902-1984), ganador del premio Nóbel de física en 1933, durante una plática en la Universidad de Yeshiva. *(UPI/ Bettmann)*

Fotografía de una cámara de burbujas de las trayectorias de un electrón (a la izq.) y un positrón (a la der.) producidos por rayos gama energéticos. Las trayectorias de gran curvatura en la parte superior se deben a un par electrón-positrón que se desvía en la dirección opuesta en un campo magnético. Las trayectorias inferiores las producen electrones y un positrón más energéticos. *(Lawrence Berkeley Laboratory/Science Photo Library, Photo Researchers, Inc.)*

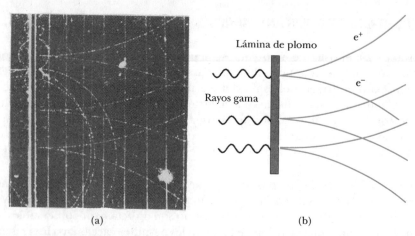

FIGURA 47.1 a) Trayectorias en una cámara de burbujas de pares electrón-positrón producidos por rayos gama de 300 MeV que inciden sobre una lámina de plomo. *(Cortesía de Lawrence Berkeley Laboratory, Universidad de California)* b) Dibujo de eventos pertinentes de producción de pares. Observe la desviación hacia arriba de los positrones mientras los electrones se desvían hacia abajo en un campo magnético aplicado dirigido hacia dentro de la página.

EJEMPLO CONCEPTUAL 47.1   **Producción de pares**

Cuando un electrón y un positrón se encuentran a bajas velocidades en el espacio libre, ¿por qué se producen *dos* rayos gama de 0.511 MeV, en vez de *un* rayo gama con una energía de 1.022 MeV?

Razonamiento   Los rayos gama son fotones, y los fotones conducen momento. Si sólo se produjera un fotón, no se conserva-

ría el momento, ya que el momento total del sistema electrón-positrón es aproximadamente cero, mientras que un solo fotón de 1.0022 MeV tendría un momento muy grande. Por otra parte, los dos fotones de rayos gama que se producen viajan en direcciones opuestas de modo que su momento total es cero.

47.3 MESONES Y EL PRINCIPIO DE LA FÍSICA DE PARTÍCULAS

Los físicos a la mitad de la década de los años 30 tenían una visión bastante simple de la estructura de la materia. Los bloques constituyentes eran el protón, el electrón y el neutrón. Otras tres partículas se conocían o postularon en ese tiempo: el fotón, el neutrino y el positrón. Estas seis partículas se consideraron los constituyentes fundamentales de la materia. Con esta maravillosamente simple visión del mundo, sin embargo, nadie era capaz de brindar una respuesta a la siguiente importante pregunta: puesto que muchos protones próximos en cualquier núcleo deben repelerse fuertemente entre sí debido a sus cargas semejantes, ¿cuál es la naturaleza de la fuerza que mantiene unido al núcleo? Los científicos se dieron cuenta que esta misteriosa fuerza debe ser mucho más intensa que cualquiera encontrada en la naturaleza hasta ese momento.

Hideki Yukawa (1907-1981), físico japonés, recibió el premio Nóbel en 1949 por predecir la existencia de mesones. Esta fotografía de Yukawa trabajando fue tomada en 1950 en su oficina en la Universidad de Columbia.

La primera teoría para explicar la naturaleza de la fuerza fuerte fue propuesta en 1935 por el físico japonés Hideki Yukawa (1907-1981), un esfuerzo que después le valió el premio Nóbel. Para entender la teoría de Yukawa, es útil recordar primero que *dos átomos pueden formar un enlace químico covalente compartiendo electrones*. De manera similar, en las visiones modernas de las interacciones electromagnéticas, *partículas cargadas interactúan compartiendo un fotón*. Yukawa empleó esta idea para explicar la fuerza fuerte proponiendo una nueva partícula cuyo intercambio entre los nucleones en el núcleo produce la fuerza fuerte. Además, estableció que el alcance de la fuerza es inversamente proporcional a la masa de esta partícula y predijo que la masa sería alrededor de 200 veces la masa del electrón. Puesto que la nueva partícu-

Richard Phillips Feynman fue un brillante físico teórico quien junto con Julian S. Schwinger y Shinichiro Tomonaga, ganó el premio Nóbel de física en 1965 por su trabajo fundamental sobre los principios de la electrodinámica cuántica. Sus muchas importantes contribuciones a la física incluyen la invención de diagramas simples para representar gráficamente interacciones de partículas, la teoría de la interacción débil de partículas subatómicas, una reformulación de la mecánica cuántica, la teoría del helio superfluido, así como su aportación a la enseñanza de la física a través del magnífico texto en tres volúmenes *The Feynman Lectures on Physics.*

Feynman efectuó su trabajo universitario en el MIT y recibió su doctorado en filosofía en 1942 por la Universidad de Princeton. Durante la Segunda Guerra Mundial trabajó en el proyecto Manhattan primero en Princeton y después en Los Álamos, Nuevo México. Se incorporó al cuerpo docente de la Universidad de Cornell en 1945 y fue nombrado profesor de física en el Instituto Tecnológico de California en 1950, donde permaneció por el resto de su carrera.

A Feynman le apasionaba descubrir nuevas y mejores formas de formular cada problema, o, como él dijo, "darles la vuelta". Al principio de su carrera, se fascinó con la electrodinámica y desarrolló una visión intuitiva de la electrodinámica cuántica. Convencido de que el electrón no podía interactuar con su propio campo, señaló, "Ése fue el principio, y la idea me parecía tan obvia que me enamoré profundamente de ella...". Llamado a menudo el más notable intuicionista de nuestra época, dijo en su discurso de aceptación del premio Nóbel, "con frecuencia, incluso en un sentido físico, no tuve una demostración de cómo llegar a todas estas reglas y ecuaciones, a partir de la electrodinámica convencio-

Richard P. Feynman
|1918-1988|

nal.... Nunca me quedé cruzado de brazos, como lo hizo Euclides con los geómetras de Grecia, y estoy seguro que ustedes podrían integrarlo todo a partir de un sencillo conjunto de axiomas".

En 1986, Feynman fue miembro de la comisión presidencial para investigar la explosión del transbordador *Challenger.* En este puesto llevó a cabo para los miembros de la comisión un sencillo experimento que demostró que uno de los sellos de anillo en O del transbordador fue probablemente la causa del desastre. Después de poner un sello en una jarra de agua congelada y de comprimirlo con un tornillo de presión, demostró que el sello no retomó su forma una vez que se quitó el tornillo.[1]

Feynman trabajó en física con un estilo que encajaba con su personalidad, es decir, con energía, vitalidad y humor. Las siguientes citas de algunos de sus colegas son característicos del gran impacto que causó en la comunidad científica.[2]

[1] La propia explicación de Feynman acerca de esta investigación puede encontrarse en *Physics Today,* 4:26, febrero 1988.

"Un brillante, vital y asombroso compañero, Feynman fue un colega estimulante (aunque algunas veces exasperante) en discusiones de temas profundos —podíamos intercambiar ideas y bromas inocentes durante los turnos de cálculo matemático— en los que entre él y yo salían chispas, y eso era vivificante." *Murray Gell-Mann*

"Leer a Feynman es un regocijo y un deleite, ya que en sus artículos, como en sus pláticas, Feynman comunicaba muy directamente, como si el lector lo estuviera observando obtener los resultados en el pizarrón." *David Pines*

"Amaba los acertijos y juegos. De hecho, veía a todo el mundo como un especie de juego, cuyo avance en su 'comportamiento' seguía ciertas reglas, algunas conocidas, algunas desconocidas... Encontraba lugares o circunstancias donde las reglas no funcionaban, e inventaba nuevas reglas que sí lo hacían." *David L. Goodstein*

"Feynman no fue un teórico de la teoría, sino un físico de la física y un maestro de maestros." *Valentine L. Telegdi*

Laurie M. Brown, una de sus estudiantes graduada en Cornell, indicó que Feynman, un humorista persona con dotes teatrales, "fue subvalorado al principio debido a sus bruscos modales, que al final triunfó por su habilidad natural, profundidad psicológica, sentido común y conocido humor... De cualquier modo, Dick Feynman tal vez haya dicho en son de broma que su amor por la física se acercaba a la veneración."

[2] Para mayor información sobre la vida y contribuciones de Feynman, vea los numerosos artículos en un número especial conmemorativo de *Physics Today* 42, febrero 1989. Para una explicación personal de Feynman, vea sus populares libros autobiográficos, *Surely You're Joking Mr. Feynman,* Nueva York, Bantam Books, 1985, y *What Do You Care What Other People Think,* Nueva York, W.W. Norton & Co., 1987.

la tendría una masa entre la del electrón y la del protón, se le llamó **mesón** (del griego *meso,* "medio").

Con el fin de sustentar las predicciones de Yukawa, los físicos empezaron una investigación experimental del mesón estudiando rayos cósmicos que ingresan a la atmósfera terrestre. En 1937, Carl Anderson y sus colaboradores descubrieron una partícula de 106 MeV/c^2, casi 207 veces la masa del electrón. Sin embargo, experimentos subsecuentes mostraron que la partícula interactuaba muy débilmente con la materia y, por tanto, no podría ser la portadora de la fuerza fuerte. La incompresible situación inspiró a varios teóricos a proponer que hay dos mesones con masas ligeramente diferentes. Esta idea fue confirmada en 1947 con el descubrimiento del mesón (π), o simplemente *pión*, realizado por Cecil Frank Powell (1903-1969) y Guiseppe P.S. Occhialini (n. 1907). La partícula descubierta por Anderson en 1937, la que se *pensaba que era* un mesón, en realidad no lo era. En lugar de eso, toma parte en las interacciones débil y electromagnética únicamente, y ahora se le llama *muón*.

El pión, que es el verdadero portador de la fuerza fuerte viene en tres variedades, que corresponden a tres estados de carga: π^+, π^- y π^0. Las partículas π^+ y π^- tienen masas de 139.6 MeV/c^2, en tanto que el π^0 tiene una masa de 135.0 MeV/c^2. Los piones y los muones son partículas muy inestables. Por ejemplo, el π^-, el cual tiene un tiempo de vida medio de 2.6×10^{-8} s, decae primero hasta un muón y un antineutrino. El muón, que tiene un tiempo de vida medio de 2.2 μs, decae después en un electrón, un neutrino y un antineutrino:

$$\pi^- \longrightarrow \mu^- + \bar{\nu}$$
$$\mu^- \longrightarrow e^- + \nu + \bar{\nu}$$

(47.1)

La interacción entre dos partículas puede representarse en un simple diagrama, conocido como *diagrama de Feynman*, creado por el físico estadounidense Richard P. Feynman (1918–1988). La figura 47.2 es un diagrama de este tipo para la interacción electromagnética entre dos electrones. En este simple caso, un fotón es la partícula de campo que media la fuerza electromagnética entre los electrones. El fotón transfiere energía y momento de un electrón al otro en esta interacción. El fotón recibe el nombre de *fotón virtual* debido a que es reabsorbido por la partícula emisora, sin haber sido detectado. Los fotones virtuales no violan la ley de la conservación de la energía debido a que tienen un tiempo de vida muy corta, Δt, de modo que la incertidumbre de la energía del electrón más el fotón, $\Delta E \approx \hbar/\Delta t$, es mayor que la energía del fotón.

Considere a continuación el intercambio de piones entre un protón y un neutrón vía la fuerza fuerte (Fig. 47.3). Podemos razonar que la energía ΔE necesaria para crear un pión de masa m_π está dada por la ecuación de Einstein $\Delta E = m_\pi c^2$. También aquí, la pura existencia del pión violaría la conservación de la energía si durara un tiempo mayor que $\Delta t \approx \hbar/\Delta E$ (de acuerdo con el principio de incertidum-

Richard Feynman (1918-1988) con su hijo, Carl, después de ganar el premio Nóbel de física en 1965. Feynman compartió el premio con Julian Schwinger y Sin Itiro Tomonaga. (*UPI Telephotos*)

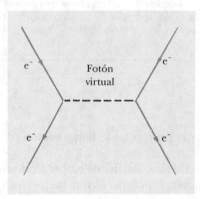

FIGURA 47.2 Diagrama de Feynman que muestra cómo un fotón media la fuerza electromagnética entre dos electrones que interactúan.

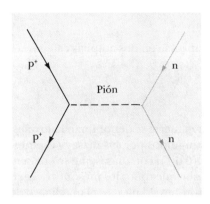

FIGURA 47.3 Diagrama de Fynman que representa a un protón interactuando con un neutrón por medio de la fuerza fuerte. En este caso, el pión media la fuerza fuerte.

bre), donde ΔE es la energía del pión y Δt es el tiempo que tarda el pión en transferirse de un nucleón al otro. Por lo tanto,

$$\Delta t \approx \frac{\hbar}{\Delta E} = \frac{\hbar}{m_\pi c^2} \tag{47.2}$$

Debido a que el pión no puede viajar más rápido que la velocidad de la luz, la distancia máxima d que puede recorrer en un tiempo Δt es $c\Delta t$. Utilizando la ecuación 47.2 y $d = c\Delta t$, encontramos esta distancia máxima como

$$d \approx \frac{\hbar}{m_\pi c} \tag{47.3}$$

Del capítulo 45, sabemos que el alcance de la fuerza fuerte es aproximadamente 1.5 $\times 10^{-15}$ m. Empleando este valor para d en la ecuación 45.3, calculamos la energía en reposo del pión igual a

$$m_\pi c^2 \approx \frac{\hbar c}{d} = \frac{(1.05 \times 10^{-34}\,\text{J} \cdot \text{s})(3.00 \times 10^8\,\text{m/s})}{1.5 \times 10^{-15}\,\text{m}}$$
$$= 2.1 \times 10^{-11}\,\text{J} \cong 130\,\text{MeV}$$

Esto corresponde a una masa de 130 MeV/c^2 (alrededor de 250 veces la masa del electrón), un valor en buena concordancia con la masa observada.

El concepto que acabamos de describir es bastante revolucionario. En efecto, afirma que un protón puede cambiar en un protón más un pión, siempre que regrese a su estado original en un tiempo muy corto. Los físicos a menudo señalan que un nucleón sufre "fluctuaciones" cuando emiten y absorbe piones. Como hemos visto, estas fluctuaciones son consecuencia de una combinación de la mecánica cuántica (a través del principio de incertidumbre) y la relatividad especial (a través de la relación masa-energía de Einstein $E = mc^2$).

Esta sección ha tratado con las partículas que median la fuerza fuerte, es decir los piones, y los mediadores de la fuerza electromagnética, fotones. El gravitón que es el mediador de la fuerza gravitacional, aún no se ha observado. Las partículas W$^\pm$ y Z^0 que median la fuerza débil fueron descubiertas en 1983 por el físico italiano Carlo Rubbia (n. 1934) y sus colaboradores empleando un colisionador protón-antiprotón. Rubbia y Simon van der Meer, ambos del CERN, compartieron el premio Nóbel de física en 1984 por el descubrimiento de las partículas W$^\pm$ y Z^0 y el desarrollo del colisionador protón-antiprotón.

47.4 CLASIFICACIÓN DE PARTÍCULAS

Todas las partículas, salvo los fotones, pueden clasificarse en dos amplias categorías: hadrones y leptones, según sus interacciones.

Hadrones

Las partículas que interactúan por medio de la fuerza fuerte se denominan **hadrones**. Hay dos clases de hadrones, *mesones* y *bariones*, distinguidos por sus masas y espines.

Los **mesones** tienen todos espín cero o entero (0 o 1), con masas que se encuentran entre la masa del electrón y la del protón. Se sabe que todos los mesones decaen finalmente en electrones, positrones, neutrinos y fotones. El pión es el más ligero de los mesones conocidos; tiene una masa de aproximadamente 140 MeV/c^2 y un espín de 0. Otro es el mesón K, que tiene una masa de casi 500 MeV/c^2 y espín 0.

Los **bariones**, la segunda clase de hadrones, tienen masas iguales o mayores que la masa del protón (el nombre *barión* significa "pesado" en griego) y su espín siempre es un valor no entero (1/2 o 3/2). Los protones y los neutrones son bariones, como muchas otras partículas. Con la excepción del protón, todos los bariones decaen de modo tal que los productos finales incluyen un protón. Por ejemplo, el barión llamado hiperón Ξ decae primero en barión Λ^0 en alrededor de 10^{-10} s. El Λ^0 decae después en un protón y en un π^- en cerca de 3×10^{-10} s.

En la actualidad se cree que los hadrones están compuestos por unidades más elementales llamadas quarks. Algunas de las propiedades importantes de los hadrones se listan en la tabla 47.2.

Leptones

Los leptones (del griego *leptos* que significa "pequeño" o "ligero") son un grupo de partículas que participan en la interacción débil. Todos los leptones tienen espines de 1/2. Incluidos en este grupo están los electrones, muones y neutrinos, los cuales son menos masivos que el hadrón más ligero. Aunque los hadrones tienen tamaño y estructura, los leptones parecen en realidad elementales, sin estructura (esto es, semejantes a un punto).

Muy diferentes a los hadrones, el número de leptones conocido es pequeño. En la actualidad, los científicos creen que sólo hay seis leptones (teniendo cada uno una antipartícula): el electrón, el muón y el tau y un antineutrino asociados con cada uno:

$$\begin{pmatrix} e^- \\ \nu_e \end{pmatrix} \quad \begin{pmatrix} \mu^- \\ \nu_\mu \end{pmatrix} \quad \begin{pmatrix} \tau^- \\ \nu_\tau \end{pmatrix}$$

El leptón tau, descubierto en 1975, tiene una masa igual a casi el doble de la del protón. El neutrino asociado al tau no se ha observado en el laboratorio.

Las evidencias presentes sugieren que los neutrinos viajan con la velocidad de la luz y, por tanto, no pueden tener masa en reposo.

47.5 LEYES DE CONSERVACIÓN

En el capítulo 45 aprendimos que las leyes de conservación son importantes en la comprensión de por qué ciertos decaimientos y reacciones ocurren y otros no. En general, las leyes de la conservación de la energía, momento lineal, momento angular y carga eléctrica nos brindan un conjunto de reglas que todos los procesos deben seguir.

Varias nuevas leyes de conservación son importantes en el estudio de partículas elementales. Aunque las dos descritas aquí no tienen fundamento teórico, son sostenidas por abundantes evidencias empíricas.

TABLA 47.2 Una tabla de algunas partículas y sus propiedades

Categoría	Nombre de la partícula	Símbolo	Anti-partícula	Masa en reposo (MeV/c^2)	B	L_e	L_μ	L_τ	S	Tiempo de vida (s)	Principales modos de decaimiento[a]
Fotones	Fotón	γ	Ella misma	0	0	0	0	0	0	Estable	
Leptones	Electrón	e^-	e^+	0.511	0	+1	0	0	0	Estable	
	Neutrino (e)	ν_e	$\bar{\nu}_e$	0(?)	0	+1	0	0	0	Estable	
	Muón	μ^-	μ^+	105.7	0	0	+1	0	0	2.20×10^{-6}	$e^-\bar{\nu}_e\nu_\mu$
	Neutrino (μ)	ν_μ	$\bar{\nu}_\mu$	0(?)	0	0	+1	0	0	Estable	
	Tau	τ^-	τ^+	1 784	0	0	0	−1	0	$<4 \times 10^{-13}$	$\mu^-\bar{\nu}_\mu\nu_\tau$, $e^-\bar{\nu}_e\nu_\tau$, hadrones
	Neutronio (τ)	ν_τ	$\bar{\nu}_\tau$	0(?)	0	0	0	−1	0	Estable	
Hadrones Mesones	Pión	π^+	π^-	139.6	0	0	0	0	0	2.60×10^{-8}	$\mu^+\nu_\mu$
		π^0	Ella misma	135.0	0	0	0	0	0	0.83×10^{-16}	2γ
	Kaón	K^+	K^-	493.7	0	0	0	0	+1	1.24×10^{-8}	$\mu^+ \nu_\mu$, $\pi^+ \pi^0$
		K^0_s	$\overline{K^0_s}$	497.7	0	0	0	0	+1	0.89×10^{-10}	$\pi^+\pi^-$, $2\pi^0$
		K^0_L	$\overline{K^0_L}$	497.7	0	0	0	0	+1	5.2×10^{-8}	$\pi^\pm e^\pm(\bar{\nu})_e$ $\pi^\pm\mu^\pm(\bar{\nu})_\mu$ $3\pi^0$
	Eta	η^0	Ella misma	548.8	0	0	0	0	0	$<10^{-18}$	2γ, 3π
Bariones	Protón	p	$\bar{p}$	938.3	+1	0	0	0	0	Estable	
	Neutrón	n	$\bar{n}$	939.6	+1	0	0	0	0	920	$pe^-\bar{\nu}_e$
	Lambda	Λ^0	$\overline{\Lambda^0}$	1 115.6	+1	0	0	0	−1	2.6×10^{-10}	$p\pi^-$, $n\pi^0$
	Sigma	Σ^+	$\overline{\Sigma^-}$	1 189.4	+1	0	0	0	−1	0.80×10^{-10}	$p\pi^0$, $n\pi^+$
		Σ^0	$\overline{\Sigma^0}$	1 192.5	+1	0	0	0	−1	6×10^{-20}	$\Lambda^0\gamma$
		Σ^-	$\overline{\Sigma^+}$	1 197.3	+1	0	0	0	−1	1.5×10^{-10}	$n\pi^-$
	Xi	Ξ^0	$\overline{\Xi^0}$	1 315	+1	0	0	0	−2	2.9×10^{-10}	$\Lambda^0\pi^0$
		Ξ^-	Ξ^+	1 321	+1	0	0	0	−2	1.64×10^{-10}	$\Lambda^0\pi^-$
	Omega	Ω^-	Ω^+	1 672	+1	0	0	0	−3	0.82×10^{-10}	$\Xi^0\pi^-$, $\Lambda^0 K^-$

[a] Una notación en esta columna, como $p\pi^-$, $n\pi^0$ significa dos modos posibles de decaimiento. En este caso, los dos decaimientos posibles son $\Lambda^0 \longrightarrow p + \pi^-$ o $\Lambda^0 \longrightarrow n + \pi^0$.

Número de bariones

La conservación del número de bariones nos dice que siempre que se crea un barión en una reacción o decaimiento, también se crea un antibarión. Este esquema puede cuantificarse asignando un número de barión $B = +1$ para todos los bariones, $B = -1$ para todos los antibariones, y $B = 0$ para todas las demás partículas. Así, la **ley de conservación del número de bariones** establece que **siempre que ocurre una reacción o decaimiento nuclear, la suma de los números bariónicos antes del proceso debe ser igual a la suma de los números bariónicos después del proceso.**

Si el número de bariones se conserva absolutamente, el protón debe ser absolutamente estable. Si no fuera por la ley de conservación del número de bariones, el protón podría decaer en un positrón y en un pión neutro. Sin embargo, este decaimiento nunca se ha observado. En el presente, podemos decir sólo que el protón tiene una vida media de al menos 10^{31} años (la edad estimada del universo es sólo de 10^{10} años). En una reciente versión de la gran teoría unificada, los físicos predijeron que el protón es inestable. De acuerdo con esta teoría, el número de bariones no se conserva absolutamente.

Conservación del número de bariones

EJEMPLO 47.2   Verificación del número de bariones

Determine sí o no las siguientes reacciones pueden ocurrir con base en la ley de conservación del número de bariones.

$$(1) \quad p^+ + n \longrightarrow p^+ + p^+ + n + p^-$$

$$(2) \quad p^+ + n \longrightarrow p^+ + p^+ + p^-$$

Solución   Para 1), recuerde que $B = +1$ para bariones y $B = -1$ para antibariones. Por lo tanto, el lado izquierdo de 1) da un

número total de bariones de $1 + 1 = 2$. El lado derecho de 1) da un número total de bariones de $1 + 1 + 1 + (-1) = 2$. De tal modo, la reacción puede ocurrir siempre que el protón incidente tenga suficiente energía.

El lado izquierdo de 2) produce un número total de bariones de $1 + 1 = 2$. Sin embargo, el lado derecho da $1 + 1 + (-1) = 1$. Debido a que el número de bariones no se conserva, la reacción no puede ocurrir.

Número de leptones

Conservación del número de leptones

Hay tres leyes de conservación que implican a los números de leptones, una para cada variedad del leptón. La **ley de conservación del número leptónico del electrón** establece que **la suma de los números de leptones del electrón antes de una reacción o decaimiento deben ser iguales a la suma de los números de leptones del electrón después de la reacción o decaimiento.**

Al electrón y al neutrino del electrón se les asigna un número de leptón positivo $L_e = +1$; a los antileptones e^+ y $\bar{\nu}_e$ se les asigna un número de leptón negativo $L_e = -1$; y todos los demás tienen $L_e = 0$. Por ejemplo, considere el decaimiento del neutrón

$$n \longrightarrow p^+ + e^- + \bar{\nu}_e$$

Antes del decaimiento, el número de leptones del electrón es $L_e = 0$; después del decaimiento es $0 + 1 + (-1) = 0$. De tal modo, se conserva el número leptónico del electrón. Es importante reconocer que el número bariónico también debe conservarse. Esto puede verificarse fácilmente notando que antes del decaimiento $B = +1$, y después del decaimiento B es $+1 + 0 + 0 = +1$.

De modo similar, cuando un decaimiento implica muones, el número leptónico del muón, L_μ, se conserva. A μ^- y ν_μ se les asignan números positivos, $L_\mu = +1$; a los antimuones μ^+ y $\bar{\nu}_\mu$ se les asignan números negativos, $L_\mu = -1$; y todos los demás tienen $L_\mu = 0$. Por último, el número leptónico del tau, L_μ, se conserva, y pueden hacerse asignaciones similares para el leptón τ y su neutrino.

EJEMPLO 47.3   Verificación de números leptónicos

Determine cuál de los siguientes esquemas de decaimiento puede ocurrir con base en la conservación del número leptónico del electrón.

$$(1) \quad \mu^- \longrightarrow e^- + \bar{\nu}_e + \nu_\mu$$

$$(2) \quad \pi^+ \longrightarrow \mu^+ + \nu_\mu + \nu_e$$

Solución   Debido a que el decaimiento 1) implica tanto a un muón como a un electrón, L_μ y L_e deben ambos conservarse. Antes del decaimiento, $L_\mu = +1$ y $L_e = 0$. Después del decaimiento, $L_\mu = 0 + 0 + 1 = +1$, y $L_e = +1 - 1 + 0 = 0$. De tal manera, ambos

números se conservan y con esta base el modo de decaimiento es posible.

Antes de que ocurra el decaimiento 2), $L_\mu = 0$ y $L_e = 0$. Después del decaimiento, $L_\mu = -1 + 1 + 0 = 0$, pero $L_e = +1$. De este modo, el decaimiento no es posible debido a que el número leptónico del electrón no se conserva.

Ejercicio   Determine si el decaimiento $\mu^- \to e^- + \bar{\nu}_e$ puede ocurrir.

Respuesta   No. El número leptónico del muón es $+1$ antes del decaimiento y 0 después.

47.6 PARTÍCULAS EXTRAÑAS Y EXTRAÑEZA

Muchas partículas descubiertas en los años 50 fueron producidas por la interacción nuclear de piones con protones y neutrones en la atmósfera. Un grupo de estas partículas, a saber las partículas kaón (K), lambda (Λ) y sigma (Σ) exhibían propiedades inusuales en la producción y el decaimiento y, en consecuencia, se denominaron *partículas extrañas*.

Una propiedad inusual es que estas partículas siempre se producían en pares. Por ejemplo, cuando un pión choca con un protón, se producían con alta probabilidad dos partículas extrañas neutras (Fig. 47.4):

$$\pi^- + p^+ \longrightarrow K^0 + \Lambda^0$$

Por otra parte, la reacción $\pi^- + p^+ \rightarrow K^0 + n^0$ nunca ocurrió, aun cuando ninguna de las leyes de conservación conocida había sido violada y la energía del pión era suficiente para iniciar la reacción.

La segunda característica peculiar de las partículas extrañas, a pesar de que son producidas por la interacción fuerte a una alta tasa, no decae en partículas que interactúan por medio de la fuerza fuerte a una tasa muy alta. En vez de ello, decaen muy lentamente, lo cual es característico de la interacción débil. Sus vidas medias

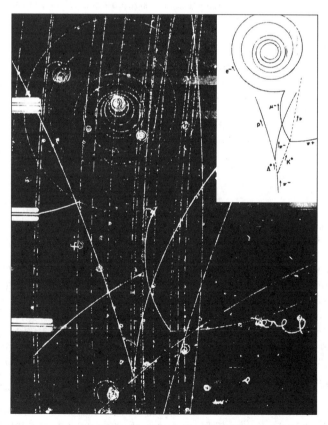

FIGURA 47.4 Esta fotografía de cámara de burbujas muestra muchos eventos, y el inserto es un dibujo de trayectorias identificadas. Las partículas extrañas Λ^0 y K^0 se forman en la parte inferior cuando el π^- interactúa con un protón de acuerdo con $\pi^- + p^+ \rightarrow \Lambda^0 + K_0$. (Observe que las partículas neutras no dejan trayectoria, lo cual se indica por medio de las líneas punteadas.) Λ^0 y K^0 decaen después de acuerdo con $\Lambda^0 \rightarrow \pi^- + p^+$ y $K^0 \rightarrow \pi^0 + \mu^- + \nu_\mu$. *(Cortesía del Laurence Berkeley Laboratory, Universidad de California, Servicios Fotográficos)*

están en el intervalo de 10^{-10} a 10^{-8} s; la mayor parte de las demás partículas que interactúan mediante la fuerza fuerte tienen tiempos de vida del orden de 10^{-23} s.

Para explicar estas propiedades inusuales de las partículas extrañas, se introdujo una ley llamada conservación de la extrañeza, junto a un nuevo número cuántico S denominado **extrañeza**. Los números de extrañeza de algunas partículas se brinda en la tabla 47.2. La producción de partículas extrañas en pares se explica asignando $S = +1$ a una de las partículas y $S = -1$ a la otra. A todas las partículas no extrañas se les asigna extrañeza $S = 0$. La **ley de conservación de la extrañeza** establece que **siempre que ocurre una reacción o decaimiento nuclear, la suma de los números de extrañeza antes del proceso debe ser igual a la suma de los números de extrañeza después del proceso.**

El decaimiento lento de partículas extrañas puede explicarse suponiendo que las interacciones fuerte y electromagnética obedecen la ley de la conservación de extrañeza, pero no la interacción débil. Debido a que la reacción de decaimiento implica la pérdida de una partícula extraña, viola la conservación de la extrañeza y, en consecuencia, procede lentamente por medio de la interacción débil.

Conservación del número de extrañeza

EJEMPLO 47.4   ¿Se conserva la extrañeza?

a) Determine si la siguiente reacción ocurre de acuerdo con la conservación de la extrañeza.

$$\pi^0 + n \longrightarrow K^+ + \Sigma^-$$

Solución   El estado inicial tiene extrañeza $S = 0 + 0 = 0$. Debido a que la extrañeza del K^+ es $S = +1$ y la extrañeza de Σ^- es $S = -1$, la extrañeza del estado final es $+1 -1 = 0$. Por lo tanto, la extrañeza se conserva y la reacción es permitida.

b) Muestre que la siguiente reacción no conserva la extrañeza.

$$\pi^- + p^+ \longrightarrow \pi^- + \Sigma^+$$

Solución   El estado inicial tiene extrañeza $S = 0 + 0 = 0$, y el estado final tiene extrañeza $S = 0 + (-1) = -1$. Por consiguiente, no se conserva la extrañeza.

Ejercicio   Muestre que la reacción $p^+ + \pi^- \to K^0 + \Lambda^0$ obedece la ley de la conservación de la extrañeza.

47.7 EL CAMINO DE OCHO VÍAS

Como hemos visto, las cantidades conservadas, como el espín, número de bariones, número leptónico y extrañeza son etiquetas que asociamos a partículas. Se han propuesto muchos esquemas de clasificación que agrupan las partículas en familia. Considere los primeros ochos bariones listados en la tabla 47.2, la totalidad de los cuales tiene un espín de $1/2$. Si graficamos su extrañeza contra su carga empleando un sistema de coordenadas inclinado, como en la figura 47.7a, se observa un patrón fascinante. Seis de los bariones forman un hexágono, en tanto que los dos restantes están en su centro.

Considere a continuación la familia de mesones listada en la tabla 47.2, los cuales tienen espín cero. Si contamos tanto las partículas como antipartículas, hay nueve de dichos mesones. La figura 47.5b es una gráfica de extrañeza contra carga para esta familia. También aquí, emerge un fascinante patrón hexagonal. En este caso, las partículas sobre el perímetro del hexágono están opuestas a sus antipartículas, y las tres restantes (las cuales forman su propia antipartícula) están en su centro. Estos patrones simétricos relacionados, llamados el **camino de ocho vías**, fue propuesto independientemente en 1961 por Murray Gell-Mann y Yuval Ne'eman.

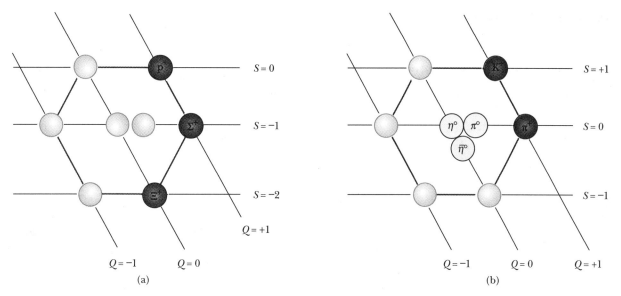

FIGURA 47.5 a) El patrón hexagonal de ocho caminos para los ochos bariones de 1/2 espín. Esta gráfica de extrañeza contra carga usa un eje inclinado para el número de carga Q, pero un eje horizontal para los valores S de extrañeza.

Los grupos de variones y mesones pueden exhibirse en muchos otros patrones simétricos dentro del marco del camino de ocho vías. Por ejemplo, la familia de bariones de espín 3/2 contiene partículas arregladas en un patrón similar a los diez pinos en un boliche. Después de que se propuso el patrón, faltaba una de las partículas —aún no descubierta. Gell-Mann predijo que la partícula faltante, la cual denominó omega menos (Ω^-), debía tener un espín de 3/2, una carga de –1, una extrañeza de –3 y una energía en reposo alrededor de 1 680 MeV. Poco después, en 1964, científicos en el Brookhaven National Laboratory mediante cuidadosos análisis de fotografías de cámara de burbujas encontraron la partícula faltante y confirmaron todas sus propiedades predichas.

Los patrones del camino de ocho vías en la física de partículas tienen mucho en común con la tabla periódica. Siempre que una vacante (una partícula o elemento faltantes) ocurren en los patrones organizados, los experimentadores tienen una guía para sus investigaciones.

47.8 QUARKS, AL FIN

Como hemos señalado, los leptones parecen ser realmente partículas elementales debido a que no tienen tamaño o estructura interna mensurables, son de número limitado y no parecen descomponerse en unidades más pequeñas. Los hadrones, en cambio, son partículas complejas que tienen tamaño y estructura. La existencia de los patrones del camino de ocho vías sugiere que los bariones y mesones —en otras palabras, los hadrones— tienen una subestructura más elemental. Además, sabemos que los hadrones decaen en otros hadrones y son numerosos. La tabla 47.2 registra únicamente aquellos hadrones que son estables en comparación con el decaimiento hadrónico; cientos de otros han sido descubiertos. Estos hechos sugieren que los hadrones no pueden ser realmente elementales sino que tienen alguna subestructura.

El físico estadounidense Murray Gell-Mann fue galardonado con el premio Nóbel en 1969 por sus estudios teóricos acerca de las partículas subatómicas. *(Foto cortesía de Michael R. Dressler)*

TABLA 47.3 Propiedades de quarks y antiquarks

Quarks

Nombre	Símbolo	Espín	Carga	Número de bariones	Extrañeza	Encanto	Inferioridad	Superioridad
Arriba	u	$\frac{1}{2}$	$-\frac{2}{3}e$	$\frac{1}{3}$	0	0	0	0
Abajo	d	$\frac{1}{2}$	$-\frac{1}{3}e$	$\frac{1}{3}$	0	0	0	0
Extraño	s	$\frac{1}{2}$	$-\frac{1}{3}e$	$\frac{1}{3}$	-1	0	0	0
Encantado	c	$\frac{1}{2}$	$+\frac{2}{3}e$	$\frac{1}{3}$	0	+1	0	0
Inferior	b	$\frac{1}{2}$	$-\frac{1}{3}e$	$\frac{1}{3}$	0	0	+1	0
Superior	t	$\frac{1}{2}$	$+\frac{2}{3}e$	$\frac{1}{3}$	0	0	0	+1

Antiquarks

Nombre	Símbolo	Espín	Carga	Número de bariones	Extrañeza	Encanto	Inferioridad	Superioridad
Arriba	$\bar{u}$	$\frac{1}{2}$	$-\frac{2}{3}e$	$-\frac{1}{3}$	0	0	0	0
Abajo	$\bar{d}$	$\frac{1}{2}$	$+\frac{1}{3}e$	$-\frac{1}{3}$	0	0	0	0
Extraño	$\bar{s}$	$\frac{1}{2}$	$+\frac{1}{3}e$	$-\frac{1}{3}$	+1	0	0	0
Encantado	$\bar{c}$	$\frac{1}{2}$	$+\frac{2}{3}e$	$-\frac{1}{3}$	0	-1	0	0
Inferior	$\bar{b}$	$\frac{1}{2}$	$+\frac{1}{3}e$	$-\frac{1}{3}$	0	0	-1	0
Superior	$\bar{t}$	$\frac{1}{2}$	$-\frac{2}{3}e$	$-\frac{1}{3}$	0	0	0	-1

El modelo original de quarks

En 1963 Gell-Mann y George Zweig propusieron independientemente que los hadrones tenían una estructura más elemental. De acuerdo con su modelo, todos los hadrones eran sistemas compuestos de dos o tres constituyentes fundamentales llamados **quarks**. Gell-Mann tomó prestada la palabra *quark* del pasaje "tres quarks para Muster Mark" de *Finnegan's Wake* de James Joyce. En el modelo original de quarks, había tres tipos de quarks designados por los símbolos u, d y s. A éstos se les daban los nombres arbitrarios *up* (arriba), *down* (abajo) y *sideways* (lateral) (o ahora más comúnmente, *extraño*).

Una propiedad inusual de los quarks es que tienen cargas electrónicas fraccionarias. Los quarks u, d y s tienen cargas de $+2e/3$, $-e/3$ y $-e/3$, respectivamente. Cada quark tiene un número de bariones de $1/3$ y un espín de $1/2$. (El espín $1/2$ significa que todos los quarks son *fermiones*, definidos en la sección 43.5 como cualquier partícula que tiene espín medio entero.) Los quarks u y d tienen extrañeza 0, en tanto que el quark s tiene extrañeza –1. Otras propiedades de los quarks y antiquarks se brindan en la tabla 47.3. Asociado a cada quark está un antiquark de carga opuesta, número de bariones y extrañeza.

La composición de todos los hadrones conocidos cuando Gell-Mann y Zweig presentaron sus modelos podía especificarse completamente mediante tres simples reglas:

- Los mesones se componen de un quark y un antiquark, dando los mismos el número requerido de bariones de 0.
- Los bariones están compuestos por tres quarks.
- Los antibariones se componen de tres antiquarks.

La tabla 47.4 registra las composiciones de quarks de diversos mesones y bariones. Observe que sólo dos de los quarks, u y d, están contenidos en todos los hadrones encontrados en la materia ordinaria (protones y neutrones). El tercer quark s, es

TABLA 47.4 Composición de quarks de varios hadrones

Partícula	Composición de quarks
Mesones	
π^+	$u\bar{d}$
π^-	$\bar{u}d$
K^+	$u\bar{s}$
K^-	$\bar{u}s$
K^0	$d\bar{s}$
Bariones	
p	uud
n	udd
Λ^0	uds
Σ^+	uus
Σ^0	uds
Σ^-	dds
Ξ^0	uss
Ξ^-	dss
Ω^-	sss

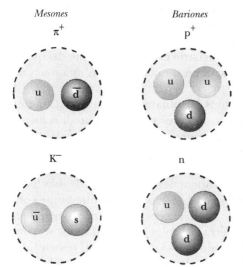

Mesones
π^+

K^-

Bariones
p^+

n

FIGURA 47.6 Composición de quarks de dos mesones y dos bariones.

necesario sólo para construir partículas extrañas con un número de extrañeza ya sea de +1 o −1. La figura 46.6 es una representación gráfica de la composición de quarks de diversas partículas.

Encanto y otros desarrollos recientes

Aunque el modelo de quark original tuvo mucho éxito en la clasificación de partículas dentro de familias, había algunas discrepancias entre las predicciones del modelo y ciertas velocidades de decaimiento experimentales. En consecuencia, un cuarto quark fue propuesto por varios físicos en 1967. Argumentaban que si había cuatro leptones (como se pensaba en ese tiempo), entonces debía haber también cuatro quarks debido a la simetría fundamental en la naturaleza. Al cuarto quark, designado mediante c, se le dio una propiedad llamada **encanto**. Un quark *encantado* tendría carga $+2e/3$, pero su encanto lo distinguiría de los otros tres quarks. El nuevo quark tendría un encanto de $C = +1$, su antiquark tendría un encanto de $C = -1$ y todos los restantes quarks tendrían $C = 0$, según se indica en la tabla 47.3. El encanto, al igual que la extrañeza, se conservaría en interacciones fuertes y electromagnéticas, aunque no en interacciones débiles.

En 1974, un nuevo mesón pesado denominado partícula J/Ψ (o simplemente Ψ) se descubrió independientemente por dos grupos: uno dirigido por Burton Richter en el Stanford Linear Accelerator (SLAC) y el otro por Samuel Ting en el Brookhaven National Laboratory. En 1976 Richter y Ting fueron galardonados con el premio Nóbel por este trabajo. La partícula J/Ψ no encajaba en el modelo de tres quarks sino que tenía las propiedades de una combinación de un quark encantado y su antiquark ($c\bar{c}$). Era mucho más masiva que otros mesones conocidos ($\sim 3\,100$ MeV/c^2) y su vida era mucho más larga que los correspondientes al decaimiento mediante la fuerza fuerte. Rápidamente, se descubrieron mesones encantados relacionados correspondientes a combinaciones de quarks como $\bar{c}d$ y $c\bar{d}$, la totalidad de las cuales tenían grandes masas y largos tiempos de vida. En 1975 investigadores en la Universidad de Stanford informaron de claras evidencias de que el leptón tau (τ) de $1\,784$ MeV/c^2 de masa. Estos descubrimientos llevaron a modelos de quarks más elaborados, y a la propuesta de dos nuevos quarks, *superior* (t) e *inferior* (b). (Algunos físicos prefieren *verdadero* y *bello*.) Para distinguir estos quarks de los viejos, los números cuánticos denominados *superioridad* e *inferioridad* se asignaron a estas nuevas partículas y se incluyen en la tabla 47.3. En 1977, investigadores en el Fermi National Laboratory, bajo la dirección de León Lederman, informaron del descubrimiento de un nuevo mesón muy masivo, Υ, cuya composición se considera que es $b\bar{b}$. En marzo de 1995, investigadores del Fermilab anunciaron el descubrimiento del quark superior (supuestamente el último de los quarks por encontrar) con una masa de 173 GeV.

Tal vez le sorprenda si tales descubrimientos terminarán alguna vez. ¿Cuántos "bloques constitutivos" de la materia existen realmente? En el presente, los físicos creen que las partículas fundamentales en la naturaleza son seis quarks y seis leptones (junto con sus antipartículas). En la tabla 47.5 se registran algunas de las propiedades de estas partículas.

A pesar de muchos grandes esfuerzos experimentales, ningún quark aislado ha sido observado. Los físicos creen ahora que los quarks están permanentemente confinados dentro de partículas ordinarias debido a una excepcionalmente fuerza fuerte que impide que escapen. Ésta, llamada la fuerza de "color" (discutida en la sección 47.9), aumenta con la distancia de separación (similar a la fuerza de un resorte). La gran intensidad de la fuerza entre quarks ha sido descrita por un autor del modo siguiente:[1]

> Los quarks son esclavos de su propia carga de color … unidos como prisioneros encadenados que realizan trabajos forzados … Cualquier cerrajero puede romper la cadena entre dos prisioneros, pero ninguno es lo suficiente experto para romper las cadenas de gluones entre los quarks. Los quarks seguirán siendo esclavos por siempre.

TABLA 47.5   Las partículas fundamentales y algunas de sus propiedades

Partícula	Energía en reposo	Carga
Quarks		
u	360 MeV	$+\frac{2}{3}\,e$
d	360 MeV	$-\frac{2}{3}\,e$
c	1 500 MeV	$+\frac{2}{3}\,e$
s	540 MeV	$-\frac{1}{3}\,e$
t	173 GeV	$+\frac{2}{3}\,e$
b	5 GeV	$-\frac{1}{3}\,e$
Leptones		
e^-	511 keV	$-e$
μ^-	107 MeV	$-e$
τ^-	1 784 MeV	$-e$
ν_e	< 30 eV	0
ν_μ	< 0.5 MeV	0
ν_τ	< 250 MeV	0

[1] Harald Fritzsch, *Quarks, The Stuff of Matter*, Londres, Allen Lane, 1983.

47.9 EL MODELO ESTÁNDAR

Poco después de que el concepto de quarks se propuso, los científicos se dieron cuenta de que ciertas partículas que tenían composiciones de quarks violaban el principio de exclusión de Pauli. Debido a que todos los quarks son fermiones con espines de 1/2 se espera que cumplan con el principio de exclusión. Un ejemplo de una partícula que viola el principio de exclusión es el barión Ω^- (sss) que contiene tres quarks s que tienen espines paralelos, dando un espín total de 3/2. Otros ejemplos de bariones que tienen quarks idénticos con espines paralelos son el Δ^{++} (uuu) y el Δ^- (ddd). Para resolver este problema, se sugirió que los quarks poseían una nueva propiedad llamada **color**. Esta propiedad es similar en muchos aspectos a la carga eléctrica excepto que ocurre en tres variedades (de color) llamadas roja, verde y azul. Desde luego, los antiquarks tienen los colores antirrojo, antiverde y antiazul. Para satisfacer el principio de exclusión, los tres quarks en un barión deben tener colores diferentes. Un mesón está compuesto por un quark de un color y un antiquark del anticolor correspondiente. El resultado es que los bariones y los mesones son siempre incoloros (o blancos). Además, la nueva propiedad de color incrementa el número de quark por un factor de tres.

Aunque el concepto de color en el modelo de quarks fue concebido originalmente para satisfacer el principio de exclusión, brindó también una mejor teoría para explicar ciertos resultados experimentales. Por ejemplo, la teoría modificada predice correctamente el tiempo de vida del mesón π^0. La teoría de cómo interactúan los quarks entre sí se denomina **cromodinámica cuántica**, o CDQ, en paralelismo con la electrodinámica cuántica (la teoría de interacción entre cargas eléctricas). En la CDQ, se dice que el quark lleva una *carga de color* en analogía con la carga eléctrica. La fuerza fuerte entre quarks a menudo se denomina la *fuerza de color*.

Como se indicó antes, la interacción fuerte entre hadrones es mediada por partículas sin masa denominadas **gluones** (análogas a los fotones de la fuerza electromagnética). De acuerdo con la teoría, hay ocho gluones, seis de los cuales tienen carga de color. Debido a esta carga de color, los quarks pueden atraerse entre sí y formar partículas compuestas. Cuando un quark emite o absorbe un gluón, cambia su color. Por ejemplo, un quark azul que emite un gluón puede convertirse en un quark rojo, y el quark rojo que absorbe este gluón se transforma en un quark azul. La fuerza de color entre los quarks es análoga a la fuerza eléctrica entre cargas: colores similares se repelen y colores opuestos se atraen. En consecuencia, dos quarks rojos se repelen entre sí, pero un quark rojo será atraído por un quark antirrojo. La atracción entre quarks de color opuesto para formar un mesón (q$\overline{\text{q}}$) se indica en la figura 47.7a. Quarks coloreados de manera diferente también se atraen entre sí, pero con menor intensidad que con colores opuestos de quarks y antiquarks. Por ejemplo, un cúmulo de quarks rojo, azul y verde se atraerán unos a otros para formar bariones, como se indica en la figura 47.7b. De este modo, todos los bariones contienen tres quarks, cada uno de los cuales tiene un color diferente.

Recuerde que se cree que la fuerza débil es mediada por los bosones W^+, W^- y Z^0 (partículas de espín 1). Se dice que estas partículas tienen *carga débil* del mismo modo que un quark tiene carga de color. Así, cada partícula elemental puede tener masa, carga eléctrica, carga de color y carga débil. Desde luego, una o más de éstas podría ser cero. Los científicos piensan ahora que las partículas realmente elementales son leptones y quarks, y los mediadores de fuerza son el gluón, el fotón, $W^\pm$, Z^0 y el gravitón. (Advierta que los quarks y leptones tienen espín 1/2 y, en consecuencia, son fermiones, en tanto que los mediadores de fuerza tienen espín 1 o más alto y son bosones.)

En 1979, Sheldon Glashow, Abdus Salam y Steven Weinberg ganaron el premio Nóbel por desarrollar una teoría que unificaba las interacciones magnética y débil. **Esta teoría electrodébil** postula que las interacciones débiles y electromagnética tie-

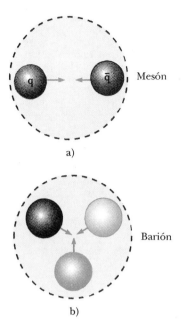

FIGURA 47.7 a) Un quark rojo es atraído hacia un quark antirrojo. Esto forma un mesón cuya estructura de quarks es (q$\overline{\text{q}}$). b) Tres diferentes quarks coloreados se atraen entre sí para formar un barión.

nen la misma intensidad a energías de partícula sumamente altas. Así, las dos interacciones son vistas como dos manifestaciones diferentes de una sola interacción electrodébil unificada. El fotón y los tres bosones masivos ($W^\pm$ y Z^0 desempeñan un papel principal en la teoría electrodébil. La teoría hace muchas predicciones concretas, pero tal vez la más espectacular es la de las masas de las partículas W y Z en alrededor de 82 GeV/c^2 y 93 GeV/c^2, respectivamente. El premio Nóbel de 1984 fue otorgado a Carlos Rubbia y Simon van der Meer por su trabajo que llevó al descubrimiento de estas partículas a exactamente estas energías en el Laboratorio CERN en Ginebra, Suiza.

La combinación de la teoría electrodébil y la CDQ para la interacción fuerte forma lo que se conoce en la física de altas energías como el *Modelo Estándar*. Aunque los detalles del Modelo Estándar son complejos, sus ingredientes esenciales pueden resumirse con la ayuda de la figura 47.8. La fuerza fuerte, mediada por gluones, mantiene unidos a los quarks para formar partículas compuestas, como los protones, neutrones y mesones. Los leptones participan sólo en las interacciones electromagnética y débil.

Sin embargo, el Modelo Estándar no responde todas las preguntas. Una de las principales es por qué el fotón no tiene masa mientras los bosones W y Z sí. Debido a esta diferencia de masa, las fuerzas electromagnética y débil son bastantes distintas a bajas energías, aunque se vuelven de naturaleza similar a energías muy altas. Este comportamiento cuando vamos de las bajas a las altas energías, denominado *simetría límite*, deja abierta la pregunta del origen de las masas de las partículas. Para resolver este problema, una partícula hipotética llamada el *bosón de Higgs*, el cual brinda un mecanismo para el rompimiento de la simetría electrodébil, ha sido propuesto. El Modelo Estándar, incluido el mecanismo de Higgs, brinda una explicación lógicamente consistente de la naturaleza masiva de los bosones W y Z. Desafortunadamente, el bosón de Higgs aún no ha sido encontrado, aunque los físicos saben que su masa debe ser menor que 1 TeV (10^{12} eV). Con el fin de determinar si existe el bosón de Higgs, dos quarks de al menos 1 TeV de energía deben chocar, pero los cálculos muestran que esto requiere inyectar 40 TeV de energía dentro del volumen de un protón.

Los científicos están convencidos de que debido a la limitada energía disponible en los aceleradores convencionales utilizando blancos fijos, es necesario construir aceleradores de haces que colisionen denominados **colisionadores**. El concepto de colisionadores es directo. Partículas con iguales masas y energías cinéticas, viajando

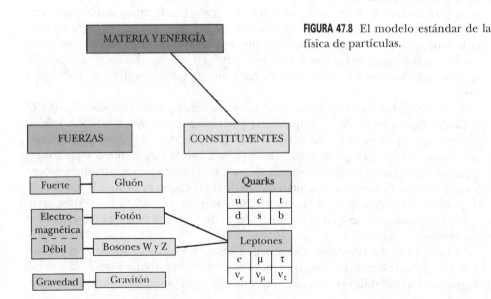

FIGURA 47.8 El modelo estándar de la física de partículas.

en direcciones opuestas en un anillo acelerador, chocan frontalmente para producir la reacción requerida y la formación de nuevas partículas. Debido a que el momento total de las partículas interactuantes es cero, toda su energía cinética está disponible para la reacción. El Gran Colisionador Electrón-Positrón (LEP) en el CERN, cerca de Ginebra, Suiza, y el Colisionador Lineal de Standford, en California produce colisiones tanto de electrones como de protones. El Súper Sincrotón de Protones en el CERN acelera protones y antiprotones hasta energías de 270 GeV, mientras que el acelerador de protones de masas de energías más altas del mundo, el Tevatrón, en el Fermi National Laboratory, en Illinois, produce protones a casi 1 000 GeV (o 1 TeV). El Súper Colisionador Superconductor (SSC), el cual se construyó en Texas, era un acelerador diseñado para producir protones de 20 TeV en un anillo de 52 mi de circunferencia. Después de mucho debate en el Congreso de Estados Unidos, y una inversión de casi 2 000 millones de dólares, el proyecto del SSC fue cancelado por el Departamento de Energía de dicho país en octubre de 1993. El CERN aprobó hace poco el desarrollo del Gran Colisionador de Hadrones (LHC), un colisionador protón-protón que proporcionará una energía del centro de masa de 14 TeV y permitirá una investigación de la física del bosón de Higgs. El acelerador se construirá en el mismo túnel de 27 km de circunferencia del Gran Colisionador Electrón-Positrón del CERN, y muchos países esperan participar en el proyecto. La figura 47.9 muestra la evolución de las etapas de la materia que los científicos han sido capaces de investigar con varios tipos de microscopios.

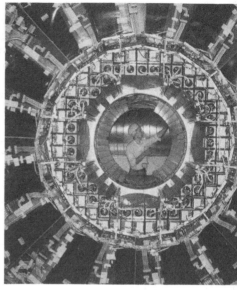

Un técnico trabaja en un detector de partículas en el CERN, el centro europeo de física de partículas cerca de Ginebra, Suiza. Electrones y positrones acelerados hasta una energía de 50 GeV chocan en un túnel circular de 2 km de circunferencia, localizado a 100 m bajo el piso. *(David Parker/Science Photo Library, Photo Researchers, Inc.)*

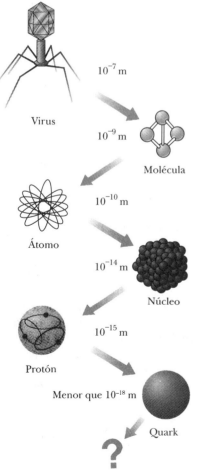

FIGURA 47.9 Al hurgar en la materia con diversos microscopios se revelan estructuras que varían en tamaño desde la cosa viva más pequeña, un virus, hasta un quark, el cual aún no se ha observado como una partícula aislada.

Virus

10^{-7} m

10^{-9} m

Molécula

Átomo

10^{-10} m

10^{-14} m

Núcleo

Protón

10^{-15} m

Menor que 10^{-18} m

Quark

?

George Gamow

| 1904 - 1968 |

George Gamow y dos de sus alumnos, Ralph Alpher y Robert Herman, fueron los primeros en considerar seriamente la primera media hora del universo. Éstos, en un artículo por muchos pasado por alto que se publicó en 1948, hicieron predicciones cosmológicas realmente notables. Calcularon correctamente las abundancias de hidrógeno y helio después de la primera media hora (75% H y 25% He) y predijeron que la radiación del Big Bang debe seguir presente y tener una temperatura aparente alrededor de 5 K. En las propias palabras de Gamow, el suministro de hidrógeno y helio del universo se creó muy rápidamente, "en menos tiempo que el que tarda cocinar un platillo de pato y papas cocidas". El comentario es característico de este interesante físico, quien es conocido en gran parte por su explicación del decaimiento alfa y teorías cosmológicas, así como por sus disfrutables y populares libros, sus caricaturas y su maravilloso sentido del humor.

47.10 LA CONEXIÓN CÓSMICA

Como hemos visto, el mundo alrededor de nosotros está dominado por protones, electrones, neutrones y neutrinos. Algunas de las otras partículas más exóticas pueden verse en los rayos cósmicos. Sin embargo, la mayor parte de las nuevas partículas se producen empleando grandes y costosas máquinas que aceleran protones y electrones hasta energías en la gama de los GeV y TeV. Estas energías son enormes cuando se comparan con la energía térmica en el universo actual. Por ejemplo, la energía térmica $k_B T$ en el centro del Sol es sólo alrededor de 1 keV, pero la temperatura del universo temprano fue suficientemente alta para alcanzar energías superiores a 1 TeV.

En esta sección describiremos una de las más fascinantes teorías de toda la ciencia —la teoría del Big Bang de la creación del universo— y la evidencia experimental que la respalda. Esta teoría cosmológica establece que el universo tuvo un principio y, además, que fue tan catastrófico que es imposible mirar más atrás de él. De acuerdo con esta teoría, el universo explotó a partir de una singularidad semejante a un punto hace 15 a 20 mil millones de años. Los primeros minutos después del Big Bang vieron tales extremos de energía que se cree que las cuatro interacciones de la física se unificaron y que toda la materia se fundió en una "sopa de quarks" indiferenciada.

La evolución de las cuatro fuerzas fundamentales del Big Bang hasta el presente se muestra en la figura 47.10. Durante los primeros 10^{-43} s (la época ultracaliente durante la cual T $\approx 10^{32}$ K), se presume que las fuerzas fuerte, electrodébil y gravitacional se unieron para formar una fuerza completamente unificada. En los primeros 10^{-32} s que siguieron al Big Bang (la época caliente, T $\approx 10^{29}$ K), la gravedad se escapó de esta unificación en tanto que las fuerzas fuerte y electrodébil permanecieron como una, descrita por una gran teoría de unificación. Éste fue un periodo en que las energías de las partículas eran tan grandes ($> 10^{16}$ GeV) que las partículas muy masivas, así como los quarks, leptones y sus antipartículas, existieron. Luego, el universo se expandió rápidamente y se enfrió durante la época caliente cuando las temperaturas oscilaron entre 10^{29} y 10^{15} K, las fuerzas fuerte y electrodébil se separaron y el esquema de la gran unificación fue roto. Conforme el universo se enfriaba, la fuerza electrodébil se dividió en la fuerza débil y la fuerza electromagnética alrededor de 10^{-10} s después del Big Bang.

Hasta alrededor de 700 mil años después del Big Bang el universo fue dominado por la radiación: los iones absorbían y remitían fotones, asegurando de ese modo el equilibrio térmico de la radiación y la materia. La radiación energética evitó también que la materia formara grupos o incluso átomos de hidrógeno aislados. Cuan-

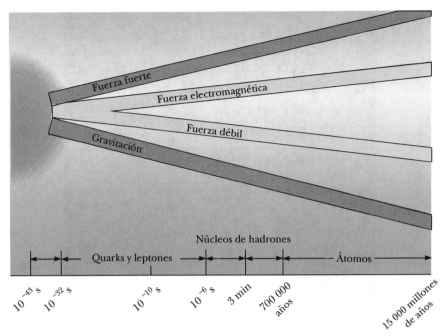

FIGURA 47.10 Una breve historia del universo desde el Big Bang hasta el presente. Las cuatro fuerzas se distinguieron durante el primer microsegundo. Después de esto, todos los quarks se combinaron para formar partículas que interactúan mediante la fuerza fuerte. Sin embargo, los leptones permanecieron separados y existen como partículas observables individualmente hasta ahora.

do el universo tenía alrededor de 700 mil años de edad se expandió y enfrió hasta cerca de 3 000 K, y los protones podían ligar electrones para formar átomos de hidrógeno neutros. Debido a que los átomos neutros no dispersan de manera apreciable fotones, el universo repentinamente se volvió transparente para los fotones. La radiación dejó de dominar al universo y grupos de materia neutra crecieron establemente: primero los átomos, seguidos por moléculas, nubes de gas, estrellas y finalmente galaxias.

Observación de la radiación a partir de la primera bola de fuego

En 1965, Arnold A. Penzias y Robert W. Wilson de Bell Labs probaban un receptor de microondas sensible e hicieron un descubrimiento sorprendente. Una molesta señal que producía un débil silbido de fondo interfería con sus experimentos de comunicaciones por medio de satélite. A pesar de sus persistentes esfuerzos la señal seguía. A la larga, se volvió evidente que estaban percibiendo radiación de fondo de microondas (a una longitud de onda 7.35 cm) que representaba el resplandor que dejó el Big Bang.

El cuerno de microondas que sirvió como su antena receptora se muestra en la figura 47.11. La intensidad de la señal detectada permaneció invariable cuando la antena fue orientada en diferentes direcciones. El hecho de que la radiación tenía intensidad igual en todas las direcciones sugirió que todo el universo era la fuente de esta radiación. El desalojo de una parvada de palomas y el enfriamiento del detector de microondas resultaron infructuosos al intentar aislar la señal "espuria". En una conversación casual, Penzias y Wilson descubrieron que un grupo en Princeton había predicho la radiación residual del Big Bang y planeaban un experimento que buscaba confirmar la teoría. La excitación en la comunidad científica fue considerable cuando Penzias y Wilson anunciaron que habían observado en realidad un exceso de radiación de fondo de microondas compatible con una fuente de un cuerpo negro a 3 K.

FIGURA 47.11   Robert W. Wilson *(izquierda)* y Arno A. Penzias *(derecha)* en la antena reflectora de cuerno de los Bell Telephone Laboratories.   *(AT&T Bell Laboratories)*

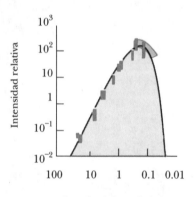

FIGURA 47.12   Espectro de radiación del Big Bang. Las áreas verdes son resultados experimentales. La línea negra es el espectro calculado para un cuerpo negro a 2.9 K.

Debido a que las mediciones de Penzias y Wilson se tomaron a una sola longitud de onda, no confirmaron por completo la radiación como la de un cuerpo negro a 3 K. Experimentos subsecuentes de otros grupos añadieron datos de intensidad a diferentes longitudes de onda, como se muestra en la figura 47.12. Los resultados confirmaron que la radiación es la de un cuerpo negro a 2 K. Esta figura es, quizás, la evidencia más clara de la teoría del Big Bang. El premio Nóbel de física de 1978 fue otorgado a Penzias y Wilson por su descubrimiento más importante.

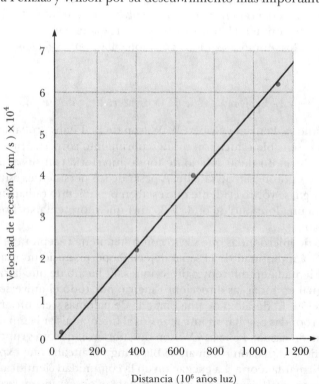

FIGURA 47.13   Ley de Hubble: una gráfica de la velocidad de recesión contra la distancia para cuatro galaxias.

Otras evidencias del universo en expansión

La mayor parte de los descubrimientos claves que sostienen la teoría de un universo en expansión, e indirectamente, la teoría cosmológica del Big Bang, fueron realizados en el siglo XX. Vesto Melvin Slipher, un astrónomo estadounidense, informó que la mayor parte de las nebulosas se están alejando de la Tierra a velocidades mayores a varios millones de millas por hora. Slipher fue uno de los primeros en usar los métodos de los corrimientos Doppler en los corrimientos de líneas espectrales para medir velocidades.

Al final de los años 20, Edwin P. Hubble hizo la audaz afirmación de que todo el universo estaba expandiéndose. De 1928 a 1936, él y Milton Humason trabajaron asiduamente en Monte Wilson para demostrar esta afirmación hasta llegar a los límites del telescopio de 100 pulg. Los resultados de este trabajo y su continuación en un telescopio de 200 pulg en la década de los 40 demostraron que las velocidades de las galaxias aumentan en proporción directa a su distancia R desde nosotros (Fig. 47.13). Esta relación lineal, conocida como la **ley de Hubble**, puede escribirse

$$v = HR$$

donde H, llamado el **parámetro de Hubble**, tiene el valor aproximado

$$H = 17 \times 10^{-3} \text{ m}/(\text{s} \cdot \text{año luz})$$

EJEMPLO 47.5   Recesión de un quasar

Un quasar es un objeto similar a una estrella que está muy distante de la Tierra. Su velocidad puede obtenerse a partir de mediciones de corrimiento Doppler de la luz que emite. Cierto quasar se aleja de la Tierra a una velocidad $0.55c$. ¿A qué distancia se encuentra?

Solución   Podemos encontrar la distancia a partir de la ley de Hubble:

$$R = \frac{v}{H} = \frac{(0.55)\ (3.00 \times 10^8 \text{ m/s})}{17 \times 10^{-3} \text{ m}/(\text{s} \cdot \text{año luz})}$$

$$= 9.7 \times 10^9 \text{ años luz}$$

Ejercicio   Suponiendo que el quasar se ha movido con la velocidad $0.55c$ desde el Big Bang, estime la edad del universo.

Respuesta $t = R/v = 1/H \approx 18\,000$ millones de años, lo cual concuerda bien con otros cálculos.

¿El universo se expandirá por siempre?

En las décadas de los 50 y los 60 Allan R. Sandage usó el telescopio de 200 pulg en Monte Palomar para medir las velocidades de galaxias a distancias de hasta 6 000 millones de años. Estas mediciones mostraron que estas muy distantes galaxias se estaban moviendo alrededor de 10 000 km/s más rápido que los que predecía la ley de Hubble. De acuerdo con este resultado, el universo debe haberse expandido más rápidamente hace 1 000 millones de años y, en consecuencia, la expansión se está deteniendo[2] (Fig. 47.14); hoy en día, los astrónomos y los físicos están tratando de determinar la velocidad de detenimiento. Si la densidad de masa promedio del universo es menor que cierta densidad crítica ($\rho_c \approx 3$ átomos/m³), las galaxias se frenarán en su precipitación hacia afuera pero seguirán escapando hacia el infinito. Si la densidad promedio es mayor que el valor crítico, la expansión eventualmente se detendrá y se iniciará la contracción, conduciendo posiblemente a un estado superdenso y a otra expansión o un universo oscilante.

---

[2] Los datos a grandes distancias tienen grandes incertidumbres observacionales y pueden estar sistemáticamente erróneos desde los efectos de selección, como brillo anormal en los cúmulos visibles más distantes.

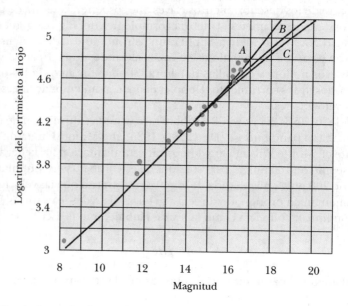

FIGURA 47.14 Corrimiento al rojo, o velocidad de recesión, contra la magnitud aparente de 18 cúmulos tenues. La curva *A* es una tendencia sugerida por los seis cúmulos de galaxias más débiles. La curva *C* corresponde a un universo que tiene una tasa de expansión constante. Si los datos caen entre *B* y *C*, la extensión se frena pero nunca se detiene. Si los datos caen a la izquierda de *B*, la expansión se detiene y ocurre la contracción.

EJEMPLO 47.6   La densidad crítica del universo

Estime la densidad de masa crítica del universo, ρ_c, empleando consideraciones de energía.

Razonamiento y solución   La figura 47.15 muestra una gran sección del universo con radio R, que contiene galaxias con una masa total M. Una galaxia de masa m y velocidad v en R apenas escapará hasta infinito con velocidad cero si la suma de su energía cinética y energía potencial gravitacional es cero. De tal modo,

$$E_{\text{total}} = 0 = K + U = \tfrac{1}{2}mv^2 - \frac{GmM}{R}$$

$$\tfrac{1}{2}mv^2 = \frac{Gm\tfrac{4}{3}\pi R^3 \rho_c}{R}$$

$$(1) \qquad v^2 = \frac{8\pi G}{3}R^2\rho_c$$

(Debido a que la galaxia de masa m cumple la ley de Hubble, $v = HR$, 1) se convierte en

$$H^2 = \frac{8\pi G}{3}\rho_c$$

$$2) \qquad \boxed{\rho_c = \frac{3H^2}{8\pi G}}$$

Utilizando $H = 17 \times 10^{-3}$ m/(s · año luz), donde 1 año luz $= 9.46 \times 10^{12}$ km, y $G = 6.67 \times 10^{-8}$ cm³/g · s² produce $\rho_c = 6 \times 10^{-30}$ g/cm³. Como la masa del átomo de hidrógeno es 1.67×10^{-24} g, ρ_c corresponde a 3×10^{-6} átomos de hidrógeno por cm³ o 3 átomos por m³.

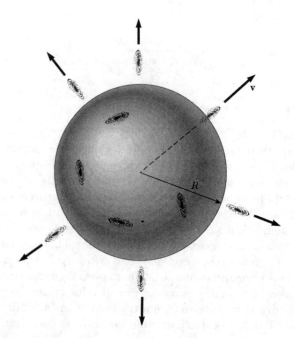

FIGURA 47.15 Una galaxia escapando del gran cúmulo contenido dentro del radio *R*. Sólo la masa dentro de *R* frena a la masa *m*.

La masa que falta en el universo (?)

La materia visible en las galaxias promedia hasta 5×10^{-33} g/cm^3. La radiación en el universo tiene una masa equivalente de aproximadamente 2% de la materia visible. La materia no luminosa (como el gas interestelar o los hoyos negros) puede estimarse a partir de las velocidades de las galaxias orbitando entre sí en el cúmulo. Cuanto más alta es la velocidad de las galaxias tanto mayor la masa en el cúmulo. Los resultados de las mediciones en el cúmulo de galaxias indican, sorprendentemente, que la cantidad de materia invisible es de 20 a 30 veces la cantidad presente en estrellas y en nubes de gas luminosas. Aun cuando este gran componente invisible, si se aplica al universo como un todo, deja a la densidad de masa observada en un factor de 10 menor que ρ_c. La así llamada *masa faltante* (o *materia oscura*) ha sido el tema de importantes trabajos teóricos y experimentales con partículas exóticas, como los axiones, fotinos y partículas de supercuerda sugeridas como candidatos para la masa faltante. Las propuestas más conocidas han sido las de que la masa faltante está presente en ciertas galaxias como neutrinos. En efecto, los neutrinos son tan abundantes que una diminuta masa en reposo de neutrinos del orden de 20 eV proverían la masa faltante y "cerraría" el universo.

Aunque estamos un poco más seguros acerca del principio del universo, hay dudas acerca de su final. ¿El universo se expandirá por siempre? ¿Se colapsará y repetirá su expansión en una serie interminable de oscilaciones? Los resultados y respuestas a estas cuestiones siguen sin convencer y la emocionante controversia continúa.

47.11 PROBLEMAS Y PERSPECTIVAS

En tanto que la física de partículas ha estado explorando el reino de lo muy pequeño, los cosmologistas han estado explorando la historia cósmica hacia atrás del primer microsegundo del Big Bang. La observación de los eventos que ocurren cuando dos partículas chocan en un acelerador es esencial en la reconstrucción de los primeros momentos de la historia cósmica. Quizás la clave para entender el universo temprano es entender primero el mundo de las partículas elementales. Los cosmologistas y los físicos encuentran ahora que tienen muchas metas comunes y están sumando esfuerzos para tratar de entender el mundo físico a su nivel más fundamental.

Nuestro entendimiento de la física a cortas distancias está lejos de ser completo. La física de partículas se enfrenta a muchas interrogantes. ¿Por qué hay tan poca antimateria en el universo? ¿Los neutrones tienen una pequeña masa en reposo, y si es así, cómo contribuyen a la "materia oscura" del universo? ¿Es posible unificar las teorías fuerte y electrodébil de un modo lógico y consistente? ¿Por qué los quarks y los leptones forman tres familias similares pero distintas? ¿Los muones son los mismos que los electrones (además de su diferencia en masa) o tienen otras diferencias sutiles que todavía no se detectan? ¿Por qué algunas partículas están cargadas y otras son neutras? ¿Por qué los quarks tienen carga fraccionaria? ¿Qué determina las masas de los constituyentes fundamentales? ¿Pueden existir quarks aislados? Las preguntas siguen y siguen. Debido a los rápidos avances y a los nuevos descubrimientos en el campo de la física de partículas, en el tiempo en que usted lea este libro algunas de estas cuestiones probablemente se resolverán en tanto que es posible que surjan otras.

Una importante y evidente pregunta que queda es si los leptones y los quarks tienen una subestructura. Si la tienen, podríamos imaginar un número infinito de niveles de estructura más profundos. Sin embargo, si los leptones y los quarks son efectivamente los últimos constituyentes de la materia, como los físicos actuales tienden a creer, seremos capaces de construir una teoría final de la estructura de la materia como el propio Einstein soñó. En la perspectiva de muchos físicos, el final del camino está a la vista, pero cuánto tardará alcanzar la meta todavía es una interrogante para todos.

RESUMEN

Hay cuatro fuerzas fundamentales en la naturaleza: fuerte (hadrónica), electromagnética, débil y gravitacional. La fuerza fuerte es la que se presenta entre nucleones y la que mantiene al núcleo unido. La fuerza débil es responsable del decaimiento beta. Las fuerzas electromagnética y débil se consideran ahora como manifestaciones de una sola fuerza llamada la fuerza electrodébil. Se afirma que toda interacción fundamental es mediada por el intercambio de partículas de campo. La interacción electromagnética es mediada por el fotón; la interacción débil, por los bosones $W^{\pm}$ y Z^0; la interacción gravitacional, por gravitones; la interacción fuerte, por gluones.

Una antipartícula y una partícula tienen la misma masa, pero carga opuesta, y otras propiedades pueden tener valores opuestos, como el número leptónico y el número bariónico. Es posible producir pares partícula-antipartícula en reacciones nucleares si la energía disponible es mayor que $2\ mc^2$, donde m es la masa en reposo de la partícula (o antipartícula).

Las partículas, además de los fotones, se clasifican como hadrones o leptones. Los **hadrones** interactúan a través de la fuerza fuerte. Tienen tamaño y estructura y no son partículas elementales. Hay dos tipos de hadrones, *bariones* y *mesones*. Estos últimos tienen número bariónico cero y espín cero o entero. Los bariones, los cuales son por lo general las partículas más masivas, tienen número bariónico diferente de cero y espín de 1/2 o 3/2. El neutrón y el protón son ejemplo de bariones.

Los **leptones** no tienen estructura o tamaño y son considerados verdaderamente elementales. Sólo interactúan a través de las fuerzas débil o electromagnética. Hay seis leptones: el electrón e^-, el muón μ^-, el tau τ^- y sus neutrinos, ν_e, ν_μ y ν_τ.

En todas las reacciones y decaimientos, cantidades como la energía, momento lineal, momento angular, carga eléctrica, número bariónico y número leptónico se conservan estrictamente. Ciertas partículas tienen propiedades llamadas **extrañeza** y **encanto**. Estas propiedades inusuales se conservan sólo en aquellas reacciones y decaimientos que ocurren por medio de la fuerza fuerte.

Las teorías en la física de partículas elementales han postulado que todos los hadrones están compuestos por unidades más pequeñas conocidas como **quarks**. Los quarks tienen carga eléctrica fraccionaria, números bariónicos de 1/3 y vienen en seis "sabores": arriba (u), abajo (d), extraño (s), encantado c), superior (t) e inferior (b). Cada barión contiene tres quarks, y cada mesón contiene un quark y un antiquark.

De acuerdo con la teoría de la cromodinámica cuántica, los quarks tienen una propiedad llamada **color**, y la fuerza fuerte entre quarks se conoce como la **fuerza de color**.

La radiación de microondas de fondo descubierta por Penzias y Wilson sugiere fuertemente que el universo se inició con un "Big Bang" hace aproximadamente 15 000 millones de años. La radiación de fondo es equivalente a la de un cuerpo negro a 3 K.

Varias mediciones astronómicas indican fuertemente que el universo se expande. De acuerdo con la **ley de Hubble**, las galaxias distantes se alejan de la Tierra a una velocidad $v = HR$, donde R es la distancia de la Tierra a la galaxia y H es el **parámetro de Hubble**, $H \approx 17 \times 10^{-3}$ m/(s · año luz).

LECTURAS SUGERIDAS

Física de partículas

J. Bahcall, "The Solar Neutrino Problem", *Sci. American,* mayo, 1990.

H. Brueker *et al.,* "Tracking and Imaging Elementary Particles". *Sci. American,* agosto, 1991.

Frank Close, *The Cosmic Onion: Quarks and the Nature of the Universe,* The American Institute of Physics, 1986. Una actualizada monografía sobre física de partículas, que incluye análisis reales de la teoría del Big Bang.

Harald Fritzsch, *Quarks, The Stuff of Matter*, London, Allen y Lane, 1983. Un excelente repaso introductorio de la física de las partículas elementales.

George Gamow, "Gravity and Antimatter", *Sci. American*, marzo, 1961.

T. Goldman *et al.*, "Gravity and Antimatter", *Sci. American*, marzo, 1989.

H. Harari, "The Structure of Quarks and Leptons", *Sci. American*, abril, 1983.

Leon M. Lederman, "The Value of Fundamental Science", *Sci. American*, noviembre, 1984.

N. B. Mistry, R. A. Poling y E. H. Thorndike, "Particles with Naked Beauty", *Sci. American*, julio, 1983.

Chris Quigg, "Elementary Particles and Forces", *Sci. American*, abril, 1985.

M. Riordan, "The Discovery of Quarks", *Science*, 29 mayo 1992.

J. G. Veltman, "The Higgs Boson", *Sci. American*, noviembre, 1986.

Steven Winberg, *The Discovery of Elementary Particles*, Nueva York, Scientific American Library, W. H. Freeman and Company,

1983. Este libro subraya los descubrimientos, experimentos y ejercicios intelectuales importantes que reformaron la física en el siglo xx.

Cosmología y el Big Bang

John D. Barrow y Joseph Silk, "The Structure of the Early Universe", *Sci. American*, abril, 1980.

George Gamow, "The Evolutionary Universe", *Sci. American*, septiembre, 1956.

David Layzer, *Constructing the Universe*, Scientific American Library, Nueva York, W. H. Freeman and Co., 1984, capítulos 7 y 8.

David L. Meier y Rashid A. Sunyaev, "Primeval Galaxies", *Sci. American*, noviembre, 1979.

Richard A. Muller, "The Cosmic Background Radiation and the New Aether Drift", *Sci. American*, mayo, 1978.

Carl Sagan y Frank Drake, "The Search for Extraterrestrial Intelligence", *Sci. American*, mayo, 1975.

Allan R. Sandage, "The Red-Shift", *Sci. American*, septiembre, 1956.

PREGUNTAS

1. Nombre las cuatro interacciones fundamentales y las partículas de campo que median cada una de ellas.
2. Describa el modelo de quarks de los hadrones, incluyendo las propiedades de los quarks.
3. ¿Cuáles son las diferencias entre los hadrones y los leptones?
4. Describa las propiedades de bariones y mesones y las diferencias importantes entre ellos.
5. Partículas conocidas como resonancias tienen tiempos de vida muy cortos, del orden de 10^{-23} s. A partir de esta información, ¿podría usted adivinar si son hadrones o leptones? Explique.
6. Todos los kaones decaen hasta estados finales que no contienen protones o neutrones. ¿Cuál es el número bariónico de los kaones?
7. La partícula Ξ^0 decae mediante interacción débil de acuerdo con el modo de decaimiento $\Xi^0 \rightarrow \Lambda^0 + \pi^0$. ¿Esperaría usted que este decaimiento sea rápido o lento? Explique.
8. Identifique los decaimientos de partículas de la tabla 47.2 que ocurren por medio de la interacción débil. Justifique sus respuestas.
9. Identifique los decaimientos de partículas de la tabla 47.2 que ocurren por medio de interacción electromagnética. Justifique sus respuestas.
10. Dos protones en un núcleo interactúan mediante la interacción fuerte. ¿Están sujetos también a la interacción débil?
11. Estudie las siguientes leyes de conservación: energía, momento lineal, momento angular, carga eléctrica, número bariónico, número leptónico y extrañeza. ¿Todas estas leyes están basadas en propiedades fundamentales de la naturaleza? Explique.
12. Un antibarión interactúa con un mesón. ¿Puede producirse un barión en una interacción de este tipo? Explique.
13. Describa los rasgos esenciales del Modelo Estándar de la física de partículas.
14. ¿Cuántos quarks hay en a) un barión, b) un antibarión, c) un mesón, d) un antimesón? ¿Cómo explica usted el hecho de que los bariones tienen espines medio enteros mientras los mesones tienen espines de 0 o 1? (*Sugerencia:* Los quarks tienen espín 1/2.)
15. En la teoría de la cromodinámica cuántica, los quarks se presentan en tres colores. ¿Cómo justificaría el enunciado de que "todos los bariones y mesones son incoloros"?
16. ¿Cuál barión predijo Murray Gell-Mann en 1961? ¿Cuál es la composición de quarks de esta partícula?
17. ¿Cuál es la composición de quarks de la partícula Ξ^-? (Vea la tabla 47.4.)
18. Los bosones W y Z fueron producidos por primera vez en el CERN en 1983 (con un haz de protones y un haz de antiprotones que se encuentran a alta energía). ¿Por qué fue éste un descubrimiento importante?
19. ¿Cómo determinó Edwin Hubble en 1928 que el universo se estaba expandiendo?

PROBLEMAS

Sección 47.2   Positrones y otras antipartículas

1. Se producen dos fotones cuando un protón y un antiprotón se aniquilan entre sí. ¿Cuál es la frecuencia mínima y la longitud de onda correspondiente de cada protón?

2. Un fotón produce un par protón-antiprotón de acuerdo con la reacción $\gamma \rightarrow p^+ + p^-$. ¿Cuál es la frecuencia del fotón? ¿Cuál es su longitud de onda?

Sección 47.3   Mesones y el principio de la física de partículas

3. Uno de los mediadores de la interacción débil es el bosón Z^0, de 96 GeV/c^2 de masa. Emplee esta información para encontrar un valor aproximado del alcance de la interacción débil.

4. Los "mediadores" de la fuerza débil son las partículas W y Z. Emplee el principio de incertidumbre para estimar el alcance de la fuerza débil suponiendo que las masas de las partículas W y Z son de 80 a 90 MeV/c^2.

5. Un neutrón sufre decaimiento beta creando un protón, un electrón y un antineutrino de acuerdo con la reacción $n \rightarrow p^+ + e^- + \overline{\nu}$. Suponga que un neutrón libre sufre decaimiento beta creando un protón y un electrón de acuerdo con la reacción

$$n \longrightarrow p^+ + e^-$$

y suponga que el neutrón está inicialmente en reposo en el laboratorio. a) Determine la energía liberada en esta reacción. b) Determine la velocidad del protón y el electrón después de la reacción. (La energía y el momento se conservan en la reacción.) c) ¿Alguna de estas partículas se mueve a velocidades relativistas? Explique.

6. Un pión neutro en reposo decae en dos fotones de acuerdo con

$$\pi^0 \longrightarrow \gamma + \gamma$$

Encuentre la energía, momento y frecuencia de cada fotón.

Sección 47.4   Clasificación de partículas

7. Mencione un posible modo de decaimiento (vea la tabla 47.2) para Ω^+, $\overline{K}^0$, $\overline{\Lambda}^0$ y $\overline{n}$.

Sección 47.5   Leyes de conservación

8. Cada una de las siguientes reacciones está prohibida. Determine una ley de conservación que se viola en cada reacción.

(a) $p^+ + p^- \rightarrow \mu^+ + e^-$
(b) $\pi^- + p^+ \rightarrow p^+ + \pi^+$
(c) $p^+ + p^+ \rightarrow p^+ + \pi^+$

(d) $p^+ + p^+ \rightarrow p^+ + p^+ + n$
(e) $\gamma + p^+ \rightarrow n + \pi^0$

9. Si el número de bariones no se conserva, entonces un posible mecanismo mediante el cual puede decaer un protón es

$$p^+ \longrightarrow e^+ + \gamma$$

a) Muestre que esta reacción viola la conservación del número bariónico. b) Suponiendo que esta reacción ocurre, y que el protón está inicialmente en reposo, determine la energía y momento del positrón y el fotón después de la reacción. (*Sugerencia:* Recuerde que la energía y el momento deben conservarse en la reacción.) c) Determine la velocidad del positrón después de la reacción.

10. Las siguientes reacciones o decaimientos implican uno o más neutrinos. Proporcione los neutrinos faltantes (ν_e, ν_μ o ν_τ).

(a) $\pi^- \rightarrow \mu^- + ?$
(b) $K^+ \rightarrow \mu^+ + ?$
(c) $? + p^+ \rightarrow n + e^+$
(d) $? + n \rightarrow p^+ + e^-$
(e) $? + n \rightarrow p^+ + \mu^-$
(f) $\mu^- \rightarrow e^- + ? + ?$

11. La Λ^0 es una partícula inestable que decae en un protón y en un pión cargado negativamente. Determine las energías cinéticas del protón y el pión si la Λ^0 está en reposo cuando decae. La masa en reposo de Λ^0 es 1 115.7 MeV/c^2, la masa en reposo del π^- es 139.5 MeV/c^2 y la masa en reposo del protón es 938.3 MeV/c^2.

12. Determine cuál de las siguientes reacciones puede ocurrir. Con respecto a las que no puedan ocurrir determine la ley (o leyes) de conservación violadas:
(a) $p^+ \rightarrow \pi^+ + \pi^0$
(b) $p^+ + p^+ \rightarrow p^+ + p^+ + \pi^0$
(c) $p^+ + p^+ \rightarrow p^+ + \pi^+$
(d) $\pi^+ \rightarrow \mu^+ + \nu_\mu$
(e) $n^0 \rightarrow p^+ + e^- + \overline{\nu}_e$
(f) $\pi^+ \rightarrow \mu^+ + n$

Sección 47.6   Partículas extrañas y extrañeza

13. Determine si o no se conserva la extrañeza en los siguientes decaimientos y reacciones.
(a) $\Lambda^0 \rightarrow p^+ + \pi^-$
(b) $\pi^- + p^+ \rightarrow \Lambda^0 + K^0$
(c) $p^- + p^+ \rightarrow \overline{\Lambda}^0 + \Lambda^0$
(d) $\pi^- + p^+ \rightarrow \pi^- + \Sigma^+$
(e) $\Xi^- \rightarrow \Lambda^0 + \pi^-$
(f) $\Xi^- \rightarrow p^+ + \pi^-$

14. El mesón ρ neutro decae por medio de la interacción fuerte en dos piones: $\rho^0 \pi^+ + \pi^-$, vida media de 10^{-23} s. El kaón neutro decae también en dos piones: $K^0 \rightarrow \pi^+ + \pi^-$,

☐ Indica problemas que tienen soluciones completas disponibles en el *Manual de soluciones del estudiante* y en la *Guía de estudio*.

vida media de 10^{-10} s. ¿Cómo explica la diferencia en las vidas medias?

15. Para cada uno de los decaimientos prohibidos, determine cuál ley de conservación se viola:

    (a) $\mu^- \rightarrow e^- + \gamma$

    (b) $n \rightarrow p^+ + e^- + \nu_e$

    (c) $\Lambda^0 \rightarrow p^+ + \pi^0$

    (d) $p^+ \rightarrow e^+ + \pi^0$

    (e) $\Xi^0 \rightarrow n + \pi^0$

Sección 47.8   Quarks, al fin

16. La partícula Σ^0 al viajar a través de la materia incide sobre un protón y una Σ^+ y un rayo gama emerge, así como una tercera partícula. Emplee el modelo de quarks de cada una para determinar la identidad de la tercera partícula.

17. Las composiciones de quarks de las partículas K^0 y Λ^0 son d$\bar{s}$ y uds, respectivamente. Muestre que la carga, número bariónico y extrañeza de estas partículas igualan la suma de estos números para los constituyentes de quarks.

18. Ignore las energías de enlace y estime las masas de los quarks u y d a partir de las masas del protón y el neutrón.

19. Analice cada reacción en términos de los quarks constituyentes:

    (a) $\pi^- + p^+ \rightarrow K^0 + \Lambda^0$

    (b) $\pi^+ + p^+ \rightarrow K^+ + \Sigma^+$

    (c) $K^- + p^+ \rightarrow K^+ + K^0 + \Omega^-$

    (d) $p^+ + p^+ \rightarrow K^0 + p^+ + \pi^+ + ?$

    En la última reacción, identifique la partícula misteriosa.

Sección 47.10   La conexión cósmica

20. Empleando la ley de Hubble (ecuación 47.4), estime la longitud de onda de la línea de sodio de 590 nm emitida por galaxias a a) 2×10^6 años luz de la Tierra, b) 2×10^8 años luz, y c) 2×10^9 años luz. *Sugerencia:* Emplee la fórmula Doppler relativista para la longitud de onda λ' de la luz emitida por una fuente móvil:

$$\lambda' = \lambda \sqrt{\frac{1 + v/c}{1 - v/c}}$$

21. Un quasar distante se aleja de la Tierra a una velocidad tal que la línea de hidrógeno azul de 434 nm se observa a 650 nm, en la parte roja del espectro. a) ¿Qué tan rápido se aleja el quasar? (Vea la sugerencia en el problema anterior.) b) Empleando la ley de Hubble determine la distancia de la Tierra a este quasar.

PROBLEMAS ADICIONALES

22. La interacción fuerte tiene un alcance de aproximadamente 1.4×10^{-15} m. Se piensa que una partícula elemental es intercambiada entre los protones y neutrones en el núcleo, llevando a una fuerza atractiva. a) Utilice el principio de incertidumbre $\Delta E \Delta t \geq \hbar/2$ para estimar la masa de la partícula elemental si ésta se mueve casi a la velocidad de la luz. b) Empleando la tabla 47.2, identifique la partícula.

23. Una partícula inestable, inicialmente en rcposo, decae en un protón (energía en reposo de 938.3 MeV) y un pión negativo (energía en reposo de 139.5 MeV). Un campo magnético uniforme de 0.250 T existe con el campo perpendicular a las velocidades de las partículas creadas. El radio de curvatura de cada trayectoria es de 1.33 m. ¿Cuál es la masa en reposo de la partícula inestable original?

24. Cuáles son las energías cinéticas del protón y el pión que resultan de una Λ^0 en reposo:

$$\Lambda^0 \longrightarrow p^+ + \pi^-$$

25. Se calcula que el flujo de energía de neutrinos provenientes del Sol es del orden de 0.4 W/m² en la superficie terrestre. Estime la pérdida de masa fraccionaria del Sol a lo largo de 10^9 años debido a la radiación de neutrinos. (La masa del Sol es 2×10^{30} kg. La distancia a Tierra Sol es 1.5×10^{11} m.)

26. La partícula Σ^0 en reposo decae de acuerdo con

$$\Sigma^0 \longrightarrow \Lambda^0 + \gamma$$

Encuentre la energía del rayo gama.

27. Si un mesón K^0 en reposo decae en 0.90×10^{-10} s, ¿qué distancia recorrerá un mesón K^0 si se mueve a $0.96c$ por una cámara de burbujas?

28. Un mesón π en reposo decae de acuerdo con $\pi^- \rightarrow \mu^- + \bar{\nu}_\mu$. ¿Cuál es la energía que se lleva el neutrino? (Suponga que el neutrino se mueve con la velocidad de la luz.) $m_\pi c^2 = 139.5$ MeV, $m_\mu c^2 = 105.7$ MeV, $m_\nu = 0$.

29. Dos protones se aproximan uno al otro con 70.4 MeV de energía cinética y entran en una reacción en la cual emergen en reposo un protón y pión positivo. ¿Cuál tercera partícula, evidentemente sin carga y por ello difícil de detectar, debe haberse creado?

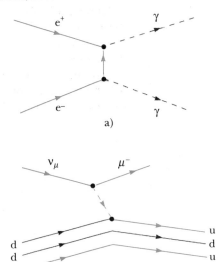

FIGURA P47.30

30. ¿Qué procesos se describen por medio de los diagramas de Feynman en la figura P47.30? ¿Cuál es la partícula intercambiada en cada proceso?

31. Identifique los mediadores de las dos interacciones descritas en los diagramas de Feynman presentados en la figura P47.31.

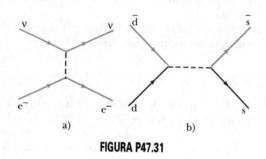

FIGURA P47.31

"Partículas, partículas, partículas."

El significado del éxito

Ganar el respeto de gente inteligente y obtener el afecto de los niños;

Apreciar la belleza de la naturaleza y de todo lo que nos rodea;

Buscar y nutrirse de lo mejor de los demás;

Dar lo mejor de usted mismo a otros sin el menor pensamiento de recompensa, porque en el dar recibimos;

Terminar una tarea, ya sea salvar un alma perdida, sanar a un niño enfermo, escribir un libro o arriesgar su vida por un amigo;

Celebrar y reír con gran regocijo y entusiasmo y cantar con exaltación;

Tener esperanza incluso en tiempo de desesperanza, pues mientras la tenga, tiene vida;

Amar y ser amado;

Ser compresivo y entender;

Saber que siquiera una vida ha vivido más fácilmente porque usted ha vivido;

Éste es el significado del éxito.

RALPH WALDO EMERSON
y modificado por Ray Serway
diciembre de 1989

TABLA A.1 Factores de conversión

Longitud

	m	cm	km	pulg	pie	mi
1 metro	1	10^2	10^{-3}	39.37	3.281	6.214×10^{-4}
1 centímetro	10^{-2}	1	10^{-5}	0.3937	3.281×10^{-2}	6.214×10^{-6}
1 kilómetro	10^3	10^5	1	3.937×10^4	3.281×10^3	0.6214
1 pulgada	2.540×10^{-2}	2.540	2.540×10^{-5}	1	8.333×10^{-2}	1.578×10^{-5}
1 pie	0.3048	30.48	3.048×10^{-4}	12	1	1.894×10^{-4}
1 milla	1 609	1.609×10^5	1.609	6.336×10^4	5 280	1

Masa

	kg	g	slug	u
1 kilogramo	1	10^3	6.852×10^{-2}	6.024×10^{26}
1 gramo	10^{-3}	1	6.852×10^{-5}	6.024×10^{23}
1 slug	14.59	1.459×10^4	1	8.789×10^{27}
1 unidad de masa atómica	1.660×10^{-27}	1.660×10^{-24}	1.137×10^{-28}	1

Tiempo

	s	min	h	día	año
1 segundo	1	1.667×10^{-2}	2.778×10^{-4}	1.157×10^{-5}	3.169×10^{-8}
1 minuto	60	1	1.667×10^{-2}	6.994×10^{-4}	1.901×10^{-6}
1 hora	3 600	60	1	4.167×10^{-2}	1.141×10^{-4}
1 día	8.640×10^4	1 440	24	1	2.738×10^{-3}
1 año	3.156×10^7	5.259×10^5	8.766×10^3	365.2	1

Velocidad

	m/s	cm/s	pies/segundo	mi/h
1 metro/segundo	1	10^2	3.281	2.237
1 centímetro/segundo	10^{-2}	1	3.281×10^{-2}	2.237×10^{-2}
1 pie/segundo	0.3048	30.48	1	0.6818
1 milla/hora	0.4470	44.70	1.467	1

Nota: 1 mi/min = 60 mi/h = 88 pies/s

Fuerza

	N	dina	lb
1 newton	1	10^5	0.2248
1 dina	10^{-5}	1	2.248×10^{-6}
1 libra	4.448	4.448×10^5	1

TABLA A.1 *Continuación*

Trabajo, energía, calor

	J	erg	pie·lb
1 joule	1	10^7	0.7376
1 erg	10^{-7}	1	7.376×10^{-8}
1 pie·libra	1.356	1.356×10^7	1
1 eV	1.602×10^{-19}	1.602×10^{-12}	1.182×10^{-19}
1 cal	4.186	4.186×10^7	3.087
1 Btu	1.055×10^3	1.055×10^{10}	7.779×10^2
1 kWh	3.600×10^6	3.600×10^{13}	2.655×10^6

	eV	cal	Btu	kWh
1 joule	6.242×10^{18}	0.2389	9.481×10^{-4}	2.778×10^{-7}
1 erg	6.242×10^{11}	2.389×10^{-8}	9.481×10^{-11}	2.778×10^{-14}
1 pie·libra	8.464×10^{18}	0.3239	1.285×10^{-3}	3.766×10^{-7}
1 eV	1	3.827×10^{-20}	1.519×10^{-22}	4.450×10^{-26}
1 cal	2.613×10^{19}	1	3.968×10^{-3}	1.163×10^{-6}
1 Btu	6.585×10^{21}	2.520×10^2	1	2.930×10^{-4}
1 kWh	2.247×10^{25}	8.601×10^5	3.413×10^2	1

Presión

	Pa	dina/cm²	atm
1 pascal	1	10	9.869×10^{-6}
1 dina/centímetro²	10^{-1}	1	9.869×10^{-7}
1 atmósfera	1.013×10^5	1.013×10^6	1
1 centímetro de mercurio*	1.333×10^3	1.333×10^4	1.316×10^{-2}
1 libra/pulg²	6.895×10^3	6.895×10^4	6.805×10^{-2}
1 libra/pie²	47.88	4.788×10^2	4.725×10^{-4}

	cm Hg	lb/pulg²	lb/pie²
1 newton/metro²	7.501×10^{-4}	1.450×10^{-4}	2.089×10^{-2}
1 dina/centímetro²	7.501×10^{-5}	1.450×10^{-5}	2.089×10^{-3}
1 atmósfera	76	14.70	2.116×10^3
1 centímetro de mercurio*	1	0.1943	27.85
1 libra/pulg²	5.171	1	144
1 libra/pie²	3.591×10^{-2}	6.944×10^{-3}	1

*A 0°C y en una posición donde la aceleración debida a la gravedad tiene su valor "estándar", 9.80665 m/s².

TABLA A.2 Símbolos, dimensiones y unidades de cantidades físicas

Cantidad	Símbolo común	Unidad*	Dimensiones †	Unidades en términos de las unidades básicas del SI
Aceleración	$\mathbf{a}$	m/s^2	L/T^2	m/s^2
Cantidad de sustancia	n	mol		mol
Ángulo	θ, ϕ	radián (rad)	1	
Aceleración angular	$\boldsymbol{\alpha}$	rad/s^2	T^{-2}	s^{-2}
Frecuencia angular	ω	rad/s	T^{-1}	s^{-1}
Momento angular	$\mathbf{L}$	$kg \cdot m^2/s$	ML^2/T	$kg \cdot m^2/s$
Velocidad angular	$\boldsymbol{\omega}$	rad/s	T^{-1}	s^{-1}
Área	A	m^2	L^2	m^2
Número atómico	Z			
Capacitancia	C	farad (F) (= Q/V)	Q^2T^2/ML^2	$A^2 \cdot s^4/kg \cdot m^2$
Carga	q, Q, e	coulomb (C)	Q	$A \cdot s$
Densidad de carga				
Lineal	λ	C/m	Q/L	$A \cdot s/m$
Superficial	σ	C/m^2	Q/L^2	$A \cdot s/m^2$
Volumétrica	ρ	C/m^3	Q/L^3	$A \cdot s/m^3$
Conductividad	σ	$1/\Omega \cdot m$	Q^2T/ML^3	$A^2 \cdot s^3/kg \cdot m^3$
Corriente	I	AMPERE	Q/T	A
Densidad de corriente	J	A/m^2	Q/T^2	A/m^2
Densidad	ρ	kg/m^3	M/L^3	kg/m^3
Constante dieléctrica	κ			
Desplazamiento	$\mathbf{s}$	METRO	L	m
Distancia	d, h			
Longitud	ℓ, L			
Momento de dipolo eléctrico	$\mathbf{p}$	$C \cdot m$	QL	$A \cdot s \cdot m$
Campo eléctrico	$\mathbf{E}$	V/m	ML/QT^2	$kg \cdot m/A \cdot s^3$
Flujo eléctrico	Φ	$V \cdot m$	ML^3/QT^2	$kg \cdot m^3/A \cdot s^3$
Fuerza electromotriz	$\boldsymbol{\mathcal{E}}$	volt (V)	ML^2/QT^2	$kg \cdot m^2/A \cdot s^3$
Energía	E, U, K	joule (J)	ML^2/T^2	$kg \cdot m^2/s^2$
Entropía	S	J/K	$ML^2/T^2 \cdot K$	$kg \cdot m^2/s^2 \cdot K$
Fuerza	$\mathbf{F}$	newton (N)	ML/T^2	$kg \cdot m/s^2$
Frecuencia	f, ν	hertz (Hz)	T^{-1}	s^{-1}
Calor	Q	joule (J)	ML^2/T^2	$kg \cdot m^2/s^2$
Inductancia	L	henry (H)	ML^2/Q^2	$kg \cdot m^2/A^2 \cdot s^2$
Momento de dipolo magnético	$\boldsymbol{\mu}$	$N \cdot m/T$	QL^2/T	$A \cdot m^2$
Campo magnético	$\mathbf{B}$	tesla (T) (= Wb/m²)	M/QT	$kg/A \cdot s^2$
Flujo magnético	Φ_m	weber (Wb)	ML^2/QT	$kg \cdot m^2/A \cdot s^2$
Masa	m, M	KILOGRAMO	M	kg
Calor específico molar	C	$J/mol \cdot K$		$kg \cdot m^2/s^2 \cdot mol \cdot K$
Momento de inercia	I	$kg \cdot m^2$	ML^2	$kg \cdot m^2$
Momento	$\mathbf{p}$	$kg \cdot m/s$	ML/T	$kg \cdot m/s$
Periodo	T	s	T	s
Permeabilidad del espacio	μ_0	N/A^2 (H/m)	ML/Q^2T	$kg \cdot m/A^2 \cdot s^2$
Permitividad del espacio	ϵ_0	$C^2/N \cdot m^2$ (= F/m)	Q^2T^2/ML^3	$A^2 \cdot s^4/kg \cdot m^3$

continúa

TABLA A.2 *Continuación*

Cantidad	Símbolo común	Unidad*	Dimensiones †	Unidades en términos de las unidades básicas del SI
Potencial (voltaje)	V	volt (V) (= J/C)	ML^2/QT^2	$kg \cdot m^2/A \cdot s^3$
Potencia	P	watt (W) (= J/s)	ML^2/T^3	$kg \cdot m^2/s^3$
Presión	P, p	pascal (Pa) = (N/m²)	M/LT^2	$kg/m \cdot s^2$
Resistencia	R	ohm (Ω) (= V/A)	ML^2/Q^2T	$kg \cdot m^2/A^2 \cdot s^3$
Calor específico	c	J/kg·K	$L^2/T^2 \cdot K$	$m^2/s^2 \cdot K$
Temperatura	T	KELVIN	K	K
Tiempo	t	SEGUNDO	T	s
Momento de torsión	τ	N·M	ML^2/T^2	$kg \cdot m^2/s^2$
Velocidad	v	m/s	L/T	m/s
Volumen	V	m³	L^3	m³
Longitud de onda	λ	m	L	m
Trabajo	W	joule (J) (= N·m)	ML^2/T^2	$kg \cdot m^2/s^2$

* Las unidades básicas del SI se dan en letras mayúsculas.
†Los símbolos M, L, T y Q denotan masa, longitud, tiempo y carga, respectivamente.

TABLA A.3 Tabla de masas atómicas seleccionadas*

Número atómico Z	Elemento	Símbolo	Número de masa A	Masa atómica †	Abundancia porcentual o modo de decaimiento (si es radioactivo)‡	Vida media (si es radioactiva)
0	(Neutrón)	n	1	1.008665	β^-	10.6 min
1	Hidrógeno	H	1	1.007825	99.985	
	Deuterio	D	2	2.014102	0.015	
	Tritio	T	3	3.016049	β^-	12.33 años
2	Helio	He	3	3.016029	0.00014	
			4	4.002603	≈100	
3	Litio	Li	6	6.015123	7.5	
			7	7.016005	92.5	
4	Berilio	Be	7	7.016930	CE, γ	53.3 días
			8	8.005305	2α	6.7×10^{-17} s
			9	9.012183	100	
5	Boro	B	10	10.012938	19.8	
			11	11.009305	80.2	
6	Carbono	C	11	11.011433	β^+, CE	20.4 min
			12	12.000000	98.89	
			13	13.003355	1.11	
			14	14.003242	β^-	5 730 años
7	Nitrógeno	N	13	13.005739	β^+	9.96 min
			14	14.003074	99.63	
			15	15.000109	0.37	
8	Oxígeno	O	15	15.003065	β^+, CE	122 s
			16	15.994915	99.759	
			18	17.999159	0.204	
9	Flúor	F	19	18.998403	100	

continúa

TABLA A.3 *Continuación*

Número atómico Z	Elemento	Símbolo	Número de masa A	Masa atómica †	Abundancia porcentual o modo de decaimiento (si es radioactivo)‡	Vida media (si es radioactiva)
10	Neón	Ne	20	19.992439	90.51	
			22	21.991384	9.22	
11	Sodio	Na	22	21.994435	β^+, CE, γ	2.602 años
			23	22.989770	100	
			24	23.990964	β^-, γ	15.0 h
12	Magnesio	Mg	24	23.985045	78.99	
13	Aluminio	Al	27	26.981541	100	
14	Silicio	Si	28	27.976928	92.23	
			31	30.975364	β^-, γ	2.62 h
15	Fósforo	P	31	30.973763	100	
			32	31.973908	β^-	14.28 días
16	Azufre	S	32	31.972072	95.0	
			35	34.969033	β^-	87.4 días
17	Cloro	Cl	35	34.968853	75.77	
			37	36.965903	24.23	
18	Argón	Ar	40	39.962383	99.60	
19	Potasio	K	39	38.963708	93.26	
			40	39.964000	β^-, CE, γ, β^-	1.28×10^9 años
20	Calcio	Ca	40	39.962591	96.94	
21	Escandio	Sc	45	44.955914	100	
22	Titanio	Ti	48	47.947947	73.7	
23	Vanadio	V	51	50.943963	99.75	
24	Cromo	Cr	52	51.940510	83.79	
25	Manganeso	Mn	55	54.938046	100	
26	Hierro	Fe	56	55.934939	91.8	
27	Cobalto	Co	59	58.933198	100	
			60	59.933820	β^-, γ	5.271 años
28	Níquel	Ni	58	57.935347	68.3	
			60	59.930789	26.1	
			64	63.927968	0.91	
29	Cobre	Cu	63	62.929599	69.2	
			64	63.929766	β^-, β^+	12.7 h
			65	64.927792	30.8	
30	Cinc	Zn	64	63.929145	48.6	
			66	65.926035	27.9	
31	Galio	Ga	69	68.925581	60.1	
32	Germanio	Ge	72	71.922080	27.4	
			74	73.921179	36.5	
33	Arsénico	As	75	74.921596	100	
34	Selenio	Se	80	79.916521	49.8	
35	Bromo	Br	79	78.918336	50.69	
36	Kriptón	Kr	84	83.911506	57.0	
			89	88.917563	β^-	3.2 min
37	Rubidio	Rb	85	84.911800	72.17	
38	Estroncio	Sr	86	85.909273	9.8	
			88	87.905625	82.6	
			90	89.907746	β^-	28.8 años
39	Ytrio	Y	89	88.905856	100	

continúa

TABLA A.3 *Continuación*

Número atómico Z	Elemento	Símbolo	Número de masa A	Masa atómica †	Abundancia porcentual o modo de decaimiento (si es radioactivo)‡	Vida media (si es radioactiva)
40	Zirconio	Zr	90	89.904708	51.5	
41	Niobio	Nb	93	92.906378	100	
42	Molibdeno	Mo	98	97.905405	24.1	
43	Tecnecio	Tc	98	97.907210	β^-, γ	4.2×10^6 años
44	Rutenio	Ru	102	101.904348	31.6	
45	Rodio	Rh	103	102.90550	100	
46	Paladio	Pd	106	105.90348	27.3	
47	Plata	Ag	107	106.905095	51.83	
			109	108.904754	48.17	
48	Cadmio	Cd	114	113.903361	28.7	
49	Indio	In	115	114.90388	95.7; β^-	5.1×10^{14} años
50	Estaño	Sn	120	119.902199	32.4	
51	Antimonio	Sb	121	120.903824	57.3	
52	Telurio	Te	130	129.90623	34.5; β^-	2×10^{21} años
53	Yodo	I	127	126.904477	100	
			131	130.906118	β^-, γ	8.04 días
54	Xenón	Xe	132	131.90415	26.9	
			136	135.90722	8.9	
55	Cesio	Cs	133	132.90543	100	
56	Bario	Ba	137	136.90582	11.2	
			138	137.90524	71.7	
			144	143.922673	β^-	11.9 s
57	Lantano	La	139	138.90636	99.911	
58	Cerio	Ce	140	139.90544	88.5	
59	Praseodimio	Pr	141	140.90766	100	
60	Niodimio	Nd	142	141.90773	27.2	
61	Prometio	Pm	145	144.91275	CE, α, γ	17.7 años
62	Samario	Sm	152	151.91974	26.6	
63	Europio	Eu	153	152.92124	52.1	
64	Gadolinio	Gd	158	157.92411	24.8	
65	Terbio	Tb	159	158.92535	100	
66	Disprosio	Dy	164	163.92918	28.1	
67	Holmio	Ho	165	164.93033	100	
68	Erbio	Er	166	165.93031	33.4	
69	Tulio	Tm	169	168.93423	100	
70	Iterbio	Yb	174	173.93887	31.6	
71	Lutecio	Lu	175	174.94079	97.39	
72	Hafnio	Hf	180	179.94656	35.2	
73	Tantalio	Ta	181	180.94801	99.988	
74	Tungsteno (Wolframio)	W	184	183.95095	30.7	
75	Renio	Re	187	186.95577	62.60, β^-	4×10^{10} años
76	Osmio	Os	191	190.96094	β^-, γ	15.4 días
			192	191.96149	41.0	
77	Iridio	Ir	191	190.96060	37.3	
			193	192.96294	62.7	
78	Platino	Pt	195	194.96479	33.8	
79	Oro	Au	197	196.96656	100	
80	Mercurio	Hg	202	201.97063	29.8	

continúa

TABLA A.3 *Continuación*

Número atómico Z	Elemento	Símbolo	Número de masa A	Masa atómica †	Abundancia porcentual o modo de decaimiento (si es radioactivo)‡	Vida media (si es radioactiva)
81	Talio	Tl	205	204.97441	70.5	
			208	207.981988	β^-, γ	3.053 min
82	Plomo	Pb	204	203.973044	$\beta^-, 1.48$	1.4×10^{17} años
			206	205.97446	24.1	
			207	206.97589	22.1	
			208	207.97664	52.3	
			210	209.98418	α, β^-, γ	22.3 años
			211	210.98874	β^-, γ	36.1 min
			212	211.99188	β^-, γ	10.64 h
			214	213.99980	β^-, γ	26.8 min
83	Bismuto	Bi	209	208.92039	100	
			211	210.98726	α, β^-, γ	2.15 min
84	Polonio	Po	210	209.98286	α, γ	138.38 días
			214	213.99519	α, γ	164 μs
85	Astatinio	At	218	218.00870	α, β^-	≈ 2 s
86	Radón	Rn	222	222.017574	α, γ	3.8235 días
87	Francio	Fr	223	223.019734	α, β^-, γ	21.8 min
88	Radio	Ra	226	226.025406	α, γ	1.60×10^3 años
			228	228.031069	β^-	5.76 años
89	Actinio	Ac	227	227.027751	α, β^-, γ	21.773 años
90	Torio	Th	228	228.02873	α, γ	1.9131 años
			232	232.038054	$100, \alpha, \gamma$	1.41×10^{10} años
91	Protactinio	Pa	231	231.035881	α, γ	3.28×10^4 años
92	Uranio	U	232	232.03714	α, γ	72 años
			233	233.039629	α, γ	1.592×10^5 años
			235	235.043925	$0.72; \alpha, \gamma$	7.038×10^8 años
			236	236.045563	α, γ	2.342×10^7 años
			238	238.050786	$99.275; \alpha, \gamma$	4.468×10^9 años
			239	239.054291	β^-, γ	23.5 min
93	Neptunio	Np	239	239.052932	β^-, γ	2.35 días
94	Plutonio	Pu	239	239.052158	α, γ	2.41×10^4 años
95	Americio	Am	243	243.061374	α, γ	7.37×10^3 años
96	Curio	Cm	245	245.065487	α, γ	8.5×10^3 años
97	Berkelio	Bk	247	247.07003	α, γ	1.4×10^3 años
98	Californio	Cf	249	249.074849	α, γ	351 años
99	Einstenio	Es	254	254.08802	α, γ, β^-	276 días
100	Fermio	Fm	253	253.08518	CE, α, γ	3.0 días
101	Mendelebio	Md	255	255.0911	CE, α	27 min
102	Nobelio	No	255	255.0933	CE, α	3.1 min
103	Laurencio	Lr	257	257.0998	α	≈ 35 s
104	Unilquadio	Rf	261	261.1087	α	1.1 min
105	Unilpentio	Ha	262	262.1138	α	0.7 min
106	Unilexio		263	263.1184	α	0.9 s
107	Unilseptio		261	261	α	1-2 ms

* Los datos se tomaron de *Chart of the Nuclides,* 12a. ed., General Electric, 1977, y de C. M. Lederer y V. S. Shirley, eds., *Table of Isotopes,* 7a. ed., Nueva York, John Wiley & Sons, Inc., 1978.

† Las masas dadas en la columna 5 son las correspondientes al átomo neutro, incluyendo los Z electrones.

‡ El proceso CE significa "captura de electrón".

Repaso de matemáticas

Estos apéndices de matemáticas tienen el propósito de ser un breve repaso de operaciones y métodos. Al principio de este curso usted debió estar totalmente familiarizado con las técnicas algebraicas básicas, la geometría analítica y la trigonometría. Los apéndices sobre cálculo diferencial e integral son más detallados y se dirigen a aquellos estudiantes que tienen dificultades al aplicar los conceptos del cálculo en situaciones físicas.

B.1 NOTACIÓN CIENTÍFICA

Muchas cantidades con las que trabajan los científicos tiene valores muy grandes o muy pequeños. Por ejemplo, la velocidad de la luz es aproximadamente de 300 000 000 m/s, y la tinta que se necesita para hacer el punto sobre una *i* en este libro de texto tiene una masa de casi 0.000 000 001 kg. Evidentemente, es muy problemático leer, escribir y recordar números como éstos. Evitamos este problema usando un método que tiene que ver con potencias del número 10:

$$10^0 = 1$$
$$10^1 = 10$$
$$10^2 = 10 \times 10 = 100$$
$$10^3 = 10 \times 10 \times 10 = 1000$$
$$10^4 = 10 \times 10 \times 10 \times 10 = 10\,000$$
$$10^5 = 10 \times 10 \times 10 \times 10 \times 10 = 100\,000$$

y así sucesivamente. El número de ceros corresponde a la potencia a la cual se eleva el 10, llamado el **exponente** de 10. Por ejemplo, la velocidad de la luz, 300 000 000 m/s, puede expresarse como 3×10^8 m/s.

En este método, algunos números representativos más pequeños que la unidad son

$$10^{-1} = \frac{1}{10} = 0.1$$
$$10^{-2} = \frac{1}{10 \times 10} = 0.01$$
$$10^{-3} = \frac{1}{10 \times 10 \times 10} = 0.001$$
$$10^{-4} = \frac{1}{10 \times 10 \times 10 \times 10} = 0.0001$$
$$10^{-5} = \frac{1}{10 \times 10 \times 10 \times 10 \times 10} = 0.00001$$

En estos casos, el número de lugares que el punto decimal está a la izquierda del dígito 1 es igual al valor del exponente (negativo). Los números expresados como alguna potencia de 10 multiplicada por otro número entre 1 y 10 se dice que están en **notación científica**. Por ejemplo, la notación científica para 5 943 000 000 es 5.493×10^9, y la correspondiente a 0.0000832 es 8.32×10^{-5}.

Cuando los números expresados en notación científica se multiplican, la siguiente regla general es muy útil:

$$10^n \times 10^m = 10^{n+m} \tag{B.1}$$

donde n y m pueden ser *cualesquiera* números (no necesariamente enteros). Por ejemplo, $10^2 \times 10^5 = 10^7$. La regla se aplica también si uno de los exponentes es negativo: $10^3 \times 10^{-8} = 10^{-5}$.

Cuando se dividen números expresados en notación científica, note que

$$\frac{10^n}{10^m} = 10^n \times 10^{-m} = 10^{n-m} \tag{B.2}$$

EJERCICIOS

Con la ayuda de las reglas anteriores, verifique las siguientes respuestas:

1. $86\ 400 = 8.64 \times 10^4$
2. $9\ 816\ 762.5 = 9.8167625 \times 10^6$
3. $0.0000000398 = 3.98 \times 10^{-8}$
4. $(4 \times 10^8)(9 \times 10^9) = 3.6 \times 10^{18}$
5. $(3 \times 10^7)(6 \times 10^{-12}) = 1.8 \times 10^{-4}$
6. $\dfrac{75 \times 10^{-11}}{5 \times 10^{-3}} = 1.5 \times 10^{-7}$
7. $\dfrac{(3 \times 10^6)(8 \times 10^{-2})}{(2 \times 10^{17})(6 \times 10^5)} = 2 \times 10^{-18}$

B.2 ÁLGEBRA

Algunas reglas básicas

Cuando se efectúan operaciones algebraicas se aplican las leyes de la aritmética. Símbolos como x, y y z se utilizan usualmente para representar cantidades que no se especifican, los cuales se denominan **incógnitas**.

Primero, considere la ecuación

$$8x = 32$$

Si deseamos despejar x, podemos dividir (o multiplicar) cada lado de la ecuación por el mismo factor sin afectar la igualdad. En este caso, si dividimos ambos lados entre 8, tenemos

$$\frac{8x}{8} = \frac{32}{8}$$

$$x = 4$$

A continuación considere la ecuación

$$x + 2 = 8$$

En expresiones de este tipo podemos sumar o restar la misma cantidad de cada lado. Si sustraemos 2 de cada lado, obtenemos

$$x + 2 - 2 = 8 - 2$$

$$x = 6$$

En general, si $x + a = b$, entonces $x = b - a$.

Considere ahora la ecuación

$$\frac{x}{5} = 9$$

Si multiplicamos cada lado por 5, nos quedamos sólo con x a la izquierda y con 45 a la derecha:

$$\left(\frac{x}{5}\right)(5) = 9 \times 5$$

$$x = 45$$

En todos los casos, *toda operación que se realice en el lado izquierdo de la igualdad debe efectuarse también en el lado derecho.*

Las siguientes reglas para multiplicar, dividir, sumar y restar fracciones deben recordarse, donde a, b y c son tres números:

	Regla	Ejemplo
Multiplicando	$\left(\dfrac{a}{b}\right)\left(\dfrac{c}{d}\right) = \dfrac{ac}{bd}$	$\left(\dfrac{2}{3}\right)\left(\dfrac{4}{5}\right) = \dfrac{8}{15}$
Dividiendo	$\dfrac{(a/b)}{(c/d)} = \dfrac{ad}{bc}$	$\dfrac{2/3}{4/5} = \dfrac{(2)(5)}{(4)(3)} = \dfrac{10}{12}$
Sumando	$\dfrac{a}{b} \pm \dfrac{c}{d} = \dfrac{ad \pm bc}{bd}$	$\dfrac{2}{3} - \dfrac{4}{5} = \dfrac{(2)(5) - (4)(3)}{(3)(5)} = -\dfrac{2}{15}$

EJERCICIOS

En los siguientes ejercicios, despeje x.

Respuestas

1. $a = \dfrac{1}{1 + x}$ $x = \dfrac{1 - a}{a}$

2. $3x - 5 = 13$ $x = 6$

3. $ax - 5 = bx + 2$ $x = \dfrac{7}{a - b}$

4. $\dfrac{5}{2x + 6} = \dfrac{3}{4x + 8}$ $x = -\dfrac{11}{7}$

Potencias

Cuando se multiplican potencias de una cantidad dada x, se aplican las siguientes reglas:

$$x^n x^m = x^{n+m} \tag{B.3}$$

Por ejemplo $x^2 x^4 = x^{2+4} = x^6$.

Cuando dividimos las potencias de una cantidad dada, la regla es

$$\frac{x^n}{x^m} = x^{n-m} \tag{B.4}$$

Por ejemplo, $x^8/x^2 = x^{8-2} = x^6$.

Una potencia que es una fracción, como $1/3$, corresponde a una raíz de la manera siguiente:

$$x^{1/n} = \sqrt[n]{x} \tag{B.5}$$

Por ejemplo, $4^{1/3} = \sqrt[3]{4} = 1.5874$. (En estos cálculos es muy útil una calculadora científica.)

Por último, cualquier cantidad x^n elevada a la potencia emésima es

$$(x^n)^m = x^{nm} \tag{B.6}$$

La tabla B.1 resume las reglas de los exponentes.

TABLA B.1 Reglas de los exponentes

$$x^0 = 1$$
$$x^1 = x$$
$$x^n x^m = x^{n+m}$$
$$x^n / x^m = x^{n-m}$$
$$x^{1/n} = \sqrt[n]{x}$$
$$(x^n)^m = x^{nm}$$

EJERCICIOS

Verifique lo siguiente:

1. $3^2 \times 3^3 = 243$
2. $x^5 x^{-8} = x^{-3}$
3. $x^{10}/x^{-5} = x^{15}$
4. $5^{1/3} = 1.709975$ (Utilice su calculadora.)
5. $60^{1/4} = 2.783158$ (Utilice su calculadora.)
6. $(x^4)^3 = x^{12}$

Factorización

Algunas fórmulas útiles para factorizar una ecuación son:

$$ax + ay + az = a(x + y + x) \qquad \text{factor común}$$
$$a^2 + 2ab + b^2 = (a + b)^2 \qquad \text{cuadrado perfecto}$$
$$a^2 - b^2 = (a + b)(a - b) \qquad \text{diferencia de cuadrado}$$

Ecuaciones cuadráticas

La forma general de una ecuación cuadrática es

$$ax^2 + bx + c = 0 \tag{B.7}$$

donde x es la cantidad desconocida y a, b y c son factores numéricos conocidos como **coeficientes** de la ecuación. Esta ecuación tiene dos raíces, dadas por

$$x = \frac{-b \pm \sqrt{b^2 - 4ac}}{2a} \tag{B.8}$$

Si $b^2 \geq 4ac$, las raíces son reales.

EJEMPLO 1

La ecuación $x^2 + 5x + 4 = 0$ tiene las siguientes raíces que corresponden a los dos signos del término de la raíz cuadrada:

$$x = \frac{-5 \pm \sqrt{5^2 - (4)(1)(4)}}{2(1)} = \frac{-5 \pm \sqrt{9}}{2} = \frac{-5 \pm 3}{2}$$

$$x_+ = \frac{-5 + 3}{2} = \boxed{-1} \quad x_- = \frac{-5 - 3}{2} = \boxed{-4}$$

donde x_+ se refiere a la raíz que corresponde al signo positivo y x_- se refiere a la raíz que corresponde al signo negativo.

EJERCICIOS

Resuelva las siguientes ecuaciones cuadráticas:

Respuestas

1. $x^2 + 2x - 3 = 0$ $x_+ = 1$ $x_- = -3$
2. $2x^2 - 5x + 2 = 0$ $x_+ = 2$ $x_- = \frac{1}{2}$
3. $2x^2 - 4x - 9 = 0$ $x_+ = 1 + \sqrt{22}/2$ $x_- = 1 - \sqrt{22}/2$

Ecuaciones lineales

Una ecuación lineal tiene la forma general

$$y = mx + b \tag{B.9}$$

donde m y b son constantes. Esta ecuación se denomina lineal debido a que la gráfica de y contra x es una línea recta, como se muestra en la figura B.1. La constante b, conocida como la **ordenada al origen**, representa el valor de y al cual la línea recta intersecta al eje y. La constante m es igual a la **pendiente** de la línea recta y es igual también a la tangente del ángulo que la línea forma con el eje x. Si dos puntos cualesquiera en la línea recta se especifican por las coordenadas (x_1, y_1) y (x_2, y_2), como en la figura B.1, entonces la pendiente de una línea recta puede expresarse como

$$\text{Pendiente} = \frac{y_2 - y_1}{x_2 - x_1} = \frac{\Delta y}{\Delta x} = \tan \theta \tag{B.10}$$

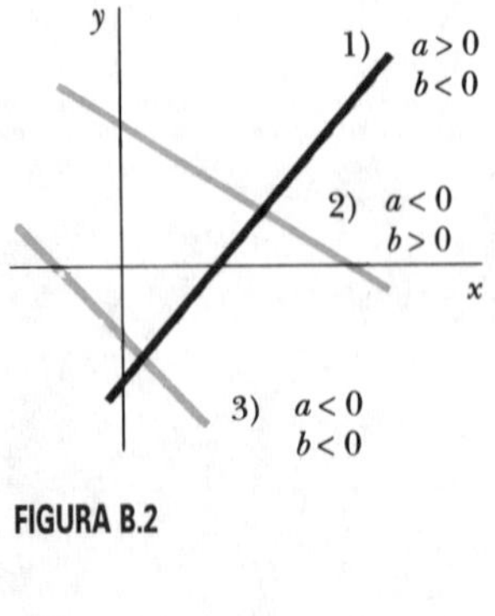

Advierta que m y b pueden tener valores positivos o negativos cualesquiera. Si $m > 0$, la línea recta tiene una pendiente *positiva*, como en la figura B.1. Si $m < 0$, la línea recta tiene una pendiente *negativa*. En la figura B.1, tanto m como b son positivas. Otras tres posibles situaciones se presentan en la figura B.2.

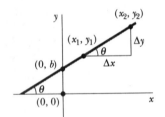

FIGURA B.1

FIGURA B.2

EJERCICIOS

1. Dibuje gráficas de las siguientes líneas rectas:

   a) $y = 5x + 3$ b) $y = -2x + 4$ c) $y = -3x - 6$

2. Encuentre las pendientes de las líneas rectas descritas en el ejercicio 1.

Respuestas   a) 5   b) −2   c) −3

3. Encuentre las pendientes de las líneas rectas que pasan por los siguientes conjuntos de puntos

a) $(0, -4)$ y $(4, 2)$, b) $(0, 0)$ y $(2, -5)$, y c) $(-5, 2)$ y $(4, -2)$

Respuestas   a) $3/2$ b) $-5/2$ c) $-4/9$

Resolución de ecuaciones lineales simultáneas

Considere la ecuación $3x + 5y = 15$, la cual tiene dos incógnitas, x y y. Esta ecuación no tiene una solución única. En vez de eso $(x = 0, y = 3)$, $(x = 5, y = 0)$ y $(x = 2, y = 9/5)$, son todas soluciones de esta ecuación.

Si un problema tiene dos incógnitas, una solución única es posible sólo si tenemos *dos* ecuaciones. En general, si un problema tiene n incógnitas, su solución requiere n ecuaciones. Con el propósito de resolver dos ecuaciones simultáneas que implican dos incógnitas, x y y, resolvemos una de las ecuaciones respecto de x en función de y y sustituimos esta expresión en la otra ecuación.

EJEMPLO 2

Resuelva las siguientes dos ecuaciones simultáneas:

$$1) \quad 5x + y = -8$$

$$2) \quad 2x - 2y = 4$$

Solución   De 2), $x = y + 2$. La sustitución de esto en 1) produce

$$5(y + 2) + y = -8$$

$$6y = -18$$

$$y = -3$$

$$x = y + 2 = \boxed{-1}$$

Solución alternativa   Multiplique cada término en 1) por el factor 2 y sume el resultado a 2):

$$10x + 2y = -16$$

$$\underline{2x - 2y = 4}$$

$$12x = -12$$

$$x = -1$$

$$y = x - 2 = \boxed{-3}$$

Dos ecuaciones lineales que contienen dos incógnitas pueden resolverse también mediante un método gráfico. Si las líneas rectas correspondientes a las dos ecuaciones se grafican en un sistema de coordenadas convencional, la intersección de las dos líneas representa la solución. Por ejemplo, considere las dos ecuaciones

$$x - y = 2$$

$$x - 2y = -1$$

Éstas se grafican en la figura B.3. La intersección de las dos líneas tiene las coordenadas $x = 5$, $y = 3$. Esto representa la solución a las ecuaciones. Usted debe comprobar esta solución por medio de la técnica analítica analizada antes.

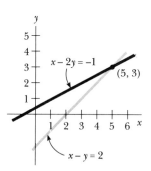

FIGURA B.3

EJERCICIOS

Resuelva los siguientes pares de ecuaciones simultáneas que comprenden dos incógnitas:

Respuestas

1. $x + y = 8$ $x = 5, y = 3$
    $x - y = 2$

2. $98 - T = 10a$ $T = 65, a = 3.27$
    $T - 49 = 5a$

3. $6x + 2y = 6$ $x = 2, y = -3$
    $8x - 4y = 28$

Logaritmos

Suponga que la cantidad x se expresa como una potencia de alguna cantidad a:

$$x = a^y \tag{B.11}$$

El número a se conoce como **base**. El **logaritmo** de x respecto de la base a es igual al exponente al cual debe elevarse la base con el fin de satisfacer la expresión $x = a_y$:

$$y = \log_a x \tag{B.12}$$

Inversamente, el **antilogaritmo** de y es el número x:

$$x = \text{antilog}_a y \tag{B.13}$$

En la práctica, las dos bases que se usan con mayor frecuencia son la base 10, denominada la base logarítmica *común*, y la base $e = 2.718...$, que recibe el nombre de base logarítmica *natural*. Cuando se usan logaritmos comunes,

$$y = \log_{10} x \qquad (\text{o } x = 10^y) \tag{B.14}$$

Cuando se usan logaritmos naturales,

$$y = \ln_e x \qquad (\text{o } x = e^y) \tag{B.15}$$

Por ejemplo, $\log_{10} 52 = 1.716$, por lo que antilog$_{10}$ $1.716 = 10^{1.716} = 52$. De igual modo, $\ln_e 52 = 3.951$, de modo que antiln$_e$ $3.951 = e^{3.951} = 52$.

En general, observe que usted puede convertir entre la base 10 y la base e con la igualdad

$$\ln_e x = (2.302585) \log_{10} x \tag{B.16}$$

Por último, algunas propiedades útiles de los logaritmos son

$$\log(ab) = \log a + \log b$$
$$\log(a/b) = \log a - \log b$$
$$\log(a^n) = n \log a$$
$$\ln e = 1$$
$$\ln e^a = a$$
$$\ln\left(\frac{1}{a}\right) = -\ln a$$

B.3 GEOMETRÍA

La **distancia** d entre dos puntos que tienen coordenadas (x_1, y_1) y (x_2, y_2), es

$$d = \sqrt{(x_2 - x_1)^2 + (y_2 - y_1)^2} \tag{B.17}$$

Medida de radianes: La longitud de arco s de un arco circular (Fig. B.4) es proporcional al radio r para un valor fijo de θ (en radianes):

$$s = r\theta$$

$$\theta = \frac{s}{r}$$

$$(\text{B.18})$$

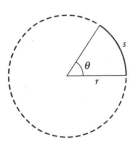

FIGURA B.4

La tabla B.2 proporciona las áreas y volúmenes de varias formas geométricas utilizadas a lo largo de este texto:

TABLA B.2   **Información útil para geometría**

Forma	Área o volumen	Forma	Área o volumen
Rectángulo (w, ℓ)	Área $= \ell w$	**Esfera** (r)	Área de la superficie $= 4\pi r^2$ Volumen $= \dfrac{4\pi r^3}{3}$
Círculo (r)	Área $= \pi r^2$ (Circunferencia $= 2\pi r$)	**Cilindro** (ℓ, r)	Volumen $= \pi r^2 \ell$
Triángulo (h, b)	Área $= \tfrac{1}{2} bh$	**Prisma rectangular** (h, ℓ, w)	Área $=$ $2(\ell h + \ell w + hw)$ Volumen $= \ell w h$

La ecuación de una **línea recta** (Fig. B.5) es

$$y = mx + b \qquad (\text{B.19})$$

donde b es la ordenada al origen y m es la pendiente de la línea.

La ecuación de un **círculo** de radio R centrado en el origen es

$$x^2 + y^2 = R^2 \qquad (\text{B.20})$$

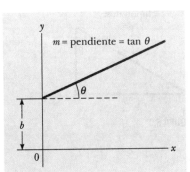

FIGURA B.5

La ecuación de una **elipse** que tiene el origen en su centro (Fig. B.6) es

$$\frac{x^2}{a^2} + \frac{y^2}{b^2} = 1 \qquad (\text{B.21})$$

donde a es la longitud del eje semimayor (el más largo) y b es la longitud del eje semimenor (el más corto).

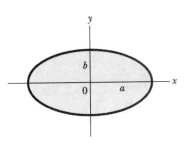

FIGURA B.6

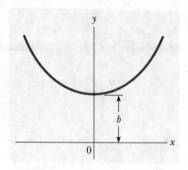

FIGURA B.7

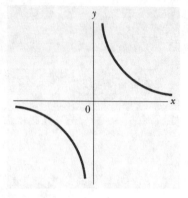

FIGURA B.8

a = lado opuesto
b = lado adyacente
c = hipotenusa

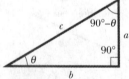

FIGURA B.9

La ecuación de una **parábola** cuyo vértice se encuentra en $y = b$ (Fig. B.7) es

$$y = ax^2 + b \tag{B.22}$$

La ecuación de una **hipérbola rectangular** (Fig. B.8) es

$$xy = \text{constante} \tag{B.23}$$

B.4 TRIGONOMETRÍA

La parte de las matemáticas que tienen su fundamento en las propiedades especiales del triángulo rectángulo recibe el nombre de trigonometría. Por definición, un triángulo rectángulo es uno que incluye un ángulo de 90°. Considere el triángulo recto que se muestra en la figura B.9, donde el lado a es opuesto al ángulo θ, el lado b es adyacente al ángulo θ, y el lado c es la hipotenusa del triángulo. Las tres funciones trigonométricas básicas definidas para dicho triángulo son las funciones seno (sen), coseno (cos) y tangente (tan). En relación con el ángulo θ, estas funciones se definen por medio de

$$\text{sen}\,\theta \equiv \frac{\text{lado opuesto } \theta}{\text{hipotenusa}} = \frac{a}{c} \tag{B.24}$$

$$\cos\theta \equiv \frac{\text{lado adyacente a } \theta}{\text{hipotenusa}} = \frac{b}{c} \tag{B.25}$$

$$\tan\theta \equiv \frac{\text{lado opuesto } \theta}{\text{lado adyacente a } \theta} = \frac{a}{b} \tag{B.26}$$

El teorema de Pitágoras brinda la siguiente relación entre los lados de un triángulo rectángulo:

$$c^2 = a^2 + b^2 \tag{B.27}$$

A partir de las definiciones anteriores y del teorema de Pitágoras, se deduce que

$$\text{sen}^2\,\theta + \cos^2\theta = 1$$

$$\tan\theta = \frac{\text{sen}\,\theta}{\cos\theta}$$

Las funciones cosecante, secante y cotangente están definidas por

$$\csc\theta \equiv \frac{1}{\text{sen}\,\theta} \qquad \sec\theta \equiv \frac{1}{\cos\theta} \qquad \cot\theta \equiv \frac{1}{\tan\theta}$$

Las relaciones siguientes surgen directamente del triángulo rectángulo mostrado en la figura B.9:

$$\text{sen}\,\theta = \cos(90° - \theta)$$

$$\cos\theta = \text{sen}(90° - \theta)$$

$$\cot\theta = \tan(90° - \theta)$$

Algunas propiedades de las funciones trigonométricas son:

$$\text{sen}\,(-\theta) = -\text{sen}\,\theta$$

$$\cos(-\theta) = \cos\theta$$

$$\text{sen}\,(-\theta) = -\tan\theta$$

Las siguientes relaciones se aplican a *cualquier* triángulo, de acuerdo con lo indicado en la figura B.10:

$$\alpha + \beta + \gamma = 180°$$

Ley de los cosenos
$$a^2 = b^2 + c^2 - 2bc \cos \alpha$$
$$b^2 = a^2 + c^2 - 2ac \cos \beta$$
$$c^2 = a^2 + b^2 - 2ab \cos \gamma$$

Ley de los senos
$$\frac{a}{\operatorname{sen} \alpha} = \frac{b}{\operatorname{sen} \beta} = \frac{c}{\operatorname{sen} \gamma}$$

La tabla B.3 registra varias identidades trigonométricas útiles

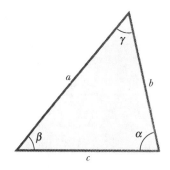

FIGURA B.10

TABLA B.3 Algunas identidades trigonométricas

$\operatorname{sen}^2 \theta + \cos^2 \theta = 1$	$\csc^2 \theta = 1 + \cot^2 \theta$
$\sec^2 \theta = 1 + \tan^2 \theta$	$\operatorname{sen}^2 \dfrac{\theta}{2} = \tfrac{1}{2}(1 - \cos \theta)$
$\operatorname{sen} 2\theta = 2 \operatorname{sen} \theta \cos \theta$	$\cos^2 \dfrac{\theta}{2} = \tfrac{1}{2}(1 + \cos \theta)$
$\cos 2\theta = \cos^2 \theta - \operatorname{sen}^2 \theta$	$1 - \cos \theta = 2 \operatorname{sen}^2 \dfrac{\theta}{2}$
$\tan 2\theta = \dfrac{2 \tan \theta}{1 - \tan^2 \theta}$	$\tan \dfrac{\theta}{2} = \sqrt{\dfrac{1 - \cos \theta}{1 + \cos \theta}}$

$$\operatorname{sen}(A \pm B) = \operatorname{sen} A \cos B \pm \cos A \operatorname{sen} B$$
$$\cos(A \pm B) = \cos A \cos B \mp \operatorname{sen} A \operatorname{sen} B$$
$$\operatorname{sen} A \pm \operatorname{sen} B = 2 \operatorname{sen} \left[\tfrac{1}{2}(A \pm B) \right] \cos \left[\tfrac{1}{2}(A \mp B) \right]$$
$$\cos A + \cos B = 2 \cos \left[\tfrac{1}{2}(A + B) \right] \cos \left[\tfrac{1}{2}(A - B) \right]$$
$$\cos A - \cos B = 2 \operatorname{sen} \left[\tfrac{1}{2}(A + B) \right] \operatorname{sen} \left[\tfrac{1}{2}(B - A) \right]$$

EJEMPLO 3

Considere el triángulo rectángulo en la figura B.11, en el cual $a = 2$, $b = 5$ y c se desconoce. A partir del teorema de Pitágoras, tenemos

$$c^2 = a^2 + b^2 = 2^2 + 5^2 = 4 + 25 = 29$$

$$c = \sqrt{29} = \boxed{5.39}$$

Para encontrar el ángulo θ, advierta que

$$\tan \theta = \frac{a}{b} = \frac{2}{5} = 0.400$$

De una tabla de funciones o de una calculadora, tenemos que

$$\theta = \tan^{-1}(0.400) = \boxed{21.8°}$$

donde $\tan^{-1}(0.400)$ es la notación para un "ángulo cuya tangente es 0.400", escrito algunas veces como $\arctan(0.400)$.

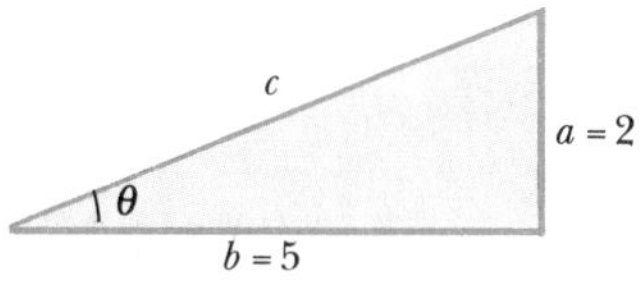

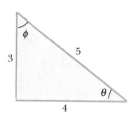

FIGURA B.11

EJERCICIOS

1. En la figura B.12 identifique a) el lado opuesto a θ, y b) el lado adyacente a ϕ, y c) encuentre $\cos \theta$, d) $\operatorname{sen} \phi$, y e) $\tan \phi$.

Respuestas a) 3, b) 3, c) $\frac{4}{5}$, d) $\frac{4}{5}$ y e) $\frac{4}{3}$

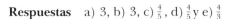

FIGURA B.12

2. En cierto triángulo rectángulo los dos lados que son perpendiculares entre sí miden 5 m y 7 m de largo. ¿Cuál es la longitud del tercer lado?

Respuesta　8.60 m.

3. Un triángulo rectángulo tiene una hipotenusa de 3 m de longitud, y uno de sus ángulos es de 30°. ¿Cuál es la longitud de a) el lado opuesto al ángulo de 30°, y b) el lado adyacente al ángulo de 30°?

Respuestas　a) 1.5 m, b) 2.60 m

B.5 DESARROLLOS DE SERIES

$$(a + b)^n = a^n + \frac{n}{1!} a^{n-1}b + \frac{n(n-1)}{2!} a^{n-2}b^2 + \cdots$$

$$(1 + x)^n = 1 + nx + \frac{n(n-1)}{2!} x^2 + \cdots$$

$$e^x = 1 + x + \frac{x^2}{2!} + \frac{x^3}{3!} + \cdots$$

$$\ln(1 \pm x) = \pm x - \tfrac{1}{2}x^2 \pm \tfrac{1}{3}x^3 - \cdots$$

$$\left. \begin{aligned} \operatorname{sen} x &= x - \frac{x^3}{3!} + \frac{x^5}{5!} - \cdots \\[6pt] \cos x &= 1 - \frac{x^2}{2!} + \frac{x^4}{4!} - \cdots \\[6pt] \tan x &= x + \frac{x^3}{3} + \frac{2x^5}{15} + \cdots \qquad |x| < \pi/2 \end{aligned} \right\} x \text{ en radianes}$$

Para $x \ll 1$, pueden usarse las siguientes aproximaciones:

$$(1 + x)^n \approx 1 + nx \qquad \operatorname{sen} x \approx x$$

$$e^x \approx 1 + x \qquad \cos x \approx 1$$

$$\ln(1 \pm x) \approx \pm x \qquad \tan x \approx x$$

B.6 CÁLCULO DIFERENCIAL

En diversas ramas de la ciencia, en ocasiones es necesario usar las herramientas básicas del cálculo, inventadas por Newton, para describir los fenómenos físicos. El uso del cálculo es fundamental en el tratamiento de distintos problemas en la mecánica newtoniana, la electricidad y el magnetismo. En esta sección sólo establecemos algunas propiedades básicas y reglas prácticas que deben ser un repaso útil para el estudiante.

Primero, debe especificarse una **función** que relacione una variable con otra (como una coordenada como función del tiempo). Suponga que una de las variables se denomina y (la variable dependiente) y la otra x (la variable independiente). Podríamos tener una relación de función como

$$y(x) = ax^3 + bx^2 + cx + d$$

Si a, b, c y d son constantes especificadas, entonces y puede calcularse para cualquier valor de x. Usualmente tratamos con funciones continuas, es decir, aquellas para las cuales y varía "suavemente" con x.

La **derivada** de y respecto de x se define como el límite, a medida que Δx tiende a cero, de las pendientes de las cuerdas dibujadas entre dos puntos en la curva y contra x. Matemáticamente, escribimos esta definición como

$$\frac{dy}{dx} = \lim_{\Delta x \to 0} \frac{\Delta y}{\Delta x} = \lim_{\Delta x \to 0} \frac{y(x + \Delta x) - y(x)}{\Delta x} \tag{B.28}$$

donde Δy y Δx se definen como $\Delta x = x_2 - x_1$ y $\Delta y = y_2 - y_1$ (Fig. B.13). Es importante advertir que dy/dx *no* significa dy dividida entre dx, sino que es simplemente una notación del proceso del límite de la derivada de acuerdo a como la define la ecuación B.28.

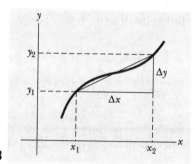

FIGURA B.13

Una expresión útil que debe recordarse cuando $y(x) = ax^n$, donde a es una *constante* y n es *cualquier* número positivo o negativo (entero o fraccionario), es

$$\frac{dy}{dx} = nax^{n-1} \tag{B.29}$$

Si $y(x)$ es una función polinomial o algebraica de x, aplicamos la ecuación B.29 a *cada* término en el polinomio y tomamos $da/dx = 0$. En los ejemplos del 4 al 7, evaluamos las derivadas de varias funciones.

EJEMPLO 4

Suponga que $y(x)$ (es decir, y como una función de x) está dada por

$$y(x) = ax^3 + bx + c$$

donde a y b son constantes. Así, se concluye que

$$y(x + \Delta x) = a(x + \Delta x)^3 + b(x + \Delta x) + c$$
$$y(x + \Delta x) = a(x^3 + 3x^2 \Delta x + 3x \Delta x^2 + \Delta x^3) + b(x + \Delta x) + c$$

por lo que

$$\Delta y = y(x + \Delta x) - y(x) = a(3x^2 \Delta x + 3x \Delta x^2 + \Delta x^3) + b \Delta x$$

Sustituyendo esto en la ecuación B.28 se obtiene

$$\frac{dy}{dx} = \lim_{\Delta x \to 0} \frac{\Delta y}{\Delta x} = \lim_{\Delta x \to 0} [3ax^2 + 3x \Delta x + \Delta x^2] + b$$

$$\frac{dy}{dx} = 3ax^2 + b$$

EJEMPLO 5

$$y(x) = 8x^5 + 4x^3 + 2x + 7 \qquad\qquad \frac{dy}{dx} = \boxed{40x^4 + 12x^2 + 2}$$

Solución   Al aplicar la ecuación B.29 a cada término independientemente, y sin olvidar que d/dx (constante) $= 0$, tenemos

$$\frac{dy}{dx} = 8(5)x^4 + 4(3)x^2 + 2(1)x^0 + 0$$

Propiedades especiales de la derivada

A. **Derivada del producto de dos funciones**   Si una función $f(x)$ está dada por el producto de dos funciones, digamos, $g(x)$ y $h(x)$, entonces la derivada de $f(x)$ se define como

$$\frac{d}{dx}f(x) = \frac{d}{dx}[g(x)\,h(x)] = g\frac{dh}{dx} + h\frac{dg}{dx} \qquad\qquad \text{(B.30)}$$

B. **Derivada de la suma de dos funciones**   Si una función $f(x)$ es igual a la suma de dos funciones, entonces la derivada de la suma es igual a la suma de las derivadas:

$$\frac{d}{dx}f(x) = \frac{d}{dx}[g(x) + h(x)] = \frac{dg}{dx} + \frac{dh}{dx} \qquad\qquad \text{(B.31)}$$

C. **Regla de la cadena del cálculo diferencial**   Si $y = f(x)$ y $x = f(z)$, entonces dy/dx puede escribirse como el producto de dos derivadas.

$$\frac{dy}{dx} = \frac{dy}{dz}\frac{dz}{dx} \qquad\qquad \text{(B.32)}$$

D. **La segunda derivada**   La segunda derivada de y respecto de x se define como la derivada de la función dy/dx (la derivada de la derivada). Suele escribirse

$$\frac{d^2y}{dx^2} = \frac{d}{dx}\left(\frac{dy}{dx}\right) \qquad\qquad \text{(B.33)}$$

EJEMPLO 6

Encuentre la derivada de $y(x) = x^3/(x+1)^2$ respecto de x.

Solución   Podemos escribir esta función como $y(x) = x^3(x+1)^{-2}$ y aplicar la ecuación B.30:

$$\frac{dy}{dx} = (x+1)^{-2}\frac{d}{dx}(x^3) + x^3\frac{d}{dx}(x+1)^{-2}$$

$$= (x+1)^{-2}3x^2 + x^3(-2)(x+1)^{-3}$$

$$\frac{dy}{dx} = \frac{3x^2}{(x+1)^2} - \frac{2x^3}{(x+1)^3}$$

EJEMPLO 7

Una fórmula útil que se desprende de la ecuación B.30 es la derivada del cociente de dos funciones. Demuestre que

$$\frac{d}{dx}\left[\frac{g(x)}{h(x)}\right] = \frac{h\dfrac{dg}{dx} - g\dfrac{dh}{dx}}{h^2}$$

Solución Podemos escribir el cociente como gh^{-1} y después aplicar las ecuaciones B.29 y B.30:

$$\frac{d}{dx}\left(\frac{g}{h}\right) = \frac{d}{dx}(gh^{-1}) = g\frac{d}{dx}(h^{-1}) + h^{-1}\frac{d}{dx}(g)$$

$$= -gh^{-2}\frac{dh}{dx} + h^{-1}\frac{dg}{dx}$$

$$= \frac{h\dfrac{dg}{dx} - g\dfrac{dh}{dx}}{h^2}$$

Algunas de las derivadas de funciones que se usan más comúnmente se listan en la tabla B.4.

B.7 CÁLCULO INTEGRAL

Consideramos la integración como la inversa de la diferenciación. Como ejemplo, sea la expresión

$$f(x) = \frac{dy}{dx} = 3ax^2 + b \tag{B.34}$$

que fue el resultado de diferenciar la función

$$y(x) = ax^3 + bx + c$$

en el ejemplo 4. Podemos escribir la ecuación B.34 como $dy = f(x)\,dx = (3ax^2 + b)\,dx$ y obtener $y(x)$ "sumando" sobre todos los valores de x. Matemáticamente, escribimos esta operación inversa

$$y(x) = \int f(x)\,dx$$

Para la función $f(x)$ dada por la ecuación B.34, tenemos

$$y(x) = \int (3ax^2 + b)\,dx = ax^3 + bx + c$$

donde c es una constante de la integración. Este tipo de integral se conoce como una *integral indefinida* debido a que su valor depende de la elección de c.

Una **integral definida** general $I(x)$ se define como

$$I(x) = \int f(x)\,dx \tag{B.35}$$

donde $f(x)$ recibe el nombre el *integrando* y $f(x) = \dfrac{dI(x)}{dx}$.

Para una función *continua general* $f(x)$, la integral puede describirse como el área bajo la curva acotada por $f(x)$ y el eje x, entre dos valores especificados de x, por ejemplo, x_1 y x_2, como en la figura B.14.

El área del elemento azul es aproximadamente $f_i\Delta x_i$. Si sumamos todos estos elementos de área de x_1 a x_2 y tomamos el límite de esta suma a medida que $\Delta x_i \to 0$, obtenemos el área *real* bajo la curva acotada por $f(x)$ y x, entre los límites x_1 y x_2:

$$\text{Área} = \lim_{\Delta x_i \to 0} \sum_i f(x_i)\,\Delta x_i = \int_{x_1}^{x_2} f(x)\,dx \tag{B.36}$$

Las integrales de este tipo definidas por la ecuación B.36 se conocen como **integrales definidas**.

TABLA B.4 Derivada para diversas funciones

$$\frac{d}{dx}(a) = 0$$

$$\frac{d}{dx}(ax^n) = nax^{n-1}$$

$$\frac{d}{dx}(e^{ax}) = ae^{ax}$$

$$\frac{d}{dx}(\operatorname{sen} ax) = a\cos ax$$

$$\frac{d}{dx}(\cos ax) = -a\operatorname{sen} ax$$

$$\frac{d}{dx}(\tan ax) = a\sec^2 ax$$

$$\frac{d}{dx}(\cot ax) = -a\csc^2 ax$$

$$\frac{d}{dx}(\sec x) = \tan x \sec x$$

$$\frac{d}{dx}(\csc x) = -\cot x \csc x$$

$$\frac{d}{dx}(\ln ax) = \frac{1}{x}$$

Nota: Las letras a y n son constantes.

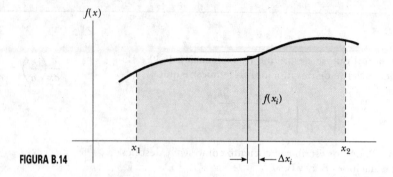

FIGURA B.14

Una integral común que surge en situaciones prácticas tiene la forma

$$\int x^n \, dx = \frac{x^{n+1}}{n+1} + c \qquad (n \neq -1)$$ **(B.37)**

Este resultado es evidente pues la diferenciación del lado derecho con respecto de x produce directamente $f(x) = x^n$. Si se conocen los límites de integración, esta integral se vuelve una *integral definida* y se escribe

$$\int_{x_1}^{x_2} x^n \, dx = \frac{x_2^{n+1} - x_1^{n+1}}{n+1} \qquad (n \neq -1)$$ **(B.38)**

EJEMPLOS

1. $\displaystyle\int_0^a x^2 \, dx = \frac{x^3}{3}\bigg]_0^a = \frac{a^3}{3}$

2. $\displaystyle\int_0^b x^{3/2} \, dx = \frac{x^{5/2}}{5/2}\bigg]_0^b = \frac{2}{5} b^{5/2}$

3. $\displaystyle\int_3^5 x \, dx = \frac{x^2}{2}\bigg]_3^5 = \frac{5^2 - 3^2}{2} = 8$

Integración parcial

Algunas veces es útil aplicar el método de *integración parcial* (llamada también "integración por partes") para evaluar ciertas integrales. Este método aprovecha la propiedad de que

$$\int u \, dv = uv - \int v \, du$$ **(B.39)**

donde u y v se eligen con *sumo cuidado* de manera que se reduzca una integral compleja a una más simple. En muchos casos, es necesario efectuar varias reducciones. Considere la función

$$I(x) = \int x^2 e^x \, dx$$

Ésta puede evaluarse integrando por partes dos veces. Primero, si elegimos $u = x^2$, $v = e^x$, obtenemos

$$\int x^2 e^x \, dx = \int x^2 \, d(e^x) = x^2 e^x - 2 \int e^x x \, dx + c_1$$

Después de esto, en el segundo término escogemos $u = x$, $v = e^x$, lo que produce

$$\int x^2 e^x \, dx = x^2 e^x - 2xe^x + 2 \int e^x \, dx + c_1$$

o

$$\int x^2 e^x \, dx = x^2 e^x - 2xe^x + 2e^x + c_2$$

La diferencial perfecta

Otro método útil que se debe recordar es el empleo de la *diferencial perfecta* en la cual buscamos un cambio de variable de modo que la diferencial de la función sea la diferencial de la variable independiente que aparece en el integrando. Por ejemplo, considere la integral

$$I(x) = \int \cos^2 x \operatorname{sen} x \, dx$$

Ésta se vuelve fácil de evaluar si reescribimos la diferencial como $d(\cos x) = -\operatorname{sen} x \, dx$. La integral se vuelve entonces

$$\int \cos^2 x \operatorname{sen} x \, dx = - \int \cos^2 x \, d(\cos x)$$

Si después de esto cambiamos variables, dejando $y = \cos x$, obtenemos

$$\int \cos^2 x \operatorname{sen} x \, dx = - \int y^2 \, dy = -\frac{y^3}{3} + c = -\frac{\cos^3 x}{3} + c$$

La tabla B.5 lista algunas integrales indefinidas útiles. La tabla B.6 proporciona la integral de probabilidad de Gauss y otras integrales definidas. Una lista más completa puede encontrarse en varios manuales, como *The Handbook of Chemistry and Physics*, CRC Press.

TABLA B.5 Algunas integrales indefinidas (una constante arbitraria debe sumarse a cada una de estas integrales)

$$\int x^n \, dx = \frac{x^{n+1}}{n+1} \quad \text{(siempre que } n \neq -1\text{)}$$

$$\int \frac{dx}{x} = \int x^{-1} \, dx = \ln x$$

$$\int \frac{dx}{a+bx} = \frac{1}{b}\ln(a+bx)$$

$$\int \frac{dx}{(a+bx)^2} = -\frac{1}{b(a+bx)}$$

$$\int \frac{dx}{a^2+x^2} = \frac{1}{a}\tan^{-1}\frac{x}{a}$$

$$\int \frac{dx}{a^2-x^2} = \frac{1}{2a}\ln\frac{a+x}{a-x} \quad (a^2-x^2>0)$$

$$\int \frac{dx}{x^2-a^2} = \frac{1}{2a}\ln\frac{x-a}{x+a} \quad (x^2-a^2>0)$$

$$\int \frac{x\,dx}{a^2 \pm x^2} = \pm\frac{1}{2}\ln(a^2 \pm x^2)$$

$$\int \frac{dx}{\sqrt{a^2-x^2}} = \operatorname{sen}^{-1}\frac{x}{a} = -\cos^{-1}\frac{x}{a} \quad (a^2-x^2>0)$$

$$\int \frac{dx}{\sqrt{x^2 \pm a^2}} = \ln(x + \sqrt{x^2 \pm a^2})$$

$$\int xe^{ax} \, dx = \frac{e^{ax}}{a^2}(ax-1)$$

$$\int \frac{dx}{a+be^{cx}} = \frac{x}{a} - \frac{1}{ac}\ln(a+be^{cx})$$

$$\int \operatorname{sen} ax \, dx = -\frac{1}{a}\cos ax$$

$$\int \cos ax \, dx = \frac{1}{a}\operatorname{sen} ax$$

$$\int \tan ax \, dx = -\frac{1}{a}\ln(\cos ax) = \frac{1}{a}\ln(\sec ax)$$

$$\int \cot ax \, dx = \frac{1}{a}\ln(\operatorname{sen} ax)$$

$$\int \sec ax \, dx = \frac{1}{a}\ln(\sec ax + \tan ax) = \frac{1}{a}\ln\left[\tan\left(\frac{ax}{2}+\frac{\pi}{4}\right)\right]$$

$$\int \csc ax \, dx = \frac{1}{a}\ln(\csc ax - \cot ax) = \frac{1}{a}\ln\left(\tan\frac{ax}{2}\right)$$

$$\int \operatorname{sen}^2 ax \, dx = \frac{x}{2} - \frac{\operatorname{sen} 2ax}{4a}$$

$$\int \cos^2 ax \, dx = \frac{x}{2} + \frac{\operatorname{sen} 2ax}{4a}$$

continúa

TABLA B.5 *Continuación*

$$\int \frac{x\,dx}{\sqrt{a^2 - x^2}} = -\sqrt{a^2 - x^2}$$

$$\int \frac{dx}{\text{sen}^2\,ax} = -\frac{1}{a}\cot ax$$

$$\int \frac{x\,dx}{\sqrt{x^2 \pm a^2}} = \sqrt{x^2 \pm a^2}$$

$$\int \frac{dx}{\cos^2\,ax} = \frac{1}{a}\tan ax$$

$$\int \sqrt{a^2 - x^2}\,dx = \tfrac{1}{2}\left(x\sqrt{a^2 - x^2} + a^2\,\text{sen}^{-1}\frac{x}{a} \right)$$

$$\int \tan^2\,ax\,dx = \frac{1}{a}(\tan ax) - x$$

$$\int x\sqrt{a^2 - x^2}\,dx = -\tfrac{1}{3}(a^2 - x^2)^{3/2}$$

$$\int \cot^2\,ax\,dx = -\frac{1}{a}(\cot ax) - x$$

$$\int \sqrt{x^2 \pm a^2}\,dx = \tfrac{1}{2}[x\sqrt{x^2 \pm a^2} \pm a^2\ln(x + \sqrt{x^2 \pm a^2})]$$

$$\int \text{sen}^{-1}\,ax\,dx = x(\text{sen}^{-1}\,ax) + \frac{\sqrt{1 - a^2 x^2}}{a}$$

$$\int x(\sqrt{x^2 \pm a^2})\,dx = \tfrac{1}{3}(x^2 \pm a^2)^{3/2}$$

$$\int \cos^{-1}\,ax\,dx = x(\cos^{-1}\,ax) - \frac{\sqrt{1 - a^2 x^2}}{a}$$

$$\int e^{ax}\,dx = \frac{1}{a}e^{ax}$$

$$\int \frac{dx}{(x^2 + a^2)^{3/2}} = \frac{x}{a^2\sqrt{x^2 + a^2}}$$

$$\int \ln ax\,dx = (x\ln ax) - x$$

$$\int \frac{x\,dx}{(x^2 + a^2)^{3/2}} = -\frac{1}{\sqrt{x^2 + a^2}}$$

TABLA B.6   Integral de probabilidad de Gauss e integrales relacionadas

$$I_0 = \int_0^\infty e^{-\alpha x^2}\, dx = \tfrac{1}{2}\sqrt{\frac{\pi}{\alpha}} \qquad \text{(Integral de probabilidad de Gauss)}$$

$$I_1 = \int_0^\infty x e^{-\alpha x^2}\, dx = \frac{1}{2\alpha}$$

$$I_2 = \int_0^\infty x^2 e^{-\alpha x^2}\, dx = -\frac{dI_0}{d\alpha} = \tfrac{1}{4}\sqrt{\frac{\pi}{\alpha^3}}$$

$$I_3 = \int_0^\infty x^3 e^{-\alpha x^2}\, dx = -\frac{dI_1}{d\alpha} = \frac{1}{2\alpha^2}$$

$$I_4 = \int_0^\infty x^4 e^{-\alpha x^2}\, dx = \frac{d^2 I_0}{d\alpha^2} = \tfrac{3}{8}\sqrt{\frac{\pi}{\alpha^5}}$$

$$I_5 = \int_0^\infty x^5 e^{-\alpha x^2}\, dx = \frac{d^2 I_1}{d\alpha^2} = \frac{1}{\alpha^3}$$

$$\vdots$$

$$I_{2n} = (-1)^n \frac{d^n}{d\alpha^n} I_0$$

$$I_{2n+1} = (-1)^n \frac{d^n}{d\alpha^n} I_1$$

Tabla periódica de los elementos*

Grupo I	Grupo II		Elementos de transición					
H 1 1.0080 $1s^1$								
Li 3 6.94 $2s^1$	**Be** 4 9.012 $2s^2$							
Na 11 22.99 $3s^1$	**Mg** 12 24.31 $3s^2$							
K 19 39.102 $4s^1$	**Ca** 20 40.08 $4s^2$	**Sc** 21 44.96 $3d^14s^2$	**Ti** 22 47.90 $3d^24s^2$	**V** 23 50.94 $3d^34s^2$	**Cr** 24 51.996 $3d^54s^1$	**Mn** 25 54.94 $3d^54s^2$	**Fe** 26 55.85 $3d^64s^2$	**Co** 27 58.93 $3d^74s^2$
Rb 37 85.47 $5s^1$	**Sr** 38 87.62 $5s^2$	**Y** 39 88.906 $4d^15s^2$	**Zr** 40 91.22 $4d^25s^2$	**Nb** 41 92.91 $4d^45s^1$	**Mo** 42 95.94 $4d^55s^1$	**Tc** 43 (99) $4d^55s^2$	**Ru** 44 101.1 $4d^75s^1$	**Rh** 45 102.91 $4d^85s^1$
Cs 55 132.91 $6s^1$	**Ba** 56 137.34 $6s^2$	57-71*	**Hf** 72 178.49 $5d^26s^2$	**Ta** 73 180.95 $5d^36s^2$	**W** 74 183.85 $5d^46s^2$	**Re** 75 186.2 $5d^56s^2$	**Os** 76 190.2 $5d^66s^2$	**Ir** 77 192.2 $5d^76s^2$
Fr 87 (223) $7s^1$	**Ra** 88 (226) $7s^2$	89-103**	**Unq** 104 (261) $6d^27s^2$	**Unp** 105 (262) $6d^37s^2$	**Unh** 106 (263)	**Uns** 107 (262)	**Uno** 108 (265)	**Une** 109 (266)

Símbolo – **Ca** 20 – Número atómico
Masa atómica † – 40.08
$4s^2$ – Configuración electrónica

* Serie de los lantánidos

La 57 138.91 $5d^16s^2$	**Ce** 58 140.12 $5d^14f^16s^2$	**Pr** 59 140.91 $4f^36s^2$	**Nd** 60 144.24 $4f^46s^2$	**Pm** 61 (147) $4f^56s^2$	**Sm** 62 150.4 $4f^66s^2$
Ac 89 (227) $6d^17s^2$	**Th** 90 (232) $6d^27s^2$	**Pa** 91 (231) $5f^26d^17s^2$	**U** 92 (238) $5f^36d^17s^2$	**Np** 93 (239) $5f^46d^17s^2$	**Pu** 94 (239) $5f^66d^07s^2$

** Serie de los actínidos

□ Los valores de masa atómica dados se promedian con respecto a isótopos en los porcentajes en que éstos existen en la naturaleza.

† Para un elemento inestable, el número de masa del isótopo conocido más estable se proporciona entre paréntesis.

Grupo III	Grupo IV	Grupo V	Grupo VI	Grupo VII	Grupo 0
				H 1 1.0080 $1s^1$	**He** 2 4.0026 $1s^2$
B 5 10.81 $2p^1$	**C** 6 12.011 $2p^2$	**N** 7 14.007 $2p^3$	**O** 8 15.999 $2p^4$	**F** 9 18.998 $2p^5$	**Ne** 10 20.18 $2p^6$
Al 13 26.98 $3p^1$	**Si** 14 28.09 $3p^2$	**P** 15 30.97 $3p^3$	**S** 16 32.06 $3p^4$	**Cl** 17 35.453 $3p^5$	**Ar** 18 39.948 $3p^6$

Ni	Cu	Zn	Grupo III	Grupo IV	Grupo V	Grupo VI	Grupo VII	Grupo 0
Ni 28 58.71 $3d^84s^2$	**Cu** 29 63.54 $3d^{10}4s^2$	**Zn** 30 65.37 $3d^{10}4s^2$	**Ga** 31 69.72 $4p^1$	**Ge** 32 72.59 $4p^2$	**As** 33 74.92 $4p^3$	**Se** 34 78.96 $4p^4$	**Br** 35 79.91 $4p^5$	**Kr** 36 83.80 $4p^6$
Pd 46 106.4 $4d^{10}$	**Ag** 47 107.87 $4d^{10}5s^1$	**Cd** 48 112.40 $4d^{10}5s^2$	**In** 49 114.82 $5p^1$	**Sn** 50 118.69 $5p^2$	**Sb** 51 121.75 $5p^3$	**Te** 52 127.60 $5p^4$	**I** 53 126.90 $5p^5$	**Xe** 54 131.30 $5p^6$
Pt 78 195.09 $5d^96s^1$	**Au** 79 196.97 $5d^{10}6s^1$	**Hg** 80 200.59 $5d^{10}6s^2$	**Tl** 81 204.37 $6p^1$	**Pb** 82 207.2 $6p^2$	**Bi** 83 208.98 $6p^3$	**Po** 84 (210) $6p^4$	**At** 85 (218) $6p^5$	**Rn** 86 (222) $6p^6$

Eu	Gd	Tb	Dy	Ho	Er	Tm	Yb	Lu
Eu 63 152.0 $4f^76s^2$	**Gd** 64 157.25 $5d^14f^76s^2$	**Tb** 65 158.92 $5d^14f^86s^2$	**Dy** 66 162.50 $4f^{10}6s^2$	**Ho** 67 164.93 $4f^{11}6s^2$	**Er** 68 167.26 $4f^{12}6s^2$	**Tm** 69 168.93 $4f^{13}6s^2$	**Yb** 70 173.04 $4f^{14}6s^2$	**Lu** 71 174.97 $5d^14f^{14}6s^2$
Am 95 (243) $5f^76d^07s^2$	**Cm** 96 (245) $5f^76d^17s^2$	**Bk** 97 (247) $5f^86d^17s^2$	**Cf** 98 (249) $5f^{10}6d^07s^2$	**Es** 99 (254) $5f^{11}6d^07s^2$	**Fm** 100 (253) $5f^{12}6d^07s^2$	**Md** 101 (255) $5f^{13}6d^07s^2$	**No** 102 (255) $6d^07s^2$	**Lr** 103 (257) $6d^17s^2$

Unidades del SI

TABLA D.1 Unidades básicas del SI

Cantidad básica	Unidad básica del SI	
	Nombre	**Símbolo**
Longitud	Metro	m
Masa	Kilogramo	kg
Tiempo	Segundo	s
Corriente eléctrica	Ampere	A
Temperatura	Kelvin	K
Cantidad de sustancia	Mol	mol
Intensidad luminosa	Candela	cd

TABLA D.2 Algunas unidades derivadas del SI

Cantidad	Nombre	Símbolo	Expresión en términos de las unidades básicas	Expresión en términos de otras unidades del SI
Ángulo plano	Radián	rad	m/m	
Frecuencia	Hertz	Hz	s^{-1}	
Fuerza	Newton	N	$kg \cdot m/s^2$	
Presión	Pascal	Pa	$kg/m \cdot s^2$	J/m
Energía: trabajo	Joule	J	$kg \cdot m^2/s^2$	N/m^2
Potencia	Watt	W	$kg \cdot m^2/s^3$	$N \cdot m$
Carga eléctrica	Coulumb	C	$A \cdot s$	J/s
Potencial eléctrico (fem)	Volt	V	$kg \cdot m^2/A \cdot s^3$	
Capacitancia	Farad	F	$A^2 \cdot s^4/kg \cdot m^2$	W/A
Resistencia eléctrica	Ohm	Ω	$kg \cdot m^2/A^2 \cdot s^3$	C/V
Flujo magnético	Weber	Wb	$kg \cdot m^2/A \cdot s^2$	V/A
Intensidad de campo magnético	Tesla	T	$kg/A \cdot s^2$	$V \cdot s$
Inductancia	Henry	H	$kg \cdot m^2/A^2 \cdot s^2$	Wb/m^2
				Wb/A

Premios Nóbel

Se listan todos los premios Nóbel en física (se marcan con una F), así como los premios Nóbel en química (Q) importantes. Se brindan datos clave del trabajo científico; a menudo anteceden considerablemente al premio.

1901   (F) *Wilhelm Roentgen* por el descubrimiento de los rayos X (1895).

1902   (F) *Hendrik A. Lorentz* por predecir el efecto Zeeman, y *Pieter Zeeman* por descubrir el efecto Zeeman, el desdoblamiento de líneas espectrales en campos magnéticos.

1903   (F) *Antoine-Henri Becquerel* por descubrir la radioactividad (1896), y *Pierre y Marie Curie* por estudiar la radioactividad.

1904   (F) *Lord Rayleigh* por estudiar la densidad de gases y descubrir el argón.
       (Q) *William Ramsay* por descubir los elementos gaseosos inertes helio, neón, xenón y kriptón, y ponerlos en la tabla periódica.

1905   (F) *Philipp Lenard* por estudiar los rayos catódicos, electrones (1898-1899).

1906   (F) *J. J. Thomson* por estudiar la descarga eléctrica a través de gases y descubrir el electrón (1897).

1907   (F) *Albert A. Michelson* por inventar instrumentos ópticos y medir la velocidad de la luz (1880s).

1908   (F) *Gabriel Lippmann* por hacer la primera placa fotográfica en color, utilizando métodos de interferencia (1891).
       (Q) *Ernest Rutherford* por descubrir que los átomos pueden partirse por medio de rayos alfa, y por el estudio de la radioactividad.

1909   (F) *Guglielmo Marconi* y *Carl Ferdinand Braun* por desarrollar la telegrafía inalámbrica.

1910   (F) *Johannes D. van der Waals* por estudiar la ecuación de estado para gases y líquidos (1881).

1911   (F) *Wilhelm Wien* por descubrir la ley de Wien que brinda el máximo de un espectro de cuerpo negro (1893).
       (Q) *Marie Curie* por descubrir el radio y el polonio (1898), y aislar el radio.

1912   (F) *Nils Dalén* por inventar reguladores de gas automáticos para faros.

1913   (F) *Heike Kamerlingh Onnes* por el descubrimiento de la superconductividad y la licuefacción del helio (1908).

1914   (F) *Max T. F. von Laue* por el estudio de los rayos X a partir de su difracción en cristales, lo que demostró que los rayos X son ondas electromagnéticas (1912).
       (Q) *Theodore W. Richards* por determinar los pesos atómicos de 60 elementos, lo que indicó la existencia de isótopos.

1915   (F) *William Henry Bragg* y *William Lawrence Gragg*, su hijo, por el estudio de la difracción de rayos X en cristales.

1917   (F) *Charles Barkla* por el estudio de átomos por medio de la dispersión de rayos X (1906).

1918   (F) *Max Planck* por el descubrimiento del cuanto de energía (1900).

1919   (F) *Johannes Stark* por descubrir el efecto Stark, el desdoblamiento de líneas espectrales en campos eléctricos (1913).

1920   (F) *Charles-Édouard Guillaume* por descubrir el invar, una aleación de níquel-acero con bajo coeficiente de expansión.

(Q) *Walther Nernst* por estudiar los cambios térmicos en reacciones químicas y formular la tercera ley de la termodinámica (1918).

1921   (F) *Albert Einstein* por explicar el efecto fotoeléctrico y por sus resultados en física teórica (1905).

(Q) *Frederick Soddy* por estudiar la química de sustancias radioactivas y descubrir isótopos (1912).

1922   (F) *Niels Bohr* por su modelo del átomo y su radiación (1913).

(Q) *Francis W. Aston* por usar el espectrógrafo de masas para estudiar pesos atómicos, descubriendo de ese modo 212 de los 287 isótopos que se presentan naturalmente.

1923   (F) *Robert A. Millikan* por medir la carga en un electrón (1911) y por estudiar el efecto fotoeléctrico experimentalmente (1914).

1924   (F) *Karl M. G. Siegbahn* por su trabajo en la espectroscopia de rayos X.

1925   (F) *James Franck* y *Gustav Hertz* por descubrir el efecto Franck-Hertz en choques electrón-átomo.

1926   (F) *Jean-Baptiste Perrin* por estudiar el movimiento browniano para validar la estructura discontinua de la materia y medir el tamaño de los átomos.

1927   (F) *Arthur Holly Compton* por descubrir el efecto Compton en los rayos X, su cambio de longitud de onda cuando chocan con la materia (1922), y *Charles T. R. Wilson* por inventar la cámara de niebla, utilizada para estudiar partículas cargadas (1906).

1928   (F) *Owen W. Richardson* por estudiar el efecto termoiónico y los electrones emitidos por metales calientes (1911).

1929   (F) *Louis Victor de Broglie* por descubrir la naturaleza ondulatoria de los electrones (1923).

1930   (F) *Chandrasekhara Venkata Raman* por estudiar la dispersión Raman, la dispersión de la luz por átomos y moléculas con un cambio en la longitud de onda (1928).

1932   (F) *Werner Heisenberg* por crear la mecánica cuántica (1925).

1933   (F) *Erwin Schrödinger* y *Paul A. M. Dirac* por desarrollar la mecánica ondulatoria (1925) y la mecánica cuántica relativista (1927).

(Q) *Harold Urey* por descubrir el hidrógeno pesado, deuterio (1931).

1935   (F) *James Chadwick* por descubrir el neutrón (1932).

(Q) *Irène* y *Frédéric Joliot-Curie* por sintetizar nuevos elementos radioactivos.

1936   (F) *Carl D. Anderson* por descubrir el positrón en particular y la antimateria en general (1932), y *Victor F. Hess* por descubrir los rayos cósmicos.

(Q) *Peter J. W. Debye* por estudiar momentos de dipolo y la difracción de rayos X y electrones en gases.

1937   (F) *Clinton Davisson* y *George Thomson* por descubrir la difracción de electrones por cristales, lo que confirmó la hipótesis de De Broglie (1927).

1938   (F) *Enrico Fermi* por la producción de elementos radioactivos transuránicos mediante la irradiación de neutrones (1934-1937).

1939   (F) *Ernest O. Lawrence* por inventar el ciclotrón.

1943   (F) *Otto Stern* por desarrollar estudios de haces moleculares (1923) y usarlos para descubrir el momento magnético del protón (1933).

1944   (F) *Isidor I. Rabi* por descubrir la resonancia magnética nuclear en haces atómicos y moleculares.

(Q) *Otto Hahn* por descubrir la fisión nuclear (1938).

1945   (F) *Wolfgang Pauli* por descubrir el principio de exclusión (1924).

1946   (F) *Percy W. Bridgman* por estudiar la física de las altas presiones.

1947   (F) *Edward V. Appleton* por estudiar la ionosfera.

1948   (F) *Patrick M. S. Blackett* por estudiar la física nuclear con fotografías de la cámara de niebla de interacciones de rayos cósmicos.

1949   (F) *Hideki Yukawa* por predecir la existencia de mesones (1935).

1950 (F) *Cecil F. Powell* por desarrollar el método para estudiar rayos cósmicos con emulsiones fotográficas y descubrir nuevos mesones.

1951 (F) *John D. Cockcroft* y *Ernest T. S. Walton* por transmutar núcleos en un acelerador (1932).

(Q) *Edwin M. McMillan* por producir neptunio (1940), y *Glenn T. Seaborg* por producir plutonio (1941) y elementos transuránicos adicionales.

1952 (F) *Felix Bloch* y *Edward Mills Purcell* por descubrir la resonancia magnética nuclear en líquidos y gases (1946).

1953 (F) *Frits Zernike* por inventar el microscopio de contraste de fases, el cual emplea la interferencia para brindar alto contraste.

1954 (F) *Max Born* por interpretar la función de onda como una probabilidad (1926) y otros descubrimientos de la mecánica cuántica, y *Walther Bothe* por desarrollar el método de coincidencia para estudiar partículas subatómicas (1930-1931), lo que produjo, en particular, la partícula interpretada por Chadwick como el neutrón.

1955 (F) *Willis E. Lamb, Jr.,* por descubrir el corrimiento Lamb en el espectro de hidrógeno (1947), y *Polykarp Kusch* por determinar el momento magnético del electrón (1947).

1956 (F) *John Bardeen, Walter H. Brattain* y *William Shockley* por inventar el transistor (1956).

1957 (F) *T.-D. Lee* y *C.-N. Yang* por predecir que la paridad no se conserva en el decaimiento beta (1956).

1958 (F) *Pavel A. Cerenkov* por descubrir la radiación Cerenkov (1935) e *Ilya M. Frank* e *Igor Tamm* por interpretarla (1937).

1959 (F) *Emilio G. Segrè* y *Owen Chamberlain* por descubrir el antiprotón (1955).

1960 (F) *Donald A. Glaser* por inventar la cámara de burbujas para estudiar partículas elementales (1952).

(Q) *Willard Libby* por desarrollar el fechamiento mediante radiocarbono (1947).

1961 (F) *Robert Hofstadter* por descubrir la estructura interna en protones y neutrones, y *Rudolf L. Mössbauer* por descubrir el efecto Mössbauer de la emisión de rayos gama de retroceso (1957).

1962 (F) *Lev Davidovich Landau* por sus teorías sobre el helio líquido y otros materiales condensados.

1963 (F) *Eugene P. Wigner* por aplicar los principios de simetría a la teoría de las partículas elementales, y *Maria Goeppert Mayer* y *J. Hans D. Jensen* por estudiar el modelo de cascarón de los núcleos (1947).

1964 (F) *Charles H. Townes, Nikolai G. Basov* y *Alexandr M. Prokhorov* por desarrollar máseres (1951-1952) y láseres.

1965 (F) *Sin-itiro Tomonaga, Julian S. Schwinger* y *Richard P. Feynman* por desarrollar la electrodinámica cuántica (1948).

1966 (F) *Alfred Kastler* por sus métodos ópticos para estudiar los niveles de energía atómicos.

1967 (F) *Hans Albrecht Bethe* por descubrir las rutas de producción de energía en las estrellas (1939).

1968 (F) *Luis W. Álvarez* por descubrir los estados de resonancia de partículas elementales.

1969 (F) *Murray Gell-Mann* por clasificar las partículas elementales (1963).

1970 (F) *Hannes Alfvén* por desarrollar la teoría magnetohidrodinámica, y *Louis Eugène Félix Néel* por descubrir el antiferromagnetismo y el ferromagnetismo (años 30).

1971 (F) *Dennis Gabor* por desarrollar la holografía (1947).

(Q) *Gerhard Herzberg* por estudiar la estructura de las moléculas espectroscópicamente.

1972 (F) *John Bardeen, Leon N. Cooper* y *John Robert Schrieffer* por explicar la superconductividad (1957).

1973   (F) *Leo Esaki* por descubrir el efecto túnel en semiconductores, *Ivar Giaever* por descubrir el efecto túnel en superconductores, y *Brian D. Josephson* por predecir el efecto Josephson, el cual implica el efecto túnel de electrones en pares (1958-1962)

1974   (F) *Anthony Hewish* por descubrir pulsares, y *Martin Ryle* por desarrollar la radiointerferometría.

1975   (F) *Aage N. Bohr, Ben R. Mottelson* y *James Rainwater* por descubrir por qué algunos núcleos toman formas asimétricas.

1976   (F) *Burton Richter* y *Samuel C. C. Ting* por descubrir la partícula J/psi, la primer partícula encantada (1974).

1977   (F) *John H. Van Vleck, Nevill F. Mott* y *Philip W. Anderson* por estudiar los sólidos con la mecánica cuántica.

       (Q) *Ilya Prigogine* por extender la termodinámica para mostrar cómo pudo surgir la vida a pesar de la segunda ley.

1978   (F) *Arno A. Penzias* y *Robert W. Wilson* por descubrir la radiación de fondo cósmica (1965), y *Pyotr Kapitsa* por sus estudios del helio líquido.

1979   (F) *Sheldon L. Glashow, Abdus Salam* y *Steven Weinberg* por desarrollar la teoría que unifica las fuerzas débiles y electromagnéticas (1958-1971).

1980   (F) *Val Fitch* y *James W. Cronin* por descubrir la violación de la PC (paridad de carga) (1964), la cual explica posiblemente el predominio cosmológico de la materia sobre la antimateria.

1981   (F) *Nicolaas Bloembergen* y *Arthur L. Schawlow* por desarrollar la espectroscopia láser, y *Kai M. Siegbahn* por desarrollar la espectroscopia de electrones de alta resolución (1958).

1982   (F) *Kenneth G. Wilson* por desarrollar un método con el que se construyen teorías de transiciones de fase para analizar fenómenos críticos.

1983   (F) *William A. Fowler* por estudios teóricos de nucleosíntesis astrofísica, y *Subramanyan Chandrasekhar* por estudiar los procesos físicos de importancia para la estructura y evolución estelar, incluyendo la predicción de las estrellas enanas blancas (1930).

1984   (F) *Carlo Rubbia* por descubrir las partículas W y Z, lo que verifica la unificación electro-débil, y *Simon van der Meer* por desarrollar el método de enfriamiento estocástico del haz del CERN que hizo posible el descubrimiento (1982-1983).

1985   (F) *Klaus von Klitzing* por el efecto Hall cuantificado, que relaciona la conductividad en presencia de un campo magnético (1980).

1986   (F) *Ernst Ruska* por inventar el microscopio electrónico (1931), y *Gerd Binning* y *Heinrich Rohrer* por inventar el microscopio electrónico de efecto túnel exploratorio (1981).

1987   (F) *J. Georg Bednorz* y *Karl Alex Müller* por el descubrimiento de la superconductividad a alta temperatura (1986).

1988   (F) *Leon M. Lederman, Melvin Schwartz* y *Jack Steinberger* por un experimento en colaboración que condujo al desarrollo de una nueva herramienta para estudiar la fuerza nuclear débil, la cual afecta el decaimiento radioactivo de los átomos.

1989   (F) *Norman Ramsay* (EU) por diversas técnicas de física atómica; y *Hans Dehmelt* (EU) y *Wolfgang Paul* (Alemania) por el desarrollo de técnicas para confinar partículas cargadas aisladas.

1990   (F) *Jerome Friedman, Henry Kendall* (ambos de EU) y *Richard Taylor* (Canadá) por importantes experimentos para el desarrollo del modelo del quark.

1991   (F) *Pierre-Gilles de Gennes* por descubrir que los métodos desarrollados para estudiar fenómenos ordenados en sistemas simples pueden generalizarse a formas de materia más complejas, en particular a cristales líquidos y polímeros.

1992   (F) *George Charpak* por desarrollar detectores que siguen las trayectorias de partículas subatómicas que se desvanecen producidas en aceleradores de partículas.

1993 (F) *Russel Hulse* y *Joseph Taylor* por descubrir evidencias de ondas gravitacionales.

1994 (F) *Bertram N. Brockhouse* y *Clifford G. Schull* por su trabajo pionero en la dispersión de neutrones.

Problemas de hoja de cálculo

ASPECTOS GENERALES

Los estudiantes ingresan a los cursos introductorios de física con desiguales conocimientos en computadoras. Muchos son ya programadores consumados en uno o más lenguajes de programación (BASIC, Pascal, FORTRAN, etcétera). Otros ni siquiera han tenido la oportunidad de encender una computadora. Para complicar más el asunto, hay una amplia variedad de ambientes de hardware, aunque la mayor parte puede clasificarse como ambientes IBM-Compatible (MS-DOS) o Macintosh. Hemos ideado los problemas de hoja de cálculo de fin de capítulo y el auxiliar del texto, *Investigaciones de Física para Hoja de Cálculo*, con el fin de que sea práctico y útil para los estudiantes en cualquier situación. Nuestra meta es permitir a los estudiantes investigar numerosos fenómenos físicos y obtener un gusto por la física. Sólo "obtener la respuesta correcta" insertando números dentro de una fórmula y comparando el resultado con la respuesta al final del libro es algo que debe evitarse.

En particular, las hojas de cálculo son valiosas en investigaciones exploratorias. Después de que usted haya construido una hoja de cálculo, simplemente puede variar los parámetros y ver de manera instantánea cómo cambian las cosas. Aun más importante es la facilidad con la que es posible construir gráficas exactas de las relaciones entre las variables físicas. Cuando usted cambie un parámetro, quizá vea los efectos del cambio en las gráficas con sólo oprimir una tecla. Las preguntas "Qué pasa si" pueden plantearse y describirse gráficamente con facilidad.

¿CÓMO UTILIZAR LAS PLANTILLAS?

Los problemas de hoja de cálculo de computadora están diseñados por nivel de dificultad. Los problemas de menor dificultad se marcan en negro. En la mayor parte de estos problemas, las hojas de cálculo se proporcionan en disco, y sólo los parámetros de entrada necesitan cambiarse. Los problemas de dificultad moderada, marcados en verde, requieren de un análisis adicional, y las hojas de cálculo que se proporcionan deben modificarse para resolverlos. Los problemas de mayor dificultad se marcan en verde y cursivo. En la mayor parte de éstos, usted debe desarrollar sus propias hojas de cálculo. Debe remarcarse la importancia en la comprensión de lo que significan los resultados en lugar de sólo obtener una respuesta. Por ejemplo, un problema de hoja de cálculo explora cómo varía la distancia del horizonte con la altura sobre el suelo. Usted puede explorar por qué es posible que vea distancias más lejanas cuando se encuentra en el techo de un alto edificio que cuando está en el suelo. ¿Por qué los vigías en los barcos de pesca se suben a la punta del mástil?

REQUERIMIENTOS DE SOFTWARE

Las plantillas de las hojas de cálculo se proporcionan en un disco MS-DOS de alta densidad (1.4 megabyte) utilizando el formato de Lotus 1-2-3 WK1. Este formato se introdujo con las versiones 2.x del programa Lotus 1-2-3 y puede ser leído por todas las versiones subsecuentes. También puede ser leída directamente por todos los demás programas de hoja de cálculo principales, incluidas las últimas versiones para Windows de Lotus 1-2-3, Microsoft Excell, Microsoft Words y Novell/Wordperfect Quattro Pro, así como Microsoft Excell para Macintosh. El programa f(g) Scholar puede importar hojas de cálculo WK1; sin embargo, algunos cambios menores de formato de las plantillas son necesarios.

El formato de Lotus WK1 se eligió de modo que las plantillas resultaran útiles en la más amplia variedad posible de ambientes de cómputo. Aunque la mayor parte de los programas de hoja de cálculo en general operan de la misma manera, muchos de los más recientes tienen capacidades más poderosas de formateo y graficación junto con numerosas características útiles adicionales. El usuario de estos poderosos programas puede explotar estas capacidades para mejorar la presentación de sus hojas de cálculo.

REQUERIMIENTOS DE HARDWARE

Usted necesita una microcomputadora que pueda correr cualesquiera de las numerosas versiones de programas de hoja de cálculo. Su computadora debe estar conectada a una impresora en la que pueda imprimir texto y gráficas. Las versiones antiguas del software correrán en un sistema MS-DOS 8086/8088 con un solo lector de discos flexible o en una Macintosh de 512 K con dos lectores de disco flexible. Las versiones más nuevas requieren una computadora más poderosa para correr de forma efectiva. Por ejemplo, para ejecutar Excell para Windows versión 5.0, usted debe tener un disco duro con aproximadamente 15 megabytes de memoria disponible en disco, y de cuatro a ocho megabytes en RAM. Sus manuales de software le indicarán exáctamente qué necesita para correr la versión particular de su programa de hoja de cálculo. Sin embargo, todos los problemas sólo necesitan un mínimo sistema de computadora.

Hay varias versiones diferentes de software y muchas configuraciones de computadora distintas. Es posible que usted tenga un lector de disco flexible, dos lectores de disco flexible, un disco duro, una red de área local, etcétera. Las combinaciones son casi interminables. Nuestra mejor sugerencia es que lea su manual de software y le pregunte a su instructor o al personal del laboratorio de cómputo cómo iniciar su programa de hoja de cálculo.

TUTORIAL DE LA HOJA DE CÁLCULO

Algunos estudiantes tendrán la computadora y serán muy hábiles para utilizar las hojas de cálculo requeridas para empezar a trabajar con las plantillas de manera inmediata. Otros estudiantes, que no hayan tenido experiencia con un programa de hoja de cálculo, necesitarán cierta instrucción. Hemos escrito un auxiliar titulado *Investigaciones de Física para Hoja de Cálculo* para ambos grupos de estudiantes. La primera parte de este auxiliar contiene un tutorial de hoja de cálculo que el estudiante principiante puede usar *independientemente* para adquirir los conocimientos y habilidades necesarios en el uso de hoja de cálculo. Una sesión inicial de dos o tres horas con el tutorial y la computadora es todo lo que la mayor parte de los estudiantes necesitan para comenzar. Una vez que dominen las operaciones más simples del programa de hoja de cálculo, deben intentar resolver uno o dos de los problemas más sencillos.

Debido a que muy pocos estudiantes de física introductoria han estudiado métodos numéricos, también hemos incluido una breve introducción a los métodos numéricos en este auxiliar. Esta sección cubre interpolación numérica, diferenciación, integración y la solución de ecuaciones diferenciales simples. El estudiante no debe tratar de dominar todo este material de inmediato; sólo es necesario estudiar las secciones que se requieren para resolver los problemas que se han asignado.

Las plantillas proporcionadas en los diskettes de reproducción con *Investigaciones de Física para Hojas de Cálculo* constituyen una guía. Usted debe introducir los datos y parámetros apropiados. Estos últimos deben ajustarse para satisfacer las necesidades de su problema. Siéntase libre para cambiar cualesquiera parámetros, para ampliar o disminuir el número de líneas de salida y para cambiar el tamaño de los incrementos (por ejemplo, en tiempo o distancia).

Respuestas a problemas de número impar

Capítulo 23

1. 5.14×10^3 N
3. (a) 1.59 nN alejándose (b) 1.24×10^{36} veces más grande
   (c) 8.61×10^{-11} C/kg
5. (a) 57.1 TC (b) 3.48×10^6 N/C
7. 0.873 N a $330°$
9. 40.9 N a $263°$
11. 2.51×10^{-10}
13. 3.60 MN hacia abajo en la parte superior y arriba en la parte inferior de la nube
15. (a) $(-5.58 \times 10^{-11} \text{ N/C})\mathbf{j}$
    (b) $(1.02 \times 10^{-7} \text{ N/C})\mathbf{j}$
17. (a) 18.8 nC (b) 1.17×10^{11} electrones
19. (a) $(1.29 \times 10^4 \text{ N/C})\mathbf{j}$ (b) $(-3.87 \times 10^{-2} \text{ N})\mathbf{j}$
21. (a) $k_e q x (R^2 + x^2)^{-3/2}$
23. (a) en el centro (b) $\left(\dfrac{\sqrt{3}\,kg}{a^2}\right)\mathbf{j}$
25. (a) $5.91 k_e q/a^2$ a $58.8°$ (b) $5.91 k_e q^2/a^2$ a $58.8°$
27. $-\pi^2 k_e q\mathbf{i}/6a^2$
29. $-\left(\dfrac{k_e \lambda_0}{x_0}\right)\mathbf{i}$
31. (a) $(6.65 \times 10^6 \text{ N/C})\mathbf{i}$ (b) $(2.42 \times 10^7 \text{ N/C})\mathbf{i}$
    (c) $(6.40 \times 10^6 \text{ N/C})\mathbf{i}$ (d) $(6.65 \times 10 \text{ N/C})\mathbf{i}$
33. (a) $\dfrac{k_e Q\mathbf{i}}{h}\left[(d^2 + R^2)^{-1/2} - ((d + h)^2 + R^2)^{-1/2}\right]$
    (b) $\dfrac{2k_e Q\mathbf{i}}{R^2\,h}\left[h + (d^2 + R^2)^{1/2} - ((d + h)^2 + R^2)^{1/2}\right]$
35. (a) 9.35×10^7 N/C alejándose del centro; 1.039×10^8 N/C es 10% más grande
    (b) 515.1 kN/C alejándose del centro; 519.3 kN/C es 0.8% más grande
37. 7.20×10^7 N/C alejándose del centro; 1.00×10^8 N/C alejándose axialmente.
39. $(-21.6 \text{ MN/C})\mathbf{i}$
41.

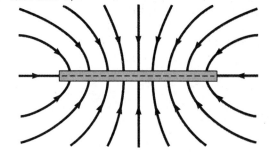

43. (a) $\dfrac{q_1}{q_2} = -1/3$ (b) q_1 es negativa y q_2 es positiva
45. (a) 6.14×10^{10} m/s^2 (b) 19.5 μs
    (c) 11.7 m (d) 1.20 fJ
47. 1.00×10^3 N/C en la dirección del haz

47A. K/ed paralela a $\mathbf{v}$
49. (a) $(-5.75 \times 10^{13} \text{ m/s}^2)\mathbf{i}$ (b) 2.84×10^6 m/s
    (c) 49.4 ns
51. (a) 111 ns (b) 5.67 mm
    (c) $(450 \text{ km/s})\mathbf{i} + (102 \text{ km/s})\mathbf{j}$
53. (a) $36.9°, 53.1°$ (b) 167 ns, 221 ns
55. (a) 10.9 nC (b) 5.43×10^{-3} N
55A. (a) $\dfrac{mg}{E_x \cot\theta + E_y}$ (b) $\dfrac{mg\,E_x}{E_x \cos\theta + E_y \operatorname{sen}\theta}$
57. (a) $\theta_1 = \theta_2$
59. 204 nC
63. (a) $-\left(\dfrac{4k_e q}{3a^2}\right)\mathbf{j}$ (b) $(0, 2.00 \text{ m})$
65. (a) 307 ms (b) Sí; ignorar la gravedad provoca un error de 2.28%.
65A. (a) $2\pi\left(\dfrac{L}{g + qE/m}\right)^{1/2}$ (b) Sí. Si qE es pequeña comparada con mg, entonces la gravedad determina su periodo.
67. 5.27×10^{17} m/s^2; 0.854 mm
71. (a) $F = \dfrac{k_e q^2}{s^2}(1.90)(\mathbf{i} + \mathbf{j} + \mathbf{k})$
    (b) $F = 3.29\,\dfrac{k_e q^2}{s^2}$ en una dirección alejándose del vértice diagonalmente opuesta a ella.
S4. (a) a $d < 0.005$ m ($Y/L = 0.1$); (b) a $d > 0.124$ m ($Y/L = 2.48$); (c) igual que en las partes (a) y (b); (d) a $d < 0.010$ m ($Y/L = 0.1$) y a $d > 0.248$ m ($Y/L = 2.48$); (e) En función de Y/L, las respuestas no cambian.
S5. La aproximación de dipolo del campo eléctrico $E = 2k_e p/x^3$ está dentro del 20% del valor real cuando $x > 6.2$ cm. Está dentro del 5 por ciento cuando $x > 12.6$ cm.

Capítulo 24

1. 0
3. (a) aA (b) bA (c) 0
5. 4.14×10^6 N/C
5A. $4\Phi/\pi d^2$
7. EhR
9. 1.87×10^3 Nm^2/C
11. (a) $q/2\epsilon_0$ (b) $q/2\epsilon_0$
    (c) El plano y el cuadrado son lo mismo para la carga.
13. (a) 1.36×10^6 Nm^2/C (b) 6.78×10^5 Nm^2/C
    (c) No, las mismas líneas de campo atraviesan esferas de todos los tamaños.
13A. (a) Q/ϵ_0 (b) $Q/2\epsilon_0$
    (c) No. Cuando el radio aumenta, el área crece pero el campo disminuye para compensarlo.
15. -6.89×10^6 Nm^2/C. El número de líneas que entran es mayor que el número de las que salen por 2.91 veces o más.

17. 0 si $R < d$; $2\lambda \, (R^2 - d^2)^{1/2} \, \varepsilon_0$ si $R > d$

19. 28.3 N·m²/C

21. (a) 761 nC   (b) Puede tener cualquier distribución. Cualquiera carga puntual o mancha de carga, positiva o negativa, debe sumarse algebraicamente a +761 nC.
    (c) La carga total es –761 nC.

23. (a) $\dfrac{Q}{2\epsilon_0}$ (fuera del volumen encerrado)

    (b) $-\dfrac{Q}{2\epsilon_0}$ (en lo)

25. (a) 0   (b) 7.20×10^6 N/C dentro de ella

27. (a) 0.713 μC   (b) 5.7 μC

29. (a) 0   (b) $(3.66 \times 10^5$ N/C)$\hat{r}$
    (c) $(1.46 \times 10^6$ N/C)$\hat{r}$ (d) $(6.50 \times 10^5$ N/C)$\hat{r}$

31. $E = (a/2\epsilon_0)\hat{r}$

33. (a) 5.14×10^4 N/C hacia afuera   (b) 646 Nm²/C

35. $E = (\rho r/2\epsilon_0)\hat{r}$

37. 5.08×10^5 N/C arriba

39. (a) 0   (b) 5.40×10^3 N/C
    (c) 540 N/C, ambos radialmente hacia afuera

41. (a) 80.0 nC/m² sobre cada cara
    (b) $(9.04 \times 10^3$ N/C)$\mathbf{k}$
    (c) $(-9.04 \times 10^3$ N/C)$\mathbf{k}$

43. (a) -99.5 μC/m²   (b) $+382$ μC/m²

43A. (a) $-q/4\pi a^2$ (b) $(Q + q)/4\pi b^2$

45. (a) 0   (b) $(8.00 \times 10^7$ N/C)$\hat{r}$ (c) 0
    (d) $(7.35 \times 10^6$ N/C)$\hat{r}$

47. (a) $-\lambda$, $+3\lambda$ (b) $\left(\dfrac{3\lambda}{2\pi\epsilon_0 r}\right)\hat{r}$

49. (b) $\dfrac{Q}{2\epsilon_0}$ (c) $\dfrac{Q}{\epsilon_0}$

51. (a) $E = \left(\dfrac{\rho r}{3\varepsilon_0}\right)\hat{r}$ para $r < a$; $E = \left(\dfrac{k_e Q}{r^2}\right)\hat{r}$ para $a < r < b$;

    $E = 0$ para $b < r < c$; $E = \left(\dfrac{k_e Q}{r^2}\right)\hat{r}$ para $r > c$

    (b) $\sigma_1 = -\dfrac{Q}{4\pi b^2}$ interior; $\sigma_2 = +\dfrac{Q}{4\pi c^2}$ exterior

53. (c) $f = \dfrac{1}{2\pi}\sqrt{\dfrac{k_e e^2}{m R^3}}$ (d) 102 pm

57. $g = \left(\dfrac{GM_{-}r}{R_{-}^3}\right)\hat{r}$

59. (a) σ/ε_0 hacia la izquierda   (b) cero
    (c) σ/ε_0 hacia la derecha

63. $E = \dfrac{\rho a}{3\epsilon_0}\mathbf{j}$

Capítulo 25

1. 1.80 kV
3. (a) 152 km/s   (b) 6.50×10^6 m/s
5. (a) 2.7 keV   (b) 509 km/s
7. 6.41×10^{-19} C
9. 2.10×10^6 m/s
11. 1.35 MJ
13. 432 V; 432 eV

15. –38.9 V; el origen

17. (a) 20.0 keV, 83.8 Mm/s   (b) 7.64×10^{-23} kg·m/s

19. (a) 0.400 m/s   (b) La misma

19A. (a) $\sqrt{2E\lambda d/\mu}$ (b) La misma

21. 2.00 m

23. 119 nC, 2.67 m

25. 4.00 nC a (–1, 0) y –5.01 nC a (0, 2)

27. -11.0 MV

29. (a) –386 nJ. Tendría que darse energía de enlace positiva para separarlas.   (b) 103 V

31. (a) -27.3 eV   (b) -6.81 eV   (c) 0

35. 1.74 m/s

35A. $((1 + \sqrt{2}/4)\, k_e q^2/Lm)^{1/2}$

37. (a) 1.00 kV $- (1.41$ kV/m$)x + (1.44$ kV$) \ln\left(\dfrac{3\,\text{m}}{3\,\text{m} - x}\right)$

    (b) $+ 633$ nJ

37A. (a) $V_0 - \dfrac{\sigma x}{2\epsilon_0} + \dfrac{\lambda}{2\pi\epsilon_0} \ln\left(\dfrac{d}{d - x}\right)$

    (b) $qV_0 - \dfrac{q\sigma d}{8\epsilon_0} + \dfrac{q\lambda}{2\pi\epsilon_0} \ln(4/3)$

39. $E_x = -5 + 6xy$ $E_y = 3x^2 - 2z^2$ $E_z = -4yz$
    7.07 N/C

41. (a) 10.0 V, -11.0 V, -32.0 V   (b) (7.00 N/C)$\mathbf{i}$

43. $E_x = \dfrac{3\,E_0 a^3 xz}{(x^2 + y^2 + z^2)^{5/2}}$ $E_y = \dfrac{3E_0 a^3 yz}{(x^2 + y^2 + z^2)^{5/2}}$

    $E_z = E_0 + \dfrac{E_0 a^3 \,(2z^2 - x^2 - y^2)}{(x^2 + y^2 + z^2)^{5/2}}$ fuera de la esfera, y

    $E = 0$ dentro.

45. $-(0.553)k_e Q/R$

47. (a) C/m²   (b) $k_e \alpha\left[L - d\ln\dfrac{d + L}{d}\right]$

49. $(\sigma/2\epsilon_0)\, (\sqrt{x^2 + b^2} - \sqrt{x^2 + a^2})$

51. 1.56×10^{12} electrones removidos

53. (a) 0, 1.67 MV
    (b) 5.85×10^6 N/C alejándose, 1.17 MV
    (c) 1.19×10^7 N/C alejándose, 1.67 MV

55. (a) 4.50×10^7 N/C hacia afuera, 30.0 MN/C hacia afuera
    (b) 1.80 MV

57. (a) 450 kV   (b) 7.50 μC

59. 5.00 μC

61. (a) 6.00 m   (b) -2.00 μC

63. (a) 13.3 μC   (b) 20.0 cm

65. (a) 180 kV   (b) 127 kV

67. (a) $2\, k_e Q d^2\, (3x^2 - d^2)(x^3 - xd^2)^{-2}\mathbf{i}$
    (b) (609 MN/C)$\mathbf{i}$

69.

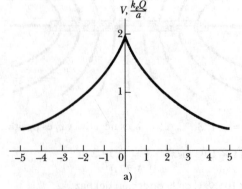

a)

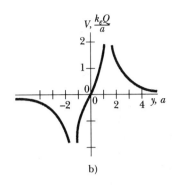

b)

71. (a) $1.26\,\sigma_0$ (b) $1.26\,E_0$ (c) $1.59\,V_0$

73. $k_e \dfrac{Q^2}{2R}$

75. $V_2 - V_1 = -\dfrac{\lambda}{2\pi\epsilon_0}\ln\left(\dfrac{r_2}{r_1}\right)$

79. $E_y = k_e \dfrac{Q}{\ell y}\left[1 - \dfrac{y^2}{\ell^2 + y^2 + \ell\sqrt{\ell^2 + y^2}}\right]$

81. (a) $E_r = \dfrac{2k_e p \cos\theta}{r^3}$; $E_\theta = \dfrac{k_e p\,\text{sen}\,\theta}{r^3}$; sí; no

   (b) $\mathbf{E} = \dfrac{3k_e pxyi}{(x^2 + y^2)^{5/2}} + \dfrac{k_e p(2y^2 - x^2)\mathbf{j}}{(x^2 + y^2)^{5/2}}$

83. $\dfrac{3}{5}\left(\dfrac{k_e Q^2}{R}\right)$

85. $x = 0.57735$ m y $x = 0.24859$ m

Capítulo 26

1. 13.3 kV
3. (a) $1.00\,\mu$F   (b) 100 V
5. $684\,\mu$C
7. (a) $1.33\,\mu$C/m^2 (b) 13.3 pF
9. (a) 423 fF   (b) 0.652
9A. (a) $4\pi\epsilon_0\,(R_1 + R_2)$ (b) R_1/R_2
11. 1.52 mm
13. $4.42\,\mu$m
15. (a) 1.11×10^4 N/C hacia la placa negativa
    (b) 98.3 nC/m^2 (c) 3.74 pF   (d) 74.8 pC
17. (69.1 pF) $(\pi - \theta)$
17A. $\epsilon_0\, NR^2(\pi - \theta)/d$
19. 2.13×10^{16} m^3
19A. $7C^3/384\pi^2\epsilon_0{}^2$
21. (a) 2.68 nF   (b) 3.02 kV
23. (a) 15.6 pF   (b) 256 kV
25. 66.7 nC
27. $18.0\,\mu$F
29. (a) $4.00\,\mu$F   (b) 8.00 V, 4.00 V, 12.0 V, $24.0\,\mu$C, $24.0\,\mu$C, $24.0\,\mu$C
31. (a) $5.96\,\mu$F   (b) $89.2\,\mu$C, $63.1\,\mu$C, $26.4\,\mu$C, $26.4\,\mu$C
33. $120\,\mu$C; $80.0\,\mu$C y $40.0\,\mu$C
35. $60R/37k_e$
37. 10
39. $83.6\,\mu$C
41. $12.9\,\mu$F
43. $\dfrac{\epsilon_0 A}{(s - d)}$

45. 90.0 mJ
47. (a) $55.9\,\mu$C   (b) 4.65 V
49. 800 pJ, 5.79 mJ/m^3
55. (a) 369 pC   (b) 118 pF, 3.12 V   (c) -45.5 nJ
55A. (a) $\epsilon_0 AV/d$ (b) $C_f = \kappa\epsilon_0 A/d$, $V_f = V/\kappa$
    (c) $-\epsilon_0 AV^2(\kappa - 1)/2d\kappa$
57. 16.7 pF, 1.62 kV
59. 1.04 m
61. $\kappa = 8.00$
63. $22.5V$
63A. 1.5 V
65. 416 pF
67. $1.00\,\mu$F y $3.00\,\mu$F
69. (b) $4\pi\epsilon_0/(a^{-1} + b^{-1})$
71. 2.33
71A. $1 + q/q_0$
73. (a) $243\,\mu$J   (b) 2.30 mJ
75. $4.29\,\mu$F
75A. $CV/(V_0 - V)$
77. 480 V
79. 0.188 m^2
81. $3.00\,\mu$F
83. (b) $Q/Q_0 = \kappa$
85. 2/3
89. 19.0 kV
91. $3.00\,\mu$F

Capítulo 27

1. (b) 1.05 mA
3. 400 nA
3A. $q\omega/2\pi$
5. 0.265 C
7. (a) 221 nm   (b) No
9. (a) 1.50×10^5 A   (b) 5.40×10^8 C
11. $13.3\,\mu$A/m^2
13. 1.32×10^{11} A/m^2
15. $1.59\,\Omega$
17. 1.98 A
19. $1.33\,\Omega$
19A. $R/9$
21. $1.56R$
23. (a) 1.82 m   (b) $280\,\mu$m
25. 6.43 A
27. (a) 3.75 kΩ (b) 536 m
29. (a) $3.15 \times 10^{-8}\,\Omega\cdot$m   (b) 6.35×10^6 A/m^2
    (c) 49.9 mA   (d) 6.59×10^{-4} m/s (suponga 1 electrón de conducción por átomo)   (e) 0.400 V
31. 0.125
33. $20.8\,\Omega$
35. 67.6°C
37. 26.2°C
39. 3.03×10^7 A/m^2
41. 21.2 nm
43. 0.833 W
45. 36.1%
47. (a) 0.660 kW·h   (b) 3.96¢
49. (a) $133\,\Omega$ (b) 9.42 m
51. $28.9\,\Omega$

51A. $V^2 t/mc \, (T_2 - T_1)$

53. 26.9 centavos de dólar/día

55. (a) 184 W   (b) 461°C

57. 2020°C

59. (a) 667 A   (b) 50.0 km

63. (a) $R = \dfrac{\rho L}{\pi(r_b^2 - r_a^2)}$ (b) 37.4 MΩ

    (c) $R = \dfrac{\rho}{2\pi L} \ln\left(\dfrac{r_b}{r_a}\right)$ (d) 1.22 MΩ

69. Promedio $\rho = 1.47 \, \mu\Omega \cdot$ m; concuerdan.

S1. (a) Los ahorros son 254.92 dólares.

Capítulo 28

1. (a) 7.67 Ω   (b) 1.76 W

3. (a) 1.79 A   (b) 10.4 V

5. 12.0 Ω

7. (a) 6.73 Ω   (b) 1.98 Ω

9. (a) 4.59 Ω   (b) 8.16%

11. $0.923 \, \Omega \leq R \leq 9.0 \, \Omega$

13. 1.00 kΩ

15. 55.0 Ω

17. 1.41 Ω

17A. $\sqrt{2} \, R$

19. 14.3 W, 28.5 W, 1.33 W, 4.00 W

21. (a) 0.227 A   (b) 5.68 V

23. 470 Ω; 220 Ω

23A. $\frac{1}{2}R_s + (R_s^2/4 - R_s R_p)^{1/2}$ y $\frac{1}{2}R_s - (R_s^2/4 - R_s R_p)^{1/2}$

25. (a) -10.4 V   (b) 141 mA, 915 mA, 774 mA

27. $\frac{11}{13}$ A, $\frac{6}{13}$ A, $\frac{17}{13}$ A

29. Marcha: 171 A   Batería: 0.283 A

31. 3.50 A, 2.50 A, 1.00 A

33. (a) $I_1 = \dfrac{5}{13}$ mA; $I_2 = \dfrac{40}{13}$ mA; $I_3 = \dfrac{35}{13}$ mA

    (b) 69.2 V; c

35. (a) 12.4 V   (b) 9.65 V

37. (a) 909 mA   (b) -1.82 V

39. 800 W, 450 W, 25.0 W, 25.0 W

41. 3.00 J

41A. $U_0/4$

43. (a) 1.50 s   (b) 1.00 s

    (c) $200 \, \mu A + (100 \, \mu A) e^{-t/(1.00\,s)}$

45. (a) 12.0 s   (b) $i(t) = (3.00 \, \mu A) e^{-t/12}$

    $q(t) = (36.0 \, \mu C)[1 - e^{-t/12.1}]$

47. (a) 6.00 V   (b) 8.29 μs

49. 425 mA

51. 1.60 MΩ

51A. $t/C \ln 2$

53. 16.6 kΩ

55. 0.302 Ω

57. 49.9 kΩ

59. (b) 0.0501 Ω, 0.451 Ω

61. 0.588 A

63. 60.0

65. (a) 12.5 A, 6.25 A, 8.33 A

    (b) 27.1 A; No, no sería suficiente puesto que la corriente extraída es mayor que 25 A.

67. (a) 0.101 W   (b) 10.1 W

69. (a) 16.7A   (b) 33.3 A

    (c) El calefactor de 120 V requiere cuatro veces tal masa.

71. 6.00 Ω; 3.00 Ω

71A. $P_s/2I^2 + (P_s^2/4I^4 - P_s P_p/I^4)^{1/2}$ y
    $P_s/2I^2 - (P_s^2/4I^4 - P_s P_p/I^4)^{1/2}$

73. (a) 72.0 W   (b) 72.0 W

75. (a) 40W   (b) 80 V, 40 V, 40 V

77. (a) $R \leq 1050 \, \Omega$ (b) $R \geq 10.0 \, \Omega$

79. (a) $R \to \infty$ (b) $R \to 0$ (c) $R \to r$

81. (a) 9.93 μC   (b) 3.37×10^{-8} A

    (c) 3.34×10^{-7} W   (d) 3.37×10^{-7} W

83. $T = (R_A + 2R_B) C \ln 2$

85. $R = 0.521 \, \Omega, 0.260 \, \Omega, 0.260 \, \Omega$, suponiendo que los resistores están en serie con el galvanómetro.

87. (a) 1/3 mA para R_1, R_2 (b) 50 μC

    (c) $(0.278 \, mA) e^{-t/0.18s}$ (d) 0.290 s

89. (a)1.96 μC   (b) 53.3 Ω

91. (a)$\ln \dfrac{\boldsymbol{\varepsilon}}{V} = (0.0118 \, s^{-1})t + 0.0882$

    (b)85 s $\pm$ 6%; 8.5 μF $\pm$ 6%

93. 48.0 W

93A. $1.50P$

S1. Las ecuaciones de Kirchhoff para este circuito pueden escribirse como

$$\boldsymbol{\varepsilon}_1 - I_1 R_1 - I_4 R_4 = 0$$
$$\boldsymbol{\varepsilon}_2 - I_2 R_2 - I_4 R_4 = 0$$
$$\boldsymbol{\varepsilon}_3 - I_3 R_3 - I_4 R_4 = 0$$

y

$$I_1 + I_2 + I_3 = I_4$$

En forma de matriz, son

$$\begin{bmatrix} R_1 & 0 & 0 & R_4 \\ 0 & R_2 & 0 & R_4 \\ 0 & 0 & R_3 & R_4 \\ 1 & 1 & 1 & -1 \end{bmatrix} \begin{bmatrix} I_1 \\ I_2 \\ I_3 \\ I_4 \end{bmatrix} = \begin{bmatrix} \boldsymbol{\varepsilon}_1 \\ \boldsymbol{\varepsilon}_2 \\ \boldsymbol{\varepsilon}_3 \\ 0 \end{bmatrix}$$

En Lotus 1-2-3 utilice los comandos */DataMatrixInvert* y */DataMatrixMultiply,* y en Excel emplee las fórmulas de arreglo = *MINVERSE (array)* y = *MMULTI (array1, array2)* para efectuar los cálculos. Empleando los datos en el problema, encuentre

$$I_1 = -1.26 \text{ A}, \, I_2 = 0.87 \text{ A}, \, I_3 = 1.08 \text{ A y } I_4 = 0.69 \text{ A}.$$

Capítulo 29

1. (a) Oeste

    (b) desviación cero   (c) arriba   (d) abajo

3. $B_y = -2.62$ mT, $B_z = 0$ B_x está indeterminado

5. 48.8° o 131°

7. 26.0 pN oeste

9. 2.34×10^{-18} N

11. cero

13. $(-2.88$ N$)\mathbf{j}$

15. 0.245 T este

17. (a) 4.73 N   (b) 5.46 N   (c) 4.73 N

19. 196 A este si B = 50.0 μT norte

21. $F = 2\pi rIB$ sen θ, hacia arriba
23. 9.98 N · m, en dirección de las manecillas del reloj cuando se ve hacia la dirección y negativa
23A. $NBabI$ cos θ, en dirección de las manecillas del reloj cuando se ve hacia abajo
25. (a) 376 μA (b) 1.67 μA
27. (a) 3.97° (b) 3.39 mN·m
27A. (a) $\tan^{-1}(IBL/2mg)$ (b) $\frac{1}{4}IBLd$ cos θ
29. 1.98 cm
31. 65.6 mT
33. $r_\alpha = r_d = \sqrt{2}r_p$
35. 7.88 pT
37. 2.99 u; $^3_1\text{H}^+$ o $^3_2\text{He}^+$
39. 5.93×10^5 N/C
41. $mg = 8.93 \times 10^{-30}$ N hacia abajo, $qE = 1.60 \times 10^{-17}$ N hacia arriba, $qvB = 4.74 \times 10^{-17}$ N hacia abajo
43. 0.278 m
45. 31.2 cm
47. (a) 4.31×10^7 rad/s (b) 5.17×10^7 m/s
49. 70.1 mT
51. 3.70×10^{-9} m³/C
53. 4.32×10^{-5} T
55. 7.37×10^{28} electrones/m³
57. 128 mT a 78.7° debajo del horizonte
59. (a) $(3.52\text{i} - 1.60\text{j}) \times 10^{-18}$ N (b) 24.4°
61. 0.588 T
65. 2.75×10^6 rad/s
67. 3.82×10^{-25} kg
69. 3.70×10^{-24} N·m
71. (a) $(-8.00 \times 10^{-21}$ kg·m/s$)$j (b) 8.91°

S1. La figura de abajo muestra una gráfica de los datos y de la línea recta que mejor ajusta los datos. La pendiente es de 1.58 μA/rad. La constante de torsión κ está dada por $\kappa = NAB \times$ pendiente $= 4.74 \times 10^{-10}$ N·m/rad $= 8.28 \times 10^{-12}$ N·m/grado.

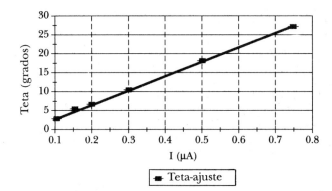

S2. Este problema es algo parecido al problema 14.4, el cual trata con gravitación y órbitas, salvo que aquí la aceleración depende de la velocidad. La ecuación de movimiento es

$$\mathbf{F} = q\mathbf{E} + q(\mathbf{v} \times \mathbf{B}) = m\mathbf{a} = q(E_x - v_zB_y)\,\mathbf{i} + qv_xB_y\,\mathbf{k}$$

La aceleración en la dirección y es cero, de modo que la componente y de la velocidad del electrón es constante.

Capítulo 30

1. 200 nT
3. 31.4 cm
5. (a) 28.8 μT (b) 24.7 μT hacia dentro de la página
7. 54.0 mm
9. $\dfrac{\mu_0 I}{4\pi x}$ hacia dentro del plano de la página
11. 26.2 μT hacia dentro del plano de la página
11A. $\mu_0 I/8R$ hacia dentro del plano de la página
13. $\dfrac{\mu_0 I\,(a^2 + d^2 - d\sqrt{a^2 + d^2})}{2\pi ad\,\sqrt{a^2 + d^2}}$ hacia dentro de la página
15. 80.0 μN/m
17. 2 000 N/m; atractiva
19. $(-27.0\ \mu\text{N})$i
21. 13.0 μT dirigida hacia abajo
21A. $\dfrac{\mu_0}{2\pi m}(400\,I_1^2 + 69.4\,I_2^2)^{1/2}$ a $\tan^{-1}\left(\dfrac{18.5\,I_1 + 3.21\,I_2}{7.69\,I_2 - 7.69\,I_1}\right)$ debajo del eje x
23. (a) 3.98 kA (b) ≈ 0
25. 5.03 T
27. (a) 3.60 T (b) 1.94 T
29. Suponiendo corriente constante, se hace el alambre largo y delgado. El radio del solenoide no afecta al campo magnético.
31. (a) 6.34×10^{-3} N/m, hacia adentro
    (b) F es mayor en la superficie exterior.
33. 464 mT
33A. $\mu_0 \mathcal{E}\pi r/2\rho L$
35. 4.74 mT
37. (a) 3.13 mWb (b) cero
39. (a) $BL^2/2$ (b) $BL^2/2$
41. (a) $(8.00\ \mu\text{A})e^{-t/4}$ (b) 2.94 μA
43. (a) 11.3×10^9 V·m/s (b) 100 mA
45. 1.0001
47. 191 mT
49. 277 mA
51. 150 μWb
53. M/H
55. 1.27×10^3 turns
57. 2.02
59. (a) 9.39×10^{45} (b) 4.36×10^{20} kg
61. 675 A abajo
63. 81.7 A
63A. $2\pi d\mu g/\mu_0 I_A$
65. $\mathbf{B} = \dfrac{\mu_0 I}{2\pi w}\ln\left(\dfrac{b + w}{b}\right)\mathbf{k}$
67. 594 A este
69. 1.43×10^{-10} T dirigido alejándose del centro
69A. $\dfrac{\mu_0\,\omega q}{8\sqrt{2}\pi R}$
73. (a) $B = \frac{1}{3}\mu_0 br_1^2$ (b) $B = \dfrac{\mu_0 bR^3}{3r_2}$
75. (a) 2.46 N (b) 107.3 m/s²
77. (a) 12.0 kA-turns/m (b) 2.07×10^{-5} T·m/A

79. 933 μN hacia la derecha perpendicular a los segmentos rectos

79A. $\dfrac{\mu_0 I_1 I_2 L}{\pi R}$ hacia la derecha perpendicular a los segmentos rectos

83. $\dfrac{\mu_0 I}{4\pi}(1 - e^{-2\pi})$ perpendicular hacia fuera de la página

85. 20.0 μT hacia la parte inferior de la página

87. $\dfrac{4}{3}\rho\mu_0\omega R^2$

89. $\dfrac{4}{15}\pi\rho\omega R^5$

S3. Al integrar $F(r/R)$ cuando $r = R$, hay una singularidad en el integrando en $\theta = \pi/2$ rad. El campo magnético en el alambre es infinito, lo que esperaríamos incluso para un alambre recto. Sugerimos calcular la integral en $r/R = 0.0$, 0.2, 0.4, 0.6, 0.8 y 0.9.

Capítulo 31

1. 500 mV
3. 160 A
5. -121 mA
7. 61.8 mV
9. $(200\ \mu\text{V})e^{-t/7}$
11. $Nn\pi R^2\mu_0 I_0\alpha e^{-\alpha t} = (6.82\text{ mV})e^{-1.6t}$ en sentido contrario al de las manecillas del reloj
11A. $Nn\pi R^2\mu_0 I_0\alpha e^{-\alpha t}$ en sentido contrario al de las manecillas del reloj
13. 272 m
15. -6.28 V
15A. $-2\pi R^2 B/t$
17. 763 mV, con la punta del ala izquierda positiva
19. (a) 3.00 N hacia la derecha   (b) 6.00 W
21. 2.00 mV; el extremo oeste es positivo en el hemisferio norte
23. 2.83 mV
25. 167 μV
25A. $\dfrac{Bdv_2}{R_1 + R_2} - \dfrac{Bdv_3}{R_1 + R_3}$
27. (a) a la derecha   (b) a la derecha   (c) a la derecha   (d) hacia el plano de la página
29. 0.742 T
31. 11.4 μV en el sentido de las manecillas del reloj
31A. $N\mu_0(I_1 - I_2)\,\pi r^2/\ell\,\Delta t$ en el sentido de las manecillas del reloj
33. 1.80×10^{-3} N/C en sentido contrario al de las manecillas del reloj
35. (a) $(9.87 \times 10^{-3}\text{ V/m})\cos(100\pi t)$ (b) en el sentido de las manecillas del reloj
37. (a) 1.60 A en sentido contrario al de las manecillas del reloj   (b) 20.1 μT   (c) arriba
37A. (a) $\dfrac{n\mu_0\pi r_2^2}{2R}\dfrac{\Delta I}{\Delta t}$ en sentido contrario al de las manecillas del reloj   (b) $\dfrac{n\mu_0^2\pi r_2^2}{4Rr_1}\dfrac{\Delta I}{\Delta t}$ (c) arriba
39. 12.6 mV

41. (a) 7.54 kV   (b) B es paralelo al plano del lazo
43. $(28.6\text{ mV})\text{ sen }(4\pi t)$
45. (a) 0.640 N·m   (b) 241 W
47. 0.513 T
49. (a) $F = \dfrac{N^2 B^2 w^2 v}{R}$ hacia la izquierda   (b) 0

    (c) $F = \dfrac{N^2 B^2 w^2 v}{R}$ hacia la izquierda

51. $(-2.87\mathbf{j} + 5.75\mathbf{k}) \times 10^9$ m/s^2
53. Así es, con el extremo superior de la figura positivo
57. (a) 36.0 V   (b) 600 mWb/s   (c) 35.9 V   (d) 4.32 N·m
59. (a) 97.4 nV   (b) en sentido contrario al de las manecillas del reloj
61. Moviéndose hacia el este; 458 μV
63. Así es, con el extremo izquierdo en la figura positivo
65. 1.20 μC
65A. Ba^2/R
67. 6.00 A
67A. b^2/aR si $t \geq b/3a$
69. (a) 900 mA   (b) 108 mN   (c) b   (d) No
71. (a) En el sentido contrario al de las manecillas del reloj   (b) $\dfrac{K\pi r^2}{R}$
73. (a) $\dfrac{\mu_0 IL}{2\pi}\ln\left(\dfrac{h + w}{h}\right)$ (b) -4.80 μV

Capítulo 32

1. 100 V
3. 1.36 μH
5. $\mathcal{E}_0/k^2 L$
7. (a) 188 μT   (b) 33.3 nWb   (c) 375 μH   (d) campo y flujo
9. 21.0 μWb
11. $(18.8\text{ V})\cos(377t)$
13. $\frac{1}{2}$
15. (a) 15.8 μH   (b) 12.6 mH
17. $(500\text{ mA})(1 - e^{-10t/\text{s}})$, $1.75\text{ A} - (0.50\text{ A})e^{-10t/\text{s}}$
19. 1.92 Ω
21. (a) 1.00 kΩ (b) 3.00 ms
21A. (a) $\sqrt{L/C}$ (b) $\sqrt{LC}$
23. (a) 139 ms   (b) 461 ms
25. (a) 5.66 ms   (b) 1.22 A   (c) 58.1 ms
27. (a) 113 mA   (b) 600 mA
29. (a) 0.800   (b) 0
31. (a) 1.00 A   (b) 12.0 V, 1.20 kV, 1.21 kV   (c) 7.62 ms
33. 2.44 μJ
35. (a) 20.0 W   (b) 20.0 W   (c) 0   (d) 20.0 J
37. (a) 8.06×10^6 J/m^3 (b) 6.32 kJ
39. 44.3 nJ/m^3 en el campo $\mathbf{E}$; 995 μJ/m^3 en el campo $\mathbf{B}$
41. 30.7 μJ y 72.2 μJ
43. (a) 668 mW   (b) 34.3 mW   (c) 702 mW
45. 1.73 mH
47. 80.0 mH
49. 553 μH

51. (a) 18.0 mH (b) 34.3 mH (c) -9.00 mV
53. 400 mA
55. (a) -20.0 mV (b) $-(10.0$ MV/s^2)t^2
    (c) 63.2 μs
55A. (a) $-LK$ (b) $-Kt^2/2C$ (c) $2\sqrt{LC}$
57. 608 pF
59. (a) 36.0 μF (b) 8.00 ms
61. (a) 6.03 J (b) 0.529 J (c) 6.56 J
63. (a) 2.51 kHz (b) 69.9 Ω
65. (a) 4.47 krad/s (b) 4.36 krad/s (c) 2.53%
69. 979 mH
71. (a) 20.0 ms (b) -37.9 V (c) 3.03 mV
    (d) 104 mA
73. 95.6 mH
79. (a) 72.0 V; b (c) 75.2 μs
81. $\dfrac{\mu_0}{\pi}\ln\!\left(\dfrac{d-a}{a}\right)$
83. 300 Ω
85. 45.6 mH
85A. $9t^2/\pi^2C$
S1. (a) $\tau = 0.35$ ms, (b) $t_{50\%} = 0.24$ ms $= 0.686\tau$, y
    (c) $t_{90\%} = 0.80$ ms $= 2.29\tau$; $t_{99\%} = 1.6$ ms $= 4.57\tau$.

Capítulo 33

3. 2.95 A, 70.7 V
5. 3.38 W
7. 14.6 Hz
9. (a) 42.4 mH (b) 942 rad/s
11. 7.03 H
13. 5.60 A
15. 3.80 J
17. (a) $f > 41.3$ Hz (b) $X_C < 87.5$ Ω
19. 2.77 nC
19A. $\sqrt{2}\, CV$
21. 100 mA
23. 0.427 A
25. (a) 78.5 Ω (b) 1.59 kΩ (c) 1.52 kΩ
    (d) 138 mA (e) $-84.3°$
27. (a) 17.4° (b) el voltaje adelante a la corriente
29. 1.88 V
29A. $R_bV_2/\sqrt{R_b^2/s^2 + 1/4\,\pi^2f^2C_s^2}$ donde V_2 es el voltaje del transformador secundario
31. (a) 146 V (b) 213 V (c) 179 V (d) 33.4 V
33. (a) 194 V (b) la corriente está adelantada 49.9°
35. 132 mm
35A. $\sqrt{800\,P\rho d/\pi V^2}$ donde ρ es la resistividad del material
37. 8.00 W
39. $v(t) = (283$ V) sen $(628t)$
41. (a) 16.0 Ω (b) -12.0 Ω
43. 159 Hz
45. 1.82 pF
47. (a) 124 nF (b) 51.5 kV
49. 242 mJ
49A. $\dfrac{4\pi RCV^2\sqrt{LC}}{9L + 4CR^2}$
51. (a) 613 μF (b) 0.756

53. 8.42 Hz
55. (a) Verdadero, si $\omega_0 = (LC)^{-1/2}$ (b) 0.107, 0.999, 0.137
57. 0.317
59. 687 V
61. (a) 9.23 V (b) 4.55 A (c) 42.0 W
63. 87.5 Ω
63A. $R_s = \dfrac{R_2N_1\,(N_2V_1 - N_1V_2)}{V_2N_2{}^2}$
65. 56.7 W
67. (a) 1.89 A
    (b) $V_R = 39.7$ V, $V_L = 30.1$ V, $V_C = 175$ V
    (c) cos $\phi = 0.265$
    (d)
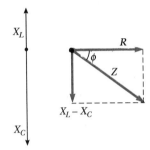
69. 99.6 mH
71. (a) 2.90 kW (b) 5.80×10^{-3}
    (c) Si el generador está limitado a 4 500 V, no más de 16 kW podrían entregarse a la carga, nunca 5 000 kW.
73. (a) El circuito (a) es un filtro pasaaltos, (b) es un filtro pasabajos.
    (b) $\dfrac{V_{\text{sal}}}{V_{\text{en}}} = \dfrac{\sqrt{R_L{}^2 + X_L{}^2}}{\sqrt{R_L{}^2 + (X_L - X_C)^2}}$ para el circuito (a)
    $\dfrac{V_{\text{sal}}}{V_{\text{en}}} = \dfrac{X_C}{\sqrt{R_L{}^2 + (X_L - X_C)^2}}$ para el circuito (b)
75. (a) 172 MW (b) 17.2 kW (c) 172 W
77. (a) 200 mA; el voltaje adelante por 36.8° (b) 40.0 V.
    $\phi = 0°$ (c) 20.0 V; $\phi = -90°$
    (d) 50.0 V; $\phi = +90°$
83. (a) 173 Ω (b) 8.66 V
85. (a) 1.838 kHz
87.

S1. (a)

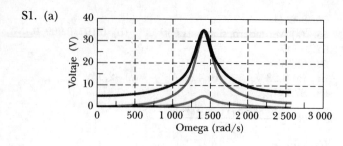

$$\boxed{-V_R\text{--}V_C\text{--}V_L}$$

(b) $|V_L| = |V_C|$; (c) para $\omega < \omega_0$, $V_C > V_L$; (d) para $\omega > \omega_0$, $V_L > V_C$

Capítulo 34

1. 2.68×10^3 AD
5. (a) 162 N/C   (b) 130 N/C
7. 38.0 pT
9. (a) 6.00 MHz   (b) $(73.3$ nT$)(-\mathbf{k})$
   (c) $\mathbf{B} = (73.3$ nT$)\cos(0.126x - 3.77 \times 10^7 t)(-\mathbf{k})$
11. (a) $B = 333$ nT   (b) $\lambda = 628$ nm
    (c) $f = 4.77 \times 10^{14}$ Hz
13. 5.16 m
15. 307 μW/m²
17. 66.7 kW
19. (a) 332 kW/m²   (b) 1.88 kV/m, 222 μT
21. (a) 971 V/m   (b) 16.7 pJ
23. (a) 540 N/C   (b) 2.58 μJ/m³   (c) 774 W/m²
    (d) Esto es 77.4% del flujo mencionado en el ejemplo 34.3 y 57.8% de la intensidad de 1 340 W/m² arriba de la atmósfera. Tal vez esté nublado en este punto, o el Sol tal vez esté en el ocaso.
25. 83.3 nPa
27. (a) 1.90 kV/m   (b) 50.0 pJ
    (c) 1.67×10^{-19} kg·m/s
29. (a) 11.3 kJ   (b) 5.65×10^{-5} kg·m/s
31. (a) 2.26 kW   (b) 4.71 kW/m²
33. 7.50 m
35. (a) $\mathcal{E}_m = 2\pi^2 r^2 f B_m \cos\theta$, donde θ es el ángulo entre el campo magnético y la normal al lazo. (b) Vertical, con su plano apuntando hacia la antena de transmisión.
37. 56.2 m
37A. $2\pi cm/qB$
39. (a) 6.00 pm   (b) 7.50 cm
41. La radioaudiencia lo escucha 8.41 ms antes.
43. (a) 4.17 m a 4.55 m   (b) 3.41 a 3.66 m
    (c) 1.61 m a 1.67 m
45. 3.33×10^3 m²
47. (a) 6.67×10^{-16} T   (b) 5.31×10^{-17} W/m²
    (c) 1.67×10^{-14} W   (d) 5.56×10^{-23} N
49. 6.37×10^{-7} Pa
51. 95.1 mV/m
53. 7.50×10^{10} s = 2 370 y; hacia afuera por la parte de atrás.
55. 3.00×10^{-2} grados
57. (a) $B_0 = 583$ nT, $k = 419$ rad/m,
    $\omega = 1.26 \times 10^{11}$ rad/s; xz

(b) 40.6 W/m² en valor promedio   (c) 271 nPa
(d) 406 nm/s²
59. (a) 22.6 h   (b) 30.5 s
61. (b) 1.00 MV/s
63. (a) 3.33 m; 11.1 ns; 6.67 pT
    (b) $\mathbf{E} = (2.00$ mV/m$) \cos 2\pi \left(\dfrac{x}{3.33 \text{ m}} - \dfrac{t}{11.1 \text{ ns}} \right) \mathbf{j}$
    $\mathbf{B} = (6.67$ pT$) \cos 2\pi \left(\dfrac{x}{3.33 \text{ m}} - \dfrac{t}{11.1 \text{ ns}} \right) \mathbf{k}$
    (c) 5.31×10^{-9} W/m²   (d) 1.77×10^{-14} J/m³
    (e) 3.54×10^{-14} Pa

Capítulo 35

1. 299.5 Mm/s
3. (b) 294 Mm/s
5. 114 rad/s
7. 198 Gm
9. (a) 4.74×10^{14} Hz   (b) 422 nm
   (c) 2.00×10^8 m/s
11. 70.5° desde la vertical
13. 61.3°
15. 19.5°, 19.5°, 30.0°.
17. (a) 327 nm   (b) 287 nm
19. 59.83°, 59.78°, 0.0422°
21. 30.0°, 19.5° a la entrada; 40.5°, 77.1° a la salida
23. 0.214°
23A. $\text{sen}^{-1}\left(\dfrac{\text{sen } \theta}{n_{700}} \right) - \text{sen}^{-1}\left(\dfrac{\text{sen } \theta}{n_{400}} \right)$
27. 18.4°
29. 86.8°
31. 4.61°
33. 62.4°
35. (a) 24.4°   (b) 37.0°   (c) 49.8°
37. 1.00008
39. $\theta < 48.2°$
41. 53.6°
43. 2.27 m
45. 2.37 cm
49. 90°, 30°, No
51. 62.2%
53. $\text{sen}^{-1}[(n^2 - 1)^{1/2}\,\text{sen }\phi - \cos\phi]$ si $n\,\text{sen }\phi \leqq 1$, $\theta = 0$
55. 82
57. 27.5°
59. 7.91°
59A. $\phi = \text{sen}^{-1}\left[n\,\text{sen}\left(90° - 2\theta + \text{sen}^{-1}\left(\dfrac{\text{sen } \theta}{n} \right) \right) \right]$
61. (a) 1.20   (b) 3.40 ns
S1. Con la ley de Snell y geometría plana, pueden obtenerse las siguientes relaciones:

$$\text{sen }\theta_1 = n\,\text{sen }\rho_1$$
$$\rho_2 = A - \rho_1$$
$$n\,\text{sen }\rho_2 = \text{sen }\delta_2$$
$$\theta = \theta_1 + \theta_2 - A$$

Estas ecuaciones se emplean para determinar ρ_1 y ρ_2, θ_2 y θ en la hoja de cálculo. Se emplean enunciados IF (SI) en el cálculo de θ_2 y θ de modo que no se impriman mensajes de error cuando ρ_2 excede el ángulo crítico de reflexión total interna.

Capítulo 36

3. $2'11''$
3A. $h/2$
5. 30 cm
7. (a) $q = 45.0$ cm, $M = -\frac{1}{2}$
   (b) $q = -60.0$ cm, $M = 3.00$
   (c) Similar a las figuras 36.8 y 36.12b
9. (a) 15.0 cm (b) 60.0 cm
9A. (a) $d/2$ (b) $2d$
11. cóncavo con 40.0 cm de radio
13. (a) 2.08 m (cóncavo)
    (b) 1.25 m enfrente del objeto
15. (a) $q = -12.0$ cm, $M = 0.400$
    (b) $q = -15.0$ cm, $M = 0.250$
    (c) Las imágenes están de pie
17. 11.8 cm arriba del piso
19. 1.50 cm/s
19A. v/n
21. 8.57 cm
23. 3.88 mm
25. 2
27. (a) 16.4 cm (b) 16.4 cm
29. 25.0 cm; -0.250
31. (a) 13.3 cm
    (b) Un trapezoide

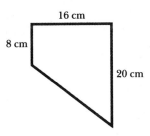

    (c) 224 cm²
33. (a) −12.3 cm, hacia la izquierda del lente (b) +0.615
    (c)

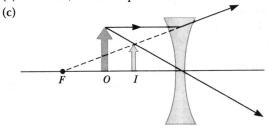

35. (a) 39.0 mm (b) 39.5 mm
37. 2.84 cm
39. $\dfrac{f}{1.41}$
41. −4 dioptrías, un lente divergente
43. 0.558 cm
45. 20.0 m
45A. $vf\,\Delta t/\Delta f$

47. 3.5
49. −800, la imagen está invertida
51. -18.8
53. 2.14 cm
55. (a) 1.99 (b) 10.0 cm a la izquierda del lente, −2.50
    (c) invertida puesto que el aumento total es negativo.
57. (a) 20.0 cm hacia la derecha del segundo lente, −6.00
    (b) invertida (c) 6.67 cm a la derecha del segundo lente, −2.00 invertida
59. 10.7 cm más allá de la superficie curva
61. 20.0 cm
61A. f
63. (a) 44.6 dioptrías (b) 3.03 dioptrías
65. $d = 8$ cm
67. 21.3 cm
67A. $h_1 \cot\left(\operatorname{sen}^{-1}\dfrac{nh_1}{R} - \operatorname{sen}^{-1}\dfrac{h_1}{R}\right) + \sqrt{R^2 - h_1{}^2}$
     $- h_2 \cot\left(\operatorname{sen}^{-1}\dfrac{nh_2}{R} - \operatorname{sen}^{-1}\dfrac{h_2}{R}\right) - \sqrt{R^2 - h_2{}^2}$
69. (a) 52.5 cm (b) 1.50 cm
71. $q' = 1.5$ m, $h' = -13.1$ mm
73. (a) -0.400 cm (b) $q' = -3.94$ mm, $h' = 535$ μm
75. (a) 30.0 cm y 120 cm (b) 24.0 cm
    (c) real, invertida, reducida
77. real, invertida, tamaño real
S1. Vea la figura 36.1. Al aplicar la ley de los senos al triángulo *PAC*, uno encuentra r sen $\theta_1 = (r + p)$ sen α. La ley de Snell produce n_1 sen $\theta_1 = n_2$ sen θ_2. Con el empleo de geometría plana se obtiene $\gamma = \theta_1 - \alpha - \theta_2$. La aplicación de la ley de los senos al triángulo *ACP'* resulta en $q' - r = r$ sen $\theta_2/$sen γ. Estas ecuaciones se utilizan para calcular θ_1, θ_2, γ y θ en la hoja de cálculo. (a) El ángulo máximo α para el cual el error en la distancia a la imagen es 3 por ciento o menos es 2.35°. (b) 2.25° (d) No. (Para una gráfica del error porcentual contra α, sólo pida la gráfica asociada.)

Capítulo 37

1. (a) 2.62×10^{-3} m (b) 2.62×10^{-3} m
3. 515 nm
5. (a) 36.2° (b) 5.08 cm (c) 508 THz
7. 11.3 m
9. 2.50 m
9A. $c/2f$
13. 4.80×10^{-5} m
15. 423.5 nm
17. 343 nm
17A. $\lambda/2(n - 1)$
19. 63
21. (a) 2.63 rad (b) 246 nm
23. (a) 7.95 rad (b) 0.453
27. 10 sen $(100\pi t + 0.93)$
29. $\pi/2$
31. $360°/N$
33. No hay máximos de reflexión en el espectro visible
35. 512 nm

37. 85.4 nm, o 256 nm, o 427 nm ...
39. (a) Amarillo   (b) Violeta
41. 167 nm
43. 4.35 μm
45. 3.96×10^{-5} m
47. 654 franjas oscuras
49. (a) 5.99 m   (b) 2.99 m
49A. (a) $2\sqrt{4h^2 + d^2} - 2d$ (b) $\sqrt{4h^2 + d^2} - d$
51. 3.58°
53. 421 nm
55. 2.52 cm
57. 1.54 mm
59. 3.6×10^{-5} m
61. $x_{\text{brillante}} = \dfrac{\lambda\ell(m + \frac{1}{2})}{2hn}$, $x_{\text{oscura}} = \dfrac{\lambda\ell\, m}{2hn}$
63. (b) 115 nm
65. 1.73 cm
69. (b) 266 nm
S1. (a) 9 : 1   (b) 1 : 9

Capítulo 38

1. 632.8 nm
3. 560 nm
5. $\cong 10^{-3}$ rad
7. 0.230 mm
9. $\phi = \beta/2 = 1.392$ rad

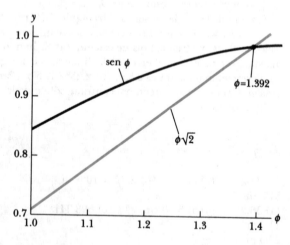

11. 1.62×10^{-2}
13. 3.09 m
15. 51.2 cm
17. 20 cm
17A. $(0.8\ \mu m)\ (vt/nd)$
19. 15.7 km
21. 13 m
23. 105 m
27. (a) 5.7; 5 órdenes es el máximo
    (b) 10; 10 órdenes estarán en la región de longitud de onda corta.
29. 0.0683°
31. (a) 2800   (b) 4.72 μm

33. 2
35. 7.35°
37. 14.7°
39. 31.9°
41. (a) 0°, 19.9°, 42.9°   (b) 8.33 cm, 135 cm
43. (a) 0.281 nm   (b) 0.18%
45. 14.4°
47. 1.11
49. 31.2°
51. (a) 18.4°   (b) 45.0°   (c) 71.6°
53. (a) 54.7°   (b) 63.4°   (c) 71.6°
55. 60.5°
57. 2.2
59. 5.9°
61. 0.244 rad $\approx$ 14.0°
63. 545 nm
65. (a) 12 000, 24 000, 36 000   (b) 0.0111 nm
67. (a) 3.53×10^3 líneas/cm
    (b) Once máximos pueden observarse
69. $\frac{1}{8}$
71. (a) 6   (b) 7.50°
73. (a) 41.8°   (b) 0.593   (c) 0.262 m
S1. (a) 9:1   (b) 1:9

Capítulo 39

5. (a) 60 m/s   (b) 20 m/s   (c) 44.7 m/s
5A. (a) $v_b + v$ (b) $v - v_b$ (c) $\sqrt{v^2 + v_b^2}$
7. (a) 39.2 μs   (b) Exacto hasta un dígito. Más precisamente, envejecía 1.78 μs menos en cada órbita.
9. $0.800c$
9A. $v = cL_p/\sqrt{L_p^2 + c^2t^2}$
11. $0.436L_0$
13. $0.789c$
15. $0.696c$
17. $0.960c$
19. 42 g/cm³
19A. $\dfrac{m}{V(1 - v^2/c^2)}$
21. 1625 MeV/c
25. (a) 939.4 MeV   (b) 3.008×10^3 MeV
    (c) 2.069×10^3 MeV
27. $0.864c$
29. (a) 0.582 MeV   (b) 2.45 MeV
31. (a) 3.91×10^4 (b) $0.9999999997c$ (c) 7.66 cm
33. 4 MeV y 29 MeV
35. (a) 3.29 MeV   (b) 2.77 MeV
37. 4.2×10^9 kg/s
39. (a) $0.800c$ (b) $0.929c$
39A. (a) $\dfrac{2v}{1 + v^2/c^2}$ (b) $\dfrac{3v + v^3/c^2}{1 + 3v^2/c^2}$
41. 0.7%
43. (a) 6.67 ks   (b) 4.00 ks
43A. (a) $\dfrac{2d}{v + c}$ (b) $\dfrac{2d\sqrt{1 - v^2/c^2}}{v + c}$
47. (a) 76.0 min   (b) 52.1 min

47A. (a) $\dfrac{t_{II}}{\sqrt{1 - \left(\dfrac{(v_I + v_{II})\,c}{c^2 + v_I v_{II}}\right)^2}}$ (b) $\dfrac{t_{II}}{\sqrt{1 - v_{II}^2/c^2}}$

49. 15.0 h en el marco de referencia de la nave, 10.0 h menos que en el marco de la Tierra.

51. (a) $0.554c$, $0.866c$ (b) 0.833 m

51A. (a) $u = \dfrac{v - u'}{1 - vu'/c^2}$ donde $u' = c\sqrt{1 - L^2/L_p^2}$

     (b) $L_p\sqrt{1 - u^2/c^2}$

53. (a) 83.3 m y 62.5 m   (b) 27.0 m y 20.3 m
    (c) 6.00 ks   (d) 5.33 ks   (e) 7.10 ks
    (f) El cohete uno se destruye con la tripulación abordo, iban demasiado rápido.

55. (b) Para $v \ll c$, $a = qE/m$ como en la descripción clásica. Cuando $v \to c$, $a \to 0$, describiendo cómo la partícula nunca puede alcanzar la velocidad de la luz.

    (c) Efectúe $\displaystyle\int_0^v \left(1 - \frac{v^2}{c^2}\right)^{-3/2} dv = \int_0^t \frac{qE}{m}\, dt$

    para obtener $v = \dfrac{qEct}{\sqrt{m^2c^2 + q^2E^2t^2}}$ y luego

    $\displaystyle\int_0^x dx = \int_0^t \frac{qEtc}{\sqrt{m^2c^2 + q^2E^2t^2}}\, dt$

S1. (a)

Z	0.2	0.5	1.0	2.0
v/c	0.180	0.385	0.600	0.800

    (b) Para $Z = 3.8$, $v/c = 0.870$.

S3. Para $Z = 0.2$, $r = 2\,710$ Mal; $Z = 0.5$, $r = 5\,770$ Mal; $Z = 1.2$, $r = 9\,860$ Mal, y $Z = 3.8$, $r = 13\,800$ Mal.

Capítulo 40

1. (a) 2.57 eV   (b) 12.8 μeV
    (c) 191 neV   (d) 484 nm, 96.8 mm, 6.52 m
3. 2.27×10^{30} fotones/s
5. 1.30×10^{15}/s
5A. $\dfrac{8\,\pi^2 c d^2(\lambda_2 - \lambda_1)}{(\lambda_2 + \lambda_1)^4 (e^{hc/\lambda k_B T} - 1)}$
7. 4.46×10^3 K
9. 9.35 μm; infrarrojo
11. 5.18×10^3 K
15. (a) 0.350 eV   (b) 555 nm
17. 2.22 eV, 3.70 eV
19. (a) 0.571 eV   (b) 1.54 V
21. (a) sólo litio   (b) 0.808 eV
23. (b) 3.87 eV   (c) 8.78 eV
25. (a) 33.0°   (b) $0.785\ c$
25A. Con $x = E_0/mc^2$ (a) $\phi = \tan^{-1}\left(\dfrac{1}{\sqrt{1 + x}}\right)$ y

     (b) $u = \left(\dfrac{2x\sqrt{x^2 + 3x + 2}}{2x^2 + 3x + 2}\right)c$
27. 4.85 pm
29. (a) 0.843 MeV, 0.670 MeV/c
     (b) El átomo ionizado se lleva todo el momento.

31. (a) 2.88×10^{-12} m   (b) 101°
33. (a) $\theta = \phi = 43.0°$
     (b) $E = 0.602$ MeV, $p = 0.602$ MeV/c
     (c) $K = 0.278$ MeV, $p = 0.602$ MeV/c
33A. Con $x = E_0/mc^2$
    (a) $\theta = \phi = \cos^{-1}\left(\dfrac{1 + x}{2 + x}\right)$

    (b) $E = \left(\dfrac{x^2 + 2x}{2x + 2}\right)mc^2$, $p = \left(\dfrac{x^2 + 2x}{2x + 2}\right)mc$

    (c) $K = \dfrac{x^2 mc^2}{2x + 2}$, $p = \left(\dfrac{x^2 + 2x}{2x + 2}\right)mc$

35. 70.1°
37. (a) 200 nm $\le \lambda \le 360$ nm (ultravioleta)
     (b) 800 nm $\le \lambda \le 1\,440$ nm (infrarrojo)
39. (a) 5   (b) No; No
41. 0.529 Å, 2.12 Å, 4.77 Å
43. (a) $E_n = -54.4\,\dfrac{\text{eV}}{n^2}$, $n = 1, 2, 3, \ldots$

     (b) 54.4 eV
45. (a) 0.265 Å   (b) 0.177 Å   (c) 0.132 Å
47. (a) 3.03 eV   (b) 411 nm   (c) 7.32×10^{14} Hz
49. (a) B   (b) D   (c) B y C
51. -6.80 eV, $+3.40$ eV
53. $r_n = (1.06\ \text{Å})n^2$, $E_n = -6.80$ eV/n^2, $n = 1, 2, 3, \ldots$
55. 5.39 keV
57. (a) 41.4°   (b) 680 keV
59. (a) 3.12 fm   (b) -18.9 MeV
61. (a) -6.67 keV, -668 eV   (b) 0.621 nm
65. (a) $E_1 = -8.178$ eV, $E_2 = -2.042$ eV,
     $E_3 = -0.904$ eV, $E_4 = -0.510$ eV
     $E_5 = -0.325$ eV
     (b) $\lambda_\alpha = 1092$ nm, $\lambda_\beta = 811$ nm, $\lambda_\gamma = 724$ nm,
     $\lambda = 609$ nm

Capítulo 41

1. 4.18×10^{35} fotones/s
3. (a) 1.10×10^{-34} m/s   (b) 1.36×10^{33} s
    (c) No. El tiempo es mayor que $10^5 \times$ (edad del universo)
5. (a) 12.5 h   (b) $v = c/\sqrt{2} = 212$ Mm/s
9. $c/\sqrt{2} = 212$ Mm/s
11. 2.18 nm
13. 6.03 pm
15. A 1.00° en ambos lados del máximo central
17. (a) 15 keV   (b) 124 keV
19. 1.16 Mm/s o más
21. (a) relativista   (b) no necesariamente relativista; se podrían mover tan lentamente como $0.021\ c$
23. (b) 1.84×10^{-16} m
25. 0.250
27. 0.513 MeV, 2.05 MeV, 4.62 MeV
29. (a) $L/2$ (b) 5.26×10^{-5} (c) 3.99×10^{-2}
    (d) Es más probable encontrar la partícula cerca de $x = L/4$ y $x = 3L/4$ que en el centro, donde la densidad de probabilidad es cero.
31. 0.516 MeV, 3.31×10^{-20} kg·m/s

33. (a) 37.7 eV, 151 eV, 339 eV, 603 eV

  (b) 2.20 nm, 2.75 nm, 4.71 nm, 4.12 nm, 6.59 nm, 11.0 nm

35. 7.93 Å

35A. $L = \sqrt{\dfrac{3\,h\lambda}{8\,mc}}$

37. $\pm\sqrt{\dfrac{2}{L}}$

39. (a) $E = \hbar^2/mL^2$

  (b) Requirir que $\displaystyle\int_{-L}^{L} A^2\,(1 - x^2/L^2)^2\,dx = 1$ produce $A =$

  $(15/16\,L)^{1/2}$

  (c) $47/81 = 0.580$

43. (a)

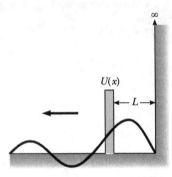

$U(x)$

$\longleftarrow$ L

  (b) $2L$

45. 1% de posibilidades de transmisión, 99% de posibilidades de reflexión

45A. (a) $e^{-\sqrt{8m(U + E)}\ L/\hbar}$

  (b) $1 - e^{-\sqrt{8m(U - E)}\ L/\hbar}$

47. 1.34×10^{31}

49. 2.02×10^{-4} nm; rayos γ

51. (a) 2.82×10^{-37} m   (b) 1.06×10^{-32} J

  (c) $2.87 \times 10^{-35}\%$ o más

53. 2.81×10^{-8}

59. 0.0294

61. (a) $\Delta p \geq \hbar/2r$ (b) Eligiendo $p \approx \hbar/r$,

  $E = \dfrac{\hbar^2}{2\,mr^2} - \dfrac{k_e e^2}{r}$ (c) -13.6 eV

63. (a) $\sqrt{\left(\dfrac{nhc}{2L}\right)^2 + (m_0 c^2)^2} - m_0 c^2$ $n = 1, 2, 3, \ldots$

  (b) 4.69×10^{-14} J; 28.6%

65. (a)

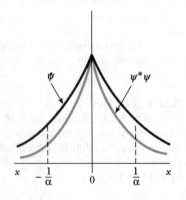

ψ $\psi^* \psi$

x $-\dfrac{1}{\alpha}$ 0 $\dfrac{1}{\alpha}$ x

(b) $P(x \to x + dx) = \psi^\circ \psi\, dx = \begin{cases} A^2 e^{-2\alpha x}\, dx \text{ para } x > 0 \\ A^2 e^{2\alpha x}\, dx \text{ para } x < 0 \end{cases}$

(c) ψ es continua, $\psi \to 0$ cuando $x \to \pm\infty$, ψ es finita en $-\infty < x < \infty$.

(d) $A = \sqrt{\alpha}$ (e) 0.632

67. (a) 1.03×10^{-3} (b) 959 pm

69. (b) $\frac{3}{2}\hbar\omega$; el primer estado excitado

Capítulo 42

1. (a) 56.8 fm   (b) 11.3 N hacia atrás

1A. (a) $r = 2\,Zk_e e^2/E$ (b) $E^2/2\,Zk_e e^2$

3. 1312 nm   (b) 164 nm

5. 797 veces

7. $r = 4a_0$

9. 0.000257 nm   (b) -18.8 MeV   (c) 14.1 MeV

11. $\sqrt{6}\,\hbar$

13. (a) 2   (b) 8   (c) 18   (d) 32   (e) 50

15. La subcapa $3d$ tiene $n = 3$ y $l = 2$. La partícula tiene $s = 1$. Por lo tanto, podemos tener $m_e = -2, -1, 0, 1$ o 2 y $m_s = -1, 0$ o 1, llevando a esta tabla.

n	l	m_l	s	m_s
3	2	-2	1	-1
3	2	-2	1	0
3	2	-2	1	$+1$
3	2	-1	1	-1
3	2	-1	1	0
3	2	-1	1	$+1$
3	2	0	1	-1
3	2	0	1	0
3	2	0	1	$+1$
3	2	$+1$	1	-1
3	2	$+1$	1	0
3	2	$+1$	1	$+1$
3	2	$+2$	1	-1
3	2	$+2$	1	0
3	2	$+2$	1	$+1$

17. $3\hbar$

19. $L = 2.58 \times 10^{-34}$ J $\cdot$ s; $L_z = -2\hbar, -\hbar, 0, \hbar$ y $2\hbar$, $\theta = 145°, 114°, 90.0°, 65.9°$ y $35.3°$

21. 9.27×10^{-24} J/T

23. La última tiene la menor energía y más espines no apareados, como una generalización de la regla de Hund sugeriría; cromo.

25. $1s^2 2s^2 2p^6 3s^1$ ^{11}Na

  $1s^2 2s^2 2p^6 3s^2$ ^{12}Mg

  $1s^2 2s^2 2p^6 3s^2 3p^1$ ^{13}Al

  $1s^2 2s^2 2p^6 3s^2 3p^2$ ^{14}Si

  $1s^2 2s^2 2p^6 3s^2 3p^3$ ^{15}P

  $1s^2 2s^2 2p^6 3s^2 3p^4$ ^{16}S

  $1s^2 2s^2 2p^6 3s^2 3p^5$ ^{17}Cl

  $1s^2 2s^2 2p^6 3s^2 3p^6$ ^{18}Ar

  $1s^2 2s^2 2p^6 3s^2 3p^6 4s^1$ ^{19}K

27. 124 V
27A. $V_{\text{mín}} = hc/e\lambda$
29. Hierro ($Z = 26$)
31. (a) 14 keV   (b) 88 pm
33. 590 nm
35. 3.50×10^{16} fotones
35A. $N = \lambda Pt/hc$
37. 9.79 GHz
39. (a) 137.036   (b) $\dfrac{2\pi}{\alpha}$ (c) $\dfrac{1}{2\pi\alpha}$ (d) $\dfrac{4\pi}{\alpha}$
41. (a) 1.57×10^{14} m$^{-3/2}$ (b) 2.47×10^{28} m^{-3}
    (c) 8.69×10^{8} m^{-1}
45. (a) 4.20 mm   (b) 1.05×10^{19} fotones
    (c) 8.82×10^{16}/mm^3
45A. (a) $L = ct$ (b) $N = E\lambda/hc$
    (c) $n = 4E\lambda/\pi hc^2 d^2 t$
47. (a) $\dfrac{\mu_0 \pi m^2 e^7}{8\epsilon_0^{\,3} h^5}$ (b) 12.5 T
49. $5.24 a_0$
51. 0.125
53. (a) 0.24 s   (b) La energía luminosa está cuantizada.
53A. $t = \phi A/PA'$ donde A' es el área de la cara sobre la cual un átomo colecta energía.

Capítulo 43

1. (a) 921 pN   (b) -2.88 eV
3. (a) 40.0 μeV, 9.65 GHz   (b) 20% igualmente grande si r es 10% igualmente pequeña
5. (a) 0.0118 nm   (b) 0.00772 nm; HI es menos rígida
7. 0, 36.9 μeV, 111 μeV, 221 μeV, 369 μeV, . . .
9. 5.69×10^{12} rad/s
11. 0.358 eV
13. 3.63×10^{-4} eV, 1.09×10^{-3} eV
15. Doce a 0.444 nm, seis a 0.628 nm, veinticuatro a 0.769 nm
19. (a) 1.57 Mm/s   (b) Del orden 10^{10} veces más grande que la velocidad de arrastre
21. 5.28 eV
23. 3.4×10^{17} electrones
25. (a) 1.10   (b) 1.55×10^{-25}
27. La línea roja, con energía de fotón 1.89 eV < 2.42 eV, se transmite; todas las demás líneas se absorben.
29. 1.24eV o menos, sí
31. 4.4 V
33. $v = 7$
S2. Para $T = 1$ K, N(E) aumenta monótonamente de 0 a $E = 0$ hasta un máximo a la energía de Fermi y luego disminuye abruptamente hasta cero (vea la figura 43.18). Conforme T aumenta el pico de la curva N(E) "se redondea" y luego se reduce a cero menos abruptamente. Además, N(E) empieza a caer a cero a valores de E ligeramente inferiores conforme T aumenta.

Capítulo 44

1. (a) 30.76 T   (b) 3.07×10^5 A   (c) 7.69 T
3. 200 A
5. 2.0 kV
7. 4×10^{-25} Ω
9. 318 A
11.

Super-conductor	E_b (MeV)	Super conductor	E_b (meV)
Al	0.36	Sn	1.13
Ga	0.33	Ta	1.36
Hg	1.26	Ti	0.12
In	1.04	V	1.61
Nb	2.82	W	0.005
Pb	2.19	Zn	0.26

13. 23 K
15. 5.2×10^9 pares
17. $e/h = 2.417 \times 10^{14}$ (V·s)$^{-1}$
19. 1.65×10^{-14} T
21. (a) 0.377 T   (b) 1.89×10^{-3} Wb
    (c) 9.15×10^{11}
23. (a) 50.0 mT   (b) 20.0 mT   (c) 2.29 MJ
    (d) 100 N hacia afuera
25. 1.4 T, No
27. 1.56 cm
29. $\Delta S = 9.83 \times 10^{-3}$ J/mol·K
31. 3.50 T a 4.67 T; puesto que $B < B_c$ (a 4.2 K), la superconductividad no se destruirá.

Capítulo 45

1. (a) 1.9 fm   (b) 7.44 fm   (c) 3.92
3. 2.3×10^{15} g
5. Par Z; He, O, Ca, Ni, Sn, Pb
    Par N; T, He, N, O, Cl, K, Ca, V, Cr, Sr, Y, Zr, Xe, Ba, La, Ce, Pr, Nd, Pb, Bi, Po
7. $3.18 \times 10^{-2}\%$
9. 12.7 km
11. (a) 29.5 fm   (b) 5.18 fm, pequeña comparada con las distancias de máximo acercamiento
13. (a) 4.55×10^{-13} m   (b) 6.03×10^6 m/s
15. 2.85 MeV/nucleón
17. (a) 2.72×10^{-28} eV   (b) 342 MeV   (c) Los núcleos están enlazados por la fuerza nuclear fuerte, no por la fuerza gravitacional.
19. La energía de enlace por nucleón es mayor para el $^{23}_{11}$Na en 0.210 MeV. Una repulsión electrostática adicional hace menos estable al núcleo de magnesio.
21. 7.93 MeV
23. (a) $\dfrac{A - Z}{Z}$ es mayor para el $^{139}_{55}$Cs y es igual a 1.53.
    (b) ^{139}La   (c) ^{139}Cs

25. 160 MeV
27. (a) 491.3 MeV   (b) 179%, 53%, 25%, 1%
29. 1155 s
31. (a) 1.55×10^{-5} s^{-1}, 12.4 h
    (b) 2.39×10^{13} átomos   (c) 1.87 mCi
33. (a) 4.00×10^9 y si todo el ^{206}Pb proviene del ^{238}U
    (b) 0.0199 y 4.60
35. 0.55 mCi
37. 9.46×10^9 núcleos
37A. $\dfrac{R_0 T_{1/2}}{\ln 2} \left(2^{-t_1/T_{1/2}} - 2^{-t_2/T_{1/2}}\right)$
39. 4.28 MeV
41. 18.6 keV
43. 5.16 MeV

45.

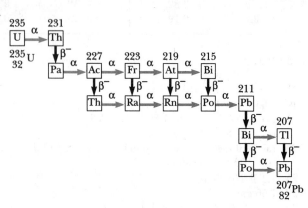

47. (a) $e^- + p \rightarrow n + \nu$ (b) $^{15}\text{O} \rightarrow {}^{15}\text{N} + \nu$
    (c) 2.75 MeV
49. -2.64 MeV
51. (a) 7.250 MeV   (b) El valor Q para ^{6}Li (d, p)^{7}Li es 5.020 MeV, por lo que $E_b - Q = 2.230$ MeV, lo cual se acerca a la energía de enlace del deuterón.
53. 10.0135 u, 8.0053 u
55. $\sqrt{2}$
57. (a) 5.70 MeV   (b) 3.27 MeV; exotérmica
59. (a) 6.40×10^{24} (b) 58.6×10^{11} decaimientos,
    (c) 1.10 millones de años
61. 6×10^{19} Bq
63. (a) No.   (b) Sí   (c) Cero hasta 156 keV
65. (a) 2.75 fm   (b) 152 N   (c) 2.62 MeV
    (d) $R = 7.44$ fm, $F = 379$ N, $U = 17.6$ MeV
67. 2.2×10^{-6} eV
69. (a) 7.7×10^4 eV   (b) 4.62 MeV, 13.9 MeV
    (c) 10.3×10^6 kW·h
71. (a) 12.2 mg   (b) 166 mW
73. 0.35%
75. (b) 4.79 MeV
77. (a) El estado de 2.44 MeV no puede ser alcanzado por el decaimiento β^+.   (b) $^{93}_{42}$Mo
79. 1.49×10^3 Bq
81. 4.45×10^{-8} kg/h
83. (b) $T_{1/2} = 1.46$ min $\pm 6\%$ (c) $\lambda = 0.473$ min$^{-1} \pm 6\%$

S1. Las siguientes tablas brindan el número de núcleos padre (N1) y el número de núcleos hijo (N2) presentes:

(a)

	N1	N2
$t = 1$ min	4349	478
$t = 2$ min	3782	648
$t = 5$ min	2488	587

(b)

	N1	N2
$t = 1$ min	3514	1391
$t = 2$ min	2470	2187
$t = 5$ min	857	2718

(c)

	N1	N2
$t = 1$ min	4997	3
$t = 2$ min	4993	5
$t = 5$ min	4983	8

Capítulo 46

1. $^{142}_{54}$Xe, $^{143}_{54}$Xe, $^{144}_{54}$Xe
3. $^1_0$n + $^{232}_{90}$Th $\rightarrow$ $^{233}_{90}$Th $^{233}_{90}$Th $\rightarrow$ $^{233}_{91}$Pa + β^-
    $^{233}_{91}$Pa $\rightarrow$ $^{233}_{92}$U + β^-
5. 1.28×10^{25}, 1.61×10^{26}
7. 5800 km
9. 2664 y
11. (a) 31.9 g/h   (b) 122 g/h
13. (a) 2.22×10^6 m/s   (b) 10.6 kg
15. (a) 2.4×10^7 J   (b) 10.6 kg
17. 1570 y
19. (a) 0.025 rem por rayo X
    (b) 38 veces la radiación de fondo
21. Alrededor de 24 días
23. 1.14 rad
25. (a) 3.1×10^7 (b) 3.1×10^{10} electrones
25A. (a) $CV^2/2E$ (b) CV/e
27. (a) 3.0×10^{24} (b) 1.2 kg
29. 495 Ci, ocho órdenes de magnitud menos que la actividad del inventario de fisión
29A. 4.95×10^{-20} nV Ci
31. 26 choques

33. (a) 1.36 GJ   (b) La energía de fusión es 40 veces mayor que la energía de la gasolina.
35. (a) 4.92×10^8 kg/h $= 4.92 \times 10^5$ m^3/h
    (b) 0.141 kg/h
37. 14.1 MeV
39. (a) 22×10^6 kW · h   (b) 17.6 MeV por cada fusión D-T
    (c) 2.34×10^8 kW · h   (d) 9.37 kW · h
41. (a) 5.7×10^8 K   (b) 120 kJ
43. (b) 25.7 MeV
45. (b) 35.2   (c) 2.89×10^{15}

Capítulo 47

1. 2.26×10^{23} Hz, 1.32×10^{-15} m
3. 2.06×10^{-18} m
5. (a) 0.782 MeV   (b) velocidad del protón = $0.001266c = 380$ km/s, velocidad del electrón = $0.9185c = 276$ Mm/s   (c) El electrón es relativista, el protón no.
7. $\Omega^+ \rightarrow \overline{\Lambda}^0 + \mathrm{K}^+$
   $\overline{\mathrm{K}}^+ \rightarrow \pi^+ + \pi^-$
   $\overline{\Lambda}^0 \rightarrow \overline{\mathrm{p}} + \Pi^+$
   $\overline{\mathrm{n}} \rightarrow \overline{\mathrm{p}} + \mathrm{e}^+ + \nu_e$

9. (a) $1 \neq 0$ (b) $E_e = 469.15$ MeV, $\mathbf{p}_e = 469.15$ MeV/c, $E_\gamma = 469.15$ MeV $\mathbf{p}_\gamma = -469.15$ MeV/c
   (c) $0.9999994c$
11. $E_\mathrm{p} = 4.90$ MeV $E_\pi = 33.0$ MeV
13. (b, c) conservada (a, d, e, f) no conservada
15. (a) número leptónico   (b) número leptónico
    (c) extrañeza y carga   (d) número bariónico
    (e) extrañeza
19. (a) $d\overline{u} + uud \rightarrow d\overline{s} + uds$
    (b) $\overline{d}\,u + uud \rightarrow u\overline{s} + uus$
    (c) $\overline{u}s + uud \rightarrow \overline{u}s + d\overline{s} + sss$
    (d) $uud + uud \rightarrow d\overline{s} + uud + u\overline{d} + uds$
21. (a) $0.384c$, 38.4% de la velocidad de la luz
    (b) 6.7×10^9 años luz
23. 1115 MeV/$c^2 = 1.98 \times 10^{-27}$ kg
25. Una parte en 50 millones
27. 9.3 cm
29. neutrón
31. Z^0 bosón   (b) gluón

Índice

Los números de páginas en itálicas indican ilustraciones; los números de página seguidos por "n" indican notas de pie de página; los números de página seguidos por "t" indican tablas.